1 MONTH OF
FREE
READING

at

www.ForgottenBooks.com

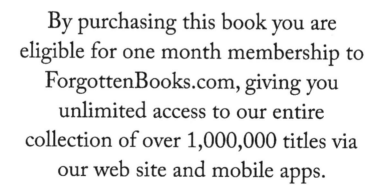

By purchasing this book you are eligible for one month membership to ForgottenBooks.com, giving you unlimited access to our entire collection of over 1,000,000 titles via our web site and mobile apps.

To claim your free month visit:

www.forgottenbooks.com/free632559

ISBN 978-0-266-45460-1
PIBN 10632559

ARCHIV

FÜR

SLAVISCHE PHILOLOGIE.

UNTER MITWIRKUNG

VON

A. BRÜCKNER,   J. GEBAUER,   C. JIREČEK,   A. LESKIEN,
BERLIN,   PRAG,   WIEN,   LEIPZIG,

W. NEHRING,   ST. NOVAKOVIĆ,   A. WESSELOFSKY,
BRESLAU,   BELGRAD,   ST. PETERSBURG,

HERAUSGEGEBEN

VON

V. JAGIĆ.

EINUNDZWANZIGSTER BAND.

BERLIN,
WEIDMANNSCHE BUCHHANDLUNG.
1899.

~~Photo. 120~~

~~Sev. E.IC~~

P S/aw 15.70

$\frac{897}{24}$

Lowell fund

Inhalt.

Kleine Mittheilungen.

ARC̆V

FÜR

SLAVISCHE PHILOLOGIE.

UNTER MITWIRKUNG

VON

A. BRÜCKNER,   J. GEBAUER,   C. JIREČEK,
BERLIN.   PRAG,   WIEN,

A. LESKIEN,   W. NEHRING,   ST. NOVAKOVIĆ,   A. WESSELOFSKY,
LEIPZIG.   BRESLAU.   BELGRAD,   ST. PETERSBURG,

HERAUSGEGEBEN

VON

V. JAGIĆ.

———

EINUNDZWANZIGSTER BAND.
ERSTES UND ZWEITES HEFT.

BERLIN 1899
WEIDMANNSCHE BUCHHANDLUNG.
S W. ZIMMERSTRASSE 94.
ST. PETERSBURG, A. DEVRIENT.

Abhandlungen.

Alle Einsendungen für das »Archiv für slavische Philologie« si
an mich nach Wien VIII. Kochgasse 15, zu richten.

V. Jagić.

Das Archiv für slavische Philologie erscheint in Heften zu 10 Bog
oder Doppelheften zu 20 Bogen, je vier Hefte bilden einen Jahrgan
Preis für den Band 20 ℳ, für einzelne Hefte 6 ℳ.

Die ersten 12 Bände sind zum ermäßigten Preise von 180 ℳ (bi
her 241 ℳ) durch jede Buchhandlung zu beziehen.

Weidmannsche Buchhandlung.

Die Betonungstypen des Verbums im Bulgarischen.

Bei Arbeiten über die Betonung des Verbums im Slavischen ergab sich mir die Nothwendigkeit, eine ausgedehnte Untersuchung über den Verbalaccent in den bulgarischen Mundarten, die macedonischen eingeschlossen, anzustellen, weil hier, anders als beim Serbischen, Slovenischen und Russischen, gar keine zusammenfassenden Vorarbeiten vorliegen. Ich habe dazu benutzt die accentuirten Texte, mit Bevorzugung der Prosatexte, in den ersten 13 Bänden des Сборникъ за народни умотворения, наука и книжина, издава Министерството на народното просвѣщение (Sofia 1889—1896); in den Sammlungen Šapkarev's, Сборникъ отъ български народни умотворения (9 Hefte, Sofia 1891 fg.); in der Zeitschrift Периодическо списание (54 Hefte, Jahrg. 1882—1896, Sofia); in den Книжици, einer kleinen Zeitschrift, von der, so weit mir bekannt, 10 Hefte (Saloniki 1889—1891) erschienen sind; ferner Cankof, Grammatik der bulgarischen Sprache (Wien 1852) und einige Kleinigkeiten. Ausgeschlossen habe ich Duvernois, Словарь болгарскаго языка (2 Thle., Moskau 1885 fg.).

Wollte ich die Masse des Materials und die Einzelresultate für jede Localmundart, alle kleinen Abweichungen solcher Mundarten aus den untersuchten Texten, deren Aufzeichnung auch nicht immer gleich zuverlässig ist, mittheilen, so würde das ein Buch von ziemlichem Umfange geben.

Ich ziehe es vor, hier gewissermassen einen Auszug zu geben, in der Form, dass ich die Mundarten, in denen die Betonung des Verbums im Wesentlichen gleichartig ist, zu Gruppen zusammenfasse und den durchgehenden Betonungstypus für jede Classe des Verbums feststelle. Die Eintheilung des Verbums ist die meines Handbuchs, die ich wohl als bekannt voraussetzen darf. Für Untersuchungen über Betonung ist die übliche Eintheilung nach der

Infinitivbildung, da sie gleich gebildete und gleich flectirte Verba auseinanderreisst, nicht zu brauchen.

Die unten aufgestellten Typen bedürfen sicher mancher Berichtigung und genaueren Bestimmung. Sie werden aber, hoffe ich, den Zweck erfüllen, in der erdrückenden Fülle von Einzelheiten als Ausgangspunkte oder Richtungspunkte für weitere Forschungen dienen zu können. Man wird leicht aus den Texten z. B. des Shornik einzelne Beispiele finden, die zu den von mir aufgestellten Typen nicht stimmen. Ich kenne diese auch, ignorire sie aber hier, weil es mir nur darauf ankommt, ein ungefähr zutreffendes Gesammtbild zu geben.

Bei der Untersuchung der Betonung des Verbums im Bulgarischen kommen in Betracht: das Präsens ohne die Participien, da sie im Bulgarischen entweder ganz ungebräuchlich, oder wenn hie und da mundartlich gebraucht, zu Adverbien erstarrt und z. Th. formal stark umgebildet sind; das Imperfectum, das aber keiner besonderen Behandlung bedarf, da es stets wie das Präsens betont wird; der Aorist; das sogenannte l-Particip, mit dem das umschriebene Perfekt gebildet wird, der Kürze wegen im Folgenden mit Perf. bezeichnet; das Particip präteriti passivi, aus demselben Grunde mit Pass. bezeichnet; der im Bulgarischen dürftig erhaltene Infinitiv; der Imperativ (gleich altem Optativ präs.), den ich hier aber ausser Betracht lasse, weil Form und Betonung in den Dialekten zu stark wechseln. Zur Vermeidung weitläufiger Ausdrucksweise werde ich die Bezeichnung Endbetonung anwenden, wo die 1. sg. praes. oder 1. sg. aor. den Hochton auf der letzten Silbe haben, wo Perf. und Pass. ihn auf der letzten Silbe des Nom. sg. masc. tragen. Alle andern Formen in der weiteren Abwandlung oder Motion haben dann den Hochton auf der entsprechenden Silbe.

Die Typen sind der Kürze wegen z. Th. bezeichnet nach einem Hauptort der betreffenden Mundartengruppe.

I. Typus **Ochrid.** Dahin gehören die Mundarten von Ochrid, Struga, Debrъ (Dibra), Debrъca (die Landschaft östlich vom Ausfluss des Drin aus dem Ochrid-See bis Kičevo), Kičevo, Kruševo, die Landschaft Tetovo (zwischen Tetovo [Kalkandele] und Gostivar), Gostivar, Resen, Bitolja (Monastir), Prilep, Veles, Skopje. Hier ist überall der Hochton der Worte so regulirt, dass er stets auf der drittletzten Silbe liegt, also auch beim Verbum. Dieser Typus kommt daher bei der Betrachtung der ursprünglichen Betonung des Verbums überhaupt nicht mehr in Betracht.

II. Typus **Lerin**, umfasst die Mundarten um Lerin (Florina) und Kostur (Kastoria). Auch hier ist der Hochton insgesammt regulirt; er trifft die vorletzte Silbe des Wortes (mit gewissen Einschränkungen); es entfällt daher auch dieser Typus für die ursprünglichen Verhältnisse des Verbums.

III. Typus **Voden**, umfasst die Mundarten um Voden, Štip, Kumanovo, Kratovo, Dorjan, Gevgeli, Meglen, Kukuš, Ajvatovo (Ajvalü), Solun (Saloniki). Das Präsens aller Classen vermeidet durchaus die Endbetonung, dagegen sind alle Nichtpräsensformen (Aorist, Perf., Pass.) endbetont. Doch muss ich das Perf. der consonantisch auslautenden Stämme (= Wurzel) von Cl. I (*nesъl*, f. *nesla* u. s. w.) ausschliessen, weil die Texte darin so schwanken, dass man zu keinem sicheren Resultat kommen kann. Die Beispiele sind gegeben ohne Rücksicht auf die in den Mundarten nicht gleichmässige Reduktion oder sonstige Veränderung der Vokale unbetonter Silben, überhaupt ohne Rücksicht auf solche formale Unterschiede, die für die Lage des Hochtons gleichgiltig sind.

Cl. I.	Präsens	Aorist	Pass.	
	несъ́м	несо́х	несе́н	
	не́сеш	несе́	f. несе́на	
	не́се	несе́	n. несе́но	
	не́сем	несо́хме	pl. несе́ни	
	не́сете	несо́хте		
	не́сът	несо́хъ		
Cl. II.	Präsens	Aorist	Perf.	
	ви́кнъм	викна́х	викна́л	
	ви́кнеш	викна́	викна́ла	
	ви́кне	викна́	викна́ло	
	ви́кнем	викна́хме	викна́ли	
	ви́кнете	викна́хте		
	ви́кнът	викна́хъ		
				Pass.
Cl. III. 1.	пи́шъм	писа́х	писа́л	писа́н
	пи́шеш	писа́	писа́ла	писа́на

Cl. III. 1.	Präsens	Aorist	Perf.	Pass.
	пѝше	писа́	писа́ло	писа́но
	пѝшем	писа́хме	писа́ли	писа́ни
	пѝшете	писа́хте		
	пѝшът	писа́хъ		
Cl. III. 2. a.	гле́дам	гледа́х	гледа́л	гледа́н
	гле́даш	гледа́	гледа́ла	гледа́на
	гле́да	гледа́	гледа́ло	гледа́но
	гле́даме	гледа́хме	гледа́ли	гледа́ни
	гле́дате	гледа́хте		
	гле́дат	гледа́хъ		
Cl. III. 2. b.	Präsens	Aorist	Pers.	
	живе́јъ	о-живе́х	о-живе́л	
	живе́јеш	живе́	живе́ла	
	живе́је	живе́	живе́ло	
	живе́јем	живе́хме	живе́ли	
	живе́јете	живе́хте		
	живе́јът	живе́хъ		

Cl. III. 2. c. Die Form des Infinivstammes ist hier in das Präsens übergegangen, das Präsens flektirt -uvam, -uvaš u. s. w. nach III. 2. a, so dass auch dieselben Betonungsverhältnisse obwalten, z. B. 1. рг. веру́вам, Aor. верува́х, Perf. верува́л.

Cl. IV. 1.	Präsens	Aorist	Perf.	Pass.
	са́дим (-ъм)	сади́х	сади́л	саде́н
	са́диш	сади́	сади́ла	саде́на
	са́ди	сади́	сади́ло	саде́но
	са́диме	сади́хме	сади́ли	саде́ни
	са́дите	сади́хте		
	са́дът (-ат)	сади́хъ		
Cl. IV. 2.	ви́дъм	виде́х	виде́л	виде́н
	ви́диш	виде́	виде́ла	виде́на
	ви́ди	виде́	виде́ло	виде́но
	ви́дим	виде́хме	виде́ли	виде́ни
	ви́дите	виде́хте		
	ви́дът	виде́хъ		

Dass hier eine Regulirung des Verbalaccentes vorliegt, ist ohne Weiteres ersichtlich; zu bemerken ist dabei, dass diese Mundarten eine etwa ähnlich geartete Regulirung des Hochtons beim Nomen nicht haben.

IV. Typus **Sofia;** dazu gehören die Mundarten von Sofia, Radomir, Küstendil, Dupnica, Samokov. Der Bereich dieses Typus geht noch weiter, doch muss ich die sonstigen Lokalmundarten hier zunächst unberücksichtigt lassen.

Die Verhältnisse sind hier weniger einfach als bei den vorher besprochenen Typen. Allgemein ist, dass das Pass. aller Classen die Endbetonung ausschliesst, z. B. пѐчен, пѝсан, кóпан, дáрен, вѝден. Sonst herrschen folgende Betonungen:

Cl. I. 1) Hat das Präsens, wie in den meisten Fällen, Endbetonung, so hat der Aorist bei konsonantisch auslautendem Infinitivstamm (= Wurzel) Wurzelbetonung; bei vokalisch, auf -a- oder auf -e- (= altem ѣ мрѣ-, aus mer-, oder = ę чѧ-) auslautendem Infinitivstamm dagegen Endbetonung, z. B.:

Präsens	Aorist	Präsens	Aorist	
ведéм	вéдох	ковéм	ковáх	(ebenso умрéх,
ведéш	вéде	ковéш	ковá	почнéх u. s. w.)
ведé	вéде	ковé	ковá	
ведéме	вéдохме	ковóме	ковáхме	
ведéте	вéдохте	ковéте	ковáхте	
ведáт	вéдоха	ковáт	ковáха	

Ueber des Perf. von konsonantisch auslautenden Stämmen lässt sich bei dem Schwanken der Texte nichts Bestimmtes aussagen, bei vokalisch auslautenden hat es Endbetonung: ковáл.

2) Hat das Präsens, in wenigen Fällen, nicht Endbetonung, so hat der Aorist Endbetonung, z. B.:

Präsens	Aorist
мóжем (ѝдем)	могóх (идóх)
мóжеш	можé
мóже	можé
мóжеме	могóхме
мóжете	могóхте
мóгат	могóха

Cl. II vermeidet im Präsens die Endbetonung vollständig, hat aber im Aorist und Perf. regelmässig Endbetonung, z. B.:

Präsens	Aorist	Perf.
ста́нем	стана́х	стана̃л
ста́неш	стана́	стана́ла
u. s. w.	u. s. w.	u. s. w.

Cl. III. 1 hat, mit Ausnahme einiger weniger Präsentia von vokalisch auslautenden Wurzeln, im Präsens keine Endbetonung, dagegen stets im Aorist und Perf., z. B.:

Präsens	Aorist	Perf.
ка́жем	каза́х	каза́л
ка́жеш	каза́	каза́ла
u. s. w.	u. s. w.	u. s. w.

Cl. III. 2. a; das Präsens (auf -am, -aš u. s. w.) vermeidet Endbetonung durchaus, Aorist und Perf. haben sie stets, z. B.:

Präsens	Aorist	Perf.
ко́пам	копа́х	копа́л
ко́паш	копа́	копа́ла
u. s. w.	u. s. w.	u. s. w.

Die Abtheilung III. 2. c kann hier gleich angeschlossen werden, da sie, wenn das Präsens auf -увам ausgeht, genau dieselben Verhältnisse zeigt, z. B. дару́вам, дарува́х, дарува́л.

Cl. III. 2. b. Das e (= ě) des Verbalstammes hat immer den Hochton in allen Formen, z. B.:

Präsens	Aorist	Perf.
о-старе́јем	остаре́х	остаре́л
о-старе́јеш	остаре́	остаре́ла
u. s. w.	u. s. w.	u. s. w.

Cl. IV. 1. Das Präsens hat keine Endbetonung, dagegen immer der Aorist und das Perf., z. B.:

Präsens	Aorist	Perf.
де́лим	дели́х	дели́л
де́лиш	дели́	дели́ла
u. s. w.	u. s. w.	u. s. w.

Cl. IV. 2. Mit einer Ausnahme, ви́дим ви́диш u. s. f., haben alle Präsentia Endbetonung, alle Aoriste und Perf. ohne Ausnahme, z. B.:

седи́м	седе́х (виде́х)	седе́л (виде́л)
седи́ш	седе́	седе́ла
u. s. w.	u. s. w.	u. s. w.

Vergleicht man den Typus Sofia mit dem Typus Voden, so stellt sich heraus, dass die beiden in den Classen II, III 1, III 2, IV 1, abgesehen vom Pass. vollkommen übereinstimmen, in diesen Classen ist der Hochton regulirt, hier wie dort. Dagegen ist in Cl. I und IV 2 beim Typus Sofia alte Endbetonung im Präsens erhalten, beim Typus Voden aufgegeben, er stellt also einen weiter fortgeschrittenen Stand der Regulirung dar. Bei den Aoristen von Cl. I steht es ganz eigenthümlich: Voden hat dem allgemeinen Princip gemäss immer Endbetonung, in Sofia steht die Betonung der Aoriste in umgekehrtem Verhältniss zu der des Präsens: веде́м — ве́дох, мо́жем — мого́х.

V. **Ostbulgarischer Typus.** Er umfasst, im Groben angegeben, das Fürstenthum, so weit es östlich vom Vid liegt, ganz Ostrumelien, ferner südlich von der Rhodope und im Gebirge die Landschaft Achъ-Čelebi, die Umgebung von Nevrokop, Drama und Demirhissar. Der Beschreibung des Typus lege ich die Cankofsche Grammatik (der Mundart von Svištov entsprechend) zu Grunde, die Abweichungen von ihr in andern Mundarten sind im Ganzen unbedeutend; ich betone aber ausdrücklich, dass das im Folgenden Ausgeführte nicht in jeder Einzelheit von allen Mundarten gilt.

Cl. I. 1) Das Präsens hat Endbetonung, in den allermeisten Fällen; 2) das Präsens hat Wurzelbetonung, nur bei ídъ ídeš, lézъ lézeš, mógъ móžeš, zémъ zémeš; 3) der Aorist von konsonantisch auslautendem zweiten Stamm vermeidet durchaus die Endbetonung, diese findet aber statt, wenn ein vokalisch, auf -a- oder einen anderen Vokal auslautender Stamm zu Grunde liegt, z. B.:

vedъ́	védoh	ídъ	ídoh	kovъ́	ková́h
vedéš	véde	ídeš	íde	kovéš	ková
u. s. w.	u. s. w.	u. s. w.	u. s. w.	u. s. w.	u. s. w.

Vgl. auch pri-jéh (приıахъ), opréch (опрѣхъ). Ueber das Perf. ist

nichts Bestimmtes aussagbar, nur dass es bei vokalisch auslautendem Stamme Endbetonung hat: ковáл.

Cl. II.   Das Präsens hat in zwei Fällen Endbetonung: miní
und po-mĕní, sonst nie; Aorist und Pass. vermeiden die Endbetonung durchaus; die allgemeine Norm ist also, an einem Beispiel
gezeigt:

Präsens	Aorist	Perf.
stánъ	stánъh	stánъl
stáneš	stánъ	stánъla
stáne	stánъ	

Cl. III. 1.   Kein Präsens hat Endbetonung ausser orí (pflüge;
man könnte es auch zu Cl. I rechnen, falls die Flexion nicht einem
altb. opѫ opѥши, sondern einem *orǫ *oreši entspräche). Der Aorist
und das Perf. können Endbetonung nur dann haben, wenn sie von
vokalisch auslautenden Wurzeln ohne besonderen zweiten Stamm
herkommen, z.B. *pri-do-bíh, pri-do-bíl, is-píh* u. a. d. A.; ebenso der
Betonung des Präsens folgend oráh, orál, orán. In allen andern
Fällen, die stets so beschaffen sind, dass ein zweiter Stamm auf
-a- vorliegt, kann keine Endbetonung stattfinden, z. B.:

Präsens	Aorist	Perf.	Pass.
kážė	kázah	kázal	kázan
kážeš	káza	kázala	kázana

Man kann hier die Verhältnisse allgemein so ausdrücken:
Präsens- und Nichtpräsensformen stimmen in der Lage des Hochtons vollständig überein, anders ausgedrückt: dieselbe Wortsilbe,
die im Präsens den Hochton trägt, hat ihn auch in den übrigen
Formen des Verbums.

Cl. III. 2. a.   Zu unterscheiden sind hier zwei Unterabtheilungen:
1) wenn das Präsens flektirt wird nach der sogenannten kontrahir-
ten Form: -am, -aš u. s. w., so kann keine Form des Verbums auf
dem -a- den Hochton tragen, z. B.:

Präsens	Aorist	Perf.	Pass.
glédam	glédah	glédal	glédan
glédaš	gléda	glédala	glédana
gléda	gléda	glédalo	glédano
u. s. w.	u. s. w.	glédali	glédani

Dagegen 2) wenn das Präsens flektirt: *-ajъ, -aješ* u. s. w., so hat in allen Formen des Verbums das *a* den Hochton, z. B.:

Präsens	Aorist	Perf.	Pass.
igrájъ	igráh	igrál	igrán
igráješ	igrá	igrála	igrána
igráje	igrá		

Also auch hier vollständige Uebereinstimmung von Präsens- und Nichtpräsensformen in der Lage des Hochtons. Angeschlossen sei hier gleich die Abtheilung c, die im Präsens *-uvam* hat, und genau so behandelt wird, wie die eben erwähnten Fälle unter 1); der Hochton liegt bald auf dem *u*, bald auf einer Silbe vorher, aber nie auf dem *a*, vgl. *pъtúvam pъtúval, véruvam véruval*.

Cl. III. 2. b. Das *é* des Stammes hat in allen Formen den Hochton, z. B.:

Präsens	Aorist	Perf.
živéjъ	živéh	živél
živéješ	živé	živéla

Cl. IV. 1. Es sind zwei Abtheilungen zu scheiden: 1) Das Präsens hat Endbetonung, dann haben Aorist, Perf. und Pass. sie ebenfalls, z. B.:

Präsens	Aorist	Perf.	Pass.
delé	delíh	delíl	delén
delíš	delí	delila	deléna
delí	delí	delílo	deléno
delím	delíbmi	delíli	deléni
delíte	delíhte		
delét	delíhъ.		

2) Das Präsens hat nicht Endbetonung, dann folgen ihm auch alle anderen Formen, z. B.:

Präsens	Aorist	Perf.	Pass.
kúpè	kúpih	kúpil	kúpen
kúpiš	kúpi	kúpila	kúpena
u. s. w.	u. s. w.	u. s. w.	u. s. w.

Cl. IV. 2. Ausser *vidè vidíš* und *vísè visíš* (hangen) haben alle Präsentia Endbetonung, alle Aoriste und Participien ausnahmslos, z. B.:

	Präsens	Aorist	Perf.
	sedé	sedéh	sedél
	sedíš	sedé	sedéla,

so auch vidéh, vidél.

Im Allgemeinen wird man schon aus dieser kurzen Darstellung ersehen, dass im Bulgarischen die Betonung des Verbums nach bestimmten Normen regulirt ist. Im Präsens hat der ostbulgarische Typus die grösste Mannigfaltigkeit bewahrt.

Möglicher Weise lässt sich noch ein Typus VI als Mischtypus aufstellen, der Dialekte umfasst, die auf der Grenzlinie zwischen West- und Ostbulgarisch liegen (Orchanie, Razlog). Diese liessen sich indess nur durch eine ausführliche Darstellung der Einzelheiten anschaulich machen.

A. Leskien.

Beiträge zur ältesten Geschichte der Slaven und Litauer.

Vorarbeiten zu einem Colleg über slavische und litauische Alterthumskunde; Heranziehen der Etymologie, bei Orts- und Personennamen, bei Völker- und Götternamen; Heranziehen ethnographischer Parallelen bei der Deutung von Mythen und Sagen, Sitten und Institutionen; alles dies ergab Funde und Berichtigungen, an welche sich öfters manch neue Ausführung knüpfen liess. Da an eine zusammenhängende Behandlung des Gegenstandes nicht zu denken war, beschloss ich, einzelne Deutungen, Vermuthungen, Beobachtungen, zumal wichtigere, dem Urtheil der Mitforscher zu unterbreiten; die Reihenfolge, in welcher sie vorgebracht werden, ist eine ganz willkürliche [1]).

---

[1]) Aus denselben Studien entstammt in Band XX, S. 481—515 die Abhandlung Preussisch und Polnisch, in welcher ich bespreche, was Otto Hein, Altpreussische Wirthschaftsgeschichte bis zur Ordenszeit, Zeitschrift für Ethnologie XXII, 1890, S. 146—167, 173—216, aer doch sprachliches Material

I. Misaca, rex Licicavicorum.

Urkundliche polnische Geschichte beginnt bekanntlich mit dem Satze des über gleichzeitige westslavische Vorgänge nicht übel informirten Corveyschen Annalisten: (Wichmannus) . . . regem *Misacam*, cuius potestatis erant Slavi, qui dicuntur *Licicaviki*·. . . superavit (Widukind III, cap. 66, zum Jahre 963). Es lohnt durchaus, auf diesen Satz näher einzugehen; der Name des hier genannten Volkes wiederholt sich nämlich nie wieder in der gesammten alten Ueberlieferung; der Name des Fürsten selbst ist nur einer bestimmten Dynastie geläufig.

Wer gemeint sein kann, darüber allerdings herrscht kein Zweifel; es ist der »König« der »Polen« gemeint, den spätere deutsche Quellen, z. B. Thietmar, *Miseco*, polnische Quellen *Mesco* (später *Myesco*, heute *Mieszko*) zu nennen gewohnt sind.

Aber was bedeuten beide Namen, der des Königs, sowie der des Volkes? Wir besprechen zuerst den Königsnamen.

Derselbe schien anstandslos als ein gewöhnlicher Eigenname, in der sog. Koseform, gelten zu sollen. Wie Bolko z. B. Koseform zu Bolesław ist, so sollte Mieszko Koseform sein zu — doch hier gehen die Meinungen heute sofort auseinander.

Długosz zuerst hatte dafür eine volle Form, die später *Myeczysław* lautete, aufgebracht und Jahrhunderte hielten daran fest [1].

---

heranzieht, vollkommen unbeachtet gelassen hat. Ausserdem die Abhandlung: O Piaście (Krakauer Akad. Abhandlungen, hist.-philos. Classe **XXXVII**, S. 305 ff.) und das Studium: Litwa Starożytna, ludy i bogi (Biblioteka Warszawska, 1897, II 235—265, III 416—450 und 1898, I 37—68). In beiden letztgenannten Arbeiten berührte ich mehrfach oder deutete an Fragen und Erklärungen, die in den folgenden Beiträgen ausführlicher und allseitiger erörtert werden.

[1] Długosz kombinirte, für seine Zeit gar nicht übel, folgendermassen (Opera X, S. 110 f.): nachdem er, nach dem Vorgange seiner beiden Quellen, den Namen Myeszka als turbacio gedeutet hatte, fährt er fort, placet nonnullis, ducalem puerum Myeczslavum, quod significat *habiturum gloriam* (also *mieć sławę*, nicht zu *miecz* Schwert!) appellatum fuisse, sed ad nomen Myeszko *per diminucionem vocitationis* (also Koseform), dum puericiam ageret, defluxisse. Quam opinionem nos quoque ex multiplici respectu probamus, attento quod Poloni regum et principum suorum nomina non in *ko* sed in *slav* terminari soliti sunt, lingua sua, formando principum et regum nomina Wlodzislaw, Boleslaw Myeczslaw Przemyslaw Stanislaw etc.

Erst Miklosich beanstandete diesen Namen als einen »verdächtigen« oder »zweifelhaften« (Slav. Personennamen, Denkschriften X, 1860, S. 293 f.), und seitdem ist derselbe verpönt. Kaum mit vollem Recht. Dass ein Name wie *Miecslaw* schon vor Długosz wirklich vorhanden war, beweisen Urkunden; wer mit den Belegen bei Zeissberg oder bei Baudouin, О древнепольскомъ языкѣ 1870, S. 67 (unter *Meczslaus*) unzufrieden wäre, vergleiche z. B. aus Kaliszer Eidformeln bei Ulanowski die Nummern 396, 479, 483: *Meczcow oczecz y Meczslaw, Meczko, na Meczslaue*; der Name *Miecsław Miecław* kann aber, wenn man ihn nicht von medislav (medъ, in Personennamen vorkommend) herleiten will, kaum etwas anderes als das geforderte Mieczysław (von мьčь Schwert, das in Personennamen wirklich vorkommt, vgl. auch Personennamen mit štitъ Schild, Miklosich, Ortsnamen aus Personennamen i. h. v.) sein, mit der bekannten poln. Kürzung, wie in *Wrocław* aus *Wrocisław*, *Włocław* aus *Włodzisław*, *Przecław*, *Racław*, *Gocław* u. s. w.). Allenfalls könnte man sich gegen Namen des XIV. und XV. Jahrh. ablehnend verhalten; es kommen nämlich unter ihnen mitunter gar sonderbare, offenbar gesuchte vor, wie *Lech* u. a. Wer nun an *Miecław* oder *Mieczysław* festhält, vgl. Bogusa Mecslavic vom J. 1229, würde als Koseform eher *Mieczko* oder *Miecko*, nicht *Mieszko* erwarten; einzelne Historiker, seit Jabłonowski im vorigen Jahrhundert, gebrauchten auch wirklich jene, gegen das einstimmige Zeugniss der Quellen, aufgenommene Form.

Aber Miklosich schlug eine andere Deutung vor, indem er a. a. O. den Namen *Mieszko* auch unter den von мьstъ abgeleiteten Namen einreihte, und zwar unter мьstъko; noch weiter ging dann Kunik (und nach ihm Schiemann); sie setzten statt *Mieszko* den Vollnamen *Mścisław* ein — natürlich falsch, denn mit demselben Rechte könnten wir jeden ähnlichen Vollnamen, wie *Mściwoj*, *Mścidrug* u. ä. einsetzen. Nun ist für polnische Namengebung die Häufigkeit von Ableitungen und Zusammensetzungen mit мьstъ wirklich geradezu charakteristisch, man vgl. polnische Namen wie *Msta*, *Niemsta*, *Mścisław*, *Mścibor*, *Mścigniew*, *Mścięta*, *Mszczuj*, *Mścisz*, *Miestwin*, *Mściwoj*, *Dobiemiest* u. a. — aber gerade dieser Umstand spricht gegen die Herleitung des *Misica* aus мьstъ.

Denn waren die мьstъ-Namen wirklich bei den Polen verbreitet, beliebt und geläufig, so erwarten wir unter ihnen für das

X. Jahrhundert und für den Namen des mächtigsten slavischen
Herrschers dieser Zeit keine familiäre oder obskure Verstümmelung,
sondern jedenfalls einen Vollnamen. Es fiele Niemandem ein, die
gleichzeitigen böhmischen *Bolesławi* mit *Boszek* oder *Boszko* zu
benennen, und ebensowenig hätte ein Pole aus *Mścisław* oder ä.
einen *Mieszek* oder *Mieszko* gemacht — die blosse Furcht vor dem
absoluten Herrscher hätte solche Respektwidrigkeit auf die Dauer
gar nicht aufkommen lassen. Dasselbe gilt für *Miecław* oder *Myeczysław*; der Name, wenn überhaupt echt, scheint verhältnissmässig
jung und ebensowenig zu solcher Kürzung für einen Herrschernamen geeignet; das obotritische *Drożko* und das spätere polnische
Bolko sind keine entsprechenden Stützen.

Man könnte noch auf den Gedanken kommen, *Mieszko* oder
eher *Mieszek* wäre Deminutiv von *Miech* (Sack? Blasebalg?), das
im alten Ortsnamen *Miechów* und im Bauernnamen *Mieszek* (geschrieben *Mesec*) der Gnesener Urkunde von 1136 faktisch vorliegt.
Aber gegen alle Deminutivbildungen von мьстъ, die übrigens
Miestko, vgl. *Lestko*, unfehlbar gelautet hätte (nur kommt diese
Form nie vor!), von мьчь oder мѣхъ, spricht der bisher unbeachtet
gelassene Umstand, dass der Name gar nicht *Mieszko*, *Miseco*,
sondern *Mieszka*, *Misica* gelautet haben muss, wenigstens nach
dem übereinstimmenden Zeugnisse der slavischen und der ältesten
lateinischen Quellen.

Dafür sprechen erstens russische Quellen. Die Hypatioschronik weiss bekanntlich viel von polnischen Fürsten des XII. und
XIII. Jahrh. zu erzählen. Während nun heute deren Namen, z. B.
Lestko und *Mieszko*, in der Flexion zusammengeworfen werden,
scheidet die Chronik sie konsequent: sie braucht immer nur die
masc. neutr. Formen nom. *Lьstъko*, gen. *Lьstъka* u. s. w., aber immer nur die femin. Formen nom. *Мешка*, gen. *Мешкы*, dat. *Мешцѣ*
u. s. w. Wohl werden in russischen Texten Personennamen auf
-ко weiblich flektirt seit den ältesten Zeiten (vgl. die Belege bei
Соболевскій, Лекціи ² S. 168), aber woher stammte dieser kon-
stante Unterschied in der Hypatioschronik, wenn er nicht im Namen selbst begründet gewesen wäre?

Dagegen kennen die böhmischen Quellen alter Zeit keine
Feminin-Deklination der ko-Stämme (vgl. z. B. die Deklination
von *jmiecko* bei Gebauer, Grammatik III, S. 151) und doch wird

Mezka bei dem sog. Dalimil nur weiblich flektirt, *Mezcye* u. s. w.
Nebenbei bemerkt, transscribirt Jireček den Namen falsch; er
schreibt ihn nämlich *Mezka*, statt *Mežka*, wie die russische Schreibung erfordert; in der Cambridger Handschrift kommen die Formen vor: *mezka* (einmal *myezka*), *mezky, mezczye (mezczie)* und
mezku (acc.).

Zu diesen unzweideutigen böhmisch-russischen Zeugnissen
scheinen aber auch lateinisch-polnische hinzutreten zu sollen,
welche sämmtlich verzeichnet hat Zeissberg, Miseco, Archiv f.
österr. Gesch. XXXVIII, 1867, S. 59—61. Widukind nennt den
Namen an allen Stellen *Misaca* (darnach ist die Lesung *Misaco*
(dativ) statt *Misacae* in den Monumenta Germ. V zu berichtigen);
eine andere Quelle des X. Jahrh., die sog. Gnesener Schenkung,
bietet *Misica*; noch der ungenannte Etymologist der sog. grosspolnischen Chronik, sowie sein Vorbild, mag. Vincentius (um 1195)
deuten den Namen in der weiblichen Form als *mesca, myeszka* turbacio confusio »quia coeco nato parentes turbati sunt« etc., obwohl
sie ihn bereits stets nach der dritten Deklination (Mesconem u. s. w.)
flektiren, als derjenigen, welche männlichen Personennamen seit
jeher angemessener schien, und die daher bei Thietmar (XI. Jahrb.)
die Regel bildet.

Diese alten Zeugnisse lassen uns ohne Weiteres die Urform
des Namens als *mieszka* aufstellen; nur hat er natürlich nicht
mieszka confusio bedeutet, wohl aber *mieszka* Bär.

Die indoeuropäische Bezeichnung des Bären (ursus u. s. w.)
haben Slaven und Litauer aufgegeben; die Slaven ersetzen sie
durch das alte Compositum *medvédь*; daneben haben sie eine Form
meška, mečka, vgl. Miklosich, Etym. Wörterb. unter *mečьkъ*.
Diese Benennung ist heute nur bei den Südslaven allgemein verbreitet; dass sie früher allslavisch und bei Ost- und Westslaven
gleich beliebt war, beweisen zwei Umstände. Die Litauer haben
ihr einheimisches *lokys* Bär (preussisch *klokis*, lettisch *lācis* dass.)
meist aufgegeben und durch slavisches *meszkà* Bär (*meszkýnas*
männlicher Bär, *meszkė* Bärin u. s. w., lettisch *meška* und *miška*
Beinamen des Bären) ersetzt. Von dem bei den Westslaven früh
verlorenen *meška* Bär stammt das westslavische und russische *meškati* saumselig sein, säumen, zögern, zaudern — nach der Schwer-
fälligkeit des Thieres, vgl. lit. *meškiúti* wie ein Bär langsam gehen;

die russische Schreibung мѣшкать (vgl. kleinruss. мешкати) ist somit falsch; das Böhmische hat an der alten Bedeutung (säumen) am zähesten festgehalten; das Polnische hat seit dem XV. Jahrh. die Bedeutung: säumen, zu: weilen, wohnen entwickelt, unhistorisch sind die recht frühen Formen mit ę, *mięszkać* [1]); Miklosich, Et. Wörterb. lässt *meškati* unerklärt. *Mieszka* Bär dürfte im Polnischen spätestens im XII. Jahrh. ganz ausser Gebrauch gekommen sein.

Aber wie konnte der König »Bär« genannt werden? wäre dies nicht eher ein blosser späterer Zuname, der einen früheren Eigennamen verdrängte (etwa nach Art Albrecht des Bären oder wie der Anführer der preussischen Barten im Kampfe gegen den Orden Diwan Klekin — der Bär heisst)? in der That spricht der älteste polnische Chronist, der sog. Gallus, von Mesko, qui *primus* (d. i. nach seinem Brauche soviel als *prius*) nomine vocatus *alio* etc. Meiner Ansicht nach nein: schon das Kind bekam den ehrenden Namen des gefürchteten Thieres.

Thiernamen als Personennamen sind bei den Slaven ausser *wilk* recht selten, figuriren meist als blosse Zunamen, z. B. Martinus Lis u. ä.; dagegen sind auf altnordischem Gebiete Biörn (Bär) und Ulfr (Wolf) die beiden verbreitetsten Personennamen gewesen: die Zahl der im IX. und den folgenden Jahrhunderten figurirenden dänischen, schwedischen und norwegischen Könige, Jarle und Bonden (Bauern) dieses Namens ist Legion. Der poln. Mieszka verheirathet z. B. seine Tochter an Erik, den Sohn des schwedischen Mieszka = Biörn; der eine Enkel des Biörn, der in Wollin lebt, heisst natürlich wieder Biörn (Styrbiörn) u. s. w.; Biörn

---

[1]) Der Flor. Psalter hat nur *mieszkać* tardare; die Gnesener Predigten bieten nur *mięszkać, ne moskay* (!) no tardes 84, *samoskane* obmissio 87, *acz gesmi ktorego scothego samoskali* 88, andere Belege bei Nehring, Rozprawy XXV, S. 104, der die ę-Form als grosspolnisch bezeichnen möchte; sie ist aber auch masurisch, vgl. in der Uebersetzung der masovischen Statute von 1450 *zamyqnska, myqnskanye swoye* (Wohnung!) 24, *zamyanschka* 27, dagegen haben Swiętosław (*myeszkacz* 22), die Sophienbibel (*omyeskal* 85, *nye myeskay* 114), Marchołt (*sobye zmieszkáć*), Rey u. s. w. nur e, der Żywot ś. Eufraksyi von 1524 nur ę (denn so ist wohl sein ständiges *myaskacz myaszkacz* zu lesen, der Herausgeber liest allerdings *myaszkać*, Prace filologiczne III, 254). — Eine andere Bezeichnung für den Bären ist *Miś, Mika*, z. B. Rey zwierzyniec 1562, *postoy pánie Miká* in einer Bärengeschichte.

ist so häufig, dass es schliesslich zu einem beliebigen, man möchte
fast sagen, ganz bedeutungslosen Glied in der Zusammensetzung
von Personennamen geworden ist; unter den wenigen Warägern,
die bei Nestor genannt werden, tragen gar drei diesen Namen
(S. 25 ed. Miklosich lesen wir: Шихъбернъ, Прастѣнъ Берновъ und
Тоурбернъ). Bei den alten Beziehungen zwischen Polen und den
Nordleuten, über die wir später einmal handeln werden, wäre die
Wahl eines Königsnamens Mieszka = Biörn nicht auffällig; ich
mache besonders darauf aufmerksam, dass auf Rügen, dessen Beziehungen zu Dänemark noch viel inniger waren, wo sogar dänische
Orts- und Personennamen nicht selten waren, 1162 einer der ange-
sehensten — trotz seiner Blindheit — Slavenedlen »Masco« (bei
Saxo), d. i. wohl Meszka = Biörn, geheissen hat; derselbe wird
kaum identisch sein mit dem 1153 urkundlich genannten Mysykone
pomerano.

Soviel über den Namen des Königs, den wir richtig gedeutet
zu haben glauben. Der Name wiederholt sich in dem Piasten-
geschlecht ständig, Mieszka I., Bolesław I. u. s. w. nennen so ihre
Söhne; vielleicht ist der erste uns bekannte Mieszka gar nicht der
allererste dieses Namens in seinem Geschlechte gewesen. Allerdings werden wir nicht gleich aus diesem Namen auf den Bären
als Totem der Piasten oder gar der Polen schliessen wollen.

Ueber Mieszka habe ich dann in jenem erwähnten Aufsatz
O Piaście gehandelt, um nachzuweisen, dass die Sage von seiner
Blindheit allein auf der wörtlichen Auffassung der Phrasen seiner
Hofkapellane (von dem blinden Heiden, der sehend geworden ist)
beruht; dass die ganze Sage spät ist und keinerlei historische Züge
besitzt; dass man ganz irrig seit Długosz das Namensfest, bei dem
der Königssohn sehend geworden wäre, auf das slavisch-heidnische
Haarschurfest bezogen hat.

Wir gehen nun über zum Namen des Volkes, über welches
Mieszka geherrscht hat, die Licicaviki (in der Schreibweise des
Widukind ist -ki als -ci zu lesen, wie das gleich darauf folgende
Lusiki erweist). Bisher sind, ausser anderen phantastischen, die
ich übergehe, vgl. Zeissberg a. a. O., drei verschiedene Deutungen dieses Namens versucht worden, eine immer unmöglicher
als die andere.

So hat Bielowski u. a., ja noch Baudouin a. a. O. unter

Lech S. 65, dann Kunik (Al-Bekri S. 98) diesen Namen mit dem der Lechen zusammengestellt; freilich hat man dabei nachzuweisen vergessen, ob Westslaven je diesen Namen sich beigelegt haben; wie sich Deutsche nie Germanen, Slaven nie Wenden nannten, nur von Nachbarn so benannt wurden, so sind auch nur die Weichselslaven von ihren russischen Nachbarn Lęchen, Ljachen benannt worden; der Name umfasste gar nicht Böhmen oder Mähren, sondern ging nur auf die Weichsel-Polen (zur Unterscheidung förmlich von den Dniepr-Polen) und wurde auf ihre Stammverwandten an der Oder (wohl ganz willkürlich) ausgedehnt; Lachen ist somit ein Name wie Finnen, Griechen, Germanen, Wenden u. s. w. und Polen wie Deutschen, also auch Widukind, nie bekannt gewesen. Aber auch wenn sie ihn noch so gut gekannt hätten, gäbe es keine sprachliche Brücke von Lęsi (acc. Lęchy) zu Licicavici!; auch mit der Ansetzung eines *Lęchovici ist dem nicht abzuhelfen, denn Lęch ist kein Personenname gewesen.

Allgemeinerer Zustimmung hat sich eine andere, schon von Lelewel vorgeschlagene Deutung: Licicavici = Łęczycanie, erfreut; noch zuletzt schloss sich ihr an Małecki, Lechici 1897, S. 18; Potkański, Lachowie i Lechici, Abhandll. Krak. Akad., philolog. Cl. XXVII, S. 185 f., bekämpfte sie aus historischen Gründen, aber die sprachlichen sind viel entscheidender. Die Gauburg Łęczyca, gelegen wie andere slavische Gauburgen, in sumpfigen Niederungen (Łąki), hat sammt ihren Sassen nie eine hervorragendere Rolle in der poln. Geschichte gespielt; man nahm zwar an, sie wäre als Theilfürstenthum im Besitze des von Wichmann erschlagenen Bruders des Mieszka gewesen, aber dann hätte ja Widukind sie fälschlich dem ihm wohlbekannten Mieszka zugewiesen und hätte das eigene grosse Reich des Mieszka gar nicht zu bezeichnen gewusst, was ganz unwahrscheinlich wäre. Zudem kommt, dass die Einwohner dieses Ländchens, dieser Niederungen an der Bzura, in alter Zeit gewiss nicht *Lęczycanie*, sondern nur *Lęczanie* geheissen haben können, wie die Böhmen von Lučsko Lučane heissen (alte slavische Namengebung der Bewohner eines Ortes knüpft ja unmittelbar an das Urnomen an, also heissen Smólniane die Bewohner von Burg und Land Smolensk, Widbljane die von Witebsk, Kyjane die von Kyjev etc.). Bei Widukind würden wir daher die Schreibung Lenzane zu erwarten haben, nicht Licicavici.

Der Herausgeber des Codex diplomaticus Maioris Poloniae IV,
p. 355, hat endlich auf Lecnici (die Löcknitz) gerathen, Potkański
a. a. O. findet dies noch als das Wahrscheinlichste. Aber wir können wiederum nicht begreifen, wie man irgend einen beliebigen
obskuren Flüsschennamen, wenn nur ein ganz entfernter Laut-
anklang vorhanden ist, gleich zum Namen eines ganzen, mächtigen
Stammes erheben kann! wissen wir doch nicht einmal, ob dieser
Nebenfluss der Spree (!!) durch polnisches Gebiet floss.

Man beachte doch den Ausgang -avici bei Widukind; wenn
man dem Namen Bedeutung beilegen will, darf man diesen auf-
fälligen Ausgang nicht durch topographische Bezeichnungen wie
Łęczycanie oder Löcknitz u. dgl. eskamotiren, -avici ist slavisches
-ovici und deutet auf einen Geschlechtsnamen, ist ein patronymi-
cum. Nun ist allerdings ein Licicavici für Polen sonst unerhört, ein
ἅπαξ εἰρημένον in einer allerdings gleichzeitigen und wohl informirten Quelle. Es muss offenbar der Name für das grosse Reich
des Mieszka, das ja bereits von der Oder bis zum San und Bug
reichte, noch ein flüssiger gewesen sein. Später heisst dieses
Reich, seit Thietmar, stets Polen, aber Polen war ursprünglich
(und blieb es theilweise bis zum XVI. Jahrh.) nur der Name für
die Slaven an der Warthe, für den Stamm mit den Gauburgen
Gnesen und Posen, das spätere Gross- (d. h. Alt-) Polen; die (späteren) Kleinpolen hiessen ja noch im IX. Jahrh. *Wiślanie*.

Der Name Polen kommt weder beim sog. Bairischen Geographen, noch bei Widukind, noch bei Al-Bekri vor; ich halte nun
Licicavici für den Namen von Gesammtpolen, wie er eben um 950
herum noch bekannt war und bald darauf gegen den topographischen Namen Polen für immer verschwand. Das Reich der Licicavici umfasste Grosspolen, Kujavien, Masovien, Kleinpolen (ausser
Krakau); es ist das Geschlecht des Lestьko, welches dieses Reich
vereint und beherrscht hat, Licicavici sind Lestkovici (Lstkovici).
Ist diese Deutung richtig, und man wird ihr lautlich und begriff-
lich nicht viel entgegenstellen können, so gewinnen wir zugleich
einen urkundlichen Beleg für die Existenz des Lestko, des Grossvaters unseres Mieszka. Der Name taucht wieder bei den späteren
Piasten auf, zuerst 1115 Lestek, Liztek im Zweifaltener Nekrolo-
gium, Sohn des Bolesław III. (O. Balzer, Genealogia Piastów,
1895, S. 143, der aber diese echte Namensform zu Gunsten des

latinisirten und verballhornten *Leszko* mit Unrecht preisgibt) und
wird in den folgenden Generationen noch viel häufiger. Ist aber
Lstek oder *Lściek* (Gen. *Lestka* oder *Leśćka*, daraus *Leszka*, dazu
neuer Nom. *Leszko* oder *Leszek*) eine historische Persönlichkeit,
so ist kein Grund daran zu zweifeln, dass auch sein Vater Samowit
der Geschichte, nicht bloss der Sage beizuzählen ist, was ich ausführlicher in der Abhandlung O Piaście zu erweisen suchte. Dort
hob ich auch hervor, warum zu *Lestko* das Patronymikum *Lestko-*
vici gebildet wurde, mit dem ov der u-Stämme; *Lestczyc (Leszczyc)*
wäre nämlich ebensogut Patronymikum zu *Laska* gewesen und
kommt wirklich als adeliger Sippename vor; *Lestkovici* dagegen
hob deutlich den berühmten Namen eines Ahnen hervor — es ist
dies ja kein gewöhnlicher Name, er wiederholt sich auch nicht in
der slavischen Namengebung, sondern ist ein Beiname, der »Listige«, der »Schlaukopf«, auf den der Fürst in reiferen Jahren, vielleicht bei der Prozedur des »Sammelns« polnischer Einzelstämme
zu einem grösseren Ganzen, sich gerechten Anspruch erworben
haben mag. Die spätere, unhistorische Tradition (bei Mag. Vincentius) bemächtigte sich daher des Namens und dichtete seinen Trä-
gern allerlei schlaue Auskunftsmittel im Kampfe gegen fremde
Eindringlinge oder im Wettkampfe um den Primat an. Dass endlich ein ganzes Volk nach seinem Herrscher oder Führer benannt
werden kann, ist gerade bei den Slaven etwas Häufiges, man denke
an die Radimiczen, Wjaticzen, Kriwiczen im Osten, an die Luticen
und andere kleinere Stämme im Westen.

Jenen zu Anfang citirten Satz des Widukind möchten wir daher übersetzen: Wichmann besiegte den »Bären«, den Herrscher
über jene Slaven, die sich »Listinger« nannten. Ist diese Uebersetzung richtig, so ergibt sich Folgendes.

Erstens eine willkommene Bereicherung slavischer Namengebung. Oben sprachen wir von nordischen Verhältnissen, aber
ähnlich verhält es sich im Deutschen. Nach Förstemann, Alt-
deutsches Namenbuch 1856, I, 223—235 und 1339—1357, sind
hier »Bär« und »Wolf« mit die häufigsten Namen und Namenglie-
der; auslautend z. B. kommt bera (zu bero ursus) in 71, meist
männlichen Namen vor; einige »Bärennamen« sind »namentlich
bei den Sachsen sehr im Schwange«. Noch viel verbreiteter, über
alle deutschen Stämme, seit dem IV. Jahrh., im ersten wie im zweiten

Gliede, ist Vulf; Förstemann nennt 381 verschiedene Bildungen mit
-vulf, darunter nur 4 Feminina; es übertrifft alle anderen an
Häufigkeit, so dass man annehmen muss, es habe schon in früher
Zeit begonnen, nur noch die Geltung eines bedeutungslosen Suffixes
zu haben. Nicht ganz so liegen die Verhältnisse im Slavischen;
medvědь als Personenname ist durch die böhm. Ortsnamen medvě-
dice sichergestellt; *mieszka* haben wir eben eruirt; ungleich häufiger ist *vlьkъ*. Wir sehen davon ab, was Miklosich nicht ausschei-
det, von vlьkъ als blossem Zunamen, aber vlьkъ als Personennamen
erweisen die Ortsnamen wilków, wilkowo, wilczkowo, wilczyn
u. s. w., die Miklosich irrig dem Appellativum vlьkъ beizählt; erweisen dann die Urkunden, z. B. *wilk* zweimal im Lubiner liber
fraternitatis saec. XII—XIII, *wilko*, dreimaliges *wilkost* (vgl. ra-
dost) und *wilczech* im Todtenbuch des Breslauer Vincenzklosters
XIII saec. u. s. w. Die von Miklosich a. a. O. genannten Momente,
welche die Wahl von Wolfsnamen für Personen bedingen sollen,
reichen für diese alten Zeiten nicht aus; freilich lassen sich auch
die deutschen Verhältnisse nicht ohne Weiteres heranziehen, da
bei den Slaven das Gebiet der Wolf- und Bärennamen jedenfalls
ungleich beschränkter ist, aber für Reste oder Spuren eines Bären-
und Wolfskultes liessen sich vielleicht auch diese Namen verwenden. — Bei unseren Ausführungen blieb nur ein ungelöster Rest,
die auffällige Uebereinstimmung des Russen und Böhmen in der
Schreibung des Mežka mit dem ž: wir möchten darin nicht Spur
alter treffender Etymologie, sondern eher blossen Zufall erkennen.

Zweitens. Wie die böhmischen Fürstennamen zwischen Prze-
mysł und Spytihněv wahrscheinlich sammt und sonders unhistorisch
sind, so hat man auch den drei Namen vor Mieszka, Samowit,
Lestko und Zemomysł, historische Gewähr absprechen wollen.
Kaum mit Recht. Der Tradition zuzumuthen, dass sie vor Mieszka
noch dreier Herrschernamen gedenke, ist nicht viel verlangt, wenn
wir das grosse Reich des Mieszko mit dem kleinen Stammgebiet
des Spytihněv vergleichen; haben wir nun Licicavici richtig als
Lestkovici gedeutet, so ist mit dem mittleren Namen dieser Reihe
auch ihr Anfangs- und Endglied gesichert. Wechsel slavischer
Völkernamen in historischer Zeit ist nicht gerade auffällig: die
nächsten Nachbarn der Polen in West und Ost haben fast zu gleicher Zeit ihren Namen gewechselt, die Lutici, welche im IX. Jahrh·

Vletove (früher, bei Ptolomäus, Velti[1]) hiessen, und die Wołynjane, die früher Bużane hiessen; zu derselben Zeit verschwindet
auch der im ganzen IX. Jahrh. wohlbekannte Name Wislane für
immer; der alte topographische Name, Poljane (obwohl ursprünglich nicht das gesammte Reich umfassend, nur den Theil, von dem
aus die Reichsgründung erfolgte), verdrängte den dynastischen,
Lstkovici, der kaum zwei Generationen alt war.

Zusatz. Neben wilk und mieszka = miedwiedź nennen wir
hier noch einen, uralten und häufigen (aber nur bei den Westslaven!) Thiernamen als Personennamen: es ist dies Krak = Rabe.
Die modernen Fabeleien über den »wandelnden« (von krok!) Sonnengott Krak (koročun!) eines Erben und Petruszewycz oder Partyckij (starynna istorja Hałyczyny 1894, I, 193 f.) übergehen wir;
zu alleinigen Ehren kommt die alte Etymologie (vgl. preuss. *krako*
Schwarzspecht, lit. *krakis* dass., geschrieben *cracto*) der sog. grosspolnischen Chronik »Crak qui legitime corvus dicitur« (vgl. mag.
Vincentius: quam — urbem — quidam a crocitatione corvorum qui
eo ad cadaver monstri confluxerant Cracoviam dixerunt); die Form
mit o bei Kosmas ist falsch, wie der Ortsname beweist, aus dem
sie ja erst gewonnen wurde; Orte Krakov, Deminutiv Krakovec,
sind von der Weichsel bis über die Elbe hin verbreitet. Ueber den
deutschen »Raben« als Personennamen sagt Förstemann unter
»hraban«: er scheint den Goten zu mangeln und bei den Sachsen
nicht häufig vorzukommen, auslautend ist er in 120 Namen, darunter 16 feminina. Krak als Name eines Edlen und die villa Craconis kommt in Rügen noch zu Anfang des XIII. Jahrh. vor (1203
und 1231). Auch bei den Nordleuten war der Name bekannt, aber
galt nicht für fein, vgl. K. Weinhold, Altnordisches Leben 1851,
S. 204. Die Personennamen wilk, mieszka, krak mögen einst my-

---

[1] Nach Müllenhoff, Alterthumskunde II, 24 »lässt sich die Vermuthung nicht wohl abweisen, dass Οὐέλται nur für Λετούαι verschrieben ist«;
ebenso Zeuss; ebenso lange vor ihnen Bohusz X., Rozprawa o początkach
narodu i języka litewskiego, Warschau 1808, S. 40. Mit Recht erklärte sich
Kunik gegen diese Verböserung; die schärfste Kritik übte an ihr Müllenhoff
selbst, S. 21 Anm., wo er von einem anderen benachbarten Namen bei Ptolemäus sagte: »man könnte endlich καὶ στανανοί aus καὶ λεταυανοί in scriptura
continua entstanden denken«. Aber der Name ist ebenso »unantastbar« wie
Οὐέλται.

thisch-religiöse Bedeutung gehabt haben; das XII. Jahrh. wusste
davon nichts mehr, und wenn der Gewährsmann des Gallus mieszka
als Bären noch verstand, könnte er auf die Vermuthung gekommen
sein, der Fürst müsse so erst später zubenannt sein, daher das primus nomine vocatus alio? (das jedoch auch anders gedeutet werden kann).

II. Die Galindensage.

Der südöstlichste Stamm der Preussen, die Galinden, an die
Sudauer oder Jatwingen angrenzend, tritt, obwohl sein Name wie
der seiner Nachbarn schon bei Ptolemäus genannt wird, nur wenig
in der Geschichte hervor. Auch Nestor kennt ihn, so z. B. besiegt
bei ihm 1058 Izjasłav die Goljadь. In Polen kommt der Name urkundlich vor, für Kriegsgefangene oder Angesiedelte, z. B. (servus)
Golandin im J. 1065, Ortsname Golanczino 1235? und Goniądz in
Podlachien (aus Golądz?). Der Gau war zur Ordenszeit ausserordentlich spärlich besiedelt; man ersieht dies schon daraus, dass
z. B. in Pierson's altpreussischem Namencodex, der Hunderte von
Samländern oder Ermländern zu nennen weiss, nur vier Galinder
verzeichnet sind. Ja, eine besondere Sage wusste den Grund dieser
Spärlichkeit auch anzugeben; die Sage theilt der älteste Ordens-
chronist, Petrus von Dusburg (1326), zu Anfang des dritten Buches
seiner Cronica terre Prussie mit. Sie lautet:

Galinditae creverunt et quasi germinantes multiplicati sunt et
roborati nimis et impleverunt terram suam, sic quod eos non commode potuit sustinere. Unde (Erwähnung von Pharao's Vorgang
gegen die Israeliten und ihren Nachwuchs) ... ita et istis videbatur
consultum, quod quidquid nasceretur sexus feminini, occideretur
et masculi ad bellum servaretur. Et quum hoc edicto non profice-
rent, quia mulieres videntes eleganciam nascencium conservabant
occulte eas, idcirco de communi consilio et consensu, ut omnis materia nutriendi pueros tolleretur, omnium uxorum suarum ubera
preciderunt. Super quo contemptu et detestabili facto mulieres in-
dignate accesserunt ad quandam dominam, que secundum ritum
ipsorum sacra et prophetissa reputabatur, ad cuius imperium huius
facta singula terre regebantur, petentes sibi super hoc negocio salubriter provideri. Que compaciens sexui suo, convocatis ad se

pocioribus tocius terre, ait ad eos: dii vestri volunt, ut omnes sine armis et ferro vel aliquo defensionis adminiculo contra Christianos bellum moveatis. Quo audito statim obediunt et omnes qui ad bellum habiles fuerunt, ad viciniorem Christianorum terram laeto animo sunt profecti.

Den Schluss können wir kurz erzählen: der Zug gelingt; beutebeladen kehren sie schon zurück, als einer der entflohenen Gefangenen ihre Waffenlosigkeit daheim meldet, worauf sie von den nachrückenden Christen eingeholt und vernichtet werden; das wehrlose Land wird nun, zumal von den Nachbarn, den Sudauern (Jatwingen), geheert.

Von den litauischen Stämmen fehlen uns Sagen fast vollständig; desto grössere Beachtung verdient diese echte und alte Ueberlieferung; jeder einzelne Zug derselben ist historisch, thatsächlich — nur die Verknüpfung ist eine willkürliche. Blutige Grenzfehden, also zwischen Sudauern und Galinden, sind bei dem Herrschen der Blutrache (eine composicio gab es ja im alten Preussen nach ausdrücklichem Zeugniss gar nicht) selbstverständlich; ebenso waren Ueberfälle der Christen, hier der Kujavier oder Masovier, auf der Tagesordnung; Kinderaussetzung oder Tödtung (beides bleibt sich ja im Grunde gleich) war bei allen Preussen noch im XIII. Jahrb. gang und gäbe; das Motiv von der Verstümmelung der Frauen durch Abschneiden der Brüste ist so grässlich, dass es nicht willkürlich, aus der Luft, ersonnen sein kann; auch die Autorität einer Seherin kann ohne Weiteres angenommen werden; ebenso die Waffenlosigkeit, göttlicher Segen und sein sichtbares Zeichen, das Amulet, sichern hinlänglich gegen den Feind.

Aber Anderes ist ganz unlogisch: wie hätte die männliche Nachkommenschaft für den Krieg aufgezogen werden können, wenn die Mütter verstümmelt wurden, und wurde sie etwa, wie bei den Geten im Süden oder bei den Skrithifinnen im Norden (nach Prokop) ohne Brust aufgezogen, nun so konnte auch die weibliche ebenso durchgefüttert werden. Ebenso unwahrscheinlich klingt das Motiv von der Uebervölkerung, damals, in diesen weiten Ländern!

Dieses Motiv musste allerdings 1326 herhalten, als die Gepflogenheit der Kinderaussetzung in Preussen längst durch das Christenthum war beseitigt worden. Im XIII. Jahrb. kannte man dasselbe nicht: in der päpstlichen Bulle von 1218 wird nur ge-

sagt, dass der Vater in Preussen alle seine Töchter bis auf eine
tödte; 1249 verpflichten sich die christlichen Preussen, dass hin-
fort keiner filium suum vel filiam *quacunque de causa* per se vel
per alium abiciet vel occidat publice vel occulte vel ab alio talia
quoquo modo fieri consentiet vel permittet. Kinderaussetzung war
offenbar altes arisches Vaterrecht; ich verzichte hier auf Belege
aus griechischem oder italischem Boden und erwähne nur das feste
Wurzeln desselben auf nordischem Boden; noch auf dem isländ-
ischen Allding, das die Annahme der Taufe beschloss, bedang sich
ja die überstimmte Minderheit den Genuss des Pferdefleisches und
das Recht der Kinderaussetzung aus. Nirgends hören wir von
einem Proteste der Mutter; nirgends brauchte man an denselben
das heimliche Nähren der Ausgesetzten zu ahnden.

Dagegen kann mit Misswachs und Hungersnoth bei Galinden
das Brüsteabschneiden der Frauen ohne Weiteres zusammenhängen.
Die Erde hat ihnen einmal die Nahrung beharrlich verweigert; die
Nahrung hat sich versteckt und verkrochen; wo soll man sie
suchen? In den Brüsten der Frauen, dem Urquell jeglicher Nahrung des Menschen. Wie man bei anhaltender Dürre Regen auf
Erden künstlich hervorruft (durch Rühren im Wasser, Zutragen
desselben, Begiessen der perperuna u. s. w.), um so den Regen
vom Himmel herzuzaubern, so öffnet man Brust oder Leib der
Mütter, der Ernährerinnen, um die Erde zum Oeffnen ihres fruchtbaren Schosses zu zwingen; man hält sich auch bei Misswachs an
die Frauen, wie man sonst die Wetterhexen u. dgl. verfolgt. Zeitlich und örtlich nicht allzu entfernte Beispiele lehren uns dies
deutlich.

Nestor (ed. Miklosich S. 109) erzählt zum Jahre 1071: бывши
бо единою скудости въ Ростовстѣй области встаста два волхва отъ
Ярославля, глаголюща, яко вѣ свѣвѣ, кто обиліе держитъ. И пои-
доста по Волзѣ. Къде придоста въ погостъ, туже нарицаста луч-
шая жены, глаголюща, яко си жито держитъ а си медъ а си рыбы
а си скору. И привождаху къ нима сестры своя, матере и жены
своя. Онаже въ мъчтѣ прорѣзавша за плещемъ вынимаста любо
жито, любо рыбу и убивашета многы жены и имѣніе ихъ отима-
шета себѣ. Diesem Unfug an der Wolga und Szeksna macht der
fürstliche Steuererheber ein Ende; man bringt die Zauberer vor
ihn и рече има: чесо ради погубиста толико чловѣкъ? онѣма же

рекшема: яко ти держатъ обиліе — да аще истрѣбивѣ сихъ, будетъ гобино; ащели хощеши, то прѣдѣ тобою выньмевѣ жито ли рыбу ли ино что.

Es war dies kein vereinzeltes Aufflackern irgend welches Aberglaubens, der mit böswilligen, gewinnsüchtigen Motiven verknüpft wäre; es war allgemeiner Glaube, der, wenn Mainov recht unterrichtet ist, noch heute im täglichen Treiben der Mordvinen, allerdings abgeblasst und gemildert, fortlebt. Beim täglichen Morgengebet wirft die mordwinische Hausfrau einen Sack mit Esswaaren über die Schulter; der Hausvater öffnet ihn mit einem Schnitt, worauf Brot, Eier u. s. w. herausfallen; so ist die Nahrung in der Frau geborgen, so wird sie durch einen Schnitt aus ihr, der jetzt symbolisch geworden, nicht mehr das Leben der Frau, nur das Säckchen trifft, gewonnen (Journal de la Société Finno-Ougrienne V, Helsingfors 1889, W. Mainov, les restes de la mythologie mordvine, S. 9).

An der Wolga und bei den Galinden hielt man sich bei Hungersnoth an die Frauen, aber auch sonst lässt man sie, die Zauberkundigen, jegliches Ungemach, schlimme Witterung, mächtige Winde, ja sogar persönlichen Misserfolg (alte Weiber sind schlechtester Angang) entgelten. Preussen und Dänen (im preussischen Samland!) standen sich einmal recht nahe und aus einer Zeit, die vielleicht mit derjenigen der Galindensage zusammenfiel, ist uns über die Dänen folgender Bericht erhalten.

Papst Gregor VII. richtet 1080 (Mansi, Conciliorum etc. XX, S. 304 f.) an König Harald von Dänemark ein aufmunterndes und mahnendes Schreiben, wo er zum Schlusse bitter darüber klagt, dass die Dänen, statt auf ihre eigenen Sünden, auf Priester und Weiber die Schuld der Unwetter u. dgl. abwälzen. De gente vestra nobis innotuit, scilicet vos intemperiem temporum, corruptiones aëris, quascunque molestias corporum ad sacerdotum culpas transferre .... praeterea in *mulieres ob eandem causam* simili immanitate barbari ritus *damnatas* quidquam impietatis faciendi vobis fas esse nolite putare . . . in illas insontes frustra *feraliter* saeviendo . . . . Dahlmann, Geschichte Dänemarks I, 120 erinnert dabei an König Knud den Heiligen, welcher 1085 die schlechten Winde auf seiner Englandreise den Wetterhexen, anicularum maleficiis, zuschrieb. Auf dieselbe Weise erklären wir uns den Zusammenhang zwischen dem Verstümmeln der Frauen und dem »non commode sustinere posse« des Galindenlandes.

Interessant ist die entscheidende Rolle, welche dabei der Seherin zufällt. Während nämlich im Osten, bei Finnen, Russen, Litauern nie eine Frau auftritt, ad cuius *imperium* huius facta singula terre regebantur, kommt hier der Seherin ein Einfluss zu, wie wir ihn sonst bei Germanen und Westslaven finden — man denke an die Rolle der »weisen« Frauen sogar im Norden. Man machte auch auf diese Stelle aufmerksam wegen eines anderen Berichtes bei Dusburg. Im folgenden Kapitel erzählt nämlich derselbe von Romow in Nadrowia, wo der von Preussen, Litauern, Letten verehrte Criwe geweilt hätte, ad istius nutum seu mandatum (die genannten Völker) regebantur etc., der Criwe wird daher mit dem römischen·Papst verglichen. Dieser Criwe hat nun die charakteristische Eigenthümlichkeit, nirgends, wo man ihn erwarten würde, aufzutreten; wir vermissen ihn stets und ständig, so auch hier in der Galindensage, wo statt seiner, in seiner Rolle, eine Seherin auftritt. Zur Erschütterung des Glaubens an diese Allmacht des Criwe trägt somit auch diese Sage bei. Ueber den Criwe hat zuletzt und am ausführlichsten Mierzyński, Żródła do mytologii litewskiej II, 1896, S. 21—46, gehandelt, er weist alle Uebertreibungen des Dusburg zurück, bestreitet mit Recht irgend welchen Einfluss des Criwe über Nadrowia hinaus, hält aber an Person und Eigennamen dieses Criwe fest. Ich möchte weiter gehen: meiner Ansicht·nach ist Criwe nur der Name des baculus gewesen (später kriwele Schulzenstock u.dgl.), mit welchem der nuncius des Feuerpriesters das Volk zu den grossen Festen u. dgl. entbot, denn im Bericht des Dusburg nimmt dieser baculus eine bezeichnende Stellung ein (tante fuit autoritatis — criwe — quod non solum ipse vel aliquis de sanguine suo verum eciam nuncius cum baculo suo vel alio signo noto transiens terminos ..... in magna reverencia haberetur): der Name des die Reverenz verbürgenden Zeichens wurde in der ungenauen Ueberlieferung auf die Person übertragen; die Etymologie spricht ganz entschieden für diese Auffassung (krive zu kreiwas, krivule spätere Deminuirung dazu).

Den Zug von der Waffenlosigkeit unter Feinden mögen die Worte des Tacitus beleuchten, von den Aestiern, wen er auch darunter verstanden haben mag: insigne superstitionis formas

aprorum gestant; id pro armis omniumque tutela securum deae
cultorem etiam inter hostes praestat.

Somit hätten wir jeden einzelnen Zug der Sage wirklich erwiesen oder erklärt; es lohnte dies, bei der ausserordentlichen
Seltenheit, in der uns slavische und litauische Sagen überliefert
sind; die Sage hatte den Grund anzugeben, warum die Galinden,
die doch nach der Macht, Kraft, Stärke benannt waren, so macht-
und kraftlos geworden sind, und sie suchte auf ihre Weise, auf ein
einziges, bestimmtes Ereigniss hundertjährige Kämpfe und Reibungen zusammendrückend, diese Aufgabe zu lösen.

Noch eine Bemerkung. Für Kinderaussetzung, die uns in
Preussen so nachdrücklich und so vielfach überliefert ist, haben
wir aus dem benachbarten Litauen keinerlei Zeugnisse. Und doch
ist vielleicht eins vorhanden, wenn man auf genealogische Fabeln
etwas geben darf. Die seit dem XVI. Jahrh. mächtigste litauische
Familie der Radziwiły (angeblich so benannt, weil ihr Vorfahre
dem König »radził Wilno«, d. i. zu gründen, während der Name
eine ganz gewöhnliche litauische Bildung ist), stamme angeblich
von einem Lizdejko, welchen König Witen im Neste (lizdas)
eines Adlers gefunden hätte; ist der Name echt — und das könnte
er jedenfalls sein, Bildungen auf -eiko sind in altlitauischen Namen
sehr häufig, Romejko Repejko u. s. w. — und ist er nicht erst
später umgedeutet, ist nicht erst später die Geschichte auf Grund
des klaren Namens hinzugedichtet worden, so könnte Lizdejko
selbst ein so ausgesetztes Kind sein oder auf die Sitte der Kinderaussetzung auch in Litauen hinweisen.

A. Brückner.

Die slavischen Composita in ihrem sprachgeschichtlichen Auftreten.

(Schluss.) *)

VI.

Die Uebersetzungsliteratur, die durch Jahrhunderte den Hauptgegenstand der kirchenslavischen Sprache bildete, übte auch auf die altrussische Literatursprache den ausschlaggebenden Einfluss aus. Ein grosser Theil der Composita des Altkirchenslavischen lebt in der russ. Literatur- und auch Volkssprache bis auf den heutigen Tag. Das umfangreichste und bedeutendste Denkmal des altrussischen Schriftthums, die russischen Chroniken, schöpften die Grundsätze der Stilistik, also auch dieses Schmuckes, aus dem gemeinsamen Born. In der Повѣсть временныхъ лѣтъ, vulgo Nestor, begegnet man solchen wohlbekannten Ausdrücken, wie: безаконие, безаконьникъ, бесъмьртие, безоумие, бещьстие, бещиние, безбожьпыи, безгрѣшьныи, безмѣрьныи, безначальнъ, бесконьчьпыи, бескоудьныи, бесловесьныи, oder mit благо-: благовоньныи, благовѣрьныи, благородьпыи, благоразоумьныи, благословесьныи, благочьстивыи, благоухание, благовѣстити; oder mit бого-: богодъхновеньныи, боголюбивыи, богомоудрыи, богообразованьныи, богостоудьныи; богородица, богословьць. In demselben Rahmen der kirchenslavischen Vorbilder bewegen sich solche Wörter: братолюбивъ, братолюбьство, братоненавидѣние, бѣсослоужение, законопрѣстоупныи, кръвопролитие, коумирослоужьбьникъ, срамословие, вельможа, единогласнъ, зълодеи, прѣлюбодеи, простословесьныи, просторекыи, трьклятыи. Wenn ich noch solche Epitheta erwähne, wie: женолюбьць für den Fürsten Vladimir, златовърхаы für das Kirchengebäude — daher in der Bylinendichtung златоверховатый — oder лѣтописьць für χρονογράφος, daher лѣтописание, und иконобьрьць für εἰκονοκλάστης, so ist der Vorrath der Compo-

---

*) Vergl. Archiv XX, S. 519—556.

sita in den ältesten Bestandtheilen der altruss. Chronik so ziemlich erschöpft. Man kann noch рыболовъ, wohl ein urslavisches Compositum, das kirchenslav. сьрдоболь und das aus Genes. 37. 19 bekannte съновидъ noch hinzufügen; dass невѣгласъ kein specifisch russischer Ausdruck ist, das sahen wir schon oben (vergl. Archiv XX, S. 531), urslavisch sind пасынъкъ, паволока (павлака). Besondere Erwähnung verdienen die Ausdrücke мясопоустъ und сыропоустъ, gleiche Bildungen, aber mit entgegengesetzter Bedeutung. Denn сыропоустьнаѭ недѣлѭ entspricht dem griechischen ἡ τυροφάγος ἐβδομάς, dagegen ist мясопоустъ dem lat. carnisprivium (carniprivium) gleich. Wenigstens wird in dieser Bedeutung das Wort in den ältesten Quellen gebraucht: in der alten Uebersetzung aus Cyrill von Jerusalem entspricht мясопоустъ dem griech. ἡ τεσσαρακοστή (Опис. рук. синод. библ. II. 2. 58) und im Izborn. 1073 lautet ἡ ἁγία τεσσαρακοστή im Plural gebraucht свѧтыꙗ мясопоушта (sc. недѣлꙗ), daher auch in ipat. Chronik до мясопоущь. Bei Cyrill von Turov liest man въ прьвоую недѣлю мясопоустъ и маслопоустъ единою творѧтъ (ed. Kalajd. 159).

Die südrussische, vielfach sehr poetisch gehaltene, Chronik des Hypatius-Klosters, bewegt sich in denselben Bahnen, was den Gebrauch der Composita anbelangt. Auch diese Chronik kennt Bildungen mit без-: безмьздьникъ, безоумьнъ, бесъмьртьнъ; mit благо-: благоволити, благодарити, благовѣрьнъ, благовопьнъ, благолюбивъ, благонравьнъ, благосьрдъ, благооумьнъ, благохвальнъ, благочьстивъ, благовѣрие, благовѣщение, благодать, благооухание; mit бого-: богобоинъ, богобоизнивъ, боголюбивъ, богомирьнъ, богомоудръ, — daher богомоудрьство —, богонабъдимъ und богосънабъдимъ, богоизволенъ, богоприятьнъ, богонечьстивъ, богостоудьнъ, богоотьць, богородица, богословьць, богоявление; mit вьсе-: вьселоукавыи, вьсемощьнъ; mit высоко-: высокомыслие, высокооумие; mit добро-: добровопьныи, добронравьнъ, добросьрдие, добродѣтель, добродѣяние; mit много-: многолоукавыи, многолѣтьныи, многоплодьнъ, многострастьнъ, многоцѣньнъ; mit мило-: милосьрдие, милосьрдовати; mit мало-: маловѣрьнъ, маломощь; mit ино- und едино-: иноплеменьникъ, иноязычьникъ, единодоушьнъ, единомысльнъ, единочадъ; mit право- und равьно: правовѣрьнъ-правовѣрие, равьнооумьнъ, равьночьститель, равьнохристолюбьць; mit разьно-: разьноличьнъ; mit прѣво- und само-: пьрвомоученица, самовластьць, самострѣлъ; mit присьно-: присьнопамѧтьнъ, приснодѣвица; mit цѣло-: цѣломоудрик. Vergl. noch любодѣкць, лъжеименьць, чюжеземьць, нищелюбьць, вельможа und велегласьно. Mit Substantiven in der ersten Hälfte ist die Zahl der Composita sehr beschränkt: братооубииство, гласохвальнъ, кръвопити꙼, кръвопролити꙼, маслопоустьнъ, масопоустьнъ, мѧсопоущь, мъздоимьць, мъздыдавьць (syntactische Zusammenrückung), нищетооуми꙼, правьдолюби꙼, роукописани꙼, сърдьцевидьць (besser сърдцевѣдьць), страстотрьпьць, троудолюби꙼, чюдотворьць. Hierher dürfte auch das Adjectiv коловоротьпꙑи zu zählen sein.

Aus den nordrussischen — Novgoroder — Chroniken führe ich noch einige bisher nicht erwähnte Beispiele an: ein ehrendes Epitheton für Städte ist богосъпасаемъ, eine Glocke heisst благовѣстьникъ, der Tatare съроидьць, der Mond ist блѣдовидьнъ, ein ähnlich gebildetes Adjectiv ist роудожьлтꙑи; eine Wolke wird mitunter тоученосьнъ genannt; ein ähnliches Adjectiv ist смьртоносьнъ, daher auch смьртоноси꙼; der schneelose Frost heisst гололедъ, das Gesuch reliefartig benannt челобити꙼, eine neue Art Frauenkleidung führte den Namen тѣлогрѣи und Kopfbedeckung треоухъ; ein zweirädriger Wagen hiess двоеколка, der auf den 1. Sept. fallende Heilige Symeon wurde лѣтопроводьць genannt (er heisst auch лѣтоначатьць). Mangel an Kleidung drückt man aus durch беспъртик. Vergl. noch братонепавидѣни꙼, крьстопрѣстоупьникъ, кръвопроливьць, меченоша, хлѣбокормлени꙼, человѣколюби꙼, чародѣица. Der Bischof ertheilt den Segen крьстообразьно, ein Sonntag in der Fastenzeit heisst срѣдокрьстьнаꙗ недѣлꙗ, daher das Substantiv середохрестие, vergl. ähnlich срѣдоговѣни꙼; сорокооустъ und сорокооусти꙼ sind die vierzigtägigen Gebete nach dem Verstorbenen. Poetisch klingen die Epitheta ornantia храбросрьдъ und крѣпъкороукъ, ebenso die Bezeichnung einer Glockenuhr: часозвони (auch часозвонъ); üblich ist зъломꙑсльнъ. Mit па- finde ich падорога (ein schlechter Weg), пагоуба-вьсепагоубьнъ, паозерье, паробокъ; neben без- begegnet auch пе-: небогъ, небꙑвальць (schon im A.T. Zachar. XI. 15 ἄπειρος), невѣрьникъ, нелюбье-нелюбъка, немалꙑи, неможени꙼, непословица (Disharmonie), несовѣтьство (id.). Ein Theil der alten Stadt Novgorod hiess онъ полъ (jenseitig, wie in Moskau noch jetzt Замоскворѣчіе, d. h. was hinter Moskva rieka liegt), der Bewohner онъполовичь, merkwürdiger Weise im Plural онипоⷧловичи (oder novgorodisch онииоловицн) Novg. Chr. I. 208, gen. plur. оныхъ половиць (оныхъ половичь).

Das älteste Denkmal der südrussischen halbwegs volksthümlichen Dichtung, das bekannte »Слово«, ist in der Anwendung der Composita beschränkt auf sehr wenige Beispiele, zum grösseren Theil schon aus der kirchenslavischen Sprache wohl bekannt, wie богородица, шестокрыльць, трьсвѣтълъ (тресвѣтълъ), пѣснотворьць, neu ist иноходьць vom Pferd, das иноходь im Gang zeigt, Srezn. citirt im Wörterbuch auch die kürzere Form иноходъ (im Wörterbuch falsch иноходь gedruckt) aus einem Denkmal des XII. Jahrh.

In dem altrussischen Wörterbuch Sreznevskij, wovon allerdings erst die Buchstaben A—N erschienen sind, kann man an dem dort benutzten und verwertheten Material dieselbe Beobachtung machen, nämlich dass die grösste Anzahl von den Compositis der Nachahmung griechischer Vorbilder ihren Ursprung verdankt. Daraus erklären sich Composita, die ich nicht einzeln anführen will, mit folgenden ersten Theilen: без-, благо-, зъло- (seltener зьлѣ-), добро- (seltener добрѣ-), мало-, мъного-, веле- und вель-, вьсе-, велико-, высоко-, выше-, досто- oder достоино-, живо-, единo-, ино-, зѣло-, лихо-, любо-, лъже-, ново-, моудро- und mit solchen Substantiven: бого-, доуше-, дѣто-, грѣхо-, звѣро-, звѣздо-, земле-, злато-, идоло-, истино-, кръво-, крьсто-, крае-, коумиро-, къзно-, миро-, мьздо-, начало-. In jedem so beginnenden Compositum kann man mehrere Beispiele nachweisen, die an sich nichts Auffallendes bieten. Ausserdem möchte ich noch einzeln anführen folgende nicht ganz triviale Belege: a) für Abhängigkeitscomposita агнононосьнъ, баснословие, баснотворьць und -творение, братонена-видьць und братоненавистьнъ, братотворение, бѣсобоиние, бѣсомо-литель, вечероѣдь oder вечероидение, виноцьрпьчии, властолюбьць, водочьрпъ, водокрещи, вѣстоноша, врѣтищеносьць, гнѣводьржьць, градолюбие, гробокопатель, гроборыи, даноплатьць, дароносьнъ, дроуголюбьць, дроуголюбие, дворометарь, -метание, дароносьнъ, дѣлолюбъ und дѣволюбьствьнъ, домодьржьць, заповѣдохранитель, звѣздоберьць, -чьтьць, земовластьць, змьисѣча, змиеитьникъ, клю-чедьржьць, каменосѣчьць, клатволюбьць, коунолюбьць, коуноемьць, коучепотъчение, коловозьць, медоваръ, медоточьнъ, мьртвоѣдьць, мѣхоноша, млсотворение; b) für die Determinativcomposita: бра-тосъмѣшение, березозолъ, водоважа, вододрьжа, водотеча, гласопищаль, громогласьнъ, громопламеньнъ, доухоборьць, доухоратьникъ, дымокоурьнъ, коурокликъ, воронограи, козьлогласованиѥ, крѣторьнн, зоубоидь und зоубоѣжа, зарезрачьнъ, козорожьць, коловоротъ, маслодрѣвиѥ, ладодьниѥ, лоукоморнѥ, погоболивьни; vergl. noch бѣгствоживьць, дьнеродьнъ und дьнесвѣтли, домачадьць, влъкоидьнъ, жизнопочальникъ, капищеслоуженнѥ, нощетатьство; c) für Attributiv- und daraus hervorgegangene Possessivcomposita: грозоокъ, голооусьни, гоустобрадьни, гоустовласьни, кроуподоухьни, красьнолиць, кратовласъ, коротошии, коуконосьни, бѣлоризьць, жестошивць, кривовѣрьнъ, крѣпькодоушьнъ, крѣпъкооумьнъ, кротъкодоушьнъ, мьрзъкословесьнъ, младотѣльньни, младооумьньни, глоубокоразоумьць, глоубокооустьнъ, драгокаменьнъ, врѣдооумьнъ, лютовластиѥ. Vergleiche noch бързорѣчивъ, нѣморѣчивъ, бѣлоголоубьни, кроуглоообльни und боурапыльникъ (der Kanonier), der боурю а пыль hervorbringt (?). Als dvandva-Composition: братъ-сестра, козокошоута.

In den volksthümlich gehaltenen Texten fehlt der grössere Theil dieser durch den Zwang der wortgetreuen Uebersetzung hervorgerufenen Composita gänzlich. Ueberhaupt ist die Anwendung der Composition mässig. Z. B. in der volksthümlich geschriebenen Erzählung Сказаніе о молодцѣ и дѣвицѣ (Пам. др. письмеп. Nr. 99) fand ich ein einziges Compositum сыромятныя сапоги.

Dieselbe Enthaltsamkeit beobachtet die epische Volksdichtung. Sie hat ihre stehenden Schmuckepitheta, doch bestehen diese meistens in den einfachen Adjectiven oder ist der Zusatz durch eine Art dvandva-Composition zu wege gebracht, wie старъ-матеръ (als Accus. auch староматеру), гордѣливъ-спѣсивъ, oder auch ganz lose an das entsprechende Substantiv angefügt ein aus Substantiv und Adjectiv bestehender Nominativ: туръ-золотые рога (allerdings begegnet auch als Compositum четыре тура златорогіе). Wirkliche Composita sind im ganzen nicht zahlreich. Ich wähle zur Veranschaulichung den in Kirša-Danilov's Texten enthaltenen Stoff heraus. In diesem findet man Substantiva wie глухоморье, челобитіе, мѣхоноша, кроволитіе, сновидѣньице, und mit без: безвременье, бездѣлица. Sonst sind nur Adjectiva in der Composition nachweisbar und auch da ist der Reichthum nicht gross, wie man am besten daraus ersieht, dass dasselbe Epitheton für mehrere Substanzen herhalten muss. So ist бѣлодубовый nicht nur столъ, sondern auch

плаха, крыша, дрова und свѣтлица. Eine grössere Erfindungsgabe
ist wohl leicht denkbar! Ebenso ist nicht nur палата бѣлокаменная,
sondern auch стѣна und пещера. Folgende Epitheta sind stehend,
d. h. sie wiederholen sich öfters: вдова многоразумная, дорога пря-
моѣзжая, камень самоцвѣтный, кляча водовозная, оружье oder ружье
долгомѣрное, камка бѣлохрущатая, платье разноцвѣтное, сума сы-
ромятная, шуба долгополая (auch der Held Василій ist долгополый
oder substantivirt Долгополище, ebenso Сорочина долгополая), ярлики
скорописчатые; die Finnen heissen Чудь бѣлоглазая, die Teufel
черти востроголовые. Von Umständen hängt es ab, dass das Russen-
volk православный народъ oder православный міръ genannt wird,
ebenso sein Herrscher благовѣрный царь oder царица благовѣрная,
oder wenn es sich gerade trifft, dass von княгиня новобрачная die
Rede ist. Zu времена kann das Epitheton первоначальныя, zu старина das Epitheton стародавная hinzutreten. Die Jäger, wenn sie
Fischer sind, heissen охотники рыболовые, und der Faustkampf hat
seine stehende Benennung рукопашный бой; das Pferd als конь
heisst meistens добрыи, aber жеребецъ führt das Epitheton коло-
гривъ oder кологривый. Eine ewige Sklaverei wird холопство вѣ-
ковѣчное genannt, und die neu ausgehobenen Soldaten sind natürlich
солдаты новобранные. Vereinzelt fand ich дерево суховерхое und
конь сухопарый (das Pferd das nicht leicht in Schweiss kommt?).
Mit без- und не- begegnen: слова бездѣльныя, еретница безбож-
ница, солдаты безумные, молодецъ безвременный, медъ безпросып-
ный; мужики неразумные, палачъ немилостивый, скорбь недобрая,
auch люди недобрые, дорога неближняя.

Ebenso macht die kleinrussische Volksdichtung nur einen sehr
mässigen Gebrauch von der Composition. In den von Maksimovič
herausgegebenen 20 Dumen fand ich folgende Substantiva: безвідье,
безхлібье, верховітье, пішеходець, суходіл, скалозуб als Nom. prop.,
самопал, satirisch гречкосій, und folgende Adjectiva: господь oder
бог милосердний, сермяга семилатная, орли сизопіри, златосині кин-
даки, семипядние пищали; одностайне стати; mit без- oder не: безрідний, безрідний хведор, безбожнии ушкали, недовірок християнски,
недобре, небагатий.

Wenn man die einzelnen, wenn auch nur die hervorragendsten
Dichter des XVIII. und XIX. Jahrh. nach dieser Seite einer Prüfung unterziehen wollte, was auch eine sehr lohnende Aufgabe

wäre, so würde man finden, dass sie im Ganzen von der Zusammensetzung einen sehr mässigen Gebrauch machen und während die modernen in dieser Beziehung in die Fussstapfen der Volkssprache treten, klingen bei den älteren die Reminiscenzen der kirchenslavischen Diction nach. Ich nahm z. B. den ersten Band der neuesten akad. Ausgabe Lomonosov's durch (Odendichtungen, Uebersetzungen, Epigramme) und fand in ihm solche Composita: a) Substantiva: великолѣпіе, добродѣтель, благодать, благодѣяніе. чужеложникъ, стихотворецъ, земледѣлецъ, злодѣйство, — wie man sieht lauter altbekannte Composita; b) Adjectiva: благословенный, благопріятный, великолѣпный, благополучный, великодушный, благовонный, велелѣпный, добросердечный, драгоцѣнный, трудолюбивый, земнородный (für люди), многообразный, единогласный, легковѣрный, всевышній, вселѣтный, всесильный, всещедрый, повседневный, всечасно, повсечасно, стремглавъ; ferner verhältnissmässig zahlreiche Composita mit без-: безбѣдный, бездушный, безвременно, безмѣрный, безоблачный, безпагубный, безмолвный, безмѣрный, беззнатной, безопасный, безразсудно, безстыдный, безсмертный (auch Subst. безсмертіе), безсовѣстный, безчувственный, безщастный, безсловьный, безчисленный, безпрестанно, безчеловѣчный. Auch in diesen Bildungen leben alte kirchenslavische Traditionen fort. Seltener sind Adjective mit не-: невѣдомый, незабвенный, нелестный, неложный, непостижный, несклонный, нетщетный. Es müssen ganz besondere Anlässe sein, dass der Dichter zu solchen Bildungen greift, wie: Зевесъ громодержитель oder шумъ сладкострунный.

VII.

Die böhmische Sprache ist unter allen slavischen, die nicht vom Altkirchenslavischen ihre stärksten Impulse und ihre Abhängigkeit verspürten, die am frühesten zur literarischen Entfaltung gekommene. Es ist darum für unseren Zweck sehr wichtig, die Anwendung der zusammengesetzten Wörter nach den altböhmischen Sprachdenkmälern einer Prüfung zu unterwerfen, so weit das heute, beim Mangel eines altböhm. Wörterbuchs, durchführbar ist. Da stellt sich nun, selbst bei einem sehr unvollständigen Ueberblick, die Thatsache heraus, dass das Altböhmische in den ältesten und

bedeutendsten Denkmälern des Mittelalters durchaus nicht in derselben Sphäre sich bewegt, wie die bisher genannten südostslavi-
schen, unter dem grössten Einfluss des Altkirchenslavischen
gestandenen Sprachen. So gleich die eine Thatsache verdient hervorgehoben zu werden. Statt der zahlreichen Composita mit без-
dort findet man hier kaum das eine und das andere Beispiel vertreten. Im Alexanderroman begegnet bezpokojé 507. 1191; im
Wittenb. Psalter bezcěstie (invium), bezvodie (inaquosum), bezden
(abyssus), im Klem. ps. bezděcek (sterilis), bezpřiemny (intolera-
bilis), wofür wittenb. netirpedlny setzt. Ich halte diese in den
Psalmentexten begegnende Zusammensetzung für eine Erinnerung an die ältesten Einflüsse der altkirchenslavischen Psalmen-
übersetzung auf die altböhmische. Allerdings finde ich im Altkirchenslavischen nur безводнꙗ und бездьна oder бездьникь (so auch
im Wittenb. Psal. bezden und bezednye), aber die übrigen Ausdrücke können nach diesem Princip gebildet worden sein. Niemand wird wenigstens in Abrede stellen, dass blahoslaviti, blahoslavie und blahoslavenstvie auf dem griech. Vorbild und dem Medium
des Altkirchenslavischen beruhen. Der zweite Theil des Compositum war den späteren Böhmen so wenig geläufig, dass sie aus
-словенꙗ die Anlehnung an sláva, daher blahoslavie, blahoslavenstvie machten, also εὐλόγητος wurde aus благословенъ zu
blahoslaven (ps. 17. 47, 71, 18), wofür ps. 27, 6 schon błażený
hospodín steht. Wahrscheinlich ist auch dobrovolný (voluntarius)
im Zusammenhang mit dobrovolenstvie nur eine Umbildung des
altkirchenslavischen благоволꙗник (auch im Altkirchenslavischen
wechseln благо- und добро- ab), die Bevorzugung des dobro- mag
durch das lateinische *bene*placitum hervorgerufen sein, dagegen mehr
čechisch-lateinisch klingt dobrolubstvo für beneplacitum. Auch die
Uebersetzung dobrozvěstovnik für evangelizans halte ich für eine
nachträgliche Umbildung des kirchenslavischen благовѣстьникъ
und jednomyslé für consensus ist wohl das altkirchenslavische кди-
номꙑслиꙗ (ὁμόνοια). Wahrscheinlich urslavisch ist čarodejnik
(vergl. Vyb. I. 268) und cuzozemec für alienigena hat im altkirchenslav. тоуждеплеменьникъ seine sehr nahe Parallele, übrigens im
alten Testament kommt auch das altkirchenslavische чоуждоземьць
vor. Wenn für adulter cuzoložec gesagt wird, so muss auch dieses
Wort in einem Zusammenhang stehen mit dem als kirchenslavisch

im Russischen geltenden Ausdruck чужеложникъ, den ich übrigens aus Miklosich oder Vostokov nicht nachzuweisen vermag. Das Wort милосръдъ, милосръдие ist im Altkirchenslavischen selbst möglicher Weise westslavischen Ursprungs, vergl. alex. milosrdie 1909. 1915, milosrdný muz. 46. Doch — um zur Zusammensetzung mit bez- zurückzukehren, es sei noch das sehr geläufige bezpečnější alex. bud. muz. 246, bezpečen (Nová rada 804), nebezpečno (ib. 802), davon das Verbum ubezpečiti (Dalim. 141, 52), erwähnt, oder bei Dalem. bezděčný, im Passional bezdietkyni. Alles das sind — rari nantes gegenüber der Fülle von solchen Zusammensetzungen im Altkirchenslavischen.

Für den Abgang der Composita mit без- wird man reichlich entschädigt durch die sehr beliebte Zusammensetzung mit ne-. Ich führe einige Bespiele an. Im Alexanderroman findet man Substantiva: nehoda 179, nepokoj 1500, 2232, 2309, nepřiezů 105, nemoc 1792, nekrasa 2244, nezroda 178; Adjectiva: neblahý 1889, nemalý 2360, nehoden 266. 1323, nejeden 803. 2043, nejednak 614, nedospělý 975, nelekko 2172, nepokojný 794, nesytý 1369. 1854, neklidný 808, neradný 1657, nesmierný 444, neslýchaný 2072, nesborně bud. muz. 15, nesnadný 215, muz. 5, netvrd 186, nestatečný bud. muz. 287, neviuný 296, nevěrný 445, neznámý 840, nešťastný 2240, neškodný buděj. 335, nezbeden 227 (trist. 4121 nezbeden), nečstný 66, nežáden muz. 4, bud. muz. 143, nevěhlasně 1366. — Ebenso in der Katharinenlegende Substantiva: nebožička 697, neklid-nekluda 3210. 2892, nelesť 1328, neuka (von einer Person) 1662, neotvlač, -i fem. 600, nezboženstvie 3091; Adjectiva: nelehký 330, nemocný 296, nebožný 2980, neléně 950, nemalečký 3144, nematně 1213, nepodobně 3124, neozračný 1737, nepřiroký 712, nesmierný, nesnadný 542, nebylý 102, neposkvrnný 419, neskrovný 583, nevěrný 116, neumalený 2904, nevraždný 831, nezlišen 1060, neživný 535. — In der Nová rada: neřád 683, nečest a nekázeň 1074, nevděčný 139, nemúdrý 170, nemúdře 1060, neščastný 294, neučasten 692, nepodobný 1027, neveřný 783, nevýmluvný 133. — Im Wittenb. psalt. nedostatek, nel'ubosť, nemilosť, nenávisť, nepravda, nevěra, nevina, nesbožie; nesmylný, nesytý, neumětedlný. Im Klem. ps. nemoženie, nepamět', nepravosť, neumětelnosť, nesmyslný. — Im Hrad. rukop. nevěra, nedužný, nekázaný, nematný, nestrpělný, nepodobně, nerozpačně. — Im Svato-

vit. rkp. nehob, nebožtík, nesměra, nepodobný, nematný. — Auch
Dalimil hat viele solche Beispiele: neznámý 34, nemúdrý 11. 26.
30. 138, nemudrosť 117, nevěrný 6. 3, nevěra 27, nevinný 63,
nepřiezů 89, nepodobný 95, nemocný 135, neprazdný 138, nemi-
lostivě 171, nebožatka 171, nepodobizna 147.

Gegenüber dieser Häufigkeit der Anwendung der Negation ne-
als Seitenstück zum ost- und südslavischen без- sind die sonstigen
Composita in der altböhmischen Literatur durchaus nicht häufig.
Nicht alles, aber das Wesentlichste davon sei hier angeführt.
Alexanderroman kennt neben milosrden und milosrdie, das ich bereits erwähnte, dobrodruztvo 1825 und adj. dobrodružnie bud. 172,
bei Dalimil das Adjectiv dazu dobrodružský 21. 88, 47. 11; samo-
střiel 1533. 2023, ryboploda oder ryboroda 692, piesnotvor bud. 205.
In der Katharinenlegende: milosrdenstvie 3284, očivistě 1813 und
ducholový als Epitheton zu rada: ducholová rada 2969—70, zu
zlosť: ducholová zlosť 3073—4. 3243, jednorozený 483 und věhlas
fem. 375, adj. věhlasný 294. 366 (alex. nevěhlasně 1366), auch
Svatovit. rkp. kennt věhlas und věhlasnosť. Dieses Compositum
ist sehr merkwürdig, schon im Altkirchenslavischen ist вѣгласъ
ἐπιστήμων, невѣгласьнъ ἄπειρος, greg. nanz. 156⁸, ἄμαθος ib. 289⁸.
Ich fasse den zweiten Theil als abhängig vom ersten participialen
auf; antioch. pand. hat auch вѣгодыи ἐπιστήμων. Da man kaum
würde nachweisen können, dass невѣгласъ auf mährisch-pannoni-
schem Boden ins Altkirchenslavische Aufnahme fand, so wird das
Compositum eher urslavisch sein, vielleicht aus den Zeiten herrührend, wo die Klugheit der Menschen bemessen wurde nach der
Kenntniss der гласи und годи. Ein nach dem deutschen Muster sehr
früh gebildetes Compositum ist kratochvíle alex. bud. 178, nová
rada 982, Dalim. 168. 32 kratochvíl — deutsch kurzwile, davon das
Verbum kratochviliti tristam. — Im Kat. leg. wird Enthusiasmus
durch velesenstvie 2176 ausgedrückt: ist das vele und sen? — Im
Wittenb. ps. begegnet eine sehr schlechte Zusammensetzung lud-
skosbor — nur eine Randbemerkung zu vlasť, dann letorast (pal-
mes) zum altslov. лѣторасль (κλήματα: розгы), offenbar der Zu-
wachs während eines Sommers an einem Zweig (wahrscheinlich
ist das Compositum urslavisch) und das bereits erwähnte (Archiv XX
S. 535) kuroptva. Das Wort jestoiska Wittenb. ps. 77. 30 und
viden. ev. Menčík 35 (Matth. 6. 25) kehrt bekanntlich im Serbo-

kroatischen wieder und da es sehr schwer mit dem Suffix -ьскъ in
Zusammenhang zu bringen ist (etwa so, wie воиско), so könnte man
versucht sein in dem zweiten Theil das Participial des Verbums
искати zu finden: ѣстонска wäre, wie сѣнокоша, nicht bloss der die
Nahrung suchende, sondern geradezu die Nahrung, Speise selbst.
Velel'ubstvo für magnificentia ist wohl im Wittenb. ps. nur ein
Schreibversehen für velebstvo (Klem. ps. velebnost'). Noch sei
vlnoskok fluctuatio, velryb cetos erwähnt. Im Klement. ps. findet
man: ducholovstvie (dolus), ducholovstvo (nequitia), hlasonosie
(vociferatio), milosrdie, světlonoše (lucifer), zlořečenstvie (male-
dictio), adj. dluhověčný (μακρόθυμος, altsl. трьпѣливъ) und offenbar unter dem nachträglichen Einfluss des lateinischen Adverbiums
bene- dobřečiněnie, dobřelubý (beneplacitus). Erwähnenswerth ist
das Compositum motovuz (zona), eine uralte Bildung, vergl. poln.
motowąz, klr. мотовяз-мотоуз, мотуз, es ist selbst ins Rumänische
gedrungen. Miklosich nennt das Compositum singulär, ich möchte
es so wie die Composita mit любо-, вѣ- erklären (d. h. ein umge-
legtes Band). Das Compositum živubytie beruht auf der Phrase
živu byti. — Im Svatovit. rkp. lesen wir děvosnub, ptákohádání,
ptákopavení, holohumno (granarium), mehodiek (měhodiek) hervorgegangen aus dem ganzen Satz měj ho děk (babdank, es bedeutet
aber: wohlan), světoplozie (altslov. wäre es свѣтоплождa), světo-
sviec. — In Hrad. ruk. mužebojce, zloděj, spoluvěk (Altersgenosse).
— In Dalimil: postoloprtský von Postoloprty = Apostolorum porta,
bohobojný, dobrovolenstvie, häufig cuzozemec, malomocný (altslov.
маломощь), häufig zloděj. — In Tristam: piedimužatko, vrtověz
(dohrú vrtovězí 4599, vrto- ist zu erklären wie moto- d. h. eine
gewundene Weide, věz, -i fem. vergl. serb. вȇз-вȇза, russ. вязъ). —
In Passion. (Listy filol. IX. 134): ducholový člověče, pvospěch,
licoměrník, čarodějník, tvrdohlav, zlořečený.

Zieht man im Vergleich zu dieser durchaus nicht imponirend
grossen Zahl von Composita den Umfang der berücksichtigten
Denkmäler in Betracht, so wird uns die Geringfügigkeit der Anwendung von zusammengesetzten Ausdrücken ziemlich stark zu
Bewusstsein gebracht. Man kann bei keinem einzigen Denkmal
die Beobachtung machen, mag es in Versen oder in Prosa abgefasst
sein, dass es sich der Zusammensetzung absichtlich als eines sprachlichen Schmuckes zur Hebung des Eindrucks bedient hat. Ganz

anders und gerade darum um so auffallender stehen die Königinhofer Handschrift und Libuša's Gericht da mit ihren verhältnissmässig gehäuften Zusammensetzungen, deren beabsichtigter
Zweck es war, den Totaleindruck der Erzählung oder Schilderung
zu heben.

In der Königinhofer Handschrift findet man einige Epitheta,
die auch sonst bekannt sind, so: věhlas und věhlasný, allein die
Ausdrucksweise pod helmiciu velebyster věhlas (Jarosl. 269) ist
eine moderne Combination, die der echten Bedeutung und Anwendung des Ausdrucks durchwegs zuwiderläuft, ebenso auffallend ist
boh ti da věhlasy v bujnú hlavu, man würde věhlas' oder věhlas-
nost erwarten; für čaroděj (Jarosl. 75) fanden wir im Altböhm.
čarodějník, wegen des üblichen zloděj wäre allerdings auch čaroděj
nicht unmöglich. Die Adjectiva velebystrý, velel'utý, veleslavný
sind moderne Combinationen, fürs Altböhmische nicht wahrscheinlich. Die seltene Verwendung des bez für solche Composita, wie
Jarosl. 283 spade bezduch, besprachen wir schon oben. Die Adjectiva hlasonosná (obět') und hrozonosný (skřek) sind sprachlich
richtig, allein was soll hlasonosná obět' bedeuten? Noch weniger
wird man blahodějné jutro und dcerú lepotvornú mit dem altböhmischen Sprachgefühl vereinigen können. Was soll man mit les
dlúhopustý anfangen? oder mit dřevce sehodlúhé? Nicht genug
an allen diesen stark auffallenden Epitheta ornantia, der Verfasser
der Königinhofer Handschrift gefiel sich noch ausserdem in jarobujný oř und jarobujná sila, in jarohlavý tur, in šedošero jutro
(dat. šedošeru jutru), in vlasy zlatostvúcí, in všestrašivó, všetichúnko,
in drva vysokorostlá und an Substantiven leistete er bujarost',
krupobitie und kuropěnie. Wo nicht im einzelnen die Anwendung
und auch Bildung dieser Composita Bedenken erregt, da verstärkt
den Eindruck des Befremdenden die tendenziöse, ganz den Charakter der altböhmischen Diction widerstrebende Häufung.

Mit noch grösserer Dreistigkeit treten die Epitheta ornantia,
aus zusammengesetzten Adjectiven bestehend, in Libuša's Gericht
auf. Da hat man bělostvúcí riza, desky pravdodatné, plamen pra-
vdosvěsten, voda strebropěná, mža strebronosná, svatocúdná voda,
ot brd vltoréčnych, věkožiznych bogov, věglasně děvě, zlatonosná
Otava, zlatopieska glina. Wahrlich, wenn keine anderen Gründe
die Echtheit dieser »Denkmäler« bekämpfen würden, so könnte

man auf Grund dieser Häufung der Composita gegen die Echtheit
Verdacht erheben.

VIII.

Die polnische Sprache entwickelte sich in den ältesten Phasen
ganz parallel mit der böhmischen, unter deren Einfluss sie auch
stand. Die altpolnischen Sprachdenkmäler zeigen denselben Ent-
wickelungsgang wie jene der altböhmischen Literatur, nur bleibt
jene an Reichthum und Mannichfaltigkeit stark hinter dieser zurück.
Zu den ältesten altpolnischen Sprachdenkmälern zählt man jetzt
die von Prof. Brückner entdeckten Fragmente der Predigten von
St. Kreuz: doch ist hier für die Composition die Ernte sehr gering.
Man liest bog vsemogǿcy (wszemogący), boga wszemogącego, wobei zu beachten ist, dass das Gebetbuch Navojka's dafür wszech-
mogący schreibt. Die letztere Form ist die noch heute übliche,
aber nicht die ursprüngliche. Alle Wortgebilde, wo im ersten Theil
ein Casus obliquus oder beim Adjectiv die adverbiale Form zum
Vorschein kommt, sind secundär. Beachtenswerth ist noch in den
St. Kreuzpredigten die Form des Adjectivs miłosird statt des später
üblichen miłosierdny oder miłosierny (ohne d): skutkiem miłosir-
dym. Noch findet man das Adjectiv bogobojny, noch heute üblich.
— In den Gnesener Predigten begegnen die üblichen Composita
miłosierdzie, złodziej, kaznodzieja und auch licemiernik (vielleicht
durch das böhmische Medium auf das Altkirchenslavische zurück-
gehend), ebenso wie im böhm. jednorožec. Für die alte Bezeichnung въскрьсилти wird im Poln. gebraucht zmartwystać, also eine
zusammengerückte syntactische Fügung, aber auch zmartwykrze-
sić, wo die verblasste alte Bedeutung des Verbums den Zusatz
zmartwy- veranlasste. Heutzutage macht man der Syntax noch
grössere Concession und spricht geradezu zmartwychwstać. Vergl.
noch dem чрънориѕьць entsprechend czarnoksiężnik, davon abgeleitet czarnoksięstwo, wielkokroć (frequenter). Mit nie-: niewinny,
niedowiarek. — Im Florianer Psalter ist die Zahl der Zusammensetzungen mit nie- die grösste: niedostatek, niedostateczny, niemoc, niemocny, nieczystota, niemiłość-niemiłościwy, niemądry, nie-
prawda-nieprawdziwy, nieprawy, nieprawedlność, niepewny, nie-
pokalany, nierozumny, niesyty, niestworzony, nieużyteczny, nie-

winowaty, niepłodność, nieumieństwo, niezbożstwo, niewiara, niewrządość (abusio: невърдадость?), adv. nieporusznie (inviolabiliter). Andere Zusammensetzungen sind gar nicht zahlreich: bezwinny und bezwiństwo (mit bez-), wofür üblicher przez-: przezdroże (Weglosigkeit), przezdziatkini (kinderlos), przepicie (sitis), przewodzie und przewodny (Wasserlosigkeit, wasserlos), przezwinny und przezwiństwo (gleich den Ausdrücken mit bez). Aus der kirchenslavischen Quelle durch das böhmische Medium rührt her błogosławić, błogosławiony, błogosławieństwo, und da man den ersten Theil nicht recht verstand, so entstanden Synonyma: bogosławić, bogosławienie. Uralt, oder wenigstens aus dem böhmischen Medium herübergenommen ist das bereits erwähnte miłosierdzie und miłosierdny. Ebenso wurde bereits jednorożec erwähnt und cudzołożca (adulter) hat im Altböhmischen sein Vorbild, ebenso cudzoziemiec. Durch wörtliche Uebersetzung des lat. magnificare entstand das ungeschickte Compositum wielikoczynić und für legislator lautet die wörtliche Uebersetzung zakonanośca.

Das Gebetbüchlein Navojka's beschränkt sich auf Compositionen mit nie-: nieluby, nieczysty, niedostojny, niemiłościwy, niemocny (auch Subst. niemoc), nierozdzielony, niewymowny, nieprzebrany, niebeźrzany. Mit bez-: bezmierny, ferner wielmożny, endlich die bereits erwähnten Ausdrücke: błogosławić, błogosławiony, miłosierdzie, miłosierny.

Das Gebetbuch Waclaw's enthält mehrere Composita mit nie-: nieduch, niechutność, niezgodność (discordia), nieprzezpieczność (böhm. nebezpečný), niemądrość, niesmiara (impatientia), niepoczestność (irreverentia), nieśmiałość (pusillanimitas).

In dem bekannten Lied an die Mutter Gottes hat die Benennung derselben bald die Form bogarodzica, bald bogurodzica, das richtigste wäre bogorodzica, wenn nicht das lat. Vorbild deipara den Genitiv gefordert hätte. In der Ausgabe Bobowski's (Polskie pieśni katolickie od najdawniejszych czasów do końca XVI wieka) liegt eine reiche altpolnische Hymnensammlung vor. Da die Vorbilder dieser Hymnentexte lateinisch waren, so kommen fast gar keine Composita vor. Man findet zwar błogosławić, błogosławiony und bogosławiony, dobrodziejstwo, licemiernik, miłosierdzie, miłosierny, kaznodzieja, złodziej, bogomyślność, wielmożność und einige Adjectiva: bogobojny, cudzołozski, dobrowolny, swowolny, marno-

tratny, piworodny, wielmożny, — allein alle diese Beispiele sind
verschwindend gering gegenüber dem Umfang der Texte, und man
kann sich recht lebhaft vorstellen, welche Fülle von Zusammensetzungen dieselben Hymnen aufweisen würden, wenn ihnen nicht
lateinische, sondern griechische Vorbilder vorgeschwebt hätten.
Vielleicht nirgends zeigt sich so mächtig der Unterschied der Beeinflussung seitens der griechischen Diction auf der einen und der lateinischen auf der anderen Seite wie in der Hymnendichtung der
Südostslaven, die sich in den griechischen Fussstapfen bewegte, und
der westslavischen Hymnendichtung, die sich nach den lateinischen
Vorbildern gestaltete.

Ich will noch aus Nehring's Altpoln. Sprachdenkmälern, aus
Brückner's Poln. Glossen in lateinischen Texten und einigen anderen älteren Werken einiges Material zusammenstellen, das unseren Zwecken dient und die Composita betrifft. Auch die poln.
Texte kennen das im Altböhm. nachgewiesene Wort dobrodružstwo
in dobrodružstwo męzkie (impetus), ein Vogel heisst grabołuszka
oder grabołusk (ascalaphus avis), die Bürgschaft in der Urkunde
1389: raukojmia, jetzt der Bürge rękojemca. Ein Gefäss, utensile,
lautet szczebrzuch (Brückner IV. 48). Für so-tilegium steht als
Glosse czarnoksięstwo, für biga jednokole oder jenokole, probrum
ist złorzeczenie, zum Substantiv cudzołostwo findet sich auch das
Verbum cudzołożyć, das aus dem Böhm. bekannte dobrowolenstwo
steht als Glosse zu arbitrium, wielkomyślność ist magnanimitas,
wieloryb das böhmische velryb (cetus), długoświatność ;longanimi-
tas); inochoda, wie im russ. иноходьць, vom Pferd gesagt, es
kommt auch inochodnik, inochodniczek, jednochodnik vor. Aehnlich sind gebildet pierworodne dziecię, marnotrawca, nowożenia
(sponsus), przodochodźca (praecursor), darmochod (vagus), darmo-
leg (Faulenzer), darmopych (aufgeblasen), pustopas (frei). Bei Rej
Joz. cz. findet man chudocnothiwa niewiasta, chudorodny ist un-
adelig. Vergl. noch die Adjectiva jasnopiękny, jasnoświetny, jas-
nowschodny, obfitodajny, ostrowidne oczy, rożnoglosy, rożnoplotny,
starodawny. Mit den Substantiven im ersten Theile: złotorod (au-
rigenum), ptakoprawnik (augur), ciałożerca, piororuch (ein Vogel),
welnobicie (procella), sniegorodna zima (Rej, Joz.), chleborodne lato
;ib.), swarorodna niezgoda, kwiatoplodny (florigerus), mężobójca
(Bielski), pieczołowliwe prace (sollicitae occupationes) Brückner

III. 95, drogomilna ścieżka (Rej, Joz.), duszostratny (ib.), kozowoń-ski narod (ib.), ludołowna siatka (ib.), ludotratny (ib.); ironisch heissen die Aerzte skórołupcy. Hierher gehört wohl auch osoryja (vultur), swiętokrajca; zimostradka (eine Pflanze) ist so gebildet wie latorośl (virgultum); gwiazdomocny ist Glosse zu astripotens, bojomocny zu palaestripotens, rękotarżny (č. rukotržný) zu prodi-gus, wiatrolotny szum, wiatronogi, wichrokrętny. Für aruspex und ariolus findt man Glossen czasoguślnik, swiętoguślnik. Als posses-siva Composita führe ich an: złotogłow (Goldwurz), krasomowy (poëta), czarnobrwa (fusca), długonogi, ostrowidz (lux), ostrowzrok, blaskooki (blesus), krwawopienna lwica (Rej, Joz.), prędkopiory, parskonosy, siwoletnia starość. Die bekannte Benennung białogłowa für Frauenzimmer war ursprünglich ein possessives Compo-situm oder aber eine syntactische Wendung biała głowa. Rej in Wizerunk declinirte noch beide Theile: zdradzić białą głowę, ebenso Bielski: wiodły je białe głowy. Composita mit dem verbalen Theil in der ersten Hälfte: dręcznoludna zima (Rej, Joz.), und als Impe-rativ: pasirzyt (parasitus). Rej nennt einen bigotten Menschen: liżobrazek, vergl. noch łapikufel Saufbruder, moczymorda und moczywęs id., łuszczybochenek Tellerlecker, Schmarotzer.

Auch im Polnischen nimmt der erste adjectivische Theil des Compositums die adverbiale Form an: złepożywać (abuti), dobrze-sławić für błogosławić, daher auch dobrzesławienie albo błogosła-wieństwo, aber auch dobrosławieństwo (Sprawozd. filol. XII, 10—11).

Aus dem Substantiv wielbłąd machte man wielbrąd (russ. вер-блюдъ), aus sąsiad wurde volksetymologisch samsiad.

Meine Auseinandersetzung bricht hier ab, sowie im Winter des Jahres 1898 die Vorlesungen, aus denen sie hervorging, unerwartet abgebrochen wurden.   *V. J.*

Martyrium des St. Dometius.

(Cf. Supr. 157—161.)

Wir bieten im Nachstehenden den griechischen Text der Dometius-
legende Supr. 157—161. Zunächst wurde uns der von uns[1]) nachgewiesene Text aus cod. 184 der Moskauer Synodalbibliothek f. 235ʳ—
237ʳ durch eine Abschrift des Herrn Dr. W. von Le Juge zugänglich
gemacht. Er stellt sich als eine rhetorische Ueberarbeitung unseres Abschnittes dar und weicht, obwohl inhaltlich übereinstimmend, im Ausdruck ziemlich stark vom slavischen Text ab. Wir verzichten daher auf
seine Wiedergabe an dieser Stelle, nachdem Herr J. van den Gheyn,
Bollandist in Brüssel, uns die Legende des St. Dometius, dessen Gedächt-
nis am 5. Juli gefeiert wird, aus cod. Paris. 548 (Arch. l. c.) zur Verfügung zu stellen die Güte hatte. Der letzte Theil derselben ist unsre
Legende, die durch eine Verwechselung auf den 23. März datirt ist.

Der Inhalt der Legende, deren Schluss wir hier zum Abdruck bringen, ist folgender:

Nach einem längeren Proömium wird berichtet, dass Dometius von
Abbarus (oder Abarus) in Persien zur Zeit Konstantins des Grossen als
noch ganz junger Mensch mit Verlangen nach dem Christenthum erfüllt
worden sei. Deshalb mit seinen Eltern zerfallen, sei er nach Nisibis gekommen und in ein Kloster gegangen, wo er sich durch seine strenge
Askese bald so hervorthat, dass eine Spaltung der Mönche in eine stren-
gere und laxere Richtung auszubrechen drohte. Deshalb entwich er heimlich und zog mit einer Karawane nach Theodosiupolis, unterwegs durch
sein Gebet wilde Thiere und einen teuflischen Dämon vertreibend. Dort
trat er ins Sergiuskloster ein, das unter der Leitung des alten Archimandriten Nuben (oder Nubel) stand. Nach 18 Jahren wird er seiner strengen
Askese wegen vom Bischof Jakob von Theodosiupolis wider seinen Willen
zum Diakonos und bald darauf, als ihm wiederholt bei der Eucharistie der
Heilige Geist als weisse Taube erschienen ist, im Auftrag desselben
vom Chorepiskopos Gabriel zum Presbyter geweiht. In feierlicher Pro-
zession soll er durch die Stadt geführt werden, doch weiss er sich wieder

---

[1]) Arch. XVIII, S. 143, Nr. 14.

durch Flucht dieser Ehrung zu entziehen und gelangt mit einer Karawane nach 6 Tagen ins Gebiet der Stadt Kyros, wo er in der Kapelle
des Kosmas und Damian beim Dorf Kaproimandus durch ein Wunder
bekannt wird. Er sucht wieder die Einsamkeit auf und geht 8 Millien
nordwärts zum Dorfe Parthen, wo er in rauher Gebirgsumgebung lebt,
nach und nach von vielen aufgesucht wird und viele Wunder verrichtet.
Unter Julian erfolgt sein Martyrium, das im Folgenden erzählt wird.

Zu Zeit und Ort des von uns mitgetheilten Abschnittes bemerken wir
nur, dass der Bericht an Julians Aufenthalt im syrischen Antiochia 362/3
anknüpft, genauer an seinen Aufbruch zum Perserkriege und Marsch bis
zum Euphrat 5. März — 13. März 363. Die Auffindung der Reliquien
ist dann 365 anzusetzen. Die Stadt Kyros (gewöhnlich Kyrrhos genannt), bei der die Geschichte spielt, liegt etwa 100 km nordöstlich von
Antiochia.

Legende des St. Dometius
nach einer Abschrift der Bollandisten zu Brüssel.
Aus Cod. Paris. 548 (cf. Supr. p. 157—161).

74ᵛ. Ἰουλιανὸς γὰρ τότε ὁ βασιλεὺς κατὰ τὴν Ἀντιόχου πόλιν
παρεγένετο, εἴ γε βασιλέα χρὴ ἐκεῖνον ἐπονομάσαι ἀρχούσης
αὐτῷ καὶ τῆς προςωνυμίας τὸ παραβάτην καὶ ἄνομον [1]) καλεῖσθαι
αὐτόν, ὅτι τὰς ἐντολὰς τοῦ θεοῦ παραβὰς καὶ τὴν ἀληθινὴν καὶ
μακαρίαν πίστιν τῶν Χριστιανῶν ἀθετήσας εἰδώλοις ἔθυσεν.
οὕτως γὰρ πρότερον ἀναγνοὺς καὶ μαθὼν τὰ τοῦ κυρίου λόγια
καὶ χειροτονηθεὶς καὶ ἐγχειρίσας τοῖς ἀχράντοις μυστηρίοις καὶ
τῷ θείῳ θυσιαστηρίῳ παραστὰς παραβάτην ἑαυτὸν ἐποίησε γενέσθαι. ὃν ὁ θεὸς ὡς ἀνάξιον τῆς δόξης αὐτοῦ ἐξεώσας ἐξουθέ-
νημα ἐποίησεν [2]) οὗτος τὸν Ἰούδαν μιμησάμενος ὁ δείλαιος [3]) εἰςελθὼν εἰς τὴν Ἀντιόχου πόλιν τῆς πρώτης τῶν Σύρων ἐπαρχίας
τοὺς μὲν τῆς εὐσεβείας ἀθλητὰς ἐδίωκεν, ἄλλους δὲ τὸ θεῖον
ἠνάγκαζεν ἀρνεῖσθαι, ὅπως πληρωθῇ τὸ εἰρημένον· πονηροὶ δὲ
ἄνθρωποι καὶ γόητες προκόψουσιν ἐπὶ τὸ χεῖρον πλανῶντες καὶ
πλανώμενοι. ἦν γὰρ ὁ ἀνὴρ πανοῦργος καὶ δόλιος καὶ ἀλαζών,
ἀλλὰ καὶ κομψὸς τὴν Ἑλληνικὴν παιδείαν, ἅμα δὲ καὶ κολακευ-

---

[1]) ἄνομον] μόνον Ms.   [2]) ἐποίησεν] ἐποίηκεν Ms.
[3]) δείλαιος] δεῖλεος; Ms.

τικὸς καὶ δι᾽ ὑποσχέσεως καὶ δόσεως[1]) χρημάτων ἀπατῶν καὶ
ὑποσκελίζων τὰς ψυχὰς τῶν ἀστηρίκτων. ὃς εἰςελθὼν, ὡς προ-
είρηται, εἰς τὴν πόλιν Ἀντιόχου τὴν ἐκκλησίαν τὴν μεγάλην τὴν
ὑπὸ τοῦ βασιλέως Κωνσταντίνου οἰκοδομηθεῖσαν ἐξύβρισεν· πᾶσαν
γὰρ | 75ʳ φάτναις ἵππων ἐπλήρωσεν, τὸν δὲ τόπον τοῦ ἁγίου
θυσιαστηρίου τῷ ἰδίῳ ἵππῳ εἰς φάτνην ἀπένειμεν. τοιαῦτα καὶ
τοσαῦτα δεινὰ ἐν τοῖς θείοις σεβάσμασιν ἐπεδείξατο ὁ μιαρός.

Καὶ δὴ τοῦτον πόλεμος ἐκάλει Ἀσσυρίων ἐπιστρατευσάν-
των αὐτῷ καὶ κατήπειγεν αὐτὸν ἡ ἀνάγκη. ἐξήρχετο μὲν οὖν
ὁ τοιοῦτος ἐπὶ τὸν πόλεμον. κατὰ δὲ τὴν ὁδόν τινες | Supr. 158
κατὰ τοῦ Δομετίου τούτῳ προςελθόντες τὸν δίκαιον διέβαλλον
γνόντες τὸν σκοπὸν τοῦ βασιλέως ἀντίπαλον ὄντα τοῖς τῆς
εὐσεβείας διδάγμασιν, ἃ καὶ μεμάθηκε πρότερον ἀναγνούς,
περὶ ὧν καὶ ἔφη ὁ ἀναιδής· ἀνέγνων, ἔγνων καὶ κατέγνων.
καὶ τούτῳ τις τῶν εὐσεβῶν ἀντετείνετο λέγων· εἰ ἀναγνοὺς
ἔγνως, οὐκ ἂν κατέγνως. τότε οὖν ὁ τύραννος ἀσμένως ἀπο-
δεξάμενος τοὺς διαβάλλοντας τὸν δίκαιον ἀπεκρίνατο λέγων·
ἐγὼ ἐλθὼν ἀμείψομαι τὸν κατὰ τὸν θεὸν κήρυκα βουλόμενον
καλεῖσθαι. Καὶ ἀκούσαντες οἱ δείλαιοι ἠγάλλοντο ἐπευχόμενοι
τῷ τυράννῳ ἑδραίαν καὶ ἀμετανόητον γενέσθαι παρ᾽ αὐτοῦ τὴν
εἰς τοὺς Χριστιανοὺς μανίαν. καὶ δραμόντες εἰς τὸ σπήλαιον
τοῦ ἁγίου Δομετίου εἶδον αὐτὸν ὡσεὶ ἀγγέλου μορφὴν ἔχοντα,
ἑστῶτα καὶ τεταμένας[2]) ἔχοντα[3]) τὰς χεῖρας εἰς τὸν οὐρανὸν καὶ
τὴν εὐχαριστήριον ᾠδὴν ἀναπέμποντα τῷ θεῷ ἅμα τοῖς αὐτοῦ
παισὶν καὶ μαθηταῖς, οἷς ἐγέννησεν ἐν τοῖς τῆς εὐσεβείας διδάγμασιν. καὶ πρῶτον μὲν ἔκθαμβοι γενόμενοι ἔλεγον πρὸς ἀλλή-
λους· τί ἂν δυνησόμεθα ἐπιθεῖναι[4]) κατὰ τοῦ τοιούτου ἀνδρὸς
πλημμέλημα ἢ ποίαν αἰτίαν εὑρήσομεν εἰς πρόφασιν τοῦ ἀνε-
λεῖν αὐτόν; καὶ οἱ μὲν | 75ᵛ ἔλεγον· μὴ κτείνωμεν αὐτὸν καὶ μὴ
κτησώμεθα ἁμαρτίαν. ἀλλὰ διώξωμεν αὐτὸν ἀπὸ τῶν ὁρίων
τούτων. ἄλλοι ἔλεγον· ἴδε, ὅλον τὸν λαὸν ἐπισυλᾷ καὶ πάντες
πιστεύουσιν[5]) εἰς τὸν ἐκ Μαρίας, ὃν ἐσταύρωσάν ποτε ὡς ἄξιον
θανάτου οἱ Ἰουδαῖοι. ἡμεῖς οὖν ὡς κατὰ Χριστιανῶν ὀργιζο-
μένης[6]) συγκλήτου καὶ ἡγεμόνων συνεργούντων τοῦτον φονεύ-

---

1) δόσεως] δώσεως Ms.   2) τεταμένας] τεταμμένας Ms.
3) ἔχοντα] in margine Ms.   4) ἐπιθεῖναι] ἐπιθῆναι Ms.
5) πιστεύουσιν] -ωσιν Ms.   6) ὀργιζομένης] -όμενοι Ms.

σωμεν. τίς γὰρ ὁ κωλύων τοῦτον ἀναιρεῖσθαι; δεῦτε οὖν ἴωμεν [1])
κατ᾽ αὐτόν. καὶ ἐπαναβάντες ἐπάνω τοῦ ἄντρου εἶδον αὐτὸν
ἱστάμενον καὶ προςευχόμενον μετὰ τῶν δύο νηπίων καὶ τὴν
ψαλμῳδίαν ποιούμενον τῆς ἕκτης ὥρας. καὶ λέγουσιν αὐτῷ· ἔξελθε, κάμε εἰς τὴν στρωτὴν διὰ τὸν βασιλέα· μέλλει γὰρ παρα-
γίνεσθαι. ὁ δὲ οὐκ ἀπεκρίθη αὐτοῖς λόγον, ἀλλ᾽ ἦν προςκαρτερῶν
τῇ προσευχῇ· καὶ πάλιν εἶπον αὐτῷ· ἔξελθε, κάμε ἐν τῇ ὁδο-
στρωσίᾳ διὰ τὸν βασιλέα· μέλλει γὰρ φθάνειν. ὁ δὲ μὴ βουλό-
μενος τὴν προσευχὴν διακόψαι οὐκ ἀπεκρίθη αὐτοῖς λόγον.
εὐθέως δὲ ὡς λέοντες οἱ αἱμοβόρροι ὥρμησαν [2]) ἐπὶ τὸν δίκαιον,
βρύχοντες τοὺς ὀδόντας, καὶ λαβόντες λίθους | Supr. p. 159 ἐλιθο-
βόλουν αὐτὸν καὶ τοὺς δύο παῖδας αὐτοῦ καὶ μαθητάς. ἐπὶ το-
σοῦτον δὲ ἐλιθοβόλησαν αὐτοὺς οἱ αἱμοβόρροι, ἕως ὅτου ἀνε-
γέμισαν τὸ σπήλαιον λίθων, ὥστε μὴ φαίνεσθαι τὸ ἄντρον. καὶ
οὕτως λιθοβολούμενος ὁ δίκαιος σὺν τοῖς νηπίοις παρέδωκεν τὸ
πνεῦμα τῷ θεῷ προσευξάμενος καὶ εἰπὼν τὸ ἀμήν. καὶ γέγονεν
τῷ δικαίῳ καὶ τοῖς σὺν αὐτῷ παισὶν τάφος τὸ σπήλαιον. καὶ
δραμόντες οἱ τὸν δίκαιον ἀποκτείναντες ἀπήγγειλαν τῷ ἀσεβεῖ
βασιλεῖ πάντα τὰ γενόμενα καὶ ὅτι αὐτοὶ τὸν δίκαιον ἀπέκτει-
ναν. | 76ʳ τότε ὁ βασιλεὺς ἐκέλευσεν αὐτοὺς ἀναζητεῖν καὶ κτεί-
νειν τοὺς τῆς εὐσεβείας κήρυκας.

Ὁ μὲν οὖν τόπος τοῦ ἁγίου Δομετίου ἀφανὴς καὶ ἄδηλος
γέγονεν τοῖς κατ᾽ αὐτοῦ ἐκπεμφθεῖσιν λίθοις καλυφθείς [3]). ὁ δὲ
τόπος τῇ φύσει τῇ [4]) αὐτοῦ ἐπειγόμενος ἀνέφυ πλῆθος ἀγρίων
βοτανῶν ἀκανθωδῶν. οὕτω γὰρ καὶ μέχρι τῆς σήμερον ὑπάρχει
ὁ βλαστὸς τοῦ ὄρους ἐκείνου. διαδραμόντος δὲ διετοῦς χρόνου
συμβαίνει ἔμπορόν τινα τὰς ἑαυτοῦ καμήλους ἀγαγόντα ἐκ τῆς
ὁδοῦ λαβεῖν καὶ ἐν τῷ Παρθὲν κτήματι βοσκῆσαι αὐτάς, διὰ τὸ
τὰς ἀκάνθας ἀναφύεσθαι ἐν τῷ τόπῳ ἐκείνῳ. βοσκομένων δὲ
τῶν καμήλων ἐκεῖσε κατὰ συντυχίαν τινὰ μία ἐξ αὐτῶν ἀπελ-
θοῦσα πλησίον τῆς κώμης [5]) εἰςῄει ἔν τινι τόπῳ σπορίμῳ βοσκη-
θῆναι· ταύτην δὲ ἰδὼν [6]) ὁ τοῦ κτήματος φύλαξ κατέδραμεν ἀπο-
σοβῆσαι [7]) ἐκ τῆς ἀρούρας· συνέβη δὲ καταδιωκομένην αὐτὴν

---

[1]) ἴωμεν] εἴδωμεν Ms. Fort. ἴδωμεν τὸ κατ᾽ αὐτόν. Supr. ВИДИМЪ
ЧТО СЪТЪ.

[2]) ὥρμησαν] ὅρμησαν Ms.   [3]) καλυφθείς] καμφθείς Ms.

[4]) τῇ] τῆς Ms.   [5]) κώμης] κόμης Ms.

[6]) ἰδών] εἰδών Ms.   [7]) ἀποσοβῆσαι] ἀποσωβῖσαι Ms.

πεσεῖν ἐν τῇ τάφῳ καὶ κλασθῆναι αὐτῆς τὸν πόδα τὸν δεξιὸν τῶν ἔμπροσθεν. καὶ διαλέκτου γενομένης [1]) μεταξὺ τοῦ φύλακος καὶ τοῦ ταύτης δεσπότου ἔρριψεν αὐτὴν ἐν τῷ ὄρει ἐν τῷ τόπῳ, οὗ ἦν κατεχόμενον καὶ ἀγνοούμενον τὸ λείψανον τοῦ ἁγίου Δομετίου. ἀπελθόντος οὖν τοῦ ταύτης δεσπότου εἰς τὴν Κυρεστῶν πόλιν ἐντυχεῖν | Supr. p. 160 κατὰ τοῦ φύλακος τοῦ Παρθὲν κτήματος καὶ τῆς καμήλου ἐαθείσης ἐκεῖσε ἐπὶ ἡμέρας τέσσαρας, κειμένης αὐτῆς [2]) ἐν τῷ τόπῳ ἐκείνῳ καὶ βιαζομένης [3]) ἐγερθῆναι καὶ τὸν κεκλασμένον πόδα στηρίξαι συνέβη πατήσαντα καταβῆναι αὐτῆς τὸν πόδα εἰς τὴν ὀπὴν τοῦ σπηλαίου, ἔνθα τὸ ἅγιον λείψανον τοῦ δι-|76ʳκαίου ὑπῆρχεν μετὰ τῶν αὐτοῦ μαθητῶν καὶ εὐθέως ἐστηρίχθη ὁ ποὺς τῆς καμήλου καὶ ὑγιὴς γέγονεν. ἐπιφθάσας οὖν ὁ ταύτης δεσπότης ἔδραμεν ἐπ' αὐτήν. ἡ δὲ κάμηλος ἰδοῦσα αὐτόν, ἀναστᾶσα, ὑγιῆ ἔχουσα τὸν ἑαυτῆς πόδα ἔδραμεν καὶ συνήντησεν τῷ ἑαυτῆς δεσπότῃ. ὁ δὲ ἔκθαμβος γενόμενος ἵστατο αἰνῶν καὶ δοξάζων τὸν θεόν. οἱ δὲ συνελθόντες αὐτῷ εἶπον πρὸς αὐτόν· τί τὸ παράδοξον τοῦτο; ὁ δὲ εἶπεν· ἐν τῷ τόπῳ ἐκείνῳ εἴασα [4]) αὐτήν. οἱ δὲ εἶπον· δεῦτε, ἴδωμεν [5]) τὸν τόπον. καὶ ἀπελθόντες εὗρον ἐν τῷ τόπῳ ὀπὴν βαθεῖαν καὶ εὐθέως τινὲς ἐξ αὐτῶν εἶπον· ἀληθῶς ὁ τοῦ ἁγίου Δομετίου τόπος ἐστὶ καὶ πάντως ὧδε εὑρήσομεν τὸ ἅγιον αὐτοῦ λείψανον. καὶ δραμόντες ἤνεγκαν πρεσβύτερον, ἵνα ποιήσῃ εὐχὴν ἐν τῷ τόπῳ. οἱ δὲ λαβόντες ὀρύγια καὶ σκαλίδια ὤρυξαν. καὶ εὑρόντες τὸ λείψανον ἀνήγαγον μετὰ ψαλμῳδίας καὶ τιμῆς τῆς ὀφειλομένης καὶ εἰσήγαγον εἰς τὴν ἐκκλησίαν τοῦ Παρθὲν κτήματος. καὶ πολλοῦ ὄχλου συνδραμόντος καὶ μέλλοντος τὰ λείψανα διαρπάζειν ἐπετιμήθησαν οἱ στασιώδεις. οἱ δὲ τῶν ἁγίων ἐρασταὶ λαβόντες τὰ λείψανα κατέθηκαν ἐν τῷ ἁγίῳ οἴκῳ ἐν μηνὶ Πανέμῳ [6]) πέμπτῃ πάντων συνελθόντων ἱερέων τε καὶ κληρικῶν, μοναχῶν τε καὶ ἀρχιμανδριτῶν καὶ λαϊκῶν, ἀνδρῶν τε καὶ γυναικῶν, ὥστε ἐπιτελέσαι ἑορτὴν μεγάλην ἕως πεντεκαιδεκάτης τοῦ Πανέμου μηνός.

1; διαλέκτου γενομένης] διαλεκτογουμένης Ms.

2) κειμένης αὐτῆς] κειμένη αὐτή Ms.

3) βιαζομένης] βιαζομένη Ms.   4) εἴασα] ἔασα Ms.

5) ἴδωμεν] εἴδωμεν Ms.

6) Πανέμῳ] in marg. Ms.: κατὰ Μακεδόνας Ἰουλίῳ ε. Πάνεμος entspricht in der Regel dem Boedromion oder Metageitnion.

Supr. p. 161. Οὗτος δ τοῦ ἁγίου Δομετίου βίος, οὗτοι οἱ τοῦ δικαίου κόποι, πρέποντες θεῷ καὶ ἀνθρώποις, διὰ τούτων ὑπὸ θεοῦ μὲν ὑπερβαλλόντως τετίμηται, τιμᾶ|(77ʳ)ται δὲ ὑπὸ βασιλέων καὶ προςκυνεῖται ὑπὸ ἱερέων καὶ θεοσεβῶν λαῶν. ὃς καὶ παρρησίαν ἔχων πρεσβεύει ὑπὲρ ἡμῶν πρὸς τὸν τῶν ὅλων θεὸν σὺν τῷ μονογενεῖ αὐτοῦ υἱῷ, κυρίῳ δὲ ἡμῶν Ἰησοῦ Χριστῷ, ᾧ πρέπει πᾶσα δόξα, τιμὴ καὶ προςκύνησις, νῦν καὶ ἀεὶ καὶ εἰς τοὺς αἰῶνας τῶν αἰώνων ἀμήν.

Dr. phil. *Rudolf Abicht.*   Dr. phil. *Hermann Schmidt.*

Aus der ungarischen Slavenwelt.

Die folgenden Bemerkungen sind durch zwei Arbeiten hervorgerufen; diese Arbeiten sind:

1. Етнографічні Материяли з Угорскоі Руси, зібрав Володимир Гнатюк, im Етнографічний Збірник der Ševčenko-Gesellschaft der Wissenschaften in Lemberg, als T. III und IV, 1897 und 1898, erschienen, und

2. Руські оселі в Бачці, von demselben, in den Записки der Ševčenko-Gesellschaft, B. XXII, 1898.

Es ist schon mehrmals mit Bedauern ausgesprochen worden, wie wenig den Slavisten von der interessanten kleinrussischen Welt und den daran grenzenden Völkerschaften im östlichen Ungarn bekannt ist. Um so wünschenswerther wäre es, dass tüchtige Arbeiter dieses Feld unversäumt und in mehreren Richtungen untersuchen würden, weil die Magyarisirung der Gegend rasch vorwärts schreitet, wie auch andere assimilirende Einflüsse sich den Rusnaken gegenüber geltend machen; davon zu reden habe ich schon früher in meinen Arbeiten über einige Dialekte dieser Gegend Gelegenheit gehabt.

Jeder Versuch, uns von den ziemlich isolirten, wenig entwickelten Rusnaken Ostungarns Nachrichten zu geben, ist deshalb mit Freude zu begrüssen. So auch die nicht unerhebliche Materialsammlung aus dem

Legenden- und Märchenschatz der kleinen russakischen Nation, die
Herr Hnatjuk während mehrerer Reisen in den Komitaten Maramaros,
Bereg, Ung, Ugocsa und Zemplin mit grossem Fleiss in den vielen zerstreuten Dörfern gesammelt und als »Етнографічні Матеріяли« ausgegeben hat. Die Ausgabe ist dabei hübsch und klar, die einzelnen Erzählungen von dem Sammler mit reichen Parallelangaben aus ähnlicher
Literatur versehen, ausserdem auch ein kleines Glossar der localen Wörter beigegeben, so dass die Arbeit in mehreren Hinsichten ohne Weiteres zu rühmen und empfehlen ist. Deshalb bin ich denn auch überzeugt,
Herr Hnatjuk werde mir es nicht übel nehmen oder missverstehen, wenn
ich bei seiner Arbeit eine Seite angreife, die ich schwächer finde, nämlich die Wiedergabe der Laute, besonders der Vokale der betreffenden
Dialekte.

An gutem Willen hat es dem Herausgeber der hier besprochenen
Sammlung nicht gefehlt. In der kurzen Einleitung, wo Herr Hnatjuk
eine flüchtige — auch aus anderer Hand bekannte — Uebersicht über
die ugrorussischen Dialektgruppen gibt, spricht er es denn auch aus,
er meine in dem von ihm ausgegebenen Material eine Grundlage zu
einer Dialektologie zu geben, auch in phonologischer Hinsicht. Hierzu
finde ich nun, dass die Ausführung bei Hnatjuk nicht genügend sein
wird. Ohne unbescheiden vorzukommen darf ich bedauern, dass der
verdienstvolle Sammler sich mit meiner Dialektstudie im Archiv f. sl.
Ph. XVII nicht voraus bekannt gemacht hat. Er sagt in der Vorrede:
»У нас діялектольогія не тілько що не оброблена, але майже не
тикана«; aber die erwähnte Studie über einen ugrorussischen Dialekt
(zum Kleinrussischen in Ungarn) war doch früh genug erschienen (1895)
um von Hnatjuk durchgesehen zu werden. Sie bietet, wie ich meine,
wenigstens einen Ausgangs- oder Anhaltspunkt bei der Erforschung der
ugrorussischen Dialekte, besonders in lautlicher Hinsicht. Man wird
vielleicht einwenden, dass die Arbeit zu speciell ist um ohne besondere
phonetische Schulung gelesen zu werden; aber die wesentlichen Punkte
der Darstellung lassen sich doch, wie ich z. B. in Ostungarn persönlich
gesehen habe, von einem gewöhnlichen gebildeten, interessirten Beobachter ohne Schwierigkeit fassen, um so mehr, falls man die ugrorussischen Dialekte um sich hat, sodass jede bei mir erwähnte Erscheinung
sogleich kontrollirt und bemerkt werden kann. So hätte es Herr Hnatjuk
wenigstens auf seiner zweiten Reise thun können, und gewiss mit Vortheil.

Der Zufall wollte es, dass die Sammlung Hnatjuk's uns Proben aus

demselben Dorfe bietet, aus dem ich das Material zu meiner Beschreibung
eines ugrorussischen Dialekts geholt habe, nämlich Ublya im Komitate
Zemplin. Ich habe selbst den alten Volksschullehrer Répay — den
Vater meines vornehmsten Gewährsmannes — gesprochen, aus dessen
Munde Herr Hnatjuk einige Sachen gehört hat. Eben aus diesen Proben
ist mir deshalb gleich ersichtlich, wie mangelhaft die lautliche Wiedergabe bei Herrn Hnatjuk in einigen Hinsichten ist; daraus die folgenden
beleuchtenden Punkte.

Aus der Beschreibung des Ublya-Dialekts hier im Archiv B. XVII
und XIX, wird einem jeden auffallend sein, wie reich nuancirt das Vokal-
system des Dialekts ist. Nun darf man ja nicht erwarten, dass der nicht
als Lautforscher etwas geschulte Beobachter alle die Nuancen gleich
fassen soll. So ist es nicht schwierig Herrn Hnatjuk zu vergeben, wenn
er z. B. den Unterschied der zwei o-Laute (bei mir *o — ó* bezeichnet),
der in vielen der ugrorussischen Dialekte hörbar ist, nicht bemerkt oder
wenigstens nicht bezeichnet hat. Zwar ist dieser Unterschied leicht
genug vernehmbar, nämlich ungefähr derselbe wie zwischen norddeut-
schem »Stock« und »gross«; auch ist er für die Feststellung eines der
merkwürdigsten Züge des Ublya-Dialekts, der »Vokalharmonie«, wie ich
es genannt habe (*móroz — móróz'i* u. v. a.), von höchstem Interesse;
und bei dem Sprechenden waren die zwei Nuancen ganz bewusst getrennt. Aber die gesetzmässigen Grenzen der zwei Nuancen sind nicht
überall so leicht zu ziehen, die verschiedenen Individuen — und gewiss
auch Dialekte — sprechen darin etwas verschieden, ja dieselbe Person
kann beiderlei Nuancen in derselben Form neben einander kennen, und
so bedarf es neben einem ziemlich scharfen Ohre auch wohl einer besonderen grammatischen Durchnahme des Stoffes, um hierin wirklich
anziehende Erscheinungen zu finden, die es verdienen, in der Bezeichnung wiedergegeben zu werden.

Ebenso wird man Herrn Hnatjuk leicht vergeben, wenn er in der
Bezeichnung der reich nuancirten i-Laute, wie ich meine, hie und da
kaum das richtige getroffen hat. In dieser Frage ist übrigens sein gali-
zisches Ohr fähiger gewesen; die Bezeichnung des Unterschieds zwischen
wide-i und narrow-i gehört, im Ganzen genommen, zu dem in phoneti-
scher Hinsicht gelungensten seiner Ausgabe.

Auch dass die zwei e-Vokale, die ich seinerzeit durch *e — é* wiedergegeben habe (vergl. ungefähr die erste Silbe des deutschen »Männer«
mit »See«), von dem Herausgeber nicht getrennt sind, darf man vielleicht

nicht zu sehr tadeln. Nicht jedes Ohr ist zum Unterscheiden der zwei Nuancen völlig fähig, wenngleich die Slaven bekanntlich nicht nach »fremden« Ländern zu gehen brauchen, um sie zu konstatiren. Durch diesen Mangel bei der Bezeichnung Hnatjuk's gehen wiederum sehr interessante Züge der ugrorussischen Dialekte, die ich in meiner Arbeit im Archiv XVII genügend beleuchtet habe, verloren. Nur Spuren davon lassen sich, wie sich unten zeigen wird, auch aus der Bezeichnung Hnatjuk's nachweisen — NB., falls man die betreffenden Dialekte selbst gehört und studirt hat. Ich will aber, wie gesagt, auch diesen Mangel bei der Arbeit Herrn Hnatjuk's nicht zu strenge beurtheilen.

Leider hat aber die angewöhnte Bezeichnung der normirten literarischen kleinrussischen Sprache in Galizien Herrn Hnatjuk verleitet, Vokallaute des Ugrorussischen, wenigstens der mir bekannten ugrorussischen Dialekte, zusammenzuwerfen, die so verschieden sind, akustisch wie etymologisch, dass das ganze Dialektbild falsch wird, wenn man sie nicht trennt. Man nehme z. B. das Wort купа́у́би bei Hnatjuk, grossruss. купилъ бы. Aus der Form lässt sich nur schliessen, dass das alte i (и) und das alte y (ы) in einem gemeinsamen Laut zusammengefallen sind. Dies ist aber nicht der Fall. Im Gegentheil ist das y (ы) des Ublya-Dialekts, und besonders nach Labialen, wie ich seinerzeit ausgeführt habe, ein so weit nach hinten liegender Vokal — high-back bis nach mid-back, um die technischen Wörter anzuführen —, wie man den Repräsentanten des alten ъ in den slavischen Sprachen seltener findet, während das *i* auch betont (*i*), doch unbedingt den vorderen (front) Vokalen angehört. Das genannte Wort ist nach meiner Transskription als *kupíu̯by* zu bezeichnen. Es lässt sich nicht sagen, dass es Herrn Hnatjuk schwierig gewesen wäre, ein passendes cyrillisches Zeichen für das *y* zu finden; ы liegt mehr als nahe.

Verfolgen wir aber den sehr weit gedehnten Gebrauch des Zeichens и bei Hnatjuk weiter. Wie oben gesagt, trennt der verehrte Sammler die zwei Nuancen *e* und *ĕ* nicht auseinander. Er hat z. B. пе́руи und на не́бі; реме́сло und надлétiӱ (надлетѣлъ), wo die zwei letzteren nach den bei mir auseinandergesetzten Principien des Dialekts das geschlossene, enge e (*ĕ*) hat. Weiter finden wir aber z. B. ки́дь — bei mir *kĕd'*, *kĕt'*, als. Hier hat der Herausgeber somit das enge *ĕ* bemerkt; es hat ihm aber an Uebersicht gefehlt, so dass er den Laut »so ungefähr« mit dem и z. B. aus einem дати́ (geben) bezeichnet hat.

Von dem offenen e, wie von den offenen Vokalen des Ublya-Dia-

lekts überhaupt, habe ich in meiner Untersuchung ausgesprochen, dass
es in unbetonter Lage eine Neigung zu einer etwas geschlosseneren Aussprache hat. Dies hat auch Herr Hnatjuk öfters bemerkt. Nach meiner
Meinung kommt es dadurch dem i nahe — ich werde es nicht bestreiten,
wenngleich ich für viele Fälle anderer Meinung bin — und wir finden
es bei ihm wiederum mit и bezeichnet; z. B. жн (grossruss. же) [1] u. a.
Eine solche Bezeichnung gehört an und für sich zu den kleineren Missgriffen, ja sie ist kaum so zu nennen; aber es wirkt für Denjenigen, der
den betreffenden Dialekt gehört hat, gewiss sonderbar, eine Schreibweise wie z. B. жнóй (bei mir *žebý*) zu sehen; die gleichmässig bezeich-
neten Laute gehören doch im betreffenden Falle zu den entschiedenen
Vokal-Gegensätzen des Dialektes.

Schon aus den wenigen angeführten Proben ist ersichtlich, dass
Herr Hnatjuk das Zeichen и für vier, nach meinen eigenen Beobachtungen grundverschiedene Vokale verwendet, nämlich

1) *i*, altes i, bei mir zwei Nuancen, vgl. die Zeichen *i* und *i* (*i̯*), aber
    immerhin zu den front-Vokalen gehörend;
2) *é*, das enge, geschlossene e, gewöhnlich durch Palatalisirung
    hervorgerufen;
3) *e* in unbetonter Lage; und endlich
4) *y* (ы), theilweise der mixed-Reihe, theilweise entschieden den
    back-Vokalen angehörend.

Aber weiter lässt sich ohne Schwierigkeit darstellen, wie auch dies
ganz unkonsequent durchgeführt ist. Man nehme z. B. das grossrussische Wort теперь. Nach meinen Untersuchungen wird dieses Wort in
dem Ublya-Dialekt »*tépér*'« gesprochen, d. h. mit zwei geschlossenen
e's; das letzte ist direkt durch das palatalisirte *r*', das erste durch Vokalharmonie in Anlehnung an das *é* der letzten Silbe hervorgerufen.
Der enge e-Laut, *é*, ist den Ugrorussen selbst klar bewusst. Da bei
ihnen das *i* (altes i, и geschrieben) unter Betonung, wie ich in meiner
Arbeit im Archiv nachgewiesen habe, eine gesenkte, straffe Zungenlage
einnimmt, gegen das enge *e* hin oder gar mit vollem Uebergang in das
é (z. B. *očéi̯*, der Augen, eigentlich als *očii̯* zu fassen), so ist es leicht
erklärlich, dass die Ugrorussen mit ihren cyrillischen Zeichen umgekehrt das *é* bisweilen als »и« schreiben; eben das Wort *tépér*' wurde

---

[1] Eben in diesem Worte fasse ich die Veränderung des *e* ganz anders;
das berührt aber die principielle Frage wenig.

mir mehrfach als »тнпярь« bezeichnet. — Nach seiner Ausführung in
anderen Wörtern hätte nun auch Herr Hnatjuk etwa тнпярь schreiben
müssen; wir finden aber тнпéрь.

Weiteres braucht hier nicht angeführt zu werden. Bei der vollen
Anerkennung der fleissigen Arbeit des Herrn Hnatjuk in anderen Beziehungen kann ich nur bedauern, dass ich die eine Seite so scharf kri-
tisiren muss. Das hoffe ich, wie schon gesagt, wird mir der verehrte
Sammler nicht übel nehmen; ich bin selbst der erste, ihn zu entschuldigen; denn es ist nicht Jedermann gegeben, die äussere, lautliche Seite
eines Dialektes sogleich oder scharf zu fassen, und ausserdem haben die
meisten der slavischen Forscher bisher, nach meiner Meinung, nicht das
genügende Gewicht darauf gelegt, auch die praktische Lautphysiologie,
wenigstens ihre sichergestellten und gröberen Züge, zu dem Studium
der kleineren slavischen Dialekte mitzubringen.

Und doch ist sie die schärfste und beste Sense auf einem reichen
Felde der Slavistik. Ohne sie ist und bleibt das bedeutende Material,
das nach und nach gesammelt wird, für die eigentliche Sprachforschung
oft nur von beschränktem Werthe. Es braucht gar nicht so viel, wie
gewiss Mancher glaubt, um diesen Werth wenigstens beträchtlich zu
heben. Wenn ich die berührte schwächere Seite der Arbeit des Herrn
Hnatjuk etwas eingehender besprochen habe, als es eine kurze Anzeige
erfordert, so ist es in der Hoffnung geschehen, dass eine Warnung hier
auch sonst der slavischen Dialektologie nicht nutzlos werden könnte.

Die zweite Arbeit des Herrn Hnatjuk gibt uns einen werthvollen
Beitrag zur Ethnographie der — nennen wir sie, wie der verehrte Verfasser — rusnakischen Ansiedelungen im Komitate Bacs-Bodrog (Bacska) und den angrenzenden Gegenden in dem südlichen Ungarn. Die Arbeit ist theilweise, wie die oben erwähnte, eine Materialsammlung, enthält aber ausserdem interessante Beobachtungen aus dem
jetzigen Leben und Treiben dieser nicht zahlreichen, ursprünglich aus
Nordost-Ungarn gekommenen Kolonisten. Land und Volk, ökonomi-
sches Leben, Gewohnheiten und Sitten werden berührt. Besonders
fesselnd wird Mancher ohne Zweifel den Eindruck finden, den man von
der Dichtung, von dem eigenthümlichen »lokal-literarischen« Leben des
Völkleins erhält; das Lied ist ihm lebendig, es macht sich »von selbst«,
es singt von den alltäglichen Begebenheiten und umgebenden Personen,

— auch von dem eben erschienenen Forscher selbst, dessen Fragen und Untersuchungen Aufmerksamkeit und Neugierde, ja gar Argwohn erregt; und doch ist der kleine Stamm durch die enge Berührung mit den umgebenden Völkern und deren Kultur auch geistig verhältnissmässig nicht wenig entwickelt.

Der Verfasser zeigt uns, wie die Nachrichten, die man früher von der kleinen Völkerschaft erhalten hat, nur spärlich, nicht korrekt und geradezu fehlerhaft gewesen sind. Auch rein geschichtliche Fehler lassen sich leicht nachweisen. Der Verfasser erwähnt, dass im Archiv in Zombor Akta (урядові акти) existiren sollen, die mit Bestimmtheit sagen, wann und wovon die Kolonisten gekommen sind (Sonderabdr. p. 3). Es ist zu bedauern, dass er diese Akta nicht sogleich durchgesehen, da er nun einmal die südungarischen Rusnaken als Aufgabe in Angriff genommen hatte; ich werde unten zeigen, wie dies für die Ausforschung der slavischen Völkerschaften Nordost-Ungarns in sprachgeschichtlicher Hinsicht wahrscheinlich von nicht geringem Interesse sein könnte. Der Verfasser begnügt sich denn vorläufig mit der ungefähren Angabe der Zeit der Einwanderung dieser rusnakischen Kolonisten, die gewiss, wie er meint, in den 30er Jahren des vorigen Jahrhunderts stattgefunden hat.

Von der jetzigen Geschichte der Bacs-Rusnaken weiss Herr Hnatjuk zu erzählen, wie sie augenscheinlich magyarisirt werden, ein Schicksal, das sie also mit den zurückgebliebenen Brüdern in der alten Heimath gemeinsam haben. Er legt die Schuld, wie es scheint, vielfach auf den Bischof und kommt dadurch auf einige politische Erwägungen, die bei ihm recht verständlich, in dieser Zeitschrift aber ohne Bedeutung sind.

Mich interessairt natürlich vor allem die sprachliche Seite der Arbeit und in Zusammenhang damit die Meinungen Hnatjuk's von den slavischen Dialekten Nordost-Ungarns. Der verehrte Verfasser hat die freundliche Aufmerksamkeit gehabt, sich brieflich an mich zu wenden. Ich werde bei Gelegenheit dieser Anzeige dasjenige ausführlicher wiederholen, was ich ihm über ein paar sprachliche Fragen geantwortet habe.

Schon in der Einleitung zu der zuerst angezeigten Arbeit, wo Herr Hnatjuk eine kurze Uebersicht über die ugrorussischen Dialektgruppen Nordost-Ungarns gibt, bespricht er den Dialekt, aus dem der verdienstvolle Dialektforscher dieser Gegenden, Herr Eumen Szábó (Сабовъ) in Ungvár, in seiner »Христоматія« p. 231 eine Probe gegeben hat, die er daselbst »slovakisch« nennt, »Нарѣчіе Земплинскихъ словяковъ«.

»Mit diesem Dialekt«, schreibt Hnatjuk, »habe ich heuer, 1897, Gelegenheit gehabt, mich eingehend bekannt zu machen, zwar nicht in Zemplin,
sondern in den russischen Kolonien im südlichen Ungarn; aber diese
Kolonien sind eben aus Zemplin und Saros ausgegangen; ich muss ganz
entschieden erklären, dass der Dialekt kein slovakischer, sondern ein
russischer, wenngleich slovakisirter ist.« In einer Note fügt er hinzu:
»Er ist so entstanden, dass die Russinen, bei Berührung mit den Slovaken, von diesen Wörter, Wendungen u. s. w. entlehnt, nicht aber so,
dass die Slovaken dasselbe bei den Russinen entlehnt haben.«

Inzwischen sind meine »Studien von der slovakisch-kleinrussischen
Sprachgrenze im östlichen Ungarn«, Kristiania 1897, erschienen, worin
u. a. eine vollständigere Beschreibung eines ähnlichen Dialekts gegeben
ist, und, wie bekannt, habe auch ich ihn »slovakisch« genannt (»Eine
Dialektskizze aus dem Ostslovakischen«). In einem Briefe war Herr
Hnatjuk dann so freundlich, mich auf seine Arbeiten und Meinungen
aufmerksam zu machen, wofür ich ihm hier in meiner nordischen Isolirt-
heit zu vielem Dank verpflichtet bin.

Aus seiner Arbeit von den Kolonisten in Bacs-Bodrog erkannte ich
gleich nachher leicht, dass man daselbst wirklich einen Dialekt vor sich
hat, der mit dem bei Szábó berührten und bei mir analysirten »Ostslovakischen« so gut wie identisch ist; das »Russinische« dieser Bacska-
Kolonien würde somit nach meiner Benennung ein »ostslovakischer
Cotaken-Dialekt« sein. Die wesentlichen gemeinsamen Züge sind leicht
zu konstatiren; ich brauche nur einige davon zu berühren. So spricht
man in den von Hnatjuk besuchten Kolonien що (was). Altes t', d' sind
in c, dz übergegangen: сцекац, льудзе. Altes s' zeigt sich als »ш«,
d. h. gewiss eine gröbere Transskription anstatt des vorderen $š$, das
man aus meiner Beschreibung kennt; vgl. Schreibweisen wie ше, sich.
Palatalisirung (besonders l', n') tritt auch vor e, i auf. Die Laute y
und i sind zusammengefallen, und zwar schreibt Herr Hnatjuk den gemeinsamen (high-front-wide) Laut mit dem Zeichen i, nicht и, was von
dem Gesichtspunkte seiner galizischen Auffassung und Orthographie
leicht verständlich ist. Auch der Accent scheint meistens mit der Betonung bei den Dubravka- und Falkus-Slovaken zusammenzufallen, aber
auf der vorletzten Silbe zu stehen. Hierin sind aber auch bei den nord-
ost-ungarischen »Ostslovaken« verschiedene Stufen zu hören (vgl.
»Studien u. s. w.«, p. 26), so dass man nicht staunen kann, wenn die
Paroxytonirung bei den Bacska-Kolonisten nicht durchgeführt ist. Von

gemeinsamen Merkmalen, die zu gewöhnlichen trennenden Kriterien der
slavischen Sprachen gehören, hat man Formen wie слáму (Acc., Stroh),
помоц (Hülfe) zu notiren.

Aber mit der Benennung »slovakisch« kann sich nun Herr Hnatjuk
nicht versöhnen. Er schreibt mir in seinem Briefe, es komme ihm vor,
»dass es in der Sprache Ihrer Gewährsmänner Pajkossy und Novák mehr
russische (d. h. ugrorussische) als slovakische Elemente gibt«; er meint
also, auch ich hätte das von mir a. a. O. beschriebene Idiom russisch
oder rusnakisch nennen sollen.

Ueber Benennungen zu streiten hat ja eigentlich nur wenig Sinn.
Aber in dem vorliegenden Falle hat die Frage ein gewisses Interesse.
Man muss sich in den Gegenden, von denen wir reden, immer klar vor
Augen halten, dass die Sprache mit der eigentlichen Nationalität
nicht zu verwechseln ist.

Falls man nicht wünscht, die einmal angenommene Benennung der
slavischen Sprachen nur in Verwirrung zu bringen, ist es das einzig
richtige, die von Alters her verwendeten Kriterien zur Bestimmung der
Namen der Sprachen festzuhalten. Wo wir einem *krava*, *slama* gegen-
überstehen, daneben *pec*, *moc* u. ä., ebenso d vor l bewahrt, z. B. Fem.
Prät. *vedla*, finden, da müssen wir von der Sprache, dem Dialekt
sagen, dass er nicht russisch, russinisch, rusnakisch ist. Durch weitere
und vorurtheilsfreie Untersuchung der vorliegenden Dialekte wird Herr
Hnatjuk übrigens ohne Schwierigkeit erkennen, dass die erwähnten
Kriterien nur ganz äusserliche Merkmale eines durchgreifenden Unterschiedes des bei mir ostslovakisch genannten Sprachidiomes von dem
Ugrorussischen sind. Um den ganz und gar verschiedenen Bau des Vo-
kalismus der zwei Idiome, den Herr Hnatjuk nicht gefasst hat, nur
flüchtig zu erwähnen, so ist aus meinen Beschreibungen einem Jeden
ersichtlich, wie das Ostslovakische — um älterer Verschmelzungen ursprünglich verschiedener Vokale wie des alten y und des alten i nicht
zu erwähnen — von jeder jetzigen Vokalkategorie praktisch gesprochen
nur eine Nuance, den wide-Vokal, besitzt, während das Rusnakische
(s. Archiv XVII) überall zwei Nuancen hat, eine weite (offene) und eine
enge (geschlossene), ja in gewissen Fällen bis auf drei Nuancen kennt,
die lautgesetzlich und bewusst getrennt sind. Aber auch aus dem Konsonantismus, den Herr Hnatjuk besser gefasst hat, müssen ihm principielle Unterschiede leicht klar werden. Während das benachbarte Ugrorussische in der lebendigen Aussprache praktisch gesprochen jeden

Konsonanten auch palatalisirt besitzt (t', d', m', v', s', z', l', n' u. s. w.), so
sind im Ostslovakischen t', d' als harte c, $\widehat{dz}$ erstarrt, s', z', ebenso als
$š$, $ž$, die zwar »weich«, aber nicht mehr anders als Rudimente zu fassen
sind; sonst sind nur l', n' und Trümmer der ehemals palatalisirten Aussprache des r erhalten. Während nun aber das Rusnakische vor e, i
(e, $и$) die Palatalisirung nicht hat, so findet man umgekehrt die Pala-
talisirungsphänomene im Konsonantismus des Ostslovakischen auch vor
e, i wirksam. Auch das entschieden mehr oder weniger veränderte,
nach durchgeführter Paroxytonirung strebende Accentuirungssystem
des Ostslovakischen ist eine Erscheinung, die überaus scharf trennt.
Das sind alles gröbere Merkmale, woraus sich zum Theil »feinere«,
weniger leicht erkennbare verstehen lassen.

Darf dies wohl übersehen werden? Gewiss nicht, um so mehr,
wenn die rein lautlichen Aehnlichkeiten zwischen dem Ugrorussischen
und dem Ostslovakischen, Cotakischen, nicht grösser sind, als sich auch
anderswo zwischen anerkannt verschiedenen slav. Sprachen finden lässt.

Ich finde somit, man thue am besten und das einzig richtige, von
den erwähnten Sprachen oder Dialekten die Namen zu verwenden,
die z. B. Szabó und ich gebraucht haben. Anders mit den Sprechenden. Schon längere Zeit ist man darauf aufmerksam gewesen, wie die
Ugrorussen Nordost-Ungarns eine Neigung haben, sich slovakisiren zu
lassen, d. h. die Sprache der jetzigen (Ost)slovaken anzunehmen. Wie
aus meinen »Studien« ersichtlich, habe ich mir eben die Aufgabe gestellt, diese Frage von rein linguistischem Standpunkte zu beleuchten; ich hoffe in nicht ferner Zeit diese Aufgabe abzuschliessen und
darin durch genaue Analyse festzustellen, in welcher Weise sich diese
ostslovakische Sprachwelle nach Osten bewegt, wie man auf der Grenze
der zwei Idiome Uebergänge findet, deren Struktur höchst eigenthümlich gestaltet ist, und die auch lautlich eine vorläufige Stufe zur endlichen Slovakisirung darstellen.

Aus den »Studien« wie auch aus meiner Abhandlung über die
Ugrorussen im Archiv XVII und weiter Archiv XIX, und endlich aus
dem oben Auseinandergesetzten — wie gesagt, eine erweiterte Wiedergabe eines Briefes an ihn — wird Herr Hnatjuk gewiss längst gesehen
haben, wie wir in diesem Punkte der Frage gar nicht im Streite sind;
im Gegentheil arbeite ich selbst in streng sprachlicher Weise auf die
Beleuchtung der Thatsachen hin, die er, wie schon frühere Untersucher,
mehr gesehen, gehört und gar gefühlt, als eigentlich analysirt hat. —

Hiermit sei der Streit von den Namen der Sprachen erledigt, um von dem Verhältniss des jetzigen »rusnakischen«, oder wie ich meine besser »ostslovakischen« Dialektes in der Bacska zu der eigentlichen Nationalität der Bewohner einige Worte zu sagen.

Die Kriterien, die Herr Hnatjuk dafür hat, dass die erwähnten Kolonien im Komitate Bacs-Bodrog als rusnakisch anzusehen sind, gibt er mir in seinem Briefe freundlich an: 1) Die Kolonisten nennen sich selbst Russinen oder Rusnaken. 2) Die übrigen, umwohnenden Völker, Serben, Magyaren, Deutsche, nennen sie ebenfalls Russinen (Orosz, Ruthenen, Russen). 3) In der Nähe sind slovakische Ansiedelungen; aber diese und die früher erwähnten identificiren sich nicht und werden auch von den anderen Völkerschaften nicht identificirt. 4) Die Kolonisten sind nach der Bacska aus den Komitaten Zemplin und Saros im vorigen Jahrhundert gekommen und damals stand ihre Sprache dem Russischen noch näher.

Von den Benennungen »Rusin«, »Rusnake« und »Slovake«, wie sie im nordöstlichen Ungarn gebraucht werden, ist schon früher genügend geschrieben worden. Diese Namen gelten mehr dem Glaubensbekenntniss als der Nationalität. In meinen demnächst erscheinenden »Weiteren Studien« wird man finden, wie ein Völklein, das den Ugrorussen dem Dialekte nach noch nahe steht und von dem Ostslovakischen weniger übernommen hat, sich jedoch »Slovjaken« nennt. Besser ist dann schon der dritte Punkt aus dem Briefe Hnatjuk's; er weist wie auf ein altes Bewusstsein von dem Unterschiede von den eigentlichen Slovaken hin. Erst Punkt 4 gibt uns aber nach meiner Meinung einen schlagenden Beweis, dass diese jetzt »ostslovakisch« sprechenden Kolonisten ursprünglich nicht nur vielleicht aus »rusnakischen« Gegenden gekommen sind, sondern auch noch in der neuen Heimath rusnakisch gesprochen haben, wo nicht rein ugrorussisch, so doch ein im Grunde völlig ugrorussisches Idiom.

Ob im Ganzen von dieser älteren Sprache viel bewahrt ist, geht aus der Abhandlung Hnatjuk's nicht hervor. Wahrscheinlich hat er nicht mehr gehört als eine kleine Phrase, die wir p. 6 in einer wörtlich wiedergegebenen Erzählung von der Gründung der Stadt Keresztur finden. Aber diese neun Wörter geben uns das nöthige Material, was auch Herr Hnatjuk daselbst andeutet; aus ihnen sind die Grundzüge der sprachlichen Entwickelung bei diesen Bacska-Russinen gleich ersichtlich. Die Kolonisten sind mit einer noch ugrorussischen Sprache in

die neue Heimath gekommen. Hier haben sie aber einen »ostslovakischen« Dialekt angenommen; wenngleich unter neuen Umgebungen,
haben sie eine Sprache bekommen, die ganz dieselbe ist wie diejenige,
die sich unter den zurückgebliebenen Stammesgenossen in Nordost-
Ungarn immer mehr verbreitet.

Eine solche Thatsache ist interessant. Man fragt sich unwillkürlich, wie die Entwickelung vor sich gegangen ist; Herr Hnatjuk hat
sich diese Frage kaum gestellt, sonst hätten wir gewiss mehrere beleuch-
tende Momente erhalten können. Auch im Komitate Bacs-Bodrog wohnen bekanntlich Slovaken, d. h. wirkliche Slovaken, aus Nordungarn
übersiedelt. Ganz ausgeschlossen ist somit nicht, dass die ugrorussischen
Kolonisten nach der Uebersiedelung mit diesen Slovaken in Berührung
gewesen sind und dadurch einen anderen Dialekt erhalten haben [1]).
Mehrere Umstände machen aber diesen Vorgang unwahrscheinlich, für
mein Auge sogar unmöglich. Die übersiedelten Ugrorussen sind ja in
ganz neue Umgebungen gekommen; die Nachbarn wurden andere, der
Eindruck von der überlegenen Kultur — die Bedingung der Annahme
einer fremden Sprache — müsste sich anders gestalten; so sieht man
denn auch, wie die »ostslovakisch« sprechenden Ugrorussen in der
Bacska sich jetzt nach und nach in einer anderen Richtung ändern.
Dass man unter diesen neuen Umgebungen durch Berührung mit Slovaken sozusagen genau dieselbe Sprache hätte erhalten können, wie die
Stammesgenossen in der Nachbarschaft der Ostslovaken in der alten
Heimath, das wäre schon an und für sich auffallend. Aber ausserdem
scheint es, dass die ursprünglich ugrorussischen Kolonisten in der neuen
Heimath mit Slovaken nicht in Berührung stehen, wenigstens nicht in
solcher unmittelbaren, alltäglichen Berührung, die eine gegenseitige Einwirkung der Sprachen möglich macht; man vergl. bei Hnatjuk p. 8.
Ist dies richtig, so muss man den ganzen sprachlichen Vorgang, den
Weg der Entwickelung anders verstehen. Die Sprache der Kolonisten
wird schon in der alten Heimath unter dem slovakisirenden Einfluss gewesen sein, den wir aus diesen Gegenden noch heutigen Tages kennen;
die »Infektion« hat sie von dorten mit sich gebracht; das Volk ist schon
von dorten mit der Ueberzeugung von der Ueberlegenheit der Slovaken
ausgegangen, einer Ueberzeugung, die den sprachlichen Uebertritt zu

---

[1]) Es fehlt mir an Proben aus dem Bacs-Slovakischen, wie leider überhaupt an Material zur Stütze oder Kontrolle meiner Erwägungen.

dem Ostslovakischen psychologisch bedingt, wie ich seinerzeit erwähnt habe.

Von welcher Seite und in welcher Weise die »Infektion« zuerst die ursprüngliche ugrorussische Sprache der Kolonisten angegriffen hat — und dies geschah also, wie ich meine, schon in der alten Heimath —, lässt sich nicht bestimmt sagen, aber wohl vermuthen. Entweder wird ein gewisser Theil der jüngeren Generation der Auswanderer oder auch einige der in der alten Heimath den Slovaken am nächsten wohnenden Auswandererfamilien, alt und jung, vor der Uebersiedelung sprachlich slovakisirt gewesen sein; erst so kann man es verstehen, dass die Auswanderer den lautlichen Uebertritt zur ostslovakischen Sprache vollendet haben, nicht nur einige einzelne Züge angenommen — als einen Anfang, der dann später hätte unterbrochen werden können. Genug an dem, der Sauerteig ist mitgekommen und hat nach und nach die Durchsäuerung der ganzen kleinen Völkerschaft vollendet, wenngleich unter neuen Umgebungen. Dies ist eine wirklich interessante Erscheinung.

Wenn nun dies richtig ist, und ich sehe eigentlich keine Möglichkeit, es zu bestreiten, so entnehmen wir daraus jedenfalls, dass die ugrorussischen Kolonisten, die aus Zemplin und Saros nach Bacs-Bodrog im vorigen Jahrhundert übersiedelt sind, aus einem sprachlichen Grenzgebiet gekommen sein müssen; aus einer Gegend, wo das Ugrorussische und das Ostslovakische in nächster Nähe gelebt haben, vielleicht eben auf der damaligen Grenzlinie der zwei Sprachen.

Ich habe in meinen »Studien« eine genaue Sprachkarte der Gegend um Ungvár gegeben, einen Anfang, der hoffentlich so bald wie möglich fortgesetzt werden wird. Falls nun die historischen Akte, die Herr Hnatjuk erwähnt, wirklich in Zombor existiren, so wird jeder verstehen, warum ich, wie anfangs gesagt, bedauere, dass der verehrte Forscher diese Aktenstücke nicht durchforscht hat. Eine Zusammenstellung der möglicherweise daselbst zu findenden Angaben mit dem jetzigen Stande der Dinge könnte uns vielleicht einen beleuchtenden Beitrag zur sprachlichen Geschichte der nordostungarischen Slavenwelt geben. Vielleicht ist dadurch ein Moment zur Beurtheilung der Schnelligkeit der ganzen slovakisirenden Bewegung zu erhalten; und jedes solche Moment ist ja viel mehr werth, als allerlei Behauptungen.

Christiania, September 1898. *Olaf Broch.*

Randglossen zur kaszubischen Frage.

Zu den vielen »Fragen« unseres Jahrhunderts hatte sich über Nacht auch eine »kaszubische« beigesellt, an welcher das merkwürdigste war, dass sie überhaupt auftauchen konnte.

Bekanntlich handelt es sich bei dieser »Frage« darum, ob das Kaszubische eine selbständige slavische Sprache oder ein polnischer Dialect ist — im Grunde genommen ein müssiger Streit, der jedoch auf einige sprachliche Thatsachen aufmerksam gemacht hat, die man sonst vielleicht noch länger unbeachtet gelassen hätte [1]).

Natürlich darf Niemandem das Vergnügen geraubt werden, kaszubisch als eine »besondere slavische Sprache« bezeichnen zu wollen — eine wissenschaftliche Censur, die dies hindern könnte, haben wir und wollen wir nicht; man kann von dem Betreffenden höchstens erwarten, dass er sich selbst consequent bleibt und auch das Novgorodische, das Masovische, das Weissrussische, das (schlesische) Wasserpolnisch, das Ugrorussische, das Čakavische, das Resianische u. s. w. als »besondere slavische Sprachen« bezeichnen und behandeln wird; dann geben wir ihm auch die »Besonderheit« des Kaszubischen ohne weiteres zu — anders nicht. Wer nur acht bis zehn slavische Sprachen annimmt, nicht zwanzig bis dreissig, wird keinen Augenblick lang darüber zweifeln können, ob er Kaszubisch als »besondere Sprache« oder als »polnischen Dialect« zu bezeichnen hat.

Diejenigen, welche mit doppeltem Maasse messen, welche z. B. Novgorodisch und Moskauisch oder Ober- und Niederserbisch als eine Sprache zusammenfassen, aber Polnisch und Kaszubisch auseinanderreissen, erinnern uns an den Neugierigen in der bekannten Kryłov'schen Fabel, welcher in der »Kunstkammer« den Riesenelephanten zwar

---

[1]) Mein hochverehrter Freund, Dr. J. von Karłowicz, besprach bei seiner Anwesenheit in Berlin die Frage mit mir; er hatte dieselbe für die Warschauer »Wisła« mit besonderer Betonung der modernen Dialectverhältnisse dargestellt; ich erörtere sie hier mit ausschliesslicher Hervorhebung der altsprachlichen Zeugnisse.

ganz übersieht, dafür aber die kleinsten bukaŝki und tarakaŝki wohl bemerkt. Ebenso übersehen diese Herren die riesengrosse, ganz ausserordentliche Uebereinstimmung von Polnisch und Kaszubisch, dafür halten sie sich bei den trennenden Kleinigkeiten auf: ну, братецъ, виноватъ: слона-то я и не примѣтилъ, können sie getrost wiederholen.

Wir beachten hier gar nicht, dass das gesammte Lexicon, die Syntax, der Formenbestand des Kaszubischen, soweit sie (die beiden ersten) nicht deutsch sind, polnisch sind oder die polnischen voraussetzen: man nenne uns z. B. die vielen kaszubischen Wörter, die nicht auch im Polnischen vorkämen — aus manchem polnischen Dialekt werden wir wohl nicht viel weniger nennen können. Wir beschränken uns auf lautliche Erscheinungen, wo allein unsere Gegner irgend etwas von Belang auftreiben könnten.

Alles, was das Polnische eben zum Polnischen gemacht hat, wiederholt sich genau ebenso im Kaszubischen, sogar so späte Erscheinungen, wie die sog. Erweichung der Dentale, der Wandel von ie und io oder der von ia und ie, z. B. *miesc miotą, biały bielić* u. s. w., Erscheinungen, die nicht hinter das XII. Jahrh. zurückgehen können. Oder der Wandel von *tȧrt* zu *tart*, der in keiner slavischen Sprache, ausser im Polnischen, vorkommt, *kark* u. s. w. Oder diejenige Entwickelung der Nasalvokale, die keiner slavischen Sprache ausser dem Polnischen geläufig ist, nämlich die Entwickelung des ą (an) aus ǫ (on), also *gąs* (*gans*) aus *gǫsь*, wie im Polnischen noch des XV. Jahrh. und dialectisch noch heute; die frappirende Entwickelung ǫ-ę (ą) und iǫ-ię (ią), also *mǫż-mąża, wurzǫd-wurządе* wie polnisch *mąż-męża, urząd-urzędu* oder *jidǫ-jidą* wie polnisch *idą-idę*. Nebenbei sei hier angemerkt, dass dieser Wandel, ganz im Gegensatze zum böhmischen (*svatý-světi, pátý-pěti*) nichts mit der Qualität der folgenden Silbe oder Laute zu schaffen hat; daher polnisch (kaszubisch) nur *święty święci*, aber nur *piąty piąci* (cas. obll.); man behauptet nämlich noch immer das Gegentheil und glaubt, *pięć piąty* wechselten auch wie *Piotr Pietrze* oder *biały bielić*, was absolut falsch ist. *Tort* und *tolt*, um auch das noch zu erwähnen, hat der Kaszube wie der Pole zu *trot* und *tlot* gemacht: es verdient hervorgehoben zu werden, dass der Pole in einem einzigen, völlig sicheren Falle, *tolt* unverstellt lässt; der uralte grosspolnische Ortsname *Koldrąb* ist nämlich russ. *Kolodruby*, böhm. *Kladruby*, steht also für *Klodrąb*; ebenso heisst es im »Pommerschen« Circipani, d. i. Čerzpěnjane, nicht Črezpěnjane (tert, nicht tret), vgl. auch *Kolberg*.

Und auch die -*walk* in »pommerschen« (auch in rügenschen) Ortsnamen gehen nicht auf *wilk* Wolf (wie in Wulkow u. dgl.) zurück, sondern sind = vlakъ volokъ, worüber ein ander Mal mehr. Das Kaszubische nimmt jedoch an noch späteren Erscheinungen des Polnischen
Theil, z. B. an der Brechung des i (y) vor r zu ie (e), die im Polnischen
im XIV. Jahrh. begonnen hat (in einigen wenigen Fällen) und erst im
XVI. abschloss, der Kaszube hat somit genau wie der Pole *serp* (*sierp*)
für älteres *sirzp*, *serzchl* und *serzchla* (poln. *sierchl*) für älteres *sirzchl*,
serota (*sierota*) für *sirota*, *serce* für *sirce*, *rozbierac* für *rozbirać*, *roz-
dzerac* für *rozdzirać*, *wemierać* für *wymirać*, *wierzch* für *wirzch*, *cerpiec* und *cerzpiec* für *cirzpieć*, *pierzch*, *cerń* und *cerznie* für *cirznie*,
czerwcowy, *czerzwiony* u. s. w. (die altpolnischen Belege *sirzp*, *sirzchl*
u. s. w. s. Archiv VII, S. 541—544); daneben sind einzelne i-Formen,
wie man sie ja auch im Polnischen hört, erhalten, *wirzba*, *wirtel* und
wiertel, *wircec* u. s. w. So identisch sind polnische und kaszubische
Laute!

Aber die Gegner haben ja nicht weniger als 78 lautliche Abweichungen, »Besonderheiten« des Kaszubischen, erwiesen! 52 vocalische,
24 consonantische, und noch zwei vocalische dazu macht 78. Die Zahl
stimmt schon, nur nicht das, was mit ihr bewiesen werden soll. Fast
sämmtliche dieser »78 Besonderheiten« des Kaszubischen, von denen
übrigens viele nicht lautlicher Natur sind oder einheitlich, nicht getrennt,
aufzuführen waren, kommen nämlich auch im Polnischen mehr oder
minder häufig vor, und beweisen somit gar nichts für die »Sonderstellung«
des Kaszubischen. Es wäre Zeitvergeudung, eine Nummer nach der
anderen hier durchnehmen zu wollen — wer nur eine Ahnung vom Altpolnischen oder von polnischen Dialecten hat, stösst ja sofort und von
selbst auf die betreffenden Parallelen. Aber ein paar Nummern, das
schwerste Geschütz unserer Gegner, wollen wir uns hier näher ansehen;
es wird sich nämlich herausstellen, dass auch diese Schusswaffen bloss
angemalte Spielereien sind und unseren Behauptungen keinerlei Schaden
beizufügen vermögen.

Wir beginnen mit dem allerschwersten Caliber: wir haben eben
behauptet, dass der Kaszube wie der Pole ursprüngliches *tort* zu *trot*
umstellt. Unsere Gegner werden uns triumphirend kaszubisches *barda*,
gard, *charna*, *sarka*, *varna*, *varbel* gegenüber poln. *broda*, *gród*, *chrona*,
sroka u. s. w. entgegensetzen und werden behaupten, dass »in einer älteren Sprachphase *tart* zweifellos die allgemeine phonetische Form in

ganz »Pommern« ausgemacht hat«, dass »*tart* eines der charakteristischen Zeichen der pommerschen (d. i., nach jener neuen Terminologie, der kaszubischen) Sprache ist, welches sie aus den übrigen slavischen Sprachen heraussondert«. Alles recht schön — nur hat das Polnische neben seinem *trot* auch *tart*, ganz wie das kaszubische; dieses »Zeichen« ist somit genau eben so charakteristisch für das Polnische wie für das Kaszubische [1]).

Das auffallende hierbei ist das Eintreten eines *tart* statt des von der Theorie zu fordernden *tort*, eines *barda* für *borda*: von anderer Seite hat man fünf oder sechs Erklärungsversuche für dieses auffällige *ar* sich geleistet, sogar an Einfluss des Deutschen gedacht, was schon chronologisch unmöglich ist, ohne die Erscheinung selbst aufklären zu können.

Die Annahme, dass einst in »Pommern« überall *tart* für *tort* gesprochen wurde, ist unrichtig; wir haben ja »pommersche« Namen schon aus dem VIII. und IX. Jahrh. mit *trot* aus *tort*, z. B. *Dragowit*, *Thrasco*, *Cealadragus* (Cělodragъ), *Anatragus*. Es ist nun interessant zu sehen, dass die Polen in denselben Namen noch im XII. Jahrh. auch *darg* haben können, z. B. *Dargorad* Gnesener Originalurkunde von 1136 und *Lederg* (= Cělodragъ oder eher (Je)ledrag) ebds. Die Pommern haben einen Fürsten *Wartislaw* — ich brauche kein Gewicht auf die Thietmar'sche Form *Wortizlaua* für Wrocław (Breslau) zu legen, aber ein Krakauer Mundschenk 1269 heisst ebenfalls Warcislaus — man beweise, dass es ein »Pommer« war.

Ochs hiess (und heisst) poln. *karw*; dieses *karw* ist natürlich masc. zu *karwa* Kuh, sonst *krowa*, vgl. Ortsnamen Karwin. Die Gegner dürften sagen, *karw* wäre ein urslav. *kъrvъ, nicht *korvъ; haben sie doch auch den davon abgebildeten alten Ortsnamen *Karwowo* ganz mechanisch mit einem kirchenslavischen *krъvovo umschrieben; aber, frage ich hinwieder: warum kommt in keiner Sprache dieses *kъrvъ vor, nur im Polnischen, dessen *ar* auch gleich *or* sein kann? Preussisch *kurwis*, welches Leskien unerklärt liess, ist, wie die Masse polnischer Lehnworte im Preussischen beweist, aus *karw* entlehnt; ich möchte

---

[1]) Darauf hat mich erst Herr v. Karłowicz aufmerksam gemacht; befangen in der älteren Auffassung schenkte ich seinen Beispielen, von denen mir keines ausschlaggebend erschien, nicht die richtige Beachtung, bis mich Ueberprüfung des Materials eines andern belehrt hat.

hinzufügen, dass mir jetzt auch litauisch *karwe*, welches preussisch und lettisch ganz unbekannt ist, aus *korova* entlehnt gilt.

Der Ruf, mit welchem die Bauern auf den Gütern der Adelssippe Topor alarmirt wurden, war *starza*; nach einer sehr ansprechenden Vermuthung des Herrn v. Karłowicz ist dies = poln. *stroża* Wache: in dieser von der gemeinen abweichenden Form konnte der Ruf eben dem besonderen Zwecke erhalten bleiben [1]).

Nachdem durch Fälle wie Dargorad und karw das »Kaszubische« *tart* aus *tort* auch fürs ältere Polnisch erwiesen ist, bieten sich von selbst alte Orts- und Personennamen zu ähnlicher Deutung dar; was kann z. B. *Lissobarga* (1224, kleinpoln. Originalurkunde) anderes sein, als *łysobarga* (= *brog* Schober)? man vgl. Ortsnamen *Krobia* und *Karbiela Karbielin*, auch *Charbielin*, die gewiss mit *Korbij zusammenhängen; man vgl. böhm. *Kralupy* (993!) und poln. *Charłupia* u. dgl.m.

Für unsere Zwecke genügt Folgendes: das Kaszubische wandelt in den überwiegendsten Fällen *tort* zu *trot*, genau wie das Polnische und Nordserbische — man nahm ganz willkürlich an, dass alle diese ächt kaszubischen Worte, Namen aus Feld und Wald u. s. w., erst durch den literarischen, d. i. nur durch den kirchlichen Einfluss des Polnischen entstanden wären!! In einigen Fällen wandelt das Kaszubische, mehr oder minder vereinzelt oder ständiger, *tort* auch zu *tart*; das Altpolnische kannte vereinzelt ebenfalls diesen Lautwandel. Ein moderner Lautgesetzler allerdings dürfte ob solcher Annahme die Hände über dem Kopfe zusammenschlagen, aber wir haben eben in *Kołdrąb* und *Circipani* Beweise des Nichteintretens eines »Lautgesetzes« gegeben und dienen gleich mit anderen.

Urslavisches *tort* wurde polnisch (kaszubisch) zu *tart*; urslavisches *tьrt* müsste es ebenso, nur »weich« werden, also *ciart* (heute daraus kaszubisch *cart*), aber im Polnischen kommt statt des zu erwartenden *ciart* ein *tart* vor, so dass *tort* und *tьrt* hier heute zusammenfallen, also ebenso *tъrgъ* zu *targ* wird, wie *tьrnъ* zu *tarn*. Es ist dies nun wieder ein Hauptargument für die »Selbständigkeit« des Kaszubischen geworden, dieser Gegensatz von kasz. * cwiardi* = poln. *twardy*, *carti* = *tarty*, *dzarti* = *darty*, *dzarna* = *darń*, *miarznąc* = *marznąć*, *czwiorti*

---

[1]) Piekosiński erklärt diese proclamatio anders, aus *stary* (wegen Starykoń, Wappenname eines Zweiges desselben Geschlechtes), durchaus nicht überzeugend.

czwarty u. s. w. Dieses Argument ist leider noch viel rissiger als das erste (*trot : tart*); denn sowohl gibt es im Kaszubischen Beispiele für *tart* (statt des zu erwartenden *ciart*) als auch im Polnischen *ciart* (statt des zu erwartendnn *tart*). Unsere Gegner escamotiren die Beweiskraft dieser Fälle wieder dadurch, dass sie für die kaszubischen nach der zwar überaus bequemen, aber willkürlich erfundenen Entlehnung oder Beeinflussung durch die Kirche greifen, für die polnischen soll falsche Analogie das *i* in *ciart* hereingetragen haben: auf die Dauer hält jedoch diese Taktik nicht vor.

Wenn es z. B. im Polnischen, ganz nach kaszubischer Weise und gegen das polnische Lautgesetz, heisst *piardnąć* (statt *pardnąć*), *śmiardnąć* (in Compp., *prześmiardnąć, prześmiardły, zasmiardnąć*, statt *smardnąc*), *ziarno* (statt *zarno*), so wäre das *ia* dieser Worte beeinflusst durch das ie von *pierdzieć, smierdzieć*, oder das *ia* von *ziarnisty*. Ich sehe ganz davon ab, dass Formen, die diese Beeinflussung gewirkt haben sollen, im alten Polnisch, wo sie eben hätten wirken müssen, gar nicht existirt haben (!!) — ich verfüge über triftigere Gründe. Russisch дерзкій sollte poln. *darzki* und kaszub. (alt) *dziarzki* heissen; *darzki* kommt im Poln. seit dem XIV. Jahrh. wirklich vor, daneben das Zeitwort *darznąć* = дерзнуть, aber häufiger und heute allein bekannt ist *dziarski* — nach welcher Analogie? Oder: russ. зерно ist kaszub. (alt) *ziarno*, poln. *zarno*: diese Form war so fest, dass sogar das Collectiv, зерніе, *zarnie*[1]) hiess, und doch kennt heute, und so seit jeher, der Pole nur die »altkaszubische« Form *ziarno* — nach welcher Analogie? Russ. серна heisst poln. *sarna*, kaszub. *siarna*, dazu das masc. heute *soreń*, aber ebenso heisst im polnischen Wörterbuch des Mączyński (1564) der Rehbock *sioren* — nach welcher Analogie? *Siorbać* schlürfen ist

---

[1]) *Zarno, zarnem; zarnie, tego zarnia* kommen mehrfach vor in dem sehr sorgfältig gedruckten und im besten Polnisch geschriebenen »Crescentyn« von 1549 (Krakauer Druck), wo auch statt poln. *dziura* (kaszub. *dura, durka* Loch, das deshalb auch unter Nr. 60 unter den »Besonderheiten« figurirt), *dura* und *durka* häufig vorkommt, das übrigens in polnischen Dialecten wohlbekannt ist (z. B. in einem masowischen Weihnachtsliede aus dem Ende des XVI. Jahrh.: *iż w nie wiatrek durkami wszędy wieje*; bei Crescentyn: *w durach, nawierciawszy durek, dury* und *dziurki, iednę dziurkę* u. s. w.) und daher als gemeinpolnisch, nicht als speciell kaszubisch zu bezeichnen war; es heisst ja z. B. in der Sophienbibel: *a szypy sdurawyØ* et perforabunt sigittis 117. Auch in der Bibel des Leopolita (1561) finden wir *zárnistych iabłek*.

anch anzuführen; auch *czwiarty* kommt im XV. und XVI. Jahrh. vor,
für *czwarty*.

Es war dies eine grundfaule Analogie, um die Wahrheit zu sagen :
sie hat z. B. an *tarn* nicht zu rütteln gewagt, hat lieber das ganze Wort
preisgegeben und dafür *ciern* neu gebildet; sie hat sich, trotz *śmierć*
und *umierać*, nicht einmal an *martwy* herangetraut, welches auch im
Kaszubischen nur in dieser »polnischen« Form bekannt ist (die zu erwartende »kaszubische« Form, *miartwy*, kommt aber in einem masowischen Sprachdenkmal von 1449 wirklich vor; in einem anderen gleichzeitigen finden wir *miertwieje* oder *miartwieje*), und in einer Unzahl von
Worten und Formen war diese Analogie zu schüchtern und verkroch
sich — muthig war sie nur in drei Wörtern, in *piardnąć*, *śmiardnąć*,
ziarno! Diesen Beispielen scheint noch eines zugezählt werden zu sollen:
dziarstwo Kies (so im XVI. Jahrh.; im XV., zweimal, *dzwiarstwo* dass.,
einmal *drzastwo*), und auch *ciarki* Gruseln scheint mit *tarnąć* (gruseln)
zusammenzuhängen, wie *dziarzki* mit *darznąć*.

Es genügt uns wieder, festgestellt zu haben, dass das Polnische,
wie bei der Behandlung von *tort*, so auch bei der von *tьrt*, Doppelwege
einschlagen konnte: wie es dort neben *trot* manchmal auch *tart* hat,
so hat es auch hier neben *tart* manchmal ein *ciart*. In beiden Fällen
stimmt das Kaszubische zum Polnischen, nur dass es ein paar Beispiele
mehr für tart aus tort, namentlich aber für ciart aus tьrt hat; somit be-
rechtigen uns sogar diese beiden Fälle, d. i. die beiden schwersten Argumente unserer Gegner, nicht dazu, das Kaszubische vom Polnischen
loszureissen, wohin es organisch gehört. Der im Polnischen, das sonst
viel feinfühliger für Weichheitserscheinungen ist als jede andere slavische Sprache, so auffallende, der ganzen Sprachentwickelung zuwiderlaufende Verlust der »Weichheit« in tьrt muss schon bis ins IX. und X.
Jahrh. zurückgehen; denn wäre er erst später, z. B. im XI. oder XII.
erschienen, d. h. zu einer Zeit, wo die t', d' zu ć, dź wurden, so hätte
er diese kaum noch zu t, d zurückbringen können. Andere Verluste
der »Weichheit« kennt das Polnische sporadisch erst seit dem XVI.
Jahrh., z. B. *wesoły* aus *wiesioły*, *serce* aus *sierce*, *czerwony* aus *czer-*
wiony, *obecny* aus *obiecny* u. a.

Somit ist festgestellt, dass Polnisch (Kaszubisch) dieselben Laut-
gruppen, tort, tьrt, tьrt und tьlt, mehrfach in einem und demselben
Worte, verschieden behandelt. Beispiele für tort und tьrt (*miartwieć*,
neben *martwieć*, obstupere, ist Rozprawy XXIII, 280 zu finden) sind

oben gegeben; noch einmal sei hingewiesen auf den kaszub. Wechsel von *wirzba smirc* und *serp, cerpiec*. Tъrt wird poln. (kaszub.) zu *tart*, aber vielfach zu *turt*, z. B. in *kurpie* (freilich behauptet Dr. J. Mikkola, Bezzenbergers Beiträge XXI, dass *kurpie* aus dem Littauischen entlehnt ist, wegen des unpolnischen *ur*, aber das ist grundfalsch, es giebt keinerlei littauische Lehnworte im Polnischen, trotz J. Mikkola und Ł. Malinowski); in *kurcz kurczyć* (schon im XV. Jahrhundert ganz geläufig den verschiedensten Quellen, gerade wie das vorige Wort) корчить; *mrugać* (моргать); *mruk, mruczeć* neben *markotać*; *zmurszały* neben *marcha*; *purchawka* neben *parch*; *turkot* neben *tarkać* (vgl. *szurgot* neben *szargać*); neben *zgarbiony* hört man *zgurbiony*; vielleicht auch *burczeć* (anders bei Miklosich i. h. v.) neben *barczeć* (vom Sausen des Windes, Rozprawy XXIV, 381 aus dem XV. Jahrh.) u. a. Die Lautfärbung er (in *sterczeć* neben *stark, termosić, derdać,* schon bei Rey *derdołkowie* u. a.) übergehen wir.

Noch auffälliger ist dieselbe Vielförmigkeit bei der Vertretung von tъlt : *pъlkъ* bleibt Pełk in Eigennamen, Swiętopełk, Przedpełk, Pełka, Pełczyn, Pełczyska u. s. w., wird aber im Appellativ zu *pułk*; Pełt und Połtowsk (heute Pułtusk); *słunce* später *słońce*; *mołwić* (heute *mówić*; vgl. Ortsnamen Smołdzyn Schmolsin mit böhmisch *smldí* Schwarzwurz); nach den Dentalen, mit der Umstellung, wie in *słunce, dług, długi, dłubać, tłuc, tłumacz, słup*; nach den Gutturalen bleibt eł, *giełk, chełm, chełst, kiełb, kiełbasa, kielp, kiełzać,* ebenso nach den Labialen, *wełna, bełch, bełtać,* aber *pułk,* *kołtać (vgl. *kołtka,* später *kołstka,* Hals- und Ohrringe) wenn es nicht aus dem Russ. entlehnt ist; *zlew* (allgemein im XV. Jahrh.) und *zełw, zołwica* (glos); *chełbić się* (effari, neben *chełpa* iactantia, beides im XV. Jahrhundert, Rozprawy XXIV, 282) und *chlubić się* (oder sollte dies böhmisch sein?), *chlupać* und *chlustać* u. a.

Neben solchen Beispielen dürfte jetzt auch *zołza* gegenüber *zléza* weniger auffallen; neben *glań* (*glon, glanek glonek, glej*) Stück Brot, kommt auch *gieln* vor, Wörterbuch des Bartholomaeus vom Jahre 1532, S. 397, *gielnik chleba* Neothebel, Raphaelahi vom J. 1582, heute grosspolnisch *gielnik, gielniczek* dass.

Auch sonst hat das Polnische Doppelformen; so kommt z. B. neben *jutro* und Ableitungen, wie im Altslovenischen (za ustra?), *justro vor, z. B. in dem Text der Horae Salvatoris aus der Mitte des XV. Jahrh., wo auch *kry* Blut, *czvyarkovey* (= *czwiartkowej*!!) u. a. vorkommt,

czasszv yvstrzeyszeko (Rozprawy XXV, 208); stella matutina *jvstrzenka*
Wörterbuch des Bartholomaeus von 1532, S. 406. Interessanter als
dieser vereinzelte Fall ist jedoch ein anderer. Bekanntlich hat das Polnische neben *wszego, wszytek, wszako* etc. auch, namentlich um 1400
herum, die Formen *szwego, szwytek, szwako* etc., z. B. im Flor. Psalter
przeze swytky dny, swoszytczy, swszech, swszem, in den Gnesner Predigten *swyciek świat* und *na szwem świecie*; die zahlreichsten Beispiele
bietet ein Krakauer Plenarium aus dem Anfange des XV. Jahrh., *switek
lud* omnis plebs, *switky recy* omnia, *temu swemu* nihil horum (in-
tellexerunt), *swelky* omnis, *switko* omnia, *aswako* quia, *nadeswemi są-
sadi gich poswemv pogoru* super omnes vicinos eorum et super omnia
montana — doch kommen eben so häufig die Formen ohne Metathese
vor. In den horae Salvatoris (ältester Text): *tą swą nocz* totam, *swithky
oczcze, preswą* per totam; in einem kurzen Mariengruss aus derselben
Zeit : *szwithkim szwathem* und *szwieczczi szwanczi*, daneben *wsza* und
wszem, doch hat der Schreiber in diesen beiden Fällen ein *s* vor dem
w erst gestrichen, als wenn ein *szwa szwem* nicht hätte geschrieben
werden sollen. Diese Erscheinung war bisher wohl bekannt; aber man
beachtete nicht, dass solche Doppelformen bereits seit den ältesten Zeiten
des Poln. nachweisbar sind und zwar in den mit *wsze* zusammengesetzten
Personennamen. So kommt neben Wszeborius Sweborius vor, neben
Wszegniew wird Swegniew geschrieben u. s. w. Also z. B. im ältesten
Theil des Liber fraternitatis Lubinensis (Monumenta Pol. Histor. IV,
562—584), der aus der ersten Hälfte des XII. Jahrh. stammt, finden
wir neben Wsebor *Suebor* (Zeile 76), darnach Ortsname de Sueborowycz
1354; in den Posener Grodacten neben Wszegneff vom J. 1397, *Swegnef*
1391 und *Swefgewonis* (im polnischen Text dazu *Szógnewowi*!); in der
Gnesner Originalurkunde von 1136 Ortsname *Zvepravici* d. i. Swie-
prawicy aus Wszeprawicy; im Nekrolog der Breslauer Prämonstratenser
zu S. Vincenz, *Zverad* (d. i. Wszerad), ähnlich im Lubiner Buch *Suenardus* (circa 1170, wohl verlesen oder verschrieben)?

Diese Zverad und Suenardus führen uns zurück auf einen sehr interessanten Fall, den Potkański, Kraków przed Piastami, Abhandl.
d. Krak. Akademie, histor. Cl. XXXV, 1897, S. 198 f. erörtert hat: der
h. Guerardus (gestorben um 1020) nämlich ist der Pole Swerad =
Wszerad gewesen, aus dem Sverad hat man Zoerard und Guerard gemacht; der Heilige lebte später als Einsiedler Andreas (mit Benedikt)
auf dem berühmten Berge Sabor bei Neutra, das seine S. Emmeraner

Domkirche zu einer Kirche des h. Andreas-Zoerardus und Benedictus umgetauft hat; vorher hat der Heilige im kleinpolnischen Tropie geweilt, das nach ihm święty Swirad benannt wurde (eine spätere Legende machte den h. Sverardus zu einem Schlesier; die Polen wieder machten aus Zoerardus einen h. Zórawek!). Man könnte sogar versucht sein, Namen wie Siech durch Swieciech aus Wszetěch entstehen zu lassen, wie eben Siegniew aus Wszegniew, doch wollen wir nicht Unsicheres aufhäufen; aber *Siepraw* und *Sieradzice* bleiben sicher.

Auf Grund des gesammelten Materials können wir somit wieder feststellen, dass wie bei der Behandlung der Gruppen tort, tъrt, tьrt, tьlt, so auch bei der von vьše- im Polnischen seit dem X. Jahrhunderte Doppelformen vorhanden waren, die schliesslich einer einheitlichen bis auf wenige Reste den Platz geräumt haben. Doch kehren wir zur »kaszubischen Frage« zurück.

Sogar aus der Stammbildungslehre wurde ein Argument zu Gunsten der kaszubischen »Selbständigkeit« herbeigeschafft, das Polnische kenne nämlich nur Bildungen mit *-isko*, das Kaszubische nur Bildungen mit *-iszcze*. Auch dieses Argument hält nicht Stich; im Kaszubischen sind *-isko*-Bildungen häufig und ächt und je weiter man in polnische Ortsnamen zurückgreift, desto häufiger sind wieder polnische Bildungen auf *iszcze*, z. B. Urkunde von 1136 Turcoviste, 1254 Grodzyscze (heute Grodzisko), 1297 Panthkowisch(e), heute Piątkowisko, 1306 Pelcziscze (heute Pełczyska, 1266 de Pelchist), 1270 Grodyszcze, 1346 Pakoslai de Stroziscz; schlesische Urkunde von 1193 Sobotiste u. dgl. m. Somit wären auch die Bildungen auf -iszcze gemeinpolnisch, wie tart neben trot, ciart neben tart, nicht ausschliesslich kaszubisch.

Bei unseren Gegnern finden wir z. B. die Bemerkung: »die Bruchstücke des mittelalterlichen Polnisch zeigen durchaus keine nähere Verwandtschaft mit dem heutigen »Pommerschen« (Kaszubischen) auf«. Die vorgelegten Beispiele beweisen hinlänglich die völlige Grundlosigkeit dieser Behauptung; es sei noch ein Beispiel mehr angeführt.

Die älteste und wichtigste Urkunde der polnischen Sprache stammt vom Jahre 1136; es ist dies die päpstliche Bestätigung der Gnesner erzbischöflichen Besitzungen an Grund, Menschen und Leistungen; sehr sorgfältig, fast ganz fehlerlos geschrieben, enthält sie hunderte polnischer Eigennamen. Nach der Classificirung unserer Gegner müsste diese Urkunde jedenfalls »pommerisch« sein: denn was alles »pommersche« kommt da vor! Wir haben aus ihr bereits angeführt den Dargorad und den Lederg, das Turcoviste, aber damit hören ihre »Pomoranismen« noch lange nicht auf; sie bietet stets »pommersches« z für polnisches dz, also z. B. Ziraz und Zeraz (Siradz, später Sieradz — wegen des i kaum von Swerad = Wszerad ableitbar), mag dies auch nur mangelhafter Schreibung Schuld sein; sie hat »pommersches« e für a nach anlautendem r, also *Redanta* (poln. Radzięta), Redec (poln. Radek), *Reck* (poln. raczek; auch Rezk und Razk in der Urkunde geschrieben), *Redonc* (poln. Radonek) und *Redos* (poln. Radosz), wie kaszubisch *redosc*, *Redunia* (Radaune), *rek* und *reczk*; sie hat den »pommerschen« Vocalverlust (in den Endungen -ek, -ec u. dgl., kaszubisch *domk* = poln. *domek*, *dwork* = *dworek*, *matk* = *matek*, *łokc* *łokieć* u. s. w., die Nummern 7—14 der »pommerschen« Sprachautonomie), also Reczk = raczek, Zmarsk, Domk, Plastk, Siodłk, Kruszk, Redonk, Krzepk, Krostawc, Darzk, Blizk, Datk, Maruszk. Bezüglich dieses letzteren Punktes ist überhaupt hervorzuheben, dass das ältere Polnisch in erheblicherem Masse gegen das e sich sträubte, also z. B. nur *wrobl* kannte (nur so im Flor. Psalter, an vier Stellen, und sonst), *rydl*, *rubl*, *wiatr* (Flor. Psalter), *sopl*, *wągl* (noch bei Rey) u. s. w., *ratunk* und alle ähnlichen Fremdwörter, gen. plur. *ławk*, *szczałbatk*, *poduszk* (heute nur *ławek*, *poduszek*) u. dgl. m.; *chrzepl* (?), *koziełk* (lucilia, Prace filologiczne V, 42) kommen ebenfalls vor.

Das Beispiel dieser einzigen Urkunde wird hoffentlich genügen, um die Behauptung, dass das Altpolnische dem Kaszubischen sich gar nicht nähere, in ihr gerades Gegentheil zu verkehren.

Verschiedenheiten und Besonderheiten des Kaszubischen leugnen wir sicherlich nicht; nur sind die erheblichsten unter ihnen evident spät, z. B. der Wandel des ki gi zu ći und dźi oder verwandtem; das h oder w in dobreho; das Fehlen des ł (stellenweise), der »erweichten» ćśź-Laute u. dgl. m.; sie sind dann nicht höher anzuschlagen, als in anderen polnischen Dialecten z. B. das Fehlen der ż cz sz-Laute; der Wandel eines pja bja zu pśa bźa, eines wje zu źe u. s. w., welche auch sind »plus polonais que le Polonais«, *bziały*, *zieczor* (für *wieczor*) u. s. w.

Unserer Ansicht nach, die sich auf die Beschaffenheit des Altpolnischen stützt, war das Kaszubische bis zum XV. Jahrh. sprachlich im engsten Zusammenhange mit dem Polnischen, d. h. jede im Polnischen irgendwo auftauchende Lautveränderung konnte ihre Wellen bis ins Kaszubische hineinschlagen lassen.

Unterschiede gab es natürlich bereits damals; die Sprache von

Krakau und die um den Lebasee herum unterschieden sich noch etwas mehr wie die gleichzeitigen Sprechweisen von Warschau und Breslau, von Gnesen und Lublin; die neue polnische Lautwelle musste schwächer in dem weiten Westen auftreten als irgendwo näher dem Ausgangspunkte; der kassubische Dialect wurde von ihr schwächer getroffen, er hielt fester an dem zu verändernden. Seit dem XV. Jahrh. erfolgt nun eine Art von Isolirung des Kassubischen, kein Zufluss des neupolnischen Elementes erneuert und erfrischt erheblicher diese altpolnische Varietät, auf welche dafür in lexicaler, syntactischer und endlich auch lautlicher Hinsicht das umfluthende deutsche Element seit über einem halben Jahrtausend immer stärker einwirkt.

Die Aufstellungen von Nestor und Schleicher bleiben somit in Ehren bestehen. Es war wirklich, ethnographisch und linguistisch, éin einheitlicher Volksstamm, die L a c h e n, dessen Sitze von San und Bug auf einer Strecke von grosser Länge und geringerer Breite um die Ostsee herum bis jenseits der Elbe, nach (dem späteren) Hannover hinein, sich erstreckten; einzelne dieser L a c h e n nannten sich Polanen (wir können hinzufügen, Wislanen: Gross- oder Alt- und Klein- oder Neupolen später), andere Luticer, andere Mazowier, andere Pomorjaner. Von ihren südwestlichen Nachbarn schied sie vor allem eine der Erhaltung der Nasalvocale geneigte Disposition der Articulationsorgane. Man hat dieses Schleichersche Criterium belächelt; man meinte: auch das Macedonische müsste dann ja, der Nasalvocale wegen, dem Polnischen besonders nahe verwandt sein; ein fauler Witz, denn Macedonisch und Polnisch werden durch alles andere getrennt, also reicht dieses eine Moment nicht aus, um besondere Verwandtschaft zwischen ihnen zu construiren, dagegen sind die westslavischen Sprachen fast durch alle Momente vereint und nur durch die Behandlung der Nasalvocale am schärfsten von einander getrennt.

Aus der Continuität des l a c h i s c h e n Sprachgebietes schied am vollständigsten und zugleich am frühesten, bereits seit dem Ausgange des X. Jahrh., das später sogenannte Polabische aus; seit dem XI. Jahrh. wurde diese Isolierung durch keinen slavischen Zuzug unterbrochen, bald hörte auch die leiseste Spur irgend eines Zusammenhanges, Rückhaltes auf; es treten hier auch gewisse Eigenheiten stärker hervor. Aber es trennte sich nicht nur dieses eine Stück von der l a c h i s c h e n Basis ab; seit dem XII. Jahrh. zerbröckelte dieselbe an allen Stellen zwischen Elbe und Oder, Ostsee und Havel-Spree mächtig; immer grössere Lücken

wurden hineingeschlagen und schon im XIV. Jahrh. war sie auf den
Inseln wie auf dem Festlande nahezu vollständig dahingeschwunden;
die Lachen waren entnationalisirt, behaupten die einen, ausgestorben,
sagen, der Wahrheit näher, die anderen. Am weitesten gegen Westen
erhielt sich von diesen Lachen das Häufchen der Kaszuben, ebenfalls
fast isolirt seit dem XIV. Jahrh., ebenfalls schärfer gewisse Eigenheiten
accentuirend, als es anderen polnischen Dialecten zukam.

Eine sprachliche Grenze zwischen Polnisch und Böhmisch, zwischen
Polnisch und Serbisch, war schon im XII. und XIII. Jahrh. scharf zu
ziehen, konnte Niemand darüber zweifeln, wo·das eine aufhörte, das
andere begann (wir sehen es ja an den Ortsnamen deutlich!). Aber im
XII. und XIII. Jahrh. war es gewiss nicht leicht, oder eher ganz unmöglich, eine solche sprachliche Grenze zwischen Polnisch und »Pommerisch« zu ziehen, die Sprachen hüben und drüben standen sich viel zu
nahe dazu. Wohl gab es schon gewisse Unterschiede und sie mehrten
sich namentlich seit dem XV. Jahrh. — doch haben dieselben nie das
Maass erreicht, dass man das Kaszubische aus dem polnischen sprachlichen Organismus herausreissen dürfte, wie man dies z. B. mit dem
Niederserbischen gegenüber dem Oberserbischen, mit dem Kleinrussischen gegenüber dem Grossrussischen, mit dem Slovakischen gegenüber
dem Böhmischen thut oder thun könnte.

Wir haben nicht alle, nur die anerkanntermassen gewichtigsten
Argumente unserer Gegner besprochen; manches ist bereits oben, Archiv
XX, S. 41—46, zurückgewiesen worden. Ebenso übergehen wir die
Grosssprechereien, dass man noch zwei- oder dreimal soviel »Argumente« für diese Selbständigkeit herausfinden könnte: mag man noch
so viele Nullen vor die Einer setzen, es kommt doch nichts heraus. Wir
verschmähten auch die Waffen der Gegner, die »falsche Analogie« und
den »kirchensprachlichen Einfluss«: mit diesen Waffen z. B. hätten wir
die wenigen Fälle von kaszubisch tart (für tort) oder die zahlreicheren
ciart (cart) aus tьrt mit Leichtigkeit wegescamotiren können, und noch
manches andere dazu; der »kirchensprachliche Einfluss« hat die Kaszuben übrigens nicht gehindert, witro für jutro oder bǫcietowac (banket-
tiren) zu sprechen, dafür soll er ihnen martwy oder proch oder mą-
żesko aufgedrängt haben!! Nebenbei erwähnt, hindert die Kirchensprache dialectische Verschiedenheiten bei anderen Polen, die z. B.
zieczor für wieczor, zino für wino sprechen, nicht im mindesten.

Wie ist man denn überhaupt zur Aufstellung einer besonderen

»pommerischen oder kaszubischen Sprache« gelangt? Es klingt kaum
glaublich und doch ist es so: weil man, nach eigenem Geständniss, nur
die moderne kaszubische Volkssprache mit der modernen polnischen
Schriftsprache verglichen hat!! — anstatt z. B. das Kaszubische mit
westpreussischen u. dgl. Dialecten zu vergleichen. Dann hörte man
allerlei (ob wirklich existirende?) Laute heraus, erfand ganz überflüssige
Zeichen, dichtete einige Formen hinzu, die nicht recht vorzukommen
scheinen (z. B. szczęściego) und die »Sprache« war fertig. Man vergass nur, dass wer z. B. thüringisches Volksdeutsch mit modernem
Schriftdeutsch vergleicht, auch im Thüringischen (wie im Kaszubischen)
»resianische, polabische«, turanische füge ich hinzu u. a. Laute eher,
als »deutsche« herausfinden wird, auch das Thüringische mit demselben
Rechte zu einer besonderen »Sprache« mit besonderer Phonetik, Orthographie u. s. w. herausstaffiren wird.

Es sei nochmals betont, dass Niemandem verwehrt werden darf,
sein eigenes Buch z. B. mit dem komischen Titel »Słownik języka po-
morskiego« (statt »Słownik narzecza kaszubskiego«) zu versehen; man
protestirt nur gegen das doppelte Mass, nur gegen die lächerlichen
Uebertreibungen, wonach z. B. »eine erheblich geringere Reihe von
Spracheigenheiten (als die der kaszubischen im Verhältniss zum Polnischen ist) für ausreichend gehalten werde zur Absonderung der slovakischen Sprache von der böhmischen oder der klein-, weissrussischen
von der grossrussischen« (S. XL) — wer dergleichen behauptet, hat
entweder keine Ahnung von dem Verhältniss zwischen Slovakisch und
Böhmisch, zwischen Kleinrussisch und Russisch, oder er will der Wahrheit nicht die Ehre geben. Gegen das doppelte Mass, das z. B. ein
Florinskij (man merkt die Absicht und wird verstimmt!) angewendet
hat, ist schon von Prof. Jagić (Archiv XX, S. 361) Einspruch erhoben
worden.

Das Kaszubische ist uns als altpolnische Varietät interessant und
ehrwürdig; es hat auch zu keiner Zeit als etwas anderes gegolten; im
XVI. Jahrb. z. B. galt es als gleichwerthig mit »preussisch« (polnisch)
und seine besonderen Ausdrücke verlachten zwar die Einen, wollten
aber die Anderen, wenn sie nur treffend wären, auch für die Schriftsprache billigen (so Górnicki im Dworzanin 1566); der »kaszubische«
Katechismus des Pontan ist denn auch demgemäss gutes Polnisch mit
einigen kaszubischen (und westpreussischen) Formen und Ausdrücken.

Das Altpolnische bietet denn auch auf Schritt und Tritt die schla-

gendsten Parallelen für kaszubische Erscheinungen. Z. B. der d-Ein-
schub zwischen z-r, heute im Poln. nur in einigen Worten erhalten wie
zdrada, zazdrość, zdrój u. s. w., in anderen bereits aufgegeben, z. B. in
wzrost aus älterem *wzdrost*, *zrzucić* aus älterem *zdrzucić* u. s. w.,
reichlich im Kaszubischen vorkommend, z. B. in *zdrzecec, zdrzodło,
dozdrzelec* reif werden (ebenso bei Rey, *doźdrzelszego wieku*, reiferen
Alters, *zdrzejemy* und *dożdrzewamy* neben *użdreje, dożdrewa*), *zdrzec*
u. s. w., war im Altpolnischen so constant, dass er sogar zwischen dem
z der Präposition und dem r des Nomens eintrat, also *zdręki* = izdrąky,
rozdrazić, wzdruszyć u. s. w. Oder »schonen« heisst heute polnisch
szanować, kaszubisch *szonowac*, aber altpolnisch ebenso, *szonować*,
z. B. in den Gnesner Predigten (XIV. Jahrh.) u. s. w. Oder dass z für
heutiges dz in *bardzo, dzwon, dźwięk* u. s. w., kaszub. *barzo, zwon*
galt ebenso im Polnischen bis tief ins XVII. Jahrh. hinein u. s. w.

Der innige Zusammenhang zwischen Polnisch und Kaszubisch wird
durch die phonetische Schreibung für den, der nur die poln. Schriftsprache beachtet, ganz verdunkelt und entstellt — man erwäge nur,
dass phonetisch geschriebenes Schwäbisch oder Fränkisch dem aus
Schriftdeutsche allein Gewöhnten ebenso fremdartig erscheint, als eine
besondere, unbekannte Sprache. Hierzu kommt fürs Kaszubische noch
eines: die Unmasse von Germanismen. Der seit bald 600 Jahren wir-
kende Einfluss des Deutschen hat das Kaszubische womöglich noch mehr
durchsetzt, als irgend einen slovenischen oder nordserbischen Dialect;
nicht nur das Lexikon, sondern auch die ganze Syntax, die Wortstellung
u. s. w. wimmeln von solchen Spuren, ganz wie im Polabischen oder Preussischen, nur fehlt hier die Berufung auf den dummen Tolken. Das Zusammentreffen in vielen Germanismen mit dem Altpolnischen ist wieder
sehr lehrreich; z. B. in *gbur, gweśny* gewiss (XIV.—XVI. Jahrh., noch
die Bibel von 1561 hat es, doch ist es ausgemerzt schon in der Auflage
von 1575), *kusztać* oder *kusznąć* küssen, *brutka* Braut (XV. Jahrh., in
Glossaren vorkommend) u. s. w. Leider ist der Herausgeber des kaszubischen »Wörterbuches« zu wenig im Deutschen bewandert und hat daher viele Germanismen nicht richtig oder gar nicht angegeben.

Schliesslich zeichnet sich der kaszubische Wortvorrath auch durch
Bewahrung vielen altpolnischen Gutes aus. Man braucht nicht allzuweit
zurückzugreifen, um auf derlei Parallelen zu stossen. Erwähnt sei hier
z. B., aufs Gerathewohl, das Buch Korab zewnętrznego potopu u. s. w.
des Hieron. Powodowski von 1578: dort kann der Herausgeber des

Wörterbuches wieder finden sein *kostkac* klatschen (*kostkale z redosci*) in »*koskaiąc rękoma nogami*«, ebenda *zwierzęta naidziwsze zdomaczeią* hat zwei »Kaszubismen«, *dziwy* wild und *domacy* häuslich (zahm) u. s. w. Oder er nehme beliebige Schriften des Seklucjan, des Neothebel, des Rey, des Twardowski u. s. w., überall wird er »Kaszubismen« finden, z. B. *odwirny* statt des polnischen *odźwierny* bei Rey (kaszub. *dwierznik*) oder *stegna* für Pfad bei Twardowski u. s. w.; ja es gibt kein älteres Buch ohne solche — wie viele enthält die Bibel des Leopolita (z. B. *jednylko* gebildet wie kaszubisch *barzylko*, *domak* = *domowy* wie kasz. *domak* u. s. w.) oder das Wörterbuch des Mączyński! Sogar ganz späte Sachen bieten Parallelen, z. B. im Smutek codzienny des Gniewisz vom J. 1731 kann man *kiej* = kaszub. *cej*, wann, wenn, oft finden u. s. w. Und nun gar die mittelalterlichen Texte, Glossare u. s. w. Dass in einzelnen Worten das Kaszubische dieselben Fehler macht, wie das Polnische (dialectische), braucht hier kaum erwähnt zu werden: wie Polen z. B. falsch *jugo* statt *jigo* (Joch) sprechen, haben die Kaszuben falsch *justy* für *jisty* (istъ), wenn dies nicht deutsch *just* hervorgerufen hat.

Endlich hat das Kaszubische einzelne Appellativa, die das Polnische, dessen alter Wortbestand uns so lückenhaft überliefert ist, nur noch in Eigennamen kennt. Z. B. *charlącec* im Walde, Felde oder Garten stehlen (*charląznik*, *charląztwo* u. s. w. dazu), poln. nur in Eigennamen: ist das r oder das ł eingeschoben? gehört das Wort zu aslov. *chalągъ chaląga* Zaun, in einigen Dialecten für Höhle, Schlupfwinkel u. dgl., in anderen für Seegras, Tang (böhm. *chaluha*) — oder vgl. böhmisch *charouz* Reisig, *charouzna* Feldhütte? der Bedeutungsübergang wäre wie z. B. im böhmischen *chalupovati* brandschatzen zu *chalupa* Hütte. Oder *kelp* Schwan u. dgl. m. Anderes hat auch das Kaszubische nur noch in Ortsnamen erhalten.

Das Gesagte mag zur Beleuchtung des Kaszubischen vom Standpunkte des Altpolnischen aus genügen; zu einem ähnlichen Resultat gelangt man von der Betrachtung moderner polnischer Dialectverhältnisse aus, die wir hier jedoch absichtlich ausgeschlossen haben. Das kaszubische Missverständniss musste entstehen, sobald man den Volksdialect bloss mit der neuen Schriftsprache verglich; es schwindet sofort, wenn man vernünftiger Weise das altsprachliche und das dialectische Material berücksichtigt. Wir erwarten, dass noch vor Ablauf dieses Jahrhunderts die kaszubische Streitfrage gelöst und die Fort-

setzung des kaszubischen Idiotikons nicht mehr der verfehlte Titel:
»Wörterbuch der pommerschen Sprache« verunzieren wird, der diesen
ganzen Rummel veranlasst hat.   *A. Brückner.*

Zwei Urkunden aus Nordalbanien.

Mitgetheilt von Dr. Ludwig v. Thallóczy und Dr. Constantin Jireček.

Im Folgenden werden zwei bisher unbekannte Urkunden aus Nordalbanien veröffentlicht, ein slavisch verfasster Geleitsbrief des Fürsten
Ivan Kastriota, des Georg Kastriota oder Skanderbeg Vater, an die Ragusaner vom J. 1420, mitgetheilt von Professor Jireček aus dem Archiv
von Ragusa, und ein Privilegium des Königs Alfons V. (I.) von Aragonien und Neapel (1416—1458) an die Stadt Kroja aus Skanderbeg's
Zeit vom J. 1457, mit der höchst wichtigen Bestätigung alter byzantinischer und serbischer Privilegien dieses Hauptortes der Berge des nördlichen Albaniens, gefunden im Archiv von Barcelona von Archivdirector
Dr. Ludwig von Thallóczy.

Diese Urkunden betreffen eben die Landschaften, in denen der
Name Albaniens seit der altillyrischen Zeit heimisch ist, und aus denen
sich dieser Name seit der zweiten Hälfte des Mittelalters weit über die
ganze Umgebung verbreitet hat. Der illyrische Stamm $\mathit{Ἀλβανῶν}$ mit
der Stadt $\mathit{Ἀλβανόπολις}$ wird in der römischen Kaiserzeit genannt bei
Ptolemaios, in den Bergen des westlichen, bis zum Adriatischen Meere
reichenden Theiles der Provinz Macedonïa, nahe an der Südgrenze der
benachbarten Provinz Dalmatia, die südwärts auch Scodra und Lissus
umfasste, also gerade in dem Gebirgsland bei Kroja. Hahn suchte dieses
Albanopolis in den Skurtése genannten Ruinen bei dem Dorf Funt Gráçe
(wohl fundus und slav. gradьcь castellum) am Westfuss des Berges von
Kroja, mit oblongen Stadtmauern aus Quadern, Resten eines grossen
runden Thurmes u.s.w. (Hahn, Alb. Studien I, 120—121; desselben
Reise durch die Gebiete des Drin und Wardar, Denkschr. der kais. Akademie der Wiss. Bd. 16. S.-A., S. 13—14). Im byzantinischen Mittel-

alter, als diese Gegend zur Provinz ($\vartheta\acute{\epsilon}\mu\alpha$) von Dyrrhachion gehörte,
gibt es eine lange Zeit ohne genauere Daten über das Detail der
Provinzialgeographie der Adriatischen Küste. Seit dem XI. Jahrh. erscheint aber der antike Stammname der Albaner als Bezeichnung der
Nachkommen der alten Illyrer, die sich in diesem Gebirgsland behauptet ·
haben und als Name des Berglandes in dem Viereck zwischen Scutari,
Dyrrhachion, Ochrid und Prizren. Zuerst erwähnt Michael Attaleiates
bei der Geschichte der von Dyrrhachion ausgehenden Pronunciamentos
des Maniakes (1042) und Vasilakes (1078) die Ἀλβανοί oder Ἀρβανῖται
(ed. Bonn, p. 9, 18, 297). Anna Komnena kennt in der Geschichte
ihres Vaters, des Kaisers Alexios Komnenos (1081—1118), die Landschaft Ἀρβανον auf dem Wege von Dyrrhachion nach Debra, mit Pässen,
Steilpfaden und Burgen und die Völkerschaft der Ἀρβάνων oder Ἀρ-
βανιτῶν. Georgios Akropolites im XIII. Jahrh., der als byzantinischer
Statthalter diese Gegenden aus eigener Anschauung kannte, nennt die
Landschaft Ἀλβανον mit der Burg von Kroja (ed. Bonn. p. 98) und das
Volk der Ἀλβανῖται, die später bei Kantakuzenos u. A. als Ἀλβανοί
geschrieben werden. In lateinisch verfassten, besonders kirchlichen
Quellen, liest man den Namen als *Arbanum*, den Volksnamen als *Ar-
banenses* (z. B. in der Urk. 1210 bei Tafel und Thomas 2, 122), *Albanenses*, daraus italienisch (in den Büchern von Ragusa 1320 f.) *Albanese, Arbanese.* Slavisch nannte man das Volk Ɑрьванаси (въ земл҄а
Арванаскꙗ in der Urk. Asên's II. an die Ragusaner, земл҄а ... Арванаскꙗ in Asên's II. Inschrift in der Kirche der 40 Märtyrer in Trnovo).
Der Name Arbanasi ist in den älteren dalmatinischen Dichtungen, sowie in den Volksliedern bei Bogišić und Vuk zu lesen, heute aber hört
man ihn nur im Süden, besonders in Ragusa und Montenegro, wo Ar-
banas einen katholischen Albanesen bedeutet. In Bulgarien und Serbien
ist er durch eine neuere Form verdrängt, durch *Arnaut*, -*in*, aus dem
türk. Namen, der wieder aus dem ngr. Ἀρβανίτης abgeleitet ist. Die
Landschaft von Ἀρβανον (Ἀλβ-), Arbanum hiess slavisch im Mittelalter *Rabьnь* (Adj. *rabьnьski*). Dieser Name ist ganz regelrecht aus
Arbanum, Ἀρβανον gebildet, mit Vermeidung des fremden vocalischen
Anlautes, in derselben Art wie Arsia sl. Raša und Albona sl. Labin in
Istrien, Arba sl. Rab unter den Inseln Dalmatiens, Almus sl. Lom in
Bulgarien u. A. Ueber die Bedeutung und die Schicksale des Namens,
der aus dem XII.—XV. Jahrh. gut belegt ist, hat Archimandrit Ilarion
Ruvarac in dieser Zeitschrift Bd. 17 S. 567 bereits ausführlich gesprochen.

Dass Kroja das Centrum dieses mittelalterlichen Arbanum war, unterliegt keinem Zweifel, nach der Angabe der Situation bei Anna Komnena, nach dem Zeugniss des Akropolites und nach dem Titel des Türken Balabanbeg, der 1415 als »Subaša von Kroja und Rabьnь« titulirt wird (сꙊБАША КРꙊИНСКИ И РАБАНСКИ, beherrscht КРꙊИ И АРБА-НАШКꙊ ЗЕМЛЮ, Pucić I, p. 132). Die Identität des Gebietes und des Bisthums von Arbanum mit dem von Kroja ist unlängst nachgewiesen worden in den trefflichen Bemerkungen zu den Briefen des Erzbischofs Demetrios Chomatianos, die Marin S. Drinov in »Vizantijskij Vremennik« (Bd. I, S. 332—340) veröffentlicht hat[1]). Im XII.—XIII. Jahrh. gehörten zu Arbanum auch die Landschaften von Polatum, sl. Pilot (ein Bischof $Πολάϑων$ schon 877, in den älteren Notit. episc. genannt unter dem griech. Metropoliten von Dyrrhachion, befand sich aber seit dem XI. Jahrh. unter dem lat. Erzbischof von Antivari), das (vergl. Novaković, Godišnjica I, 208—212) viel grösser war, als das heutige Pulati, indem es das gesammte Bergland längs der Strasse von Scutari nach Prizren umfasste: ѠТЬ ПРЬБАНАСЬ ПИЛОТЬ Urk. des Nemanja an

---

[1]) Die Notitia episcopatuum bei Parthey (Hieroclis Synecdemus et Notitiae graecae episcopatuum, Berlin 1866), p. 124—125, 220, jedenfalls vor dem XI. Jahrh. verfasst, zählt unter dem Metropoliten von Dyrrhachion 15 Bischöfe auf: $ὁ Στεφανιακῶν$ (bei Valona), $ὁ Χουναβίας$ (zwischen Durazzo und den Bergen auf der Westseite des oberen Thales des Mat), $ὁ Κροῶν$, $ὁ Ἐλισσοῦ$ (Lissus, j. Alessio), $ὁ Διοκλείας$ (im röm. Doclea oder dessen Gebiet), $ὁ Σκοδρῶν$ (Scodra), $ὁ Δριβάστου$, $ὁ Πολάϑων$, $ὁ Γλαβινίτζας$ (ГЛАВЬНИЦА in der Visio Danielis, vgl. Jireček, Das christl. Element in der top. Nom. 92; bei Valona), $ὁ Αὐλωνείας$ (Valona), $ὁ Λυχνιδῶν$ (nicht Lychnidos, sondern Olcinium, Dulcigno, altserb. ЛЬЦИНЬ), $ὁ Ἀντιβάρεως$ (Antivari, wo seit dem XI. Jahrh. ein kathol. Erzbisthum bestand), $ὁ Τζερνίχου$ (vielleicht in der jetzigen Landschaft Čerminika bei Elbassan, *ЧРЬМЬНИКЬ?), $ὁ Πουλχεριοπόλεως$ (wahrscheinlich Bělgrad, jetzt Berat), $ὁ Γραδιτζίου$ (ГРАДЬЦЬ, das antike Byllis östlich von Valona, Ruinen bei Dorf Gradica). Arbanum fehlt hier; es gehörte unter den Bischof von $Κροαί$. Nach Farlati-Coleti, Illyricum sacrum VII (Venetiis 1817), 191 f., 411 f. erscheinen die Bischöfe von Arbanum unter der latein. Kirche von Antivari erst seit dem XII. Jahrh., ja im XIII. Jahrh. (p. 192 A) soll es im Sprengel des episcopus Albanensis sogar zwei Bischöfe neben einander gegeben haben, einen lateinischen und einen griechischen, was jedenfalls ein Missverständniss ist (vgl. Drinov im Viz. Vrem. I, 333—335). Eigene Bischöfe von Kroja neben denen von Arbanum kennt Farlati erst seit 1286 und bemerkt, dass nach der Eroberung von Kroja durch die Türken die Titel des episcopus Crojensis und Albanensis wieder zu éinem vereinigt wurden (p. 193 B).

das Kloster Chilandar = ѠТЬ РАБНА ПНЛОТА ѠБА in der Biographie
Nemanja's von seinem Sohn, dem hl. Sava (ed. Šafařík p. 1). Der mächtige albanesische Fürst Karl Topia, der in der dreisprachigen Inschrift
des St. Johannesklosters bei Elbassan vom J. 1381 αὐθέντης πάσης
χώρας Ἀλβάνου, princeps in Albania und ГОСПОДННЬ РАБЬНЬСКН
(vergl. Ruvarac l. c.) genannt wird, beherrschte auch die Landschaft
des jetzigen Elbassan, wie denn die Familie der Topia nach neapolitanischen Urkunden schon 1338 das ganze Gebiet vom Flusse Mat bis zum
Fluss Škump besessen hat (so genannt nach der antiken Stadt Scampa;
der Fluss hiess Genusus im Alterthum, Vrego im Mittelalter, Scombino
des Musachi, fiume Scumbine im XVI. Jahrh.): »comitatus a Maet usque
Scampinum«, citirt bei Makušev, Историческія разысканія о Славянахъ
въ Албаніи S. 44 (gedruckt Amaet); der Vocal in Maet ist hier als lang
wiedergegeben, wie in »flumen nomine Mahat« in dem Vertrag des Ser-
benkönigs Uroš II. Milutin mit Karl von Valois 1308, Glasnik Bd. 27
(1870), S. 324, sonst aber als kurz, wie ἡ Μάτη bei Akropolites ed.
Bonn. 149, НА МАТН in serb. Urk. (vergl. Daničić, Rječnik). Es gehörten also zu Arbanum alle Gebiete von den »Albanesischen Alpen«
zwischen den Flüssen Lim und Drim angefangen bis zu den Bergen südlich von Elbassan.

Allmählich wuchs der Name Albaniens aus diesem engeren Gebiete
hinaus. Die Ostküste des Adriatischen Meeres wurde lange in Sclauonia
(Kroatien, Dalmatien, serbisches Reich) und Romania eingetheilt. Zu
Romania, was die alte den Arabern, Italienern, Slaven u. A. geläufige
Benennung des ganzen oströmischen Kaiserthums war, werden in ragus.
Urk. noch 1280 Durazzo, 1301 Valona (damals wirklich noch im byzantinischen Besitz) gezählt. Später zieht sich der Name Romaniens
nach Griechenland zurück und der Name Albaniens breitet sich auch ander Küste aus. Das Territorium der Anjou's von Neapel in der Umgebung von Durazzo (1272 f.) hiess amtlich stets »regnum Albaniae«.
Seit dem Ende des XIV. Jahrh. rückt der Name Albaniens nordwärts;
in ragus. Acten erscheint 1386 »S. Sergius de Albania« an der Bojana-
mündung, ebenso 1429 Antivari, 1430 sogar Luštica bei Cattaro, 1443
Podgorica u. s. w. als in Albanien liegend. Eine Beschreibung von ungefähr 1570 (Starine Bd. 12, S. 193) nennt Albanien das Land von
Dulcigno bis Valona und zu den Bergen von Chimara. Es ist bekannt,
dass auch die Landschaft von Cattaro als venetianisches, unter Napoleon I. als französisches, vor 1848 als österreichisches Albanien be-

zeichnet wurde. Heute ist der Name Albaniens ein mehr ethnographischer Begriff von sehr bedeutendem, aber unsicherem, besonders im
Binnenland und im Süden ganz unbestimmtem Umfang.

Kroja (türk. Akhissar, die »weisse Burg«) liegt in den Bergen
zwischen den Flüssen Mat und Išmi (Isamo, Ysamo, Dyssamum der
Ragusaner des XIV—XV. Jahrh.), nach der österreichischen militärischen Karte 604 Meter hoch, im Osten und Südosten jedoch von höheren
Gipfeln dominirt. Die Position auf einem steilen, meist senkrecht ab-
stürzenden Felsen, der nur gegen Westen sanfter abfällt, mit mächtigen
Quellen innerhalb der Befestigungen galt noch im XVI. und XVII. Jahrh.
als fast uneinnehmbar, als »piazza fortissima et inespugnabile« nach den
Worten des Edelmanns Bolizza von Cattaro (Starine 12, 189). Der Venetianer Giustiniani schildert 1553 die hohe Lage, »nel mezzo una fon-
tana freschissima, ch' è cosa maravigliosa«, und die gewaltige Aussicht;
man sehe die Berge von Cattaro und Antivari, das Gebiet von Scutari,
Dulcigno, Alessio, Durazzo, Tirana, Petrella, den Berg Tomor bei Berat
und im Westen ein weites Stück des Adriatischen Meeres (Ljubić, Commissiones et relationes venetae Bd. 2, 230). Eine alte Beschreibung aus
dem XVI. Jahrh. (Starine 12, 197) sagt, Kroja liege »sotto un alto
monte, ma sopra un diruppo di sasso vivo«, befestigt mit alten Mauern,
versorgt mit »fontane vive«; inmitten der città sei eine »caverna«, darin
eine Cisterne mit Quellwasser, das dann unter der Stadt herausfliesst und
Mühlen treiben könnte; die Lage sei schön mit guter Luft und Reichthum
an Holz, Oel, Getreide, Fleisch aus der Umgebung. Aus dem XIX. Jahrh.
gibt es Beschreibungen bei dem Prager Arzt Jos. Müller (Albanien, Ru-
melien u. s. w. S. 72) und bei Consul Hahn (Alb. Studien 1, 87). Die
starken, schwärzlichen Ringmauern mit Rundthürmen wurden 1832 nach
der Niederwerfung des Aufstandes des Mahmud Bušatli von Scutari geschleift. Früher soll den Christen der Zutritt nur bei Tag mit mohammedanischen Führern gestattet gewesen sein; bei Nacht durften sie Kroja
unter Todesstrafe nicht betreten. Eine enge lange Bazarstrasse, an der
starke Quellen entspringen, führt auf die Burg, auf welcher sich nach
Hahn 80 arme mohammedanische Häuser mit einigen Moscheen und
einem Uhrthurm befinden; um die Burg herum liegen unten in Baum-
gruppen an 700 Häuser.

Der Name stammt von den Quellen: alb. krúa Quelle. Die Byzantiner schrieben Κροαί im Plural (Not. episc., Demetrius Chom., Akropolites, Philes); der Einwohner hiess Κροΐτης (Croite in der Urk. des

Kg. Alfons). Die slavische Form lautet **Кроүн** (Pucić 1, 132; Miletič,
Kronstädter Urk. Nr. 84, 99 im Sbornik des bulg. Ministeriums Bd. 13,
S. 82 und 90), lat. Croya, Cruya, auch oppidum Croarum. Die erste
Erwähnung findet man in kirchlichen Acten. Der Bischof δ Κροῶν
unter dem Metropoliten von Dyrrhachion fehlt in keiner der älteren No-
titiae der griechischen Bisthümer und erscheint noch zu Anfang des
XIII. Jahrh. in der Correspondenz des Erzbischofs Demetrios Choma-
tianos von Ochrid. Die Privilegien der byzantinischen Kaiser, von denen
in der Bestätigung des Königs Alfons die Rede ist, beginnen mit Manuel
Komnenos (1147—1180), der während seiner vielen Feldzüge auch in
Albanien verweilte. Wie dies von Drinov in der erwähnten Abhandlung
ausgeführt wird, war in Kroja der Sitz der albanesischen Dynasten von
Arbanum schon im XII.—XIII. Jahrh. In der Geschichte der Kriege
des Kaisers Joannes Dukas Vatatzes mit dem Despoten Michael II. von
Epirus erwähnt Akropolites »τὸ ἐν τῷ Ἀλβάνῳ φρούριον τὰς Κρόας«
(ed. Bonn. p. 98). Unter den Stadtprivilegien gab es Urkunden dieses
Kaisers, der vom lateinischen Uebersetzer als Joannes Dux bezeichnet
wird, ausgestellt wohl nach der Erwerbung dieser Gebiete durch den
Frieden von Larissa 1252, ebenso seines Sohnes, des Kaisers Theodoros
Laskaris II. (1254—1258), unter dessen Regierung der Despot Michael II. die Ἀλβανῖται gegen die Griechen von Nikäa aufwiegelte
und den Gegner aus diesen Gebieten füreinige Zeit verdrängte. Diese
Kämpfe zwischen den Griechen von Arta und Nikäa brachten die Franken als Bundesgenossen des Despoten ins Land. Kroja war (nach Hopf)
1272—1278 occupirt von den Truppen des Königs Karl I. von Anjou;
dies war der Höhepunkt der neapolitanischen Herrschaft in Albanien.
Nach der grossen Niederlage der Neapolitaner bei Berat wurde Kroja
um das J. 1280 wieder von den Byzantinern occupirt, wie es auch Manuel Philes in seinem ungefähr 1305 verfassten Lobgedicht an den Feldherrn Michael Glavás Tarchaniotes ausdrücklich nennt (Vers 289: Κρόας
τε καὶ Κάννινα καὶ τὰ κυκλόθεν). Aus dieser Zeit stammte wohl das
Stadtprivilegium von Kaiser Michael Paläologos († 1282). Neu bestätigt
wurde es durch die in lateinischer Uebersetzung ganz erhaltene Urkunde
seines Sohnes, des Kaisers Andronikos II. (1282—1328), datirt vom
October der II. Indiction, also falls sie bald nach dem Regierungsantritt
ausgestellt wurde, vom J. 1288—9 (6797 = 1. Sept. 1288 bis 31. Aug.
1289); das zweite Jahr des Indictionscyclus kehrt dann unter der langen
Regierung dieses Kaisers allerdings noch zwei Mal, 1303—1304 und

1318—1319 wieder. Andronikos III. (1328—1341) war dann der letzte griechische Kaiser, welcher die albanesischen Landschaften beherrscht und, wie dies bei Kantakuzenos und Nikephoros Gregoras ausführlich geschildert wird, auf seinen Feldzügen auch persönlich besucht hat.

. Die Nachfolger der Byzantiner wurden die Serben. Stephan Dušan bestätigte noch als König die Privilegien von Kroja im Juni des Jahres 6851 (die Uebersetzung hat das irrige Datum 7851), Indiction XI, also im Juni 1343. Das Datum ist für die Chronologie der Zeit von Bedeutung. Stephan von Serbien war nach Andronikos' III. Tod verbündet mit dem Gegenkaiser Joannes Kantakuzenos, der sich 1342 nach Serbien geflüchtet hatte; die Bundesgenossen entzweiten sich aber 1343 schon im Sommer, da alle Vortheile den Serben zufielen, die eine Stadt Makedoniens nach der anderen für sich besetzten. Wir sehen aus unserer Urkunde, dass Stephan zur selben Zeit auch in Nordalbanien die griechischen Burgen occupirte. Bald folgte die serbische Occupation Mittelalbaniens. Nach dem Epilog des Psalters des Branko Mladenović (beschr. von Miklosich, Starine 4, 29) nahm im J. 6854 = 1. Sept. 1345 — 31. Aug. 1346 »gospodin kralj Stefan« Kastoria (slav. Kostur), Bèlgrad (Berat) und die Burg Kanina, diese jedenfalls sammt dem benachbarten Valona, in welchem August 1347 ragusanische Zollpächter seit zwei Jahren, also seit ungefähr Juli 1345 sassen (Urk. im Spomenik Bd. 11, S. 29). Der Serbenkönig unterstützte dabei überall die Albanesen gegen die Griechen. Seit dem Ende des XIII. Jahrh. ist nämlich unter den Einwohnern der Gebirge Albaniens eine Expansivbewegung zum Ausbruch gekommen. Die Niederungen waren in Folge der vielen Kämpfe zwischen den vier Landesherren, den byzantinischen Kaisern, den Despoten von Epirus, den Anjou's von Neapel und den Serben, verödet und entvölkert. Die Hirtenbevölkerung der Gebirge hatte dagegen einen Ueberschuss an Mannschaft und drängte sich zuerst gegen die Stadtgebiete, später aber nach Nordgriechenland, vor allem nach Thessalien. Der Edelmann Michael Gabrielopulos versprach 1295 den Archonten von Phanarion bei Trikala in Thessalien, dass weder er noch seine Erben Albanesen im Stadtgebiete ansiedeln werden (μὴ προσοι-κίσω Ἀλβνίτας, Acta graeca 5, 260). Anschaulich schildert das Herabsteigen der Albanenses aus den Bergen in die durch Anarchie und durch die Feldzüge der Catalonier verwüstete Ebene von Thessalien ein Brief des Marino Sanudo von 1325 (bei Tafel und Thomas, Urkunden 1, 500). Ebenso bedrängten 1330 f. albanesische Hirten und Nomaden

die Stadtgebiete von Belgrad (Berat), Kanina, Valona u. s. w., was den
Kaiser Andronikos III. bewog, persönlich eine Expedition gegen diese
Bergstämme zu unternehmen und sie empfindlich zu züchtigen. In Folge
dessen standen Griechen und Albaneser einander feindlich gegenüber,
ein Umstand, der den Serben ihre Operationen sehr erleichterte. Als
Car Stephan 1348 Epirus und Thessalien occupirte, setzten sich die
Häuptlinge der albanesischen Truppen selbst im Süden des bis dahin
griechischen Epirotenlandes fest, auf den Ländereien der griechischen
Archonten und Proniaren. Die Truppen des serbischen Feldherrn Pre-
ljub, welcher bis zu der damals venetianischen Burg Pteleon auf der
Westseite des Ausganges des Golfes von Volo, gegenüber Nogroponte,
vordrang, werden von den Venetianern 1350 als »Albaneses« bezeichnet (Ljubić, Listine 3, 169). Das in der Urkunde des Königs Alfons
erhaltene Privilegium des Stephan Dušan an Kroja zeigt, wie der serbische Herrscher die albanesischen Edelleute sofort durch Schenkungs-
urkunden zu gewinnen verstand.

Bei dem Zerfall des serbischen Reiches erscheint Kroja im Besitz
des Karl Topia, des mächtigsten der albanesischen Dynasten nach 1360.
Im J. 1392 residirte in der Burg seine Tochter Helena und ihr Gatte,
der venetianische Patricier Marco Barbarigo, ein »rebellis« seiner
Heimathsgemeinde, die damals Durazzo occupirt hatte. Barbarigo
wurde 1394 sogar türkischer Vasall, gelangte aber schliesslich als Gefangener nach Venedig. Sein Nachfolger war ein zweiter Gemahl dieser
Helena Topia, Konstantin, Sohn des Georg Balšić und der Theodora
(als Nonne Xenia), über welchen wir in der Vorrede zu Spomenik
Bd. 11, S. 16 f. ausführlich gesprochen haben. Dieser Konstantin, dem
auch die Landschaft Scuria zwischen Durazzo und Tiranna gehörte,
wurde 1402 von den Venetianern in Durazzo, wir wissen nicht warum,
hingerichtet. Im J. 1403 erscheint Kroja im Besitz des Grafen Niketa
Topia, der verpflichtet wurde, die Fahne des hl. Marcus zu hissen und
alljährlich am St. Michaelistage zwei Falken (austures) dem venetianischen Bailo von Durazzo zu liefern (Ljubić, Listine Bd. 5, S. 10 u. 43).
Nach Niketa's Tod regierte 1415 in Kroja ein türkischer Statthalter,
Balabanbeg, Subaša von Kroja und »Raban«, während die nächste
Nachbarschaft von Ivan Kastriota beherrscht wurde.

Bekannt und berühmt in ganz Europa wurde der Name von Kroja
in der Zeit des Georg Kastriota oder Skanderbeg (1444—1468). Dreimal zogen die türkischen Sultane, zuvor Murad II., später sein Sohn

Mohammed II., vergeblich aus zur Eroberung dieser albanesischen Felsenburg. Nach Skanderbeg's Tod erhielt Kroja eine venetianische Besatzung, diese musste aber 1478 nach tapferer Vertheidigung capituliren, wobei Mohammed II. persönlich die Schlüssel der Burg übernahm. Seitdem blieb Kroja als »Akhisar« ein wichtiger Waffenplatz der Türken im Westen und zwar war es nach dem Zeugniss des Hadži-Kalfa (Rumili und Bosna) und der venetianischen Beschreibung in den Starine 12, 199 untergeordnet dem Sandžakbeg von Ochrid im Binnenlande.

Skanderbeg hatte 1453 dem König Alfons gehuldigt. Aus dieser Zeit stammt die Bestätigung der Privilegien der »universitas (= communitas) oppidi Croarum« von König Alfons, gegeben am 19. April 1457 in Neapel. Von Skanderbeg ist darin kein Wort zu lesen; genannt werden nur der Bischof, der Clerus, die »communitas« und die »homines« der Stadt. Im Texte werden zwei Privilegien mitgetheilt, verliehen »ab antiquis imperatoribus« und angeblich beide aus dem Griechischen übersetzt, von Kaiser Andronikos (II.) und von König Stephan von Serbien, der merkwürdiger Weise als »crales (κράλης) Bugarorum« bezeichnet wird. An der Spitze der Gemeinde erscheinen Kleriker und Adelige. Die Burgbewohner besitzen Weingärten, Getreidefelder, Olivenpflanzungen, Fischereirechte, haben unterthane Bauern (colonos sive agricolas), aber ihr Hauptbesitz sind zahlreiche »hiberna«, Winterweideplätze (sl. zimište, zimovište, vergl. Daničić, Rječnik), deren 19 mit Namen aufgezählt werden. Die Karten der Landschaft haben noch so wenig Detail, dass eine Bestimmung der Lage dieser Ortschaften derzeit nicht möglich ist; als Parallele zu *Pherza* ist zu erwähnen Fjerza, Firza, ein Pfarrdorf im Durchbruch des Drin (Hahn, Reise 211), zu *Cercoleso* ein Dorf Цръколѣзь in einer Urkunde aus der Zeit des Despoten Stephan Lazarević (Glasnik Bd. 24, S. 274). An den Thoren von Kroja waren die »Kroiten« frei von jeder Abgabe von Holz und jeder anderen »angaria«, sowohl beim Eingang als beim Ausgang. Ebenso war ihr Verkehr mit der Stadt Dyrrhachion vollständig zollfrei, wohl noch ein Ueberrest aus den Zeiten, bevor dieser mittelalterliche Haupthafen Albaniens in den Besitz der Neapolitaner, später der Venetianer gelangt ist. Den Provinzialstatthaltern, Steuerbeamten, sowie den Capitänen, Castellanen und Wächtern der Burg selbst wird in den Urkunden strenge aufgetragen, die Rechte der Kroiten zu schützen.

Was die mächtigen Geschlechter des Landes anbelangt, findet man die ersten Nachrichten über dieselben in der Correspondenz des Erzbischofs Demetrios Chomatianos. Als erster Dynast Nordalbaniens erscheint im XII. Jahrh. ein Albanese *Progon*, mit einem wohlbekannten nationalen Namen (Прогонъ in der Urk. von Dečani, Progano oft in venet. Acten), der vom Herausgeber der Correspondenz wegen der Aehnlichkeit mit griech. πρόγονος Vorfahr missverstanden und mit kleinem Anfangsbuchstaben gedruckt wurde (ἄρχοντος τοῦ Ἀλβάνου Γίνη τοῦ Προγόνου ed. Pitra col. 1). Des Progon Söhne waren die Archonten *Gin* und *Demetrios*. Demetrios ist aus den päpstlichen Urkunden 1208—1209 bekannt als Arbanensis princeps, judex Albanorum, ein Gegner der damals in Durazzo herrschenden Venetianer (Ljubić 1, 27). Seine Frau Komnina war eine Tochter des Grosszupans (später erstgekrönten Königs) Stephan von Serbien und der Eudokia, Tochter des Kaisers Alexios III. Später erscheint in dieser Landschaft, wie dies Drinov dargelegt hat, eine Art Nachfolge nur in weiblicher Linie. Nach dem Tod des Demetrios herrschte in Arbanum unter dem epirotischen Despoten (später Kaiser) Theodor der Sevastos Gregorios Kamonás, der die Wittwe des Demetrios geheirathet hatte, was ganz unkanonisch war, da des Kamonás erste Frau eine Tochter des Gin, des Bruders desselben Demetrios gewesen war. Im J. 1253 wird als Landesherr von Albanon genannt ein *Golém* (Γουλάμος), dessen Frau nach Akropolites (ed. Bonn. p. 98) eine Verwandte der Kaiserin Irene war, nach Drinov's Erläuterung eine Tochter der serbischen Komnina.

Im XIV. Jahrh. waren das herrschende Adelsgeschlecht dieses Berglandes die *Topia* (Thobia, Theopia). Erst später werden hier die *Kastriota* erwähnt. Bei Spandugino und Musachi sind Sagen von einem serbischen Ursprung derselben zu lesen, doch der Name ist ohne Zweifel griechisch, Καστριώτης von einem Ortsnamen Καστρίον. Griechische Elemente in den Namen des Adels von Albanien sind bei der vielhundertjährigen Herrschaft der Byzantiner nichts aussergewöhnliches. Auch der Name der Arianiten hat byz. Vorbilder (darüber ausführlich Hahn, Reise durch die Gebiete des Drin und Wardar S. 298); ebenso erinnern die Span von Drivasto an griech. σπανός, die Scura bei Durazzo an den Personennamen Σγοῦρος.

Die erste Spur der Familie der Kastriota erscheint am Hofe der slavischen Dynasten von Valona, die 1350—1417 erwähnt werden (vergl. Jireček im Spomenik der kgl. serb. Akademie Bd. 11, S. 11 f.). In Valona residirte zuerst (1350—1363) der Schwager des Caren Stephan Dušan, der Despot Johannes Komnenos Asén, ein Bruder des

bulgarischen Caren Johannes Alexander und der serbischen Carin Helena,
Stephan Dušan's Gattin, dann sein Verwandter oder gar Sohn Alexander
(1366—1368). In dem Eid, den Alexander, »gospodin Kaninê i
Avlonu«, den Ragusanern als ihr Ehrenbürger (brat od komuna dubrovčkoga) leistete, erscheinen unter den Zeugen voran: »Продань воевода и Миклеѹшь (wohl ein Kroate, nach der Namensform; ein
Süd-Dalmatiner, Serbe, Albanese hiesse Nikola oder Nikša) кефалие
вавлонски, Бранило и кефалие канински Кастрниотъ«. Der
älteste Kastriota war also nur Beamter, Burghauptmann auf Kanina bei
Valona; die Ruinen dieser Burg in drei Etagen (die höchste 379 m über
dem Meer) stehen heute noch südöstlich von Valona (Hahn, Alb. Studien
1, 72). Nach dem Texte gehört Branilo kaum zum Namen Kastriot, wie
es Hopf verstanden hat. Später erscheinen die Kastriota in Nordalbanien. Am klarsten schildert die Anfänge der Linie der Despot Musachi
(1510): »Sappiate, com' l' avo del Signor Scanderbeg se chiamò Signor
Paulo Castrioto, e non hebbe più de due casali, nominati Signa (nach
Hahn Dorf Ober- und Unter-Sinja in der Matja) e Gardi-ipostesi«
(Hopf, Chroniques gréco-romanes inédites p.301). Paul's Sohn Giovanni
Castrioto »se fece Signor della Matia« (ib. p. 298, 301). Dessen Sohn
Skanderbeg »dopo che recuperò la Matia, stato paterno, s' insignorì
della città de Croia, ch' il padre non l' hebbe« (p. 299); »fù Signore
non solum della Matia, ma si fè Signore de Croia, de Dibra, de Birina
(Brinje in der Matja) cioè de Randisia, Tomorista e Misia e lo paese de
Guonimi (wohl der Familie Jonima, vergl. Ruvarac im Archiv 17 S. 564)
insino alla Marina« (p. 298—9). Bei Hopf, Hahn und Makušev ist die
Genealogie verwirrt dadurch, dass Konstantin von Kroja, wie oben bemerkt (vergl. Spomenik 11, S. 15) ein Balšić, in die Familie der Kastriota einbezogen wurde, als ein Bruder des Ivan Kastriota, bei Hahn
(Reise durch die Gebiete des Drin und Wardar S. 304) sogar identificirt
mit Paul und als Skanderbeg's Grossvater aufgefasst.

Ivan Kastriota, *Iuanus Castrioti* der Zeitgenossen, ist aus dem Urkundenmaterial dieser Zeit gut bekannt. Schon 1407 wird er als »dominus satis potens in partibus Albanie« genannt. Er hatte sich den
Venetianern, die damals Durazzo, Alessio und Scutari besassen, unterworfen (se subiecit fidelitati nostri dominii). Am 3. April 1407 beschloss
der Senat von Venedig Fürsprache zu führen beim Papst in Folge eines
Schreibens dieses albanesischen Fürsten. Der Bischof von Alessio wollte
»occupare duodecim de ecclesiis episcopatus Albanie et illas nititur semo-

vere ab ipso episcopatu Albanie et unire atque reducere sub episcopatu suo «; Ivan Kastriota protestirte dagegen, da diese Kirchen angeblich schon seit 800 Jahren (iam sunt octingenti anni) dem Bischof von Albania gehörten und da diese Trennung zur Folge haben würde einen » maximus tumultus et dissensio inter ecclesias interque nobiles et omnes alios de contracta illa« (ganz bei Ljubić 5, 94—95). Das Schreiben ist für die Geschichte des Bisthums von Arbanum von grosser Wichtigkeit; der » episcopatus Albanie«, welcher zu Anfang des XV. Jahrh. seine Besitzrechte bis ins VII. Jahrh., in die Zeiten des Kaisers Mauricius oder Phokas zurückdatirte, ist nichts anderes als das frühere Bisthum $K\varrho o\tilde{\omega}\nu$ der griechischen Quellen, allerdings nunmehr im Besitz der Katholiken befindlich. Seit 21. März 1413 war Ivan Bürger von Ragusa, nach Beschluss des Consilium Rogatorum » de acceptando dominum Iuanum Castriot in ciuem et vicinum nostrum, cum omnibus priuilegiis et immunitatibus, quibus accipiuntur alii ciues facti per gratiam« (Libri Reformationum 1412—1414 im Archiv von Ragusa).

Bald darauf musste sich Ivan der türkischen Oberhoheit fügen; 1416 wird er genannt als türkischer Vasall, neben Balša Stracimirović, Koja, Bitri Jonima und dem türkischen » capitaneus castri Croye« (Ljubić 7, 218). Schon 1410 klagte sein Gesandter in Venedig, » ipsum esse astrictum a Turchis et habere proprium natum in obsidem apud eos et quotidie infestari, ut ipsos Turchos permittat per passus et loca sua descendere ad territoria et loca nostre dominationi subiecta« (Ljubić 6, 51). Während der vielen Kämpfe gegen Balša bemühten sich die Venetianer eifrig den Ivan als Bundesgenossen zu gewinnen; das erste Angebot des Ivan 1411 lautete, er wolle » equos trecentos Turchorum et equos duo mille de suis et plures, si plures erunt necessarii« stellen gegen Balša und gegen jeden anderen Gegner der Venetianer in Albanien, für eine jährliche Provision von Tausend Ducaten (Ljubić 6,175). Die grossen Reiterschaaren, die Ivan auf seinem Gebiete aufstellen konnte, sprechen für eine bedeutende Ausdehnung seines Territoriums. Die Verhandlungen wurden öfters von Neuem angeknüpft. Als aber nach dem Tode des Balša 1421 Despot Stephan Lazarević von Serbien im Gebiet von Scutari einrückte, um als Erbe der Balšići die Venetianer zu bekämpfen, setzte sich Ivan mit den Serben ins Einvernehmen und sendete seinen Sohn zum Despoten, ohne jedoch mit Venedig abzubrechen. Ein venetianischer Gesandter, Andreas Marcello, reiste insgeheim über Alessio als Kaufmann verkleidet mit Geschenken, um Ivan wieder für

Venedig zu gewinnen; aus seiner Instruction vom 28. Januar 1423 ist
zu sehen, dass Ivan damals von den Venetianern »illum honorem, quem
habuit comes Nicheta« (Niketa Topia) beanspruchte. Der venetianische
Gesandte sollte ihn auf die Gefahren aufmerksam machen, die ihm und
anderen »domini« der Landschaft drohen, »si dictus dominus despotus
dominaretur in partibus illis«; wenn Ivan's Truppen wirklich im Lager
des Despoten vor Scutari sein sollten, möge er sie zurückberufen (Ljubić 8, 211—214). Doch kam es noch in demselben Jahre zum Frieden
zwischen Serbien und Venedig (vgl. Stanojević, Archiv 18, 466).

Im Mai 1426 bat Ivan die Ragusaner um einen Arzt und der Senat
liess den Stadtarzt Magister Thomas fragen, »si contentus est ire ad
Castriotum« (Cons. Rog. 25. Mai 1426). In dieser Zeit, 1424—1425,
liessen die Venetianer den Ivanus Castrioti ersuchen, dass er »destrui
faciat omnes salinas, quas fieri facit«, Salzsiedereien am Meere irgendwo
bei Alessio. Die »capitula« seiner Gesandtschaften nach Venedig
1428—1433 sind leider nur aus den kurzen Angaben der Register bekannt, da die Senatsbücher selbst für 1422—1440 sich nicht erhalten
haben. Vgl. Ljubić 8, 134, wo aber eine bei Hopf (Ersch-Gruber's En-
cyklopädie Bd. 86, S. 101) citirte wichtige Stelle fehlt: im Juli 1428
bat Ivan durch seinen Gesandten, den Priester Demetrius, man möge ihn
nicht verantwortlich machen, wenn sein Sohn Georg (Skanderbeg), der
zum Islam übergetreten, venetianisches Gebiet verheeren sollte. Am
18. Januar 1430 beschloss der grosse Rath von Ragusa, dem Ivan ein
Geschenk in Tüchern im Werthe von 150 Perper zu machen, ebenso
seinem Gesandten Nicola Summa eines »in pannis« für 50 Perper.

In demselben Jahr 1430 erlebte Ivan böse Tage. Am 29. März d. J.
hatten die Türken den Venetianern Thessalonich entrissen. Nach dem
Fall dieser wichtigen Stadt zog ein türkisches Heer nach Epirus und
nahm die Stadt Janina (vgl. die Urk. in Acta graeca 3, 282); der Despot
Carlo II Tocco wurde auf den Süden des Despotats mit Arta beschränkt.
Ein zweites türkisches Heer unter dem Feldherrn Isak, dem Statthalter
von Skopje, brach in Albanien ein. Das Gebiet des Ivan Kastriota
wurde erobert, vier seiner Burgen geschleift, in zwei Burgen türkische
Besatzungen gelegt. Doch verständigte sich Ivan mit den Türken und
erhielt sein Land zurück, bis auf ein kleines Gebiet, welches der Statt-
halterei des Isak untergeordnet blieb. Ueber diese Ereignisse bieten die
von Ljubić veröffentlichten venetianischen Urkunden keine Nachricht;
dafür hat sich manches Detail in der bisher ungedruckten Correspondenz

der Ragusaner erhalten. Am 18. Mai 1430 schrieb der Senat von Ragusa seinem Gesandten bei dem bosnischen Grossvojvoden Sandalj, Benedetto Mar. de Gondola: »De nouelle abiamo questo. Come auanti fo scritto, lo Turcho obtegnj Salonicho et obtegnudo che l'aue, parte delle sue gente mando nella Morea e parte contra le tenute e paexe de Iuan Castrioto, lequal ad esso Iuan leuarno quatro forteze, zoe castelle, che gitorno per terra, et segondo se diceua, esso Iuan cerchaua sego achordo. Que de più sia seguito, perche nostre barche non son venute questi dì de là, non sapiamo dir«. Am 28. Mai meldeten sie dem Gondola: »De nouelle altro non abiamo, ne ma che li Turchi, de li quali per altre vi scriuessimo, anno auuto tutta la contrada de Iuan Castrioto e anno gitado per terra tutte le forteze, excepte duo, le qual per se anno fornito e .... Et parte della contrada è datta a Turchi e parte n'è lassada al dicto Iuan. Lo imperador se ritroua sotto la Janina e guereza quelle contrade, che forno del dispoth Exau e del dispoth del Arta«. Am 3. Juni schrieben die Ragusaner ihrem Gesandten am Hofe des Königs von Bosnien, an Nicolo Mich. de Resti, ebenfalls Neuigkeiten aus Albanien: »Di none di qua se dice, el Turcho auer tolto tute le forteze a Iuan Castrioti e quelle auer ruinate, excetto due, le qual a posto in man e guardia di Turchi, e la contrata auer renduta a Iuan, saluo alguna particella, data a Isach, e la hoste mazor parte a licentiado, excetto una particula, chi e rimasta a guerizar el despoto de la Janina, e lo imperador e andato in Andrinopoli con la sua corte«. Der türkische Feldherr brach in Begleitung eines Sohnes des serbischen Despoten selbst in das venetianische Gebiet von Scutari ein und in die Landschaft des Gojčin Crnojević. Darüber wurde am 30. Juni dem Gondola geschrieben: »De nouelle abiamo, che Ysach col fiol del signor despoth son venutj in Zenta et anno arobado e predado la contrada de Goizin e de la Signoria de Venexia fin sotto Scutarj«. (Alles in den Lettere e commissioni di Levante, Band 1427—1430, im Archiv von Ragusa.) Als am 13. Sept. 1430 Piero de Luchari und Zorzi de Goze zu Sultan Murad II. gesendet wurden, wurde ihnen aufgetragen, in Priština alle dortigen Ragusaner zu versammeln und mit einem Vertreter derselben zum Vojvoden Isak zu reisen, um den ragusanischen Kaufleuten freien Durchzug »per la *contrada fo de Iuan Castrioti* ad Alexio e per ogni altra via a nui dextra« zu erwirken (ib.). Am 9. Oct. schrieben die Gesandten aus Skopje, Isak dürfe ohne Erlaubnis des »Imperador turcho« nichts thun, worauf die Gesandtschaft alle gewünschten Handelsrechte am Hofe des Grossherrn selbst erwirkte. Die Türken hatten damals auch das Gebiet des Tanus Dukagin occupirt. Im J. 1431 sass ein türkischer Kefalija auf der Burg Dań bei Scutari. Mit diesem »chiephali al Dagno« hatten über den Schutz der Kaufleute zu sprechen nach ihrer Instruction vom 2. Dec. d. J. Matteo de Crosi und Marino Jun. de Zorzi auf einer neuen Gesandtschaftsreise zur Pforte (Lett. e Comm. 1430—1435). Jedoch hatte Ivan Kastriota inzwischen wieder einen Einfluss auf diese Angelegenheiten gewonnen, denn am 19. Januar 1431 bevollmächtigte das Consilium Rogatorum von Ragusa den Rector mit dem kleinen Rath »respondere litteris comitis Scutari, dohaneriorum dohane Dagni et Iuan Castriot, prout eis melius uidebitur, scriptis pro dohana Dagni et via mercatorum nostrorum« (Liber Rogatorum 1427—1432).

Am 28. Mai 1438 wurde dem Ivan Kastriota ein Privilegium von Venedig ausgestellt (citirt 1445, Ljubić 9, 214). Am 10. Juli 1439 fasste der Senat von Ragusa den Beschluss, auch den Söhnen Ivans das Bürgerrecht zu verleihen: »Prima pars est de confirmando filiis Iuani Castrioth (f. I. C. über der Zeile) cartam ciuilitatis (durchstrichen: Georgio Castrioth), prout et quemadmodum facta fuit Iuano Castrioth, patri suo. Per omnes«. Den Tod Ivans verlegt Hopf (Ersch-Gruber's Encykl. 86, 123; genealog. Tafeln bei den Chroniques 533) ungefähr in das J. 1443. Seine Freundschaft für Venedig wurde von den Venetianern seinem Sohn Georg (Skanderbeg), mit dem die Republik des hl. Marcus manche Missverständnisse hatte, energisch zu Gedächtniss geführt: »antiqua et maxima amicitia, habita cum domino Iuanne, patre suo, et quantas comoditates sibi fecimus« (1448, Ljubić, 9, 270).

Dass die unten abgedruckte Urkunde des Ivan Kastriota slavisch, oder genauer gesagt serbisch, geschrieben ist, bildet in Albanien keine Ausnahme. Bekannt sind slavische Urkunden der Herren von Valona, der Dukagin, des Georg Kastriota, geschrieben von seinem »djak« oder »kanžiljer« Ninac Vukosalić, ja ein Schreiben der Ragusaner an Kaiser Sigismund von 1434 (vgl. Archiv 17, 568 und 19, 606) sagt ausdrücklich, dass die albanesischen Fürsten nur »sclavonos cancellarios« haben. In der Urkunde erscheint Ivan als »gospodin« (dominus) und seine Söhne (sinovi, djeca) als seine Mitregenten. Von den Hofbeamten wird ein »čelnik« Peter genannt, ebenso wie bei Georg Kastriota ein »čelnik« Rajan erscheint. Der Durchzug der Kaufleute durch das Land des Ivan war von Bedeutung als sicherer Weg nach Serbien in der Zeit, wo die Häfen von Cattaro, Antivari, Dulcigno und die Mündung der Bojana für den Handel gesperrt waren durch die Kriege der·Venetianer gegen Balša und später gegen die Serben. Damals (1422), noch vor dem Frieden mit Serbien, schrieben die Venetianer »domino Johanni Castrioti circa Raguseos, transeuntes per viam Scutari et territorium Croye« (Ljubić 8, 133). Als Eingangspforte seines Landes wird in der Urkunde der Landungsplatz von *Šufadaj* oder *Šufadaja* bei Alessio genannt, *Sufat, Suffada, Zufada* in lateinischen, venetianischen oder ragusanischen Urkunden dieser Zeit. Die Lage erhellt aus einem venetianischen Act vom 26. Sept. 1393. Bald nach der Uebernahme von Alessio durch die Venetianer meldete der Castellan, dass »aliqui circauicini conantur reducere mercata salis, que erant solita fieri in Alexo (sic), ad quendam locum, vocatum *Suffada,* longinquum per octo milliaria, quod est causa destruendi dictum nostrum locum Alexi«, worauf der Senat den venetianischen Unterthanen verbot »hoc mercatum« zu besuchen (Misti vol. 42, f. 130; bei Ljubić 4, 319 nur im Auszug, vollständiger bei Makušev, Историческія разысканія о Славянахъ въ Албаніи S. 138). Am 3. Mai 1403 bat ein Gesandter des albanesischen Edelmanns Dimitrius Gionima, dass ein »suus mercator possit vendere salem ad mercatum *Semphanday*« unten: in loco *Semphade*), mit einem Ertrag von 200 Ducaten jährlich, was ihm jedoch verweigert wurde (Misti vol. 46 f. 80). Der Weg durch Ivan's Gebiet führte weiter landeinwärts längs der jetzigen Strasse (Scutari-Dagno–Puka-Prizren) nach Prizren, in das Land des Georg Vuković (Branković) und des Despoten Stephan Lazarević. Unbekannt ist die Lage von *Raduń,* wo ein türkischer Zöllner residirte. *Mrčarija* (mereria), *pratež* (Waare) sind bekannte Ausdrücke; dunkel bleibt *inbul* Gen. Plur., von ἔμβολον oder imballare?). Jeder Schaden auf dem Boden Ivan's wird von ihm ersetzt. Der Einfuhrzoll ist festgesetzt auf eine Pferdelast (tovar, lat. salma) Tuch (εvita) 2 Ducaten, in Raduń $\frac{1}{2}$ Duc., auf sonstige »mrčarije« 1 Perper, in Raduń 6 Dinari, der Ausfuhrzoll aus Serbien zum Meer auf 1 Perper, in Raduń 6 Dinar. Was die Münzwerthe anbelangt, so war im XIV. Jahrh. 1 ducatus auri = 2 yperpyri (der yperpyrus war ja in dieser Zeit nur eine Rechenmünze) = 24 grossi, im XV. Jahrh. 1 ducatus auri = 3 yperpyri = 30 grossi de Ragusio. Aus 1 libra argenti wurden in der Münze von Ragusa 1383· 20, 1422 aber 22 yperpyri Scheidemünze geprägt. Der slavische *dinar* (denarius) entspricht dem *grossus* (denarius grossus). Die localen Curse waren aber sehr verschieden; auf dem Zollamt von Dagno rechnete man 1433 1 ducatus sogar mit 4 yperpyri (Schreiben der Ragusaner an den

venet. Comes von Scutari 30. Jänner 1430, Lettere e Comm. di Levante
1430—1435).

Zwei andere slavische Urkunden des Ivan Kastriota sind bisher nur
aus einer Bemerkung bei Grigorovič bekannt. Grigorovič (Очеркъ путешествія по Европейской Турціи, 2. A., Moskau 1877 S. 47) notirte
1844 im Archiv des Klosters Chilandar auf dem Athos: No. 39 ohne
Jahr, über den Verkauf des πύργος des hl. Georg dem *Joan Kastriot*
und seinen Söhnen *Repoš, Konstantin* und *Georg*, auf Perg. mit Cursivschrift und Wachssiegel; No. 40, 6930 = 1422 (eigentlich 1. Sept.
1421 — 31. Aug. 1422), *Ivan Kastriot* mit seinen Söhnen *Staniša,
Repoš, Konstantin* und *Georg* schenkt dem Kloster Chilandar die Dörfer
Radostina und Trebište, Perg., Cursiva.

Dass Ivan Kastriota ein Kloster der orientalischen Kirche mit
Schenkungen ausstattete, ist bei dem Schwanken der albanesischen
Dynasten zwischen beiden Kirchen nichts Aussergewöhnliches. Karl
Topia wird in einem Codex der serbischen Uebersetzung des Georgios
Hamartolos mit den für Fürsten des orientalischen Bekenntnisses üblichen
Formeln genannt (Ruvarac, Archiv 17, 566). In einem von Ljubomir
Stojanović beschriebenen Pomenik (Spomenik 3, 177) werden albanesi-
sche Edelleute, ein Aranit und die Familien der zwei »čelnik« Rajan
(bei Georg Kastriota) und Dmitr genannt. Uebrigens hatten die serbi-
schen Klöster im XIV. Jahrh. auch Grundbesitz in Nordalbanien. Das
Kloster Chilandar besass in Pilot (Polatum) die Dörfer Kalogeni und
Muriki oder Muliki (1348 Šafařík, Památky 2. A., S. 101, Mon. serb.
p. 111 als Смоуликн für с(ь) Моуликн, 1354 Моуликѥ Florinskij,
Памятники S. 49). Das Erzengelkloster von Prizren, eine Stiftung
Stephan Dušan's, besass eine von katholischen Albanesen bewohnte
Dorfgruppe westlich vom Zusammenfluss der beiden Drim, mit Šiklja,
Krujmada (alb. die »grosse Quelle«), Krsti und Sakato in »Gorñi Pilot«
(vgl. Novaković, Godišnjica 1, 209), ferner die Muttergotteskirche von
Dañ (capella S. Mariae subtus Dagnum 1456, Ljubić 10, 91; über deren
Ruinen Hahn, Reise 41, 328) mit den Dörfern Prapratnica und Lončari,
endlich eine zweite Muttergotteskirche am Flusse Гладра (fiume del
Jadro 1459, Ljubić 10, 139, jetzt Fl. Gjadri) und das Dorf Žeravina
(Zaravina 1444, Starine 14, 55—56) mit Grundstücken in der Um-
gebung von Alessio (Urk. im Glasnik Bd. 15, S. 286, 304, 310).

Ein Urkundenbuch für die Geschichte Albaniens mit einer vollständigen, gut edirten Sammlung aller auf dieses Land bezüglichen Ur-

kunden aus Venedig, Rom, Neapel, Ragusa u. s. w. würde die innere und äussere Geschichte dieses Landes in den letzten Jahrhunderten des Mittelalters trefflich beleuchten. Von entscheidender Wichtigkeit wäre ein solcher Codex diplomaticus Albaniae für die Geschichte des Georg Kastriota oder Skanderbeg, die erst durch eine Urkundensammlung einen festen historischen Boden gewinnen und sich des romanhaften Beiwerks entledigen wird. *C. J.*

L 1420, 25. Februar. Geleitsbrief des Herrn Ivan (Kastriota) und seiner Söhne für die Kaufleute von Ragusa auf dem Wege durch sein Land von Šufadaja (bei Alessio) nach Prizren, nebst Bestimmungen über die Zölle.

† Вѣра моѩ г(оспо)д(и)на Ивана и мо(и)хь синовь всакомȣ трьговцȣ владȣщаго град(а) Дȣбровника, кои ȣсхокѥ доки ȣ мою землю | ȣ Шȣфадаи или тко ȣсхокѥ ȣ мою землю трьговати или тко ȣсхокѥ минȣти мошмь земломь ȣ землю | Гюргиевȣ или г(оспо)д(и)на деспота. и тако имь смь вѣрȣ даль, ѡд кьди догиѥ ȣ мою землю ȣ Шȣфадаю, ако иȣ | бȣдѥ кои чтѥ(т)а или злокы мошмь земломь до Призрена, да ѩ г(оспо)д(и)нь Ивань и моѩ дѣца плакимь. а на ѡви | законь ц(а)ри[нски?] ȣговориль смь с прнѩтѥлѥмь монмь а вашнмь братомь Петромь мимо всȣ мою землю, | да ѥ ѥдна ц[ар]ина на товарь свитѥ два дȣкат(а) а на мьрчарню ѡ-т-овара перпѥ(р)ь а ȣ тȣрскои землн ȣ Радȣню | ѡ-т-овара свитѥ поль дȣката а ѡд ирьчарнѥ шесть динарь, а на вракиѥнѥ ѡпѥть мимо всȣ мою | землю до Шȣфадаѩ ѡд воска и ѡд инбȣль (sic) и ѡд инѥ пратѥжи перперȣ, а ȣ Радȣнѥ Тȣрчинȣ шесть динарь. | а всемȣ томȣ м(и)л(о)стникь Петрь челникь.

Писана на ·ѕ҃а· и ·ч҃· и ·к҃· лѣто, м(ѣ)с(е)ца фервара ·к҃е· д(ь)нь.

Das aufgedrückte Siegel bedeckt mit einem viereckigen Papierblättchen; darauf kenntlich in einem Kreis ein links gewendeter Kopf (Abdruck einer antiken Gemme?)[1]. Auf der Rückseite eine Notiz: leter(a) de d͞o͞o Juan chastroi .... | sauo chonduto ali merch(adanti).

---

[1] Auch Georg Kastriota benützte als Siegel eine antike Gemme, auf welcher eine nackte Leda mit dem Schwan dargestellt war. Zwei Urk. von 1459, Miklosich, Mon. serb. 481—483 (Beschr. der Siegel in handschr. Notizen des Dr. Johann Šafařík, im Nachlass von P. J. Šafařík im Prager Museum).

. Das Original auf Papier, 29 Centimeter breit, 16.3 hoch. Die Cursivschrift, mit schwarzer Tinte geschrieben, aufrecht stehend. Die Striche von д, ρ, ф, ,λ (Vorderstrich), ц (Mittelstrich) weit abwärts gezogen, der Obertheil von ȣ dagegen weit aufwärts. Die über die Zeile gesetzten Buchstaben sind in unserem Abdruck in die Zeile gezogen: ѿ, моѱ, моѧ̄, землѡ̄ѧ, вашн̄ѧ, дн̄арѧ, wпн̄. Abgekürzt ist гн̄ѧ, гн̄ѧ, ebenso die Formen гр̄ѧ, два дȣкѧ, zum Schluss дн̄ѧ. In пєрпєрѧ sind beide ρ (im ersten Falle nur das erste sichtbar) über die Zeile gesetzt. Die Stelle законѧ цр̃н, worauf ein Loch folgt, lesen wir als царинскн, ebenso ѥднѧ ц(Loch)инѧ als царннѧ. Das Wort мрѣчарнѧ (merzaria) ist an erster Stelle мѣр-, an zweiter мрѣ- geschrieben, beides ohne Abbreviatur. Das abgekürzte чт̃єѧ lesen wir als чтєтѧ. Zeichen über der Zeile sind bemerkbar nur bei ȣсхокїє. Die Zifferbuchstaben im Datum sind mit einer Titla (~) überdacht. Das ganze Aeussere erinnert an die Originalurkunden der Balšići.

II. Neapel, 1457, 19. April. König Alfons V(I). von Aragonien und Neapel bestätigt die von Kaiser Andronikos II. und König Stephan Dušan ertheilten Privilegien der Stadt Kroja, mit Erwähnung älterer Urkunden der Kaiser Manuel Komnenos, Joannes Dukas Vatatzes, Theodoros Laskaris II. und Michael Palaiologos.

Pro universitate oppidi Croarum.

Nos Alfonsus etc. consuevimus pro nostro more nedum iis, qui sua sponte libentique animo nostro sub imperio se posuere, sed et iis etiam, quos arduis horrendisque bellis domitos nostra virtute subiugavimus et antiquas gratias ac privilegia confirmare et nostris etiam nobis (novis?) eos donare. Et quoniam ad nostram maiestatem a clero, comunitate et hominibus oppidi Croarum oratores advenere nos piis vocibus miserandoque humilitatis deprecantes, ut eis, quum nostri subditi sint et nostro imperio, ut ante dictum est, non inviti, sed libentes ferventique animo dediti, privilegia quedam libertates ab antiquis imperatoribus eisdem sucesive refirmatis eisdem confirmare et de novo concedere dignaremur. Quorum quidem tenores privilegiorum e greco in latinum conversi tales habentur.

Quoniam reverendus episcopus Croensis et venerabilis clerus eiusdem sancte ecclesie et nobiles oppidi eiusdem Croarum retulerunt ad nos de omnibus iuribus et privilegiis predicti oppidi tam intra quam extra habitis, videlicet de vineis, terris, possesionibus, olivetis, piscinis, hibernis, ceteris omnibus iuribus, que ad hoc usque tempus habent ac possident, atque in primis de hiberno vocato Selmazo cum eius vinario, de hiberno Contelo, de hiberno Bezo, de hiberno Castrato, de hiberno Pallaso, de hiberno Santa Euphomia cum eius terris, de hiberno Zale cum eius terris et fonte, de hiberno Phentopleto cum eius terris, de hiberno Bellice cum eius terris, de hiberno Santo Blasio cum eius terris, de hiberno Hereno cum eius terris, de hiberno Metro cum eius terris, de hiberno Hostrati cum eius terris, de hiberno Colli cum eius terris, de hiberno Pherza cum eius terris, de hiberno Beroa cum

eius terris, de hiberno Montemagno Cromi cum eius terris usque ad propin-
quum Nobalum et Cudiuum, de hiberno Calamascuti cum eius terris et vineis
et olivetis, de hiberno Cercoleso cum eius terris acque arboribus fructiferis
et non fructiferis, que omnia jura possident ab antiquo et maiorum suorum
patrimonio habent et privilegiis mandatisque felicis memorie imperatoris
Manuelis Magni Comini et superiorum atque etiam felicis memorie Lascarii,
avi nostri et patris nostri et nostris; hac de causa robore et facultate presentis huius privilegii nostri concedimus et largimur omnibus predicti oppidi
Croarum tam superioribus, quam inferioribus, ut hec omnia possideant libere
et sine ulla molestia et perturbatione fruantur iis per omnia tempora, quemadmodum in suis privilegiis ac reliquis juribus continetur. Et non prefecto,
non capitano, non castellano penitus liceat exigere ab iis aliquid vel pene vel
angarie vel colecturi vel vectigalis, hoc est gabelle, vel alicuius solutionis,
sed omnino liberos et inmunes apud omnes serventur et habeantur. Preterea
volumus, ut nullam ipsam gabellam exsolvere debeant, ubicumque reperiantur,
sive Durachii sive alibi, sed sint omnino liberi et inmunes, quemadmodum
in suis privilegiis continetur et presens hoc nostrum privilegium precipit.
Similiter volumus etiam, ut in portis eiusdem predicti oppidi nihil ab his
ipsis hominibus exigatur, vel lignorum vel alicuius angarie, sed ea quoque in
parte sint et habeantur liberi et inmunes ab omni vectigali et quavis alia
solutione, sive ingredi sive egredi velint. Nec ab officialibus de facto debeant
retineri, sed quecumque culpa eorum et causa sit, facto judicio et examine
puniantur. Presentia igitur huius privilegii nostri nemo audeat injuriam aut
molestiam aut impedimentum hiis inferre in hiis omnibus, que presens hoc
nostrum privilegium declarat et continet. Nam securitatis, inmunitatis tutele-
que gratia nostrum hoc privilegium concessum iis datumque est mense junio,
indictionis XI, anno ab initio mundi septies (sic) millesimo octingentesimo
quincuagesimo primo.

Stephanus fidelis in Christo crales Bugarorum.]

Quoniam constat habitatores oppidi Croarum habere jura antiqua et
super hiis juribus privilegia felicis memorie imperatoris Joanis Ducis et Teo-
dori Lascari eius filii acque etiam privilegium et mandatum serenissimi imperatoris nostri patris, ut suis bonis tam intra quam extra predictum oppidum
habitis vel habendis fruantur libere et sine ullo impedimento, sine ulla molestia sua possideant omnia et tractent, supplicant vero, ut super his ipsis
etiam a nobis privilegium consequantur, nos supplicationem et petitionem
eorum probantes presens hoc privilegium iis concedimus et largimur, quo privilegio jubemus, mandamus acque precipimus, ut quemadmodum in antiquis
eorum juribus et in privilegiis super his juribus habitis predictorum impera-
torum Joanis Ducis et eius filii Theodori Lascari et nostri patris continetur,
sic sua possideant omnia, sive intra sive extra predictum oppidum habeantur, verbi gratia domos, vineas, segetes, plana, hiberna et eorum colonos sive
agricolas, item oliveta, pisccina et omne, quicquid ex antiquo in hoc usque
tempus possideant, hec omnia habeant rata et firma sine ulla molestia, sine
ullo detrimento aut impedimento, et fruantur iis omnibus libere et tranquille,

nec in hiis ipsis possidendis potiendisque aliquid vi aut iniuria a vicinis vel baronibus vel quibusvis aliis infestentur. Volumus enim, ut non prefecto eius provincie, non publico procuratori, non capitano predicti oppidi, non custodibus, non castellano loci eiusdem, non alicui penitus liceat capere quicquid ex rebus aut possessionibus eorum predictis vel aliquid iis inferre iniurie aut molestie et impedimenti, sed omnes servare debeant eos liberos et omni perturbatione, omni infestatione inmunes circa suas predictas possesiones et possesionum colonos aut agricolas. Robore enim et facultate presentis huius nostri privilegii servari omnino debent etiam imposterum omne tempus habitatoribus predicti oppidi Croarum inmunitas acque securitas atque omnis publice infestationis exactionisque libertas circa predictas eorum possesiones, quam ex antiquo in hoc usque tempus assequebantur, iuxta argumenta privilegiorum et mandatorum, que iis esse concessa ab imperatoribus diximus. Et quoniam idem Croite retulerunt ad nos preterea sese preter inmunitatem et libertatem, qua fruuntur ex privilegiis et mandatis, liberos acque inmunes servatos semper fuisse etiam a vectigalibus, hoc est gabellis Durachii oppidi pro mercibus, quas ipsi vel portarent ad id oppidum vel inde exportarent et pro ea ipsa inmunitate et libertate vectigalium privilegium quoque nostrum obtinuerunt, itemque suplicarunt, ut etiam ab ea predicta solutione vectigalium sint imposterum quoque liberi, inmunes et omni molestia, omni impedimento absoluti, nos hanc etiam eorum suplicationem petitionemque probantes iubemus et precipimus homines eosdem Croitas servari haberique etiam imposterum omne tempus liberos et inmunes a solutione vectigalis, id est gabelle Durachii oppidi pro mercibus, quas ipsi vel portent in illud oppidum vel inde exportent, quemadmodum in eo, quod iis concessimus, privilegio continetur, ita ut ad nullam solutionem vocari trahique debeant, nihil ab iis exigi aut peti pro eorum quibusvis mercibus liceat. Nam libertatum munitarum securitatis, tutele tranquillitatisque gratia presens hoc nostrum privilegium sigillo pendenti aureo iis predictis habitatoribus oppidi Croarum concessimus largitique sumus mense octobris, indictionis II.

Andronicus fidelis in Christo imperator Paleologus.

His itaque attentis et nostro animo repetitis episcopo, clero et communitati et hominibus Croarum oppidi antedicti tenore presentis nostri privilegii concedimus et quam liberaliter assentimus volumusque et iubemus, quod ex nunc in antea teneant, habeant et assequantur libere et sine contradictione aliqua omnia et singula privilegia, gratias, libertates et inmunitates et exemptiones, que in preinsertis privilegiis continentur, quas et unam quamque ipsarum eisdem episcopo, clero, comunitati et hominibus dicti oppidi Croarum confirmamus et de novo utique concedimus, mandantes propterea quibuscumque in partibus Albanie nostre viceregibus, gubernatoribus, comisariis et aliis officialibus nostris, presentibus et futuris, et presertim prefecto, capitano, castellano et custodibus dicti oppidi Croarum ipsas (?) huiusmodi nostram confirmationem, novam concessionem et gratiam ac omnia et singula in preinsertis privilegiis contenta episcopo, clero, comunitati et hominibus oppidi Croarum antedicti teneant firmiter et observent tenerique et observari faciant cumulatim, et in diminutis non contrafaciant ratione aliqua sive causa. In quorum testimonium presens privilegium exemptionis fieri jussimus nostre bulla aurea pendente munitum. Datum in Castello Novo civitatis nostre Neapolis die XVIIII aprilis, anno a nativitate Domini MCCCCLVII, regni huius Sicilie citra Farum anno vigesimo tertio, aliorum verum regnorum nostrorum XXXXII.

Rex Alfonsus. Yo he leido la presente e plaze me, que asi se faga.

Dominus Rex mandavit mihi Arnaldo Fonolleda.

(Archivio general de la Coróna de Aragon, Barcelona, R. 2623, f. 118—119 v).

Wer war Pseudodemetrius I.?

(Beiträge zur Quellenkunde und Quellenkritik der Jahre 1591—1606.)

Zweiter Theil. *)

Um von dem Falschen Demetrius sprechen zu dürfen, muss man dessen ganz sicher sein, dass der echte Carević wirklich nicht mehr am Leben war. Diese Thatsache wird nun durch die Acten der officiellen Untersuchung bestätigt, welche der Bojarin Vasilij Šujskij, der Okolničij Klešnin, der Djak Vyluzgin, der Metropolit Gelasij bereits 4 Tage nach dem Tode des D. in Uglič eingeleitet haben. Danach ist D. am 15. Mai 1591 unter folgenden Umständen aus dem Leben geschieden: Mittwoch den 12. Mai st. v. hatte der Carević wieder einmal einen Anfall der Epilepsie, an welcher er schon früher gelitten. Freitag den 14. fühlte er sich etwas besser, seine Mutter, die Carin-Witwe Maria Theodorovna Nagaja, hat ihn an diesem Tage in die Kirche mit sich genommen und ihm nach der Messe im Hofe zu spazieren erlaubt. Am anderen Tage, den 15. Mai, hat sie ihm ebenfalls nach der Messe auf dem Hinterhofe zu spielen gestattet. Es sollten mit ihm noch vier Edelknaben (Peter Kolobov, Bažen Tučkov, Ivan Krasenskij, Grigorij Kozlovskij) mitspielen, drei Frauen aber über ihn die Aufsicht übernehmen — seine Wärterin Vasilisa Volochova, die Amme Irina Tučkova und die Kammerfrau Marja Kolobova. Die Kinder spielten ein volksthümliches Spiel und warfen wohl mit Messern nach einem bestimmten Punkte auf dem

---

*) Vergl. Archiv Bd. XX, S. 224—325.

Boden. Da erhielt der Carevič plötzlich einen neuen Anfall von Epilepsie; er fiel auf den Boden mit der Gurgel gerade auf das Messer, welches er in der Hand hatte. Die Amme Tučkova nahm den in Krämpfen sterbenden Carevič auf die Arme. Als die verwitwete Carin das Geschrei auf dem Hofe vernommen hatte, da lief sie herbei und fing an, die Wärterin Volochova mit einem Holzscheite zu schlagen, indem sie ihren Sohn Osip Volochov beschuldigte, den Carevič ermordet zu haben. Unterdessen ist vom Thurme der Heilandskathedrale das Alarmläuten erschollen. Das Volk strömte herbei, es erschienen auf dem Hofe die Brüder der Carin — Michail und Grigorij Nagie, sie trafen den Carevič noch athmend und sahen ihn den Geist aufgeben. Michail Nagoj hatte vordem Unannehmlichkeiten mit dem Djak Michail Bitjagovskij gehabt, welcher im Namen des Caren Theodor die Aufsicht über die ganze Wirthschaft des kleinen Hofes in Uglič führte. Michail Nagoj hat nämlich vom M. Bitjagovskij Geld über die vom Caren bestimmte Summe begehrt und eine abschlägige Antwort vom Djak erhalten. Als nun dieser Djak herbeilief und den Versuch machte, das Volk zu beschwichtigen, da haben die Carin und ihr Bruder Michail den Djak Bitjagovskij laut beschuldigt, mit Hilfe seines Sohnes Daniil, des Osip Volochov und des Nikita Kačalov den Carevič D. ums Leben gebracht zu haben. Michail Nagoj forderte dabei das Volk auf, diese Verbrecher zu tödten. Das Volk lief dem Djak Bitjagovskij nach, stiess die Thüre des Hauses, wo er sich mit Daniil Tretjakov verborgen, ein und tödtete beide. Darauf stürzte sich das Volk in seine Kanzlei und ermordete hier den Daniil Bitjagovskij, den Nikita Kačalov und andere, welche die Opfer unter ihren Schutz zu nehmen versucht hatten. Osip Volochov ward in der Kirche in Gegenwart der Carin selbst getödtet. Drei Tage später, als man die Untersuchungskommission unter Šujskij aus Moskau erwartete, da liess Michail Nagoj (18. Mai) Waffen von verschiedener Gattung (Kolben, Armbrüste, Musketen und dgl. m.) mit Hühnerblut bestreichen und auf die Leichen der vom Volke getödteten Männer legen, als ein Beweis, dass gerade sie den Carevič ermordet hätten.

Vor den Untersuchungsrichtern, dem V. Šujskij und seinen Gefährten, welche am 19. Mai st. v. in Uglič angelangt waren, haben die Zeugen folgende, einander widersprechende Zeugnisse gegeben. Der Bruder der Carin, Michail Theodorovič Nagoj, behauptete, ohne es mit eigenen Augen gesehen zu haben, dass Osip Volochov, Nikita Kačalov und Daniil Bitjagovskij dem Carevič die Gurgel abgeschnitten hätten.

Die Wärterin des D., Volochova, die Amme Tučkova, die Kammerfrau Kolobova, die vier Spielkameraden, also alle die Zeugen, welche beim Tode des Carevič wirklich zugegen sein konnten, wiederholten einer nach dem andern, dass der Carevič in einem Anfalle von Epilepsie sich zufällig die Gurgel durchstochen hätte. Indessen erregt schon die ganze Art, wie die Untersuchung geleitet wurde, gewisse Zweifel gegen ihre Ergebnisse. So wurde z. B. die Carin-Witwe gar nicht verhört. Die Fragen, welche den Zeugen gestellt wurden, legten ihnen im Voraus eine bestimmte Antwort in den Mund; so wurde z. B. Michail Nagoj von Anfang an gefragt: auf welche Art ist der Carevič gestorben und was war das für eine Krankheit, an der er gelitten hat? Die meisten Zeugen erzählten nach Hörensagen; so waren z. B. Gregor, Michail und Andreas Nagoj alle zu Hause und erschienen erst auf das Alarmläuten. Dort, wo die Zeugen zufälligerweise mit ein paar Worten einen Lichtstrahl in die Finsterniss des Geschehenen zu werfen scheinen, da lassen es die Untersuchungsrichter unberücksichtigt und machen keinen weiteren Versuch, durch neue Fragen in derselben Richtung die ganze Wahrheit aufzuklären. So zeugt Gregor Nagoj, dass er mit dem Bruder Michail auf das Läuten herbeigelaufen wäre und gefunden hätte, dass der Carevič im Anfalle der Epilepsie sich selbst mit dem Messer erstochen hätte; sie hätten den Carevič noch am Leben getroffen und vor ihren Augen wäre er dann gestorben. Der andere Bruder dagegen berichtet von der Ermordung des D. Indessen haben die Richter weder die Brüder con - frontirt, noch die Wunde genau untersucht, ob die Gurgel durchstochen oder durchschnitten ward. Der Archimandrit des Auferstehungsklosters Theodorit hat folgendes Zeugniss abgelegt: er hätte an diesem Tage die Messe in dem Alexiikloster verrichtet; als nun nach der Messe das Alarmläuten in der Heilandskathedrale erscholl, da hätte er und der Abt des Alexiiklosters Savatij die Klosterdiener geschickt, um zu erfahren, was das Läuten bedeute. Die Diener kehrten zurück und erzählten, sie hätten von den Bürgern und Bauern gehört, dass man den Carevič ermordet hätte. Diese Diener wurden leider zur Untersuchung nicht herbeigezogen. Der Abt des Alexiiklosters Savatij hat das Zeugniss des Theodorit bestätigt und hinzugefügt, dass er durch den geistlichen Bogdaš von der Carin selbst herbeigerufen worden wäre und in der Stadt angelangt den Carevič mit durchschnittener Gurgel liegen gesehen; von der Carin-Witwe selbst hätte er dort vernommen, dass ihr Sohn von Kačalov, Daniil Bitjagovskij und Volochov ermordet worden.

Die Untersuchungsrichter haben noch eine wichtige Frage zwar berührt, aber doch unaufgeklärt gelassen, nämlich, wer zuerst das Alarmläuten begonnen? Der Hoffourier bei der Vorrathskammer (Strjapčij Kormovogo Dvora) Protopopov behauptete, dass er vom Michail Nagoj den Auftrag erhalten hätte, durch Glockenläuten das Volk zusammenzurufen; deshalb hätte er dem Küster Ogurec (»Gurke«, als Beiname) befohlen zu läuten. Der Küster Ogurec behauptete, eigentlich hätte der Wächter Maksim Kuznecov an der Heilandskirche zu läuten angefangen; nun wäre auch Protopopov ihm, dem Ogurec, entgegengelaufen und hätte im Namen der Carin ihm anbefohlen, laut zu läuten [1]). Die Richter unterliessen es aber, an den Wächter Kuznecov die Frage zu stellen, von wem er den ersten Befehl erhalten zu läuten. Eigentlich blieb auch unaufgeklärt, ob alle drei Frauen — die Wärterin, die Amme, die Kammerfrau — auf dem Hofe zugegen waren, als der Carevič seine Wunde erhielt. Die vier Edelknaben bezeugten es ausdrücklich, dass nur die Amme Tučkova und die Kammerfrau Kolobova zugegen waren. Dass gerade die Amme den sterbenden Carevič auf die Arme genommen, scheint diese Nachricht von der Abwesenheit der Wärterin zu bestätigen. Die Moskauer Regierung hat von allen Zeugen, die bei der Untersuchung zur Rede gestellt wurden, gerade die Amme Tučkova und ihren Gemahl nach Moskau kommen lassen. Und doch hat vor dem V. Šujskij eben die Wärterin Volochova das umständlichste Zeugniss abgelegt. Wenn nun aber die Wärterin Volochova ganz abwesend oder wenigstens weit von den spielenden Knaben entfernt war, so tauchen die Vermuthungen empor, ob nicht die Carin diese Wärterin Volochova überhaupt nur für ihre fatale Nachlässigkeit mit dem Holzscheite geprügelt hat? ob nicht auch ihre Anklage gegen den jungen Volochov theils unter der Einwirkung des Argwohns gegen die Familie Volochov, theils als logischer Schluss von der Nachlässigkeit der Wärterin entstanden ist? Durch den Metropolitan Gelasij hat die Carin selbst ihre Beschuldigungen gegen die Bitjagovskie (Vater und Sohn) zurückgezogen. Nach dem Zeugnisse der Volochova wurde sie auch von dem herbeigelaufenen Gregor Nagoj auf Befehl der Carin-Witwe geprügelt. Indessen hat Gregor seinerseits das Zeugniss abgelegt, dass Demetrius an Fallsucht gelitten und im Anfalle dieser Krankheit sich mit dem Messer eine tödtliche Wunde beigebracht habe; erst als die Bürger und die Bauern herbeiliefen, da hätten die Leute, man weiss nicht recht wer, angefangen darüber zu

---

[1]) »Сильно звонити«, als ob Kuznecov nicht laut genug geläutet hätte.

sprechen, als ob der Carevič von Daniil B., von Osip V. und Nikita K. ermordet wäre. Aus diesen Worten des Gregor kann man folgern, dass auch er die Wärterin nur für ihre Nachlässigkeit, keineswegs aber für die Mitschuld an dem Morde geschlagen hat. Die Nachlässigkeit bestand aber in ihrer Abwesenheit; denn die Hauptschuld hat die Amme Tučkova selbst auf sich genommen und vor den Untersuchungsrichtern eingestanden, dass sie bei dem gefährlichen Spiele des Carevič zugegen gewesen und nicht genug auf den Knaben aufgepasst hätte; als er sich in Folge dessen mit dem Messer erstochen, da hätte sie ihn auf die Arme genommen (и она того не уберегла u. s. w.); bei ihr auf den Armen hätte auch der Carevič seinen Geist ausgehaucht. Wenn also die Untersuchung in ihrem Ganzen tendenziös erscheint, so ist es andererseits von Wichtigkeit, dass die Beschuldigungen, welche die Carin-Witwe und Michail Nagoj gegen die vermeintlichen Mörder, besonders gegen den Volochov erhoben, in den Acten der Untersuchungscommission gar nicht verschwiegen sind. Die meisten Zeugnisse (leider die Augenzeugen, d. w. s. die Spielkameraden, die Kammerfrau und die Amme ausgenommen [1]), sind so individuell, dass sie keinesfalls für ein Elaborat der Untersuchungsrichter gelten dürfen. Wir brauchen also nicht das Ergebniss der Untersuchung anzunehmen, wir dürfen aber auf Grund der Aussagen einzelner Zeugen einen selbständigen Schluss über die Ereignisse zu Uglič vorbereiten.

Vieles wird in den Acten der Untersuchungscommission verständlicher, wenn man die ganze gerichtliche Verhandlung nicht als eine Untersuchung über den Tod des Carevič, sondern als einen Process gegen die Carin-Witwe und Michail Nagoj wegen der Nachlässigkeit gegenüber dem Carevič und wegen der Ermordung des Bitjagovskij und Consorten auffasst. Der Umstand, dass der Carevič an einer gewissen Krankheit litt, wird von den Untersuchungsrichtern als allgemein bekannt präsumirt. Um die Unschuld der Bitjagovskie sicher zu stellen, müssen Gregor Nagoj, die Wärterin Volochova und Andrej Alexandrovič

---

[1] Zwischen den Zeugnissen der Wärterin und der Amme besteht ein Widerspruch, welchen wir eben dadurch erklären, dass die Volochova nicht zugegen gewesen war. Ždanova-Tučkova behauptete, dass Carevič bei ihr auf den Armen starb, Volochova erzählte, wie Carevič sich lange in Krämpfen auf dem Boden wälzte und hier den Geist aushauchte. Der Aussage der Volochova steht nahe das Zeugniss des Hoffouriers Semen Judin; dieser wollte mit eigenen Augen aus der Ferne gesehen haben, wie sich Carevič beim Spielen erstochen und wie er sich im Anfalle der Krankheit gewälzt habe.

Nagoj genau erzählen, wie der Carevič schon früher an ähnlichen Krank-
heitsanfällen gelitten und in einem solchen Anfalle der Tochter des Andrej Nagoj in die Hände gebissen und gekaut hat. Für uns wird die Fallsucht des Carevič durch eine andere Erzählung der Volochova sicher
gestellt: Michail Bitjagovskij hätte bei sich eine wahnwitzige Frau gehalten, welche auch den Andrej Nagoj besucht habe; zwei Tage nach
dem Tode des Carevič hätte die Carin-Witwe befohlen, diese Frau aufzusuchen und zu tödten, dafür, dass sie auf den Demetrius diese Krankheit
heraufbeschworen. Als ausgemacht betrachten wir auch den Umstand,
dass im Augenblicke des Todes des Carevič Michail Bitjagovskij bei sich
zu Hause mit seinem Beichtvater Bogdan speiste, und dass es gerade
die Carin-Witwe war, welche sowohl zu dem Alarmläuten, als auch zu
den Anklagen gegen den O. Volochov, N. Kačalov, D. Bitjagovskij den
ersten Wink gab. Weiter steht es fest, dass Tučkova (nach dem Vor-
namen des Gemahls auch als Ždanova bezeichnet), Kolobova und die
vier Edelknaben: Tučkov, Kolobov (wohl die Söhne, oder überhaupt
Verwandte der beiden Frauen),[1] Krasenskij und Kozlovskij sich auf
dem Spielplatze in der nächsten Nähe des Demetrius befanden. Es fällt
geradezu auf, dass man den fallsüchtigen Demetrius mit einem Messer
in der Hand unter vier Messern seiner Kameraden ein gefährliches Spiel
spielen lässt. Die Spielkameraden waren wohl viel älter als der 8—9-
jährige Carevič; mit dem Kolobov an der Spitze haben sie dann vor den
Untersuchungsrichtern Antwort gegeben (И жилцы Петрушка Коло-
бовъ с товарыщи сказали). Und doch hat die Wärterin Volochova für
dies Spiel eine Tracht Prügel seitens Maria und Gregor Nagie wohl verdient, um so mehr, da sie sich zu erinnern vorgab, wie der Carevič schon
einmal früher im Anfalle der Krankheit seine eigene Mutter mit einer
Spielkeule (svaja) gestochen hätte. Wenn nun auf einmal die Fallsucht
sich seiner wieder bemächtigt und er mit entstelltem Antlitze in Krämpfen mit den Gliedern zuckend, über die Edelknaben fällt, um ihnen an
den Händen zu kauen, wer kann da dem jungen Volke übel nehmen,
dass sie dann dem toll gewordenen Kleinen ihre Messer entgegen halten?
Dies wäre ein Zufall, welchen die Erwachsenen hätten im Voraus sehen
und verhüten können; unter Umständen könnten aber die Erwachsenen
einen solchen Zufall auch künstlich heraufbeschwören. Sogar ein Zu-
schauer, welcher mit eigenen Augen den Carevič von dem Messer eines

---

[1] Der Vater des Petruška Kolobov — Samojlo, ein Bojarensohn bei der
Carin, trat auch als Zeuge auf.

Spielkameraden sterben gesehen hätte, würde uns unter solchen Umständen nimmer sagen können, wo der Zufall zu Ende ging und wo die
böse Absicht begann. Das sind die Gedanken, welche beim Durchlesen der
Untersuchungsacten auftauchen. Nun wird aber diese Vorstellung von
dem Hergange des Spieles als sichere Tradition von einem Ausländer
und Zeitgenossen gegeben. In dem Berichte über Thomas Smith's Aufenthalt in Russland wird eine Erzählung gegeben, welche ohne Zweifel
in Moskau in der Zeit zwischen dem Tode des Boris und dem Einzuge
des PD verbreitet wurde, und wie es uns scheint, von Bogdan Belskij
ausging. Danach hätten der vom Hofe verbannte Bogdan Belskij und
die Mutter des Demetrius den Carevič vor den Nachstellungen des Boris
gerettet und an seine Stelle einen Pfaffensohn in Uglič unterschoben.
Dieser Pfaffensohn erhielt nun zu Uglič eine Ausstattung und Umgebung
ganz wie sie einem Carensohne gebührt hätten. Eines Tages unterhielt
er sich mit einem anderen Knaben, welcher ihm als sein Spielkamerad
zugesellt war. Dieser Geselle hatte, wie es scheint absichtlich, ein
Messer bei sich; unter dem Vorwande, dem Carevič das schiefstehende
Halsband zurechtzumachen, hat er ihm die Gurgel durchschnitten [1].
Die Geschichte mit dem Halsbande war auch den russischen Annalisten
bekannt. Nach Nikon's Annalen hätten es aber die Mörder Volochov
und Consorten (nicht aber der Spielkamerad des Carevič) unter dem Vorwande, sich das Halsband anzusehen, dem Demetrius einen Stich in die
Gurgel gegeben. Wir besitzen noch eine Nachricht eines Engländers
und Zeitgenossen der Ereignisse zu Uglič; das ist der Agent der Russia
Company und des englischen Hofes Jerome Horsey. In Moskau wurde
er von dem einflussreichen Djak Andrej Ščelkalov verfolgt und hat sich
aus Furcht vor seinen Nachstellungen in den Wunsch des Caren und
des Bojarenrathes gefügt und sich in die Stadt Jaroslavlj zurückgezogen.
Hier befand er sich im Frühjahr 1591 in den Tagen, als in dem unweit
von Jaroslavlj gelegenen Uglič [2] die folgenreichen Ereignisse geschahen.
Um Mitternacht nach dem Tage, an welchem Demetrius ums Leben kam,

---

[1] »This counterfet churchmans sonne being then taken for the lawful
Prince, was attended on and associated according to his state: with whom
one day another child (that was appointed to bee his play-fellow) disporting
themselues, finding faulte that the collor which the supposed Demetre wore
about his necke (as the fashion of the Countrey is) stoode awry, preparing to
mende it, with a sharpe knif (prouided as seems of purpose) cut his throat.«
Sir Thomas Smithes Voyage and Entertainement in Rushia. London 1605.

[2] Semenov's Geogr. Lex. gibt einen kürzeren Weg zu 100 Werst an.

wurde bei Horsey am Thor angeklopft. Der Engländer war gut mit
Pistolen und anderen Waffen versehen; er nahm gegen 15 Mann bewaffnete Diener und ging zum Thore; hier erblickte er beim Mond-
scheine den Athanasij Nagoj, den Bruder der Carin-Witwe: »der Carevič
Demetrius ist todt, um die sechste Stunde des Tages haben ihm die
Djaki die Gurgel abgeschnitten; einer von seinen Pagen hat auf der
Folter gestanden, dass er dazu von Boris verführt worden; die Carin ist
vergiftet und nahe dem Tode, es fallen ihr die Haare, die Nägel und
die Haut ab; helfen sie und geben sie um Gottes Gnaden etwas Gutes«,
so sprach Athanasij Nagoj zu seinem guten Freunde Jerom [1]). Danach
wäre also einer von den Spielkameraden des Carevič im Namen des
Boris von den Bitjagovskie (djaki) aufgefordert gewesen, dem Demetrius
die Gurgel abzuschneiden. Diese Nachricht ist zwar aus dem Kreise
der Nagie entsprungen, die Namen der Djaki und des Boris konnten
dem Edelknaben durch die Folter aufgezwungen gewesen sein, die
Krankheit der Carin Witwe (sie wird auch in Nikon's Annalen angedeutet) liesse sich vielleicht durch ihre tiefe Gemüthserschütterung oder
auch durch die Uebertreibung des aufgeregten Bruders erklären. Jedenfalls bleibt aber sicher, dass einer von den Edelknaben als des Mordes
verdächtig gefoltert wurde. Die Wärterin Volochova spricht zwar von
den Edelknaben, als von kleinen Kindern (маленкие робятка жилцы);
es lag aber in ihrem Interesse, die ganze Geschichte mit dem Messer-
spiele als etwas unschuldiges zu schildern. Es waren wohl Pagen in dem
Uebergangsalter von Knaben zu Jünglingen, wenn sie gefoltert werden
mussten. Welchen von den Edelknaben hat aber Athanasij Nagoj gemeint? Es konnte entweder Kolobov oder Tučkov gewesen sein. Beide
tragen die selben Familiennamen, wie die zwei Frauen, welche beim

---

[1]) Vgl. The Travels of Sir Jerome Horsey edited by Bond (Hakluyt So-
clety 20): »One rapt at my gate at midnight. I was well furnished with pi-
stolls and weapons. I and my servants, some 15, went with these weapons to
the gate. »O my good frend, Jerom, innobled, lett me speake with you.« I
saw by moen shine the Emperis brother, Alphonassy Nagoie, the late widow
Emporis, mother to the yonge prince Demetrius, who wear placed but 25
miells thence at Ogletts. »The Charowich Demetries is dead; his throate
was cutt aboute the sixth hower by the deackes; some one of his pagis con-
fessed upon the racke by Boris his setinge one; and the Emporis poysoned
and upon pointe of death: her hear and naills and skin falls of; haelp and
geave some good thinge for the passion of Christ his sake.« Die Erzählung des
Horsey über die späteren Jahre ist nach Hörensagen geschrieben und strotzt
von Irrthümern. Die Relation des Thomas Smith war ihm bereits bekannt.

Tode des Carevič zugegen waren. Kolobov wird, wohl als der älteste, an der Spitze der Pagen in den Untersuchungsacten genannt. Andererseits aber wurde gerade die Familie Tučkovy, Frau und Mann, vom Caren und den Bojaren nach Moskau berufen, zu gleicher Zeit mit dem Zauberer Močalov, welchen Michail Nagoj bei sich gehalten haben soll [1]). Wir glauben also weder an den zufälligen Selbstmord des 8jährigen Epileptikers, noch an dessen Ermordung durch die Bitjagovskie, wie sich die Sache die Carin-Witwe vorgestellt hatte. Man könnte höchstens noch gegen Volochov, den Sohn der Wärterin, einen Verdacht fassen: weshalb war seine Mutter abwesend, oder weshalb hat die Carin-Witwe gerade ihn vor ihren Augen tödten lassen? Smith und Horsey können auch ihn unter dem Spielkameraden oder Pagen (žilec) gemeint haben, denn Nikon's Annalen zufolge spricht eben Volochov mit dem Carevič von seinem Halsschmucke. Gegen ihn hat sich auch besonders der Zorn der Carin-Mutter kund gethan: er wurde vor sie geführt und vor ihren Augen niedergemacht. Aus dem Kreuzfeuer der Nachrichten der Untersuchungsacten und der Engländer Horsey und Smith glauben wir schliessen zu dürfen, dass einer von den Edelknaben (den Volochov mit inbegriffen?), wohl auf Anstiften erwachsener Leute, unter irgend welchem Vorwande den Carevič erstochen und dass der ganze Mordanschlag früher oder später durch den Schein eines Spieles verdeckt wurde, ganz in derselben Weise, wie Michail Nagoj seinerseits den Verdacht des Mordes auf die Bitjagovskie zu werfen versuchte, dadurch dass er Waffen auf ihre Körper legen liess. Es ist noch eine Frage, ob

---

[1]) Car Theodor, d. w. s. Boris Godunov, hat den Bojaren und den Djaki befohlen, sich mit den Untersuchungsacten zum Patriarchen Hiob und der ganzen H. Synode zu begeben, um sie dort vorzulesen; vorgelesen hat sie der Djak Vasilij Ščelkalov. Die Männer, welche den Acten nach die Aufmerksamkeit auf sich gezogen, sollten nach Moskau berufen werden (а по тѣхъ людеи, которые в дѣле объявилися, велѣлъ Гдⷭрь посылати). So sollte auf Befehl des Caren und nach dem Urtheile der Bojaren Michail Vasiljevič Molčanov die Amme des Carevič Irina und ihren Gemahl Ždan nach der Hauptstadt bringen. Er sollte unterwegs aufpassen, dass sie ihm ja nicht entlaufe und ja nicht Hand an sich lege, doch dürfte man ihnen dabei kein Leid thun. Zum Unterschied davon sollte Žerebcov den Zauberer des Nagoj, Andrej Močalov, in Ketten und zwar eilends nach Moskau führen. Dieser Unterschied in der Behandlung der Ždanovy und des Molčanov weist darauf hin, dass sie wohl zu verschiedenen Parteien in Uglič gehört haben. Wir möchten die Nachricht des Bussow zur Erläuterung herbeiziehen, dass Boris Godunov nach der Ermordung des Carevič die Mörder nach Moskau berufen hätte und sie unterwegs ermorden lassen.

nicht diese Art des Mordes gegenüber einem Epileptiker viel leichter
ins Werk gesetzt werden konnte, als das von den Historikern, wie
Bjelov, anempfohlene Vergiften unter den wachsamen Augen einer arg-
wöhnischen Mutter. Wir legen kein Gewicht auf die Schilderungen der
russischen Annalen und Sagen; sie sind alle mindestens 15 Jahre nach
den Ereignissen zu Uglič entstanden und zwar unter Einwirkung der
officiellen Legende aus den Tagen des Pseudodemetrius I. und des
Caren Vasilij Šujskij, welcher im Namen der Carin-Witwe Maria (als
Nonne Martha) auf Kosten seiner Vorgänger seinen eigenen Thron zu
befestigen suchte. Indessen tauchen die officiellen Acten des V. Šujskij
und der Martha in der Historiographie des XVII. Jahrh. erst in ver-
stümmelter Form auf[1]. Die Namen der Frauen und der vermeintlichen

---

[1] Den ausführlichsten Bericht über den Mord zu Uglič gibt »Der neue
Annalist«. (Dieselbe Erzählung s. in Nikon's Annalen.) Boris versucht vergebens, den Carevič D. durch seine Gehilfen zu vergiften. Endlich beruft er
zu sich seine Anverwandten, die Godunovy, und seine Rathgeber, den Andrej Klešnin mit Kollegen, und kündigt ihnen seine Sache an. Nur Gregor
Vasiljevič Godunov sprach sich gegen den Mord aus. Die Anderen beschlossen, Mörder nach Uglič auszusenden. Sie wählten dazu den Vladimir Zag-
rjažskij und Nicephor Čepčugov; diese versagten aber den Gehorsam. Da
nahm Klešnin das ganze Unternehmen auf sich und fand in dem Michail Bitjagovskij einen Mann, welcher bereit war, den Willen des Boris auszuführen.
Godunov nimmt seine Dienste mit Freuden auf, sendet ihn sammt dem Sohne
Daniil und dem Nikita Kačalov nach Uglič und befiehlt ihnen, dort das Regiment zu führen. Die Carin Marja errieth die Absicht, in der die Bitjagovskie
ausgesandt waren, und begann ihren Sohn D. besonders aufmerksam zu hüten.
Da haben die Verschwörer die Wärterin Volochova und ihren Sohn Daniil
(Osip?) für ihre Pläne gewonnen. Am 15. Mai lockte die Wärterin den Care-
vič aus den Zimmern seiner Mutter hinaus und führte ihn auf die Aussen-
treppe; die Amme versuchte vergebens, die Volochova daran zu verhindern.
Die Mörder Volochov, Michail Bitjagovskij und Kačalov erblickten den Ca-
revič und näherten sich der Treppe. Volochov nahm ihn bei der Hand und
sprach: Herr, ich sehe ein neues Halsband bei dir. Der Knabe wies mit dem
Finger auf den Halsschmuck und antwortete leise: das ist ein altes Halsband.
Da stach ihn Daniil (Vol.?) mit dem Messer in den Hals, verfehlte aber die
Kehle. Die Amme fiel mit dem Körper über das Kind und begann zu schreien.
Daniil ergriff die Flucht. Michail Bitjagovskij und Kačalov begannen die
Amme zu schlagen, entrissen ihr den Carevič mit Gewalt, ermordeten ihn und
liefen davon. Die Mutter kam auf das Geschrei der Amme herbei und fand
ihren Sohn bereits todt; voll Schrecken und Qual fiel die Carin in Ohnmacht.
Ein Küster der Kathedrale hat die Ermordung des Carevič gesehen, bestieg
den Glockenthurm, schloss die Thür hinter sich und begann zu läuten. Die

Mörder, die aus den Untersuchungsacten wohl bekannt sind, werden
z. B. in den Annalen des Patriarchen Nikon verwechselt. Da kommt

Mörder forderten ihn auf, mit dem Läuten aufzuhören, drohten ihn zu ermorden, konnten aber Nichts ausrichten. Die Anverwandten des D. erschienen auf dem Platze und fanden den Carevič ermordet, die Amme und die Carinmutter wie todt liegen. Den Michail Bitjagovskij mit Frau und Freunden hat man gesteinigt. Kačalov und Volochov wären zuerst aus der Stadt geflohen, kehrten aber dann abermals zurück und wurden von den Bürgern gesteinigt. Im Ganzen wurden 12 Verschworene getödtet. Boris hat dem Caren Theodor berichtet, als ob der Carevič an Fallsucht gelitten und sich selbst erstochen hätte, infolge der Nachlässigkeit der Nagie. Vor den Untersuchungsrichtern hat die ganze Stadt den Mich. Bitj. mit Konsorten des Mordes angeklagt. Šujskij und Klešnin haben in Moskau auf Wunsch des Boris G. einen falschen Bericht abgestattet. Boris liess die Nagie nach Moskau bringen, peinigte den Michail und Andrej Nagoj und forderte, dass sie den Selbstmord des Carevič mit ihrem Zeugnisse bestätigen. Die Nagie hielten aber die Folter standhaft aus und wurden nach verschiedenen Städten ins Gefängniss verbannt. An den Bürgern der Stadt Uglič hat Boris für die Ermordung der Bitjagovskie eine schreckliche Rache genommen: die Einen wurden geköpft, die Andern verloren die Zungen, Viele — nach Sibirien versandt. Uglič verödete seit dieser Zeit. Marja Volochova und die Frauen der Mörder wurden von Boris mit Gütern belohnt.

Einen gedrängten Bericht, der aber in Einzelheiten über das häusliche Leben des Carevič manches Eigenartige bietet, hat Akademiker Byčkov nach einer Handschrift der Kais. Oeff. Bibl. gedruckt (Čtenija, 1864, IV.). Dieser Bericht lautet: Den 15. Mai fühlte sich Carevič seit Morgen unwohl, er liess den Kopf von den Schultern hinabhängen. In der vierten Stunde des Tages ging er zur Kirche und empfing nach dem Evangelium den Segen mit den H. Bildern von den Mönchen des Cyrilliklosters. Nach der Messe kehrte er in den Palast zurück, wechselte die Kleider, während der Zeit brachte man die Mahlzeit, der Priester hatte das Mariabrötchen geweiht. Es war die Sitte des Carevič, jeden Tag vom Mariabrot zu kosten. Darauf begehrte D. zu trinken und begab sich mit der Amme zum Spaziergang. In siebenter Stunde des Tages, als er sich bei der Kirche des Caren Konstantin befand, erschienen auf Befehl des Boris die Mörder Nikita Kačalov und Daniil Bitjagovskij, betäubten mit einer Keule die Amme, warfen sich dann über den Carevič und schnitten ihm die Kehle ab. Darauf begannen die Mörder laut zu schreien. Die Mutter vernahm das Geschrei, lief herbei, sah ihren Sohn todt liegen und nahm seinen Leichnam auf die Arme. Die Mörder standen indessen wie betäubt über dem Leichname. Die Onkel speisten unterdessen bei sich zu Hause und wussten Nichts vom Morde. Die Carin nahm den Leichnam des Sohnes, brachte ihn in die Verklärungskirche und befahl zu läuten. Das Volk strömte herbei. Die Carinmutter wandte sich an die Bürger und forderte sie auf, die Mörder zu tödten. Da hat das Volk die Mörder gesteinigt. Die Mutter wachte

eine Marja Volochova mit ihrem Sohne Danilka vor, die aus Vasilisa
Volochova, aus Marja Kolobova, aus Osip Volochov und Daniil Bitja-

---

8 Tage beim Leichname des Sohnes in der Kirche. Mittwoch den 19. (im Texte
9.) Mai erschienen die Untersuchungsrichter. Der Metropolit von Kruticy hat
den Carevič Sonnabend den 22. Mai begraben. Am Todestage war der Carevič 8 Jahre 6 Monate und 28 Tage alt, er ist den 9. Oktober 1582 geboren.
Akad. Byčkov stellt die Glaubwürdigkeit des Berichtes sehr hoch, doch finden
wir auch hier Ungereimtheiten, z. B. dass die Mörder selbst zu schreien beginnen, wie betäubt über dem Leichname stehen, bis sie das Volk steinigt.
        Die »Sage« aus dem J. 1606 berichtet: Boris hat mehrmals versucht,
durch seine Gehilfen den Carevič zu vergiften. Endlich sendet er nach Uglič
den Djak Michail Bitjagovskij (nach der kürzeren Redaktion der »Geschichte,
wie Boris den Carenthron gestohlen« auch den Sohn Daniil Bitj.) und seinen
Neffen Nikita Kačalov, um den D. zu ermorden, der acht Jahre alt war. Als
der Carevič einmal das Haus verlassen und sich nach Kindesart zum Spielen
begeben, haben ihn die bösen Buben (юноши, d. w. s. Daniil und Nikita) überfallen. Einer von ihnen entblösste das Messer und schnitt ihm die Kehle ab.
Die Einwohner der Stadt haben die Mörder niedergemacht. Nach dem »Chronographen« des Djak Timotheev befiehlt Boris dem Klešnin den Carevič aus
dem Leben zu schaffen. D. wurde vor den Augen seiner Mutter ermordet (зло
заклан бысть предо очима своя ему матере). Die Mörder wurden auf derselben
Stelle niedergemacht. Boris hat vor dem Caren, dem Patriarchen und der
ganzen Synklete erklärt, dass Carevič an Fallsucht gelitten und während eines
Spieles sich selbst erstochen. Gegenüber den Zeitgenossen, welche den Boris
für unschuldig am Tode des Carevič hielten, weist Timotheev darauf hin,
dass Boris die Einwohner der Stadt Uglič, welche an den Mördern Rache genommen, streng bestraft hat. (Гдѣ суть иже нѣкогда глаголющи, яко непо-
винна суща Бориса закланию царского дѣтища, иже о царствии къ сему того
зависти?) Bei der Enthüllung der Reliquien des Märtyrers D. hätte man Nüsse
gefunden. Dieses Naschwerk zeugt nach Timotheev, dass Carevič beim Leben
am allerwenigsten von der Herrschsucht erfüllt war, welche Boris bei ihm
voraussetzte. Dem Avramij Palicyn zufolge hätten gewisse Streber die
Grossen zu Moskau, besonders aber den Boris gegen den Carevič gereizt und
den D. umgebracht. Katyrev-Rostovskij berichtet folgendermassen: Boris
sendet den Nikita Kačalov und Michail Bitjagovskij nach Uglič, um den Carevič umzubringen. Die Mörder bethören mit Schmeicheleien die Mutter und
den Sohn, führen das Kind unter dem Vorwande eines Spieles weg und ermorden ihn (Они же, окаяннии, оболстивъ отроча и матерь его, и отведоша его,
якобы на утѣшение нѣкое, и заклата). Auch nach den beiden Redaktionen der
Sage vom Gregor O. (»Sage und Geschichte vom Wunder, das in der Carenstadt Moskau geschehen« etc.) haben Nikita Kačalov und Daniil Bitjagovskij
den Carevič zu Uglič auf Befehl des Boris umgebracht. Nach der legendaren
»Sage über die Regierung des Caren Theodor Ivannovič« hat Boris für den
Mord des Carevič in der Person des Djak Michail Bitjagovskij, seines Sohnes

govskij entstanden sind. Die Wärterin Volochova lockt hier den Carevič hinterlistig auf die Treppe in den Hinterhalt heraus, wo ihn die

Daniil, seines Neffen Nikita Kačalov und der Vasilisa Volochova Gehülfen
gefunden. Volochova wäre in besonderer Gunst bei der Carin Marja Theodorovna gestanden und von ihr zur Bojarina befördert. Diese Verschwörer
hätten zuerst vergebens versucht, den Carevič durch Mord aus dem Leben zu
schaffen. Endlich hätte Boris jegliche Furcht bei Seite gelegt und seinen Gehülfen befohlen, den Demetrius niederzustechen. Längere Zeit hätten Michail
Bitj., sein Sohn Daniil, sein Neffe Nikita Kačalov auf die Gelegenheit ge-
wartet, den Befehl auszuführen. Da haben sie für ihr Unternehmen die Amme
des Carevič Darja Mitjakova gewonnen, sie sollte den Demetrius in den Hof
spazieren führen. Eines Tages führte sie ihn wirklich in den Hof spazieren
und gab ihm Nüsse zum Naschen. Die Carinmutter war unterdessen in den
hinteren Zimmern und wusste davon gar nichts. Die Mörder versteckten sich
unter der Treppe, welche Carevič in den Hof hinab gehen sollte. Als D. die
Mitte der Treppe erreicht hatte, da sprang Michail Bitj. auf, packte ihn durch
die Treppe bei den Füssen, sein Sohn Daniil fasste den Kopf des Demetrii,
der Neffe Nikita Kačalov zog das Messer und erstach den Knaben. Darauf
haben Alle die Flucht ergriffen. Eine »gotterwählte« Frau kündigte die Missethat der Mutter an. Die Carin Marja lief in den Hof und erblickte ihren Sohn
todt im Blute liegen. Da liess man die Glocken läuten, das Volk strömte
herbei, einige liefen den Mördern nach und führten sie in den Hof. Hier
hätten diese eingestanden, das Verbrechen auf Befehl des Boris begangen zu
haben. Die Bürger haben nun die Mörder gesteinigt. Boris hat dem Caren
Theodor angezeigt, dass Carevič sich selbst beim Spielen erstochen infolge
der Nachlässigkeit der Nagie. Bei der Untersuchung zu Uglič hätte Andrej
Klešnin Furcht den Bürgern eingejagt, sodass sie Nichts zu wissen angaben.
Klešnin hätte dann nach seiner Willkür Zeugnisse in ihrem Namen geschrieben
und durch Drohungen die Zeugen gezwungen, diese falschen Akten zu unterschreiben. Wer nicht einwilligte, sollte verbannt und eingekerkert oder geköpft werden. Da eilten alle Bürger, diese Zeugnisse zu unterschreiben.

Nach der Vita Demetrii in dem Tulupovschen Menäum hätte Boris vergebens versucht, den D. zu vergiften. Da bringt er den Daniil Bitjag. und
Nikita Kačalov dazu, dass sie den D. umbringen. Als Carevič einmal nach
Kindersitte zu spielen hinausging, da überfielen ihn die Buben. Einer von
ihnen zog das Messer und schnitt dem Knaben die Kehle ab. Die Bürger der Stadt
machten die Mörder nieder. Bei der Enthüllung der Reliquien erwähnt auch
die Vita die Nüsse. Die Vita Demetrii in Miljutins Menäum gibt dieselbe
Tradition, wie die Sage von der Regierung des Theodor. Der 2. Redaktion
des Chronographen zufolge ist Carevič D. von Kačalov und Daniil Bitjagovskij ermordet; viele sprachen aber davon, dass er auf Befehl des Moskauer
Bojaren Godunov ermordet worden. Massa berichtet folgendermassen.
Carevič hat den Djak Bitjagovskij für seinen besten Freund gehalten. Ihn
hätte man dazu erkauft, den Demetrius umzubringen. Michail B. hätte die

Mörder überfallen; die Amme im Gegentheil (sie wird hier gar nicht
beim Namen genannt) sucht den verwundeten Knaben zu vertheidigen

---

Ausführung des Planes seinem Sohne Daniil und dessen Kameraden Nikita
Kačalov aufgetragen. Beide Mörder hätten sich zuerst nach Moskau begeben,
um vom Boris dazu den Segen zu erhalten. Nun befahl Michail Bitj. am Tage
des Mordes dem Daniil und Nikita sich in dem Hofe zu verstecken. Er selbst
schlug nach dem Mittage zwei oder drei Edelleuten vor, ein Spiel mit Nüssen
anzustellen und begab sich dann auf die Kanzlei. Als nun das Spiel in
vollem Gange war, haben die zwei Mörder dem Carevič die Gurgel abgeschnitten; in ihrer Aufregung haben sie es aber vergessen, die übrigen Kinder
zu ermorden. Den Mördern ist es gelungen, auf Pferden, so im voraus für sie
bereit gehalten, davonzusprengen, die jungen Edelleute haben unterdessen
ein lautes Geschrei auf dem Hofe erhoben. Dem B u s s o w zufolge liess Boris
die zwei Mörder, welche er vorhin für grosses Geld hierzu erkauft hatte, auf
dem Rückwege nach Moskau umbringen, damit seine ruchlose That nicht an
den Tag komme. Die officiellen Anschauungen der Regierung des Caren
V. Šujskij sind in seinem Briefe an das Cyrillikloster vom 29. Mai 1606 dargelegt. Um die Reliquien des Carevič zu enthüllen, wurden nach Uglič der
Metropolit von Rostov, Philaret, der Bischof von Astrachanj, Theodosius,
Gregor und Andrej Nagie u. a. m. abgesandt. Vom 28. Mai haben sie Folgendes aus Uglič berichtet: die Reliquien sind in unversehrtem Zustande aufgefunden, auf dem Haupte sind noch Haare, auf dem Gebeine Fleisch vorhanden, ein Theil zu Erde geworden; Carevič hatte noch im Grabe einen
Halsschmuck aus Perlen, in der linken Hand hielt er ein gold- und silber-
gesticktes seidenes Tuch, über den Reliquien fand sich ein Häufchen Nüsse;
man behauptete, dass er beim Spielen Nüsse gegessen und dass die Nüsse bei
seiner Ermordung vom Blute roth gefärbt wären. Am 4. Juni, als die Reliquien bereits zu Moskau in der Erzengelkathedrale bestattet wurden, da hat
die Carin-Witwe vor der ganzen H. Synode und vor den Bojaren ihre Schuld
eingestanden, dass sie den PD I. aus Kleinmuth nicht hat des Betruges überführen wollen: seit der Zeit nämlich, als Carevič auf Befehl des Boris ermordet wurde, hatte sie und ihre Anverwandten grosse Noth leiden müssen;
deshalb wäre sie so schwach gewesen, sich über die Thronbesteigung des FD
zu freuen; bei der Zusammenkunft hätte er ihr unter Drohungen verboten,
darüber zu sprechen. Da der Halsschmuck des Carevič bereits in der Relation des Thomas Smith erwähnt wird, so muss diese Tradition noch vor der
Enthüllung der Reliquien entstanden sein. Die Nüsse kommen dagegen in
dieser Urkunde zum ersten Male vor. Nun werden diese Nüsse seit der Zeit
der Enthüllung in die Schilderung der Ermordung des Carevič eingetragen.
Prof. Golubovskij wollte in dieser Nachricht einen Schlüssel zur Erschliessung
des ganzen Geheimnisses gefunden haben; er stellt sich vor, dass Carevič im
letzten Augenblicke in einer Hand das Tuch, in der anderen die Nüsse gehalten hätte (vgl. »Историческій Вѣстникъ 1896, December, Die Frage über
den Tod des Carevič Demetrius). Erstens berichten die Quellen, dass die

und wird dafür durchgeprügelt. Diese ganze Scene soll nun ein Küster
der Stadtkathedrale gesehen haben und vom Glockenthurme zu läuten

---

Nüsse auf die Brust des Carević gelegt waren. Die Vita Demetrii in dem
Menäum des Tulupov berichtet: »и орѣхи на честныхъ его персѣхъ, иже
обліялися честною его кровію въ время заколенія«. Die Urkunde aus dem
J. 1606 sagt; »да на Царевичевыхъ же мощехъ положено орѣховъ съ при-
горщи«. Djak Timotheev geht noch weiter: »обрѣтоша бо ся въ рацѣ внутрь
суть святыми его нѣдры держимы орѣхи тогда бывшая, обагривъшаяся во
страдании«. Massa berichtet, dass Carević und seine Kameraden mit Nüssen
gespielt hätten. Man kann sich also vorstellen, dass der kleine Vorrath von
Nüssen in das Tuch gelegt und zugebunden, dann beim Spiele in den Busen
gesteckt wurde. Die Hauptschwierigkeit besteht aber darin, dass man es
gar nicht wissen kann, wie und wann die Nüsse in den Sarg gekommen sind.
Djak Timotheev hat den Sinn dieses Attributs angedeutet. Beim Einkleiden
der Reliquien hat man ohne Zweifel dem Gebeine den Habitus eines unschuldigen Kindes geben wollen. Wenn andererseits Bussow, Massa, Margeret behaupten, dass die Reliquien im Voraus gefälscht waren, wozu ein anderes
Kind (ein Pfaffensohn) vorsätzlich geschlachtet wurde, so ist diese ganze Erzählung wohl als eine rationalistische Grille aufzufassen. Die Regeln der
Kanonisirung in der orthodoxen Kirche fordern keineswegs einen ganz un-
versehrten Leib für die Enthüllung der Reliquien und lassen einen freien
Spielraum für die Untersuchungskommission. Wenn wir die Beschreibung
der Enthüllung der Reliquien des vor 15 Jahren Ermordeten in der Urkunde aus dem J. 1606 mit den Relationen über archäologische Ausgrabungen
vergleichen, so müssen wir den Bericht des Metr. Philaret (was speciell den
Zustand des Gebeines betrifft) für wahrscheinlich halten. Wer die Echtheit
des FD verficht, der wird dieses Gebein natürlich nicht dem Carević, sondern
dem statt seiner ermordeten Knaben zuschreiben müssen, braucht indessen
keine Abschlachtung eines Knaben ad hoc vorauszusetzen. Nach der Handschrift der Kais. Oeff. Bibl. zu Petersburg »Historya Dmitra fałszywego« hat
Prof. Kostomarov einen Brief des Caren D. an den Boris gedruckt (»Смут-
ное Время«). Wir billigen die Auffassung des Prof. Kostomarov, welcher an
der Echtheit des Briefes zweifelt. Jedenfalls ist es indessen ein Aktenstück
der Zeit, wohl ein Plakat der Partei des FD. Hier wird gegen den Boris die
Beschuldigung erhoben, dass er den Caren Simeon blenden, seinen Sohn Johann hat vergiften lassen. »Du hast gefühlt«, fährt der Brief fort, »dass du
einmal in unserer Gewalt sein würdest. Erinnerst du dich, wie du daran
durch unsere Briefe gemahnt wurdest? wie wir einen Priester mit Mahnung
an dich gesandt haben? wie wir deinen Cognaten (so nennt ihn auch Djak
Timotheev) Andrej Klešnin abgefertigt, welcher von unserem Bruder, dem
Caren Theodor, an uns geschickt war und uns mit Geringachtung behandelt
hat, weil er auf dich vertraute?« Der Historiograph Gerh. Mueller berichtet
nach Akten, die er in Sibirien gefunden, dass im J. 7112 (1603—4) der Strelitze
Stepan Kačalov nach Toboljsk verbannt worden, weil er den Zorn des Caren

angefangen. Wenn nun Nikon's Annalen weiterhin mit Entrüstung berichten, wie die verruchte Wärterin für ihre Missethat sammt dem Ge-
mahle zum Boris nach Moskau berufen und mit Landgütern belohnt
wurde, so erinnert man sich gleich daran, dass den Untersuchungsacten
zufolge die Familie Ždanov-Tučkov, keineswegs aber die Wärterin
nach Moskau berufen wurde. Es entsteht unwillkürlich ein Zweifel, ob
wir es nicht abermals hier mit einem Missverständnisse oder einer Verwechselung der Namen zu thun haben, ganz ebenso, wie bei der Marja
Volochova oder dem Küster der Kathedrale; denn auch der letztere ist
aus dem Küster der Konstantinkirche Ogurec und dem Wächter Kuznecov zusammengeschmolzen, zu geschweigen, dass beide wohl auf fremden Befehl zu läuten angefangen haben.

Wir finden also in Bezug auf den Tod des Carevič drei verschiedene Traditionen in unseren Quellen: erstens — der fallsüchtige Carevič hat sich selbst beim Spiele erstochen (Untersuchungsacten); zweitens — Carevič wurde beim Spiele von einem Spielkameraden erstochen
(Horsey-Smith); drittens — Carevič wurde von Daniil Bitj., Nikita
Kač. und Osip Vol. bereits beim Spielen (Massa) oder noch an der
Treppe ermordet (Sage aus dem J. 1606 und Nikon's Annalen). Alle
drei Gattungen der Tradition können nur in Bezug auf die Thatsache
mit einander versöhnt werden, dass Carevič beim Spielen um's Leben
gekommen. Die zwei letzten Gattungen der Tradition können unter
einander auch in Bezug auf die Deutung dieser Thatsache versöhnt
werden, dass nämlich das Spiel nur dazu gedient, um den Mord zu erleichtern oder zu bemänteln. Die erste Tradition, d. w. s. von einem

---

sich zugezogen. Die Kačalovy nahmen später höhere Aemter in Toboljsk ein
und galten immer für Nachkommen des Nikita K., des Mörders des Carevič
zu Uglič. Unter den Bauern zu Pelymj fand Mueller 30 Mann aus Uglič erwähnt, die seiner Meinung nach vom Boris in die Verbannung geschickt sind,
um den Mord zu verhehlen (Ежемѣсячныя Сочиненія, Jänner 1764). Unter
seinen Belegen dafür, dass der Car D. I. keineswegs der echte Carevič D. gewesen, führt Bussow folgende Erzählung an: nach der Ermordung des
Caren wäre er mit einem deutschen Kaufmann nach Uglič gereist und hätte
unweit der Stadt einen Russen getroffen, welcher 105 Jahre alt und seiner
Zeit im Schlosse Uglič beim jungen Demetrius Aufseher (Starosta) gewesen.
Dieser Greis hat nun auf die Fragen des Bussow geantwortet: Der erschla-
gene Car war ein verständiger Herr, aber Demetrius des Tyrannen Sohn ist
er nicht gewesen; denn dieser ist vor 17 Jahren zu Uglič ermordet und längst
verfault; ich habe ihn auf seinem Spielplatze todt liegen gesehen.

zufälligen Selbstmorde beim Spiele, kann gegen die Synthese der zwei letzten Gattungen der Tradition nicht Stich halten, weil die Untersuchungsacten in Bezug auf die Thatsache des Spieles mit ihnen übereinstimmen, sonst aber parteiisch gefärbt und reich an Widersprüchen sind. Die Quellen weichen von einander nur in Bezug auf die Thatsächlichkeit des Spieles ab, ob es stattgefunden, oder ob es eine reine Fiction gewesen[1]). Diese Widersprüche der Ueberlieferung machen jede dramatische Schilderung der Begebenheit geradezu gewagt, sie lassen aber den Kern der Sache, nämlich einen Mord unter dem Deckmantel eines Spieles, über jeden Zweifel erhaben sein.

Es gibt auch in der historischen Litteratur verschiedene Ansichten darüber, ob wir mit einem Morde oder einem Selbstmorde des Carevič zu thun haben. Für unsere specielle Frage ist es eigentlich ziemlich gleichgültig. Noch weniger sind wir darüber zu forschen verpflichtet, ob und in wie weit Boris an diesem Verbrechen schuld war. Als er später den Thron bestiegen hatte, da hat der Glauben an seine Schuld aus Rücksichten des cui prodest Wurzel gefasst. Seit dem J. 1605, wo die ihm feindlichen Mächte Oberhand gewonnen haben, wird Boris in allen Annalen und officiellen Acten als Mörder des Demetrius verschrien. Indessen muss man bei der Anwendung des Princips cui prodest eine gewisse historische Perspective beobachten. Im J. 1591 haben an dem Tode des Carevič ausschliesslich die Nagie verloren, welche nach dem Abgange des Caren Theodor im Namen des unmündigen Demetrius hätten die

---

[1]) In dieser Hinsicht können wir vier Grade der Thatsächlichkeit unterscheiden: a) Das Spiel hat in Wirklichkeit gar nicht stattgefunden (Nikon's Annalen, Byčkov's Fragment). Dann muss die Thatsache hinterher ersonnen worden sein, um den Mord zu verdecken, ähnlich wie Nagoj auf die Leichen der Bitjagovskie Waffen legen liess. b) Das Spiel hat stattgefunden, der Carevič wurde aber doch von Daniil Bitj, Osip Volochov und Nikita Kačalov ermordet; vielleicht nahm einer von den Mördern Theil an dem Spiele, jedenfalls war das Spiel des Mordes halber angestellt (Massa, Katyrev-Rostovskij, Die Sage aus dem J. 1606). c) Das Spiel hat stattgefunden, der Carevič wurde dabei von einem der Spielkameraden erstochen (Smith, Horsey). d) Das Spiel hat stattgefunden, der Carevič hat sich aber dabei selbst erstochen (Processacten). In den beiden letzten Fällen würde es auffallen, dass die Untersuchung so widerrechtlich durchgeführt, wenn die Thatsachen so harmlos gewesen, und dass weder die Nagie während der drei ersten Tage, noch die Moskauer Regierung nach der Untersuchung es für nöthig befunden, gegen die Spielkameraden, die Wärterin und die Amme wegen ihrer strafbaren Unbesonnenheit hart zu verfahren.

ganze Regierung an sich reissen können. Wer konnte aber an dem Tode
des Carevič gewinnen? Vor allem die ganze nächste Umgebung des
Demetrius: Djak Bitjagovskij, als Vertreter der Centralregierung, die
Gehülfen des Djaks, vielleicht sogar die Edelknaben, als Spielkameraden
des kränklichen Carevič, hatten genug Grund, von dem zukünftigen
Alleinherrscher dieselben Ausbrüche der Rachsucht und des Eigenwillens
zu erwarten, durch welche seinerzeit Johann der Schreckliche seine Mün-
digkeit kund gethan hat. Sowohl die Ausländer Fletcher und Bussow,
als auch Avraamij Palicyn legen dafür Zeugnisse ab, dass die Erzieher
des Carevič seinen schlimmen Instincten garnicht entgegensteuerten und
ihn von Kindheit an gegen die Moskauer Bojaren aufzuhetzen suchten.
Car Theodor oder wenigstens seine Staatsmänner, wie Boris Godunov,
hatten Grund genug, in der Zukunft einen Staatsstreich seitens des
D. von Uglič oder seiner Anverwandten zu erwarten. Andererseits
musste für die Gesammtheit der Bojaren das Aussterben des Geschlechtes
des Caren Johanns des Schrecklichen sehr erwünscht sein. Nicht nur
die einzelnen Bojaren, sondern der Bojarenrath, als ein Organ der Regierung und Verkörperung des aristokratischen Princips, konnte an dem
Tode des Demetrius nur gewinnen. Ein einzelnes Bojarengeschlecht
würde Aussichten auf den Thron, der Bojarenrath die Gelegenheit, den
zu wählenden Alleinherrscher zu beschränken, erhalten haben. Was
speciell Boris Godunov betrifft, durfte er im J. 1591 garnicht dessen
sicher sein, dass die Alleinherrschaft gerade ihm zufallen würde. Die
Carin Irina hat bereits nach der Ermordung des D. von Uglič ein Töch-
terchen Theodosija geboren. Dann stritten ja seit dem Tode Johanns
des Schrecklichen drei Familien um den höchsten Rang — die Šujskie,
die Romanovy, die Godunovy. Mit den Šujskie war Boris eigentlich noch
vor dem J. 1591 fertig, aber es wäre für ihn zu früh gewesen, die Hand
an den Demetrius anzulegen, bevor er die Romanovy noch nicht verdrängt hatte. Man kann gegen die Untersuchungsrichter zu Uglič den
Argwohn schöpfen, als ob sie alle Bojaren insgesammt und den Boris
insbesondere vor jeglichem Verdachte des politischen Mordes zu schützen
suchten, oder im Gegentheile, dass sie schon jetzt eine heimliche Verabredung mit der Carin-Witwe gegen Boris zu Stande gebracht haben [1]);

---

[1]) Der Gedanke, dass V. Šujskij sowohl an der Ermordung des ëchten
Carevič, als auch an der Vorbereitung des Falschen D. die Hauptschuld trägt,
ist in dem Aufsatze entwickelt: »Wer hat den Carevič D. ermordet?« (Исто-

jedenfalls bleibt neben allen Vermuthungen die sichere, von allen Zeugen bestätigte Thatsache, dass derjenige Demetrius, welcher zu Uglič unter den Augen der ganzen Stadt auferzogen wurde, am 15. Maj 1591 gestorben ist. Statt des echten Carevič einen anderen Knaben zu Uglič unterzuschieben, scheint uns unter den Verhältnissen, in welchen die Carin-Witwe mit ihrem Sohne dort lebte, kaum möglich gewesen zu sein: zwischen den Nagie und den Bitjagovskie herrschten gegenseitiges Misstrauen und Feindschaft; der Carevič pflegte im Kreise von Edelknaben zu spielen, mit seiner Mutter die Kirche zu besuchen. Der Umtausch des Kindes konnte nur vor der Ankunft nach Uglič bewerkstelligt werden. Nun musste aber der Streich zu Gunsten der »Opričnina«, welchen Bogdan Belskij in Moskau bei der Thronbesteigung des Caren Theodor ins Werk setzte, schon damals die ganze Aufmerksamkeit der Regierung auf den Carevič gelenkt haben. Ohne Zweifel war er schon seit dem Todestage Johanns des Schrecklichen von den Agenten des Boris umringt und überwacht. Als die Carin-Witwe Maria und ihr Bruder Michail das Volk zu Uglič gegen die Bitjagovskie und Volochovy aufhetzten, da haben sie ganz klar angedeutet, wo sie diese Agenten des Boris zu finden glaubten. Nach dem Berichte des Avraamij Palicyn waren mit dem Mordanschlage gegen Demetrius auch andere Bojaren ausser dem Boris Godunov einverstanden. Wir haben kaum Recht, diese Beschuldigung weiter zu differenzieren. In der Beseitigung des epileptischen Söhnchens Johanns des Schrecklichen, welches im Hasse gegen die Moskauer Regierung auferzogen werden sollte, finden wir jedenfalls nichts, was mit der vielgelobten staatsmännischen Klugheit des Boris im Widerspruche stünde. Derselbe Adel, welcher in neueren Zeiten neben den Orlovy und den beiden Nikity Paniny auch einen Theodor Barjatinskij und Fürst Jašwil hervorgebracht hat, konnte am Ende des XVI. Jahrhunderts erst recht neben dem Boris Godunov und Vasilij Šujskij auch einen Volochov oder Tučkov geliefert haben.

Mit der Untersuchung zu Uglič verhallt der Name des Carevič Demetrius; erst über zehn Jahre später erschallt er abermals in Polen.

---

pяч. Вѣсти. 1891). Diese Vermuthung lässt sich kaum aus den Quellen erweisen. Vasilij Šujskij ist bis zum letzten Augenblicke der Familie Godunov treu geblieben und wurde unter der Regierung des FD. I. zu einem systematischen Verschwörer. Auch ist es undenkbar, dass Boris ihn nicht hätte durchschauen können. Möglich ist indessen, dass sowohl V. Šujskij, als auch andere Bojaren von dem Falschen D. bereits seit dem J. 1598 Kunde hatten.

Die Jesuiten und die polnischen Gesandten haben diese Auferstehung
des Demetrius ziemlich genau geschildert.

II.

Im Jahre 1603 erschien in Polen ein junger Grossrusse in der
Tracht eines Basilianers. Er kam als Wallfahrer, um die heiligen Stätten
des Landes Kiev zu besuchen. Hier fasste er den Entschluss, nie mehr
zurückzukehren, und fing an, um die Gunst der Edelleute und Magnaten
zu werben. Da ihm von Natur eine gewisse Zartheit im Verkehr ange-
boren war, so gelang es ihm, viele Freunde zu erwerben, sogar die
Aufmerksamkeit einiger dem höheren Adel angehörigen Persönlichkeiten auf sich zu lenken. Nun begann er etwas freier aufzutreten,
etwas vertraulicher zu werden und sich endlich allmählich für einen
Sprössling aus dem Stamme der Grossfürsten von Moskau, nämlich für
den Demetrius, den Sohn des Caren Johann des Schrecklichen auszugeben. Durch manche und zwar glaubwürdige Argumente verstand er
Einige zu überzeugen; das Gerücht von ihm verbreitete sich bald
unter dem Volke. Jetzt fand er auch einen Beschützer, welcher ihn
unter seine Obhut nahm und seine Sache bei Anderen befürwortete, das
war Fürst Adam Wiszniewiecki. Einige Monate verbrachte D. bei ihm
im Hause. Hier schmiegen sich die Haeretiker, besonders die Arianer
an ihn, in der Hoffnung, ihn für ihre Sekte zu gewinnen und dann durch
ihn ihre Lehren in ganz Russland zu verbreiten; es gelingt ihnen auch
wirklich gewisse Zweifel bei dem erfahrenen Jünglinge zu erwecken [1].

---

[1] Unter den Haeretikern, welche im polnischen Russland auf Demetrius
einen Einfluss ausgeübt und auch später um seine Gunst geworben haben
sollen, wird man die Socinianer verstehen müssen (s. Левицкій, Социніанство
въ Польшѣ и Юго-Западной Руси. Кіевская Старина 1882, April—Mai). Die
im Reiche Moskau verfolgten Haeretiker, welche auf den Monotheismus im
Sinne des Alten Testamentes zurückgekommen waren (die sog. jüdisch ge-
sinnten, жидовствующіе), näherten sich in Polen den Anhängern des Faustus
Socinus. Ein gewisser Hang zum Antitrinitarianismus verbreitete sich im
Lande Volynj unter dem griechisch-orthodoxen Adel in der Art einer besonderen Freidenkerei. Der Fürst Konstantin Ostrogskij, der Verfechter der
Orthodoxie in Volynien und Kiovien, duldete solche russische Antitrinitarier
an seinem Hofe und liess sie gegen die Jesuiten polemisch auftreten. Der
russische Flüchtling aus den Zeiten Johanns des Schrecklichen, Fürst Kurbskij, war darüber empört, dass Ostrogskij die Orthodoxie dadurch zu verthei-

Von Adam W. kommt er zu Konstantin W. und endlich zum Mniszech
nach Sambor. Hier lernt er den Pfarrer Francisk Pomaski kennen und
wird mit ihm befreundet. Dieser Pomaski lenkt zuerst die Aufmerksamkeit der Jesuiten auf den D. und schlägt ihnen vor, ihre Annäherung
an den Prätendenten zu vermitteln. Die Jesuiten haben natürlich diese
Gelegenheit nicht aus den Händen gelassen. Kaspar Sawicki war der
erste Jesuit, welcher den D. im Namen seiner Gesellschaft begrüsst und
ihm die Vorzüge der katholischen Religion auseinandergesetzt hat. In
zwei Gesprächen hat Sawicki die Sache der S. J. so weit gefördert, dass
D. von selbst einen dritten Glaubensstreit bei ihm ausgewirkt hat, welcher Allen, besonders aber den Russen, geheim gehalten werden sollte.
Diese neue Auseinandersetzung fand am 7. April s. n. unter Betheiligung
der Jesuiten Sawicki und Grodzicki statt. Das nächste Colloquium kam
am 15. April bei den Franciskanern zu Stande. Endlich äusserte D.
den Wunsch — dem Sawicki zu beichten und in die römisch-katholische
Kirche aufgenommen zu werden. Gr. und Saw. pflogen darüber mit
Skarga Rath. Der Vojevode von Krakau Zebrzydowski, als Mitglied der
Brüderschaft der Barmherzigkeit, sollte dem Brauche nach in den letzten
zwei Tagen der Charwoche in der Stadt herum Almosen sammeln; am
17. April ladet er auch den D. dazu ein und unter diesem Vorwande
schleichen sie, ohne erkannt zu werden, durch die Stadt Krakau bis zum
Ordenshause der H. Barbara. Hier bleibt D. mit dem Sawicki unter vier
Augen. Das Gerücht, als ob D. kein wahrer Sohn des Caren Johanns des

---

digen suchte, dass er einen Haeretiker, wie der bei ihm im Dienste und in
Gunst stehende Motovilo ein Buch gegen den Jesuiten Peter Skarga hat
schreiben lassen (Сказанія кн. Курбскаго, изд. 3. Устрялова, 1868). Im J. 1599
war gegen einen gewissen Stanislav Kandyba, der auch im Dienste beim
Fürsten Ostrogskij gestanden hatte, die Anklage vor dem Gerichte erhoben,
dass er sich mit Gewalt eines kirchlichen Gutes, des Dorfes Vodyrady in
Volynien bemächtigt, die dortige Kirche als ein Arianer, d. w. s. ein Socinianer, von Heil. Bildern, Glocken, dem Heil. Geräthe entblösst und in ein Gebet-
haus der Antitrinitarier verwandelt hätte. Kein Wunder, dass eine apologe-
tische Schrift der Socinianer, welche die bedeutendsten Mitglieder der Sekte
aufzählte, auch den Fürsten Konst. Ostrogskij, wie auch den Roman Hojskij
in Hošča zu den heimlichen Anhängern der Antitrinitarier mitrechnete (s. bei
Levickij, l. c. Quin et Constantinus dux in Ostrog, palatinus Kyoviensis et
Romanus Hoyski, dominus in Hoszcza, castellanus Kyoviensis, capitaneus
Volodimiriensis, quamvis religionem unitariam [quam in corde amplecteban-
tur] aperte non sint professi, unitariorum tamen fautores et patroni fuerunt).
Bei diesem Hojskij hat Demetrius eine Zeit lang in Hoszcza geweilt.

Schrecklichen wäre, war dem Beichtvater nicht unbekannt. Sawicki mahnt also den D., darauf gefasst zu sein, dass er gleich ein Geständniss nach bestem Wissen und Gewissen zu machen haben werde. D. verfällt für eine kurze Weile in Gedanken; darauf fasst er sich und versichert, dass er sich treuherzig vor Gott und den Menschen fühle und nur auf die Gerechtigkeit baue. Jetzt erst lässt ihn Sawicki zur Beichte, worauf D. sich vom Schisma lossagt und sich an die katholische Kirche anschliesst. Auf den Wunsch des D. befiehlt der Provincial der S. J. zwei Mitgliedern des Collegiums zu Jaroslavlj' — dem Nikolaus Czyrzowski und dem Andreas Lawicki —, den Prätendenten auf seinem Zuge nach Moskau zu begleiten. Dieses Unternehmen des D. wäre auch vom König und dem Senate gebilligt. So lautet die Darstellung des J. Wielewicki, welche er auf Grund eines Tagebuches und einer Denkschrift des Kaspar Sawicki selbst ausgearbeitet hat[1].

Die Relationen des päpstlichen Nuntius Rangoni scheinen diese Berichte zu bestätigen. Den 1. November 1603 erwähnt Rangoni zum ersten Male den D. Der König selbst hat ihm die Nachricht mitgetheilt, dass der Sohn Johanns des Schrecklichen aus Moskau zum Wiszniewiecki geflohen wäre und dass viele hervorragende Moskowiten ihn anerkannt hätten. Der Vicekanzler hat dem Nuntius auch die ausführlichere Geschichte von der Errettung des D. durch einen Arzt (un medico) u. s. w.[2] erzählt. Im Januar des J. 1604 erzählt abermals der König selbst dem Rangoni, dass ein Livländer, welcher dem Knaben D. einmal gedient haben wollte, und der in Polen erschienene Carevič einander erkannt hätten. Anfang März 1604 erschien endlich D. in Krakau; hier sah ihn Rangoni zum ersten Male gegen den 13. März st. n. während eines Gastmahls beim Vojevoden von Sandomir, wo Carevič incognito an einer anderen Tafel in Gesellschaft sass. Der päpstliche Nuntius glaubte an ihm die Spuren einer adeligen Herkunft, eine gewisse Kühnheit im Gespräche und geradezu etwas Majestätisches in seinem Auftreten zu merken[3]. Rangoni horchte mit Neugier auf die verschiedenen Mei-

---

[1] Scriptores Rerum Polonicarum, t. VII (Ks. Jana Wielewickiego S. J. Dziennik spraw domu zakonnego O. O. Jezuitów u Ś. Barbary w Krakowie). Vgl. auch P. Pierling, Rome et Démétrius.

[2] Vgl. die Nova Relatio.

[3] Vgl. bei Pierling, Pièces Justificatives: »Con mano longa et bianca et fatta di modo, che da indizio di nobilità, è ardito nel parlare e nell' andare et trattare ha veram^te del grande.«

nungen über den D. Der Grossmarschall unterwarf den D. einer Prüfung und blieb unbefriedigt. Auch der Vicekanzler und der Kastellan
von Krakau schenkten dem Prätendenten keinen rechten Glauben. Andererseits fand Vojna, der Generalnotar von Litauen, den D. dem verstorbenen Grossfürsten von Moskau ähnlich. Auch der Grosskanzler
von Litauen schien ihn für den wahren Carević zu halten; der Bischof
und der Vojvode von Krakau waren dessen vollkommen überzeugt.
Montag den 15. März st. n. wurde D. vom Könige in einer privaten
Audienz empfangen. Erst jetzt schwinden die letzten Zweifel beim
Nuntius. Den 19. März empfängt er einen Besuch des D. selbst, welcher in Begleitung des Vojevoden Mniszech erscheint. Der Carević hob
in einer feinen Rede die Gerechtigkeit seiner Sache hervor, nämlich
dass er von einem Diener seines Vaters um sein Reich betrogen worden
sei; der Nuntius sollte ihn dem Papste empfehlen und sein Unternehmen
beim Könige Sigismund befürworten, denn es könnte vielleicht zu einer
Vereinigung aller Christen gegen die Türken führen. In seiner Relation
vom 20. März berichtet Rangoni von diesem Besuche des D. und fügt
hinzu, dass seine Ansprüche immer mehr Zutrauen finden und dass sogar der Vicekanzler nach einer neuen genaueren Prüfung des Livländers
endlich sehr befriedigt geblieben wäre. Bald darauf — nach Wielie-
wicki am letzten Tage des Monats März — besucht der erste Jesuit
Sawicki den Prätendenten. Wir können also mit Hilfe der katholischen
Quellen das ganze Bild des Aufenthalts des D. in Polen vervollständigen.
Er erscheint zuerst beim Hofe des griechisch-orthodoxen Fürsten Ostrog-
skij, wird in Ostrog aus Barmherzigkeit freundlich aufgenommen, findet
aber keine Aussicht auf Hilfe zur Erlangung des Thrones seitens dieser
Partei des polnischen Adels. Nun wirft er sich den Wiszniewiecki in
die Arme, vielleicht wirklich vom Abte des Höhlenklosters anempfohlen.
Diese Familie musste damals durch ihren Unternehmungsgeist in der
Politik und durch ihre Energie in der aggressiven kolonisatorischen
Thätigkeit, besonders aber wegen des offenen Krieges mit dem Caren
Boris um die Burg Priluki ganz geeignet dazu erscheinen, die Sache des
D. zu befördern. Die Wiszniewiecki ziehen einige andere adelige Fa-
milien (Mniszech) und sogar den König selbst in ihr Hazardspiel hinein.
Der König geht darauf wohl nur unter der Bedingung ein, dass das
ganze Unternehmen stark katholisch gefärbt werde. Der ersten Audienz
beim Könige muss auch der Besuch beim päpstlichen Nuntius, der Ver-
brüderung mit dem polnischen Adel auch eine Annäherung an die Je-

suiten folgen. Was D. bei der zaghaften orthodoxen Partei des Ostrogskij nicht hatte durchsetzen können, was der legale Zamojskij zu hintertreiben versucht hatte, das erlangte der Prätendent von einer Combination
der thatenlustigen W., des gewissenlosen Mniszech, des jesuitisch ge-
sinnten Sigismund III.

Ein Prätendent, der seiner Krone noch unsicher war, durfte weder
in seinen Mitteln allzu wählerisch sein, noch allzufrüh die Frage aufwerfen, wie er sich in Moskau von den Mächten befreien würde, die ihm
zum Throne verhalfen. Es war für ihn nur die Frage, ob er sich von
den Franciskanern (Bernhardinern), oder von den Jesuiten bekehren
lassen sollte. In seinem Briefe an den Papst vom 5. November 1605
behauptet nämlich Mniszech, dass gerade die Bernhardiner den Uebertritt des D. zum katholischen Glauben vermittelt haben [1]. Rangoni und
Wielewicki berichten ebenfalls, dass D. beim Gottesdienste der Franciskaner (Bernhardiner) erschienen sei und gerade bei den Franciskanern
eine Unterredung mit dem Sawicki gehabt habe. Den letzten Schritt
seiner Apostasie hat er aber doch bei den Jesuiten in dem Hause der
H. Barbara gethan. Am ersten Ostertage, den 18. April 1604 st. n.,
hat nun D. seinen ersten Brief an den Papst Clemens VIII. in polnischer
Sprache entworfen, den 24. April hat er beim Nuntius Rangoni heimlich
das Abendmahl nach dem katholischen Ritus genossen und seinen Brief
an den Papst dem Sawicki eingehändigt, welcher ihn ins Lateinische
übersetzen musste. Hier hat er dem Rangoni auch das Versprechen gegeben, seine zukünftigen Unterthanen zum Anschlusse an die Union zu
bewegen, wenn es ihm gelingen sollte, den Thron zu erlangen [2]. Noch

---

[1] Pierling, l. c. Pièces Justificatives: Non debeo relinquere tacitam
eam consolationem omnium Catholicorum quam Dux Moschus Demetrius nobis omnibus attulit sui animi erga religionem Catholicam ac unionem decla-
ratione. Quae magna ex parte tribuenda est tum exemplis Patrum Berardi-
norum tum salutaribus colloquiis cum eodem saepius habitis. Hominem enim
schismaticum in schismate ac inter sectae primarios (czerncos vocant) ad usque aetatem virilem enutritum sufficienterque in errore confirmatum, cum
peroptarem quantum in me erat, imbui doctrina veritatis . . proposui vitam
et exempla Patrum horum etc. Daraus sieht man, dass die Vorstellung des
Papstes, als ob Demetrius von Kindheit an im katholischen Glauben unterrichtet wurde, auf einem Missverständniss beruht. Vgl. Turgeniev II, 42—43
»qui admirabili Dei consilio profugus a patria apud vos Catholica Religione
a pueritia sua eruditus est«.

[2] Ha promesso di far partire dal scisma e unire li suoi popoli del rito

Tags vorher, am 23. April, hat er Abschied vom Könige genommen und ausser den Geschenken eine Anweisung auf vier Tausend Florin erhalten, welche der Vojevode von Sandomir aus den königlichen Einkünften auszahlen sollte. Man hatte keine Lust, auf den Reichstag zu warten. Das ganze Unternehmen sollte vorläufig einen privaten Charakter tragen, da Polen mit Boris einen Friedensvertrag geschlossen hatte; man wollte auch augenscheinlich den Grosskanzler überspringen, welchem allein der Oberbefehl gebühren würde, falls der Zug nach Moskau auf einem Reichstage beschlossen wäre. D. sollte also mit Mniszech, Wiszniewiecki und anderen an die Grenze ziehen, um dort nach Umständen den letzten Entschluss zu fassen; der König war bereit, es zu gestatten[1]). In dem Briefe an den Papst bekennt sich D. zum katholischen Glauben, gesteht aber, dass er vorläufig seinen Uebertritt noch verheimlichen muss[2]). Nur kryptokatholisch ist D. bis auf den

----

greco, se mai potrà come non despera, recuperare la sede sua paterna. Vgl. Pierling, Pièces Justificatives.

[1]) Die Relation des Rangoni vom 24. April 1604 bei Pierling: con toleranza del Re.

[2]) Absque ulla mora ad eandem unionem et fidem catholicam Romanam, singulari gratia divina robur animi mihi suppeditante, accessi et sacramentis Ecclesiae confortatus, factus sum Ovicula S^{tis} Vrae .. Rationibus autem meis ita postulantibus, occultare me adhuc debeo et expectare quid de me Deus Universorum constituerit .. Vgl. Pierling, Pièces Just., Démétrius à Clément VIII., 24. Apr. 1604.

Nachdem der erste Theil unserer Untersuchung bereits gedruckt war (Archiv für slavische Philologie B. XX), haben wir von Hochw. P. Pierling die phototypische Reproduktion dieses Briefes in polnischer Sprache erhalten, wie er vom PD eigenhändig entworfen und vom Herausgeber aufgefunden worden ist. Dieser wichtige Fund des Hochw. P. Pierling wirft etwas Licht auf die Muttersprache des PD. Dem Inhalte nach ist der polnische Entwurf nur insoweit von Bedeutung, als P. Sawicki bei der Uebersetzung ins Lateinische gewisse Aenderungen darin vorgenommen. Dem Satze der lateinischen Uebersetzung »mortem evasi, a qua me providentia sua liberavit Deus praepotens atque in has oras S° Poloniae Regis subjectas impulit, ignotumque et latentem conservavit« entsprechen in dem polnischen Concepte folgende Worte: »przemieszkalem napred w samem Panstwie moskwieskiem miedzy czierncamy do czasu Piewniego, potym w granicach Polskych nepoznany y zataiony. Przisz edl czas yżem sia osnaymyc musel y priswany do naiasnieyszego krolia Polskiego etc.« Dieses Geständniss des PD, dass er in Russland unter den Mönchen gelebt, entspricht den Berichten des Königs Sigismund III. in seinem Briefe an Zenovicz und der polnischen Gesandten in

Tod geblieben. Den 25. April begab sich D. nach Sambor, wo er noch
einige Monate verweilte, um seine militärischen Vorbereitungen zu be-
enden. Der Kastellan von Krakau, Fürst Janusz Ostrogskij, hatte eine
Zeit lang den Vorsatz gehabt, den Zug des D. an die russische Grenze
auf jegliche Weise zu verhindern und zu hintertreiben. Es scheint,
dass auch sein Vater Konstantin Ostrogskij und der Grosskanzler Zamojski gegen das private Unternehmen des Mniszech gestimmt waren [1]).

Moskau aus dem J. 1608. Die polnische Sprache und Orthographie des Briefes
sind in dem Masse unkorrekt, dass die Kenner der slavischen Sprachen die
russische Nationalität des Verfassers daran sicher zu erkennen glauben. Wir
wurden von Fachmännern auf folgende Fehler aufmerksam gemacht: diwną
statt dziwną; Aprel statt kwiecień; ktorzy statt który; prigod, napred.
Also bald r statt rz, bald z nach r hinterher als eine Korrektur hinzugefügt.
Viele Fehler in Bezug auf ą und ę, z.B. wziołem, przygarnel, bendzie, swient.
Einen Russen verräth auch priswany statt powołany; krzescianstiey mit
einem t, sia statt się u. s. w. Da der Verfasser des Briefes ohne Zweifel unter
der Einwirkung der kirchenslavischen Schriftsprache gestanden hat, so kann
der Umstand, dass darin keine weiss- und kleinrussischen Formen vorkommen, noch keineswegs die Frage über die Herkunft des Verfassers definitiv
entscheiden. Das Wahrscheinlichere bleibt aber, dass der Brief von einem
Grossrussen geschrieben ist. Was die Frage anbetrifft, weshalb PD das Concept polnisch entworfen und wozu die katholische Kirche es aufgehoben hat,
so haben wir von diesem Briefe folgenden Eindruck erhalten: bevor der
Nuntius und die Jesuiten sich entschlossen, ihren Einfluss in den Dienst des
PD zu stellen, wollten sie einen schriftlichen Beweis haben, dass er wirklich
der katholischen Kirche für immer angehöre. Mit diesem Concepte in der
Hand waren sie nach Umständen immer im Stande, den Caren D. vor seinen
eigenen Unterthanen blosszustellen.

[1]) Vgl. bei Pierling, Dépêches du Nonce Claude Rangoni 12. juin 1604
und 3. juillet 1604: che li Palatini di Chiovia et Volinia et Castellano di Crac-
cerchino impedirlo.

Ein Briefwechsel zwischen dem Vojevoden Mniszech und dem Kanzler
Zamojski ist in den Listy St. Żólkiewskiego 1584—1620 zu Krakau im J. 1868
gedruckt. In einem Briefe vom 10. Mai 1604 erklärt es Mniszech für möglich,
auch ohne den Reichstag abzuwarten, dem D. über die Grenze zu verhelfen.
Da aber der König auf den Rath der Herren Senatoren die Sache der Entscheidung des Reichstages zu überlassen geruht, so will D. keineswegs
gegen den Willen S. M. handeln, fürchtet indessen sich durch seine Geduld
Schwierigkeiten zu schaffen. In dem undatirten Concepte eines Briefes vom
GK. Zamojski an den V. Mniszech wird hervorgehoben, dass nach der Meinung Aller Mniszech seine Vorbereitungen ohne den Willen des Königs treffe,
und dass auch er, als Kanzler, keine Verordnungen in diesem Sinne vom
König erhalten hätte. In seinem Briefe vom 28. August 1604 benachrichtigt

D. musste sich (12. Juni st. n.) an den Nuntius mit der Bitte wenden, diese Schwierigkeiten ihm aus dem Wege zu räumen und sein Unternehmen beim Kastellan von Krakau, beim Vicekanzler, beim Könige und Papste aufs neue zu befürworten; der Carevič versicherte dabei, dass er der Sympathie der Bevölkerung in Russland sicher sei und vorläufig nur bis an die Grenze ziehen wolle, um dort die Aussichten auf Erfolg nach Umständen beurtheilen zu können. Endlich hat Mniszech beim Kastellan von Krakau das Versprechen erwirkt; dem D. keine Hindernisse weiter in den Weg zu legen. Indessen haben die Scharen des Janusz Ostrogskij den Zug des D. bis an den Dnjepr verfolgt und den Uebergang über diesen Fluss dadurch zu verhindern versucht, dass sie alle die Fähren wegschaffen liessen [1]). Wir sehen hier den Conflict der verfassungstreuen, legalen Partei des Zamojski und der Ostrogski mit den rücksichtslosen Abenteurern, wie Mniszech und Wiszn., hinter welchen sich der König und die römisch-katholische Kirche, den Erfolg abwartend, versteckt haben: im Juli hatte D. bereits eine Antwort des Papstes auf seinen ersten Brief in der Hand [2]).

Durch die Jesuiten Czyrzowski und Lawicki, welche mit dem D. nach Moskau gezogen waren, konnte die katholische Kirche jeden

---

indessen Mniszech den Zamojski, dass trotz aller Bedenken der Carevič sich am Ende doch entschlossen habe, an die Moskauer Grenze zu ziehen und sei bereits auf dem Marsche dahin. Der Brief des Mniszech an den Zamojski, wie ihn der Danziger Recess aus dem J. 1605 erwähnt, worin sich der Vojevode auf die Erlaubniss des Königs Sigismund III. berufen haben soll, die Sache des Demetrius zu fördern, kommt also in den Listy Zólk. nicht vor. Die Thatsache selbst wird aber auch sonst sowohl durch die Narratio Succ. als auch die Aussage der polnischen Gesandten im J. 1606 (bei Nowakowski) bestätigt.

In der Instruktion, welche der König Sigismund III. vom 16. April 1612 seinem Sekretär Samuil Gruseckij bei seiner Absendung an den spanischen König Philipp III. gegeben, erklärt er den Caren für einen falschen Demetrius (и тотъ, который подъ ложнымъ именемъ Димитрія съ помощію Польскихъ войскъ вторгнулся въ Государство, былъ убитъ черезъ нѣсколько мѣсяцевъ самими Москвитянами. Die russische Uebersetzung der Instruktion s. Čtenija 1847, Nr. 4).

[1]) Историч. Библ., т. I. Wyprawa czara Moskiewskiego Dymitra do Moskwy: »Idąc ku Kiiowu, obawialismi się woyska x. Ostrowkiego, kastelana Krakowskiego, ktore się wieszało nad nami asz do samego Dniepru . . Przyszlismy potym nad Dniepr, gdzie pan Krakowski wszytkie prumy kazał pozaciągac precz« etc.

[2]) Der zweite Brief des D. an den Papst ist vom 30. Juli 1604 datirt.

Schritt des Prätendenten beobachten. Ihre Briefe schildern uns den
Demetrius als eine reichbegabte, lebenslustige, vom Wissensdrange nicht
minder als von Thatenlust angeregte Natur. Man merkt an ihm keine
Spur von der scholastisch-systematischen Gelehrsamkeit, von der seelen-
losen Disciplin des äusseren Betragens und der engen Richtung des
Geistes, welche in ihm einen Schüler der Jesuiten verrathen könnten.
Den 20. April st. n. in Putivl fordert er die beiden Jesuiten auf, ihn in
die Gelehrsamkeit der Jesuitenschulen einzuführen. Vergebens setzen
ihm Czyrzowski und Lawicki die Schwierigkeit entgegen, die freien
Wissenschaften einem Schüler vorzutragen, welcher weder der griechischen, noch der lateinischen Sprache mächtig wäre. Er bestand fest auf
seinem Wunsche, in der Rhetorik und Philosophie unterrichtet zu werden, indem er die Theologie den Geistlichen überliess. Drei Tage mussten also L. und C. die Anfänge der Rhetorik und der Dialektik dem zukünftigen Caren in Anwesenheit von russischen und polnischen Grossen
auseinandersetzen. Kryptokatholisch, officiell orthodox und im höchsten
Grade tolerant gegen die Protestanten ist D. auch auf dem Throne geblieben; vom Glücke und Erfolgen verwöhnt, ist er dabei noch durch
und durch frivol in seinen Sitten und im Grunde genommen wohl gleichgültig gegen alle diese Glaubensunterschiede geworden. Unter dem
Drucke der Vergangenheit und der Gegenwart lernte er ein Gleich-
gewicht zu beobachten unter allen den Kräften, welche entweder ihm
zur Krone verholfen hatten, oder ihn vom Throne wegspülen konnten.
Der Jesuit Czyrzowski hält an seinem Krönungstage im Namen des polnischen Heeres eine polnische Ansprache an den Caren, welcher selbst
den Sinn jedes einzelnen Satzes den russischen Grossen wiedergibt. Der
deutsche Pastor Beer hält in dem Palaste des FD die erste lutherische
Predigt und der vertraute Sekretär des Caren, Stanislav Buczynski erweist sich auch als ein Protestant. Andererseits sucht Demetrius I. für
seine zukünftige Frau beim Nuntius Rangoni das Recht auszuwirken,
orthodoxe Gebräuche äusserlich beobachten zu dürfen [1]. Im Februar des
J. 1606 hat Czyrzowski den Caren um eine Audienz gebeten infolge der
Gerüchte aus Polen, als ob D. der Sache der Anabaptisten seine Gunst
zugewendet hätte, und während Graf Alexander Rangoni bei der Audienz

---

[1] Pierling, ibidem 167. Instruction de Démétrius à Jean Buczynski:
»Agere de licentia ut Seren^ma Virgo Marina in actu sponsalitiorum a Sanct^mo
Patre Patriarcha Sacramentum Eucharistiae percipere possit .. ut fana graeca
frequentare liceat ... ita tamen ut sibi liberum sit sacra sua quotidie obire.«

am 19. Februar 1606 st. n. demselben D. die Hand küsste, welcher am
24. April 1604 bereit war, seinem Oheim, dem Nuntius Klaudius R.,
als dem Vertreter des Papstes, die Füsse zu küssen, hatte er schon
Grund zu befürchten, dass der Protestant Buczynski offen aus England
die Ingenieure und Handwerker zu holen bereit gewesen, welche der
Car durch den Nuntius vom Papste heimlich zu erhalten suchte [1]). Durch
seinen Hang zur polnischen Bildung hat sich D. die herrschenden Klassen Moskaus entfremdet; durch seine Heirath mit der katholischen
Marina hat er am 18. Mai st. n. die Treue seiner russischen Unterthanen
auf die Probe gestellt. Die grossartigen Pläne, die europäischen Staaten
zu einem Kreuzzuge gegen die Türken zu vereinigen, forderten seinerseits einen festeren Anschluss an Polen. Indessen hat sein eitles Trachten nach dem Kaisertitel zu einem Conflicte zwischen ihm und Sigismund III. geführt. Gereizt durch die ablehnende Antwort des Königs
hat er die Umtriebe des polnischen Adels gegen Sigismund III. geschürt
und unter den Gedanken an einen Krieg gegen Polen ist er von der
Partei des V. Šujskij gestürzt und ermordet. Das sind die Widersprüche,
in welche sich der geistreiche Abenteurer durch den Nothbehelf ver-
wickelte, die russisch-orthodoxe Krone mit Unterstützung von Polen
und Jesuiten zu erwerben; die phantastischen Pläne, sich den Kaisertitel anzueignen, vielleicht Russland und Polen unter seinem Scepter zu
vereinigen und an der Spitze von ganz Europa gegen die Türken zu
ziehen, haben seine politische Lage zu einer geradezu verzweifelten gemacht. Hochw. Pierling hat in unseren Tagen über die Regierung des
D. das absprechende Urtheil wiederholt, welches bereits Wielewicki
gefällt hat [2]).

Von dem Urtheile der berüchtigten Menschenkenner wollen wir
uns jetzt zu den Zeugnissen über die Persönlichkeit des FD wenden,
welche nach seinem Tode von einer anderen ihm befreundeten politischen

---

[1]) Ibid. 169: »Che quel Principe quando di qui non havrà almeno spe-
ranza di conseguire l'intento si volgerà altrove, et forse a procurarsi Ingeg-
neri et artefici almeno d'Inghilterra tanto più che quotidianam^{te} stimulato
dall' Heretico Bucinski . . a mandar Amb^{re} al Re Inglese per concluder una
confederatione et commertio con esso, stimulato da certi Inglesi habitanti in
Moscua favoriti dal sod^o Bucinski.«

[2]) »Erat enim Demetrius longe mutatus ab illo, qui erat in Polonia ma-
nens. De fide et religione catholica parum cogitabat . . Erat vitiis carnalibus
deditus ... haereticis omnem aditum ad se patefaciebat.« Script. Rer. Pol.,
t. VII.

Macht, nämlich vom polnischen Adel gegeben wurden. Der Vojevode
Mniszech hat im Monat Mai des J. 1606 folgende Auskunft über die
ersten Schritte des ermordeten FD gegeben: D. hat anfangs, bevor er
sich kund that, in Mönchstracht im Kloster zu Kiev, dann beim Hofe
des Fürsten Konstantin Ostrogskij, endlich beim Fürsten Adam Wiszniewiecki geweilt; hier hat er sich zum ersten Male für den wahren Nachkommen (własnem potomkięm) des Caren Johann des Schrecklichen ausgegeben und von seiner Errettung zu Uglič durch seinen Arzt (za po-
mocą doktora iego) erzählt; dieser Doktor hätte den Carevič einem
Bojarensohne anvertraut, welcher ihm den Rath gegeben habe, sich
unter die Mönche zu verbergen. Fürst Adam W. hat den Prätendenten
seinem Bruder (?), dem Fürsten Konstantin W., überlassen. Hierher
zum Fürsten K. W. nach Załosce ist Piotrowski, ein Diener des Gross-
kanzlers von Litauen, gekommen und an gewissen Merkmalen am Körper
des Prätendenten ihn für den wahren Carevič D. anerkannt, welchem
er zu Uglič gedient haben wollte. Der Fürst K. W. fuhr darauf mit dem
D. über Sambor zum Könige. Hier, in Sambor, hat ihn Mniszech kennen
gelernt. Ein Diener des Vojevoden von Sandomir, welcher bei Pskov
von den Russen gefangen genommen einige Jahre in Moskau (na Moskwie) gelebt und den D. als Kind gekannt hatte, hat in Sambor seinerseits die Echtheit des erschienenen Carevič bestätigt[1]).

Zu gleicher Zeit mit Mniszech, nämlich nach der Ermordung des
FD, haben die polnischen Gesandten zu Moskau folgendes Zeugniss über
den Demetrius gegeben: Als dieser Mensch in Polen erschienen war,
hat er durch sehr wahrscheinliche Argumente und Merkmale am Körper
zu beweisen gesucht, dass er der echte Carevič sei. Indessen haben ihm
der König und dessen Leute keinen Glauben geschenkt und lange blieb
er gering geachtet. Dann kamen aber zum D. einige Dutzend Moskowiten aus den Grenzburgen und haben alle bestätigt, dass er der wahre
Carevič D. sei. Als nun D. mit diesen Leuten beim Könige erschien, hat
ihn Sigismund noch immer für den echten nicht anerkennen wollen. Da
aber Boris an zwei Stellen die litauische Grenze wider die beschworenen
Verträge verletzte, einerseits die kleine Burg des Fürsten W. Priluki
verheeren, andererseits in die Herrschaft Veliž 8 Meilen tief hinein
gegen die Burg selbst sein Heer vordringen liess, so hat Sigismund III.
sich keineswegs für verpflichtet gehalten, den D. ins Gefängniss zu

---

[1]) Собр. Гос. Гр. и Дог., ч. II, das Verhör des Vojevoden Mniszech.

werfen oder dem Caren auszuliefern. Weil aber die beschworenen Verträge es unpassend erscheinen liessen, einen Krieg für die Rechte des D. gegen Moskau anzufangen, so hat der König die Entscheidung dem göttlichen Willen überlassen. Ueberhaupt lebte D. in Polen, nicht sowohl für den Carevič, als für einen Bettler gehalten, welchen einige Herren aus reiner Barmherzigkeit mit Almosen versorgten. Andere aber waren geneigt zu glauben, dass er der echte Carevič sei. So liess sich der Vojevode von Sandomir, ein tugendhafter und aufrichtiger Mensch, vom D. und seinen Moskowiten dazu bereden, mit einer kleinen Schaar ihn bis zur russischen Grenze zu begleiten. D. und die Moskowiten versicherten, dass die russische Bevölkerung jenseits der Grenze ihn voller Freuden mit Brod und Salz empfangen, sich selbst und ihre Burgen in seine Gewalt übergeben werde; falls aber diese Erwartungen sich nicht erfüllen würden, da könnte der Vojevode von der Grenze nach Hause zurückkehren. Als sie nun ins Feld zogen, da empfingen zahlreiche Moskowiten den D. bereits vor der russischen Grenze auf dem polnischen Gebiete; die Moskowiten übergaben ihm darauf auch wirklich die Burgen Morawsk und Černigov. Infolge eines derartigen Ganges der Ereignisse schoben die polnischen Gesandten die ganze Verantwortung für das Unternehmen des FD auf die Russen selbst: der Mann, welcher sich für den echten Carevič ausgegeben hatte, war seiner Abstammung nach ein Moskowite; die Moskowiten haben ihn an der Grenze mit Brod und Salz empfangen und bis nach Moskau geführt; die Moskowiten haben ihm die Krone auferlegt und Treue geschworen; die Moskowiten haben ihn endlich auch ermordet [1]).

Dieselbe Auffassung der ganzen Geschichte des FD setzten die polnischen Gesandten etwas ausführlicher auch im J. 1608 den russischen

---

[1]) Źródła do Dziejów Polski przez Nowakowskiego. Berlin 1841, t. II. Respons ich mość panow posłow naszych na mowy panów Dumnych do posłow po zamordowaniu carskim. Jednak powieszci tego człowieka król I.M. pan nasz i liudzie K.I.M. wiary do końca nie dodawali i niemały czas w podłem vważeniu był ... i tesz ten człowiek nie za carewicza alie raczey za żebraka pod on czas w narodzie naszym był policzony i niektórzy w wzliedem Boga opatrowali go iałmużną iako ludzie chrześciańsczy ... i ten człowiek, który się mianował bycz prawdziwym Dmitrem waszego narodu był moskwicin, a ktosz go potekał s chliebiem i s solią? Moskwa. Kto podawał zamki i armaty? Moskwa. Kto prowadził do stolicze? Moskwa. Kto coronował iako hospodara? Moskwa. Kto mu przysięgał na wiarę y poddaństwo? Moskwa. Potym kto go zamordował? Moskwa.

Bojaren in Moskau auseinander [1]). Sie leugneten sowohl, dass der FD
in Polen katholisch geworden wäre, als auch dass Sigismund III. ihn auf

---

[1]) Für eine der wichtigsten historischen Quellen im Bereiche unserer
Frage halten wir die Rechtfertigung des Benehmens und der Politik des Königs Sigismund III. und des polnischen Adels durch die Botschafter und Gesandten Nikolaj Olesnickij (Kastellan Malogoski), Alexander Korwin-Gą-
siewski (Starosta Wieliżski), Stanislaw Witowski und Fürst Jan Drucki-So-
kolinski im Jahre 1608 zu Moskau vor dem Bojarin Fürst Ivan Vorotynskij,
Okoljnicij Ivan Kolyčev, Dumnyj Dvorjanin (Adelsmann der Carensynklete)
Vasilij Sukin und den Dumnye Djaki (Staatssekretäre der Carensynklete) Vasilij Telepnev und Andrej Ivanov. Dieses Aktenstück ist sowohl in polnischer, als auch in russischer Sprache bekannt. (In polnischer Sprache ist es
nach einer Handschrift aus der Bibliothek des Grafen Delagardi in »Supple-
mentum ad Historica Russiae Monumenta« gedruckt, in russischer Sprache ist
es zum Theil im »Sbornik« des Fürsten Obolenskij, vollständig aber in den
»Акты къ исторіи Западной Россіи, т. IV« nach einer Handschrift der Archäo-
graph. Kommission veröffentlicht.) Die officielle russische Tradition, als ob
PD und Griška O. eine und dieselbe Persönlichkeit wären, wird vor Allem
durch das Zeugniss der polnischen Bevollmächtigten vom Standpunkte der
Chronologie aus widerlegt, welches durch den Brief des Janusz Ostrogskij
an den König (s. Niemcewicz, Dzieje Panowania Zygmunta III., t. II, s. 295)
und die deutsche Schrift aus Jindřichův Hradec (Лѣтопись Занятій Археогр.
Комм. X) bestätigt wird. Zur Zeit des Historiographen Karamzin war diese
Urkunde (ebenso wie auch die Chronik des Isaak Massa) unbekannt. Prof.
Solovjev hat sie unterschätzt; er hat z. B. das Zeugniss der Flüchtlinge aus
Moskauer Russland und der Geistlichkeit und der Edelleute im polnischen
Russland, als ob Demetrius im J. 7109 (1. Sept. 1600 bis 1. Sept. 1601) aus
Moskau fliehend die Grenze überschritten, zwar angeführt, in seiner Auffassung indessen unberücksichtigt gelassen. Prof. Ilovajskij hat den Bericht
dieses Aktenstückes über die Gesandtschaft des Athanasij Vlasjev missverstanden und ist über alle übrigen Nachrichten der Quelle schweigend hinweg-
gegangen. Da wir im Laufe unserer Untersuchung immer wieder und wieder
auf diese unerschöpfliche Quelle zurückkommen müssen, so wollen wir hier
auf einmal alle die wichtigsten Citate aus ihr geben, die wir als Belege für
unsere Ansichten so oft benutzen, und eine freie deutsche Uebersetzung hinzufügen. Von Wichtigkeit sind darin nicht nur die präcisen chronologischen
Daten und durch Urkunden verbürgte Thatsachen, sondern auch die allgemeinen Anschauungen der polnischen Gesandten und ganz besonders die
scharfe kritische Analyse, welcher sie das ganze Benehmen und alle die Aussagen des Moskauer Adels unterwerfen. Sie behaupten z. B., dass in den
Briefen, welche Smirnoj Otrepjev im J. 1604 als Gesandter des Boris mitgebracht hatte, es sich ausschliesslich um Grenzstreitigkeiten gehandelt hätte,
über den Demetrius aber kein Wort gestanden und Smirnoj selbst, als Gesandter, sogar ungenannt geblieben wäre : ob dieser Irrthum durch die Schuld

den Moskauer Thron gesetzt hätte. D. hätte zuerst beim Fürsten Adam
W. sich als Carewič kund gethan. Nun erschienen nicht nur die Mönche

des Boris zu erklären, oder ob die Djaki Veränderungen darin unternommen,
das müssen die russischen Bojaren selbst am besten wissen (грѣхъ ли то Бо-
рисовъ такъ плутагъ, или дьяки его измѣняли, можно вамъ самымъ лутшей
вѣдати и знати). Diese Anschauung (wohl aus der Praxis der Verhandlungen
mit Moskau geschöpft), dass die Djaki die officiellen Akten einer Gesandtschaft eigenmächtig bearbeiten können, haben wir im ersten Theile unserer
Untersuchung als eine Vermuthung angewandt, um den Unterschied zwischen
der Rede des Postnik Ogarev vor dem Könige Sigismund III. im Januar 1605
und dem von ihm mitgebrachten Briefe des Boris zu erklären. Dass die officiellen Vertreter der Moskauer Regierung in Polen bisweilen von ihr unabhängig oder sogar ihr feindlich auftraten, darüber führt Żółkiewski ein Beispiel an, nämlich wie die Šujskie und Golicyny durch den Gesandten Bezo-
brazov im J. 1606 gegen den PD I. selbst in Polen intriguirt haben (Historya
Woyny Moskiewskiey). Wir kehren nun zu dem Aktenstücke aus dem J. 1608
zurück, dessen Wichtigkeit wir nicht genug hervorheben können. Der entscheidende Text über die Wanderung des PD nach Polen im J. 7109 lautet:
»А люди Московскіе, которые при нимъ были, показывали, . . . а въ Польскую
границу пришолъ онъ до Кіева и до Печерского манастыря въ году семъ тысячей сто девятомъ; а то, яко коли онъ пришелъ, не только Москвѣ, але и на-
шимъ людемъ, духовнымъ Рускимъ и свѣтскимъ нѣкоторымъ тамошнимъ, у
которыхъ заразъ вышедши въ Москвы жилъ, явно и вѣдомо было.« Die Moskowiten, welche auf Befehl des Boris längs der Grenze an den Strassensperren
Wache gehalten haben, wie auch die Eilboten, welche aus den russischen
Grenzburgen mit Briefen gegen den Demetrius ankamen, berichteten: seit
der Stunde, wo Boris den Thron bestiegen, foltere und pfeile er oder ver-
banne Jeden, der des Demetrius zu gedenken sich erdreistet. (А люди Московскіе, которые на заставахъ по рубежахъ отъ Бориса стивали, также и тые
гонцы, которыхъ съ тыми листами посылывано, сказывали людемъ его королевской милости: . . бо Борисъ отъ того времени какъ сѣлъ на господарствѣ,
черезъ весь часъ, хоть малехонько хто якъ либо въ Московскомъ господарствѣ
того князя Дмитра вспомянетъ, и онъ велѣлъ тыхъ всихъ мучить, на колъ са-
жать, а инпихъ на далекіе городы въ Сибирь на вязенье засылалъ.) Alle diese
Moskowiten, welche bei dem D. erschienen und seine Echtheit anerkannten,
zeigten dem Könige Briefe an den Prätendenten von hervorragenden Männern
in Moskau (а отъ инпихъ именитыхъ людей въ Москвы и листы до того Дмитра писаные людемъ его королевской милости показывали). Als Demetrius
Krakau verlassen und sich mit seinen Moskowiten eine Zeit lang an der russischen Grenze aufgehalten und das Gerücht von ihm sich immer weiter in
Polen und Russland verbreitete, da freuten sich die herrschenden Männer
Russlands darüber, weil sie sich der Tyrannei des Boris erinnerten, wie er
den Fürsten Ivan Mstislavskij, die Fürsten Ivan Petrovič und Andrej Ivanovič Šujskie, die Romanovy verbannt oder sogar ums Leben gebracht, um sei-

9*

´von denen auch die russische Regierung Nachricht hatte´, sondern auch
viele andere Moskowiten, welche ihn als den wahren D. von Uglič

nem Stamme den Thron sicherzustellen. Die polnischen Gesandten glaubten
sogar, dass Boris auch an dem Tode des Caren Theodor die Schuld trüge
(Кгды тотъ Дмитръ въ краю Рускомъ, ближей рубежа Московского и въ тою
Москвою, которая при немъ была, часъ долгій жилъ, и слава о немъ промежъ
людей у насъ и тутъ у васъ ширилася; и вы вси, припоминаючи собѣ тиранство Борисово, ради есте то въ ту пору слышели; бо всему господарству Мос-
ковскому тиранство Борисово есть вѣдомо . . . вси зацные большіе роды звести
и выгубити умышлялъ, штобъ и корень ихъ не остался, хотячи тымъ безпеч-
нѣйшее панованье сыну своему по смерти своей утвердити). Viele Fürsten,
Bojaren und grosse Herren des Reiches Moskau sind schon damals dem Boris
untreu geworden und haben sich zu ihm über die Grenze begeben; sie brachten heimliche Briefe von anderen Moskowiten mit, worin der Prätendent für
den echten Carevič D. erklärt wurde; die Russen benachrichtigten den D. von
allen Plänen des Boris und forderten ihn auf, die Moskauer Grenze zu überschreiten, indem sie versicherten, dass man ihm überall mit Brod und Salz
entgegen kommen würde (князи, бояре и большіе люди Московского господарства многіе Борису измѣнили . . и многіе къ нему еще за рубежъ прибѣгали,
а отъ иншихъ здѣшныхъ людей тайные грамоты приносили и во всихъ грамо-
тахъ писывали его прямымъ, истиннымъ княземъ Дмитромъ Углецкимъ . . и
давали ему часто вѣдомость о всихъ радахъ и замыслахъ Борисовыхъ, и сами
его взывали и усиловали прозбами своими, штобъ онъ вборзѣ шолъ до границъ
Московскихъ, упевняючи, што его вездѣ зъ хлѣбомъ и зъ солью стрѣчати мѣли
и безъ всякое трудности обѣцали доступити ему господарства Московского).
Der König Sigismund III. soll dem Mniszech nach dem Lager des Demetrius
geschrieben haben, dass weder er, noch andere Polen dem Prätendenten
gegen den Boris Beistand leisten sollten, und Mniszech, sein Sohn und Michail Ratomskij hätten dann auch wirklich das Lager verlassen. Nun war D.
so schwach, dass die Moskauer Vojevoden ihm ganz leicht eine Niederlage
hätten anrichten können, statt dessen haben ihn aber die Stadt Putivl und
andere Städte freiwillig als ihren Caren anerkannt (котораго латвѣ въ ту пору
не токмо бить, але и живо взять и Борисови отдать такое великое войско могло.
Але, знать, што въ томъ мѣлъ фольгу отъ войска такъ великого Борисового,
ижъ того надъ нимъ не здѣлали, што здѣлать могли: але вмѣсто того, городъ
и мѣсто великое Путимль и иншіе многіе городы и мѣста сами добровольнѣ
его за господаря пріймовали; князи воеводы и дворяне многіе до него приѣз-
джали и вѣрнѣ ему служили). Nach der Aussage der Moskauer Bojaren hätte
der Patriarch von Moskau und die ganze H. Synode ihren besonderen Abgesandten Andrej Bunakov an die geistlichen Senatoren Polens geschickt und
sie gebeten, dem D. keinen Glauben zu schenken und den Frieden ja nicht
zu brechen; der Bischof von Viljno hätte aber diesen Gesandten aufgehalten
und dem Patriarchen keine Antwort gegeben. Die polnischen Gesandten
haben im J. 1608 darüber folgende Aufklärung gegeben: einige Wochen,

anerkannten und das Gerücht von ihm in dem Grenzgebiete verbreiteten. Von Adam W. begab sich D. zum Fürsten Konstantin W.; hierher kamen

nachdem der Gesandte Orša erreicht hatte, ist Boris gestorben; bald darauf haben alle Russen den D. als ihren Caren anerkannt. Nichtsdestoweniger hat der Bischof von Viljno den Brief allen geistlichen Senatoren, die über ganz Polen und Litauen zerstreut, mitgetheilt, den Abgesandten unterdessen auf die Antwort zu warten aufgefordert. Als nun der Abgesandte erfahren hatte, dass PD I. den Thron bestiegen, da hat er ihn selbst als seinen Caren anerkannt und hat es selbst ausgeschlagen, eine Antwort an den Patriarchen mitzunehmen; man hat ihn dann anständig über die Grenze expedirt (по прѣханыю того гонца Бунакова до Орши, ледво колько недѣлъ спустивши, Бориса Годунова не стало .. и гонецъ тотъ услышавъ то, што тотъ Дмитръ на господарство всѣхъ, самъ его господаромъ своимъ признавалъ и отвѣту до патріарха самъ брати не хотѣлъ; а отпущенъ и отпроваженъ тотъ гонецъ на рубежъ честно, безъ задержанья). Nach Tula wären zum Caren Demetrius die drei Brüder Vasilij, Dmitrij und Ivan Ivanoviči Šujskie, der Fürst Theodor Mstislavskij, Fürst Vorotynskij und alle anderen Bojaren und hervorragenden Männer freiwillig erschienen, keineswegs aber gebunden zugeführt. Im Ganzen stand bei Tula ein Heer von über Hundert Tausend Mann Russen, ohne den Adel der Carensynklete mitzurechnen, die Polen wurden dagegen nur nach Hunderten gerechnet. Weshalb hat also damals der Adel der Carensynklete den Demetrius nicht des Betruges überführt und ihn nicht hingerichtet? (А было тамъ всего войска вашого большъ ста тысячей, оприче бояръ думныхъ, князей и дворянъ; а людей народу нашого, личачи въ то и хлопятъ, не было большъ колько сотъ: чому жъ вы въ ту пору, только бъ его узнали быть не прямымъ Дмитромъ, заразъ его не обличили, не вымали и не скарали?). Das Volk folgte eben dem Beispiele der Bojaren nach; als diese den Demetrius I. aus Tula nach Moskau geführt, da wären die Massen mit Pfaffen und der H. Synode unter Vortragung der H. Kreuze, mit Brod und Salz ihm entgegengezogen (што міръ на васъ бояръ большихъ смотря, тоежъ дѣлалъ, што и вы дѣлали, и его за прямого господаря признавши, въ тотъ часъ гды есте его до Москвы припровадили, вси съ попами и со всимъ чиномъ духовнымъ со хрестами, съ хлѣбомъ и съ солью стрѣчали, мѣсто и брамы отомкнули и вси съ радостью яко прирожового господаря своего приняли). Die Moskauer Bojaren behaupteten, der Patriarch Hiob wäre nur deshalb abgesetzt, damit er den Betrüger weder erkennen, noch überführen könnte. Wenn es wirklich aus dem Grunde geschehen, weshalb haben denn die Bojaren nicht umgekehrt den Patriarchen gegen den Betrüger unterstützen wollen; statt dessen haben sie den D. zur Krönung ermuntert (А если то такъ быти мѣло, штобъ его тотъ патріархъ и иншіе бояре большіе обличить мѣли: не позволять было ему вѣнчаться государскимъ вѣнцомъ, што ладно бъ могли учинить. Але ничого того не слыхать было, штобъ который зъ васъ большихъ бояръ съ тымъ патріархомъ противъ того явно озваться мѣлъ, и овшемъ къ тому есте его вели, штобъ якъ наборзѣй вѣнчался). Niemand hat den D. daran verhindert, nach seiner

zu ihm neue Flüchtlinge aus den russischen Grenzstädten und -burgen.
Sowohl D. selbst, als auch diese Ankömmlinge bezeugten, dass Boris

Mutter zu schicken. Wenn sie ihn damals vor der Krönung hingerichtet
hätten, Niemand würde es ihnen zum Vorwurf gemacht haben (аже бы зараз
то надъ нимъ здѣлали, што есте потомъ учинили; а въ ту пору могли бъ есте
то здѣлать, и нихто бъ вамъ за зло не почиталъ, коли еще не былъ вѣнчанъ государскимъ вѣнцомъ). Die Absetzung des Patriarchen Hiob fassten die Gesandten aus dem J. 1608 als Rache des D. dafür auf, dass er den Boris unterstützt hatte; ebenso wie auch Vasilij Šujskij den Griechen Ignatij gestürzt.
Nach der Ermordung des D. I. hätte Michail Tatiščev vor den Gesandten und
den Bojaren den Theodor Romanov als den designirten Patriarchen bezeichnet, welcher damals nach Uglič geschickt wurde, um die Reliquien des H. Demetrii zu enthüllen. Einige Wochen später hat man statt dessen den Hermogenes zum Patriarchen ernannt (потомъ за нынѣшнего господаря, Грека того
скинуто, а посажено на патріярховствѣ Ѳеодора Микитича, яко о томъ бояре
думные по оной смутѣ въ отвѣтной палатѣ намъ посломъ сами сказывали, ме-
нуючи, што по мощи Дмитровы до Углеча послано патріярха Ѳеодора Микитича; а говорилъ тые слова Михайло Татищовъ при всихъ боярахъ. Потомъ
въ колько недѣль и того скинули, учинили есте Гермогена патріярхомъ. И такъ
теперь живыхъ патріярховъ на Москвѣ чотырехъ маете). Die Moskauer Regierung hat den Polen zum Vorwurf gemacht, dass König Sigismund III. mit
seiner Familie und die Herren Senatoren durch ihre Anwesenheit die Ver-
lobung der Marina Mniszech zu Krakau anerkannt hätten. Die polnischen
Gesandten aus dem J. 1608 erwiderten darauf, dass der Abgesandte Athanasij
Vlasjev im Namen des Caren D. und seiner Mutter, der Carin Marija, den
König um Erlaubniss angegangen hätte, die Marina an den Caren zu verloben;
Vlasjev hätte dabei hinzugefügt, dass der Patriarch, die ganze H. Synode,
die ganze Carensynklete und ganz Russland es wüssten und sich darüber
freuten, dass er sich die Frau aus Polen nähme; sie beteten zu Gott, dass er
ewigen Frieden sende, um zusammen gegen die Heiden aufzutreten (а притомъ
томъ сказывалъ паномъ сенаторомъ, ижъ патріярхъ, митрополиты, владыки и
весь духовный чинъ, также бояре, князи, околъничіе, дворяне и вся земля вѣ-
дають, и рады тому, и Бога просятъ, штобы господаръ ихъ оженился въ
Польшѣ, и штобъ далъ Богъ вѣчный миръ и стояли бы за-одно противъ по-
ганъ). Die polnischen Gesandten behaupteten, dass die Bojaren keinen einzigen Brief des Königs Sigismund III. an Demetrius aufzuweisen hätten,
welchen S. Majestät vor der Thronbesteigung des Caren D. geschrieben (То
подлинно вѣдаемъ и твердимъ, ижъ нияково листу отъ короля его милости
господаря нашого до того Дмитра, покамѣста онъ отъ васъ на господарство
приймованъ не былъ, не покажете). Im Allgemeinen waren die Gesandten der
Meinung, dass der Verrath, den der russische Adel an den Godunovy ausgeübt, ganz freiwillig gewesen wäre. Niemanden von ihnen hätte das russische
Heer nach Putivl zum PD. I. gegen seinen Willen gebunden zugeführt. Zuerst hätte ihn aus freien Stücken Fürst Ivan Golicyn zugleich mit anderen

dem Carevič nach dem Leben getrachtet, sein Lehrer aber ihn vor diesen
Nachstellungen bewahrt habe, so dass die Mörder einen Anderen statt
seiner umgebracht. Auf den Rath seiner Retter hätte Carevič in der
Tracht eines Mönches unter einem fremden Namen ein Wanderleben geführt und über die polnische Grenze flüchten müssen. Die Russen hätten
diese Erzählung später selbst dadurch bestätigt, dass sie den FD nach
Moskau geführt. Die Polen hätten ihn aber weder zu sich berufen, noch
seine Echtheit erweisen können, weil sie ihn als einen Fremdling, als
einen Moskowiten überhaupt nirgends früher gekannt hätten. In Polen
hätte der FD in griechischen Klöstern und beim orthodoxen Adam W.
geweilt; als Car hätte er, wie es ganz Moskau bekannt wäre, seinen
ursprünglichen orthodoxen Glauben immer bekannt. Den griechischen
Geistlichen und einigen weltlichen Herren in Polen selbst müsse es gut
bekannt sein, dass er nach Kiev, nämlich nach dem Höhlenklosser im
J. 7109 aus dem Reiche Moskau gekommen wäre, wie es auch die
russischen Flüchtlinge behauptet hätten. Als Wiszn. und Mnisz. mit
dem D. nach Krakau gekommen wären, da hätte der Carevič selbst und
seine Moskowiten abermals ihn für den echten Sohn des Caren Johann
des Schrecklichen ausgerufen. Es wären zu derselben Zeit in Krakau

---

Edelleuten anerkannt; es wären mit ihm gegen Tausend Mann in Putivl erschienen und hätten ihn im Namen des ganzen Heeres aufgefordert, nach
Moskau zur Krönungsfeier zu eilen (prosząc żeby na koronowanie tyarą hos-
podarską do Moskwy pospieszył). Später auf dem Marsche hätten sich an
den PD. I. Michail Saltykov, Piotr Basmanov, Fürst Vasilij Golicyn, endlich
auch das ganze russische Heer ganz freiwillig angeschlossen. Nur den Ivan
Godunov, welcher dabei ein Mörder, nicht besser als Boris selbst ausgescholl-
ten wurde, hätte man als einen Gefangenen ausgeliefert. Das gemeine Volk
in den Burgen (чорные мужики) würde auch Niemanden von den Bojaren binden und an den D. senden können. Denn das gemeine Volk hätte es unter
Boris besser, als unter den früheren Caren gehabt, und wäre ihm gewogen
gewesen (прямки); in den Grenzburgen und -landschaften bedauerten Viele
den Boris noch gegenwärtig. Schwer war es unter Boris zu leben nur für die
Bojaren und den Kleinadel; deshalb hätten sie weder ihm, noch seiner Familie treu bleiben wollen. Es that also Niemandem noth, sie zu binden; mit
Freuden also hätten sie sich selbst sammt den Burgen dem D. ergeben (»y
pospolstwo na zamkach nikogo z bojarów wiązać y do Dymitra odsyłać nie
mogli: bo pospolstwu za Borysa, niż za pierwszych hospodarów lepiey było,
y oni iemu przychylni byli; a inszych wiele w pogranicznych wielu zamkach
y włościach y teraz Borysa żałuią. A ciężko było za Borysa bojarom, szla-
chcie . . y nie potrzeba ich było nikomu wiązac, y sami radzi Dymitru z zam-
kami się pokłonili« Suppl. ad Hist. Russ. Monum., S. 425).

noch einige Bojarensöhne, nämlich Ivan Porošin mit Gefährten, darauf
die Abgesandten der Donkosaken Andrej Korelo und Michajło Miežakov
mit Kameraden vor dem D. erschienen; unter den letzten sollte sich
einer befunden haben, welcher den D. noch als Kind gekannt hatte.
Als Alle diese Moskowiten sich die Merkmale am Körper des D. ange-
schaut hätten, da wären sie vor ihm auf die Knie gefallen und hätten
ihn als ihren angeborenen Caren begrüsst. Infolge aller dieser Zeugnisse insgesammt, nicht aber (wie man es in Moskau behauptete) nur
auf Grund der Aussagen des Piotrowski, der zwei Mönche und des Die-
ners des Mniszech, hätten die Polen sich entschlossen, dem FD Glauben
zu schenken. Man hätte auch gehört, als ob die Mönche und andere
Moskowiten nach Kiev gekommen wären und dort bestätigt hätten, dass
der Mann wirklich der Fürst D., nicht aber der Otrepjev wäre. In
Putivl hätten später die Moskowiten, keineswegs aber die Polen, einen
gewissen Hriška Otrepjev gefunden und ihn Allen vorgezeigt; diesen
Otrepjev hätte man nicht aus Polen, sondern auch aus Moskau herbeigeschafft. Nach Moskau gekommen, hätte sich D. mit der Krönung gar
nicht gesputet, sondern zuerst den Fürsten Michaił Skopin-Šujskij nach
seiner vermeintlichen Mutter Maria (Martha) geschickt, um sie nach
Moskau einzuladen. Zu der Zeit hätte Niemand aus den Bojaren den
Betrüger in dem Caren erkannt, Niemand ihn daran gehindert, seine
Mutter kommen zu lassen. Wenn die Mutter ihn hätte verleugnen
können, so würde er nach ihr nicht gesandt haben, umsomehr, da sie
sich damals in einem entlegenen Kloster befunden hätte[1]). In diesen
Zeugnissen der polnischen Abgesandten können wir die ganze Rechtfertigung des Benehmens des Königs Sigismund, des Vojevoden Mniszech, des Starosta Ratomski nur als einen im Interesse der Zeugen
gelegenen rein subjectiven Versuch aussondern, ihre Parteigenossen von
jedem Verdachte des vorsätzlichen Betruges zu reinigen.

Daneben bleiben aber ihre rein objectiven Aussagen als eine wich-
tige historische Quelle unerschüttert, nämlich die Nachrichten über die
Nationalität und die Religion des FD, über das Jahr und den Ort seiner
Ankunft in Polen, über seine damalige Tracht und gesellschaftliche
Stellung. Nach ihrer Auffassung war er ein orthodoxer Moskowit, der
nur der Tracht nach für einen Basilianer gelten konnte, und wäre im

----

[1]) Es ist wohl das Kloster des H. Nikolaj in Vyksino gemeint (Gouv.
Novgorod, Bezirk Čerepovec).

J. September 1600 bis Sept. 1601 nach dem Höhlenkloster in Kiev aus dem Reiche Moskau gekommen.

Für einen Grossrussen mussten ihn wohl auch die Bojaren gehalten haben, wenn sie seine Identität mit dem Griška Otrepjev aufrecht zu halten wagten. Auf demselben Standpunkte steht auch Margeret, welcher den Caren D. selbst hat sprechen gehört und wohl die Gelegenheit gehabt, die Wirkung seiner Aussprache auf die zuhörenden Grossrussen zu beobachten, vielleicht sogar mit ihnen zu besprechen. Nach Margeret hätte D. ein gutes Russisch gesprochen, correcte russische Briefe dictirt; nur hätte er die Sitte gehabt, seine Rede bisweilen mit polnischen Sätzen auszuschmücken. Wenn man auch wirklich bei ihm gewisse Mängel in der Aussprache einzelner Worte hätte treffen können, so würde man es, nach Margeret, durch seine langjährige Abwesenheit erklären dürfen. Margeret widerlegt damit die Anschauung, als ob D. ein Pole oder ein Transsylvanier oder sonst ein Fremdling gewesen wäre, von Kindheit an vorsätzlich zu einem Prätendenten auferzogen. Es scheint, als ob die Vertreter dieser Anschauungen gewisse Sonderbarkeiten in der Aussprache des FD aufzuzählen verstanden hätten (quelque deffaut à la prononciation de quelque parole). In diesem Falle könnte man sie nicht nur durch den langjährigen Aufenthalt in Polen, sondern auch durch rein subjective Fehler — z. B. ein Lispeln, ein Schnarren u. dgl., oder sogar durch Eigenthümlichkeiten irgend einer Mundart, z. B. die mundartliche Aussprache des Gouvernements Kostroma, erklären. Leider darf man dabei nicht vergessen, dass weder Margeret, noch seine Gegner (wie es scheint Ausländer, wie Margeret selbst) für fähig gelten können, ohne fremde Hilfe die grossrussische Rede von der weissrussischen zu unterscheiden. Aus Weissrussland führte den FD auch Bussow her.

III.

Wir kennen die Meinungen der Senatoren über Polens Verhältniss zu Russland und die Persönlichkeit des Demetrius, wie sie beim Beginne seines Unternehmens auf dem Reichstage des J. 1605 lauteten. Im höchsten Grade lehrreich und sehr erspriesslich für unsere Untersuchung sind die Veränderungen, welche in den Anschauungen der polnischen Gesellschaft nach und nach eingetreten sind, als nämlich Demetrius den Thron bestiegen hatte, als er gefallen und Šujskij ihm in der Regierung gefolgt war, als endlich auch Šujskij abgesetzt und nach Polen in die Gefangenschaft weggeführt wurde. Diese Veränderungen können wir

in den Reichstagsrecessen des Stadtarchivs zu Danzig für die Jahre
1606, 1609, 1611 verfolgen [1]).

Für das Jahr 1606 wählen wir das Votum des Bischofs von Wenden
Otto Schengingk vom 10. März:

»Was anlanget den Muscowietter, musz ich mein votum, so ich form iahr
gehalten, enderen, den ich sehe da Gott wunderlich den Herren auf seinen
stuel gesetzet, derhalben vermeine ich das vns der Herr, der all da seinige

---

[1]) Im J. 1606 brach die Empörung des missvergnügten Adels gegen den
König Sigismund III. los, welche unter dem Namen des Rokosz Zebrzydow-
skiego bekannt ist. Mikolaj Z., der Vojevoda von Krakau, und Fürst Janusz
Radziwill, der Mundschenk (Podczassy) von Litauen, waren die Hauptanstifter
der Empörung, welche bei den Zusammenkünften (Zjazdy) der Missvergnügten
zu Stężyca (im April 1606), bei Lublin (im Juni) und bei Sandomir (im August)
eine feste Organisation erhielt; es schloss sich ihr auch Stanisław Stadnicki,
Herr zu Łańcuta, an. In den Universalen, welche der König vor dem Reichstage des J. 1607, an die Versammlungen der Provinzialstände aussandte, vertheidigte er sich gegen die Beschuldigungen der Rokoszanie und rechtfertigte
unter anderem seine Politik in der Demetriifrage (Niemcewicz, Dz. Pan.
Zygm. III, t. II: »Prywatni ludzie rozpoczęli zatargi z Moskwą, nikt iednak
Dmitra nieuznał, póki go oni sami Synem Hospodarów swoich nie ogłosili, i
sami po niego do nas nie wysłali poselstwa«). Das Heer der Rebellen unterlag in der Schlacht bei Wola Guzowska der vereinigten Kriegskunst der beiden Hetmany Żólkiewski und Chodkiewicz (6. Juli 1607). Unter den Abgesandten der Rebellen wird auch Hawreło Hojski genannt. Die Verschwörer
haben sogar 'gewisse Beziehungen zu Gabriel Batori angeknüpft. Nun hat
Prof. Ikonnikov in seinem Aufsatze »Pseudodemetrius und Sigismund III.«
sehr ausführlich die Anschauung begründet, dass Car D. I. mit dem Gedanken
umging, den König Sigismund III. des Thrones zu berauben und beide Kronen
auf seinem Haupte zu vereinigen; in dieser Absicht unterhielt er geheime
Beziehungen mit vielen polnischen Edelleuten. Mniszech wurde später beschuldigt, an diesem Spiele theilgenommen zu haben. Auch die Freundschaft
mit seinem Anverwandten Stanisław Stadnicki wurde dem Vojevoden von
Sandomir zum Vorwurfe gemacht. Bereits Kostomarov hat die Vertheidi-
gungsrede des Mniszech unter den Handschriften der Bibliothek Krasiński
gesehen. Aus einem Briefe des Secretärs Jan Buczinski aus Polen an den
Caren D. I. ersieht man in der That, dass er gewisse geheime Angelegenheiten
dort zu besorgen hatte (Собр. Гр. и Дог., т. II, Januar 1606: »bo o nym lyscie,
co przes Romyke pysalem do W.C.M., na ktorem byl napys taiemny lyst, sam
wiedzieli«). Andererseits erhellt es aus demselben Briefe, dass damals auch
gegen den Caren D. selbst eine Verschwörung in Moskau bereits im Gange
war (Kiedy Borsza przyechal, powiedal mi, co Hrypunow mowyl z niem jadac
do Smolenska, ze to iusz tego doszly pewnie w Moskwie, nie iest wlasny Car
y uyzrysz, co sie bedzie dzialo w Moskwie niedlugo z niem).

von I. K. M. vnd diese Cron empfangen, vnser expectation nicht gnug thut, weil er zu dieser Zeit, da er I. K. M. retten solte, mit Gelt und andern sich bemuhet vmb den Titul des Kaisers vnd wil itzo im bedrengnusz der Cronen erzwingen. Mein raht wehre ihn den Muscouiter zu mittiren an den Kaiser od. Babst vmb sich daselbst vmb den Titul zu bewerben, welche dan pflegu solche Titul zu vergeben, wie dan auch der Kaiser dem Konig in Polen selbsten denselben gegeben hatt; als dan mag er sich zu uns wenden vnd mit vns weitter davon rathschlagen. Itzo solte er vns billich mit gelt helffen, dan er einen grossen schatz bekommen, so der Gdonf (Godunov) vor ihm zuesamen gelesen vnd sollen I. K. M. bey ihm anhalten, ds er I. K. M. volck durch sein landt ziben laszen in finlandt, den also muszen des feindes vires getrennet werden, Daran ist Gottes ehre vnd I. K. M. existimation gelegen.«

Entscheidend für das Verhältniss zwischen Russland und Polen waren die Verhandlungen auf dem Reichstage im J. 1609. In der kgl. Instruction für den Reichstag hiess es unter dem Titel »Moskau«:

»Das nach der ordnungk auch der Zerruttung mitt den andern benachbarten mention geschehen möge. Den nachdem der vorige Czar Dimetrius erschlagn vndt nebenst ihme vnserer leute, die sich dahin hatten begeben eines teils grausamlich vndt heidnischer weise ermordet, andere mitt schwere gefengknusz geplagett, nachdem die Gesanten I. K. M. so lang aufgehaltn gewesen, ist es endtlich durch tractaten dahin gebracht, ds dieselben Ihrer K. M. gesandten mitt iezigem Czar Iwan Wassilowicz (?) Suisky einen stillestandt auf vier Jahr gemacht, Vnter andern Conditionen ist diese die vornembste gewesen, das der Moszcowiterscher Czar alle vnsre daselbst angehalte leute auf die Littawsche grentz kegenst den 8. Octobris stellen soll vnd all ds Volck, so bey dem newen Czar sich auffhelt, I. K. M. von dannen abfordern soll. Dieser Condition hatte Szuisky zuuollenziehn angefangn, Den so baldt dieser stillstandt geschloszen, hat er all die ienign die vnsern, die in der Moszkaw gewesen, nebenst denn Gesanten vndt hn Sendomirschn Woywoden guttwilligk von sich geleszn vnd die andern, die auf vnterschiedlichn schloszern vnd orttrn sizen, abzuholen vndt auf der krohnen grentzen, wie obgemeldet, zu liefern vorsprechn. Aber in diesem vnserer gesanten vndt H. Sendomirschn Woywoden zurückezuge sein newe schwerigkeitten eingefallen, den vnser volck, welches vnterm nahmen des Dimetry vnter der Moszkaw zu felde ezlich tausent mann starck lieget, hat dem H. Malogosky den wegk vorrennett, den vornembsten gesanten vndt H. Sendomirschen Woywoden angehalten vndt sie sambtlich von newen zu ihrem lager geführett, wordurch diese vorgleichungk, so I. K. M. gesantter mitt dem Szuisky gemacht, ist aufgehoben, vnd vnser leute vnter welchem viel vornehmer vom Adell die Szuisky zu folge der abredungk noch nicht hatte auf die grenze geliefertt, von newen in gefengknusz gehalten, vndt noch wol in ihres leibes gefahr geraten werden. Daselb nun E. L. selbst richten können, welcher sicherheitt vnd welcher freundschafft wir vns daraus zuuermutten haben. Gott woll vns nur bewahren ds ds angezundete feur nicht möge an die wende vnserer benachbarten, alsz vn (von) vnser eigen geschlechtte, gelangn. Weszen wir

vns ie lenger iebe mehr durch d vnsrign (?) ihren einzugk, der von tage
zu tage zunimbt, zubefürchten haben. Alsz ist vonnöten ohne vorschlepp
dauon zu rathschlagen, wie demselben vnheill, welches vns von der seiten
begegnen moechte, vorzukommen vndt wie Respub. zur ruhe zubringn.«

Am 17. Januar gibt sein Votum über diese kgl. Propositio der Erzbischof von Gnesen :

»Die Moszkau hatt vns groszen wiederwilln vnd vnglück veruhrsachett,
daher wier schand vnd schmach erlitten. Die vnserigen sein daselbest so iem-
merlich ermordett, gefenglich gehalten vnd noch nichtt aller frey gelaszn.
Gelegenheitt giebett sich zwar herfuhr, die nichtt geringe ist, wieder solchen
meineidigen feindt gewalltzu brauchn vnd solch schmach zu rechnen (rächen?).
Das noch Stephanus Sehl. gedechttnus gar sehr getrachtett, das er Vhrsach
solches landt zu uerhöhnen vnd verterben gehabett hette. Aber es seindtt
andere beschwehr wiederumb hergegen zubedencken. Es mangeltt vns an
Neruo belli, welchen man nach langheitt der Zeitt, da es sich wolle auszhal-
ten laszen, zuwege bringen müsze.«

»D. 20. January hatt der Ciofische Woywode Solkiwskj (Żółkiewski) in
seinem Voto .. auff die Proposition ihrer May^{tt} gestimmett also, das man ins
gemeine pflegett zu sagen, das von den Pohlen die Moszcouiter geschlagen
werden, die Moszcouiter schlagen hiergegen die Tatteren vnd die Tattern
schlagen wiederumb die Pohlen, welches er den explis illustriret hatt, fur-
gebende, das der Tater die Statt Moszcau zwar einmall eingenommen, doch
wiederumb abziehen muszen. Der Tater aber habe wieder die Pohlen allezeitt
den Siegk behaltten. Die Pohlen sein allezeitt der Moszkowiter mechtigk
worden, Die Vhrsache deszen, warumb die Pohlen wieder die Moszkowiter
den Sieg behalten, ist diese, weill sich dazumall die Pohlen auffs allerbeste
gefast machen vnd mitt einem groszen herzuge die Moszkowiter angriffen.
Dasz aber dakegen wieder den Tatter nichts zuerhalten geweszn, ist niegoto-
wość nassa, weil wier vns nie wiedr den Tatter rechtt gefast gemachtt haben.
Zu dehme veruhrsachett auch solches die constitution aī 9ī, welche dem
obersten bindett vnd obligiret, dasz d Kriegesvolck nirgentts, alsz in ihren
gewönlichen lägern sol gehalten werdn, welches er trefflichen improbiret
hatt, vnd darzue gerahtten, dasz man dasz Kriegesvolck daselbest haltten
soltte, ubi ē ingruens p̄culum, nemblichen kegen den dreien Paszen, da die
Tatteren pflegn durchzuziehen.«

»Der Herr Malogosky [1]) hatt anfenglichen viell discuriret, was von d
Kön. May^{tt} bei Zeitten des Rockosch in der Moszkau auszgesprengett worden, welcher maszen sich der Czar darmitt gekizellt vnd was sie vor Carceres
haben erleiden muszen vnd wie sie endlichen auff ignominiose pacta mitt gewaltt sindt gezwungn worden vnd sich des gefengnus befreiett. Den Zueg in
die Moskau betreffendt vernehme er dasz ezliche demselben zuwieder sein.
1. Das sie nichtt gerne Uhrsach gebn wolten Christen bluett zuuerguiszen.

---

[1]) Nikolaj Oleśnicki. Kastellan Malogoski, einer von den Gesandten aus
den JJ. 1606—8.

2. Das exitus belli non sit in nͬa potestate. Er aber ratett mitt guettem gewiszen, das man den kriegk in die Moszkau nichtt vnterlaszen soll, weil die Moskawiter nur titulo tenus christen waren, von Gott vnd traditionibus sacris nichtts wusten, Die bilder verachteten, den Heil. Ehestandtt ex leuissima causa trennetten, die eyde nichtt hielte, inmaszen diese Crohn zum offteren dieses. I. Mayͭͭ habe kaum mit dem Boris Fiedrowitz inducias auff 20. Jahren gemachtt, denselben babe Boris stracks hernach zuewieder gelebett, indeme er den Alexander Caminsky sambtt dem ganzen Houe verbrant. Ferner hatt I. kon. Mayͭͭ dem H. Sedomirischen Woywoden nachgegeben aby pewną przyiazn wział z Dimetrem. Der Demetrius hatt auch des H. Sedomirischen woywodens Tochter mitt verwilligung der Moszkowiter selbest zur ehe genommen, alsz sie aber die Pohlen hinneingelockett, haben sie dieselben nebenst dem Demetrio iämmerlichen ermordett, Haab vnd guett geraubett vnd da Suisky von vns gefragett, warumb er also wieder vns verfaren, vnd den Demetrium, hatt er geandwortt: auff dasz wier ihn fur euren augen möchtten erschlagen, vnd das ihr vnsz denselben ins Landt gebrachtt vnd dakegen alle vnszere scheze in Pohlen verfuerett. Es laszen sich etliche verlauttten, alsz wen solches vor eine priuatam iniuriam zuehaltten, welche die Crohn nichtt schuldigk zue vindicieren. Er aber hiellte es darfur, das es ein iniuria publica sei, weill er ihn alsz einen Legatum principis, der seines Küniges vnd Herren Persohn repͭsentierett, hatt incar(c)eriret, vornehme leutte, so pace publica assecuriret geweszen, erschlagenn vnd auff den gaszen, wie die Hunde, schleppen laszen. Da nu solche gewaltt die Crohn Pohlen vber sich solte ergehen laszen, wurden andere nationes ihrer spotten. Die andere Motiva belangntt, Sei er dero zuuersichtt zue Gott, dasz Gott zue dieser expedition werde gluck geben, Dan weill privat Persohnen soviell verrichtett, das sie fast die ganze Moszkoue einbekommen haben, wasz wurde geschehen, wan authoritate publica Comitiorum I. Mayͭͭ selbest mitt groszer macht hinnein ziehen solte. Der feindt ist auch internis Dissitijs auszgezehrett, viel volcks verlobren, das landt verhoerett, vnd desto leichtter einzuebekommen, Vnd seindt ihrer viel im Lande so es I. Kon. Mayͭͭ gönnen, wiedzący pobóżność y męstwo W. K. M. Sehe auch nichtt ab, wie das Landtt anders alsz durch I. Künl. Mayͭͭ könne zum friedstandtt brachtt werden, jedoch, es ist hoch nöttigk, das ie ehr ie beszer der Auffzug geschehe. Hiedurch wurde nichtt alleine eine grosze accession zur Cron Pohlen zuegetheilett, Sonderen auch ihr nahme vnd existimation bei iederman — inglich grosz sein vnd endlichen wurde man durch dasz mittell Schweden vnd Liefflandtt leicht eroberenn vnd behalten, Mitt einem Pobur aber ist der sachen nichtt geholffen, laszet es vns aber einmall rechtt angreiffenn vnd hernach des lieben friedens geniszen, womitt auch der Turcke vnd Tatter deromaszen wurde geschreckett werdn, das sie sich nichtt leicht an die Crohn Pohlen reiben wurden.

Den 21. Januar spricht der Grosskanzler von Litauen:

»Von der Moszkau kuntte er so nichtt reden, wie andere gethan, Dan er sehe das Gott sonderliche Mittell iezo verliehen, so ein stattliches landt dieser Crohnen zuezuebringen, Man furchte sich das viell dazue gehoere, Lieber

Gott! solte man so einen groszen nutz sue schaffen ein oder 2. Pobur nichtt
geben wollen, welche viel duppell wieder ergänzett künten werden. Man hatt
sich nichtt zuebesorgen, das viel dazue gehöre, Sie ist schon vnser vnd
durffen sie nur einnehmen. Der Susky, der hatt iezo nichtt mehr den die
Stelle Moszkau, Smolentzko vnd gros Nouigrodt, wie ihme neulich daher geschrieben wirtt. Also würde es leichtlich eröbertt sein, auch geschrei allein,
wen sie hören wurden, das wier im anzuge. Den dieser Susky weis woll, das
er nichtt darzu gehörett, vielweniger der iezige Demetrius vnd ds wir Rechtt
dazue haben vnd vnsz billich dahin auffmachen sollen, ist daraus genueg ab-
zunehmen. Hatt der Boris nichtt furerst den frieden mitt vnsz gebrochen, dadurch dasz er dem Carolo hulff getban vnd ihn mitt allerhandt munition ge-
schenckett, dadurch er den frieden vnd pacta gebrochen, Der vorige Demetrius, hatt der auch nichtt albereitt darnach getrachtett, wie er diese kron sich
vnderthan machte, Hatt er Euer May[tt] allerhandt despect zugefugett, indeme
er ihn nichtt einen Königk, sondern den Polnischen Sigmundt genennett?
Susky hatt auch mitt vnsz keine pacta nichtt, den obgleich das Pacta zu
nennen, welche er mitt den H. königlichen gesandten H. Malagusky troffen,
welche doch ihnen auffgezwungenn vnd gedrungen, So hatt er sich doch
selber nichtt gehalten, Den er zugesagett, den 7. September den rest der gefangenen loszzugeben, Nu sein schon so viell Monatt vorüber vnndt stellett
sich keiner nicht ein, derer noch woll bis 700 darinnen gehaltn werden. Vnd
waaz ist größre Uhrsach sich an solche perfide hoste zu rechen, den ds er
E. Kön. May[tt] gesandten in gefengnus gehalten, so viell vornehmer Adell bei
den Nationen so jemmerlich vnd verrachtelich ermordett vnd gethötett, das
auch in Historien nichtt zu finden, dasz iemalsz fur irkeinem (irgend einem)
feinde so viell adeliches bluttes auff einmall vergoszen worden vnd König
Augustus hatt mitt den Preuszen vnd Liefflendern einen Krieg angefangen
derhalben allein, da sie einen von Adell seinen gesandten gethöttett. Hier
sein so uiell vnd heuffigk vmbs leben brachtt worden, mitt groszem Schimpff
vnd spott vnser weittberumbter nation. Es hatt der Susky zuegesagett allen
schaden zuerstatten, d den vnserigen wiederfaren, welcher sich auff viell
Million beleufftt, aber hett nichtt den geringsten heller bezalett vnd ist noch
einem Jubilierer Nathan von Augsburg genandtt bei Hundert vnd vierzigh
tausendtt gulden schuldigh blieben. Weil wier das jus vnd possibilitatem
solches landtt mitt kriege anzugreiffn vnd zueröbern für vnsz haben, sollen
wier vns billich dazufinden vnndt I. Mät. mitt gutt, leib vnd bluett dazu be-
hulfflich sein, wie er dan solches für seine Persobn rahtett, wunschett vnd
bittett sich angelegen sein zulaszen[1].«

---

[1] Eine vorsichtigere Ansicht hat König Sigismund während der Audienz
am 25. Februar aus gut unterrichteten Kreisen gehört: »Eodem die sindt auch
etzliche boten des polnischn kriegsuolcks, so in der Moszkaw ist, priuatim in
königes Pokoy verhörett worden, welche Ihr M[tt] erzeblett, wie es sich mitt
dem Moszkauschn wesen vorhalte, was die Polen darinn fur gelück haben,
vndt wie weit sie den ietzign Dimetrium bereit gebrachtt. Zum andrn
haben sie Ihr M[tt] gebeten, sie sich nicht vnderstehn wolle mit einer krieges-

Das Unternehmen gegen Moskau blieb auch auf dem Reichstage des J. 1611 die wichtigste Frage:

»Den 1. Octobris haben die h. h. Senatores auff angedeutete proposition zu votiren angefangn vnd am 5. Octobris geendett. In gemein wardt dahin gestimmet, dasz die Moskavitische expedition solte continuiret werden. Durch wasz(er)ley mittel aber solche fortzusetzen sey, wurden vnterschiedliche bedencken beygebracht. Theils hubn gerahtn ad tractatus, theils ad Arma, theils ad utrumque, also das man die sebel in der handt haltn vnd zugleich tractiren solte. Jedes theil hatt wichtige rationes angezogen, aber die tractatus allein zuuersuchen, hatt ettwas mehrs bedencken gemacht p͂p lubricam fidem et perversitatem gentis Moscouiticae, wie auch darumb, das man nicht absehen kan, mit weme die tractatus anzustellen, ob mit den Bojaren, die in der Haubtstadt Moskow den Vnserign beypflichten? Dieselben werden ohn zweiffel Kon. Mͭ Willen vnd meinung gerne annehmen, sintemahll sie selbst ihre Kon. Mͭ vociret vnd zur besitzung des furstlichen Stuels beruffn. Ob mit dem Zarutzkj? Furwar esz wurde cum indignitate R. M͂tis die handelung geschehen, sintemahl dieser Verrähter nicht werdt ist, das man von wegen Kon. Mͭ mit ihme ad tractatus sich einlasze. Ob mit denen, so dem Zaruczki anhangn? Dieselbn sint schon zerstrewet vnd schuldig conditiones anzunehmen, nicht vorzuschlagen. Ausz gemelten Vrsachen hengett dieser punct wegn der Tractaten noch in deliberation bisz zur ankunft des H. Felthaubtmans Zólkiewskj, welcher deszfals beszere Nachrichtung werde zu gebn wiszen. Alsz die ordnung in Votando an den H. Sendomirischen Woywoden kommen, hatt derselbe ante omnia wieder die jenign, so hin vnd wieder ihn vbel angegeben, sich zu rechtfertign angefangen; insonderheitt aber beygebracht, das er weder mit dem Bathori, weder mit dem andern felschlich also sich nennende Demetrio, noch dem Stadnitzken[1] jrkeine practiken gehabt, bittende, wo jemands ettwas in contrarium auff ihn wiszend, derselbe, wo er anders einer Ehrlichen adelichen gemuhtes, esz in facie Reipub. vorbringen vnd beweisen wolte, würde er aber solches nicht beweisen, die geburliche strafe tragn solte. Herr Calischer Castellan[2] ... zu seines Voti ende angehengkt hatt, dasz er zwar auff den Sendomirschen Woywoden· ettwasz wisze, aber er wolle solches priuatim Kon. Mͭᵗ vnd den H. H. Senatoribus offenbaren. Worauff der Sendomirische Woywoda den Callischer

machtt in die Moszkaw zuziehn, angemerckett sie dadurch mehr schaden alsz frommen würde, den solte Ihr Mͭᵗ mit groszem Volcke kommen, würden die Moscowiter, so in den Polen anhangn, in die gedancken gerathen, alsz wen sie ganz bewaltigen vndt sie vmb ihre kirchn vndt religion gedacht zubringn, dannenhero sie orsach nehmen konten, von den Polen abzutreten vndt dem Suisky anzuhangn, dadurch die Moscowitersche Expedition fiel gefehrlicher werden könte, den sie iemahls gewesen.«

[1] Stanisław Stadnicki z Łańcuta.

[2] Adam Stadnicki, Kasztelan Kaliski.

Castellan bey hogsten ehren vermahnet hatt, dasz er alles, so ihm bewust publice vnd nicht privatim vortragen vnd beweisen solte, bittende solches ihm kon. M^tt anferlegen wolte; hinwiederumb herr Calischer Castellā geantwortet mit folgenden Worten: Co kolwiek P. Woiewoda Sędomirskij mouił, wszistko N. M, nie prawda. Diese Wordt haben ein grosz getummel vnd gemurmel erregt, alsz dasz die H. H. Marschalcke mit dem stabe wie gewönlich silentium ofters gebothen vnd nicht balde die a(d?) stanten stillen haben konnen. Alsz aber der Sendomirische Woywoda ferner angehalten vnd gebeten, dem h. Calischer Castellan zu aufferlegen, publice dasz jenige, so er publice gered, auszfubrlich zu machen, seint die h. h. Senatoren zu ihrer M^t getreten vnd nach gehaltener Vnterredung hatt der h. Cronen Marschalck neben Kon. M^t stehend offendtlich auszgesprochen, wie Koñ. M^tt vnd die h. h. Senatoren sehr versehret seyen vnd konnen weder mit einem theil, dasz extra propositionem comitialem geschritta vnd solche dinge beygebracht, die an einen andern ort vnd stelle gehüreten, zufriedn sein, noch dem theil es zu gutte halten, so mit harten Worten ds gegenpart angegriffen vnd ihrer M^tt hoheit nicht geschonet. Es wolle aber Kon. M^tt den rigorem itzo nicht gebrauchen, sondern sie beyderseits vermahnet haben, dasz sie bedenken vnd erwegen wolten, welcher maszen dieser ort vnd tag privilegiret sey publicis constitutionibus, vermoge welchen die H. H. Senatoren, denen diese sache zu vrtheilen Kon. M^tt thutt anbefehlen, ein Decretum werden zu finden wiszenn. Solchem zu begegnen hatt der h. Plotzker Bischoff samet dem h. Posnischen Woywoden mit allem Vleisz sich angelegen sein laszen, damit obbenante adversanten vnter einander möchten vertragn werden. Sintemahl nun von dieser Zeitt an der Reichstag seinen vortgang gewonnen, haben die hh. Rähte vnnd ettliche von den hh. Landtbohten sich angelegen sein laszn, damit der entwachsene Span zwischen dem H. Sendomirischen Woywoden vnd Castellano Callissieñ. privatim sühulich möchte beygelegett werden, welcher Tractat mehr alsz in die 8. tage gewehret, aber dennoch nichts fruchtbarliches geschaffet worden, angemerckt, das beyderseits vnträgliche Conditiones vorgeschlagn worden. Nichts daveniger weil Ibr Kon. M^tt so woll dem h. Sendomirischen Woywoden, alsz dem Castellano Calissieñ. interdiciret, dasz sie vngeschlichteter sachn die Reichs Rahts session nicht halten solten, habenn sie ihre senatoriam existimationem dennoch in acht genommen vnd derowegen auff persuasion ihrer gutten freunde ihre begangene vngebühr nichtt allein ihr Kon. M^tt, sondern auch dem gantzen senatui abgebehten, welches auch ihre Konigliche M^tt ihrer angebornen mildikeit nach gnädigst angenomm. Nichts weniger die h. h. Senatoren auch die vorige senatoriam amicitiam et humanitatem ihnen polliciret. In des aber gleichwoll zuuernehmen, das zwischen denn beyden h. h. Senatoren ein rancor animi verbleibet.«

»Den 11. Octobris hatt ihre Mj^t abermahls Criminalsachen gerichtet. Die h. h. landbohten aber angemerckt, das die vielheitt der Votorum die Zeitt offtmahls vergeblich hinweg bringet, dahin geschloszen, daß zu den obliegenden sachen gewisze herren deputaten solten auszgesetzet vnd angeordnet werden, wie sie dan quoad modum et continuatiocm Belli Moscouitici volgende deputation getroffn, nemblich ex ordine senatorio den H. Gnisenschn

Ertzbischoff, h. Ploczker Bischoff, Posinschen vnd Kiovischen Woywoden, h. Reichs Marschalk vnd h. Cronunter Cantzler. Ex ordine DD. Nunciorum terrestrium 14. personen ex palatinatibus nimirum Majoris et minoris Poloniae; ex Ducatu v. Lithuaniae 4. personen. Vnter andern bey dieser deputation erwebnet, dasz die quarta de bonis Regalibus von den hh. Senatoren in magno Ducatu Lithuaniae ad continuatioēm belli Moscovitici auch gefallen solte. Diese sache ist volgendts in etlichen tagen agitiret, entlich auffs papir gebracht vnd sowoll in senatu alsz in der hh. Lantbohtenn Stuben ad rati habitioм̃ vorgetragen worden; wie hindn nach diesem recesz in capitibus deliberationum zusehen ist.«

Der Anhang zu dem Recesse enthält auch wirklich die Verhandlungen über den Krieg gegen Moskau, welche in dieser specialen Commission vorgegangen sind [1]). Der Bischof von Kujavien Laurentius

---

[1]) Capita Deliberationum: 1) Quae subsidia belli ducenda; 2) Quis modus eiusdem gerendi.

Auf diese Fragen erfolgen die Vota der Mitglieder: »Votum Jē Mśći X. Kanclerza Biskupa Kuiawskiego (Laurentius Gębycky): .. Miales W. K. M. occasią, miales y summam aequitatem. Przodkowie W.K.M. mieli nie małe interesse do tey ziemie (co szerzy Ich M. recensuerunt) tak iż tez Carowie Mos-kiewscy byli nieiako Vasalli przodkow W. K.'M. Mislił o tym Dimitr zabity, zeby aggregaret Moskwę Christianitati, aby było terrori mocy Moskiewski. A to nie dokazawszy tego zszedł: W.K.M. lauream tę zostawił. O tym nie discurruię ieśli był legitimus, a togo Bog zniosł. Drugi nastąpił impostor, zwiodl ich był wiele ale y ten ustąpic musiał. Postąpiles W.K.M. tak, iako ten, ktory iustum bellum zaczyna.«

»Votum Jeº mći X. biskupa krakowskiego (Tylicki): Woyna ta nie iest przeciwna prawu, ale owszem powinna, potrzebna y pozyteczna. Byla rozgłoszona, na seimiki podana, na Seimie agitowana &c. Bylo to z pozytkiem Rp̄tey, pokoy by wzruszony, za znieszieniem y Doʳodonowego (Urodzonego?) Dymitra, Szuiskiego niepewnosc, impostorow fortuna, ziemia byla otworzona, mieli na to oczy Sąsiedzi, podawał Carolus Stryi W. K. M. syna swego. Jesli teraz W.K.M. iest iniurius, nusz kiedy by miał Moskwę.«

»Episcopus Kiouień (Kazimirski): ... Hierauff zu der Proposition geschritten, vnndt erstlich auf dieses, ob man diese Expedition weiter armis prosequiren, oder ob man sich in tractaten mit den Moscouitern einlaszen soll, dahingeschloszen, das weill Gott der Herr so einen felicem successum huius belli gegeben hette, alsz solte man solchem ferner aufs beste nachsetzen, den belangende der tractaten, konte man keines weges darauf bawen, in betrachtung das die Nation der Moscouiter also beschaffen sey, dasz sie zwar zu tractiren nicht ehe sich begeben, esz sey den das sie befinden, das man albereit ihnen den fusz auf den halsz gesetzet, so wehre doch auch zu der Zeit ihnen nicht zu trawen. Dieses bewiesz S. Hochw. Gn. mit vielen Exempeln, derowegen weil man ihnen nicht zu trawen, Alsz solte man armis die sachen continuiren, sonderlich weil man auch augenscheinlich sehe, dasz

Gębicki meinte, dass der König sowohl Gelegenheit, als auch Recht gehabt hat, den Krieg gegen Russland zu beginnen.   Er wollte nicht die

Gott die Waffen, so sie wieder Ihr May⁛ vndt dero Volck hetten gebrauchen
wollen, auf sie gewēdet vundt sie damit geschlagen .. Den jungen Printzen
daselbst einzusetzen wehre kein raht, weil es gens perfida wehre, welche
auch ihren angebornen Herren nicht wehren getrewe gewesen. Illustrirte
dieszes auch mit Exempeln, vermeinete das dasz Landt in provinciam redu-
ciret würde, also das die Einwohnner auf die weise ihre gütter hielten wie sie
vnter der Moscouitischer obrigkeit dieselbe gehaltten vndt dasz auch auf dieselbe weise alles ad Thesaurum Regni gebracht werde; Da mann auch Colo-
nias transferiren woltte, liesze er ihme solches auch wolgefallen. Belangende
die gefahr, derer man sich wegen Schweden, Dennemarcken, Item dem Tartaren Vnnd sonst zubefürchten, würde allem leichtlich können gewehret werden, woferne man diese Moscouitische sachen recht fortsetzen würde..«
    Votum Jeᵒ Mščᵢ P. Woiewodi Sędomirskieᵒ: »... (w) krotce te rzeczy
y capita, o ktore mnie odnioszono do W. K. M. pokornie przelozę y na nie od-
powiem. A naprzod niech nie będzie przykro, ze pierwszeᵒ Dimitra Dimitrem, a wtorego nazwanym Dimitrem zwac będę, bo mu y wtey Coronie choc
nomen dawano, y W. K. M. w listach swoich do nieᵒ dawal mu titul kniaza
wielkieᵒ Moskiewskieᵒ; ozdobilesz moie widanie iey (córki?) swoią bytno-
scią. Mniemam, ze W. K. M. widzial Act Poslow swych, co z nym tractowali,
a oszobliwie o articul o imieniu otropinskiem, nie dla tego mowię, ze bym
tych rzeczy bronił, ale zem ia nie za Otropina ale kniaza Moskiewskieᵒ dal
Corkę moię. Miedzy P. P. Posly tam wspomnial ktosz, abym się sprawowal;
dostoię kazdemu placu, kto my co zadac chce. Niech sobie ten czlowiek
spomniey, ieslym ia te rzeczy skrycze prowadzil, iesli się z tym kryl, ieslym
do nieboszczyka P. Hetmana Coronneᵒ opowiedaiąc się nie iezdzil; prawda,
ze mu się do konca nie spodobalo, ale nie bronil mie przecię y owszem, gdym
wyiezdzial, tłogoslawil. Nikt my niech nie zadaie, abym to skodzie Rṗtey
czynil, p(r?)owadzilem go iako Czara, prowadzilem iako tego, ktoreᵒ Moskwa pod Putuolem dobrowolnie przyięla, kororowala, a potym y zabila.
Drugy punct: Izem dla pracktikiey y ku niebespieczeństwu Rṗtey dal Corkę
swą Dimitrowi. Nie uczynilem tego z wlasney swey rady, wlozylem to byl
na W. K. M. y na Ich M. P. P. Senatory. Nawet balem się tego sczęscia, ktore
ludzie szczęsciem zwali. Trzy seimy minęly, nikt mnie y tego postempku
nie ganil. Teraz mnie dopiero chlostac chcą; niewiem o co się na mnie fra-
sowac? Otom był z laskiey Bozey pierwszym instruenczykem sczęscia
J. K. M. y dobrego Rṗtey, niemasz mie o co traducowac, nie wątpię, ze to tu
mieisca miec nie będzie. Trzeczy punct: za prowadzenie corky moiey, ze-
bych miał directe przeciwko oiczyznie y W. K. M. praktikowac. Jesli cnotliwy, niech my to zada y wywiedzie; wyswiadczy mnie cnota moia, wy-
swiadcą y przywileie, w ktorych więcęm dobreᵒ Rṗtey niz sweᵒ ostrzegał.
Spytac by się raczey, iesli tu kto nie praktikowal, ze Dimitra tak prętko
zprzątniono, y to ze na nas niebespieczenstwo przyszlo. Jeden posel bez

Frage auseinandersetzen, ob D. I. der rechte Carevič war oder nicht;
jedenfalls hatte D. den Gedanken gehegt, Russland der katholischen

---

drugiego ma li praktikowac? ma li osobno inscio alio co traktowac, prawem
Lithewskiem tak ipso facto infamis? A Woiewodaż by to Sendomirsky o
krolestwo praktikowac miał? Nigdy we mnie tak zleo animuszu nie było.
Izalem ia sobie po nich tam więcy(ej?) obiecowac miał, niz po W. K. M., kto-
reo dobrodzieistwa doznał y syt ich. Mowię to smiele, iz my się Dimitr teo
nigdy nie zwierzał, y czasu nawet nie było, prętko nas pozabirano, powie-
zono, pobito; sczere to plotki, wrzod to R͞p̄tey naszey szkodliwy; nie za-
biez ly W. K. M. temu? Umiemy (uimiemy?) sie za pasy, opowiedziawszy się
W. K. M.; by y wszitko strаczyc, nic droszeo nad sławę, przy tey umrzec
gotowem y powinniem. Powrocilem się do obozu: to dla praktik! A Dobro-
wolniezem to uczynil? Trzy tysiące ludu do mnie poslano, zastąpiono, poi-
mano, obrazono, okrótnie się z nami obeszło, byl P. Radumski (Ratomski)
wierny sluga y Senator W. K. M.; pytalismy ich dla czego nas powracacie?
wiemy, iz to Dimitr nie iest; bylo to iz przysięgano, ze ten wlasny, a nie
inszy; my gdyszmy sumnieniem takze oswiadczali, ze nie ten, mowili:
wszytkie nasze zasługi na tym, gdy ten przyznany będzce; y tak, tozmy mu-
sieli, uczinilysmy. Szlubowali nam, ze nas daley prowadzic nie mieli; za-
stalismy P. Sapię, kazano nam daliey; proszilismy ratunku u nieo, aby nas
wiodl do Polskiey; chcial, ale podolac temu nie mogł. Więc y zaciągnął sie
iusz był inszą obietnicą; y tak od Samku do Samku nas pomykano. Potym
gdysz się ięla trwozyc Moskwa, patrząc na nas, do obozu nas pociągniono,
po kilka nocy smiercyi mey czekali, przymuszali nas, abyzmy go przyznali;
inaczey stracili byzmy zaszłuzone. Pisała Corka moia, ale rozumeiąc, ze ten
bo gdy y trupa oglądano, powiadano, ze nie ten; niechai tedy nieprzyiaciel
nie mowj, zeby dobrowolne to powracanie nasze było; potwierdzaiąc tę mowę
swą, zaniechac tego nie moge, ze zaras przy Przywroceniu nadalo się P. Ra-
domskiemu, isz przystawowie naszy, co zostalj, powiedali tak: zal nam was,
mniemamy, ze wiecie, isz to nie ten człowiek. Alie uczyncie tak, pofolguicie
nąm trocbę y naciągac będziemy nato, abysmy my to Panstwo na krola Jeo
Mscj, abo na krolewica przywodzily. I. M. P. Radomskj, chcąc te rzeczy do
effectu przywieść, zwierzył się niektorym; ale ze się rzeczy nie nadały,
widząc niestateczność, odiechal; ktorego gdyby było dogoniono, gardło by
dac musial. Weszla potym w traktaty Moskwa: chciała mię miec potym,
wskazali przez Moskwicina, ze potrzeba się nąm z woiewodą widziec: Wyie-
chałem do nich, niedali mi nic mowic, Tylko odpowiedziec, własny li to tęn
czy li nie. Odpowiedziąłem, nie ten iesc, ale wy powiedzieliscie; pod obronę
krolowj Polskiemu wszyscy poginiecie. Była ta Rozmowa z Galizynem An-
drzeiem, ktory iusz powiedaią umarł; Jest Iwan Brat iego, ktory wie o tym,
tesz go pytai W. K. M. A stąd wiara y zyczliwosc moia pokaze się. Piąty
Punkt: Woiewoda odiechal Corkiey, aby na seimie practicowal; zgadłesz!
azalim ia teo W. K. M. nie radził, cos wsiął przed się; de modo w prawdzie
nie spodziewałem się, abys to miał sine consensu Ordinum uczynicz. Ktosz

Kirche einzuverleiben, nun hat er diesen Ruhm dem Könige Sigismund III. zurückgelassen. Auch der Bischof von Krakau, Tylicki,

colwiek to był, Kałuzaniuli, kowalski li syn, — nie wiem, kto oica iego w Kaludze znał — radziłbym Był przecię, abys go był W. K. M. inaczey traktował, nie abysz przyznawał, czego w nim nie było, ale zebys był znim postąmpił inaczey dla Raznieiszego tamtych rzeczy dopinania. Odiachałem Corkj bo nie mogłem iey wziąc z sobą, uprosiciem iey nie mogł u niego; wiedział co mu na niey nalezało, wolał sobie dogadzac, nisz mnię; w pocciwym więzieniu bylizmy, małzenstwo to nie dobrowolne bylo. Mowiełem ia, aby się miała na pieczy, bo ten człowiek zostac się na placu nie może. Mowiełem y drugim: iusz wy czyncie co chcecie, chybicie brodu, iezli rzeczj K. J. M. postrzegac nie będziecie. Szosty Punct. A pisales do Moskwy? iakosz Ociec do Corkiey pisac niema! musialem simulationibus navabiac, abym Corkę z moskwey wybawił; ampak moie tam listy dochodziły y wiem, ze ie chowają, niech publice przeczytane będą, ni w czym się tam wiara moia nie poslizneła przeciwko W. K. M. Mowią, zes rady dodawał: czy zato, ze mnie złupiąno? Dla tego podobno, zeby Corka moia Czarowa była? Barzo dobrze! owszem takem iey mowil: lepiey w polszcze u krola Jeº Mści uprosic kąncik iakiey, nisz Czarową byc; y by mi było nie zabraniono pisania, lepiey by były rzeczy poszły na stronę W.K.M. Był ten Rumor, zes y W.K.M. obiecał iey dobrodzieiswo pokazac, ale ona niebozątko, ysz moia Rada nie przystąpiła, zle sobie poczęła, y teras nie wiem, co się znią dzieie, kędy iesc, czy zywa; z kąd wielki zal miec iak Ociec muszę. Bog się pomsciey krzywdy moiey. Straciłem dzieci: Pokiey będę mogł, będę prosil W. K. M., zeby do konca stracona nie była; gdysz y rzeczą W.K.M. expedit to. Siodmy Punkt. Jako bym z Batorym praktikował. Ato zkąd P. Bracie? Takasz by to moia cnota, iako twoia? co calumniam idziesz? mąm y załywąm dobrodzieistw W. K. M., a wielki to pien iest do postęmku tak niecnotliwego. Mąmli się przy kim opowiedać? iestem cnotliwy y Boga się boiący Catolik. Corke mu chciałem dac? a on ma własną zonę y do dziesiąci nie własnych przy niey: tak cnotliwy iako y ty! Bodai się tacy nie rodzili. Daliey. Woiewoda Sabaty (Kabały?) w koronę wprowadził. Dowiedziesz ze tego? a nie, daległosz mie to? Czemus nie przestrzegł o nych: a wiedziałem? a mniesz to zlecono? pisąno do inszych. Mnie minąłesz W.K.M.; dziwowałem się, zes mi sluzyc sobie nie kazal, y opusciłem ręce. Ale iest zes to Woiewody Sendomierskiego: A ty czemus takze nie bronil? Jasna y nie sluszna traductia — Pana Stadnickiego przechowywałem: albo nie wiesz, cos iest Jus Hospitalitatis, co krew? ale dowiedz, com mu złego radził; y owszem iusszem go był przywiodł do tego, aby się Chrzesciańsko spowiedał. Gniewałem się o smierc iego: y czosz większa, o zginienie się przyiaciela frasowacz, czyli na krew swą następowacz? Poborow Sądeckich odradziłem dawac: Nie odradzałem; Ale Burgrabia, sługa moj, nato się podpisał. A ia com winien? czyli ia to mu rozkazował, albo Instructią dawał?« Nun kommt Mniszech auf die Propositionen zu sprechen: »Przy traktaciech wybawic Corkę moię, — strony ktory przykrzyc się nie

vertheidigte den Krieg und machte dabei einen Unterschied zwischen
D. I. und den späteren »Betrügern«. Sehr gehässig sprach gegen Russland der Bischof von Kiev. Er glaubte, dass man sich auf Verträge mit
den treulosen Moskowiten nicht verlassen dürfe. Es wäre auch aus
demselben Grunde gefährlich, den jungen Prinzen (Wladislaw) dort auf
den Thron zu setzen. Da also Gott die polnischen Waffen mit Sieg und
Erfolgen gesegnet hat, so solle man Russland in eine Provinz der Krone
verwandeln und Kolonien im Lande ansiedeln. Sehr wichtig für die
Geschichte der Wirrenzeit ist das Votum des Vojevoden von Sandomir,
Jeszech Mniszech, weil er darin sein Verhältniss zu den beiden D. I.
und II. aufklärt und rechtfertigt. Der Vojevode besteht darauf, den
Caren Demetrius auch jetzt noch bloss als D. erwähnen zu müssen, den
zweiten D. aber als den »Falschen« D., da ja der König Sigismund
selbst dem Ersten D. den Titel des Caren gegeben und die Hochzeit der
Tochter des Mniszech durch seine Gegenwart geehrt hat. Der König
mag wohl den Namen eines Otrepjev in den Acten seiner Gesandten
gesehen haben. Mniszech muss aber dagegen antworten, dass er seine
Tochter nicht dem Otrepjev, sondern dem Grossfürsten von Moskau zur
Frau gegeben hat. Der Vojevode hat seine Verbindung mit dem D. I.
Niemandem verheimlicht, hat sie sogar selbst dem Hetman Koronny an-
gekündigt. Dieser hat zwar an seinem Unternehmen kein Gefallen gefunden, hat es aber auch nicht verboten, soll sogar dem Mniszech persönlich seinen Segen dazu ertheilt haben. Niemand könne dem Vojevo-
voden vorwerfen, dass er seinem Vaterlande dadurch geschadet hätte:
er hat den D. nach Moskau als den Caren geleitet, welchen die Russen
selbst bei Putivl aus freien Stücken anerkannt haben. Der zweite Punkt
der Anklage gegen den Vojevoden M. lautete, dass er aus Ränkesucht
und auf die Gefahr der Republik seine Tochter dem D. zur Frau gegeben hätte. Indessen hat es Mniszech nicht eigenwillig, sondern mit
Wissen des Königs und der Senatoren begangen. Drei Reichstage sind
verflossen, ohne dass ihn Jemand dafür getadelt hätte. Der dritte
Punkt lautet: Mniszech hat seine Tochter nach Moskau geführt, um
gegen sein Vaterland und den König Ränke zu schmieden. Aber der

---

będę; iesli to ku lepszemu Rptey, ze tam zginie, niechay zginie, ieslisz tez
nie, tedy Oicowski moy affect nie moze iedno ley zyczyc łaski W.K.M. Z
Batorym co czynicz? By była gotowosc, był by sposob; nie potykac iednak
tego, co uczyniel; obezlacz go z tym: nie usprawiedliwiszli się, będziem tego
na tobie patrzyc; a nie czyńmy silentio audacem« etc.

ehrbare Name des Vojevoden spricht für ihn, es rechtfertigen ihn auch
die von ihm erlangten Privilegien, in denen mehr das Wohl der Republik, als sein privater Nutzen beobachtet worden sind. Man sollte
eher nachforschen, ob nicht Jemandes Ränke in Polen die Schuld daran
tragen, dass Car D. so jäh gestürzt ist und dass die Polen in Moskau in
Gefahr gerathen sind. Der Vojevode durfte sich auch niemals soviel
Gutes vom Caren versprechen, wie er es bereits seitens des Königs genossen hatte. Demetrius hat dem Mniszech nie irgend welche Anschläge
gegen Polen anvertraut. Das ist alles Klatscherei, das ist ein gefährliches Geschwür am Körper der Republik. Sollte man nicht mit dem
Schwerte in der Hand dagegen auftreten? Es wird dann dem Vojevoden
von Sandomir vorgeworfen, dass er den Weg nach dem Lager des anderen Demetrius genommen hätte. Wohl auch der Ränke halber! Man
sollte erst fragen, ob es aus freien Stücken geschehen ist? Drei Tausend
Kriegsleute wurden dem Mniszech nachgesandt, sind ihm in den Weg
getreten. Mniszech und M. Ratomski, der bei ihm war, haben vergebens
dagegen eingewendet, man solle sie nicht zwingen umzukehren, denn
sie wüssten ja, dass es nicht der rechte D. wäre. Trotz aller Schwüre,
als ob es der echte wäre, und trotz der Verlockungen, durch ihre Anerkennung sich Verdienste beim Betrüger zu erwerben, haben Mniszech
und seine Gefährten nach ihrem Gewissen gezeugt, dass es nicht der
Car D. wäre. Da trafen sie weiter den Jan Peter Sapieha und baten
ihn um Beistand, dass er sie nach Polen führe. J. Sapieha war zwar
damit einverstanden, hat es aber nicht durchsetzen können. So wurde
Mniszech von einer Burg zur anderen geschleppt. Die Russen hatten
indessen keine Ruhe: der Vojevode musste abermals nach dem Lager
geführt und gezwungen werden, den Betrüger anzuerkennen. Man
glaubte schon, dass das Leben des Vojevoden in Gefahr stehe. Die
Tochter hat ihm geschrieben, wobei sie ihren Glauben an die Echtheit
des D. dadurch rechtfertigte, dass man bereits in Moskau nach dem
Sturze und der Ermordung des Caren D. an der Identität des Leichnams
gezweifelt hat. Mniszech konnte auch die Unterhandlungen des M. Ratomski mit seinen Hütern nicht mit Stillschweigen übergehen. Die
Hüter riethen ihm nämlich, den D. II. äusserlich anzuerkennen und ver-
sprachen, ihrerseits die Krone von Moskau in die Hände des Königs
Sigismund III. oder des Korolevič Wladislaw zu spielen. M. Ratomski
hatte sich zwar zuerst in diese Unterhandlungen eingelassen, als er aber
später die Unbeständigkeit der Leute merkte, ist er davongeritten. Es

würde ihm das Leben gekostet haben, wenn man ihn damals eingeholt
hätte. Nun knüpften die Russen abermals die Verhandlungen mit Mniszech an und zwar durch den Fürsten Andrej Golicyn. Sie liessen den
Vojevoden von Sandomir gar nicht zur Rede kommen, sondern wünschten
nur die Antwort zu erhalten, ob er den D. II. anerkenne, oder nicht.
Mniszech hat auch diesmal die Echtheit geleugnet. Er berief sich dafür
vor dem Könige auf das Zeugniss des anderen Bruders Iwan Golicyn.
Der fünfte Punkt der Anklage lautete: Vojevoda hat seine Tochter
verlassen und ist weggereist, um auf dem Reichstage Ränke zu schmieden. Darauf antwortet Mniszech, dass er für seine Person dem Könige
gerathen haben würde, den D. II. (wer es auch gewesen sein mag, ob
aus der Stadt Kaluga gebürtig, ob der Sohn eines Schmieds) so zu behandeln, dass man, ohne ihn anzuerkennen, durch ihn seine Ziele hätte
schneller erreichen können. Seine Tochter hat Vojevoda nur deshalb
dem D. II. zurückgelassen, weil er sie beim Betrüger nicht hat erbeten
können. Ueberhaupt waren Vater und Tochter in einer ehrenvollen
Gefangenschaft, ihre Ehe war diesmal gar nicht freiwillig. Mniszech
hat seine Tochter gewarnt auf ihrer Hut zu bleiben, weil dieser Mann
seinen Platz keineswegs würde behaupten können. Er hat auch andere
Anhänger des D. II. dazu ermahnt, das Interesse des Königs zu beobachten, wenn anders sie keinen Fehltritt zu begehen wünschen. Der sechste
Punkt der Anklage: Mniszech habe nach Russland Briefe geschrieben.
Es darf also der Vater an seine Tochter gar nicht schreiben! Vojevoda
suchte ja sie nach Hause zu locken. Jedenfalls sind seine Briefe im
Lager erhalten und aufgehoben worden. Man solle sie öffentlich vor-
lesen. sie werden keineswegs gegen die Treue des Vojevoden seinem
Könige gegenüber zeugen können. Man beschuldigt den Mniszech,
Rathschläge dort ertheilt zu haben. Natürlich dafür, dass die Leute
ihn geschunden haben? Oder damit seine Tochter Carin bleibe? Mniszech hat im Gegentheil ihr seine Meinung klar geäussert: besser ist
irgend einen Zufluchtsort in Polen beim Könige zu erbeten, als Carin zu
sein. Wenn dem Vojevoden nicht verboten worden wäre, an seine
Tochter zu schreiben, hätte die Sache des Königs davon nur gewonnen.
Da die Unglückliche den Rath des Vaters nicht hat befolgen können,
hat sie schlimm an sich selbst gehandelt. Nun weiss der Vater selbst
nicht, ob sie noch am Leben, wo sie ist und wie es ihr geht. So hat der
Vojevode seine Kinder verloren (den D. und die Marina?). So lange er
kann, wird er den König darum bitten, dass man sie nicht gänzlich dort

zu Grunde gehen lässt. Das fordert ja auch das eigene Interesse des
Königs. Der siebente Punkt der Anklage: Mniszech habe für den Bathori Praktiken gemacht, habe ihm seine Tochter zur Frau geben wollen.
Statt jeder Rechtfertigung weist Vojevoda auf die Wohlthaten hin,
welche er seitens seines Königs genossen: das ist ein Stein des An-
stosses für jede unehrliche Handlung. Weiter lautete die Beschuldigung:
der Vojevode von Sandomir habe Kabalen im Reiche gesät oder wenigstens sie nicht anzeigen wollen. Mniszech gibt zur Antwort, dass er
weder in die Kabalen eingeweiht, noch gegen‘ sie aufzutreten befugt
war. Dem Stadnickij habe er nur, als seinem Gaste und Anverwandten,
Zuflucht gegeben. Als endlich Mniszech von der Rechtfertigung zu den
Propositionen überging, da schlug er vor, bei den Verhandlungen mit
Russland die Befreiung seiner Tochter zu fordern, wenn es sonst nicht
gegen das Wohl der Republik laufen würde.

Als König Sigismund III. dem Mniszech seine Zustimmung dazu
gegeben hat, den PD I. nach Moskau zu führen, handelte es sich nur
darum, einen von Polen abhängigen Fürsten auf den Carenthron zu
setzen. Nach dem Falle des Glückskindes steckten die polnischen
Staatsleute ihr Ziel viel höher auf; sie hofften durch die Banden des
PD II. ganz Russland allmählich in den Zustand der Anarchie zu versetzen und sich dadurch die Eroberung des Landes leichtzumachen. Die
stolzen Hoffnungen des Königs schienen der Erfüllung nahe zu stehen;
als am 29. Oktober 1611 s. n. der russische Car dem polnischen Könige
in Gegenwart des Reichstages die Hand küsste [1]), da glaubte man, dass
die Stunde für die Suprematie Polens bereits geschlagen:

»Alsz der Marschalck die Woyivodschafftn, welche in der Brandeburgi-
schen sachen quoad collatiöm feudi sich vereinbaret vnd dagegn welche Pala-
tinatus dieser Intention zuwieder ordentlich erzehlen wollen, ist Ihrer M[tt]
abgeordneter dazwischen kommen, anmeldende, dasz die gefangenen Šuisken
itzo Reipub. wurden præsentirett werden: dero wegen sich die hh. landtboten zue diesem solemni Actui zu ihrer M[tt] vnd den hh. senatoribus finden
vnd denselben beywohnen wolten, welchem zu folge sie alszbalt auffgebrochen

---

[1]) Ein lateinischer Bericht über die Huldigung der Šujskie ist in polnischer Uebersetzung bei Niemcewicz gedruckt (Dzieie Panowania Zygmunta III,
tom III). Er scheint einem Pamphlete der Zeit entlehnt zu sein und hebt die
Auffassung des ganzen Ereignisses hervor, welche damals in Warschau
herrschte (Przypadła każdemu niezbyt dawnemi laty pamięć ona rokowania
między Królami Polskiemi a Carami Moskiewskiemi, ktoby komu ustępo-
wać miał).

vnd seindt bey ihrer M^{tt} vnd den hh. senatoribus bisz an den abendt verblieben. Sonsten haben die Reuszen, wegen ihrer religion freyheitt zubestätigen, auch embsich bey den hh. landtboten, damit solch negocium promouiret wurde, angehalten: Sint aber im gleichen durch der Suisken ankunfft in ihrer proposition vnd petitis behindert wordenn.

Nachdem nun die hh. landtboten sametlich in den Reichs Raht sich eingestellet, sint die drey gefangene bruder aus der Moskau, Suisken genät aus ihr M^{tt} befehlich in dero Careten inwendig mit schwartzem Sammet gefuttert, mit 6 roszen zu Schlosz gebracht, der elteste, welcher zimlich graue, der Groszfurst, so in der Moskaw nach des Demetrij thodt regieret hatt, Basilius genandt gewesen: Die andern beyden, vnter welchen einer Dux exercitus gewesen, Demetrius nomine mediocris aetatis, der ander aber noch jung ist Juan genennet. Der Elteste alsz gewesener Groszfurst in der Caret oben an gar allein geseszen, mit einem Roten sammeten vnd darauff einem von goldenstuck gemachtem rok. Vnd dan auch mit einem besonderen gleich guldenem Zindell Vberrock vnd einer Mützen mit einem hohen auffschlage von Schwartzem fuchs etc. bekleidett. Der ander gewesener Dux exercitus hatt auch ein goldtstuck zum vnterrock vnd ein violbraun Samten Vberrock vnd der dritte alsz der jungste ein goltstuck zum vnterrock vnd ein Pomerantzfarben Samten Vberrock gehabt, vnd beyder seits gleiche mutzen von Rohtem Sammet mit Zoblen klein auffgeschlagen, Vnd voran mit einem guldenen borten besetzett, alles auff ihre Moskowitische art gemachett. Der gewesene groszfurst vnd jungste bruder mittelmesziger, der mittelst bruder aber zimlicher hoher statur. Alsz sie an der treppen, da man ins gemein zuschlosz hinauff in die Stuben der hh. Senatoren gehett, von der Careten getreten, hatt sich Ihr Gm. G. der Kyouische woywode h. Zolkiewskj, der Cronen felthaubtman strachs zu ihnen funden, welchem sie mit neigung des Haubts ihre reuerentz gethann, Darauff balt wolgemelter h. Felthaubtman ihnē vorgangen, wie woll vor dem h. felthaubtmann auch ettliche Vornehme hh. von der Ritterschafft gängen sint. Sindt derogestalt die 3. gefangene Suisken in der hh. Senatoren Stube, mit welchen, wie auch den hh. Landboten Ihr Kon. M^{tt} albereit in session gewesen, gebracht vnd ihrer M^{tt} wie auch toti Reipub. zum vorschein gestellett worden, da dan der h. felthaubtman nebenst den gefangenen Suisken, welche vorgengig zu bezeigüg ihrer Voterthenikeitt ihre heubter auff die erdn gesenkett, stehend eine oration gehalten, dero summa gewesen: das er erstlich Ihrer M^{tt} besonderes glück vnd Victorias, so der allerhögste derselben nicht allein bey Smolensk, sondern auch wieder ander ihre feinde gnädigst verliehen, hoch praediciret, also das man auch von dergleichen bey regierung der vorigen hochloblichstn Konigen vnd herrn dieser Kronen nie erfahren. Demnach er dan die Res gestas ihrer M^{tt} mit des Alexandri Magni, Julij Caesaris vnd anderer Monarchen vnd hohenn Potentaten rebus optime gestis nicht allein compariret, sondern auch vielen vorgezogen. Zu mehrem beweisz deszen er Amplitudinem Moscouiae feliciter occupatae angezogen, welche fast vnuberwindtlich geschienen, vnd dennoch durch gottliche hülf in ihrer M^{tt} hand vnd gewalt gedien: Ja der grausame groszfürst selbst nebenst seinen brudern, so er hiemitt

Ihrer Kon. M^{tt} et uniuersae Reip. praesentiren thete, gefangen hinweg ge-
fuhret worden. Ob nun woll dieselben, alsz menschen, ihr Vnglück getroffen,
weren es dennoch hohe vnd furstliches standes Personen: Wolte demnach
Ihre Kon. M^u in gebuhrender reuerentz gebehten haben, dieselbte ihrer angebornen sanfftmuht vnd clementz nach, welcher halben sie beij menniglich
allezeitt einen besonderen Preisz gehabt, auch auff diese 3. gefangene furst-
liche personen ein gnadiges auge tragn, Vnd ihre Clemenz in der gebuhrlichen
Vnterhaltung im gleichen auch an ihnen verspieren laszenn.

   Ihre M^{tt} durch ihre Gm. G. den h. VnterCantzler solches beantworten
laszon, da sie dan erlangtes gluck vnd sieg dem lieben Gott vornemlich mit
Danck zugeschriebn, nichts do (desto?) weniger aber desz h. felthaubtmans
tapfrikeidt gepriesen vnd toti Reipub. commendiret, sintemahl negst göttlicher hilffe er bey dem Kriegswesen sich ritterlich verhalten, durch welches
Raht vnd thatt auch diese gefangeo vnter Ibrer M^{tt} hant vnd gewalt weren
kommen: Seiner bitte wolte ihre M^{tt} eingedenk sein vnd die gepraesentirete
gefangene in gnaden auffnehmen, derer sie hinfuro solten zugenieszen haben.
Sint also die drey gefangene Suisken zu ihrer M^{tt} handt verstattet, welche
nachdem sie ihrer M^{tt} handt gekuszet, abermals vor ihrer M^{tt} ihre heubter auff
die erden gesenkt, Vnd also ihren abscheidt genommen, da sie dann mit vo-
rigem wagen vnd roszen wiederumb vom Schlosz sint abgefuhret vnd an ver-
ordnetem ort in custodiam genommen worden: doch sint sie auff freyem fusz
vnd in keinen banden, vnnd werden auch sonsten in eszen vnd trinken woll
gehalten. Bey diesem Actu ein solch grosz gedreng in Area desz Schloszes,
wie auch droben gewesen, alsz nicht viel auff Reichstagn erfahren sein mag,
sonderlich aber drobn zu Schlosz, da nicht allein die Stube der hh. Senatoren,
sondern auch vor derselbn alle örter voll Volcks gewesen, also das sie auch
in die schranckn gedrungen vnd den hh. Senatoren vorstandenn. Darüber
dan der b. Ertzbischoff vnd h. Grosz Cantzler von ihren Stuben auffstehen
muszen vnd eine gutte weile gestanden; ja etliche auff die Schrancken gestanden; vnd ist eine solche confusion gewesen, dasz alle 4. Marchalci der
eingeriszenen menge, ob sie schon in den hauffen geschlagen, nicht wehren,
viel weniger mitt bitten eine entweichung erhalten kunnen, wie dan auch die
entweichung fast vnmuglich gewesen, in dem eine Person vor der andern nicht
vortkommen kuunten, bisz entlich der hauffe, so ferne an der treppen gestanden, zum ersten abzugehen begunte, welches mit solchem gedreng zu-
gangen, das mancher die Stiegen hinunter gefalln, mancher so gedruckt, das
er esz eine weile wirdt haben fielen muszen, darüber auch einem Jungn der
Arm zerbrochen.

   Ehe die Suisken auff das Schlosz kommen, ist der gewesene Woywoda
zu Smolensk, welcher so lange die Vestung daselbst gehalten, Michael Bo-
rissovides Szein genandt, nebenst dem Eltern gewesenen Woywoden zu
Smolensk, alsz gefangene auff einem schleichten wagen mit einem rosz auch
in das schlosz bracht, sint daselbst von des Koniges Heyducken in ihre Kammer genommen, darinnen auch ihr oberster h. Mareck gewesenn, haben nur
schleichte rohte delien (pln.) mit Schwärtzem Petlitzen angehabt: Der Elteste
gewesene Woywoda zimlicher hoher Statur vnd graue, der Jungste gewesene

Woywoda Borissouides Szein mittelmesziger statur vnd schwartzen haares vngefehr von vier oder Vunff vnd dreyszig Jahren alt: diese sint nicht vorgestellet, sondern alda in custodia verblieben, doch haben sie in keinen feszlen geseszen, sondern an henden vnd fuszen frey.

Alsz die Sulsken, wie erwehnet, abgeführet worden, sindt die abgesante ausz Moskaw von des h. Sapieha Volck vnd anderen von der Ritterschaft .. in selbter session von Ihrer M^{tt} den h. Senatoren vnd hh Landboten gehöret worden, derer ganzes gewerbe nichts anders alsz begerte Zahllung vor ihre trewe Dienst gewesen ...«

Es war also dem Könige Sigismund III. gelungen, den Caren Vasilij Šujskij zu demüthigen und die Bojarenoligarchie in Moskau für die Wahl eines polnischen Korolevič auf den Carenthron zu gewinnen. Es galt hier noch über zwei wichtige Fragen eine Uebereinkunft zu erreichen: ob Korolevič Vladislav zum griechisch-orthodoxen Glauben übertreten sollte und in wie weit er unabhängig von seinem Vater herrschen würde. Die leitenden Männer des polnisch-litauischen Staates sind indessen von den ersten Kriegserfolgen und dem stäten politischen Glücke berauscht worden und haben nun weder Mass, noch Ziel in ihrem nationalen Ehrgeize gehalten. An der persönlichen Herrschsucht Sigismunds III. und an seiner starren jesuitischen Gesinnung ist vor Allem der Versuch gescheitert, die drei Nachbarvölker unter einem königlichen Hause zu vereinigen. Während der König in Warschau seinen Triumph feierte, war die Machtstellung seines Hauses in Moskau durch den Widerstand des Patriarchen Hermogenes bereits erschüttert. Die polenfreundliche Oligarchie der Bojaren büsst seit diesem Jahre allen ihren Einfluss ein und es nehmen die demokratischen Kräfte überhand — die Geistlichkeit, der Kleinadel, die Städte, die Kosaken, welche für den Glanz der polnischen Magnatenkultur keinen Sinn hatten. Polens Staatsleute wollten ihr Luftschloss eben nur auf der Alp des russischen Volkslebens aufbauen, sie sind aber allzu hastig und etwas planlos an das Bohren und Sprengen gegangen. Sie haben zu tief gewühlt und die unterirdischen Gewässer einer Volksbewegung gegen sich heraufbeschworen. Von den Wogen einer allgemeinen Volkserhebung wurden die Polen in Moskau selbst überwältigt und an die Grenze zurückgeworfen. Noch ein Halbhundert Jahre nach dem Tode des PD I. haben sie Mühe gehabt, diese Fluth im Herzen ihres eigenen Reiches mit allen Zauberkünsten der europäischen Diplomatie zu besänftigen [1]).

---

[1]) Unter den polnischen Geschichtsschreibern der ersten Hälfte des XVII. Jahrhunderts gibt nur der Bischof Piasecki einen kritischen Bericht:

Die ausserordentliche Fülle und Beweglichkeit des russischen Staats- und Volkslebens während der Wirrenzeit hat sich in einer reichen historischen Litteratur abgespiegelt, deren bedeutendster Theil bereits in die verhältnissmässig ruhigeren Regierungen der ersten Romanovy fällt. Im schroffen Gegensatz zu den polnischen und überhaupt westeuropäischen Quellen behaupten alle diese russischen Annalen, Sagen, Geschichten ganz zuversichtlich, dass unter dem Namen des Caren D. I. eben der flüchtige Mönch Griška Otrepjev (Razstriga) geherrscht hätte. Den Geschichtsforschern blieb gewöhnlich die Wahl, einen von den zwei Schattenrissen des Caren D. I. zu zeichnen, denn die

---

»Demetrius enim quidam ex Moschouia veniens & pluribus annis in Prouincijs Russiae oberrans, in Aulis diuersorum ibi Principum habitu famulari, cum originis suae ex Ducibus Moschouiae & seruatae ab insidijs vitae seriem diutius praedicasset, tandem narrationi suae fidem & patrocinium causae inuenit. Eam autem (veramne an commentitiam hucusque parum constat) tali relatione instruebat etc. (Chronica a Paulo Piasecio conscripta, Cracoviae, 1645. — Piaseckiego, Biskupa Przemyślskiego). Die übrigen geben entweder die russische Tradition in entstellter Form wieder, oder bringen geradezu Fabeln, z. B. Stanislai Lubienij (Lubienski) Episcopi Plocensis Opera Posthuma, Antverpiae, 1643: »Pseudo-Demetrius procul dublo ignotae stirpis homo & ut postea compertum est, monasticae vitae quam primo professus erat desertor, non tam Polonorum ope (quamuls hac quoque priuatorum studijs comparatâ eum subnixum fuisse negari non potest) quam Moschorum fauore Principatum adeptus.« Oder, Gestorum Vladislai IV. pars prima authore Everbardo Wassenbergio, Gedani, 1641: »Quippe Borissii in Demetrium technas sollicita Principum Mater advertit & consilio omnino salubri filiolum suum periculo mature subduxit .. Adeoque & in Livonia liberalibus imbutus studiis & loqui eleganter latine & scribere didicit. Et poterat hoc septem annorum spatio quo Borissius imperavit ... Cum esset ergo a catholica fide non alienus, potentibus in Polonia Societatis Jesu Patribus primo personam suam aperit & fidem invenit ..'. Primum ad Palatinū Georgium Mniscum supplex introducitur« etc. Oder Historia Vladislai Auctore Stanislao a Kobierzycko Castellano Gedanensi (Kobierzickj), Dantisci 1655: »Impostor tamen hic erat & alter ab eo quem Joannes Basilii genuerat; audacius mentiri genus suasit forma & oris lineamenta quibus haud dissimilis in Demetrium erat. Caeterum e monastico profugus claustro in Russiam se contulerat perque coenobia amplissimarum Regni ditionum Volhiniae Kioviaeque vagus, ignotus primum latuit; donec imponeret larvam, sub qua Ducis fabulam confidentius ageret. Et hanc quidem apud Adamum Ducem Visnieviecium exorsus« etc. Es hat sich also in Polen keine eigenartige Tradition gebildet; auch nach dem Tode der leitenden Persönlichkeiten der Wirrenzeit sind dort keine neuen Enthüllungen zum Vorschein gekommen.

beiden Profile dieser Sphinx von Westen und von Osten fallen keineswegs ineinander. Doch wollen wir den Versuch anstellen, die beiden incongruenten Abrisse aufeinanderzulegen und diejenigen Striche abzusondern, welche sich decken und dadurch etwas stärker hervortreten; auf solchem Wege glauben wir zu einer Synthese aller Nachrichten von Osten und Westen her durchdringen zu können [1]).

IV.

In der Zeitschrift (»Vremennik«) der Kais. Moskauer Gesellschaft für Russ. Geschichte und Alterthümer, B. 16 (1853), hat Prof. Bjeljaev »Eine Neue Sage über die Falschen Demetrii« (Иное Сказаніе о Самозванцахъ) nach einer Handschrift aus dem XVII. Jahrh. veröffentlicht, welche aus einer Reihe von Sagen über die Zeit der Wirren vom Tode Johanns des Schrecklichen bis auf die ersten Romanovy entstanden ist [2]).

---

[1]) Für die äussere Charakteristik der russischen historischen Quellen haben wir oft die Forschungen des Prof. Platonov zu Rathe gezogen (vgl. Платоновъ, Древнерусскія Сказанія и Повѣсти о Смутномъ Времени XVII вѣка, dazu den Text der Sagen und Geschichten in der »Русская Историческая Библіотека«, т. XIII). Diese Forschungen tragen aber ein ausschliesslich literärhistorisches Gepräge. Prof. Platonov hat vorläufig weder seine Anschauungen über den PD I. auseinandergesetzt, noch die polnischen, jesuitischen, überhaupt westeuropäischen Quellen zur Kritik der russischen Nachrichten herbeigezogen; sogar manche wichtige russische Akten hat der Verfasser bis jetzt noch unbesprochen gelassen (z. B. das Original des Gesandtschaftsregisters des Fürsten Volkonskij aus den JJ. 1606—7 und den Brief des Boris an den König Sigismund III. bei der Analyse der Sage aus dem J. 1606 oder die Schenkungsurkunde für die Brüder Chripunovy und das Rangregister zum J. 1604 bei der Analyse des Zeugnisses des Barlaam). Infolge dessen mussten wir selbst an die kritische Durchforschung der russischen Nachrichten und ihre Zusammenstellung mit der ganzen Masse der westeuropäischen Quellen gehen. Also trotz vieler einzelnen bei Prof. Platonov entlehnten Bemerkungen fällt die Verantwortung für unsere allgemeine Auffassung der russischen Quellen ausschliesslich auf uns. Wir pflichten der Meinung des Prof. Platonov bei, dass fast Alles historisch zuverlässige in den Sagen und Annalen auf die officiellen Akten der russischen Regierung zurückzuführen ist. Im Gegensatz zu seinen Forschungen machen wir indessen einen Unterschied zwischen den Akten des Boris und des Vasilij Šujskij und verfolgen beide Strömungen durch die ganze russische historische Literatur des XVII. und des XIX. Jahrhunderts.

[2]) Den Titel »Eine Neue oder eine Andere Sage« hat diesem Denkmale Prof. Bjeljaev gegeben; in den vollständigen Manuskripten folgt sie nämlich der Sage des Palioyn nach.

Sehr wichtig für unsere Frage sind die zwei ersten Bestandtheile dieser
Geschichte, nämlich die Sage vom Boris Godunov und Pseudodemetrius I.
und eine Sammlung officieller Acten über den Tod des FD und die
Thronbesteigung des Caren Šujskij. Der erste Bestandtheil, welchen
wir nach Prof. Platonov als »Die Sage aus dem J. 1606« bezeichnen
werden, enthält die Berichte über die Ermordung des Carevič Demetrius, über die Thronbesteigung des Boris, über das Erscheinen des FD,
über seinen Kampf gegen Boris und seine Thronbesteigung, über die
Angriffe des FD auf die russische Nationalität und die russische Orthodoxie, über die Absetzung des FD und die Thronbesteigung des Šujskij, über die Uebertragung der Reliquien des Carevič Demetrius aus
Uglič nach Moskau. Die ganze Sage ist von den Gefühlen des Hasses
gegen Boris und den FD und der Ergebenheit gegen den Caren Šujskij
erfüllt; sie will beweisen, dass Boris und der FD eigentlich nur ihre
Schandthaten gebüsst haben, und freut sich darüber, dass die Wirren
vorbei wären. Sie muss nach dem 3. Juni 1606 s. v. (an diesem Tage
wurden die Reliquien des Carevič nach Moskau übertragen) und vor
dem Herbste des J. 1606 (wo eine Empörung gegen den Šujskij im S.
losgebrochen ist) entstanden sein. (Der Anzug des Bolotnikov bis gegen
Moskau wird erst in dem dritten Theile der »Neuen Sage« erzählt.)
Der Verfasser der Sage scheint zu den Mönchen des Troickij Sergiev-
Klosters gehört zu haben. Er behauptet nur das Leben des FD in
Polen nach Gerüchten, alle Begebenheiten in Russland aber als Augen-
zeuge beschrieben zu haben; diese übertriebene Behauptung eines Mön-
ches des Dreieinigkeitsklosters kann jedenfalls weder auf den Zug des
FD bis nach Moskau, noch auf die Ermordung des Carevič zu Uglič,
noch auch auf die Beschreibung der vermeintlichen Verbrechen des
Boris und des FD Anwendung haben. In seine Sage hat der Verfasser
»Die Anklage des Barlaam« und drei Briefe des FD an seine russischen
Unterthanen, vor seiner Ankunft nach Moskau geschrieben, eingeschaltet. Es wird also die Anklage des Barlaam wohl schon im Sommer
des J. 1606 entstanden sein. Auch sonst findet man Uebereinstimmungen
zwischen der Erzählung der Sage und den officiellen Acten aus der
Regierungszeit des V. Šujskij [1]). Im Widerspruche mit Avramij Palicyn

---

[1]) Im Februar des J. 1607 hat V. Šujskij beschlossen, den früheren Patriarchen Hiob nach Moskau kommen zu lassen, um das russische Volk von
der Schuld des Verrathes dem Boris gegenüber zu erlösen. Am 5. Februar s. v.

und sogar mit den officiellen Urkunden der Zeit hält die Sage den Vasilij Šujskij für den rechtmässigen, von ganz Russland (всею Россiй-
скою областiю) gewählten Caren. Nach den Urkunden des Caren Šujskij selbst wurde seine Wahl nur von allen Leuten »der Moskauer Herrschaft« (Московское государство) getroffen; Boris Godunov und Michail Romanov wurden dagegen den Acten der JJ. 1598 und 1613 zu
Folge von allen Christen »aller Herrschaften des russischen Carenreiches«
(всѣ государьства Россiйскаго царствiя) gewählt [1]). Der Unterschied
zwischen der Moskauer Herrschaft und dem russischen Carenreiche ist
aus der Thatsache zu entnehmen, dass Godunov und Romanov von den
Reichsständen (Zemskij Sobor), Šujskij aber nur von einer Clique der
Moskauer Bojaren gewählt wurden. Der Verfasser der Sage verfolgt
ziemlich genau die einzelnen Ernennungen der Befehlshaber in den
Heeren des Boris und macht Fehler gegen das »Register« nur bei der
Beschreibung der Schlacht bei Dobryniči (bei Sjevsk). In Bezug auf
den Tod des Carevič Demetrius geben die officiellen Acten der Moskauer
Regierungen zwei verschiedene Aufklärungen: im Jahre 1591 wurde

---

sind also Paphnutij, der Metropolit von Kruticy (der frühere Abt des Wunderklosters) und andere Würdenträger nach Starica zum Hiob abgesandt.
Am 14. Febr. ist Hiob in Moskau angelangt, am 16. Febr. haben die beiden
Patriarchen — Hiob und Hermogenes — ein gemeinsames Gebet um Vergebung
der Schuld angestimmt; am 20. Febr. wurde eine Vergebungs- und Erlösungs-
urkunde dem Volke vorgelesen. Nun wird in dieser Urkunde behauptet, dass
der Carevič D. zu Uglič von Verräthern ermordet sei (прiятъ закланiе непо-
винно отъ рукъ измѣнниковъ своихъ), was eigentlich im krassen Widerspruche
zu den früheren Aussagen des Hiob stand. Es wird angenommen, dass das
russische Volk nur aus Missverständniss dem Griška gehuldigt, weil es nicht
wusste, dass es kein Carevič, sondern ein aus dem Kloster entlaufener Mönch
sei (того гора, не вѣдая о немъ подлинно, что онъ рострига, а не Царевичь
Дмитрей, восхотѣша на Россiйское государьство царствовати прiяти). Nun
wären abermals Wirren in der von früher her besessenen Provinz Severa aus-
gebrochen (прелстивъ тос-жъ прежсомрачснную безумiемъ Сѣверскую украй-
ну). S. A. A. Э., II, Nr. 67.

[1]) In zwei Urkunden aus dem J. 1611 widerlegt der Patriarch Hermogen
die historisch ganz richtige Auffassung der Feinde des Caren V. Šujskij, dass
er nur von der Stadt Moskau zum Caren gewählt wäre. Nun antwortete dagegen Hermogen, dass Moskau stets den Städten Novgorod, Kazanj, Pskov,
Astrahanj befohlen hätte und dass bei der Wahl des Caren Šujskij die Vertreter aller Städte zugegen gewesen wären (за и изо всѣхъ городовъ на его
царьскомъ избранiи и поставленiи были люди многiе). Diese letzte Behauptung wird von allen übrigen Quellen widerlegt (A. A. Э., II, Nr. 169).

officiell der Selbstmord des Carevič im Anfalle der Epilepsie festgestellt, 1606 wurde die Anklage des Mordes gegen den Boris officiell verkündigt.

Die »Sage aus dem J. 1606« hat diese Beschuldigung des Boris zum ersten Male in die russische historische Literatur eingeführt und dem Berichte von dem Selbstmorde, welchen die officiellen Untersuchungsacten enthalten, die Beschreibung der Ermordung des Carevič entgegengestellt. Und doch waren noch die Mutter und die Oheime (Nagije) des Carevič am Leben, als diese Sage aufgeschrieben wurde. Nach der »Sage« hätte Boris mehrmals den Versuch gemacht, den Carevič zu vergiften und am Ende die Mörder M. Bitjagovskij und dessen Neffen Nikita Kačalov nach Uglič geschickt; einer von diesen hätte dem Demetrius beim Spielen die Gurgel durchschnitten (пpepѣзa гортань его). Ohne den Osip Volochov und den Danila Bitjagovskij (den Sohn) zu nennen, berichtet die Sage so unklar, als ob Michail B. (der Vater) selbst den Carevič angegriffen hätte; indessen haben die Oheime Nagije bei der Untersuchung das Zeugniss abgelegt, dass M. B. erst nach der Ermordung des Demetrius auf dem Spielplatz des Kindes angekommen wäre. Noch einen anderen groben Fehler begeht die Sage; sie behauptet, dass zugleich mit dem Bojaren Vasilij Šujskij auch der Patriarch Hiob nach Uglič vom Boris ausgesandt wäre, um die Sache zu untersuchen; die officiellen Acten nennen hier keineswegs den Patriarchen Hiob, sondern nur den Metropoliten Gelasij. Die Sage beschuldigt den Boris, auch den Caren Theodor aus dem Wege geräumt zu haben. Sie verschweigt die Thatsache, dass Boris von den Reichsständen seine Krone erhalten hat, und schildert die Begebenheiten auf die Art, als ob die Bevölkerung der einen Stadt Moskau unter dem Drucke der Agenten des Godunov ihn zum Caren ernannt hätte; der Patriarch Hiob und die Bojaren mussten es über sich ergehen lassen, weil sie die Gefühle des Volkes für aufrichtig gehalten hätten. Der Nachricht der Sage, als ob Boris durch einen Selbstmord seinem Leben ein Ende gesetzt hätte, widersprechen die Zeugnisse der Fürsten Šachovskoj, Katyrev-Rostovskij, Chvorostinin, welche den Hofkreisen nahestanden, des Avraamij Palicyn und a. m. Dagegen findet die Nachricht der Sage, dass der FD ein Liebesverhältniss mit der Tochter des Boris, Ksenija, angeknüpft hatte, in einem Briefe des Mniszech ihre Bestätigung. Wichtig ist noch die Erzählung, dass der FD bis nach der Stadt Putivlj einen gewissen Mönch Leonid mit sich geführt und diesen unter dem Namen des Gregor Otrepjev Allen gezeigt hätte; in Putivlj wurde Leonid wegen irgend eines Verschuldens ins Gefängniss geworfen.

Dieselbe »Sage aus dem J. 1606« kommt noch in einer späteren, kürzeren Bearbeitung unter dem Titel vor: »Die Geschichte, wie mit Unrecht Boris Godunov den Carenthron zu Moskau erschlichen hat« (Повѣсть како восхити неправдою на Москвѣ царскій престолъ Борисъ Годуновъ). Zufolge dieser kürzeren Version ist Gregor Otrepjev in Gesellschaft von drei Mönchen — Misail Povadin, Benedikt und Leonid aus dem Krypecki-Kloster — nach Litauen entflohen. Hier lebte er in der Stadt Kiev im Höhlenkloster; darauf (dem Contexte nach in Kiev) befahl er dem Leonid, sich Gregor Otr. zu nennen, er selbst fing an, sich für den Carevič Demetrius 'auszugeben. Ein Mönch Benedikt aus dem Dreieinigkeitskloster wird als Zeuge gegen den Otrepjev und zugleich als sein früherer Mithelfer in dem Briefe des Patriarchen Hiob erwähnt.

Die »Sage aus dem J. 1606« gibt über die Jugend des Otrepjev eine Erzählung, welche zu den Briefen des Boris und Hiob im Widerspruche steht, dafür aber Manches aus den Acten des Šujskij (vgl. die Gesandtschaft des Volkonskij und Ivanov aus dem J. 1606) entlehnt. Juška, Sohn des Jakob Otrepjev aus Galič (der andere Name des Vaters hiess Bogdan) verliert früh seinen Vater und wird von seiner Mutter in der Heiligen Schrift unterrichtet. Als er die Horae und die Psalmen durchstudirt hatte, verliess er die Mutter und lebte in Moskau. Hier macht er die Bekanntschaft des Heiligen Triphon aus Vjatka, welcher damals Abt des Mariahimmelfahrtsklosters in der Stadt Chlynov (jetzt Vjatka) war; dieser Abt überredete den 14-jährigen Knaben Mönch zu werden. Juška folgt diesem Rathe und wird unter dem Namen Gregor zum Mönche geschoren. Darauf begibt er sich nach Suzdal, weilt hier in dem Heilandkloster des Euthymius, in dem Heilandkloster an der Kuksa, besucht auch viele andere Klöster, kehrt endlich nach Moskau zurück und siedelt sich in dem Wunderkloster an. Auf den Wunsch des Abtes Paphnutij wird er vom Patriarchen Hiob zum Diakon geweiht, beginnt ketzerische Bücher zu lesen und wird selbst zum Ketzer. Er entfernt sich abermals aus Moskau und zwar in das Ugrešskij Nikolajkloster, dann nach Kostroma in das Železnoborovskijkloster Johanns des Täufers und taucht nun zum dritten Male in Moskau auf. Erst jetzt verleugnet er den orthodoxen Glauben und entflieht nach Polen, indem er noch zwei Mönche den Misail und Barlaam zur Flucht verführt. Nach dieser Erzählung

folgt in der »Sage aus dem J. 1606« die Anklage des Barlaam. Weder
der Dienst des Gregor bei den Romanov, noch seine Trunksucht, noch
seine Verbrechen, noch sein Dienst beim Patriarchen Hiob etc. werden
in der »Sage« erwähnt. Nach Boris hätte Juška eine wilde Jugend hinter
sich, wäre auch mehrmals seinem Vater entflohen; die Sage erwähnt nur
seine schwärmerischen Wanderjahre von der gottesfürchtigen Mutter
zum H. Triphon, aus den orthodoxen Klöstern des Reiches Moskau nach
dem ketzerischen Polen. Wenn wir uns daran halten, dass Juška bei
den Romanovy und dem Fürsten Čerkaskij (sowohl den Briefen des
Boris, als auch den Reden der Gesandten Volkonskij und Ivanov zu
Folge) gedient hat, so können wir seinen Eintritt ins Kloster, wie ihn
die Sage aus dem J. 1606 erzählt, nicht mit der Verfolgung gegen die
Romanovy und den Čerkaskij (vgl. die Sage vom Griška Otrepjev) in
Zusammenhang bringen (sonst würde man ihn um das J. 1600 Mönch
und kaum 20 Jahre alt Car werden lassen müssen). Die »Sage aus dem
J. 1606« schildert uns überhaupt den Juška als eine von Kindheit an
durch und durch religiöse Natur, welche durch die Kraft des Denkens,
nicht aber auf den Umwegen der Libertinage in eine Ketzerei verfällt.
Während der 14 Jahre bis zum Eintritt ins Kloster hätte Griška der
»Sage aus dem J. 1606« überhaupt keine Zeit gehabt Alles dasjenige
durchzumachen, was seinem Griška Boris zugeschrieben hat. Wir
müssen also die ganze »Sage« entweder als eine freie Dichtung eines zu
den Canzleien des V. Šujskij nahe gestandenen Verfassers auffassen,
oder den Otrepjev der »Sage« für einen Doppelgänger des Trunken-
boldes Griška halten, wie er von Boris und Hiob geschildert wird, für
seinen Alterego, welcher unter demselben Namen sich in den Klöstern
verborgen hielt bis die Zeit für ihn kam, sich zum Demetrius zu ent-
puppen. Dem Geschichtschreiber bleibt nun die Wahl den Lebenslauf
des Gregor Otr. entweder nach Boris und Hiob, oder nach den Acten
aus der Regierungszeit des Šujskij (Gesandtschaftsacten und die Sage
aus dem J. 1606 und die Anklage des Barlaam) zu erzählen. Sobald
er sich in die rein historischen Bearbeitungen des XVII. Jahrhunderts
vertieft, steht er überhaupt gleich auf einem unsicheren Boden. Für
uns hat diese ganze Literatur nur die Bedeutung eines eingebogenen
Spiegels für die officiellen Acten der zeitgenössischen Regierungen.
Nach den Zerrbildern dieses Spiegels können wir noch einmal alle die
Persönlichkeiten revidiren, welche dem FD nahe gestanden und den
Verdacht der Mitschuld seitens der officiellen Acten auf sich gezogen

haben; wir erkennen darin auch das Wechselspiel der officiellen Nachrichten wieder, wie bald die gröberen Züge des Gregor, bald das feinere Antlitz des Demetrius auftauchen. Wir glauben sogar die officiellen Acten der Untersuchung des V. Šujskij (oder der zweiten des Boris selbst, welche statt Griška den Dem. Rheor. ergeben hat) mit Hilfe der historischen Werke der Zeit in einer ursprünglicheren Form wieder herstellen zu können, als wir sie in dem Gesandtschaftsregister des Volchonskij finden, denn die »Sage aus dem J. 1606« hat zweifelsohne die Ergebnisse dieser Untersuchung reiner aufbewahrt. Aber auch diese reinere Tradition der »Sage« kann vervollständigt werden. Die »Sage aus dem J. 1606« (in der ausführlichen Redaktion, der s. g. »Neuen Sage« des Prof. Bjeljaev) berichtet z. B., dass Boris seine schlimmen Mithelfer, den Michail Bitjagovskij und Nikita Kačalov nach Uglič ausgesandt hätte. Die übrigen Mörder werden gar nicht erwähnt und so gewinnt man den Eindruck, als ob Mich. Bitj. selbst den Carevič überfallen hätte. Nun bezeichnet aber die »Sage« später die Mörder als böswillige Jünglinge (злочестивыи тіи юноши.. единъ же отъ нихъ извлекъ ножъ etc.) Wenn wir die entsprechende Stelle in der kürzeren Redaktion (»Geschichte wie Boris den Thron erschlichen«) betrachten, so finden wir dort zwischen dem Mich. Bitj. und Nikita Kač. auch den Danilka Bitj., den Sohn, eingeschoben. So lautete wohl der ursprüngliche Text der ausführlicheren Sage und die Bezeichnung »Jünglinge« muss eben auf den Danííl B. und Nikita Kač. bezogen werden. Die Angabe, dass Griška 14 Jahre alt gewesen, als er sich hat einkleiden lassen, finden wir ausser der ausführlichen »Sage aus dem J. 1606« noch in der kürzeren Redaktion, in dem Neuen Annalisten, in der »Sage von der Regierung des Caren Theodor Ivanovič.« Nun bringt aber diese letzte Sage, welche der kürzeren Redaktion folgt (»Geschichte wie Boris den Thron erschlichen«, vgl. die Aufzählung der flüchtigen Mönche — Misail, Benedikt und Leonid) die Nachricht, dass Griška zur Zeit des Mordes zu Uglič auch 10 Jahre alt gewesen. Es entspricht den Berichten, dass PD um ein Paar Jahre älter ausgesehen, als der echte Carevič sein sollte. Dann würde seine Mönchsweihe in das J. 1595 fallen; in diesem Jahre war der H. Triphon wirklich in Moskau. Dieselbe »Sage von der Regierung des Caren Theodor« fügt noch die Aussage hinzu, welche D. über seine Rettung in Polen gethan haben soll: eine gewisse Frau hätte ihn vor dem Mordanschlage des Boris gerettet und in ein Kloster unter Obhut gegeben; so hätte er die Mönchskleider aus Furcht vor Boris

auferlegt. Diese Nachricht fällt wirklich mit derjenigen Aussage des
FD überein, welche er in seinem polnischen Briefe · an den Papst und
auch sonst in Polen gethan hatte (vgl. Narratio Succ. und die Erklärung
der polnischen Gesandten aus dem J. 1608). Die »Sage von der Regierung des Caren Theodor« hatte also entweder eine eigene besondere
Quelle für sich benutzt, oder, was wir als das wahrscheinlichere annehmen, sie hat die ihr mit der »Sage aus dem J. 1606« gemeinsame
Urquelle reicher benutzt. Der N. Annalist und Nikons Annalen haben
z. B. aus dieser Urquelle die Zusammenkunft des Griška mit dem H.
Triphon weggelassen, sie geben indessen ganz sicher an, dass Griška
in Moskau geschoren, was die Sage aus dem J. 1606 und die Sage von
der Regierung des Caren Theodor nur andeuten. Andererseits hat
die kürzere Redaktion der »Sage aus dem J. 1606«, d. w. s. die Geschichte, wie Boris den Thron erschlichen, die Flucht des Griška mit
Benedikt und Leonid ohne Zweifel aus der gemeinsamen Urquelle entnommen; die ausführlichere Redaktion, d. w. s. »Eine Neue Sage«, hat
statt dessen das Zeugniss des Barlaam eingeschoben. Es muss also eine
officielle Aufschrift vorausgesetzt werden, wo die Schicksale des Griška
gerade so eingetragen waren, wie sie die »Geschichte wie Boris den
Thron erschlichen« und die »Sage von der Regierung des Caren Theodor«
wiedergeben [1]). Wenn wir nun diese officielle Legende aus den Zeiten
des V. Šujskij mit dem Register der Gesandten Volchonskij und Jvanov
vergleichen (Statejnyj Spisok), so fällt es von selbst auf, dass in dem Register der Gesandten die Aussagen des Boris über den Griška (Dienst
bei den Romanovy, unordentliches Leben) mit der Auskunft der officiellen
Urquelle combinirt sind, welche der Sage aus dem J. 1606, der Sage
von der Regierung des Caren Theodor und dem Neuen Annalisten zu
Grunde gelegen. Wir ziehen daraus den Schluss, dass die Regierung
des Šujskij es keineswegs wünschte mit denjenigen Aussagen, welche
bereits Boris in Warschau und Wien gegeben, in Widerspruch zu kommen
und also die Ergebnisse einer neueren Untersuchung künstlich damit in
Einklang brachte; das Lebensalter des Griška beim Eintritte ins Kloster
wurde dabei ausgelassen. Der Griška des Boris ist mit dem Griška des
Šujskij in dem Register der Gesandtschaft zu einem Körper verwachsen [2]).

---

[1]) Vgl. noch den Satz »такой же святоубица, что и Борисъ Годуновъ«
nach allen drei Redactionen!

[2]) Sehr charakteristisch für die Wirrenzeit ist der Lebenslauf des Erzbischofs von Elasson, Arsenij, dessen Tagebücher und Vita Prof. Dmitriev-

Erst unter der Regierung des Michail Romanov ist der Chronograph des Djak Ivan Timotheev entstanden (Временникъ по седмой тысящи

---

skij unlängst in Trapezunt in griechischer Sprache aufgefunden hat. Um das Jahr 1548—1549 in Thessalien geboren und noch in der Jugend zum Mönche geschoren, hat er im J. 1586 als Erzbischof von Elasson und Gesandter des Patriarchen von Konstantinopel zum ersten Male Moskau besucht. Auf der Rückreise ist er in Ljvov (Lemberg) eingekehrt und hier für zwei Jahre geblieben, um den Kampf gegen die Römlinge aufzunehmen und sowohl das Griechische, als auch das Kirchenslavische vorzutragen. Als der Patriarch von Konstantinopel Jeremias seine Reise nach Moskau unternommen hatte, da hat sich Arsenij in Polen an ihn angeschlossen und unter der Wahlurkunde des ersten Patriarchen von Moskau, Hiob, seinen Namen unterschrieben. Jetzt im J. 1589 hat er vom Caren Theodor die Erlaubniss in Russland zu bleiben und Güter zu seinem Unterhalte zum Geschenk erhalten. Dank dieser Unterstützung konnte er in der Kremlburg in der Nähe des Carenpalastes sich eine Wohnung und sogar eine Kirche zu Ehren des H. Demetrius von Thessalonich begründen. Um das J. 1596—97 hat er auf Befehl des Caren Theodor eine Anstellung bei den Carengräbern in dem Archangelskij Sobor (Erzengelskathedrale) erhalten. Im J. 1598 hat Arsenij von Elasson die Wahlurkunde des Caren Boris unterschrieben, am 20. Juni 1605 hat er aus der Mariahimmelfahrt- nach der Erzengelskathedrale den Pseudodemetrius I. zu den Gräbern seiner vermeintlichen Vorfahren geleitet; hier hat er die Erklärung des Caren über seine Abstammung von Johann dem Schrecklichen und dessen Anerkennung seitens des Volkes angehört. Den 24. Juni 1605 hat er an der Absetzung des Patriarchen Hiob und der Wahl des Griechen Ignatij, des Erzbischofs von Rjazanj, zu seinem Nachfolger Theil genommen. Am 21. Juli hat er in der Erzengelskathedrale bei den Gräbern der Caren Johann und Theodor den PD mit der Krone des Monomachos gekrönt. Am 8. Mai des J. 1606 hat Arsenij zugleich mit dem Erzbischof Theodosius von Astrachanj auch der Marina Mniszech die Krone dargeboten. In demselben Monate Mai ist er bei der Wahl des Caren Šujskij betheiligt gewesen. Den 3. Febr. 1607 hat Arsenij zugleich mit dem Metropoliten Paphnutij (dem früheren Abte des Wunderklosters) den Entschluss unterstützt, den abgesetzten Patriarchen Hiob aus Starica kommen zu lassen, um das Volk von der Sünde des Verrathes an dem Caren Boris zu erlösen. Auch nach der Absetzung des Caren Šujskij verblieb Arsenij in Moskau. Als die polnische Besatzung sich in der Kremlburg eingeschlossen hatte und das Anrücken der Armee des Königs Sigismund III. erwartete, hat Arsenij während der ganzen Belagerung auf seinem Posten ausgeharrt. Am 5. Oktober 1611 hat er die Schreiben an den König von Polen und seinen Sohn unterschrieben, welche den Korolevič Vladislav nach Moskau einluden. Als im November des J. 1612 die polnische Besatzung sich den Fürsten Trubeckoj und Požarskij ergeben hatte, da wurde Arsenij für seine Ausdauer reich belohnt. Am 2. Mai 1613 ist er dem neuen Caren Michail Romanov entgegengezogen und hat ihn zu den Carengräbern

отъ сотворенія свѣта во осмой въ первые лѣта). Als Djak einer von den Moskauer Kanzleien (Prikazuyj Djak) hat Ivan Timotheev seinen

in die ihm anvertraute Erzengelskathedrale geleitet. Durch die Stürme der 6 Regierungen hat also der Byzantiner glücklich sein Schiff gesteuert. Im J. 1615 wurde er zum Erzbischof von Suzdal befördert und ist um das J. 1626 aus dem Leben geschieden. Im XVII. Jahrh. ging man eine Zeitlang damit um, den Arsenij von Elasson heilig zu sprechen.

Ueber die Tagesereignisse berichtet Arsenij in seinen Lebenserinnerungen gemäss der russischen Tradition. Er glaubt, dass der Çarevič D. auf Befehl des Boris ermordet wurde, hält den PD für den Mönch Gregor u. dgl. m. Wichtig ist indessen seine Nachricht über das Wunderkloster. Nach der Erzählung des Arsenij hätte PD beim Anmarsche gegen Moskau Leute vorausgeschickt, um den Patriarchen Hiob und den Archimandriten des Wunderklosters Barlaam in die Verbannung zu schicken. Dadurch wird unsere Annahme bestätigt, dass Paphnutij noch von Hiob entfernt und durch einen anderen, dem Unternehmen des PD feindlichen Abt ersetzt worden ist (vgl. Труды Кіевской Дух. Акад. 1898, Январь, Мартъ). Diese Annahme wird auch durch die Tabellen des Stroev bestätigt, obgleich sie der Nachricht des Arsenij widersprechen. Nach Stroev ist Paphnutij die Jahre 1595—1604 Abt des Wunderklosters, seit 1605 Metropolit von Kruticy gewesen. Für das J. 1605 und Anfang des J. 1606 gibt Stroev einen gewissen Elias als Abt des Wunderklosters an, den Barlaam erwähnt er erst für Juni 1606. Noch eine ganze Reihe von neuen zum Theil einzelnstehenden, zum Theil den russischen Quellen widersprechenden Nachrichten sind in den Memoiren des Arsenij v. E. enthalten. Sie bestätigen die russischen Berichte darüber, dass die Geistlichkeit von Moskau sowohl dem PD selbst entgegengezogen war, als seine Werbung um Marina Mniszech unterstützt hat (Καὶ ἀνελθόντος αὐτοῦ βασιλέως Δημητρίου εἰς μεγάλην Μοσχοβίαν ἅπας ὁ λαὸς ἐδέχθη αὐτὸν μετὰ παῤῥησίας μεγάλης καὶ προϋπαντήτησαν αὐτὸν πάντες οἱ ἀρχιερεῖς καὶ ἱερεῖς μετὰ παντὸς τοῦ λαοῦ μετὰ τιμίων καὶ ἁγίων σταυρῶν καὶ εἰκόνων . . . ἐν τόπῳ Λουμπλένῳ, d. w. s. auf dem öffentlichen Platze, Lobnoe Mjesto). Nun berichtet aber Arsenij sehr Sonderbares über die Wahl des Patriarchen Ignatij und die Krönung und Trauung des Demetrius und der Marina. Danach hätte D. den Hiob für allzublind erklärt, um weiterhin auf der Katheder zu verbleiben, und die Geistlichkeit aufgefordert, sich einen neuen Patriarchen zu wählen. So hätte nun eine gesetzliche Wahl des Ignatij zum Patriarchen stattgefunden; am 30. Juni hat er die Katheder bestiegen. Den russischen Quellen zufolge war indessen die Absetzung des Hiob und die Ernennung des Ignatij eine eigenmächtige Gewaltthat des Caren Demetrius I. Was speciell die Krönung der Marina und ihre Trauung mit D. I. betrifft, so erzählt Arsenij, als ob die Abneigung der Carin gegen die Orthodoxie so weit gegangen, dass sie und ihr Gemahl am 8. Mai es versagt hätten, zur Communion zu gehen. Diese Vernachlässigung des orthodoxen Brauches und die Vorliebe der Marina zur polnischen Kleidung haben, dem Arsenij zufolge, den Untergang des

Namen unter der Wahlurkunde des Caren Boris im J. 1598 unterschrieben und unter der Einwirkung des Metropoliten Isidor von Novgorod,
wo er um die J. 1608—10 als des »Fürsten« Djak erwähnt wird, seinen
Chronographen begonnen. Dieser Chronograph, welcher schon durch
seine bizarre Sprache dem Forscher viele Schwierigkeiten bereitet, war
wenig verbreitet und ist in einer verstümmelten Handschrift bis auf uns
gekommen, welche vom Prof. Platonov veröffentlicht ist.[1] Timotheev
glaubt daran, dass Boris den Caren Theodor vergiftet, den Carevič
Demetrius durch Meuchelmörder aus dem Wege geräumt hatte; als das
Werkzeug des Boris wird bei der Ermordung des D. ein Cognatus des
Caren Andreas Klešnin (Lupp) génannt. (Обрѣтъ . . Луппа нѣкоего,
брата си свойствомъ и дѣломъ). Sonst spendet Timotheev der staatsmännischen Kunst des Boris während der ersten Jahre seiner Regierung
reiches Lob. Als Verfasser des Chronographen hält er den FD für den
Mönch Otrepjev, gesteht aber, dass die Russen, welche mit der Regierung
des Boris missvergnügt waren und an die Echtheit des Demetrius glaubten, sich in den Willen des Prätendenten ergeben hätten, als er noch in

---

Carenpaares verursacht (Καὶ μετὰ τοῦ στεφανῶσαι αὐτούς, οὐκ ἐθέλησαν ἀμ-
φότεροι μεταλαβεῖν τῶν θείων μυστηρίων. Τοῦτο μεγάλως ἐλύπησεν ἅπαντας
... Τοῦτο οὖν ἐγίνετο πρώτη καὶ μεγάλη λύπη καὶ ἀρχὴ τοῦ σκανδάλου καὶ
αἰτία πολλῶν κακῶν εἰς πάντα τὸν λαὸν Μοσχοβίας καὶ πάσης Ρωσσίας). Nun
hat aber der Patriarch Philaret (Русск. Архивъ, 1892. I. Воробьевъ) sich dahin
geäussert, dass sowohl D., als auch Marina das Abendmahl nach dem orthodoxen Ritus genossen hätten. Unbekannt war bis jetzt auch der Plan der
Familie Mniszech, eine Ehe zwischen der verwittweten Carin Marina und dem
Caren Vasilij Šujskij zu Stande zu bringen (Ἐὰν οὖν ἤθελε λάβῃ τὴν βασί-
λισσαν Μαρίαν εἰς γυναῖκα ... θελούσης καὶ τῆς βασιλίσσης καὶ τοῦ πατρὸς
αὐτῆς Γεωργίου Σαντομήρη καὶ τῶν σὺν αὐτῷ πάντων). Bei der Erzählung
von der Belagerung der Kremlburg durch die Heerschaaren der russischen
Städte im J. 1611 erwähnen die Memoiren des Arsenij den Tod des Metropoliten von Kruticy, Paphnutij, des früheren Abtes in dem Wunderkloster,
wo er nun bestattet worden ist; er wird hier als ein gottesfürchtiger Asket
geschildert. Die Memoiren sind indessen allzu freigebig in ihren Lobsprüchen;
sogar so einen wüsten Barbaren, wie PD II., preisen sie als νέον φρόνιμον,
καλὸν καὶ ἐλεήμονα καὶ πολλὰ γραμματισμένον καὶ δόκιμον τοῦ πολέμου.
Gegenwärtig ist es noch zu früh, sich eine feste Anschauung von den Memoiren des Arsenij zu bilden. Prof. Dmitrievskij hat vorläufig nur Excerpte
veröffentlicht und macht Hoffnung auf eine eingehende Prüfung des Denkmals (Труды Кіевской Духовной Академіи, 1898, Januar—Mai). Die Communion der Marina wird durch die polnischen Nachrichten bestätigt. Vgl. Hirschberg, Dymitr Samozwaniec, S. 237.

[1] Русск. Ист. Библ., т. XIII.

Polen war (еще ему внѣ сущу предѣлъ Русскія земли самохотнѣ повинушася вси). Šujskij hat, nach der Meinung des Timotheev, den Thron auch als Usurpator ohne Einwilligung des Volkes und des Patriarchen bestiegen und als unsittlicher, grausamer, verschwenderischer und abergläubischer Car darauf regiert. Von Wichtigkeit könnte für die Geschichte des FD das Zeugniss des Fürsten Chvorostinin ausgefallen sein, wenn er aufrichtiger in seinem Werke gewesen wäre, worin er die Tagesgeschichte, die Caren und die Hierarchen Moskaus besprochen hatte. (Словеса дней и царей и святителей Московскихъ, еже есть въ Россіи). Ein übermüthiger Jüngling, stand er als Mundschenk dem freisinnigen, ausgelassenen FD nahe genug, um nach dessen Tode unter Šujskij der Ketzerei angeklagt und in ein Kloster eingesperrt zu werden. Man sprach sogar davon, dass er sich die Gunst des Caren frivol durch eigene Schande erkauft hätte (s. Massa). Unter Michail Romanov ist er wieder als Vojevode angestellt. Seine Hinneigung zur westeuropäischen Bildung, sein Hang zum Weine und seine Arroganz haben ihm neue Verfolgungen zugezogen. Man fand bei ihm lateinische Bücher, katholische Heiligenbilder, höhnische Verse auf die Moskauer Sitten und verbannte ihn zur Ausbesserung abermals in ein Kloster (im J. 7131). Erst im Jänner des J. 1624, kurz vor seinem Tode wurde er begnadigt, nachdem er geschworen hatte, sich streng an die Orthodoxie zu halten.[1] In seinen »Worten« über die Tagesgeschichte sucht er sich von den über ihn schwebenden Beschuldigungen zu reinigen. Er schont seinen früheren Herrn keineswegs, bezeichnet den Caren Demetrius, als den Mönch Gregor, als den stinkenden Hund auf dem Throne, aber schweigt sonst von seiner Lebensgeschichte. Er bemerkt nur über die Art des PD zu regieren, dass er die Alleinherrschaft über den menschlichen Brauch gehoben und viel Blut vergossen hätte (мыслію же и тщаніемъ много возвысився, и самодержавіе выше человѣческихъ обычаевъ устрояя и крови проливая). Vielleicht um seinen eigenen Dienst beim FD zu rechtfertigen, hebt Chvorostinin hervor, dass der Clerus, die Stadt Moskau und ganz Russland an die Echtheit des Caren geglaubt und ihn mit Ehren empfangen hätten (святительскій чинъ и ерейскій соборъ съ сущими жители благолѣпно почтоша беззаконнаго со святыми иконами, псалмы и пѣсньми духовными ублажиша его всѣ роды града того и вся страна преклонися къ похваленію того). Chvorostinin war nicht der einzige, welcher jedes Andenken daran auszu-

[1] S. Собр. Гр. и Дог., III, Nr. 90. Акты Арх. Эксп., Nr. 147 und 149.

merzen suchte, dass er seine hohe Stellung dem FD verdankte. Es wurde z. B. im XVII. Jahrh. officiell angenommen, dass Philaret (Romanov) erst vom Patriarchen Hermogen zum Metropoliten von Rostov ernannt wäre; indessen hat Philaret noch vor der Ernennung des Hermogen zum Patriarchen bereits als Metropolit von Rostov die Reliquien des Heiligen Carevič Demetrius in Uglič enthüllt. Der Chronograph aus dem J. 1617 berichtet in klaren Worten, dass Philaret diese seine Ernennung dem FD verdankt.

(Fortsetzung folgt.)

Zur Geschichte des Glagolismus in Böhmen.

Der böhmische König Karl IV. gründete bekanntlich in Böhmen und in Prag eine ganze Reihe von neuen Klöstern, in welchen er die slavische Liturgie einführen wollte [1]). Ausserdem geschah damals auch noch manches, um das slavische Element in der böhmischen Geistlichkeit zu stärken. So beschloss im Jahre 1342, wahrscheinlich nicht ohne Antheilnahme Karl IV., der Probst und das Convent des Klosters von Roudnice, in das genannte Kloster nur gebürtige Böhmen (Čechen) aufzunehmen, und Papst Clemens VI. bestätigte, den Bitten des Abtes, Conventes und Karl IV. nachgebend, am 11. Januar 1349 diesen Beschluss [2]). Für den Besuch dieses Klosters erhielten sogar weltliche an

---

[1]) Aufgezählt sind diese Klöster bei Křížek, Nástin dějů kláštera Benediktinského na Slovanech, vůbec Emaus nazvaného, v Novém městě Pražakém, za doby mnichů slovanských in Památky archeol. a mistopisné. 1855. Dil I. seš. V. S. 193.

[2]) Emler, Diplomatář kláštera blahoslavené Panny Marie řeholních kanovníků řádu s. Augustina v Roudnici in Sitzungsber. der k. böhm. Gesellschaft der Wiss. in Prag 1893, Nr. 9, S. 13: ... et quod de dictis statutis in ea parte, ubi prefatus episcopus (Ioannes IV.) ipsius monasterii quedam divina officia certo modo et ordine celebrari sub anathematis pena mandavit et alias, ubi statuit personas, que non essent de lingua seu nacione Bohemica, in canonicos dicti monasterii recipi non deberet, dictam anathematis penam et

den Festen des Herrn Ablässe vom Prager Erzbischof Ernst, aber auch
jene, die vor der Predigt für den König und den Erzbischof Hospodine
pomiluj ny gesungen hätten [1]. Ob etwas ähnliches auch für andere Klöster
bestimmt wurde, ist mir gegenwärtig unbekannt. Mag dem so oder
anders sein, Papst Clemens VI. gab die Einwilligung auch zur Eröffnung
eines rein slavischen Klosters, des benediktinischen Emmaus-Klosters,
welches von Karl IV. in der Neustadt (na Nowém městě) in Prag im
Jahre 1348 [2] mit slavischer Liturgie (nach Karl IV. »in nobili lingua
slauonica« [3]), »lingua bohemica, l. natali, naturali«) [4] gegründet worden
ist. Das Kloster war geweiht dem Andenken gloriosissimi confessoris
beati Jeronimi Strydoniensis Doctoris egregii, et translatoris, interpre-
tisque eximii sacre scipture de Ebraica in latinam et slauonicam linguas;
die Kirche hatte den Namen Cosme et Damiani, Cyrilli et Methudii,
Adalberti et Procopii, patronorum regni Bohemiae Martyrum et Con-
fessorum. Das Kloster wurde von Karl ausgeschmückt [5] und mit vielen

---

personarum excepcionem tollere dignaremur . . . . . . super hoc humiliter
supplicantis . . . . de statutis eiusdem sublatis et penitus irritatis. 1348, Jan. 11
in Avignon. Noch in demselben Jahre wurde diese Verordnung durch den
Prager Erzbischof Ernst abgeschafft. Ib. Nr. 10, S. 15.

[1] Ib. Nr. 13, S. 20: . . . postremo eciam, quocienscumque quis sermoni
ibidem interfuerit pro rege, archiepiscopo, Hospodine pomilug ny ante sermonem cum aliis cantaverit. Die Urkunde ist vom 26. Febr. 1358; auch die
Feste sind in ihr aufgezählt.

[2] Ausführliches darüber s. Pelzel, Kaiser Karl IV., König in Böhmen,
I. Prag 1789. S. 186—187 und bei Friedjung, Kaiser Karl IV. Wien 1876.
S. 120—124. Nach einigen ist von Karl ein slav. Kloster noch in Deutschland zu
Ingelheim gegründet worden. Hanuš, Quellenkunde der Bibl. u. Liter. S. 24;
Friedjung, S. 122, Bem. 4.

[3] Pelzel op. c. S. 385, Nr. CCCXLIII. Bei einigen Gelehrten wird sogar aus diesem Anlass über die Nationalität Karl's IV. disputirt. Werunsky, Gesch. Kaiser Karl's IV. und seiner Zeit. I. Innsbruck 1880, S. 442—445;
Loserth, Ueber die Nationalität Karl's IV. in Mittheil. des Vereins f. Gesch.
der Deutschen in Böhmen XVII. S. 291 und Kalousek, Ueber die Nationalität Karl's IV. Entgegnung auf einen von Prof. Dr. J. Loserth unter demselben Titel geschriebenen Aufsatz. Abgedruckt aus der »Politik« 1897. Prag
1897, S. 3 sqq.

[4] Pelzel I, 95 u. 98; II, Prag 1781, S. 972; Werunsky, S. 443; Štulc,
Pohled na literaturu českou věku Karla IV. im Progr. des k. k. Altstädter-
Staatsgymn. zu Prag 1856. S. V; Křížek, Nástin, S. 195.

[5] Die Acten über den Aufbau und das Einrichten des slav. Klosters in
Prag sind in einem besonderen Pergamentbuche Registrum Literarum Mo-

Landgütern und Gutsappertinentien beschenkt[1]); überhaupt liessen sich Karl IV. und seine Gemahlin Blanca dasselbe angelegen sein[2]). Die ersten Mönche wurden hierher, vom Prager Erzbischof Ernst[3]) berufen; sie waren nicht durchwegs Böhmen, aber vorzüglich Slaven, wie Křížek, doch ohne den Grund anzugeben, sagt, aus Croatien, Bosnien, Serbien und Dalmatien, darunter auch russische Bulgaren, Croaten, Serben und Dalmatiner[4]). Man kann gegründete Zweifel hegen, dass die Mönche aus allen diesen Ländern her waren. So viel mir bekannt ist, waren wenigsten in Bosnien schwerlich jemals Benediktiner, wo es bekanntlich immer nur Franciskaner gegeben hat[5]). Viel wahrscheinlicher ist meiner Meinung nach jene Voraussetzung oder Ansicht, dass die von Karl berufenen Mönche aus dem kroatisch-dalmatinischen Küstenland herstammten. Der utraquistische Priester Bohuslaw Bilejowsky sagt, dass Karl aus Zengg (Segna) die Glagoliten berufen hat[6]). Er fügt hinzu, Karl IV. habe aus Liebe zur böhmischen (čechischen) Sprache das Klášster Slowany des h. Hieronymus gegründet und dort sei der Gottesdienst in slavischer Sprache verrichtet worden. Er hatte auch mit slavischen Buchstaben geschriebene Bücher: Bibeln, Psalter, Missale und andere liturgische Bücher gesammelt, welche auch jetzt dort seien[7]). Das Emmaus-Kloster wurde noch slowanský oder na Slowanech nach

---

nasterii Slavorum enthalten. Alle diese Urkunden sind abgedruckt bei Pelzel I, S. 84 sqq.; II, S. 382 sqq.; die angezeigte Stelle s. I, S. 91—93. Nr. LXXXIII.

[1]) Ib. I. S. 91 sqq.

[2]) Ib. I. Nrn. LXXXIII, LXXXVI, LXXXVIII—C, CXC; II. Nr. CCCXL und CCCXLIII.

[3]) Ueber seine Person und seine Rolle in der Stadt siehe einen übrigens wenig inhaltsreichen Artikel des Benediktiners Methodej Vojáček: Arcibiskup Arnošt z Pardubic in Alétheia, I. Jahrg. 1897, S. 3—11, wo auch die Literatur angegeben ist.

[4]) Nástin, S. 194.

[5]) Cf. Batinić, Djelovanje Franjevaca u Bosni i Hercegovini, I. S. 29 ff. (Agram 1881).

[6]) Boh. Bilegowského, Kronyka Cýrkewnj — Wyd. od Joz. Skalického. W Praze 1816, S. 22: Také y mnichův toho uměnj (d. i. slowanského) z Sene že dobyl, aby čechy tomu učili. Friedjung. S. 122 f.; Kolař, Sitz.-Ber. der k. böhm. Ges. d. Wiss. 1879, S. 403.

[7]) Kronyka Cýrkewnj, S. 22.

den dort befindlichen slavischen Mönchen benannt[1]). Ob nun in diesem

---

[1]) Aus Anlass der Berufung der kroatischen Mönche nach Emmaus sagt
Hajek, Chronyka czeská, Prag 1541, Bl. CCCXVIIIb und nach ihm Bart.
Paprocký, Diadochus, Prag 1602, S. 324, dass su cžechowe od slowakuow
swuog počatek wzali a z yazyku Slowanskeho possli (Hajek). Unzweifelhaft
ist das eine Reflexion der im Mittelalter herrschenden Ansicht, dass die
Böhmen von den Kroaten herstammen. Der erste spricht davon Dalimil in der
Reimchronik:

> W syrbskem yazyku yest zemye,
> giesto Charwaty yest gmye.
> W tey zemy byesse lech,
> gemuzto gmye byesse czech.

Dieser Czech musste wegen muzoboystva sein Land verlassen. Der
habe sechs Brüder:

> pronyez myegiesse mocz y czest
> A otnych mnoho czeledy . . . . . .

Weiter erzählt die Chronik, dass er sein Vaterland auf immer ver-
lassend, mit seinem ganzen Geschlechte durch Wälder wanderte und nach
langem und unangenehmen Umherirren zu einem Berge gelangte, bei welchem
er mit seinen Kindern, die er auf seinen Schultern trug, mit seiner Dienerschaft und Habe stehen blieb. Am folgenden Tage bestieg er den Berg und
die Gegend besichtigend sah er das Land an Producten verschiedener Art, an
Thieren und Vögeln, reich, und er beschloss deshalb, auf immer hier mit allen
Seinen zu bleiben. Den Berg benannte man Rzyp. Zum Oberhaupt wurde
Čech gewählt, wovon auch das Land den Namen Cžechy bekam. Kronika
Dalimilova. Nach der Handschrift in Cambridge herausgegeben von Dr. V. E.
Mourek, Prag 1892, S. 4—7; Dalimilova chronika česká, herausg. von V. Hanka
mit Bemerkungen von Jan Orth. Prag. 1874, S. 7—11. Siehe auch deutsch:
Dalimil über Ursprung des böhmischen Landes in Voigt's Acta litteraria Bohemiae et Moraviae, S. 188. Hajek gibt in der Kronyka czeská eine ziemlich
genaue Erzählung von der Ankunft der Knijžata Chrowatská Czech a Lech
in Böhmen und von ihrer Ansiedlung. Der Inhalt der Erzählung ist derselbe
wie bei Dalimil: der Hauptunterschied liegt darin, dass hier nicht der einzige
Czech, sondern auch Lech, zwei Brüder erscheinen. Endlich erzählt davon
auch der Jesuit Bohuslav Balbinus († 1688). Epitome histor. rerum Bohemicarum, Prag 1677, aber mit einigen Zuthaten, namentlich, dass die beiden
Brüder Čech und Lech lange Zeit in Croatien in ihren Burgen Krapina und
Psara gelebt haben, woher sie im J. 278 zur Zeit des Markomannenkrieges mit
dem markom. Könige Zalmanin nach Böhmen gekommen sind, welches sie
sich nach diesem Könige und dessen Sohne Tursko unterwarfen. Czech
wurde König. Von den Čechen trennte sich Lech, der Bruder des Čech, der
Polen besetzte, wo sich zuletzt das polnische Reich herausgebildet habe
(S. 70 f.). W. Nehring, Ueber die Namen für Polen und Lechen im Arch. f.

Kloster der Gottesdienst nur slavisch oder bisweilen auch lateinisch ver-

slav. Phil. III S. 470. Diese Tradition existirt auch bei den Polen, bei welchen sich die Benennung Lechitae zuerst bei Vinc. Kadlubek († 1223) vorfindet; die Ueberlieferungssage selbst findet sich in einer späteren Chronik des Bogufal († 1253) — Pasko — und ziemlich genau bei Dlugosz († 1460) und bei anderen vor, worüber Nehring's oben angeführte Abhandlung einzusehen ist. Im Uebrigen hat er nicht die entsprechende Aufmerksamkeit auf die Worte Hajek's gelenkt, der sich ebenfalls auf polnische Schriftsteller beruft, namentlich auf Philipp Kalimach und Matth. Mechovita. Op. c., vergl. V. Klaić, Priča o Čebu, Lehu i Mehu im Vienac, 1889, XXI. Jahrgang, S. 92. — Diese Sage existirt auch bei den Kroaten noch heutzutage und ist mit dem Namen des Ortes Krapina verknüpft. L. Gaj, Die Schlösser bei Krapina. Karlstadt 1826, cit. bei Kulakowskij, Illirizmъ. Warschau 1891, S. 83 f., er führt die Sage aus dem nicht herausgegebenen Werke Gajs (ausführliche Geschichte Illyriens) an; vergl. s. Bemerkungen zum III. Th., s. 019—020. Maretić, Slaveni u davnini, Agram 1889, cf. S. 26. Bei ihnen war diese Sage auch im vergangenen Jarhundert bekannt. Inwieweit sie bekannt ist (cf. Maretić, S. 26), begegnet uns die älteste Erwähnung bei Faustus Vrančić oder Verantius im Dictionarium quinque nobilissimarum Europae linguarum. Venetiis 1595, im Vorwort: Ex his (Croatiae) finibus puritatem linguae suae, quam habent, una cum primis ducibus suis Lecho et Cecho, Poloni et Bohemi receperunt. Maretić (l. c.) weist auf ein anderes Werk des Verantius hin, in welchem über diese Tradition gesprochen wird und zwar auf: Život nikoliko izabranih divic. U Rimu 1606; leider ist mir aber dasselbe unbekannt geblieben; zu Ende dieses Buches, sagt Maretić, erwähnt Verantius den Čech, Leh und Rus, doch fügt er hinzu, dass das unwahr ist, was von ihnen gesprochen wird. Dann spricht von dieser Sage 90 Jahre später Pavle Vitezović in seiner Chronik (herausg. 1696) unter dem Jahre 650: okolu ovoga vremena nikoteri hote, da su tri brata Čeh, Leh i Rus, hrvatska gospoda zaradi ljudomorstva s vnogimi prijateljmi, slugami i podložniki prik Drave i Dunaja otišli, i Čeh Česko, Leh Leško aliti Poljsko, a Rus rusko kraljevstvo zasadili (bei Maretić S. 27). Vitezović stellte seine Chronik von der Erschaffung der Welt bis zum Jahre 1578 nach der »Kronika vezda znovič zpravljena« (Laibach 1578) von Antun Vramec zusammen; doch finden wir bei dem letzteren kein Wort von dieser Sage (Maretić S. 27). Mauro Orbini, Il Regno degl Slavi. In Pesaro 1601, S. 47—50, spricht ziemlich ausführlich über die Ankunft der Brüder Czecho e Lecho aus Croazia in das heutige Böhmen, d. h. in das germanische Land Bohemia, und über die Ursachen, weswegen sie von dort ausgewandert sind; sie machten halt a monte, che s'erge frà duo fiumi Albio e Vltavia, gli habitanti lo chiamano Rzip; nach Darbringung von Opfern siedelten sie sich hier an . . . . Mauro Orbini weist auf Giovanni Dubravio al I libro, und zu Ende der Erzählung auf Venceslao Boemo, Matthia Mecovita, Giovanni Dubravio und Martino Cromero hin. — Fast gleichzeitig mit Mauro Orbini schrieb darüber Luccari, Capioso ristretto degli annali di Ragusa (Venedig 1605 und später

richtet wurde, ist natürlich jetzt schwer zu sagen. Doch nach dem

---

Ragusa 1790; [ich citire nach der ragusanischen Ausgabe], S. 5), welcher
sagt, dass Lech e Cech fratelli uterini di Selimir; sie lebten la rocca di Psuni,
posta vicino al fiume Krupa, confine di Croacia; von hier machten sie sich
auf den Weg im J. 550 und fanden paesi quasi disabitati die Servia, Boemia,
Moravia, Svevia e Polonia, wo sie sich niederliessen . . . . . Später schrieb
Rattkay (Memoria regum et banorum regnorum Dalmatiae, Croatiae et Slavo-
niae. Viennae Austriae, 1652, S. 23) darüber, dass Zagoriae sedes Arx cum
oppido Crapina fuit, Cheby et Lehy, fratrum virorum in Regno potentium natale domicilium, qui ob civiles, ut rara est concordia fratrum, inde recedentes
discordias alias sibi quaesivere sedes; quorum ille eam terrae portionem, quae
nunc Bohemia dicitur, hic vero Poloniam ocupavit: Regiones deinde ac populos
a se ipsis ille Chehios id est Bohemos, hic Lengelos hoc est Polonos denominatos
voluere, ut fusè tradit Ablavius in annalibus Bohemorum. S. auch bei Klaić
im Vienac 1889, S. 94. Um die Hälfte des XVIII. Jahrh. giebt Jambrešić (Jam-
bressich), Lexicon Latinum, Agram 1742, S. 468, unter dem Worte Krapina
an, dass dies »vaross y grad szlovenszki vu szadassni Horvatzki zemlji
lesechi, koj vu sztarih negda vremenah kruto zmosen i glaszovit je bil«, war.
Weiter spricht er von der Sage, nach welcher Krapina vor Christi Geburt existirt habe und die Residenz des illyrischen Königs und Centrum des
alten Illyricums gewesen sei. Aus ihm sind auch die berühmten Prinzen Czech
und Lech ausgegangen, welche das böhmische und polnische Reich gegründet
haben. Einige, fügt er hinzu, erzählen auch von einem dritten Prinzen Mos-
cus, dem ersten Führer des moskauischen Volkes. Abgesehen von der
ganzen Reihe der Jahrhunderte, sind die Ruinen von Krapina von einem gewissen Grade der Ehrwürdigkeit und Grösse umgeben, so dass sie fremde
Besucher an sich ziehen, und deshalb ehren sie alle unwillkürlich. (Klaić,
Vienac, 1889, S. 94). Ausführlicher als alle seine Vorgänger schreibt über
Krapina Jordan, De originibus slavicis. Vindob. 1745, I. Cap. XIV, §. 37,
S. 74—91, Cap. XV, §. 17, S. —; er besuchte im J. 1740 absichtlich Krapina
und beschrieb ziemlich genau die Umgebung und führt schliesslich das an,
was darüber bei slavischen und nichtslavischen Schriftstellern und Chroniken
erwähnt wird. II. Sect. LII, Apparat. Historicus, S. 129—150, cf. Klaić, op. c.
S. 94. Er spricht schon nicht von einer Krapina, sondern von drei; ausser
Krapina führt er noch Psari und Sabac an, wo in alten Zeiten drei Brüder,
Czech, Lech und Rus geherrscht hatten, welche wegen ihrer Schwester in
Streit gerathen und deswegen nach verschiedenen Seiten auseinandergegangen
waren. Ib . . Aus allem dem gesagten ist ersichtlich, 1) dass sich im Laufe
der Zeit diese Sage verwickelt hat und sich 2) immer mehr ausdehnte und zu-
letzt zum Gemeingute des Volkes ward. Die Verbreitung im Volke förderte
zum Theil auch die Geistlichkeit, so hielt z. B. der Franciskaner Prokop
Svoboda, ein kroatischer Čeche, der allem Anscheine nach einige Zeit im
Kloster zu Krapina verlebt hatte, im J. 1765 am 4. Tage des Monates Juli,
seinem Namenstage, in der Krapiner Kirche eine Predigt, welche, wie richtig

Widerstande, welcher dort, d. i. in Prag, aus Anlass der Einführung des

Klaić bemerkt (Vienac 1869, S. 95), wegen der Popularität des Inhaltes nach 2 Jahren (1767) in Agram unter folgendem Titel gedruckt wurde: »Preporodjeni Čeh, aliti svetosti svetost sv. Prokopa vu domovini Čeha, Krapine i po milośći i dareslivosti g. Sigismunda Šćitarocia, Kanonika Zagrebečkoga, vu cirkvi menšeh bratov naprvostavlena«. Wie es scheint, glaubte P. Svoboda selbst an die Wahrheit dieser Sage, über welche er in dieser Chronik ziemlich detaillirt spricht, indem er auf den berühmten böhmischen Mathematiker und Chronologisten Petrus Codicillus (1533—1589) hinweist; er erzählt hier sogar einige Einzelheiten, die sich bei den Chronisten und überhaupt bei den Vorgängern Svoboda's nicht vorfinden. — Einige neuere Gelehrte glaubten, dass diese Sage eine Erfindung des Illyrismus ist. Mit dieser Ansicht kann man natürlich nicht übereinstimmen. Aus dem oben Gesagten ist klar, dass diese Sage schon im XIV. Jahrh. bekannt war, natürlich nicht in solcher Gestalt, in welcher sie später erscheint (cf. Klaić, S. 95). Einige von den zeitgenössischen Gelehrten sind vorauszusetzen geneigt, dass diese Sage zu ihrem Grunde Weisskroatien in den Karpathen haben könnte, und folglich aus Anlass der Einführung der kirchenslavischen Sprache in Emmaus auch die Ueberlieferung selbst als eine alte oder wenigstens nicht sehr neue anzusehen ist.

In wie weit das richtig ist, ist natürlich sehr schwer zu sagen. Mag dem so oder anders sein, es wäre allerdings sehr interessant, die literarische und folkloristische Geschichte dieser Sage zu verfolgen. Dann wird uns doch zu einem gewissen Grade klar sein, weswegen sie in Kroatien bei Krapina oder Krupa localisirt worden ist. — Nicht minder interessant stellt sich uns die von Hajek apokryphe Urkunde Alexander des Grossen an die Slaven dar (Kronyka czeská, CCCXIX). So viel mir bekannt ist, wird diese Urkunde von anderen böhmischen Chronisten nicht angeführt, aber sie findet sich getrennt in einzelnen böhmischen Handschriften des XVI—XVII. Jahrh. vor, wie mir Herr Menčík (in der k. Hofbibl. zu Wien) mitgetheilt hat. Cf. Hanuš Quellenkunde und Bibliographie der böhmischen Literaturgeschichte. Prag 1868, S. 174. In lateinischer Sprache führt dieselbe Rattkay in seiner Memoria, S. 10 f. an, wo er eine lange Erzählung von den Alexander dem Grossen von den Slaven in den Kriegen im Osten erwiesenen Diensten beibringt. Alexander giebt deswegen diploma nobili genti Sclavorum et eorum linguae von sich und von seinen posteris, qui in mundo succedent imperium. Quoniam semper, wird dort gesagt, nobis constantes in fide animosi et armis, et strenui adiutores nostris fuistis; ideo vobis damus et donamus plena libertate in perpetuum omnem terrae plagam ab Aquilone, usque ad ultimos fines meridiem versos; ea conditione, ut nulla allia gens et natio ibidem ressidere, inhabitare, aut possidere quidquam audeat, nisi vestra. Et si homines ibi habitantes reperientur, sint subditi ac captivi vestri, et filii eorum captivi filiorum vestrorum.

Ich glaube, dass dieses Sendschreiben aus einer solchen Redaction der Alexandreis entlehnt ist, wo die Slaven als Kampfgenossen Alexanders des Grossen figuriren.

rein slavischen Gottesdienstes in Emmaus[1]), aber möglicherweise auch
an anderen Orten, entstand, zu urtheilen, bin ich geneigt zu glauben,
dass der slavische Gottesdienst in Emmaus vorzüglich und ohne Zweifel
zum grössten Theile von jenen Mönchen verrichtet wurde, welche aus
dem slavischen Süden berufen worden waren; es ist jedoch schwer zu
glauben, dass dort nicht der lateinische Gottesdienst, wenigstens dann
und wann, gestattet war. Die Böhmen, welche von allem Anfang an
noch nicht den slavischen Gottesdienst kannten, verrichteten ihn, glaube
ich, in der ersten Zeit noch in lateinischer Sprache, obwohl dies ziemlich
selten stattgefunden haben dürfte. Gegenwärtig kann man mit Bestimmtheit sagen, dass auch die Schüler der südslavischen Mönche, d. h. geborene Böhmen, schon ziemlich früh in Emmaus den Gottesdienst slavisch
zu verrichten anfingen[2]). Die in Emmaus eingeführten slavischen
Bücher waren glagolitisch geschrieben, und dies, scheint mir, war eine
Schwierigkeit für die Böhmen, wenigstens für die erste Zeit, auf einmal
oder in der allernächsten Zeit Kirchenslavisch zu erlernen.

Schwerlich gab es in Emmaus viele Mönche aus Kroatien oder Dalmatien. Nach den vorhandenen Daten kann man glauben, dass diese
Mönche von den literarischen Producten, die sie in Emmaus zu Stande
brachten, nicht sehr viel hinterlassen haben; wenigstens gegenwärtig
kann man nicht auf ein einziges solches Buch mit voller Sicherheit hinweisen[3]). Die glagolitischen Denkmäler dieser Zeit, von denen sich
Angaben über ihre Schreiben erhalten haben, weisen auf Schüler dieser
Mönche hin. So ist sogar die Notiz zu Ende des im Jahre 1395 geschriebenen Rheimser Evangeliums, schon in böhmischer Sprache abgefasst,
obwohl der Text selbst nicht »о братрзи клаштерскихъ«, d. i. von böhmischen Mönchen, geschrieben sein konnte. Dafür finden wir im Postscriptum zu der erhaltenen böhmisch-glagolitischen Bibel, dass sie im
Jahre 1416 »о братрзи клаштерскихъ᾽ але нѣ о писарзоувъ᾽ харватскихъ᾽«

_____

[1]) Cf. Boh. Bilegowského, Kronyka Cýrk., S. 22.

[2]) Cf. Paprocky's Diadochus. Prag 1602. S. 324, 362.

[3]) Unlängst wurde von Prof. Milčetić (Archiv XIX, 563) die Ansicht ausgesprochen, dass die kroat. Glagoliten einen böhm. Lucidarius ins Kroatische
übersetzt haben. Das ist wohl richtig, ob aber und inwiefern gerade das
Emmaus-Kloster dabei betheiligt war — das lässt sich nicht mit Bestimmtheit sagen.

geschrieben worden ist[1]). Aller Wahrscheinlichkeit nach hatten die dalmatinischen Mönche nicht nur die Verpflichtung zu schreiben, oder richtiger Bücher abzuschreiben, sondern auch die böhmischen Mönche in der Glagolica und in der kirchenslavischen Sprache, hauptsächlich jedoch im ersteren zu unterrichten, was sie auch mit ziemlichem Erfolge thaten. Wir finden Spuren dieses Unterrichtes vor. Im Museum regni Bohemiae wird ein Pergamentstück (in 4⁰ min.) mit kroatisch-glagolitischem Texte des 1. Ps. sammt dem Anfange des 2. mit freigelassenen Stellen für die Initialen der Psalmen und Verse aufbewahrt; dabei laufen der Anfang und das Ende der Zeilen ganz unregelmässig, sowohl zu Anfang des 1. Ps. als auch zu Ende des Textes überhaupt. Die Buchstaben sind unbeholfen und unregelmässig in der Zeile geschrieben, was am besten einen Schreiber, dessen Hand noch nicht an die Schrift, und dazu eine complicirte, wie die glagolitische, gewöhnt war, bekundet. Aber auch das Pergament selbst, wie es abgeschnitten ist, zeigt deutlich, dass dieses Blatt nicht aus einem Buche herrührt, sondern absichtlich zur Uebung bereitet wurde.

Der Unterricht begann unzweifelhaft mit dem glagolitischen Alphabete, dessen Spuren sich ebenfalls erhalten haben. Der verstorbene P. Beda Dudík fand in Stockholm ein Azbukivediarium (Azbukownak) oder Alphabetum Slauorum auf einem Pergament in dem grossen Buche, das aus Böhmen dahin gekommen ist. Dies Alphabet liess Abt Diwiss (Břewniow) aufsetzen. Die Züge der glagolitischen Buchstaben sind nicht so schön, wie in der Bibel. Die Namen der Buchstaben, denen auch ihr Zahlwerth beigesetzt ist, sind nach damaliger böhmischer Orthographie geschrieben: Az, buky, widi, glagole, dobro, gest, zzywyte, zelo, zemla, yzze, i, ge, kako, ludy, mysłyte (und noch einmal myslyte über der 2. Figur), nass, on, pokog, rezy, slowo, trdo (anstatt twrdo), uct (für uk), frt, chyr, ot, estya, ci, czvw, ssa, ger, yat, yus. Bei ger steht neben der Figur zur Erklärung titla, neben yat ya, bei yus yu[2]),

---

[1]) Eine Handschrift der Universitätsbibl. in Prag. XVII. A. I, fol. 258. Ueber diese Handschrift s. bei Kolař, Sitzungsber. etc. 1866, S. 84—89.

[2]) Siehe bei Dobrowsky, Geschichte der böhm. Sprache und älteren Literatur. Prag 1818, S. 57—58, wo er auf den Abt Diwiš II. hinweist. Da er (Diwiss) im J. 1409 starb, sagt Dobr., so mag es um das J. 1400 geschrieben sein. Ausführlicher über dieses Alphabet vgl. bei Dudík, Forschungen in Schweden für Mährens Gesch. Brünn 1852, S. 216 f., wo er beweist, dass man unter Diwiss namentlich den ersten mit diesem Namen (1360—66) verstehen

Ein zweites Exemplar desselben Alphabetes wird in der Prager Univer-
sitäts- oder öffentlichen Bibliothek aufbewahrt (XI. A. 14); es ist auf
Papier und im Jahre 1434[1]) neben einem hebr. und griech. Alphabet
niedergeschrieben.

Die Böhmen lernten, dem Anscheine nach, mit ziemlich gutem Erfolge, wenn man darnach urtheilen darf, dass einem von ihnen, Joannes,
von Karl IV. für seine schöne Schrift eine jährliche Remuneration von
10 Marken aus den Prager Fleischläden verliehen wurde, wie das aus
der Urkunde dieses Königs vom 26. Sept. 1356 ersichtlich ist; darin
wird gesagt, dass diese Belohnung für das fleissige und treue Abschreiben
von Heiligenlegenden und Liedern in der vornehmen slavischen Sprache
ausgestellt worden ist, und sie soll so lange fortdauern, als die Arbeit
fortgesetzt werden würde[2]). Ob viele Bücher dieser Joannes geschrieben,
ist gegenwärtig nicht möglich zu sagen. Unzweifelhaft ist meiner Meinung nach, dass das Passionale oder Martyrologium, wovon sich sehr
wenig erhalten hat, von ihm geschrieben wurde[3]). Ohne Zweifel gab

---

muss (S. 211—19). Mit noch mehr Ueberzeugung erbärtet er dies in seiner
Geschichte des Benedikt-Stiftes Raygern, I. Brünn 1849, S. 340, und zwar
auf Grund seiner Forschungen über die Handschriften des Klosters Raygern.
— Hanusch, Zur Glagolita-Frage, in Slavische Bibl., herausgeg. von Mikl.
II, S. 203; Hanuš, Dodavky a doplňky k Jungmannově Historii litetatury
české. I. V Praze, S. 5. Nr. 1; Pečirka im Č.Č.M. 1851, I. S. 100.

[1]) Hanuš, Zur Glagolita-Frage etc. S.203; id. Dodavky I. S.6. Ausserdem ist zu Ende der glagol. Bibel in der Prager Univ.-Bibl. ebenfalls ein
glagol. Alphabet niedergeschrieben. Hanslick, Gesch. und Beschreibung der
Prager Univ.-Bibl. Prag 1851, 1, S. 619; Hanuš, Dodavky I. S. 6.

[2]) In dem Schriftstücke wird unter anderem so gesagt: Johanni, scrip-
tori librorum monasterii Slavorum ordinis sancti Benedicti in Nova civitate
Prag. noue fundationis nostre, deuoto et fideli nostro dilecto graciam nostram
et omne bonum. Consideratis multiplicibus obsequiis tuis, quibus pro decore
monasterii nostri Slauorum in scribendis libris legendarum et cantus nobili
lingue Slauonice hucusque prouide mentis studio tam sollicite quam fideliter
laborasti; et laborabis, sicut non ambigimus, prestancius in futurum, de singulari nostre Maiestatis gracia, damus, deputamus et assignamus tibi decem
marcas redditum anni census in et super maccellis civitatis Pragensis, in quorum possessione nunc esse dignosceris, per te nec non legitimus heredes in
laborando et scribendo libros legendarum et cantus dicti vulgaris slauonici
actu et operacione continuaveris ac perseueraueris fideliter et attente. Pelzel, Kaiser Karl IV., I. S. 385. Nr. CCCXLIII; Patera, Nově nalezené
sbytky staročeských passionalů ze XIV. století in Č.Č.M. 1882. S. 522 f. Bem.

[3]) Von diesem Passional haben sich nur zwei beschädigte Blätter, die

es auch andere glagolitische Schreiber oder Abschreiber; von ihnen
rührt die Bibel aus dem Jahre 1614 her, deren eine Theil in der
Prager Universitäts-Bibliothek (XVII. A. 1) aufbewahrt wird. Dieser
Codex enthält genau den 2. Theil der Bibel[1]), wie es aus der mit rother
Tinte geschriebenen Notiz auf Blatt Ib, in welcher sein Inhalt angegeben
ist, ersichtlich ist:

В том'то свазʼкоу дроугемʼ попсани еc̈. .дϊ. книгъ. а наипрʼвѣ
книги паралипоменон двое, книги ѐздрашови. двое. книги немиаc̈.
книги тобиаc̈. книги юдитʼ. книги естѣрʼ. книги ꙉобʼ. книги прзи-
еслование. книги моудрости. книги ѐклезиастѣc. книги кантика
кантикороум. книги ѐкклезиастикоус. книги жалтарз. На ти кажде
книги, прзедмлоуви ст̈го Еронима ꙉоу попсани в последниемʼ ква-
терние тиехто книг. анѣб свазкоу.

Auf Blatt 258ᵃ des Codex steht geschrieben:

Тито книги доконани ꙉоу по лѣтѣхʼ нарозени сн̈а божиего
по .ӵ. оӱ. еї. за часоу книезе Крзиже опата слован'скего. псани
тато библе ӧ братрзи клаштерскихʼ. але нѣ ӧ писарзоувʼ хар-
ватскихʼ.

Diese Notiz ist sehr wichtig; neben der Angabe der Zeit des Aufschreibens weist sie nach meiner Meinung bis zu einem gewissen Grade
auch auf die im Kloster na Slowanech bestandenen Verhältnisse hin,
und zwar auf die Beziehungen zwischen den angekommenen und ein-
geborenen böhmischen Mönchen. Die ersteren werden писарзи харватшти genannt und wurden, wie es scheint, nicht als ebenbürtige

---

beim Einbande von Apologie stavů království českého z r. 1618 n. verwendet
wurden, erhalten; beide wurden von A. Patera entdeckt, der das eine von
ihnen in Č.Č.M. 1882, S. 524—527 in lat. Transscription herausgab. Der Inhalt des 2. Blattes wird unten angegeben werden. Die Blätter werden im
böhm. Museum aufbewahrt; leider haben sie die Signatur noch nicht.

[1]) Darüber siehe bei Hanslick, Geschichte u. Beschreibung der Prager
Univers.-Bibl. Prag 1851; Dobrowsky im Literar. Magazin II. S. 32 und
seiner Gesch. d. Spr. u. Liter. S.212 f.; Jungmann, Historie literatury české,
2. Aufl. 1849, III. Nr.506, S.91; Hanuš, Dodavky a doplňky etc. II. V Praze
1871, S. 64, Nr. 506, wo auch die Literatur angegeben ist; Hanuš, Quellenkunde S. 91, 103, 219; Jireček im ČČM, 1864, I. S. 141; Kolář, Sitzungsber. d. böhm. Ges. d. Wiss. 1866, S. 84—89.

Mitglieder des Klosters angesehen; man nennt nur die letzteren
бⷬратрзи клаштерски und sie waren die eigentlichen Herren na Slo-
wanech.   Durch die Benennung писарзи харватшти wird auch die
Function dieser na Slowanech bestimmt; sie hatten die Verpflichtung,
Bücher zu schreiben und die Böhmen in der slavischen, d. i. glagolitischen
Schrift zu unterrichten.

Wir haben Grund zu glauben, dass die böhmische, glagolitisch geschriebene Bibel im vollen Umfang vorhanden war. Von ihren einzelnen
Theilen haben sich aber nur unbedeutende Fragmente erhalten, die
heutzutage im Museum aufbewahrt werden.   Diese sind: aus dem

I^{ten} Theile: ein Bruchstück aus dem Buche Levit [1]); aus dem

III^{ten} Theile: 1) drei Abschnitte aus Dobřichovic, — Zachar. VII,
    23 — IX, 11 und XIV, 6—14 mit einem Vorworte des heil.
    Hieronymus zu Malachias, ein Theil des Vorwortes zu Ag-
    geas [2]) und aus I Makkab. XIV, 31—46 [3]); 2) ¼ Blatt aus
    Jezeh., XXXVII, Anfang und Ende von XXXVIII, Anfang
    von XXXIX; endlich aus dem

IV^{ten} Theile: zwei Abschnitte aus den Acta apostolorum: a) IX,
    1—6, 13; b) eine Columne aus I, 2; c) hannoverisches
    Bruchstück in einem Blatte, und d. Erklärung von hebräisch.
    Wörtern.

---

[1]) Ueber diese Bruchstücke vgl. Hanka, Ostatky slovanského bobo-
slušeni v Čechách. Prag 1859. S. XL Dobner sagt, dass sich in bibliotheca
Altovadensi ordinis cistercian. eine glagolit. Handschrift befindet und fügt
hinzu: Ne autem lectorem celem, quid codex iste manuscriptus complectatur,
continet is primam partem Bibliorum (Annalium Hagecianorum pars VI.
Pragae 1782, S. 11). In der Beschreibung der im Stifte Hohenfurt befindlichen
Handschriften, von p. Raph. Pavel in Xenia Bernardina. Wien 1891, pars II.
2, S. 167—461 kommt aber keine solche Handschrift vor. Soll man nicht hier
die Hohenfurter Fragmente verstehen? Jireček, Rukovět, I. S. 246. J. Kolář im ČČM. 1870. S. 394; da und in den Sitzungsber. d. böhm. Ges. d. Wiss.
1866, S. 89 zählt Kolář mit Jireček (an cit. Stelle) zu dem nicht erhaltenen Theile der Bibel auch die Bruchstücke aus dem Cistercienser-Stifte zu
Hohenfurt (Vyšši Brod); doch sind diese Fragmente aus der allgemeinen Geschichte, wie unten dargethan ist.

[2]) Ueber diese Bruchstücke s. bei Kolář ČČM. 1870. S. 394; das Vorwort
ist ibid. herausgegeben, S. 398.

[3]) Ib. herausgegeben, S. 399.

Man muss jedoch vermuthen, dass es nicht nur ein Exemplar der böhmisch-glagolitischen Bibel gegeben hat, sondern wenigstens zwei, und dass das zweite von ihnen auf Papier geschrieben, übrigens vielleicht unvollständig war.

Ausser den biblischen Bruchstücken sind auf uns Fragmente aus der allgemeinen Geschichte [1]) auf den 2 bereits genannten Pergament-blättern aus dem Cistercienser-Stifte zu Hohenfurt (Vyšší Brod) in fol., 2 Columnen gekommen; das 2. Blatt ist unvollständig, — an der äusse-ren Seite ist ¼ des Blattes von oben bis unten abgeschnitten. Die erste Columne des ersten Blattes ist schwierig zu lesen, da sie sehr be-schmutzt ist. Das Ende dieses Blattes in der 2. Columne lautet so: Ктерак' сѣдни само мнесто пѣни лиди. Атоно поживахоу зпиеваци и зпиевакинне над' погрзнебем' ѣосие а многи часов' в юдѣа над' ѣо-снам обноваху. А к томоу квнелени потом' тиж еремнас' прзнда ѣине квнеленне над' зборзени мнеста. Darauf fängt unmittelbar der Aufsatz an: Оупад' зимнан. За днов ѣосне .г. крал' рзимски мзоу-коус' (sic) марцноус'. вноук' ноумов' зе дцери. тен' пороу ад'вен-тиноу прзничини к мнестоу. над морзем' ѐі (16) миле. о̄ мнеста. мнесто гистиам' точиш' обнет' оустави. От'повнеди идонео. того наипрв' рзимс'ки земне поживала ест'. Пати рзимски крал' тарк'ви-нноус' прискоус' около рзима зди аз . . . . .

γ. О трзнех' синнех' ѣоснашовнх'. Anfang: Оустави.

δ. О ѣоахнм' а о оурна. а о прцстви ермне. Anf.: Пак ѣоахнм' бнеше дi (15) лет' кднж' бил почал' краловати. аі (11) лѣт' краловал' в' ероузалем'.

ε. Der Titel abgeschnitten. Anf.: Под' озна кралем' юда. скона....

ζ. Der Titel beschnitten. Anf.: Лета. ѓі (31). ози . . . . . кра-лова . . . . . . ас' син' . . . .

η. О початкоу ѣимание жидов' кп ѐі (16). Anf.: За днов фацее тегдат' фаласар' крал' асоур'. ѣнеде до израгел'. И ест' мил'-но. тен' ли е бил' фоул'. чили ѣини. И поплени вшицкоу земи. неб' краѣбиноу за ѣорданем'. а зѣимав' пол'трзетие поколенне

—————

[1]) Darüber bei Dobrowsky, Glagolitica in der Ausgabe Hanka's, S. 20. Das Fcs. aus dieser Geschichte oder den Hohenfurter Fragmenten s. bei Pel-zel, Kaiser Karl IV. 1781, zwischen S. 530—531.

вѣде с' собоу а таке поплени галилеам'. з поколение забоу-
лен'. а нептали҆м' многи прзивѣдо (sic) с собоу до асирие.
же би . . . .

ϑ. О ꙉоатам' крали. Anf.: Лета дроуге гиѳаꙉие. кралева(х)
ꙉотан' син' озие в ероузалеми и͠д. (25) лѣть бил'. кдиж' почал' кралевати. а. е͠т. (16) лет' кралевал'. ꙉмие матерзи его
нероуса. дцера садох'. И чини добрзие прзиед' б͠гем'. вшак
висости (?). — Mit diesem Worte hört das Blatt auf.

Ob nun die böhm. Schreiber oder клаштерски братрзи auch kroat.-
glagolit. Bücher geschrieben oder dieselben nur abgeschrieben haben,
ist gegenwärtig nicht leicht zu sagen. Herr J. Kolář glaubt, dass die
dalm. Mönche kroat. Bücher und unter anderem den Lobkovitzer Psalter, welchen »писа Кирии҆ жакаи҆« (Quirinus diaconus) im Jahre 1359
»в с͠том коузми дамьѣни в сени«[1]), und ausserdem den Psalter oder
das Breviarium, von welchem sich einige Bruchstücke erhalten haben:
die von Dobřichowitz (Dobřichovice), Karlin, Tursko und Borotitz (Bo-
rotice)[2]) mit sich gebracht haben. Schwerlich ist es möglich, die Annahme des H. Kolář für richtig zu halten. Man muss vor allem bemerken, dass es solcher Bruchstücke, die auf verschiedenen Stellen Böhmens
gefunden wurden, weit mehr gibt; im Ganzen ergeben sie die Zahl von
18 Blättern und 7 Stückchen oder Abschnitzeln, auch muss man dazu

---

[1]) Dieser Psalter stellt etwas in der Art der russ. слѣдованная псалтырь
vor, weil nach ihm das Beviarium Romanum folgt. Von einem Psalter wurde
die Copie in lat. Transscription für P. J. Šafařík auf seinen Wunsch gemacht;
dieser wird unter den Papieren Šafařík's in der Bibliothek des böhm. Museums
(IX. H. 15 = IX, D. 12) aufbewahrt. Lobkovicer heisst der Psalter, weil er
dem Grafen Lobkovic angehört; früher war er Eigenthum des Grafen Stern-
berg. S. darüber bei Dobrowsky, Geschichte der böhm. Sprache u. älteren
Literatur. Prag 1818, S. 385; Glagolitica. Prag 1832, S. 79 f. und Slawin.
Prag 1833, S. 389; Kolář in Sitzungsber. der k. böhm. Ges. d. Wiss. 1879,
S. 403.

[2]) Sitzungsberichte der k. böhm. Ges. d. Wiss. 1879, S. 403; Kolář
zählt c. 10 Bruchstücke auf. Ib. S. 402—405; cf. ČČM. 1870, S. 393, wo auf
S. 397 die Psalmen CXXXVI, CXLVII und CXLVIII aus den Bruchstücken
von Dobřichowitz herausgegeben sind; von den Bruchstücken von Borotitz
sind herausgegeben Exod. X, 8—19 und Habbak. III, 1—19 in den cit. Sitz.-
ber. 1879, S. 405. Aus den Bruchstücken von Tur findet man Abdrücke bei
Šafařík, Památky hlaholského písemníctví S. 74 f.

noch 3 Blätter aus den Papieren Šaf.'s hinzufügen $\left(\frac{XIV}{4}\ \text{u.}\ \frac{XIV}{2}\right)$ und dann noch 11 Stückchen $\left(\frac{XIV}{5}\right)$, und so erhalten wir 21 Blätter und 18 Stückchen, welche gegenwärtig alle im Museum aufbewahrt werden. Ich habe sie alle durchgesehen und mir bei jedem von ihnen den Inhalt angemerkt, da in der Hoffnung auf neue Funde eine Beschreibung derselben bis heute noch nicht existirt, sie sind aber auch noch nicht in die gehörige Ordnung gebracht. Sie enthalten Lectionen aus den biblischen Büchern des Alten und Neuen Testamentes, Officien zu den grossen Fasten, wie den Kanon auf den Charfreitag [1]), Lieder auf Mutter Gottes, Officien oder Missen der Heiligen, wie z. B. die Missa für den heil. Erstmärtyrer Stephan [2]). Hanka glaubt, vielleicht nicht ganz richtig, dass die eben angeführten Bruchstücke aus drei Breviarien oder Missalen herstammen. Aus dem

I. zwei Blätter, aufbewahrt in der Prager Universitäts-Bibliothek, deren Inhalt lateinisch vom Priester Pišely transscribirt [3]), und so transscribirt von Dobrowský abgedruckt wurde [4]); aus dem

II. zwei Blätter, von denen das eine in Turnau, das zweite in Budapest gefunden wurde [5]); aus dem

III. zwei Blätter in der Hessen-Kasseler kurfürstlichen Bibliothek zu Kassel [6]) und zwei Blätter von Erben in Praskoles gefunden [7]).

Alle diese Bruchstücke sind nach Hankas [8]) und anderer [9]) Meinung in Emmaus-Kloster geschrieben worden. Natürlich sind bei dieser Bestimmung Hankas nicht alle Bruchstücke in eine Gruppe zusammen-

---

[1]) Abgedruckt bei Šaf. Památky S. 71 f. und bei Hanka, Ostatky slovanského bohoslužení v Čechách, S. 50—60.

[2]) Abgedruckt bei Hanka ib., S. 66 f.

[3]) Hanka ib. S. XI; ebendort abgedruckt S. 42—47.

[4]) Glagolitica. Prag 1807, wo er das Fcs. von einem kleinen Stücke dieser Fragmente beibringt. Zweite Ausgabe von Hanka 44 f. u. 65—67 und das Fcs. Taf. I; cf. Gesch. d. böhm. Spr. u. Liter. Prag 1818. S. 58.

[5]) S. bei Hanka, ib. S. XII; ib. S. 35—38 das Turnauer, S. 47—50 das Budapester Blatt herausgegeben.

[6]) S. bei Hanka ib. S. XIII; ib. auch herausgegeben (S. 26—35).

[7]) Ib. S. XIII, herausgegeben S. 50—60, wo der Gottesdienst auf den Charfreitag enthalten ist.

[8]) Op. cit. S. XII u. XVI.

[9]) Cf. Jungmann, Historia literatury české. III. Abtheilung, S. 91, Nr. 506; Hanuš, Dodavky I, S. 2, Nr. 8; Quellenkunde S. 216.

gestellt [1]). Er sagt z. B. nicht, wohin man das Stück eines Blattes aus
einem Menologium setzen muss, welches Stück in den Papieren Cerronis
gefunden wurde [2]). Ausserdem kann man als unzweifelhaft annehmen,
dass auch andere Bücher sowohl in der böhmischen (čechischen), als
auch kroatischen Sprache glagolitisch geschrieben wurden. Von einigen
auf uns nicht überkommenen glagolitischen Büchern haben wir directe
Nachrichten. So finden wir z. B. in den Gerichtsbüchern des Prager
Consistoriums vom Jahre 1379 folgende Notiz: Prizbislaus archidiaconus
Horssov. assignat quosdam quinternos pergameni scriptos in Slauonica
lingua . . . . . . Paula abbati Slavorum [3]). Ausserdem theilt uns Fr. Pe-
tera Rohoznický mit, dass im Jahre 1844—5 in Josefov eine ganze
glagolitische Handschrift, 2 Daumen dick und in Folio zum Einwickeln
der Waare in einem Geschäfte vernichtet wurde [4]).

Man kann überzeugt sein, dass man mit der Zeit noch mehr Bruchstücke solcher Bücher entdecken wird. Uebrigens kann man gegenwärtig schon auf Bruchstücke aus glagolitischen Büchern kroatischen
Ursprunges hinweisen, die man nicht mit voller Sicherheit auf das
Emmauser Kloster beziehen oder den Emmauser Schreibern zuschreiben
kann. Ein solches ist das Innsbrucker Fragment [5]) und drei andere:
zwei aus einem Missale und eins aus einem Breviarium des XIV.—XV.
Jahrh., aufbewahrt in der Wiener k. Hofbibliothek; gezeigt hat sie mir
Ferd. Menčík. Das Blatt aus dem Missale in Folio ist der Schrift nach
ebensolchen Bruchstücken, die in der Bibliothek des Museum regni Boh.
vorhanden sind, überaus ähnlich. Schliesslich haben wir auch noch
literarische Hinweise, welche uns Anlass geben zu vermuthen, dass noch
andere Denkmäler der glagolitischen Literatur bei den Böhmen existiert

[1]) Fr. Patera Rohoznický theilt in Pražské Noviný 1859, 7. Jan. von der
Vernichtung einer ganzen glagolitischen Handschrift mit. Hanka, Ostatky,
S. XVI.
[2]) Hanka, Ostatky, S. XI; herausgegeben S. 42; das Fcs. bei Dobrowsky's Glagolitica, 2te Ausgabe, Taf. III; Gesch. d. böhm. Spr. u. Lit.—
zu Ende.
[3]) Acta jud. II, 151 bei Tadra, Kanceláře a pisaři v zemich českých.
V Praze 1892, S. 213, Bemerk. 12, wo gesagt wird, dass es weitere Nachrichten über diese Bücher nicht gibt.
[4]) Pražské noviny, 1859, 7. Jan.; Hanka, Ostatky, S. XVI.
[5]) Ueber diese Bruchstücke siehe bei Šafařík in Sitzber. der k. böhm.
Ges. d. Wiss. 1859, III., S. 23; Vojt-Šafařík, ib. S. 60 und Šembera,
Historie liter. české, 3. Aufl. S. 56.

hatten, und zwar führt Matth. Benešovsky (von Benešov), Philonomus genannt, der einige Zeit Abt des Emmaus-Klosters gewesen war, in seiner ziemlich interessanten »Knjžka slow českých wyložených[1])« 7 Psalme aus dem Psalter in lateinischer Transscription an, allein woher er diese genommen hat, ist unbekannt. V. Hanka glaubte, ohne einen Grund dafür anzugeben, dass dem Philonomus kyrillische und nicht glagolitische[2]) Bücher zur Quelle gedient haben. Wenn wir von der Voraussetzung ausgehen, dass in Emmaus noch glagolitische Bücher kroatischen Ursprunges oder Redaction geschrieben wurden, so konnten diese nur in den ersten Decennien des Bestehens des Klosters, d. h. nur in der 2. Hälfte des XIV. Jahrh. geschrieben worden sein; zu Ende des zweiten Decenniums dieses Jahrhunderts begann man schon böhmische (čechische) Bücher in der glagolica zu schreiben. Anders konnte es auch nicht gewesen sein. Es war nothwendig, böhmische Schreiber-Glagoliten (oder wie sie sich selbst nennen »клаштерски братрзи«) vorzubereiten, die böhmische Orthographie auf Grund der glagolitischen Buchstaben auszuarbeiten und erst dann sich des Bücherschreibens anzunehmen. Es ist wahr, dass im Jahre 1356 ein solcher Böhme-Glagolite, Namens Jan erscheint, welchen, wie ich oben dargethan habe, Karl IV. eine jährliche Belohnung zu Theil werden liess; natürlich gab es solche nur wenige, wenn er gar nicht der einzige war, und ihm Karl IV. diese Belohnung zu seiner und anderer Anspornung verliehen hatte. Noch selbst zu Ende des XIV. Jahrh. wurden Bücher kroatischen Ursprunges geschrieben. Derart ist der glagolitische Theil des Rheimser-Ev. aus dem Jahre 1395. Wer ihn aber geschrieben hat, ob ein kroatischer Schreiber oder ein клаштерски братрь, ist gegenwärtig unmöglich mit Sicherheit zu sagen. Ich bin geneigt zu glauben, dass ihn ein Böhme geschrieben hat, der schon gut die glagolitische Schrift und die kirchenslavische Sprache beherrschte. Das Buch war für den festlichen Gottesdienst bestimmt; die in ihm enthaltenen Evangelien- und Apostol-Lectionen sind »словѣн'ским ѣзкем« geschrieben, ... һмаһи спиевани бити нь годи, кдижь опат под' короуноу мши слоужи«, wie es in dem Postscriptum zu Ende des Codex mitgetheilt ist. Wann der kyrillische Theil desselben Codex geschrieben worden ist, im XIV. Jahrh. oder früher, wie einige Gelehrte[3]) glauben, ist nicht leicht zu sagen, da bis

[1]) Dieses Buch wurde in Prag 1587 herausgegeben.

[2]) Ostatky, S. XVI—XVII.

[3]) Ueber das Rheimser Evangelium existirt schon eine ganze Literatur.

zu dieser Zeit die Handschrift selbst sehr wenig studirt wurde, mehr bekannt ist sie durch das Facsimile des Silvestre, das aber nicht genau
ist. Ich schliesse nicht die Möglichkeit aus, dass der kyrillische Theil im
XIV. Jahrh. geschrieben wurde, trotzdem es nicht ganz leicht ist, dies
zu beweisen. Endlich glaube ich, .dass die Tradition über das Auf-
schreiben dieses Theiles des Evangeliums durch den h. Prokop nicht
gänzlich für unwahrscheinlich anzusehen ist. Diese Tradition kann
darauf hinweisen, dass der kyrillische Theil von einer älteren Handschrift als des XIV. Jahrh. und allenfalls in Böhmen entweder für die
Böhmen oder die Südslaven, die nicht sehr mit den Kyrill-Redactionen
vertraut waren, von einer russischen Handschrift, die auf einem bulgarischen Originale fusste, abgeschrieben worden ist.

In Verbindung mit der Frage über den kyrillischen Theil des
Rheimser Evangeliums steht auch die Frage: War denn die kyrillische
Schrift den Böhmen-Glagoliten bekannt und haben sie auch kyrillisch
geschrieben? Dass ihnen auch die Kyrillica bekannt gewesen, unterliegt um so weniger einem Zweifel, als ja die Čechen zur Zeit Karl IV.
durch die Polen directe und indirecte Beziehungen zu den Russen

---

Ich werde nur auf das Hervorragende davon hinweisen. Fast als erste Nachricht erscheint über dieses Ev. die bei F. C. Alter, Philologische Miscellaneen,
Wien 1799, S. 175; Brief an Hanka von Jastrzębski vom J. 1839 im ČČM.
1840, S. 187—199 mit einem farbigen Fcs. des Postscr.; hier finden sich viele
bibliogr. Angaben vor. Noch früher schrieb Hanka einen ziemlich umfangreichen Aufsatz im ČČM. 1839, S. 491—499. Um dieselbe Zeit setzt B. Kopitar in seinem Hesychii glossographi discipulus. Vindobonae 1839, S. 65 f.
dieses Evang. ins XIV. Jahrh. Derselbe Gegenstand wird im Briefwechsel
zwischen Kopitar und Hanka zu wiederholten Malen berührt (vergl. Neue
Briefe von Dobrowsky, Kopitar, St. Ptbg. 1897, Введеніе S. LXVI—LXVII).
Im J. 1843 gab Silvestre das vollständige Fcs. dieses Ev. photographisch auf
Kosten des Kaisers Nicolaus I. in Paris heraus, im J. 1846 aber Hanka in Prag
mit kyrill. Buchstaben und lat. Transscription, einer Vergleichung mit den
Texten des Ostromirschen Codex und theilweise dem der Ostroger Bibel sammt
einer Einleitung, in welcher er sich bemühte zu beweisen, dass der kyrill.
Theil vom heil. Prokop geschrieben worden ist. Deshalb betitelte er auch
seine Ausgabe folgendermassen: »Сазаво-еммаусское свꙗтое благовѣствованне«.
Fast zur selben Zeit trat Kopitar gegen Hanka mit seinen Prolegomena historica auf, welche in der Art einer Einleitung zu einigen Exemplaren der Pa-
riser Ausgabe und separat in Prag 1846 und in der Slav. Bibl. Miklosich's I.,
S. 80 sqq. erschienen sind, wo er seine früheren Ansichten wiederholt, dass
sich das ganze Ev. auf das XIV. Jahrh. bezieht. Jastrzębski wiederholte seine

hatten[1]), und wie wir unten sehen werden, auch zu den Serben. Ob aber irgend etwas auch kyrillisch geschrieben wurde, ausser dem Rheimser Evangelium, wofern es erst im XIV. Jahrh. in Böhmen entstand, ist überaus schwer und gegenwärtig sogar unmöglich zu sagen. Wir haben gar keine Daten, die irgend eine. positive Antwort auf diese Frage geben würden.

Man kann dafür halten, dass ausser den oben angegebenen böhm. und kroatischen Büchern noch Dinge anderen Inhalts geschrieben wurden; darauf spielt Karl IV. selbst in seinem Erlasse vom 26. Aug. 1356 an Joannes, den Bücherschreiber zu Emmaus, an, dass ihm nämlich für das Schreiben von Büchern von Heiligenviten und Liedern in der slavischen Sprache jährlich 10 Mark zur Belohnung ausgestellt sind — (laborando et scribendo libros legendarum et cantus vulgaris slauonici[1]). Was die libri legendarum anbetrifft, so muss man unter ihnen, meiner Meinung nach, jenes Passional oder besser Martyrologium verstehen, aus welchem schon A. Patera, wie ich oben bemerkt habe, Bruchstücke abgedruckt hat.

Welcher Art aber die cantus vulgaris slauonici waren, ob weltlichen oder geistlichen Inhalts, davon haben wir heutzutage keinen Begriff. Ich glaube nur, dass auch diese cantus glagolitisch geschrieben waren, wenn wir in Betracht ziehen, dass auch das Passionale oder Martyro-

---

Ansicht in einem separaten Buche: Notice sur le manuscrit de la bibliothèque du Reims, connu sous le nom du Text de sacre. Rome 1845.

Eine ganze Dissertation über den kyrill. Theil des Rheimser Ev. hat Biljarskij im 2. Theile seiner »Судьба церковно-славянскаго языка. Спб. 1848« geschrieben. In späterer Zeit schrieben über diesen Theil (den kyrill.) Prof. Cerf, L'évangéliaire slave, manuscrit, dit Text du sacre conservé à la bibliothèque de la ville de Reims. Reims 1885, Sobolevskij im Русскій филологическій Вѣстникъ XVIII (1887), S. 143, wo er zu beweisen trachtet, dass dieser Theil des Ev. iu das XII. Jahrh. (wenn nicht in ein noch früheres) gehört und dass derselbe in Russland aus einer bulg. Vorlage abgeschrieben worden ist. Prof. Pastrnek ist fast derselben Ansicht hinsichtlich der Zeit des Aufschreibens dieses Theiles, doch meint er, dass er in Böhmen geschrieben worden ist (Časopis Matice Moravské, XV. 1891, S. 336 sqq.). An dieselbe Ansicht halten sich Křiček, Nástin S. 147, und Krasl, Svatý Prokop, jeho klášter i památka v lidu. V Praze 1895, S. 166—169.

[1]) Siehe bei Hoffmann, Sammlung ungedruckter Docum. u. Urkunden. II. Theil. Halle 1737, S. 226—247, Nr. CCLII; cf. Tadra, Kulturné styky Čech s cizinou. V Praze 1897, S. 149—150.

[2]) Pelzel, Kaiser Karl IV., II. S. 385, Nr. CCCXLIII.

logium mit denselben Buchstaben niedergeschrieben wurde. Wenn diese
cantus weltlichen Inhaltes waren, so könnten sie auch lateinisch geschrieben gewesen sein, obwohl das schwer zu glauben ist. Unzweifelhaft hatte man die Absicht, vermittels des allgemein zugänglichen Lesens
die glagolitische Schrift zu popularisiren und hinsichtlich dieses konnten
die cantus eher glagolitisch als lateinisch geschrieben sein. Wenn auch
die Nachbarschaft der cantus mit den libri legendarum nicht zunächst an
den weltlichen Inhalt der Lieder denken lässt, so schliesst dieser Umstand doch die Möglichkeit ihres weltlichen Charakters nicht aus. Wahrscheinlich würde, wenn die cantus durchaus geistlichen Charakters waren,
die Urkunde dieselben mit einem ihrer Eigenart entsprechenden Adjek-
tivum charakterisirt haben, was wir in der That nicht sehen [1]). Bohuslaw Bilejowský [2]), der schon bekannte utraquistische Priester, spricht
auch o giné k zpjwánij (d. h. Gesangbücher), aber diese Worte ergeben
kein klares Bild.

Wenn wir darnach urtheilen, was bis hieher über die glagolitischen
Handschriften in Böhmen gesagt worden ist, so könnte man glauben,
dass die böhmischen Glagoliten nicht sehr viel geschrieben haben. Thatsächlich wurden aber in Emmaus bei weitem mehr glagolitische Bücher
geschrieben. Hier wurde das Abschreiben kirchenslavisch-glagolitischer
Bücher auch im XV. Jahrh., wie es theilweise die Nachschrift in der
erhaltenen böhmisch-glagolitischen Bibel in der Universitäts-Bibliothek
(v. oben) darthut, und wahrscheinlich bis ans Ende dieses Jahrhunderts,
wenn nicht noch später fortgesetzt. Die böhmisch-glagolitischen und
kroatischen Bücher haben sich bei den Böhmen bis zum Ende des
XVI. Jahrh. erhalten. Gegen das Ende des XVI. Jarh. waren viele mit

---

[1]) Man könnte glauben, dass die cantus Joannis in der Art jener gewesen
sind, wie sie die Hofsänger der böhm. Könige gedichtet haben. Man muss bemerken, dass die von einigen čech. Gelehrten: Hattala, Zoubek, Aforizmy v
rukopisě našich zpěvů, písni in Lumír 1866, Nr. 29, S. 445, angeführten Do-
breta und Kojata nicht Sänger (Dichter), sondern joculatores sind; — der
erstere wird in der Urkunde Vladislav's 1167, 20. Jan. (. . . . . terram, quam
pater meus joculatori suo, nomine Dobręta in villa Zalasaz dederat, ego illi
ecclesiae [Litomyslensis ordinis Praepronstatensis] contuli, — bei Erben,
Regesta, I, Nr. 319, S. 139; der zweite aber in der Urkunde Sobezlaus 1176:
ecclesiae Olomucensi: . . . . circuitum, qui vocatur Dobretin, a Kojata joculatori comparavit, — bei Erben, op. c., S. 157) erwähnt.

[2]) Kronyka Cýrkewnej. Wyd. od Joz. Skalického. W Praze 1816, S. 22.
Dobrowsky, Gesch. der böhm. Spr. u. älteren Literatur. Prag 1818, S. 58 f.

glagolitischen Lettern geschriebene Bücher in dem erwähnten Kloster zu sehen, wie es Lupacius ad 29. Mart. und Paproczky bezeugen, so sagt Pelzel und fügt hinzu, jetzt sei keines mehr vorhanden[1]) Und in der That, spricht derselbe Bohuslaw Bilejowský in seiner böhmischen (čechischen) Chronik, dass Karl IV. zgednal y knihy literami slowanskými psané, biblij, žaltáře, missaly, a giné k zpjwánij, gakož podnes ge magij. Ebenso schrieb Prokop-Lupacius († 1591 im 68. Jahre seines Lebens[2]) unter dem 29. März: Eodem Slavi sunt a Caesare introducti, qui Slavonica lingua sacrum concelebrabant. Extantque etiamnum hodie ibidem libri hoc ipso idiomate conscripti[3]). Und der Pole Paprocki (* 1540, † 1614), der böhmisch geschrieben, sagt, dass Karl das Emmaus-Kloster gegründet und slavische Mönche (mnichy slowáky) dorthin berufen hat, welchen er knih slowanských přichistal množstwij; hiernach führt er 9 Zeilen an, kroatisch-glagolitisch mit lateinischer Transscription gedruckt. Aber der glagolitische Text und die Transscription sind nicht auf ihre Stellen gesetzt, das, was am Anfange steht, müsste an dritter Stelle stehen, dass an der 2., müsste an erster und jenes an der 3., an 2. Stelle sein. Dabei werden in der Transscription auch solche Wörter angeführt, welche im glagolitischen Originale nicht zu finden sind. Nachdem er gesagt hatte, dass Karl in Emmaus eingesetzt hat opata korunowaného gehožto gméno litarami slowanskými takto gest napsané:

> ᲒᲚᲐᲒᲝᲚᲘ ᲨᲬᲔᲠᲖᲐ Ბ
> ᲕᲘᲚᲢᲝ ᲕᲒᲔᲚ ᲒᲝᲬᲮᲔᲠᲖ
> Ჴ ᲜᲔᲚᲐ ᲤᲒᲔᲬᲢ ᲔᲠᲮ

A ta slowa tak se na cžesko wykladgi: Kněz Pawel Opat řečený Nedwěd ginák Ursin: a ten umřel leta. Páně 1352. Unmittelbar darauf folgt: Toliké w knihách slowanských: klásstera toho, kterýchž se až posawád mnoho nacházy, cýsař Karel dal se pokorně poznamenati těmito literami.

---

[1] Pelzel, Kaiser Karl IV., II. Prag 1781, S. 350, Bemerk.; Křížek, Nástin dějů kláštera Benedikt. »na Slowanech« in Památky, 1855, S. 195.

[2] Sabína, Dějepis literat. česko-slovanské staré a středov. doby. V Praze 1866, S. 900.

[3] Rerum bohemicarum ephimeris sive kalendarium historicum. Autore Procop. Lupacio Hlawaczowaco Pragensi. Pragae 1583.

ⰁⰀⰕⰂⰅ : ⰆⰖⰒⰀ Ⰷ ⰒⰕⰑⰁⰕⰀ
ⰏⰑⰈⰓⰏⰑⰅ ⰐⰀⰁⰕⰞⰏⰑⰈⰠ.
ⰍⰞⰅⰀ Ⰲ ⰏⰑⰅⰣⰅ ⰍⰲⰅⰏⰑⰕ

Tož se takto rozumij: slowutný Karel čwrtý cýsař Rzijmský, král
czeský založil a nadal klásster tento.

Potom po smrti geho, toto doložili bratřij Slowácy.

Ⱅ̃. Ⱁ̃. Ⰽ̃. Ⱄ̃. ⰐⰒⰈⰀ ⰒⰕⰂ
ⰈⰀ ⰈⰒⰕⰏ Ⰷ ⰞⰈⰲⰈⰒⰆ
ⰒⰈⰀⰲⰆⰈⰀ

To gest, sessel z tohoto swêta po letu syna Božijho 1378[1]).

Die Transscription müsste übereinstimmend mit dem glagolitisch-
böhmischen Texte in solcher Ordnung folgen: Slowutný Karel čtwartý
cesar rimský á kral český, enž založil i nadal tento klásster, sšel (sessel)
s (z) togo (toho) sweta 1378. Knez Pavel opat rečený (řečený)
Nedwěd[2]).

Mir scheint, dass eine solche Verwechselung der Transscription
gegenüber dem glagolitisch-böhmischen Original darthut, dass Paprocký
selbst nicht viel von der·glagolitischen Schrift verstanden hat, wenn er
überhaupt etwas davon verstand. Für uns ist es immerhin wichtig, dass
zu seiner Zeit die Glagolica in Emmaus noch bekannt war und glagolitische Bücher dort noch in grosser Menge aufbewahrt wurden..

Endlich berichtet der Jesuit Bohuslaw Balbinus, dass er als Knabe
in Emmaus glagolitische Bücher gesehen habe und sogar aus ihnen
lernte; auch theilt er mit, dass sich solche Bücher in einigen anderen
alten Bibliotheken vorfinden[3]).

Aus allen angeführten Zeugnissen geht hervor, dass es glagolitische
Bücher in ziemlich grosser Anzahl in Emmaus gegeben hat, dass sie aber
auch auf einigen anderen Orten Böhmens vorhanden waren. Ferdinand
Tadra glaubt, dass sich die Emmauser Mönche deshalb um die Vermeh-

---

[1]) Diadochus. Prag 1602. S. 362.

[2]) Die in den Klammern angeführten Wörter bedeuten, dass sie bei Paprocky aufgeschrieben sind.

[3]) Epitome rerum Bohemicarum. Pragae 1677, S. 77: .... quales literarum notos in coenobio Slavorum Pragae, pueri quondam legebamus, ...
suntque in vetustis, quibusdam bibliothecis libri eiusmodi genere scriptura
constantes.

rung der glagolitischen Bücher bemüht haben, weil sie dazu von Karl IV. durch Geld angespornt wurden [1]), was er aus Anlass der Belohnung des vorerwähnten slavischen Schreibers in Emmaus durch Karl erwähnt [2]).

Schwerlich kann man mit dieser Auffassung übereinstimmen. Eher konnte das daher gekommen sein, weil diese Bücher in der Muttersprache geschrieben waren und nach dem Verschwinden des Lateinischen viele böhmische Mönche von ihnen angezogen wurden, die sich mit voller Begeisterung der heimatlichen Arbeit hingaben.

Dank diesem Umstande wurde das Prager slavische Kloster bis zu einem gewissen Grade populär, so dass es beim westlichen Slaventhum nicht das einzige blieb. Unter seinem Einfluss und indem man es nachahmte, wurde im Jahre 1380 ein ebensolches slavisches Kloster in Schlesien zu Oels von Konrad II., dem Herzog von Olesnica gegründet und in dasselbe Mönche aus dem Emmauser Kloster berufen. Wie es scheint, wurde das genannte Kloster (zu Oels) zur Zeit der hussitischen Kriege zerstört [3]).

Auch einem Nachahmen des Schaffens Karl IV. und vielleicht auch dem Einflusse der Prager slavischen Mönche muss man die Gründung eines slavischen Klosters durch den König Vladislav II. auf Wunsch seiner Gemahlin Hedwigs im Jahre 1390 zur Zeit des Krakauer Bischofs Peter Wis bei Krakau, in der Vorstadt Kleparz, unweit von dem Flusse Rudava zuschreiben. Geweiht wurde das Kloster dem h. Kreuze. Der polnische König schmückte, bereicherte und beschenkte es mit Landgütern und Gutsappertinentien. In der ersten Zeit war es hölzern; man begann aber herum eine steinerne Kirche und Klosterzellen zu bauen. Zur Erhaltung des Klosters wurden jährlich 20 Marken aus der königlichen Kasse bestimmt. Mönche mussten an 30 gewesen sein. Die ersten Mönche wurden aus Prag (aus Emmaus) berufen. Sie waren verpflichtet, die Messe, den Morgengottesdienst, die Horen und andere kirchliche Officien in kirchenslavischer Sprache zu verrichten, d. i. zu Zeiten dieser gottesdienstlichen Handlungen alles in kirchenslav. Sprache zu singen und zu lesen. Nach dem Tode des Königs entwickelte sich das Kloster schon

---

[1]) Kancelaře a písaři v zemích českých. V Praze 1892. S. 213.
[2]) Ib.
[3]) Tadra, Kulturní styky Čech s cizinou, S. 59; Zeitschr. f. Gesch. Schles. III, S. 20 f.

nicht mehr[1]). Man vermuthet, dass dieses Kloster durch die Feuersbrunst
im Jahre 1584 zu Grunde ging[2]). Est ist schwer gegenwärtig zu sagen,

---

[1]) Fast alles, was über dieses Kloster bekannt ist, ist bei Dlugoš mitgetheilt, dessen Worte über dasselbe sehr interessant sind. Er spricht darüber
folgendermassen: An. 1390. Wladislaus Rex cum Hedwigi Regina monasterium Slavorum ordinis sancti Benedicti Clepardiae sub titulo Sanctae Crucis
fundat et fratres Praga accersit, Slavonico idiomate divina officia celebratu-
ros. — Sempiternum memoriale, quo clementia Redemptoris genus Slavonicum extulit et mirifice honoravit, donando illi gratiam specialem, ut omnia
sacra officia et res divinae tam nocturnae quam diurnae, ipsa quoque sacra-
rum missarum arcana idiomate illo possent celebrari (quod nemini alteri lin-
guagio, praeterquam Graeco, Latino et Hebraeo vidimus contigisse quorum
excellentiae etiam bonitas divina Slavonicum aequavit), Wladislaus secundus
Poloniae Rex cum consorte sua Hedvigi, femina devota et nobilissima, volentes etiam in Regnum Poloniae diffundere, et de multiplicibus beneficiis et
victoriis, divitus eo anno eis praestitis, ostendere erga Deum gratitudinem et
munificentiam regalem, incitati exemplari simili, quod in civitate Pragensi
habetur monasterium Slavorum ordinis sancti Benedicti, et sub eius regulari
duraturum, sub honore et titulo Sanctae Crucis, extra muros Cracovienses) in
oppido Kleparz, non longe a fluvio Rudava, sub pontificatu Petri Wisch episcopi Cracoviensis, feria quinta postfestum Sancti Jacobi Apostoli, fundant,
condunt et dotant, et pulcherrimo muro lateritio circuitum ecclesiae tam chori
quam corporis, opere sumptuose et magnifico designant, chorumque eiusdem
ecclesiae cum Sacristia perficiunt et consumant, corporis vero fundamenta
solum iaciunt; quemadmodum usque in praesentem diem id coram cernere
licet. Et domum pro monasterio ligneam cum horto construunt, fratresque ex
monasterio Pragensi sumptos in illam introducunt, dantes eis pro dote quamvis tenui, viginti marcas singulis annis de censibus et proventibus thelonei
Cracoviensis: a quibus usque ad mea tempora et sub meis oculis ecclesia illa
Sanctae Crisis, et in re divina et in matutinis horisque canonicis, caeterisque
caeremoniis ecclesiasticis, sonoro cantu et lectione in idiomate Slavonico et
per monachos fratresque Sancti Benedicti et officiabatur et administrabatur.
Deliberaverat autem illustrissimus Wladislaus Poloniae Rex cum sua nobilissima consorte Hedvigi, monasterio et loco illi dare amplam dotem, quae triginta monachos, praeter alios familiares et servitores sustentare potuisset;
deliberaverat etiam et monasterium cum omnibus cellis et officiis suis lateritio muro fabricare; sed interim Regina clarissima Hedvigis sorte fatali abstracta est, qua obeunte, omnis ardor, ad quem illum stimulo suo Regina Hedvigis concitabat, extinctus est, et omne opus usque ad diem hanc omnisque
fabrica ecclesiae et monasterii intermissa. Joan. Dlugossii Historiae Polonicae,
in Opera omnia, herausgegeben von A. Przezdziecki. T. XII. Cracoviae 1876,
S. 487—488. Ueber dieses Kloster siehe bei Grabowsky Kraków i jego oko-
lice. Wyd. 4te. Kraków 1844, S. 118. (Klaszter) Ś. Krzyża, zwany słowiański.
Ibid., S. 290. Křížek, Nástin., S. 196.

[2]) Grabowski S. 118. Zu Ende des XVII. Jahrh. wurde dieses Kloster

ob auch in diesen beiden Klöstern die Glagolica angewendet wurde oder nicht; wir haben dafür keine Data. Karl IV. blieb aber bei der Gründung des slavischen Klosters in Prag nicht stehen; er ging noch weiter. Er glaubte, dass die Slaven auch im Glauben vereinigt sein müssten, und bei der ersten passenden Gelegenheit drückte er das aus, indem er auch im gegebenen Falle als Grundlage die kirchenslavische Sprache erblickte. Am 11. März 1355 schreibt er aus Pisa dem serbischen Caren Stephan Dušan, dass er ihm eine Gesandtschaft schicke mit dem Bischof Peter an der Spitze, — per venerabilem Petrum Episcopum Dottensen Sacre theologie Magistrum principem et devotum nostrum dilectum, vivum utique approbate virtutis et scientie circumspectum. Diesen Bischof schickt er auf Wunsch des Papstes Innocenz, damit er, d. i. der Bischof, placidam deo et hominibus commendabilem intentionem vestram (d. i. Stephans), qua vos velud zelo devotionis accensi inspiratione diuine gratie ad sancte Matris ecclesie gremium et unitatem orthodoxe fidei flagrancius aspirati, ... placidius intimasset. Deswegen gleichgestellt, was die Kaiserwürde anbelangt, welche et eiusdem nobilis slavici ydiomatis participio facit esse communem, eum eiusdem generose lingue sublimitas nos felicibus auctore domino et gratis auspiciis pertinuerit ... Cum et communis nostre celsitudini debeat esse solemniorum gaudiorum materia, quod sublimi et ingenua lingua communium missarum solemnia et divinorum officiorum laudes eximie licite celebrentur. Et ideo pontifices, prelati et clerici regni vestri interpositione sollicitudinis nostre facilius reduci volebunt in fauorem nostre ecclesie, qua pro aliis nacionibus singulari quodam privilegio licet eis in vulgari lingua predicta Slauonica in diuinis laudibus exerceri. Idcirco fraternitatem vestram in domino votiuis affectibus requirimus et hortamur, quatenus diuine pietatis, ineffabilem clementiam, qua vos dilecte frater consuete misericordie bonitate ad eterni luminis claritatem vocare dignatus est; dignis humilitáte spiritus sustineatis affectibus in tam felici vestro proposito quo non solum persone vestre, sed etiam singulis vestris fidelibus regnicolis diuina salus offunditur. Hiernach theilt er mit, dass er die Erfolge Dušan's dem ungar. Könige Ludwig schildern werde und verspricht, sich darum zu bemühen,

---

wiederhergestellt. Ivan Srociński, ławnik prawa Magdebursk. w Krakowie. In den JJ. 1797—1809 wurde es zusammen mit 14 anderen zerstört; seine verödeten Ruinen sind noch heute wahrnehmbar. Grabowski, S. 290; Křížek, S. 196.

den Frieden zwischen diesem und Stephan Dušan zum Abschluss zu
bringen. Endlich benachrichtigt er den serbischen Caren, dass er sich
auf dem Wege nach Mailand befinde, wo er sich krönen lassen werde, ut
videatis lingwam nativitatis communis (d. i. Slauonicam) tantis efferri
laudibus et tot nobilitatem insigniis decorari [1]). Aber daraus ist nichts
geworden.

Mit dem Tode Karl IV. verlor das slavische Kloster seinen grossen
Protector und Gründer. Die Nachfolger dieses Königes verhielten sich
gar nicht mit jener Liebe und jenem Eifer demselben gegenüber, wie
Karl. Das Kloster gedieh deshalb nicht nur nicht, sondern ging nach
und nach dem Verfalle entgegen. Der öftere Wechsel der Aebte und
der Uebergang der Verwaltung desselben in die Hände deutscher Aebte,
trugen bedeutend zu seinem Verfalle bei. Endlich zerrütteten die hussitischen Kriege zur Gänze die Lebenskräfte dieser für die Čechen so
nützlichen und schönen Gründung und vollendeten derart dessen Verfall [2]). Das Kloster erhielt sich doch bis zum Anfange des XVII. Jahrh.
Zu dieser Zeit wurde es von den dort einquartirten Magyaren geplündert,
welche nach Prag vom König Matthäus gegen seinen Bruder Rudolph II.
berufen worden waren. Einen noch viel grösseren Schaden erlitt das
Kloster im J. 1611. Die Prager Bevölkerung griff es an und tödtete
alle hier befindlichen deutschen Soldaten aus Passau, die hierher vom
Passauer Bischof Leopold zur Hilfe Rudolfs mit geheimen, bösen Anschlägen geschickt wurden; der Pöbel schonte das Kloster nicht: es
plünderte es vollständig aus und tödtete die Mönche; der Abt des Klosters
hatte seine Rettung nur dem Umstande zu verdanken, dass er sich im
Ofen verborgen hatte. Alle kirchlichen Geräthe und Gefässe wurden
theils zerbrochen, theils weggeschleppt. Zu dieser Zeit wurde auch die
Bibliothek total zu Grunde gerichtet. Eine Menge von Büchern wurde
aus ihr herausgenommen und vernichtet. Es erhielten sich aus derselben
nur einige Bücher [3]). Das Kloster gerieth nach diesen Ereignissen ins
äusserste Elend, sodass man es nicht mehr bewohnen konnte. Einige

---

[1]) Hoffmann, Sammlung, II, S. 185—187, Nr. CLXXV, wo dieser Brief
ziemlich sonderbar betitelt ist: Imperator scribit Regi Russie ut fidem Chri-
stianam accipiat. Palacký, Dějiny národa českého. 2te Aufl. S. 107; Křížek,
S. 196; Tadra, Styky, S. 126.

[2]) Die weiteren Schicksale des Prager slav. Klosters siehe bei Křížek,
Nástin, S. 196—199.

[3]) Křížek, S. 199.

Mönche, die ihr Leben gerettet hatten, waren genöthigt, in den in der Nähe liegenden Häuschen [1]) Wohnung zu nehmen. Schon in späterer Zeit übergab das Kloster Ferdinand II. im Jahre 1624 den Beuroniten, spanischen Mönchen von Monserat, die dasselbe bis heutzutage im Besitze haben. Von der reichen slavisch-glagolitischen Bibliothek blieb nicht eine Spur. In der Klosterkirche wird jetzt ausser den Liedern nur selten das Gotteswort in slavischer Sprache gehört [2]). Das Kloster ist heute lateinisch-deutsch. Die slavischen Mönche, die dort zur Zeit der Uebergabe waren, wurden zur Kirche des h. Nikolaus beordert und nur dem Namen nach hiessen sie slavische. Sie blieben bei dieser Kirche bis zu der Reformzeit Joseph II. [3]). Heute ist die Kirche des h. Nicolaus den Russen abgetreten (vermiethet) und in ihr findet nun der orthodoxe Gottesdienst statt.

Die Bücher, die sich nach der Plünderung im Jahre 1611 erhalten haben, wurden nach allen Seiten verschleppt und endlich zum grössten Theil zum Einbinden anderer Bücher benutzt oder einige aus Unverständniss vernichtet. Wenigstens alle bis jetzt aufgefundenen Bruchstücke sind von Einbanddecken von Holz oder Pappe herabgenommen. Es ist möglich, aber ich weiss nichts davon, dass es bis jetzt irgend ein Bruchstück aus Böhmen geben würde, welches nicht von einem Einbande abgelöst worden wäre. Die von mir unten angeführten Bruchstücke rühren ebenfalls von einem Einband her. Sie kommen auf einem unvollständigen Pergamentblatte vor.

Dieses Blatt wurde von A. Patera in der Bibliothek des dominikanischen Klosters des h. Georg in Prag gefunden, an die Einbandplatte des 2. Theiles der čechischen Apologie stavou Království Českého z r. 1618 angeklebt, wovon er es mit Erlaubniss des Pfarrers F. O. Pohl's ablöste und in der Bibliothek des Museums aufhob. Dies Blatt ist ohne Zweifel aus demselben Buche, aus welchem auch jenes Blatt stammt, das von A. Patera im Č. Č. M. 1882, S. 524—7 abgedruckt ist. Wie das Pergament, so ist auch die Schrift gänzlich gleich, wie ich mich durch einen Vergleich dieser 2 Blätter überzeugt habe [4]).

---

[1]) Křížek, S. 199.
[2]) Pelzel, Kaiser Karl IV., S. 530; Dobrowsky, Gesch. der böhm. Spr. u. s. w. S. 60; Křížek S. 195.
[3]) Křížek, S. 199.
[4]) Da dieses Blatt inzwischen von Herrn A. Patera in dem 6. Heft des 1897er Jahrganges der böhm. Museal-Zeitschrift erschienen ist — Zbytek sta-

Zur Erklärung des Inhalts kann ich nur eine Episode hervorheben,
für die mir eine, wenn auch etwas abweichende Variante vorliegt. Diese
ist in den Dialogi des römischen Papstes Gregorius I. (†604) erhalten, nach
einer slavischen Handschrift d. kaiserl. Hofbibliothek in Wien (Slav. 22),
in der bulgarischen Redaction aus dem Ende des XIII. oder Anfang des
XIV. Jahrh. (fol. 336ᵇ—338ᵇ). Ungeachtet einiger Abweichungen ist
das Gemeinsame der Erzählung hier und dort sichtbar. Die Episode
von der Brücke in Gregorius' Dialogus stammt entweder aus derselben
Quelle wie in der Sage vom Nicolaus oder die letztere schöpfte aus der
ersten Darstellung. In der slavischen Uebersetzung lautet die betreffende
Episode bei Gregorius [1] so:

Воинь же нѣкыи въ семь нашемь градѣ (Rom) ѿ бѣды тогоже
мора оударень бывь оумрѣть. тѣло же оубо его бездоушно лежа-
ше, въ скорѣ же пакы дша възвратисѧ въ тѣло. и въ себе пришедь,
иже видѣ, повѣдаше, ико мнозѣмь се инѣ быти. глааше сице ико
мость бѣше. по нижже мракъ и тѣмно зрѣние. смрадь же несътръ-
пимь и мъгла исходѧщи о немь видѣшесѧ. рѣка же над нимь течаше.
прѣ мостом же трѣвници зеленѣѧщисѧ бѣхѫ израдни. былꙗ блговон-
ными и цвѣты различными оукрашаеми. бѣлоождежныхъ же мѫжꙗ
сънмища въ нихь быти видѣхѫсѧ· толико же ахание блговониа въ
томь мѣстѣ бѣ, ико иже тамо прѣходѧщимь и живѫщи ѿ обонѣниа
того блгоуханиа насвыщатисѧ· тамо обитѣли различны велика
свѣта исплънены· домьже чюдна блголѣпиа тамо създоуемь бѣ, иже
златѣми оутварьми видѣше сѧ зиждемь, чии же бѣ оувѣдѣти невъзмо-
же. и надь брѣгомь же прѣрепыꙗ рѣки многы обитѣли бѣхѫ· нѫ
нѣкыимь ѿ нихь въсхода зловоние и мъгла приближаашесѧ· нѣкыимь же никакоже· на прѣренемь же мостѣ бѣ искоусь· иже бо ѿ
неправедны по немоу прѣити хотѣше, въ тъмнѫѧ и зловоннѫѧ рѣкѫ
низрѣваемь въпадааше. праведници же, въ нихже съгрѣшениꙗ не бѣ,
безпечалноѧ и свободноѧ ногоѧ по немоу мимохождаахѫ· тамо
петра иже црковнаго причьта болшааго иже прѣжде четире лѣть

---

ročeského »Videní Mikulášova« hlaholsky psaného, S. 537—540 — so verzichten wir auf die Wiederholung des Textes.

    [1] Vgl. Migne, Patrolog. lat. LXXVII, col. 382—386.

ꙁмершаго. стръмоглавь висѧща въ страшный мѣстѣ онѣ видѣти
глше. велиеѧ тяжестіѧ желѣꙁноѧ свѧзана. въпросившоу же ѥмоу
чьсо ради се страждеть, сіа слышати ѥго глаше, йже й мы съвѣмы
йже ѥго въ семь прковнѣмь домоу познахомь й того поминаѥмь дѣа-
нїа. рече бо сѧ ѥмоу йко сего ради сіа страждеть, понеже аще ѥмоу
ꙁа съгрѣшенїа дати комоу йꙁвы повелѣшесѧ· множае паче ѿ соуро-
вѣйшаго желанїа неже ли ꙁа послоушанїе дааше. сіа же тако быти
въси познавшеи его съвѣдѧ. Тамо же и приꙁвитера нѣкоѥго странна
видѣти глаше. йже на прѣреныи мость пришѐдь, съ толицѣм же
дръꙁновенїемь по немоу прѣйде, ѥликоѧ й ꙁде прѣпростынеѧ пожить.
на том же мостѣ й стефана, ѥго же прѣрекѐ поꙁнати глаше· томоу же
прѣити въсхотѣвшоу, нога ѥго поплъꙁесѧ. й до полъ телесе вънѣ
моста висѣше. страшни же нѣци мѧжие ѿ рѣкы того иꙁничаща ꙁа
бедры дръжѧще долоу влѣчахѧ. дроуꙁіи же бѣлоѡдеждини й красни
мѧжіе ꙁа мышцѧ его горѣ влѣчахѧ· вънегда же сіа борба дѣашесѧ,
блгыимь дховѡ горѣ ѥго влѣкѧщимь, лѧкавыим же долоу, йже сіа
ꙁрѧи, въ свое тѣло въꙁвратисѧ.

Ich zweifle nicht, dass mit der Zeit auch für die übrigen Episoden
Parallelen oder Quellen werden nachgewiesen werden können.

Prag, 30. Juli 1897. *P. Syrku.*

Anmerkung. Die vorliegende, bibliographisch fleissig ausgearbeitete
Darstellung, die ursprünglich allerdings nur als Einleitung zu dem inzwischen
anderwärts erschienenen Bruchstück einer böhmischen, glagolitisch geschriebenen Nicolauslegende beabsichtigt war, legt eine wichtige Frage nahe, die
im Aufsatz des Verfassers nicht aufgeworfen wurde, die ich so formuliren
möchte: wie kamen die Prager Glagoliten auf den absonderlichen Einfall, im
Laufe der Zeit böhmische Texte mit glagolitischen Buchstaben zu schreiben?
war das etwa die Absicht oder gar der Wunsch des Kaisers Karl IV.? sollte
er sich mit dem wirklich thörichten Gedanken herumgetragen haben, für die
böhmische Sprache und Literatur statt der lateinischen die glagolitische
Schrift einzuführen? Gewiss nicht. Wer oder was verschuldete es also, dass
die ursprüngliche Absicht, die nur darin bestehen konnte, den kirchenslavischen Gottesdienst zu pflegen, zu einem Zerrbilde ausartete? Kaiser Karl IV.
muss wohl in irgend einer Weise von dem kroatischen, streng römisch-katho-
lischen, und doch seinem Wesen nach slavischen Glagolismus in Kenntniss
gesetzt worden sein. Mag er nun selbst an einem so merkwürdigen Privilegium

Gefallen gefunden haben und es auch in Prag ins Leben setzen wollen oder wurde ihm der Plan von irgend welcher Seite (wahrscheinlich in Italien) suggerirt, wobei vielleicht der Hintergedanke, eine kirchliche Einigung unter den Slaven zu erzielen, mit im Spiele war, jedenfalls bezweckte seine Gründung des slav. Emmausklosters nichts weiter als die Einführung des kirchenslavischen Gottesdienstes secundum ritum romanum. Zu diesem Zwecke wurden aus dem kroatischen Küstenland die in diesem Ritus erfahrenen Glagoliten (jedenfalls in einiger Anzahl) nach Prag berufen, die als Instructoren fungiren mussten. Denn sollte der slavische Charakter des Klosters in seinem kirchlichen Gottesdienste von Dauer sein, so musste dafür Sorge getragen werden, dass nicht nur die ersten Mönche des Klosters, sondern auch ihre Nachfolger die unentbehrlichen liturgischen Bücher (Missale, Rituale, Horologium, Psalterium, Homiliarium u. a. m.) in kirchenslavischer Sprache und glagolitischer Schrift nicht nur besitzen, sondern auch lesen und verstehen. Das setzt aber einen ordentlichen Unterricht in der kirchenslavischen Sprache voraus. Diesen konnten nur die berufenen kroatischen Glagoliten ertheilen. Nun war es aber nach dem Zustand, in welchem sich der Glagolismus in seiner Heimath selbst befand, wo für die Hebung des geistigen Niveaus der armen kroatischen Priester nichts geschah, sondern alles aus einfältig-aufrichtiger Liebe und Anhänglichkeit betrieben wurde, so zu sagen mit kleinen Hausmitteln, selbst beim besten Willen kaum zu erwarten gewesen, dass den böhm. Mönchen, wenn sie gleichfalls Glagoliten werden wollten oder sollten, ein höherer, über das Elementarste hinausreichender Unterricht beigebracht werden könnte. Alles was die kroatischen Glagoliten ihren böhmischen Brüdern beizubringen im Stande waren, beschränkte sich auf den Unterricht im Lesen und Schreiben der glagolitischen Schrift. Dieses Ziel wurde auch augenscheinlich erreicht, aber nicht mehr. Die kroatischen Glagoliten verstanden nicht, vielleicht fehlte es auch an dem dazu nöthigen Ansehen, die böhmischen Mönche in der kirchenslavischen Sprache in systematischer Weise zu unterrichten. Auch die böhmischen Mönche scheinen keinen besonderen Eifer an den Tag gelegt zu haben. Die Sache war ja nicht so leicht. So erklärt es sich, dass die Leute ut aliquid fecisse viderentur auf den wirklich albernen Gedanken verfielen, mit den glagolitischen Buchstaben — so weit hatten sie es eben gebracht! — böhmische Texte zu schreiben! An dieser Travestie sind weder Kaiser Karl IV., noch auch die böhmischen Mönche Schuld. Die Schuld trifft höchstens die Instructoren, ihren Mangel an ausreichenden Kenntnissen, und vielleicht auch Diejenigen, die es nicht verstanden hatten, diese Instructoren gleich von Anfang mit Ansehen und Einfluss auszurüsten.   *V. J.*

Slovenica.

I. Zwei Fälle von Vocalharmonie im Slovenischen.

Es ist bekannt, dass die Vocalharmonie keineswegs etwa eine in der finnisch-ugrischen Gruppe von Sprachen isolirt dastehende Erscheinung ist, dass sie vielmehr mit einer Reihe von combinatorischen Lautveränderungen unserer indogermanischen Sprachen gleichen Wesens ist (Ablaut-Brechung, Umlaut, Vocalassimilation, Epenthese) und sich in der Gestalt, wie wir sie in den finnischen Sprachen antreffen, auch sonst sporadisch vorfindet.

Im Slovenischen ist das Trubar'sche mumo (mumu) für mimo (mimu) richtig durch die Vocalharmonie erklärt worden; das Gleiche gilt vom häufigeren koku. In den Dialecten begegnet man vocalharmonischen Erscheinungen öfter (vgl. Mikl., Gr. I, 332 bezüglich Resia's). Hier mögen zwei solche Fälle aus dem Dialecte von St. Georgen a. d. Stainz besprochen werden.

a) *Blüze* = blizu; e entspricht hier einem in diesem Dialecte aus unbetontem i und u (ü) secundär entstandenen und einem kurzen, geschlossenen *e* sehr nahe stehenden Vocale; bluze aus *blüzü und dieses aus *bluzu; *bluzu ist aber zweifellos aus blizu durch regressive Vocalharmonie wie mumu aus mimu; das unbetonte u (ü) sank zu e herab. Volkmer, der in einem benachbarten Dialecte schrieb, hat in No. 3, p. 16: Turk tak *bluzi* ne. —

Brülef = britof über *brutof; deutsch Friedhof. —

Fünkešta, n. pl. = binkošti, fem. plur., deutsch Pfingsten. —

Lükef = likof, Leihkauf, mhd. litkouf. »Daj ti meni tristo ranjški. — No tri zlate lukifa«, Pajek, Črtice iz duševnega žitka štajerskih Slovencev, 36.

Mujmo aus *mumo = mimo, vgl. oben bei Trubar.

Šürotka = sirotka (aus sirovatka, Mikl. Et. W.) Käsewasser, über surotka.

Šümen = Simon über *Sumon.

Šüroke = široki, über *šuroki; dagegen voda teče v širen (wohl = v širem, von šir = širen, a, o, cf. böhm. šírý), hier blieb mit dem Wegfall der Ursache auch die Wirkung aus.

Štrütef = štritof, Leinwandstreifen oder Hölzchen, mit dessen Hilfe man Garn windet (Pleteršnik), aus Streiftuch, Streichtuch, Let. Mat. Slov. 1895, p. 44.

Hierher gehört auch *proslek* (weiter im Westen auch prslek, Pleteršnik) = Weste, wenn anders dies Wort aus prsluk, einer slavisch-türkischen hybrida vox, zu erklären ist; man denkt jedoch beim slav. Wort an das deutsche »Brustfleck«.

Man sieht, dass in allen diesen Fällen die betonte Stammsilbe mit dem hellen Vocal *i* von dem dumpfen und stärkeren, aber unbetonten Vocal der darauf folgenden Silbe (u, o) afficirt, assimilirt worden ist, worauf der letztere meist eine Schwächung erlitt (regressive Assimilation).

Dieselbe Erscheinung, nur an anderen Vocalen beobachten wir in *znave* = znova von Neuem über *znava, *odvéčara* = od véčera, Nachmittag, *valati* = veljati, *žarjav* für *žerjav*, weiter wäre in dieser Weise *sogoren, suguren*, kühn unternehmend, das bei Pleteršnik in den Formen, *sogoren, segoren, skoren, skuren* angeführt ist; das erste *o* in *sogoren* ist secundär aus *segoren*, das eine volksetymologische Anlehnung des *skoren* an *siguren* ist.

Prta = proti (Volkmer, No. 33, 1: »*O jaz nesrečni! tak se toži — En skopec perta drugem moži*«) dürfte aber aus *protiva* zu erklären sein, das eine altslov. und serbische Nebenform zu *protivq, protiv* ist; das resianische *pruća* (Mikl. Et. W.) entspricht wohl unserem *prta*. Im Compositum *spróletje* = sprotiletje ist die gewöhnliche Form *proti* vorhanden *).

Durch Vocalassimilation deute ich mir *lobanja* für *lebanja*, Schädel, *lobotati* für *labotati* plappern; eigenthümlich ist das allgemeinslov. *ropotati* für altslov. rъpъtati, wofür wir *reptati erwarten. Das Frageadverb *kama* = wohin ist aus *kamo* entstanden unter gleichzeitiger

---

*) Was diese Erklärungsversuche anbelangt, so wird man wohl in den allerwenigsten von den hier aufgezählten Fällen ein wirkliches Bestreben nach der Vocalharmonie, besser wäre es zu sagen Assimilation, annehmen können. Der Verfasser hätte den Charakter der Silbe, in welcher die angebliche Vocalharmonie sich einstellt, in Betracht ziehen sollen, da hätte er gefunden, dass meistens vor oder nach dem Vocal r oder l steht. Ferner war die Betonung zu berücksichtigen, da in der Regel ein betonter, deutlich ausgesprochener Vocal auf den benachbarten tieftonigen eine assimilirende Kraft ausübt: für die wenigsten hier aufgezählten Fälle trifft das zu. Bei *lobanja* war auf serbokr. *lubanja* zu verweisen, auch altslov. kommt лъбьна vor. *V. J.*

Anlehnung an *ta*, *tija* dorthin; da hätten wir schon ein Beispiel von progressiver Assimilation, das zur zweiten hier zu besprechenden Erscheinung führt, bei der man vielleicht lieber von Epenthese als Vocalharmonie wird reden wollen; der Fall betrifft

b) zunächst mehrere Verba, von denen einige bereits bei Miklošič erwähnt sind; man spricht nämlich in St. Georgen: *bujti* = *ubiti*, *mojknoti se* = *umeknoti se*, *mujrati* = *umirati*, *mujti* = *umiti*, *vojniti* = *uveniti*, *vojzniti* = *uvezniti*, *vujati* = *uvijati* (viti); dazu finde ich noch bei Pajek, Črtice, *žoujzdati si* = *užvizdati si*.

Bujti u. s. w., in dem man seinerzeit den Rest des alten jery erblickte, ohne zu bedenken, dass das Wort ebensowenig wie irgend ein anderes der oben aufgezählten ausser *umiti* jemals ein jery gehabt hat, — in der Orthographie der Freisingerdenkmäler glaubte man eine willkommene Stütze für diese Ansicht zu finden — ist zweifelsohne aus *ubiti* zu erklären, schon die Perfectivität des *bujti* weist auf die Zusammengesetztheit hin, das imperfective *biti* hat nie ein *u*. Daher haben wir in *bujti* aus *ubiti* eine Epenthese des *u* anzunehmen, aus *ubiti* wurde durch progressive »Assimilation« *ubujti* und daraus nach Wegfall des consonantisch gewordenen *u* *bujti*.

Die mittlere Form *ubujti*, *umujti* ist im Dialecte von Kanal im Görzischen erhalten, woselbst man auch *ukuazati* = *ukazati* hört — da hat man gelegentlich von einem »Utacismus« gesprochen. — Die zweite Vermittelungsstufe, die zu *bujti* führte, nämlich *vbujti* (mit consonantischem Anlaut) lese ich bei Volkmer Nr. 3, p. 15: »Turk gre, on nas *vbuje*«, vgl. Nr. 9, p. 19: »Kones̓, pa ne *vbuješ*«; Nr. 9, p. 19: »Dlako si je gosto *vmia*«.

Wenn man aber nun *bujti* u. s. w. aus *ubiti* u. s. w. mit *vbadati*, *fčakati*, *fčiniti*, *vdariti*, *vgasnoti*, *fkaniti*, *fkončati*, *vleknoti*, *vlejati*, *vnesti*, der Reihe nach aus *ubadati* (?), *učakati*, *učiniti*, *udariti* u. s. w. vergleicht, so sieht man, dass trotz des durchaus gleichartigen Anlautes (*u* + Cons. + Voc.) die Epenthese des *u* nur in *bujti* u. s. w. eingetreten ist; wo liegt die Ursache dieses Auseinandergehens? Im *u* kann sie nicht liegen, man kann sie nur im Anlaut des Verbum simplex suchen.

Der durch die Epenthese veränderte Stammvocal ist in *u-miti*, *u-biti*, *u-vijati*, *u-mirati*, *užvizdati* das *i*, in *vojzniti*, *vojniti* das *e* (ę), in *mojknóti* das *e* (ъ), also durchwegs helle Vocale, die um so leichter eine Assimilation an das *u* erlitten, je weiter sie von demselben ab-

stehen; dabei wurde aus dem $u + i = uj$, aus $u + e = oj$. Weiter
ist wichtig: in *umiti, umirati, umeknoti* sprang das *u* über *m*, in *ubiti*
über *b*, in *uvijati, uvegniti, uveniti, uzvizdati* über *v*, also im Ganzen
über *b*, *m*, *v*, durch deren stark labialen Charakter das *u*-Element
gefördert worden sein mag.

Zu diesen epenthesirten Verben gesellen sich noch einige präpo-
sitionale Redewendungen, deren Eigenthümlichkeit ich mir ebenfalls auf
diese Weise erkläre: hierher gehört zunächst *koga mujsli meti* = *koga
v misli imeti* Jemandes gedenken, ihn erwähnen, kein Mensch würde
aber sagen: *mujsel = *misel*; ebenso: *v mujznco* = *v miznico*, niemals aber auch im Nom. *mujznca, weiter: *v hujšo* = *v hišo*, aber niemals *hujša[1]), endlich *nemren jemi v mojt*, ich kann ihm nicht ins
Wort kommen, was wohl gleich ist einem: *ne morem mu v met* ich kam
ihm nicht in den Wurf (vgl. Pleteršnik, sub voce met, meta)[2]). Etwas
weiter gegen Luttenberg ist sehr verbreitet der Ausdruck: *vojs prili*,
wofür man auch gleichbedeutend *na ves prili* sagt, daher *vojs prili* =
v ves prili.

Da der eigenthümliche Wandel des Stammvocals in diesen Substantiven auf die Verbindung mit der Präposition *v* beschränkt bleibt
und sich sonst in keinem Casus findet, so ist die Ursache desselben eben
in dieser Präposition *v* zu suchen und die Erscheinung als Epenthese
derselben in das Substantivum hinein ganz in der Weise aufzufassen,
wie wir es bei obigen Verben gesehen haben; auch hier findet sie vor
dem Vocal *i* (v misel, v miznico, v hišo) und vor *e* (v met, v ves) statt
und zwar über die Consonanten *m* (v misel, v miznico, v met), über *v*
(v ves) und über *h* (v hišo). Zur Epenthese über *v* rechne ich noch den
Ausdruck *vujška* nach oben, hinauf, den ich mir nach Analogie von
kama?, ta! aus *vujšak* entstanden denke; *vujšak*, das sich nach Geit-
ler, Rad jugosl. akad. knj. 44, p. 128 auch in Kärnten finden soll, lese
ich bei Volkmer Nr. 36, p. 35: »On bitro vuišag vzdigne psa«, Nr. 37,
p. 36: »Vse štiri bistro vuišak vrže«; *vujšak* ist sicher aus *v višak
zu deuten, nur vermisse ich das Substantivum *višak im Slov. und finde
nur *višek*; ja Danjko, Kmet Izidor, p. 83 alibi schreibt gerade *višek*
für Volkmer's *vuišak*.

---

[1]) Uebrigens bin ich mir dieses Ausdruckes nicht ganz sicher.

[2]) Junge Slovenen, die hier studiren, meinen, dass *v mojt* in dieser Phrase
auf dem aus dem deutschen »Muth« entlehnten *mot* beruhen könnte. *V. J.*

Dass eine Präposition auf das dazu gehörige Wort wirkt, das wird Niemand Wunder nehmen, der die Festigkeit vieler solcher Verbindungen kennt. Nur ist dabei in unserem Falle vorauszusetzen, dass die Präposition *v* zur Zeit der Entstehung dieser Epenthesen labialen Charakter hatte, sonst hätte sie kein *u* in der folgenden Silbe hervorrufen können, während gegenwärtig im besprochenen Dialecte das silbenschliessende *v* sammt der Präposition vor weichen Consonanten einfach labial ist wie das deutsche *w*, vor harten aber dental wie *f*. Dieser historische Wandel in der Aussprache des *v* muss zugegeben werden, wenn man bedenkt, dass Volkmer und Danjko, die in benachbarten Dialecten schrieben, sporadisch die Präposition in der Form *vu* brauchen und dass *vu* (*vo*) in einigen Fällen noch gegenwärtig erhalten ist; abgesehen von *domû* aus *domov* durch *domoy̨* (niemals *domof*) sind hier anzuführen: *vovek* = *uvek*, *uvjek*, auch *vujtro*, *vujtr̆ano*, das ich aus *vú jutro*, *vú jutro rano* erkläre (vgl. böhm. *nazejt̆ri*, doch aus *na ze jut̆ri* — *na ze jit̆ri*); schliesslich glaube ich *vu* auch zu finden im Namen der Stadt Pettau: Optü (in der Schriftsprache Ptuj-Petovium) ; man sagt: to je Optü, v Optüji sem, *rujpti* grem; Koseski braucht in seiner Slovenija cesarju Ferdinandu *Optuj*, im Kroatischen heisst die Stadt überhaupt *Optuj*. *Vujpti*, eigentlich *vujpte* aus *vujptü* (unbetontes *ü* wird ein *e*-artiger Vocal), ist *vú ptüj*, wobei die Präposition den Accent bekam. Der Nominativ Optü ist nun nichts anderes als der Local *vujpti* mit auf das Substantivum geworfenem Accente, wodurch *vu* (unbetont) *vo* (*o*) wurde; vgl. *Stambul* u. ä.

Dass gerade die Präposition *v* häufig *vu* (= *v + u*) lautet, während sonst alle *v* der labialen Aussprache ausweichen und die Dentale bevorzugen, das dürfte seinen Erklärungsgrund darin finden, dass der ursprüngliche Halbvocal nicht immer ausfiel: *vъ* gab *u*, daher in St. Georgen *vujžgati* aus *užgati* = *vъ-žgati* (*vъz-žgati*), dann *vüne* aus *une* (*vъné*), *vün* aus *un* (*vъnъ*), *vüš* aus *uš* (*vъšъ*), kroat. *vaš* oder *uš*, *vüzem* aus *uzem* (*vъzъmъ*), kroat. *vazam*. Dass sich das *v* **nach Abfall** des Halbvocals zu *u* zerdehnt hätte, was Škrabec, Cvetje VIII, 11 behauptet, ist kaum anzunehmen; das wäre in den östlichen Dialecten eine allen anderen Erscheinungen zuwiderlaufende Bewegung.

II. Einiges zum Wortanlaut.

Der Vergleich eines *bujti* (*vbujti*, *ubujti*, *ubiti*) mit *fsehnoti* aus *usehnoti*, mit *fkrasti* aus *ukrasti*, mit *vüjspati* aus *uspati* regt folgende zwei Fragen an: 1) Warum ist in *vûjspati* das *u* nicht zu *v* (*f*) geworden, wie in *bujti*, *fsehnoti*, *fkrasti*? 2) Warum ist *v* in *bujti* abgefallen, in *fsehnoti*, *fkrasti* nicht?

.   Auf die erste Frage hat für die westlichen Dialecte bereits Škrabec (Cvetje VIII, 11) die treffende Antwort gegeben: sie stimmt auch für den slov. Osten; in *vûjspati*, *vûjžgati*, *vûjgnoti*, *vûjbrati*, *vûjvreti*, *vûjmlatiti*, *vûjmleti*, *vûjprati* = *uspati*, *užgati*, *ugnoti*, *ubrati* u. s. w. haben wir jetzt im Anlaut des Verbum simplex doppelten Consonantismus und zwar waren die zwei Consonanten ursprünglich durch einen Halbvocal getrennt: da bleibt das *u* in seinem vollen Werth; wo dagegen das Simplex mit einem Consonanten oder mit zwei, aber niemals durch einen Halbvocal getrennt gewesenen Consonanten anlautet, da verwandelt sich das Präfix *u* in *v*, daher *fčakati*, *fčesnoti*, *fčiniti*, *vdariti*, *vdelati*, *vgasnoti*, *fkaniti*, *fkončati*, *vleči*, *vlejati*, *vlomiti*, u. s. w. — mit zwei Cons.: *fklanjati*, *fkrasti*, *Vrban*, *ftrgati* u. s. w. aus *u-čakati*, *u-česnoti* ...., *u-klanjati*, *u-krasti* u. s. w. — *vûjmlatiti* ist eine Analogiebildung.

Die zweite Frage betrifft den Abfall des zu *v* gewordenen *u* in jener Gruppe von Worten, bei denen wir oben die Epenthese constatirt haben; aus *vbujti* wird *bujti*, *vnesti* bleibt dagegen. Darauf ist zu antworten: das anlautende *v* fällt gern weg wie in *božen* aus *ubožen* (miser), vielleicht auch *bogati* für *ubogati*, doch vgl. deutsch »folgen«, *ladati* für *vladati*, *lat* für *vlat*, *las* für *vlas*, *notri* für *vnotri*, ferner *zdigniti* für *vz-digniti*, *zdehnoti* für *vz-dehnoti*, *zdržati* für *vz-držati*, *zmoči* für *vz-moči* u. s. w. lauter Verba, die mit dem Präfix *vz* zusammengesetzt sind. Da reihen sich nun auch *bujti*, *mujti*, *mujrati* aus *vbujti*, *vmujti*, *vmujrati* an. Der Abfall eines solchen *v* erleichert oft die Aussprache und stört hier das Verständniss nicht. Wo dagegen das Fehlen des *v* eine syntaktische Ungenauigkeit nach sich zöge, da wird es beibehalten: fiele in *fčakati*, *fčiniti*, *vgasnoti* u. s. w. das *v* (*f*) ab, so hätten wir auf einmal Verba imperfectiva; das *v* stützt also in der Gruppe *fčakati* u. s. w. die Perfectivität. In *vz-držati* kann *v* abfallen, denn der Rest des Präfixes *z* unterscheidet das Wort vom Imperfectivum *držati*, in *bujti* ist der Stammvocal gegenüber dem Imperfect. *biti* charakteristisch. Für *mreti* (perf., daher gleich *umreti*) würden wir *vmreti* erwarten, da *mreti* imperf. ist; aber für das imperf. ist im Dialecte nur *mujrati* in Gebrauch, nicht *mreti*, daher war die Gefahr der Undeutlichkeit ausgeschlossen. Für *usmiliti* braucht man *smiliti*, während für das imperf. *smiliti* meist *militi* eintritt. Verwischt ist jedoch der Unterschied in *staviti* (= *staviti*, *ustaviti*), *strašiti* (= *strašiti* und *ustrašiti*).

Bekanntlich kennen gerade die östlichen Dialecte Steiermarks ein silbenbildendes *r*; dasselbe wird jedoch im Wortanlaut zu *ar*. Beispiele, deren ich habhaft werden konnte, sind:

1) *adresen*, bei Pleteršnik angeführt als *rdeselj* Knöterich, polyponus, man spreche es als *ardeselj*; ausserdem locale Formen: *andreselj, adreselj, dreselj, dresen, redeselj, redesen, rdreselj, rdresen, rdrič.* — Ursprünglich wohl *rdeselj* (*rdesen*), daher bei Mikl., Et. W. unter *rъdes ...*; aus *χdesen* wurde *ardesen* und durch Metathese unser *adresen*.

2) *ardeči* für *χdeči*, altslov. *rъděti*, *ardečka* rothe Kuh; cf. Danjko, Kmet Izidor, 47: *ardeča roža*; Pajek, Črtice, p. 32: »s fajdelna ardečega.

3) *arja* = *rja*, altslov. *rъžda*, Danjko, Kmet Izidor, 113: *zaarjaveti*.

4) *arjavi*, altslov. *rъždavъ*.

5) *arjüti, arjüjen* (m), altslov. *rjuti, revą*.

6) *arženi* kruh (Kornbrot), altslov. *rъžь*.

In diesen Beispielen ist aus dem (sonantischen) *χ* ein secundärer Halbvocal entwickelt worden; die Entwickelung eines solchen ist in den westlichen slov. Dialecten gewöhnlich, ja im äussersten Westen nahet er einem *a*, wie in unserem Falle, daher venetianisch *arjuti* (Mikl. Et. W.), Pleteršnik führt an: *arsati* für *rsati*, *arman* für *rman*. Aber im Dialecte von St. Georgen ist dies deshalb auffallend, weil es auf den Anlaut beschränkt ist; im Inlaute ist *rъ* + Conson. (sonantisches) *χ* geblieben, *smrχt, smrχdin* (m), *krχt, prχhek* .... [1]. Doch selbst im Anlaut haben wir nicht immer *ar*: *hrtalec* (Rüssel) aus *rtalec*, *hrzati* aus *rzati*, altslov. *rъzati*; freilich sieht man, dass in diesen beiden Beispielen das *r* nicht mehr im Anlaute steht, dass es vielmehr in *h* einen Vorschlag erhalten hat, wie wir diese Erscheinung namentlich aus dem Serbokroatischen kennen. Ist das *h* früher vorgetreten, als die Entwickelung des anlautenden *χ* begann?

---

[1] *žarjav* ist aus *žerjav*, nicht aus *žrjav* zu erklären, durch Vocalharmonie.

Die Schreibung *rudeč*, *rujav* ist also auch vom Standpunkte der östlichen Dialecte verfehlt, wie dies schon von den westlichen Dialecten aus Škrabec nachgewiesen hat; richtig dagegen ist *ruman* — im Osten *remenilo* aus *rümenilo*, *rumenilo*. — *Rjuha* lautet um St. Georgen *ruha*, daher kommt es hier nicht in Betracht.

Noch möge aber der Taufname *Árne*, *Arnéček* Bartholomäus erwähnt werden; *Arne*, *Arneček* ist aus *Rne*, *Rneček* zu erklären, wie *ardeč* aus *ŗdeč*, *Rne*, *Rneček* aber aus *Jŕnej*, *Jrenéj*, *Irenáeus* [1]); indem der Accent auf die Anfangssilbe geworfen wurde, wurde das schliessende *j* unhörbar wie in *vsele = vselej*, oder gen. plur. *posti* für *postij* u. s. w., das unbetonte *e* der Mittelsilbe fiel aus. Im Westen wurde aus *Ŗnéj* regelrecht *Ernej*—*Jernej*, wie *jermen* für *ermen* aus *ŗmen* (Riemen).

III. Ein Geschlechtswechsel im Plural.

Die weiblichen Substantiva *hajdína*, *korúza*, *njĭva*, *pšenĭca*, *rĕpa*, die mit Ausnahme von *njĭva* Acker bekannte Getreidearten, bez. Feld-Früchte bezeichnen, bilden im Dialect von St. Georgen a/d. Stainz den Plural nach Art der Neutra auf *a*, bei gleichzeitiger Längung der betonten vorletzten Silbe, daher: *hajdína* (mit anderer Dehnung als im Sing.), *korúza*, *njĭva*, *pšenĭca*, *rĕpa so lepe* (die Adjectiva n. plur. nehmen meist überhaupt die weibliche Endung *e* an, daher hat diese hier nichts zu bedeuten). Der Quantitätswechsel gleicht dem vieler Neutra wie *žĭto-žīta*, *lĕto-lēta*, *mĕsto-mēsta*, *ŏkno-ōkna* und ist bei diesen Neutris mit den ursprünglichen Accentverhältnissen im Zusammenhauge, indem dem jetzigen Singular *žĭto*, *lĕto*, *mĕsto*, *ŏkno* ein älteres *žitò*, *letò*, *mestò*, *oknò* entspricht, während der Plural seit jeher die vorletzte Silbe betonte, daher *žita*, *lēta*, *mēsta*, *ōkna* etc. Einen solchen Accent- und Quantitätswechsel zwischen dem Singular und Plural finden wir aber bei weiblichen Substantiven nicht, ja auch *njĭva*, das einzige von den oben aufgezählten Substantiven, das einen gewöhnlichen weiblichen Plural bilden kann, behält in dieser regelmässigen Pluralform die alte Quantität: *njĭve*; der Quantitätswechsel ist also an die neutrale Form auf *a* geknüpft und beides, Quantität wie Form, nach den Neutris zu erklären.

---

[1]) Es ist schon bekannt, dass der heil. Bartholomäus bei den Slovenen vom heil. Irenäus den Namen bekam.

Es entsteht nun die Frage, was denn eigentlich die Analogiewirkung begründet hat. Die Erscheinung ist auf weibliche Substantiva, die Getreidearten bezeichnen, bez. die Stätte ihrer Cultur, beschränkt; man wäre daher versucht, den Ausgangspunkt etwa in *žito-žita* zu suchen; von der gewöhnlichen Pluralbildung — bei Stoff- oder Collectivwörtern ist die Pluralendung überhaupt beschränkt — wurde um so leichter und lieber abgegangen, als auch die Bedeutung des neuen Plurals eine ganz besondere sein sollte: diese Plurale haben nämlich sämmtlich einen collectiven Sinn: Buchweizen-, Mais-, Weizen-, Roggen-Felder oder -Saaten, während der Singular entweder die Frucht oder ein Feld bezeichnet; auch *njiva* bedeutet einen Complex von Aeckern, an deren Zahl man gar nicht denkt; will man dagegen Aecker zählen, so muss man die regelrechte Form brauchen: *tri, štiri njive*.

Der neutralen Form wie collectiven Bedeutung nach erinnert diese Bildungsweise an die von Oblak in Archiv XII, 379 besprochene Eigenthümlichkeit des Dialects von Luže bei Bischoflack in Oberkrain, nur erscheint sie daselbst an männlichen Substantiven, z. B. *lonca* (kupc prodaja lonca), dagegen *lonce* einzelne Gefässe . . . . *večera*, gen. nur *veder*, dieses Beispiel macht mich an unsere Wendung *po večeráh* an Abenden, aufmerksam, das vielleicht nach *po jütrah* gebildet ist, im Sing. ist *veder* nur masc.; wenn man *dobro veder* hört, so ist dies nach *dobro'jutro, dobro opodne, dobro odvečara* entstanden. Vgl. noch Mikl. Gr. III, 135.

Besonders ausgebreitet ist der Geschlechtswandel des Plurals im Russischen, vgl. die Auseinandersetzung dessen bei Miklošič, Gr. III, 290—292; doch beobachten wir ihn da ebenfalls nur an männlichen Substantiven: *knjazьja, mužьja* u. s. w.; das Slovakische stellt den Uebergang zum Russischen dar, wenn es ein *chlapovia, ľudia* (Archiv f. slav. Phil. XX, 40), und ein *oračja* hat (Archiv XX, 352).

Dass Substantiva im Plural oft Neutra werden ($\sigma\tilde{\iota}\tau o\varsigma-\sigma\tilde{\iota}\tau\alpha$, *iocus-ioca*), das wird uns aus dem Wesen des Plurals erklärlich, in dem das geschlechtliche Individuum als solches gewissermassen zu Grunde geht (vgl. Miklošič an der oben citirten Stelle) — der Allgemeinheit, dem Collectivum zu Liebe!

Die nahe Berührung des Collectivums und Neutrums ist von jenen Sprachforschern schon längst anerkannt und betont worden, welche die neutrale Pluralendung auf -*ă* für eine Kürzung der Femininendung des Singulars -*ā* collectiver Substantiva angesehen haben (Brugmann II,

§ 337, Zeitschr. für Völkerps. u. Sprachw. von Lazarus-Steinthal XIV,
p. 410—434, besonders 414, 415, 421).

Der Abstand des Collectivbegriffs von den einzelnen Bestandtheilen
ist für das Sprachgefühl oft so bedeutend, dass es entweder neue Formen zur Bezeichnung des Collectivums heranzieht, wie in unserem
Falle, oder wenigstens vorhandene Doppelformen zu dieser Unterscheidung verwendet, so sind im Dialect von St. Georgen die alten gen. plur.
auf -i: *lasi, vozi, zoli* nur collectiv gebräuchlich; kommt es auf die
Zahl an, so bedient man sich der neueren Formen auf -ov. —

IV. Dobrъ-dobryj im slovenischen Dialecte von St. Georgen a. d. Stainz.

Der altslovenische Unterschied *dobrъ-dobryj* ist im Neuslovenischen
formell nur im nom. sing. masc. erhalten, sonst ist er entweder durch Con-
tractionserscheinungen verwischt, wie im nom. sing. fem. *dobra* = altslov.
dobra und *dobraja*, nom. acc. sing. neutr. *dobro* = altslov. *dobro* und *dobroje*,
oder es ist, wie in den meisten übrigen Casus, die componirte Form die allein
übliche geworden. Wie nun im Serbokroatischen »*oblici odredjenih pridjeva
dosta se često govore mjesto oblika neodredjenih, ali tada zadržavaju akcente
kakvi su u neodredjenih, n. pr. mjesto žúta, žútu govori se i žútôga, žútôm* (bestimmt: žútôga, žútôm), Daničić, Oblici 42, so wird auch in einigen Dialecten
des Slovenischen der syntaktische Unterschied formell zwar nicht ausgedrückt, aber durch den Accent angezeigt, indem *lêpo* mit *lepò*, *lêpega* mit *le-
pegà* wechselt.

Im Osten des slovenischen Sprachgebietes (Brezje bei St. Georgen
a. d. Stainz in Steiermark) ist nun der genannte Unterschied in der Form
des nom. sing. masc. zwar auch erhalten, ist jedoch nicht an die Verschieden-
heit der syntaktischen Verwendung eines und desselben Adjectivs geknüpft, sondern hat sich über die Gesammtheit der Adjectiva so vertheilt,
dass ein Adjectiv in allen syntaktischen Funktionen entweder bloss die bestimmte oder bloss die unbestimmte Form zeigt; man sagt nur: *slab trošt je
to*, ein schwacher Trost, *tisti slab človek* jener schwache Mensch, dagegen *beli
pes leti* ein weisser Hund, *toti pes je belı* dieser Hund ist weiss. Die Adjective
des erwähnten Dialectes kann man demnach — abgesehen von den Possessiv-
adjectivis auf -ov, -in, -ski, -ji, die überall gleich behandelt werden — in
solche mit dem *i* im nom. sing. masc. und in solche ohne dasselbe eintheilen.

1. Die in den westlichen slovenischen Dialecten im nom. sing. masc. der
nominalen Declination einsilbigen Adjectiva verhalten sich in dieser Beziehung folgendermassen:

a) nom. sing. masc. ohne *i*: *grd, hujd, lep, nor, rad, sit, slab, zdrav, zrea*
(= *zrel*) — *bos, kriv, sam*, dazu kommen die part. perf. pass.: *bit, o-brit, o-det,
se-gret, s-krit, mujt, v-šit, pre-šlet, s-trt, ob-ût, z-ût.*

b) nom. sing. masc. mit *i*: *beli, bledi, celi, čisti, črni, dragi, dugi, gluhi, gosti, jaki, jari, kaki, ljubi, mali* (im Slov. wie im Serbokroat. überall nur in der bestimmten Form), *mladi, nagi, njeni, novi, pravi, rahi, rani, seri, sivi, skopi, slani, slepi, sloki, stari, suhi, sveti, taki, trdi, vsaki, zvesti, žgeči, živi, žuti*, daran schliessen sich noch die part. perf. pass.: *na-četi, o-drti, pre-kleti, peti, na-peti, na-piti, z-viti, za-vrti, vzeti*; — *ode-brani, o-prani, po-scani, ze-žgani, o-zrani, znani.*

Auf die Frage nun, worauf sich denn dieser Unterschied eigentlich gründet, wird man unter Berücksichtigung der Aussprache dieser Adjectiva zunächst die Antwort geben können, dass die Adjectiva und Participia der Gruppe b) durchaus langen Stammvocal zeigen, während die Gruppe a) bis auf *bos, kriv, sam* kurze Quantität hat[1].

2. Sehen wir uns die Adjectiva an, die in der unbestimmten Form des nom. sing. masc. in den westlichen Dialecten zweisilbig sind und es im nom. sing. fem. und neutr. bleiben, das heisst Adjectiva mit einem Halbvocal (beweglichen Vocal) im Suffix des nom. sing. masc., der sonst ausfällt; das Suffix ist -*ek, el, en, er, ev*.

Diese Adjectiva haben nie ein *i*; bezüglich der Quantität der Stammsilbe kann man sie neuerdings in zwei Gruppen eintheilen:

a) kurzen Stammvocal haben: *besen, bister, blaten, božen, bridek, čeden, črstev* —, *dober, gibčen, gladek, gnüsen, goden, grozen, hiter, hladen, kisja* (= *kisel*), *krhek, krotek, lačen, medel, mehek, miren, močen, moker, mrtev, oster, prašen, prhek, resen, roden, sklizek, skrben, sladek, stalen, strašen, šibek, temen, tesen, täčen, varen, večen, vuhek, žarek, želčen*;

b) langen Stammvocal haben: *droben, dužen, jüžen, kratek, mlačen, moder, nagel, plitev, pozen, raven, redek, resen* (= wahr), *smešen, snažen, stekel, trezen, truden, vlažen, votel, vozek, vreden, žeden, žmeten.*

3. Adjectiva mit zwei- oder mehrsilbigem Stamm, wie *bogat* oder *pepelnáti*, die also in der unbestimmten Form des nom. sing. masc. einen fixen Vocal haben[2].

a) Adjectiva ohne *i* (Suffixe -*at, -av, -iv*): *bogat, prasnat; larjav, kilav, paklav, gizdav* (oder *gizdav*); *črliv, lažljiv, plesniv, pozabljiv, strašljiv*;

b) Adjectiva mit *i* (Suffixe *ast, at, av, eč, el, en, ev*): *gobčasti, hsasti, mütasti, nosasti, roglasti, trempasti; kosmati, pepelnati, poslonati, smolnati; arjavi, krvavi; ardeči; debeli, veseli; dreveni, ječmeni, ovseni, zeleni,* aber *ognjeni, suknjeni, vodeni, žveplени; sirovi.*

Dabei zeigt sich: die Adjectiva ohne *i* haben die letzte Silbe des Stammes kurz, entsprechen also den einsilbigen Adjectiven mit kurzer Quantität;

[1] Doch habe ich etwa ³/₄ Stunden von Brezje weg auch *en sami človek* gehört; da *kriv* nur in der Verbindung *česa kriv biti* gebraucht wird, so ergibt sich die Ausnahmestellung dieser 3 Adjectiva aus ihrer seit jeher durchaus prädicativen Function.

[2] Die Kürze zeige ich durch ˋ, die Länge durch ˊ an, da ich nicht im Stande bin, die Accentqualitäten genauer zu scheiden; oft tritt jedoch der Deutlichkeit halber das Zeichen der Kürze oder Länge hinzu.

die Adjectiva mit *i* haben die letzte Silbe des Stammes entweder lang, wodurch sie den einsilbigen langen Stämmen gleichkommen, oder sie haben den Ton auf der vorletzten Silbe des Stammes[1]).

In die Gruppe b) gehören alle part. perf. pass. auf -*en*, -*n* ausser einigen einsilbigen, die bereits oben unter I. b. aufgezählt sind.

In 1. und 3. ist der Zusammenhang des *i* und der Quantität nicht zu leugnen; es fragt sich aber, welches von beiden bedingend und welches bedingt ist; bei dieser Art der Fragestellung haben wir nicht nur vorausgesetzt, dass das *i* ursprünglich nicht in der Weise beschränkt und vertheilt war, was ja klar ist, sondern auch, dass der Quantitätsunterschied eventuell ebenfalls ein erst gewordener sein kann; das Serbische mit seinen ursprünglicheren Verhältnissen belehrt uns bald, dass wir uns die Vertheilung der Quantität ohne das *i*, nicht aber die Vertheilung des *i* ohne die Quantität erklären können, dass also die Quantität das Ursprüngliche, *i* das Secundäre ist.

Dem Typus 1. a. *pǔn*, *pǔna*, *pǔno* entspricht im Serbischen unbestimmt *pȕn*, *pȕna*, *pȕno*, bestimmt *pȕnî*, *pȕnâ*, *pȕnô*, ebenso ist es bei *rad*, *sit*, *slab*, *zdrav*, *zreo*. Der Stammvocal ist bei diesen Adjectiven sowohl in der nominalen als auch in der zusammengesetzten Form kurz; davon weichen ab *lěp* und *hujd*, denen im Serbischen lange Vocale entsprechen; dabei ist aber zu bemerken, dass neben *grd* gerade *lep* häufig ein *i* bekommt.

Dem Typus 1. b. *běli*, *běla*, *bělo*; *žûti*, *žûta*, *žûto* entspricht im Serbischen unbestimmt: *žût*, *žúta*, *žúto*, bestimmt: *žûtî*, *žûtâ*, *žûtô* u. s. w.; da wäre also der Vocal der bestimmten wie unbestimmten Formen ursprünglich lang. Doch ergibt sich da eine grössere Zahl von Ausnahmen: den Adjectiven *čisti*, *dugi*, *novi*, *pravi*, *sivi*, *stari*, *tihi*, *znani* entspricht nämlich im Serbischen der Typus *pǔn*, *pǔna*, *pǔno* — *nôv*, *nôva*, *nôvo*, *nôvî*, *nôvâ*, *nôvô*, weshalb wir im Slovenischen *nǒv*, *siv* u. s. w. erwarten.

Dem serbischen Typus *pǔn*, *pǔna*, *pǔno* — *pȕnî*, *pȕnâ*, *pȕnô* entspricht unser *pǔn*, *pǔna*, *pǔno*; dem serbischen *žût*, *žúta*, *žúto* — *žûtî*, *žûtâ*, *žûtô* unser *žúti*, *žúta*, *žúto*; im ersten Typus ist die Kürze, im zweiten die Länge ursprünglich und allgemein; der erste attrahirte hinsichtlich der Quantität *grd*, *lěp*, *hûjd*, die ursprünglich lang waren, der zweite dagegen *čisti*, *dugi*, *novi*, *pravi*, *sivi*, *stari*, *tihi*, *znani*, welche Adjectiva ursprünglich durchaus kurzen Stammvocal hatten; die attrahirten Adjectiva wurden ihrer neuen Quantität entsprechend behandelt; doch sind gerade bei diesen Adjectiven noch Spuren ihrer ursprünglichen Quantität erhalten in Adverbien und Redensarten: *čisto nič*, *dúgo ga nega*, *sǎmo to* nur das; serb. *stâr* hat *stǎr*, *stǎra*, *stǎro* im Sinne der Frage, wie alt Jemand ist, prädicativ: *ja sen 15 let star*, *stara*; in solchen Adverbien ruht sogar oft der Accent an seiner ursprünglichen Stelle: *hujdó mi je*, *na mladó poje* (serb. *hûdo*, *mlâdo* aus čak. *hûdó*, *mlādó*), an *mladó* ist der parallele Begriff angepasst: *na staró poje*; *gostó hodi k nan* (m), *manjó hodi*, *samó nič ne pride*, *rahó gre*; das Gleiche gilt von *vedró je*, kurz ist auch das

---

Adverb *pózno je*; eine Besonderheit stellt das substantivirte Adjectiv *godovnó* dar.

Der Annahme, die Länge des Stammvocals hätte das *i*, beziehungsweise die Beibehaltung oder Verallgemeinerung desselben zur Folge gehabt, ist nun die Gruppe 2. der Adjectiva nicht günstig.

Dass der Typus 2. a. *krótak, krótka, krótko — krótkî, krótkâ, krótkô* kurz und ohne *i* geblieben ist, *krotek* u. s. w., das stimmt ganz gut zu *pûn*; der Typus *krátek, krátka, krátko — krâtkî, krâtkâ, krâtkô*, der durchwegs langen Stammvocal zeigt, und der Typus *trûdan, trúdna, trúdno — trûdnî, trûdnâ, trúdnô* mit ebenfalls langem Stammvocal haben nun im besprochenen Dialecte auch Vertreter mit langem Vocal (2. b.) — aber ohne *i*; die Länge ist also da, die angebliche Folgeerscheinung fehlt; nur in *ténki* scheint beides vorhanden zu sein, dagegen würden wir in unserem *dróben, vózek, vlášen, júžen* überhaupt eine Kürze erwarten.

Gleichwohl ist die Gruppe 2. kein stichhaltiger Einwurf gegen die obige Erklärung; ein Grund für die abweichende Behandlung der Gruppen 1. und 2. ist eben in ihrer Ein- bez. Zweisilbigkeit zu suchen; in der ersten fand die Länge des Stammvocals in dem fluctuirenden und dem Schwund seiner früheren Bedeutung anheimfallenden *i* eine willkommene Entlastung seiner eigenen Schwere, sozusagen ein bequemes Absatzgebiet; sie gab einen Theil ihrer Quantität an das zu diesem Zwecke festgenommene *i* ab; in der Gruppe 2. brauchte die Länge einen solchen Nothnagel nicht, es war das Wort ohnedies zweisilbig. In der Gruppe 3. kamen die nämlichen Verhältnisse zur Geltung wie in 1.: *poslonáti* entspricht dem *lúti*, in *góbčasti* sowie in allen auf drittletzter Silbe betonten Adjectiven und Participien kam das *i* unter einen Nebenton und erhielt sich unter dessen Schutz.

Diese Erklärung von der Beeinflussung einer Silbe durch die Quantität der vorhergehenden hat eine Parallele im Schweben des Accentes über mehreren Silben, wie es gerade im Slavischen so oft angetroffen wird: neben vielem Anderen sei nur auf das Verhältniss des čakavischen und štokavischen Accentes hingewiesen, das man sich nur in dieser Weise erklären kann.

In der Quantität (beziehungsweise Zwei- oder Mehrsilbigkeit des Stammes) suche ich die Ursache der Fixirung des *i*. Für diese Ansicht scheint auch eine Reihe von Fällen zu sprechen, wo das *i* augenscheinlich nur die Folge der aus einem speciellen Grunde stark gedehnten Aussprache des Stammvocals ist; im Allgemeinen ist *grd* nur in dieser unbestimmten Form üblich; will man jedoch der Bedeutung des Wortes besonderen Nachdruck verleihen und spricht man es zu dem Zwecke gedehnt aus, so bekommen wir auf einmal ein *i*: tisti grd pes zendrúgin laja, ovi lep pa je tiho; dagegen tisti *gŕdi* pes zendrúgin laja = jener garstige (nicht im Gegensatz zum schönen Hunde, sondern im übertragenen Sinne als Schimpfwort) Hund bellt immerfort. Ebenso steht es bei *lep*, das zum Zwecke besonderer Belobung in der bestimmten Form *lépi* gebraucht wird: toti lep grozd de (= bode) *mój*, ovi pa *tvój*, dagegen toti *lépi* grozd naj je moj (= diese wunderschöne Traube); auch bei *hujd* dürfte sich der Unterschied finden, also gerade bei jenen in der unbestimmten Form einsilbigen Adjectiven, bei denen wir (nach Obigem)

Länge mit *i* erwarteten und die unter 1. a. als Ausnahmen erschienen; zu ihnen gesellt sich *nor*, das *nŏri* lautet, wenn es sich um eine besonders starke Beschimpfung handelt (cf. im fem.: *ti, nŏra pamet!*), desgleichen *črviv*, wenn es ein Schimpfwort ist: *toti črviv oreh*, aber *toti črvivi pøbar* = dieser würmige (nichtsnutzige) Knabe.

Da die Dehnung besonders häufig beim Vocativ auftritt, so dürfte sie vielleicht mit der schon altslovenischen Eigenart dieses »Casus« zusammenhängen, dass die Adjectiva in ihm meist die zusammengesetzte Form haben; als Ausdruck der Verwunderung, die sich in einer besonderen Belobung oder Beschimpfung äussert, wurde er der Ausgangspunkt einer weiteren Entwickelung, dass nämlich seine bestimmte Form überhaupt das Gepräge des Lobes oder Tadels bekam.

Anhangsweise sei des Unterschiedes von *kéri* und *ker* (aus *kteri*) gedacht: *kéri človek* = so mancher Mensch, *kèr človek?* = welcher Mensch? (oder auch relativ), weiter des Unterschiedes von *mästen* und *mästni*: *toti mästen falat* (dieses fette Stück), aber nur *mästni tork* (der Faschingsdienstag).

Quantitative Unterschiede bedingen überhaupt oft einen Bedeutungswandel, vgl. Vondrák, Archiv XII, 77: »Peiorative Bedeutung können die Wörter durch bestimmte, namentlich kurze Aussprache der Vocale erhalten: *baba* und *děvka* im Gegensatze zu *bába* und *dívka«*, das gilt fürs Slovenische, in St. Georgen a. d. Stainz ist *bäba* Schimpfwort, *bába* die Puppe als Spielzeug.

In der Verwendung der bestimmten und unbestimmten Adjectivform entfernt sich dieser östliche Dialect wesentlich von den westlichen — slov. Dialecten, namentlich aber vom Serbokroatischen, das den Unterschied ziemlich gut erhalten hat, und nähert sich wie in vielen anderen Punkten dem Böhmischen, wo der grösste Theil der Adjectiva bloss die bestimmte Form hat, Gebauer, Listy filologické 1895, p. 303: »— mimo výrazy adverbialní a adjektiva zpodstatnělá adjektivní tvary jmenné se zachovaly skoro jen ve funkci doplňkové, a i to skoro jen v jazyku knižném . . .«

Insofern jedoch im Böhmischen die nominale Form neben der zusammengesetzten erscheint, unterscheidet sie sich wie im besprochenen slov. Dialect von derselben durch die Quantität, nur ist entsprechend dem Gesetze, wonach südslavische (serbokroatische und theilweise slovenische) Kürzen im Böhmischen Längen, südslavische Längen im Böhmischen Kürzen werden, wie südslav. *kräva* böhm. *kráva*, südslav. *gräh* böhm. *hrách*, südslav. *gläva* böhm. *glava*, im Böhm. die zusammengesetzte Form kurz, die nominale lang; Gebauer, ib. p. 291, sagt, dass sich die Dehnung nicht consequent zeige, dass sich dafür überhaupt keine Regel finden lasse, daher begnüge er sich mit der Aufzählung einer längeren Reihe von Fällen; wir finden daselbst: *malý-mál, mála, málo, mladý-mlád, nahý-nág, pravý-práv, raný-ráno, slabý-sláb, starý-stár, zdravý-zdráv, čistý-čist* u. s. w.

Alle bei Gebauer angeführten Beispiele gehören unter unsere Gruppe 1. b., nur *slabý* und *zdravý* unter 1. a. Ob sich denn wirklich nicht eine wenn auch von Analogiewirkungen gestörte Regel finden liesse?

Laibach.   *Franz Ilešič.*

Kritischer Anzeiger.

Albanesische Texte mit Glossar von Holger Pedersen. Des XV. Bdes der Abhandlungen der philolog.-histor. Cl. der K. Sächsischen Gesellschaft der Wiss. Nr. III. Leipzig 1895. gr.-8⁰. 208.

Zur albanesischen Volkskunde von Dr. H. Pedersen, Privatdoc. d. vergl. Sprachwissenschaft an d. Univ. Kopenhagen. Uebersetzung der in den Abhandl. d. K. Sächs. Ges. d. Wiss., philolog.-histor. Cl. XV, vom Verfasser veröffentlichten albanes. Texte. Kopenhagen 1898. 8⁰. 125 S.

Obwohl das erstgenannte Buch im Jahre 1895 erschienen ist, glaube ich doch nicht es umgehen zu dürfen, sondern über dasselbe einige Worte zu sagen. Erstens wurde es bis jetzt nur kurz angezeigt in den Idg. Forsch. Bd. V, 233 (von Meyer Lübke). Zweitens bietet, wie man aus dem Titel des zweiten Buches ersieht, dieses die Uebersetzung der im ersten veröffentlichten Texte. Drittens endlich möchte ich aus der grammatischen Einleitung vor der Ausgabe der Texte einige Punkte hervorheben und besprechen.

Die von Pedersen herausgegebenen Texte sind eine Auswahl aus einer Sammlung, die er 1893 während eines 6-monatlichen Aufenthaltes in Corfu und einer kurzen Reise nach Epirus gemacht hatte. Sie bestehen aus 12 Märchen, 18 Räthseln, einem Abschnitte: Volksglaube (18 Stücke) und 13 Liedern. Die Märchen, die das Hauptsächlichste der Sammlung bilden [sie umfassen 68 Seiten, die übrigen Texte nur 12], rühren von einem aus Mursi bei Konispoli gebürtigen Viehhändler her, der ein vorzüglicher Erzähler gewesen zu sein scheint. Unerwähnt ist bei Pedersen, wie es sich mit der Frage hinsichtlich des čamischen Dialektes dieses Mannes verhält. Dieser selbst erzählt, wie er gerade als Viehhändler gute Gelegenheit gehabt hatte, viele Märchen zu lernen, »denn ein jeder Hirt könne irgend ein Märchen; übrigens habe er auch im Gefängniss, wo er wegen eines Todtschlages einige Zeit hatte verbringen müssen, Gelegenheit gehabt, Märchen zu hören«. Man weiss nun, dass in einem solchen Falle in der Türkei der Betreffende immer in eine Stadt, wo ein Valija seinen Sitz hat, geschickt wird. Das alles beweist also, dass der genannte Mann viel herumgereist war, und man demnach

seinen čamischen Dialekt (von Mursi) als einen etwas unbestimmten Begriff
bezeichnen muss. Čamisch ist z. B. auch der von Hahn behandelte albanes.
Dialekt, wie dies auch manche sich von selbst erklärende Uebereinstimmungen in Laut und Form bei Hahn und Ped. zeigen. Doch gibt es Dinge,
die uns zur obigen Bemerkung führen können.

Die Mittheilungen über den Volksglauben hat Ped. von einem Stefan
Konomi aus dem »jetzt zerstörten« Dorf Lekúresi bei Santi Quaranta. Dieser
wurde von Ped. auch sonst hinsichtlich der Sprache ausgefragt. Die Lieder
sind ihm von vielen verschiedenen Personen (Männern und Frauen) in Corfu
und Epirus dictirt worden; sie repräsentiren keinen bestimmten Dialekt und
sind nach Ped. (1895, S. 4) dialektisch nicht von Bedeutung.

In dem (1895) hinten angebrachten Glossar sind auch die nichtheraus-
gegebenen Texte der Ped.'schen Sammlung herangezogen worden. Auf dieses
verlegte er überhaupt einen besonderen Fleiss. Selbst die grammatische
Einleitung berührt, wie er sagt, nur das Allernöthigste, da das Glossar schon
das Wesentlichste der Formenlehre und Syntax in sich enthält. Zu Ende
eines jeden Textes stehen Anmerkungen, wo auf Parallelen, doch nur solche
aus der albanes. Volksliteratur, hingewiesen wird. Einige Zusätze dazu sind
auch im Vorworte zu der Uebersetzung der Texte.

Ped.'s Beiträge bewegen sich also nach zwei Seiten hin, einer folklo-
ristischen und einer sprachlich-dialectologischen. Trotzdem man Ped. schon
für das Geleistete, namentlich vor allem für das gebotene Material zum Dank
verpflichtet sein muss, ist doch nicht abzuleugnen, dass sowohl in dialectolog.
als folklor. Hinsicht, in dialectolog. vielleicht mehr, eine grössere Ausführlichkeit und Genauigkeit der gemachten Angaben und Bemerkungen zu wünschen
gewesen wäre.

Die schriftliche Darstellung der albanes. Laute ist die von G. Meyer. Er
beabsichtigte ursprünglich die griech. Zeichen $\vartheta, \delta, \chi, \chi', \gamma, \varepsilon$ durch die gleich
bedeutenden lat. $\not p, \not d, x, x', \chi, \vartheta$ zu ersetzen, hat aber diese Absicht nur auf
das bestimmte Verlangen Brugmann's aufgegeben, der volle Uebereinstim-
mung mit der G. Meyer'schen Orthographie wünschte (S. 5).

Bekanntermassen ist die albanesische Sprache noch in jenem Stadium,
wo es kaum die allerersten Anfänge einer bescheidenen Literatur gibt, und wo
dieser nicht einmal solche nothwendige Prämissen fördernd zur Seite stehen,
wie eine einheitliche Literatursprache und ein gemeinsames Alphabet. Man hat
gebraucht und braucht theilweise noch jetzt (im Volke) neben dem meist verbreiteten lat. Alphabete das türk. (z. B. in der Beilage der albanes. Zeitschr.
Albania in Brüssel), griech. und cyrill. Heute stehen die Dinge derart, dass
man mit Ausnahme einiger von fremder (griech.) Seite beeinflussten Volks-
theile (bei den Tosken) die Annahme des lat. Alphabetes von Seiten der in
Betracht kommenden Faktoren als ein fait accompli ansehen muss.

Es gibt nun sowohl aus früherer als gegenwärtiger Zeit so manche Versuche, das lat. Alphabet in Bezug auf die Eigenthümlichkeiten des Albanesischen zu bereichern. Man muss jedoch sagen, dass man bis jetzt im Ganzen
und Grossen noch immer nicht einen Modus gefunden hat, der allgemein angenommen und durchwegs befriedigend wäre. Von diesem Gesichtspunkte

geleitet, regte das Bukarester albanes. Blatt Shqiperia (1898, Nr. 44) [herausgegeben wird es von dem dortigen albanes. Comité] an, es möchten die vier albanes. Blätter (Shqiperia, Albania und die in Italien erscheinenden La Nazione Albanese und La Nuova Albania) die nöthigen Schritte thun, um zu einem einheitlichen Alphabete zu gelangen. Die Brüsseler Albania kam diesem Vorschlage in der Weise entgegen, dass sie sich an einige hervorragende Philologen wandte und sie um Rathschläge, die Reform des lat. Alphabetes fürs Albanes. betreffend, ersuchte, deren Antworten sie veröffentlicht. Da demnach die Frage über das albanes. Alphabet eben jetzt actuell geworden zu sein scheint, so sei es mir erlaubt, auch meinerseits dahier einen Beitrag zu liefern. Vor allem kommt es darauf an, in welcher Weise man das lat. Alphabet zu Zwecken des Albanesischen zu bereichern geneigt ist. Selbstverständlich kann es sich beim Albanes., da ja das Alphabet erst festgestellt werden soll, nicht um eine historische, sondern nur um eine phonetische Orthographie handeln, bei welcher die Bezeichnung eines Lautes von seiner genauen lautphysiologischen Bestimmung abhängt. Das Ideal, das da vorzuschweben hat, ist für einen jeden besonderen Laut auch ein besonderes Zeichen. Von vornherein ist demnach eine jede Cumulation von Schriftzeichen für die Bezeichnung eines Lautes auszuschliessen. Eine Bereicherung kann also nur dadurch geschehen, dass entweder diakritische Zeichen angewandt oder neue Buchstaben erfunden oder aber solche aus anderen Alphabeten aufgenommen werden, was ja alles in unserem Falle bereits versucht wurde. Das Aufbringen neuer und dazu vielleicht noch ungelenker Zeichen ist wohl in der heutigen realen Zeit fast ein Ding der Unmöglichkeit. Auch bei den diakritischen Zeichen liegt es nahe, sich womöglich nur an entsprechende, in anderen lat. phonetischen Alphabeten bereits für identische Laute gebrauchte zu halten. Uebrigens muss man sich da besonders bei den Vocalen vor dem Zuviel des Guten hüten, damit man nicht wie Meyer (Albanes. Studien I, Wien 1883) in die Zwangslage kommt, dass er den Accent nicht überall »vorwiegend aus ästhetischen Rücksichten bezeichnen wollte, weil das Zusammentreffen so vieler Accente mit den übrigen diakritischen Zeichen einen höchst unerfreulichen und verwirrenden Eindruck hervorbringt« (S. 16). Die Aufnahme eines Buchstaben aus einem fremden Alphabete, sagen wir dem griech. oder cyrill., würde sich nur dann empfehlen, falls er wirklich einen ganz mit dem in Betracht kommenden gleichen Laut bezeichnen würde, ein eventuelles diakritisches Zeichen auf einen lat. Buchstaben aber erst auszudenken und auch schwer auszuführen wäre.

Ich glaube nun, dass man auf Grund der eben angeführten Gesichtspunkte für das Albanesische leicht ein meiner Ansicht nach praktisches und den gestellten Anforderungen entsprechendes Alphabet herstellen kann. Membra disiecta dieses reformirten albanes. Alphabetes, wie ich es mir denke, wurden meistens schon hier und dort angewandt. Bevor ich sie jedoch sammele und es ganz vorführe, sei es mir gestattet, einen kurzen Rückblick auf die bisherigen alb.-lat. Schreibweisen zu werfen. Uebersichtstabellen, wenn auch nicht ganz vollständige, findet man z. B. bei Miklosich im 1. Hefte seiner Albanes. Forschungen S. 14 (1870 in den Denkschr. der Wiener Akad.

herausgeg.) und in den als Manuscript gedruckten Materialien zur Transscription der Laute der albanes. Sprache. Der Gebrauch von *a, i, o, u, b, d, f,
m, n, p, r, t, v* veranlasst zu keiner Bemerkung, da sie überall als der Bezeichnung für die betreffenden albanes. Laute vollkommen entsprechend angesehen wurden. Es erübrigt nun eine Reihe von Lauten, die Meyer in seiner
bekannten albanes. Gramm. (1888) folgendermassen bezeichnet hat: *e, ə, ü,
dz, dž, ď, ϑ, g, ǵ, h, χ, χ', j, k, ǩ, l, ḷ, ľ, ń, r̄, s, š, ts, tš, z, ž, q*. Die Bezeichnung
Meyer's stimmt sehr, in seinen früheren Schriften fast ganz, mit jener Kristoforidi's (Neues Testament, Constantinopel 1872) überein. Abweichungen sind
hier bei Kristoforidi nur folgende: ę für Meyer's ə, ɥ—ü, dᵊ—dz, dᶾ—dž, y—j,
r—r̄, ã—q. Kristoforidi, der sich um die Fixirung und grammatische Darstellung seiner Muttersprache die wesentlichsten Verdienste erworben hat,
wendet, wie man sieht, Lepsius' Standard-Alphabet an (cf. Meyer, Albanes.
Studien I).

In Nordalbanien stilisirte ein eigenartiges albanes. Alphabet bereits 1635
der erste albanes. Schriftsteller Blanchus (im Dictionarium latino-epiroticum,
Rom). Seine betreffenden Zeichen sind z. B.: *e* und *ɛ* (f. Meyer's *e* und *ɛ*),
ɐ (f. *ü*), *z* (f. *dz* und *ts*), *gi* (f. *dž*), **Ƨ** (f. *ď*), **ƔƔ** (f. *ϑ*), *gh* (f. *g*), *g* (f. *ǵ*), *c—ch—k*
(f. *k*), *ch—chi* (f. *ǩ*), *ll* (f. *ľ*), *ni* und *gn* (f. *ń*), *rr* (f. *r̄*), *sc* (f. *š*), *c* (f. *tš*), *ɛ* (f. *z*),
ɛgh (f. *ž*). Blanchus' Alphabet lebt, einige unbedeutende Aenderungen abge-
sehen (z. B. *x* f. Blanchus' *ll*, *sc* f. *ɛgh*), noch heute bei den Gegen. In diesem
Alphabet, wenn auch etwas modificirt, sind auch die Werke Jungg's und die
Bücher der Propaganda geschrieben. Der albanesische Schriftsteller und
Dichter Frašeri gebraucht folgende Bezeichnungsweise: *ɛ* (bei Meyer *e*), *e* (*ɛ*),
y (*ü*), *z* (*dž*), **Ꙅ** (*dᶾ*), **Ƌ** (*ď*), **Ƌ** (*ϑ*), **Ɓ** (*ǵ*), *q* (*ǩ*), **λ** (*ľ*), *η* (*ń*), *p* (*r̄*), *σ* (*š*), *c* (*ts*), *ç* (*tš*),
z (*z*), *ʒ* (*ž*). Frašeri's Alphabet wendet man in den Ausgaben des albanesischen
Vereines Desire zu Sophia und theils auch in zu Bukarest herausgegebenen
Büchern an. Ausserdem ist dieses Alphabet in grösserem Masse bei den
Tosken verbreitet, da Frašeri's Schulbücher dort (z. B. in Korča) als Lehr-
bücher dienen. Die von der Bukarester Shqiperia und der Brüsseler Albania
verwendeten Alphabete sind sich fast ganz gleich: *ë* (Meyer's *ə*), *e* (*ɛ*), *y* (*ü*),
dz (Meyer's *dz*, die Albania schreibt *x*), *dj* (bei Meyer *dž*), *dh* und *th* (f. *ď* und
ϑ), *gh* (f. *ǵ*), *ǐ* (f. *j*, Albania hat *j*), *q* (f. *ǩ*), *lh* (f. *ľ*), *ñ* (f. *ń*, Alb. *ñ̃*), *rh* (f. *r̄*),
sh (f. *š*), *c* (f. *ts*), *ç* (f. *tš*, Alb. *č*), *z* (f. *z*), *j* (f. *ž*, Alb. *ž*).

In Süditalien ist (um noch das zu erwähnen) folgende Schreibweise in
Uebung gekommen: *ë* (Meyer's *ɛ*), *ii* (*ü*), *ð* (*ď*), *ϑ* (*ϑ*), *gki* (*ǵ*), *kj* (Meyer's *ǩ*), *l* (*ľ*),
lh (*ľ*), *gn* (*ń*), *rr* (*r̄*), *sh* (*š*), *tz* (*ts*), *c* (*tš*), *ζ* (*z*), *sg* (*ž*). 1896 erschien auf Kosten
des Vicepräsidenten der Società Albanese in Corigliano Calabro ein Abece-
dario della lingua albanese, welches auf einem Congresse dortselbst (im
Oktober 1895) auf obige Weise festgestellt worden ist.

Von der Misère in der Bezeichnung der albanes. Laute dürfte schon das
Angeführte einen genügenden Beweis liefern. Man möge jedoch nicht glauben, dass sich damit die Schreibweisen erschöpfen. Nicht nur fast in jedem
kleinsten albanes. Büchlein, sondern auch in jenen über Albanesisches kann
man geringere oder grössere, von anderen abweichende Besonderheiten in der
Orthographie finden, ein Beweis eben, dass es wirklich dringend noth thut, in

dieser Sache Wandel zu schaffen. Man vergl. die Worte Camarda's (eines ital.-albanes. Schriftstellers und Grammatikers), der sagt, dass man das alte quot capita tot sententiae mit Rücksicht auf die Schreibung des Albanes. frei übersetzen könne: quante persone che scrivono come che sia, altrettanti metodi di scrittura (cf. Meyer, Alb. Stud. I, 14 f.).

Ich will nun an diese Uebersicht meine eigenen Bemerkungen anknüpfen. Von den Vocalen muss selbstverständlich e unangetastet bleiben, was in den angeführten Bezeichnungsweisen meistens nicht geschehen ist. Den sogen. Halblaut brachte man mit e zusammen. Mit diakritischen Zeichen wird es ę (Kristoforidi), ẽ (Bogdanus, Cuneus prophetarum 1685) und ĕ (Rada, grammatica della lingua albanese, Firenze 1871) bezeichnet, ausserdem durch ə (z. B. Pedersen) und ε (bei Meyer). Der Laut hat phonetisch mit e nichts zu thun. Was überhaupt die diakritischen Zeichen dahier anbetrifft, wenn man schon e wählen wollte, so verweise ich auf das oben angeführte Citat aus Meyer's Albanes. Studien I. Diakritische Zeichen auf Vocalen sollen der Bezeichnung für Quantität und Accent dienen. ə gehört in die ieur. Grammatik und ε kann noch weniger befriedigen, da es ja einen ganz anderen Laut im Griech. bezeichnet. Wenn sich schon Meyer für ein fremdes Zeichen entschied, und wir wirklich auch andere solche wie đ, 3, die mit den gleichen albanes. Lauten identisch sind, sogar in Italien und bei Kristoforidi (und Meyer) aufgenommen sehen, so würde ich für den Halbvocal ohne Weiteres das urspr. altslav. ъ wählen, womit die Bulgaren noch heute einen dem albanes. ganz gleichen Laut bezeichnen und welches sich auch die lat. Transscription für diesen Laut (cf. Miklošič, Jagić, Leskien, Brugmann) angeeignet hat.

Wenn im Rumänischen zu Beginn der 60er Jahre ъ aus dem rum.-lat. Alphabete ausgeschieden worden ist, so ist das nicht irgendwelchen wissenschaftlichen Principien zu Liebe geschehen, vielmehr hat man darin nur eine Fortsetzung jenes schon zu Ende des vorigen Jahrhunderts aufgekommenen extremen Purismus zu sehen, der besonders in den westlichen Landschaften allmählich »zum Range einer kaum discutirbaren Glaubenslehre« erhoben worden ist (cf. Gröber, Grundr. d. roman. Philolog. I, 442). Für die bei den Rumänen gebrauchte Umschreibung des ъ durch ŭ gilt ebenso wie für den event. Gebrauch davon im Albanesischen, was Leskien (Altbulg. Gramm. ⁸. Weimar 1898, 5) hinsichtlich des Akslav. sagt, dass eine solche leicht zu einer falschen Vorstellung über den Ursprung dieses Lautes führen kann. Sie würde doch auch sonst ebenso wenig genügen, wie ein e mit einem diakritischen Zeichen (siehe einige Zeilen weiter oben).

Neben Meyer's ü kommt dafür infolge der schon angeführten Gründe nur die Bezeichnung y (Fraŝeri, Shqiperia, Albania, Jarnik) in Betracht. Bei Meyer's ü denken wir an das deutsche ü. Der betreffende albanes. Laut steht nun näher, wenn er nicht gleich ist, dem russ. ы, transscribirt y, und dem poln. y. Nebenbei kann es nur erwünscht sein, dadurch ein einfaches Zeichen zu gewinnen.

Von den Consonanten seien zunächst nur đ und 3 erwähnt. Kristoforidi und die Italiener nahmen bereits die griech. Zeichen an. Auch die Zeichen bei Fraŝeri sind nur Versuche, dieselben etwas lateinischer zu fassen. Dh, th in der Shqiperia, Albania und bei Jarnik (früher schon bei Leake) können nach den oben dargethanen allgemeinen Principien der Aufnahme von *ď* und *ð* wohl nicht vorgezogen werden.

Meyer's *ǵ* und *ḱ* würde man besser mit *ć* und *ď* bezeichnen. Die beiden Laute stellen etwas von den ieur. *ḱ* und *ǵ* phonetisch ganz Verschiedenes vor. Ihr etymolog. Werth kann nicht in Betracht kommen, da die Laute heute etwas ganz anderes als bloss palatalisirte *k, g* sind. Der Annahme von *ć, ď* widerspricht nichts, da die Bezeichnungsweisen aus den angegebenen Gründen als nicht geltend entfallen, und wir ja auch ausser diesen, im kroatischen Alphabete für diese identischen Laute üblichen Zeichen, aus den slavischen (auch kroat. also) Alphabeten ein *š, z, ž* etc. (cf. Kristoforidi, theilweise Shqiperia, Albania u. s. w.) bereits angenommen sehen. Meyer selbst sagt (cf. oben), dass der lautphysiologische Werth bei einem Laute vor allem zu berücksichtigen ist.

Meyer's *ts, tś* entspricht nicht der wirklichen Aussprache. Die beiden Laute sind einheitlich, was nicht in dem Masse von *dz, dž* zu behaupten ist. *C* wendet schon Frašeri an, *c* und *ć* Albania etc.

Alle übrigen noch nicht erwähnten Lautzeichen bei Meyer könnte man, so wie er sie schreibt, und das wiederum infolge der bisherigen Darstellung, so annehmen, wie Meyer sie vorschlägt. Statt *l'* wäre vielleicht besser, Daničić's *ļ* zu schreiben (cf. diese Schreibweise z. B. im Lexicon der Agramer Akademie etc.).

Nach allem würde sich demnach das gesammte, von mir vertheidigte lat.-albanes. Alphabet folgendermassen darstellen: *a, ą, b, c, ć, ć̦, d, đ, dz, dž, ď, ð, e, ę, ъ, f, g, h, χ, χ', i, į, j, k, l, ļ, ḷ, m, n, ń, o, ǫ, p, r, ř, s, š, t, u, ц, y, ỵ, v, z, ž.*

Ich erachte diese meine vorgebrachten Bemerkungen hinsichtlich des albanes. Alphabets als eine Antwort, wenn auch nicht angerufene, auf den Aufruf der Brüsseler Albania. Sie fällt gewiss zum grössten Theil im Sinne jener hervorragenden Gelehrten aus, deren angesuchte Ansichten dortselbst zur Sprache kommen. Doch nicht nur eine Antwort, sondern auch ein Appell an die betreffenden Kreise mögen diese Worte sein, dass wir endlich zu einem Resultate gelangen. Als Albanese muss ich ja erklärlicherweise daran ein sehr grosses Interesse haben, dem es schwer ankommt zu hören, wie nicht nur Leute wegen alphabetischer Schwierigkeiten vom Lesen (die Albania sagt, dass ein Albanese, wenn er ein beliebiges einheimisches Buch lesen will, zuerst dessen Alphabet erlernen muss), sondern auch manche sonst gebildete Leute bei uns sogar vom Schreiben albanes. volksaufklärender Bücher aus dem einzigen Grunde abgehalten werden, weil sie nicht wissen, wie sie schreiben sollten, wofür ich concrete Fälle anführen könnte.

Aus der Lautlehre möchte ich zunächst die *l*-Frage herausheben. Ihr widmet auch Pedersen die grösste Aufmerksamkeit (eine volle Seite, gegenüber 2ᵉⁿ für's Uebrige).

Die Angaben sämmtlicher älterer Albanologen über die Aussprache des *l* im Albanes. stellte Miklosich in den Albanes. Forsch. I zusammen, da ihm die Sache unklar war.

In den Albanes. Studien (III, Lautlehre 1892) nahm Meyer ein dreifaches *l* für das Albanes. (entsprechend wie in den slav. Sprachen): ein palatales (mouillirtes), alveolares (mittleres) und gutturales (hartes) an. Das Vorkommen des gutturalen und palatalen kann nicht bezweifelt werden und steht nach allem fest. Anders steht es mit dem sogenannten mittleren *l*. Meyer (l. c. 75) scheint dieses nur in Fremdwörtern vorzukommen, und wäre »also von dem dem Albanes. selbst eigenthümlichen Lautbestande auszuschliessen«.

　　1895 erschien in Kuhn's Zeitschr. (Bd. XXXIII, S. 536 ff.) von Pedersen eine eigene Monographie: Die albanesischen *l*-Laute. Er erwähnt nicht einmal das von Meyer zugegebene mittlere *l*; die albanes. Sprache habe seit alter Zeit nur zwei *l*-Laute, ein gutturales *l* und ein mouillirtes *l'*. Es werden sodann Meyer's Auseinandersetzungen (in den cit. Studien III) über die Vertheilung dieser beiden Laute im idg. Wortvorrath des Albanes. einer Untersuchung unterzogen, wobei Ped. zu Schlüssen kommt, die Meyer vervollständigen oder berichtigen. In dem čamischen Dialekte, den Ped. in der besprochenen grammat. Einleitung behandelt, kommt nach Ped. das mittlere *l* keineswegs vor. »Ebenso scheint, sagt Ped., die Sache in den meisten alban. Dialekten zu liegen. Die Mehrzahl der Quellen kennen nur zwei *l*-Laute.« In den »Beiträgen zur Kenntniss der in Griechenland gesprochenen albanesischen Mundarten« (Albanes. Stud. V. Wien 1896), wo die Reinhold'sche Sammlung der Wissenschaft zugänglich gemacht wird, erzählt Meyer, er habe in Griechenland von Albanesen gehört, Reinhold (er war als Arzt über 30 Jahre in Griechenland) »hätte viel besser albanesisch sprechen können, als sie alle«. Reinhold kennt nun drei *l*: *l*, *l̄* und λ (Meyer's *l*, *l'*, *l̓*), die Meyer beibehalten hat, »denn sie existiren in griech. Albanesisch wirklich«, wie sich Meyer selbst überzeugt hatte. Auch das *l* ist mehr erweicht als unser gewöhnliches *l*, aber der Unterschied von *l'* ist bei einiger Uebung doch nicht schwer zu erfassen« (l. c. S. 3). »Aus dem Gebiete des Starover Dialektes abstammend, ist mir selbst der genannte Dialekt von Haus aus geläufig. Mit der grössten Gewissheit kann ich nun die Behauptung aufstellen, dass dieser Dialekt ebenfalls ein dreifaches *l* hat, welche drei *l* physiologisch stark verschieden sind. Das mittlere *l* ist ein coronal-postalveolares, das palatale ein dorsal-postalveolares, nur wird hier die Zunge gegen den Gaumen gehoben, während sie dort nach oben ausgehöhlt ist.

　　Das mittlere *l* steht nun nicht nur, wie man nach Meyer glauben könnte, in Fremdwörtern, sondern überhaupt in einer Menge von Beispielen, die Meyer und Ped. etc. als palatal angeben, z. B. im Anlaute: *liϑ, leden, lъmï, le, letrъ, lezet, ligъ, lis, limon, lind, laj, lava, lъmъ, laiϑi, lakra, lelek, leče, leš, lišoj, lъvdoj, litar, lipsem, lopъ, loćе, lotъ* etc., hingegen richtig *l̦epur, l̦ap, l̦eϑ, l̦eh, l̦os, l̦ut* etc. etc.

　　Von den Beispielen einer anlautenden Consonantengruppe mit *l* als zweitem Bestandtheil ist in der Gruppe Labialis + *l* bei uns immer das mittlere *l*. Dasselbe finde ich bei Reinhold: *ble* (Reinhold S. 38, 40, 41, 58), *bluaj* (R. 45), *bletъ* (R. 61), *fle* (R. 20, 27, 41, 43, 47, 57, 63, 64), *flakъ, fletъ* (R. 61), *flokъ, fluturoj, flori* (R. 35, 55), *flas* (R. 40, 56), *plak* (R. 13, 38, 49, 59), *plakos, plas, plep, pleit* (R. 31), *plot* (R. 33, 41), *plъhur* (R. 11, 32, 66). Das mittlere *l*

steht bei uns auch vor Labialen, für welche Fälle Ped. sagt: »Schwieriger ist
die Frage, welcher *l*-Laut vor *p*, *b* und *m* steht; jedoch scheint auch hier *l'*
allein berechtigt zu sein.« Wir sprechen: *dalp* (nicht *daļpъ*), *dalmъ*, *helm* (R.
8, 64), *dilpъrъ*, *pulpъ*, *delpъrъ* (R. 6, 30). Auch in Worten, die Ped. mit *ļ* aus
-*ll*- schreibt, kommt das mittlere *l* vor: *dal*, *dola* (R. 37), *dale* (R. 32), *dielъ*,
kal (R. 26), *mal* (R. 38), *pulъ*, *ļjalъ* (R. 40), *ndalъ*.

Mit mittlerem *l* wird auch ausgesprochen: *baltъ*, *mjaltъ*, *pъlcas*, *šelk*, *ulk*,
mbuloj, *del*, *kopil*, *ngul*, *škul*, *cili*, *pelъ*, *dele* etc.

Von dem Vorkommen des mittleren *l* neben dem palatalen, und das
nicht nur in Fremdwörtern, sondern in ähnlicher Weise, wie in meinem Heimathsdialekte, hatte ich einigemal Gelegenheit mich zu überzeugen in letzterer Zeit in Wien. Ich sprach mit einem Mann aus Bělica (im Gebiete von
Struga), mit dreien aus Debъr, einem aus Đakovo, mit mehreren aus Škodra
(Scutari) und einem aus Kalivia bei Athen.

Von einer Ahnung eines dreifachen *l* könnte man, abgesehen von Dozon,
auch namentlich in Puljevski's Речник од три језика (macedon., albanes. und
türkisch, Belgrad 1875) und vielleicht bei Kavalliotis (Meyer's Albanes. Stud.
IV. Wien 1895) sprechen, ohne natürlich dabei an eine consequente Unterscheidung und Bezeichnung zu denken. Dass die ältere Bezeichnung meist
nur ein zweifaches *l* kennt, beweist nichts, da wir hierbei nicht ein grosses
Verständniss für solche Feinheiten des albanes. Consonantismus vorauszusetzen berechtigt sind. Es spielte da immer der Einfluss einer fremden
Sprache mit.

Auf Grund alles Angeführten gelange ich zu dem Schlusse, dass im Albanesischen drei *l*-Arten existiren: *ļ*, *l*, *ļ*, deren gegenseitiges Verhältniss im
Auftreten, ihr etymologischer Werth für den gesammten Bereich des Albanesischen einer künftigen Studie vorbehalten ist. Ped.'s Behauptung, dass
im Albanesischen die Dialekte mit drei *l* in der Minorität sind, ist auf jeden
Fall unrichtig. Es verhält sich gerade umgekehrt.

Wenn Ped. (S. 6) Meyer (Albanes. Stud. III, S. 85) citirt, dass *e* vor dem
Nasal, neben *i* in bestimmten Fällen, in den übrigen noch zu *ъ* (im Toskischen)
und *ę* (im Geg.; vor *nd da q*) wird [*ъ* soll nach Meyer, Die lat. Elemente im
Albanes. S. 5, auch aus *a* vor dem Nasal geworden sein], so ist das nicht so
vollkommen richtig. Im Tosk. (meinem Heimathsdial. und sonst bei Kavalliotis, Mitko, Reinhold, Hahn) kommt nicht nur *ъn* mit oder ohne Cons., sondern auch *en* vor, z. B.: *kuvent* (bei Meyer *ļuvъnt*), *vende* (bei Kavall., Reinhold, bei Mitko auch *e*, bei Meyer und Ped. *vъnde*), *demp* (Kavall., Mitko mit *e*,
Meyer, Ped. und auch Reinhold hier *ъ*), *deń* (Mitko auch mit *e*, Meyer beides,
Ped. *ъ*), *ndeń* (Mitko *e*, Meyer *ъ*), *tremp* (Kavall., Mitko *e*, Meyer *ъ*), *ćen* (Kavall.,
Reinhold *e*, Meyer beides), *gъšteń* (Kavall. *e*, Meyer *ъ*), *endъl* (Kavall. *e*, Meyer
ъ), *perendi*, *dembъr* (Kavall. *e*), *ment* (Kavall., Reinhold *e*), *embъr* (Mitko. Kavall. *e*, Ped. *ъ*), *brenda* (Kavall., Mitko *e*), *kremte* (Kavall. und Meyer *e*), *pendъ*
(Reinhold, Kavall., Mitko *e*); *peri* (bekanntlich wird intervoc. *n* im Tosk. zu *r*),
freri, *zemъrъ* (Kavall. *e*, Reinhold, Meyer, Mitko *ъ*) etc. Wir sehen demnach,
dass die Fortsetzung des geg. *ę* weiter nach Süden reicht, als man glaubt. In
meinem Dialekte ist *en* das Vorherrschende. Die Behauptung, dem geg. *ę*

entspreche bei den Tosken bloss *ɪn*, kann man nicht gelten lassen. Wenn in dem Debɪrdialekt statt unseres *tɪnde tonde* gesagt wird, so erklärt sich das daraus, dass dort *ɪ* (wie in dem dortigen Maced., cf. Oblak, Maced. Studien) als *o* ausgesprochen wird.

Seite 9 führt Ped. aus dem čamischen Dialekte Beispiele mit *n* und *m* für *nd* und *mb* an, das bis jetzt als gegisch nur galt. Dieselben Beispiele kommen auch bei uns vor, auch hörte ich sie von dem Albanesen aus Kalivia. Die Assimilation von *nd* und *mb* in *nn* und *mm* wird auch als gegisch, das Bewahren von *nd* und *mb* als toskisch bezeichnet. Ich finde nun, dass wir auch im Geg. *nd* und *mb* sehr verbreitet vorfinden. *Nn* und *mm* ist speciell scutarinisch, wie das z. B. in den Materialien etc. S. 2 u. 8 bezeugt ist, und auch von Meyer, Albanes. Stud. II, S. 67 und Lat. Elemente S. 16 erwähnt wird, während er vielfach (und Hahn) in dem Wörterbuche *nd* und *mb* als speciell toskisch anführt. Nebenbei möchte ich hier bemerken, dass der Vorwurf Meyer's gegen Kristoforidi, dass dieser *mɪntɪ* nicht richtig statt *nɪndɪ* infolge von Uniformirung der Zahlwörter geschrieben hätte, nicht gilt; denn *t* wird wirklich bei uns und sonst gesprochen, gewiss infolge der Analogie nach den benachbarten Zahlen (*tetɪ, ɗietɪ*; cf. Aehnliches im Slav.).

S. 7 sagt Ped.: »*tɪ, dɪ* + cons. wird oft zu *š, ž*. Darauf beruht Conj. 2. Sg. *viš* neben *vitš* von *vij* u. s. w.« Ped. macht also den Ausgang *ɗ* und *š* etc. von dem Anlaute des nächstfolgenden Wortes abhängig. Die vielen Beispiele in seinen Texten, die dagegen sprechen, können mich davon nicht überzeugen. In meinem Heimathsdialekte liegt der Grund für das *ɗ* oder *š* zu Ende der genannten Form, im Optativ und im passiv. Aor. in dem vorhergehenden Laute. Ist das ein Cons., so haben wir *č*, ist es ein Voc., *š*, z. B.: *tɪ bleš, tɪ riš, tɪ fšiš, tɪ piš, tɪ fleš, u kɪrkuašɪ, u škruašɪ* etc., aber *djekča, ndzjerča, ʃjelča, u ndzjerčɪ, u djekčɪ* etc. Den gleichen Grund scheint bei Kristoforidi das Vorkommen von *τε κεϱκόjä* und *τε κεϱκοⱱϋτ, τε ἄκϱɪajö* und *τε ὄυϱⱱáɪϋτ* etc. zu haben (*Γϱαμματικὴ τῆς Ἀλβ. Γλώσσης*, 1882, S. 136 f.). Wie Kristoforidi *τε ϱɪπö, τε ⱱdɪɛkö* haben kann, weiss ich nicht. Bei uns ist nur *tɪ riepč* oder *tɪ riepiš* (welche vocalische Bildung bei uns fast schon zur alleinigen Herrschaft gekommen ist, vielmehr z. B. als bei den Gegen). Hinsichtlich des Optativs gibt auch Ped. die gleiche Erklärung (S. 17).

Eine Beleuchtung der Angaben über die Flexionslehre ist erst möglich, wenn wir möglichst viel dialectologisches Material haben werden. Unter den angeführten Dingen finde ich manches, was sich z. B. in unserem Dialekte anders verhält. So kommt bei uns der unbestimmte Genitiv viel seltener vor.

Die Contraction beim attributiven Gen.: *bir i mbretit* für *biri i mbretit, vajze mbretit* für *vajza e mbretit* kommt bei uns nur in dem Falle vor, wenn es sich um gleiche Vocale handelt. Die aufgezählten Neutra kennen auch wir bis auf *ϑikɪ*, das bei uns fem. bestimmt *ϑika* lautet. Wo Ped. vom Genuswechsel spricht, erinnere ich mich, dass er in Kuhn's Zeitschr. Bd. XXXIV, S. 290 (Das albanes. Neutrum) an Meyer die Frage richtet, ob dieser »sein *a to pusa* irgendwo vorgefunden, oder nach der von ihm gegebenen Regel construirt hat«. Bei uns ist nun *a to pusa* in Gebrauch.

Bei der pluralen Stammerweiterung mit ᴣr würde uns interessiren, ob das auf eine Classe von Hauptwörtern gebunden ist oder aber mit einer bestimmten Bedeutungsänderung zusammenhängt, was bei uns stattfindet. Es drückt dieser Plural bei uns nämlich bei gewissen Hauptwörtern (Stoffnamen) eine ins Verächtliche gekehrte Bedeutung des betreffenden Wortes aus, z. B. vom sg. *miš* (Fleisch) das plur. *miʂra* (schlechte Fleischstücke) etc.

Wenn im Čamischen nach gewissen Pronominen das Substantiv im Genitiv bisweilen unflectirt bleibt (S. 11), so gilt das für unseren Dialekt allgemein.

Die Formen der Conjugation bieten im Allgemeinen wenig Neues, das nicht schon aus Hahn's Grammatik bekannt wäre. Lesenswerth sind die Bemerkungen, die Ped. hinzufügt, z. B. S. 17, die Erklärung des Optativs als eines Conjuct. Aor. Die Classification der Verba ist bei Ped. abweichend von Meyer die Hahn's. Mag man mit beiden noch nicht etwas endgiltig Zufriedenstellendes erreicht haben, so entspricht doch die Meyer's viel mehr den wissenschaftlichen Anforderungen. Es würde uns interessiren, Ped.'s Gründe in dieser Hinsicht zu hören. Zu den einzelnen Formen könnte ich aus meinem beimathlichen Dialekte einzelne Abweichungen anführen — wie ja einige solche Ped. selbst in den beiden čamischen, dem von Mursi und Lᴣkuᴣᴣi, gefunden und angeführt hat. Ich glaube jedoch, dass das blosse Anführen keine grosse Bedeutung hätte; für ein näheres Eingehen wäre aber hier nicht der Platz.

Hinsichtlich der syntaktischen Bemerkungen und des Glossars könnte ich hier nicht mehr sagen, als Meyer Lübke in der citirten Anzeige gethan hat, wo er sich hauptsächlich darüber auslässt. Es wird da die Bedeutung des Ped.'schen Glossars hervorgehoben, der einen Beitrag zu einem beschreibenden albanes. Wörterbuche liefern wollte. Ped. nimmt Rücksicht auf die Phraseologie, das gegenseitige Verhältniss der verschiedenen Bedeutungen und die nöthigen syntaktischen Erscheinungen. Namentlich sind die Partikeln mit grosser Ausführlichkeit behandelt. Das Glossar ist überhaupt, wie schon oben bemerkt wurde, der Kern der Leistung Ped.'s. Neben den Vorzügen kommen bei Meyer Lübke auch einige Mängel des Glossars zur Sprache. So hat Ped. für seinen Zweck: »das Verständniss der Texte zu ermöglichen« [Ped. 1895, S. 5] eher zu wenig als zu viel gethan. Im Uebrigen verweise ich auf die genannte Anzeige.

Interessant ist der starke Einfluss des neugriechischen Lexicons auf die Sprache der von Ped. herausgegebenen Texte. Für viele Ausdrücke in den Texten verwendet man in meinem Heimathsdialekte und auch sonst nicht griechische. Ich führe einige Beispiele an: Ped. *toidjo* (sonst *atᴣ vetᴣ*), *akoma* (*edδ*), *siłosej* (*mendohem*), *eftis* (*pᴣrᴣᴣherᴣ*), * δᴣroj* (*fal*), *kaϑe* (*pᴣr*), *rovuñasi* (*martoj*), *pataks* (*gᴣñej*), *proto* (*i parᴣ*, auch bei Ped. vorkommend), *peleki* (*ᴣᴣpatᴣ*), *evjenja* (*nder*), *kolis* (*ndit*), *vias* (*ndᴣitoj*), *ksafnis* (*apansᴣs*), *χisem* (*derdem*), *tilikset* (*pᴣrvilet*), *elᴣfteros* (*liroj*), *penesurs* (*levduarᴣ*), *djavas* (*kᴣndoj*), *spanόn* (*δoᴣja*; dies Wort liest man auch bei Ped. mehrmals), *feks* (*udrit*), *djataji* (*urδurim*), *palo* (*vietᴣr*), *potis* (*ᴣadit*), *proktasi* (*ariti*) u. s. w.

Pedersen's Uebersetzung der Texte kann man im Ganzen und Grossen als gelungen ansehen. An manchen Stellen wurde etwas freier übersetzt, als im Vorworte dargethan wird. Einige Bemerkungen, die sich mir beim Lesen der Uebersetzung ergaben, möchte ich anführen: S. 7, Zeile 1 und 2 (S. 28)[1] wäre genauer »Matrose« als »Mann« für *nafti*; S. 11, Zeile 6 v. u. (S. 30) soll nicht »betrübt« stehen, sondern die hier an den übrigen Stellen für »*siloisej*« gebrauchte Uebersetzung (versunken). S. 1, Z. 1 (S. 33) entspricht »liessen ihn im Frieden« nicht dem albanes. »*vanɛ nɛ pun tɛ ture*« (und sie gingen auf ihre Arbeit); S. 19, Z. 2 (S. 34) ist nicht »der eine von den älteren Brüdern«, sondern »der ältere Bruder« zu setzen; S. 21, Z. 4 v. u. (S. 36) soll »wie es natürlich war« und »sein Vater etc.« in [ ][2] stehen, ebenso S. 22, Z. 11 (S. 37) »ich habe eine Bitte an dich! sage mir was du wünschest!«; S. 27, Z. 13 (S. 40) vermisst man die Uebersetzung von »*Si vanɛ mbrɛnda*« (wie sie hinein gingen); S. 46, Z. 2 v. u. (S. 53) übersetzt Pedersen *kokone* mit »Hündchen« (im Griechischen bedeutet κοκωνα und dann im Macedo-slav. *kókona* und bei uns *kokonɛ* ein »schönes, junges Mädchen«); S. 64, Z. 16 (S. 65) steht im Texte nicht »unterwegs«, sondern »woher du kommen wirst«; S. 74, Z. 5 v. u. (S. 72) ist »wie es mit dem Esel gegangen war« ungenaue Uebersetzung von »*se tɛ kiš bɛr gomari*« (was der Esel gemacht hat), ebenso S. 75, Z. 9 (S. 73) »gestorben« für *ngorđi* (verreckt); S. 77, Z. 15 v. u. (S. 74) und noch an einigen anderen Stellen stehe »mit dem [festen] Entschluss«; S. 87, Z. 12 (S. 60) verstehe ich die Uebersetzung »gib mir dies, dass du auch mir sagest, was du weisst« für »*kɛ nɛ mɛ to, tɛ mɛ dɛftóti ede mua ató, kɛ di ti*« im ersten Theil nicht, es sollte heissen: »wenn du mich liebst, so sage auch mir jenes, was du weisst«; S. 94, Z. 14 (S. 84, Z. 18) ist die Uebersetzung von: »*i strɛmbuan đe tjétrɛnɛ dor; e pjen ede pɛr miel, edɛ tojđjo u ϑa*« ausgelassen (sie krümmten auch die andere Hand, fragten um's Mehl und dasselbe (scil. Mädchen) sagte ihnen); S. 96, Z. 21 (S. 85) wird *mbušur* mit »in Thränen« übersetzt, im Wörterbuche ist jedoch diese Uebersetzung nicht angemerkt; S. 108, Räthsel 11 (S. 93) würde man statt »Milch« für *galpɛ* »Butter« erwarten (cf. auch Meyer's Lexicon S. 137); S. 110, Volksglauben 4 (S. 94) soll »[oder Norden]« und »[oder Süden]« stehen; S. 118, Lied 3, Vers 9 (S. 99) ist »dass dich ein Unglück treffe« nicht die Uebersetzung des albanes. *plač* (es heisst: verrecke); S. 121, L. 8, V. 4 (S. 100) vermisst man die Uebersetzung von »*pɛr atɛ kɛn*« (für jenen Hund) etc.

Die angeführten Dinge sind aus einer Reihe von ähnlichen Fällen herausgenommen und sollen dartbun, nach welchen Richtungen hin die Uebersetzung Schwächen aufweist. Ich muss aber bemerken, dass wohl das Hauptsächlichste angeführt wurde.

Unsere Bemerkungen mögen das wahre Verdienst des Herausgebers der beiden besprochenen Bücher nicht irgenwie verdunkeln, und unser Wunsch

---

[1]) Die Zahlen in den Klammern beziehen sich auf den Text, die anderen auf die Uebersetzung.

[2]) Mit dieser Klammer bezeichnet Ped. jene Worte, die im Original fehlen, in der Uebersetzung aber nöthig sind.

ist, der Verfasser möge bald noch Weiteres aus seiner reichen Sammlung und seinen Erfahrungen auf dem Gebiete des Albanes. mittheilen wollen.

Derd Pekmezi.

Leskien, A.: Handbuch der altbulgarischen (altkirchen-slavischen) Sprache. Grammatik—Texte—Glossar. Dritte Auflage. Weimar. Hermann Böhlau's Nachfolger. 1898. 8⁰. XIV + 334 S.

Es wäre ganz überflüssig, wenn wir über die Vortrefflichkeit des Leskien'schen Handbuches, das nun in dritter Auflage vorliegt, und das schon in der zweiten eine solche Anerkennung fand, hier noch ein Wort verlieren wollten. Wenn man bedenkt, dass in Deutschland die slavistischen Studien noch nicht mit jener Intensität, welche die Bedeutung des Gegenstandes erheischt, betrieben werden, so wird man sich nicht wundern, dass von einem so wichtigen Werke, das für weite Kreise berechnet ist, jetzt erst die dritte Auflage nothwendig wurde (die zweite erschien im J. 1886). Das Buch wird allerdings auch ausserhalb Deutschlands stark benutzt, es fand Eingang selbst zu den Slaven, die ihm nicht immer ähnliche Hilfsmittel zur Seite stellen können.

Wie der Verfasser selbst in der Vorrede angibt, hat die dritte Auflage gegenüber der zweiten zwar viele kleine Aenderungen und Verbesserungen, aber keine wesentliche Umgestaltung erfahren. Schon auch der äussere Umfang des Buches ist so ziemlich derselbe geblieben: die neue Auflage hat um zwei Seiten mehr. Auf dem Gebiete der Grammatik sind infolge der neueren Forschungen einzelne Verbesserungen nothwendig geworden; vielleicht wäre es angezeigt gewesen, noch durchgreifendere Aenderungen vorzunehmen. Im Folgenden wollen wir nur auf Einzelnes näher eingehen. Was gleich den sogenannten Kanon der altslovenischen Denkmäler anbelangt, so blieb Leskien bei den Denkmälern, die er schon in der zweiten Auflage als massgebend anerkannt hatte, trotzdem er selbst zugibt, dass es nützlich gewesen wäre, darüber hinauszugehen. Wenn ich auch nicht dafür wäre, etwa das Ostromir'sche Evangelium »hineinzuarbeiten«, so möchte ich doch, wenn es sich um eine Grammatik des Altkirchenslav. handelt, ein Denkmal nicht unberücksichtigt lassen, nämlich die Kiever Blätter. Sie enthalten allerdings auch Moravismen (Slovacismen), daneben aber zeigen sie eine so strenge Anwendung der Nasale, Halbvocale etc., dass ihnen kein anderes Denkmal, nicht einmal der Zogr., zur Seite gestellt werden kann. Uebrigens, welches Denkmal zeigt das Altkirchenslavische in der ursprünglichen, reinen Gestalt? Der bei Leskien an der Spitze des Kanons stehende Glag. Cloz. enthält ja bekanntlich auch Croatismen. Am meisten bietet sich noch Gelegenheit zu Einwendungen in der Lautlehre und in dem Abschnitt über die Aussprache. Dass zunächst крди als »kraji« und »kraji« gelesen werden kann (S. 6), ist natürlich nur eine theoretische Ansicht, über die man streiten kann. Die vergl. Grammatik kann nicht entscheiden, wo es sich um die Aussprache im Altkirchenslav. handelt. Vielfacher Anfechtung werden auch die auf S. 13 und sonst angesetzten Vocale ꙗ, ѧ, ѯ und ѱ unterliegen. Aus ѯ, ѱ soll slav. ьr, ьl geworden sein, woraus dann vor Consonanten altbulg. ѯ, ѱ, geschrieben рⱏ, лⱏ. Dieser Process hat wenig Wahrscheinlichkeit für sich. Grosse Schwierigkeiten bereiten im Slav. einige Fälle der Auslautsgesetze, über die in letzter Zeit vielfach gehandelt wurde. Um jedoch die Sache nicht zu compliciren, hat Leskien die Fassung dieser Auslautgesetze mit unwesentlichen Aenderungen aus der zweiten Auflage herübergenommen (S. 21—22). Bei dem jetzigen Stande der Dinge war es wohl das vernünftigste. Es genügt nicht zu sagen, die Vocalisation der Halbvocale trete dann ein, wenn eine ursprünglich ъ oder ь enthaltende Silbe geschlossen wird (S. 23). Das würde uns nicht alles erklären. Die sog. Umlautserscheinungen der Halbvocale finden wir hier auch nicht näher erörtert. Gerade bei der Behandlung jener lautlichen Erscheinungen, welche die Halbvocale betreffen, fühlt man es, wie misslich es ist, von den Kiever Blättern abzusehen. Mit der Annahme, dass mit der Schreibweise чрⱏвь, чрьвь, дльгⱏ, длⱏгⱏ einfach čr̥vь, dlgь gemeint sei (S. 30), würde man wohl auskommen, wenn man nachweisen könnte, dass ursprünglich wirklich ohne Unterschied sowol чрⱏвь als чрьвь, sowohl дльгⱏ als длⱏгⱏ geschrieben worden ist. Allein die Quellen scheinen nicht dafür zu sprechen. In den allerdings nicht sehr umfangreichen Kiever Blättern wird hier zwischen ⱏ und ь genau so unterschieden, wie wir es etymologisch erwarten und in den anderen Denkmälern findet man deutliche Spuren dieser Schreibweise. Einzelne dieser Spuren habe ich gesammelt in »O mluvě Jana exarcha bulharského«. Woher dann diese ursprüngliche etymologische Scheidung der Halbvocale? Das Beispiel aus Assem. творⱔщⱔѧ Joh. 15. 2 (S. 35) ist zu streichen, da das Original richtig творѧщ- hat. Die Form ꙁемн habe ich als den Ueberrest eines i-Themas erklärt (vgl. noch den Acc. zemь in gewissen Wendungen); dass das i das Ausfallen des sog. l-epentheticum verursacht hätte, scheint nicht recht glaubwürdig. Im Supr. haben wir z. B. nur ꙁемн, aber auch доблнн etc. Vgl. IF. X. 114.

In der Formenlehre ist nur wenig geändert worden. So steht z. B. in der 2. Auflage im Acc. Sg. der r-Stämme an erster Stelle матєрє, an zweiter матєрь, in der neuen Auflage umgekehrt. Uebrigens wäre es richtiger, die Form матєрє im Acc. überhaupt zu streichen: der Acc. ist nur матєрь (aus *mater'm). Leskien folgte hier Scholvin, der (Archiv II, S. 523) die Möglichkeit nicht bestreitet, dass solche Formen wie матєрє wirkliche Accusative sind. Im Zogr. Mar. Assem. Cloz. Euch. Psalt. haben wir nur матєрь (Scholvin citirt l. c. S. 542 als zweifelhaft: почьтєтъ отьца и матєрє Matth. 15, 5, allein das ist ein Gen., denn es heisst eigentlich: нже нє почьтєтъ etc.). Im Supr. gibt es 4 Beispiele des Acc. auf -рє gegen 8 auf -єрь und in der Sav. kn. bilden sie die Regel. Dass bei den Worten матн, дъщн der Gen. an die Stelle des Acc. trat (nur im Aksl. vgl. serb. Daničić, Istor. oblik. S. 29, slov. mater, kćer Arch. XIII, S. 64 u. s. w.) erklärt Meillet durch die begriffliche Verwandtschaft mit отьць, съннъ (Recherches etc. S. 71). Analog verhält es sich mit dem Accus. von црькъı: in der zweiten Auflage hatte Leskien црⱏкъвє црⱏкъвь, in der dritten umgekehrt:

ЦРЪКЪВЬ ЦРЪКЪВЇ. Es ist wiederum nur ЦРЪКЪВЬ die eigentliche Accusativform. Für ЦЇНЇ kommt ЦНЇ nicht bloss im Psalt., sondern auch im Euch. vor (S. 97).

Auch bei der Darstellung der altbulg. Conjugation wurde fast gar nichts geändert. Leskien hat hier noch seine Eintheilung nach dem Präsensstamme, die keinen rechten Anklang finden will, beibehalten. In den Textproben wurde ebenfalls, da ja kein Grund dazu vorlag, wenig geändert. Nur aus dem Supr. wurde ein Stück durch ein anderes ersetzt. Aus dem Psalt. u. Euch. sind einige kleinere Stücke hinzugefügt worden. Druckfehler sind nur wenige, z. B. S. 12, Z. 11 st. í lies ai̯, sl. ĕ, lit. ĕ; S. 13, Z. 7 st. vor Consonant ĕv lies: vor Vocal; S. 21. D. β. st. § 29 lies § 26 u. s. w.

Wenn auch dem Anfänger die Anordnung des Stoffes aus der Lautlehre Schwierigkeiten bereiten und die Eintheilung des Verbums ungewöhnlich erscheinen dürfte, so kann doch die nun vorliegende dritte Auflage des Werkes Allen, die das Altkirchenslavische ernstlich betreiben wollen, bestens empfohlen werden. *W. Vondrák.*

Broch, Olaf: Studien von der slovakisch-kleinrussischen Sprachgrenze im östlichen Ungarn (mit einer Karte). Kristiania 1897. 8⁰. 76 S. (In den »Videnskabsselskabets Skrifter«. II. hist.-philos. Classe. 1897. Nr. 5.)

Derselbe: Weitere Studien von der slovakisch-kleinrussischen Sprachgrenze im östlichen Ungarn. Kristiania 1899. 8⁰. 104 S. (Ib. 1899. Nr. 1.)

Den Lesern dieser Zeitschrift ist der Autor der beiden vorliegenden Abhandlungen, ein norwegischer Slavist, der an der Universität in Christiania wirkt, bekannt. Er hat nämlich über dasselbe Thema schon im Archiv Einiges veröffentlicht und zwar: »Zum Kleinrussischen in Ungarn« (Archiv XVII, S. 321—416) und »Zum Kleinrussischen in Ungarn II« (Arch. XIX, S. 1—21). Beides ist auch vereinigt unterdessen in russischer Sprache in den Publicationen der kais. Akademie der Wissenschaften in Petersburg erschienen. Im ersten Aufsatz schilderte er die Eigenthümlichkeiten des kleinrussischen Dialektes von Ublya in Ungarn nach der Sprache eines einzigen Individuums aus jenem Orte. Im zweiten brachte er einzelne Ergänzungen und Berichtigungen, nachdem er unterdessen Gelegenheit hatte, den Dialekt an Ort und Stelle zu studiren.

Von den oben angeführten Studien beschäftigt sich nun die erste mit dem ostslovakischen Dialekte, wie er in Dubravka und Falkus im Zempliner Comitate (in der Nähe von Ungvar) gesprochen wird, während die zweite unsere Aufmerksamkeit auf den Mischdialekt der sogen. Sotaken (statt *co* »was« sagen sie *so*) lenkt, als deren Centrum der Ort Korumlya (ebenfalls in der Nähe von Ungvar) gilt. Dieses Gebiet nun, auf dem sich die Wogen der verschiedenen Sprachindividualitäten brechen (Ostslovakisch, das

mit polnischen Elementen stark versetzt ist, Ruthenisch und Magyarisch),
bietet jedenfalls für den Sprachforscher ein äusserst interessantes Beobachtungsobject, da man hier die gegenseitige Beeinflussung dieser Sprachen genau
verfolgen kann. Der Sprachforscher wird hier vielleicht auch die Lösung so
manchen Problems finden, das ihn in der Theorie der Sprachen beschäftigt.

In allen diesen dialektischen Studien bildet neben der Formenlehre die
Phonetik die Hauptsache. Das wäre zwar ganz in Ordnung, wenn man die
Dialekte nur an und für sich darzustellen hätte. Nun handelt sichs aber auch
um ihren Zusammenhang und da lässt uns die Phonetik häufig im Stich. Dass
uns die phonetische Seite nicht genügt, wenn wir einen Dialekt zu beschreiben haben, zeigt uns gleich das Folgende. Bekanntlich wird in der mittleren
Gruppe der slovakischen Dialekte das ъ vielfach von *o* vertreten. Weil nun
dieser lautliche Process an das Russische erinnert, so würden wir ihn vor
allem auch in den östlichen slovakischen Dialekten erwarten, die doch mit
dem Russischen in näherer Verbindung stehen. Diese Voraussetzung trifft
jedoch nicht zu. Aus Broch's Arbeit erfahren wir nun ganz zufällig, dass in
dem östlichsten der östlichen Dialekte diese Erscheinung wieder vorkommt.
In der Sprachprobe lesen wir *zamok* (S. 42, 43), *desok* (S. 48), *von* (S. 27) gegen
cerkey, *krey* (S. 54). Die Sache gestaltet sich nun um so complicirter, als wir
selbst in dem Sotaken-Dialekt, der unter den ostslovakischen Dialekten dem
Ugrorussischen am nächsten steht, nicht ausschliesslich *o* für ъ finden. Neben
von »hinaus«, *voš* »Laus«, *pisok* »Sand« finden wir auch *lokět* »Elbogen«, *nochět*
»Nagel«, dann *kriy* oder *krey* »Blut«, *blicha* »Floh« (vgl. II, S. 93—94). Das
ist also ein Punkt, über den wir doch nähere Aufklärung haben möchten.
Man muss also möglichst viele solcher Beispiele zusammenstellen, indem man
sich von vorn herein diese Aufgabe stellt. Es genügt also nicht die Phonetik,
sondern man muss auch den sprachgeschichtlichen Momenten mehr Rechnung
tragen.

Sonst ist die phonetische Seite des Dialektes bis in die äussersten Consequenzen berücksichtigt, bis zu den minutiösesten Feinheiten, so dass das
graphische Material kaum hinreicht, um alle diese Nüancen zum Ausdrucke
zu bringen. Punkte, Häkchen, Striche, ja auch griechische Buchstaben werden in Anwendung gebracht, um ja den Anforderungen der Sprachphysiologen gerecht zu werden. Ihnen zu Liebe wird hier auch die mit keineswegs
anheimelnd klingenden Termini technici versehene Sweet-Sievers'sche Tabelle zu Grunde gelegt. Man kann auch nicht sagen, dass dadurch, dass sich
der Autor vielfach auf die im Archiv gegebenen Erklärungen der einzelnen
Zeichen und Laute beruft, die Sache dem Leser erleichtert wird. Doch sind
es Umstände, die neben den anderen Vorzügen dieser Arbeiten nicht in Betracht kommen.

Aus der Darstellung des östlichen slovakischen Dialektes von Dubravka
und Falkus ersehen wir, dass er nicht so sehr unter dem Einflusse des Ugrorussischen steht, wie wir es etwa erwarten könnten. Man bemerkt nur z. B.,
dass die 1. Pers. Sg. Praes. auf *-u* ausgeht, z. B. *hňecu*, *šednu*, *kupuju* etc., nur
die Verba auf *-ati* haben *-am*: *čitam*. Was hier dagegen am meisten auffällt,
ist, dass die unaccentuirten Silben klar ausgesprochen werden.

Diese reine Aussprache der unbetonten Silben charakterisirt unseren Dialekt im gegebenen Falle als einen slovakischen und der Autor kann sie nur mit dem Böhmischen vergleichen, wo eben diese Silben für ein germanisches Ohr merkwürdig deutlich ausgesprochen werden (S. 24). Wie bei den ostslovakischen Dialekten folgt hier der Accent überall derselben Regel wie im Polnischen, ruht also immer auf der vorletzten Silbe (S. 23). Sonst auch gibt es in der Laut- und Formenlehre zahlreiche Uebereinstimmungen mit den anderen ostslovakischen Dialekten: Schwund der Längen, *tert, tart* für *trt,* Assimilation wie *kub mi* (aus *kup mi*), die aus dem Ostslovakischen auch in das Ugrorussische einzudringen beginnt, etc.

Auf der beigegebenen Karte, welche uns die Vertheilung der von Broch beschriebenen Dialekte veranschaulicht, bemerken wir ein Dialektgebiet, welches nur einige Dörfer, darunter auch Korumlya, umfasst. Es ist dies das Gebiet der Sotaken, deren Dialekt nun in der zweiten Arbeit beschrieben wird und durch diese Leistung hat sich Herr Broch um die slavische Philologie besonders verdient gemacht. Hier wird er auch den sprachgeschichtlichen Anforderungen mehr gerecht, was ja die Beschaffenheit des Dialektes selbst erheischte. Derselbe nimmt lautlich und zum geringeren Theile auch formell eine Mittelstellung zwischen dem Ugrorussischen und dem Ostslovakischen ein. Die Betonung ist die des Ugrorussischen (S. 10); jedoch mit einer ausgesprochenen Neigung zur Oxytonirung (S. 98), weicht also ganz ab von der ostslovakischen Dialektgruppe. Die unbetonten Vocale sind durchgehends zu einer etwas schlafferen und undeutlicheren Aussprache geneigt, also wie im Ugrorussischen (S. 11). Aelteres *t'* und *d'* wird zum Theil noch bewahrt und auch bei den *s*-Lauten stellt sich der sotakische Dialekt dem ugrorussischen zur Seite (65, 6 und 66). In der Behandlung des Vocales der palatalisirten Silbe stellt sich wieder dieser Dialekt nahe zum ostslovakischen, wenn er auch nicht mit diesem ganz zusammenfällt (S. 67) etc. In der Formenlehre bemerkt man, dass das Sotakische sich mehr an das Ostslovakische anschliesst (S. 19—56). Mitunter kommen aber in diesem Dialekte Doubletten oder Doppeltypen vor: wir finden hier das russische *molót* neben *mľit*, daneben aber auch *dráha* u. s. w. (S. 58). Im Allgemeinen müssen wir wohl zugeben, wenn wir die Sprachproben auf S. 14—19 näher prüfen, dass der Dialekt sich dem Slovakischen nähert.

Wie ist nun dieser Dialekt zu erklären? Auf Grund eines *v*-Lautes, den Broch mit *w* bezeichnet und der sich aus *y* und *õ* entwickelt hat, kommt er zu dem Schlusse, dass das Sotakische ursprünglich ein ugrorussischer Dialekt war, der stark slovakisirt wurde (S. 80 ff., S. 100). In dieser Anschauung wird er auch durch die allgemeine Beobachtung bestärkt, dass sich das Slovakische auf Kosten des Ugrorussischen überhaupt verbreitet, so dass ein fortwährendes Vordringen dieses Dialektes und seiner Eigenthümlichkeiten auf dem benachbarten ugrorussischen Gebiete beobachtet werden kann. So wäre sogar die Möglichkeit vorhanden, dass auf dem Gebiete, auf welchem jetzt die ostslovakischen Dialekte gesprochen werden, einst theilweise das Ugrorussische heimisch war (S. 103). Die Grenze liesse sich freilich nicht so leicht bestimmen. Und beide Sprachgebiete werden dabei unbarmherzig magyarisirt, so dass man an die Stufenleiter in der Fabel dabei erinnert wird. Der magyarische Staatsgedanke ist in dieser Hinsicht unerbittlich: eine Existenzberechtigung haben nach ihm die aussermagyarischen Völkerschaften nicht! Uebrigens möchte ich die Frage nach dem Ursprunge des Sotakendialektes mit Rücksicht auf das vorhandene Material selbst nach den scharfsinnigen Ausführungen des Autors nicht für abgeschlossen halten.

Auf eine syntaktische Eigenthümlichkeit möchte ich noch hinweisen, die wir in der Sprachprobe des sotakischen Dialektes finden. Auf S. 15 lesen wir: *a hajduk pošoy i povedziy panoj sebe.* Panoj *sebe* fällt auf, da hier der Dat. des Reflexivpronomens statt des Possessivums steht. Es ist dies eine Eigenthümlichkeit, die uns auch aus dem Altkirchenslav. bekannt ist, vgl. meine Ausgabe des Glag.Cloz. S. 38. Hier ersieht man aus der Zusammenstellung der entsprechenden Texte im Glag. Cloz. und Supr., wie diese Eigenthümlichkeit später sehr stark um sich griff. Weiter vgl. auch meine Schrift »O mluvě Jana exarcha bulh. S. 36 und 9. Schon in der ältesten Evangelienübersetzung kommen diese Dative vor (meist die unbetonte Form *mi, ti, si*, jedoch nicht ausschliesslich), vielfach wird damit das eigentliche Pron. possess. verstärkt (*svoja si* etc.). Von dem Pronomen erstreckte sich dann diese Eigenthümlichkeit auch auf das Substantivum. Im Serbokroatischen ging aber diese Entwickelung nicht so weit, wie im Bulgarischen. Was bei Miklosich und Delbrück dahin gerechnet wird, ist vielfach anders zu erklären. Nun ist die Frage, ist die oben erwähnte Eigenthümlichkeit des sotakischen Dialektes alt, oder hat sie sich hier später selbständig entwickelt?

Wenn auch das Material, wie wir gesehen haben, nicht immer erschöpfend ist (bei einem Aufenthalte von 5 Wochen ist es auch nicht erreichbar), so gehören Broch's Arbeiten jedenfalls zu dem Besten, was auf dialektologischem Gebiete in neuerer Zeit veröffentlicht worden ist.   *W. Vondrák.*

Flajšhans, V.: Podrobný seznam slov rukopisu králodvorského. Se zvláštním zřetelem ke kritice čtení a výkladu (Ausführliches Verzeichniss der Wörter in der Königinhofer Handschrift. Mit besonderer Rücksicht auf die Kritik der Lesarten und ihre Erklärung). V Praze. Nákladem české akademie etq. 1897. 8⁰. VI + 114 S. + (2 Bl.) (Erschienen in dem von der 3. Classe der Akademie herausgegebenen »Archiv pro lexikografii a dialektologii« Nr. 2).

Eigentlich muss man sich wundern, dass diese Arbeit — eine alphabetische Zusammenstellung aller Wörter in der Königinhofer Hs. — nicht früher unternommen worden ist. Man würde glauben, dass es doch nahe lag bei den Controversen, welche die KH. hervorgerufen hat, einfach das Wortmaterial übersichtlich zusammenzustellen, um damit philologisch operiren zu können. Allein das ist bis jetzt nicht geschehen. Nekrasov's diesbezügliche Arbeit (Kraledvorskaja Rukopis. St. Petersburg 1872) ist nicht vollständig. Man kann jedoch auch jetzt nicht sagen, dass die vorliegende Zusammenstellung so zu

sagen post festum gekommen wäre, denn, wenn auch massgebende philolog.
Kreise von der Unechtheit der Hs. überzeugt sind, so bleibt doch noch eine
wichtige Frage zu lösen übrig, nämlich wer der Urheber dieser Hs. ist und
mit welchen Hilfsmitteln es ihm gelang, diese Gedichte zu Stande zu bringen.
Bei diesen und ähnlichen Fragen kann ein ausführliches Wörterverzeichniss,
wie das vorliegende, werthvolle Dienste leisten.

Herr Flajšhans hat in letzterer Zeit den Versuch unternommen, die Echtheit der KH. zu beweisen, obzwar er früher von derselben nichts wissen
wollte. Dieser Wandel in der Anschauung hat einigermassen überrascht, da
die philologischen Motive, die ihn hervorgerufen haben sollten, nicht von
einer solchen hervorragenden Bedeutung zu sein schienen. Das, was von
H. Flajšhans in sprachlicher Hinsicht vorgebracht wurde, hat nicht überzeugt.
Bei seinen Rettungsversuchen mochte er nun den Mangel einer solchen Zusammenstellung der Wörter empfunden haben, und so ging er selbst an die
Arbeit, die in diesem Falle gewiss nicht vergeblich war. Indem er auch das allerdings sehr karge Wortmaterial der Streifen, die die Hs. noch nebst den ganzen Blättern enthält, berücksichtigte, brachte er es bis zu 1531 Schlagworten
mit 6222 Belegen. An vielen Stellen sucht er eine selbständige, von den bisherigen abweichende Erklärung zu geben, daher finden wir bei ihm auch viele
neue Lesarten.

Man kann nun leichter das zusammengestellte und alphabetisch geord-
nete Wortmaterial beurtheilen und philologisch verwerthen. Der erste Eindruck, den es auf uns macht, ist der, dass es wegen seiner Gleichartigkeit
zeitlich und räumlich einem sehr engen Kreise angehören muss. In der KH.
kommen bekanntlich Gedichte vor, die aus der heidnischen Zeit stammen
sollen; daneben auch andere, in denen schon das Christenthum herrschend
ist. Nun würde man erwarten, dass auch in lexikalischer Hinsicht ein gewisser Unterschied obwalten sollte, denn der Abschreiber kann ja in der
Umarbeitung, wenn er überhaupt welche vornimmt, doch nicht so weit gehen,
dass er etwa ganz neue Texte liefere. Bei Gedichten insbesondere bestand
nicht dieser Usus. Es müsste also unter allen Umständen eine gewisse Hetero-
genität in den Gedichten bemerkbar sein. Diesen Eindruck macht aber das
Wortmaterial der KH. auf uns nicht. Es kehren hier gewisse lexikalische
Eigenthümlichkeiten mehr oder weniger in allen Gedichten wieder, so dass
man in der Ansicht bestärkt werden muss, alle Gedichte der KH. rühren in
sprachlicher Hinsicht entweder von einer Person her, oder doch von einem
sehr engen literarischen Kreise. Man sehe sich z. B. gleich die Interjection
aj an. Sie kehrt häufig fast in allen Gedichten wieder und zwar etwa 50 mal.
Dazu kommen dann noch die Verbindungen wie *aj-a, aj-hle, aj-nastojte, aj-ta*
und *aj-tu*. Verhältnissmässig häufig kommt hier auch das Wort *chrabrost* und
chrabrý vor (Jar. 99 v ješut by chrabrost $^{13}/_{20}$[1]); Jar. 268 pod oceli chrabrost
$^{13}/_{20}$; Jar. 159 dodáše chrabrost $^{11}/_{8-9}$; Ol. 22 vzmužte chrabrost $^{5}/_{16}$; Ćst. 81
tváše chrabrost $^{15}/_{13}$; Lud. 116 zkusi chrabrost $^{20}/_{3}$; Ol. 24 chrabro na Polany

---

[1] Die Zahl vor dem Belege bedeutet den Vers des betreffenden Gedichtes, der Bruch nach dem Belege die Seite und Zeile des Originals.

$^3/_{18}$; Čst. 225 chrabru ruku $^{17}/_{27}$), ferner das Adj. *ľutý*, etwa 20 mal, dazu noch *preľutý* und *veleľutý* (je einmal) und *kotiti sě*: Jar. 258 sien sie kotie s ore $^{13}/_{14}$; Čst. 234 Vlaslav pozemi sie koti $^{17}/_{32}$; Lud. 93 Bolemir sie s koně koti $^{19}/_{34}$; Záb. 146 i skoti sie dřevo na voj $^{23}/_3$. Auffallend sind die zahlreichen Zusammensetzungen mit *pre-* in: *predlúhý* Lud. 26 $^{13}/_{22-23}$; *predrahúčký* Zbyh. 16 $^{25}/_{13}$; *preľutý* Záb. 160 $^{23}/_{11}$; *premnohý* Čst. 198 $^{17}/_{11}$; *premnožstvie* Jar. 132 $^{30}/_{31}$; *presilný* Záb. 110 $^{22}/_{14}$; Záb. 69 $^{21}/_{25}$; *preudatný* Zbyh. 25 $^{25}/_{18}$; Ol. 28 $^5/_{31}$; *preveliký* Jar. 43 $^8/_{19-20}$; *prezmilitký* Zbyh. 4 $^{25}/_4$. Mit anderen altböhm. Denkmälern lassen sich überhaupt nicht in Einklang bringen die zahlreichen Composita, denen wir hier begegnen und die auch schon aufgefallen sind, wie *blahodějný* Čst. 118 $^{16}/_1$; *dlúhopustý* Záb. 8 $^{20}/_{19-20}$ (an die Deutung: lesem dlúho pustým wird man nicht denken können); *hlasonosný* Jar. 229 $^{12}/_{25-26}$ (hlasonosnú obět vzdámy, ein sehr gekünstelter Ausdruck); *hrózonosný* Jar. 94 $^9/_{25-26}$; *jarobujný* Lud. 112 $^{20}/_1$; Jar. 71 $^9/_{7-8}$; *jarohlavý* Čst. 206 $^{17}/_{15}$ (liška oblúdí sur jarohlavý); weiter noch: *lepotvorný* Čst. 119 $^{16}/_3$; *masožravý* Zbyh. 23 $^{25}/_{18}$; *siehodlúhý* Jar. 286 $^{13}/_{33}$; *šedošery* Ol. 14 $^5/_{10}$; *všestrašivý* Jar. 156 $^{11}/_6$; *všetichúnký* Ol. 35 $^5/_{36}$ u. $_{37}$; *vysokorostlý* Čst. 89 $^{15}/_{17-18}$; *zlatostvúcí* Lud. 13 $^{18}/_{16}$. Mit *vele-* kommen hier drei Composita vor: *velebystrý* Jar. 269 $^{13}/_{31}$; *veleľutý* Jar. 277 $^{13}/_{37}$ und *veleslávný* Ol. 16 $^5/_{11}$; Jar. 1 $^7/_{31}$, abgesehen vom Nom. propr. *Veleslav* (Fragm.). Schliesslich muss noch das Compositum *Vlaslavobojec* Čst. 243 $^{18}/_7$ angeführt werden. Eine auffallende Vorliebe zeigt sich hier weiter für Bildungen wie *dušice* Jel. 18 $^{27}/_{31}$; 22 $^{27}/_{23}$; *helmice* Jar. 81 $^9/_{15}$; 269 $^{13}/_{31}$; *chýšice* Ben. 16 $^6/_{23}$; *kravice* Čst. 174 $^{16}/_{30}$; *ľubice* Záb. 26 $^{20}/_{31-33}$; *nožice* Jah. 4 $^{26}/_{33}$; 6 $^{26}/_{23}$; 34 $^{27}/_6$; Jel. 29 $^{27}/_{29}$; *větvice* Zbyh. 50 $^{26}/_7$; *vodice* Kyt. 7 $^{26}/_{14}$; 15 $^{26}/_{30}$: *zemice* Kyt. 9 $^{26}/_{16}$, abgesehen von Worten wie *děvice, jehlice, kytice*. Auch bei Neutris: *ložice* Zbyh. 53 $^{26}/_{10}$; *srdice* Zbyh. 19 $^{25}/_{15}$; *zbožice* Ben. 14 $^6/_{22}$ u. s. w.

Das lexikalische Material macht demnach nicht den Eindruck, als habe man es mit Gedichten verschiedenen Alters und verschiedenen Ursprungs zu thun, sondern es weist einen ziemlich einheitlichen Charakter auf.

W. Vondrák.

Flajšhans, V.: Knihy české v knihovnách švédských a ruských. Výtěžkem z cesty, kterou 1896—1897 s podporou české akademie a Svatoboru podnike (Böhmische Bücher in den schwedischen und russischen Bibliotheken. Ergebnisse einer im J. 1896—97 mit Unterstützung der Böhmischen Akademie und des Svatobor unternommenen Reise). V Praze. 1897. 8⁰. 725 S. + (1 Bl.) (Erschienen in der von der 3. Cl. der Böhm. Akademie herausgegebenen »Sbírka pramenův ku poznání literarního života v Čechách, na Moravě v Slezsku. Gruppe III. Bibliographische Arbeiten. Nr. 2).

Mit den bei der vorhergehenden Schrift erwähnten Rettungsversuchen, die von Herrn Flajšhans zu Gunsten der Königinhofer Hs. unternommen wurden, hing auch seine Forschungsreise nach Schweden und Russland zusammen, über die er im »Věstník České Akademie«, Jahrg. VI, S. 306—314 ausführlich berichtet hat. Es wäre ja doch ein überaus glücklicher Fund, wenn man in irgend einer bis jetzt wenig oder gar nicht bekannten alten Handschrift auf irgend welche Anspielung oder gar auf die verlorene Partie der KH., deren schmale Streifen neben den erhaltenen ganzen Blättern wie auch die schon vorgeschrittene Capitelzahl eine so weite Perspective eröffnen, stossen würde, wodurch zugleich ein glänzender Beweis ihrer Echtheit erbracht würde.

Eigentlich enthält die vorliegende Schrift nur eine mehr oder weniger ausführliche Beschreibung zuerst der böhmischen Handschriften in der Petersburger öffentlichen Bibliothek (S. 2—52, so dass von dieser Beschreibung — im Ganzen sind es 51 Nummern — der grössere Theil der Schrift ausgefüllt wird), dann die Beschreibung einiger in Schweden befindlichen Handschriften, die aus Böhmen herrühren oder für Böhmen ein Interesse haben (S. 52—55). Es sind nur wenige, meist lateinisch geschriebene Hss. Was weniger oder gar nicht bekannt war, wird ausführlicher behandelt. Von den böhm. geschriebenen Hss. findet sich nunmehr nur eine einzige in Schweden (Upsala) vor, dagegen wurden alle, die in der Stockholmer Bibliothek vorhanden waren, im J. 1878 nach Mähren zurückgebracht. Schliesslich folgt ein Verzeichniss böhm. Drucke (mit einigen Incunabeln), die sich in den dortigen Bibliotheken vorfinden (S. 56—72).

Diese Schrift bringt nun so manche Bereicherung unserer Kenntnisse des altböhm. und mittelböhm. Schriftthums. So haben wir jetzt eine ausführliche Beschreibung der in der Petersburger Bibliothek enthaltenen Revelationen der heil. Brigitta (v. J. 1419) mit einigen sprachlichen Eigenthümlichkeiten (z. B. statt *zř* pflegt *ř* zu stehen). Es wurden auch einzelne bis jetzt im böhm. Schriftthum unbekannte Verfassernamen entdeckt, so: *Žeranovský* (Predigten aus dem XVII. Jahrh.), *Sturzenfeld* (Satirische Schriften aus dem XVI. Jahrh.), der Text der altböhm. Pilatuslegende wurde hier vollständig abgedruckt (S. 32—37). Aus einer Reihe von hier ausführlicher beschriebenen Hss. ersehen wir den mächtigen Einfluss der böhmischen Literatur und Sprache auf das Polnische (Nr. 8, 15, 41 u. 45). Der wichtigste Factor für diese böhmisch-polnischen Beziehungen war Krakau, insbesondere um das J. 1430 und auch später (vgl. S. 47—48).

Doch sollten auch die Anhänger der Echtheit der KH. nicht ganz leer ausgehen. In einer altböhm. Hs. aus dem Ende des XIV. Jahrh. hat H. Flajšhans nicht weniger als 4 sprachliche Analogien gefunden (S. 14), nämlich ein Participium auf -*em*: podoben jsem *vczinyem* pelikánovi, womit noch verglichen wird: hněvem neb *nepofluffemftwym*; weiter das Verbum -*biesi*, -*běhu*: kdež tvá svatá krev jest v dóstojném srdci, tu zlí duchové *zabyehu* a dobří anjelové na pomoc přicházeji; der Instr. -*iem*: anjelským *pyenyem*; die 4. allerdings selbst nach Flajšhans einigermassen unsichere Analogie sei die Präposition *přě*: veden *przye* Pilata (in der früher besprochenen Schrift »Podrobný seznam slov rukopisu kralodvorského« S. 62 sieht übrigens Herr Flajšhans »*p* pohany« der Königinhofer Hs. als einen Fehler an: st. *p*d pohany — před p., diese Schrift ist auch später erschienen). Diese Analogien sind aber leider nicht derartig, dass sie sehr zu Gunsten der KH. sprechen könnten. Das Part. *učiném* ist offenbar ein Schreibfehler, das *m* im Auslaut ist wohl hervorgerufen durch das vorhergehende *jsem* (im Žtl. u. ŽW. lesen wir richtig *učinén*); in *neposlušemstvím* hat das *m* im Auslaut das vorhergehende *m* als Schreibfehler hervorgerufen. Auch das andere kann, wie man sieht, die Königinhofer Hs. nicht retten. *W. Vondrák.*

Milas, M., Pravi akcenti i fiziologija njihova u hrvatskom ili srpskom jeziku (Školski Vjesnik, Sarajevo 1898, S. 511—534).

Die Frage von der richtigen Auffassung der serbokroat. Betonung wird infolge der grossen Aufmerksamkeit, die man ihr in der letzten Zeit schenkt, immer mehr . . . . . verworren! Vielen, besonders fremden Gelehrten war es schon ziemlich schwer, die beiden von Vuk festgesetzten Accentarten auseinanderzuhalten; jetzt tritt Herr M. Milas, Gymnasialprofessor in Mostar, mit der recht beunruhigenden Entdeckung eines vierartigen Accentes im Serbokroat. auf, so dass wir — wenn wir den Unterschied in der Quantität hinzunehmen — von nun an nicht vier, sondern acht verschiedene Accentzeichen verwenden und richtig unterscheiden müssten! Doch, wenn im Serbokroatischen wirklich vier verschiedene Arten von Accenten vorhanden sind, so darf man natürlich dieselben der Bequemlichkeit wegen nicht ignoriren. Das ist aber eben die Frage: gibt es nur zwei oder vier verschiedene Accentarten? Ich habe den Aufsatz Milas' aufmerksam gelesen, alle von ihm angerathenen Proben angestellt, meine Aussprache und die Anderer sorgfältig beobachtet, und schliesslich konnte ich dennoch die von ihm behaupteten Unterschiede n i c h t h ö r e n. Selbstverständlich will ich damit nicht gesagt haben, dass diese Unterschiede auch n i c h t e x i s t i r e n, denn ich habe zu oft konstatiren können, dass Andere nicht hören konnten, was ich genau unterscheide; es wäre daher möglich, dass auch ich die feinen Accentunterschiede Milas' ganz einfach ebenfalls nicht hören kann. Ich will daher lieber gleich sagen, worin die vier verschiedenen Accente Milas' bestehen sollen. Er unterscheidet (S. 7) mit Rücksicht auf die Stärke s t a r k e und s c h w a c h e Accente, welche zweifacher Art sein können: bei den einen, den »ersten« — wie er sie nennt — fällt die Stärke des Accentes, bei den anderen, den »zweiten«, steigt sie; Vuk's *poļe, mȇso, bànica, hvála* haben nach M. e r s t e Accente, dagegen *tjȅme, pričȁ, ručȉca, bȁbo* haben z w e i t e Accente. Für die Unterscheidung von e r s t e n und z w e i t e n Accenten ist somit die T o n s t ä r k e massgebend. Wodurch sich aber s t a r k e und s c h w a c h e Accente unterscheiden, das sagt Herr M. nirgends; überhaupt er b e r ü c k s i c h t i g t fast n i r g e n d s die T o n h ö h e, denn nur in § 10 gibt er bei Erwähnung der »bisherigen« Ansicht zu, dass z. B. sowohl *poļe* (mit e r s t e m starken Accent) als auch *tjȅme* (mit z w e i t e m starken Accent) mit s t ä r k e r e m und h ö h e r e m Ton ausgesprochen werden. Erst auf eine Anfrage meinerseits erklärte Herr M., dass auch er der bisherigen Ansicht über die Tonhöhe der Accente beipflichtet. Das hätte ausdrücklich und klar im Aufsatze selbst gesagt werden sollen, denn man wäre fast geneigt anzunehmen, er theile die allgemeine Ansicht über die Natur der starken und schwachen Accente im Serbokroat. nicht. Schon seine ziemlich geringschätzige Meinung über die Nothwendigkeit musikalischer Kenntnisse für die richtige Auffassung der Betonung (in der Einleitung) ist etwas auffallend. Ungewöhnlich ist ferner, dass Herr M. nicht selten die Ausdrücke »Höhe (visina)« und »Tiefe (nizina)« in der Bedeutung von »stärkerer, bezw. schwächerer Theil« gebraucht, z. B. in § 10,3 : ».... na riječi *banica* pada akcenat s v i s i n e svoje jakosti, a na riječi *ručica* raste s n i z i n e svoje jakosti«. Völlig befremdend ist es aber, wenn Herr M. in § 12 sagt: »Von den Silben mit starkem Accent geht die Tonstärke auf die beiden folgenden Silben über, und zwar ist auf der ersten derselben die Tonstärke etwas schwächer als auf der betonten Silbe, während die Tonstärke der zweitfolgenden Silbe u n g e f ä h r d e r S t ä r k e s c h w a c h e r A c c e n t e g l e i c h i s t.« Diese Auffassung der »schwachen« (d. i. der steigenden) Accente als Accente, die sich von den »starken« (d. i. den fallenden) hauptsächlich durch geringeren Nachdruck unterscheiden, tritt uns im Laufe der Erörterung auch sonst entgegen, so dass man wirklich vermuthen darf, Herr M. habe wenigstens zur Zeit der Abfassung seines Aufsatzes die »schwachen« und »starken« Accente eben als s c h w a c h e und s t a r k e, nicht aber als s t e i g e n d e und f a l l e n d e aufgefasst. Dann begreifen wir, warum er in § 7 die Accente mit Rücksicht »bloss auf die Tonstärke« in starke und schwache theilt und in § 14 behauptet, »die Stärke der schwachen Accente sei viel schwächer als diejenige der starken«, ja dies erklärt uns überhaupt, warum Herr M. in seinem Aufsatze sehr viel von Tonstärke und gar nichts von Tonhöhe spricht! Dass Herr M. eine ganz eigenthümliche Auffassung von dem Verhältnisse zwischen »starken« und »schwachen« Accenten hat, ersehe ich auch aus seinem obenerwähnten Briefe, in welchem er wörtlich sagt: ».... in den Beispielen *sjeme* (nach Vuk *sjȅme*) und *ručica* (nach Vuk *ručìca*) besteht der Unterschied darin, dass in *sjeme* der Accent stärker und höher ist, während *ručica* einen gewöhnlichen, s c h w ä c h e r e n und t i e f e r e n Ton hat.« Also der »schwache (= steigende)« Accent ist gegenüber dem »starken (= fallenden)« schwächer und tiefer! Und doch sagt Herr M. gleich in der Einleitung, er habe Alles durchstudirt, was bis jetzt über die Betonung im Serbokroat. geschrieben worden ist! Allerdings fügt er ziemlich wegwerfend hinzu: ».... ali da sam se time baš pomogao u ovom poslu, nijesam, nego onoliko, koliko pomaže uopće svaka nauka o jednoj struci.« Ich möchte daher Herrn M. rathen, die Literatur über die serbokroat. Betonung noch einmal durchzunehmen und zunächst — vielleicht mit Hilfe einiger elementarsten musikalischen Sätze! — das gegenseitige Verhältniss der serbokroat. Accente sich anzueignen.

Diese verkehrte Auffassung der »bisherigen« Lehre von der serbokroat. Betonung (ich bin überzeugt, sie wird auch die »neue« Theorie überleben!) soll uns aber nicht hindern, die von Herrn M. zur Begründung, bezw. zur Erklärung seiner Theorie angeführten »Beweise« und »Hilfsmittel« zu berücksichtigen. Als »Beweise« dienen Herrn M.: 1) das Verhältniss der ikavischen

(ekavischen) Aussprache zur jekavischen; 2) die durch das Verstummen eines
ʌ verursachten Accentänderungen; 3) der Wandel eines (silbenschliessenden)
l zu *o*, und 4) der Uebergang der Accente auf die vor starken Accenten
stehenden Silben. Ich habe mich redlich bemüht, die ganze Kraft dieser Beweise auf mich einwirken zu lassen, — bezüglich der drei ersten Punkte ganz
umsonst: ich kann den Zusammenhang derselben mit dem zu beweisenden
Satz nicht entdecken. Nur bezüglich des vierten Beweises ist es klar, dass nach
Milas' Theorie Enklitiken vor »ersten« starken Accenten ebenfalls einen starken
Accent (auf der ersten Silbe) bekommen, während dieselben vor »zweiten«
starken Accenten schwach accentuirt sind; also die bekannte Erscheinung,
dass wir z. B. *bȅz peći, ȉspred peći*, dagegen *bȅz žabe, ȉsprèd žabe* haben. Das
habe ich ganz gut verstanden: ja ich vermuthe sogar, dass die verschiedene
Betonung der Enklitiken vor fallend accentuirten Worten der Ausgangspunkt
für die ganze Theorie Milas' war. Aber auch bezüglich dieser einzigen Thatsache, welche die Hypothese von zwei verschiedenen »starken« Accenten zu
unterstützen scheint, steht Herr M. mit sich selbst in einem unlöslichen
Widerspruche, denn im § 33 behauptet er, Enklitiken erhalten nur vor
»ersten« starken Accenten den starken Accent (*bȅz peći* u. s. w.), im § 35 (und
sonst) stellt er aber als feste Regel auf, den »ersten« starken Accent können
nur höchstens zweisilbige Worte haben. Wie kann er uns dann erklären, dass nicht selten auch vor dreisilbigen Worten Enklitiken den starken
Accent tragen? Man vergleiche nur z. B. *ȍd pomoći, ȍd olova, ȕ visinu, nȁ do-
govȍr, dȍ večera* u. s. w. u. s. w. Dieser auffallende Widerspruch, der sich
nicht hinwegdisputiren lässt, beweist, dass Herr Milas selbst über seine neue
Theorie noch ganz schwankende Begriffe hat.

Aber auch die »Hilfsmittel für die Unterscheidung der Accente (§ 34)«
befriedigen sehr wenig. Die Behauptung, dass bei den »ersten« Accenten der
Nachdruck abnimmt, während umgekehrt bei dem zweiten derselbe zunimmt,
ferner, dass bei den »zweiten« Accenten ein nachfolgender Konsonant wie
geminirt ausgesprochen wird, ist wenigstens für mein Gehör ganz falsch.
Deswegen will und kann ich mich in Einzelheiten nicht einlassen; ich will
nur erwähnen, dass in Bezug auf die Quantität Herr M. eine betonte Kürze
zweien unbetonten Kürzen, eine betonte Länge einer kurzen und einer langen
unbetonten Silbe oder dreien unbetonten Kürzen gleichstellt (§ 9), woraus
folgt, dass eine betonte Kürze und eine unbetonte Länge die gleiche
Dauer haben müssten!! Glaubt das wirklich Herr M.?? Herr M. hat auch
die Frage über die Aussprache des langen ě im Serbokroat. besprochen
(§§ 25. 26) und stimmt mit meiner diesbezüglichen, im Archiv XIII begrün-
deten Ansicht insofern nicht überein, als er in allen Fällen das lange ě nur
als einen einsilbigen Diphthong gelten lässt. Ich werde nächstens die Gelegenheit haben, darauf zurückzukommen, will daher nur die von Herrn M.
gegebene Erklärung für die auch von ihm zugestandene Zweisilbigkeit der
ě-Endungen in der zusammengesetzten Deklination der Adjektive erwähnen.
Nach der Ansicht Milas' entspricht z. B. der instr. sing. *dobrijem* nicht einem
dobrěmъ (nach Analogie von *-těmъ* u. s. w.), sondern es soll dadurch entstanden
sein, dass in der organischen Form *dobryimъ* das *i* durch das *ě* der Pronomina

ersetzt wurde, wodurch eben die Form *dobriěmь*, d. i. *dobrijem* entsteht. Herr M. beruft sich für diese Erklärung mit Unrecht auf eine von ihm missverstandene Stelle in Daničić's *Istorija oblika* und übersieht jedenfalls, dass aus seinem *dobriěmь* in ikavischen Dialekten ein *dobrijim* und in ekavischen ebenfalls ein *dobrijem* hervorgehen sollte!

Ich glaubte diese neue Theorie über die »wahren« Accente im Serbokroat. kurz besprechen zu müssen, um vor ihr rechtzeitig zu warnen, denn sonst könnte sie für Jemand der Anlass zu neuen Kombinationen über die Entwickelung der Betonung im Serbokroat. sein, was wenigstens verfrüht wäre, da die ganze Lehre Milas', wie man sieht, auf sehr schwachen Füssen steht. Dass unsere gegenwärtige Auffassung vom Wesen der serbokroat. Betonung einer Erweiterung, bezw. einer Korrektur bedarf, ist vielleicht möglich, doch da wird man viel feinere Beobachtungen machen und viel triftigere Argumente ins Feld führen müssen. *M. Rešetar.*

Jana Kochanowskiego dzieła wszystkie. Wydanie pomnikowe. Band IV (Schlussband), 1. Hälfte. Warschau (1897). Jan Kochanowski, jego ród, żywot i dzieła. Przez Romana Plenkiewicza. VII und 674 SS. gr.-8⁰.

Für 1884, zur dreihundertjährigen Todesfeier des grossen Dichters, wurde in Warschau eine Monumentalausgabe von dessen Werken unternommen; es erschienen auch damals der I. und II. Band, in der splendidesten Ausstattung die polnischen Werke umfassend — ich referirte darüber eingehend Archiv VIII, 1885, S. 477—513. Nach Jahren kam der dritte Band, mit den lateinischen Werken; wieder nach Jahren, Ende 1897, der erste Theil des vierten Bandes, die Biographie des Dichters, in einem Umfange, der anderthalb Jahrgängen des Archivs entsprechen würde. Ueber den Inhalt dieses Riesenbandes haben wir uns nunmehr zu äussern, gleichsam in Fortsetzung jenes Referates von 1885.

Unwillkürlich erhebt sich als Vorfrage, womit konnte der Band ausgefüllt werden? Bekanntlich verlief das ganze Leben unseres grossen Humanisten, den, zum Unterschiede von zahlreichen Kunstgenossen, weder Ehrgeiz, noch Habgier, noch Sinneslust plagten, der äusserlichem, lärmenden, wirren Treiben abhold, von Stadt und Hof, Amt und Pfründen, Karriere und Politik, zu den geliebten Klassikern, aufs stille Dorf, in den Schooss der Familie sich rechtzeitig zu flüchten wusste, der auf seine Zeitgenossen nicht durch die Wucht persönlichen Eindruckes, durch den Glanz gewinnender Rede, durch die Erfahrenheit des gewiegten Politikers, nicht durch seine Geburt, seine Beziehungen, durch Latifundien oder bewegliche Habe, sondern ganz ausschliesslich durch seine Lieder, und zwar durch die polnischen, einwirkte — in der denkbar einfachsten Weise. Ein paar Bildungsreisen, einige Jahre Versuche, im königlichen Dienste zu Geld und Ehren zu kommen, der Rest eines nicht langen Erdenwallens auf dem Landgute unter den Seinen verbracht — das ist der ganze Inhalt eines Lebens, dessen Katastrophen, in der Jugend auf mangelndes Taschengeld, drohende Vermögenseinbusse und allerlei Peripetien flüchtiger Liebschaften, im Mannesalter auf das Aufgeben einer nicht zusagenden Karriere, auf Schwanken der Gesundheit und auf den Verlust von ein paar geliebten Häuptern sich beschränkten. Offenbar ist bei Kochanowski das innere Leben, das Heranreifen seiner Kunst, die Bildung seines Geschmackes und seiner ästhetischen wie ethischen Prinzipien das Wissenswerthe und Interessante; das äussere Beiwerk eines beschaulichen, eines Stilllebens (*Panie! niech drudzy za łby chodzą, a ja się dziwuję* wünschte sich ja der Dichter selbst als göttliche Gabe) bietet nichts Fesselndes.

Herr Plenkiewicz hat seine Aufgabe anders aufgefasst; der Dichter und seine Werke traten ihm in den Hintergrund: er konzentrirte seine vieljährige, vielseitige und mühselige Thätigkeit auf die Erforschung und Darstellung des Aeusserlichen und des Ueberflüssigen. So kamen die umfassendsten und genauesten Archivstudien, um Gewissheit über alle Ahnen des Dichters, alle ihre Vermögensänderungen, alle ihre Prozesse und Streitigkeiten (cui bono?) zu erlangen, und füllten viele, viele Seiten; es kamen dann eingehende und gründliche Beschreibungen aller der Orte, an denen der Dichter geweilt hat, nicht nur etwa des geliebten Czarnolas, des väterlichen oder des eigenen Heims, sondern aller der Orte, welche jedes gebildeten Polen Fuss im XVI. Jahrhundert zu betreten verpflichtet war, als da Krakau, Wien, Venedig, Padua, Rom, Paris, Wilno, Bischofs- und Magnatenresidenzen; jeder spätere Biograph eines Zamoyski, Goślicki, Górnicki, Nidecki, eines Dudithius u. s. w, kann die betreffenden Seiten des Buches unverändert für seine Zwecke ausschreiben; sie enthalten ja fast nichts, das nur von Kochanovski, das nicht von allen den eben Genannten, mit ebensoviel, wenn nicht mit mehr Recht, ausgesagt werden könnte.

Und als das alles nicht langte, die einmal geweckte Schreiblust zu befriedigen, kam hinzu die ausführliche Darstellung der inneren Geschichte des gleichzeitigen Polen, des Königs und seiner Ehen, der Magnaten und ihrer Faktionen, des Reichstags und seines Lärmens: seitenlange Auseinandersetzungen, die mit Kochanowski in keinem Zusammenhange stehen. So wäre man versucht, den Titel des Buches zu ändern, es zu benennen: Polen im Zeitalter des Kochanowski mit besonderer Berücksichtigung des Dichters, seiner Werke und seiner Familie (das ist die einzige, richtige Inhaltsangabe desselben); man wäre versucht, zu fragen, warum vieles andere, das mit demselben oder gar mit besserem Rechte behandelt werden konnte, nicht aufgenommen wurde: so ist z. B. Wilno geschildert worden, aber nicht Posen, und doch war Kochanowski in Wilno vielleicht nie, aber in Posen war er Probst; so ist z. B. Sigismund August mit minutiöser Sorgfalt charakterisirt worden, aber nicht Karl V., der doch in dem jugendlichen Dichter einen ungleich tieferen Eindruck erregte, als je der eigene König es vermocht hätte; wir vermissen bezeichnende Persönlichkeiten aus dem Bekanntenkreise des Dichters, während anderen, oft unbedeutenderen, viel Platz gewidmet ist u. dgl. m.

Im Interesse einer einheitlichen Wirkung beklagen wir dieses überflüssige Hineinzerren überflüssigen Stoffes — doch geben wir gerne zu, dass der Verfasser gut zu erzählen und zu schildern weiss, dass der Leser, falls er die archivalischen Kapitel, die Rechtsstreitigkeiten der Familie überschlägt und wenn er es nicht vorzieht, zu den Bearbeitungen aus erster Hand, z. B. Szujski in den Essais über den König und seine Frauen, Noailles und Zakrzewski über die Wahl des Anjou und des Ungarn, zu greifen, sich mit Vergnügen in diese Kapitel eines förmlichen historischen Romans hineinlesen kann, wobei er freilich, gerade wie im Roman, die Hauptgestalt oft völlig aus dem Gesichtskreise verlieren wird — er empfindet dann doppelte Freude, nach einigen Kapiteln ihr wieder zu begegnen. Sollte durch diese Darstellung Kenntniss polnischer Geschichte der Jahre 1540—1580 popularisirt werden, sollten Gestalten bewegter, farbenprächtiger Vergangenheit dem heutigen Verständniss weiterer Kreise näher gerückt werden, so hätten wir gegen diese epische Fülle, gegen dieses überwuchernde Beiwerk ebensowenig einzuwenden, wie wenig wir uns sträuben, einen drei- oder sechsbändigen Roman zu Ende zu lesen, vorausgesetzt, dass er halbwegs interessant erzählt ist.

An einen Roman mahnen denn in der That manche Kapitel des Werkes. Die zweifelhaften Lorbeern Derjenigen, welche dem Dichter in Paris oder in Polen Liebesabenteuer mit vornehmen Damen angedichtet hatten, liessen auch den Verfasser nicht ruhen und so hat er, S.418—465, ein neues erotisch-matrimoniales Intermezzo erfunden und mit Behagen ausgesponnen, an dem allerdings, wie im Roman, kein einziges Wort wahr ist; den Stoff entnahm er meist polnischen Gedichten auf eine Hanna, obwohl die meisten von ihnen dem Kundigen verrathen, dass sie nicht in Polen 1570—1571 und nicht einem »Frauenzimmer« der königlichen Schwester, sondern in Padua, 1552—1556, einem losen Mädchen zu Liebe geschrieben sein können. Aber was im Romane, der auf historische Treue keinerlei Anspruch erhebt, wohl angeht, befremdet und stört in einer »monumentalen« Biographie, die doch nicht mit baaren Erfindungen operiren darf.

Und so ist manches andere, nicht nur diese Liebesepisode allein, erfunden und wird nun unter der Flagge einer Monumentalausgabe, die gerade nur solide und rechtmässige Waare decken sollte, eingeschmuggelt. Mitunter auch in bestimmter, bewusster Tendenz, mit willkürlicher Ausdeutung von Einzelnheiten, mit Verstössen gegen Text und Kritik, gegen Zeit und Geist, nur um einem Vorurtheil oder einer Voreingenommenheit des Verfassers Bahn zu schaffen — und gerade gegen dieses Einschmuggeln so vieler, oft unbeweisbarer, oft jedoch falscher und willkürlicher Auffassungen des Ganzen und des Einzelnen in eine »Denkmalsausgabe«, in ein, vorläufig abschliessendes Werk unserer ganzen Kochanowskiforschung, müssen wir entschieden protestiren.

Mir stehen nicht, um das Werk zu widerlegen und zu ergänzen, Hunderte Quartseiten engen Druckes zur Verfügung. An ein paar Beispielen will ich jedoch meinen Vorwurf erläutern und begründen; ich wähle sie im beliebigen Durcheinander.

Der Verfasser ist eifriger Katholik und als solcher bestrebt, den Katholicismus des Kochanowski reinzuwaschen. Es ist zwar Mohrenwäsche — bei einem Humanisten des XVI. Jahrh. mit dessen konfessioneller Indifferenz, namentlich aber bei Kochanowski, der, auch nachdem längst protestantische Anwandlungen seiner Jugend verflogen waren, sich nicht scheute, in seinen lateinischen und polnischen Gedichten über katholische Geistlichkeit, Heiligenkult, Legenden u. a. zu scherzen, während doch sogar sein Freund Górnicki sich scheute, in diesen damals allgemeinen Chorus einzustimmen. Auf Grund seiner Schriften haben denn auch Protestanten, seine eifrigen Verehrer (unter den Ersten, die Trauergesänge zu Ehren des jäh Verschiedenen anstimmten, war ja ein Protestant!), ihn für einen der ihrigen ausgeben wollen — was allerdings gleich unrichtig wäre. Nun legte der katholische Bischof Dudithius seine Würden nieder und heirathete; der »katholische« Dichter stellte sich sofort mit einem, wie die Schlussverse beweisen, wärmer empfundenen Gelegenheitskarmen gratulirend ein; wegen dieses »unpassenden« Benehmens ist der Dichter von modernen Katholiken bereits gehörig abgekanzelt worden. Herr Plenkiewicz geht weiter: er findet glücklich heraus, dass die Gratulation »ironisch« gemeint war (S. 414 f.), dass aus ihr eher »Schadenfreude« (ich brauche seinen eigenen Ausdruck) darüber spricht, dass sein einstiger, so hochgestellter Freund »durch eigenen Leichtsinn in die Reihe allergewöhnlichster Menschen heruntergestiegen war«, d. h. Herr Plenkiewicz scheut sich nicht, seinem Helden einen moralischen Makel (boshafte Freude über einen Fehltritt des Freundes) und einen künstlerischen (denn Niemand durch 330 Jahre hat die »Ironie« herausfühlen können) anzudichten, um nur seinen Katholicismus reinzuwaschen! Mit welchem Triumphe wird nicht S. 307 f. ein Ausdruck im Einzugsgedichte an Bischof Padniewski (von den seine Heerde bedrohenden Wölfen) gegen Protestanten ausgedeutet; tiefsinnige Vermuthungen über den Grund dieser Wandlung beim Dichter werden angestellt, in Wahrheit ist es jedoch nur eine durch die Gelegenheit gebotene Einflechtung, eine Floskel christlicher Rhetorik, wie so oft bei einem Humanisten u. s. w.

S. 97—102 sucht der Verfasser herauszufinden, welche polnischen Gedichte der Jugendzeit oder der Krakauer Studienzeit (1544—1549) angehören mögen. Dass nach dem eigensten, unzweideutigsten Zeugniss des Dichters, er polnisch zu schreiben erst in Padua (und es ist leicht zu begreifen, warum gerade dort und nicht früher, nicht anderswo) begonnen hat — er spricht von seiner dortigen Latia atque *recens* (d. i. frische) *slavica* Musa Eleg. I, 6 — wird natürlich unbeachtet gelassen.

Zu diesen Jugendgedichten soll nun das Lied, Fragmenta 8, gehören, über welches ich Archiv VIII, S. 509—511 gehandelt habe; ich machte darauf aufmerksam, dass ein antiker Stoff, Ovid's achte Heroide (Hermione an Orestes) in einer Weise verarbeitet ist, die förmlich an das Schicksal der Halška von Ostrog erinnern könnte, und erinnerte an das Pendant in Pieśni I, 17, wo eine andere Heroide mit etwas ähnlicher Freiheit verarbeitet ist. Herr Plenkiewicz streicht nun meine Vermuthung über die Halška hervor, verschweigt, dass ich selbst auf die Heroide und auf Pieśni I, 17 verwiesen habe (im Archiv a. a. O. sind sogar die einzelnen Verse der Heroide und des Liedes verglichen worden), widerlegt nun mit Leichtigkeit meinen Halškaeinfall

und ersetzt ihn durch folgende Ungeheuerlichkeit: die im Thurme gefangene
Schöne, die ihren Bruder und künftigen Gemahl um Rettung vor dem jetzigen,
ungeliebten Manne anfleht, ist — Elisabeth, gest. 1545, die erste Gemahlin
Sigismund Augusts, also ist das Gedicht bald nach 1545 entworfen, daher
eines der gesuchten Jugendgedichte. Aber woher weiss der Verfasser, dass
das Gedicht auf Elisabeth geht? Kein einziger Zug desselben passt auch nur
im entferntesten auf die habsburgische Prinzessin (mit demselben Recht hätte
Katharina von Medici oder Maria Stuart genannt werden können!) — doch
hält der Verfasser éinen grossen Trumpf in seiner Hand: im Druck von 1590
ist nämlich das Wort Stryja (der Bruder soll nach dem Beispiel seines *Oheims*
Rache üben) mit grossen Buchstaben gedruckt, folglich geht das Wort auf
Kaiser Karl V.!! Ich will dem Verfasser verrathen, warum das Wort *Stryja*
gross gedruckt ist: weil damit Kochanowski eine Korrektur des Ovid bezweckte. Hermione hatte ihren Orestes auf das Beispiel des Menelaus zu
verweisen, der ja die Helena rächte, und bezeichnete bei Ovid den Menelaus
als socer des Orestes, was er ja noch gar nicht war und auch nie (nach dem
Sinne des Menelaus) werden sollte; also Menelaus war *stryj*, patruus (nicht
teść, socer) des Orestes, daher diese Hervorhebung des *stryj* durch den Druck!
Wann hat denn Karl V. die Rolle eines Menelaus gespielt? wann war seine
Maria eine Helena gewesen? und konnte Elisabeth den Bruder auch heirathen? Alle anderen Argumente, welche die Annahme von »Jugendgedichten«
aus derselben Zeit stützen sollen, sind gleichermassen haltlos; ebenso verhält es sich mit dem Ansetzen »venetianischer« Gedichte, mit der ersten Arbeit an den Szachy u. s. w. u. s. w.

In Petersburg hatte ich eine Handschrift, Collectanea eines (Protestanten) Osmólski, gefunden, welche u. a. eine Frühredaktion zweier Bücher lateinischer Elegien des Kochanowski enthält; ich bewies, dass die Redaktion
spätestens 1563 entstanden sein kann, ich glaube aber, dass auch die Abschrift von 1563 datirt. Das passt nun nicht Herrn Plenkiewicz, denn in
dieser Redaktion von 1563 ist eine Elegie enthalten, die nach ihm der Dichter
erst 1571, während und in Folge jener erfundenen Romanliebschaft, gedichtet
haben kann; er beweist somit, dass Redaktion und Abschrift bei Osmólski
nach 1571 fallen müssen. Aber wie? Er v e r s c h w e i g t meine entscheidenden
Gründe und schiebt mir dafür Argumente unter, an die ich nie auch nur gedacht habe. Nach S. III wäre für mich »entscheidender Hinweis« (*rozstrzygająca wskazówką*) gewesen eine Notiz auf dem ersten Blatte der Hdschr. »Joh.
Cochanovii Elegiae... 1552—1563« — aber in meinem Studium darüber habe
ich jene Notiz g a r   n i c h t erwähnt, weil ich wohl weiss, wie wenig derlei
Notizen (von fremder Hand) etwas beweisen können. Meine *rozstrzygająca
wskazówka*, die Plenkiewicz nicht mit einem Wörtchen erwähnt, war (neben
vielem Anderen, was hier übergangen sei) folgende: in den Elegien bei
Osmólski kommt vor eine etwa um 1559 geschriebene Elegie an den jungen
Tęczyński, der zu den höchsten Hoffnungen alle berechtigte, durch Adel,
Rang, Reichthum und Anlagen zugleich — aber der frühe Tod des 26 jährigen
Verlobten einer schwedischen Prinzessin in dänischer Gefangenschaft (vor
dem 25. Januar 1564) zerstörte alle diese Hoffnungen und so hat der Dichter

auf diese Todesbotschaft hin der längst abgeschlossenen Elegie Zusatzverse (Heu miserande puer etc.) zugedichtet. Diese Zusatzverse fehlen nun in der Redaktion bei Osmólski, folglich fällt diese Redaktion vor 1564 und kann demnach nicht Verse von 1571 enthalten (und enthält auch wirklich nicht das geringste sonst, was nach 1563 gehörte).

Das bedeutendste Werk des Kochanowski, dessen Ruhm bei Mit- und Nachwelt sogar die Grenzen Polens überschritt und bis Moskau sich verbreitete (vgl. meine Nachweise Archiv VIII, 490), ist der Psalter. Diese centrale Stellung nimmt nun der Psalter in der Darstellung des H. Plenkiewicz durchaus nicht ein — bot er doch allzuwenig Stoff zu Kombinationen und Geschichtchen aller Art, doch kommt der Verfasser mehrfach auf ihn zurück. Ich hatte zuerst den Nachweis geführt (a. a. O. 485—490), dass die lateinische Psalternachdichtung des (Protestanten) Buchanan, wenn nicht geradezu den Antrieb, so jedenfalls das nachgeahmte Muster für Kochanowski abgegeben hat; nachher hat A. Sienicki (Programm von Sambor 1893, 65 SS.) dieses Verhältniss zwischen dem polnischen Psalter und dieser Paraphrasis Psalmorum eingehendst geprüft (in 33 Psalmen fehlen Beziehungen, in 13 Psalmen sind solche sehr zahlreich, in den übrigen kommen sie vereinzelt vor). Herr Plenkiewicz kennt die Arbeit von Sienicki nicht; meine Ausführungen verursachen ihm Unbehagen, doch kann er sie nicht todtschweigen und sucht sie nur nach Kräften abzuschwächen. Dazu schiebt er in den Vordergrund die polnischen Uebersetzungen des Psalters vor Kochanowski, lässt ihn mit ihnen schon seit dem Elternhause vertraut sein, lässt ihn vom Psalter überall begleitet sein u. dgl. m. — alles willkürliches Gerede ohne jegliche Stütze. Beim Vergleich zwischen Kochanowski und Buchanan hält er sich ans Aeusserliche — an das beiderseitige Metrum und findet den grössten dichterischen Triumph des Polen darin, dass derselbe im Psalm 136 den 26 mal wiederholten »Refrain« (»denn ewiglich ist seine Barmherzigkeit«) jedesmal anders variirt hat, als ob solche Künstelei Poesie ausmachte: Erasmus hat die Sätze tuae literae me magnopere delectarunt und semper dum vivam tui meminero sogar 150 mal variirt — wäre etwa auch das Poesie? Falsch ist die Beziehung des Psalmes 35 (S. 469) auf persönliche, trübe Erfahrungen des Dichters im Jahre 1571, seine *dworni* (darmojadowie) sind nämlich kaum = *dworscy* aulici Höflinge, sondern viel eher spöttelnde, höhnende, neugierige Menschen, *curiosi*. Dagegen frägt er nicht, welche Psalmen bereits vor 1571 entstanden waren und doch könnte man dies von einigen vermuthen, z. B. vom XX. und XXI., die an Sigismund August förmlich gerichtet sein könnten, und übergeht noch manches andere.

Es würde uns zu weit abführen, wenn wir alle falschen Datirungen, Beziehungen und Auffassungen des Herrn Plenkiewicz berichtigen wollten; nebenbei sei bemerkt, dass er der bekannten Anekdote von Rej und Kochanowski, die ich a. a. O. S. 495 ins Reich der Erfindungen verwiesen habe, wieder zum Leben verhelfen will (S. 216—218): »wenn etwas dieser Tradition den Anschein der Wahrheit gewührt, so ist es dieser Doppelvers des Rey, der aus seinem leibhaftigen Munde entnommen scheint« — mir schien gerade dieser Doppelvers mit Rey unverträglich und Hauptgrund zur Beanstandung der Anekdote: ich möchte nun Herrn Plenkiewicz fragen, ob er mir im ganzen Rey zum zweiten Male eine *bogini słowieńska* (slavische Muse) wird nachweisen können? Begriff und Ausdruck sind Rey vollständig fremd, ohne Weiteres denkbar im Munde eines Kochanowski, Miaskowski oder Herburt, nur nicht in dem des sarmatischen Satyr von Nagłowice, dessen Urtheil über Kochanowski wir übrigens kennen.

Sehr ausführlich handelt der Verfasser über die schon vielbesprochene Tragödie Odprawa (S. 551—572), doch bietet er wenig Neues, über die Absichten des Zamoyski etwa oder über den Impuls, den Padua und das dortige angebliche Grabmal des Antenor auf die Stoffwahl abgegeben haben. Noch ausführlicher handelt er über die Treny (S. 606—628): er beharrt bei der einst landläufigen Auffassung der verheerenden Wirkungen des Schmerzes über den Verlust des Kindes auf den Dichter und seine Schaffenskraft und sucht sie mit neuen Argumenten zu stützen; er gibt einige neue Parallelen aus Cicero (und Boethius?) und das ist wohl der einzige positive Gewinn seiner Ausführungen. Denn wenn er sich vergebens nach einem Muster für das Ganze in der Antike umsieht, so hätte er zu seiner Erklärung nicht nach Eschyläischen Chören, sondern eher zur neulateinischen Poesie, die diese Gattung stets pflegte, wenden können. Wenn er wiederum als eigentlich zusammengehörend nur die Threni II—IV, VI—XI und XVII—XIX hinstellt, die übrigen nur als »Varianten« bezeichnet, welche der Dichter »in seinem Schmerze zwar gleichzeitig verfasst habe, weil sie ihm Linderung brachten, ohne an das artistische Ganze und dessen Forderungen zu denken, die er dann nicht mehr missen wollte und sie daher unter die übrigen durcheinandergeworfen hat (*więc je porozrzucał pomiędzy jinne*), ohne zu denken, ob sie nicht dem Ganzen schaden« — so können wir ihm hierin wieder nicht folgen. Der Wunsch ist hier Vater des Gedankens gewesen: weil die Threni I, V, XII—XVI meist »Erudition« und »Mythologie« enthalten, möchte sie der moderne Leser gerne missen — aber Kochanowski war anderer Meinung! In dem ländlichen Gedichte Sobótki (das scheint der ursprüngliche Titel gewesen zu sein) wird z. B. einem Landmädchen der Philomelenmythus in den Mund gelegt —, diese und ähnliche klassische Krücken würden wir eben so gerne bei Kochanowski wie bei Szymonowic oder Miaskowski missen, leider sind sie von Zeit und Geist untrennbar, gehören zu deren festem Inventar und müssen in den Kauf genommen werden; ein Sträuben dagegen, Wegerklären u. dgl. hilft nicht.

Doch genug der Einzelnheiten; wir fassen unser Urtheil zusammen. Im Vergleich zu dem Aufwand von Mühe, Zeit und Kosten ist die wissenschaftliche Ausbeute als eine geringe zu bezeichnen; es ist zwar manches berichtigt und erklärt, aber dafür sind alte, todtgeglaubte Fehler wieder auferweckt und viele neue hinzugefügt worden; das grosse Werk ist nicht nur kein abschliessendes, letztes Wort über Kochanowski geworden, es ist stellenweise hinter dem bisherigen Forschungsertrag zurückgeblieben. So ausführlich das Werk auch ist, bietet es doch Lücken: Urtheile der Zeitgenossen, Wirkungen auf dieselben und auf die Späteren, allgemeinere Ausführungen über den Lyriker und Epigrammatiker, Reifen seines Ausdruckes, Verhältniss zur

Antike im Ganzen u. dgl. m. werden entweder gar nicht oder nur nebenbei berührt.

Es erscheint uns somit der wissenschaftliche Werth des grossen Buches gering — aber das Buch kann in anderer Weise vielleicht recht nützlich werden: es kann beim grossen Publikum, bei den Laien, historischen Sinn und Verständniss wecken, das Interesse an heimischer Geschichte beleben und vertiefen; gelingt ihm dies — und wir wünschen es lebhaft, so scheint uns alle Mühe und Zeit nicht verschwendet, so kann der Verfasser gerechten Anspruch auf dankende Anerkennung erheben.

Die Ausstattung ist dieselbe gediegene und glänzende, wie in den vorausgegangenen Bänden; beigegeben sind stattliche Holzschnitte, doch war man in der Auswahl sehr unglücklich: statt eines Lehnstuhls oder Thürbeschläge von mehr als zweifelhafter Authenticität hätten wir z. B. Bildnisse der wichtigsten Personen, der Könige, Gönner (Bischof Myszkowski vor allen, der um Kochanowski und dadurch um die ganze ältere Litteratur so hoch verdiente!) u. a. viel eher beanspruchen können.   *A. Brückner.*

Adam Mickiewicz przez Dra. Józefa Kallenbacha. 2 Tom. Kraków. Spółka wydawnicza Polska. 1897. T. I. 300 S., T. II. 430 S.

Unter den grossen polnischen Dichtern dieses Jahrhunderts gibt es gewiss keinen, der die literarische Forschung und Kritik in so hohem Grade beschäftigt hat, wie Adam Mickiewicz. Und mit allem Recht; das Leben und die Dichtung des Verfassers der »Dziady« und des »Pan Tadeusz« bieten ein so vielseitiges Interesse dar, dass der Gegenstand für die polnischen Literaturkenner noch immer Anziehungskraft besitzt, sei es dass man denselben aus rein ästhetisch-literarischem oder politisch-geschichtlichem oder ethischpsychologischem Gesichtspunkt betrachtet.

Was über Mickiewicz in der polnischen und der ausländischen Literatur geschrieben worden ist, seitdem er im J. 1822 die erste Auflage seiner »Ballady i Romanse« selbst veröffentlichte, bildet schon eine umfangreiche Literatur an sich. Leider kann man doch auch in diesem Falle den Wunsch nicht unterdrücken, es wäre — nicht nur für den Dichter, sondern auch für den betreffenden Skribenten — besser gewesen, wenn etwas weniger geschrieben worden wäre. Es wird mitunter des Guten zu viel geleistet, und eine Ueberschätzung der Werke eines anerkannten Meisters, aus patriotischen Gründen leicht erklärlich und bei einer politischen Nation, wie der polnischen, sogar verzeihlich, dient wenig der Sache selbst.

Immerhin ist von den polnischen Literaturforschern — man braucht nur die Namen Biegeleisen, Chmielowski, Cybulski, Nehring, Pilat, Tarnowski, Tretiak, Witwicki, Zaleski zu erwähnen — und von der in Lemberg seit 1886 existirenden Mickiewicz-Gesellschaft (»Towarzystwo literackie im. Adama Mickiewicza«), sowie auch von dem Sohne des Dichters, Władysław Mickiewicz in Paris, so viel Material gesammelt und kritisch verwerthet, dass in

Betreff neuer Thatsachen wenig mehr für die Mickiewicz-Literatur zu erobern sein dürfte.

Das vorliegende Buch enthält demnach fast nichts Neues von Belang; es ist aber eine gewissenhafte Zusammenstellung und Ausnutzung des biographischen und ästhetischen Stoffes, bisjetzt das Umfangreichste, was in einem Buche über Mickiewicz geschrieben worden ist. Und es ist — Gott sei Dank! — keine patriotisch übetriebene Panegyrik, sondern eine schlichte, mit klarem Blick und warmem Gefühl geschriebene Darstellung der Hauptmomente des Lebens und der Dichtung von Mickiewicz.

Der Biograph, Dr. Jozef Kallenbach, bekanntlich Professor der slavischen Sprachen und Literaturen an der Universität zu Freiburg (in der Schweiz), selbst Pole von Geburt, hat sich schon vorher als Mickiewicz-Forscher dokumentirt und zwar durch einen Essay über den IV. Theil der »Dziady« (»Czwarta część Dziadów«, Krakau 1888) und hat die besten Voraussetzungen, um eine derartige Aufgabe zu erfüllen: er beherrscht die betreffende Literatur vollständig und hat in selbständiger Freiheit arbeiten können, ohne die nöthige Fühlung mit der gelehrten Welt des ehemaligen Königreiches zu verlieren.

Es ist selbstverständlich, dass ein solcher Gegenstand wie der ganze Mickiewicz in einem Werke von nur 700 Seiten nicht völlig erschöpft werden kann. Der Verfasser hat sich auch sichtbar bemüht, das Objekt seiner Untersuchungen zu begrenzen und keine Seite des Dichters auf Kosten einer anderen zu stark hervortreten zu lassen, und das Resultat ist ein in chronologischer Reihe dargestelltes Totalbild in klaren, objektiven Grundzügen. Das Nebensächliche, ebenso wie das Apokryphische und Anekdotische ist sorgfältig bei Seite gelassen, und durch häufige Hinweisungen zu den Quellen hat das Buch einen grundlegenden Werth für Diejenigen, die sich mit dem polnischen Nationaldichter eingehend befassen wollen.

Durch das von dem Umfange des Buches ¡bedingte Verzichten auf Details und Episoden ist der Vortheil gewonnen, dass thatsächliche Irrthümer oder unbeweisliche Angaben sich nicht haben einschmiegen können. Wünschenswerth hätte es dem Rec. allerdings geschienen, dass die poetische und literarische Wirksamkeit des Mickiewicz noch etwas mehr gewürdigt worden wäre, z. B. eine Bedeutung für den polnisch-slavischen Romantismus, sein byronistischer »Napoleonismus« und sein Hauptwerk »Pan Tadeusz«. Darüber ist doch schon Viel genug geschrieben, und mehr könnte von diesen Gegenständen nicht gesagt werden, ohne die spätere Thätigkeit des Mickiewicz (den Towianismus und den politischen Messianismus) zu beeinträchtigen. Der Hauptzweck, der mit dem Kallenbach'schen Buche erzielt worden war, ist, ein grösseres Publikum mit dem Dichter allseitig bekannt zu machen, was auch als gelungen anzusehen ist.

Aber gerade in dieser Hinsicht scheint es dem Recensenten, es wäre besser gewesen, wenn das Buch in französischer oder in deutscher Sprache erschienen wäre. Die polnische Lesewelt kann schon genug über Mickiewicz in den polnischen Bibliotheken finden, und sein Name ist schon genügend anerkannt. Mickiewicz gehört aber der Weltliteratur an, und in der allgemeinen Literaturgeschichte fehlt es uns noch an einer zuverlässigen Biographie des grossen Dichters (ausgenommen die Grundrisse in der deutschen und französischen Ausgabe der slavischen Literaturgeschichte von Pypin-Spasowicz). Durch Uebersetzungen — nicht immer befriedigend — ist Mickiewicz in der Weltliteratur schon eingebürgert — doch lange nicht so, wie er es verdient.

Der wissenschaftliche Werth des Kallenbach'schen Buches wird durch eine Beilage bisjetzt ungedruckter Briefe von und über Mickiewicz, die von verschiedenen Seiten dem Herausgeber zur Verfügung gestellt worden sind, nicht wenig erhöht.   *A—d J.*

Povjest književnosti hrvatske i srpske. Napisao Dr. Đuro Šurmin. 1898. 8º. 317 S. Zagreb (Kugli i Deutsch).

Endlich haben wir eine serbokroatische Literaturgeschichte! So könnte man beim Anblick dieses sehr schön ausgestatteten, sogar mit zahlreichen Illustrationen versehenen Buches ausrufen. Man würde dabei zwar bibliographisch nicht ganz genau im Ausdruck sein, da man sich bekanntlich, wenn man von meinem, beim Anfang gebliebenen Buch aus dem J. 1867 absieht, eine Literaturgeschichte von Stojan Novaković und eine andere, sogar zweibändige von S. Ljubić ins Gedächtniss zurückrufen muss. Allein das Büchlein Novaković's ist ein ganz kurz und trocken gehaltenes Hilfsmittel, für die mittleren Schulen bestimmt, und Ljubić war sein ganzes Leben lang und auch in seinem »Ogledalo« mehr ein Archäolog und Documentensammler, für die literaturgeschichtlichen Forschungen wenig geeignet. Also dem Verfasser des vorliegenden Buches wurde in der That wenig vorgearbeitet. Für die breiteren Kreise der kroatischen und serbischen Intelligenz war ein solches Werk, wie das oben erwähnte im Sinne und nach dem Wunsch der rührigen Verleger ausfallen sollte, in der That noch nicht vorhanden. Herrn Dr. Šurmin muss das Verdienst unbenommen bleiben, zum ersten Male in kroatischer Sprache den Versuch gemacht zu haben, für das grössere Publicum ein Gesammtbild der literarischen Thätigkeit der Kroaten und Serben von den ältesten Zeiten bis auf die Gegenwart zu entwerfen und zu zeichnen. Selbstverständlich konnte bei dem ziemlich knapp bemessenen Umfang von etwas über 300 Seiten (den Raum für Illustrationen mitgerechnet) das Bild, wenn es wirklich als solches auf die Leser einwirken soll, nur in ganz grossen Zügen ausgeführt werden, mit Ausserachtlassung vieler, den Ueberblick und Totaleindruck nur störenden Einzelheiten. Sonst lag die Gefahr nahe, dass der Erzähler bei der anzustrebenden Kürze in das trockene Aufzählen von Namen und Titeln verfallen könnte, wie das z. B. in meiner in Jihoslované gelieferten Skizze wirklich der Fall war, wo man allerdings diesen Fehler wenigstens einigermassen durch den Umstand, dass jene Skizze für ein Conversationslexicon abgefasst war, entschuldigen kann. Soll ich die Frage, ob der Verfasser der erwähnten Gefahr glücklich entging, aufrichtig beantworten, so müsste ich sagen, dass ihm das nur zum Theil gelang. Er hat

einen Theil des Ballastes allerdings muthig über Bord geworfen, doch auch
jetzt noch machen sich viele Namen breit, hie und da mit wenigen nichtssagenden Worten begleitet, bei denen der Leser zu gar keiner Vorstellung
kommen kann. Man lese z. B. die gedrängten Namen auf S. 96—98, 102—104,
106—107, 121 u. s. w. und sage sich ehrlich, ob man aus dem Gelesenen viel
Belehrung schöpfen kann, ob dadurch das Gesammtbild besser beleuchtet und
anschaulicher wird. Ich möchte entschieden nein sagen. Und wenn schon in
der Darstellung der älteren Perioden hie und da die Darstellung an Ueber-
ladung durch Nennung der Namen und der Titel leidet, was soll man erst zur
Schilderung der neueren Literatur, zumal der serbischen, sagen, wo die Zahl
der Namen zunimmt und wo nur eine Gruppirung und Charakterisirung nach
bestimmten Richtungen und bei jeder die Hervorhebung des Tonangebenden
dem ermüdeten Gedächtniss beispringen und erwünschte Ruhepunkte schaffen könnte. Nein, bei einer neuen Bearbeitung des Werkes müsste der Verfasser in dem Bestreben, seine Literaturgeschichte von der trockenen Aufzählung der Namen und Titel zu befreien, entschiedene Fortschritte machen
und auf grössere Plastik und Anschaulichkeit des Ganzen Gewicht legen.
Allerdings kann es bei der Kürze, der man gegenüber dem reichlich vorhandenen Material sich befleissigen muss, sehr leicht geschehen, dass man
etwas Wichtiges auslässt und etwas Minderwichtiges berücksichtigt. Solche
Ungleichheiten sind unvermeidlich, namentlich wo die Einzelforschung noch
nicht den Werth jedes Productes festgestellt hat. Vieles hängt ausserdem
von dem feinen Geschmack und der tüchtigen Schulung des Literaturhisto-
rikers ab. Der Verfasser der vorliegenden Literaturgeschichte zeigt wenig
Selbständigkeit im Urtheil, er lehnt sich meist an die übliche, zu irgend einer
Zeit in den Curs gesetzte und vielfach wiederholte Ansicht an, ohne an der
Richtigkeit derselben zu zweifeln, ohne sie eigener Prüfung zu unterziehen.
Man muss aber gerecht sein und von ihm nicht das Unmögliche verlangen.
Wer eine beliebige Literaturgeschichte in zusammenfassender Darstellung
liefert, muss mehr oder weniger Compilator sein, er kann ja nicht alle
Perioden selbständig studiren, es ist schon das sehr viel, wenn er seine Leistung aus guten Quellen zu schöpfen und nach guten Mustern zusammenzustellen im Stande ist. Das Buch Šurmin's verräth den Fleiss des Nachsuchens
und Sammelns, aber einen gereiften Geschmack vermisse ich in ihm. Seine
ganze Auffassung von der Aufgabe der Literaturgeschichte — man kann darüber in seiner Einleitung nachlesen — wird kaum auf Billigung rechnen
können. Ihm imponirt entschieden zu stark die — Versification: er stellt die
Belehrung in einen zumeist unbegründeten Gegensatz zur Unterhaltung. So
soll nach ihm bei der mündlichen Volksüberlieferung die Belehrung gänzlich
— ausgeschlossen sein!! Darum bringt er es viel leichter über's Herz, einen
Namen aus dem Bereich der »Belehrung« auszumerzen, als einem Versificator,
der ja »unterhalten« wollte, wehe zu thun. Selbst in der älteren Literatur, wo
embarras du choix nicht so gross ist, trägt er kein Bedenken, einen Kašić
oder Mikalja oder Della Bella mit Stillschweigen zu übergehen (merkwürdig,
Belostenec und Jambrešić fanden dennoch Gnade), während viele Minder-
werthige doch wenigstens dem Namen nach genannt wurden. Aehnliches

wiederholt sich in der neueren Literatur. Z. B. ein um die Hebung der Volks-
bildung durch die Schule und pädagogische Literatur so verdienter Schriftsteller, wie es Iv. Filipović war, konnte nach der Auffassung des Verfassers
dieser Literaturgeschichte nie und nimmer gegenüber einem beliebigen Autor
eines mässigen Bändchens von nichtssagenden Gedichten aufkommen. Wie
wenig ist in diesem Buche von Šulek die Rede! Freilich hat er keine Verse
gemacht, worüber sich Dr. Šurmin selbst wundert. Wie wenig wird der
Leser über das grosse kritische Talent Il. Ruvarac's, der als Geschichts-
forscher dem Racki ebenbürtig die Hand reicht, belehrt. Dass Ljuba Kovačević, Panta Srećković, Karić u. v. A. gar nicht genannt werden, hat wohl denselben Grund. Wer die Triebfedern des culturellen Lebens, dessen Centrum
Agram bildet, einigermassen kennt, wird sich wundern, einige Namen, wie
z. B. Antun Starčević, gar nicht, andere, wie z. B. Perkovac, Miškatović, kaum
genannt zu finden.

Man wird beim Mangel an monographischen Untersuchungen leicht be-
greiflich finden, dass einzelne Theile des Werkes, je nach dem Stande der
Vorarbeiten, sehr ungleich ausgefallen sind. Entschieden besser sind die
ältesten Abschnitte und auch die mittleren Perioden der Literatur, als die
neuere Zeit ausgearbeitet. Der erste Theil des Buches ist überhaupt im Verhältniss zur neueren Zeit, die doch hauptsächlich auf die weiteren Leser-
kreise Anziehungskraft ausüben könnte, viel zu ausführlich. Die schwächste
Seite des Werkes bildet die neuere serbische Literatur. Dieser Abschnitt
bedarf einer gründlichen Umarbeitung. Man fühlt es aus der Darstellung
heraus, wie unsicher da die Kenntniss des Verfassers, wie unselbständig
sein Urtheil ist. Offenbar besitzt er selbst kein abgerundetes Bild der
neueren serbischen Literatur, wie soll er es für die Leser zu Wege bringen!
Ich sehe von solchem lapsus calami, wie die Vereinigung des Božidar und
Bogoljub Petranović in einer einzigen Person, ab (S. 282). Aber die Aufeinanderfolge der einzelnen Dichter, mit Ausserachtlassung ihres inneren
Zusammenhangs, ohne Betonung der Verwandtschaftsverhältnisse, lässt
viel, sehr viel zu wünschen übrig. Wie kann man z. B. den Vladika Petar
in die Epoche von 1847 bis 1868 setzen und auf diese Weise weit von Sime
Milutinović trennen, während sie doch als Aelterer und Jüngerer beide
einer und derselben Epoche angehören, mit manchen verwandtschaftlichen
Zügen und Berührungspunkten? Fühlte denn der Verfasser nicht das Un-
passende, da er den Branko Radičević vor den Vladika Petar stellte und den
Dr. Jov. Subbotić als einen nach Branko auftretenden Dichter behandelte?
Wo ist da der literaturgeschichtliche, wo ist da der der Wirklichkeit entsprechende Zusammenhang? Nach welcher Logik der Thatsachen wird Laza
Kostić mit zwei banalen Ausdrücken erst auf S. 299, d. h. nach den beiden
Ilijé (Vojslav und Dragutin), und der ganzen Phalange jüngerer Dichter genannt? Wie kann Andra Gavrilović vor Lazar Lazarević zur Sprache kommen? Wodurch will der Verfasser rechtfertigen, dass er früher von Milićević
als Erzähler spricht, dessen Зимње вечери ein Jahr nach dem Tode Ljubiša's
erschienen, und dann erst den Ljubiša zur Sprache bringt, der auf diese Weise
unter die jüngeren Erzähler gerieth, wo nicht sein Platz ist, er sollte über-

haupt näher zu Montenegro gerückt werden, geradeso wie z. B. Matavulj mit
seinen besten Leistungen ein Dalmatiner ist, wie Vuk Vrčević ein Sprachrohr
von Hercegovina war, u.s.w. Ueberhaupt weder der geographische Gesichtspunkt (ich meine den inhaltlich geographischen, doch dieser stimmt in der
Regel mit dem Ursprung des Dichters selbst überein, der ja doch wohl meistens aus der Gegend seiner ältesten und besten Bekanntschaft Schilderungen
von Land und Menschen ableiten wird), noch die Geschmacksrichtung und
Schulung gibt irgend welche Eintheilung der neueren Literatur ab, alles wird
bunt durcheinander, selbst ohne genügende Berücksichtigung der chronologischen Reihenfolge, erzählt. Nirgends werden gemeinsame leitende Gedanken, nirgends die Ideale, welche die Vertreter der Literatur beseelten, nirgends
die Eindrücke, die sie auf die Zeitgenossen hervorbrachten, besprochen. Hat
der Leser das Buch zu Ende gelesen, so weiss er erst nicht, woran er mit diesem Haufen von Namen der Schriftsteller und ihrer Werke ist, repräsentirt
die serbokroatische Literatur eine Macht und wie äussert sich diese auf die
Gesellschaft? Hat sie eine erziehende, aufklärende Kraft ausgeübt und in
welcher Richtung? Vermag sie, um den naiven Standpunkt des Verfassers
einzunehmen, die Gesellschaft zu fesseln, anzuziehen und zu unterhalten?
Ebensowenig kommen die verschiedenen Einflüsse, unter welchen in einzelnen Perioden die Literatur stand, anschaulich zur Geltung. Mit einem
Wort, von der Vertiefung in den Gegenstand, von einer verständnissvollen
Würdigung der guten und schlechten Seiten der serbokroatischen Literatur
verspürt man in diesem Buche äusserst wenig. Da ich am Ende dennoch
wünschen muss, dass das Werk in Ermangelung eines besseren, viele Leser
finde, so möchte ich auch dem Verfasser desselben, der ja noch jung
und bildungsfähig ist, den Gedanken nahe legen, sich etwas mehr in seine
Aufgabe zu vertiefen; er darf ja nicht ausser Acht lassen, dass er damit eine
grosse Verantwortung übernimmt, um bei seinen Lesern keine falschen Urtheile und Ansichten zu erwecken, dass er dem Andenken vieler verdienst-
lichen Männer aus älterer und neuerer Zeit Gerechtigkeit und Unparteilich-
keit schuldet und dass er auch gegenüber der Mitwelt sich sehr hüten muss,
dem unbegründeten Eigendünkel Vorschub zu leisten.

Mehr noch als die Mängel an Einzelheiten, auf die ich nicht weiter eingehen will, berührt mich unangenehm der unlösbare Widerspruch, über den
ich mich nicht ruhig hinwegsetzen kann, zwischen der einige Male in der
Einleitung betonten Behauptung, die Kroaten und Serben seien éin Volk mit
éiner Sprache — und an diesem Palladium sollten doch alle Kroaten und
Serben festhalten — und der damit durchaus nicht übereinstimmenden Behandlung der Literatur dieses éinen Volkes als zwei ganz getrennte Grössen.
Wo ist da die Unwahrheit oder Unaufrichtigkeit? Ich sollte mich einer Kritik
dieses auffallenden Widerspruchs zwischen der Behauptung und Bethätigung
enthalten, da ja, wie es scheint, die Beurtheiler des Werkes damit einverstanden sind, wenigstens erinnere ich mich nicht, gelesen zu haben, dass dagegen Einwendungen erhoben wurden. — In der That, wer die heute immer
lauter werdenden Ausbrüche des Hasses auch nur halbwegs zu Ohren bekommt — und ich gestehe nur sehr fragmentarisch mit diesen Blüthen der

Zwist vertraut zu sein —, wer die sich auf allen Gebieten des öffentlichen und
gesellschaftlichen Lebens vollziehende Trennung und Absonderung beobachtet,
dem wird es für den ersten Augenblick schwer fallen zu glauben, dass er eine
ethnische und geistige Einheit vor sich hat. Allein man vergesse doch nicht,
dass die Geschichte der Literatur etwas mehr als eine einzige Epoche zu umfassen bestimmt ist. Einer Epoche, die vielleicht wirklich reichlichen Grund
zur abgesonderten Behandlung gibt, können ja vorausgehen oder nachfolgen
andere und zwar solche, in welchen die Trennung in einen aus den ephe-
meren Umständen abgeleiteten Dualismus vor der ruhigen Erwägung nicht
Stand hält. Und das ist bei der Literaturgeschichte der Kroaten und Serben,
wenigstens was die Vergangenheit betrifft — die Zukunft ist ja in Gottes
Hand —, wirklich der Fall. Im Laufe von Jahrhunderten ihres geistigen
Lebens machten sich einigende und trennende Factoren in sehr verschiedener,
sich ablösender und bekämpfender Weise geltend, aber mit der theoretischen
Aufstellung des Dualismus im Sinne der modernen separatistischen Be-
strebungen kann man ihnen nicht beikommen. Ich will nicht in Abrede
stellen, dass es in der Geschichte des politischen und culturellen, geistigen
Lebens der Kroaten und Serben mehr trennende als einigende Momente gab,
aber diese Kräfte wirkten in verschiedenen Dimensionen und kreuzten sich
so untereinander, dass man dennoch leichter mit der Aufstellung eines monisti-
schen als eines dualistischen Princips den wahren, reellen, wirklichen Verhältnissen verschiedener Epochen auf den Grund kommt. Dr. Šurmin sieht sich
selbst gezwungen, wenigstens die Volksdichtung und überhaupt die Volksüberlieferung als etwas Einheitliches zu behandeln. Ferner kann er nicht umhin,
den Ursprung der kirchenslav. Literatur für das ganze Gebiet in einem Process zu finden. Wie wenig geschichtlichen Sinn verräth er aber, wenn er
gleich darauf, von einem gewissen Zeitpunkt an, auf einmal den Glagolismus
ausschliesslich den Kroaten, den Cyrillismus ausschliesslich den Serben im-
putirt — doch nein, hier macht er zu Gunsten der Kroaten eine Ausnahme
und spricht von der »bosnischen« cyrillischen Schrift als geistigem Eigenthum der Kroaten. Also ein Literaturhistoriker aus dem Ende des XIX.
Jahrh. kann sich nicht auf den Standpunkt emporschwingen, den die armen
sich selbst überlassenen Glagoliten des XIV.—XV. Jahrh. einzunehmen Einsicht genug hatten, d. h. ihnen war der Inhalt der cyrillischen Literatur bekannt, sie schöpften aus demselben wie aus ihrer eigenen Quelle und variirten
nur die Schrift. Weiss der Verfasser dieses Buches nichts von den Resultaten
der slavistischen Studien auf diesem Gebiete seit Šafařík? Hörte er nichts
von dem gemeinsamen Ursprung aller liturgischen Texte, mögen sie nun
cyrillisch oder glagolitisch niedergeschrieben sein? Ist es ihm nicht bekannt,
dass sogar cyrillische und glagolitische Texte der Troja- und Alexandersage,
cyrillische und glagolitische Apokryphenerzählungen entweder noch wirklich
existiren oder als vorhanden gewesen anzunehmen sind? Freilich weiss er
alles das, allein er verstand es nicht, die Thatsachen richtig zu verwerthen
und geschichtlich treu darzustellen. Zerstückelt unter »kroatisch« und »serbisch« kommt in seinem Buche die wahre Bedeutung der kirchenslavischen
Literatur gewiss nicht voll zur Geltung, ja die merkwürdigsten Blüthen der-

selben werden kaum unter der »serbischen« Literatur gestreift und etwas davon wird in ungerechtfertigter Weise ausschliesslich für »Bosnien« in Anspruch genommen.

Hat der Verfasser durch die Entzweireissung der Literatur in zwei getrennt behandelte Theile wenigstens innerhalb jeder Hälfte eine grössere Einheitlichkeit erzielt? Keineswegs. Man braucht nur sein Buch in die Hand zu nehmen, um das zu verneinen. Er musste doch bei der »kroatischen« Literatur die territorialen Ausstrahlungen anerkennen, er konnte doch nicht die slavonische oder bosnische Epoche in der dalmatinisch-ragusanischen, oder die kajkavische in irgend einer von diesen aufgeben lassen. Mit einem Worte, eine »kroatische« einheitliche Literatur im modernen Sinne gab es damals ebensowenig, wie eine »serbische«, ausser der kirchlichen. Wozu also einseitige Annexionen im modernen Sinne der Vergangenheit aufdrängen und die Brandfackel der modernen Zwist in vergangene Jahrhunderte hineintragen, die ja genug an eigenen Bedrängnissen und Nöthen zu leiden hatten. Was erreichte man damit, dass sich der Verfasser nicht begnügte, auf der natürlichen Basis der sprachlichen Einheit stehen bleibend, den ganzen Gang des geistigen Lebens dieser mehr vom Elend heimgesuchten als vom Glück begünstigten Länder in geschichtlicher Entwickelung zu beleuchten? Zunächst zerriss man durch die Zweitheilung den innigen Verkehr, den Jahrhunderte lang Ragusa mit den Hinterländern der Balkanhalbinsel pflegte, der nicht bloss mercantiler, sondern auch culturell geistiger Natur war und in der Literaturgeschichte schon wegen der zahllosen cyrillischen Urkunden, die uns die ragusanischen Archive gerettet haben, zur Sprache kommen und charakterisirt werden muss. Gewiss sind geschriebene Urkunden ebenso ein Stück des geistigen Lebens wie die geschriebenen Gesetze, wie die geschichtlichen Aufzeichnungen, wie die Gesangs- und Gebetbücher. Man muss also den Eigenthümlichkeiten der Freistadt Ragusa dadurch gerecht zu werden trachten, dass man ihren weiten Horizont nicht durch moderne Engherzigkeit in zu engen Rahmen treibt. Wer das geistige Leben Ragusas vom XII. bis XVIII. Jahrh. einseitig als »kroatisch« oder als »serbisch« hinzustellen sich abmüht, versündigt sich an der Geschichte dieser klugen, weitsichtigen Stadt, verkennt ihren Charakter und reisst sie von ihrer glänzenden Höhe herab. Dann aber wird durch die Zweitheilung der Literatur die so merkwürdige Mittelstellung Bosniens in falsche Lage versetzt, sie hört auf, den Tummelplatz zweier cultureller Strömungen, der byzantinischen und der römischen, abzugeben, die sich dort durch Jahrhunderte geltend machten und bekämpften, wobei bald der eine, bald der andere Einfluss die Oberhand gewann. Zur Charakteristik Bosniens genügt es nicht, so, wie es hier geschah, mit den Bogomilen anzufangen und dann gleich einen Salto mortale zu den Franciscanern zu machen: damit ist der volle Inhalt der literaturgeschichtlichen Themen betreffs dieses Theiles der serbokroatischen Gesammtheit nicht erschöpft. Und wie bewährt sich diese Zweitheilung im »aufgeklärten« XIX. Jahrh.? Fördert sie die Erklärung der literaturgeschichtlichen Thatsachen, mögen diese unter was immer für Namen auftauchen? Gewiss nicht. Selbst der heute in allen Tonarten geführte Streit zwischen »serbisch« und »krotisch« bleibt nach dem Buch Šurmin's unverständlich. Wären das zwei so· getrennt von einander und neben einander gehende Literaturen, wie das in seinem Buche zur Darstellung kommt, wie könnte man da so viel schreien, und zanken? Noch viel bezeichnender scheint mir die Thatsache zu sein, dass man viele literarische Erscheinungen der modernen Zeit (seit der Mitte unseres Jahrhunderts) nur unter dem Gesichtspunkt der aus der Einheit sich ergebenden gegenseitigen Beeinflussung überhaupt verstehen .kann. Das ist freilich ein Capitel, über welches der Verfasser dieser Literatur-geschichte wie über vieles Andere gründlich schweigt. Vielleicht fehlt auch der gegenwärtigen Zeit die dazu nöthige Ruhe und Unbefangenheit, um die Frage zu behandeln, welche Befruchtung Agram von Belgrad und Belgrad von Agram in der Sprache und Literatur empfangen. Aber mag man sich heute noch in gegenseitiger Selbstüberhebung dagegen auflehnen, einmal wird die Frage·doch gestellt und beantwortet werden müssen.

Selbstverständlich lässt sich über dieses Thema noch viel sagen, ich begnüge mich mit kurzen Andeutungen, um meinem Schmerz, meiner Ent-täuschung Ausdruck zu geben. Mir schwebte, als ich als ganz junger Mann die Skizze für Jihoslované schrieb, und als ich den ersten Theil der Literatur-geschichte herausgab, ein ganz anderes Bild vor, ich hätte mir damals auch nicht träumen lassen, dass zu Ende des Jahrhunderts die Ideen, die uns da-mals heilig waren, von der nachkommenden Generation verworfen, verleugnet werden. In diesem Sinne betrachte ich dieses Buch als einen beklagens-werthen Rückschritt, mag ich mit dieser Auffassung auch vereinzelt da-stehen. Persönlich will ich damit Niemandem nahe treten, am allerwenigsten den Verfasser des Buches tadeln. Er ist unter solchen Eindrücken grossge-wachsen, er handelte nach seiner Ueberzeugung, die ich nicht theilen kann.

V. Jagić.

Staročeská Gesta Romanorum. Die staročeských rukopisů podává Dr. Jan V. Novák (Altböhmische Gesta Romanorum. Nach altböhm. Handschriften veröffentlicht von Dr. Jan V. Novák in »Sbírka pramenův ku poznání literárního života v Čechách, na Moravě a v Slezsku«. Vydává III třída české akademie . . . . . Gruppe 1. Reihe 2. Nr. 2). V Praze 1895. 8⁰. XXIV + 259 S.

Kurz nach einander erschien die polnische Uebersetzung der Gesta Ro-manorum als »Hystorye rzymskie« (Gesta Romanorum) vydal Dr. Jan Bystroń. Kraków 1894. 8⁰ (nach alten Drucken) und die vorliegende altböhmische.

Von einer altböhm. Uebersetzung der Gesta Romanorum hatte man früher vor dem Erscheinen dieser Ausgabe nur Proben, welche J. Jireček in der böhm. Zeitschrift »Časopis českého museum« 1862, S. 369—380 nach einer Hs. der Prager Universitätsbibliothek (XVII. F. 28) veröffentlicht hat. Diese enthält 111 Erzählungen. Im nächsten Jahrgange derselben Zeitschrift (1863) S. 91—98 gab er Proben aus einer anderen Olmützer Hs. ähnlichen Inhaltes, doch stellt es sich heraus, dass unter den 35 Erzählungen dieser Hs. nur etwa zwei inhaltlich mit den Gesta Romanorum übereinstimmen, während die anderen bloss in ihrem Geiste geschrieben sind. Diese Hs. kann demnach bei der Frage nach der ursprünglichen Gestalt der altböhm. Uebersetzung unseres Textes nur von minderer Bedeutung sein. Von dem Herausgeber der altböhm. Uebersetzung blieb sie auch ganz unberücksichtigt. Eine andere Hs., die sich in der Prager Museumsbibliothek befindet (3. F. 25), gehört dagegen in diesen Kreis. Wie die erste ist sie auch unvollständig, doch ergänzen sich beide Hss. so, dass man sich selbe zu einem Ganzen vervollständigen konnte.

Dazu kam nun in neuerer Zeit eine dritte Hs., die Březnitzer, welche sich nun ebenfalls in der Prager Museumsbibliothek befindet (VIII. E. 1.). Da dies eine vollständige Hs. ist und den Text besser als die anderen wiedergibt, so war ihre Herausgabe, seit dem sie bekannt wurde, dringend erwünscht. Diese Aufgabe nahm nun Prof. J. V. Novák auf sich und bot uns eine Ausgabe, für die wir ihm dankbar sein müssen. Seiner Ausgabe hat er selbstverständlich die Březnitzer Hs. zu Grunde gelegt. An den Text dieser Hs. schliesst sich enger an jener der Museumshandschrift, so dass die Varianten daraus einfach nur unter dem Striche angebracht werden konnten. Der Text der in der Universitätsbibliothek befindlichen Hs. weicht dagegen schon bedeutend ab, der Herausgeber hat ihn daher selbständig im Anhang (S. 160—250) veröffentlicht. Doch gehen alle diese Texte, wie er überzeugend nachweist, auf eine einzige ursprüngliche altböhmische Uebersetzung zurück.

Was nun das Original, nach welchem übersetzt wurde, anbelangt, so findet der Herausgeber, dass es gewiss vor allem ein lateinischer Text war. Dafür sprechen einzelne Uebersetzungsfehler, die nicht selten in allen erhaltenen altböhm. Hss. wiederkehren, obzwar sie handgreifliche Unmöglichkeiten enthalten. So lesen wir in allen drei Handschriften: k tomu (vzal) pěkný *konik svuoj* malý; i jal sě jíti ... pravú nohú na hřbet pěkného svého *konika* vložil ... was dem lat. Text: »suemque pulcherrimam (sumpsit) pro equo; dextrum crus suum super dorsum pulcherrimi *suis* posuit velut equitans« entsprechen soll. Sei es dass die Hs. so ungenau war, sei es dass der Uebersetzer sein lateinisches Original nur flüchtig las, jedenfalls brachte er hier eine Leistung zu Stande, auf die er nicht sonderlich stolz sein könnte, da er das Subst. *sus*, *suis* mit dem Pron. *suus*, *suo* verwechselte, was ihn zu einer Ungeheuerlichkeit in der Uebersetzung führen musste: er lässt einen Ritter zu seinem König so kommen, dass der Ritter den einen Fuss auf dem Rücken seines Pferdes hat und mit dem andern über den Boden einherschreitet! So lange man keine lat. Hs. mit solchen Missverständnissen findet, muss man sie auf die Rechnung des Uebersetzers setzen. Neben diesen Uebersetzungsfehlern und Missverständnissen findet man selbst noch lateinische Worte in dem altböhm. Text. So liest man in der Březnitzer Hs. und in der Mumseumschr. das Wort *burgensis*, in der Hs. der Universitätsbibliothek das Wort *autem*, man sieht also ganz deutlich, dass ein lateinischer Text zu Grunde lag. Dem Herausgeber war es jedoch nicht möglich unter den vielen lat. Hss. einen entsprechenden Text zu finden. In der Prager Universitätsbibliothek gibt es zwar zwei lat. Hss., welche die Gesta Romanorum enthalten und die verwandt sind mit dem böhm. Text, aber sie sind unvollständig und ausserdem fehlen ihnen in der erhaltenen Partie einzelne Stücke, die im böhm. Text vorkommen. Da sich die altböhm. Hss. zu einem Ganzen von 112 Erzählungen ergänzen, so gehört der altböhm. Text nach dieser Anzahl der Erzählungen und sonst auch seinem Charakter nach zu der Gruppe, welche Ptaszycki (»Среднев𝑒ковыя западно-европейскія пов𝑒сти въ русской и славянскихъ литературахъ« in »Истор. Обоз-р𝑒ніе«, 1893, Bd. 6, S. 166 ff.) an zweiter Stelle als anglo-lateinische und mit-teleuropäische anführt. Die Mehrzahl dieser Texte beginnt mit der Erzählung »De milite qui ad peregrinandum profectus est« und endet mit »De filia regis et quinque militibus et cane«. Sonst findet der Herausgeber, dass der altböhm. Text hinsichtlich der Reihenfolge der Erzählungen und ihres Inhaltes am meisten verwandt sei mit der deutschen Uebersetzung der Gesta, welche Ad. Keller im J. 1841 herausgegeben hat (Bibliothek der gesammten deutschen National-Literatur, 23. Bd.: Gesta Romanorum, das ist der Römer Tat.). Nur die Nummer CXI ist in der deutschen Bearbeitung ausführlicher. Auch die Erzählung von den 7 Weisen findet sich hier vor, während sie in den lateinischen Sammlungen des Westens fehlt. Demnach war das lateinische Original, welches in Böhmen übersetzt wurde, sehr ähnlich jenem, welches der deutsche Uebersetzer benutzt hat. Während jedoch Ptaszycki meinte, der Urheber der böhm. Uebersetzung hätte neben dem lat. Text auch noch die deutsche Ueber-setzung gehabt (l. c. S. 180), ist H. Novák der Ansicht, man könne dies nicht bestimmt behaupten, so lange der entsprechende lateinische Text nicht be-kannt sei. Ich glaube, man kann nun wohl mit Recht behaupten, dass die deutsche Uebersetzung nicht benutzt wurde, denn sonst wären die früher er-wähnten Missverständnisse und Uebersetzungsfehler kaum vorhanden. Was nun die anderen bis jetzt bekannten Angaben der Gesta Romanorum anbe-langt, so findet H. Novák, dass der von Wilh. Dick veröffentlichte Text (Die Gesta Romanorum. Nach der Innsbrucker Handschrift vom J. 1342 und vier Münchener Handschriften herausg. in »Erlanger Beiträge zur engl. Philologie«, VII. Heft, 1890) im grossen Ganzen ziemlich ähnlich sei, doch fehlen hier die Moralisationen.

Da die Forschungen des Herausgebers nach dieser Richtung hin nicht ein positives Resultat ergeben haben, so hat er in einer Tabelle wenigstens die einzelnen Erzählungen zusammengestellt (auf S. XXII—XXIV) und damit die Aufeinanderfolge in den Ausgaben des Keller, Oesterley, Dick und By-stroň (letztere Ausgabe enthält allerdings nur 39 Nummern) verglichen. Aus dieser Tabelle ersieht man, dass die Aufeinanderfolge der einzelnen Erzäh-lungen in den böhm. Hss. und in der Ausgabe des Keller dieselbe ist, bis auf etwa 5 Fälle, in denen je zwei unmittelbar auf einander folgenden Erzäh-lungen in der letzteren Ausgabe ihre Plätze vertauschen Von den Texten der Ausgaben Oesterley und Dick kann der erste hinsichtlich der Aufeinander-folge gar nicht verglichen werden. Dagegen schliesst sich die zweite mehr an. Man kann sagen, es ist im Allgemeinen dieselbe Aufeinanderfolge, nur erscheint die Reihe der altböhm. Erzählungen, jener des Dick gegenüber, lückenhaft, namentlich gleich im Anfang. Die erste Nummer des Altböhm. u. Keller'schen Textes erscheint bei Dick erst als Nr. 14. Zumeist ist es jedoch immer nur eine Nummer, die im Altböhm. Texte ausgefallen ist. Da nun der

·Text des Dick die älteste bekannte Form aufweist, so beruht die altböhm. Uebersetzung auf einem Original, das erst aus jenem geflossen war. Aus dieser Tabelle ersieht man weiter, dass der poln. Text Bystrońs mit keinem der hier erwähnten hinsichtlich der Aufeinanderfolge der Erzählungen übereinstimmt.

Zum Schlusse folgt noch in der Ausgabe ein Namens- und Sachregister (S. 251—255), wie auch ein Verzeichniss altböhm. Wörter (S. 256—259). So hat uns H. Novák eine Ausgabe geboten, die uns recht willkommen ist. Vielleicht hätte nur die sprachliche Seite des Denkmals mehr Beachtung finden können. Der Herausgeber berücksichtigt zwar auch diese Seite (vgl. S. XIII, XVII—XVIII), doch scheinen mir die betreffenden Bemerkungen etwas mager ausgefallen zu sein. Namentlich die Sprache der Hs. in der Universitätsbibliothek, in welcher der Herausgeber einen mährischen Dialekt sieht, bietet vieles Interessantes, das noch hätte erwähnt werden können. Auch auf die Frage, wann etwa die altböhm. Uebersetzung entstanden ist, ist der Herausgeber nicht näher eingegangen.   *W. Vondrák.* ·

Komenský (Comenius), Jan-Amos: Theatrum universitatis rerum. Z rukopisu podávají (nach einer Handschrift herausgegeben von) Jan V. Novák a Adolf Patera. V Praze. Nákladem české akademie etc. 1897. 8°. XIV + 805 (als Nr. 2 der »Spisy Jana Amosa Komenského«).

Mit einer Jugendschrift Komenský's werden wir hier bekannt gemacht, leider ist sie nur fragmentarisch erhalten. Unter dem Einflusse seines Lehrers Altstedt in Herborn, der sich als Encyklopädist und Pansoph einen Ruf erworben hatte, fasste Komenský frühzeitig den Plan, auch seine Landsleute wenigstens theilweise mit der Welt und ihrem Lauf bekannt zu machen, ihnen eine kurze Uebersicht der damaligen Kenntnisse, insbesondere aus dem Gebiete der Naturwissenschaften zu geben. In seinem Briefe an Peter van den Berge (Montanus) vom 10. Dez. 1661 spricht er von diesem Werke und nennt es »Amphitheatrum universitatis rerum«. Es hätte darnach 28 Bücher enthalten und das zweite wäre zu Grunde gegangen. Ebenso wird es erwähnt in einem Briefe an seinen Schwiegersohn Figulus vom 22. Mai 1656. Man wusste sonst nichts weiter von diesem Werke, bis der Nachlass Drabík's im J. 1893 in Holleschau (Holešov in Mähren) bekannt geworden ist, in welcher man das Fragment einer Schrift fand, von der mit Recht behauptet werden kann, sie sei das früher erwähnte Amphitheatrum. Der Titel stimmt zwar nicht ganz, auch die Bücher- und Capitelzahl klappt nicht, aber die ganze Anlage und der Inhalt des Werkes lassen uns nicht im Zweifel, dass es das erwähnte Jugendwerk Komenský's sei. Wie die Herausgeber vermuthen, hatte Komenský die Hs., welche dann im Besitze Drabik's war, nicht mehr bei der Hand, als er den oben erwähnten Brief schrieb. Dass es ein Jugendwerk Komenský's ist, folgt nicht bloss aus der Art und Weise, wie er hier

seinen Namen unterschrieben hat, sondern auch aus dem Standpunkte, den
er den Naturwissenschaften gegenüber in der Hs. einnimmt. Nach dem Beispiele Altstedt's tritt bei ihm die persönliche Erforschung der Natur und die
eigene Erfahrung ganz in den Hintergrund. Die aus älteren Werken gesammelten Nachrichten bilden hier eigentlich die Hauptsache; daher finden wir
hier die mannichfachsten Märchen aus alten Büchern herübergenommen neben
positiven Kenntnissen. Es ist bekannt, dass Komenský später seinen Standpunkt ganz geändert hat; er legt das Hauptgewicht auf die reale Erkenntniss
der Dinge und die Anschauung tritt bei ihm in den Vordergrund. Von dem
ganzen Werke, das nach der Vorrede 16 Bücher enthalten sollte, ist in dem
vorliegenden Bruchstück nur das erste erhalten mit einer lateinisch geschriebenen Vorrede. Möglich, dass es gelingt, noch den Rest der Hs. irgendwo ausfindig zu machen.

Den Herausgebern, die sich im böhm. Schriftthum so klangvoller Namen
erfreuen, müssen wir wie auch der Akademie für diese so hübsche Ausgabe
Dank wissen, neben einer recht instructiven Vorrede haben sie das Werk mit
einem Namen- und Sachregister versehen. Auch ein Facsimile der letzten
Seite der Hs. wurde beigegeben; darauf befindet sich eine eigenhändige
Zeichnung Komenský's, die Welt darstellend. In der Hs. finden sich sonst
auch noch Eintragungen von seiner Hand herrührend.   *W. Vondrák.*

Archangel'skij, A. S.: Къ исторіи нѣмецкаго и чешскаво луцида-
ріусовъ (Zur Geschichte des deutschen und böhmischen Lucidarius).
Казань 1897. 8°. 106 S.

Die vorliegende Arbeit ist zum Theil eine ausführliche Kritik, zum Theil
eine wesentliche Ergänzung der Arbeit Schorbach's: Studien über das deutsche Volksbuch Lucidarius und seine Bearbeitungen in fremden Sprachen.
Strassburg 1894 (Quellen und Forschungen zur Sprach- und Culturgeschichte
der germanischen Völker. LXXIV). Der Verfasser polemisirt gegen einzelne
Ausführungen Schorbach's, dessen Schrift auf ihn keinen besonders günstigen
Eindruck gemacht hat. Nur ihr bibliographischer Theil verdiene alle Anerkennung, dagegen sei der literar-historische weniger gelungen (S. 14). Allerdings verweist Herr Schorbach häufig auf ausführlichere Studien, die er sich
für eine spätere Zeit vorbehalten hat. Insbesondere verspricht er uns eine
kritische Ausgabe des deutschen Lucidarius, die für das vergleichende Studium dieses Textes von grosser Bedeutung sein wird.

Zuerst beschäftigt sich Herr Archangel'skij an der Hand der Studien
Schorbach's mit dem Lucidarius in der deutschen Literatur (bis S. 47), dann
folgt der böhmische, und auf diese Partie wollen wir hier näher eingehen.
Der böhmische Lucidarius ist erhalten in einer Handschrift, und ausser dieser
haben wir 7 Drucke, die zum Theil aus einer späteren Zeit stammen. Was
den handschriftlichen anbelangt, so konnte Herr Archangel'skij über die allgemeine Bemerkung Schorbach's, »dass der čechische Lucidarius zur Sippe

des deutschen Volksbuchs und nicht zum lateinischen Elucidarium des Ho-
norius gehört«, nicht hinauskommen. Die Hs. befindet sich in der Fürsten-
berg'schen Bibliothek zu Pürglitz (Křivoklát in Böhmen), und trotzdem Herr
Archangel'skij mehrere Versuche unternahm, ist es ihm doch nicht gelungen,
die Hs. zu Gesicht zu bekommen. Schorbach hat einzelne dürftige Notizen
daraus gemacht, doch war es für ihn schwer, einen besseren Einblick zu bekommen, da er der böhm. Sprache nicht mächtig war. Die beiden ältesten
Drucke des böhm. Lucidarius, vom J. 1498 und vor 1567, welche von Jungmann angeführt werden, sind jetzt nicht vorhanden. Ein Exemplar der ersten
Ausgabe befand sich in der Musealbibliothek zu Prag, Jungmann hatte es in
der Hand, von der zweiten erfuhr er aus einer Erlaubniss des Bischofs v. Ol-
mütz, das Werk zu verkaufen. Herr Archangel'skij konnte daher erst den
böhm. Druck aus dem XVII. Jahrh. (Musealbibliothek 27. 2. 7) mit den deutschen Texten vergleichen, dann den Olmützer Druck v. J. 1779 und 1783, dann
jenen v. J. 1811 und schliesslich v. J. 1877. Er sieht eine Abhängigkeit, so
dass eine ursprüngliche deutsche Vorlage für alle böhmischen Bearbeitungen
angenommen werden muss (S. 50), doch constatirt er auch zahlreiche Abweichungen (am meisten stimmt noch der Text v. J. 1783; vgl. auch Archiv XIX,
S. 556 ff.). Die böhmischen Texte haben auch einzelne Zusätze, die den deutschen fehlen, so den Zusatz vom Holze des Kreuzes, vom Adamsschädel; insbesondere ist es der Text v. J. 1779, der stark abweicht, theilweise auch der
aus dem XVII. Jahrh., der an den v. J. 1779 hie und da stark erinnert (S. 64).
Während es sonst in der früheren Partie dem Autor häufig gelungen war anzugeben, woher einzelne Zusätze der deutschen Ausgaben aufgenommen
worden sind, forschte er hier leider nicht weiter darnach, so dass diese Frage
noch offen bleibt. In der Ausgabe v. J. 1811 findet er einen Text, der ganz
abweicht. Zu bestimmten Resultaten konnte H. Archangel'skij allerdings
nicht gelangen, da das Material, das ihm zur Verfügung stand, unzulänglich
war. Immerhin hat er einzelne Beiträge geliefert, die den späteren Forschern
auf dem Gebiete dieser Frage sehr zu statten kommen werden.

W. Vondrák.

Rektorská řeč M. Řehoře Pražského r. 1476. Podává Dr. Jan
V. Novák (Die Rectorsrede des M. Gregor von Prag). V Praze.
Tiskem Ed. Grégra. 1897. 8⁰. 20 S. (Aus »Věstník král. české
společnosti náuk«. Třída fil.-hist.-jaz. 1897. Nr. XXIII.)

M. Gregor von Prag wird nach dem Zeugniss des Jan Šlechta in seinem
Briefe an M. Peter v. Písek (Boh. Hasisteinii Farrago Poematum, ed. Th. Mitis,
Pragae 1570, p. 372) allgemein als der erste Humanist an der Prager Universität angesehen. Nun stimmt der Inhalt der hier veröffentlichten lateinischen
Rede Gregor's nicht mit der neuen Richtung. Gregor zieht hier heftig los
gegen Jene, welche die Magister verspotteten und behaupteten, dass die alt-
berühmte Universität Karl's eigentlich schon eingegangen wäre. Das waren
natürlich vor allem Leute, die einer neuen Richtung huldigten, also die Hu-

manisten. Sonst ist der Inhalt ganz im Einklang mit der alten scholastischen Richtung: es wird hier der zweifache Weg des Lebens geschildert, der Weg der Tugend und des Lasters, wobei Gregor die heil. Schrift näher steht, als die classischen Völker. Wenn man daher die Notiz des Jan Šlechta richtig deuten will, muss man annehmen, dass Gregor von Prag erst gegen das Ende seines Lebens (er starb im J. 1485) von der humanistischen Richtung auch beeinflusst wurde, so dass eigentlich mit M. Václav v. Písek die neue Richtung an der Prager Universität zum Durchbruch kam.

Der Text der Rede ist an manchen Stellen unklar, der Herausgeber that sein Möglichstes, um ihn unserem Verständniss näher zu bringen; er versah ihn daher mit zahlreichen Anmerkungen.   *W. Vondrák.*

Záturecký, Adolf-Petr: Slovenská přísloví, pořekadla a úsloví (Slovakische Sprichwörter, Redensarten und Idiotismen). V Praze. s. A. (1897). 8°. VI + 389 S. + (1 Bl.). (Auf Kosten der Böhm. Akademie der Wissenschaften in Prag.)

Dass die böhm. Akademie von ihrem Wirkungskreis das Slovakische nicht ausschliesst oder vielleicht besser, dass auch die Slovaken mit ihren literarischen Produkten bei der böhm. Akademie Zuflucht suchen und sie auch finden, wie die vorliegende Publication zeigt, das ist jedenfalls eine sehr erfreuliche Thatsache, und es wäre nur zu wünschen, dass wir recht häufig Gelegenheit hätten, sie zu constatiren.

Man kann sich denken, dass die Slovaken, welche so schöne Produkte in der Volkspoesie aufweisen, auch hinsichtlich der Sprichwörter nicht zurückbleiben. In der vorliegenden Sammlung werden uns weit mehr als 13 000 Sprichwörter geboten. Für den Herausgeber war es keine leichte Aufgabe, es bis dahin zu bringen und er erzählt uns in der Vorrede, mit welchen Schwierigkeiten er zu kämpfen hatte. Es sei hier nur erwähnt, dass er es bis zur 8. Abschrift, beziehungsweise Bearbeitung seiner Sammlung brachte, bevor sie gedruckt wurde. Um eine möglichst grosse Vollständigkeit zu erreichen, benutzte er auch frühere Sammlungen, doch konnte er die des G. Rybay nicht in die Hand bekommen. Selbe befindet sich im Pester Nationalmuseum, er wandte sich dahin, bekam aber nicht einmal eine Antwort — was in Culturländern sonst nicht vorzukommen pflegt.

Vor die schwierige Wahl gestellt, nach welchem System er die Sprichwörter ordnen sollte, entschied sich H. Záturecký nicht für eine rein alphabetische Ordnung, sondern glaubte den Anweisungen Čelakovskýs folgen zu müssen, die sich gegen eine solche Anordnung kehren. Indem er also die Sprichwörter nach dem Inhalte ordnete, erhielt er 21 Gruppen mit Unterabtheilungen: die erste Gruppe enthält Sprichwörter, die sich auf Gott beziehen, in der zweiten betreffen die Sprichwörter den Glauben und die Sitten überhaupt u. s. w. Die Unterabtheilungen sind alphabetisch geordnet. Bei vielen Sprichwörtern sind Citate, die sich auf Parallelen aus Čelakovský's Sammlung (mudrosloví), aus Adalberg's Sammlung polnischer Sprich-

wörter (über 2000) beziehen; ferner sind hier Parallelen aus dem Deutschen.
Magyarischen (gegen 400) und Lateinischen. Trotz mancher Vortheile, die
eine Anordnung der Sprichwörter nach dem Inhalte gewährt, möchte ich doch
lieber eine Zusammenstellung einfach nach dem Alphabet vorziehen. Man
wird erst dazu kommen, sie nach bestimmten Gesichtspunkten zu ordnen.
Eine Eintheilung nach dem Inhalte, die streng logisch wäre, ist vor der Hand
gar nicht möglich und so wird man bei vielen Sprichwörtern nicht begreifen,
warum sie gerade in diese oder jene Gruppe eingereiht worden sind. Man wird
es noch angehen lassen, wenn z. B. das Sprichwort »malých zlodejov vešajú,
velkých puštajú (kleine Diebe hängt man, grosse lässt man laufen) nicht in der
Gruppe »Zlodějství« (Dieberei), die auch hier vorkommt (X. B. 23, S. 182), sondern in der Gruppe »Nespravedlnost« (Ungerechtigkeit) sich befindet. Dagegen
wird man nicht recht damit einverstanden sein können, wenn das Sprichwort
»Koho Pán Boh chce potrestať, potresce ho na rozume« (Wen Gott bestrafen
will, den bestraft er am Verstande), weder in die Gruppe »Bůh« (Gott), noch
in die Gruppe »Rozum« (Verstand), wie der Herausgeber anführt, sondern in
die Gruppe »Faleš« (Falschheit) eingereiht wurde. Man ersieht aus den Beispielen, dass eine solche Eintheilung der Sprichwörter nach dem Inhalte sehr
stark von der persönlichen Auffassung abhängig und daher nicht einwandfrei
ist. Eine rein alphabetische Sammlung ist dagegen sowohl für den Sammler
als auch für jenen, der etwas nachschlagen will, bequemer. In der vorliegenden
Sammlung werden allerdings die Nachtheile, die aus einer solchen Eintheilung
entspringen, dadurch Null gemacht, dass hinten ein Index angebracht ist
(S. 296—383), der alle in den Sprichwörtern etwa in Betracht kommenden
Schlagworte enthält, so dass man an der Hand desselben jedes Sprichwort
im Buche finden kann. Eine solche Einrichtung versöhnt uns allerdings mit
einer sonst nach dem Inhalte durchgeführten Eintheilung. Aus diesem Index
ersieht man, wie z. B. das Wort »Zigeuner« häufig in den slovakischen Sprichwörtern vorkommt (S. 301), was offenbar als eine locale (ungarische) Färbung
anzusehen ist. Wie auch sonst, spielt ebenfalls hier der Teufel eine grosse
Rolle: er nimmt mehr als zwei Columnen ein (S. 302—304). Auch ein Verzeichniss ausschliesslich slovakischer Wörter und Formen, die in den Sprichwörtern vorkommen, wurde beigegeben (S. 287—295), doch ist hier leider
nicht alles aufgenommen worden, was hier stehen sollte. Es ist ferner nur
zu bedauern, dass nicht alle Sprichwörter in dem localen dialektischen Kleide
erscheinen, das ihnen eigentlich zukommt, ein Fehler, der sich freilich nur
in einigen Beiträgen findet, welche dem Herausgeber zugeschickt wurden.
In den meisten Fällen sind allerdings die dialektischen Eigenthümlichkeiten
gewahrt. Natürlich handelt es sich hier nur um solche Sprichwörter, die nicht
allgemein slovakische sind, sondern sich nur auf einzelne Gebiete beschränken.
Dass die Sprichwörter in sprachlicher Hinsicht mitunter Archaismen und
andere interessante sprachliche Eigenthümlichkeiten aufweisen, ist bekannt.
Ich will es hier nur an einem Beispiel zeigen. Bekanntlich hatte das Particip
im Altslav. eine grössere verbale Kraft als es jetzt der Fall ist. Dasselbe
bemerken wir noch im Altböhm. So sind es z. B. einige Fragmente der altböhm. Alexandreis, die durch den überaus häufigen Gebrauch der Participien

statt der bestimmten verbalen Formen auffallen. Nun haben wir jetzt noch im Böhm. (unter den slovakischen kann ich es trotz Index nicht finden) das Sprichwort (Redensart): *chval boha jak moha*. Das Particip *moha* hat hier also noch dieselbe verbale Kraft wie im Altböhm. Sonst ist dieser Gebrauch des Particips jetzt im Böhm. nicht mehr möglich.

Es wäre natürlich vergebliche Mühe, wollten wir als Proben einzelne treffliche Sprichwörter, die etwa als echt slovakisch aufgefasst werden könnten, aus einer so grossen Anzahl anführen, und so sei das Buch selbst einem Jeden empfohlen, der sich von dieser Seite des geistigen Lebens der Slovaken überzeugen will. *W. Vondrák.*

Lud białoruski na Rusi litewskiej. Materyały do etnografii słowiańskiej zgromadzone w latach 1877—1891 przez Michała Federowskiego. Tom I. Wiara, wierzenia i przesądy ludu z okolic Wołkowyska, Słonima, Lidy i Sokółki, W Krakowie. Nakładem Akademii Umiejętności. 1897. XX S. + 509.

Der Verfasser beginnt mit dem uns vorliegenden Bande ein grosses, auf mehrere Bände angelegtes Werk über die Ethnographie des westlichen Zweiges des weissrussischen Volkes. Dieser westliche Zweig nimmt ein, nach seinen Angaben, die südliche Spitze des Gouv. Wilna, im Gouv. Grodno bis zu den Flüssen Niemen und Biebrza gegen Westen, und bis an den Fluss Narew, den Wald von Bielowież, die Sümpfe und Wälder im Kreise Słonim gegen Süden. Der Verfasser brachte eine lange Reihe von Jahren in den verschiedenen Gegenden dieses Gebietes zu und trat als Oekonom in die engsten Beziehungen zu den breitesten Schichten der Bevölkerung, eignete sich dessen Sprache an, beobachtete und studirte eingehend dessen psychisches und physisches Leben, notirte alles, auch die geringfügigste Sache, wenn sie nur irgendwie zur vollständigeren Charakterisirung des Volkes beitragen konnte.. In dem I. Bande publicirt er nun die Materialien, die er im Bez. Wołkowysk, der ihm die grösste Ausbeute bot, im Bez. Słonim im südöstlichen Theil des Gouv. Grodno, dann im Süden des Bez. Lida im Gouv. Wilna, und im Bez. Sokołka im nordwestlichen Theile des Gouv. Grodno aufzeichnete. Alles Material ist der Herausgeber bestrebt, treu phonetisch wiederzugeben, freilich mit den Mitteln der polnischen Graphik, bezeichnet auch durchwegs den Accent, ausgenommen die vorletzte Silbe, welche jeder Pole gewohnt ist zu accentuiren. In der kurzen Einleitung wird flüchtig der Dialect dieser Gegenden charakterisirt, hervorgehoben insbesondere der »weissrussisch-polnische Uebergangs-Dialect« in den nordwestlichen Grenzgebieten des Gouv. Grodno. Aber noch weiter nach Osten, bis in den Bez. Wołkowysk, ist aus dem Poln. der Nasalismus vorgedrungen, es wird nicht nur der in Vocal und Consonant *n* zerfallene Nasal gesprochen, sondern es wird auch der dem *n* vorangehende Vocal, auch wo ursprünglich kein Nasal war, nasalirt gesprochen: *mięnszy*, *kamięnczyk*. Wir wollen hoffen, dass wir von Herrn M. Federowski bald gründlicher werden über diese Dialecte belehrt werden. Für die Frage nach den »Uebergangs-Dialecten« scheinen diese Dialecte überaus interessante Beispiele zu bieten.

Das gesammelte Material hat der Herausgeber systematisch geordnet, und zwar zuerst in zwei grosse Theile: I. Glauben und Ansichten über die Natur; II. Cultur. In diesem II. Theil wird eingehends dargestellt: 1) die Religion des Volkes, seine religiösen Vorstellungen, seine Ethik; 2) die Gebräuche bei Taufe, Hochzeit, Begräbniss, Spiele u. s. w., wie auch Rechtsgebräuche; 3) die Beschäftigung des Volkes, hierbei auch Volksmedicin, und daran schliesst sich ein Verzeichniss der heilkräftigen Pflanzen. In der I. Abtheilung sind die verschiedenen Materialien, wie Sagen, Märchen, Legenden, Sprichwörter, Aberglauben u. a. wieder in verschiedene Abtheilungen zusammengestellt: A) Glauben: 1) Gott und die Heiligen; 2) Dämone, und zwar Teufel, Geister, Gespenster, mythische Wesen u. ä.; B. Natur: 1) Ansichten und Vorstellungen von der überirdischen Welt; 2) von der irdischen, sichtbaren Welt: a) Lufterscheinungen, Donner, Blitz, Thau, Regen etc.; b) Erde; c) Steine; d) Pflanzen; e) Thiere; 3) der Mensch. In diesen verschiedenen Abtheilungen finden wir eingereiht mannigfaltige Sagen und Märchen, die uns aus anderen osteuropäischen wie auch westeuropäischen Sammlungen wohlbekannt sind, vielfach zum internationalen Gemeingut gehören. Z. B. S. 70 f., Nr. 208 : Ein waghalsiges Mädchen nimmt einem Todten ein Todtenhemd, der Todte will es zurück, vgl. Этнограф. Обозр. XXIX—XXX, 139 f. Slovenské Pohľady 1896, S. 266. Revue des trad. pop. XI, 145. Sébillot, Cont. pop. de la H. Bret. I, 303. Bartsch, SMMeklenburg I, 223 u. a. — S. 91 f., Nr. 280 lesen wir eine Version des weit verbreiteten Märchens vom Zauberer und seinem Lehrling, welche Ref. in seiner Schrift über dieses Märchen im XV. Bd. des Сб. мин. leider nicht mehr benützen konnte. — Allgemein verbreitet sind die Märchen, die unter den Titeln »Bohaterowie mityczni« und »Potwory mityczne« S. 109 f. zusammengestellt sind. Es ist mindestens zweifelhaft, was für einen mythischen Gehalt internationale Märchengestalten wie *Kaciharoszek, Nieznajko, Razwalihará, Razwalmury, Zlamiżaljezo* u. s. w. haben, und fraglich, wie weit diese von Volk zu Volk durch Generationen übertragenen Märchen mit den mythischen Vorstellungen des Volkes selbst, das sie erzählt, verbunden sind. Es ist daher fraglich, ob und in wie weit derlei Sagen und Märchen zur Darstellung der Mythologie eines Volksstammes zu gebrauchen sind.

Der Herausgeber hebt in seiner Vorrede den hohen Conservatismus dieses westlichen Zweiges des weissrussischen Stammes hervor, er glaubt, dass es auf dem ganzen weiten Slavengebiet heute kaum einen Winkel gibt, wo sich das Volk in diesem Masse noch seine mythologischen, den Stempel der Urzeiten tragenden, Vorstellungen erhalten hat. Ref. hat nicht diesen Eindruck empfangen, glaubt vielmehr, dass das von Romanov z. B. publicirte Material viel ursprünglicher ist, viel mehr »mythologischen« Charakter hat. Uebrigens bemerkt der Herausgeber selbst den Zusammenhang und die Verwandtschaft des westweissrussischen Folklores mit dem Folklore des benachbarten polnischen Stammes, er hat bei Wójcicki, Kolberg, Chełchowski u. a. nicht eine einzige Sage gefunden, die nicht in einer mehr oder weniger ähnlichen Bearbeitung bekannt wäre, in zahlreichen Dörfern am Niemen, an der Świsłocz und Szczara, in den vom Herausgeber durchforschten Gebieten des Gouv. Grodno und im südwestlichen Winkel des Gouv. Wilna. *G. P.*

N. T. Sumcov: a) Сказанія о провалившихся городахъ. Харьковъ 1896. — b) Къ библіографіи старинныхъ малорусскихъ религіозныхъ сказаній. Харьковъ 1896. — c) Личные обереги отъ сглаза. Харьковъ 1896. — d) Литературная родня разсказа гр. А. Н. Толстаго »Чѣмъ люди живы«. Харьковъ 1896. — e) О вліяніи малорусской схоластической литературы XVII в. на великорусскую литературу XVIII в. и объ отраженіи въ раскольнической литературѣ массонства. Кіевъ 1896.

Unter a) (Abdruck aus dem Сборникъ истор.-филолог. общ. in Charkov 1895) sind einige kleinrussische, und auch kaukasische Sagen von untergegangenen Ortschaften zusammengestellt, und werden mit anderen, besonders französischen, Sagen auf Grund des in der Revue des Trad. pop. 1888 ff. mitgetheilten Materials verglichen. — Unter b) (Abdruck aus derselben Zs.) werden aus Galjatovsky's Schrift »Небо новое« und aus anderen Quellen ältere legendarische Aufzeichnungen wie auch jüngere kleinrussische Sagen mitgetheilt, so über Kirchen und Bilder, die selbst sich übertrugen auf einen anderen Ort, über übernatürlichen Schutz der Russen vor Tataren und Türken, über Schändung von Heiligenbildern durch die Tartaren, wie Kerzen in der Kirche von selbst entzündeten, über Bilder vom Evang. Lucas, über weinende Madonnenbilder u. ä. — In dem Aufsatze c) über Schutzmittel gegen Bezauberungen lesen wir wenig neues Material; die Schutzmittel sind in bestimmte Gruppen zusammengestellt. In dem Absatz über das Hufeisen als häuslichen Talisman finden wir das Wort венды! (Wenden) neben Kelten und Germanen: (S. 12) источникъ его кроется въ религіозномъ почитаніи коней кельтами, германцами, вендами. Для охраненія своихъ стадъ отъ моровой язвы венды втыкали головы лошадей и коровъ на заборахъ вокругъ конюшенъ и хлѣвовъ. — Die unter d) untersuchte, vom Grafen Leo Tolstoj wiedererzählte Legende von dem ungehorsamen, von Gott auf die Erde auf ein Jahr geschickten Engel hat bereits M. Dragomanov im VII. Bd. des Сборник за народни умотворения ausführlich untersucht. Ausser den von beiden Gelehrten beigebrachten Varianten sind noch zu erwähnen eine kleinrussische in der von Dr. Ivan Franko herausgegebenen Zs. Житє i Слово 1894, Heft 6, S. 350 f., aus Samogitien in den von M. Dowojna Sylwestrowicz gesammelten Podania żmujdzkie II, S. 231 f.; theilweise gehört hieher die slovakische bei Dobšinský, Slov. povesti Heft 5, S. 88 f., theilweise die bulgarische aus Štip in Makedonien im Сборн. за нар. умотвор. X, Abth. 3, S. 145 f., wo Gott statt des Engels den Tod ausschickte, und die mit dieser bulg. ganz übereinstimmende griech. Version aus Lesbos bei Bernhardt Schmidt, Griechische Märchen, Sagen u. Lieder S. 132, wo die Rolle des Engels oder Todes Charos vertritt. — Im Aufsatze e) (Ab-

druck aus der Zs. Кіевская Старина) macht uns Prof. Sumcov mit einer Hs.
der Raskolniki bekannt, in welcher die Vorreden des südrussischen Predigers
Lazar Baranovič sich finden und die kommentirte Apocalypsis; in derselben
wird ein sehr starker Einfluss der südrussischen, Kiewer scholastischen Literatur des XVII. Jahrh. nachgewiesen; diese Schrift zeigt ausserdem noch
ziemlichen Einfluss der Freimaurerliteratur, sie polemisirt heftig gegen die
Freimaurer; freimaurerische Lieder wurden vielfach in den Text aufgenommen, oftmals auch parodirt; überhaupt interessirten sich die Raskolniki sehr
stark für die religiös-mystischen Werke der Freimaurer.   *G. P.*

Проф. Н. Ѳ. Сумцовъ. Разысканія въ области анекдотической литературы. Анекдоты о глупцахъ. Харьковъ 1898. 200 S.

   Im Anschluss an das Buch von W. A. Clouston »The book of noodles«
werden zahlreiche, besonders russische und polnische, theilweise auch südslavische Erzählungen, Anekdoten von Spiessbürgern, einfältigen, dummen
Leuten zusammengestellt. Stellenweise versucht der Verfasser, die Frage
nach dem Ursprung, der Quelle einzelner, besonders kleinrussischer Versionen zu lösen. Die slavische Märchenliteratur ist bisher überhaupt in sehr
geringem Masse durchforscht, es fand der Verfasser auch auf dem engeren
Gebiete, dessen Sichtung und Erforschung er diese seine »Untersuchungen«
widmete, nur einige wenige Vorarbeiten. Grösstentheils musste er das Material selbst zusammentragen, und hier ist auch seine Arbeit nach Verdienst
anzuerkennen. Die zahlreichen hierher gehörigen Erzählungen sind nach
einzelnen Motiven gruppirt, und wir könnten nicht sagen, durchwegs glücklich, so sind z. B. im § 39 zusammengestellt einige Erzählungen, wie der
Freier nach dem Mädchen mit den Augen wirft, und im § 43 überhaupt Erzählungen vom einfältigen Freier. Die in einzelnen §§ gruppirten Erzählungen werden nicht gründlicher analysirt und nicht nach ihrer inneren Verwandtschaft aneinandergereiht, sondern mehr äusserlich; es werden auch
mitunter Versionen angeführt, die eigentlich nicht an die Stelle gehören, wo
sie wiedergegeben werden, z. B. im § 40 von der Märchengruppe, die R. Köhler
»List und Leichtgläubigkeit« benannt hat (Orient und Occident II, 486 ff.,
Kleinere Schriften zur Märchenforschung 230 ff.) wird angeführt das Märchen
aus Аѳанасьевъ, Рус. нар. ск. [3] II, 363 f., Nr. 224, welches eigentlich zu jener
Gruppe gehört, die der Verfasser im § 38 zusammengestellt hat unter dem
Titel »Misslungene Erfüllung der Rathschläge«; ebendaselbst noch das Mär-
chen aus derselben Sammlung Nr. 225, welches wieder in die Gruppe gehört,
die der Verfasser im § 41 zusammengestellt hat von dem Dummen, der den
Ochsen einem Baume oder einer Statue verkauft. Das slavische Material ist
durchaus nicht erschöpft, und andere Gelehrte werden das von Prof. Sumcov
zusammengestellte Material stark zu vervollständigen und auch die einzelnen
Märchenstoffe und Motive eingehender zu analysiren haben. Vgl. z. B. § 3:
»Von Einfältigen, die den vermeintlichen Tod des in der Zukunft zu erwartenden Kindes beweinen«, welches Motiv der Verfasser schon in seiner Re-

cension der ethnographischen Werke Romanov's (S. 68 f.) berührt hatte, hier aber wie die weissruss. Version bei Romanov (Бѣлорус. Сб. III, 483 f.), so auch andere unerwähnt liess: Шеинъ, Матер. сѣверо-зап. края Nr. 85, 86, Иванницкій, Вологод. S. 284, Nr. 39. Mater. antrop.-archeol. i etnogr. I, Abth. 2, S. 52; II, Abth. 2, S. 87 f. Етнограф. Збірник III, 131 f. Karlowicz, Podania na Litwie Nr. 6. Kolberg, Lud VIII, 220 f. Ciszewski I, Nr. 225, 226. Chełchowski II, 81 f. Dobšinský, Slov. pov. VIII, 3 f. u. a. m. Vgl. weiter § 26: »Der Leichnam« bei der Thür aufgestellt, von Andern wieder erschlagen, theuer bezahlt u. s. f., wo nicht einmal alle Motive (der Leichnam auf dem Wagen mit Aepfeln etc.) aufgezählt sind, und auf eine Zahl von Versionen bloss bibliographisch verwiesen ist; § 27: Das Weib gibt dem Mann, der von Gott, aus dem Paradies kommt, Kleider und Geld für ihren Vater, seligen Mann u. s. w. s. Frey's Gartengesellschaft, hsgb. von Joh. Bolte S. 236 f. Hieran war anzuknüpfen das erst in § 45 besprochene Motiv: das Weib gibt dem »Fürpass«, »le temps long« u. ä. Geschenke, den Schatz u. a., vgl. hierzu Етнограф. Збірник III, S. 131 f. Národopisný sborník českoslov. III, 111. — Einige Motive sind recht gründlich durchgearbeitet, andere flüchtiger behandelt, oftmals hat er bloss auf ähnliche speciale Studien hingewiesen, und sich mit einer kurzen Aufzählung ähnlicher Versionen begnügt. Vollständigkeit hat der Verfasser nicht beansprucht — absolute Vollständigkeit ist kaum zu erreichen auch in den Sitzen unserer reichen westeuropäischen Bibliotheken, geschweige denn in einer russischen Provinzstadt. Und doch ist es ohne verhältnissmässig vollständige Ausnützung alles zugänglichen Materials kaum möglich, auf diesem Gebiete zu irgendwie sicheren Resultaten zu gelangen.

G. P.

Б. Д. Гринченко: Этнографическіе матеріалы, собранные въ Черниговской и сосѣднихъ съ ней губерніяхъ. Вып. I. Разсказы, сказки, преданія, пословицы, загадки и пр. — Черниговъ 1895. S. IV + 308.

Das in diesem Buche publicirte zahlreiche und grösstentheils werthvolle ethnographische Material wurde von verschiedenen Personen im Gouv. Černigov und den benachbarten Gouv. Volyň, Charkov, Poltava und Jekaterinoslav gesammelt. Leider hat der Herausgeber die gewiss zahlreichen dialektischen Eigenthümlichkeiten fast durchgehends verwischt, der Accent ist auch nicht bezeichnet, die Beiträge über Zauberei, Beschwörungen über Krankheiten etc. sind sogar in der (gross)russischen Schriftsprache wiedergegeben. Kurz für den Sprachforscher bietet das Buch kein Interesse. Für den Forscher der Volksliteratur, der Sagen und Märchen, Sprichwörter und Räthsel, des Aberglaubens und der Volksmedizin bringt dagegen diese neue kleinrussische Publication reichen und interessanten Stoff. Dieser ist in einzelne Kapitel vertheilt auf eine Weise, die allerdings hie und da auf Widerspruch stösst. Einige Abtheilungen sind so schwach vertreten, besonders Sagen, dass sie hätten füglich wegfallen können, umsomehr, da der Herausgeber ja, nach dem Titel zu urtheilen, beabsichtigt, noch anderes Material in einem zweiten oder vielleicht noch mehr Heften zu publiciren.

Im Folgenden wollen wir einzelne Märchen insbesondere hervorheben,
und auf ähnliche slavische, hie und da auch nichtslavische Varianten hinweisen. Der Herausgeber selbst führte in den Anmerkungen ähnliche Versionen an, doch nur aus kleinrussischen Sammlungen, und das nur, soweit sie
ihm zugänglich waren.

I. Vorstellungen und Erzählungen von Naturerscheinungen und Erfindungen. S. 1—10.

Nr. 1. Von den Sternlein. Unter den Sternen, die den Wagen bilden, ist ein kleines Sternlein, das Hündchen genannt; dieses nähert sich immer mehr dem mittleren Stern, und wenn es bei ihm ankommt, wird das
jüngste Gericht eintreten.

Nr. 2. Von den Hundsköpfen. Bei diesen einäugigen Menschen-
fressern diente als Lakai ein Russe, bereitete ihnen Essen aus Schlangen-
fleisch, ass selbst davon, und wurde dadurch sehr weise, erfuhr auch den Weg
nach Hause und entfloh schliesslich. Auf der Flucht sah er sich auf die un-
aufhörlichen Zurufe der Hundsköpfe um, und vergass dadurch die Hälfte
dessen, was er wusste.

Nr. 3. Die Gelsen bitten Gott um Abhilfe, dass der Mensch sie nicht
zerquetscht, wenn sie ihn stechen.

Nr. 4. Ein Fragment aus dem Doctor Allwissend: Ein Bauer
sucht seine Ochsen. Eine Zauberin schlägt die Karten auf und schickt in den
Wald, wo eine rothe Säule steht. Wirklich waren dort die Ochsen in dem
Gesträuche festgebannt, und ein Gelsenschwarm saugte aus ihnen Blut, bis
er blutroth war; er erhob sich und bildete eine glühende Säule.

Nr. 6. Die Schlangen kriechen am Tage der Kreuzes-Erhöhung
(26. Sept.) in ihre Höhlen.

Nr. 7, 8. Von Schlangen mit goldenen Hörnern und wie man
diese goldenen Hörner erlangen kann; wer sie hat, bei dem hält sich viel Geld.

Nr. 12. Von der Fledermaus: vgl. Archiv XIX, 260 zu Šejn Nr. 201.

Nr. 13. Warum zanken sich Hund und Katze. Vgl. Archiv XIX, 260 zu
Šejn Nr. 194, 195.

Nr. 14. Mit der Kuh gehen die Leute sehr zart und fein um, am Oster-
feste küssen sie sie u. a.

Nr. 15. Der Schmied und der Teufel. Der Teufel lernt schmieden.

Nr. 16. Das Glas, etymologisches Märchen, стекло: Fuhrleute machten
auf zwei Klumpen Salpeter im Sande Feuer und stellten einen Kessel darüber;
über die Nacht floss es in eine Masse zusammen, стекло, daher benannten
sie so die neue Masse.

Nr. 17. Vom teuflischen Ursprung des Tabaks. Vgl. Sumcov, Современ-
ная малорус. этнография S. 128 f. Романовъ, Бѣлорус. Сб. IV, S. 23, Nr. 19.
Этнограф. Обозрѣніе X, S. 58 f. Strohal, Hrvat. nar. pripov. Nr. 53. Сборникъ
за нар. умотвор. VII, Abth. 3, S. 138.

II. Vorzeichen und Aberglauben. S. 11—23. Unter anderem wie bei
grosser Dürre Regen hervorzurufen, Hagel zu vertreiben, die Hand eines
todten Kindes schützt die Diebe, Gebräuche bei Todesfall u. a. ä.

III. Zauberei und Besprechungen (S. 24—37) gegen Krankheiten, gegen Cholera, beim Gebären, bei der Pflege des Kindes u. a. ä.

IV. Erzählungen von übernatürlichen Wesen (S. 38—47): Nr. 73. Wer den Teufeln seine Seele nicht verschreibt, wird nicht reich. Einem Müller führen die Teufel eine ganze Fuhre Silber zu, Leute, die beim Abladen helfen, bekommen als Lohn eine Handvoll Silberstücke, bei näherer Besichtigung bemerken sie, dass es Kohlen sind.

Nr. 75. Der Teufel bethört: soll sich die Seele holen, wenn alles Laub abgefallen sein wird. Vgl. Revue des trad. pop. VII, 593.

Nr. 76. Ein Mann verschreibt dem Teufel seine Seele, wenn er ihn zum besten Geiger der Welt macht. Der Teufel bethört.

Nr. 77. Der Teufel geht Honig naschen, vom Bauer geprügelt.

Nr. 78. Ein Mann, der nur Böses that, trug seinem Sohne vor seinem Tode auf, durch einen Kummet zu schauen, was mit seinem Leichnam geschehen wird. Teufel tragen die Leiche weg, und ein Teufel legt sich auf die Bank statt des Leichnams. Der Teufel, mit siedendem Wasser begossen, entflieht.

Nr. 79. Ein reicher Mann verschenkt auf Anrathen des Teufels vor dem Tode sein Geld. Um Mitternacht kamen Teufel, und schüttelten das Geld aus der Leiche heraus für den Kirchensänger, der die ganze Nacht bei der Leiche betete. Eine gleiche Erzählung bei Athanasjev, übersetzt in der Revue des Trad. populi I, S. 35.

Nr. 80. Dem Waldgotte hüteten drei Brüder einen Stier: der Hirt soll bringen, was der Stier frisst und trinkt. Der jüngste, dumme, verfolgt den Stier über einen Fluss, bis zu einer Kirche, wo der Stier, in einen Priester verwandelt, Messe liest, »Semmeln« isst und Wein trinkt. Vgl. Dowojna Sylwestrowicz, Pod. žmujdzkie I, 262 f. Dobšinský, Slov. pov. H. 7, S. 3 f. Ungar. Revue V (1885), S. 640 f.

Nr. 82. Ein Mann von der verlassenen Geliebten in einen Wärwolf verwandelt. Vgl. Лѣтопись истор.-филолог. общества новоросс. унив. III, S. 128 f.

V. Erzählungen von Todten (S. 48—56).

Nr. 85. Von Einem, der auszog, das Fürchten zu lernen. Uebernachtet am Friedhof, erfährt von einem Vampyr, wie er von ihm getödtete junge Eheleute wieder beleben kann. Vgl. Етнографічний збірник I, 2. Abhandlung, S. 5 f., Nr. 2. Тройландъ, Латышскія сказки S. 139 f., Nr. 95, 96.

Nr. 86. Aehnlich wie Nr. 85. Der Sohn, aus der Fremde nach Hause gekommen, findet seinen, den Nachrichten nach todten, Vater; er fährt mit ihm auf eine Hochzeit. Der Vater ist ein Vampyr. Wie die jungen Eheleute zu beleben sind, erfährt von ihm der Sohn auf der Rückfahrt, ebenso, wie der Vampyr unschädlich gemacht werden kann.

VI. Aberglauben und Erzählungen von Hexen und Zauberern (S. 57—61).

Nr. 89. Hexen beschmieren sich mit einer Salbe und fliegen durch den Schornstein hinaus; ein Mann macht es ihnen nach. Vgl. N. Th. Sumcov im Русскій Фил. Вѣст. XXXI, S. 295 f. zu Puškin's Гусарь, ausserdem Dowojna-Sylwestrowicz II, S. 94 f., 257 f. Strohal, Hrvat. nar. prip. Nr. 28. Zibrt, Jak se v Cechách tancovało S. 223 f.

VII. Schatzsagen S. 62.

VIII. (S. 73—76). Nr. 91. Variante der Oedipussage, besonders nahe der Version bei Драгомановъ, Малорус. пред. S. 130 f. Vgl. Dragomanov: Славянскитѣ прѣправки на Едиповата история im Сбор. за нар. умотвор. V, Abth. 1, S. 286 f.

Nr. 92, 93, 209. Die Hexenmutter rächt sich am Jüngling, der ihre Tochter verschmäht. Er tödtet sie zufällig, muss daher drei Nächte in einer leeren Hütte zubringen, in einem Zauberkreis eingeschlossen rettet er sich kaum vor den Hexen, erst nachdem Gott selbst eingriff und den Hahnenschrei früher ertönen liess. Vgl. Dragomanov, Малорус. пред. S. 71, Nr. 14 u. a.

Nr. 94. »Der Engel« wurde bereits von Prof. Sumcov herangezogen in der Abhandlung Литературная родня разсказа гр. Л. Н. Тостаго »Чѣмъ люди живы«; vgl. oben S. 262.

Nr. 95. »Der Heilige«. Vgl. Archiv XIX, 261 zu Šejn Nr. 218, 219.

Nr. 96. Der Zigeuner darf lügen, denn mit einer Lüge beschützte er den gekreuzigten Herrn, dass ihm nicht noch der Kopf angenagelt wurde. Vgl. Житє i Слово 1894, Bd. II, S. 181, Nr. 6. Aehnlich darf nach einer baskischen Legende der Zigeuner stehlen, weil einst eine Zigeunerin das Kindlein Jesu vor Herodes verbarg. Revue des trad. popul. III, S. 650.

Nr. 97. Jesus führte aus der Hölle alle Menschen heraus, nur Salomon liess er dort, denn der wird durch seine Klugheit selbst sich befreien. Als dann Salomon zum Paradies kam, las er dort geschrieben: »die Menschen haben zu leben 1000 Jahre«. »Wenig«, sagte Salomon, und schrieb noch seine 700 Jahre hinzu. So haben sie Gottes Jahre bereits verlebt, und leben jetzt nur mehr Salomon's Jahre, und auch diese gehen zur Neige.

IX. Erzählungen aus dem familiären und gesellschaftlichen Leben (S. 77—127): Nr. 105. Ein Mann sucht ein Nachtlager: in der 1. Hütte fand er den Tisch voll Schlangen, in der 2. schlief der Mann mit seinem Weibe, und zwischen ihnen eine Schlange, in der 3. sprang vom schlafenden Mann ein Frosch auf das schlafende Weib und zurück etc. Morgens kommt er sich zu dem Herrn dieser Hütten beklagen, wieso er die ganze Nacht nicht schlafen konnte. Dieser erklärt es ihm: in der 1. Hütte werden die Brosamen nicht vom Tische weggefegt, in der 2. hassen sich Mann und Weib, in der 3. lieben und achten sie sich u. s. f.

Nr. 107. Warum gehen nicht gleich die Kinder nach der Geburt: Gott erschien bei Eva, als ihr ein Sohn geboren wurde, und wollte, dass sie ihn über das Thor werfe; sie fürchtete sich aber und gehorchte nicht Gott. Aehnlich, aber ausführlicher Романовъ, Бѣлор. Сб. IV, S. 178, Nr. 37. Rev. trad. pop. II, 485.

Nr. 109. Ein Sohn missachtet seine Mutter; als sie ihn zu Ostern besuchte, empfing er sie schlecht, ging in den Garten hinaus, in der Hoffnung sie früher los zu werden; doch dort umschlang seinen Hals eine grosse Schlange; sie verlässt ihn erst, als er büssend nach langjährigen Wallfahrten starb. Vgl. Етнограф. Збірник II, Abh. 1, S. 47 f., Nr. 23.

. Nr. 111. Die bekannte Episode aus der apocryphen Erzählung von Moses, aber hier fing das Kind den König bei seinem Schnurrbart, griff nicht nach

Pharao's Krone. Das Kind hat dann zu wählen zwischen Gold und einer angezündeten Kerze, im Apocryph zwischen Edelsteinen und glühender Kohle.

Nr. 112. Variante zu Grimm, KHM. Nr. 14. »Die drei Spinnerinnen«. Vgl. Radostov I, S. 60 f. Schleicher, Lit. M. S. 12 f. Трейландъ, Латышскія ск. I, Nr. 123, S. 240 f. Strohal I, Nr. 34. B. Schmidt, Griech. M. S. 65 f.

Nr. 120. Ein Herr wettet, dass sein Diener treu ist. Vgl. Gonzenbach Nr. 8. Dobšinský, Slov. pov. H. 8, S. 37 f. Сборникъ за нар. умотвор. IX, Abth. 3, S. 171 f.

Nr. 121. Von den drei Brüdern, die in die Welt zogen und russisch lernen wollten. Vgl. Archiv XIX, S. 268 zu Nr. 4.

Nr. 125. Das untreue Weib entwendet dem Manne seine Wunderdinge. Der Mann bekam sie als Belohnung für die treuen Dienste bei einer Schlange — einem Mädchen. Von diesem bekam er ein Kraut, durch welches er sich in ein beliebiges Thier verwandeln konnte, und so gelangte er wieder zu seinen Wunderdingen.

Nr. 126. »Die unrechte That«. Ein Bauer verkauft sein von einem wüthenden Hund gebissenes Schwein. Die Leute, die es kauften, konnten es ohne Schaden zu nehmen verzehren, doch als der Bauer davon genass, wurde er ebenfalls wüthend.

Nr. 130. Das Glück (доля) des reichen Bruders ist auf dem Lande, das des armen Bruders in der Stadt, treibt Handel. Vgl. Wisła 1894, S. 521 f.

X. Traditionen von historischen Persönlichkeiten (S. 128—129).

Nr. 146. »Дарій та Македонъ«. Eine Episode aus der Alexander-Sage. Darius gibt dem verkleideten König von Macedonien einen Sack Mohn: wie viel Körner darin, so gross ist sein Heer. Dieser zerdrückt den Mohn in seiner Hand, ebenso wird er den Saft aus dem Heer ausdrücken. Vgl. Veselovskij, Изъ исторіи романа и повѣсти I, 172 f.

XI. Local-Sagen (S. 130—143).

XII. »Phantastische Märchen«, Wortspiele und Witz (S. 144—250).

Nr. 154. »Der Bär, der Alte und der Fuchs«. Vgl. Archiv XIX, 258 zu Šejn Nr. 128.

Nr. 155. »Der Specht, der Gevatter und der Fuchs«. Vgl. Archiv XIX, 249 zu Šejn Nr. 17. Die Geschichte ist besonders nahe der bei Karłowicz Nr. 49 erzählten.

Nr. 156. »Der Grossvater und die Grossmutter«. Ein Häufungsmärchen. Vgl. Archiv XIX, 249 zu Šejn Nr. 15, 16. Сборникъ мат. племенъ Кавказа XV, Abth. 2, S. 144 f.

Nr. 157, 158. Die untreue Mutter von einem Drachen überredet, stellt ihrem Sohne nach dem Leben. In Nr. 157 entflieht der Sohn mit Hilfe seines Pferdes und befreit drei königliche Prinzessinnen vom Drachen. In Nr. 158 befreit die Mutter, wie bei Manžura 37 f., Romanov S. 66 f., den Drachen von seinen Fesseln. Sie wurde mit dem Kinde aus dem Hause vertrieben und die Hände ihr abgehackt; sie wuchsen ihr wieder an, nachdem sie auf das Geheiss ihres Kindes die Handstumpfe im Brunnen benetzt hat.

Nr. 159. Aus der Macht des Drachen ein Mädchen befreit. Der Held hilft dem Drachen im Kampfe mit anderen drei Drachen, daher schont ihn

dreimal der Drache, als er das Mädchen entführte und von ihm eingeholt
wurde. Der Bruder des Helden, der Wolf, bringt ihn wieder zum Leben mit
dem Lebenswasser, und lehrt ihn, dass er nur auf einem Wunderpferde die
Schöne dem Drachen entführen kann.

Nr. 160. Ein reicher Kaufmann auf Reisen, von starkem Durst geplagt,
erbittet sich vom Herrscher dieses Landes Wasser; der gewährt es ihnen nur
unter der Bedingung, wenn er giebt, was er zu Hause hat. Der Mann neigte
sich also hier nicht in die Quelle, wie bei Athanasjev V, S. 132 f. Chudjakov
I, Nr. 17, 18. Dobrovoljski, Smol. Sb. I, S. 99 f. Gliński I, S. 98 f. Karłowicz
Nr. 44. Dowojna Sylwestrowicz II, S. 344 f. Сборн. мат. Кавказ. XVI, Abth. 1,
S. 295 f. Der Sohn des Kaufmannes herangewachsen, geht zu diesem Herrn,
und der, ein böser Zauberer, legt ihm schwere Aufgaben auf, in einer Nacht
hat er den dortigen Fluss abzudämmen, das Flussbett zu ackern, besäen, und
den Weizen reifen zu lassen, Mehl mahlen und des Morgens seine Semmel zu
bringen u. ä. Das wird mit Hilfe der jüngsten Tochter des Zauberers voll-
bracht, beide entfliehenen nach verschiedenen Verwandlungen.

Nr. 161. Dem Vater sollen seine drei Söhne abwechselnd auf das Grab
jede Weihnachten das Abendessen bringen. Gewöhnlich haben sie nur des
Vaters Grab durch drei Nächte zu bewachen. Vgl. Archiv f. slav. Phil. XVII,
578 zu Ciszewski Nr. 141, 142 Athanasjev II, Nr. 25; III, Nr. 5; V, Nr. 18.
Dobrovoljskij I, S. 590 f., Nr. 30, 31. Chudjakov II, Nr. 50. Weryho Podania
łot. S. 195 f. Podania białorus. Nr. 23. Трейландъ, Латышскія ск. Nr. 119, 120.
Етнографічний Збірник I, S. 36 f., Nr. 10.

Nr. 162. Ein König verspricht Demjenigen seine Tochter und die Hälfte
seines Reiches, der zu seiner Tochter durchdringt und den Ring ihr weg-
nimmt. Der Held liess eine solche Uhr bauen, die auch Musik spielt, und in
der er Platz hat zu sitzen; doch darf der Meister sie nur dem König verkaufen. Und so gelangte der Held zur Prinzessin, entwendete ihr den Ring,
verdarb das Spielwerk, und wurde mit der Uhr zu dem Meister in Reparatur
gebracht. Vgl. Gonzenbach Nr. 10, 23, II, S. 209. Wolf, DHM. S. 73 f. U. Jahn
I, S. 169. Erdelyi-Stier S. 76. B. Schmidt, Griech. Märch. S. 103. Kolberg,
Lud VIII, 28 f. Сборн. мат. Кавказ. XVIII, Abth. 3, S. 390 f.

Nr. 163. Der reiche Bruder stach dem armen die Augen aus für Brod,
schnitt ihm weiter die Ohren ab, dann auch Hände und Füsse, alles für Brod.
Von dem wunderthätigen Thau erfuhr er, nachdem er sich in ein Fuchsloch
verkrochen hat. Vgl. Archiv XIX, S. 244 zu Václavek Nr. 6. Dobrovoljskij
I, S. 644 f., Nr. 7. Етнографічний Збірник I, Artikel 2, Nr. 19.

Nr. 164. Der arme an dem Namensfeste seines reichen Bruders vertrieben, geht zu den Teufeln, erfährt von ihnen unbemerkt, wie der Damm
zu bauen ist, dass er nicht mehr zerrissen wird. Vom Müller dafür reich beschenkt. Es geht dann der reiche Bruder hin etc. wie in Nr. 163 u. ä.

Nr. 165. »Jean de l'Ours« und seine Genossen Dubrovyk und ein Mann
mit einem so langen Schnurrbarte, dass er damit Fische fing. Kampf mit dem
Zwerge mit dem ellenlangen Bart u. s. w. Die Version sehr kurz und ver-
derbt. Aehnlich ragt auch in der weissrussischen Version bei Dobrovoljskij

I, S. 436 der Held mit seinem langen Schnurrbarte hervor, der drehte aus ihm eine Brücke; bei Erlenvejn S. 127 f. dämmte er den Teich ein.

Nr. 166. Der Held bekommt für seine treuen Dienste von seinem Herrn ein weisses Pferd, welches das ganze feindliche Heer zusammentritt und unverwundbar ist. Befreit eine alte Frau von Hexen, und zum Lohne hiefür wird er mit einem Zauberschwert beschenkt und ausserdem mit dem guten Rathe, dem Weibe bis 7 Jahre und 7 Wochen nicht zu glauben. Der Held befreit einen König, heirathet dessen Tochter, von dieser dem Feinde verrathen.

Nr. 167 gehört zu dem Märchen vom tapferen Schneiderlein. Vgl. Athanasjev II, S. 135 f. V, S. 48 f. Čubinskij II, S. 635 f. Dobrovoljskij S. 622 f. Dobšinský, Slov. pov. Heft 3, S. 9 f. Beneš-Třebízský, Národ. poh. a pov. S. 34 f. Kres IV, S. 30 f., Nr. 2. Šapkarev, Българ. нар. прик. Nr. 28, Сборникъ нар. умотвор. IX, S. 368 f., Nr. 220, 221, 223. Сборн. матер. Кавказ. XVI, Abth. 2, S. 100 f. Живая Старина V, 454 f.

Nr. 168. Für seine Dienste bekommt der Diener je einen Heller, die beiden ersten Jahre sinken die Geldstücke im Flusse unter; er kehrt in den Dienst zurück, da er nicht redlich gedient hat. Erst das dritte Jahr taucht es ebenfalls unter, kommt aber mit den beiden ersten Geldstücken wieder hervor. Er befreit dafür eine Katze, einen Hund und eine Schlange von ihren Peinigern. Die Schlange eine verwünschte Prinzessin. Vgl. Сборникъ матер. для описанія мѣсти. и племенъ Кавказа XV. Abth. 2, S. 179 f.

Nr. 170. Die Kaufmannstochter vom Räuberhauptmann gefreit. Vgl. Archiv XIX, 257 zu Šejn Nr. 105. Сборн. матер. Кавказ. XV, Abth. 2, S. 165 f. Сборникъ за нар. умотвор. XI, Abth. 3, S. 102. Šapkarev, Сборникъ IX, S. 532 f.

Nr. 171. Der Sohn zieht in die Welt, um noch dümmere Leute zu sehen. Vgl. Archiv XIX, 255 zu Šejn Nr. 86. Český Lid V, S. 459. U. a. auch die Kuh auf das Dach gezogen, wie bei Athanasjev II, S. 16 u. a.

Nr. 172. Der Dumme geht über das Eis, wo es geborsten, schmiert er es mit Honig aus, wie z. B. bei Kolberg, Lud III, 158 das Loch in der Brücke mit einem Laib Brod ausgestopft wurde u. s. f. Vgl. Athanasjev V, S. 47 f. Chudjakov II, S. 114 f. Dobrovoljskij I, S. 493 f.

Nr. 173. Von zwei Brüdern, dem gescheidten und dem dummen. — Der Ochs einem Baume verkauft: Čubinskij II, S. 495 f., Nr. 4. Athanasjev V, S. 231. Erlenvejn S. 58 f. Kulda III, S. 56 f., Nr. 7. Haltrich, Deutsche V.-M. S. 291. Vgl. Archiv XVII, S. 579 zu Ciszewski Nr. 151. Der Dumme geht um ein Mass für den Schatz zum Popen, der will zusehen, wie sie den Schatz messen, vom Dummen erschlagen, der Leichnam in den Brunnen geworfen, ein Bock aus dem Brunnen herausgezogen. Vgl. Иваницкій S. 201, Nr. 34. Dragomanov, Малорус. пред. S. 332, Сборникъ за нар. умотвор. VIII, Abth. 3, S. 184 f. A. Mouliéras & René Basset, Le Fourberies de Si Djeb's S. 18, Nr. 21, 55.

Nr. 175. Meisterdieb. Vgl. Archiv XIX, 256 zu Šejn Nr. 95, 96. Сборн. матер. Кавказ. XV, Abth. 2, S. 103 f., 193 f. Житє і Слово 1895, H. 6, S. 358 f. Šapkarev, Сборникъ IX, S. 411 f., Nr. 247.

Nr. 176, 177, 178, 179. Lügenmärchen. Vgl. Archiv XIX, 257 zu Šejn

Nr. 114—119. Сборн. Матер. Кавказ. XII, Abth. 1, S. 93. XV, Abtb. 2, S. 47 f., 49 f. Dobrovoljskij I, S. 467 f., 663 f. Dowojna Sylwestrowicz I, 259 f. Šapkarev, Сборникъ IX, S. 437 f., Nr. 255.

Nr. 180. Einer will reich werden, kauft gläserne Waaren zusammen, übernachtet in einer leeren Hütte, berechnet, wie er reich werden wird, die Tochter des Caren heimführt, — stosst dann mit seinem Fuss in das Glas. Ebenso Жите і Слово 1895, H. 5, S. 179, Nr. 15. Vgl. Archiv XVI, 319 zu Sláma Nr. 22.

Nach verschiedenen kleineren Anecdoten folgt eine grössere Anzahl von Sprichwörtern (S. 231—247) und Räthseln (S. 247—250).

In den Ergänzungen (S. 231—300), in welchen verschiedenes Material abgedruckt wurde, welches während des Druckes einging, lesen wir neben Beschwörungen des Fiebers (S. 256 f.), besonders ein einer bäuerlichen Hs. entnommenes Arzneibuch (S. 257—279), weiter Liebeszauber (S. 280 f.), Beschwörungen der Bienen (S. 281) und Fische (S. 282).

Nr. 206. Wenn der Blitz einen Menschen erschlägt, so sagt man, dass unter diesem Menschen ein Teufel sich verborgen hat; glücklich ist so ein Mensch, denn durch ihn hat Gott auch einen Teufel erschlagen.

Nr. 207, 208. Wie kann man eine Hexe erkennen.

Nr. 210. Vor seiner Hochzeit besucht der Bräutigam das Grab seines Bruders und ladet ihn zur Hochzeit; der Todte ladet ihn zu sich, erzählt von dem Leben im Jenseits, die Zeit verschwindet rasch, eine Kerze verlöscht, 100 Jahre verflossen. Vgl. Kres IV, S. 349 f. Kolberg VIII, S. 101 f., Nr. 37, 38. Dobšinský H. 3, S. 38 f. Bartsch, Sagen und Märchen aus Meklenburg I, S. 282 f.　　　　　　　　　　　　　　　　　　　　　　*G. Polívka.*

Володимир Гнатюк Легенди з Хітарьского збірника (I-оі пол. XVIII в.): Записки наукового товар. ім. Шевченка. Bd. XVI (1897, Nr. 2), S. 1—38.

In dem X. Bd. der Mittheilungen der Ševčenko-Gesellschaft der Wissenschaften wurde bereits ein kurzer Bericht von einer interessanten Hs. aus der 1. Hälfte des XVIII. Jahrh. abgedruckt, die bei einem Bauern des Dorfes Chitar im Bezirke Stryj gefunden wurde, und seit der 1. Hälfte des XVIII. Jahrh. in den Händen von Bewohnern dieser Gegend, grösstentheils in einer und derselben Familie sich befand. Die Hs. ist ungemein interessant sowohl der Sprache als auch dem Inhalte nach: sie lässt uns einen Einblick in die Lectüre des ruthen. Volkes, von der 1. Hälfte des XVIII. Jahrh. an, gewähren. Die Hs. enthält nämlich den Alexanderroman, und zwar eine Bearbeitung seiner serbischen Redaction, wie Dr. Ivan Franko sich daselbst (Miscell. S. 9) aussprach, und eine Reihe von verschiedenen Legenden und Erzählungen. Diese wurden nun von H. Volod. Hnatjuk herausgegeben. Die Publicirung des Alexanderromanes wurde auf eine spätere Zeit vorbehalten.

Nr. 1, S. 4 f. »Die Geschichte von einem König, der in der Nacht mit einem Diebe stehlen ging. Wäre er nicht stehlen gegangen, so wäre er eines bösen Todes gestorben.« Der Hsg. druckt daneben eine neue kleinrussische

Version dieses Märchens mit, die in derselben Gegend jüngst aufgezeichnet wurde, woher auch die Hs. stammt. Vgl. Dowojna-Sylwestrowicz, Podania łmujdzkie I, 416; II, 470. Добровольскій Смол. Сб. I, S. 384 f., Nr. 26. Чубинскій Труды II, S. 592 f., Nr. 77. Vgl. Сочиненія А. А. Котляревскаго II, S. 49 ff.

Nr. 4, S. 14 f. enthält eine Legende vom Kampfe eines Ritters mit dem Tode, die jetzt noch für das Volk gedruckt wird; der Hsg. theilte hierzu noch eine Variante mit, die bei den ungar. Ruthenen aufgezeichnet wurde. In der Hs. brüstet sich der Tod, dass alle, auch die grössten Helden, ihm folgen mussten, sogar Bova Korolevič und auch der König »Bronstvik« »который былъ са-львомъ зайшолъ под зеленую сторону«. Es ist dies also ein Beweis dafür, dass der Roman von Bruncvik auch bei den galizischen Ruthenen bekannt war.

Nr. 5, S. 20 f. Jovinian. Vgl. Archiv XVII, 572 zu Ciszewski Krakowiacy Nr. 48. Сборн. матер. Кавказ. XVIII, Abth. 3, S. 194 f., N. 9 b. Рудченко Нар. южнорус. ск. II, Nr. 36.

Nr. 6, S. 27 f. Vom reuevollen Räuber David im Kloster.

Nr. 7, S. 29. Vom Räuber Flavianus, der als Mönch verkleidet in ein Nonnenkloster sich einschlich, um in der Nacht seinen Genossen den Eingang zu öffnen, im Kloster sich aber zum christlichen Glauben bekehrte und selbst Mönch wurde.

Nr. 8, S. 31 f. Die bekannte Legende vom Einsiedler und dem Engel. Zu der S. 36 angeführten Literatur sei noch hinzugefügt. Kulda Morav. nár. poh. a pověsti III, S. 20 f. Kolberg Lud XIV, S. 166 f., Nr. 36, Добровольскій Смол. Сборн. I, 308 f. Сборникъ за нар. умотворения Bd. VI. Abth. 3, S. 117 f. Zs. Ver. f. VK. 1895, S. 76 f. O. Rohde, Die Erzählung vom Einsiedler und dem Engel. Rostocker Dissertation 1894.

Nr. 9 ist eine nicht vollendete Legende vom Patriarchen Terentios von Constantinopel, der auf Antreiben eines fanatischen Juden auf die Wahrheit des Evangeliums und der Lehre Christi Gift nahm.

In der Sprache der Hs. kommt sehr oft der Dialekt zur Geltung; für ó ist einigemal ě geschrieben, d. i. ѣ: вѣкно 5, покѣм 5, сокѣлъ 23, сокѣл 25 neben соколъ 26, instr. pl. нѣхтома 23, нѣчлѣгъ 33, вѣдотну 15, пѣдешъ 22; ebenso für ē: прямѣлъ 6, лѣгъ 5, стерѣгъ 5, утѣкъ 7, мѣстъ 16 u. a. Statt y ist e: бесъ statt бысъ 7, 10. Neben крвы 22, крывавого 24, finden wir кырвавого 22, 23, до клрве (ѣ = ы). Zwischen zwei Vocalen ist v ausgefallen: диовалися 28, отроити 6, отройти 5 neben отровяти. Assimilirt hat sich dn: гонный 14, 20, бѣнный 24. Vorgeschlagen ist i in имѣстити 21. Neben вижу 22 lesen wir daselbst auch вичу, vielleicht statt виджу? Ausgefallen ist н in gen. sg. черця 30, gen. pl. черцовъ 15. Die Präpositionen из- und съ sind zusammengefallen: из собою 14, из своимъ 16, из тобою 34, из плачемъ 17, из плачом 24, из цесаревою 22, 26, из поклонами 25, из молитвами 25, измежи насъ und змежи нихъ 26, ис панствомъ 6, ис товаришомъ 6, з роскошами 14, з душею 25, з вами 27 neben желаю из вами ту быти 28, з радостню 30, з ним 32, из християни и з патриярхою 37, с костий 14, с того свѣта 16, з високости 27, с которого . . пивалъ 32, упавъ из коня 17, з мосту 33, не знимаймешъ собѣ из головы шапки 5, danebeп auch co: со женами 37, 38, со змиевим ядом 5, со слезми 10, со иншими дияволами 11, und зо мною 15, 17, 32, auch изо мною 33, зо всего 18, зо рта 11 u. a. Wie in den heutigen Dialekten finden wir in dieser Hs. auch schon мл кому 23; nom. sg. наше здоровя 24, свое орудя 14, одѣня свое 21 u.a.; instr. sg. из душевъ 22, зо мновѣ 6, с тобовъ 12 u. a.

Durch poln. Einfluss ist jedenfalls eingedrungen я естем 4, 14, 21 u. a. neben не ест я духъ 22, 1. pl. естесмо 31; 2.sg. не ест ты человѣкъ але ты есь 22, пришолъ ем 28, осквернѴвъ ем 28, колко душъ емъ людьскихъ погубилъ 29, коли емъ бѣду чинивъ 29, теперь коли емъ на покутѣ 29. Reine Polonismen sind барзо 14, 20 u. a., слонце 16, 17, 20, кроль 20, хлопъ, 21, сродзе 23, 24, оу гембе 12, по цо 9, дябол 11, до дябла 10, voc. дябле 11, 21, во чисцу 13, чисцовыхъ 13, рихло 23; vielleicht огенъ 11, 34, огенъ 11, розебравши 21, здебку 33, -сць statt -сть: ласцѣ 21, 22, гордосць 25, власць 37. Nicht russisch ist кетъ 13, vgl. pol. kiedy, slovak. ked.　　　　　　　　　*G. P.*

Починъ. Сборникъ Общества любителей россійской словесности на 1896 годъ. Москва 1896.

Dieser neue Band des von dem Moskauer Verein der Freunde der russischen Literatur herausgegebenen Jahrbuches bringt einige sehr interessante Abhandlungen zur Geschichte der älteren wie auch zur gründlicheren Erkenntniss der modernen russischen Literatur. Aus den Universitäts-Vorträgen des verewigten Meisters der russ. Literaturgeschichte, des Akad. N. S. Tichonravov, wird ein einleitender Vortrag in die Geschichte der Literatur des XVI. Jahrh. abgedruckt (S. 35—49), in welchem in grossen Zügen die Entwickelung der Literatur und des geistigen Lebens Russlands bis zum XVI. Jahrh. dargestellt ist. In einer Abhandlung über die Denkmäler der altchristlichen Literatur in der russ. Literatur (S. 230—241) schildert M. N. Speranskij insbesondere die Bedeutung der apokryphen Evangelien und der an diese anknüpfenden Legenden. — A. N. Pypin gewährt uns in einem Aufsatz »Homunculus, Eine Episode aus der Alchemie und aus der Geschichte der russischen Literatur« (S. 51—63) einen tiefen Einblick in die literarische Thätigkeit der russischen Freimaurer des XVIII. Jahrh. auf Grundlage einiger Handschriften der kais. Petersburger Bibliothek. Ausserdem finden wir Beiträge zur Biographie Herzen's über seinen Aufenthalt in Vjatka (S. 87—131), zur Biographie von Bělinskij: P. N. Miljukov druckt seine Briefe an die Braut ab (S. 143—228); über das Verhältniss J. S. Turgenev's zu den französischen Literaten (S. 553—593), Essays über die Poesie der Dichterin Jul. V. Žadovskaja (S. 270—283) und den Poeten Ščerbina (S. 516—533). — Nicht geringes Interesse wecken neue Memoiren von Th. Buslajev (S. 1—34). — Prof. Vs. Th. Miller bringt einen neuen Beitrag aus seinen Studien über das russ. Volksepos. Er untersucht in dem Aufsatz »Былина о Батыѣ« (S. 348—371) die von Rybnikov, Hilferding u. a. verzeichneten epischen Lieder von Batyj und dem Tataren-Einfall, und weist nach, dass ihnen ältere Lieder zu Grunde liegen. Spuren alter historischer Lieder über die Ereignisse der Jahre 1237—1240 erblickt der Verfasser besonders in der altruss. Er-

zählung von dem Angriffe des tatarischen Heeres auf Rjazań. Deren Verfasser erzählt auf Grundlage von epischen Liedern, wie der tatarische Eroberer den fürstlichen Abgesandten tödtete, wie sich dessen Frau mit ihrem
Sohne von ihrem Palast hinunterstürzte, und weiter von dem siegreichen Angriffe eines tapferen Rjazaner Heerführers auf die Tataren. Prof. Miller gibt
übrigens nur die Existenz solcher Lieder zu, die einzelne Heldenthaten russ.
Krieger gegen die Tataren besangen. Das Gedicht über Batyj wurde etwas
später verfasst, als schon die Erinnerungen an die Verheerungen der Tataren-
horden stark verblasst waren, und die Tataren ihre starke Machtstellung
schon sehr eingebüsst hatten, und zwar wurde es von professionalen Sängern
etwa im XVI.—XVII. Jahrh. verfasst.— Aus den andern belletristischen Auf-
sätzen soll besonders das Essay von Grigorij Mačtet »Иванъ« (S. 534—552)
hervorgehoben werden, diese Geschichte des Mužik vom Anfang dieses Jahrhunderts, von Puškin bis heute, erweckt starkes literatur- und kulturhistori-
sches Interesse.

Unsere Hoffnung, die der Band des Починъ für das Jahr 1895 erweckte
(s. Archiv XIX, 297), dass dieses Jahrbuch eine kritisch-bibliographische
Uebersicht der wichtigsten Erscheinungen der russischen Literatur bringen
wird, wurde leider nicht erfüllt. Statt ihrer finden wir nur kurze kritische
Bemerkungen von V. Golcev über die Werke V. Šelgunov's und die kritischen
Skizzen und Essays M. Protopopov's (S. 627—630).   *G. P.*

Б. Д. Гринченко: Этнографическіе матеріалы, собранные въ Черниговской и сосѣднихъ съ ней губерніяхъ. Выпускъ 2. Разсказы,
сказки, преданія, пословицы, загадки и пр. Черниговъ 1897. II +
390 S.

Der zweite Band der kleinrussischen Volksüberlieferungen folgte dem
oben angezeigten I. Band bald nach. Er überragt ihn vielfach. Das mitgetheilte ethnographische Material, welches in dieselben Rubriken gruppirt
ist, wie im I. Bd., ist ebenso reichhaltig. In dessen Wiedergabe ist die sprachliche Seite viel treuer bewahrt und bietet daher auch dem Sprachforscher
nicht wenig Interessantes. Insbesondere für das Lexicon gibt es reichen
Stoff, das bekannte Wörterbuch von Želechowski könnte aus diesem Bande
sehr stark vervollständigt werden, vgl. z. B. одлюдькомъ S. 153 fern von Menschen, єсиныбожывсь (S. 183) Gottes Sohn anrufen? бубныло (S. 200) Trommel,
дюювалыть (S. 206) eine weitere Bildung von дюювати? завіякуватый чоловікъ
(S. 171), піячивъ (S. 171) saufte, почала загеровуваты ногу за голову (S. 167),
вона йійм (sc. ногу) сувердедыть у гору (S. 167), въ ногою тею момсалась вона
(S. 167), чого маты такъ юхторыть (S. 166) von юха Schimpfwort, Bösewicht,
Schuft? (vgl. bei Jagić Geheimsprachen S. 59 f.) исбеспремѣнно (S. 292, 350)
= grruss. непремѣнно, u. v. a. Nicht wenig interessante Ausbeute liefert das
Buch für die Lautlehre, secundäres polnoglasie волошебныкъ (S. 110); тамъ
м из ъ яры и печеру соби найшовъ (S. 160) statt мiж (между), Ogonowski Studien (S. 75, 186) erwähnt es bereits ohne nähere Belege; häufig ж zwischen

m und *ja*: мнясо (S. 181), времня (S. 328), имня (S. 345) u. a. Regelmässig ist statt ф: хв oder х: хвайнтонъ (S. 120) Phaeton, хвокусныкъ (S. 203), канхветамы (S. 214) st. конфет-, хвамылія (S. 254), хвершалъ (S. 222) st. фершалъ Feldscheer, хворма (S. 352), хвурманъ neben хурман (S. 195), хрунтъ 296 Fronte, хрантъ (S. 351), grruss. франтъ, йнхрейгуръ (S. 62) Gefreiter. Das Wort прыкаршыкъ st. прнкащнкъ hat den Laut *r* etwa infolge einer Volksetymologie aufgenommen, es wurde verbunden mit каратн strafen, züchtigen. Der Einfluss des Polnischen ist ziemlich unbedeutend: мцино (S. 198), злотъ (S. 330), besonders wo das Verhältniss zwischen Herrn und Diener geschildert wird: проше пана neben прошу пана (S. 195). Mächtiger zeigt sich der Einfluss des Grossrussischen, besonders in den Erzählungen, die aus dem Munde von Soldaten aufgezeichnet wurden, z. B. дайотца, знльоное сѣно (S. 209), памрьотъ-пайдьошъ (S. 218), алложа (S. 345), харашо (S. 346, 350), малладецъ (S. 348, 351), гавъядына (S. 350) u. a. m.

Sehr erwünscht sind die reichhaltigen bibliographischen Verzeichnisse, die einzelnen Abtheilungen, Vorzeichen und Aberglauben, Zauberei und Besprechungen, Erzählungen von Todten, Aberglauben und Erzählungen von Hexen, Zauberern, Wärwölfen u. a. angefügt sind. Es sind da alle einschlägigen, auch fremdsprachigen, polnisch, deutsch (von Kaindl) oder böhmisch (von Řehoř) geschriebenen Aufsätze über das kleinrussische Folklore aufgezählt. Ziemlich reichhaltig sind auch die bibliographischen Bemerkungen zu einzelnen Märchen; es wird freilich nur auf ähnliche kleinrussische Varianten hingewiesen. Das Werk schliesst ein genaues Register zum I. und II. Bande (S. 356—390) ab, in welchem kurz der Inhalt der einzelnen Märchen, Sagen u. a. angegeben ist.

Im Folgenden sollen die wichtigeren und interessanteren Traditionen näher besprochen und auf ähnliche, meistens slavische Versionen hingewiesen werden.

I. Vorstellungen und Erzählungen von Naturerscheinungen und Erfindungen (S. 1—16).

Nr. 1. In alter Zeit war es so heiss, dass man Eier im Sande braten konnte.

Nr. 2. Der Meteor wird als ein feuriger Drache vorgestellt, der sich auf die Frauen wirft und ihnen Milch aus der Brust saugt. Vgl. Slovenské Pohľady 1896, S. 252.

Nr. 4. »Die Cynocephalen«: Sie haben auf der rechten Seite ein Auge, auf der linken ein Horn. Ein reicher Bauer ging das Unheil suchen: Polyphem. Vgl. Archiv XIX, 254, 264. Archiv f. Religionswissenschaft I, 330.

Nr. 5. Der Specht, der Fuchs und der Bauer. Vgl. Archiv XXI, 267 zu Грнвченко I, Nr. 155.

Nr. 13. Die Ringelnatter saugt eine Kuh, die gibt dann viele und gute Milch.

Nr. 15. Vom Ursprung der Flöhe. Von Gott gesandt einem alten Weib, auf dessen Bitte um Vertreiben der Langeweile.

Nr. 16. Die Fliege und der Floh. Vgl. Archiv XVII, 583 zu Ciszewski Nr. 276.

Nr. 17. Vom Ursprung des Tabaks. Aus dem Blute eines Teufels, den ein Mönch in eine Eiche verwünschte und einzwängte. Vgl. Archiv XXI, 264 zu Грінченко I, Nr. 17. Vgl. auch eine in Suchomlinov's Исторія росс. академія II, 333 erwähnte, vom Akad. Ozereckovskij im XVIII. Jahrh. bei den Raskolniki mitgetheilte Sage vom Ursprung des Tabaks aus einem unzüchtigen Weib.

Nr. 18. Gott schuf für die Menschen Hafer, Haide, Korn und Weizen. Der Teufel bittet Gott, ihm doch den Hafer zu lassen, dass er wovon zu leben hat. S. Peter schreckt aber absichtlich den Teufel, so dass dieser vergisst, dass er Hafer (oves) von Gott bekommen hat, und Peter sagt ihm, er habe fortwährend Distel (osot) gerufen. Seit der Zeit gehört dem Teufel die Distel und er säet sie in das Getreide des Bauern.

II. Vorzeichen und Aberglauben (S. 17—30) Auch Prognostica.

III. Zauberei und Besprechungen (S. 31—54).

IV. Erzählungen von übernatürlichen Wesen (S. 55—91).

Nr. 58. Der Teufel bethört in der Gestalt eines Lammes einen Mann.

Nr. 59. Reiche Leute bethört sehr gern der Teufel im Walde.

Nr. 60. Der Teufel ladet einen von einer Hochzeit zurückkehrenden Musikanten zu sich. Vgl. Archiv XIX, 253 zu Шейнъ Nr. 52, Этнограф. Обозр. XXVIII, S. 103 f.

Nr. 61. Aehnlich wie Nr. 60. Der Musikant bemerkt, wie seine Tänzer ihre Augen mit etwas aus einem Gefässe beschmieren, er thut dasselbe, und erkennt, dass er Teufeln aufspielt, verflucht sie. Die Teufel reissen ihm das linke Auge aus. Vgl. Этнограф. Обозр. XXVIII, S. 101 f. Dowojna Sylwestrowicz II, 14 f.

Nr. 62. Der Teufel verkauft seine Geige. Bei den Teufeln lernen die Leute auf der Geige spielen und tanzen.

Nr. 63. Ein Mann flieht vor einem bösen Weib, würde seine Seele dem Teufel geben, wenn dieser ihm mit einer Fischreuse aus dem Bache Wasser geben könnte. Der Teufel flieht, die Fischreuse sei böser, als jenes Weib.

Nr. 65. Ein Fischer fing mit der Reuse einen Teufel. Der Teufel verspricht ihm viel Geld, er soll nur auf einen gewissen Ort mit seinem besten Freund kommen. Der Fischer geht hin mit seinem Weibe. Der Teufel zeigt ihm, dass das Weib der grösste Feind des Mannes ist, und der beste Freund der Hund. Vgl. Этнограф. Обозр. XXVIII, S. 117 f. Добровольскій Смол. Сб. I. 642 f.

Nr. 66. Der Teufel in Gestalt einer Ziege vom Wolfe angefallen, von einem Manne gerettet, der Wolf erschlagen. Die Ziege verspricht sich ihm zu entlohnen in der Türkei. Es bricht Krieg aus, der Mann muss in die Türkei, kommt in das Schloss — des Teufels; dort erfährt er, dass sein Weib wieder heirathen will, und wird vom Teufel zu rechter Zeit zurückgebracht, um die Trauung zu verhindern.

Nr. 68. Der Teufel muss einem armen Bauer dienen wegen seiner bösen Thaten, wie sonst dem Bauer, den er bestohlen hat. Vgl. Archiv XIX, 243 zu Kulda IV, Nr. 13. Mittheilg. litau. litter. Ges. II, 347 f.

Nr. 69. Aehnlich, nur dass statt des Teufels ein Wolf das Stück Brod auffrass. Vom heil. Georg, dem Hirten des Wildes, wird der Wolf verurtheilt, dem armen Bauer drei Jahre zu dienen. S. Georg ist besonders Hirt der Wölfe. Vgl. Этнограф. Обозр. XXVIII, S. 96. Der Knecht verdient nun seinem Herrn viel Geld, indem er alte Leute in junge umschmiedet. Nachdem der Knecht seine drei Jahre abgedient hat, will es ihm sein Herr nachmachen. Vgl. Archiv XIX, 254 zu Шейнъ Nr. 65. Český Lid V. 286. Жите і Слово 1894, S. 182 f.

Nr. 70. Zu einem Bauern fliegt in der Nacht in den Schornstein ein weisser Hahn — der Teufel, der Bauer will ihn fangen, der weisse Hahn aber entflieht, reisst auch das Dach mit, zugleich verschwanden seine Hähne. Er geht sie suchen in die Welt, kommt zu einer Hexe, bemerkt, wie die Hexen sich mit einer Salbe beschmieren und durch den Rauchfang wegfliegen. Er macht es ihnen nach. Vgl. Archiv XXI, 265 zu Гринченко I, Nr. 8. Auf dem Rückwege nach Hause trifft er drei Teufel, die um ihr väterliches Erbtheil streiten, Siebenmeilenstiefel, Tarrenkappe und Geldsäckchen.

Nr. 71. »Die dummen Teufel und der gescheidte Knecht«. Der Knecht flicht Seile, um Teufel zu fangen, der Teufel verspricht ihm alles mögliche, wenn er hievon absteht. Vgl. Шейнъ II, Nr. 55, 56. Етнограф. Збірник I, Abhandl. 2, str. 64 f. Mittheilg. litau. litter. Ges. II, 345 f. Hierauf Wettkampf zwischen Teufel und Knecht (der Knecht trägt zwischen den Füssen das Pferd um den See herum; sein alter Vater, der Bär, überwindet den Teufel im Ringkampf u. a. m.). Vom Teufel bekommt der Knecht nicht nur Schätze, sondern auch ein Zauberpfeifchen, mit dem spielt er auf der Weide seinen Schafen vor, sein Herr kommt nachsehen: »der Jud im Dorn«. Vgl. Archiv XVII, 577 zu Ciszewski Nr. 120; Polaczek Wieś Rudawa S. 88. Sprawozdanie Komis. język. V, S. 96. Dowojna Sylwestrowicz I, 160, Худяковъ I, S. 110 f. Шейнъ II, S. 64, Dobšinský Slov. pov. III, 47. AG. Nar. pripov. v Soških planinah II, 49; Strohal Hrvat. nar. pripov. S. 93, 100, 105. Kres V, S. 90, 401. Сборникъ за нар. умотвор. III, Abth. 3, S. 242; VIII, Abth. 3, S. 187; IX, Abth. 3. S. 186. Шапкаревъ Българ. прик. S. 106.

Nr. 72. Der Arme trägt seinem reichen Bruder Suppe. Der schickt ihn weg, er soll sie der Teufelsmutter tragen. Der Arme geht wirklich hin, ein Greis weist ihm den Weg, und wählt sich nach dessen Rath statt allen Schätzen, die ihm zur Belohnung angeboten werden, einen Widder. Den bringt er nach Hause, in der Frühe findet er grosse Schätze neben seiner Ruhestätte. Der Reiche geht auch dorthin, nimmt sich einen Sack voll Gold mit, schleppt ihn kaum nach Hause, an der Schwelle seines Hauses stürzt er todt nieder.

Nr. 73. »Wie das Weib den Teufel überlistete.« Der Teufel hilft ackern, bekommt einmal den oberen, ein anderes Mal den unteren Theil. Vgl. Kaarle Krohn, Bär (Wolf) und Fuchs S. 103 f. Романовъ III, 26 f. Шейнъ II, S. 31 f., Nr. 18. Добровольскій I, 638 f. Живая Старина V, 84 f. Dowojna Sylwestrowicz I, 211. Slovenské Pohľ'ady 1895, S. 329 f. Сборникъ за нар. умотвор. II, Abth. 3, S. 186; III, Abth. 3, S. 201 f. — Der Teufel kämpft mit dem Weib im Stall, dann im Hofe, immer geprügelt, einmal mit dem Mangelholz, dann mit der Heugabel. Im Walde hilft dann der Teufel dem Bauer, wird von ihm zum Essen geladen, als dann der Vater den hungrigen Kindern ärgerlich zuruft. »den Teufel werdet ihr fressen«, läuft er erschreckt davon.

Nr. 74. Der Hausgeist (домовикъ) jagt die Insassen von der Stelle weg, wo es ihnen schlecht ergeht.

Nr. 75. Der Tod macht zum Arzt den Knaben, der mit ihm sein Mittagsmahl theilte. Sie beide machten Freundschaft und leben zusammen in einer Hütte. Wenn der Tod mit der rothen Farbe winkt, wird der Kranke am Leben bleiben; wenn aber mit der schwarzen, stirbt er.

V. Erzählungen von Todten (S. 92—107).

Nr. 76. Der Todte plagt sich, weil die Mutter ihn zu sehr beweint, er muss alle ihre Thränen mit sich herumschleppen. Vgl. Этнограф. Обозр. XXIX—XXX, S. 136; Slovenské Pohľady 1895, S. 490. Strohal Hrvat. nar. pripov. Nr. 40. Revue trad. popul. VI, 47.

Nr. 77. Die Verstorbenen kommen in der Nacht in der Kirche zusammen. Eine Mutter geht nachsehen, ob es wahr ist, dass auch ihre verstorbenen drei Töchter dort herumgehen. Vgl. Чубинскій II, S. 416 f.; Кулишъ Зап. о южной Руси II, 43. Bartsch SMMeklenburg I, 222, 363. Revue trad. pop. I, 86 f. Zs. Ver. Volkskunde VI, 441 f.

Nr. 78. Ein Tischler, der seine bestellte Arbeit bei Lebzeiten nicht vollendet hat, kehrt wieder.

Nr. 79. Der verstorbene Mann besucht seine Frau, wie kann sie ihn vertreiben? Vgl. Кулишъ Зап. о южной Руси II, 42 f. Романовъ IV, S. 126, Nr. 68.

Nr. 80. Der verstorbene Bauer geht als Vampyr um Mitternacht zu seinem Haus und saugt aus der Ecke Blut: alle Inwohner werden fahl, bis es ein Mensch bemerkte und die Leiche mit einem Espenpfahl durchstiess.

Nr. 81. Der Vampyr kann nicht in das Haus eintreten, wo die Leute beten, oder wo die Fenster bekreuzigt sind. Ein Töpfer übernachtet auf einem Friedhof, ladet Gott zum Nachtmahl, es kommt zu ihm ein Todter, ein Vampyr. Der nimmt ihn mit sich in das Dorf, saugt Blut aus den schlafenden Bewohnern, bietet auch seinem Begleiter Blut an.

Nr. 82. Aehnlich wie Грынченко I, Nr. 85, vgl. Archiv XX, S. 265.

Nr. 83. Ein todter Soldat kehrt aus dem Krieg heim und lebt wieder mit seinem Weib, geht aber nirgends hin. Als der Nachbar starb, schickte ihn das Weib hin. Kaum trat er ein, so wieherte er wie ein Pferd und auch der Todte wieherte so. Auf das Drängen seines Weibes bekennt er, dass der Todte ein Vampyr sei, gibt ihr auch ein Mittel an, ihn zu vertreiben: wer den Halfter, den sieben Jahre die graue Stute trägt, nimmt, erblickt den Vampyr; wenn er in die Hütte eintritt, soll man bloss den Halfter auf ihn werfen und ihm »tpru!« zurufen, dann kommt er nimmermehr. Das Weib gebraucht dies Mittel gegen ihren eigenen Mann, wie sie das gethan, zerfloss er in Pech.

Nr. 84. Der Vater macht mit seinem Sohne vor seinem Tode aus, dass er ihm jede Nacht eine Mahlzeit vorbereitet. Der andere Sohn kehrt vom Kriege zurück, findet das Nachtmahl und verzehrt es. Indem kommt der Vater-Vampyr und will eingelassen werden, er wird ihn selbst aufessen, weil er sein Nachtmahl verzehrt hat. Der Soldat macht dem Vampyr nicht auf, der nagt die Thüre durch, schon steckt er den Kopf durch — da haut ihn der Soldat mit seinem Säbel ab und der Hahnenschrei erklingt. Den andern Tag machte der Soldat einen Sarg, legte den Vater hinein, und verschloss ihn noch mit drei eisernen Reifen. Er fährt nun den Vater begraben, sie waren nicht weit, so springen die Reifen ab, und der Vampyr stürzt sich auf den Soldaten los, um ihn aufzufressen. Der Soldat flieht in eine Hütte: aus der stürzt sich ein anderer Mensch, auch ein Todter, auf den Vampyr, sie kämpfen bis zum Hahnenschrei. In der Frühe begrub der Soldat den Leichnam, und durchbohrte ihn mit einem Espenpfahl.

Nr. 85. Ein Bauer warnt seine Söhne davor, dass sie ihn selbst begraben, sie sollen dafür lieber einen anderen Menschen für theueres Geld aufnehmen. Sie nehmen hiezu einen Soldaten auf. Die Scenen zwischen dem Vampyr und dem Soldaten sind hier noch mehr ausgeschmückt als in Nr. 84.

VI. Aberglauben und Erzählungen von Hexen, Zauberern, Wärwölfen (S. 108—140).

Nr. 87. Die Hexe drückt in der Nacht einen Jungen wie ein Alp. Es gibt geborene und gelernte Hexen, die ersteren haben einen Schwanz am Rücken.

Nr. 88. Ein Soldat von einer Hexe geplagt. Ihre Schwester rathet ihm, wie er sie los wird, nur muss er dann mit ihr leben. Er soll nur seinen Zaum auf sie werfen, auf sie sich setzen und fahren, und so marterte er sie todt. Dann kauft er Spähne, lässt sie vom Pfarrer weihen, und breitet sie um das Grab der Hexe ringsherum aus. In der Nacht legt er sich neben das Grab, mit den Spähnen ganz verdeckt. Die todte Hexe steht auf und sucht ihn überall, so durch drei Nächte, in der letzten Nacht schreit sie wie der Hahn, macht den Glockenschlag nach, nur um ihn aufzuwecken, wirft auf ihn Steine, will die Spähne anzünden, aber diese fangen nicht, denn sie sind geweiht; die geweihten Spähne lassen sie auch nicht näher treten. Nachdem er sich so von ihr befreit hat, geht er mit der zweiten Schwester zu ihrem Vater. Der stirbt bald, eigentlich stellt sich nur todt. Er soll ihn begraben. Es wiederholen sich nun dieselben Scenen im Ganzen wie in Nr. 84, 85.

Nr. 89. Ein Weib, das der böse Geist besuchte, verwandelte ihren Mann in einen Hund. Der Hund hütete Heerden, verkauft dem Kaiser. Der Kaiser gewinnt ihn ungemein lieb, wegen seiner Weisheit, denn er kann alles lesen, macht ihn zu seinem Schwiegersohn. Seine Frau, die Tochter des Kaisers, vertheilt Almosen, ein Greis zerschnitt den Strick am Halse des Hundes, der Zauber war verschwunden, der Hund wurde wieder Mensch. Von demselben erfährt er, wie er sein erstes, untreues Weib in ein Pferd verwandelt und auch ihren Liebhaber, spannt sie in einen Wagen ein, und fährt mit ihnen herum drei Jahre, ohne ihnen Speise und Trank zu geben. Dadurch werden auch die Beiden gute, christliche Menschen. Vgl. Archiv XIX, 250 zu Шевч Nr. 22. Добровольскій Смол. Сб. I, S. 139 f.

Nr. 90. Ein Herr liess sich eine Schlange braten; von ihr genoss auch der Koch, der zugleich auch sein Kutscher war. Er verstand nun die Sprache der Thiere, Pflanzen, Geräthschaften u. s. w. Vom Herrn verfolgt entkommt er. Er vergass dann alles, als er sich einmal unter dem Beifuss (Artemisia vulgaris) schlafen legte. Vgl. Этнограф. Обозр. **XXIX—XXX**, S. 114; Худяковъ I, 136. Erben Slov. čít. 14 Waldau Böhm. Märch. 13. Kres V, S. 29, Nr. 36 u. a.

Nr. 91. Ein Soldat dient beim Teufel als Heizer, in den Kessel darf er nicht nachsehen, was dort kocht. Dass er das Verbot übertreten, verräth das erste Jahr der Backofen auf die Frage des Teufels hin. Das zweite Jahr frägt der Teufel das Loch in einer gemauerten Säule, ob der Soldat Strafe oder ein gutes Wort verdient. In der Stadt entdeckt der Soldat dann, wo die gestohlene Waare aufbewahrt wird; er frägt darnach das Loch über einem Laden.

Nr. 92. Wie ein junger Zauberer weiden wollte und dann ein ganzes Jahr als Wolf herumlief.

Nr. 93. Der Sohn solcher Eltern, die am Ostersonntag sündigten, ist zeitweise Wärwolf, zerreisst zum Schluss noch sein Weib.

VII. Schatzsagen (S. 141—144).

Nr. 94. Der Schatz leuchtet wie ein Feuer; in einem Sarg liegt der Schatz und steht eine Kerze.

Nr. 95. Der Schatz zeigt sich als alter Bettler und winkt, in Nr. 96 als Pferde.

Nr. 97. Eine geizige Frau vergrub ihr Geld mit der Verwünschung: »welche Hand das Geld vergraben, die gräbt es auch aus, und wer diesen meinen ... auffrisst, der wird auch mein Geld geniessen«. Die Schwiegertochter hörte das, und als die Frau bald darauf starb, riss sie ihr die Hand ab, die das Geld vergraben hat, grub das Geld mit ihr aus, wickelte das, was oben war, in ein Tuch und legte es auf den Ofen trocknen; die Hand steckt sie wieder dem Leichnam in den Aermel. Nach einiger Zeit nahm sie jenes Bündel vom Ofen, zerstiess es, und schüttete es jeden Tag statt Pfeffer in das Essen für den Mann, bis er so alles aufgegessen. Und so blieb ihnen das Geld. Vgl. Archiv XIX, 245 zu Václavek Nr. 22, 23. Трейландъ Латыш. ск. Nr. 70, Var. II.

VIII (S. 145—156). Nr. 98. Einem faulen Menschen gab Gott ein fleissiges Mädchen zur Frau. Vgl. Добровольскій I, S. 319, Nr. 13. Fr. S. Krauss Sag. Märch. Südslav. II, Nr. 137. Český Lid V, 286. Сборн. за нар. умотвор. III, Abth. 3, S. 184 f.

Nr. 99. Ein Bauer gibt von seinem Brod dem heil. Ilija, schlägt es aber dem heil. Petrus ab, beschimpfte und schlug ihn obendrein, weil zu seiner Zeit, um S. Peter der grösste Hunger herrscht. Petrus verfolgt ihn, Ilija schützt ihn. Vgl. Archiv XIX, 261 zu Шейнъ Nr. 214, 215. Добровольскій I, 298 f., Nr. 4, 5.

Nr. 100. Von Ostersonntag bis Himmelfahrt geht jedes Jahr Christus auf der Erde um.

Nr. 101. Ein getaufter Jude starb bald nach seiner Taufe, wurde von Petrus in den Himmel nicht eingelassen, weil er in sein Verzeichniss noch nicht eingetragen war, noch von Moses, weil er aus dessen Verzeichniss bereits gestrichen war, kam daher zum Teufel.

Nr. 102. Ein Sohn vertheilte sein ganzes Erbtheil nach seinem reichen

Vater, denn der hat nicht seinen Reichthum erarbeitet, sondern von »ihm« bekommen. Lebte dann als Einsiedler im Walde, ein Mädchen verführte ihn zur Sünde.

Nr. 103. Zwei Brüder, der reiche und der arme, pflügten und säeten, Gott frug sie nach ihrer Arbeit, der reiche antwortete trotzig, der arme gottesfürchtig: der reiche hatte eine schlechte Ernte, der arme eine reiche Ernte. Vgl. Karłowicz Podania na Litwie S. 88, Nr. 64.

Nr. 104. Der Gerechte in der Kirche, der Teufel schreibt auf einer Ochsenhaut die Sünder auf. Vgl. Archiv XXI, 266 zu Гринченко I, Nr. 95. Этнограф. Обозр. XVIII, S. 104 f. Zs. vergl. Liter.-Gesch. NF. XI, S. 249 f.

Nr. 105. Eine grosse Sünde ist es, an einem Feiertag zu arbeiten. Vgl. Karłowicz Podania Nr. 33. Житє і Слово 1895, Heft 5, S. 187 f., Nr. 29, 30. Этнограф. Обозр. XXVIII, 97; Сборникъ матер. Кавказ. XIX, Abth. 2, S. 151.

IX. Erzählungen aus dem Familien- und gesellschaftlichen Leben (S. 157—229).

Nr. 108. Das »kranke« Weib schickt ihren Mann um das »Wunderding«, währenddem unterhält sie sich mit einem andern. Der Mann bekam das Wunderding vom Teufel, bei dem er ein Jahr diente. Es war wie der Truthahn bei Шейнъ Nr. 79, Archiv XIX, 255. An dem Wunderding bleiben Weib und Liebhaber hängen, am Wege hängen sich noch andere an. Vgl. Сборн: матер. Кавказ. XIII, Abth. 2, S. 328 f. L. Pineau Contes pop. du Poitou S. 35 f.

Nr. 109. Das tugendhafte Weib ladet die sich ihr aufdrängenden Liebhaber ein, sperrt sie in einen Kasten ein u. s. w. Vgl. den Aufsatz von S. Fränkel »Die tugendhafte und kluge Wittwe« in den Germanistischen Abhandlungen XII, S. 39 f. J. Oestrup Contes de Damas Nr. 8.

Nr. 115. In alter Zeit wurden die altersschwachen Greise in eine Grube hinausgeführt. So zog auch ein Sohn seinen Vater auf einem Brettchen hinaus. Es geht auch das Enkelchen mit, um zu sehen, wohin es einst seinen Vater hinausziehen wird, widersetzt sich auch, dass das Brettchen sammt dem Grossvater in die Grube geworfen wird, denn er wird es selbst brauchen für seinen Vater. Aehnlich bei Романовъ IV, S. 179, Nr. 38. ZsVVK 1898, S. 25 f.

Nr. 127. Ein geldgieriger Blinder nahm für das angebotene kleinere Almosen zwei Silberstücke, der Schenker geht ihm nach in seine Wohnung, nimmt ihm sein ganzes zusammengescharrtes Geld: daneben lebte noch ein Bettler, die beiden streiten sich, und auch diesem nimmt der Mann das Geld. Aehnlich bei Остроумовъ Сарты II, S. 133 f., Nr. 22.

Nr. 129. Ein Geizhals liess sich in seinen Sarg unter den Kopf legen einen Polster, in dem er all sein Geld aufbewahrte.

Nr. 130. Das Schicksal der neugeborenen Kinder wird von Gott der Reihe nach bestimmt, Gott hat vor sich drei Tische, bei zweien wird das Glück, bei dem dritten das unglückliche Schicksal bestimmt. Dem anwesenden Jüngling wird der Rath gegeben, von dem ihm verlobten reichen Mädchen zu lassen, und ein armes Mädchen zu heirathen, das wird sein Glück sein. Bald nach der Hochzeit werden ihm in der Nacht grosse Schätze gebracht. Vgl. Dowojna Sylwestrowicz Pod. żmujdzkie I, S. 2 f. V. Baldessari Národní pohádky S. 13 f.

Nr. 131. Ein armer Mensch begegnete dem Glück und Unglück; das Unglück schenkte ihm zweimal 50 je Rub., beidemale kam er darum durch die Unwissenheit seines Weibes; zum letzten Male schenkte ihm das Glück 3 Groschen, dafür kaufte er einen Fisch, darin war ein kostbarer Edelstein. Vgl. Archiv XIX, 255 zu Шейнъ Nr. 80. Житє і Слово 1894, Heft 5, S. 191 f.

Nr. 153. Drei Bauern fragen einen Zigeuner auf einmal: »чы далеко до села?«, »чы глыбока рычка?«, »якъ тебе зовуть?« Der Zigeuner antwortet ebenso rasch: »сімъ верстъ, по коліна, Матвій«. Die Bauern verstehen ihn lange nicht. Aehnlich in einer nordgrossruss. Version von Salomon Живая Старина V, S. 212.

Nr. 165. »Der sehr gescheidte Josko mit den Juden im Krieg« hängt wohl zusammen mit dem Cyclus vom »Judenkrieg« (Wojna żydowska), über welchen Dr. Iv. Franko in der Wisła VI, 263 f. schrieb. Die Juden übernachten auf einer Eiche, aus Furcht vor Wölfen; in der Frühe lassen sie sich so herab, dass einer sich an den andern hält, der eine ruft, die andern sollen warten, bis er sich in die Hände spuckt, alle fallen hinunter, ähnlich, wie sonst die Tiefe eines Brunnens gemessen wird. Mark Lidzbarski Geschichten aus neuaram. Hss. S. 72. Revue d. trad. pop. II, 278 f.; XI, 649.

X. Erzählungen von historischen Persönlichkeiten und Ereignissen (S. 230—234), besonders aus der Zeit der Leibeigenschaft von der fast unglaublichen Grausamkeit und Rohheit der Herren gegen die Bauern und Juden.

XI. Localsagen (S. 235—236). Nr. 175. Den Drachen überlistete ein Schmied, der Drache steckt durch die Wand seine Zunge, der Schmied nagelt sie an, spannt dann den Drachen in den Pflug ein und pflügt mit ihm. Aehnlich Романовъ IV, S. 17, Nr. 12. Ае̨анасьевъ Рнар. ск.³ (1897) I, Nr. 85, S. 196 f.

XII. Phantastische Märchen, Wortspiel und Witz (S. 237—301).

Nr. 178. »Der Wolf und der Fuchs«. Der Fuchs fastet, denn es ist gerade Freitag; geht aber mit dem Wolf auf die Jagd. Der Wolf fängt sich in einer Schlinge, die ihn hinaufzieht. Der Fuchs frisst nun, der Wolf hat aber Freitag (пятниця), weil er mit den Fersen (пятамы) die Erde nicht berührt — ein ziemlich grobes Wortspiel. Der Fuchs geht ins Kloster auf Gänse, erwischt und mit einem Mönchsstabe arg durchgeprügelt. Vor dem Wolf brüstet er sich, dass er im Kloster war und dort geweiht wurde, schickt den Wolf hin.

Nr. 181. »Die Henne, der Hahn, der Stier, das Schwein und der Truthahn«. Aehnlich wie »Hausthiere und Räuber«, hier Wölfe verjagt, wie Ае̨анасьевъ IV (1860), Nr. 21, 22, 26. Садовниковъ Nr. 51, S. 173 u. a.

Nr. 182. Der Adler kämpft mit der Schlange, besiegt sie, wird von ihr ganz wenig beschädigt, konnte aber nicht fliegen, tritt als Jüngling verwandelt in die Dienste eines Bauern, macht ihn schlieslich zum Kaiser. Als die Federn wieder nachgewachsen waren, verwandelte er sich wieder in einen Adler, der Kaiser setzt sich auf ihn, und bittet sich von der Jüngsten zur Belohnung ein goldenes Kästchen aus: wie er es aufmacht, treten 12 Mädchen, 12 junge Frauen und 12 Jünglinge heraus und tragen ihm mannigfache Speisen und Getränke zu. Vgl. Доброволскій Смол. Сб. I, 569 f. Сборн. матер.

Каввказ. XVIII, Abth. 3, S. 87 f.; XIX, Abth. 2, S. 8 f. Sbornik za nar. život
i obič. juž. Slavena I, 125. Diesen goldenen Kasten wechselte er mit einer
Axt aus: wenn man mit ihr in einen Baum schlägt, baut sich ein Haus auf.
Diese Axt wechselt er mit einer Peitsche aus: diese geht und bringt alles,
was man wünscht. Sie brachte ihm das Kästchen und die Axt. Endlich
tauschte er das Kästchen noch mit einem Stock um, der jeden lebendig macht,
mit dem er schlägt. Die Peitsche brachte ihm wieder das Kästchen. Vgl.
BJülg, Die Märchen des Siddhi-Kür S. 87 f. Waldau Böhm. Mbuch 111, Hraše
Povidky III, 217.

Nr. 183. »Von der Gans, die goldene Eier legte«. Unter ihrer mechten
Flügel ist aufgeschrieben, »wer diesen Flügel isst, der wird Kaiser«, und
unter dem linken Flügel »wer diesen Flügel aufisst, wird Geld spucken«.
Vgl. Archiv XIX, 266 f. Добровольскій I, S. 561 f. Шапкаревъ Сборникъ отъ
нар. умотвор. IX, S. 444 f., 538 f.

Nr. 184. Drei Brüder kamen zu drei Schwestern, die als Tauben verwandelt tief im Walde lebten. Als sie wegzogen, bekam der 1. einen Stock:
wenn er mit dessen dickem Ende schlägt, erscheint, was er sich nur wünscht,
der 2. ein Säckchen, wie er damit schüttelt, ist es voll Geld, der 3. eine Tarrenkappe. Der mittlere Bruder verspielte alles dies bei einer Prinzessin. Im
Walde findet er Aepfel, nach deren Genuss Hörner hervorwachsen, und Bir-
nen, nach deren Genuss die Hörner abfallen. Vgl. Эрленвейнъ Рус. нар. ск.
S. 27 f. Романовъ III, S. 182 f.

Nr. 185. Reminiscenzen aus verschiedenen Sagen zusammengeschweisst.
Ein reicher Kaufmann verarmt vollends, weil er einen Greis (Gott) von seiner
Schwelle wegjagte. Er hat eine sehr schöne Tochter, ein Kaiser heirathet
sie. Sie sind kinderlos. Einmal träumte der Kaiser: er soll vor seinem Haus
einen aus dem Wald ausgegrabenen Apfelbaum einsetzen, ihn so lange begiessen, bis Aepfel reifen, und so viel Aepfel er herabschüttelt, soviel Kinder
wird er haben; die Aepfel soll er mit seiner Frau aufessen. Er schüttelte nur
zwei Aepfel ab, den einen ass er mit seiner Frau auf, den anderen trug ein
Hase weg, fand später der Gärtner, isst ihn mit seinem Weib auf. Die Kaiserin gebiert eine Tochter, die Gärtnerin einen Sohn. Die Kaiserin träumt,
dass sie ihr Kind bis in das 15.Jahr so halten muss, dass es niemanden sieht;
einen ähnlichen Traum hatte auch die Gärtnerin. Zufällig erblicken sich
beide, der Sohn entflieht, das Mädchen stirbt. Nach einiger Zeit kehrt der
Jüngling zurück; nach einem Traum riss er im Walde ein Kraut aus, zündete
es an, und dessen Rauch trägt ihn, so dass er wie eine Biene oder Fliege
fliegt. Zum Schluss wird er vom Kaiser als Sohn angenommen und zum Nachfolger bestimmt.

Nr. 186. Kaiserin und Schmiedin zanken mit einander. Das Kind im
Leibe der Kaiserin sagt: »Die Hündin fing mit der Hündin zu schimpfen an«.
Die Kaiserin reisst erzürnt das Kind aus ihrem Leibe und gibt es dem Schmied,
der soll es tödten, braten und ihr zum Essen bringen. Das Kind spricht den
Schmied an und bittet ihn, statt seiner das Junge von einem Windhunde zu
braten, und von ihm nur einen Finger der Kaiserin zu bringen. Bei Добровольскій I, S. 245 f. lässt sich die Kaiserin nicht so weit hinreissen von ihrem

Zorn, sondern befiehlt ihrem Mädchen, das neugeborene Kind zu ertränken; ähnlicher Добровольскій I, 259. In der kleinruss. Version ist das Kind ein sonst ungenannter weiser Knabe, sie gehört zu den weit verbreiteten Legenden von Salomon. Dem Schmiede wird aufgetragen: 1) aus einem Stiere Käse und Butter zu bereiten, 2) weder zu Fuss kommen noch zu Pferd, 3) ein Geschenk zu bringen und ein Geschenk nicht zu bringen: bringt eine Semmel und eine Schnepfe: die lässt er wegfliegen, wie der Kaiser nach ihr greift. Vgl. Добровольскій I, 253 f., 260 f. `Kinder sollen einen Kaiser wählen, es wird der, auf dessen Gebot die Frösche still werden, ebenso Добровольскій I, S. 248 f. Живая Старина V, 212 f. In einem fremden Lande heirathete Salomon, sein Drache entführte sein Weib, er sucht und findet es, vom Drachen gefangen genommen, soll gehängt werden, auf drei Trompetenstösse kommt sein Heer angestürmt u. s. w. Vgl. Добровольскій I, 256 f. Живая Старина V, 213.

Nr. 187. Reminiscenzen von Ilja Muromec, wie er sieben Jahre nicht gehen konnte, und auf einmal aufstand und ein starker Held wurde, als ein Greis ihn besuchte. Vgl. Ровинскій Рус. нар. карт. IV, S. 2, 5, 11 f. Добровольскій I, S. 397 f. Романовъ III, 259. Трейландъ Латыш. ск. S. 144 f. Hieran knüpft sich das Motiv von der untreuen Mutter, die ihren Sohn dem Drachen ausliefert. Vgl. Романовъ III, 39, 66 f., 69 f. Weryho Podania białorus S. 19 f. Zbiór wiad. antrop. V, Abth. 3, S. 241. Wisła II. S. 17 f. Leskien und Brugmann S. 548 f. Dobšinský Slov. pov. V, 53 f. Сборн. матер. Кавказ. XXI, Abth. 2, S. 8 f. Гринченко I, Nr. 157, 158. Kres V, S. 246 f. Strohal I, S. 38 f. Шапкаревъ Сборн. нар. умотвор. IX, S. 406 f.

Nr. 188. Ein Soldat kehrt nach Hause zurück, wo er als Knabe von der Stiefmutter vertrieben wurde. Er übernachtete am Wege bei einem Bauern. Dessen Söhne wollen ihm das Pferd auswechseln oder abkaufen, welches er von einem Herrn ausgeborgt hatte. Der Soldat entwich vor Tagesanbruch. Die Bauernsöhne fanden ihn nicht mehr im Stall, sondern einen nackten Erhängten, den schnitten sie ab und der Erhängte lief dem Soldaten nach, ereilte ihn und bot sich ihm als Kutscher an. Er rettet ihn vor den Anschlägen der Stiefmutter, die ihn tödten will. Der Erhängte in den Kleidern seines Herrn tödtet selbst die Stiefmutter. Nun will der Kutscher ihn verheirathen mit einer von den drei Schwestern. Die ältere nimmt den Soldaten als Mann an, wenn er etwas schöneres hat als sie. Ihr Vater nämlich hat goldenen Schopf und Bart. Sie werden ihm 2—3 Haare ausreissen, etwas schöneres bekommt er nicht. Sein Kutscher, als Käfer verwandelt, fliegt der in eine Ente verwandelten Schwester nach und reisst dem Vater fast alle goldenen Haare aus. So bekam also doch der Soldat seine Schwester.

Nr. 189. »Das weise Mädchen« hilft einem Jüngling die ihm von seinem Vater auferlegten Räthselaufgaben lösen. Vgl. Archiv XIX, 243 f. zu Václavek Nr. 4, Шейнъ Nr. 92. Mater. antropol.-archeolog. i etnogr. I, Abth. 2, S. 52. Nar. pripov. v Soškіh plan. III, 80 f. Сборн. матер. Кавказ. XVIII, Abth. 3, S. 103 f.

Nr. 190. Ein dummes Weib vom Juden bethört, zum Schluss betrunken, mit Pech beschmiert, mit Federn beschüttet: ist sie es, oder ein Vogel. Vgl.

Archiv XIX, 256 zu Шейнъ Nr. 89. — Der Mann geht in die Welt dümmere Leute suchen: das erste Weib konnte nicht im Hemd Oeffnungen für den Kopf zu machen, das zweite Weib trägt Sonnenlicht in die fensterlose Hütte, das dritte Weib glaubt ihm, dass er von jener Welt kommt und Grüsse von ihrem seligen Manne ausrichtet, übergibt ihm Geschenke für diesen. Vgl. Kolberg Lud VIII, 221. Český Lid V, 459. Сборн. матер. Кавказ. XIX, Abth. 2, S. 33 f. Вук Ст. Караџић Срп. нар. припов. S. 301. B. Schmidt Griech. Märch. S. 125 f. Revue des trad. pop. III, 381 f.; XI, 299 f. Mélusine I, S. 133 f., 135 f., 352 f. Wie der Mann nach Hause zurückgekommen, prahlt sein Weib, dass sie Salz ausgesäet hat. Vgl. Český Lid V, S. 35. Рудченко Нар. южнор. ск. II, S. 194.

Nr. 191, 192. »Der Student und der Bauer« Katze — Reinheit, Feuer — Schönheit, Mauer: Höhe, Wasser — Wohlthat; der Student bindet der Katze einen Feuerbrand an und jagt sie auf das Dach, »die Reinheit trug die Schönheit in die Höhe; nimm schnell die Wohlthat und eile giessen«. Vgl. Шейнъ II, Nr. 143. Этнограф. збірник I, Abth. 3, S. 23 f. Lud II, S. 43. In Nr. 192 kommt der Junge noch in eine Räuberhöhle, wird von den Räubern in ein Fass gesteckt; es kommt ein Wolf, steckt den Schweif in das Loch des Fasses, der Junge fasst den Schweif, das Fass wurde zerbrochen und der Junge gerettet. Aehnlich ist der Schluss von Nr. 241, S. 336, von Nr. 242, S. 339. Vgl. Archiv XVII, 581 zu Ciszewski I, Nr. 211—214. M. Kremnitz Rumän. M. S. 152 f. Сборн. за нар. умотвор. VIII, Abth. 3, S. 187. Mélusine I, S. 91. Revue des trad. pop. II, 11 f. Dowojna Sylwestrowicz I, 210.

Nr. 204. Von drei lispelnden Schwestern. Vgl. Archiv XIX, 259 zu Шейнъ Nr. 149. Am Urquell 1897, S. 121 f.

Nr. 208, S. 302—310. Sprichwörter.

Nr. 209, S. 310—312. Räthsel.

S. 313—352. Nachträge, neue Materialien, die während des Druckes zuflossen, besonders über Zauberei, Besprechungen von Krankheiten u. ä.

Nr. 232. Ein verwünschtes Mädchen erlöst von einem Soldaten, der die ganze Nacht hindurch trotz der grössten Widerwärtigkeiten den Psalter über ihr liest. Vgl. Archiv XIX, 251 zu Шейнъ Nr. 33. Добровольскій I, 550 f., 554 f. Рудченко II, Nr. 12.

Nr. 235. Der Diener eines geizigen Herrn gibt an, nie zu essen und nie zu trinken. Der Herr will es auch lernen, vom Diener überlistet, stirbt an Hunger; der Diener ist sein Universalerbe. Aehnlich bei Kolberg Lud III, S. 166 f. von einer geizigen Frau und ihrer Dienerin.

Nr. 238. Den Fröschen Geld geworfen ins Wasser, sie sollen nachzählen. Vgl. Kres IV, 1884, S. 86. Fr. S. Krauss Sag. Märch. Südslav. I, Nr. 52. Schambach & Müller Niedersächs. Märch. S. 319. Schneller Märch. Wälschtirol S. 167. Gittée & Lemoine Cont. d. pays Wallon S. 89. Decourdemanche Les plaisant. de Nasr-Eddin Hodja S. 59, Nr. 69.

Nr. 241, 242 enthalten Reminiscenzen aus Шемякинъ Судъ. Vgl. Добровольскій I, 376 f. Живая Старина V, S. 208 f. M. Lidzbarski Erzählungen aus neuaram. Handschriften S. 258 f.

Nr. 243, 244, 245, 246, 247 Lügenmärchen.

Nr. 248. Der Held dient bei zwei Drachen, der Eintritt in den zweiten Pferdestall ihm verboten. Er findet dort zwei Pferde, das eine frisst Weizen, das andere Gold: von dem vergolden seine Hände und sein Kopf. Flieht nun: dem Pferde schmiedet er die Hufeisen verkehrt an, dass die Verfolger seine wahre Spur verlieren. Auf die Flucht nimmt er mit eine Bürste — daraus ein ungeheuer hoher Berg, eine Hechel: daraus ein endloser, hoher und dichter Wald, und ein Tuch: daraus ein endloses, ungemein tiefes Meer. Der Held tritt in die Dienste eines Gutsbesitzers als Schweinehirt, überwindet den benachbarten Drachen, der die Herde nicht auf seinen Besitz lässt, befreit aus dessen Macht drei Helden. Von diesen bekommt er als Geschenk einen kostbaren Ring, der wie ein Sternlein leuchtet. Die jüngste Tochter des Gutsbesitzers verliebt sich in ihn und heirathet ihn. Befreit zum Schluss diese von einem Drachen, als sie ihm geopfert werden sollte. — Die verschiedensten Märchenmotive sind hier zusammengewürfelt.   *G. Polívka.*

Етнографічний Збірник. Видає наукове товариство імени Шевченка за редакцією М. Грушевського. У Львові I—V. 1895—1898.

Die ethnographische Erforschung des kleinrussischen Volkes ist sehr fortgeschritten, ihre Geschichte gehört unter die glänzendsten Capitel der russischen Ethnographie, haben sich doch an dieser Arbeit die hervorragendsten Geister betheiligt. Fest organisirt war sie freilich nicht bis auf eine kurze Zeit, während der Wirksamkeit der ethnographischen südwestrussischen Abtheilung der kais. geographischen Gesellschaft in Kiew. Doch fanden ethnographische Arbeiten über die Kleinrussen die bereitwilligste Aufnahme besonders in der Moskauer Ethnographischen Rundschau, und neuerdings in einigen wissenschaftlichen Gesellschaften, besonders der histor.-philologischen Gesellschaft in Charkow und Odessa. In Galizien fanden sie Aufnahme in dem von der Krakauer Akademie herausgegebenen Zbiór wiadanóści do antropologii krajowéj, und neuestens publicirte zahlreiches Material besonders aus der Volksliteratur Dr. Iwan Franko in seiner Revue Житє і Слово 1894 und 1895.

Doch mangelte es wie auch anderswo an der nothwendigen Organisation der ethnographischen Forschung, an systematischem Sammeln ethnographischen Materials. Diese Arbeit nun nahm auf sich der neuestens so rege und thatkräftige wissenschaftliche Ševčenko-Verein in Lemberg. Vor der Hand begann er ein ethnographisches Jahrbuch herauszugeben, von dem uns nun bereits 5 Bände vorliegen. Das Programm ist auf das ganze von Kleinrussen bewohnte Territorium ausgedehnt: wir finden auch in den vorliegenden Bänden Materialien aus dem weiten Osten, vom Kaukasus, aus der Ukrajina, aus Galizien und Ungarn. Selbständige wissenschaftliche Studien und kritisch-bibliographische Abhandlungen aus dem Gebiete der kleinruss. Ethnographie werden nicht in diesem Jahrbuch, sondern in der Zeitschrift des Vereines, in den Записки, auch fernerhin publicirt werden.

Dem ersten Band ist ein detaillirter Fragebogen beigelegt (8.1—16), der recht eifrig verbreitet und noch eifriger und gründlicher beantwortet werden sollte.

In den zwei bisher herausgegebenen Bänden ist recht reiches und mannigfaltiges Material publicirt. Jede Abhandlung ist selbständig paginirt. Bd. I. 1) M. Kramarenko beschreibt (S. 1—24) eingehend die Feste und Gebräuche zu Weihnachten, Neujahr und bis zum Tage der heil. drei Könige im Kosakendorf Pavlovskaja, Bezirk Jejsk im Kuban-Gebiet. Unter anderem ist dort auch der Gebrauch des Schimmelreitens verbreitet wie im mittleren Europa. Erzählt wird weiter, wie die Mädchen rathen und zaubern, z. B. wer Bräutigam sein wird aus dem Benehmen eines Hahnes; aus einzelnen unter dem Fenster aufgefangenen Wörtern ihr Schicksal erfahren wollen u. ä.; wie und woraus die älteren Leute wieder auf die Witterung im kommenden Jahre schliessen etc. 2) Dr. Ivan Franko gab aus einer grossen Sammlung von Volks-Traditionen aus dem Bezirke Brody 25 Märchen heraus (S. 1—96), versah die einzelnen Märchen mit kurzen erläuternden Anmerkungen, und fügte ein Verzeichniss der in ihnen vorkommenden Motive hinzu (S. 97—120). Ref. hat an einer anderen Stelle bereits diese Märchen besprochen (Zs. f. öst. Vk. II, S. 220 f.). Die Märchen sind treu dem Volksmunde entnommen, der Dialekt phonetisch treu wiedergegeben. Doch finden wir in demselben Märchen neben einander verschiedene Formen: können wir daraus schliessen, dass sie so neben einander wirklich im Volksmunde vorkommen? Z. B. in Nr. 16 lesen wir neben den regelmässigen Formen того, него, самого noch Formen mit ausgefallenem л: до тóо пана S. 55, ло нéo S. 55 und ausserdem noch mit einem gegen den Hiat eingeschobenen sekundären Laut: тоуо са-мóуо S. 55, ло своуо S. 54, з неуо S. 56, старóуо мелника S. 59, зýба жáдноуо S. 58; in der 3. plur. praes. говóрат S. 54, говóрать S. 56; дíвитьсı S. 59 und дíвитьсьа S. 59; днýльатьсьа S. 59 und дивльатьсьа S. 59. 1. pers. sg. perf. вíдьів-ім S. 58 und вíдьів-ем S. 59. — In dem demselben Erzähler nachge-schriebenen Märchen Nr. 17: gen. sg. тóго S. 60, 61, daneben тóо S. 60, 61, 62, такóо S. 60, йіднóо S. 60 und noch тóуо йіднóуо S. 60, самóуо S. 62, ло лрýгоуо S. 62, нáшоуо S. 62, такóуо великого S. 61; пустíý на ýуóбру S. 62 und булá на уóбрí S. 62. — In Nr. 18 finden wir z. B. йіден лрýо вішайи, іліен лрýо за-бйи, іліен лрýо' заріжи, ліен лрýоо ýтóпи S. 64; ло нéго S. 64, тóго S. 64, йигó S. 64 und daneben ло нéо S. 64, йиó S. 63, ausserdem тóуо S. 64, коуó S. 65; лрýоо zusammengezogen in лрýо S. 63 u. a. m. Sehr stark äussert sich in die-sen ostgalizischen Märchen der polnische Einfluss: пьниц, моц, моцно, praes. 1. sg. льынькýйи (S. 71), вьйнци, пхьóнтро, сконд, завзьйнтай, фцьоши, зайшлá жінка в цьйнжи (S. 46), хиньпь (S. 76), палáц стаý на тíх мьйáстах такйй; óгруд, позьýмки (S. 27), пьýрó (S. 76). — kv neben cv: квíти позацьвітáли (S. 45) findet sich auch in weiter östlichen Dialekten. Der Text ist durchwegs accentuirt. Mit einem Worte, nicht bloss der Märchenforscher, sondern auch der Sprachforscher wird in dieser Sammlung reiches und interessantes Mate-rial finden — Endlich ist 3) noch eine kleinere Sammlung ukrajinischer Volksanekdoten und Schwänke von Op. Šymčenko abgedruckt (S. 1—20), die auch einiges nicht uninteressantes Material enthält. Vgl. Zs. f. öst. Vk. II, S. 224.

Bd. II enthält 1) eine Abhandlung von Volodymyr Hnatjuk über die Bettelsänger geistlicher Lieder (Lirnyki) in Galizien, deren Erziehung, soziale Verhältnisse, besonders über deren Geheimsprache, und fügt eine ansehnliche Sammlung geistlicher und religiöser Lieder, darunter auch einige polnische, hinzu, wie auch einige Gebete. Die Nachrichten über das Leben und Treiben dieser Liedersänger werden einem Lirnyk aus Žižnomir im Bezirke Buczacz nacherzählt und zwar genau in seinem Dialekte. Der Bericht von Dr. Kyrill Studyński in der Schrift »Лірники« 1894 wird hier vervollständigt. Neben den von diesem aufgezählten Wörtern dieser Geheimsprache wird noch eine ganze Reihe neuer in alphabetischer Reihenfolge angeführt. In eine Erklärung dieses lexikalen Materials lässt sich Herr Vol. Hnatjuk nicht ein, die Abhandlung von Prof. V. Jagić »Die Geheimsprachen bei den Slaven« konnte er offenbar nicht mehr benützen, doch wären wir ihm gewiss sehr dankbar gewesen, wenn er die Wörter nach ihrer Verwandtschaft gruppirt, und sich nicht bloss mit ihrer alphabetischen Zusammenstellung begnügt hätte. Er hätte zusammenstellen können z. B. вандзя́рити, ви-, вивандзи́рувати, пиривандзи́рник (= пором), провандзи́рник (прові́дник); від-, ў-, розма́пе́рити, зма́пе́рувати (die Erklärung gab V. Jagić op. c. 59, 60); dadurch hätte der Verfasser das Studium seines interessanten Beitrages sehr erleichtert. Was das Material selbst anbelangt, so sind die einzelnen Wörter bereits aus der Geheimsprache der podolischen und weissrussischen Bettelsänger grossentheils bekannt und, die fremdsprachlichen Bestandtheile ausgenommen, von Prof. V. Jagić in der erwähnten Schrift erklärt. Auch die anderswoher noch nicht bekannten Wörter lassen sich in die von V. Jagić festgestellten Gruppen einreihen, so z. B. ку́банок-зба́нок, куб̓ра́к-жебра́к, ку́зумро́зум, ковирхина́-верхи́на (Obers, Rahm), s. V. Jagić op. c. p. 44 sq., ши́мді̂х ib. 42, близзі́мно, гиркі́мний, нови́мний-бли́зько, гирки́й, нови́й, vgl. ib. 55 f. дерго́мити-дерга́ти (mahlen), vgl. ib. 57, 70; бо́тльмти, забо́тльмти-бу́ти, vgl. ib. 63 бо́тлять; льмкса́ти, vgl. ib. 66, ви́лямксати herauskommen, взлéксать; скако́мник Tanz, vgl. ib. 58 скако́мити tanzen, S. 57 слугó́мник Diener u. a. m. Zur genaueren Kenntniss der russ. Geheimsprachen ist dieser Beitrag sehr wichtig, er vermehrt nicht bloss beträchtlich deren lexikalisches Material, sondern scheint auch den Weg zu neuen Erklärungen zu weisen, so ist z. B. in ре́псати, ре́псанка, ре́псаник, ре́псаньи gegen писати, писанка, писар, письмо die Silbe ре vorgesetzt, die V. Jagić in dem vorliegenden Material nicht vorfand.

In dem 2. Artikel theilt Juryj Žatkovyč »Ethnographische Bemerkungen über die ungarischen Ruthenen« mit (S. 1—38). Der Verfasser theilt die ungar. Ruthenen der Sprache nach in zwei Gruppen, in die Lemken und die Łyšaken: diese letzteren wohnen in der Marmarosch und in den angrenzenden Dörfern der Comitate Bereg und Ugocsa. Nach der Aussprache des o in geschlossenen Silben würden sie in mehr Gruppen zerfallen: die sogenannten Верховинцı̂, der im Gebirge wohnende Zweig spricht dafür і: нін, кінь, міст; die Bewohner des südlichen Streifens der Comitate Marmarosch und Unghvar, wie auch des Comitates Ugocsa sprechen dafür u: нун, кунь, муст; die Bewohner eines weiteren Theiles des südlichen Streifens und des mittleren des Comitates Bereg sprechen dafür das deutsche ü: пüп, кüн,

müst; endlich die Ruthenen, die um die Slovaken herum wohnen, sprechen
ein ganz reines *o*: pop, koń, most.　Von der Aussprache des *e* und anderen
Eigenthümlichkeiten der kleinruss. Dialekte in Ungarn erzählt der Verfasser
nichts mehr, ausser der verschiedenen Aussprache des *mo*.　Die Grenze der
Kleinrussen in Ungarn gegenüber den anderen Volksstämmen in Ungarn wird
nicht bestimmt, auch nicht gegen die Slovaken, über welche Frage gerade
die letzte Zeit eine ziemlich lebhafte Polemik sich entwickelte (vgl. Slovenské
Pohl'ady 1895 S. 500, 566, 623; 1896 S. 125, Живая Старина V, 235 f.).　Viel gründlicher werden die Gebräuche, der Aberglauben, und überhaupt das ganze Leben
der ungar. Kleinrussen geschildert, der Volkskalender, Prognostica: am Christ-
abend wird ein eigenes Brod gebacken — керечýн — diese Form ist also wirklich
im Gebrauch, vgl. Archiv IX, 694; Hochzeit, Geburt, Taufe, Krankheit, Tod
und Begräbniss, Kleidung und Küche, Landwirthschaft, Viehzucht; ausserdem lesen wir einige Bemerkungen über das Verhältniss der Kleinrussen zu
anderen Nationalitäten, insbesondere zu den Juden; das Sprichwort »Руські
мости, паньскі пости, кальвінське набоженство: ото вшитко блазенство« als
Variante eines bei Polen und Russen bekannten Sprichwortes, das Čelakovský (Mudrosloví S. 460 f.) bereits anführt, ist wenig charakteristisch für die
Anschauungen der Kleinrussen über die verschiedenen Religionen.　Aus der
»mündlichen« Literatur der Kleinrussen theilt der Verfasser recht karge
Brocken mit, wir wollen hoffen, dass er diesen Mangel bald ersetzen wird.
Am Anfange seiner Studie erzählte er (S. 3) eine Geschichte von einem Schreiber — die Schreiber werden чорнокнижник genannt, weil sie immer ein
schwarzes Buch bei sich trugen; der war Zeuge, wie die Hausfrau ihren Geliebten gastirte, vom Gatten dann überrascht wurde; der Schreiber prophezeite aus dem Buche, wo alle diese Leckerbissen aufbewahrt sind, wie sonst
in den verwandten Märchen der Rabe in der Kuhhaut u. a. Grimm, KHM
Nr. 61, Cosquin I, 229 f.; II, 329 f. Романовъ III, S. 406 f. Добровольскій I,
S. 143 f. Dowojna Sylwestrowicz I, 446; II, 250 f. u. a. S. 36 f. lesen wir die
bekannte Legende von Noe, wie er die Arche baute, der Teufel nachforschte
nach seiner Arbeit und dann Branntwein brachte, um ihn trunken zu machen.
Vgl. Добровольскій I, S. 237 f. Václavek S. 139.

Dann S. 37 eine Reihe von Sprichwörtern und endlich noch die alte vom
Pfaffen vom Kahlenberg erzählte Anekdote, wie die Belohnung — Schläge —
der wahre Finder mit anderen Freunden theilte.　Vgl. Archiv XIX, 256 zu
Šejn Nr. 93, 94. Nar. pripovedke v Soškіh planinah H. 3, S. 29 f.

In der dritten Abhandlung des II. Bandes werden einige im Distrikt des
Schwarzen Meeres meistens in Jekaterinodar von Mitrofan Dykariv gesammelten Märchen und Anekdoten veröffentlicht (S. 1—29), angefügt
sind verschiedene Bemerkungen und Parallelen (S. 30—43), und ein Verzeichniss der darin vorkommenden Motive (S. 44—59).　Die Texte sind treu im
Dialekte wiedergegeben und durchwegs accentuirt.　Den Dialekt charakterisirt am meisten der Uebergang des unbetonten *e* in *и*: пиряввý, ыисті, пли-
сти, 1. pl. praes. бýлим, вóзьмим; напéчно u. a., doch findet man daneben
auch *e*: z. B. S. 18 силó und сехó, S. 18 піх выробóю und на веробáх; *e* scheint
sich nur im Auslaut zu erhalten: gen. sg. мéне, сéбе, praes. 3. sg. бýде, гляне,

каже, здохне, свисне, умре u. a., wo auch für unbetontes и ein e gesprochen wird: побаче S. 12 (aber бачить S. 15), приходе, принёсе S. 22 u. a.

Die wichtigeren Märchen wollen wir nun hervorheben.

Nr. 1. Wessen Gott ist älter, der unsere oder der jüdische?

Nr. 4. Jesus und Mohamed stritten, wer ein grösseres Wunder bewirkt. Mohamed will Jesum hintergehen, lässt auf zwei bis drei Stellen Schläuche mit Wasser vergraben und mit Steinen bedecken. Er hoffte so Wasser aus der Erde mit seinem eisernen Stock hervorspringen zu lassen. Auf einmal jedoch kam ein Schwein und wühlte diese Schläuche aus der Erde heraus. Mohamed fing das Schwein beim Schweif und drehte den Schweif herum, er verflucht das Schwein, Jesus aber die Stelle, an der er das Schwein festhielt, seitdem ist der Schweif des Schweines so gedreht. In einer Variante wird dieselbe Geschichte von einem christlichen Priester und einem Mullah erzählt. Die Mohamedaner essen daher kein Schweinefleisch.

Nr. 5. Kain zornig auf Abel, weil er ihn vor dem blinden Vater Adam Lügen strafte, spiesst ihn auf die Heugabel auf; beide wurden daher am Monde aufgestellt. Im Лѣтопись истор.-филол. общ. новоросс. унив. III, S. 61 wird dasselbe von zwei ungenannten Brüdern erzählt.

Nr. 6. Jesus und S. Peter warten, bis Jemand sie über den Fluss hinüberführt. Ein reicher Fuhrmann weist sie ab, ein armer Fuhrmann, trotzdem sein Wagen stark beladen ist, nimmt sie auf. Peter kommt zu einem schmutzigen Brunnen voll Schlangen — so wird es auf jener Welt dem reichen Fuhrmann ergehen, dann zu einem klaren, reinen, mit Blumen umwachsenen Brunnen, Peter gefällt es hiebei so, dass er zwei Minuten, eigentlich aber 100 Jahre dort verblieb. — Vgl. oben S. 270 zu Гринченко I, Nr. 210. In der Legende aus Ostgalizien Житє і Слово 1894, H. 6, S. 353, Nr. 24 wird der arme und brave Fuhrmann bestraft, wie in der weitverbreiteten Legende die arme Wittwe.

Nr. 7. Dieselbe Legende, wie auf die Bitte S. Peter's die Weiber als Herrinnen eingesetzt werden, wie Archiv XIX, S. 265, Nr. 4; Добровольскій I, S. 291 f., Nr. 62. Сумцовъ Современ. малорус. этнографія S. 98.

Nr. 8. Jesus mit S. Peter und noch einem Apostel übernachten in einer Schänke, Peter immer geprügelt. Vgl. Dobšinský H. 4, S. 57, Slovenské Pohľady 1896, S. 210. Fr. Krauss II, Nr. 60, Dowojna Sylwestrowicz I, 47 f.

Nr. 9. S. Peter erschuf die Kosaken aus Lehm, und die Soldaten aus Graupenmehl. Während Peter mit den Kosaken sich beschäftigte, frass ein Hund die Soldaten auf. Peter schlug den Hund, der sch.... aus Schrecken mehr Soldaten, als er aufgefressen etc.

Nr. 11. Григорій Побідоносець, wohl statt des heil. Georg, wie in Nr. 12, Herr über die Wölfe. In anderen kleinruss. Märchen wird der heil. Peter genannt. Сумцовъ Современ. малор. этногр. S. 103.

Nr. 12. Ein Jäger kommt mit seinem Hunde in eine Höhle, wo in der Mitte von Bären, Füchsen und meistens Wölfen der heil. Georg sass; dieser fordert den Jäger auf, seinen Hund zu tödten, denn er mordete ihm schon eine Unmasse von Thieren. Der Jäger schlägt es ab, erst nachdem ihm mit dem Tode gedroht wird, tödtet er den Hund. Vgl. Добровольскій I, S. 137 f., Nr. 69.

Nr. 13. Die Tochter flieht vor ihrem Vater (einem Priester), der sie zur Frau will. Es findet sie Ivan, der Prinz von Russland, sie verschwieg ihm ihren Namen und ihre Abkunft. Erst nachdem sie einen Knaben geboren, gestand sie alles. Der Vater zur Taufe gebeten; tödtet das Kind, steckt das blutige Messer der Tochter in die Tasche u. s. f. Aehnlich Романовъ III, S. 66 f. Verjagt in den Wald mit dem an ihre Brüste angebundenen Leichnam ihres Kindes. Dort sieht sie einmal, wie eine alte Schlange ihr todtes Junge wieder lebendig macht durch ein Gras: sie berührt damit die Fesseln auf ihrer Hand: die fallen ab, die Wunden des Kindes heilen, es wird lebendig. Vgl. Этнограф. Обозр. XI, S. 11 f. Wisła 1894, S. 798. Kolberg, Lud VIII, S. 117. Dowojna Sylwestrowicz I, 383. Kulda III, S. 222. Kres V (1885), S. 31. Вук Ст. Караџић Nr. 27. Fr. S. Krauss II, Nr. 139. Šapkarev, Сборникъ IX, S. 300, Nr. 162. — Ihr Sohn wächst rasch heran, wie der Riese, der viele Jahre mit der Muttermilch genährt wurde, tödtet fünf Drachen und befreit dann die ihm von S. Nicolaus gezeigte Braut, die vom Teufel auf einer hundertjährigen Eiche gefangen gehalten wird.

Nr. 14. Ein Soldat begrüsst die Todten am Ostersonntage, trägt ihnen Ostereier. Einmal las er den Psalter über einer Leiche, einem Zauberer; befreite sich von ihm dadurch, dass er ihn mit dem Psalter auf den Kopf schlug.

Nr. 15. Der Zigeuner und der Drache. Aehnlich wie sonst mit dem Teufel oder Riesen, aus einem Stein Wasser, wer stärker pfeift u. s. f. Vgl. Шеинъ Nr. 55, 56, 57, 138. Рудченко I, S. 61 f., 63 f., 68 f. Асанасьевъ V, S. 121. Dowojna Sylwestrowicz I, 467. Трейландъ Латышскія сказки Nr. 50, 51. Wiad. antropol. kraj. V, Abth. 3, S. 220; XV, Abth. 3, S. 22 f.; XVI, S. 6, Nr. 9. Gliński III, 196 f. u. a. m. Сборн. матер. Кавказ. XIII, S. 28.

Nr. 16. Der Bauer, der von ihm von Hunden befreite Wolf und der Fuchs. Vgl. Archiv XXI, 267 zu Грінченко Nr. 154. R. Basset, Contes popul. berbéres Nr. 3, S. 7 f., 134 f.

Nr. 25. Die bekannte Diebeslist, zuerst ein Schuh weggeworfen, dann der andere, der Bauer läuft um den ersten Schuh zurück etc.

Nr. 26. Wegen Geld kommen die Menschen ins Verderben. Die verbreitete Geschichte von den beiden einander wegen des Geldes vergiftenden Strolchen. Vgl. Садовниковъ Nr. 89. René Basset, Contes pop. berbéres Nr. 52, S. 202.

Bd. III (S. XX + 236) und IV (S. VIII + 254) enthält die von H. Volodymyr Hnatjuk gesammelten Ethnographischen Materialien aus den russischen Districten Nord-Ungarns, aus den Comitaten Marmarosch, Bereg, Ungvar, theilweise auch Ugocsa und Zemplin: Legenden, Erzählungen, Märchen, Fabeln u. ä. Es wird in diesen zwei Bänden wie dem Sprachforscher so dem Ethnographen ein gleich werthvolles und überaus reichhaltiges Material vorgelegt, und zwar aus einer Gegend, der die Wissenschaft erst in der neuesten Zeit regere Aufmerksamkeit zuzuwenden beginnt. Auf der Grundlage dieses Materials wird es uns erst ermöglicht, tiefer in die kleinrussischen Dialecte Nord-Ungarns einzudringen. Der Herausgeber dieser Sammlung unterscheidet drei grössere Dialectgruppen nach der Aussprache des ursprünglichen o in der geschlossenen Silbe (vgl. den Aufsatz des H. Žatkovyč im Етногр. Зборн.

II): *i* an den Grenzen von Galizien und der Bukovina, *u* in den südlicheren, an das rumänische und magyarische Sprachgebiet angrenzenden Gegenden, und *ü* zwischen diesen beiden Dialecten (der Hg. bezeichnet den Laut mit *ü* ? *nün*, obgleich *ü* zu seiner streng phonetischen Graphik sich etwa besser eignen würde). Daneben werden noch zwei andere Dialecte erwähnt, einer, wo für *o* ein hartes *i* (*y*) lautet, im Com. Szepes, und ein anderer, wo *o* erhalten blieb. Es wird auch noch ein »slovakisirter« kleinrussischer Dialect erwähnt, der im westlichen Theile von Zemplin, in Saros, Abauj, Bihar gesprochen wird, ebenso in den »ruthenischen« Kolonien in der Bacska und in Syrmien. Zur Entscheidung dieser Fragen bedürfen wir reicheres Material. Vgl. übrigens die Bemerkungen von Prof. Pastrnek Listy Filolog. XXV, 151, Národopisný Sborník čelov. III, 65. — Ein ganz reiner Dialect wird nach der Bemerkung des Hsg. sehr selten gefunden, meistens findet man gegenseitige Durchdringung einzelner dialectischer Eigenthümlichkeiten, und daher treten auch in den Erzählungen derselben Personen verschiedene sprachliche ¦Erscheinungen nebeneinander auf. So finden wir nebeneinander *dn* und *d* mit *n* assimilirt: ро́дни und гонни III, 62, ў йи́дно und ў и́нно III, 104, видмолю́нне IV, 134 neben удмолю́дне IV, 135; ebenso neben *bn* und *mн*: ннпотрі́бний IV, 215 und ннпотрі́мний ib.; со жено́йу und іс своӣо́у жоно́ў III, 85; кстúни neben крнстúни IV, 168; 3. pl. praes. хо́дьать und льу́бльат IV, 133, замі́гають IV, 134, звіду́ут IV, 135, ви́дьат ib., in der 3. sg. praes. daneben bloss *t*: чи́тат IV. 133, ро́днт, снит IV, 134 u. a. Ohne auf andere nicht weniger interessante sprachliche Eigenthümlichkeiten näher einzugehen, wollen wir nur noch auf den übergrossen Einfluss der magyarischen Sprache hinweisen. Besonders in lexicalischer Hinsicht ist er sehr gross, so dass diese Märchen erst durch das vom Hsg. beigegebene Verzeichniss der ung.-russischen Local-Ausdrücke (IV, 234—251) dem des Magyarischen unkundigen Leser zugänglich werden. Heimische Bezeichnungen von Sachen, die im alltäglichen Gebrauche sind, treten vor neueren, magyarischen zurück, alte slav. Wörter werden von den Magyaren in magyarischer Umschmiedung zurückgenommen: сере́нча, davon neugebildet adj. серенчлйвиӣ, гнрнлда, по́роньч, гни́льджибо́ба, (pol. *jędza*, kaschub. *jiza*); баратоу́ство; mit dem magyar. Suffix сто́лош, стола́ш, мӣаса́рош u. a. Der magyarische Einfluss äussert sich in den Märchen natürlich in jeder Hinsicht als das höhere Element sowohl social wie culturell: die Gescheidtheit des alten Hundes kann nicht bezeichnender hervorgehoben werden als durch die Bemerkung, dass er sogar magyarisch erlernte und so verstand, was seine Herren unter sich sprachen (IV, 167). Die Drachen, welche Sonne und Mond wegtrugen, fluchen wie vollblütige Magyaren. — Ziemlich stark äussert sich auch der deutsche Einfluss hauptsächlich in Folge des Soldatenlebens. —

Ueber den Werth dieser Märchensammlung für die vergleichende Märchenkunde ist nicht nothwendig weitläufig zu sprechen. Besonders interessant ist, wie die alten ziemlich stark erhaltenen mytholog. Elemente in den Märchen, Legenden mit modernen Vorstellungen und Begriffen vermischt und zersetzt sind. Das in den letzten Jahren so erschrecklich grassirende Auswanderungsfieber äussert sich in nicht geringem Masse; wo immer von einem fernen Lande erzählt wird, wird Amerika genannt, als Beispiel eines besonders heissen Landes wird Brasilien angeführt. Eine grosse Rolle spielt in dem Leben der alten·Helden das Kaffeehaus (кавейгáз), der Kellner (кільнир) belehrt den Helden; statt einer Prinzessin wird aus der Gewalt des Drachen eine *kiŝasonka* befreit. Den Söhnen des Zaren sequestrirt der Jude seine Pferde (IV, 65). Der Jude spekulirt (шпякулýйи) immerfort, wie er von dem Russen leben kann (IV, 82) u. a. m. Neben allgemein verbreiteten alten Märchen finden wir auch neue Erzählungen, die uns zeigen, wie heute noch neue Erzählungen erfunden werden, respective in das Volk eindringen. Wir wollen hier besonders auf die unten erwähnte vom Phonographen verweisen. Der Hsg. führte bei jeder Nr. zahlreiche bibliographische Verzeichnisse slavischer und fremdsprachiger Varianten an. Im Folgenden wollen wir noch auf einige andere vom Hsg. nicht erwähnte Varianten hinweisen.

I. Legenden. S. 1—24.

Nr. 1, S. 1 f. Von der Erschaffung der Welt. Adam hatte ursprünglich am ganzen Körper eine Hornhaut, deren Reste sich dann nur an den Nägeln erhielten. Vgl. Добровольскій Смол. Сб. I, 236 sl. Nr. 16, 19. Federowski Lud białoruski I, 201. Сборн. мин. II, Abth. 3, S. 162. — Vom Adamsapfel. Vgl. Federowski I, 206, Атанас. Николић Срб. нар. припов. I, S. 75. Сборн. мин. XI, Abth. 3, S. 98. — Von Adams Kopf nach der Sintfluth, die bekannte apokryphische Legende.

Nr. 2, S. 3 f. Der Kampf des Erzengel Michael mit Lucifer.

Nr. 3, S. 5 f. Von Noe, wie er die Arche baut, der Teufel erfindet Branntwein, macht Noe trunken. Vgl. Archiv XXI, 288.

Nr. 4, S. 7. Von Lot und seinem Weibe. Christus und Sct. Peter suchte mit einer Laterne in der Hand wie Diogenes in einer Stadt bei Tag einen Menschen, bis sie Lot und sein Weib fanden.

Nr. 5, S. 7 f. Von Sodom und Gomorrha.

Nr. 6, S. 13 f. Von Joseph in Egypten.

Nr. 7, S. 16 f. Juden und Zigeuner unter Moses und Pharaon. Zigeuner waren die Egypter und Pharaon ihr König. Nach ihrem Untergang wurde das Zigeunergeschlecht aus der Verbindung eines Zigeunerweibes mit dem Teufel geboren.

Nr. 8, S. 19 f. Von Samson.

Nr. 9, S. 21 f. Von David, als er den Psalter schrieb. Aehnlich Сборн. мин. I, Abth. 3, S. 108.

Nr. 10, S. 22 f. Salomon als Kind, Knabe und Kaiser. Die Königin von Saba ist hier eine christliche Königin in Amerika und fährt zu Salomon per Dampfschiff. Neben ihr herrschte dorten der Teufel und zwar über die Männerwelt, während das weibliche Geschlecht der Königin von Saba unterthan war. Der Teufel wurde überlistet und zu Salomon gebracht, überlistete dann aber selbst Salomon und vertrieb ihn.

Nr. 11, S. 29 f. Salomon von Kindesjahren an bis zum Tode. Hierin auch die Legende, wie Adam dem Teufel die ganze Welt verkaufte, wie Jesus dann Adams Schrift der Hölle entriss etc.

Nr. 12, 13, S. 37 f. Salomon und sein untreues Weib. In Nr. 13 anstatt

Salomon ist Josef »der Schöne«. Mit der alten Erzählung hat Nr. 13 gemein das alte Motiv, wie auf die Trompetenstösse des unter dem Galgen stehenden Herrn das im Wald verborgene Heer zu Hilfe eilt. Am Anfange der Erzählung finden wir das weitverbreitete Motiv von dem Bilde der Schönen, in welches sich der Prinz verliebt.

Nr. 14, S. 47 f. Die Teufel von Salomon in ein Fass gefangen und dieses unter dem Altar vergraben. Es befreit sie ein Teufel, den Salomon vergessen hatte, indem er dem Priester vorspiegelte, es wäre dort ein Schatz verborgen.

Nr. 15, S. 49. Salomon schlichtet den Streit zwischen Bettlern; das Füllen unter einem Wagen gefunden, wem gehört es. Ein sehr verbreitetes Motiv besonders in den Erzählungen vom weisen Mädchen oder weisen Knaben.

Nr. 16, 17, S. 49 f. Vom Propheten Jonas.

Nr. 18, S. 51. »Von der Prophetin Anna«, d. i. eigentlich die Geschichte des hl. Kreuzes.

Nr. 19. »Die Mutter Gottes und ihre Dienerin«, d. i. Marie warst du in der Kammer? Grimm KHM. Nr. 3.

Nr. 20. Wie Gott unter die Völker ihr Schicksal vertheilte. Vgl. Вук Стеф. Караџић Срп. нар. припов. S. 282 f., Nr. 5. Сборн. мин. I, 3, S. 124.

Nr. 22, 23, S. 56 f. Christus, Petr. und Paul dreschen. Vgl. Archiv XIX, 261, Nr. 216. Добровольскій Смол. Сб. I, S. 307.

Nr. 24, S. 59 f. Christus als Arzt, der Jude will nach seinem Beispiel heilen. Vgl. Zs. österr. Vk. II, 224 »Bruder Lustig«.

Nr. 25, S. 62. Christus mit S. Peter bei der Ueberfuhr. Vgl. oben S. 289 Nr. 6.

Nr. 26, S. 63. S. Peter in der Branntweinstube, wo die Teufel den Branntwein brannten. Ein Teufel fiel in das Fass, die anderen fingen an zu schreien, dass er verbrannte (згорíў), seitdem heisst er Branntwein з(г)орíўка.

Nr. 27, S. 64 f. Christus schnitt dem Pferde die Füsse ab, die er beschlagen sollte, und setzte sie ihm wieder an. Der Schmied wollte es ihm nachmachen. Vgl. Č. Lid V, 285. R. Köhler Klein. Schrift. I, 182.

Nr. 28, S. 65 f. S. Peter wollte, dass das Weib dem Manne befehlen sollte, und erkannte dann an seiner Person selbst die Vorzüge der Weiberherrschaft. Vgl. oben S. 289 Nr. 7. Federowski Lud białoruski I, Nr. 20. Peter ist immer geprügelt, ob er vor oder hinter Christus liegt. Vgl. Archiv XIX, 261 Nr. 276; 265 Nr. 4. Добровольскій I, 307. Dobšinskij Sloven. pov. IV, 57; Slovenské Pohľady 1896, 210. Летопис матице српске 148 (1887), S. 141. Świętek Lud nadrabski 327. Mater. antrop.-archeol. i etnograf. III, Abth. 2, S. 151 f. Peter geht ins Gasthaus, obgleich Christus ihn warnt, und wird dort geprügelt.

Nr. 29, S. 67 f. Dasselbe wie in Nr. 28. Ausserdem die von Goethe bearbeitete Legende vom Hufeisen, vgl. Goethe Jahrbuch XIX, 307 f. Weiter von der Entstehung der Pilze aus dem von Peter ausgespuckten Kuchen. Vgl. Wisła 1895, S. 102 f. Lud II, 19 f. Zbiór wiad. antrop. XIII, Abth. 3,

S. 76. Č. Lid V, 284. Живая Старина II, 1, S. 95. Polaczek Wieś Rudawa 91.
— S. 70 f. Die bekannte Legende von Judas.

Nr. 30, S. 73 f. Christus verheirathet einen Russen, bei dem sie über
Nacht waren, mit einem wunderschönen Mädchen. Der König wünscht sie zu
besitzen, legt dem Russen schwere Aufgaben auf; der löst sie mit Hilfe sei-
nes Weibes, das von überirdischer Abkunft ist. Vgl. Archiv XIX, 261, Nr. 222;
S. 265, Nr. 7. Аөанасьевъ Рус. нар. ск.³ II, Nr. 122 a—d, 123, 124, 178, 179.
Dowojna Sylwestrowicz I, 70, II, 372. Jones & Kropf Magyar Folk Tales 18 f.

Nr. 31, S. 76 f. Christus ist mit S. Peter zu Gast bei einer armen Wittwe,
segnet den von ihr aus Koth gekneteten, mit Asche bestreuten Kuchen, womit der Hunger ihrer drei Söhne gestillt werden soll. Vgl. Сборн. мин. II, 3,
S. 201; Луча 1896 (II), S. 64 f. Den drei Knaben schenkt Christus auf ihren
Wunsch eine Mühle, ein Gasthaus und eine Wirthschaft, nachdem sie versprochen hatten, den Armen gegenüber Barmherzigkeit zu üben. Als Christus
nach einigen Jahren sie aufsuchte, wurde er nur von dem dritten, dem Bauern
bewirthet; ja dieser opfert ihm sogar sein Kind, und mit dessen Blut die
Wunde am Fusse des Gastes heilen zu können. Vgl. Zs. österr. Vk. I, 188,
Nr. 9. Шапкаревъ Сборн. нар. умотвор. IX, 373. R. Basset Nouv. Contes berbères Nr. 81.

Nr. 32, S. 80. Dem Teufel verschreibt sich ein Soldat, wenn er ihn mit
der kaiserlichen Prinzessin verheirathet. Vgl. Sebillot Cont. pop. de la H.
Bret. I, 270. Er bespuckt den Gekreuzigten und verneigt sich vor der
Schlange. Vgl. ib. II, 284 f.

Nr. 33, S. 82 f. Die Legende von Placidus - Eustach. Vgl. Сборн. мин.
XIV, Abth. 3, S. 128 f. Сборн. матер. Кавказ. XVIII, Abth. 3, S. 166 f. M.
Lidzbarski Gesch. neuaram. Hss. 108 f., 195 f.

Nr. 34, 35, 36. Ist es besser in der Jugend oder im Alter Unglück zu
leiden, »Steine zu nagen«? Vgl. Archiv XIX, S. 254, Nr. 76. Добровольскій I,
530 f. Шапкаревъ Сборн. нар. умотвор. IX, Nr. 162, S. 300.

Nr. 37, S. 104 f. In einer Hütte wird das Glück den neugeborenen Kindern ertheilt. Der Unglückliche bekommt dort den Rath, ein Mädchen reich
gewordener, glücklicher Leute zu heirathen, doch darf er nie sagen, dass das
Vermögen ihm gehört. Vgl. Archiv V, 74, Nr. 56. R. Köhler Kleinere Schriften I, 465 f. Dowojna Sylwestrowicz I, 2 f. Сборн. мин. VIII, Abth. 3, S. 176 f.

Nr. 38, S. 105 f. Ein armer Seiler bekam eine gewisse Summe Geld, die
war ihm nichts nütze; er wurde erst reich, als er einen glücklichen Kreuzer
bekam. Vgl. Archiv XXI, 280, Nr. 131. Jones & Kropf Magyar Folk Tales
22 f. Klimo Cont. et lég. de Hongrie 232 f.

Nr. 39, S. 108 f. Das Glück des reichen Bruders sammelt auf dem Felde
Aehren zusammen, das Glück des armen Bruders sitzt auf dem Geldfass in
der Räuberhöhle. Der arme Mann sucht es auf und trägt mit dessen Hilfe
Schätze aus der Räuberhöhle weg. Die Erzählung von Alibaba und den 40
Räubern ist hier also modificirt. Vgl. Archiv XVII, 575. Трейландъ Латы-
шскія ск. 327, Nr. 185. Sborník mus. slov. spol. I, 168. Bronisch Kaschub.
Dialectstudien II, 40 f. Шапкаревъ Сборн. нар. умотвор. IX, 327, Nr. 185.

Nr. 43, 44, S. 114 f. Der von Gott verbannte Engel im Dienste eines

Geistlichen. Vgl. Archiv XXI, 261 : Zur 4. Studie des Prof. Sumcov. Federowski Lud białoruski S. 140, Nr. 366; S. 230, Nr. 1093. Wisła 1895, S. 118 f.

Nr. 47, S. 12 f. Von Madej, d. i. dem reuigen Räuber. Vgl. Archiv XIX, 245, Nr. 21. Český Lid V, 55, Materyjały antropol.-archeol. i etnograf. II, Abth. II, S. 98 f. Сборн. матер. Кавказ. XVI, Abth. 1, S. 201 f. Коста Ристѣh и В. Лончарскѣ Српске нар. припов. Nr. 2. Mijat Stojanović Pučke pripoviedke 37 f. Jones & Kropf Magyar Folk Tales Nr. 2.

II. Erzählungen (Novellen). S. 125—234. Der Pfaffe im Dorn. Der Hirt hält eine Weide, dass sie nicht umfällt. Der Richter und Notar halten sie statt seiner, wenn er ihre Pferde beschlägt. Befreit eine Braut, die gegen ihren Willen zur Hochzeit geführt wird. In ihre Kleider gekleidet, nimmt er ihre Stelle ein. In der Nacht entwischt er aus dem Ehebett und bindet einen Widder an den Strick an, den der Bräutigam hält. Er flüchtet zu einem Müller, sagt, dass ihn Teufel verfolgen, weil er schlecht misst; der Müller flieht und ertrinkt. Der Hirt an des Müllers Stelle, die Hochzeitsgäste kommen hin, glauben es sei der Müller. Er führt nun mit ihnen einen noch gröberen Scherz auf.

Nr. 2, S. 130 f. Das dumme Weib wechselt den gefundenen Schatz gegen Töpfe ein. Vgl. Сборн. мин. XI, Abth. 3, S. 105. Шапкаревъ Сборн. нар. умотвор. IX, 450, Nr. 261. R. Köhler Kleinere Schriften I, 71. Das auf das Frühjahr aufgehobene Selchfleisch gab sie einem Manne, Namens Frühjahr (»Vesna«). Vgl. R. Köhler Kleinere Schriften I, 66, 341. Frey's Gartengesellschaft hsg. von J. Bolte Nr. 61. Glasnik slovenski 1864, X, S. 288. Václavek Valašské poh. a pov. II, 43 f., Nr. 6. Сумцовъ Разысканія въ области анекдот. литер. 147 f. — Der Sohn geht in die Welt, noch dümmere Leute zu suchen; kommt zu einer Jüdin, und spiegelt ihr vor, dass er aus der andern Welt komme und ihr Nachrichten von ihrem seligen Mann bringe. Vgl. Сумцовъ op. с. 51 f. Jacob's English Fairy Tales Nr. 8. Český Lid V, 459. Вук Ст. Караџић Срп. нар. припов. Nr. 28. Kolberg Lud VIII, 221. Сборн. матер. Кавказ. XIX, Abth. 3, S. 33 f.

Nr. 3, 4, S. 133 f. Der dumme Pfarrer und sein Knecht: wer sich zuerst ärgert, dem werden die Riemen aus dem Rücken geschunden. Vgl. Archiv XVI, 318, Nr. 6. R. Köhler Kleinere Schriften I, 149 f. Materyjały antropol.-archeol. i etnograf. II, Abth. 2, S. 38, 92 f., 96 f. Н. Ѳ. Сумцовъ Этюды о Пушкинѣ V, 53. Сборн. матер. Кавказ. XII, 123 f. Zbiór wiad. antrop. IX, Abth. 3, S. 152 f., Nr. 32, 33. Kolberg Lud VIII, 189 f. Kres IV (1884), S. 32 f. Сборн. мин. III, Abth. 3, S. 242 f.

Nr. 5, 6, S. 138 f. Besonders nahe den klein- und weissrussischen Versionen von Doctor Alwissend. Vgl. meinen Aufsatz in der Wisła XI, 62 f.

Nr. 7, S. 145 f. Der Bauer brachte die traurige Prinzessin zum Lachen. Als Belohnung erbat er sich 300 Schläge: die vertheilte er theilweise unter die Dienerschaft des Königs, das letzte Drittel verkaufte er einem Juden. Vgl. Archiv XXI, 288 zu Етногр. збірн. II, 2, S .37. Сборн. мат. Кавказ. XVIII, Abth. 3, S. 32 f. Mater antrop.-archeol. i etnograf. III, Abth. 2, S. 152 f. Malinowski Powieści ludu pol. w Śląsku I, 20 f.

Nr. 11, S. 151 f. Der Pfarrer buhlt bei einer Bäuerin, ein Zigeuner

schleicht sich unbemerkt hinein und versteckt sich unter das Bett: Der Bauer
überrascht sie, der Pfarrer kriecht unter das Bett, muss dem Zigeuner nach
und nach alle seine Kleider geben. Der Zigeuner geht dann hinaus, kehrt als
Pfarrer zurück, bietet sich an, den Unreinen, der sein Weib quält, zu vertreiben; brüht den Pfarrer mit siedendem Wasser ab. Vgl. Materyjały antropol.-archeol. i etnograf. II, Abth. 2, S. 50 f. R. Köhler Kleinere Schriften I,
386, Nr. 2.

Nr. 12, 13, 14, S. 155 f. Der Mann fand einen Schatz und sein einfältiges
Weib. Vgl. Archiv XIX, 255, Nr. 87—90. Сборн. матер. Кавказ. XIV, Abth. 2,
S. 192 f.; XV, S. 187 f. Materyjały antrop.-archeol. i etnograf. II, Abth. 2,
S. 67 f., Nr. 37, Сумцовъ Разысканія въ обл. анекдот. литер. 83 f. R. Köhler
Kleinere Schriften I, 342. In Nr. 12 ging der Mann eigentlich zum Herrn sein
Geld zu stehlen, wie bei Добровольскій I, 355 f., Nr. 9.

Nr. 15, 16, S. 163 f. Von den drei Rathschlägen, der dritte: übernachte
nicht, wo ein junges Weib und ein alter Wirth ist. Vgl. Archiv XIX, 257,
Nr. 112. Шапкаревъ Сборникъ IX, 344 f., 481 f. Сборникъ матер. Кавказ. XVIII,
Abth. 3, S. 91 f.; XIX, Abth. 2, S. 148 f.; XXI, Abth. 2, S. 104 f., Остроумовъ
Сарты II, 139 f.

Nr. 17, S. 170. »Thue, was du willst, aber bedenke das Ende«. Diesen
Rathschlag kauft der Kaiser. Nach Hause zurückgekehrt, bewillkommnete
er mit diesen Worten seinen Raseur, der ihn ermorden sollte.

Nr. 18, S. 172 f. Eine sehr interessante Erzählung vom Phonograph: dieser
absolvirt den Gottesdienst an Stelle des Priesters. Diese Maschine wurde
dann dem Kaiser gebracht; ein Journalist sagt einem Bleche, dass alle grosse
Gehalte haben, nur er Elend leiden muss, und steckt dieses Blech in die Maschine. In Anwesenheit aller Herrschaften vor dem Kaiser wurden diese
Worte gehört.

Nr. 24, S. 182 f. Ein Russe ass einmal zwei Eier, der Jude zählte ihm
nach einigen Jahren eine grosse Schuld auf. Vgl. Slovenské Pohľady 1896,
S. 261. Dowojna Sylwestrowicz I, 470. Václavek Valašské pohády 1898,
S. 40 f.

Nr. 26, S. 186 f. Eine stolze Prinzessin wies den Bewerber, einen königlichen Prinzen, ab; wurde dann von ihm grausam gedemüthigt. Vgl. Archiv
XIX, 243, Nr. 1.

Nr. 27, S. 184 f. Ein König verspricht seine Tochter demjenigen, der zu
Pferde kommt und nicht zu Pferde, angezogen und nicht angezogen, ein Geschenk bringt und kein Geschenk. Die Prinzessin ist dann als verheirathete
Frau sehr träge, bis der Mann sie aus ihrer Trägheit heilt, indem er ihr nicht
satt zu essen gibt. Vgl. Dowojna Sylwestrowicz II, 410 f. u. a.

Nr. 28, 29, S. 191 f. Der Kaiser verirrte sich im Wald, der Soldat kommt
mit ihm zusammen und beide verirren sich in eine Räuberhöhle; der Kaiser
durch die List des Soldaten befreit. Vgl. Archiv XVII, 582, Nr. 241, 242.
Аѳанасьевъ Рус. нар. ск.[3] II, Nr. 197. Добровольскій I, 381 f.

Nr. 30, 31, 32, S. 195 f. »Meisterdieb«.

Nr. 33, S. 214 f. Juden angeführt: verkauft ihnen ein Silber sch . . . .

Pferd; ein Bär als Kuhhirt, ein Wolf als Schäfer, ein Stock, der alte Weiber verjüngt.

Nr. 35, S. 226 f. »Das Urtheil des Šemjaka«. Vgl. R. Köhler Kleinere Schriften I, 578. Живая Старина V, 208 f. Zbiór wiad. antropol. XVI, Abth. 2, S. 81 f.

Nr. 36, S. 229 f. Die erste Hälfte gleicht der vorhergehenden Erzählung. Im zweiten Theile ist damit verknüpft die weit verbreitete Geschichte von Recht und Unrecht, wie der Reiche den Hunger des Armen stillte, nachdem er ihm beide Augen genommen hatte. Vgl. Archiv XIX, 244, Nr. 6. Zs. österr. Vk. II, 223, Nr. 19. Сборн. матер. Кавказ. XIX, Abth. 2, S. 104 f. R. Köhler Kleinere Schriften I, 465. Wisła XI, 266 f. Којанов-Стефановић Српске нар. припов. 198 f., Nr. 22. Jones & Kropf Magyar Folk Tales 36 f.

Bd. IV. I. Märchen. S. 1—161.

Nr. 1, S. 3 f. »Der Sohn des Barons in Amerika«. Ein aus den verschiedensten Motiven zusammengeschweisstes Märchen: ein Magnetberg; Riesen-Menschenfresser, ziemlich an die Sage von Polyphem erinnernd; ein riesengrosses Ei, von welchem sie nicht wussten, ob es ein Haus oder ein Felsen ist; ein riesengrosser Vogel, der Schatten wie Wolken wirft; die Brautleute schwören, dass wer von beiden am Leben bleiben würde, sich mit dem verstorbenen Ehegespons eingraben lässt. Der mit der früh gestorbenen Frau zusammen vergrabene Gemahl entflieht dann aus der Gruft und kehrt endlich aus Amerika glücklich nach Hause zurück zu seiner Frau, welche er aus Hang nach Abenteuern verlassen hatte.

Nr. 2, S. 12 f. Eine Robinsonade.

Nr. 3, S. 14 f. Ein Verschwender tritt in die Dienste des Teufels, nachdem er sein ganzes Hab und Gut vergeudet hatte. Der Teufel nähte ihn in eine Pferdehaut ein, in dieser kam er auf einen grossen Berg, welcher voll von Diamanten und Gold war. Diese soll er ihm in der Haut hinunterwerfen. Auf dem Berge kam er zu einem Cynocephal; dieser hatte ein menschliches Auge und ein Auge wie ein grosses Gefäss; er trat in seine Dienste. Der Cynocephal sagt seinem Diener, wo er ein Weib finden könnte; zu einem Brunnen fliegen vier Vögel — verwünschte Mädchen; der einen soll er ihre Federn wegnehmen. Die junge Frau fand einst den Schlüssel vom Kästchen, wo ihr Federkleid verborgen war, und entfloh sammt ihrem Kinde. Der Mann sucht sie, und findet sie mit Hilfe der dankbaren Thiere, unter die er die Beute vertheilt hatte. Vgl. Аѳанасьевъ Нар. рус. ск.³ I, 244, Nr. 97. Dowojna Sylwestrowicz II, 355. Narod. pripov. v Soških plan. III, 41. Шапкаревъ Сборникъ IX, 374 u. a. — Er verwandelt sich in eine Maus, einen Sperling, einen Löwen, wenn er sich die Feder, das Haar unter die Zunge legt, vgl. Худяковъ Великор. ск. I, 16 f. Weryho Pod. łot. 105 f. Аѳанасьевъ Нар. рус. ск.³ II, 144 u. a.

Nr. 4, S. 20 f. 24 Brüder suchen für sich 24 Schwestern zu freien. Vgl. R. Köhler Kleinere Schriften I, 467. Lud II, 46 f. Świętek Lud nadrabski 337 f. Јован Б. Војиновић Срп. нар. припов. 46. Аѳанасьевъ Нар. рус. ск.³ I, Nr. 60. Сборн. матер. Кавказ. XIII, Abth. 2, S. 308 f.; XIV, Abth. 2, S. 204 f.; XVIII, Abth. 1, S. 64 f. Jones & Kropf Magyar Folk Tales 262 f. Das aller-

schlechteste Pferd soll der jüngste von den Brüdern sich als Belohnung für
die Dienste beim König auswählen. Vgl. Аѳанасьевъ ³ I, 302. Романовъ III,
158. Јован Б. Војиновић 45. Којанов Стеѳановић 146. Jones & Kropf Magyar
Folk Tales 157 u. a. m. Bis auf den jüngsten gehen alle Brüder sammt ihrem
Vater auf Brautschau; werden vom Teufel nicht weitergelassen, weil sie
unter dem Baum, dessen Schatten sie genossen haben, nicht einen Kreuzer
zurückgelassen haben; sie versprechen dafür dem Teufel ihren jüngsten
Bruder. Dem schenkt der Teufel das Leben, wenn er ihm das schöne Weib
eines stolzen Teufels hinter dem rothen Meere verschafft. Eine Brücke über
das Meer aus dem Haare des Wunder-Pferdes. Durch eine von den gewöhnlichen Versionen abweichende List bekommt der Held selbst die Schöne und
der Teufel kommt ums Leben.

Nr. 5, S. 26 f. In einem grossen Fass sind etliche immer kleinere Fässer,
in dem letzten, wie eine Haselnuss kleinen Fässchen eine Karte, und auf der
ist aufgeschrieben »Krikus-Krakus«; wie der Name ausgesprochen wird, erscheint ein Teufel dieses Namens und ist dem Helden zu Diensten. Vgl.
Świętek Lud nadrabski 326. Pröhle M. f. d. Jugend 98. Stumme Tunis M. II,
48. Der Teufel verschafft seinem Herrn eine reiche schöne Braut und löst die
von deren Vater auferlegten Aufgaben, erbaut einen Palast; bethört dann
den Helden, indem er ihn um jene Karte bittet. Zum Schluss aber wusste der
Held den Teufel zu überlisten, bemächtigte sich der Karte und ver-
schluckte sie.

Nr. 6, S. 30 f. Eine theilweise neue Version des Märchens Grimm 68.
(»Handeif un sien Meester«). Vgl. meinen Aufsatz »Магьосникътъ и неговиятъ
ученикъ« im Сборникъ мин. XV, S. 393 f.

Nr. 7, S. 33 f. Jean de l'Ours und seine Kameraden: 1) zerschlug Steine
und buk aus ihnen Kuchen, 2) machte aus Wald und Gras Stricke. Vgl.
R. Köhler Kleinere Schriften I, 543. Добровольскій I, 410. Federowski Lud
białoruski I, 132. Weryho Podania łotew. 18. Dowojna Sylwestrowicz I, 6,
138, 354; II, 73. Wisła XI, 295, 455. Kolberg Lud VIII, 76. Český Lid V, 80;
VI, 197. Kres VI (1886), 180. Којанов Стеѳановић Срп. нар. припов. 60. Mijat
Stojanović Pučke pripov. 98. Атанасије Николић Срѣско нар. припов. II, 131.
Сборникъ матер. Кавказ. XIV, Abth. 2, S. 128; XVIII, Abth. 3, S. 393; XXI,
Abth. 2, S. 1 f. Остроумовъ Сарты II, 143 f. — Aus dem Abgrunde trägt den
Helden hinauf ein Adler, dessen Jungen er vor einem feurigen Regen bewahrt
hat. Vgl. Archiv XIX, 253, Nr. 53. Добровольскій I, 509. Federowski Lud
białoruski I, 134. Dowojna Sylwestrowicz I, 16, 225, 360. Zbiór wiad. antrop.
IX, Abth. 3, S. 99. Kolberg Lud III, 115. Jones & Kropf Magyar Folk Tales
249. Gaal M. Magyar. 101 f. u. a.

Nr. 8, S. 39 f. Von den drei nach Genuss eines Fisches geborenen Knaben. Vgl. Archiv XIX, 253, Nr. 53. Sie gehen Sonne, Mond und Stern suchen,
welche drei Drachen geraubt haben. — Auf dem Rückwege kehrt der Held
bei der Schwiegermutter und den Frauen der getödteten Drachen ein, hört,
wie sie ihn und seine Kameraden bethören wollen. Vgl. Аѳанасьевъ ³ I, 157,
165, 168. Манжура 136. Рудченко II, 74. Materyjały antropol.-archeol. i etnograf. II, Abth. 2, S. 31. Романовъ III, 115, 127. Добровольскій I, 408, 425,

430. Худяковъ II, 45. Иванницкій 172. Weryho Pod. łotew. 31. Menšik Morav. poh. apov. 61. Zbior wiad. antrop. IX, Abth. 3, S. 108. Jones & Kropf Magyar Folk Tales 202. Dobšinský V, 47. — Der Zauberin, der Schwiegermutter des Drachen, kommt Lakcibrada zu Hilfe; der Held verspricht ihm eine Prinzessin zu verschaffen. Dem Helden helfen hiebei der Fresser, Säufer, der immer Frost Leidende, der Läufer und der scharfblickende Schütze. Vgl. oben S. 268. Грінченко I, Nr. 165. Lakcibrada überlistet ihn wieder. Der Held aber sucht ihn auf und erfährt, wo dessen Kraft verborgen ist: beim Brunnen steht ein Hirsch, in dem Hirsch ist ein Reh, im Reh ein Hase, im Hasen eine Ente, in der Ente zwei Eier: wenn beide zerschlagen werden, ist er todt.

Nr. 10, S. 58 f. In der vom Kaiser erbauten Kirche fehlen Sonne und Mond. Sie sind bei der Hyňdžlbaba im 77ten Land hinter dem rothen Meer, hinter dem gläsernen Berg. Der Held zieht aus sie zu holen, und der Kaiser verspricht ihm dafür die jüngste Prinzessin. Aehnlich Nr. 8, überwindet er drei Drachen, Söhne der Hyňdžibaba u. s. f. Sie entfliehen glücklich, es ereilt sie ein Zwerg, Namens Rukomňáľ, und entreisst ihm Sonne und Mond; gibt sie ihm, wenn er ihm eine Prinzessin, die Tochter des Kaisers Zlatokrídlyk, verschafft. Dem Helden schliessen sich an der Hunger, der Frost, der Scharfblickende und der Läufer.

Nr. 11, S. 62 f. In einem fremden Lande, Amerika, vertheilte eine Frau verschiedene Wunderdinge: goldene Birnensamen, Tarrenkäppchen, einen unsichtbar machenden Mantel, einen Sattel, der an den gewünschten Ort versetzt, einen Säbel, der selbst in den Krieg zieht statt seines Herrn u. a., sagte allen bei ihr zusammengekommenen Helden, dass sie alle Kaiser werden und bestimmte ihnen ihre Länder. Einer von ihnen bekam das russische Land und säete den Birnensamen aus, aus dem ein grosser goldener Birnbaum entspross. Als seine drei Söhne heranwuchsen, gingen sie nacheinander um eine Schöne, die beiden älteren bleiben im Wirthshaus, nur der jüngste erreicht sein Ziel mit Hilfe eines Riesen, den er loskaufte von seinen Gläubigern.

Nr. 12, S. 70 f. Der alte kranke König schickt seine drei Söhne um Heilmittel (heilkräftiges Wasser) aus. Vgl. Zs. österr. Vk. II, 220, Nr. 6; III, 220. Сборн. Матер. Кавказ. XVIII, Abth. 3, S. 44. Jones & Kropf Magyar Folk Tales 288 f.

Nr. 13, S. 75 f. Ein König lacht mit dem einen Auge, weint mit dem andern. Seine drei Söhne Vyčýrja, Púůnočnyk, Zorja frugen ihn nach dessen Ursache. Kremnitz Rumän. M. 238. Jones & Kropf Magyar Folk Tales 60 f. — Die Söhne ausgeschickt um ein heilkräftiges Wasser. — Gleiche Namen führen die Prinzen bei Аѳанасьевъ [3] I, 173. Аѳанас. Николич II, 112.

Nr. 14, S. 81 f. »Zaubermühle, Goldwidder, Knüppel«. Vgl. Slovenské Pohľady 1896, 322 f. Mater. antrop.-archeol. i etnograf. II, Abth. 2, S. 79 f. Добровольскій I, 597, 601. Zbiór wiadom. antrop. IX, Abth. 3, S. 84 f. Сборн. zu Нар. умотвор. IX, Abth. 3, S. 158; XI, Abth. 3, S. 126. Остроумовъ Сарты II, 29. Jones & Kropf Magyar Folk Tales 161 f,

Nr. 15, S. 88 f. »Tischlein deck dich, Goldziege, Knüppel« bekam der Arme vom Winde, der ihm seinen ausgesäeten Hafer vernichtete. Vgl. Рудченко II, Nr. 31. Добровольскій I, 585. Романовъ III, 277, Nr. 52, 53. Federowski Lud białorus. I, 96, 161. Zbiór wiad. antrop. XVI, Abth. 2, S. 77. Ungar. Revue VIII, 332. Slavia řada I, sv. 4, S. 14. Kres IV (1884), 451. Var. h. Vernaleken Oest. KHM. 235 f. u. a.

Nr. 16, S. 92 f. Goldwidder, Tischlein deck dich, Knüppel, bekommt der Mann von Gott, weil er sein Weib schlug.

Nr. 17, S. 96 f. Ein Schütze erschoss mit einer geweihten Kugel einen Drachen, und wurde dafür mit der Gabe belohnt, die Sprache der Thiere und Bäume zu verstehen. Sein Weib will wissen, warum er lachte. Vgl. R. Basset Nouv. contes berbéres Nr. 108. Добровольскій I, 354. Аѳанасьевъ [3] II, Nr. 139. Polaczek Wieś Rudawa 102. Kres V, 28. Шапкаревъ Сборникъ IX, Nr. 168, 182. Извѣстія общ. археол. ист. этногр. Казан. XIV, 251. Mljat Stojanović Pučke pripov. 239. Этнограф. Обозр. 1897, Н. 4, S. 125 f.

Nr. 18, S. 99 f. Aehnlich wie Nr. 17, nur dass der Mann diese Gabe von dem Vater der Schlange erhielt, die er aus dem Feuer rettete. Vgl. Сборн. мин. XIII, Abth. 3, S. 212 u. a.

Nr. 19, S. 101 f. Das treulose Weib verwandelt ihren Mann in einen Hund. Vgl. Archiv f. slav. Phil. XIX, 250, Nr. 22. Атанас. Николиѣ II, 102 f. Сборн. матер. Кавказ. XII, 78 f.

Nr. 20, S. 106 f. Der Held entflieht aus den Diensten des Teufels mit dessen Pferd, nachdem er das Pferd und sich mit dem goldenen Wasser begossen hat. Auf der Flucht zuerst der Striegel geworfen — daraus ein steinerner und dorniger Berg, dann die Pferdedecke — daraus ein Meer. Der Held tritt ganz verkleidet in die Dienste eines Königs und antwortet auf alles bloss nemtúdom, also magyarisch, darnach wird er auch Nemtúdom genannt, ähnlich bei Аѳанасьевъ [3] II, Nr. 165 a, b heisst er Незнайко. Die Prinzessin weist seinetwegen kaiserliche Bewerber ab. Vgl. Federowski Lud białoruski I, 113 f. Атан. Николиѣ II, 133. Dowojna Sylwestrowicz I, 105; II, 22 u. a. R. Köhler Kleinere Schriften I, 330, 419. — Der Held hilft dann seinem Schwiegervater gegen den Feind: er haut in einen Apfel, und es fällt aus dem heraus das Heer des Teufels.

Nr. 21, S. 112. Von den sieben Raben. Vgl. Archiv XVII, 575, Nr. 95. Kulda III, 98 f. Slavia řada I, H. 3, S. 15. Václavek Valašské pob. a pov. II, 45 f. Bronisch Kaschub. Dialectstudien II, 44 f. Urquell N.F. I, 313. Dowojna Sylwestrowicz II, 345. Трейландъ 172. Kres IV (1884), S. 352 f. Hiemit verbunden das Märchen von Sneewittchen: Vgl. Archiv XVII, 573, Nr. 52. Mater. antrop.-archeol. i etnograf. II, Abth. 2, S. 70, 105. Сборникъ матер. Кавказ. XV, 112. Шапкаревъ Сборникъ нар. умотвор. IX, Nr. 231. Н. Сумцовъ Этюды о Пушкинѣ V, 59. Jones & Kropf Magyar Folk Tales 163. Dowojna Sylwestrowicz I, 64, 175, 199; II, 247, 309. — Verbunden ist auch noch das Motiv vom Mädchen ohne Hände.

Nr. 22, S. 117 f. Ein Prinz nahm dasjenige Mädchen von drei Schwestern zur Frau, die versprach, zwei silberhaarige Kinder, einen Knaben und ein Mädchen, zu gebären. Vgl. Archiv XIX, 251, Nr. 25. Es verfolgen sie hier aber nicht etwa die neidischen Schwestern, sondern die Hebamme.

Nr. 23, S. 122 f. Ein Prinz verliebt sich in das Bild der Schönen. Vgl.

Етнограф. Збірник III, 43, Nr. 13. Weryho Pod. łot. 170. O. Knoop, V.S. Hinterpommern 204. Kres V (1885), 199. Летопис мат. српске Bd. 145, S. 106. Mitsotakis Griech. M. 113 f. Остроумовъ Сарты II, 35, 83. Шапкаревъ Сборникъ IX, 392 u. a. — Der Prinz geht sie suchen, sein Diener bethört die Leute, die sich um die Wunschdinge streiten (Kleid, Knüppel, Buch und Stiefel), nimmt sie ihnen ab. Mit ihnen löst der Diener die Aufgaben, die die Schöne. die Geliebte des Teufels, ihm auferlegt. Es sind hier verschiedene Reminiscenzen aus anderen Märchen, besonders von der Prinzessin, die jede Nacht zwölf Paar Schuhe zerreisst.

Nr. 24, S. 125 f. Sehr ähnlich der Geschichte vom weisen Akir. Vgl. Zbiór wiad. antrop. XVI, Abth. 2, S. 67. Dowojna Sylwestrowicz I, 452. Jones & Kropf Magyar Folk Tales 118 f., 239 f. Klimo Contes et légendes de la Hongrie 187 f.

Nr. 25, S. 129 f. Vom Pathenkind des Kaisers. Der Diener zwingt den Jüngling, ihn als das Pathenkind des Kaisers anzuerkennen, sich selbst als dessen Diener auszugeben. Vgl. Archiv XIX, S. 250, Nr. 24. Mater. antrop. archeol. II, Abth. 2, S. 27 f. Добровольскій I, 473. Шапкаревъ Сборникъ IX, 401 f. Сборн. мин. III, Abth. 3, S. 222 f. Којанов Стефановић Nr. 7. Kres V (1885), 87 f.

Nr. 26, S. 132 f. »Der reiche Marko und die Reise zur Sonne«. Vgl. Archiv XVII, 573, Nr. 59. Добровольскій I, 293. Dowojna Sylwestrowicz I, 53, 128, 348; II, 108. Weryho Pod. łot. 35. Сборн. матер. Кавказ. XIII, Abth. 2, S. 297; XIV, Abth. 2, S. 178; XIX, Abth. 2, S. 65. Извѣстія общ. археол.-истор.-этногр. Казан. XIII, H. 2. Сборн. мин. VI, Abth. 3, S. 110; VII, Abth. 3, S. 154 f., 175. Јован. Б. Војиновић Срп. нар. припов. S. 102 f. Dozon Cont. albanais 97. Andrews Contes ligures 248 f. Jacobs English Fairy Tales 190 f., Nr. 35 u. a. m.

Nr. 27, S. 137 f. Ganz gleich dem ukrajinischen Märchen in Mater. antrop.-archeol. II, Abth. 2, S. 116 f. Der aus dem Hause seines angehenden Schwiegervaters vertriebene Jüngling bekommt von einem »Greise« im Walde die Gabe, dass jeglicher Wunsch ihm erfüllt wird, und so bleibt einer am andern fest hängen. Vgl. Archiv XIX, 255, Nr. 79. Federowski I, 186 f., Nr. 687. Jones & Kropf Magyar Folk Tales 14 f. Јован Б. Војиновић 109 f.

Nr. 28, S. 140 f. Der Teufel dient dem Armen, dem er sein Brod aufgegessen hat, Vgl. Archiv XXI, 275. Nr. 68, 69. Zs. öst. Vk. II, 223, Nr. 17.

Nr. 29, S. 143 f. Der Arme kauft einen Menschen, eigentlich einen Teufel, vom Galgen los. Der Teufel dient nun bei ihm, trägt zu ihm von seinem reichen Bruder Geld, Getreide etc. Das alte Weib auf der Wache, der Teufel steckt ihr einen Kuchen in den Mund. Das Weib erstickt. Der Teufel trägt den Leichnam zurück in den Keller, den Schweinestall des Reichen. Vgl. Archiv XIX, S. 256, Nr. 102; S. 267, Nr. 29.

Nr. 31, S. 147. Der Donner verfolgt den Teufel, ein Jäger erschiesst ihn, wird dafür mit alles treffendem Schiessmaterial beschenkt. Vgl. Житє і Слово 1894, II, S. 180; 1895, III, S. 218, 372. Добровольскій I, 226 f., Nr. 2, 3, 5.

Nr. 32, S. 148. Vom Ursprung des Hagels. Vgl. Zbiór wiad. antrop. XVI, S. 8, Nr. 11. Slavia řada I, H. 1, S. 25. Bufková-Wanklová Z Ječmínkovy Hře 277.

Nr. 33, S. 148 f. Ein Reicher versprach dem Teufel seine Haut, weil er ihm Geld zutrug. Wenn die Teufel seinen Leichnam ausgraben und so schütteln werden, dass alle Gebeine herausfallen und nur die Haut zurückbleibt, diese dann hinter sich werfen, soll der arme Gevatter des Reichen verborgen diese Haut fangen und nicht den Teufeln zurückgeben. Die Teufel tragen ihm Geld bis zum Hahnenschrei. Vgl. Archiv XXI, 265, Nr. 79. Zs. öst. Vk. III, 93.

Nr. 34, S. 149. Ein Priester eingeladen zum Hexenmahle. Als er nach seiner Gewohnheit segnete, verschwand alles und er befand sich auf einem Baume in einer fernen, unbekannten Gegend. Vgl. Bladé Cont. pop. de la Gascogne II, 240.

Nr. 35, S. 151. »Lenore«. Vgl. Sbornik slov. mus. spol. I, 174. Český Lid VI, 198. Jones & Kropf Magyar Folk Tales 278.

Nr. 36, S. 153. Der dumme Zigeuner hackt den Ast ab, auf dem er sitzt. Vgl. Сумцовъ Разыск. въ области анекдот. литер. 111 f. Slovenské Pohľady 1895, 328. A. G. Nar. pripov. v Soških plan. II, 45. R. Basset Cont. pop. berbères Nr. 48. R. Köhler Kleinere Schriften I, 51, 135. — Glaubt gestorben zu sein. Vgl. Zs. öst. Vk. I, 188. Сумцовъ op. c. 106. Świętek Lud nadrabski 446. Köhler op. c. I, 486 f. — Angeknüpft hieran endlich eine sehr verderbte Version des Märchens vom tapferen Schneiderlein. Vgl. Archiv XXI, 266, Nr. 167. Mater. antrop.-archeol. II, Abth. 2, S. 39 f. Сборн. матер. Кавказ. XXI, Abth. 2, S. 190; XXII, Abth. 3, S. 47 f. F. H. Groome Gypsy Folk Tales 80 f., Nr. 21. Köhler Kleinere Schriften I, 563 f. Сумцовъ op. c. 175 f.

(Fortsetzung folgt.)   *G. Polívka.*

Мирославово Јеванђеље. Évangéliaire ancien Serbe du prince Miroslav. Édition de Sa Majesté Alexandre I., roi de Serbie (Grossfolioband, X u. 229 Seiten, phototypisch und typograph. gedruckt in Wien 1897).

Die prächtige Handschrift des serbischen Evangeliums des Fürsten Miroslav († 1197), vor kurzem von den Mönchen des Klosters Chilandar in Athos dem serbischen König Alexander zum Geschenk gemacht und auf dessen Befehl in photographischer Reproduction mit Farben herausgegeben, stellt ein schätzbares Denkmal des Schriftthums, der Sprache und der alten Ornamentation dar, in der Form eines luxuriösen Widmungsexemplars ruft sie die bekannten karlovingischen Codices in Erinnerung. Die treue Reproduction eines solchen Denkmals bildet eine kostbare Bereicherung der Archäologie, die schon bei der ersten Bekanntmachung einiger Ornamentationsmuster aus diesem Evangelium in dem monumentalen Werke Stasov's »L'ornement. slave et oriental« (Tafel XIV u. XV) ihre Aufmerksamkeit auf dieses Denkmal gelenkt hatte. Diese Aufmerksamkeit war nicht ganz frei von einiger Verwunderung, hervorgerufen durch die schönen, aber unverhältnissmässig grossen Initialen, die auch der Schreiber dieser Zeilen seinerseits offen gesteht getheilt zu haben, ja es wurde selbst Misstrauen gegen die Zeichner der Zeichnungen (aus der Expedition P. J. Sevastianov's) wach. Doppelte Bedeutung bekam diese Ornamentation, seitdem sie von dem unvergesslichen Kenner der altrussischen Kunst, dem verstorbenen Prof. Th. J. Buslajev, kritisch beurtheilt wurde. Diese Handschrift lieferte ihm nämlich Stoff zur allgemeinen Charakteristik des serbischen Ornamentes als eines solchen, das »in der äusseren Pracht alle übrigen slavischen Ornamente überrage, aber in der Originalität und innerer Beschaffenheit weit hinter dem bulgarischen zurückbleibe«; das serbische Ornament war nach dem Ausspruch Buslajev's »eine späte Erscheinung«, ein Ornament, »das schon im XII. Jahrh. eine unerwartete Beimischung des westlichen Elementes in ziemlich fühlbaren Proportionen zeigte«, das »dem historischen Boden (d. h. der continuirlichen Ueberlieferung) entrückt, früh dem verführerischen Zug des Westens unterlag«, das »Neigung zur Ersetzung des Stilistischen durch das Malerische, zur Verwandlung des Ornamentes in die Miniatur und überhaupt zur Documentirung des feinen Geschmacks im Detail verrieth«, das »mit einem Wort schon im XII. Jahrh. einen entschiedenen Schritt zu jenem Renaissancestil machte, den wir in unserem Schriftthum des XV. und Anfang des XVI. Jahrh. finden«.

Wir haben diese ganze Charakteristik des altserbischen Ornamentes nach dem Wortlaute der Hauptstellen aus der Kritik des durch weiten Umfang seiner geschichtlichen Verallgemeinerungen berühmten und die Rolle der Ueberlieferung im geistigen Leben der Völker hoch anschlagenden Forschers absichtlich mitgetheilt. Denn obgleich als Grundbedingung des geschichtlichen Lebens der Verkehr der Völker unter einander und die Aneignung von allerlei Einflüssen gelten muss, so erschien doch bezüglich des im Schosse der griechischen Cultur sich entwickelnden Slaventhums die Entlehnung der westlichen, d. h. der lateinischen Formen nach dem geschichtlichen Gesichtspunkte immer als eine Art Abtrünnigkeit von dem heimischen Kreis. Im gegebenen Falle wohnte der nationalen Ueberlieferung mehr Geist und Charakter inne, dagegen die vom Westen kommende äussere Pracht entbehrte das Charakteristische, oder jenen tiefen, mystischen Sinn, der in der mittelalterlichen Kunst mit dem »Thierstil« verknüpft wurde. Im Vergleich zur äusseren Pracht des serbischen Ornamentes unterscheide sich das bulgarische durch Rohheit, technische Ungeschicklichkeit, Verunstaltung des naturalistischen byzantinischen Stils, es erhebe sich bis zur widernatürlichen Wunderlichkeit in seinen Formen, allein es sei inhaltsvoll, reich an Originalität, enthalte eine unendliche Reihe kühner Versuche, etwas Neues zu schaffen; selbst dort, wo das Teratologische der Formen des Thierstils alle Grenzen des Künstlerischen überschreitet, sei »die kühne und energische Hand eines verwegenen Waghalses sichtbar, der gewöhnt war, die classischen Bauten der antiken Welt niederzureissen, ihre Trümmer aber und den bunten Schutthaufen für seine anspruchslosen Bedürfnisse mit leichter Hand dienstbar zu machen«. In den bulgarischen Handschriften »wehe der Geist der Zerstörung alter Formen, aber zugleich des Aufbaues aus ihren Fragmenten neuer Formen«.

Diese Verallgemeinerungen werden durch die Ornamentation des Miroslav'schen Evangeliums begründet: »die ganze Tafel XIV des Stasov'-
schen Atlas«, sagt Buslajev, »stellt in der Ornamentation etwas ganz eigenthümliches, nichtdagewesenes, ja ich sage es geradezu — etwas für die slavischen, mit der cyrillischen Schrift geschriebenen Handschriften nicht nur des
XII., sondern auch der späteren Jahrhunderte ganz unmögliches dar. Der
Ornamentator als Maler hält die Thiere oder Vögel nach Arten auseinander,
gibt ihnen entsprechende Bewegung oder ruhende Stellung, ebenso wie den
menschlichen Figuren; er ist geschickt in der Ausarbeitung des Details seiner
Miniaturen und besitzt das Gefühl für das Colorit in der harmonischen Farben-
einigung und in der malerischen Anwendung derselben gemäss der Natur der
gezeichneten Gegenstände, ganz so wie im Westen die Meister des XII. und
XIII. Jahrh. oder wie vor ihnen die Vorläufer der ersten Jahrhunderte des
Christenthums im Westen und im Osten, da die classischen Traditionen noch
nicht verloren gegangen waren«.

In dieser Weise rief das Miroslav'sche Evangelium vom ersten Anfang
seiner Bekanntmachung an in der Wissenschaft Zweifel und Bedenken hervor, es stellte sich wie eine Art Räthsel dar: man constatirte die byzantinische Grundlage seiner Ornamentation, aber man gestand auch einen unbekannten, undefinirten westlichen Einfluss zu und, entsprechend einer gewissen
Metaphysik, sah man sich genöthigt, die Ornamentation des Evangeliums
für etwas »unmögliches« zu erklären. Es entsteht die Frage, ob alle diese
Bedenken noch heute dem Stand unseres Wissens entsprechen; können sie
gelöst oder beseitigt werden, oder kommt es ihnen zu, auch weiterhin einen
Knoten und Knäuel zu bilden — eine Frage in der zunehmenden Geschichte
des Ornamentes?

Beim ersten Blick auf das Miroslav'sche Evangelium fesselt unsere Aufmerksamkeit die Grösse der Initialbuchstaben dieses Evangeliums, von 14
bis 18 cm. Höhe, denen Parallelen nur in den karlovingischen Handschriften
und unter den slavischen in den glagolitischen des Adriatischen Küstenlandes
zur Seite stehen (Stasov Tafel 107). Diese Proportion rührt vor allem von
der Ungeschicklichkeit der Kalligraphen her, welche die frühen slavischen
und lateinischen Handschriften schrieben, die ein zu complicirtes byzanti-
nisches oder antikes Original zur Ausführung übernahmen und nothgedrungen
es vergrösserten (was man besonders deutlich an dem Ostromirschen Evangelium sieht, vergl. Stasov Tafel 50). Doch in unserem Falle hing die Di-
mension der Initialen von der Ausstreckung derselben ab, die sehr bezeich-
nend ist und stark an die langgestreckten glagolitischen Buchstaben erinnert:
in der That, die Buchstaben (namentlich P B) sind so langgestreckt, dass
man sie nicht gleich auf den ersten Blick erkennt. Und doch stehen diese
Initialen niemals im Rahmen des Textes, sondern diesem zur Seite, in den
Zwischenräumen der Columnen, wodurch noch mehr die Länge der Buchstaben hervorgerufen und der byzantinische Typus der Illustrationen auf-
rechterhalten wird. Dieser Typus besteht vor allem in den byzantinischen
Themen: der Buchstabe bewahrt so oder anders seine Grundzeichnung und
nur seine Züge werden durch die Ornamentik illustrirt. Nicht so geschieht

es in den westlichen Handschriften, wo die Initiale ein ganzes Gemälde darstellt und als eine Art Vignette erscheint. Hier ist die Vignette getrennt von dem Buchstaben, stellt eine Arkade mit Brustbildzeichnungen der Evangelisten in den Arken dar. Fast jeder Buchstabe ist mit einer Art Säule versehen in der Form einer kleinen Colonne, eines geringelten Drahtes, eines Balkens, der aufrecht steht und mit Fournierbrettchen geschmückt ist, zuweilen mit einem Vogel an der Spitze (altruss. Stengel mit dem Hahn), und mit einem Ungeheuer in der Basis; wenn das Ganze ein Baum ist, so wird er durch das Laub belebt (ausschliesslich Acanthus, und zwar in seinem Gartentypus: Acanthus mollis): um ihn herum oder auf ihm picken die Vögel die Frucht, verschlingen sie sammt den Blättern (nicht aus dem Schnabel fallen lassen, wie man gewöhnlich deutet) und verwickeln sich in den Zweigen; oder auf den Baum springt ein Raubthier, unter demselben springt ein Löwe hervor, auf ihn windet sich ein Drache, u. s. w. Zuweilen verbirgt der Baum in seinen Zweigen einen hinaufkriechenden Jüngling, einen Jäger auf Eber mit dem Speer in der Hand. Alle diese zoomorphischen und Pflanzenmotive sind unbedingt und ohne Ausnahme den byzantinischen Originalen entlehnt, ebenso wie alle phantastischen Formen: die Drachen, Basiliske, Greife, alle Geflechte mit Schlangen- und Vogelköpfen, alle Arten von Raubthieren, und alle Compositionen, wie der Jagd, der Verfolgung der Thiere, der an der Lilie pickenden Vogelpaare u. ä.

Dabei ist jedoch zu bemerken, dass der ganze Stil dieser Compositionen von den byzant. Charakterzügen des XII. Jahrh. schon abweicht: hier sind die Dimensionen grösser, fehlt das Gold, fehlen die himmelblaue und Rosafarbe, die blaue und dunkellila, dagegen die ziegelrothe, hellgrüne und dunkelgrüne sind vorhanden, es fehlt das Schraffiren mit Gold, der byzantinische Faltentypus u. s. w. — mit einem Wort, die byzantinische Composition ist da, aber es fehlt der damit verbundene byzantinische Stil, die byzantinische Manier. Weiter bemerken wir hier in vielen Ausmalungen der Buchstaben und Figuren und besonders in der Zeichnung der Eingangsvignette mit den Arkaden gewissermassen Ueberreste des alten orientalisch-byzantinischen Stils, bekannt aus den koptischen Handschriften des VIII.—X.Jahrh.; dann die Art der Darstellung der Vögel, des Körpers der Raubthiere nur in Contouren, grünen oder bläulichen, rothen u. s. w. ist so gehalten, wie wir sie in einigen Originalhandschriften, z. B. einem Evangelium saec. X der Sinaibibliothek Nr. 213 und in den Belehrungen des Theodor Studites vom J. 1086 derselben Bibliothek fanden (vergl. meine Путешествіе на Синай 1882, S. 126—127, Tafel 81—83, 85 des Albums). Hier wie dort sind die Farben einfach, ohne Modellirung, Aufhöhungen und Lichter; »die blaue dient als Fond für Cinnober, der Ocker ersetzt das Gold, die hellgrüne und selten die hellbraune kommen in dem Detail der Darstellung der Thiere vor«. »Die Initialen grosser Proportionen enthalten die üblichen Pflanzenformen der byzantinischen Initialen des X. Jahrh. und auch die allerwunderlichsten Züge des romanischen Thierstils«. Solche Reste der alten Manier, erhalten in der volksthümlichen Kunstindustrie, kennen wir auch im Bereiche der Miniatur, vorzüglich auf der Balkanhalbinsel, und in den glasirten Gefässen, der Arbeit der ganzen östlichen Küste des Mittelländischen Meeres.

Doch auf diesem allgemein byzantinischen, strengen und charakteristischen, aber genug einförmigen Grund schüttete der Ornamentist gleichsam die Blüthen seiner eigenen Kunst aus, die Frucht seiner eigenen Phantasie und Erfindung und seiner liebevollen Hingabe zur Arbeit. Dazu gehören ausschliesslich die grossen Initialen, geschmückt mit bunten Farben, ausgefüllt innerhalb der Contouren, grün, roth und hellgelb, mit Farben oder auch mit Gold. Diese fünfzig bis sechzig Initialen[1]) hatten auch den künstlerischen Geschmack Buslajev's in Entzückung versetzt, sie waren es, die die Frage von ihrem westlichen Ursprung in Anregung brachten. Wir wollen auch hier wieder die Composition dieser Initialen von der Manier der Ausführung trennen. In der That, schon das Thema der Zeichnung eines Königs (fol. 85, 161, letztes auf das Titelblatt herübergenommen, nur mit Auslassung des Fächers), der im Ornat auf dem hohen Throne sitzt, erinnert an die lateinischen Handschriften; auf fol. 161 ein Diener vor dem König mit dem Fächer — ist ein der byzant. Miniatur unbekanntes Sujet, wo der Kaiser von der Leibgarde umgeben wird. Ferner die Darstellung des Christus auf dem Throne ist ebenfalls ein lateinisches Thema, während das byzantinische den predigenden Heiland vorzieht, wie es auch nach dem Evangelium sein soll. Die Evangelisten mit dem Buch, oder im Medaillon, das auf einer Säule ruht, sind den griech. Handschriften unbekannt, und während dort die Darstellung eines auf dem Lesepult schreibenden Evangelisten üblich ist, so wäre die Figur eines auf den Schaft eines Buchstaben hinaufgekrochenen (fol. 97) oder auf dem Acanthus sitzenden Evangelisten unmöglich. Das letzte muss wahrscheinlich dem eigenen Einfall des Ornamentisten zugeschrieben werden. Auf fol. 165 findet man die Darstellung des in Gedanken vertieften (mit der Hand unter dem Kinn), gleichsam die Worte »in der That, das ist der Sohn Gottes« aussprechenden Centurio: in zahllosen byzantinischen Compositionen oder Uebertragungen des Crucifixes wird der Centurio immer dargestellt, wie er entweder den Leib Christi durchsticht oder, vom Schrecken erfasst, vor seiner bösen That zurückschaudert. Woher die hier gegebene Darstellung, die zur grösseren Deutlichkeit mit der Ueberschrift versehen ist, herrührt, das wissen wir nicht, aber griechisch ist sie nicht; an und für sich ist die Figur lebhaft, ausdrucksvoll. Ein Diakonus mit Evangelienbuch und Rauchgefäss — das ist ein Thema der westlichen Kunst (fol. 83 u. a.). Auch viele Details weisen auf die westliche Kunst des XII. Jahrb. hin, z. B. die Darstellung des auf dem Löwen ruhenden Pultes (fol. 121), die Füsse in der Gestalt von Löwen u. s. w., wobei der Löwe als ein lebendes Thier dargestellt wird, die häufigen Darstellungen der Greife, Löwen u. s. w. haben den Zweck, ein Marmorpostament,

---

[1]) Ich erlaube mir darauf aufmerksam zu machen, dass Prof. Buslajev bei weitem nicht so viel Material vor Augen hatte, als er seine Charakteristik des serb. Ornamentes schrieb: das Ganze beschränkte sich auf den bei Stasov gebotenen Stoff. Um so glänzender bewährte sich das feine Kunstgefühl Buslajev's.						*V. J.*

zu ersetzen. Endlich sei auf die bei der Figur des Johannes des Vorläufers angebrachte, fremdartig klingende Inschrift Жванъ Ватіста (d. i. Giovanni Battista) fol. 71 hingewiesen.

Zu den Typen und dem Stil übergehend, finden wir abermals, dass die Figuren nicht den byzantinisch-griechischen Typus zeigen, die Gesichter sind rund, die Haare bei allen gekräuselt (ein nationaler Zug des Künstlers?), die Genrefiguren stellen ausschliesslich Kinder oder Knaben dar (ein altchristlicher, in den karlovingischen Handschriften und ihren Imitationen erhaltener Typus), bei der Zusammenstellung der tölpelhaften Typen kommt die rohe Bildhauerarbeit in Stein und überhaupt die Sculptur des barbarischen Mittelalters zum Vorschein, mit einem Wort, nach dem Stil schloss sich der Ornamentist in den letzteren Themen eher der westlichen Kunst des XI.— XII. Jahrh., als der byzantinischen an.

Bei genauerer Betrachtung der einzelnen Initialen und ihrer gegenseitigen Vergleichung nehmen wir in der Handschrift eine deutliche, stufenweise mit dem Fortschreiten der Illustrationen zunehmende Vervollkommnung wahr: die am Anfang stehenden Initialen sind gröber, einfacher, näher an die Reliefs erinnernd, die nachfolgenden gestalten sich immer lebhafter und erfinderischer, die Figuren werden immer kühner, die Bewegung immer dramatischer. Vergleichen wir z. B. die schüchterne Stellung der Figuren um den Buchstaben zu Anfang mit den launenhaften Sujeten angefangen von fol. 111: auf zwei Vögeln (Greifen) sitzt ein Zauberer (Alexander?) mit der spitzigen Mütze (fol. 411), zwei junge Figuren leeren das Füllhorn aus (fol. 129), der jugendliche Georg tödtet den Drachen (fol. 149), auf fol. 161, 172, 177 und 207 sieht man interessante Verbindungen (Kopf des Löwen, des Drachen auf dem Körper eines Vogels), auf fol. 189 die Jagd auf den Eber, auf fol. 207 ein Adler ragt mit dem Kopf durch den Buchstaben heraus, auf fol. 219 ein merkwürdiger Hirsch, auf fol. 311 eine charakteristische Stellung des Evangelisten, auf fol. 257 ein Jüngling mit dem Schild vor der Stadtwehr stehend, u. s. w.

Die ganze grosse Launenhaftigkeit, die sich in diesen Initialen offenbart, muss ganz auf die Rechnung der persönlichen Initiative des Meisters selbst gesetzt werden. In der kargen Sphäre einiger weniger rober Formen sich bewegend, die er sich angeeignet, erlangte er durch eigene Kunst das Ziel wirklicher Schönheit: einige Gebilde und Geflechte können wirklich künstlerisch genannt werden (z. B. auf fol. 70); verglichen damit erscheinen die pomphaften, aber einförmigen, trockenen und sinnlosen Imitationen der westlichen Vorbilder in dem Vyšegrader Codex als eine arme, handwerksmässige Arbeit. Und darin steckt, nach meinem Dafürhalten, das ganze Räthsel des Miroslav'schen Codex: dort, wo es ein Leben der Kunst gibt, bleibt die Kritik immer mit einiger Ueberraschung, wie vor einer plötzlichen Offenbarung stehen; im Gegensatz zur handwerksmässigen Arbeit, bei welcher alles in ihre Bestandtheile zerlegt werden kann, stellt ein Kunstproduct nur die Ausgangspunkte klar dar, aber das »Ganze« bleibt, ungeachtet aller Analysen, ein Räthsel.

Im gegebenen Falle kann von einer Abtrünnigkeit von irgend einer Ueberlieferung nicht die Rede sein: der Künstler bezog seine Elemente, woher er es wollte, obgleich er unter dem Einfluss der Kunst seiner Zeit stand

und in derselben Manier arbeitete, wie seine Zeitgenossen (grobe Zeichnung
der Figuren), und obschon diese für ihn von untergeordneter Bedeutung war.
Gegenwärtig, bei dem kläglichen Zustande der südslavischen Archäologie, ist
es entschieden unmöglich, das westliche Original, das dem Künstler vor-
schwebte, genauer zu bestimmen: war das die Kunst des südlichen Deutschlands oder (wahrscheinlicher) des nördlichen Italiens und des dalmatinischen
Küstenlandes? Es wird vielleicht besser sein zu sagen, dass hier die Kunst
von ganz Südeuropa, von der Mündung der Donau, über Norditalien bis Süd-
frankreich, die einst romanisch benannt wurde, den Grund bildete. Der
romanische Stil war auf allen Punkten seiner Entwickelung eine traditionelle
Kunst, die fortwährend die Ueberlieferungen verarbeitete: die östliche, byzantinische, altchristliche (antike) und die nationalen Kunsttypen. In diesem Sinne nahmen auch die Slaven, d. h. die Bulgaren, Serben und Russen,
an der Bildung und Entwickelung dieser mittelalterlichen europäischen Kunst ebenso ihren Antheil, wie Nord- und Süddeutschland, Italien,
Frankreich, England und Schweden. Doch über diese allgemeine Frage ist
nicht hier der Ort zu reden, wo es sich nur um ein einziges, wenn auch hervor-
ragendes Denkmal handelt.

Jalta, September 1898.   *Nicod. P. Kondakoff.*

_____

Zusatz. Ich liess bei der prächtigen Publication des Miroslav'schen
Evangeliums das Hauptwort, wie es sich auch gebührt, dem Kunsthisto-
riker, wobei ich nur besorgen muss, vielleicht nicht in allen Einzelausdrücken
die Gedanken meines Freundes präcis genug wiedergegeben zu haben (seine
Besprechung des Werkes war russisch abgefasst). Gross ist auch der Gewinn,
den die noch immer arg darniederliegende südslavische Paläographie aus
diesem Werke schöpfen wird. Ueber die graphische (orthographische), grammatische (morphologische) und lexicalische Seite des Denkmals handelt erschöpfend Prof. Lj. Stojanović im Anhang zu der Ausgabe. Vielleicht wäre
es besser gewesen, seine diesem Denkmal gewidmete philologische Studie
abgesondert herauszugeben, da sie, wie es mir scheint, zu dem monumentalen
Charakter der Ausgabe nicht recht stimmen will. Doch ergreife ich gern die
Gelegenheit, um das grosse Verdienst, das bezüglich des Zustandekommens
dieser Publication Prof. Stojanović gebührt, öffentlich auszusprechen. Er
war es, der alle vorbereitenden Schritte einleitete, damit der Codex dem
König von Serbien gelegentlich seines Besuchs der serbischen Fundationen
am Athos von den Mönchen des Klosters Chilandar zum Geschenk gemacht
wurde — er hatte ja ihn schon früher in Athos gesehen und studirt —; er
brachte mir im J. 1896 die erste Nachricht davon nach Abbazia und besprach
sich mit mir, was nun zu thun wäre; er erwirkte die Bewilligung einer be-
trächtlichen Summe aus der königl. Civilliste zur Bestreitung der Kosten der
Publication; er brachte den Codex nach Wien und beaufsichtigte hier den
Druck, nachdem wir die Verhandlungen mit den Anstalten u. s. w. gemeinsam vereinbart hatten. Die äussere Form, ich muss es offen heraussagen, ist
nicht ganz nach meinem Plan durchgeführt. Nachdem es sich nämlich heraus-
gestellt hatte, dass der ganze Codex nicht im vollen Umfang polychromisch

reproducirt werden konnte — das hätte die präliminirte Summe wesentlich überschritten —, standen zwei Wege offen: a) in Farben nur eine Auswahl von Blättern zu geben — darüber waren wir beide einig und die Auswahl dieser Blätter (40 Seiten) ist unsere gemeinsame Arbeit; b) das übrige in voller Grösse, aber nur in schwarzer Farbe, oder aber unter Reduction der Originalgrösse, so dass je zwei Seiten des Originals auf eine der Ausgabe unterzubringen wären, dafür aber neben dem photographischen Grundtone noch mit der Reproduction der rothen Farbe herauszugeben. In diesem zweiten Punkte gingen unsere Ansichten auseinander: ich war für die Reproduction des ganzen übrigen Textes in der Originalgrösse, aber nur in Schwarz, Prof. Stojanović entschied sich während seines Aufenthaltes zu Weihnachten 1896 in Belgrad für die letztere, wirklich zu Stande gekommene Art. Bedenkt man, dass wegen der Reproduction der rothen Farbe (Cinnoberroth) für jede Seite der Ausgabe ohnehin zwei Aufnahmen auf zwei Steinen nothwendig waren, so würden sich die Kosten der Ausgabe nach meinem Plan fast nur um die grössere Auslage für das Papier vermehrt haben, also ein im ganzen sehr geringer Aufwand im Verhältniss zu dem Gewinn, der zu erzielen war, wenn der ganze Codex in seiner natürlichen Grösse reproducirt worden wäre, und der Leser desselben nicht nöthig hätte, wie es jetzt der Fall ist, das grosse und schwere Buch fortwährend herumzudrehen, wobei auch die Reihenfolge der Seiten nicht immer gewahrt werden konnte. Freilich würde dann auf den jetzt verkleinerten und querliegenden Seiten das Cinnoberroth fehlen. Ich muss aber den Kunsthistorikern überlassen, über die Frage zu entscheiden, ob damit, dass man bei den vielfarbigen ornamentirten Initialen neben dem photographischen Grundtone dennoch nur das Roth zur Anwendung brachte — das wirkliche Bild mehr gewonnen hat, als wenn man überhaupt auf die Reproduction der Farben, mit Einschluss der rothen, Verzicht geleistet hätte. Selbstverständlich erzähle ich das nicht, um die Bedeutung der Ausgabe, so wie sie jetzt aussieht, irgendwie zu schmälern: sie bleibt ja unzweifelhaft das Schönste, was bisher in diesem Genre die slavischen Literaturen aufweisen können. Ich wollte nur meinen sehr geringen, mehr moralischen als materiellen Antheil an dieser Ausgabe ins richtige Licht stellen, wozu ich Grund habe, weil ja kleinliche Menschen auf Grund irgend einer unrichtigen Zeitungsnotiz keinen Anstand nahmen, mich indirect in Verdacht zu bringen, als würde ich mir — im gegebenen Falle oder sonst je — fremde Verdienste aneignen wollen. Daraus erklärt sich dann auch die — Liebenswürdigkeit, dass man mich, als Dank für meine Betheiligung an dieser Ausgabe, zu der ich auch die Uebersendung der beiden in der kais. öffentl. Bibliothek zu St. Petersburg befindlichen Blätter nach Wien besorgte, in die Zahl derjenigen einrechnete, die mit einem Exemplar nicht bedacht wurden. Ich quittire hiermit dieses bezeichnende Verfahren. *V. Jagić.*

Kleine Mittheilungen.

Nekrologe.

Die in unserer Zeitschrift gepflegten Disciplinen, die slavische Philologie und ihre Hilfswissenschaften, haben im Laufe der letzten zwei Jahre grosse, bittere Verluste erlitten. Männer von bestem Klang in der slavischen Philologie sanken einer nach dem anderen ins Grab, ohne gleich in den jüngeren Kräften ausreichenden Ersatz hinterlassen zu haben. Ich nenne zuerst den Veteranen der russischen Literatur- und Kunstgeschichte, den slavischen Jacob Grimm, wie er mit Fug und Recht heissen kann, den gewesenen Moskauer Professor und russischen Akademiker, den am 12. Aug. n. St. 1897 im 81. Lebensjahre verstorbenen

FEDOR IVANOVIČ BUSLAJEV.

Er war am 25. April n. St. 1818 geboren, absolvirte in seinem 20. Jahre die Moskauer Universitätsstudien und kam bald darauf in das Haus des Grafen Stroganov als Erzieher. Zu seinem grössten Vortheile war damit eine Reise ins Ausland und langer Aufenthalt in Italien verbunden, den der junge Buslajev aufs gewissenhafteste zum Studium der Kunst und Kunstgeschichte in allen ihren Richtungen benützte. Nach Hause zurückgekehrt und zunächst an einem Gymnasium, nachher an der Universität als Professor der russischen Sprache und Literatur angestellt, war er bis an sein Lebensende bestrebt, die Vertiefung in die russische Sprache (er schrieb eine historische Grammatik) und Literatur (viele Abhandlungen über den inneren, zumal mythologischen, Kern der russischen Volksdichtung) mit der russischen Kunstgeschichte im Zusammenhang zu betreiben (daher sein letztes grosses Werk über die Illustrationen der Apocalypse). In der That, durch alle seine Werke zieht sich wie ein rother Faden seine Vorliebe und sein seltener Spürsinn für die Aufhellung der Beziehungen zwischen Literatur und Kunst. Buslajev war eine sehr feine, ungemein zarte und empfindsame Natur: ein edler und nobler Charakter, bis in die letzten Jahre seines Lebens begeistert für seine Wissenschaft. Seine Werke waren ausserhalb Russlands viel zu wenig bekannt, aber auch in Moskau hörte sein geistiger Verkehr mit der Jugend viel zu früh, zum Schaden der letzteren, auf (schon 1881 gab er auf, Vorlesungen abzuhalten). Als ich ihn das letzte Mal während meines kurzen Aufenthaltes in Moskau besuchte — seine Sehkraft war schon sehr geschwächt —, hielt er mir länger als eine Stunde einen begeisterten, tiefsinnigen Vortrag über einige illustrirte Handschriften seiner bedeutenden Collection, die jetzt in der kais. öffentl. Bibliothek zu St. Petersburg aufbewahrt wird: ich schied von ihm mit dem

aufrichtigen Bedauern, dass eine solche Perle der Wissenschaft so wenig
Gelegenheit hatte, auf die jüngere Generation anregend zu wirken. Einen
trefflichen Nachruf mit gelungener Charakteristik des grossen Gelehrten lieferte Prof. M. N. Speranskij in Nr. 125 der Памятники древней письменности:
»Памяти Ѳ. И. Буслаева«. СПбгъ 1898. 8⁰. 24.

Schon einige Monate früher, am 15. März 1897, starb zu Agram der gewesene Gymnasialprofessor und Mitglied der südslav. Akademie

MATIJA VALJAVEC.

Am 17. Febr. 1831 in einem kleinen Orte Krains geboren, besuchte er
das Gymnasium zu Laibach, die Universität in Wien, wo er zu den aufmerk-
samsten Schülern Miklosich's zählte. Er fand schon gegen Ende der fünfziger
Jahre Anstellung als Gymnasiallehrer in Warasdin, wo ich in den Ferien-
monaten, während ich im väterlichen Hause lebte, mit dem biederen Manne,
der sich schon damals durch das Interesse für das Volksthum der Gegend
auszeichnete, öfters zusammenkam. Die im J. 1858 erschienene Ausgabe der
Volkserzählungen aus der Warasdiner Gegend machte seinen Namen in der
slavischen Folkloristik bekannt. Er gehörte nach der Sprache seiner Publicationen der slovenischen (durch Dichtungen und Erzählungen) und der serbokroatischen (durch wissenschaftliche Arbeiten) Literatur an. Tüchtig ge-
schult, mit gesunden kritischen Grundsätzen ausgestattet, lieferte er nach
und nach eine grosse Anzahl wichtiger Beiträge zur altkirchenslav. Literatur
(in den Agramer »Starine«) und zur Erweiterung unserer geschichtlichen oder
dialectologischen Kenntnisse innerhalb des Serbokroatischen und Slovenischen. Seine Untersuchungen über die Betonung im Kajkavischen und Slovenischen, mit denen er sein Leben beschloss, leiden an zu grosser Ausführlichkeit; es fehlt ihnen die Frische der unmittelbaren Beobachtung. Seine
Biographie vergl. in Knezova knjižnica II zvezek (Laibach 1895), auf S. 162—
210 (von Fr. Levec).

Am 15. Januar 1898 starb in Krakau der Professor der slavischen Philologie an der dortigen Universität und Mitglied der Krakauer Akademie

LUCIAN MALINOWSKI.

Geboren am 27. Mai 1839 im Gouvernement Lublin, absolvirte er seine
Studien 1867 in Warschau, reiste dann nach Deutschland (Jena, Leipzig,
Berlin), studirte auch in St. Petersburg, wirkte einige Zeit am Gymnasium zu
Krakau und Warschau (1870—1877), bekam dann den Ruf an die Krakauer
Universität, wo er bis an sein Lebensende blieb als Professor der slavischen
Philologie, obwohl sein eigentliches Fach die polnische Sprache bildete.
Malinowski gilt durch seine musterhaften dialectologischen Forschungen (im
Bereich des schlesischen Dialectes) als Bahnbrecher und Begründer der
neueren, wissenschaftlichen Dialectologie in der polnischen Sprache. Sehr
anregend wirkten seine Studien, sie zogen eine ganze Reihe ähnlicher Einzel-
forschungen nach sich, die in den Schriften der Krak. Akademie erschienen.
Er gab auch mehrere altpoln. Texte heraus und war ein gründlicher, metho-
discher Erforscher des Volksthums, eine äusserst sympathische, biedere
Persönlichkeit!

Am 26. Mai a. St. 1898 starb in Suchum im 73. Lebensjahre ein verdienst-
voller Moskauer Archäolog, vortrefflicher Kenner der christlichen Kunst

JURI DIMITRIJEVIČ FILIMONOV.

Nach der Vollendung der Moskauer Universitätsstudien im J. 1849 lebte
er mehrere Jahre in Charkov, an der dortigen Universitätsbibliothek angestellt, trat aber im J. 1856 in das Moskauer Zeughaus (оружейная палата), wo
er es bis zum Vicedirector brachte; er war den altrussischen Alterthümern
mit ganzer Seele ergeben, publicirte viele Beiträge zur altrussischen Kunst
und Ikonographie, darunter auch über den Bildermaler Ušakov, über das
Mstislav'sche Evangelium, über den Ursprung der Mütze Monomach's, über
die Form der altrussischen Ikonostase, u. m. a.   Ref. sah den verstorbenen
Archäologen öfters in Moskau und fand in ihm immer einen äusserst liebens-
würdigen, zuvorkommenden Menschen. (Vergl. im ЖМНпр. 1898 das Juliheft
und Nr. 132 des »Памятники древней письменности и искусство« die Nachrufe
von Pokrovskij und Grafen S. Šeremetev).

Am 28. Aug. n. St. 1898 verlor nicht nur Russland, sondern die ganze
europ. Wissenschaft den besten und gelehrtesten Vertreter des canonischen
Rechtes der orthodoxen byzantinisch-slavischen Kirche, den gewesenen
Odessaer, später Moskauer Professor

ALEXEJ STEPANOVIČ PAVLOV.

Er war im Jahre 1832 in Sibirien geboren als Sohn eines bescheidenen
Kirchendieners in Tobolsk, wo er auch die ersten Studien durchmachte;
nachher kam er in die geistliche Akademie nach Kazanь, die er als erster
Magister theologiae im J. 1858 beendete.   Infolge der Reorganisation der
russ. Universitäten (1863) wurde er an derselben Universität als Docent des
canon. Rechtes angestellt und ging 1867 als ausserordentl. Professor zur Erweiterung seiner Kenntnisse nach Deutschland (die grösste Zeit brachte er in
Heidelberg zu).   Nach Russland heimgekehrt, wurde er zum ord. Professor
desselben Faches an der Universität zu Odessa erwählt, wo ich im Jahre 1872
mit ihm zusammentraf und in ihm einen sehr erwünschten, einsichtsvollen
und energischen, in voller Entfaltung seiner geistigen Kräfte stehenden
Collegen fand.   Wie kein Zweiter an der damaligen jurid. Facultät war er für
seine Disciplin Feuer und Flamme, als echter Mann der Wissenschaft kannte
er keine Compromisse, keine Rücksichten, wo es sich um die Interessen seines Faches handelte, das er auf Grund der kritischen Quellenforschung neu
aufzubauen trachtete.   Durch ihn und den gelehrten, aber etwas hinterlistigen
Grigorovič wurde auch mein Horizont wesentlich erweitert; meine philologischen Kenntnisse, in denen ich ihnen sonst überlegen war, gewannen durch
den intimen Verkehr mit diesen beiden Männern realere Richtung, was ich
dankbar anerkenne.   Doch wir sollten uns bald trennen, im J. 1874 ging ich
nach Berlin, im nächsten Jahre Pavlov nach Moskau, Grigorovič starb.   Ich
blieb auch weiterhin mit Pavlov in freundschaftlichem briefliebem Verkehr,
doch vermag ich nicht zu sagen, worin eigentlich der Grund lag, dass er sich
in Moskau weniger zufrieden fühlte als in Odessa.   Er scheint doch nicht das
erwartete Verständniss für seine weitgehenden wissenschaftl. Pläne gefunden

zu haben. Aber auch die Hoffnungen unser aller, die wir seine glänzende Begabung hoch schätzten, gingen nicht in Erfüllung. Ich hätte von ihm eine kritische Ausgabe aller Hauptquellen des canonischen Rechtes der russ.-slav. orthodoxen Kirche erwartet, wozu er allerdings so manchen wichtigen Beitrag lieferte. Sein kritisches Talent zeigte sich schon 1869 in der sehr werthvollen Monographie: Первоначальный славянорусскій номоканонъ (Казань 1864), in seiner Analyse der altruss. polemischen Schriften gegen die Lateiner (1878), in der Bekämpfung der Ansicht von der kathol. Beeinflussung einiger altslavischer Texte canon. Inhaltes (1892) u. a. Unter den Ausgaben der Quellen erwähne ich: Памятники древнерусскаго каноническаго права, СПбгъ 1880 (im VI. Bande der Русская историческая библіотека) und die zweimalige Herausgabe des Номоканонъ при большомъ требникѣ (2. Ausg. Moskau 1897). Vergl. im ЖМНпр. 1898, Oktoberheft: Памяти проф. Алексѣя Степановича Павлова und Незабвенной памяти профессоровъ А. С. Павлова и Н. Ѳ. Красносельцева, von A. Dmitrijevski. Kіевъ 1899.

Um dieselbe Zeit starb in Constantinopel ein bescheidener in seinen äusseren Ansprüchen, aber in seinem wissenschaftlichen Streben aufopferungsvoller und sehr verdienstlicher Gelehrter Russlands, zuletzt Professor der Odessaer Universität

NIKOLAJ FOMIČ KRASNOSELCEV.

Aus dem Gouvernement Ufa stammend, Sohn eines armen Priesters, kam er nach Absolvirung des Seminarcursus an die geistl. Akademie in Kazanь (1866—1870), wurde bereits im nächsten Jahre an derselben Anstalt zum Docenten der Liturgik und christl. Archäologie ernannt. Namentlich in letzterer Richtung fühlte er das Bedürfniss einer grösseren directen Bekanntschaft mit den Denkmälern der christlichen Kunst, das ihm erfüllt wurde durch die Gewährung einer Studienreise (1881/2) nach Italien, Frankreich und Deutschland. Diese Reise, so fragmentarisch sie auch war, mag dazu beigetragen haben, dass er seine wiss. Kräfte doch einer anderen Richtung zuwandte, wo er offenbar grössere Erfolge zu erzielen hoffte, nämlich den Quellenforschungen im Bereich der Geschichte des orthodoxen Gottesdienstes und der Byzantologie überhaupt, wobei ihm sein grenzenloser Fleiss in der Sammlung des handschriftlichen Materials (zu Rom, Moskau, Petersburg und zu Hause selbst, in Kazanь, wo ihm Prof. Porfirijev mit schönem Beispiel vorleuchtete), den Weg ebnete. Nachdem er schon früher bei der Beschreibung der Handschriften der Solovki'schen Sammlung in Kazanь wesentlichen Antheil nahm, gab er 1885 eine inhaltsreiche Schrift zur Geschichte der orthodoxen Liturgik nach den vatikanischen und russ. Texten heraus und im J. 1889 folgte ein anderes Werk unter ähnlichem Titel, ebenso die Beschreibung einiger slav. Handschriften der Jerusalemer Bibliothek (Jerusalem besuchte er im J. 1888). Die Rücksicht auf seine schwache Gesundheit wird ihn bestimmt haben, eine Anstellung in Odessa als Professor der Kirchengeschichte anzunehmen (1889). Von da an bewegte sich seine wiss. Thätigkeit in dem lebensfrischen Gelehrtenkreis der Odessaer Professoren der histor.-philolog. Facultät, zu dem der jetzige Director des archäolog. Institutes zu Constantinopel, der damalige

Odessaer Univ.-Professor Th. J. Uspenskij, die ersten Impulse gab. Das Ziel seiner etwas erweiterten Forschungen von nun an waren die Beziehungen der byzant. Literatur zur kirchenslavischen, worin er durch die Publication unbekannter griech. Texte (so zur Бесѣда трехъ святителей, zur Fragen- und Antworten-Literatur) für die slav. Philologie grosse Verdienste sich erwarb. Vieles konnte man noch von dem fleissigen Mann erwarten, wenn nicht auf der zur Kräftigung der angegriffenen Gesundheit unternommenen Reise nach dem Süden in Constantinopel ein jäher Tod seinem Leben ein Ende gemacht hätte. Einen warm geschriebenen Nachruf widmete ihm Prof. Dmitrijevskij in der oben (unter Pavlov) citirten kleinen Schrift.

Zu Anfang des Jahres 1899 verlor die russische Geschichte und Alterthumswissenschaft einen Gelehrten ersten Ranges, dessen Name weit über die Grenzen Russlands rühmlich bekannt war. Im hohen Alter von 85 Jahren starb am 30. Januar n. St. in St. Petersburg der Senior der kais. Akademie der Wissenschaften

A. A. (d. i. ARIST ARISTOVIČ, eig. ERNST) KUNIK.

Geboren in Preussisch-Schlesien, im J. 1814, als Sohn eines nicht unvermögenden deutsch-protestantischen Gutsbesitzers, besuchte Kunik das Gymnasium zu Liegnitz, die Universitäten zu Breslau und Berlin. Das Studium der schles. Landesgeschichte, deren Vertretung damals in der Person des Prof. Stenzel concentrirt war, brachte den jungen Kunik naturgemäss auf die polnische und weiter auf die russische und slavische Geschichte überhaupt. Ein Jahr nach der Vollendung seiner Universitätsstudien (1838) hört man schon von ihm als einem jungen Gelehrten, der sich in Moskau mit dem Studium der russ. Geschichte beschäftigt. Pogodin von der Reise ins Ausland, wo er zuerst mit Šafařík, Kopitar, Karadžić zusammentraf, heimgekehrt (im J. 1839) schrieb an Uvarov: »In Moskau hält sich jetzt ein junger Deutscher, Kunik aus Preussen, auf, der mit der ausgesprochenen Absicht, die russ. Geschichte zu studiren, zu uns kam, wie er bereits früher andere slav. Geschichten studirte, nachher will er über alle slav. Volksstämme und ihre Literaturen wahre Berichte und zum Theil Auszüge aus den wichtigsten Werken dem deutschen Lesepublicum vorlegen. Dieser Kunik erschien mir auf den ersten Blick als ein aufrichtig der Sache ergebener Gelehrter und ich lud ihn, ohne mich weiter um seine Gedankenrichtung zu kümmern, zu mir ein, um ihn in gehöriger und für Russland nützlicher Weise in das Studium der russ. Geschichte einzuführen; ich glaube, man könnte sich seiner bedienen, um durch ihn richtige Nachrichten über Russland in die deutschen Zeitschriften zu bringen.« Im Juni oder Juli des Jahres 1840, als Pogodin den Minister Uvarov auf dem schönen Landgut Porečje besuchte, nahm er auch Kunik mit. Man sollte glauben, der intime Verkehr Kunik's mit Pogodin werde auf den letzteren einigen Einfluss betreffs der Darstellung der ältesten, normannischen, Periode der russischen Geschichte ausüben. Das scheint jedoch nicht der Fall gewesen zu sein: Kunik war ein zu gut geschulter philologischer Kopf, als dass seine Ansichten in dem unphilologischen Kopf Pogodin's Platz finden könnten. Als dann sein II. Band der »Изслѣдованія, Замѣт-

чанія и Лекціи« (Moskau 1846) erschien, citirt er ganz zuletzt (S. 318) auch
Kunik mit dem Zusatz unter der Zeile: sein Buch sei erst soeben erschienen
und habe nicht in Betracht gezogen werden können. Dagegen erzählt Pogodin, dass Kunik mit erstaunlichem Fleiss das ganze Werk Nevolin's »Энци-
клопедія Законовѣдѣнія« und ebenso noch andere Werke ins Deutsche übersetzt hätte (Барсуковъ, Жизнь и труды Погодина V, 398). Ob das richtig ist?
Kunik konnte die Darstellung in dem Buche Barsukov's lesen, aber daraus,
dass er dazu schwieg, folgt noch nicht, dass diese Notizen alle ganz genau
sind. Kunik war noch im Mai d. J. 1841 in Moskau bei Pogodin (Барсуковъ
l. c. VI, 123), er nahm an gelehrten Debatten mit diesem, aber auch an Forschungen Anderer (in der ihm eigenen Weise) Antheil. So dankt ihm Čertkov
durch Pogodin für die Bemerkungen zu dem im J. 1842 erschienenen Werke:
О переводѣ Манассійной лѣтописи (Барсуковъ a. a. O. 134), deren einige in der
That so aussehen, als wären sie aus der Feder Kunik's geflossen. Zu Anfang
des J. 1842 reiste Kunik zurück nach Deutschland, und zwar über Alt-Nov-
gorod und Petersburg, wo er sich einige Zeit aufhielt. Im Mai 1842 war er
schon in Berlin, wo er Bekanntschaften machte u. a. mit dem bekannten Poli-
tiker Varnhagen, mit Prof. Cybulski, u. a. Aus einem Briefe an Pogodin, in
welchem er die damalige Stimmung Berlins schildert, sieht man, dass Kunik
schon damals die Interessen Russlands zu vertreten sich verpflichtet fühlte.
So bedauerte er, dass der slavische Lehrstuhl in den Händen eines Polen sich
befand, der bloss das weltliche Slaventhum berücksichtigte, er beklagte sich
über высокомѣріе der polnischen Kreise Berlins u. a. (Барсуковъ a. a. O. 337).
In Leipzig traf Kunik in demselben Jahre mit Pogodin zusammen und soll
sich ihm gegenüber beklagt haben, dass er für sein in Moskau zusammen-
getragenes Material über Russland in Leipzig keinen Verleger finden konnte.
Pogodin meinte, daran sei der für Russland sympathische Ton der geplanten
Publication Schuld. Kunik befolgte den Rath Pogodin's und kam im Nov.
1842 zurück nach Russland, diesmal nach St. Petersburg, um mehr als 55 Jahre
seines Lebens hier zu verleben. Nicht gleich gelang es ihm, hier eine ge-
sicherte Existenz sich zu gründen, er plante damals ein Literatur- oder
Quellenverzeichniss der russ. Geschichte herauszugeben. Die Aufmerksamkeit Th. P. Adelung's die er auf sich gelenkt hatte, der ihn auch in die Akademie zu bringen trachtete, dauerte leider nicht lange, dieser starb am 30.
Januar 1843, nachdem er doch das Schicksal des jungen Gelehrten einigen
Akademikern, vor allem dem Historiker Krug, dann Köppen und Baer ans
Herz gelegt hatte. Kunik war schon jetzt mit Vorarbeiten für seine »Rodsen«
beschäftigt, wie aus den an Pogodin gerichteten Briefen (Барсуковъ l. c. VII,
220 ff.) ersichtlich ist, aber auch jenes andere Werk, die Quellen zur russ.
Geschichte, ging ihm nicht aus dem Kopf, doch vor allem quälte ihn die
Existenzfrage, denn seine ausländische Abkunft flösste vielfach Bedenken
gegen seine Anstellung ein, die er durch die Vermittelung Pogodin's möglichst
zu zerstreuen trachtete. Von den Eltern scheint ihm keine ausreichende
Unterstützung zu Theil geworden zu sein, wahrscheinlich war sein Vater mit
dem Plane des Sohnes, dauernd in den Dienst der russischen Geschichte zu
treten, durchaus nicht einverstanden. Es zeugt von unbeugsamer Willens-

stärke und starker Geisteskraft, dass Kunik unter so schwierigen Lebens-
verhältnissen mit der Ausarbeitung seines ersten und Hauptwerkes seines
Lebens, »Die Berufung der schwedischen Rodsen« (I. Band erschien 1844,
II. 1845) ununterbrochen beschäftigt war und es zu Ende führen konnte. Das
scheint aber auch das entscheidende Argument gewesen zu sein, dass die
ehrenwerthen Akademiker für ihren ausländischen Connationalen endlich ein
Obdach fanden, er wurde zu Anfang des Jahres 1844 im Numismatischen Museum der Akademie angestellt. Da starb am 16. Juni n. St. 1844 der alte,
achtzigjährige Historiker Krug und für Kunik wurde der Weg in die Akademie offen. Dies geschah durch die am 17. October erfolgte Wahl Kunik's zum
Adjuncten der kais. Akademie. Sechs Jahre später wurde er ausserordent-
licher Akademiker, zum ordentlichen brachte er es nicht, anfangs konnte,
nachher wollte er nicht diese Beförderung annehmen. Wichtiger als in der
Akademie war seine Stellung in der kaiserl. Eremitage, wo er als tüchtiger
Kenner der mittelalterlichen, zumal russischen Numismatik zuletzt die angesehene Stelle des ältesten Custos des kaiserl. Münzcabinets bekleidete.

Kunik war ein Gelehrter von erstaunlicher Belesenheit, ein unerschöpf-
liches Nachschlagebuch für einen Jeden, der sich die Mühe gab, diesen Schatz
zu Rathe zu ziehen. Wie sein Hauptwerk zeigt, bestand seine Stärke in der
Dienstbarmachung der vergleichenden Sprachwissenschaft den Fragen der
ältesten Geschichte, in dieser Beziehung erinnert er einigermassen an Müllenhoff. In dieser Behandlung der russ. Geschichte war ihm kein gleichzeitiger
russ. Historiker gewachsen, geschweige denn überlegen. Kunik brachte dadurch in die russische Geschichtsforschung ein Element, das seinen Zeitgenossen fremd war, das man als eine fremde Pflanze, die auf dem russ. Boden
noch nicht Wurzel gefasst hatte, wo nicht geradezu missachtete, so doch nicht
liebte. Und wenn Jemand auf das gefährliche Gebiet der etymologischen
Combinationen, ihm folgend, sich hervorwagte, so machte er in der Regel un-
verzeihliche Schnitzer, die Kunik ärgerten, er sprach von einer etymologia
bovina, ohne sich je aufgerafft zu haben, eine zusammenhängende systematische Widerlegung aller Derjenigen, die seine Lehre bekämpften, zu schreiben. Wenige selbständige Werke gab er nachher heraus (z. B. die hübsche
Schrift: О русско-византійскихъ монетахъ Ярослава I. Владиміровича 1860), in
dieser Beziehung muss man gerecht sein und sagen, die Erwartungen, die
man von ihm nach seiner Schrift »Die Berufung« hegen mochte, gingen nicht
in Erfüllung, allein in der Form von Anmerkungen zu fremden Werken (z. B.
Gedeonov, Dorn, Baron Rosen, Bielenstein) schüttete er aus dem Füllhorn
seines Wissens viele reizende Kleinigkeiten aus. Er liebte, wenn man ihn in
seiner mit Büchern vollgepfropften Behausung am Newa-Quai bei der Nikolai-
brücke aufsuchte, über alle möglichen Fragen der slav. Alterthumswissenschaft und der russischen Geschichte zu raisonniren, wobei viele scharfsinnige
Bemerkungen fielen, doch war er nicht zu bewegen, seine Gedanken nieder-
zuschreiben. So wirkte er zwar sehr anregend auf die nicht kleine Zahl seiner
häufigeren Besucher — wozu regelmässig alle Fremden, die zu wissenschaftlichen Zwecken nach Petersburg kamen, zählten —, aber da er weder als
Docent Gelegenheit hatte, mit der russ. Jugend in näheren Verkehr zu treten,

noch in der russ. geschichtlichen Literatur polemisch auftreten wollte, so
hatten seine Gedanken nicht den Einfluss auf die gleichzeitige Geschichtsforschung, den sie verdient hätten und der ihnen nicht ausbleiben kann, wenn
einmal die auf wissenschaftlicher philologischer Basis begründete Geschichts-
kritik in Russland erstarkt.

Am 14. April n. St. dieses Jahres schloss das kühle Grab noch einen anderen bedeutenden Vertreter des russischen geistigen Lebens ein, den Director der kais. öffentl. Bibliothek, w. g. R. und Mitglied des Staatsrathes,

AFANASIJ FEDOROVIČ BYČKOV.

Aus einer altadeligen russischen Familie des Jaroslaver Gouvernements
stammend, erblickte Byčkov das Licht der Welt am 15. Dec. 1828 zu Frede-
rickshamn in Finnland, wo sein Vater als Officier garnisonirte. Die erste Erziehung genoss der Knabe zu Hause, später gab man ihn in das adelige Pen-
sionat des Demidov'schen Institutes in Jaroslavlt, wo er von 1833 bis 1836
die Gymnasialstudien absolvirte. Auf Anrathen Pogodin's, dem er schon als
Gymnasialschüler auf dem Gute seiner Tante Vladykina vorgestellt wurde,
bezog er statt des Demidov'schen Lycaeums die Moskauer Universität, wo er
Pogodin in der russ. Geschichte zum Lehrer hatte, dieser verstand ihm auch
die Liebe zur russ. Geschichte u. d. Alterthümern einzuflössen und in ihm den
Gedanken zu erwecken, später selbst die wissenschaftliche Laufbahn einzu-
schlagen. Häuslich war er in der Familie eines deutschen Pastors Sederholm
gut untergebracht. B. beendigte die Universitätsstudien im J. 1840 und wurde
auf Wunsch des Curators, Grafen Stroganov, bei der Universität belassen.
Da geschah es, dass Minister Uvarov an Pogodin mit der Bitte herantrat, ihm
für die Archäographische Commission — eine für die Vorbereitung der Herausgabe russ. Geschichtsquellen besonders errichtete Anstalt — junge Männer,
die für die russ. Geschichte Vorliebe zeigten, zur Anstellung zu empfehlen.
Pogodin wies auf Byčkov und Kalačov hin. Der junge Byčkov nahm das
Anerbieten dankbar an und Ende Juni 1840 war er schon in St. Petersburg,
mit Empfehlungen an Sjögren und Serbinovič u. A., die ihm neben seiner amt-
lichen Stellung auch den Verkehr mit den Vertretern der Wissenschaft sichern
sollten, nachträglich erbat er sich noch eine Empfehlung an Vostokov, da
»Beziehungen zu solchen Männern wie Vostokov einem Menschen, der studiren
will, ungemein nützlich sind«. Byčkov verrichtete gewissenhaft seinen archivalischen Dienst, der im Ordnen, Katalogisiren u. s. w. der Documente bestand, studirte aber auch fleissig, um sich für das Magisterexamen vorzubereiten, da er im Stillen die Hoffnung hegte, einmal die Professur für die russ.
Geschichte zu erlangen. Einzelne Beiträge erschienen schon jetzt von ihm im
Druck. Nach wenigen Jahren entschied das Schicksal anders über seine Zukunft: er wurde im J. 1844 zum Custos der handschriftlichen Abtheilung der
kais. öffentl. Bibliothek ernannt an die Stelle Vostokov's, der nicht ganz freiwillig in Pension ging. Die Gründe dieser plötzlichen Pensionirung kann
man bei Barsukov, Жизнь и труды Погодина VII, 325 ff., 329 ff. auseinandergesetzt finden. Byčkov's schönste Wünsche und Pläne gingen uhverhofft
schnell in Erfüllung. In der ersten Begeisterung schrieb er seinem einstigen

Lehrer (Pogodin) eine interessante Auseinandersetzung über die ihm nach seiner damaligen Auffassung bevorstehenden nächsten Aufgaben (Барсуковъ ib. 330 ff.) und es wäre die Frage nicht müssig — aber es ist nicht hier der geeignete Ort, sie zu stellen —, ob alle Pläne des jungen Custos im Verlaufe von einer mehr als halbhundertjährigen Thätigkeit Byčkov's in der öffentlichen Bibliothek in Erfüllung gingen. Fast fünfundfünfzig Jahre seines Lebens widmete Byčkov der von ihm in den Jugendjahren angestrebten und liebgewonnenen schönen Anstalt, er wuchs so zu sagen in ihr und mit ihr auf, mit seiner Bedeutung, seinem Einfluss stieg auch die Grösse und die Bedeutung dieser Anstalt, deren weitere Ausgestaltung und Bereicherung er fortwährend in seinem Herzen trug als das Gelöbniss seines Lebens. Als Vicedirector (seit 1868) und Director (seit 1882) der kais. öffentl. Bibliothek sammelte sich Byčkov unvergessliche Verdienste für dieses prächtige Institut, das dem British Museum nacheifert; sein Name ist mit wesentlicher Erweiterung der Bibliothek im Ganzen, mit Acquisitionen seltenster Art auf immer verknüpft. Namentlich die russische Geschichte und Literatur, slavische Philologie und Alterthumskunde, die Byčkov selbst als Gelehrter mit Ausdauer und Erfolg pflegte und mit zahlreichen eigenen Forschungen und Ausgaben beschenkte (russische Annalen, Briefe Peter des Grossen, verschiedene Texte u. s. w.), erfuhren unter ihm starke Bereicherung durch Anschaffung so wichtiger grosser Sammlungen, wie das ganze древнехранилище Pogodin's, die Handschriftensammlungen Hilferding's, Porphyriev's, Verkovič's, Buslajev's u. a. Byčkov hat durch das glänzende Beispiel seiner unermüdlichen Fürsorge für die kais. öffentl. Bibliothek gezeigt, was ein Director, der nicht seine Aufgabe als trockener Beamter der Anstalt auffasst, zu leisten vermag, selbst bei nicht sehr imponirender Dotation, wenn die Liebe zur Anstalt, die unversiegbare Schaffensfreude und ein für alle culturellen und wissenschaftlichen Bedürfnisse empfänglicher Sinn die Triebfedern seiner Wirksamkeit bilden. Byčkov als Vicedirector und nachher Director der kais. Bibliothek war durch seine schönen persönlichen Eigenschaften, Liebenswürdigkeit und Zuvorkommenheit bei vornehmem Wesen und Benehmen, eine in ganz Russland wohlbekannte und hoch verehrte Persönlichkeit; viele Hunderte von Gelehrten Russlands und des Auslandes werden ihm für sein humanes, freundliches Entgegenkommen, für seine Bereitwilligkeit, allen laut gewordenen Wünschen oder an ihn gerichteten Bitten nach Möglichkeit gerecht zu werden, dankbare Erinnerung in ihren Herzen bewahren. Ich gestehe es offen, wenn mir im J. 1886 die Trennung von St. Petersburg schwer kam, so waren es hauptsächlich die beiden Anstalten, die kais. Akademie und die öffentliche Bibliothek, von deren Räumen, Schätzen und — Menschen ich sehr ungern Abschied nahm. Seit 1872, als ich das erste Mal die einem jeden Slavisten heiligen Räume betrat, wo ein Ostromir'sches Evangelium, wo ein Codex Zographiensis verwahrt wird, war der verstorbene Afanasij Fedorovič fortwährend aufmerksamer Gönner meiner Studien, bis nach Berlin und Wien wurden mir slavische Handschriften zu wissenschaftlichen Zwecken nachgeschickt. Und ähnliche Gefälligkeit erfuhren auch viele andere ausländische Gelehrte, weil Byčkov seine Aufgabe, an der Spitze einer grossen Bibliothek zu stehen, richtig auffasste. Aber nicht nur das, einem jeden wissenschaftlichen Unternehmen, einem jeden strebsamen Talent stand er fördernd, befürwortend, schützend bei. So manche segensreiche Wirksamkeit jüngerer Kräfte verdankt seinem grossen Ansehen, das er in den höchsten Kreisen der Regierung, namentlich in dem Unterrichtsministerium genoss, ihre Initiative, er zögerte nie, seine Stimme in die Wagschale zu legen, sobald er überzeugt war, dass es sich um etwas Gutes handelte. Auch in der Akademie der Wissenschaften, welcher er vom Anfang der sechziger Jahre angehörte, ebenso wie in der Archäographischen Commission, war seine Thätigkeit segensreich. Byčkov verfügte über sehr ausgebreitete Kenntnisse im Bereich der russischen Geschichte, Literatur und Alterthümer, wozu er schon durch den Gang seiner Universitätsstudien vorbereitet war; in der slavischen Philologie nahm er den Standpunkt Sreznevskij's ein, mit dem er sehr eng befreundet und durch viele Jahre, ja selbst nach dessen Tode an dem Nachlass (altruss. Wörterbuch) treuer Mitarbeiter war. Ich rechne Byčkov als grosses Verdienst an, dass er gleichsam zur Erinnerung an die einstigen inhaltsreichen Извѣстія, in deren zehn Bänden sich Sreznevskij's bibliograph. Sammelfleiss abspiegelte, in seinen letzten Jahren die Erneuerung der »Извѣстія« anregte und ins Leben brachte. Byčkov's Andenken wird mir bis an mein Lebensende theuer bleiben. In der kais. öffentl. Bibliothek lebt sein Geist fort in dem Sohne, Custos der handschriftlichen Abtheilung, Ivan Byčkov, dem wir schon bisher viele äusserst sorgfältig ausgearbeitete Berichte und Beschreibungen bibliographischer Natur verdanken.

Ganz vor kurzem, am 25. Mai n. St., starb zu Florenz der bedeutendste russische Byzantolog, Professor der Geschichte an der St. Petersburger Universität und Akademiker,

VASILIJ GRIGORJEVIČ VASILJEVSKIJ.

Von seinen wissenschaftlichen Arbeiten war häufig in unserer Zeitschrift die Rede, eine grosse Belesenheit in den byzantinischen Schriftstellern, gepaart mit dem Scharfsinn der Interpretation, zeichnete seine Forschungen aus, die sich hauptsächlich auf die Kritik einzelner Geschichtsquellen bezogen und vielfach in die älteste russische Geschichte eingriffen. Er gab auch mehrere byzantinische Texte heraus. Die byzantinisch-russische Geschichtsforschung erlitt durch seinen Tod einen sehr schmerzlichen, nicht leicht ersetzbaren Verlust. Es ist sehr zu bedauern, dass Vasiljevskij nicht dazu kam, seine in verschiedenen Zeitschriften (namentlich im ЖМНпр., dessen Vice- und zuletzt Hauptredacteur er war) zerstreuten Forschungen zu sammeln und mit etwaigen Umarbeitungen vollständig herauszugeben. Seine und seines Schülers Regel Schöpfung ist auch die Herausgabe der russisch-byzantin. Zeitschrift (Византійскій временникъ). Prof. Vasiljevskij war ein aufrichtiger, biederer Charakter und lieber College. *V. Jagić.*

Abrechnung.

Die Beiträge zur Errichtung eines Grabdenkmals für den verstorbenen Dr. V. Oblak ergaben laut Ausweis (Archiv XIX, 644) 535 fl. 84 kr., seither kamen noch dazu von Prof. M. N. Speranskij aus Russland 10 fl., von Dr. W. Vondrák aus Wien 5 fl. im Ganzen zusammen 550 fl. 84 kr. ö. W.

Ausgegeben wurden:

a) Für ein bei H. Felix Toman bestelltes Denkmal, aus schwarzem böhm. Syenit, sammt Transport und Aufstellung . . .   523 fl.

b) Für ein Modell in Gyps an B. B. . . . .   7 fl.

c) Für ein in weissem Marmor ausgearbeitetes Portrait des Verstorbenen an den Sculptureleven Berneker in Wien . . . .   45 fl.

                                               Zusammen   575 fl.

Der Fehlbetrag von 24 fl. 16 kr. wurde von mir zum Theil aus den Zinsen der Sparkasse im Betrag von 13 fl. 54 kr., zum Theil aus Eigenem gedeckt.

Das Denkmal wurde am 15. April d. J. zur Erinnerung an den vor drei Jahren an diesem Tage erfolgten Tod Dr. V. Oblak's im Cillier Friedhof aufgestellt und der Familie übergeben.

Die Inschrift auf dem Sockel der mit dem Portrait des Verstorbenen geschmückten Pyramide lautet so:

Dr. Vatroslav Oblak

r. 15. V. 1864 in u. 15. IV. 1896

v Celju.

Достоинъ бысть отъврѣсти кънигы.

Svojemu prijatelju

postavili slovanski filologi v spomin.

(d. h.: Dr. V. O., geb. 15. V. 1864 und verst. 15. IV. 1896 in Cilli. »Er war würdig das Buch aufzuthun«. Ihrem Freund zum Andenken errichtet von den slavischen Philologen).

Der dem 5. Capitel der Apocalypse entnommene Spruch kann in übertragener Bedeutung auf den Verstorbenen bezogen werden, der die altkirchenslavische Uebersetzung der Apocalypse zum Gegenstand seiner Doctordissertation gewählt hatte (Archiv B. XIII) und nicht erfolglos altkirchenslavische und slovenische Bibelübersetzung nicht einmal aufschlug. —

. Ich fühle mich allen Jenen, die durch ihre Beiträge die Erfüllung meines Herzenswunsches ermöglichten, sowie Herrn Felix Toman in Laibach für die vortreffliche Ausführung des schönen Denkmals, zu herzlichem Danke verpflichtet.

Wien, d. 15. Mai 1899.   *V. Jagić.*

Verlag der Weidmannschen Buchhandlung in Berlin.

NEUE BRIEFE

VON

DOBROWSKY und KOPITAR

UND ANDEREN

SÜD- UND WESTSLAVEN

HERAUSGEGEBEN

VON

· V. JAGIĆ.

Lex.-8⁰ (VI u. 928 S.) Preis 12 Mark.

BRIEFWECHSEL

ZWISCHEN

DOBROWSKY UND KOPITAR

(1808—1828).

HERAUSGEGEBEN

VON

V. JAGIĆ.

MIT EINEM PORTRAIT UND ZWEI LITHOGRAPHISCHEN BEILAGEN.

gr. Lex.-8⁰ (CVII u. 751 S.) Preis 9 Mark.

QUATTUOR EVANGELIORUM

VERSIONIS PALAEOSLOVENICAE

CODEX MARIANUS GLAGOLITICUS

CHARACTERIBUS CYRILLICIS TRANSCRIPTUM

EDIDIT

V. JAGIĆ.

gr. Lex.-8⁰ (XXX und 607 S.) Preis 15 Mark.

ARCHIV

FÜR

AVISCHE PHILOLOGIE.

UNTER MITWIRKUNG

VON

A. BRÜCKNER, J. GEBAUER, C. JIREČEK,
BERLIN, PRAG, WIEN,

SKIEN, W. NEHRING, ST. NOVAKOVIĆ, A. WESSELOFSKY,
IPŽIG, BRESLAU, BELGRAD, ST. PETERSBURG,

HERAUSGEGEBEN

VON

V. JAGIĆ.

EINUNDZWANZIGSTER BAND.
DRITTES UND VIERTES HEFT.

BERLIN 1899

WEIDMANNSCHE BUCHHANDLUNG.

S W. ZIMMERSTRASSE 94.

ST. PETERSBURG, A. DEVRIENT.

´INHALT.

Alle Einsendungen für das »Archiv für slavische Philologie« sind
an mich nach Wien VIII. Kochgasse 15, zu richten.

V. Jagić.

Das Archiv für slavische Philologie erscheint in Heften zu 10 Bogen
oder Doppelheften zu 20 Bogen, je vier Hefte bilden einen Jahrgang.
Preis für den Band 20 ℳ, für einzelne Hefte 6 ℳ.

Die ersten 12 Bände sind zum ermäßigten Preise von 180 ℳ (bisher 241 ℳ) durch jede Buchhandlung zu beziehen.

Weidmannsche Buchhandlung.

Untersuchungen über Betonungs- und Quantitätsverhältnisse in den slavischen Sprachen.

I. Das Verhältniss der serbischen und slovenischen Betonung.

Es war meine Absicht, den folgenden Untersuchungen eine vergleichende Darstellung der slovenischen und serbischen Tonqualitäten auf Grund der Arbeiten von Škrabec, der von Valjavec (Rad jugosl. Akad. 43 fg.) und des Wörterbuchs von Pleteršnik voranzuschicken. Mein Manuskript lag druckfertig da, als mir im Rad 132 (1897) die Abhandlung von Valjavec, *Glavne točke o naglasu književne slovenštine*, zuging. Sie enthält in den Hauptsachen alles, was ich herausgebracht hatte, und da sie das Slovenische ausführlich behandelt, über diese Sprache weit mehr, als ich bieten wollte. Ich lasse daher meine Arbeit ungedruckt und gebe nur ein Resultat, das mir für gewisse Theile dieser Untersuchungen wichtig ist.

Nach der heutigen serbischen Betonungsweise kann steigender Ton bei kurzer Silbe nur stattfinden, wenn diese den sekundären, zurückgezogenen Hochton trägt, z. B. *vòda, žèna*. Dagegen haben alle mit ˋ betonten, also den ursprünglichen Hochton bewahrenden kurzen Silben fallenden Ton, einerlei ob die Kürze ursprünglich ist, wie z. B. gen. *bȍga*, fem. *kȍža*, oder ob sie aus einer ursprünglich steigend betonten Länge durch Verkürzung entstanden ist, z. B. *krȁva, pjȅna*. Zieht man aber das Slovenische hinzu, so zeigt sich, dass diese Gleichförmigkeit nicht ursprünglich ist, sondern dass es einst unter ursprünglichem Hochton auch steigend betonte Kürzen neben fallend betonten gab.

Die Vergleichung des Serbischen ergibt mit dem nothwendigen Zusatz, dass im Slovenischen jede hochbetonte Silbe, die nicht Endsilbe des Wortes ist, gedehnt werden muss:

I. **Slovenischer fallender Ton** entspricht:

1. serbischem fallenden Ton bei ursprünglich langer Silbe, z. B. slov. *glâs* gen. *glâsa* serb. *glâs glâsa*, slov. *brêg brêga* serb. *brîjeg brîjega*, slov. *dôb dôba* serb. *dûb dûba.*

2. in bestimmten Fällen serbischem ⁀ auf ursprünglich kurzer Silbe, z. B. slov. *bôga* gen. (mit Umspringen des Hochtons *bogá*) serb. *böga*, slov. *pôlje* (mit Umspringen *poljê*) serb. *pölje.*

II. **Slovenischer steigender Ton** entspricht:

1. serbischem steigenden Ton, wenn beide Sprachen den ursprünglichen Hochton um eine Stelle zurückgezogen haben:

   a. bei langer Silbe, in beiden Sprachen z. B. *dúša, krílo.*

   b. bei ursprünglich kurzer Silbe, z. B. slov. *góra* serb. *gòra*, slov. *vóda* serb. *vòda.*

2. serbischer fallender Kürze (⁀) bei bewahrtem ursprünglichem Hochton:

   a. wo im Serbischen eine ursprünglich steigende Länge verkürzt ist, z. B. slov. *kráva* serb. *krȁva*, slov. *péna* serb. *pjȅna.*

   b. in bestimmten Fällen bei ursprünglicher Kürze, z. B. slov. *kóra* serb. *kȍra.*

Der springende Punkt ist hier das Verhältniss von I. 2. und II. 2. b., der Umstand, dass Silben, die im Serbischen ganz gleich betont sind, *böga köra*, im Slovenischen verschiedene Tonqualitäten haben: *bôga kóra*. Nach den übrigen Entsprechungen des Slovenischen und Serbischen kann daraus nur der Schluss gezogen werden, dass einst die Kürze in *böga* fallend, die Kürze in *köra* steigend betont war. Für alle Einzelheiten verweise ich auf die Arbeit von Valjavec.

Bei der folgenden Anwendung des Slovenischen brauche ich in Uebereinstimmung mit dem Wörterbuch und der genannten Abhandlung von Valjavec für den fallenden Ton ⁀, für den steigenden ´, für betonte Kürzen ‵; unberücksichtigt lasse ich die zur Bezeichnung verschiedener Nuancen von *o e* verwendeten diakritischen Zeichen unter diesen Buchstaben, da die Unterscheidungen für meinen Zweck nicht wesentlich sind.

In manchen einzelnen Aufstellungen, namentlich wo es sich um Verschiebungen eines ursprünglichen Hochtons handelt, weiche ich von Valjavec's Beurtheilung der Verhältnisse ab und werde das s. Z. hervorheben.

II. Verkürzungen ursprünglich langer Silben vor gewissen Suffixen im Serbischen.

Bei zweisilbigen Stämmen mit ursprünglich langer erster Silbe (Wurzelsilbe) gilt im Serbischen die Regel: alte hochbetonte Länge kann nur erhalten bleiben, wenn sie fallend betont war, ist dagegen verkürzt, wenn sie steigenden Ton hatte. Ganz allgemein gilt ferner der Satz: alte unbetonte Länge kann nur bewahrt werden, 1. wenn sie eine Stelle vor der alten Hochtonstelle lag (also jetzt mit ′ betont ist), weiter zurückliegend ist sie nothwendig kurz; 2. wenn sie nach der alten Hochtonsilbe stand (vgl. meine »Untersuchungen über Quantität und Betonung«, Abhandlungen der K. sächs. Ges. d. W. phil.-hist. Cl. B. X u. XIII).

Die sogenannten sekundären, mehrsilbigen Nominalbildungen zeigen nun eine Menge Verkürzungen ursprünglich langer Silben auch da, wo man nach Massgabe der zu Grunde liegenden Worte und mit Berücksichtigung der angegebenen Regeln die Erhaltung der Länge erwarten möchte. Man wird die Frage aufwerfen müssen, warum es z. B. *brèzina* zu *brìjeg* (= *brêg*), *gràdište* zu *grâd* heisst, obwohl keiner heutigen serbischen Regel eine Quantität und Betonung wie **brijèžina* (**brèžina*), **grádište* widerspräche.

Es ist wohl kaum bis jetzt genügend hervorgehoben, dass im Serbischen eine sehr grosse Anzahl von Nominalsuffixen in den Silben vorher keine Länge verträgt. Die mit dem Verbum eng verbundenen Nominalbildungen, Participia und Infinitiv, schliesse ich hier ganz aus, da sie nur in Zusammenhang mit dem Verbum genügend behandelt werden können. Auf die übrigen Fälle habe ich im einzelnen in den »Untersuchungen« I. A. (Bd. X) aufmerksam gemacht, aber nicht den Zusammenhang hergestellt.

Die herkömmliche Eintheilung in primäre Bildungen, d. h. Ableitungen von einem als Wurzel angesehenen Element oder von einem beliebigen Verbalstamm, und sekundären, d. h. Ableitungen aus Nominal-, Numeral-, Pronominalstämmen, die in der Sprache

vorliegen oder vorausgesetzt werden dürfen, ist ja sehr unvoll-
kommen. Gleiche Suffixe werden zu Ableitungen der einen wie
der andern Classe gebraucht. Da es sich mir nicht um diese
Classen, sondern um die Wirkung gewisser Lautcomplexe handelt,
werde ich anders verfahren und die Bildungen eintheilen in solche
mit leichten und mit schweren Suffixen, und nenne schwer alle
zweisilbigen Suffixe mit vollem Vocal der ersten Silbe, d. h. alle,
die in dieser Silbe nicht ъ oder ь hatten. Auch was bei einer Ableitung als Stamm, was als Suffix anzusehen sei, anders ausgedrückt, mit welchem Laute das Suffix beginne, kann streitig sein.
Suffixe führen ja ausserhalb der mit ihnen gebildeten Worte kein
selbständiges Leben, abgesehen von jungen, noch als Zusammensetzung erkennbaren Bildungen, wie etwa den deutschen mit -los,
deren zweiter Theil noch als selbständiges Wort besteht. Ich verstehe hier, wenn es sich um Ableitungen von nicht verbalen
Elementen handelt, unter Suffix den Lautcomplex, der nach dem
letzten Consonanten des zu Grunde liegenden Wortes steht, nehme
also z. B. in *Zlatoje* als Suffix *-oje*, obwohl das Grundwort den
Stamm *zlato-* hat. Natürlich geht die Rechnung nicht ganz glatt
auf, da es Worte geben kann, in denen dem Suffix ein vocalisch
auslautendes Element vorangeht; sie sind selten und machen keine
Schwierigkeit, da als Suffix einfach das betrachtet werden muss,
was die Sprache nach Consonanten so anwendet. Bei Ableitungen von Verben ist als Stamm anzusehen der sogen. Infinitivstamm des Verbums, also was übrig bleibt, wenn man die Infinitiv-
endung *-ti* abschneidet; hier kann es jedoch vorkommen, dass der
letzte Vocal eines solchen Stammes als zum Suffix gehörig empfunden wird. Das alles sieht sehr mechanisch aus und ist es auch,
aber die lebendige Sprache verfährt eben so, wie sie z. B. auch in
der Declination nur consonantische Stämme kennt, d. h. als Casus-
endung alles empfindet, was nach dem letzten Consonanten des
Wortes steht, mag unsere etymologische Analyse die Trennung
auch ganz anderswo machen.

Von den Verkürzungen ist die selbstverständlich, die unter
die oben gegebene Regel 1 fällt, alle solche Fälle können also hier
übergangen werden, z. B. gen. *junáka* = **junākā̆*, *vratára* = **vra-
tārā̆*, nom. *jùnāk* = urspr. **junākъ*, *vràtār* = urspr. **vratarъ*. Auch
eine bestimmte Art von Länge, die sekundäre Dehnung vor *r*, *l*, *m*,

n, j, v + Cons. und bei Ausfall von *ъ* (*grâblje* zu *grâb*) kommt hier, wo es sich nur um alte Längen handelt, nicht in Betracht.

Man kann nun als Grundregel aufstellen, dass schwere Suffixe keine Länge vor sich dulden. Bei der Besprechung der einzelnen Fälle gebe ich nur je einige Beispiele, verweise im Uebrigen auf die oben genannten »Untersuchungen« I. A. (citirt als U, mit Nummer) und auf Daničić, Osnove (DO, mit Seitenzahl). Die Beispiele sind womöglich so gewählt, dass der Ableitung ein Grundwort mit langem Vocal gegenübergestellt werden konnte, denn wenn das Grundwort schon Kürze hat, kann man immer das Bedenken haben, die Ableitung möge einfach von ihrem Grundworte abhängig sein.

-*âj* msc., gen. -*âja* (U 1, DO 71), z. B. *nàručâj* : *rúka*, besonders anschaulich *pòtpašâj* : *pâs*, das aus *pojas* contrahirt ist.

-*aja* f. (U 1, DO 72), z. B. *prèkaja* : *prïjek*.

-*ava* f. (U 4, DO 85), z. B. *dùbrava* : *dûb* (= *dǫbъ*), *krìvnjava* : *kriviti krîvîm se*.

-*âr* msc., g. -*âra* (U 12, DO 114). Die Fälle wie *zlàtâr zlatára* (= **zlatârъ*), die ausserordentlich zahlreich sind, fallen unter das Gesetz 1, die Kürzungsregel ist aber allgemein, z. B. *bùništâr* : *bùnište*, *òdžačâr* (neben *odžàčâr*) : *òdžâk*.

-*ara* f. (U 10, DO 108), z. B. *zlàtara* (vgl. *zlàtâr*) : *zlâto*, *svilara* : *svíla*, *stràžara* : *strâža*, *sjènara* : *sijèno*, *crèpara* : *crïjep*, *tràvara* : *tráva*, *vràćara* (f. zu *vràčâr*).

-*âlj* msc., g. -*âlja* (U 15 a, DO 130), z. B. *kùsâlj* : *kûs* f. *kúsa*.

-*an* msc. (mit festem *a*, U 18, DO 138), fem. -*ana*, fast durchweg Eigennamen, z. B. *Vùkan* : *vûk*, *Dràgan* : *drâg* fem. *drága*, *Dùšan* : *dúša*, *zvijèzdan* : *zvijèzda*, *zlàtan* : *zlâto*; ist das Suffix unbetont, so lautet es -*ân*, die Kürzungsregel ist dieselbe, z. B. *Žìvân* : *žîv* fem. *žíva*, *kùmân* : *kûm*. Feminina z. B. *Vùkana*, *Žìvana*, *Zvijèzdana*, *Cvjètana* : *cvïjet*, Frauenname *Cvijèta*, *gùjana* : *gúja*.

-*ъhъnъ*, deminuirte Adjektiva, serb. -*ahan*, mit Verlust des *h* -*an*, kann hier eingerechnet werden, weil das erste *a* fest ist (DO 142), z. B. *pùnahan* g. *pùnahna*, *pùnan* : *pùn*, *bljèdjan* : *blîjed* fem. *blijèda*, *mlàdjahan*, *mlàdjan* : *mlâd* fem. *mláda*, *žèdjan* : vgl. *žédan*.

-*jan* (= -*ěnъ*; U 20, DO 147), Adj., z. B. *lùžan* : *lûg* g. *lûga*, *snjèžan* : *snïjeg*, *sjèrčan* : *sijèrak*, *tŕnjan* : *tŕn*.

-*at* (U 28, DO 212), Adj., z. B. *bràdat* : *bráda*, *glàvat* : *gláva*, *zùbat* : *zûb*, *krìlat* : *krílo*, *dugùljat* : *dùgûlj*.

-ast, Adj. (U 29, DO 213), z. B. *zvjèzdast* : *zvijèzda*, *krilast* : *krilo*, *cvjètast* : *cvìjet*, *pàsast* : *pâs* (aus *pojas*), *prùtast* : *prût*, *kùsast* : *kûs* fem. *kùsa*, *golùbast* : *gòlūb*, *pastùšast* : *pàstūh* g. *pastúha*.

-aći (bestimmte Form; DO 240), Adj., z. B. *spàvaći* : *spàvati*, *cjelìvaći* : *cjelìvati*.

-ād f. (*i*-Stämme; U 38, DO 258), z. B. *vùćād* : *vûk*, *zvjèrād* : *zvìjer*.

-aća f. (U 50, DO 348), z. B. *pokrivaća* : *pokrívati*, *udàvaća* : *udávati*, *bjèlaća* : *b'io* fem. *bijèla*, *krivaća* : *krìv* fem. *krìva*, *slànaća* : *slân* fem. *slána*, *sùvaća* : *sûh* fem. *sùha* (*súva*). Die Masculina auf *-āć* g. *-aća* (U 50) haben alle Endbetonung, die Kürze daher nach 1.

-āš msc. (U 52, DO 358), z. B. *bjèlāš* : *b'io* fem. *bijèla*, *krìlāš* : *krilo*.

-av, Adj. (U 5, DO 86), mit Ausnahme der drei Worte *várnicav* : *várnica*, *grônicav* : *grônica*, *màtērnicav* : *màtērnica* geht die Kürzung ganz durch, z. B. *gìzdav* : *gizda*, *glìbav* : *glìb*, *trùnjav* : *trûn*, *gàrav* : *gâr*, *metìljav* : *mètīlj* g. *metìlja*.

-āk msc. (U 40, DO 262), z. B. *mlàdjāk* : *mlâd* fem. *mláda*, *k'ijāk*; die geringfügigen Ausnahmen sind a. O. verzeichnet. Zum Femininum *-aka* vgl. *divljaka* : *divljāk* g. *divljàka*.

-men msc., *-me* (= *mę*) ntr. (U 9, DO 101, 103), z. B. *kàmēn*, *plàmēn* (= *polmenь*), *j'ēčmen* (= *ječьmenь*); *brème* (= *bermę*), *vìme* (= *vymę*), *sj'ème* (= *sěmę*). Der Nominativ *vrijème* (= *vermę*) zu gen. *vrèmena* unterliegt einem auch sonst (s. u. *-ęt-*) zu beobachtenden Wechsel.

-men, Adj. (DO 102), z. B. *stàmen* fest (vgl. den Eigennamen *Stàmena*).

-el, Adj. (DO 125), *k'iseo* (= *kyselъ*).

-en msc. (DO 143, 191), z. Th. alte consonantische Stämme, z. B. *jàsēn* g. *jàsena*, *Vùčen* : *vûk*.

-en, Adj. (U 19, DO 144), z. B. *l'isen* (= *ljèsen*) : *l'ijes*, *svïlen* (*svìlen*) : *svìla*, *vilenī* : *vìla*; *sùknen* : *súkno*; *klètvenī* : *klètva*, *lùden* : *lûd* fem. *lúda*, *hràbren* : *hrábar* fem. *hrábra*.

-et, *-ot* msc. (U 30, DO 217), z. B. *zvèkēt* : *zvèk-*, *trèsēt* : *trésti* *trésēm* (= *tręs-*).

-telj msc.; das Suffix (U 36, DO 248) erscheint ausser in *vlàstelj* und *prìjatelj* thatsächlich nur als *-itelj* und *i* ist mit zum Suffix

empfunden, z. B. *svètitelj* : *svétiti*, *hrànitelj* : *hràniti*, *spàsitelj* : *spàsti spásēm*.

-*eta*, masc. Personennamen femininaler Form (DO 254), z. B. *Vlàdeta*, *Dràžeta* : *dràg* fem. *dràga*, *Vùčeta* : *vùk*. Wo eine Länge steht, z. B. *Vûjčeta*, beruht sie auf Wirkung der bekannten Consonantenverbindungen.

-*eš* msc., -*eša* f. (DO 360), z. B. *Vràneš*, f. *vràneša* : *vrân* fem. *vràna*, *Grùbeša* (bei DO *Grùbeša*) : *grûb* fem. *grùba*; *rìdješa* : *rîdj* fem. *ridja*.

-*ęt*- serb. -*et*- (nom. -*e*; U 37, DO 249) ntr.; über die spätere Ausdehnung dieses ursprünglich in der Anwendung sehr beschränkten Suffixes s. »Untersuchungen« C. (Abhandl. B. XIII, S. 608 = 82). Bemerkenswerth ist, dass die altererbten Bildungen die Wurzelsilbe kurz haben, abgesehen vom Nominativ, ich gebe daher den Genitiv: *dvìzeta* (nom. *dvîze*), *ždrèbeta* (*ždrìjebe*), *prùseta* (*prâse*), *kljùseta* (*kljúse*), *jùneta* (*júne*), *zvjèreta* (*zvijère*), *djèteta* (*dijète*). Die späteren Ableitungen, deren -*ęt*- meist mit anderen Deminutivsuffixen verbunden ist, folgen einfach den Quantitätsverhältnissen des Grundwortes.

-*ïvo* ntr. (U 7, DO 94), z. B. *prèdivo* : *prèsti prédēm* (= *pręd-*), *vàrivo* : *váriti*.

-*iva* f. (U 7, DO 94), *stàtiva*.

-*iv*, -*ljiv*, Adj. (U 8, DO 94), mit zwei Ausnahmen, *òsôrsljiv*, *svôjtljiv*, geht die Kürze durch, z. B. *jèziv* : *jéza*, *lišàjiv* ; *l'išàj* g. *l'išàja*, *gusàrljiv* : *gùsār* g. *gùsāra*, *svràbljiv* : *svrâb*, *smješljiv* : *smìjeh*.

-*inji* (bestimmte Form), poss. Adj. (DO 196), z. B. *golùbinji* : *gòlûb*, *gùjinji* : *gúja*, *mràvinji* : *mrâv*.

-*it*, Adj. (U 31, DO 219), z. B. *glàvit* : *glàva*, *rječit* : *rîječ*, *glàsit* : *glâs*, *usàrit* : *ùsār* g. *usára*, *ljùtit* : *ljût* fem. *ljúta*.

-*ïk* msc. (U 41, DO 271); die Kürzung geht ganz durch, bedarf aber hier keiner näheren Besprechung, weil die in Betracht kommenden Beispiele alle Endbetonung haben, daher unter das Gesetz 1 fallen. — Femininum -*ika* (U 42, DO 276), z. B. *mljèčika* : *mlijèko*, *prùdika* : *prûd* g. *prúda*, *bjèlika* : *b'io* fem. *bijèla*, *mlàdika* : *mlâd* fem. *mláda*, *muhàrika* : *mùhār*.

-*īš* msc. g. -*īša* und fem. -*iša* (U 54, DO 361), z. B. *nèmarïš* : *nèmār*; *hvàlïša* (Prahler) : *hvàla*, *hváliti*.

-*in* msc. (U 21 Anhang, DO 148); die Kürzungsregel liegt

·liegt deutlich vor z. B. in *Vùjin* : *Vújo*, *Milàsin* : *mìlās*, *tûdjin* : *tûdj* fem. *túdja*, *Cvjetàsin* u. s. w., mit zwei drei Ausnahmen, z. B. *Cvìjetin* : *cvìjet*, wo Anschluss an das Grundwort stattfindet.

-*ina* f. (U 22, DO 152). Die Abstracta von Adjektiven (U S. 106 = 38), z. B. *bjelìna* : *b'io bijèla*, können hier ausser Betracht bleiben, da sie fast durchweg alte Endbetonung zeigen, daher nothwendig die Silben vor dem Suffix kurz haben müssen. Ganz deutlich zeigen die Kürzung die Augmentativa u. s. w., z. B. *brèžina* : *brìjeg*, *vùcina* : *vûk*, *dùsina* : *dúša*, *rùcina* : *rúka*, *mèsina* : *mêso*, *srèdina* : *srijèda*, *njèmcina* : *nijèmac*, *oblàcina* : *òblāk*, *junàcina* : *jùnāk* g. *junáka*, *ljekàrina* : *ljèkār* g. *ljekára*, *pastìrina* : *pàstīr* g. *pastíra*. Die Ausnahmen beruhen, wie a. O. S. 102 = 34 gezeigt ist, auf der Dehnung vor den bekannten Consonantengruppen.

-*inja* f. (= -*yńi*, -*yńa*; U 27, DO 196). Die wenigen erhaltenen alten Abstracta mit dieser einfachen Form des Suffixes: *grdinja*, *pùstinja*, *svétinja*, haben Länge der Wurzelsilbe; man kann hier nicht entscheiden, ob urprüngliche Verhältnisse vorliegen oder ein Anschluss an *grdan* (*grditi*), *pûst*, *svêt*. Auch zur Bildung femininaler Personenbezeichnungen ist es im Serbischen nur noch vereinzelt vorhanden, die Kürze vor dem Suffix geht durch, vgl. *knèginja* (= *kъnęgyńi*), *vlàhinja* : *vlâh*, *tùrkinja* : *tùrcin* pl. *tûrci*. Lebendig ist das Suffix in der Verbindung -*kinja*, d. h. entstanden aus der Anfügung von -*inja* an Feminina auf -*ka*. Es ist von vornherein zu erwarten, dass hier einfach Anschluss an das Grundwort stattfindet, Spuren von Kürzungen finden sich aber auch hier, so *Srèmkinja* : *Srìjemka* : *Srìjem* g. *Srijèma* (Syrmien); und ganz ausnahmslos muss gekürzt werden, wenn mit -*inja* Weiterbildungen von Masculinen auf -*āk* g. -*āka* vorgenommen werden, z. B. *Bòšnjàkinja* : *Bòšnjāk* g. *Bošnjáka*, *zemljàkinja* : *zèmljāk* g. *zemljáka*, *prostàkinja* : *pròstāk* g. *prostáka*.

-*ić*, msc. Deminutiva (U 34, DO 231). Die a. O. gegebenen Vergleiche zeigen deutlich die allgemeine Kürzungsregel, z. B. *vjènčić* : *vijènac*, *gùjić* : *gúja*, *djàčić* : *djāk*, *ždrèpčić* : *ždrijèbac*, *kràljić* : *krâlj* g. *králja*, *gràdić* : *grâd*, *lìstić* : *list*, *mùžić* : *mûž*, *krùžić* : *krûg*, *junàčić* : *jùnāk* g. *junáka*.

-*ica* f. (U 48, DO 313); bei allen Arten von Ableitungen, ausgenommen die von *l*-Participien (U S. 185 = 117), wo die Verhältnisse des Grundwortes festgehalten werden, findet regelmässig

Verkürzung statt, z. B. *bràdica* : *bráda*, *glàvica* : *gláva*, *rùčica* : *rúka*, *čèstica* oder *čêstica* : *čêst*, *vùčica* : *vûk*, *bjèlica* : *b'io* f. *bijèla*, *sùšica* : *sûh* f. *sùha*; *lopàrica* : *lòpār* g. *lopára*, *vratàrica* : *vràtār* g. *vratára*.

–ište ntr. (U 51, DO 353), mit zwei drei Ausnahmen geht die Kürze durch, z. B. *gàrište* : *gâr*, *gràdište* : *grâd*, *pàlište* : *páliti*.

–oje, msc. Eigennamen neutraler Form (DO 73), z. B. *Vùkoje* : *vûk*, *Zlàtoje* : *zlâto*, *Srèdoje* : *srijèda*, *Cvjètoje* : *cvìjet*.

–oro, *–ero* (U 10ᵃ, DO 110), num., z. B. *pètoro* : *pêt* (= *pętь*), *dèsetoro* : *dèsēt* (= *desętь*).

–ota (U 30, DO 217), *–oća* f. (DO 230). Da die Worte endbetont waren, versteht sich die Kürze der Silben vor dem Suffix von selbst, sie mögen aber erwähnt werden, weil bei den wenigen Fällen anderer Betonung die gleiche Erscheinung stattfindet, z. B. *ljèpota* : *l'ijep* fem. *lijèpa*, *vrànota* : *vrân* fem. *vrána*, *ràbota*.

–oša f. (DO 360), z. B. *krilòša* : *krilo*, *cvjètoša* : *cvìjet*. Ausnahme macht *rògoša*, angeschlossen an den nom. *rôg* (g. *ròga*).

–ov Adj. (U 6, DO 92). Die Masse dieser lebendigen Bildungen ist ganz abhängig von den Quantitäten der Grundworte, allein es ist doch bemerkenswerth, dass eine Anzahl alter Bildungen (s. U S. 84 = 16) die Kürzung hat, z. B. *dùbov* : *dûb*, *vìnov* : *vino*, *ljèskov* : *lijèska*, *lùčev* : *lûč* g. *lúča*, *mùžev* : *mûž*; an sich könnte ein *ᵃdùbov* ganz ebensogut bestehen, wie z. B. *sladùnov* zu *slàdūn* g. *sladúna*. Zu vergleichen ist hier auch das Doppelsuffix *–ovьnъ*, serb. *–ovan* fem. *–ovna* (U S. 115 = 47), wo regelmässig die vorangehende Silbe kurz ist, z. B. *vìlōvan* : *víla*, *vràtōvan* : *vrât*, *sùdōvan* : *sûd*, *dùšēvan* : *dúša*.

–ūr g. *–ūra* msc., fem. *–ura* (U 11, DO 112), die Masculina sind vereinzelt, *mjèhūr* : *m'ijeh*, häufiger die Feminina, z. B. *glàvura* : *gláva*.

–ul msc., fem. *–ula* (U 14ᵃ, DO 126) nur ein Paar Eigennamen, z. B. *Ràdul*, *Dânčul* (a wegen *–nč–*); *Ràdula*.

–ulja f. (U 17, DO 132), z. B. *plàvulja* : *plâv* fem. *pláva*, *kùsulja* : *kûs* fem. *kúsa*, *pjèskulja* : *pijèsak*, *crèpulja* : *crìjep*.

–ūn g. *–ūna* msc. (U 24, DO 173), z. B. *slàdūn*, *Vlàdūn*; ebenso das fem. *–una*.

–ūk g. *–ūka* msc., fem. *–uka* (DO 278), seltene Worte, *zvìzdūk*, *Miluka*, *Ràduka*.

-uša f. (U 53, DO 361), z. B. *pjèskuša* : *pijèsak, povràtuša* : *pòvrāt, govedàruša* : *govèdār* g. *govedára, seljàkuša* : *sèljāk* g. *seljáka.*

-ūg g. *-ūga* msc. (U 56, DO 367), seltene Worte, *bjèlūg* : *bĭlo bijèla*; häufiger das femininale *-uga*, z. B. *bjèluga.*

Dazu kommen noch einige an sich leichte Suffixe, die den Charakter von schweren annehmen, indem der letzte Vocal des zu Grunde liegenden Verbalstammes dazugezogen wird:

-lo (= *-dlo* oder *-lo*, die Formen sind nicht immer sicher scheidbar) ntr. (U 14, DO 122). Es muss hier unterschieden werden zwischen Bildungen, die von einer einsilbigen Wurzel, und solchen, die von mehrsilbigen Verbalstämmen auf *-i-* und *-a-* herkommen. Die ersten haben eine ursprünglich lange Wurzelsilbe kurz, wenn sie den Hochton trägt: *bĭlo, gr̆lo, djèlo, òdjelo, klĭlo, mĭlo, pĭlo, rălo, rĭlo, šĭlo, ĭjèlo, măslo*; behalten sie lang bei alter Endbetonung: *odijèlo, ždrijèlo, ždr̆lo, krilo, opijèlo, tr̆lo, léglo* (*lęg-*)*, poréklo* (= *rék-*, vgl. *podrijètlo*)*, prúglo, prélo, sijèlo, rasúlo, povrijèslo* und *rijèslo*; bei ursprünglich kurzem Wurzelvocal bleibt die Kürze, *sèlo, ogrèblo, omèlo, vèslo*, dazu stimmt nicht *stáblo* (= **stъblo*) und das unklare *déblo*. Dagegen ist bei Ableitungen von Verbalstämmen auf *a* und *i* die Kürze der Wurzelsilbe feste Regel, z. B. *kùsalo* : *kùsati, bjèlilo* : *bijèliti*. Es wurde schon U S. 91 darauf hingewiesen, dass die Kürzung schlagend hervortritt bei Ableitungen von Iterativstämmen, z. B. *pokr̀valo* : *pokrìvati*. Alle Beispiele bei Vuk und Daničić verhalten sich so, ich habe aber auch von Serben statt z. B. *skàkalo* : *skákati, sùkalo* : *sùkati, pregìbalo* : *pregìbati, probàdalo* : *probádati, počìvala* : *počìvati* sprechen hören: *skákalo, sùkalo, pregíbalo, probádalo, počívalo* u. a. d. A. Man kann nicht annehmen, dass Vuk in all den zahlreichen Fällen falsch gehört oder bezeichnet habe, die Länge erklärt sich aber leicht durch neuen Anschluss an das Verbum.

Worte auf *-ba* (U 139, DO 241, 259); die auf *-oba*, da sie alte Endbetonung haben, müssen die Silbe vorher kurz zeigen, z. B. *rugòba* (vgl. mit anderer Betonung vereinzelt *ùtroba*). Die Bildungen auf *-idba*, theils von Verbalstämmen auf *-i-*, theils von andern, erfordern Kürze der Wurzelsilbe, z. B. *bjèlidba* zu *bijèliti, pràsidba* zu *pràsiti, vèzidba* zu *vézati*. Es scheint aber, dass auch das einfache *-ba* (= *-ъba*) dieselbe Regel hat, vgl. *sjèdba, ùdadba, drùžba,* *slùžba, tùžba, žàlba, svàdba, dvòjba, ùredba,* doch mit Ausnahmen: *mólba* (= *molba*), *kárba, svòjdba.*

Den dargelegten Verhältnissen gegenüber gibt es nur eine verschwindende Anzahl schwerer Suffixe, die sich gegen die Quantitäten des Grundwortes gleichgiltig verhalten, d. h. diese einfach belassen:

-in poss. Adj., z. B. *slúgin : slúga, snášin : snáša, vílin : vila,* wie *bàbin : bàba, snàhin : snàha* u. s. w. (U 23, DO 172).

-ost f., z. B. *drágōst : drāg* fem. *drága, svétōst : svêt* fem. *svéta,* wie *mĩlōst : mĩo* fem. *mĩla;* ganz vereinzelt findet sich Verkürzung, z. B. *lùdōst : lûd* fem. *lúda, svjètlōst : svìjetao* fem. *svijètla* (U 32).

-anin msc. (U 21, DO 149), z. B. *Rimljanin : Rîm,* wie *Sĩnjanin : Sĩnj;* auch hier vereinzelte Fälle von Verkürzung, *vàrošanin : vàroš, stràžanin : stràža, grùdjanin : grâd.*

-onja (U 26, DO 194) kann auch zu denen gerechnet werden, die der Quantität des Grundwortes (Hypokoristika) folgen, z. B. *bálonja : bálo, máconja : máca;* von anders gearteten Worten z. B. *kĩtonja : kĩta.*

Es ist wohl möglich, dass die erwähnten Verkürzungen auch hier auf eine alte Kürzungsregel deuten, die aber dann so durchbrochen ist, dass man keinen Schluss mehr darauf bauen darf.

Noch geringer ist die Zahl der schweren Suffixe, bei denen die Wurzelsilbe lang bleiben muss; ich weiss hierher mit Sicherheit nur das eine *-ež* (U 57, DO 368) zu ziehen, vgl. *grábež, métež, mútež, pálež, trpež* u. s. w.; die Ausnahmen *Pàdež* (Eigenname), *mùdež* (*mlàdež,* Mal am Körper, unklarer Herkunft) dürften kaum zu rechnen sein.

Endlich ist hervorzuheben, dass auch vor leichten Suffixen Verkürzungen vorkommen, aber nur in einem einzigen Falle, der Comparativbildung, consequent, mag diese nun auf altem *-jьs-* oder altem *-ějьs-* (serb. *-ijī*) beruhen, z. B. *drāg : drǎži, rìdj : rìdjī, krùpan : krùpnijī, ľìjep : ľjèpšī, žĩo : žĩvljī, skûp : skùpljī.* Bei andern (vgl. U 25 *-ьm;* DO 82 *-jī* poss. Adj.; U 43, DO 279 *-ьkъ* [*-ъkъ*]; U 43, DO 306 *-ьskъ;* DO 241 *-tva)* kommen mehr oder minder häufig Verkürzungen vor, aber eine Regel ist nicht zu entdecken. Selbst bei den Comparativen könnte man noch Zweifel hegen, ob die Verkürzung nicht mit der bestimmten Form, in der sie allein auftreten, zusammenhange; es kommen in der That solche

Verkürzungen, wenn auch nicht häufig, vor, z. B. zu *svêt* : *svèti̇̄*,
čêst : *čèsti̇̄*, *krȕpan* : *krȕpnī*, *krátak* : *krȁtkī*. Mag das sich nun
verhalten, wie es will, der Satz, dass es in der Sprache ein rhyth-
misches Prinzip gibt, nach dem vor schweren Suffixen Länge vermieden wird, scheint mir genügend begründet.

In den »Untersuchungen« C. (Abh. Bd. XIII, S. 579 fg.) ist
das Verhältniss von Betonung und Quantität in den stammbilden-
den Suffixen behandelt. Das Resultat lässt sich so zusammenfassen: Suffixe mit ursprünglich langem Vocal, die heute in der
Sprache bald mit Länge, bald mit Kürze erscheinen, haben die
Kürze, wenn der betreffende Vocal selbst den alten Hochton trug;
Suffixe mit ursprünglicher Länge, in denen diese Länge verharrt
(-*āj* g. -*āja*; -*ivo*; -*ār* g. -*āra*, -*ūr* g. -*ūra*, -*īr* g. -*ira*, -*ālj* g. -*ālja*,
-*ūn* g. -*ūna*, -*āk* g. -*āka*, -*īk* g. -*īka*, -*ic* g. -*īca*, -*āč* g. -*āča*, -*āš* g.
-*āša*, -*iš* g. -*iša*, -*ūg* g. -*ūga*, -*āg* g. -*āga*, -*ād* g. -*ādi*) haben niemals
den alten Hochton auf der betreffenden Silbe, sondern dieser steht
nach- oder vorher. Ein Beispiel für alle: es wechselt wohl *kȁme-
nār* g. *kȁmenāra* und *kamènār* g. *kamenára* (= **kamenarjь kame-
narjá*), aber ein serbisches **kamènār *kamènāra* (= **kamenárjь
kamenárja*) kann es nicht geben. Bekommt in etwaigen Weiterbildungen, in Ableitungen von solchen Worten, der betreffende
Vocal dieser Suffixe den Hochton, so wird er nothwendig verkürzt,
vgl. *vràčara* = **vračāra*, fem. zu *vràčār* g. *vračāra* (= **vračarjь
vračarjá*). So in allen gleichartigen Fällen. Mir scheint daraus
hervorzugehen, dass die Längen in den Suffixen steigenden Ton
hatten, daher unter Hochton verkürzt werden mussten. Wir können
freilich nicht ausmachen, weshalb bei einer Anzahl solcher Suffixe
der Hochton und die damit verbundene Kürzung ganz vermieden
wird; man kann sich aber immer denken, dass eine bedeutende
Anzahl gleichartiger Fälle, die von Haus aus den Hochton auf
Silben vor dem Suffix oder Endbetonung hatten (wie es z. B. bei
den Masc. auf -*ār* gen. -*ārä* wirklich der Fall ist) dem Sprachgefühl
die Länge als eine Nothwendigkeit eingeprägt haben.

Die Ansicht von dem ursprünglich steigenden Ton der Suffixe
wird mir bestätigt durch das Slovenische. Die Suffixe haben hier,
wenn sie den Hochton tragen, mit wenig Ausnahmen die steigende
Betonung. Vgl. Masculina: -*àn* g. -*ána* : *bratàn bratána, grajàn
grajána*; -*ìč* -*íča* : *črvìč črvíča*; -*èž* -*éža* : *tepèž tepéža*; -*èt* -*éta* :

trepèt trepéta; *-òt -óta* : *grohòt grohóta*; *-en -éna* : *jélen jeléna*; *-áč* *-áča* : *kováč kováča*; *-ak -áka* : *čudák čudáka*; *-ár -ára* : *glavár glavára*; *-áš -áša* : *mejáš mejáša*; *-ik -ník* : *malík malíka*, *dožník dožníka*; *-ir -ira* : *pastír pastíra*; *-iš -iša* : *goliš goliša*; *-úh -úha* : *lenúh lenúha*; *-úlj -úlja* : *metúlj metúlja*; *-úr -úra* : *mehúr mehúra*; *-úš -úša* : *lepúš lepúša*; *-úž -úža* : *mehkúž mehkúža*; Feminina: *-ána* : *bratána*; *-áča* : *glaváča*; *-ica* : *belica*; *-ina* : *črepina*; *-inja* : *draginja*; *-ika* : *mladika*; *-iša* : *Jeriša*; *-ira* : *sekira*; *-úga* : *jarúga*; *-úha* : *črnúha*; *-úlja* : *blebetúlja*; *-úša* : *plavúša*; *-úča* : *grmúča*; *-úta* : *kobúta*; *-óba* : *grdóba*; *-óta* : *slepóta* (Betonungen wie *dobrôta* kommen in geringer Anzahl vor, Valjavec Rad 132, S. 177 erklärt sie aus Anschluss an den mit ⌢ betonten Accusativ); *-éja* : *koléja, veréja*; Neutra: *-išče* : *dvorišče*; *-ilo -álo* : *črnilo, držálo*; *-en-* : *bréme breména*; *-ęt-* : *téle teléta*; Adjektiva: *-àt* f. *-áta* : *bogàt bogáta*; *-àv -áva* : *rjàv rjáva*; *-òk -óka* : *širòk širóka*.

Diesen gegenüber steht eine kleinere Anzahl mit fallendem Ton. Von diesen kann man gleich ausscheiden die Feminina auf *-âlja -îlja* (*perîlja*), denn diese verdanken die Betonung dem sekundären Aneinanderrücken von *l-j* nach ausgefallenem ъ, genau wie die Neutra auf *-ъje*, *naglâvje* (s. Rad 132, S. 152). Ferner kann man ausser Betracht lassen die Feminina auf *-ôča*, die Masculina auf *-îc*, da diese Bildungen (vgl. Valjavec, Rad 43, S. 64; 46, S. 73) wesentlich dem Kajkavischen angehören. Die übrigen Fälle sind: Masculina auf *-âj, -ên, -în*, Feminina auf *-âra, -ûra, ûva*, Neutra auf *-îvo*, femin. *i*-Stämme auf *-âl, -êl, -ên, -êst, -ôst, -âd*; Adjektiva auf *-ên, -ît, -ân, -âk, -âl*. Mit diesen hat es aber eine eigene Bewandniss. Valjavec zählt (Rad 132, S. 194 fg.) die meisten zu den Fällen, wo der jetzige fallende Ton der betreffenden Silbe auf dem Umspringen des Hochtons von der vorhergehenden Silbe aus herrührt. Die neue Lage des Hochtons erfordert aber bei diesem Vorgange fallende Betonung, die also für die ursprüngliche Betonungsart des Suffixes nichts besagt. So *-âj*: *lišâj* scrb. *l̃išâj*; *-ên*: *grebên* s. *grèbēn*; *-în* : *tujîn* s. *tũdjīn*; femin. *i*-Stämme auf *-âl* : *živâl*; *-êl* : *dežêl*; *-ôn* : *strmên* s. *strmēn*; *-êst* : *bolêst* s. *bõlēst*; *-ôst* : *mladôst* s. *mlãdōst*; *-âd* : *živâd* s. *žĩvād*; Neutra *-îvo* : *predîvo* s. *prèdīvo*; Adjektiva: *snežên* vgl. s. *snjẽžan*; *-ân* (aus *-ьnъ*) : *drobân* s. *drõban*; *-âk* (aus *-ъkъ, -ъkъ*) : *krotâk* s. *krũtak*; *-âl* (aus *-ъlъ*) : *svetâl* s. *svîjetao*. Es bleiben noch die Feminina auf *-âra -ûra*, zu

denen es äusserst wenig zwischen Serbisch und Slovenisch ver-
gleichbare Beispiele gibt, zu *-ûra* kenne ich gar kein sicheres, zu
-âra : *košâra* s. *kòšara*, *kqzâra* s. *kòzara*; ferner *-âva* : *dobrâva*
(als Ortsname auch auf der ersten Silbe betont) s. *dùbrava*; *držâva*
s. *drᶻâva*; *trdnjâva* vgl. s. *tvȑdjava*; *meljâva* s. *meljáva*; die Adjektiva auf *-ît* f. *-îta* : *srdît* s. *srdìt*, *stanovît* s. *stanòvit*, *kamenît* s.
kàmenit und *kamènit*. Wie es mit diesen Fällen stehen mag und ob
nicht bei denen, die von Valjavec auf Umspringen des Hochtons zurückgeführt werden, noch andere Verhältnisse in Betracht
zu ziehen sind, kann ich hier nicht untersuchen; mir genügt der
allgemeine Satz, dass das Slovenische die über die serbischen Suffixe ausgesprochene Ansicht wesentlich bestätigt.

Es erhebt sich nun die weitere Frage, wie haben wir über eine
Kürze z. B. in *mlȁdōst* zu urtheilen? Gälte hier die Regel, dass
Verkürzung der alten Länge nur stattfinden kann bei steigender
Betonung, wie bei den zweisilbigen Stämmen, so müsste die erste
Silbe von *mlȁdōst* als vor alters steigend betont angesetzt werden.
Dem widerspricht zweierlei, einmal die fallende Betonung des
russ. мóлодость, dann im Serbischen selbst die Betonung bei syntak-
tischer Verbindung mit Präpositionen, es heisst *nȁ mladōst*, *ȍd mladosti*. Das ist, wie später näher auszuführen, nur möglich bei fallendem Ton der ersten Silbe. Es beruht also die Kürze von *mlȁdōst* auf Verkürzung einer einst fallenden Länge in Folge des
schweren Suffixes. Damit ist ausgesprochen, dass im Serbischen
Verkürzungen alter Längen nicht aus einem Princip erklärt werden können. Es kommt nun darauf an, ob man nachweisen kann,
dass bei der allgemeinen Verkürzung langer Silben vor den bestimmten Suffixen alte steigende Längen zu steigenden Kürzen,
alte fallende Längen zu fallenden Kürzen umgewandelt sind. Dafür müssen herangezogen werden die Composita und endlich die
Verbindungen von Präposition und Casus.

III. Betonung und Quantität der serbischen Nominal-composita.

In der bekannten grossen Abhandlung »Die nominale Zusammensetzung im Serbischen« berücksichtigt Miklosich auch die Betonung, meist in kürzeren Bemerkungen, und fasst die allgemeinen

Regeln, zu denen er gekommen war, am Ende zusammen. Es heisst dort: »Hinsichtlich der Accentuation der nominalen Composita scheinen folgende allgemeine Regeln zu gelten: a) wenn das erste Glied ein Substantiv, Adjektiv, ein Numerale oder ein Part. prät. pass. ist, so wird der Auslaut des ersten Gliedes betont. Hierin stimmt mit dem Serbischen das Litauische überein . . . . ., indem auch im Litauischen der vocalische Auslaut des ersten Gliedes in den allerdings nicht zahlreichen Fällen, wo er sich erhalten hat, den Ton hat. Schleicher 134. b) Ist das erste Glied ein Part. präs. act. [1]), so wird die erste Silbe des ersten Gliedes betont . . . . . c) Ist der erste Theil eine Partikel, so erhält diese den Ton.« Miklosich hat bei a) Schleichersche Beispiele wie *kakláryszis* im Auge; aber auch abgesehen davon, dass die Behauptung über das Litauische in dieser Allgemeinheit unrichtig ist, widerspricht die serbische Betonung wie *bjelòjug* geradezu der litauischen, denn jene ist, auf die ältere Betonung zurückgeführt, **bjelojúg* gewesen, und die spätere Verschiebung hat natürlich mit der angenommenen litauischen Betonungsweise nichts zu schaffen. Es fällt auf, dass Miklosich, der bei den einzelnen von ihm aufgestellten Classen der Composita, aufgestellt nach der Bedeutung oder den constituirenden Elementen, gesehen hat, dass ein Accent ˇ auf dem ersten Element mit einer Länge im zweiten zusammenhängt, doch diese Fälle auf eine Linie mit denen stellt, die auf dem Ende des ersten Gliedes den Accent ` tragen. Es rührt das daher, dass z. B. *bjelòlik* und *bjèlolȋk* ihm als sozusagen gleichwerthig betont gelten, beide auf dem ersten Gliede, nur dass die Art des Tones verschieden ist. Historisch betrachtet geht aber *bjelòlik* zurück auf **bjelolík*, die Regel müsste also eigentlich heissen: die Composita aus Nomen und Nomen haben den (alten) Hochton auf dem zweiten Element, davon gibt es gewisse Ausnahmen, die das erste Glied (mit ˇ) betonen. Durch dieselbe Verkennung hat sich bei Miklosich auch die Regel über die Betonung der Composita aus Partikel und Nomen ganz verschoben, denn die Betonung auf der Partikel ist keineswegs, den alten Hochton in Betracht gezogen, allgemein.

Es ist daher wohl gerechtfertigt, die Untersuchung noch ein-

---

[1]) Miklosich versteht darunter das erste Glied der sog. Imperativcomposita mit dem Auslaut *i*.

mal aufzunehmen. Mich veranlasst dazu namentlich die Wahrnehmung, dass die Betonung der serbischen Nominalcomposita von bestimmten rhythmischen Regeln abhängt, die weitere Bedeutung für die Lehre von Betonung und Quantität haben. In Betracht kommen dabei sowohl die Zusammensetzungen aus Nomen und Nomen, wie die aus Präposition und Nomen. Im Allgemeinen sei vorausbemerkt: die Composita aus Nomen und Nomen haben alle eine Eigenthümlichkeit gemein, die Wurzelsilbe des ersten Bestandtheils muss kurz sein, einerlei, welche Quantität das selbständige Wort haben mag. Die Betonung ist aber recht merkwürdig, und ich gehe darauf näher ein. Um zu einem sichern, nicht durch Kreuzungen mit andern Erscheinungen gefährdeten Resultat zu gelangen, muss man die Fälle zusammennehmen, in denen beide Glieder des Compositums von zweisilbigen Stämmen gebildet werden, wie es ohnehin in der weit überwiegenden Menge der Fall ist. Getheilt werden sie hier in: 1) *i*-Stämme, 2) masculine *o*-Stämme, 3) *a*-Stämme. Die sogenannten Imperativcomposita mit dem Auslaut *i* des ersten Gliedes sind dabei ausgeschlossen und werden in einem Anhang behandelt. Es mag auffallen, dass ich die Nominalcomposita nicht nach Bedeutungsclassen (Determinativ-, Possessivcomposita u.s.w.) scheide; ich unterlasse es, weil nirgends ein durchgehender Betonungsunterschied solcher Classen im Slavischen zu finden ist. Zur gegenseitigen Erläuterung und Begründung der Betonungs- und Quantitätserscheinungen ist es nothwendig, zu jeder Classe der Composita aus Nomen und Nomen gleich die Zusammensetzungen aus Präposition und Nomen hinzuzufügen.

1. Die *i*-Stämme.

A. Zusammensetzungen aus Nomen und Nomen.

Im Serbischen gilt die einfache Regel: der erste Bestandtheil hat ˇ auf der ersten Silbe, der zweite die Wurzelsilbe lang: *blȁgovìjest* (gute Botschaft) das Fest Maria Verkündigung: *blȃg* f. *blága*, *crvòtōč* Wurmfrass: *cȓv* g. *cȓvi*, *gòropād* Raserei, *Kȕmodrāž* (Ortsname) wohl zu *kȗm* g. *kúma*, *lȉtorēst* »das Erzeugniss der Hausthiere von einem Jahr« (dial. Form für *ljȅtorēst, ljȅtorāst*), *pȕstopāš* (freie Weide) ungesperrte Wiese: *pȗst* f. *pústa*, *rȍsopās* Schellkraut, *rȕkodrž* (Handhabe) Pflugsterze : *rúka*, *rȕkovēt* Handvoll, *Vȕkodrāž*

(Flussname): *vûk* g. *vûka*; auch das adverb. *strъmoglâv* (mit dem Kopf voran) gehört hierher, die alte Form war *strъmoglavъ*. Davon gibt es, so weit ich gesehen habe, nur eine Ausnahme, *blagòdat* (*blagòdjet*) Segen, vgl. russ. благодáть, ein der Kirchensprache entnommenes Wort. Bemerkenswerth ist, dass die wenigen bei Nemanič (I, 1, 70) verzeichneten čakavischen Beispiele Endbetonung haben: *kolotèč, rukovèt, senožèt*.

Das Slovenische besitzt, wie es scheint, nur wenig Beispiele; Valjavec (Rad 60, hat: *črvojĕd* Wurmfrass, *kolomâst* Wagenschmiere, *samočâst* Eigenlob, *senožêt* (daneben *senóžet*, so auch im Wb.; vgl. čak. *senožèt*); aus dem Wb. entnehme ich noch: *blagodât, blagovêst, glavobôl, letorâst, rokobôl, rokovêt* (vgl. čak. *rukovèt*), *samorâst, senokôš* (Nebenform von *senokóša*). Eine Betonung auf dem ersten Element scheint nicht vorzukommen; die fallende Betonung des zweiten ergibt sich aus den Beispielen, mit steigender Betonung habe ich nur das eine *slepovôž* Wb. (Blindschleiche) gefunden.

Das Russische bevorzugt ganz entschieden die Betonung auf dem ersten Glied: бóрзопись Schnellschrift, жúвопись Malerei, úконопись Malerei von Heiligenbildern, лѣтопись Chronik, прáвопись Rechtschreibung, рýкопись Handschrift, скóропись Schnellschrift, стѣнопись Wandmalerei, сýропись dass., тáйнопись Geheimschrift, чáстопись Reinschrift, so sind auch gebildet свѣтопись (Lichtbild) Photographie, сáмопись dass.; вóдоверть, вóдокруть Wasserwirbel, вóдометь, вóдопадь Wasserfall (vgl. masc. водопáдъ), вóдополь Hochwasser, вóдорость und вóдоросль (so Dahl, von Andern wird auch водорóсль angegeben; eig. Wasserwuchs) Pflanzenname, жúворосль (so Dahl, angegeben auch живорóсль) Thierpflanze, лѣторость und лѣторосль Jahresschössling, нúворосль Halm-, Graspflanzen; вóдоточь (und водотóчь, beides bei Dahl), гóлоледь (und гололéдь) Glatteis, úноходь Passgang, скóроходь Schnelllauf (vgl. masc. скорохóдъ Schnellläufer), кóловерть Wasserstrudel, кóновязь Pferdekoppel, рóзопаcль Stiefmütterchen, рóзопасть Schöllkraut, рýкопашь Faustkampf, сýромолоть (Dahl, nach andrer Angabe сыромолóть) Mehl aus unreifem Getreide, сýромять weissgares Leder. Man sieht, es besteht hier ein wenn auch unbedeutendes Schwanken. Ferner kommt nach den Angaben von Grammatikern und Lexikographen eine kleine Anzahl von Beispielen mit dem Hochton auf dem zweiten Gliede hinzu; ich habe notirt: благодáть

Gnade, водотечь Wasserstrom (vgl. oben во́доточь und водото́чь), листопа́дь Blattfall, Herbst (daneben bei Dahl msc. листопа́дъ), мышеядь Mäusefrass, пусторо́сль *sambucus nigra* (bei Dahl ohne Accent, vgl. dagegen лѣторосль, ни́воросль), рудоко́пь Erzgrube, руко́ять (das Wort ist ungebräuchlich, dafür руко́ятка) Handhabe, чернобы́ль (und msc. чернобы́лъ) Beifuss, свѣтотѣнь Halbdunkel (wohl eine künstliche moderne Bildung). Die Vergleichung mit dem Kleinrussischen ergibt nichts Bestimmtes. Im Allgemeinen kann man sagen, die Betonung auf dem zweiten Gliede werde vermieden (selten sind Fälle wie *konovjáz* notirt). Das Żelichowski'sche Wörterbuch betont meist auf der zweiten Silbe, dem sogen. Compositionsvocal, z. B. *gololíď, litópyś, rukópyś, litórosł, černóbyl*. So lange aber keine bestimmteren Angaben über die kleinruss. Composita vorliegen, als dass die Betonung ausserordentlich schwankend sei (Werchratskij, Archiv 3, 399), muss man sich weiterer Schlüsse aus diesem Material enthalten.

B. Zusammensetzungen aus Präposition und Nomen.

Um die Quantität der Präpositionen richtig zu verstehen, muss man sich erinnern, dass diese zerfallen in solche mit ursprünglich kurzem und in solche mit ursprünglich langem Vocal. Mit geringen, später anzuführenden Ausnahmen gilt nun die Regel, dass in den Zusammensetzungen, deren Hochton als ˝ auf der Präposition liegt, alte Längen der Präpositionen verkürzt sind, dagegen in solchen, deren alter Hochton auf der Wurzelsilbe des nominalen Bestandtheils lag, die Längen erhalten bleiben, vgl. *zăgrada* mit *zábava*, *prěkrēt* mit *prijěkor*. Das ist völlig im Einklang mit der allgemeinen Regel, dass alte Längen eine Stelle vor altem Hochton bewahrt werden. Welche Tonqualität der kurz gewordenen Präposition (˝) zuzuerkennen ist, wird sich im Einzelnen zeigen. Eine besondere Stellung nimmt *iz-* ein.

Die Betonung auf der Präposition ist bei dieser Wortclasse so allgemein, dass die wenigen unten anzugebenden Ausnahmen kaum in Betracht kommen.

a) Die Präposition hat ursprünglich kurzen Vocal.

do-: *dŏbīt* Gewinn, sl. *dobȋt*.

o- ob-: *ŏbavīt* Krümmung; *ŏbijest* Muthwille, sl. *objȇst*; *ŏkŭč*

Windung; *ŏpāst* Verleumdung; *ŏblâst* Macht, sl. *oblâst*, r. 6бласть; *ŏzīm* Wintersaat, r. озимь.

po-: *pŏklīč* Ruf, r. поклꙑчь; *pŏmōč* gen. *pŏmoči*, sl. *pomôč*, r. помочь; *pŏrāst* Wuchs, r. поросоть Flechten (Pflanze); *pŏstāt* »die Reihe (bei der Ernte)«, sl. *postât* der Theil des Feldes, der von einer Reihe Arbeiter in einem Gange durchgemacht wird, r. постать Stellung; *pŏtōč* (gen. bei Pavić *pŏtōči*) Verfolgung; *pŏčāst* (gen. *pŏčasti* wie *čāst čūsti?*), r. почесть; *pŏgībao* (= *-gyblъ*) Verderben; *pŏmīsao* Gedanke, sl. *pomīsъl*; *pŏmřzao* Frost; *pŏnīkao* Hervorspriessendes.

pod-: *pŏdnōži* pl. Trittbretter; *pŏdrāst* Art Krankheit, sl. *podrâst* Nachwuchs; *pŏtkīsli* pl. »Streifen, die das fallende Wasser zurücklässt«.

pro-: *prŏbādi* pl. Seitenstechen; *prŏdō* (= *prŏdōl*) g. *prŏdōli* Thal; *prŏpāst* Abgrund, sl. *propâst*, r. пропасть; *prŏsiječ* Art Fass; *prŏstrīž* Oeffnung im Mantel zum Durchstecken der Hände; *prŏtōč* g. *prŏtōči* Durchfall; *prŏtīsli* pl. Seitenstechen.

sa- (= *sъ*): *sătvār* Geschöpf (die gewöhnliche Form ist *s-tvâr*).

uz- = *vъz-*: *ŭzrāst* Wuchs, sl. *vzrâst*, russ. возрасть.

b) Die Präposition hat ursprünglich langen Vocal.

na-: *năijest* Sättigung, *năzēb* Erkältung, *năzēbao* (= *-zęblъ*) dasselbe.

pre-: *prĕgřēst* pl. *prĕgřēsti* beide flache Hände zum Fassen hingehalten; *prĕkrēt* (neben msc. *prĕkrēt*) Umschwung; *prĕsřt* äusserste Spitze eines Berges; *Prĕsiječ* (Ortsname); *prĕgībao* Gelenk.

pa-: *pămēt*, sl. *pámet*, r. память Gedächtniss; *păvīt* Weinrebe.

raz-: *răstrīž* Schlitz.

za-: *zăkrīč* Verbot.

u-: *ŭgār* zum künftigen Anbau aufgerissene Erde.

c) Zusammensetzungen mit *iz-*:

īzijed Auszehrung; *īskāp* in der Wendung *nă-iskāp* bis auf die Hefen (eig. Austropfen), ohne Genusbezeichnung, wohl fem.; *īznīkao* Aufspriessendes; *īzrāstao* Auswuchs.

Wenn die Präposition vocallos ist, liegt der Hochton selbstverständlich auf dem nominalen Theil: *s-tvâr* Geschöpf, *stŭž* Cordon,

22*

svïjest Bewusstsein, *smr̃zao* Frost, *zgâd* Ekelhaftes; *spâst* Falle
(bei Pavić *spâst*), *smr̃t* Tod, *zglöbï* pl. Halfter.

Die wenigen Ausnahmen, in denen die Präposition den
Accent ′ trägt, der ältere Hochton also auf dem nominalen Element lag, sind: *námjer* Zufall (poet. Form bei Vuk Wb.), *nápast*
Unfall, sl. *napâst*, r. нáпасть und напáсть; *náruč* das Leihen; *pri-
čest* Communion; *súvrst* Gleichaltrigkeit; *západ* (in Klammern dazu
bei Vuk *zăpād*) schattiger Ort, *závist* Neid, sl. *zavîst*, r. зáвисть.
Die Länge des Vocals der Präposition erklärt sich von selbst aus
der Stellung unmittelbar vor altem Hochton.

Gehen wir über zur Vergleichung mit den beiden anderen
Sprachen, so zeigt sich, dass das Russische in der ungeheuren
Ueberzahl der Fälle den Hochton auf der Präposition hat. Die abweichenden Fälle sind so spärlich, dass z. B. Jel'sin gar keine anführt, sondern nur bemerkt, neben нáпасть sage man auch напáсть.
Es gibt wohl noch eine kleine Anzahl mehr, sie können aber neben
den Hunderten der andern, als normal anzusehenden Betonung
nicht in Betracht kommen. Zur Veranschaulichung einige Beispiele: зáвисть, зáметь, зáмолоть, и́зворот, и́згарь, и́згородь, нáмо-
розь, нáдпись, о́бласть, о́бороть, о́город, о́чередь, о́тморозь, пére-
мѣсь, пéрепись, пéресыпь, пóвязь, пóмочь, при́пряжь, при́стань,
при́хоть, прóпасть, рóзвязь, рóскошь, сýметь, сýмѣсь, у́тварь,
у́часть u. s. w. (vgl. Grot, Razyskanija ² I, 391).

Bemerken will ich noch, dass das Bulgarische, so weit mir
aus Cankoff's Grammatik und aus der Abhandlung von Conev über
die Betonung des Bulgarischen (Sbornik VI) zuverlässig accentuirte
Beispiele zur Verfügung stehen, den Hochton auf die Präposition
legt wie das Russische, vgl. *pómost, pámet, pávit, pródol, própast,
óblast, závist, ügar* (bei Conev masc., in Duvernois' Wörterbuch auch
als fem. angegeben). Immerhin ist die Uebereinstimmung bemerkenswerth und darf mit als ein Zeugniss für die Alterthümlichkeit
dieser Betonung angeführt werden.

Im Slovenischen dagegen (vgl. Valjavec, Rad 60) liegt in
der grossen Ueberzahl der Fälle der Hochton, und zwar als fallender Ton, auf dem nominalen Element, z. B. *dobìt* Gewinn, *odjêd*
Insektenfrass, *narâst* Anwuchs, *narêz* Anschnitt, *oslâst* Wollust,
pohôt Beginn, *pomôč* Hilfe, *povêst* Erzählung, *razkôš* Wollust, *zavîst* Neid u. s. w. Bei vocalloser Präposition ebenso, z. B. *slôč*

Krümmung, *zmûz* Schmiere, *vklûd* Einlage u. s. w. Diese Abweichung des Slovenischen ist aber eine erst später entstandene, was näher zu begründen ist. An sich lässt eine Betonung wie *propâst*, *povêst* eine doppelte Erklärung zu: es kann eine alte Betonung auf der letzten Silbe im Slovenischen bewahrt sein, es kann aber auch die Betonung, wie sie uns vorliegt, durch Umspringen des Hochtons entstanden sein. Diese Erklärung hat Valjavec (Rad 132, S. 201), setzt also *povêst* = älterem und serb. *pȍvēst*, *pomôč* = *pȍmōč* u. s. w. Die betreffende Regel des Slovenischen lautet nun: wenn ein Wort auf der ersten Silbe fallenden Ton hatte, muss er, und zwar als fallend, auf die zweite Silbe übergehen (vgl. *mesô* = *mêso*, *bôg* gen. *bogâ* für *bôga* = serb. *bôg bȍga*, *kolô* für *kôlo* = serb. *kȍlo*, acc. *vodô* = serb. *vȍdu* u. s. w., s. Valjavec a. a. O. 191 fg.). Wenn also der Ansatz *povêst* = *pȍvēst* richtig sein soll, muss nothwendig vorausgesetzt werden, dass die Präposition fallend betont war. Das ist aber nicht an sich nothwendig, denn wenn sonst im Slovenischen durch irgend welche Verhältnisse die Präposition betont ist, hat sie steigenden Ton, vgl. z. B. *ó-šva*, *zá-mka*, *zá-tka*, *zákon*, *nápad*, *prélaz*. Beweisen lässt sich der fallende Ton daraus: wo im Russischen Polnoglasie die Betonungsart erkennen lässt — es ist nur möglich bei пере- —, ist der Ton fallend, vgl. пе́редать, пе́рекипь, пе́рекличь, пе́релинь, пе́репашь, пе́репись, пе́ресыпь u. a.; das abweichende перекóпь hat schon Grot, Razysk.[2] I, 394 durch Beeinflussung vom alten masc. перекóпъ erklärt, übrigens betont Dahl пе́рекопъ (bei ihm finde ich пере́стань, безъ пере́стаки). Hervorzuheben ist dabei, dass im Russischen diese Art der Betonung von пере- nicht an sich nothwendig ist, vgl. пере́-тка, перé-шва u. a. d. A. Weiter kommt in Betracht: wenn im Russischen oder im Serbischen ein *i*-Stamm mit zwei Präpositionen zusammengesetzt ist, so liegt in beiden Sprachen der Hochton auf der ersten Präposition, also auf der ersten Wortsilbe, vgl. russ. за́повѣдь, йсповѣдь, прóповѣдь, óтповѣдь, зáнавѣсь, пóубыль, serb. *ȉspovijest*, *prȉpovijest*, *zȁpovijed*, *ȉspovijed*. Im Slovenischen liegt im gleichen Falle der Hochton auf der zweiten Präposition, vgl. *povêst*, *povêd*, aber *pripôvest*, *napôved*, *odpôved*, *izpôved* (Valjavec, Rad 132, S. 201). Da es nun unmöglich ist, die Betonung *izpôved* aus einem ehemaligen *izpovêd* zu erklären, andererseits aber *povêst* völlig erklärt ist aus der durch das Russische erweisbaren fallenden Betonung der

Präposition und dem dann nothwendigen Umspringen des Hochtons (aus *pŏvēst*), ist der Schluss nothwendig, dass einst auch im Slovenischen die Präposition den Hochton hatte. Ich lasse es zunächst dahingestellt, ob die slov. Betonung *pripŏvest* als solche alt oder selbst wieder aus *prĭpovēst* entstanden ist. Das zu bestimmen, wird später Gelegenheit sein bei der Behandlung der Betonung von Verbindungen aus Präposition und abhängigem Casus. Hier kommt es mir nur darauf an zu constatiren, dass im Serbischen, Russischen, Slovenischen, und soweit das Material einen Schluss erlaubt, auch im Bulgarischen, die mit Präpositionen componirten *i*-Stämme den Hochton auf der Präposition fordern, und dass dieser als fallend anzusehen ist.

Zu dieser Betonung der Präpositionalcomposita stimmen im Russischen und Serbischen die Zusammensetzungen aus Nomen und Nomen völlig, indem sie ebenfalls das erste Glied und zwar auf der ersten Silbe betonen (s. o. S. 336). Die wenigen Beispiele des Slovenischen widersprechen, denn ein *črvojēd* kann nicht aus vorausgesetztem **čr̆vo-jēd* erklärt werden, da dies **čr̆vôjed* ergeben hätte. Ich halte es übrigens für nicht unmöglich, dass die ganz anomale Betonung *senóžet* (*snóžet* bei Štrekelj, Morphologie des Görzer Mittelkarstdialektes S. 68, wo ' keine Bezeichnung einer Tonqualität, sondern nur der Länge ist) aus einem älteren **senôžet* = **sĕnožēt* hervorgegangen sei. Wie dem aber auch sein mag, ich meine, gegenüber der schlagenden Uebereinstimmung des Russischen und Serbischen kann das Slovenische hier nicht entscheidend sein. Jedenfalls dürfen wir annehmen, dass ein besonderer Grund vorhanden sein muss, der in jenen beiden Sprachen die Gleichartigkeit der Betonung veranlasste.

Dieser Grund ergibt sich mir aus der Betrachtung der nicht componirten *i*-Stämme in den Sprachen. Im Serbischen haben sie so gut wie alle fallenden Ton: mit langem Vocal und durchgehender Länge *bȉjest bȓv bûdj cȉjev čâdj čêst čȉni* pl. *čûd dûž glâd gȓst grûdi* pl. *hrȋd jâr kâp klȉjet kôb lâst ljûdi* (pl. msc.) *mâst misao mlâd mlȉječ mrȉjest nîz pâri* pl. *pêd plȉjesan pȓt rȉječ sâpi* pl. *sȕjeri* pl. *slâst snȉjet slûz skȓb sȓč sȓž sȑš stȉž stûd stûž trâp tȓst tvâr vâr vlâst žêdj*; mit kurzem Vocal und Dehnung des Nominativs *bȏl* gen. *bȍli, čâst čȁsti, dȏb dȍbi, kȋst kȍsti, kr̊v kr̊vi, lâž lắži, môć mǒći, nôć nǒći, pêć pěći, r̊ž r̊ži (râž rắži, sô sǒli, svâst svắsti, ûš ûši (vâš vắši), zôb zǒbi, žûč žûči.* Dass bei der letzten Kategorie der kurze Vocal als fallend betont anzusehen ist, geht klar hervor aus dem Verhalten der Präpositionen vor den betreffenden Casus, es heisst z. B. *ȍd kosti* (vgl. Daničić, Glasnik 11, S. 30). Dagegen führt mit durchgehender Betonung ', also auch auf dem Nominativ, Daničić a. a. O. S. 25 nur an *pȇst* gen. *pȇsti* (čakavisch dagegen *pést pésti*, das wäre serb. *pêst pêsti*), *mj̏ȅd mj̏ȅdi, str̊ž str̊ži*; Pavić führt noch an *rȁt rȁti*, das aber bei Vuk auch Masc. ist, und *nȉt nȉti*, dies ist fast ausschliesslich im Plural bräuchlich, der keine Entscheidung gibt, so wenig wie die Pluralia tantum *pr̊si, ȍsti, pȍvi.* Zweifellos ist die normale Betonung dieser Feminina der fallende Ton. Vergleicht man nun damit das Russische, so können nur Fälle in Betracht kommen, deren Polnoglasie die Art des Tones erkennen lässt, und dieser ist fallend: бóлонь Splint, бóронь Verbot, хóлодъ kalte Speise, мóлодь junger Wald, нóрость Laichzeit, пóлоть Speckseite, сóлоть Sumpf, вóлость Bezirk, вóлоть Aehre, вóроть linke Seite von Zeug (eigentl. Wendung), вóронь Art schwarzer Färbung, тóропь Hast, сóлонь Eingesalzenes; бéрежь Sparsamkeit, сéрень Glatteis (der Accent nach Dahl), чéредью i. sg. in der Reihe. Abweichungen scheinen, so weit ich nachkommen kann, ganz vereinzelt zu sein: долóнь (ладóнь) flache Hand, сторóжь Obacht, скорóмь .an Festtagen verbotene Speise. Nimmt man endlich das Slovenische hinzu, so ist hier ebenfalls der fallende Ton fast durchgehend (vgl. Valjavec, Rad 60, S. 1 fg., Rad 132, S. 189 fg.), z. B. *mâst, slâst, strâst, klȇt, nîz, gôs, dȍlž, kôst, čȁst* u. s. w. Es kann also mit Grund behauptet werden, dass zweisilbige *i*-Stämme im Slavischen ursprünglich fallenden Ton der Wurzelsilbe hatten.

Verbindet man nun die eben behandelte Gleichförmigkeit mit der Gleichförmigkeit der Betonung der Composita, so wird man den Schluss ziehen dürfen, dass die erste die Ursache der zweiten ist; anders ausgedrückt: im Serbischen und Russischen muss bei ursprünglich fallendem Ton des zweiten Compositionsgliedes der Hochton auf das erste Glied fallen, und zwar tritt, wie die Beispiele zeigen, der Hochton soweit zurück als möglich, d. h. auf die erste Silbe. Dies Resultat ergab sich aus der Betrachtung der *i*-Stämme. Ich stelle hier aber gleich zunächst für das Serbische einen all-

gemeinen Satz auf, der durch die folgenden Betrachtungen weiter
zu begründen ist: eine mittlere Silbe mit ursprünglichem
fallenden Ton kann den Hochton nicht tragen, sondern
dieser muss auf die Anfangssilbe des Wortes zurückgezogen werden (als ").

2. Die Masculina, o-Stämme.

A. Zusammensetzungen aus Nomen und Nomen.

Das Serbische hat hier zwei Haupttypen, entweder das
zweite Glied hatte alten Hochton (also jetzigen Accent auf dem
Compositionsvocal als ') und dabei kurzen Vocal, oder das erste
Glied hat alten Hochton auf der ersten Silbe als ", dabei das zweite
Glied langen Vocal, entweder durchgängig oder im Nominativ.
Alle anders beschaffenen Beispiele sind ganz gering an Zahl.

I. Das zweite Glied hat alten Hochton. Scheidet man
die Beispiele nach den Betonungs- und Quantitätsverhältnissen des
zweiten Gliedes, so weit es als selbständig nachweisbar ist, so ergibt sich Folgendes:

a) Das zweite Glied hat ursprünglich lange Silbe,
und zwar:

α) mit steigendem Ton, der, wenn er selbst Hochton ist,
die Silbe verkürzt hat, wenn er vor dem Hochton steht, die Länge
bewahrt hat: *bjelògrab, crnògrab* (Pflanzennamen): *gräb* Weissbuche;
bjelòjug Art Südwind : *jūg*; *bjelògrlī* weisshalsig : *g̈rlo*; *cjelòkup*
unversehrt: vgl. *kúpa* Haufen, *kūpiti*; *dragòcjen* kostbar : *cijèna*;
dvòstruk zwiefach, *tròstruk* dreifach, *stòstruk* hundertfältig: *strūka*;
golòbrad (eig. nacktbärtig) bartlos : *bráda*; *gològlav* barhäuptig,
krivòglav krummköpfig, *plosnòglav* Plattkopf, *psòglav* Hundskopf,
tròglav dreiköpfig, *tupòglav* stumpfköpfig, *tvrdòglav* hartköpfig,
vrtòglav schwindlig, *zlatòglav* (eig. Goldkopf) Asphodill, *zmijòglav*
schlangenköpfig : *gláva*; *ljevòruk* linkhändig, *pustòruk* leerhändig,
zlatòruk goldhändig : *rúka*; *mekòput* was keine Strapazen aushält
(vom Pferde) : *pûto* Fessel; *mekòust* weichmäulig, *tvrdòust* hart-
mäulig : *ústa*; *pustòsvat* Hochzeitsgast, der bei der Hochzeit kein
besonderes Amt hat: *svât*; *samòhran* sich selbst ernährend, *zlòhran*
schlecht verdauend : *hrána, hrániti*; *samòživ* egoistisch : *živ* f. *živa*;
suhòvrh dürrgipflig, *tankòvrh* schlankgipflig : *vr̃h vrha*; *svilòrun*

seidenvliessig: *rúno*; *šestòkrilî* sechsflügelig, *zlatòkrilî* goldflügelig: *krílo*; *turkòvlah* türkischer Vlach: *vlâh*; *zlòrad* der Schadenfroh: *râd*. Von einigen ist das zweite Glied als selbständig nicht nachzuweisen oder nur ein verwandtes Verbum: *dvògub* zwiefach, *nogòstup* Fusssteig: *stúpiti stúpati* treten, *novòrez* kürzlich verschnittenes Schwein: *rĕzati rĕžēm* schneiden, *samòuk* Autodidakt: *učiti* lehren; *tankòvija* (*kudjelja*) f. fein: *víti víjēm* wickeln. Dazu kommen noch einige Eigennamen: *Bogòljub, Miròsav, Vukòsav.* — *β*) mit fallendem Ton, der im selbständigen Worte die Länge bewahrt, während im Compositum Kürze eingetreten ist: *dobròćud* von gutem Charakter, *zlòćud* bösartig: *ćûd* fem. i-St.; *gològuz, krivòguz, oblòguz, strmòguz*: *gûz* podex; *golòkrak* nacktbeinig, *tròkrak* dreizackig, *sedmòkrak* siebenbeinig: *krâk*; *golòvrat* nackthalsig, *krivòvrat* krummhalsig: *vrât*; *kestòzub* (zu *kĕsiti zube* die Zähne fletschen): *zûb*; *milòduh* Liebstöckel, *svetòduh* vom heiligen Geist erfüllt: *dûh*; *bjelòlik* weisswangig, *mladòlik* jungen Gesichtes, *staròlik* alten Gesichtes: *lîk*; *crnòrep* (AWb. *crnorĕp*) Schwarzschwanz (eine Fischart), *dugòrep* langschwänzig: *rêp*; *zlòćest* schlecht: *ćêst*.

b) **Das zweite Glied hat ursprünglich kurze Silbe.** Die meisten Beispiele sind der Art, dass das zweite Glied von einem selbständig nicht vorkommenden Nomen agentis oder Nomen actionis gebildet wird: *brzòlov* schnell jagend; *brzòplet* in Eile geflochtener Zaun, *kolòplet* Drehrad; *brzòrek* schnell redend; *buhòber* Flohsammler (in einem Räthsel), *klasòber* Aehrenleser, *krajòber* Schnitter, der am Rande mäht, *vinòber* Weinlese; *ćelòpek* (eig. Stirnbrand) Sonnenseite; *ćorbòlok* Suppenschlürfer, *krvòlok* Blutsauger; *dramòser* (*qui drachmas cacat*) Schimpfwort auf Kaufleute, *krvòser qui sanguinem cacat*; *grebòder* Leichenträger, *kozòder* (eig. Ziegenschinder) schlechtes Wetter, *volòder* (eig. Ochsenschinder) Bergbezeichnung; *hladòlež* (und *hlàdolež*) Zaunwinde; *hljebòžder* Brotfresser; *kolòvoz* Geleise; *kostòlom* Beinbrecher (eine erdichtete Pflanze), *vratòlom* Halsbrecher; *kozòmor* (eig. Ziegentödter) schlechtes Wetter, *misòmor* Mäusetod, Mäusegift; *miròkov* (eig. Friedensschmied) Friedenstifter, *staròkov* (vom Pferde) alt beschlagen; *puškòmet* Flintenschussweite, *trnòmet* Art Besen, *vjetròmet* Windsturm; *samòkres* von selbst losgehende Pistole, Feuerschwamm; *samòtvor* aus einem Stück gemacht; *samòtok* (und *sümotōk*) feinster

Honig (der von selbst aus der Wabe geflossen ist); *sjenòkos* Wiese; *trnòkop* Radehacke, *zlòkop panicum dactylon*; *vodòpōj* gen. *-poja* Tränke; *volòvod* eine Pflanzenart. Das zweite Glied ist als selbständiges Gebilde vorhanden: *bosònog* nacktfüssig, *krivònog* krummfüssig: *nòga*; *crnòkos* schwarzhaarig, *dugòkos* langhaarig, *srebròkos* silberhaarig, *svilòkos* seidenhaarig, *zlatòkos* goldhaarig: *kòsa*; *dvòrog* zweihörnig: *rôg* gen. *ròga*; *šaròper* buntgefiedert, *šestòper* sechsflügelig: *pèro*; *tvrdòsan* festen Schlaf habend: *sǎn* gen. *snǎ*; *vrljòok* mit verletztem Auge: *ȍko*; *suvòdol* (*suhòdol*, eig. Trockenthal) Ortsname: *dȏ dòla*; *žitòrod* Getreidewuchs (gutes Gedeihen des Getreides): *rȏd* gen. *ròda*.

II. **Das erste Glied hat den Hochton auf der ersten Silbe (ˈ), der Vocal des zweiten ist lang.** Wo sich das zweite Glied als selbständiges Wort nachweisen lässt, hat es fallenden Ton.

a) **Das zweite Glied hat ursprünglich lange Silbe:** *bjȅlobr̄k* blondbärtig: *br̄k*; *bjȅlogūz, svr̄bogūz, Gȍlogūz* (Eigenname, vgl. oben *golȍguz*), *Lȅdogūz*: *gûz*; *cr̄nokrūg* Art Giftschlange: *krûg*, *cr̄norēp* (Vuk *crnòrep* s. o.), *vȉjorēp* Art Spiel: *rêp*, *drȁgokûp* Theuerkauf: *kûp* fehlt bei Vuk, slov. *kûp* hat fallenden Ton, *gȍrocvijet* (Bergblume) *adonis vernalis*: *cvȉjet*, *pȅstozūb* (s. o. *kestòzub*): *zûb*, *pr̄dozvēk* eine Bohnenart: *zvȅk* Klang, *rȕkosād* selbstangelegter Weinberg: *sâd* Pflanzung, *sȁmorāst* Pflanzen, die auf abgeerntetem Acker aus verstreutem Samen wachsen: *râst*, *sȁmotēg* (Selbstzug) offene Schleuse bei der Mühle: *têg*, *str̄mogrēd* *str̄moglēd* Trauerweide: *grêd, glêd* AWb., *sȕhozīd* (Trockenmauer) Mauer ohne Mörtel: *zîd*, *tȍcokljūn* Blauspecht: *kljûn* Schnabel, *zȉmolist* (Winterblatt) eine Pflanzenart: *lȋst*, *zlȍgūk* Unglücksprophet: *gûk* Girren, *gúkati*, *Vȉšegrād*: *grâd*, *Mȉrodār*: *dâr*. Bei einigen vereinzelten Beispielen hat das zweite Wort steigenden Ton: *bȍgodān* von Gott gegeben: *dân* fem. *dána*, *pȕstodjāk* Schüler, der die Schule schwänzt: *djâk djáka*; hier kann aber sehr wohl die Tonqualität der Nominative massgebend gewesen sein. Zu *drȁgoljūb* (vgl. den Eigennamen *Drȁgoljub* bei Vuk) Kapuzinerkresse, *Bȍgoljūb* ist im heutigen Serbischen das Adj. *ljub* nicht gebräuchlich, slov. *ljûb* fem. *ljúba*. Ueber das zweite Element in den Eigennamen *Drȁgomīr, Gȍdomīr, Ljȕbomīr, Rȁdomīr, Tȁtomīr, Vȉtomīr* lässt sich nicht sicher urtheilen. Eine grössere Anzahl enthält als zweites Glied ein nicht selbständiges Nomen ag. oder

Nom. act., *gȍvnovālj* (Dreckwälzer) Mistkäfer : *váljati, jȕtroklēk* (Morgenhock) ein Scherzwort für *stercus* : *klécati, kȍlomāz* Wagen-schmiere : *mȁzati, kȍlosūk* Drehrad : *sūkati; kȍlovrāt* Wirbel, *sȕno-vrāt* Narcisse : *vrátiti; kȕkotrēs* (Bedeutung?), *ĺistopād* Blattfall, Oktober : *pȁsti, pȁdēm; rȕkopīs* (wahrscheinlich ursprünglich *i*-Stamm) und das scherzhaft gebildete *šȁkopīs* Handschrift : *pisati; sȁmonīk* von selbst keimend : *nȉći nȉknēm, sȍlotūk* Salzstössel : *tući, sȕncokrēt* Sonnenblume : *krétati, ȕvoljēz* (daneben *ȕvoljēž*; = *ȕholj*.) Ohrwurm : *ĺȅsti ĺȅzēm, vȍdoplāv* Wegwarte : *plȁviti, vȑbopūc* das Ausschlagen der Weiden : *pȕcati, zlȍslūt* Unglücksprophet : *slútiti* ahnen.

b) Das zweite Glied hat ursprünglich kurze Silbe; die Beispiele sind spärlich: *blȁgosōv,* gen. -*sova* Segen (in älterer Zeit auch fem. *i*-St.): *slȍvo* mit fallendem Ton, s. slov. *slovȏ, mȍ-drokōs* Vogelart : wohl zu *kōs* Amsel, *sȁmotōk* (und *samòtok* s. o., der zweite Theil bei Vuk nicht vorhanden), *vȉnobōj* gen. -*boja* Pflanzenname : *bȋj bȍja*; Vuk hat noch ein *prȅkonōž* ohne Genus-angabe, vielleicht alter *i*-Stamm : *nòga.* Die Länge im Nomin. sg. bei diesen Worten kann nur bedeuten, dass der Ton fallend war.

Beispiele, die von den angeführten Typen der Betonung und Quantität abweichen, sind nur in ganz geringer Anzahl vorhanden: 1) es kommt vor, dass das erste Element ˇ hat, trotzdem das zweite kurzen Vocal; mit ursprünglich langer Silbe des zweiten Gliedes finde ich nur *tȕkoluk* Knoblauchstössel (scheint ein Scherzwort zu sein) : *lȕk, vȉjoglav* (und fem. *vȉjoglava*) Wendehals, *Slȁvoljub* (neben *Slavòljub*); dazu kommt eine Anzahl mit -*sav* (für -*slav,* zu *slȁva*) gebildeter Eigennamen *Drȁgosav* (*Drȁgoslav*), *Mȉlosav* (da-neben *Milòsav,* vgl. auch *Vukòsav*), *Rȁdosav*; ferner *Drȁgobrat* : *brȁt, Lȕpoglav* (Ortsname aus einem Verse) : *glȁva, Mȉlorad* : *rȁd.* Mit ursprünglich kurzer Wurzelsilbe: *kȑnjorog* am Horn ver-stümmelt, *vȉtorog* mit gewundenen Hörnern : *rȏg rȍga; hlȁ-dolēž* (und *hladòlēž,* eig. Kaltlieger) Pflanzenname, *pȕtonog* bläss-füssig : *nòga, zlȍtvor* Uebelthäter, dazu die Ortsnamen *Sȁmobor, Sȕvobor* (= *Sȕhobor*) : *bȏr bȍra.* — 2) der alte Hochton liegt auf der zweiten Silbe des ersten Gliedes (dem Compositionsvocal), also jetzt als ˋ auf der ersten Silbe. Appellative Beispiele sind ganz spärlich: *dȉvorog* (ein Räthselwort, *dȉvoroga krȁva*) mit wunder-lichen Hörnern : *rȏg rȍga, vinogrȁd* Weinberg : *grȁd, šȉšobȑk* der den Schnurrbart stutzt: *šišati, bŕk*. Bei Vuk stehen zwar noch einige Beispiele: *bùljook* glotzäugig, *cȑnook* schwarzäugig, *plȁvook* blauäugig, diese sind aber anders zu beurtheilen; die normale Betonung ist *crnòok* (so AWb., vgl. dort auch *bjelòok*) u. s. w. Die beiden *o* werden contrahirt, und da die so entstehende Endbetonung nothwendig aufgehoben werden muss, rückt der Hochton zurück, daher *cȑnōk* (so AkW.), vgl. auch die als Thiernamen gebrauchten Feminina *bùljōka, vrànōka, žùtōka*. Dazu kommen einige Eigennamen, die gleichgebildeten *Bògosav* (*Bògoslav*), *Dòbrosav, Ljùbosav, Skòrosav*, ferner *Ljùbobrat, Ràdobud, Dòbrovūk*. Vergleicht man damit die eben vorher angeführten *Drȁgosav, Mȉlosav* und *Milòsav* u. s. w., so sieht man, dass in diesen Namenbildungen die Betonung sehr schwankend ist, und dass man bei der Beurtheilung der Verhältnisse von ihnen absehen muss. Hält man sich die Gesammtheit der masculinen Composita vor Augen, so wird man nicht anders schliessen können, als dass die Typen I, II die Regel repräsentiren, denen gegenüber die zuletzt behandelten Abweichungen nicht in Betracht kommen. Die Typen I, II ergeben aber, dass **die Betonung auf dem ersten Gliede (mit ˋ) abhängt von der fallenden Betonung des zweiten Gliedes,** also dieselbe Regel gewonnen wird wie bei den *i*-Stämmen. Dass dabei einige Unregelmässigkeiten vorkommen, z. B. *gològuz* neben *bjȅlogūz, cȑnorēp* neben *crnòrep* (s. o. unter I, II) kann nicht auffallen, der Typus I ist eingedrungen, wo II normal war; man muss sich eher wundern, dass die Unregelmässigkeiten nicht häufiger sind.

Die Vergleichung mit den beiden anderen Sprachen ergibt Folgendes: im Russischen ist der Hochton auf dem zweiten Element stehend, die Bedeutung mag sein wie sie will, das Wort substantivisch oder adjektivisch gebraucht werden (bei der Motion der Adjektiva ändert sich der Hochton nicht), die Wurzelsilbe des zweiten Gliedes ursprünglich lang oder kurz sein. Also es fehlt dem Russischen der serbische Typus II. Aus den Hunderten von Beispielen gebe ich eine kleine Anzahl zur Veranschaulichung. Substantiva: блюдолизъ (Schüssellecker, лизоблюдъ dass.) Schmarotzer, бѣсогонъ Windbeutel, вертопрахъ dass., водоёмъ Wasserbehälter, домосѣдъ Haushocker, зубоскалъ Zähnefletscher (скалозубъ dass.), злодѣй Uebelthäter, косопогъ Geissfuss, мухоморъ (Fliegentod) Fliegenschwamm, лѣсовалъ Windbruch im Walde,

новосѣкъ neuer Anhau, новосёлъ Ansiedler, рыболо́въ Fischer, сто-
лова́ръ Theerbrenner, сѣнова́лъ Heuschober, сѣносѣкъ Heuschlag,
хлѣбосо́лъ Gastfreier, чернозёмъ Schwarzerde. Adjektiva: бѣло-
но́гій weissfüssig, бѣлору́кій weisshändig, долгору́кій langhändig,
сухове́рхій gipfeldürr u. s. w. Wo Polnoglasie die Tonqualität erkennen lässt, findet steigender Ton statt, z. B. бѣлоголо́въ (Weiss-
kopf) mit Schnee bedeckter Pfahl, толстоголо́въ (Dickkopf) eine
Fischart, бороноволо́къ Eggenzieher, водоворо́тъ Wasserwirbel,
коловоро́тъ Windelbohrer, бѣловоло́сый weisshaarig, чернободо́рый
schwarzbärtig.

Im Slovenischen hat die ungeheure Mehrzahl der Beispiele
dieselbe Betonung wie im Russischen. Der im Nom. sg. der Substantiva, im Masc. der Adjektiva demnach auf der Endsilbe liegende
Hochton (', kurze Silbe), erscheint, wo in Flexion oder Motion die
betreffende Silbe nicht mehr die Endsilbe bildet, folglich gedehnt
werden muss, als ', d. h. der Ton ist steigend, also zum Russischen stimmend, z. B. *drvotòn* gen. *drvotóna*, *beloròg* fem. *beloróga*.
Auch hier gebe ich nur eine Anzahl Worte zur Veranschaulichung.
Substantiva: *delopùst* Feierabend, *drvosèk* Holzhau, *drvotòn* Stätte
zum Holzhacken, *kolomàz* Wagenschmiere, *kolotòk* Mühllauf, *kolo-
vòz* Radspur, *listopàd* Blattfall (Oktober), *mesojèd* Fleischesser,
rokomèt Wurfweite, *senosèk* Heumäher, *vodonòs* Wasserschaff,
vratolòm Halsbruch und Halsbrecher, *zvezdoglèd* Sterngucker
u. s. w. Adjektiva: *beloròg* weisshörnig, *zlatoròg* goldhörnig,
bosonòg barfüssig, *gologlàv* nacktköpfig, *trdoglàv* hartköpfig,
vrtoglàv schwindelig u. s. f. — Anders betonte Fälle sind an
Zahl ganz verschwindend: 1) mit ˆ auf dem zweiten Element
finde ich bei Valjavec (Rad 49) nur *listognôj* Blattfäule (November),
pismoûk Schriftgelehrter, *samoûk* Autodidakt, *pizdogrîz* ranunculus
(im Wb. *pizdogriz*). Ein und anderes Beispiel bietet noch das
Wörterbuch, *blagodâr* Segen, *milodâr* Liebesgabe (*dâr* Gabe); ob
dies volksthümliche Worte sind, kann ich nicht entscheiden,
sicher sind *barvotîsk* Farbendruck, *celotîsk* Stereotypie, *lastopêr*
Mauerschwalbe, *letogrâd* Sommerschloss, *samosîj* Leuchtstein moderne Neubildungen; *samodrûg* selbander, *samosvêt* allein heilig
sind erst aus den Zusammenrückungen *sam-drûg, sam-svêt* in die
Analogie der Composita übergeführt worden. Aufgefallen ist mir
ausserdem, dass im Wb. Zusammensetzungen aus Adjektiv und

Adjektiv, deren erstes das zweite näher bestimmt, zuweilen
Endbetonung mit ˆ haben: *bledozȏlt* blassgelb, *zlatozȏlt* goldgelb,
črnozȏlt schwarzgelb, *črnoblȇd* schwarzbleich, *drobnomȋl* (fein-lieb)
niedlich, *žalomȋl* (web-lieb) wehmütig, *golonȃg* (nackt-bloss) faden-
nackt.   2) Kaum in Betracht kommt der Fall, dass das erste
Glied ´ (also steigenden Ton) auf der ersten Silbe hat; ich finde
so: *délopust* (Valj., Wb. *delopùst*), *vinograd* (Valj. neben *vinógrad*,
so Wb.), *lístopad* (neben *listopàd* s. o.), *srákoper slákoper* Valj.
Würger (Vogel; *srakopèr* Wb.), *krúhopek* Bäcker (neben *kruhopèk*).
Es scheint, dass hier z. Th. die Betonung des ersten Elements als
selbständiges Wort eingewirkt hat, vgl. *délo*, *víno*, *krùh* gen. *krúha*.
3) Noch seltener sind die Fälle, in denen die zweite Silbe (der
Compositionsvocal) ´ hat; ich habe nur bemerkt: *vinógrad* (neben
vinograd) Weinberg, *vinóraz* Rebenmesser, *slanóvrat* und *slinóvrat*
(neben *sołnovràt*) Hahnenfuss, *zlóčest* (neben *zločèst*) böse. Die Zahl
der unter 1—3 angeführten Beispiele ist verschwindend gegen den
als regelmässig zu bezeichnenden Typus *drvotòn*.

Es scheint also auch dem Slovenischen der serbische Typus II
(*gȍrocvijet*) zu fehlen.   Freilich ist ein Beispiel vorhanden mit ˆ auf
der zweiten Silbe: *kolȏvrat*, das Valjavec (Rad 132, S. 201) dem serb.
kȍlovrȁt, mit der bekannten Umstellung des Hochtons, gleichsetzt;
die gleiche Form zeigt noch *zlȍdej* Uebelthäter, und im Wb. *samȏ-
strel* Armbrust, falls ich nicht dort eins oder anderes übersehen
habe.   Die Frage, ob das Russische den serbischen Typus II einst
besessen und ganz verloren habe, ob das Slovenische ihn ebenfalls
einst hatte, lässt sich erst im Zusammenbange mit den Präpositional-
compositis behandeln, zu denen ich jetzt übergehe.

B. Zusammensetzungen aus Präposition und Nomen.

1. Die Präposition hat den Accent ˋ, d. h. alten Hochton, die Wurzelsilbe des zweiten, nominalen Compositionsgliedes hat langen Vocal.

a) Präpositionen mit ursprünglich kurzem Vocal.

do-: *dȍhvāt* Erreichen.

o- ob: *ȍblāk* Wolke, sl. *oblȃk*, r. kchsl. облакъ (r. облако ntr.);
ȍblīk Antlitz, sl. *oblȋk*, r. обликъ; *ȍblūk* eine Art Bund, den Verlobte
aufsetzen; *ȍbōd* Rand, sl. *obȏd*, r. ободъ Reifen, Radkranz; *ȍbrūč*

Reifen, sl. *obrôč*, r. обручъ; *ŏbzīr* Umblick, sl. *obzîr ozîr*; *ŏdīr* Plünderer, r. обдаръ Ausplündern; *ŏglāv* Kopftheil des Pferdegeschirrs,
sl. abweichend *oglàv* g. *oglàva* u. a. Halfter; *ŏkrijek* Wassermoos,
vgl. sl. *okrâk* dass. und Froschlaich; *ŏkīp* Flick; *ŏkī̆š* Gemetzel
(zu *kȓšiti* brechen); *ŏmām* Köder; *ŏpād* Fall (des Wassers), sl. abweichend *opàd* g. *opáda*, r. опа́дъ; *ŏpāz* Hut, sl. abweichend *opàz*
g. *opáza*; *ŏprēz* Umsicht (zu *prézati* lauern), sl. *oprêz*; *ŏsvī̆t*
Tagesanbruch, sl. *osvî̆t*; *ŏslēd* Ebbe; *ŏtī̆k* Pflugreute; *ŏšmȓk* (zu
šmrk- spritzen) Wasserhose; *ŏvȓlj* eine Art Kopfbedeckung der
Frauen (˶ bei Pavić S. 58, in Vuk's Wb. ist der Accent undeutlich);
ŏzib Hebung (mit dem Hebel), sl. *ozî̆bi* pl. schwankendes Erdreich.

    o d-: *ŏdzdrāv* Gegengruss, sl. abweichend *ozdràv* g. *ozdráva*;
ŏtkūp Loskauf, sl. *odkûp*, r. о́ткупъ; *ŏtpād* Abfall, sl. abweichend
odpàd g. *odpáda*, r. отпа́дъ.

    p o-: *pŏglēd* Blick, sl. abweichend *poglèd* g. *pogléda*, r. по-
гля́дъ; *pŏjās* Gürtel, sl. *pojâs*, r. по́ясъ; *pŏkrīv* (zu *pokrivati*), sl.
pokrî̆v Deckel, r. nom. act. покры́въ (Dahl); *pŏmāz* Art Brei zum
Ueberstreichen von Maisbrot, sl. abweichend *pomàz* g. *pomáza*
Salbe, r. пома́зъ Lappen u. a. zum Ueberstreichen; *pŏmēn* Erwähnung, sl. abweichend *pomèn* g. *poména*; *pŏklōn* Geschenk, Verneigung, sl. abweichend *poklòn* g. *poklóna*, r. покло́пъ Verneigung;
pŏpī̆k eine Art Ballspiel, Schlagball; *pŏplāv* (und *pòplav*) Regen-
bach; *pŏpȓd* (eig. Dreck) Tand; *pŏrāst* (auch fem. *i*-St.) Wuchs;
pŏsijek (vgl. *pòsjek*) Gemetzel; *pŏslūh* Gehör, sl. *poslûh*, klr.
póslúch Gehorsam (r. kchsl. по́слухъ Zeuge); *pŏtēg* (eig. Anzug)
Stange am Wagen, sl. abweichend *potèg* g. *potéga* Anziehen, Zug,
r. по́тягъ ein Wagentheil; *pŏtȓk* Lauf; *pŏtū̆k* (zu *tū̆ci tū̆čem* =
tlĭkǫ) Böttcherwerkzeug zum Anschlagen der Reifen, sl. *potŏlk*
Niederlage in einem Treffen; *pŏvrāt* (in einem Liede bei Vuk)
Umkehr, sl. abweichend *povràt* g. *povráta*, r. поворо́тъ; *pŏvrāz*
Eisen zum Kesselaufhängen (zu *vrĭzǫ*), sl. abweichend *povràz* g.
povráza; *pŏzdrāv* Gruss, sl. abweichend *pozdràv* g. *pozdráva*; *pŏ-
žār* Brand, sl. *požâr*, r. пожа́ръ.

    p o d-: *pŏdrī̆g* Aufstossen; *pŏtprī̆g* »quod incoquitur cibo (fa-
rina et butyrum)«; *pŏtpȓd* Spott; *pŏtprūg* Saumsattelgurt, sl. abweichend *podpròg* g. *podpróga* Bauchgurt des Pferdes; *pŏdsmijeh*
Lachen über etwas, sl. *podsmêh*, r. подсмѣхъ.

    p r o-: *prŏbī̆r* Auswahl, r. проби́ръ (Dahl); *prŏcijep* Kloben,

A. Leskien,

sl. *prócep* »Quandelstange«; *Prŏkāp* (scherzhafter Name, zu *pro-kàpati* durchträufeln), r. nom. act. прокáпъ (Dahl); *prŏlijet* Wind-beutel (Lügner); *prŏsijek* kleine Hacke; *prŏtāk* grobes Sieb (vgl. *protàkati* sieben); *prŏvlāk* gezogene Wachskerze, r. nom. act. про-волóкъ (Dahl).

sъ- *sa-*: *sŭpōni* pl. (kroatisch nach Vuk's Angabe) Walzen, auf denen die Webebaumstützen ruhen; *sŭplāk* metallne Trink-schale der Reiter (ist wohl ein Fremdwort).

uz- = *vъz-*: *ŭzdāh* (= *vъzdъchъ*) Seufzer, r. вздохъ; *ŭzgrēd* Vorbeigehen; *ŭzrāst* Wuchs, Statur.

b) Präpositionen mit ursprünglich langem Vocal.

Da die Präposition den Accent `, nicht ^ hat, kann angenom-men werden, dass sie steigenden Ton hatte, daher die Verkürzung des Vocals gemäss der allgemeinen Regel.

na-: *nŭtēg* (u. fem. *nŭtega*) Heber, sl. abweichend *natèg* g. *na-téga* Spannung, r. натя́гъ u. a. Spannriemen.

pa-: *pŭlīk* (s. Vuk u. *lìčiti se*); *pŭt\overline{rlj}* Baumstumpf.

pra-: *prŭdjed* Urgrossvater, unregelmässig in der Quantität des Nomens.

pri-: *prìpādom* (i. sg. zu *prìpād*) in Nebenstunden, sl. ab-weichend *pripàd* g. *pripáda*; *prìpūz* (zu *plъzq*) einer, der ins Haus eingeheirathet hat; *prìstāv* Knecht in der Wirthschaft, sl. *pristav* Meier, r. пристáвъ u. a. Aufseher; *prìvūk* (soviel wie *prìpūz*; zu *vùćem* = *vlъkq*).

pre-: *Prēdrāg* (Eigenname); *prēkid* Unterbréchung, r. пере-кúдъ Hinüberwerfen; *prēkrēt* Umschwung, sl. abweichend *prekrèt* g. *prekréta*; *prēmēt* Purzelbaum, sl. abweichend *premèt* g. *preméta* Umwerfen; *prē\overline{trg}* Unterbrechung, sl. abweichend *pretrg* g. *pretrga*.

raz-: *rŭzrēz* Schlitz, r. разрѣ́зъ; *rŭsvit* Tagesanbruch, sl. ab-weichend *razsvit* g. *razsvita*, vgl. r. разсвѣ́тъ; *rŭzūm* Vernunft, sl. *razûm*, r. рáзумъ.

za-: *zŭdāh* (= *zadъchъ*; u. fem. *zŭdaha*) Gestank, sl. abwei-chend *zadàh* g. *zadáha*, r. задóхъ Schwüle; *zŭdūh* Geruch; *zŭglūh* Betäubung; *zŭpād* Westen, r. зáпадъ, sl. abweichend *zapàd zapáda*; *zŭtēg* Spannung, r. затя́гъ Spannriemen; *zŭuzi* plur. (s. Vuk); *zŭuš* Umdrehen des Schiffes, das stromaufwärts fährt.

su = *sq-*: *sŭmrāk* Abenddämmerung, sl. *sómrak*, r. су́морокъ.

u- = ογ'-: *ŭmāk*, ein Ei *na umak* kochen = weich kochen, von Miklosich EW. auf *mok-* bezogen, in dem Falle *u-* vielleicht = *vъ-*; *ùpr̃t*, etwas *na uprt* = auf den Rücken nehmen, vgl. *ùprtiti* auf den Rücken nehmen und *ùprta* Achselriemen des Ranzen, sl. *upŕtiti* (neben *opŕtiti*) dass., *opŕt* g. *opŕta* Tragriemen; *ùdār* Schlag, sl. *udâr*, r. уда́ръ; *ùglēd* Anschein, sl. abweichend *uglèd* g. *ugléda*; *ùgar* (zu *goréti*) Brachland, sl. bei Miklosich EW. *ùgar*, r. уга́ръ Dunst; *ùrēs* Schmuck; *ùvār* in der Redensart *zăuvār* zum Nutzen.

c) Z u s a m m e n s e t z u n g e n   m i t   *iz-*: *ȉzrijekom* i. sg. mit eigentlichem Namen, sl. abweichend *izrèk* g. *izréka* Ausspruch.

Abweichungen von dem ausgeführten Betonungs- und Quantitätsverhältniss finden sich nur, wenn ich nicht eins oder das andere übersehen habe, in *nātēg* eine Art des Schiffziehens, *nâd* (neben *năd*) Hoffnung, *ràspūt*, ein in Parallele zu *pût* gebildetes Räthselwort.

Zu beachten sind die Beispiele mit vocallosem *s-* und Länge des nominalen Bestandtheils, weil sie fallenden Ton des zweiten Elements sicher zeigen: *splȁv* Floss, *spûž* Schnecke, *svlȁk* abgelegter Schlangenbalg, *zgȁd* Ekelhaftes, *zgȉb* Gelenk.

Die Zahl der Beispiele mit der Betonung ˋ und folgender langer Silbe beträgt ca. 80. Bemerkenswerth ist, dass mit ganz geringen Ausnahmen (*ȍbōd*, *pȍklōn*, *prȅmēt*, *zădāh*) die Wurzelsilbe des Nomen ursprünglich lang war.

2. Die Präposition hat den Accent ˋ oder ʹ, d. h. der Hochton lag ursprünglich auf der zweiten Silbe, der Wurzelsilbe des nominalen Bestandtheils; diese ist stets kurz. Das schliesst nothwendig in sich, dass der Ton steigend war, denn nur so konnte ursprünglich lange Wurzelsilbe des Nomen verkürzt werden.

a) P r ä p o s i t i o n e n   m i t   u r s p r ü n g l i c h   k u r z e m   V o c a l.

do-: *dòmet* Wurfweite, sl. *domèt* g. *dométa*, r. nom. act. доме́тъ (Dahl); *dònos* Zutrag, sl. *donòs* g. *donósa* Hinterbringung, Ertrag, r. доно́съ (Dahl); *dòhod* Zugang, sl. *dohòd* g. *dohóda*, r. дохо́дъ.

o - ob-: *òblog* Wette, sl. *oblòg* g. *oblóga* Einfassung, Besatz, r. обло́гъ u. a. Aufschlag am Aermel; *òbluk* Sattelknopf, sl. abweichend *oblȍk* Bogen, r. abweichend о́блукъ u. a. Kutschersitz; *òbor* (zu *vъrq*) Einzäunung, sl. *obòr* g. *obóra*; *Òbrad* (Eigenname); *òbraz* Wange, sl. *obràz* g. *obráza*, r. abweichend о́бразъ Bild; *òbrok* Frist, sl. *obròk* g. *obróka* Deputat u. a., r. обро́къ Abgabe; *òbrub*

Saum, sl. *obròb* g. *obróba*, r. обрýбъ Einfassung; *òpkop* Schanze, sl. *obkòp* g. *obkópa*, r. окóпъ (Dahl); *òpsjek* »Lehne, tumulus«, sl. *obsèk* g. *obséka* das Behauen, r. обсѣкъ dass.; *òptok* Einfassung, sl. *obtòk* g. *obtóka* Umfliessung; *òdor* Plünderer (in einem Verse bei Vuk), r. обдóръ nom. act.; *ògreb* was auf der Flachsraufe beim Abziehen bleibt, sl. *ogrèb* g. *ogréba*, r. огрёбъ Zusammenharken; *ògrjev* Heizung; *òklad* Wette, sl. *oklàd* g. *okláda* Einfassung, r. окладъ Belag, Beschlag; *òklop* Kürass, sl. *oklòp* g. *oklópa*; *òkō* g. *òkola* Lager (eig. Runde, Umkreis), sl. *okòl okóla*, r. окóлъ; *òkop* Schwaden; *òkov* Beschlag, sl. *okòv* g. *okóva*, r. окóвъ (Dahl); *òmet* Fege (scopulae); *òpah* »gerollte Gerste, alica«, zu *opáhati* abstäuben, sl. *opàh opáha* Nesselausschlag, r. опáхъ Abstäubung; *òsip* Hautausschlag, sl. *osìp osípa* Behäufeln, r. осúпъ; *òsjek* Abhang, sl. *osèk oséka* Pferch, r. осѣкъ Verhau; *òtes* (= *pòtes*), sl. *otès* g. *otésa* Behauung, r. оттéсъ (Dahl); *òtrov* Gift, sl. *ótrov* (mit zurückgezogenem Hochton) und *otròv* g. *otróva*; *òżeg* Schürhaken, sl. *ożòg* g. *ożgà* (zu *żbg-*), r. ожёгъ.

　　od-: *òdbor* (eigentl. Wegklaubung, s. Vuk), sl. *odbòr odbóra* Ausschuss (Comité), r. отбóръ Auswahl; *òdljud* Unmensch; *òdmet* Dinge zum Wegwerfen, sl. *odmèt* g. *odméta* Ablehnung, Verwerfung, r. отмéтъ (Dahl); *òdmor* Erholung, sl. *odmòr* g. *odmóra* Rast; *òdrod* der sich von der Verwandtschaft losgesagt hat, sl. *odròd* g. *odróda* Abkunft, r. отрóдъ Wurzelschössling, Ableger; *òdsjek* (= *òsjek*), sl. *odsèk* g. *odséka*, r. отсѣкъ Segment; *òdskok* Absprung, sl. *odskòk* g. *odskóka*, r. отскóкъ; *òtvor* Leibesöffnung, sl. *otvòr* g. *otvóra* Oeffnung, r. отвóръ Oeffnen; *òtkos* Schwaden, r. откóсъ u. a. Heumähen; *òtkov* Dengelzeug, sl. *odkòv* g. *odkóva* Losschmieden, r. откóвъ Ausschmieden; *òtpor* Entschuldigung (Erwiederung), sl. *odpòr* g. *odpóra* Widerstand, r. отпóръ.

　　po-: *Pòbōj* g. *Pòboja* (Ortsname), sl. *pobòj* g. *pobója*, r. побóй Schlag, Schlacht; *pòcek* Borg, sl. abweichend *poćàk*; *pòcinj* (Wort aus einem Kinderspiel, zu *počìnjati* anfangen), vgl. r. почúнъ Anfang; *pògon* Wegtreiben, sl. *pogòn* g. *pogóna*, r. погóнъ; *pògreb* Begräbniss, sl. *pogrèb* g. *pogréba*, r. abweichend пóгребъ Keller, klr. *pógrib* Begräbniss; *pòhod* Abreise, sl. *pohòd* g. *pohóda*, r. похóдъ; *pòkladi* plur. (neben fem. *pòklade*) Tag vor den Fasten, sl. *poklàd* g. *pokláda* Fundament, r. покладъ u. a. Vergleich; *pòkōj* g. *pòkoja* Ruhe, sl. *pókoj* (Accent zurückgezogen) g. *pokója*, r. покóй; *pòkolj* Blutbad (Gemetzel), sl. *pókolj* (scheint eine Neubildung oder

Entlehnung), vgl. r. покóлъ Stich; *pòkop* Begräbniss, sl. *pokòp* g. *po-kópa*; *pòkor* Tadel, r. покóръ; *pòkrov* (Decke) Leichentuch, sl. *po-kròv* g. *pokróva*, r. покрóвъ; *pòlog* (Lager) untergelegtes Ei, sl. *po-lòg* g. *pológa*, r. полóгъ; *pòlōj* g. *pòloja* der Ueberschwemmung ausgesetzter Ort, sl. *polòj* g. *polója*, r. полóй; *pòlom* (Bruch) Nieder-lage, sl. *polòm* g. *polóma*, r. полóмъ; *pòmet* (Fege) Schneegestöber, sl. *pomèt* g. *pométa*, r. помётъ; *pòmor* Seuche, sl. *pomòr* g. *pomóra*; *pònor* Schlucht, sl. *pónor* (zurückgezogener Accent) g. *ponóra*; *pò-nos* Stolz, sl. *ponòs* g. *ponósa*, r. понóсъ u. a. Lästerung; *pòpas* Frühaustrieb des Viehes, sl. abweichend *popâs* Abweidung, r. по-нáсъ eine Art der Hut; *pòplat* Fusssohle, vgl. sl. *podplàt* g. *pod-pláta* Sohle, r. подплáты Halbsohlen; *pòplav* (und *pòplāv*) Regen-bach, r. поплáвъ Wasserweg; *pòplet* Geflecht, sl. *poplèt* g. *popléta*; *pòpret* mit Asche bedeckte Glut; *pòprug* Saumsattelgurt; *pòrob* »Vollstreckung eines Urtheils« Vuk (aus Ragusa), sl. *poròb* g. *po-róba* »das Geld, das von den Schuldnern an die Häscher oder Ge-richtsdiener bezahlt wird«; *pòrod* Nachkommenschaft, sl. *pórod* (mit zurückgezogenem Hochton) g. *poróda*, r. порóдъ; *pòron* = *pò-nor*, wohl nur volksetymologisch an *roniti* angeschlossen; *pòrub* Saum, sl. *poròb* g. *poróba* Baumstumpf u. a., r. порýбъ Abhau u. a.; *pòruk* (poet. Wort) Bürge, sl. *pórok* (mit zurückgezogenem Hochton) g. *poróka*; *pòsao* (= *posъlъ*) g. *pòsla* Geschäft, Arbeit, sl. abwei-chend *pósъl* g. *pósla* Bote, Geschäft, r. посóлъ g. послá Gesandter; *pòsvjet* Beleuchtung, sl. abweichend *posvêt*, r. посвѣ́тъ Leuchter; *pòsjed* Besuch, r. посѣ́ды plur. Sitzen, Erholung; *pòsjek* Thier, das zum Winterschlachten bestimmt ist, sl. *posèk* g. *poséka* Abtrieb des Holzes u. a., r. посѣ́къ Anhau; *pòstav* Leinwand, sl. *postàv postáva* Stellen, r. постáвъ Arten von Gestellen, u. a. Webstuhl, auch Ge-wehe; *pòstō* g. *pòstola* Schuh, sl. *póstoł* (zurückgezogener Hochton) g. *postóla*, klr. *postił* g. *postóla* Bastschuhe pl. *postóły*, r. постóлы (Dahl); *pòstup* »Stillstand der Mühle bei zu hohem Wasserstand«, sl. *postòp* g. *postópa* Auftreten, r. abweichend пóступъ Schritt, Gang; *pòtes* eingehegte Aecker oder Wiesen (s. Vuk), r. потéсъ Behauung; *pòtok* Bach, sl. *pótok* (zurückgezogener Hochton) g. *potóka*, r. потóкъ; *pòtop* Flut, sl. *potòp* g. *potópa*, r. потóпъ; *pòtrap* neu angelegter Weinberg (zu *trûpiti*); *pòtres* Erdbeben, sl. *potrès* g. *potrésa*; *pòuz* Binde am Rocken, sl. *povòz* g. *povóza* Binde; *pòvez* dass., r. повязъ; *pòvod* Strick zum Pferdeführen, sl. *povòd* g. *povóda* Hundekoppel,

r. abweichend пóводъ Zügel; *pòvōj* g. *pòvoja* Binde, sl. abweichend *povôj*, r. повóй; *pòzder* Scheven (nach Miklosich EW. zu *der-*), sl. abweichend *pazdêr* und *pozdêr* g. *-dêrja*; *pòzor* Obacht, sl. *pozòr* g. *pozóra*, r. позóръ Anblick.

pod-: *pòdbjel* Huflattich, sl. *podbèl* g. *podbéla*; *pòdbōj* g. *pòdbōja* Fussboden, sl. *podbòj* g. *podbója* Thürpfosten, r. подбóй allerlei Beschlag; *pòdnos* Präsentirbrett, sl. *podnòs* g. *podnósa*, r. поднóсъ; *pòtkov* das Beschlagen, r. подкóвъ (Dahl), *pòtpis* Unterschrift, sl. *podpìs* g. *podpìsa*, r. abweichend пóдписъ; *pòdrub* Saum (vgl. *pò-rub*), r. подрýбъ u. a. untergezogener Balken; *pòdrum* Keller; *pòdsad* Brut, sl. *podsàd* g. *podsáda* Gebeck, r. подсáдъ u. a. junger Anwuchs; *pòdvoz* Fuhre, sl. abweichend *podvôz* Achsenstock, r. подвóзъ Zufuhr.

pro-: *pròder* Bruch (hernia); *pròhod* Spaziergang, sl. *prohòd* g. *prohóda*, r. прохóдъ Durchgang; *pròkop* Graben, sl. *prokòp* g. *prokópa*, r. прокóпъ (Dahl) Durchstich; *pròljev* Vergiessen; *Pròlog* (Ortsname), vgl. r. прилóгъ niedriges Thal; *Pròlom* (Ortsname), vgl. r. проломъ Durchbruch; *prònos* erstgelegtes Ei, r. пронóсъ Durchtragen; *pròsjek* Durchhau, r. просѣкъ; *pròvor* Seitenstechen; *pròzor* Fenster, sl. *prózor* (mit zurückgezogenem Hochton) g. *prozóra*, r. прозóръ Durchblick.

s (z), *sa = sъ* (über *su- = sq-* s. S.361). Die normale Form des Serbischen ist *s (z)*, dazu gehören zwei Arten von Beispielen, was die Betonung betrifft: 1) die Wurzelsilbe hat den Accent ˝, diese Betonung stimmt überein mit der der bisher behandelten Composita, nur dass der Hochton, der bei den vollvocaligen Präpositionen auf diese zurücktritt, auf das vocallose *s* nicht treten kann, sondern auf dem nominalen Element verbleibt: *sklȁd* Garbenschober, *skȕp* Haufe, *smȕk* (= *sъmъkъ*) Ende, *snȍs* Anschwemmung, *spȁs* Heiland, *splȅt* Haarflechte, *svȅz* Nath, *svjȅt* Rath, *zbjȇg* Flucht; *srȏk* g. *srȍka* Zeichen; *stvȏr* g. *stvȍra* Machwerk, *zbȏj* g. *zbȍja* Haufen, *zbȏr* g. *zbȍra* Versammlung. Dazu kommen mit Endbetonung der Casus: *sklòp* g. *sklòpa* Zusammenstoss; *slòg* g. *slòga* Gartenbeet; *slòm* g. *slòma* (Zerbrechung) Untergang; *smèt* g. *smèta* zusammengewehter Schnee; *svòd* *svòda* Gewölbe; *zglòb* g. *zglòba* Gelenk; *zgòn* g. *zgòna* Stück Land zwischen zwei Grenzhügeln. Ganz selten erscheint die Form *sa-*, bei Vuk nur einmal mit kurzem Vocal *sàkup* Versammlung (aus einem Liede), das normale ist *skȕp*, mehrmals *sá*:

sáböj g. *sáboja* (aus einem Liede) Zusammenlauf, normal ist *zböj*
g. *zböja* (s. o.), *sábor* Kirchenversammlung, wohl kirchenslavisch,
normal serbisch ist *zbôr* g. *zböra*, *sávjet* Rath (aus einem Liede),
s. o. *svjèt*, *sápon* Bindseil, *sájam* g. *sájma* (= *sъjьmъ*) Markt, wo *ā*
in den Casusformen wegen der Lautfolge Vocal $+ j +$ Cons. eingetreten und die Länge in den Nominativ übertragen ist.

$u =$ въ. Es gibt nur sehr wenige sicher als solche zu er-
kennende Zusammensetzungen mit dieser Präposition: *ùkop* Begräbniss, sl. *vkòp* g. *vkópa* Eingrabung, r. вкóпъ; *ùljez* einer, der
sich in ein Haus einheirathet; *ùzov* Einladung; *ùmir* Friede
($u =$ оу ?).

$uz =$ въз-. Auch hier ist die Anzahl der Beispiele sehr
klein: *ùskrs* (Auferstehung) Ostern, *ùspor* Stauung (von Wasser),
ùstuk Spruch gegen ein Uebel, Gegenmittel, *ùzmak* (*vъzmъkъ) Rück-
zug, *ùzvod* eine mit Streifen durchzogene Leinwand.

b) Präpositionen mit ursprünglich langem Vocal.

Da der Vocal der Präposition in der Silbe vor dem alten Hochton steht, bleibt er der allgemeinen Regel des Serbischen gemäss
lang.

na-: *náboj* Wunde an der Sohle, Wand aus Erde, sl. *nabòj* g.
nabója dass., r. набóй Beule; *nábor* Falte, sl. *nabòr* g. *nabóra*, r.
набóръ u. a. Besteck, Einschubboden; *náčin* Art und Weise, sl.
načìn g. *načina*, r. начúнъ Anfangen; *nádam* (zu *dъmą*) Blähung;
nádjev Füllsel, sl. *nadèv* g. *nadéva*; *nágon* Antrieb, Zwang, sl. *na-
gòn* g. *nagóna*, r. нагóнъ Zusammentreiben, Einjagen; *náhod* Fund,
r. нахóдъ; *nájam* g. *nájma*, sl. *najèm* g. *najéma* Miethe, r. наёмъ
g. наймá; *nákaz* monstrum, sl. *nakàz* g. *nakáza* Unterweisung, r.
накáзъ; *nákit* Putz, Schmuck, sl. *nakit* g. *nakíta*; *nálet* (eig. Anflug)
lästiger Mensch, sl. *nalèt* g. *naléta* Anprall, r. налётъ Heranfliegen;
nálog Auftrag, sl. *nálog* (zurückgezogener Hochton) g. *nalóga*, r.
налóгъ Auflage, Steuer; *námet* Auflage (Steuer), sl. *namèt* g. *na-
méta* Aufgeworfenes, r. намётъ u. a. Aufwurf; *námjer* Zufall; *nániz*
Schnur Perlen, r. панúзъ Aufreihen; *nános* alluvio, sl. *nanòs* g. *na-
nósa*, r. нанóсъ; *náper* Mühlwehr; *náplet* Angeflechte, sl. *naplèt* g.
napléta, r. наплётъ (Dahl); *nápöj* g. *nápoja* flüssiges Futter, sl.
napòj g. *napója*, r. напóй Trank; *nápon* Anstrengung, sl. *napòn* g.
napóna; *národ* Volk, sl. *národ* (zurückgezogener Hochton) g. *na-
róda*, r. нарóдъ; *nárok* Schicksal, r. нарóкъ Termin; *násad* unter-

gelegte Bruteier, sl. *nasàd* g. *nasáda* Anpflanzung, Bruteier, r. на-
сáдъ Ansatz pl. насáды Pfahlwerk (Rostwerk); *násap* Damm; *násip*
Damm, sl. *nasip* g. *nasipa*, r. abweichend нáсыпъ Mühltrichter, bei
Dahl nom. act. нáсыпъ u. насы́пъ; *náslon* bedeckter Gang, Schuppen,
sl. *naslòn* g. *naslóna* Anlehnen, r. nom. act. наслóнъ (Dahl); *nástup*
Anfall (von Krankheit), sl. *nastòp* g. *nastópa* Antritt, r. abweichend
нáступъ Anfall, Angriff; *náuk* Lehre, sl. abweichend *náuk* g. *náuka*
(und *nauka*?), r. abweichend нáукъ Gewohnheit; *nával* (und fem.
nàvala) Zulauf, Drang, sl. *navàl* g. *navála* Andrang, r. навáгъ
(Dahl); *návrt* Pfropfreis, r. навёртъ Aufdrehen, Einbohren; *názor*
Obacht, sl. *názor* (zurückgezogener Hochton) g. *nazóra* Anschauung.
Den Hochton auf dem Ende hatte *nážanj* g. *nážnja* Schnitt bei der
Ernte, sl. *nážьnj* g. *nážnja*. Ich bemerke noch, dass der lange Vocal
der Präposition bei den mit *na-* zusammengesetzten, dadurch de-
minuirten Adjectiven, z. B. *nágluh* etwas taub, *nážut* etwas gelb
u. s. w., denselben Grund hat.

nad-: bei Vuk nur ein Beispiel, *nàtpis*.

pa-: *párog* Hakenstock, vgl. klr. *párih* (zu *rogъ*) Geweihsprosse;
woher *pàūlj* g. *paúlja* Grashalm stammt, weiss ich nicht.

pri-: *pribōj* g. *pribója* Ort auf dem Wasser, wo regelmässig
der Wind hinschlägt (*pribija*), r. прибóй Anschlagen des Wassers
ans Ufer; *prikaz* (Darbringung) Geschenk (neben fem. *prìkaza*),
sl. *prikàz* g. *prikáza* Erscheinung, r. прикáзъ Befehl; *prilog* Opfer,
sl. *prilòg* g. *prilóga* Beilage, r. прилóгъ Zugabe; *prímjer* Beispiel,
sl. *primèr* g. *priméra*, r. примѣ́ръ; *prinos* (Beitrag) Gabe, sl. *prinòs*
g. *prinósa* Darbringung, r. принóсъ; *pripōj* g. *pripoja* Schlagloth,
r. припóй Angelöthetes; *pripon* eine Art Strick, sl. *pripòn* g. *pri-
póna*; *prirez* Nebensteuer, r. прирѣ́зъ Zumessen, Zutheilen; *prisad*
Setzling, sl. *prisad* (zurückgezogener Hochton) g. *prisáda* Brand
(am Körper), r. присáдъ Dazugepflanztes; *pristan* Hafen, sl. abweichend *pristàn*; *prítvor* Art kleiner Hürde, r. притвóръ u. a. Vor-
halle einer Kirche; *prítop* Schmalz.

prě-, serb. *prije-*: *prijèboj* Scheidewand, Fischzaun, sl. *pre-
bòj* g. *prebója* Zwischenwand, r. перебóй u. a. Fischzaun; *prijèćer*
(eig. Ueberwegtreiben) Kampf; *prijègon* Kampf, sl. *pregòn* g. *pre-
góna* Durchtrieb, Verfolgung; *prijèhod* Transportschiff, sl. *prehòd*
g. *prehóda*, r. перехóдъ Uebergang; *prijèklad* Seitenstein am Herde,
sl. *preklàd* g. *prekláda* Ueberlegen; *prijèklet* Verschlag im Hause;

prijèkor Vorwurf, sl. *prekòr* g. *prekóra* Disput, r. перекóръ Streit; *prijèlaz* Furt, sl. *prélaz* (zurückgezogener Hochton) g. *preláza* Durchgang, r. перелáзъ u. a. Furt; *prijèlog* noch nicht aufgerissene Erde, sl. *prelòg* g. *prelóga* u. a. Verlegung, *prélog* Brachland; *prijèmet* »vino koje se otoči ispod leda«, sl. *premèt* g. *preméta* u. a. Durchwerfen, r. перемётъ Hinüberwerfen; *prijènos* Umtragung (des Kelches in der Kirche), sl. *prenòs* g. *prenósa*, r. перенóсъ Uebertragung; *prijèpek* zweimal gebrannter Branntwein, sl. *prepèk* g. *prepéka* Durchbacken, r. перепёкъ zu starkes Backen; *prijèpis* Conskription, sl. *prepìs* g. *prepísa* Abschrift; *prijèsad* verpflanzte Gewächse, sl. *présad* (zurückgezogener Hochton) g. *presáda* Verpflanzung und Verpflanztes, r. пересáдъ; *prijèsjed* Nachzucht (von Bienen) zur Fortpflanzung, sl. *presèd* g. *preséda* Einsattelung des Berges; *prijèsjek* Abtheilung (Fach), sl. *presèk* g. *preséka* Durchhieb, Durchschnitt, r. пересѣкъ u. a. abgehacktes Stück; *prijèstō* g. *-stola* Thron, sl. *préstol* (zurückgezogener Hochton) g. *prestóla*, r. ksl. престóлъ; *prijèstup* (Hinüberschreiten) ein Ausdruck für Schaltjahr, sl. *prestòp* g. *prestópa* Ueberschreitung, r. пересtýпъ (Dahl); *prijètop* das beim Braten abträufelnde Fett, sl. *pretòp* g. *pretópa* Umschmelzung, r. перетóпъ (Dahl) Ueberheizung; *prijèvjes* Schleier, r. перевѣсъ u. a. Uebergewicht, Vogelgarn; *prijèvoz* Ueberfuhr, sl. *prévoz* (zurückgezogener Hochton) g. *prevóza*, r. перевóзъ Fähre, Ueberfahrt.

raz-: *rázbōj* g. *rázboja* Webstuhl, räuberischer Einfall, sl. *razbòj* g. *razbója* Raub, r. разбóй; *rázbor* (das Auseinanderlegen) Unterschied, sl. *rázbor* (zurückgez. Hochton) g. *razbóra*, r. разбóръ; *rázdvōj* g. *rázdvoja* Markscheide, Trennung, sl. *razdvòj* g. *razdvója* Entzweiung, r. раздвóй Theilung in zwei Theile; *rázdio* g. *rázdjela* Markscheide, sl. *razdèl* g. *razdéla* Vertheilung, r. раздѣлъ; *rázdor* Uneinigkeit, Zwiespalt, sl. *razdòr* g. *razdóra*, r. раздóръ; *rázgon* eine Pflanzenart, sl. *razgòn* g. *razgóna* (eig. Auseinandertreiben) Furche zwischen Ackerbeeten u. a., r. разгóнъ Auseinandertreiben; *rázlaz* Auseinandergehen; *rázmet* (daneben *ràzmet*) Zerwerfen, sl. *razmèt* g. *razméta* Zerstreuung, r. размётъ Auseinanderwerfen, розмётъ Vertheilung; *rázlog* Ueberlegung, sl. *razlòg* g. *razlóga* Grund, r. разлóгъ Abschüssigkeit (alles eig. Zerlegung); *rásō* g. *rásola* Lake, sl. abw. *rázsol*, r. расóлъ (разсóлъ); *ráz-or* Zerstörung, r. разóръ; *rásad* (u. fem. *ràsada*) Pflanzen aus dem Pflanzgarten;

rásap g. *ráspa* Zerstörung (= **raz-sъpъ*); *ráskoš* Wonne, slov. fem.
i-St. *razkòš*, ebenso r. роскошь; *ráspis* Umlaufschreiben, sl. *razpis*
g. *razpísa*; *rásplet* eine Art Nath, sl. *razplèt* g. *razpléta* Entfaltung; *ráspon* Theil des Pflugs, sl. *razpòn* g. *razpóna* Spannrahmen;
ráspop Expriester (*raspòpiti* einem Priester die Weihen nehmen),
r. распопъ abgesetzter Priester; *ráspor* (dass. was *ráspon*), sl. *raz-*
pòr g. *razpóra* u. a. Spalt, r. распоръ Auseinanderspreizen; *ráspust*
Ehescheidung, sl. abweichend *razpûst* Auflösung (einer Versammlung), r. abweichend роспустъ Entlassung, Scheidung.

    za-: *zábat* Giebel; *zábran* (u. fem. *zàbrana*) Hegewald; *zábun*
Gelispel; *zágon* Angriff, sl. *zagòn* g. *zagóna* Anlauf, r. загонъ u. a.
Eintreiben des Viehes; *zágrad* (u. fem. *zàgrada*) Verzäunung, sl.
zagràd g. *zagráda*; *Zágreb* (Ortsname), sl. *zagrèb* g. *zagréba* u. a.
Bollwerk; *záhod* Niedergang, sl. *zahòd* g. *zahóda*, r. заходъ; *zájam*
g. *zájma* Borg, r. заёмъ g. займá, sl. abweichend *zájem* g. *zájma*;
základ Kleinod, sl. *zaklàd* g. *zakláda* Schatz, r. закладъ Pfand;
záklon Zuflucht, sl. *zaklòn* g. *zaklóna* Deckung, Schutz, r. заклонъ
Untergang, Niedergang; *záklop* Riegel, sl. *zaklòp* g. *zaklópa* Deckel;
zákolj das Schlachten, sl. *zákol* (zurückgezogener Hochton) g. *za-*
kóla; *zákon* Gesetz, sl. *zákon* (zurückgezogener Hochton) g. *zakóna,*
r. законъ; *zákop* Begräbniss, sl. *zakòp* g. *zakópa* u. a. Vergrabung,
r. закопъ Verschanzung; *zákos* mähbares Gebirgsland, r. закосъ
Heuschlag; *zákup* Pacht, sl. abweichend *zakûp*, r. abweichend за-
купъ Aufkauf; *zálaz* Umweg, r. залазъ Oeffnung zum Einkriechen;
zálet Stelle, wohin der Bienenflug geht, sl. *zalèt* g. *zaléta* Anlauf,
r. залётъ u. a. das Ziehen der Vögel; *záliv* Bai, sl. abweichend
zaliv, r. заливъ; *zálog* Pfand, sl. *zálog* (zurückgezogener Hochton) g.
zalóga, r. залогъ; *zámlaz* Art saurer Milch (zu *mlъzą*); *zános* Irre-
sein, Phantasieren (von Kranken, zu *zanèsti se*), sl. *zanòs* g. *zanósa*
u. a. Extase, r. заносъ u. a. Schneewehe; *zápis* Talisman, sl. *zapis*
g. *zapísa* Aufschreibung, Eintragung; *zápoj* g. *zápoja* Trank, r.
запой periodische Trunksucht; *zápon* Hoffahrt, sl. *zapòn* g. *zapóna*
Heftel, r. abweichend запонъ u. a. Schurz; *zápost* Fastenanfang;
zápret mit Asche zugedeckte Glut, r. запрятъ Verstecken; *zápus*
bei Vuk ohne Bedeutungsangabe (= *zápust*?); *zárez* Einschnitt,
sl. *zarèz* g. *zaréza*, r. зарѣзъ (Dahl); *zárok* Wette, sl. *zaròk* g. *za-*
róka u. a. Verlöbniss, r. зарокъ eidliches Versprechen; *záslon* Zufluchtsort, sl. *zaslòn* g. *zaslóna*, r. заслонъ allerlei Schutzvorrich-

tungen; *zástrug* (u. fem. *zǎstruga*) Art hölzerner Deckelschüssel, r. застру́гъ u. a. Schrubbhobel; *zátvor* Haft, sl. *zatvòr* g. *zatvóra* Sperre, Riegel, r. затво́ръ; *zátoč* Wette (zu *zateći se* sich anheischig machen), sl. *zatòč* g. *zatóča* Schub im Kegelspiel; *záton* Meerbusen, sl. *zatòn* g. *zatóna*, r. зато́нъ überschwemmtes Land; *zátop* Art eingelegter, beim Gebrauch wieder gewärmter Fleischspeise, r. зато́пъ Heizung (des Ofens); *závjes* Vorhang; *závjet* Gelübde, sl. *zavèt* g. *zavéta*, r. заве́тъ u. a. letzter Wille; *závōj* g. *závoja* Verband, sl. *zavòj* g. *zavója* u. a. Verpackung, r. заво́й Genick (bei vierfüssigen Thieren); *závrat* Umkehr, r. заворо́тъ; *zázor* das Uebelansehen, sl. *zazòr* g. *zazóra* Verdacht, r. зазо́ръ Schimpf; *zážanj* g. *zážnja* (zu *žьńq žęti*) Grenze einer Reihe (*postat*) beim Ernten.

su- = *sq-*: *súgreb* aufgescharrte Erde, vgl. r. сугро́бъ Schneehaufen; *súsjed* (und *sùsjed*) Nachbar, sl. *sósed* (mit zurückgezogenem Hochton) g. *soséda*, r. сосѣ́дъ (mit *sъ-* componirt); *súsret* Begegnung; *súton* tiefe Dämmerung.

u- = оγ-: *úbōj* g. *úboja* (neben *ùboj*) Schläge, sl. *ubòj* g. *ubója* Totschlag, r. убо́й; *újam* g. *újma* Mahlgebühr, sl. abweichend *újəm* g. *újma* dass., r. уёмъ уйма́ Wegnehmen; *úlozi* plur. Gicht, sl. abweichend *ulógi* plur., r. уло́гъ Hinstreckung; *úpor* Art Westwind auf dem Skutari-See (eigentl. wohl Widerstand), sl. *upòr* g. *upóra* Anstemmung, Widerstand, r. упо́ръ.

c) Zusammensetzungen mit *iz-*. Diese Präposition ist hier besonders gestellt, weil sie, obwohl dem Anschein nach mit ursprünglich langem Vocal versehen, doch keine Beispiele der Betonung *íz-* zeigt, sondern nur *iz-*, also kurzen Vocal. Der Grund wird wohl sein, dass uranfänglich der Vocal kurz war, vgl. lit. *iž-* (*isz-*). Im Slavischen entspräche *ьz*, da aber ь nicht anlauten kann, entsteht *jьz-* und daraus *iz-*; der so entstandene volle Vocal ist also nicht in die Reihe der ursprünglichen Länge eingerückt. Die Beispiele sind: *ishod* Ausgang, sl. *izhòd* g. *izhóda*, r. исхо́дъ; *isjek* ausgehauenes Stück, sl. *izsèk* g. *izséka* Ausschnitt; *iskon* Anfang, r. иско́нъ; *iskop* Vernichtung, sl. *izkòp* g. *izkópa* Ausgrabung; *iskup* Versammlung; *ispek* Kesselzins (?); *ispō* g. *ispola* Schöpfgefäss; *ispust* Auslass, sl. abweichend *izpûst*, vgl. r. испу́скъ; *izbor* Auswahl, sl. *izbòr* g. *izbóra*; *izdan* Quellort; *izder* starkes Tuch; *izlaz* Ausgang; *izmak* Ende, Ausgang; *izmet* Auswurf, Ausschuss, sl. *izmèt* g. *izméta*, r. измётъ; *iznos* Abtragen (von Kleidern), sl. *iznòs*

g. *iznósa* Hinaustragen, r. изнóсъ Abnutzen; *iz-or* Ackergetreide; *izrod* Ausgearteter, sl. *izròd* g. *izróda*, r. изрóдъ Erzeugen, vgl. изрóдокъ Abart; *izvir* Quelle, sl. abweichend *izvîr*; *izvor* Quelle, sl. *izvòr* g. *izvóra*; *izvoz* Ausfuhr, sl. *izvòz* g. *izvóza*, r. извóзъ.

In diesem Abschnitt sind in runder Zahl 280 Beispiele aufgezählt.

Um zu zeigen, wie regelmässig die Quantitäts- und Betonungserscheinungen des Serbischen in diesem Falle sind, mache ich noch die Gegenprobe, d. h. führe die Beispiele an, die kurzen Vocal des nominalen Elements, dabei aber andre Betonung als ' oder ' auf der Präposition haben, und solche, deren Präposition nicht die zu erwartende Quantität hat. Solche sind: *pŏrez* Steuer (neben dem fem. *pŏreza*, das normal betont ist, s. u.), man erwartet **pòrez* oder **pŏrēz* (s. u.); *ŏtok* Insel (daneben *ŏtōk* g. *ŏtoka* Geschwür), sl. *otòk* g. *otóka* Insel, Geschwulst, r. отóкъ Insel, Wassersucht; *pŏtpor* Stütze (neben fem. *pŏtpora*), sl. *podpòr* g. *podpóra*, r. подпóръ; *prórok* Prophet, sl. *prórok* g. *proróka*, r. прорóкъ; *pristup* Zutritt, sl. *pristòp* g. *pristópa*, russ. abweichend прáступъ; *prĭček* Borg; *prĭstor* Art Fischnetz; *prĭd* Draufgabe beim Tausch (dies Beispiel ist im Grunde normal, denn ein ursprünglich gedachtes *prĭdъ* kann serbisch bei der Einsilbigkeit nur *prĭd* geben); *prìjerov* Graben, sl. *preròv* g. *preróva* Durchstich; *prèbjeg* Flüchtling, sl. *prebèg* g. *prebéga* Ueberlauf, Ueberläufer, r. перебѣгъ das Ueberlaufen; *prèbol* Genesung; *prèbor* eine Art Weberei; *Prèrad* (Eigenname); *prèlek* Ueberfluss; *râz-or* Furche, sl. *rázor* g. *razóra*; *ràzmak* (= **razmъkъ*) Trennung (bei Vuk aus einem Liede), sl. *razmàk* g. *razmáka* Abstand; *ràzmet* Zerwerfen, aber daneben *rázmet*; *ràspik* eine scherzhafte Bildung zu dem Kinderspielworte *pik* (s. Vuk); *ràstok* Antimon, sl. *raztòk* g. *raztóka*; *ĭstok* Sonnenaufgang, Osten, sl. *iztòk* g. *iztóka* Ausfluss, r. истóкъ; *ŭtok* (= *vъtokъ*) Mündung, sl. *vtòk* g. *vtóka*; *sŭsjed* Nachbar, aber daneben normal *sŭsjed*. Das sind im ganzen, ohne die Zusammensetzungen mit *u-* = оу (s. u.) c. 20 Beispiele. Auffallender Weise zeigen die Compositionen mit dem eben genannten *u-* häufiger die Abweichung, dass trotz der Endbetonung das *u* den Accent ' trägt, also kurz ist: *ŭbōj* g. *ŭboja* (aber daneben *ŭbōj*, s. S. 361); *ŭbrus* Handtuch, slov. abweichend *ubrûs*, r. убрýсъ; *ŭčin* Gerben, That, sl. abweichend *učin* Wirkung; *ŭdes* Unfall; *ŭklin* (zu *ŭklinjati se*) eine Sache, mit der man verwünscht

werden kann; *ukor* Vorwurf, sl. *ukòr* g. *ukóra*, r. укóръ; *umor*
Ermüdung (*na umoru* in den letzten Zügen), sl. *umòr* g. *umóra*, r.
умóръ Tödtung; *upret* unter der Asche verdeckte Glut; *uroci* plur.
Beschreiung, sl. *uròk* g. *uróka*, r. урóки plur.; *uskok* Flüchtling,
sl. *uskòk* g. *uskóka*, r. ускóкъ Sprung; *usjev* Aussaat, r. усѣвъ;
usov (Dehnung durch *v*), g. *usova* (eig. Abschiebung) Lavine, vgl.
r. усóвъ Hinderniss, Riegel; *usud* Schicksal, sl. abweichend *usod*;
uštup (= *uštъpъ*) Vollmond, sl. abweichend *ušćъp*; *utor* (neben fem.
utore plur.) Kimme, sl. *utòr* g. *utóra*, r. утóръ; *utrs* (wenn hierher
gehörend) Wundreiben beim Gehen; *utuk* (neben *ustuk*) Gegenmittel
(wenn *u* nicht = *vъ-*); *utvor* (neben fem. *utvora*) Gespenst, sl. *utvòr*
g. *utvóra* Gebilde, r. утвóръ Zuthat (beim Einsäuern des Teiges);
uvjet Vereinbarung, sl. *uvèt* g. *uvéta* Bedingung, r. увѣтъ Vermah-
nung; vgl. noch *ubog* arm, sl. abweichend *ubôg*, r. убóгiй; *ugon*
Verrenkung, r. угóнъ in die Enge treiben. Das sind ebenfalls ca.
20 Fälle, denen (s. oben S. 361) nur vier mit langem *u*- gegenüber-
stehen: *ubōj, ujam, ulozi, upor*. Das Verhältniss ist sehr auffällig,
wenn man daneben hält, dass bei den andern Präpositionen mit
ursprünglicher Länge, *na, za, pri* u. s. w. entweder gar keine oder
ganz vereinzelte Abweichungen von der Regel vorkommen. Ich
weiss das nicht zu erklären, wenn man nicht annehmen will, dass
im Sprachgefühl eine Vermischung des *u* = *vъ* mit seinem kurzen
Vocal und des *u* = оу eingetreten ist. Jedenfalls können die im
ganzen ca. 40 Beispiele abweichender Betonung und Quantität das
Gewicht der gleichartigen 280 nicht umstossen.

Die čakavischen Dialekte sind leider nicht so bearbeitet,
dass man sie in vollem Masse zur Vergleichung mit dem Serbischen
heranziehen kann, in einer gewissen Ausdehnung aber lässt sich
das Material bei Nemanić verwerthen. Unter den ca. 120 Beispielen
von Präpositionalzusammensetzungen, die hier in Betracht kommen,
habe ich nur ein einziges gefunden, das bei langer Wurzelsilbe des
Nomen auf dieser den Hochton hat und behält: *oblič obliča*
Antlitz; dazu ist freilich noch *popón popóna* pannus funebris angeführt, allein daneben *popón popòna* und man sieht, dass *popóna*
nur auf einer Uebertragung der Länge des Nominativs in die obli-
quen Casus beruht. Nun gibt es freilich noch einige Beispiele mit
Länge im Nomen, die haben aber einen Betonungstypus, der dem
Serbischen fehlt (ausser bei Einsilblern, z. B. *slòg slòga*), nämlich

Endbetonung: *razdél razdēlà* Scheitel, serb. *rázdio rázdjela*, daneben aber čak. *rāzdél rāzdèla* = serb. *rázdjela*; *oplén oplēnà* (transtrum currus), serb. *òpljen òpljena*; *nadrēp nadrēpà* (particula avium supra caudam); *način načinà*, aber čak. daneben *nāčin nāčina*, was genau der serbischen Betonung und Quantität *náčin náčina* entspricht, ferner noch *nāčin nāčina*, sonst dem Serbischen gleich, nur mit Dehnung im Nominativ, endlich *náčin náčina*. Endbetonung kommt auch einige wenige Male bei kurzer Wurzelsilbe des Nomens vor, ebenfalls dem Serbischen unbekannt: *pokróv pokrovà*, serb. *pòkrov pòkrova*; *otróv otrovà*, daneben *òtrov òtrova*, beides von serb. *òtrov òtrova* abweichend; *postól postolà*, aber daneben *postól postòla* wie serb. *pòstō pòstola*; *otrók otrokà* Kind. Diese Endhetonungen sind, wie die Uebereinstimmung des Russischen, Serbischen, Slovenischen in der Vermeidung dieser Betonungsweise zeigt, sicher unursprünglich. Lässt man also diese Fälle bei Seite, so zeigt das Čakavische wie das Serbische zwei Betonungstypen: 1) Hochton auf dem nominalen Element, kurze Wurzelsilbe des Nomens, die aber häufig im Nominativ gedehnt ist, was im Serbischen ausser bei Einsilblern wie *srŭk srŏka* nicht vorkommt; z. B. *uzrŏk* serb. *ùzrok, postŭp* serb. *pòstup, polŏg* serb. *pòlog, pogrèb* serb. *pògreb, obràz* serb. *òbraz*; *potók potòka* serb. *pòtok pòtoka*. Hat die Präposition ursprünglich Länge, so ist sie auch im Čakavischen lang: *zāvèt* serb. *závjet, zākòn* (daneben *zākón*, aber gen. in beiden Fällen *zākòna*) serb. *zákon, sūsèd* serb. *sùsjed, rāsàd* serb. *rásad, prēsàd* serb. *prijèsad, nāpój nāpòja* serb. *nápōj nápoja, nāròd* serb. *národ, nāčin* serb. *náčin, rāzdél* g. *rāzdèla* serb. *rázdio rázdjela, prīmrák* g. *prīmràka* Dämmerung. Im Čakavischen hat zuweilen auch eine Präposition mit ursprünglich kurzem Vocal Dehnung, z. B. *pōtrès* (daneben *pòtres*, das wäre ein serb. **pòtres*) serb. *pòtres, prōsèk* serb. *pròsjek*, doch sind das vereinzelte Fälle, in der grossen Ueberzahl bleibt die Kürze. 2) Der Hochton liegt auf der Präposition, z. B. *pòvraz* serb. *pòvrāz, pògled* serb. *pòglēd, òblak* serb. *òblāk, òbruč* serb. *òbrūč, ògrad, dòseg, pròpad, pògrez* u. s. w.; die Vergleichung mit dem Serbischen bringt aber hier kein Resultat, weil diese čak. Dialekte jede Silbe nach dem Hochton verkürzen. Man kann nun für das Čakavische noch einen dritten Typus aufstellen : Betonung der Präposition bei langem Vocal, man sieht aber sofort, dass hier eine unursprüngliche Verschiebung vorliegt, denn alle Bei-

spiele haben die normalen Nebenformen: *nábor* Falte und *nābór*
nabòra, serb. *nábor*; *náčin* und *nāčin*, serb. *náčin*; *národ* und *nāròd*, serb. *národ*; *pórod* und *pōròd*, serb. *pòrod*; *pótres* und *pōtrès*
(und *pòtres*), serb. *pòtres*; *prébor* Auswahl und *prēbór* oder *prēbòr*
g. *prēbòra*; *prístreh* Halbdach und *prīstrèh*; *záklon* windgeschützt-
ter Ort und *zāklón zāklòna*, serb. *záklon*; *zátor* Verderben und *zātór*
zātòra; das einzige *rázum* (serb. *rūzūm*) scheint keine Nebenform
zu haben. Man sieht daraus, dass in diesen Dialekten allerlei
Schwankungen vorkommen, die nur eine genauere Feststellung der
Localdialekte ordnen kann; ich gebe auch deshalb nicht weiter
darauf ein, es lag mir nur daran, die für das Serbische bemerkenswerthen Erscheinungen hervorzuheben.

Fragen wir zunächst, was die Vergleichung mit dem Russischen
und Slovenischen ergibt. Das Russische hat zwei Betonungstypen: 1) in den meisten, tausenden von Fällen liegt der Hochton
auf der Wurzelsilbe des nominalen Elementes, also im heutigen
Russisch nach dem Verlust des auslautenden ъ auf der letzten Silbe
des Nominativ sg., und bleibt auf derselben Silbe unveränderlich
in allen Formen, z. B. восто́ргъ, зали́въ, исхо́дъ, перехо́дъ, сове́тъ,
соста́въ, суста́въ, супру́гъ u. s. w. 2) In einer verhältnissmässig
kleinen Zahl dieser Zusammensetzungen liegt der Hochton auf der
Präposition. In den Zusammenstellungen russischer Grammatiker
über den Accent findet man sie verzeichnet, so z. B. bei Jel'sin (Пра-
вила ударенія въ русскомъ языкѣ, Warschau 1890). Es stehen dort
106 Beispiele, davon 17 mit ursprünglich kurzer Wurzelsilbe des
Nomen. Beide Betonungstypen hat, wie wir sahen, auch das Serbische, und sie sind zweifellos beide alt. Man kann dafür direkt
solche Beispiele heranziehen, wo im Serbischen wie im Russischen
der Hochton auf der Präposition ruht: во́здухъ *vāzdūh* (bei Vuk
Wb. als in Cattaro gebräuchlich, kaum echt serbisch), во́зрастъ
(ksl. Form, russisch wäre взрость, so kleinr.) *ūzrāst*, до́зывъ *dȫ-
ziv* Ak. Wb., за́падъ *zāpad*, про́мыселъ *prȍmīsao*, при́тискъ *prītisak*
(g. -*tiska*), о́бликъ *ȍblīk*, о́блукъ *ȍbluk* (und *ȍbluk*), о́бручъ *ȍbruč*,
по́тягъ *pȍtēg*, ра́зумъ *rȁzūm*, су́мракъ (ksl. Form, r. су́морокъ)
sȕmrāk, о́ткупъ *ȍtkūp*, по́ясъ *pȍjās*, при́ставъ *prȉstāv*, о́бодъ *ȍbōd*.
In andern Fällen, wo das Russische den Hochton auf die Präposition
legt, hat das Serbische den alten Hochton auf dem Nomen, z. B.
на́ступъ *nástup*, про́сѣкъ *prȍsjek*, о́бразъ *ȍbraz*, за́понъ *zápon*, по́-

греб *pògreb*; doch hat es keine Bedeutung, diese Abweichungen aufzuzählen, da man eine Regel daraus nicht entnehmen kann. Wichtig dagegen ist, dass sich aus dem Russischen da, wo Polnoglasie Zweisilbigkeit der Wurzelsilbe bewirkt hat, die Qualität des Tones bestimmen lässt. In allen Fällen, wo das Nomen den Hochton trägt, hat es steigenden Ton, gleichartige nicht componirte Worte mögen so oder so betont sein, also: изволо́къ, отволо́къ, переволо́къ, поволо́къ, vgl. во́локъ; заворо́тъ, изворо́тъ, оборо́тъ, переворо́тъ, vgl. во́ротъ; разворо́хъ, vgl. во́рохъ; огоро́дъ, отгоро́дъ, vgl. го́родъ; около́тъ; перемоло́тъ, замоло́тъ, примоло́тъ, умоло́тъ, vgl. мо́лотъ; приполо́нъ, располо́нъ, wie поло́нъ; переполо́хъ, уполо́хъ, wie поло́хъ; истеребъ, отеребъ, wie тере́бъ; утоло́къ, vgl. то́локъ, толока́; ухоро́нъ. Es ist dabei gleichgiltig, ob die Präposition unsilbig ist (в-, вз-, с-): вгоро́дъ, взволо́къ, всполо́скъ, своро́тъ, споло́хи pl.; als abweichend sind mir nur aufgefallen сво́локъ, сно́ровъ. Diese letzten Beispiele zeigen jedenfalls, dass fallender Ton in der Composition möglich war, und wir werden später sehen, dass sie parallel zu stellen sind mit Fällen wie о́берегъ, при́вередъ, на́волокъ, на́молотъ, на́морозъ, о́стерегъ u. a. d. A., d. h. solchen, wo das Nomen Polnoglasie hat, die Präposition betont ist.

Das Slovenische hat mehrere Betonungstypen: 1) der Hochton liegt auf dem nominalen Bestandtheil, also im Nom. sg. auf der heutigen Endsilbe, diese ist kurz; er verbleibt in der Flexion auf derselben Silbe, diese wird aber, da sie nicht mehr Endsilbe ist, gedehnt, die Betonung ist in diesem Falle steigend ('); es ist dabei gleichgiltig, ob der Wurzelvocal des Nomen zu den ursprünglich langen oder den ursprünglich kurzen Vocalen gehört. Die Mehrzahl der slovenischen Composita fällt in diese Abtheilung. Einige Beispiele mögen zur Veranschaulichung genügen: *odnès odnésa* Dachvorsprung; *splèt spléta* Geschlecht; *izbòr izbóra* Auswahl; *prihòd prihóda* Ankunft; *natèg natéga* Spannung; *dostòp dostópa* Zutritt; *izsèk izséka* Ausschnitt; *napàd napáda* Anfall; *prevràt prevráta* Umkehr; *dopis dopisa* Zuschrift, *spis spisa* Schrift; *nagìb nagíba* Bug, *zgìb zgíba* dass.; *nakùp nakúpa* Anhäufung, *skùp skúpa* Inbegriff; *otìrp otírpa* Starre; *zavrt zavŕta* Umdrehung.

2) Der Hochton liegt auf dem nominalen Bestandtheil im Nom. sg. und in allen andern Formen, die Wurzelsilbe des Nomen ist

lang und hat fallenden Ton. Die Zahl der Fälle ist weit geringer als die unter 1); bemerkenswerth ist dabei besonders, dass mit wenig Ausnahmen nur solche Vocale in der Wurzelsilbe des Nomen vorkommen, die den ursprünglichen Längen *a, i, y, u, é, ę, ǫ* entsprechen. Auch hier gebe ich von jedem Vocal einige Beispiele: *a*: *izkâp* Auströpfeln, *izvlâk* Ausziehen, *oblâk* Wolke, *izvrâg* Auswerfen, *obrât* Umkehrung, *pomrâk* Halbdunkel, *popâs* Abweiden, *požâr* Brand, *podâr* Geschenk, *s-pâr* Dunst, *udâr* Schlag, *zakvâs* Sauerteig. — *i* = *i*: *doliv* Nachguss, *osvit* Morgendämmerung, *pomin* Erinnerung, *preblisk* lichte Stelle am Himmel (eig. Durchglanz), *s-tisk* Gedränge. — *i* = *y*: *izdih* Aushauch, *vzdih* Seufzer, *nagriz* Anbiss, *naziv* Benennung, *pogib* Seitenwendung, *pomik* Ruck, *z-vik* Gewohnheit. — *u*: *dopûst* Erlaubniss, *izkûs* Versuch, *nakûp* Ankauf, *odlûp* Abschälen, *ostûd* Scheusal, *poslûh* Anhörung, *razûm* Verstand, *ubrûs* Handtuch. — *e* = *ę*: *oprêz* Umsicht, *odmêk* Erweichung. — *o* = *ǫ*: *nasmôd* Ansengung, *objôk* Beweinen, *oblôk* Bogen, *prirôč* Handhabe, *razlôč* Unterschied, *sprôž* Losdrücken. — *e* = *é*: *izbêg* Ausweg, *oblêk* Kleid, *posmêh* Gespött, *primês* Beimischung. — Silben mit urspr. ъr ьr, ъl ьl + Consonant: *izvȓg* Auswurf, *podvȓž* untergeschobenes Kind, *ob- po- pre- za-mȋlk* (zu *mlъknǫti* verstummen), *sodôlg* Mitschuld, *zgôlč* Besprechung. Ganz selten sind Fälle dieser Art bei ursprünglichem *e*, im Wörterbuch findet man ein und das andere Beispiel wie *izjêm* Ausnahme, etwa ein Dutzend enthalten altes *o*, z. B. *obôd* Ring, *povôj* Binde, *zvôd* Hebel.

3) Der Hochton liegt auf der Präposition, diese muss dann dem allgemeinen Dehnungsgesetze gemäss langen Vocal zeigen, der Ton ist auf ihr steigend. Fast regelmässig ist diese Betonung, wo die Wurzelsilbe schwachen, später ausgefallenen Vocal hatte, z. B. *zásop záspa* Wall, *zájъm zájma* Anleihe, *pósъl pósla* Bote, *nážъnj nážnja* Ernteertrag, *nášiv nášva* Aufnaht; seltener hat bei dieser Gestalt des Nomen dessen Wurzelsilbe den Hochton im Nom. sg. bei Endbetonung in den andern Casus, z. B. *ožôg ožgà* Senge, *o- prepri-žôv* g. -*žvà*. Beispiele dieser Betonung bei vollem Vocal der Wurzelsilbe des Nomen führt Valjavec Rad 47, S. 19, an, z. B. *násad, prélaz, zákon, národ, prihod* u. a., aber mit dem Zusatze, dass in der Flexion der Hochton wieder auf das Nomen übergeht, also gen. *nasáda, zakóna* u. s. w. Die weitere Untersuchung dieser

Eigenthümlichkeit unterlasse ich hier, da es mir nur darauf ankommt, die Verhältnisse im ganzen und grossen darzulegen, und
dabei ergibt sich, dass die Kategorie 3, mit ihrer geringen Anzahl
von z. Th. auch schwankenden Beispielen ausser Betracht gelassen
werden kann.

Stellt man Russisch, Serbisch, Slovenisch zusammen, so ergibt sich:

1) Die Mehrzahl der masculinen Composita hat den Hochton
auf der Wurzelsilbe des Nomen, und zwar ergeben alle drei Sprachen, dass er steigend war, das Russische aus der Betonung der
Polnoglasie auf der zweiten Silbe, das Serbische aus der Verkürzung ursprünglich langer Silben, das Slovenische unmittelbar aus
seinem steigenden Ton auf der gedehnten Silbe.

2) Eine geringere Anzahl hat im Russischen wie im Serbischen
den Hochton auf der Präposition. Das Serbische hat in diesem
Falle langen Vocal des Nomen, den Vocal einst langsilbiger Präpositionen stets kurz. Die entsprechenden Beispiele haben im Slovenischen den Hochton und zwar als fallenden Ton auf dem Nomen.
Lassen wir das Slovenische wegen eines besondern, unten zu besprechenden Umstandes zunächst bei Seite und fragen nach der
Ursache des doppelten Betonungstypus im Russischen und Serbischen, so ergibt sich die Antwort aus der Betrachtung der *i*-Stämme.
Wenn es richtig ist, dass diese die Betonung auf der Präposition
dem ursprünglich fallenden Ton des Nomen verdanken, anders
ausgedrückt, dass der Hochton um eine Silbe zurückgezogen ist,
wenn das Nomen fallend betont war, so liegt der Schluss auf der
Hand, dass bei den Masculina, die den gleichen Betonungstypus
zeigen, die Ursache ebenfalls in dem einst fallenden Ton des Nomen zu suchen ist. Bei den *i*-Stämmen gab es nur einen Typus,
weil auch alle nicht componirten Worte fallenden Ton haben, bei
den Masculina zwei, weil diese, auch wenn nicht componirt, sowohl
fallenden wie steigenden Ton haben können, vgl. r. морóзъ s. *mrûz*,
r. гóродъ s. *grâd*. Ob im Serbischen der Ton der Präposition (ˋ)
als fallend oder steigend anzusetzen sei, lasse ich vorläufig uner-
örtert, um bei Betrachtung andrer Wortverbindungen mit Präpositionen darauf zurückzukommen. Das Russische, so weit man aus
den wenigen Beispielen mit пере-, die den Hochton auf der Präposition tragen, schliessen darf, zieht möglichst weit zurück, d. h.

die Präposition erhält (wie bei den *i*-Stämmen) fallenden Ton: пе́регаръ (neben перга́ръ), пе́рекрестъ, пе́реплескъ, пе́репускъ, пе́речеркъ. Wie ist nun die slovenische Betonung zu beurtheilen? Valjavec (Rad 132, S. 200) lässt übereinstimmend mit seinen übrigen Ansetzungen *oblâk, oblîk, oblôk, požâr* u. s. w. durch Umspringen des Tones aus *ŏblâk, ŏblîk, ŏblôk* (serb. *ŏblŭk*), *pŏžâr* entstehen. Nothwendig ist an sich dieser Hergang nicht, denn ein als alt angesetztes *oblâk oblôk* könnte auch so verblieben sein. Die Ansicht von Valjavec ist aber begründet, weil es heisst *pod ôblak*. Die Betonung dieser Verbindung kann auf zweierlei Weise erklärt werden: man kann ausgehen von einer Betonungsweise wie der des serb. *pŏd oblâk*; wenn dabei *pŏd* als fallend betont angesehen wird, muss slov. *pod ôblak* entstehen; man kann aber auch annehmen, dass *pod ôblak* eine aus älterer Zeit so liegende Betonung bewahrt hat, dann ist einst auch ausserhalb casueller Verbindung mit der Präposition das Wort so betont gewesen, und zwar auf dem präpositionalen Bestandtheil fallend, was wieder mit dem Russischen und dem Verfahren des Slovenischen bei den *i*-Stämmen stimmt. Demnach ergibt sich auch für das Slovenische, was die Lage des Hochtons betrifft, der gleiche Betonungstypus wie in den andern Sprachen, und der Grund muss auch derselbe sein.

Fasst man aus den beiden behandelten Abtheilungen die Präpositionalcomposita zusammen, so stellt sich heraus, dass bei den *i*-Stämmen wie bei den Masculina alle drei Sprachen ursprünglich ein gleiches Betonungsprincip hatten: der Hochton ruht auf dem Nomen, wenn dieses steigend betont war, er geht auf die Präposition über, wenn das Nomen fallend betont war, was bei den *i*-Stämmen immer der Fall ist.

Fasst man die Composita aus Nomen und Nomen zusammen, so haben Serbisch und Russisch bei den *i*-Stämmen das gleiche Betonungsprincip wie bei den Präpositionalcomposita: der Hochton liegt auf dem ersten Gliede und zwar auf dessen erster Silbe. Das Slovenische lässt wegen der geringen Zahl seiner Beispiele keine Entscheidung zu. Bei den masc. *o*-Stämmen hat das Serbische dieselben beiden Typen wie bei den Präpositionalzusammensetzungen: Typus I (s. o. S. 344), Hochton auf dem zweiten Glied, wenn dies an sich steigende Betonung hat; Typus II, Hochton auf dem ersten Gliede (und zwar auf dessen erster Silbe), wenn das zweite Glied an

sich fallenden Ton hat (s. o. S. 346). Das Russische kennt den Typus II
nicht, im Slovenischen ist er nicht mit Sicherheit nachweisbar, aber
wahrscheinlich vorhanden gewesen und in einzelnen Beispielen erhalten. Denkt man nun an die völlig gleiche Behandlung der *i*-Stämme
im Serbischen und Russischen, und daran, dass im Russischen die
Präpositionalcomposita unter den masc. *o*-Stämmen die zwei Typen
wie im Serbischen zeigen, so darf man den Schluss ziehen, dass
auch bei den Compositis aus Nomen und Nomen ursprünglich beide
Typen im Russischen bestanden, der Typus II aber in die Analogie
von I übergetreten ist. Es ist möglich, dass die kleinrussische,
sehr schwankende Betonung dieser Art von Compositis, z. B. *bilogrúd bilogrúd* (mit zwei Accenten) *bilógrud* (s. Werchratskij, Archiv
3. 399; Hanusz ib. 7. 254) auf einem noch nicht ganz ausgegliche-
nen Durcheinanderwerfen der beiden Typen beruht.

3. Die femininalen a-Stämme.

A. Zusammensetzungen aus Nomen und Nomen.

Die Zahl der Beispiele steht sehr zurück gegen die Masculina.
Verstanden sind unter *a*-Stämmen alle Worte dieser femininalen
Form, auch wenn sie männliche Personen bezeichnen.

Für das Serbische ergeben sich folgende Verhältnisse. Zunächst erscheint es als selbstverständlich, dass die Feminina der
unter 2. behandelten Adjektiva sich in Quantität und Betonung
verhalten wie die Masculina; und im Allgemeinen trifft das auch zu,
ganz regelmässig da, wo das Masculinum zum Typus I (S. 344) gehört,
z. B. msc. *gològlav* fem. *gològlava*. Ich lasse diese Fälle also hier
unberücksichtigt, ebenso eine Anzahl, die zufällig nur als substantivirte Feminina vorkommen, z. B. *stònoga* scolopender, *bjelònoga*
weissfüssige Frau. Nicht so einfach steht es bei dem Typus II (S. 346),
bjȅlobŕk. Hier würde nach den heutigen Verhältnissen nichts im
Wege stehen, dass ein Femininum die Länge des zweiten Gliedes
bewahrte. Nun befinden sich darunter sehr wenig Adjektiva und
die Femininalformen kann man um so weniger zu sichern Schlüssen
verwerthen, weil immer eine Einwirkung der Betonung des Masc.
vorliegen kann. Sieht man aber neben einem als Substantiv geltenden *bjȅlogūz* ein ebenfalls substantivirtes Femininum *bjȅloguza*
(Vogelart), kann man die Frage aufwerfen, ob nicht überhaupt die

Feminina Kürze im zweiten Gliede erfordern. Thatsächlich sind die substantivischen Beispiele mit langer Silbe des zweiten Elements ganz verschwindend an Zahl: *trölijeska* (eig. Dreinuss, ein willkürlich gebildetes Räthselwort): *lijèska; glŭhopr̄dja, kr̀topr̄dja; mr̀koglēdja* finster Blickender, *str̀moglēdja* einer, der finster vor sich hinsieht; *tŭnkoprēlja* Feinspinnerin: *prēlja*. Alle andern Beispiele haben im zweiten Gliede kurzen Vocal; die Betonungstypen sind folgende:

1) Alter Hochton auf dem zweiten Gliede, also jetzt Accent ' auf dem Ende des ersten, dem Compositionsvocal, und zwar a) bei ursprünglich langer Wurzelsilbe des zweiten Gliedes: *bjelòšljiva* eine Pflaumenart: *šljìva, drvòdjelja* Zimmermann: *djèlo, djèljati, galòbela* (wenn = *galòbjela* schmutzig weiss, eig. Femin. zu einem Adjektiv *galòbjel*) Widdername: *b̍ìo* fem. *bìjèla, golòigra* Windbeutel: *ìgra, kalògaža* eig. Kothtreter (ein Spottwort): zu *gàziti, kozòpaša* Ziegenhirt: *pȁsti pàsēm* weiden, *pȁša* Weide, *volòpaša* Ochsenweide: *pȁša; kravòsica* (eig. Kuhsauger?; daneben *kràosica*, das wohl einer Aussprache *krósica* oder einem diphthongischen Laute des *ao* entspricht, daher die anomale Betonung) eine Schlangenart, *krvòlija* Blutvergiesser: *l̍ìti l̍ìjēm; krvòpija* Blutsauger, *vinòpija* Weinsäufer, *vodòpija* eine Pflanzenart: *p̍ìti p̍ìjēm; krivòsija* Krummbalsiger: *s̍ìja, milòbruka* Spassmacher: *brùka, moròkvaša* Achsendeckel am Wagen, *nakòjedja* (eig. Nageleffer) »Nagelwurzel« : *j̍èsti j̍èdēm, j̍èdja* Speise; *petòprsta* (eig. Fünffinger, fem. zu einem msc. *petòprst*) Pflanzenname : *pr̍st, sredòkraća* Mittelpunkt, *sredòrusa* vierter Mittwoch nach Ostern: zu *rùsa (rùsa gláva), stòklasa* (eig. fem. zu msc. *stòklas*) Pflanzenname : *klȃs, stòkuća* Klatschweib (eig. die in hundert Häusern herumträgt): *kȕća, štetòcinja* Schadenstifter : *činiti, vodòjaža* Wassergraben: *jȁža*, dies wohl aus *jȁža* entstanden, *zlòpata* Elend: zu *zlòpatiti* und erst aus dieser Zusammenrückung gebildet, *zlòsreća* Unglückskind : *srèća, žiròpadja* Eichelfall : *pȁsti pȁdēm*. Dazu die Eigennamen *Ljubòvidja, Dragòmira*, vgl. msc. *Drȁgomīr*.

b) Mit ursprünglicher Kürze des zweiten Gliedes: *bogòmolja* Bethaus : *mòliti mòlīm se; bremènoša* Lastträger, *čabrònoša* Zuberträger, *glasònoša* Bote, *govnònoša* Düngerträger, *habrònoša* Nachrichtenbringer, *knjigònoša* Briefträger, *krstònoše* pl. ein Fest, *ručkònoša* Essenbringerin, *torbònoša* Sackträger : *nòsiti nòsīm;*

čelòvodja Anführer, *hrtòvodja* Jagdhundführer (Spottwort), *šljepò-
vodja* Blindenführer, *tancòvodja* Tanzführer (Vortänzer), *vojskò-
vodja* Heerführer : *vòditi vòdīm*; *glavòbolja* Kopfschmerz, *guzò-
bolja, kostòbolja* Gicht, *nogòbolja* Fussgicht, *srdòbolja* Ruhr, *trbò-
bolja* Bauchweh : *bòljeti* schmerzen, *bôl* Schmerz; *jedògonja* (*vjedò-
gonja*) Art Gespenst, *torògonja* (eig. zur Hürde, *tôr*, Treibender)
Lärmglocke, *vjetrògonja* Windbeutel : *gòniti gònīm*; *konjòmora*
(eig. Pferdetöter) heftiger Ritt, *ljudòmora* Leuteschinder : *mòriti*;
krajòbera (fem. zu *krajòber*) Schnitterin, die am Rande mäht : *bràti
bёrēm*; *loncòpera* Topfwäscherin, *sudòpera* Waschlappen : *pràti
pёrēm*; *mladòženja* Bräutigam : *žèniti žènīm, žèna*; *sjenòkoša* Wiese :
kòsiti kòsīm; *stòkoža* eine Baumart : zu *kòža* Fell?; *tròmedja* Ort,
wo sich drei Grenzen treffen : *mèdja*; *zlòvolja* (scherzhaft gebildeter Mannesname) : *vòlja, vòljeti vòlīm*. Die Anzahl ist im Grunde
sehr klein; wenn man die 10 mit -*noša*, 5 mit -*vodja*, 5 mit -*bolja*,
3 mit -*gonja*, 2 mit -*mora*, 2 mit -*pera* zusammengesetzten Beispiele
als je eins rechnet, bleiben nur einige vereinzelte übrig. Dennoch
repräsentiren die Fälle unter 1 den Haupttypus, alles anders Betonte ist noch weit spärlicher.

2) Alter Hochton (ʼ) auf der ersten Silbe des ersten
Gliedes: *čêtovodja* Anführer einer *čêta*, *kôlovodja* Anführer eines
kôlo; gegenüber dem *čelòvodja* u. s. w. (s. o.) kann man wohl
annehmen, dass die Betonung durch die des selbständigen *čêta kôlo*
veranlasst ist; *drâgoresa* ein Ziegenname : *rêsa* u. a. Wamme, *kâ-
soronja* (Compositum?) trapa natans, *d'ivokoza* (Wildziege) Gemse :
kòza, krâtošija Kurzhals, eine Art Rebe (vgl. oben *krivòšija*) : *š'ija,
ljёpošeta* ein Ziegenname : *šétati šêtām* wandeln, *r̂doroga* (Schimpfwort) : *rôg ròga, ûholaža* Ohrwurm : *lâziti, vôjevoda* Heerführer :
vòditi vòdīm.

3) Aelterer Hochton lag auf dem Ende des ersten
Gliedes (dem Compositionsvocal), also jetzt der Accent ʼ auf der
ersten Silbe. Ausser den beiden Pflanzennamen *gùsomača, žùtokora*
sind mir nur aufgefallen die mit gleichem zweiten Element gebildeten
Eigennamen: *Dikosava, Ljùbosava* (msc. *Ljùbosav*), *Mìrosava* (vgl.
msc. *Mìrosav* und *M'irosav*), *Skòrosava* (msc. *Skòrosav*), *Tànkosava,
Vidosava, Vùkosava.*

Wenn man nach dem oben unter 1 a behandelten Typus kom-
binirt, so wird man zu dem Schlusse kommen, dass das zweite

Glied mit seiner Verkürzung alter Längen steigend betont war. Zunächst wird zu fragen sein, wie weit die andern Sprachen das bestätigen. Das Slovenische hat fast durchweg steigenden Ton auf dem zweiten Element: *čistomólja* Rosenkranz, *črmnoóka* Plötze, *glasonóša* (aus dem Kroatischen) Bote, *listonóša* (ebenso) Briefträger, *glavobólja* Kopfschmerz, *grlobólja* Halsweh, *zobobólja* Zahnweh, *knjigovódja* Buchführer, *kolovódja* Reigenführer, *vojskovódja* Heerführer, *koloméra* (Rundmass) Schneidermass, *kolotéča* Radspur, *kolovŕta* Wagnerstuhl, *kozomólza* Ziegenmelker, *krvolíja* Blutsturz, *krvotóka krvotóča* Blutharnen, *lepodúha* (Pflanzenname), *konjoréja* Pferdezucht, *lesoréja* Waldbau, *riboréja* Fischzucht, *sadjeréja* Obstbau, *vinoréja* Weinbau, *mesojéja* Fleischessen, *samojéja* Ranunkel, *mimohója* Vorübergehen, *mladožénja* Bräutigam, *mlekoséda* Labkraut, *redoséja* Art Sieb, *samohója* im Schnee getretener Weg, *samovláda* Alleinherrschaft, *samovólja* Eigenwille, *senokóša* Bergwiese, *senoséča* Heumahd. Ich kann auch hier, wie sonst im Slovenischen, nicht bestimmen, wie viel davon volksthümlich ist; jedenfalls beweisen diese Beispiele, dass den Verfassern des Wörterbuchs dieser Typus als der normale gilt, denn die Zahl der Beispiele mit fallender Betonung auf dem zweiten Element ist ganz gering: *črevobôlja* Bauchgrimmen (vgl. aber oben *glavobólja* u. s. w.), *hrastorêja* Eichenzucht (aber oben *lesoréja* u. s. w.), *glasovôdja* Stimmführer (aber oben *kolovódja* u. a.), *goloplûta* ein Fischname, *kozopâša* Ziegenhirt, *pizdoglâja* (Valj.), *samopâša* Zügellosigkeit, *samorôga* Thiername, *svetokrâja* Kirchendiebstahl.

Das Russische endlich, in dem diese Composita auch wenig vertreten sind, hat, so weit ich constatiren kann, durchaus den Hochton auf der Wurzelsilbe des zweiten Gliedes, vgl. бѣлошéя Weisshalsiger, водовáжда (kirchensl. Form) Wasserrohr, водотéча Wasserstrom, водочéрпа Schöpfgefäss, воевóда Heerführer, губодéрга den Mund Verziehender, дровосѣка лѣсосѣка Holzschlag, душегрéя Seelenwärmer (Kleidungsstück), зубоѣжа Zahnen des Kindes, кожемя́ка Gerber, простоквáша saure Milch, пустомéля Schwätzer, скоротéча Eilbote, слинотéча Speichelfluss, сухоѣжа trocknes Essen, сытоѣжа Sattessen u. s. w.

Das Material aus dieser ganzen Abtheilung ist nicht reich genug, um darauf allein eine Ansicht zu gründen, es müssen die Composita mit Präpositionen herangezogen werden.

B. Zusammensetzungen aus Präposition und Nomen.
Ausnahmslos gilt bei jeder Art von Betonung, dass die Wurzelsilbe des nominalen Bestandtheils kurz sein muss.

1. Die Präposition hat den Accent ˇ, d. h. alten Hochton.

a) Präpositionen mit ursprünglich kurzem Vocal.

do-: *dŏplata* Zugabe beim Kauf, r. доплáта Nachzahlung, Zuschuss; *dŏsada* Belästigung, Ueberdruss, r. досáда; *dŏtuga* Eile.

o-, ob: *ŏbala* Ufer, sl. *obâla*; *ŏbara* gebrühtes Gemüse, sl. *obâra* Abkochung, Eingekochtes; *ŏblaka* Kleidung, r. оболóка (Dahl) das Umziehen; *ŏbrana* Schutz, r. оборóна; *ŏbrva* Braue, sl. *obȑva*; *ŏglava* Schuh aus der Kopfhaut des Thieres; *ŏgoja* Pflege; *ŏgrada*, *ŏgradja* Einfriedigung, Zaun, sl. *ogrâda*, *ogrâja*, r. nom. act. огорóда (vgl. msc. огорóдъ); *ŏklada*, *ŏpklada* Wette, sl. *oklâda* Umlage, *obklâda* u. a. Fournier; *ŏkruga* Art Kopfputz, r. окрýга Umkreis, Bezirk; *ŏkyka* Windung; *ŏmara* Schwüle; *ŏmjera* Mass, sl. *omêra* Verhältniss; *ŏmraza* Entzweiung, sl. *omrâza* Hass; *ŏpala* Verbranntes; *ŏpara* (Ausdruck in einem Spiele, s. Vuk u. *krmača*), sl. *opâra* u. a. Abbrühwasser, r. опáра u. a. Bähfutter; *ŏpeka* gebrannter Ziegel, sl. *opêka*; *ŏplaza* ein beim Pflügen vom Pflug übersprungenes Stück; *ŏplata* u. a. Thürverkleidung, sl. *oplâta* u. a. Pflugschiene; *ŏpna* (= *opъna*) Häutchen, sl. *ópna*; *ŏprava* Zurichtung, sl. *oprâva*, r. опрáва Einfassung u. a.; *ŏprha* Schneeanflug; *ŏpsjena* Blendwerk, sl. *obsêna* Beschattung, Blendung, Blendwerk; *ŏptrka* einer, der hin- und herläuft; *ŏsveta* Rache, sl. *osvêta*; *ŏsjeka* Ebbe, sl. *osêka*; *ŏsoka* Saft, r. осóка u. a. Jauche; *ŏstava* Depositum, sl. *ostâva*; *ŏśve* pl. (= *ośva*) Theil des weiblichen Hemdes, sl. *óśva*; *ômče* pl. (= *omъča*) hat sekundäre Dehnung vor der Lautfolge *m* + Consonant.

od-: *ŏdaja* Abgabe, sl. *odâja*; *ŏdgoja* Pflege, sl. *odgôja* Erziehung; *ŏdlika* Wehrgeld, sl. *odlika* Abfertigung in Geld; *ŏdluka* Entschluss, sl. *odlôka*, r. отлýка Trennung; *ŏdmjena* Ersatz, sl. *odmêna*, r. отмѣна u. a. Abänderung; *ŏdvala* Rückfall; *ŏdsuda* Urtheil; *ŏduka* Entwöhnung, sl. *odûka*; *ŏdvoda* Ast; *ŏtoka* Seitenarm eines Flusses.

po-: *pŏbjeda* Sieg, r. побѣда; *pŏboja* (in einem Weihnachtsliede bei Vuk, mir unklar, vielleicht nicht hierhergehörig, Vuk gibt keine Bedeutung an); *pŏbuna* Aufruhr; *pŏdjela* (eig. Vertheilung)

Almosen; *pȍgona* das mittlere Paar von einem Sechsgespann Ochsen; *pȅgrda* Schimpf, sl. *pogȓda*; *pȍharu*, *pȍara* Verheerung (von Vuk zu *pȍharati*, ausplündern, gezogen; ist *pȍara* die bessere Schreibung, so wäre es mit *oriti*, zerstören, zu verbinden); *pȍhvala* Lob, sl. *pohvála*, klr. *pochvála* (r. похвалá mit Anschluss an хвалá); *pȍhlepa* Begierde, sl. *pohlȇpa*; *pȍhode* pl. Besuch der Verwandten bei den Neuvermählten; *pȍhrana* Verwahrung, r. пóхороны Gebräuche beim Begräbniss, Begräbniss; *pȍjata* (fremd?) Stall, sl. *pojȃta*; *pȍkora* Busse, sl. *pokȍra*, r. покóра Vorwurf, Schande; *pȍlaža* (eig. Nachlüge) Nachlügner, bei Vuk in einem Verse dem ebendort vorkommenden *lȃža* (Lügner) nachgebildet; *pȍmama* Wut, sl. *pomȃma* Betäubung; *pȍmije* plur. Spülicht (zu *myti*), sl. *pomȋje*; *pȍnude* pl. Angebotenes, sl. *ponȗda* Angebot, r. понýда (Dahl); *pȍpara* aufgesottenes altes Brod, sl. *popȁra*; *pȍplata* Einsammlung von erbetenem Gelde; *pȍprava* Ausbesserung, sl. *poprȃva*, r. попрáва (Dahl); *pȍreza* Steuer, sl. *porȇza*; *pȍruga* Hohn, sl. *porȍga*, r. порýга (Dahl); *pȍruka* Bestellung, sl. *porȍka* u. a. Bürgschaft, r. порýка; *pȍsije* plur. (zu *sȉjati* sieben) Kleie; *pȍsjeka* Niederhauen, sl. *posȇka* Holzschlag, r. посѣка (Dahl); *pȍsluga* Bedienung, r. послýга Dienstleistung; *pȍstava* Kleiderfutter, Art Gefäss, sl. *postȃva* Körperbau, r. постáва u. a. Gestell; *pȍsuda* Borg (vgl. *posúditi* borgen), sl. *posȍda*; *pȍšta* (= *počьta*) Ehrerbietung; *pȍtaja* Verborgenheit, sl. *potȃja* Geheimhaltung; *pȍtega* (= msc. *pȍtẹg*), sl. *potȇga* Anziehen; *pȍtjera* Verfolgung; *pȍtka* (= *potъka*) Einschlag beim Weben; *pȍtra* (= *potъra* oder *-rja*) Getreideschaden durch Vieh; *pȍtraga* Verfolgung; *pȍtreba* Bedürfniss, sl. *potrȇba*, r. потрéба; *pȍtvrda* Bestätigung; *pȍtvora* Verläumdung; *pȍvala* Ansturm; *pȍvlaka* (neben *pȁvlaka*) Sahne, sl. *povlȃka* Ueberzug, r. поволóка; *pȍvlata* oberste Lage des Schobers; *pȍvrte* plur. Theil des Joches; *pȍzlata* Vergoldung, sl. *pozlȃta*, r. позолóта; *pȍžala* Beschwerde; *Pȍžega* (Ortsname), r. пожóга Rodeland; *pȍžuda* Begierde.

pod-: *pȍdloga* Unterlage, sl. *podlȍga*, r. подлóга; *pȍdmita* Bestechung, sl. *podmȉta*; *pȍdsada* untergelegtes Brutei, r. подсáда u. a. Hinterhalt; *pȍdvala* Untergeschobenes; *pȍdveza* Strumpfband, sl. *podvȇza*; *pȍdvore* pl. Stangen, auf denen Heuhaufen getragen werden, sl. *podvȍra* Pflugschleife; *pȍtkita* Fransen; *pȍtkrpa* (Unterflick) Einsatz der halben Sohle am Schuh u. a., sl. *podkȓpa* Einflickung, Einschiebung; *pȍtpala* Holz zum Unterheizen, sl. *podpȃla*;

pŏdplata Unterfutter, r. подпля́ты pl. Halbsohlen; *pŏtpora* Stütze,
sl. *podpŏra*, r. подпо́ра.

pro-: *prŏdaja* Verkauf, sl. *prodâja*; *prŏkaza* Wassersucht, r.
прока́за Aussatz; *prŏkola* abgespaltenes Stück; *prŏmaha* Zugluft;
prŏmjena Tausch, r. проме́на; *prŏsjeka* Thal, r. просе́ка Durchhau;
prŏslava Verherrlichung; *prŏtuha* Schwärmer, Abenteurer; *prŏvara*
(beim Kochen?) gerinnende Milch.

s- = *sъ-*: *sklăta* Dummkopf, *slĭka* Zusammenpassendes, *slŏga*
Eintracht, *smjĕsa* Gemengsel, *smŭta* Schneewetter, ?*spăra* (s. Vuk),
splăka Pfütze, *spŏna* Schlinge, *sprăva* Machwerk, *sprĕga* Zusammen-
spannen, *sprĕma* Vorrathskammer, *sprĕša* Eile, *stĕga* Cordon, *stĕža*
Fingerkraut, *stŏka* Heerdenreichthum, *svădja* Zank, *svĕza* Band,
svŕha Ende, *zdjĕla* hölzerne Schüssel, *zdŭha* (= jedogonja?), *zgŏda*
Gelegenheit, *zgrăda* Gebäude. Dazu mit *sa-*: *săhrana* (bei Vuk als
montenegrinisch) Schutz.

u- = *vъ-*: *ŭdaja* (*djevojka na udaju* mannbares Mädchen; eig.
Hingabe), sl. *vdâja*; *ŭklada* (Einlage) Wette, sl. *vklâda* Einlage;
ŭmeta (wenn nicht *u* = оγ) Ofenwisch.

uz- = *vъz-*: *ŭsprema* Ordnung, *ŭstra* (= *vъstъra* oder *-rja*)
Scheermesser, *ŭzbuna* Aufstand, *ŭzrese* pl. Art Kopfputz.

b) Präpositionen mit ursprünglich langem Vocal.

na-: *năknada* Ersatz, sl. *naknâda*; *nămama* (und *námama*)
Lockspeise; *năplata* (und *náplata*) Beitreibung von Geld; *năslada*
Ergötzlichkeit deliciae, sl. *naslâda* Süssigkeit, Vergnügen, r. in
andrer Bedeutung pl. насоло́ды faulender Sumpf; *nătega* Heber, sl.
natêga, r. натя́га u. a. Spannriemen; *nătra* (= *natъra* oder *-rja*) u. a.
Webstuhl; *nătraga* Anwuchs; *năvala* (und *návala*, auch msc. *nával*)
Andrang, Zulauf, sl. *navâla*; *năvlaka* (und *năvlaka*) Ueberzug, sl.
návlaka, r. на́волока.

pa-: *păpraća* Frauenabtheilung in der Kirche; *pătoka* Lauer
beim Branntwein; *păvlaka* Polstersack.

pra-: *prăbaba* Urgrossmutter.

pri-: *prĭglava* (neben *prĕglava*, unter diesem Wort steht mit
Fragezeichen *priglava*) Jochholz; *prĭgoda* Gelegenheit, sl. *prigŏda*,
r. приго́да u. a. Zufall; *prĭguta* (zu *gъt-*) etwas zum Zubeissen (bei
trocknem Brot); *prĭhvata* (eig. Hinzuriss) neu eingezäuntes Stück
Land; *prĭpaša* was von der Heerde beim Hause bleibt (nicht verkauft wird); *prĭpeka* Schwüle, sl. *pripêka*, r. припёка u. a. sonnige

Stelle; *prȉprava* Vorbereitung (neben *prȅprava*), sl. *priprâva*, r. приправа Zuthat (Würze); *prȉslava* (s. Vuk); *prȉtuga* (Zwang) Noth.

pre-: *prȅcjena* zu hoher Preis, sl. *precêna* Ueberschätzung; *prȅdaja* Uebergabe, sl. *predâja*, vgl. r. предача; *prȅkada* Beräucherung; *prȅpeka* doppelt gebrannter Branntwein (msc. *prijȅpek* dass.), sl. *prepêka* Durchbraten; *prȅpona* Leisten (ilia), sl. *prepôna* Zwerchfell, r. перепóна Membran; *prȅprava* Vorbereitung, r. перепрáва u. a. Uebersetzen (über Fluss); *prȅprata* die Kirchenabtheilung der Frauen; *prȅpreka* Hinderniss; *prȅsada* (vgl. msc. *prijȅsad*) Pflanzen zum Umsetzen, r. пересáда; *prȅsega* Leistenbruch durch Ueberanstrengung; *prȅsjeka* Querthal, sl. *presêka* und *préseka* Durchbau; *prȅsuda* Urtheil; *prȅtega* Gewicht am Brunnenschwengel, sl. *pretêga* Uebergewicht, r. перетяга (Hintüberziehen) u. a. Fähre; *prȅteka* Abfluss; *prȅtraga* Ausspähung; *Prȅvlaka* (Ortsname), sl. *prevlâka* u. a. Ueberzug, r. переволóка Isthmus, über den Schiffe gezogen werden; *prȅvrta* (zu *vrъt-*) Art Eierspeise.

raz-: *rȁzmjena* Tausch, r. размѣна; *rȁsada* (u. msc. *rásad*) Setzpflanzen, r. рассáда; *rȁsohe* pl. Zacken, sl. *rázsoha* gabelförmiges Holz, r. рассóха zweitheilige Pflugschar; *rȁspara* Art Eierspeise; *rȁspra* Streit, sl. *razpŕja*, r. рáспря; *rȁsprava* Auseinandersetzung, sl. *razprâva* Abhandlung, r. расправа Gericht.

su- = *sǫ-*: *sȕklata* Schimpfwort auf einen Tölpel; *sȕmlata* dass.; *sȕtika* Ereigniss; *sȕtuka* (und *sútuka*) Unheilbringendes; *sȕsjeda* (vgl. msc. *sùsjed* und *sùsjed*) Nachbarin.

za-: *zȁbrana* (vgl. msc. *zábran*) Hegewald, sl. *zabrâna* u. a. Gehege; *zȁdaha* (vgl. msc. *zȁdāh*) übler Geruch; *zȁduha* (vgl. msc. *zȁdūh*) Asthma, sl. *zaduha* Erstickung; *zȁgrada zȁgradja* (vgl. msc. *zágrad*) Verzäunung, sl. *zagrâda zagrâja*, r. загорóда; *zȁhvala* Lob, Dank, sl. *zahvâla*; *zȁhvata* (eig. Ergreifung) ein Stück, das Einer von des Nachbarn Felde in das seinige einschliesst; *zȁkuka* Windung (eines Flusses); *zȁljeva* Art saurer Milch; *zȁmama* Lockspeise, sl. *zamâma* Bethörung; *zȁmjena* Ersatz, sl. *zamêna*, r. замѣна; *zȁpaha* Anhauch; *zȁsjeda* Hinterhalt, sl. *zaseda*; *zȁsjeka* Verhau, sl. *zasêka*, r. засѣка; *zȁslada*, sl. *zaslâda* Dessert, r. засолóда Versüssung; *zȁsluga* Verdienst, sl. *zaslûga*, r. заслýга; *zȁstava*, sl. *zastâva* Fahne, r. застáва u. a. Haltestelle; *zȁstruga* (vgl. msc. *zástrug*) Art hölzerner Schüssel, r. застрýга u. a. angehobeltes Stück; *zȁtore* Saueuter.

u- = оү-: *ủcjena* Abschätzung; *ủglava* (*u* = *vь* ?) Verabredung;
ủhoda (eig. Ueberläufer) Spion; *ủpala* Brunst; *ủpora* Gegenstrebe
u. a.; *ủprava* Leitung, Regierung, sl. *upráva*, r. управа u. a. Rechts-
pflege; *ủprta* (vgl. msc. *ủpr̄t*) Tragriemen des Ranzen, vgl. sl.
opr̄ta; *ủsjeka* (eig. Abhau) Feuerschwamm; *ủstava* Schleuse, sl.
ustâva Hemmung; *ủtjeha* Trost, sl. *utêha*, r. утѣха; *ủtore* pl. (vgl.
msc. *ủtor*) Kimme, sl. *utôra*; *ủtvara* und *ủtvora* (vgl. msc. *ủtvor*) Gespenst, sl. *utvôra*; *ủtega* Bruchband; *ủvala* Thal; *pòduplata* Futter
am Hemde, setzt ein **ủplata* voraus, vgl. r. уплаты f. pl. Halbsohlen.

c) Zusammensetzungen mit *iz-*: *ìsplata* Auszahlung; *ìs-
prava* Bewilligung, sl. *izpráva* Berichtigung, r. исправа Verbesserung;
ìstraga Vertilgung; *ìzdaja* Verrath, sl. *izdâja*; *ìzmjena* Wechsel,
sl. *izmêna* u. a. Verwechslung, r. измѣна u. a. Verrath; *ìzvoda*
Pflanze, die man zur Samenerzeugung stehen lässt.

`2` Die Präposition hat den Accent ` oder ´, d. h. der
alte Hochton lag auf der ersten Silbe des nominalen
Bestandtheils.

a) Präpositionen mit ursprünglich kurzem Vocal.

do-, keine Beispiele.

o- ob-: *òbdulja* Wettlaufspreis; *òbuća* Beschuhung, sl. *obûća*;
òdežda Messgewand, ist kirchensl., in der Betonung = serb. *òdjeća*,
aber nicht in der Form, die einem altbulg. **oděšta* entspräche (dem
kirchensl. *odežda* kann slov. *odêja* gleich gesetzt werden); *òhodja*
(u. neutr. *òhodje*) Umweg; *òmeta* (neben msc. *òmet*) Fege; *òpaša*
für Wintervorrath geschlachtetes Thier; *òpona* (vgl. *òpna*) Häutchen, sl. *opôna* Vorhang, r. опона; *òputa* Opankenriemen; *òsama*
Einsamkeit, sl. *osâma*, wohl beides neuere Bildungen; *òsnova* Zettel
beim Weben, sl. *osnôva*, r. оспова; *òspa* (dem. *òspica*) = оспа
Blatter, r. оспа; *òstruga* Brombeerstrauch, sl. *ostrôga*; *òtava* Grummet, sl. *otâva*, r. отава; *òšćela* Hobelspäne.

od-: *òdvika* Entwöhnung, wohl eine direkte Ableitung von *òd-
vići*, *òdviknuti*, daher mit dessen Accent; *òdsleka* Ebbe (daneben
slěka Flut).

po-: *pògonja*, soviel wie *pògona* und *pòtjera* Verfolgung, vielleicht erst spätere Bildung direkt von dem componirten Verbum
pogòniti pògonīm; *pòmnja* (= *pomьnja*) Umsicht, Aufmerksamkeit,
sl. *pômnja*; *pòpaša* Weidegeld, sl. *popâša* Abweiden, Weideschaden;

pòraba Gebrauch, ist kroatisch, scheint nur in der Betonung serbi-
sirt durch die nothwendige Zurückziehung, slov. *poràba*; *pòstelja*
Bett, sl. *póstelja*; *pòklade* (daneben msc. *pòkladi*) plur.; *pòkradja*
das Gestohlene, r. покрáжа; *pòvije* pl. Gegend zwischen den Brauen;
pòrada Art Fischernetz, wohl fremd, wie sicher *pòluga* Stange (aus
phalanga); *pôspa* (= *posъpa*) Eisenspäne.

    pod-, nur *pòdkova* Hufeisen, sl. *podkôva*, r. подкóва.

    pro-, nur *Pròloga* (Ortsname); *prôdja* Abgang der Waare, ist
abhängig von *próći prôdjēm*.

    sa-: wenn hierher gehörig und nicht Fremdwort, *sàćura* eine
Art Brodkorb.

    u- = *vъ-*, kein Beispiel.

    uz- = *vъz-*: *ùzma* (im Fluche) Gicht, vgl. *ùzēt* gichtbrüchig
(zu *vъz-ęti vъz-ъmą*).

    b) **Präpositionen mit ursprünglich langem Vocal, be-
tont ′** (dazu einige abweichende Beispiele mit ′).

    na-: *návrta* ein beim Auszählen (Losen) gebrauchtes Wort
(s. Vuk u. *kolovrta*); *návada* Angewöhnung, sl. *navâda*, r. навáда
Verlockung; *návala* (neben *nàvala*) Zulauf, Andrang; *nágrda* Häss-
liches, sl. *nagŕda* Missgestalt; *náhlada* Erkältung; *nákaza* (neben
msc. *nákaz*) Monstrum, sl. *nakâza*; *náloga* Gedränge, sl. *nalôga* u. a.
Aufgabe (Pensum), r. налóга Bedrückung; *námama* (neben *nàmama*)
Lockspeise; *námjera* (neben msc. *námjer*) Begegnung, Zufall, sl.
namêra; *náplava* alluvio; *náplata* (neben *nùplata*); *náprava* Ver-
richtung, sl. *naprâva*; *náruka* Bestellung; *nástava* Unterweisung,
sl. *nastûva* Aufstellung;· *náuka* Lehre (vgl. msc. *náuk*), r. наýка;
názeba Erkältung (daneben *nùzēb* fem.), sl. *nazêba*; *názima* Erkältung; *náda* (vgl. msc. *nâd* und *nùd*) Hoffnung.

    Angereiht mögen werden die ganz vereinzelten Fälle *nàvika*
Gewohnheit, sl. *navîka*; *návlaka*, gewöhnlich *nùvlaka*, Kissenüber-
zug; *nâklja* (wenn es hierher gehört) Windung eines Flusses.

    nad-, keine Beispiele.

    pri-: *pridruga* Pfahl, an dem Flechtwerk zusammengestellt
wird, vgl. slov. in ähnlicher Bedeutung *pridrôgi* msc. pl.; *prilika*
Ding gleicher Art, Beispiel, sl. *prilíka* und *prilika*, r. прилúка Ueber-
führung durch Zeugen. Ich stelle dazu die vereinzelten mit ⌢ auf der
Präposition: *pritka* (= *pritъka*) Pflock, *priča* (= *pritъča*, vielleicht
aus dem Kirchenslavischen) Erzählung, sl. *priča* bedeutet u. a.

Gegenwart, Zeugniss; endlich, falls es hierher gehört, *prikala* Reif (*pruina*).

prě-: *prijèvara* Betrug, sl. *prevâra*, und das abweichende *prèvjera* Glaubensänderung (vgl. *prèvjeriti*), sl. *prevêra* Aberglaube.

prêd-, kein Beispiel.

raz-: *ráskida* (*ja nijesam s raskide*, ich bin von der Partei, halte mit); *rázlika* Unterschied, sl. *razlìka*, r. разлика. Ferner ganz abweichend *râsprava*, aber daneben *ràsprava*, Auseinandersetzung; *ràzvadja* Auseinanderbringen Streitender, abhängig vom componirten *ràzvaditi*.

za-: *zábava* Zeitvertreib, r. забáва, sl. *zabâva* Ungelegenheit, Chicane; *zábuna* Verwirrung; *záčina* Würze, sl. *začìna*; *zádjeva* Hinderniss, sl. *zadêva*; *zádruga* die Hausgenossenschaft der Südslaven, sl. *zádruga*; *záloga* (neben msc. *zálog*) Verpfändung, sl. *zalòga* Unterpfand; *zámjera* das Uebelnehmen, sl. *zamêra*; *zámuka* Verdienst (vgl. zur Bedeutung *zamučiti što* sich etwas ermüben, erwerben); *zápara* Schwüle, sl. *zapâra* Verbrühung, r. запáра Abbrühen; *zápreka* Verbot, sl. *zaprêka* Hemmung; *závada* Zánk, sl. *zavâda*.

Daran schliesse ich gleich Fälle mit ⌃ auf der Präposition: *zâmka* (= *zamъka*) Schlinge ist = *zâmka, die Dehnung beruht auf der Stellung des Vocals vor *m* + Consonant; *zâtka* (= *zatъka*; monten. nach Vuk) Aufforderung zum Kampf; *zâtrka* Anlauf. Völlig vereinzelt ist *zàklada* (in einem Verse bei Vuk) sonst msc. *základ*.

su- = *sq-*: *sútuka* (neben *sùtuka*) Unheilbringendes; *sùmnja* (= *sqmъnja*) Zweifel. — Dazu mit kurzem Vocal der Präposition: *sùmedja* Grenzscheide, sl. *soméja*; *sùmjesa* Gemenge; *sùmuzga* Zusammenballen des Schnees; *sùpruga* Knittel, r. супрýга Gattin; *sùsreća* Begegnung.

u- = *u-*, nur abweichende Beispiele mit ' auf der Präposition: *ùtoka* Entlaufen, sl. *utòka* Zuflucht; *obùmjera* Massstab (Messfaden).

c) Zusammensetzungen mit *iz-*: *izješa* Vielfrass; *ispaša* Weide, sl. *izpâša* Beschädigung durch Abweiden; vgl. Masc. wie *iskup, izbor* (S. 361).

Aufgezählt sind unter 1 und 2 c. 220 Beispiele mit der Betonung ⌃ auf der Präposition, c. 80 mit ` ´ auf der Präposition. Es scheint demnach, dass die normale Betonungsweise dieser Art

Composita im Serbischen den Hochton (ˋ) auf der Präposition, Unbetontheit des nominalen Bestandtheils fordert. Andrerseits kann man doch nicht annehmen, dass jene 80 Beispiele alle auf einer sekundären Abweichung von einer einst durchgängigen normalen Betonung beruhen, sondern wird wegen der Gleichartigkeit in der Lage des Hochtons des Russischen und Slovenischen, vgl. z. B. serb. *náloga*, sl. *nalōga*, r.налóга eher geneigt sein, in dem serbischen Worte eine von altersher verbliebene Betonung zu sehen. Es ist zunächst nicht ohne Interesse, wenn man trotz des ungenügenden Materials das Čakavische heranzieht. Bei den Femininen auf -*a* geht eins ganz durch: wie im Serbischen ist der Vocal des Nomen stets kurz, auch wenn er den Hochton hat. Der Hochton kann an sich auf der Präposition wie auf dem Nomen liegen; es ist aber auffällig, wie wenig die vergleichbaren Beispiele mit dem Serbischen stimmen.

1. Der Hochton liegt auf der Präposition. Zum Serbischen stimmen: *ŏbrva* serb. *ŏbrva* Braue; *ògrada*, aber daneben *ogràda*, s. *ŏgrada*; *ŏprta*, daneben *opr̀ta*, fascia cocularia, vgl. s. *ŭprta*; *prèsika*, daneben *presika* Durchhau, s. *prèsjeka*; *prĭgoda* Gelegenheit, s. *prĭgoda*. — Nicht übereinstimmend sind: *pòdkova* Hufeisen, s. *pŏtkova*; *pòpaša* Weideschaden, s. *pŏpaša* Weidegeld; *pòstelja*, daneben *postèlja*, s. *pòstelja* Bett; *prilika* Bild (dagegen *prĭlika* als occasio), s. *prĭlika*. — Die Gleichung fehlt bei: *nàruga* Schimpf; *pòsuda*, daneben *posùda* vas; *pòtroha*, daneben *potròha* Unkosten; *pritoka* furca currus; *ràstroha* Gabelast. — Es fällt ausserdem auf, dass sechs von den wenigen Fällen Nebenformen mit Hochton auf dem Nomen haben.

2. Der Hochton liegt auf dem Nomen. Zum Serbischen stimmend: *navàda* Gewohnheit, s. *nàvada*; *obùća* Kleidung, s. *ŏbuća*; *ostrùga* Brombeere, s. *ŏstruga*; *otàva* Grummet, s. *ŏtava*; *postèlja* neben *pòstelja*, s. *pòstelja*; *zabàva* Aufenthalt, s. *zàbava*. — Nicht stimmend: *ogràda* neben *ògrada*, s. *ŏgrada*; *opr̀ta* neben *ŏprta*, s. vgl. *ŭprta*; *pokòra* Busse, s. *pŏkora*; *pomiji* pl. (und *pomivi*) Spülicht, s. *pŏmije*; *posiji* pl. Kleien, s. *pŏsije*; *posùda* Borg, s. *pŏsuda*; *potrèba* Gebrauch, s. *pŏtreba*; *presika* neben *prèsika*, s. *prèsjeka*; *prodàja* Verkauf, s. *prŏdaja*. — Nicht vergleichbar sind: *natròha* res nocitura, *omòla* Abhang, *ovlàka* Riemen, *oženja* spon-

sus, *podstàva* Unterlage, *posùda* neben *pòsuda* vas, *potròha* neben *pòtroha*, *Pristàva* (Ortsname), *provàža* Latrine, *zalèga* Embryo.

Mit langem Vocal der Präposition sind mir bei Nemanić nur drei Beispiele aufgefallen: *prilika* occasio, *záruki* pl. sponsalia, *zátara* pernicies. Ist die Präposition vocallos, so ruht der Hochton auf der Wurzelsilbe des Nomens, die stets kurz ist: *slèka* längliches Thal, *slika* Form, Gestalt, *slòga* Eintracht, *splèta* Flechtwerk, *srèća* Glück, *zdèla* Schüssel, *zgràda* Gebäude. Jedenfalls kann das Čakavische zeigen, dass zwei Typen der Betonung von älterer Zeit her vorhanden sind. Vergleicht man nun das Russische und das Slovenische, so stellt sich ein ganz eigenthümliches Verhältniss heraus. Im Russischen liegt so gut wie durchgängig der Hochton auf der Wurzelsilbe des nominalen Theils, also auf der vorletzten des ganzen Gebildes. Aus den Hunderten von Beispielen (vgl. auch oben die russ. Parallelen zu den serb. Beispielen) führe ich nur wenige zur Veranschaulichung an: догода, добыча, доправа, досада, забава, заноза, заплата, зараза, изгага, исправа, истома, истрата, навада, надёжа, натуга, наука, обмена, обора, обуза, опона, опора, основа, охота, отлука, отмена, перемена, перепона, пересада, победа, погода, покора, покража, помора, подкова, подпора, подпруга, подстава, припёка, приправа, природа, присада, прислуга, присяга, промена, простуда, протока, разлика, разлука, распука, растока, супруга, сутуга, угроза, услуга, утеря, утеха u. s. w. Es ist dabei gleichgiltig, ob die Präposition an sich eine Silbe bildet oder vocallos und unsilbisch ist (в-, вз-, с-), z. B. вдача, взбуда, взлиза, свада, свора, связа, смолва, смена, спона, стяга u. s. w. Betrachtet man die abweichenden Fälle mit Hochton auf der Präposition, so ist ihre Zahl verschwindend, wenn die Wurzelsilbe des Nomen vollen Vocal bewahrt hat. Die russischen Grammatiker führen zwei drei Beispiele an, so надолба; eine Durchsicht der grösseren Wörterbücher ergibt etwa 20. Dagegen erhält bei Verlust eines ursprünglichen ъ, ь in der Wurzelsilbe des Nomen die Präposition nothwendig den Hochton, z. B. засна, затка, оспа, перерва, перешва, пожня, помжа, пробжа, распря u. s. w. Ganz vereinzelt ist bei diesem Lautverhältniss Endbetonung, ich kann nur помста anführen, wie überhaupt Endbetonung bei allen diesen Compositis fast ganz fehlt; die Grammatiker führen nur an похвала (betont wie хвала), es gehört noch dahin покрома (Sahlleiste), vielleicht noch eins oder das andre mir entgangene Beispiel. Zweifellos ist im Russischen die normale Betonung der Hochton auf dem nominalen Bestandtheil, im Gegensatz zu der serbischen Betonungsweise.

Das Russische hat ferner eine Eigenthümlichkeit, die bei der Betrachtung des Serbischen wichtig sein kann. Wenn die betonte Wurzelsilbe des Nomen Polnoglasie hat, so liegt der Hochton regelmässig auf der zweiten der beiden Silben ohne Rücksicht darauf, wo er etwa in gleich gebildeten nicht zusammengesetzten Worten liegen mag, vgl. поберёга приберёга (Sparsamer; die persönlich angewendeten Worte befolgen ganz dieselben Regeln wie die abstrakter oder sachlich-concreter Bedeutung); оборóна; заволóка, отволóка, переволóка, поволóка, подволóка, приволóка, проволóка, разволóка, уволóка, vgl. вóлокъ; приворóжа, vgl. вóрогъ; заворóха, vgl. вóрохъ; загорóда, отгорóда, перегорóда, сгорóда, vgl. гóродъ; подгорóжа, разгорóжа, vgl. горожá; ополóска; засолóда, насолóды pl., vgl. сóлодъ; остерёга; просторóжа, wie сторóжа; засторóна (das Verdecken, Verstellen mit etwas), vgl. сторонá Seite; перетолóка, притолóка, протолóка, утолóка, wie толóка; уторóка, wie торóка. Das heisst also: die Wurzelsilbe des Nomens war steigend betont.

Ganz ebenso, was die Lage des Hochtons betrifft, verhält sich das Bulgarische; das Duvernois'sche Wörterbuch hat mit kaum zwei drei Ausnahmen überall den Hochton auf der Wurzelsilbe des Nomen. Ich unterlasse es, beliebige Beispiele aus dem Wörterbuch zu geben, weil ich nicht entscheiden kann, wie weit die Worte im volksthümlichen Gebrauch sind. Wo das Wortverzeichniss in Cankoff's Grammatik dieselben Worte bietet, haben sie die gleiche Betonung: *zaplátъ, izménъ, naúkъ, obúštъ, omrázъ, osnóvъ, otrávъ, podlógъ, potkóvъ, pomíjъ, pofálъ, pregrádъ, prekrátъ, raskrivъ.* Immerhin scheint mir auch diese Uebereinstimmung ein starkes Zeugniss dafür zu sein, dass diese Art der Betonung als urslavisch anzusehen ist.

Vergleicht man das Slovenische, so zeigt sich Uebereinstimmung mit dem Russischen in der Lage des Hochtons: dieser liegt auf der Wurzelsilbe des nominalen Elements, aber die Betonung ist fallend, wobei die ursprüngliche Quantität des Vocals gleichgiltig ist, auch die ursprünglichen Kürzen werden zu fallender Länge gedehnt. Zur Veranschaulichung mögen wenige Beispiele genügen (vgl. die oben gegebenen sloven. Parallelen zu den serbischen Wörtern): *dolôga, dosêga, iztêga, namâža, navâla, navîka, nazêba, obûka, odlôka, odmêna, pokôra, posâda, predâja, prepôna, prevlêka, prigôda, pripêka, razpôka, razpôra, slôga, sprêga, vzgôja, zabrâna, zagrâda, zagrâja, zagûba* u. s. w. Die Abhandlung von Valjavec Rad 43 bestätigt die Regelmässigkeit dieser Betonung; dort werden nur sehr wenig Beispiele der Betonung auf der Präposition angegeben und diese meist aus dem ungarischen Slovenisch und aus der Kajkavština. Nur wenn die Wurzelsilbe des nominalen Elements durch Verlust von ъ, ь vocallos geworden ist, hat regelmässig die Präposition den Ton, der Vocal muss in dieser betonten Silbe gedehnt sein und hat regelmässig steigenden Ton, z. B. *ó-šva, ó-tka, zá-mka, zá-tka.*

Man darf also den Satz aufstellen: die normale Betonung dieser Composita im Slovenischen ist bei vollem Vocal des nominalen Bestandtheils fallender Ton auf dessen Wurzelsilbe. Die weitere Frage ist nun, ob diese Betonungsweise ursprünglich ist, anders ausgedrückt, ob die Lage des Hochtons, jetzt im Russischen und Slovenischen übereinstimmend, im Slovenischen altererbt oder erst durch besondere Entwicklung aus ehemals andrer Lage wiederhergestellt ist. Zur Beantwortung dieser Frage muss man gewisse Betonungen der Verbindungen von Präpositionen mit abhängigem Casus im Slovenischen und Serbischen heranziehen. Wenn vor Nominalcasus, deren erste Silbe fallend betont ist, Präpositionen treten, so verliert im Serbischen das Nomen überhaupt den Ton, er geht als ` auf die Präposition über, z. B. gen. *bôga,* aber *ŏd boga,* gen. *grâda,* aber *ŏd grâda,* acc. *vŏdu,* aber *nà vodu;* im Slovenischen verbleibt der Hochton dem Nomen, wechselt aber nicht wie im einzeln stehenden Nomen seine Stelle, vgl. gen. *bogâ,* aber *od bôga, nebô* (s. *nèbo*), aber *na nêbo* (s. *nà nebo*), acc. *vodô,* aber *na vôdo.* Valjavec deutet das auf Grundlage der serbischen Betonungsverhältnisse, nimmt also an, dass wie dem serb. *bŏga* ein slov. *bogâ* entspricht, ebenso nach dem bekannten oben (S. 341) angeführten Gesetz aus einem älteren *ŏd-boga* ein *od-bôga* geworden sei. Derselbe Grundsatz wird (Rad 132, S. 202) auf die uns beschäftigenden Composita angewendet, also slov. *naslâda, odgôja, pokôra, posôda* u. s. w. aufgefasst als umgesetzt aus einer älteren, der serbischen gleichartigen Betonung, serb. *nàslada, ŏdgoja, pŏkora, pòsuda.*

Ist die Ansicht richtig, so stünden Serbisch und Slovenisch in der Betonung dieser Composita principiell gleich, die heutigen slovenischen Verhältnisse wären sekundär, beide Sprachen wichen von der russischen Betonungsweise gleichmässig ab. Richtig kann aber die Ansicht nur sein unter der Voraussetzung, dass die Präpositionen in solchen Zusammensetzungen alle fallenden Ton hatten, denn eben nur unter dieser Bedingung kann die slovenische Verschiebung stattfinden. Das ist indess auch hier nicht selbstverständlich, denn wo im Slovenischen die Präposition heute den Hochton trägt, hat ihre durch den Hochton gedehnte Silbe steigenden Ton, vgl. *nároka, rázgona, záplata*. Es liegen demnach hier noch zu lösende Probleme vor:

1) Im Russischen zeigen, wo Polnoglasie die Tonqualität erkennen lässt, diese Composita steigenden Ton auf dem Nomen. Verallgemeinert man das hypothetisch zu dem Satze: das nominale Glied hat steigenden Ton, so stimmt das völlig zu den serbischen Beispielen, die alten Hochton auf dem nominalen Bestandtheil tragen (also jetzt ′ oder ‵ auf der Präposition), z. B. *náhlada, náloga, òbuća* u. s. w. (s. o. S. 378) = altem **nāhlàda* (‵ als Bezeichnung des steigenden Tones verstanden), denn die Kürze im nominalen Element ist nur verständlich durch ehemaligen steigenden Ton. Ferner stimmt die Hypothese ausgezeichnet zu der Thatsache, dass überhaupt zweisilbige femininale *a*-Stämme mit fallendem Ton so gut wie vollständig fehlen, dass die normale Betonung steigender Ton der Wurzelsilbe oder Endbetonung war, wobei ich absehe von dem Eintreten fallenden Tons in einzelnen Casus der endbetonten Worte, wie *bráda* acc. *brâdu*, r. борода́ acc. бо́роду; im Russischen gibt es keine Betonung *óro ólo ére* der Feminina mit Polnoglasie, dem entsprechend im Serbischen keine mit der Betonung *-ije-* und nur ganz vereinzelte mit *-râ-* (s. Abh. der sächs. Ges. d. W. XIII, S. 559 = 33). Weiter: die serbische Betonungsweise der meisten Fälle, wie *náslada, prìprava* u. s. w., als ursprünglich gedacht, lässt es unverständlich, warum nicht die nach ursprünglicher Hochtonstelle stehende alte Länge erhalten blieb, also z. B. **prìprāva*. Verständlich wird es, wenn man annimmt, hier habe eine Umstellung aus ehemaligem **pripráva* stattgefunden, die zweite Silbe als steigend betont gedacht und darum verkürzt. Demnach scheint mir der Schluss berechtigt: alle diese femininalen

Präpositionalcomposita hatten einmal steigenden Ton als Hochton auf der Wurzelsilbe des zweiten, nominalen Gliedes.

2) Das Slovenische stimmt in der Lage des Hochtons zum Russischen, hat aber fallenden Ton der betreffenden Silbe. Wenn aber nach 1. der Ton ursprünglich steigend war, muss eine Umwandlung des einst steigenden in den fallenden Ton stattgefunden haben, zunächst in fallende Kürze (denn auch im Slovenischen verkürzte alter steigender Ton die Längen), die aber dann nach der bekannten sekundären Dehnung der Hochtonsilbe sich in fallende Länge verwandelte. Der neu entstandene fallende Ton würde, auf das Serbische angewendet, es hier verständlich machen, warum in der Ueberzahl der Beispiele der Hochton auf die erste Wortsilbe, die Präposition, zurückging, gemäss dem Satze, dass eine innere Wortsilbe fallenden Ton nicht festhalten kann. Die Frage spitzt sich also wieder dahin zu, ob man es wahrscheinlich machen kann, dass die heutige Lage des Hochtons (abgesehen zunächst von seiner Qualität) im Slovenischen ursprünglich sei, denn darauf beruht zunächst die Möglichkeit des für das Serbische oben angenommenen Vorganges. Die Gleichung *naslâda pokôra* = serb. *nàslada pòkora* bei Valjavec beruht darauf, dass er diesen Fall gleichsetzt mit Fällen wie *golôb*, serb. *gòlūb*, r. гóлубь; *pepêł*, serb. *pèpeo*, r. пéпелъ; *jezêro*, serb. *jèzero*, r. óзеро; *na vôdo*, serb. *nà vodu* u. s. w. Es ist aber klar, dass an sich eine Nöthigung zu jener Gleichsetzung nicht vorhanden ist: bei *goląbъ, pepelъ, jezero* wissen wir aus der Uebereinstimmung der Sprachen bestimmt, dass der Hochton einst auf der ersten Silbe lag, in Fällen wie slov. *naslâda pozlâta* u. s. w. wissen wir das nicht sicher, und das russ. позолóта widerspricht. Im Slovenischen selbst gibt es aber kein Betonungsgesetz, das verböte, den fallenden Hochton auf zweiter Wortsilbe als alt anzusehen, wenn sonst Gründe für das Alter dieser Hochtonstelle vorhanden sind. Die Uebereinstimmung des Russischen und Bulgarischen ist aber sicher ein solcher Grund. Die Möglichkeit also, dass im Slovenischen *pozlâta* seine alte Hochtonsilbe bewahrt habe, muss jedenfalls ins Auge gefasst werden. Und ein Umstand scheint mir im Slovenischen selbst gegen die Auffassung von Valjavec zu sprechen: im Serbischen geht bei Zusammensetzung mit zwei Präpositionen der Hochton auf die erste über, genau wie bei den *i*-Stämmen, z. B. *òpomena, ùspomena, prèoblaka, prèobuka, òtporuka*,

prĕporuka; im Slovenischen ist aber diese Uebereinstimmung nicht vorhanden, überall, so weit ich nachkommen kann, verbleibt der Hochton auf dem Nomen, vgl. *zaprisêga, prispodŏba, priporôka, preoblêka, opomêna* (Valjavec, Rad 43, S. 17—22; das Wörterbuch gibt eine Menge gleichartiger Beispiele, die ich nicht anführe, da ich nicht entscheiden kann, wie weit hier neu gemachte Worte vorliegen), also genau wie *prisêga, spodŏba, porôka, oblŏka, pomêna*. Wäre nun, nach Valjavec's Annahme, ein slov. *porôka* erst durch Umspringen des Hochtons aus älterem *pŏroka = serb. *pŏruka* entstanden, wie *povêst* aus älterem *pŏvēst* = serb. *pŏvijest*, so hätte es bei Zusammensetzung mit noch einer weiteren Präposition slovenisch lauten müssen *pripôroka. Wenn ein *pripovêst* nach Valjavec beweisen soll, dass die einstige Betonung *prĕpovēst = serb. *prĕpovijest* war, und damit indirekt (s. o. S. 341), dass *povêst* aus *pŏvēst* entstanden ist, so muss auch umgekehrt das Nichteintreten von *prĕporoka neben *porôka*, die Gleichheit der Betonung von *pripôroka* und *porôka*, beweisen können, dass in *porôka* der Hochton an seiner alten Stelle steht. Damit stimmt ferner überein, dass, wie Valjavec (Rad 132, S. 202) bemerkt, bei casueller Verbindung mit Präpositionen der Hochton selten auf der ersten Silbe des Casus liegt; er führt nur die Beispiele an: *na pôsodo* auf Borg (*posôda* acc. *posôdo*), *k pôroki* zur Trauung (*porôka*, dat. *porôki*). Es wäre doch höchst auffallend, dass bei der grossen Zahl derartiger Composita das Slovenische nicht regelmässig oder wenigstens häufig die bei angenommenem alten Hochton, und zwar nach Valjavec fallendem Ton auf der Präposition, verlangte Stellung des Hochtons bei Verbindung aus Präpositionen und Casus zeigt. Ferner, wenn man das Serbische, auf dessen Grundlage Valjavec construirt, heranzieht, wird der Widerspruch noch stärker: das Serbische kennt nämlich die nach seiner Theorie zu erwartende Betonung *nà poruku gar nicht. Es liegt aber im Serbischen gar kein findbarer Grund vor, warum man nicht sogut wie z. B. *ŏd mladosti* auch hätte betonen können *nà poruku, falls das *pŏ-* von *pŏruku* fallend betont war; die Betonung *nà poruku* (d. i. *na pŏruku) zeigt eben, dass *pŏ-* nicht fallend betont war. Ich meine, die Schwierigkeit löst sich, wenn man annimmt, dass diese Art der Composita den alten Hochton, der zum russischen Verfahren stimmt, beibehalten haben, und dass das Serbische allein ihn versetzt habe.

25*

Es bleibt dann noch das Problem zu besprechen, weshalb im Slovenischen durchweg, im Serbischen in den meisten Fällen der einst steigende Ton des zweiten Gliedes in den fallenden übergeführt ist. Ich muss gestehen, dass ich darauf eine befriedigende Antwort nicht gefunden habe, will aber wenigstens auf die in Betracht kommenden Verhältnisse aufmerksam machen. Aeusserlich veranschaulicht, wäre der Gang der gewesen: ursprünglich hiess es *zāgòrda (' als Zeichen des steigenden Tons genommen; r. загорóда), serbisch daraus *zāgrăda (die Kürze der zweiten Silbe wegen des steigenden Tons); dies wurde mit Wandlung des steigenden in den fallenden Ton *zāgrăda (ˋ als Zeichen der fallenden Kürze zu verstehen; als wenn russisch ein *zagóroda entstanden wäre); die fallend betonte Silbe wirft ihren Hochton zurück und zwar so weit wie möglich, daher zăgrada prĕporuka. Der charakteristische Unterschied von dem Verfahren bei den i-Stämmen ist aber der, dass bei diesen die Präposition fallend betont erscheint, daher nă pamēti, bĕz pomoći, dagegen bei jenen steigend, daher òd zagradē, d. h. *od zăgradē. Es mag dieser Unterschied damit zusammenhängen, dass bei den i-Stämmen die fallende Betonung des nominalen Elements uralt, dagegen bei den componirten Feminina auf -a im Serbischen und Slovenischen eine Neuerung ist. Das Problem verwickelt sich nun weiter, wenn man einem solchen Femininum ein aus den gleichen Bestandtheilen componirtes Masculinum gegenüberstellt, hier also zágrad = *zāgrăd (r. загорóд) gen. zágrada = *zāgrăda (r. загорóда). Die Betonungsverhältnisse sind hier ganz dieselben wie bei der vorausgesetzten älteren Form des Femininums *zāgrăda, in beiden Fällen steigender Ton des nominalen Bestandtheils, beim Masculinum aber wird dieser nicht in den fallenden verwandelt, der Hochton tritt also auch nicht auf die Präposition (vgl. ebenso fem. prĕsada, masc. prijèsad). Derselbe Widerspruch, dass das Masculinum den steigenden Ton bewahrt, das Femininum fallenden Ton erhält, ist im Slovenischen vorhanden, vgl. msc. zagrȁd gen. zagráda, fem. zagrâda. Nun kommt weiter dazu, dass im Serbischen unter den c. 300 aufgeführten Beispielen (s. o. S. 380) c. 80 die gleiche Betonungsweise wie die Masculina haben, z. B. òpaša = *opȁša, náhlada = *nāhlăda, also genau wie gen. msc. zágrada = *zāgrăda; dass einzelne Feminina zwischen beiden Typen schwanken: năvala und návala, nămama und námama, năplata und *náplata*, *sùtuka* und *siìtuka*, während bei Masculinen ein solches Schwanken nicht stattfindet. Nimmt man das alles zusammen, so sieht man, dass man es bei den in Rede stehenden femininalen Compositis des Serbischen mit einer nicht zum Abschluss gekommenen Bewegung zu thun hat.

Anhang. Die sogenannten Imperativcomposita. Wie man auch diese Composita erklären mag, ob aus verbaler Umdeutung ursprünglich nominaler erster Glieder, oder aus der Zusammensetzung mit wirklich verbal empfundenen (Thätigkeit ausdrückenden) ersten Elementen, sicher ist, dass sie im Slavischen überhaupt und so auch im Serbischen empfunden werden als einen Imperativ enthaltend, abgesehen natürlich von solchen Eigennamen, die keine Anknüpfung mehr an gebräuchliche Verba haben. Die meist in scherzhaftem oder spottendem Sinne gebrauchten Appellativa sind nach dem heutigen Stande der Sprache als eine Art Zusammenrückung anzusehen, wie sie auch Miklosich, Stammb. S. 366, behandelt. Man muss aber hervorheben, dass sie im Serbischen nicht mehr auf dem Standpunkte einer Zusammenrückung stehen, denn sie nehmen Theil an dem Gesetz der Composita aus Nomen und Nomen, dass die Wurzelsilbe des ersten Gliedes kurz sein muss, auch wenn der selbständige Imperativ langen Vocal hat, vgl. *kàži-pūt* (imp. *káži*), *kèzizūb* (*kési*), *ljùbidrāg* (*ljúbi*), *vŕtigūz* (*vŕti*), *kràdikoza* (*krádi*). Durch Accentverhältnisse ist diese Kürze nicht bedingt, ein **kràdìkoza*, daraus **krádikoza* hätte an sich ebenso gut bestehen können wie **kràdì*, daraus *krádi*.

Die Betonung dieser Composita ist im Serbischen durchgängig so, dass der alte Hochton auf dem Ende des ersten Gliedes, also auf dem -*i*- stand, daher jetzt ' auf der ersten Silbe. Was die Masculina betrifft, d. h. die mit masc. zweitem Gliede, so kommen bei Vuk nur Beispiele vor, wo dies, bei langem Vocal, von Haus aus fallenden Ton hatte: *Gàmzigrād* (eig. Kriech-, Wimmelstadt, scherzhafter Ortsname) : *gàmziti*, *grâd*; *glàdibȓk* den Schnurrbart Glättenden : *glàditi*, *bȓk*; *kàžipūt* (eig. Zeige-weg) Zeigefinger : *kàzati*, *pūt* (der Gen. u. s. w. mit steigendem Ton *púta*, das ist aber unursprünglich, das Wort ist ursprünglich *i*-Stamm); *kèsizūb* : *késiti* die Zähne zeigen, *zūb*; *ljùbidrāg* Kapuzinerkresse (auch Eigenname) : *ljùbiti*, *drâg* (fem. *drága*); *nàdrigūz* eine Art Ballspiel (eig. scinde-anum) : *nàdrijeti nàdrēm*, *gûz*; *ràzbigūz* Glatteis (eig. frangeanum) : *ràzbiti, gûz*; *svr̀bigûz* Hagebutte : *svr̀bjeti* jucken, *gûz*; *vr̀tigûz* ein Vogelname (eig. verte-anum) : *vr̀tjeti, gûz*; *pàmtivijek* (*od pàmtivijeka* seit Menschengedenken) : *pȃmtiti* gedenken, *vȉjek*, ebenso gebildet *vàdivēk* anstrengende, am Leben zehrende Arbeit : *vàditi*; *pècirēp* (eig. Backe-schwanz) Beiname eines Mannes : *pèći, rêp*; *pjèvidrūg* Singefreund : *pjȅvati, drȗg*; *plàćidrūg* Mitweiner (Weine-freund) : *plȁkati, drȗg*; *Vùćitr̄n* (eig. Zieh-dorn) Ortsname : *vúći, tr̂n*; *Zvònigrād* Ortsname : *zvòniti* tönen, *grȃd*; *mòlibōg* (eig. Bete-zu-gott) scherzhafte Bezeichnung eines Mönches : *mòliti, bȏg* gen. *bȍga*; *vr̀tikōs* ein Räthselwort : wenn zu *kȏs* Amsel, mit fallendem Ton. Dahin gehören auch die mit -*mir* zusammengesetzten Personennamen: *Bùdimīr, Dèsimīr, Gàzimīr, Jèzdimīr, Kàzimīr, Stànimīr, Stràtimīr, Vèlimīr.* Ob es ein Zufall ist, dass Vuk nur Beispiele dieser Art hat, vermag ich nicht zu entscheiden. Kürze des zweiten Gliedes haben die mit -*sav* (-*slav*) zusammengesetzten Eigennamen: *Bèrisav, Djùrisav, Bùdisav, Kràjisav, Mìlisav, Ràdisav, Rànisav, Stànisav, Vlàdisav*; *slȁva* hatte alten steigenden Ton. Das vereinzelte *Dàbiživ*, das zwar gleicher Form ist, aber aussieht wie die Zusammenrückung eines Satzes *da bi žīv* (ut vivas), liesse nach *žîv* f. *žíva* eher *Dàbižīv erwarten.

Die Feminina, in Wirklichkeit meist Masculina femininaler Form, haben alle Kürze des zweiten Elements, das scheinbar abweichende *kùpivōjska* (eig. Sammle-heer) Werber, zu *kȕpiti* und *vójska* verdankt seine Länge der Stellung des Vocals vor *j* + Consonant. Sonst *bùljioka* Glotzender : *bȕljiti, ȍko*; *čistikuća* die das Haus reinigt: *čȉstiti, kȕća*; *ràspikuća* Verschwender : *ràsuti ràspēm* zerstreuen, *kȕća*; *tècikuća* Haushalter : *tèći* erwerben, *kȕća*; *dèriguša* Halskratzer : *dèrati, gȕša*; *nàpniguša* Kehlaufblaser (vom Frosch) : *nàpēti nàpnēm, gȕša*; *gràbikapa* eine Art Spiel : *gràbiti* raffen, *kȁpa* Mütze; *hlàpimuha* (eig. Fliegenschnapper) Klatschmaul : *hlȁpiti, mùha*; *kràdikoza* Ziegendieb : *krȁsti krádēm, kòza*; *lòmigora* (eig. Brich-berg, Brich-wald) ein Ziegenname : *lòmiti, gòra*; *tàrigora* der den Berg, den Wald zerreibt : *tr̂ti tàrēm*, imp. *tàri, gòra*; *màmiaspra* Geldlocker : *màmiti, àspra*; *mùzikrava* Kuhmelker: *mȕsti mȕzēm, krȁva*; *nàdriknjiga* (eig.Buchanreisser) Halbgelehrter : *nàdrijeti nàdrēm, knjȉga*; *pìrivatra* (Scherzwort) Blasefeuer : *pȉriti, vȁtra*; *plètikosa* (eig. Flicht-haar) Beiname eines Mannes; *pr̀žibaba* (eig. Röste-weib) Schimpfname auf Haiduken :

přžiti, *bàba*; *smr̀dibaba*, *smr̀dibuba* Thiername : *smr̀djeti* stinken, *bàba*, *bùba* Ungeziefer; *visibaba* Schneeglöckchen : *vìsiti* hängen, *bàba*; *smr̀divrana* Vogelname : *smr̀djeti*, *vrȁna* Krähe; *tr̀čilaža* Lügenmaul : *tr̀čati* laufen, **laža* Lüge (vgl. *lȁž lȁži* dass.). Man sieht, dass alle diese Worte mit Feminina zusammengesetzt sind, die als Simplicia kurzen Vocal haben, also, wo dieser ursprünglich lang war, alte steigende Betonung hatten. Dazu kommen noch femininale Eigennamen mit -*sava* (-*slava*) : *Kràisava*, *Milisava*, *Stànisava*, *Stòjisava*, und *Kàzimira*.

Endlich gibt es noch einige wenige, die mit Neutris zusammengesetzt sind und die neutrale Form behalten: *gàziblato* (eig. Wate-koth), scherzhafte Bezeichnung eines Wichtigthuers : *gàziti*, *blȁto*; *svr̀zislovo* der das Wort (d. i. die Studien) aufgibt : *svr̀ći*, *slȍvo*; *vàriměso* : *vàriti* kochen, *mȇso* Fleisch.

Leider ist hier mit der Vergleichung der andern Sprachen wenig anzufangen. Das Slovenische bietet, wie es scheint, sehr wenig Beispiele, einige mehr, aber auch nicht viele, das Russische. Hier begegnet man Fällen mit derselben Betonung wie im Serbischen : сорви́-голова, оторви́-голова Galgenstrick, болиголовъ eine Art Schierling, болѝголова dass. (so bei Dahl, das ältere Ak.Wb. hat болиголо́въ, das neuere schwankend болѝголо́въ, vgl. верти-голо́вка, крутиголо́вка, вертишѐйка Wendehals), Влади́миръ. Dagegen ganz schwankend: держи́ло́дья (eine Art Fisch) Dahl, держи́ладьа́ Ak. Wb., держи́ладья Pawl. Wb.; держиде́рево (paliurus aculeatus) Dahl, Ak.Wb., держи́дерево Pawl.; перекати́-по́ле (Sicheldolde) Pawl., перекатипо́ле Ak.Wb., bei Dahl ohne Accent, aber кати́поле; сербѝгузъ (Beinwell) Dahl, Ak.Wb., сербѝгузъ Pawl. Es mag noch mehr dergleichen Beispiele geben; bei der Unsicherheit der Betonung habe ich nicht systematisch darnach gesucht. Man gewinnt den Eindruck, dass einst auch im Russischen die im Serbischen durchgehende Betonungsweise geherrscht haben könne. Ich möchte glauben, dass diese Art der Composita ziemlich späten Ursprungs ist; jedenfalls wäre es vergeblich, aus den doch im ganzen wenig zahlreichen Fällen mit ihrem Charakter von Scherzworten eine Theorie bauen zu wollen.

IV. Die Betonung der Verbindungen von Präposition und Casus.

In den vorangehenden Abschnitten habe ich mehrmals die Betonungsweise dieser Verbindungen zur Erläuterung und Bestätigung vorläufig heranziehen müssen, es wird aber nützlich sein, sie im Zusammenhange und zugleich in Parallele mit der Betonung der nominalen Präpositionscomposita zu betrachten. Die thatsächlichen Verhältnisse sind dargestellt bei Daničić, Glasnik VIII, 59, XI, 20 u. 30, Slav. Bibl. I, 97, bei Budmani, Gramm. § 267, bei Pavić am Ende seiner Accentarbeit im Rad Bd. 59. Ich betone, dass es mir im Folgenden nicht auf jede Einzelheit, sondern auf die durchgehenden Principien ankommt, also nicht Vorschriften für jeden denkbaren Fall gegeben werden.

Im Serbischen gelten für die Betonung Präposition und Casus als eine Einheit, beide zusammen haben nur eine Hochtonsilbe. Die Präposition kann nie den Hochton tragen, wenn der folgende Casus einen der Accente ` oder ´ hat, also selbst ursprünglich nicht auf der ersten Silbe betont war, anders ausgedrückt: die allgemeine serbische Zurückziehung des alten Hochtons erreicht in diesem Falle die Präposition nicht. Die Präposition kann den Hochton nur erhalten, wenn der darauf folgende Casus ursprünglich auf der ersten Silbe, also mit ` oder ^ betont ist. Aber auch in diesem Falle herrscht keine Gleichheit. Serbischen Grammatikern ist die Eigenthümlichkeit verschiedenartiger Betonung scheinbar gleichartiger Verbindungen immer aufgefallen. Warum heisst es *òd brata*, dagegen *òd boga*, während doch die Genitive *bràta* und *bòga* gleich betont scheinen. Im ersten Fall geht die Zurückziehung nach der allgemeinen Regel vor sich, *òd brata = od bràta*, wie etwa *mlàdica = mladìca*, im andern Falle nicht, sondern die Präposition trägt alten Hochton, das Nomen ist tonlos. Die richtige Erklärung gibt Valjavec, Rad 132, S. 191: der Hochton geht nur dann auf die Präposition über, wenn die erste Silbe des folgenden Casus fallend betont war. Bekanntermassen decken sich auch Fälle im Russischen, wie зá море u. s. w. mit serbischen Betonungen wie *òd boga*, ich lasse sie aber hier aus dem Spiel, weil sich die Grundregel im Russischen nicht mehr erkennen lässt.

I. Am einfachsten liegt die Sache bei den femininalen *i*-Stämmen. 1) Ursprünglich zweisilbige Worte, die durchgehende Betonung ⌃ haben, oder die im Nom. sg. ⌃ zeigen, sonst ', versetzen den Hochton (') auf die Präposition, z. B. *zȁ rijèč*, *nȁ mìsao*, *ȍd kosti* (*kȏst kȍsti*), *pȍd nȏć* [1]). So verfahren alle zweisilbigen *i*-Stämme, mit Ausnahme der wenigen vereinzelten Fälle, die andre Betonung zeigen: *zȇst*, *mjȅd*, *stȓž* (*rȁt*, *nȉt*), und das Compositum *smȓt*. Das stimmt nun völlig überein mit dem Verfahren der Präpositional-composita, z. B. *ȍblāst*, *prȍpāst*, *ȕzrāst* u. s. w. (s. o. S. 338).

2) Für die mehrsilbigen Stämme lautet die äussere Regel so: sie werfen den Hochton auf die Präposition, wenn die erste Silbe den Accent ⌃ hat, die zweite entweder stehend lang, oder falls an sich kurz in Nom. sg. gedehnt ist, daher z. B. *zȅlēn* : *nȁ zelēn*, *pȁmēt* : *bȅz pamēti*, *mlȁdōst* : *ȍd mladosti*, *nȁ mladōst*.

Die *i*-Stämme werden also überall gleich behandelt: mit Nomen zusammengesetzt *rȕko-dȓž*, mit Präposition *ȍblāst*, mit Präposition casuell verbunden *nȁ mladōst*. Es wurde oben (S. 342) nachgewiesen, dass die ursprünglich zweisilbigen *i*-Stämme so gut wie alle fallenden Ton der Wurzelsilbe haben; in Fällen dagegen wie *mlȁdost*, *pȁmēt* kann man im Serbischen nicht unmittelbar erkennen, ob der Hochton der Präposition als ursprünglich steigend oder fallend anzusehen sei, nimmt man aber das russ. мóлодость, пéресыпь (s. o. S. 340), so zeigt sich die ursprünglich fallende Qualität sofort, und daraus ergibt sich weiter, dass auch in *pȍvijest*, dazu *prȉpovijest*, *ȍd povijesti* dasselbe stattfindet. Man wird also im Recht sein, wenn man für die Gleichmässigkeit der Betonung der Zusammensetzungen und Verbindungen als Ursache die gleichmässige fallende Betonung der ersten Silbe der *i*-Stämme ansetzt [2]).

II. Die Masculina. Die Angaben der Grammatiker sind hier nicht einheitlich und auch nicht voll ausreichend; selbst habe ich beim Anhören serbisch Redender allerlei Schwankungen und

---

[1]) Abzurechnen sind immer die Casusformen, die an sich Endbetonung hatten, z. B. gen. pl. *bŕvī*, *pèčī*; bei ihnen kommt die ganze Frage der Tonverschiebung überhaupt nicht in Betracht.

[2]) Die Bestimmung der Accentuation ist nach Budmani § 267. 4 gemacht; Daničić, Glasn. XI, S. 31, ist unsicher: er betont *zȁ pripovèst* gegenüber Budmani's *ȕ zapovijed*, und meint, es hiesse auch *ȕ propāst*, wo nach Budmani *ȕ propāst* zu sprechen ist.

Unsicherheiten bemerkt, allein die Aufstellungen von Daničić und Budmani sind grösstentheils in sich consequent und stimmen zu dem bisher Ausgeführten, so dass man ruhig darauf bauen kann.

1) Wenn zweisilbige Stämme bei langem Wurzelvocal durchweg ˆ, bei kurzem ˇ mit Dehnung im Nom. sg. haben, so geht der Hochton (als ˇ) auf die Präposition über, z. B. grâd : ȍd grâda, bȏg bȍga : zȁ boga. Mit andern Worten: die Zurückziehung des Hochtons erfolgt, wenn die erste Silbe des Casus fallend betont war, bei zwei Präpositionen auf die erste, z. B. ȉspod leda.

2) Bei mehrsilbigen Stämmen mit ˇ auf der ersten, mit ˉ auf der nächsten Silbe, sei dies ˉ stehend oder nur im Nom. sg. vorhanden, fällt der Hochton ebenfalls auf die Präposition, z. B. mjȅsēc mjȅsēca : nȁ mjȅsēc, kȁmēn kȁmena : ȍd kamena. Nun fallen in diese Kategorie alle Präpositionalcomposita mit ˇ auf der ersten, ˉ auf der zweiten Silbe, z. B. ȍblāk ȍblāka : pȍd oblāke [1]). Oben (S. 369) wurde die Betonungsweise von ȍblāk u. s. w. daraus erklärt, dass der nominale Bestandtheil dieser Compositionen fallend betont war. In dem fertigen ȍblāk u. s. w. kann man (vgl. die Bemerkung bei den i-Stämmen) im Serbischen nicht erkennen, ob die Betonung der Präposition als fallend oder steigend anzusetzen sei. Es gibt aber wieder das Russische durch die Beispiele wie népe-пускъ die Bestätigung, dass die Präposition fallenden Ton trug. Wir gewinnen so eine vollständige Parallele mit den i-Stämmen: ȍd riječi — ȍd grāda; ȍd kosti — ȍd boga; ȍd zeleni — ȍd kamena; ȍd propāsti — ȍd oblāka; vgl. noch prȉpovijest — zȁpostāt. Die Grammatiker geben keine deutliche Vorschrift, wie es bei der Verbindung von masc. Worten der Gestalt zȁpostāt, rȕkosād, d. h. wo Accent ˇ und Quantität ˉ nicht unmittelbar auf einander folgen, mit Präpositionen gehalten wird; nach der Analogie der i-Stämme, ȕ zapovijed, erwartet man: ȍd zapostāta, ȍd rukosāda. Lassen wir diesen Fall bei Seite, so zeigen doch die oben gegebenen Parallelen deutlich genug, dass es sich um dieselbe Regel wie bei den i-Stämmen handelt.

---

[1]) Um keine möglichen Missverständnisse zu lassen, bemerke ich, dass nicht an sich die Ton- und Quantitätsfolge ˇ ˉ bei den mehrsilbigen Masculinen die Versetzung bedingt, vgl. z. B. jȅzik, gen. pl. jȅzīkā, trotzdem nicht ˇȍd jezīkā, sondern ȍd jezīkā d. h. od jȅzīkā.

III. Die zweisilbigen Neutra auf *o* (*e*).

1) Hat die erste Silbe ⌢, so wird nothwendig der Hochton auf die Präposition verlegt, z. B. *zlâto* : *ȍd zlâta, t̀ijelo* : *pȍ tijelu, mȇso* : *ȕ mȇso*. Es war eben der Ton dieser Silbe fallend; *t̀ijelo* zeigt das im Serbischen unmittelbar, zu *zlâto* vgl. russ. зо́лото, zu *mȇso* slov. *mesô* = *mȇso*. Die von den Grammatikern hinzugefügte Bemerkung (vgl. Budmani § 267. 2), dass die Versetzung unterbleibe, wenn die Länge vor mehreren Consonanten stehe, z. B. *sûnce* : *iz sûnca* = *iz sûnca, cârstvo* : *ȕ cârstvo* = *u cârstvo*, hat ihren guten Grund; diese Längen sind sekundär, bewirkt durch die Stellung des Vocals vor Nasal oder Liquida + Cons. und haben mit der alten fallenden Länge nichts zu schaffen.

2) Hat die erste Silbe ⁓, so sind die Erscheinungen für die ursprünglichen Accentverhältnisse sehr interessant. Daničić (Glasnik XI. 22) führt a) als ihm bekannte Fälle der Zurückziehung des Hochtons (als ⁓) auf die Präposition an: *kȍlo* : *ȕ kolo, mȍre* : *ȕ more, ȍko* : *ȉz oka, pȍlje* : *ȕ polje, s̀rce* : *zȁ srce, g̀rlo* : *zȁ grlo, z̀rno* : *nȁ zrno, lj̀eto* : *nȁ ljeto, slȍvo* : *dȍ slova, j̀utro* : *ȉz jutra, b̀rdo* : *ȕz brdo, d̀rvo* : *nȁ drvo*; b) dagegen findet nach ihm (S. 20) die Zurückziehung nicht statt bei *blȁto* : *ȕ blato* (d. i. *u blȁto*, und so in allen folgenden Fällen), *j̀ato* : *iz jata, pȕto* : *ȕ puto, sȁlo* : *zȁ salo, s̀ito* : *pȍd sitom, dj̀elo* : *nȁ djelu, mj̀esto* : *nȁ mjesto, j̀elo* : *zȁ jelo, stȁdo* : *pȍd stadom, čȕdo* : *ȍd čuda*; und bei den Pluralen *kȍla* : *pȍd kola, nj̀edra* : *ȕ njedra, s̀ela* (zu *s̀elo* = **selȏ*) : *pȍ selima, rȅbra* (zu *rȅbro* = **rebrȏ*) : *ȕ rebra, bȅdra* (zu *bȅdro* = **bedrȏ*) : *ȍ bedrima*. Die Angaben Budmani's sind aus § 267. 2 und § 90. 3 zu combiniren und ergeben dann für die Zurückziehung noch die Beispiele: *j̀edro* : *nȁ jedro, nȅbo* : *nȁ nebo, ž̀ito* : *ȉz žita, zvȍno* : *ȍd zvona, mȁslo* : *ȍd masla* (dies letzte Beispiel der Ansetzung von Daničić widersprechend). Sondert man, um die Quantitätsverhältnisse mit den Betonungen verbinden zu können, die Beispiele der ersten Art in solche mit ursprünglich langer und solche mit ursprünglich kurzer Wurzelsilbe, so ergeben sich: 1) mit ursprünglich langer Wurzelsilbe: *s̀rce, g̀rlo, z̀rno, lj̀eto, j̀utro, b̀rdo, d̀rvo, j̀edro, ž̀ito, mȁslo*; 2) mit ursprünglicher Kürze: *kȍlo, mȍre, ȍko, pȍlje, slȍvo, nȅbo, zvȍno*. Diese haben alle (*zvȍno* ist slov. nicht gebräuchlich) im Slovenischen fallenden Ton auf der ersten Silbe, daher *kolȏ, morjȇ, okȏ, poljȇ* (vgl. *na pȏlje*), *slovȏ, nebȏ*, also stimmt die Zurück-

ziehung des Hochtons (als `) auf die Präposition im Serbischen genau
zu dem bei den *i*-Stämmen und den Masculinen beobachteten
Princip.

Betrachten wir nun zunächst einmal die Beispiele, bei denen
nach Daničić die Zurückziehung nicht stattfindet, so sind alle so
beschaffen, dass die erste Silbe einst steigend betont war. Das ergibt sich im Serbischen selbst aus der Verkürzung einst langer
Silben, ausserdem aus dem Slovenischen: *blȁto* sl. *bláto* (vgl. russ.
болóто), *jȁto* sl. *játo*, *pȕto* sl. *póto*, *sȁlo* sl. *sálo*, *sȉto* sl. *síto*, *djȅlo*
sl. *délo*, *mjȅsto* sl. *mésto*, *jȅlo* sl. *jélo*, *čȕdo* sl. *čúdo*, *mȁslo* sl. *máslo*.
Aus dem bisher Gesagten darf man also schliessen, dass auch bei
dieser Wortklasse die Zurückziehung und Nichtzurückziehung des
Hochtons auf die Präposition von der Tonqualität des Nomen abhing.
Aber die Regel ist bei den oben unter 2 a) angeführten Worten nicht
rein erhalten; zwar stimmt *sȑce* : *zȁ srce* zu der erwarteten Betonung,
denn slovenisch hat das Wort fallenden Ton, *srcȇ*, dagegen ist die
Zurückziehung bei *gȑlo* sl. *gŕlo*, *zȑno* sl. *zŕno*, *ljȅto* sl. *léto*, *jȕtro*
sl. *jútro*, *bȑdo* sl. *bŕdo*, *dȑvo* sl. *dŕvo*, *jȅdro* sl. *jédro*, *žȉto* sl. *žíto*,
wo also überall der Ton steigend war, gegen die Erwartung. Es
wird so sein, dass die Gewohnheit, bei einer Anzahl Neutra (mit
ursprünglich fallendem Ton) den Hochton auf die Präposition zu
werfen, dieselbe Hochtonstelle auch bei denen hervorgerufen hat,
die alten steigenden Ton hatten (vgl. das oben angegebene Schwanken bei *mȁslo*). Wenn Pavić a. a. O. S. 102 kurzer Hand die Regel
gibt, dass vor jedem auf erster Silbe mit ` betontem *o*-Neutrum der
Hochton auf die Präposition übergehe, und diese Regel wirklich,
wenn auch nur local, durchgeht, so wäre damit das Ueberwuchern
des einen Typus vollständig geworden.

Es würde sich noch die Frage erheben, wie das Verhalten vor
den mit ` betonten Pluralen ist. Nach Daničić heisst es *pȍ selima*
u. s. w., findet also keine Zurückziehung auf die Präposition statt.
Aber die Angaben der Grammatiker reichen hier zu genaueren
Untersuchungen nicht aus; ich habe sogar aus dem Munde von
Serben aufgezeichnet *na sȅla*, eine (falls ich mich nicht verhört habe)
ganz anomale Betonung, so dass ich diesen Punkt hier fallen
lassen muss.

IV. Die Feminina auf *a*. Die Regel lautet hier: 1) wenn
bei langer Silbe im Wechsel der Flexion der Accent ´ in ˆ übergeht,

muss der Hochton (‘) auf die Präposition fallen, z. B. *gláva* : *nă glávu*, weil acc. *glávu*, *kă glávi*, weil dat. *glávi*; *rúka*, aber *nă rŭke*, weil acc. pl. *rŭke*; *stijèna*, aber *kă stijeni*, weil dat. *stijeni*. Die Veranlassung ist hier augenfällig, *glávu*, *glávi*, *rŭke*, *stijeni* haben eben fallenden Ton. 2) Wenn bei kurzer Silbe im Wechsel der Flexion der Accent ‘ in ‘ (also damit nothwendig auf die erste Silbe übergeht), so tritt ebenfalls der Hochton auf die Präposition, z. B. *vòda*, aber *nă vodu*, *nă vode*, weil die Accusative *vŏdu*, *vŏde* lauten; *planìna*, aber *nă planinu*, weil acc. *plănìnu*. Der Grund muss derselbe sein, d. h. fallender Ton, hier fallende Kürze der ersten Silbe. Die Bestätigung wird durch das Slovenische gegeben; dort heisst es nom. *vóda = vodă*, dagegen acc. *vodô*, durch Umspringen aus *vôdo*, mit fallendem Ton, daher auch *na vôdo*.

Wenn nun bei der grossen Zahl der mit Präposition componirten Feminina, wie *năslada*, die betreffenden Casus ganz die gleichen Betonungsverhältnisse zu enthalten scheinen, acc. *năsladu* wie *plănìnu*, doch aber bei jenen die Verschiebung des Hochtons auf die Präposition unterbleibt (*ŏd nasladē = od năsladē*), so bleibt kaum ein andrer Schluss übrig, als dass die erste Silbe von *năslada* nicht fallenden, sondern steigenden Ton hatte. In der heutigen Sprache sind *năsladu* und *plănìnu* ganz gleich betont.

Merkwürdig ist nun das Verhalten des Slovenischen in all solchen Fällen. Es hat nirgends den Hochton der Verbindungen von Präposition und Casus auf der Präposition, ebenso wenig bei Verbindung oder Zusammensetzung mit zwei Präpositionen auf der ersten Präposition, sondern die Wirkung derartiger Verbindungen ist sozusagen eine negative: während bei einem selbständig stehenden Worte dessen ursprünglich auf der ersten Silbe liegender fallender Hochton auf die nächste übergeht, daher *nebô*, gen. *bogâ*, acc. *vodô*, *povêst*, unterbleibt das bei casueller Verbindung mit Präposition und ebenso bei Zusammensetzung mit zwei Präpositionen; der Hochton hat dann seine alte Stelle, also *pred grâd*, *na môst*, *iz grâda*, gen. *bogâ* aber *od bôga*, *nebô* aber *na nêbo*, acc. *vodô* aber *na vôdo*, acc. *glavô* aber *na glâvo*, a. pl. *rokê* aber *na rôke*, *oblâk* aber *pod ôblak*, ebenso *zapôved pripôvest*. Valjavec deutet das alles auf Grund der serbischen Betonungen: *nă grād*, *nă mŏst*, *ŏd boga*, *nă nebo*, *nă vodu*, *nă glāvu*, *nă rŭke*, *pŏd oblāk*, *prĭpovijest*, u. s. w. Aber die Sache ist doch nicht so einfach. Dass diese Erklärung

bei den slov. Femininen wie *zagrâda* gegenüber serb. *zàgrada*, wo
sie Valjavec auch anwendet, versagt, wenigstens nicht zur Evidenz
gebracht werden kann, wurde oben (S. 386) auseinandergesetzt.
Ferner ist der unmittelbare Vergleich dieser Composita mit den
Fällen wie gen. sg. *bŏga*, slov. *bogâ*, *kŏsti*, slov. *kostî*, wie ihn
Valjavec Rad 132, S. 193 anstellt, deswegen nicht stringent, weil
bei *bŏga*, *kŏsti*, *ŏblāk* eben der fallende Ton auf der ersten Silbe
liegt. Darauf kommt es an und darauf beruht die Möglichkeit der
Verschiebung im slovenischen *bogâ kostî oblâk*. Stellen wir uns
aber die älteste denkbare Betonung der als ein Wort empfundenen
Verbindungen von Präposition und Casus vor, also *od bŏga*, *na
glâvq*, *pod ŏblāk*, so war eben die betonte Silbe nicht die erste, und
es lässt sich nicht erweisen, dass das Slovenische die alte Betonung
in seinem *od bŏga*, *na glâvo*, *pod ŏblak* nicht festgehalten habe.

Ich unterlasse es zunächst, diesen Gegenstand wie andre nahe
liegende Probleme weiter zu verfolgen. Nur im Allgemeinen sei
bemerkt, dass sicher oder wahrscheinlich noch manche Eigenthümlichkeiten der serbischen Betonung mit dem Versetzen des ursprünglichen fallenden Hochtons innerer Wortsilben auf vorhergehende
Silben zusammenhangen, u. a. beruht z. B. die Betonung des Gen.
pl. *bèsjēdā* von *bèsjeda* und ähnlichen Worten darauf, dass der alte
Genitiv *besjēd* die zweite Silbe fallend betont hatte, ebenso auffallende Betonungen von Verbalformen. Auf diese Dinge komme
ich vielleicht später einmal zurück.

Auf die Ansichten von Šachmatov (Къ исторіи удареній въ
славянскихъ языкахъ, vgl. Rešetar, Arch. XX, S. 397), die sich mit
meinen Auseinandersetzungen z. Th. berühren, bin ich nicht eingegangen, weil es mir nothwendig scheint, das sprachliche Material
noch weiter aufzuarbeiten, ehe man zu abschliessenden principiellen
Darstellungen gelangen kann.

A. Leskien.

Beiträge zur ragusanischen Literaturgeschichte.

Die Abhandlung über Šiško Menčetić und seine Zeit, die im Archiv Bd. XIX erschienen ist, fand allseits eine solche Aufnahme, dass ich einer Fortführung der dort in Angriff genommenen mehr literargeschichtlichen, als historischen Aufgaben mich schwer entziehen konnte. Ich habe in den Sommerferien 1897 das Studium der Archivbücher von Ragusa 1500 f. in dieser Richtung fortgesetzt und im September 1898 noch eine kleine Nachlese unternommen. Im Folgenden werden theils Nachträge oder Berichtigungen zur letzten Abhandlung, theils eine Art Fortsetzung zu derselben bis zur Mitte des XVI. Jahrh. geboten.

Die Lectüre der Senatsprotokolle setzte ich über das J. 1500 fort und habe die »Libri Consilii Rogatorum« 1501—1526 (11 Bände) gelesen. Von den dazu gehörigen »Secreta Rogatorum« hat Herr Professor Jos. Gelcich bei der Ordnung des Hauptarchivs den Band 1497—1537 entdeckt, der leider in den J. 1503—1521 eine grosse Lücke enthält. Aus den »Processus secreti Minoris Consilii« 1547—1569 bringe ich merkwürdige Daten zur Biographie des Marin Držić. Die Testamente 1498—1562 (14 Bände) habe ich nunmehr vollständig durchgearbeitet. Ebenso vermochte ich bisher eine ziemliche Reihe der voluminösen Bände der Diversa Notarie und Diversa Cancellarie dieser Zeit durchzusehen [1]). Viele wichtige Daten bieten drei Pergamentbände des »Specchio del Maggior Consiglio« mit Verzeichnissen aller Aemter, die Jahr aus Jahr ein wechselten; der erste ist angelegt 1440, der zweite

---

[1]) Excerpirt wurden aus der ersten Hälfte des XVI. Jahrh. die Bände der Diversa Notarie 1500—1507 (7 voll.), 1514, 1519, 1522, 1524, 1526—1528, 1533, 1536, 1537—1539, 1544, 1548—1550, der Diversa Cancellarie 1505, 1514, 1522—1523, 1526—1528, 1530—1531, 1535, 1540—1541, 1550—1551. Es bleiben demnach manche Lücken übrig. Zur Lectüre aller Bände müsste man viel mehr Zeit zur Verfügung haben, aber auch nicht wenig Geduld, bei der Monotonie des meist nur an handelsgeschichtlichen Daten reichen Materials.

umfasst die Jahre 1500—1599, der dritte (Liber speculi excellentissimi et generalis Maioris Consilii) 1600—1699. Auch das »Registro Maritaggi dei Nobili« (1478—1648), einen Pergamentcodex in Holzdeckeln, habe ich neuerdings genauer excerpirt, da ich daraus bloss einige Notizen von meiner Reise 1878 besass, die nur das Onomasticon der Ragusaner berücksichtigten.

Den Hütern dieser Schätze in beiden Archiven von Ragusa, Herrn Kreisgerichtspräsidenten und Landtagsabgeordneten Vincenz Milić und Herrn Professor und Conservator, dem kais. Rath Joseph Gelcich, bin ich zu vielem Dank verpflichtet.

Die Nachforschungen nach den Edelleuten sind leicht, da dieselben als regierende Classe der Republik in den Archivbüchern im Vordergrund stehen. Bei den Bürgern »de populo« sind sie viel schwieriger. So kann ich über Čubranović leider nur Combinationen vorbringen, während bei Krističević, Vetranić, Nalješković, Marin Držić u. A. die Ausbeute nicht gering ist. Die folgenden Mittheilungen sind meist nur Fragmente und Bausteine, die wieder weitere Sammlungen, Nachträge und höchst wahrscheinlich auch Berichtigungen erfordern. Doch ist bei dem Mangel alter Privatbriefe oder Memoiren für die Cultur- und Literaturgeschichte von Ragusa nur durch solche Excerpte aus Amtsbüchern eine kritische Grundlage zu schaffen. Ich nehme mit dieser Abhandlung für jetzt Abschied vom ragusanischen Cinquecento, um wieder zu den Aufgaben der mittelalterlichen Geschichte zurückzukehren.

I. Zur Culturgeschichte von Ragusa in der ersten Hälfte des XVI. Jahrhunderts.

Verhältniss zur Pforte. Austausch von Geschenken. Türkische Besuche in der Stadt. »Signum laetitiae« bei türkischen Siegen. Furchtsame Politik der Republik. Pestgefahr. Erdbeben 1520. Reste der Bauten der Zeit. Piraterie. Vertheidigung und Bewachung der Stadt. Luxusgesetze und Kleiderordnungen. Maskeraden. Bibliotheken. Versuche die Buchdruckerkunst einzuführen; Projekt des Kanzlers Lucas Pasqualis de Primo (Primojević) 1514 mit Lob der Druckerei der Crnojevići von Montenegro. Buchhandel und Bücherimport aus Italien.

In den Rathsbüchern der Zeit 1501—1526 stehen im Vordergrund die Beziehungen der Ragusaner zu den Türken, denen die Republik tributär war, obwohl sie damals auch noch dem König von Ungarn Jahrgelder entrichtete, allerdings unregelmässig und ungern. Fortwährend ist die Rede von Verhältnissen zum »Imperator Turchorum« oder »magnus Turchus«, zu dessen »viserii« und »bassallarii«, sowie zu den benachbarten Statthaltern, vor Allem dem Sandžakbeg der Hercegovina oder »sanzachus craisnichus noster« (slav. *krajišnik*), der damals meist in Foča residirte, und dem Sandžakbeg von Bosnien in Vrhbosna (Sarajevo), seltener zu jenen von Scutari, Smederevo u. s. w. Sehr oft werden erwähnt die nächsten Türken, die in der Festung Castelnuovo, in dieser Zeit gewöhnlich Novi genannt, am Eingang in den Golf von Cattaro ihren Sitz hatten.

Fast auf jeder Seite der Bücher ist von Geschenken an die Türken zu lesen, vom Grossherrn selbst angefangen bis zu den Häuptern in der Nachbarschaft oder einzelnen Besuchern der Stadt. An solchen Besuchern fehlte es nie. Am letzten März 1519 beschloss das Consilium Rogatorum ein Geschenk »Saito, qui est in Bosna caput presbiterorum Turcorum«, ebenso am 6. Juni d. J. einem Scheich, »Secho Turco, qui est patriarcha Turcorum maior Saito et venit pro videndo ciuitatem cum literis sanzachi craisnichi«, im Werthe von 500 Aspern. Ebenfalls aui 500 Aspern war nach Beschluss vom 15. October 1510 berechnet das Geschenk »janizariis quatuor, qui venerunt ex locis vicinis, in quibus visitauerunt suos, et donauerunt dominio nostro unum tapetum et unum pulcrum arcum cum sagittis XXI, computata Ia tota depicta rubea, stimat(a) valoris ducatorum quinque in totum«. Jeder Wechsel der türkischen Beamten in der Nachbarschaft, jede Einladung von Seite der Türken zu einer Hochzeit oder »ad circumcisionem filiorum«, jede Regelung der gemeinsamen Rechnungen über die Zölle oder den Salzhandel, sogar jede Hinrichtung eines Räubers, der einen ragusanischen Kaufmann jenseits der Grenze ermordet und ausgeplündert hatte, bot Anlass zu Geschenken, begleitet von Trinkgeldern (beueragium, manzaria) an die kleineren Leute, die ja im Reiche des Grossherrn leicht mit der Zeit zu hohen Würden emporsteigen konnten. Auch Beamte, die mit den Ragusanern direct wenig in Berührung kamen, wurden bedacht, so am 9. Juli 1502 »Turchus, qui querit pueros per Bosnam« (Knaben für das Janičarencorps), allerdings als Gegengeschenk, ebenso am 17. Januar 1503 der Tefterdar von Natolia, »qui alias fuit in Bosna ad eligendum pucios pro Imperatore«, obwohl beides nicht ganz ohne Ursache war. Die Türken versuchten mitunter junge ragusanische Kaufleute in ihren Ländern zum grossherrlichen Dienst wegzuschleppen. So wurde am 26. October 1515 Benedictus Georgii Crispi zur Pforte gesendet,

»pro nostris juvenibus mercatoribus, quos sclaui porte in locis Turcorum querunt accipere pro domo Imperatoris, sicut nobis scribunt ex Scopia, ubi voluerunt accipere filium Ser Jacobi Christ. de Zamagno et puer unus (sic) Sebastiani Sfetilasich«, ebenso am 23. December d. J. Stephanus Antonii Bratossalich Sassin [1]) nach Sofia oder bis zur Pforte »pro filio Ser Pasqualis Laurentii de Sorgo, retento in Sophia pro imperatore, et pro aliis nostris, qui sunt accepti«. Im September 1515 wurde vom Senat beschenkt ein Emin der Pforte, »faciens descriptionem sanzachatus Cherzegouine« oder »qui describit villas et loca Cherzegouine«, ebenso andere solche *pripisnici* (emin pripisnicus), Katasterbeamte, sowie *lelosnici* oder *dukatnici*, Steuereinnehmer der Pforte in der Nachbarschaft [2]).

Die Geschenke von Seiten der Ragusaner bestanden in der Regel bei sehr hochgestellten Männern aus Silbergeschirr (taciae de argento), sonst aus Kleiderstoffen (drappi), Wachs (cera alba), Esswaaren (in rebus cibariis; confectiones) oder Spezereien, selten in Baargeld (pecunia numerata). Gross ist die Auswahl der Stoffe: panni de sirico; cauecia de grana de scarlato; veluti leonati, carmisini; cauetium de veluto viridi scuro; cauetium de raso chremesino rubeo; cauetium pauonatium (pavonazzo it. violett) de grana u. s. w. Der Sandžak der Hercegovina erhielt alljährlich zu Weihnachten Fische, Früchte und Süssigkeiten, im Januar 1509 überdies »unam salmam maluasie et unam scatolam cotignate in zucharo« (cotognata it. candirtes Quittenbrot), im Februar wieder ein neues Geschenk »in piscibus condendis in gelatina, confectionibus et aliis rebus comestibilibus«. Am 24. Juli 1508 sendete der Rath nach Novi »piscatores cum barcha pro piscando« für den »sanzachus craisnicus«, ebenso am 3. October 1513 »unam barcam cum piscatoribus ad piscandum pro sanzacho nostro in Narento, venturo ad Gabellam et inde ituro ad Popouo«, ganz wie man es seiner Zeit vor der türkischen Eroberung der Nachbarländer machte, als der König von Bosnien, der Grossvojvode Sandalj oder der Herzog Stipan Vukčić in die Nähe des Meeres kamen und sich an dem Genuss frischer Seefische ergötzen woll-

---

[1]) Aus der Familie, welcher der Dichter Autun Sasin oder Antonio Sassi (um 1590) entstammte (Stari pisci XVI). Ein Andrea di Matheo Saxo 1550 in Belgrad, Div. Canc. 1550 f. 181 v. Stephanus Saxin Nachbar eines Hauses »in uia lata prope S. Dominum«, Div. Not. 1533 f. 28.

[2]) Ueber die finanzielle türkische Reichsbeschreibung aus dem XV. und XVI. Jahrh. vgl. Jireček, Das Fürstenthum Bulgarien S. 154—155.

ten. »Pisces in gelatina«, eingemachte Fische, waren ein Geschenk, an dem sich die so oft wechselnden Sandžakbegs von Bosnien oder der Hercegovina alljährlich wiederholt zu erfreuen pflegten. Es scheint besonders ein Erzeugniss der Insel Lagosta gewesen zu sein, deren Gemeinde (universitas) zu Neujahr dem Senate eine solche »gelatina piscium« zu überreichen pflegte. Am 5. März 1523 ging an den Sandžakbeg in Mostar eine mit Caviar verstärkte Sendung ab (de cauiaro). Auch Zucker wurde oft gespendet, so im März 1517 dem Sandžakbeg der Nachbarschaft »de zucharo fino panes parvulos centum«, »a libris centum infra«. Die »fructaria« der Geschenke waren Feigen, Orangen (salma de narantiis dulcibus), Granatäpfel (salma de granatis dulcibus) u. s. w. An Spezereien (speciaria) wird 1520 ein Geschenk erwähnt »in pipere, canella, garrofalis et gingiberi«, 1523 eines in »canfora«. Auch Wein, Muscateller oder Malvasier, wurde von den gläubigen Mohammedanern aus den Händen der christlichen Kaufleute von Ragusa nicht ungern angenommen; so erhielt der Sandžakbeg von Vrhbosna vom Senat 1511 »tres salmas moschatelli vel maluasie«, 1516 ein Geschenk »in moscatello, maluasiis, fructariis«, 1520 ein »barile maluasie«. Zum Brauen von Spirituosen diente wohl das »lambicum«, das der Sandžak der Hercegovina auf seinen Wunsch im Mai 1523 vom Senat zugesendet erhielt (maluasiam, vitrum, lambicum). Mitunter kam es vor, dass der Türke das Geschenk nicht annehmen wollte, da es ihm zu gering schien und dass er erst durch eine Vergrösserung der Gabe milder gestimmt wurde. Diese Verwegenheit (»temeritas« heisst es in den Senatsprotokollen) hatten nicht nur die Veziere der Pforte und die Sandžakbegs, sondern auch die Boten mit Briefen des Grossherrn und die Emins der Zollämter.

Das Geschenk erfolgte gewöhnlich nicht ohne Gegengeschenk, obwohl in der Regel die Türken weniger und die Ragusaner mehr gaben. Die Ueberreichung der türkischen Geschenke geschah oft ganz ceremoniell vor dem Minor Consiglio, z. B. durch den Kapidžibaša oder Kehaja des Sandžakbeg mit einem Dutzend »seruitores«. Die »dona Turcorum« bestanden zumeist in Teppichen (tapetum), mitunter von 5 Ellen Länge, und Pferderüstungen (habenae; 1510 »unam *pocriuaziam* ab equo«, pokrivača Decke). Sonst pflegten es zu sein: weisse Mützen (baretizas albas, bireta de tela), Gürtel (centura), kostbare Stoffe (pecia zambelloti; pecias de veluto cum floribus de auro; cauecia de veluto; pecia sete vocate chuthai, cuthai; unum athlas de seta crocei coloris;

chamucha; de cendato nigro [1] u. s. w.), Tücher (faceolos de velo), Krüge
(brocharellos), Trinkgefässe aus Metall und Leder (sumachos ab aqua;
sumachos de corio pro bibendo; unum flaschetum de corio deauratum ab
aqua; unum bochale de ramine pulcro), Täschchen aus rothem Leder
(valisia parua de pelle chermesina), Bogen mit Pfeilen, türkische Streit-
kolben oder Buzdogans (basdochanum de ferro; unum basdochan, munitum argento), Trommeln (timpanetum) und dgl. Vom Sandžakbeg von
Smederevo kamen ganze Pferdelasten Fische, Hausen und Störe aus der
Donau (1—2 salmas »morone et sturioni« 1509, 1513). Die türkischen
Beamten aus der nächsten Nachbarschaft sendeten den Ragusanern besonders zu Neujahr (in Calendis) lebendes Vieh, Kühe, Kälber, Schöpse
und Lämmer, die sofort abgeschätzt und auf den Markt gebracht wurden. Pferde pflegte der Senat in der Regel nicht anzunehmen oder rasch
zurückzuschenken, wohl um den Staatsschatz der Republik nicht mit
Fütterungskosten zu belasten. Dagegen wurden Jagdhunde (canis lepo-
rarius) behalten, da man sie zu Geschenken in Italien verwenden konnte.
Die in der Finanzkammer der Republik aufgespeicherten Geschenke
wurden nach einiger Zeit öffentlich versteigert; z. B. am 8. November
1515 beschloss das Consilium Rogatorum »vendere ad publicum incan-
tum drappos et alias res, existentes in camera communis nostri de donis,
factis dominio nostro et oratoribus nostris«, ebenso am 23. Januar 1522
über die »dona existentia in camera communis vendenda tam ad minu-
tum, quam ad simul«.

Eine grosse Abrechnung über Geschenke und Anderes gab es bei
der Rückkehr der alljährlichen Gesandtschaft mit dem Tribut zur Pforte.
Die Ducaten des Tributs wurden von den Türken nicht nur gewogen,
sondern auch im Feuer geprüft (probati per ignem). Dabei kam es jedesmal vor, dass sich beim Abwägen eine kleine Differenz zeigte, oder dass
gar einige dieser venetianischen Goldstücke zerrannen, wie 1511, wo
»ducati quinque, liquefacti in dicto igne« den Gesandten ersetzt wurden,
oder 1504, wo 9 Ducaten, »combusti, quando extracti fuerunt ex igne«,
verrechnet werden. Auch dabei gab es Geschenke. Am 1. Juli 1512
wird den Gesandten ein Geschenk von 2 Ducaten und 20 Grossi verrechnet, »quos ponunt in eorum computo dedisse *mechteris* Imperatoris,
qui numerant et probant ducatos tributi«, ebenso eine merkwürdige

---

[1]) Ueber diese Stoffe, camocato, zendato und dgl. vgl. Heyd, Geschichte
des Levantehandels II, 687 f. Chuthai wohl von Cataja, russ. Kitaj, China.

Auslage für Färbung der Goldstücke: »aspros triginta, qui faciunt gros-
sos viginti duos, quos ponunt expendisse pro *colorando* duc. 772, refu-
tatos a Chadaro Bani, scribano chasne Imperatoris, in despectum, quia
non donauerunt ei unam taciam«.

Die Türken, welche nach Ragusa kamen, waren Gesandte, Couriere,
Nachbarn, besonders aber Kaufleute, die oft mit Seidenstoffen und an-
deren Waaren weiter nach Italien durchreisten, auf die damals von
Türken, Peroten und Griechen aus der Türkei viel besuchten Jahr-
märkte (feria, nundinae) von Recanati bei Ancona und Lanzano bei
Ortona. Andere Mohammedaner kamen, um die italienischen Aerzte
der Stadt zu consultiren; mitunter starb einer in Ragusa, wie Deli Chamza
Abdulacouich, Turcus de Verbossanie, dessen Nachlass nach Beschluss
des Rathes vom 10. Januar 1510 seinem Bruder Machmut, der mit einem
Brief seines Sandžakbegs eingetroffen war, übergeben wurde. Diese
Türken wohnten nicht in dem »hospitium« oder »la hostaria«, wo z. B.
nach Beschluss vom 26. Mai 1511 der Italiener Ludovicus de Michuçio
de Aquila vornehme Fremdlinge zu beherbergen hatte (»alogiare ogni
gentilhomo et altra persona da bene«, mit »boni letti«)[1], sondern nach
Beschluss vom 5. Juni 1501 in einem Hause »prope S. Nicolaum«, einer
Art Karavanserai, wobei man streng darauf sah, dass das Haus keine
weibliche Bedienung habe. Am 9. Juli 1502 beschloss der Rath »de
dando libertatem domino rectori et suo minori consilio inueniendi et po-
nendi ad curam *caruassarie* unum bonum hominem, qui non habeat fa-
miliam femininam et qui non possit conducere feminas in dictam *char-
uassariam*, cui possint prouidere de ypp. 60 in anno«, jedoch schon am
24. November d. J. fasste man den Beschluss »removere receptaculum
Turchorum de loco, in quo est factum, ob multos bonos respectus«. Der
nach Venedig reisende türkische Gesandte, der am 18. November 1514
»hic descendit propter suum barianum (Bairamfest), quem hodie cele-
brant Turci«, erhielt eine Wohnung »in domo Sandalis«, in dem alten
Palast des Grossvojvoden Sandalj, der damals noch oft erwähnt wird.
Im Februar 1527 erscheint unter den »salariati« der Republik auch
»Radiz Brancouich, hospes Turcarum ad Priechi put«, also innerhalb
der Stadt[2].

Das Benehmen der Türken in der Stadt bot Anlass zu manchen

---

[1] Ein eigenes Hospiz für sich hatten damals in Ragusa die Florentiner.
[2] Liber Consilii Minoris 1524—1528, f. 225.

Klagen. Am 22. Mai 1502 wurde den Gesandten zu dem damaligen
Sandžakbeg der Hercegovina Mehmedbeg Obrenović, Stephan Gio. de
Sorgo und Bernard Mar. de Goze, die den Statthalter von Trebinje durch
das ragusanische Canale nach Novi (Castelnuovo) zu begleiten hatten,
aufgetragen, bei ihm Beschwerde zu führen, dass die Asapi der Besatzung von Novi täglich zu sechs, acht, zehn Mann durch Canale nach
Ragusa kommen, einige Tage dort bleiben und sich dabei unter grossem
Lärm betrinken [1]). Am 20. Februar 1522 beschloss der Senat, den
Sultan um Erlaubniss zu bitten, die »levente« (Seesoldaten) [2]) aus Castelnuovo, die ohne Briefe des Sandžakbeg, Kadi, Emin oder Dizdar
(Festungscommandanten) kommen, wegschicken oder nicht einlassen zu
dürfen, »expellere, non dare ingressum in ciuitatem, pro obuiando scandalis, qui intervenire possent ex eorum sinistris deportamentis«; nur
»mercatores et qui habent titulum dignitatis et officii Imperatoris« sollen
stets Einlass haben. Die Aufführung dieser türkischen Soldaten in der
Stadt schildert anschaulich ein Schreiben des Senates vom 7. October
1523 an die Gesandten bei der Pforte: »Sapiate, che li dicti (Turchi)
sono tanto aroganti e superbi, che non se po hauer da loro resposta di
cossa alguna senza villania. Et la pratica loro, che fano per la città, di
continuo la fano con qualche iniuria nostra, intrando in le chiesie ad
nostra confusione senza alcuno respecto, anzi cum tanta insolenzia, che
uno giorno dicto sclauo, intrato cum altri Turchi in la chiesa de Sancta
Maria Magior, usò dire: ,doue la casna? datime questa vostra casna!' [3])
doue considerate, che parole sono queste. Et l'altro giorno, inducti dal
diabolico spirito, hano cum saxo rotto li dedi [4]) de la mano de la statua
de San Biasio intra le porte de la ponta. Et ultra de questo li dicti soi
leuenti per la via molestano le donne, per le quale poteriano seguire
grandi scandali, perche in la città se trouano cittadini, li quali vedendo
ouer oldando tale insolentie non haueriano pacientia. Et più perche
dicti Turchi questi giorni passati se hano facto vogare per mare al pia-
cere loro fin in Ombla et in alguni altri loghi, tamen contra la volunta
nostra, perche poteria interuenir tal scandal per mare, che tota la citta

---

1) Lettere e Commissioni de Levante 1493—1528.
2) Leventa, ein noch jetzt auf der Halbinsel nicht vergessenes Wort,
schon 1536 als Spitzname: presbyter Marinus Leuenta, Div. Canc. 1535,
f. 229 v.
3) Chazna türk. Schatz.
4) Dialektisch für le dita, die Finger.

se dolera, per le gente de malfare, le quale vano per mare«[1]). Schon am 7. Aug. 1522 ist die Rede von einem *chochiumo*, den die Gesandten »pro leventis« erlangt haben, doch scheinen die Befehle nicht streng durchgeführt worden zu sein.

Der Druck der mächtigen Nachbarschaft des osmanischen Weltreiches bewog die Ragusaner manches zu thun, was ihnen schwer vom Herzen ging. In diesen Zeiten trafen nicht selten Nachrichten ein über gewaltige Siege der türkischen Armeen. Das tributäre Ragusa musste sich mit den Türken freuen und seine Freude öffentlich bezeugen durch Kanonendonner und Pulverdampf von den Geschützen auf den Mauern und Thürmen der Stadt: »facere solitam demonstrationem letitie cum bombardis in aduentu ad nos nuncii porte cum litteris victorie Imperatoris«[2]). Am 5. August 1516 traf ein Čauš Namens Mustafa ein, auf der Durchreise als Gesandter nach Venedig, mit Briefen des Sultan Selim, datirt vom 1. Juli »in Asia in *padaliste* (slav. padalište Lager, Quartier) Cogna« (Konié, das alte Ikonion), über einen Sieg gegen die Perser (contra Sophianos) und mit dem Auftrag an die Ragusaner, den Gesandten zur See weiter zu befördern; »cum quibus literis nobis presentauit unum caput, missum per dictum Imperatorem unius ex principalibus Sophianis occisis, sicut scribit«, den abgeschnittenen Kopf eines der letzten persischen Statthalter in Kurdistan![3]). Am 29. Sept. d. J. Nachmittags kam ein *ulak* (Courier) mit einem Schreiben des Prinzen Suleiman aus Adrianopel, sein Vater habe in Asien den Sultan von Aegypten geschlagen und gefangen, ihm den Kopf abgehauen (capto dicto soldano amputauit caput) und sein Reich erobert. Am 6. November meldete ein Brief des Sultan Selim aus Aleppo selbst abermals diesen Sieg »contra Soldanum Chairi apud Alepum«[4]). Am 26. Juni 1517 trafen zwei Couriere ein, mit neuen Siegesnachrichten aus Aegypten, die am 1. Juli bestätigt wurden durch einen »ullachus seu tabellarius« des Sohnes des Sultans aus Adrianopel, Alia, »caput de li seimeni«. Er überbrachte wieder einen Brief des Kaisers selbst: »subiugauit et supposuit imperio suo Egiptum, Siriam cum toto Imperio Soldani Chaieri,

---

[1]) Lettere e Commissioni di Levante 1504—1526.

[2]) Consilium Rogatorum, 12. September 1521.

[3]) Vgl. Hammer, Geschichte des osman. Reiches I[2], 752.

[4]) Mittheilungen der Ragusaner darüber an König Ludwig II. von Ungarn: Gelcich und Thallóczy, Diplomatarium relationum reipublicae Ragusanae cum regno Hungariae p. 679.

capto ipso nouo Soldano et sibi presentatis et interfectis et necatis omnibus *mamaluchis*, exhortans dominium nostrum, ut faciat *signum leti-
ciae*. Die Nachricht war für die Ragusaner wichtig, weil sie in Alexandria damals einen nicht geringen Handel trieben und eben mit den
letzten Mamelukensultanen über ihre Handelsrechte unterhandelt hatten.

Bald folgte eine Zeit, wo das »signum leticie« nicht mehr türkischen
Siegen gegen mohammedanische Herrscher im fernen Osten galt, sondern
den Fortschritten der Osmanen gegen die europäischen Christen an der
mittleren Donau, und wo bei diesem Kanonendonner das Herz vieler Ragusaner von aufrichtigem Schmerz um den Niedergang der Sache des
Christenthums erschüttert wurde. Am 24. September 1521 las man im
Senat einen Brief des neuen Sultans Suleiman über den Fall von Belgrad
und der Schlösser von Syrmien (de captura Belgradi et multarum aliarum terrarum Sremi regni Hungarie) [1]. Am 6. Juni 1522 wurde Hieronymus Luciani de Bona mit Geschenken zu dem »sanzachus craisnicus
noster« nach Mostar gesendet, »in reditu suo cum exercitu ex Croatia
cum victoria, qui subegit imperio Imperatoris Turcorum Tninum (die
Burg Knin) et Scardonam«. Ein Brief des Grossherrn meldete am
2. März 1523 »victoriam suam contra Rhodum debellatum et captum,
longa narratione pugne et ruine dicte ciuitatis et dicte capture«. Am
22. September 1526 wurde mit 30 Ducaten ein Čauš der Pforte beschenkt, welcher die Siegesnachricht von Mohacs nach Ragusa und Venedig überbringen sollte, »cum literis Imperatoris Turcarum, factis in
partibus Hungarie in Michaceuo pogle (sic), ubi factum est conflictum« [2].
Am 20. October bestimmte das Consilium Rogatorum eine Gesandtschaft
zum Sultan, »signo leticie nostre pro victoria parta contra regnum Hungarie per eum occupatum«, mit Geschenken im Werthe von 2000 Ducaten. Am 25. October brachte Chussain Spachirogli neuerdings einen
Brief des Grossherrn über die »victoria Imperatoris contra regnum Hungarie, per eum deuastatum et desolatum ac depredatum et spoliatum
cum maxima strage« und wurde mit kostbaren Stoffen im Werthe von
200 Ducaten beschenkt.

Mit welchen Gefühlen die gebildeten Ragusaner diese Ereignisse

---

[1] Lateinische Uebersetzung dieses Schreibens (ex lingua persiana) bei
Sanudo, Archiv za povjestnicu jugoslavensku VIII, 136; zum Schluss: »lae-
titiam pariter et exultationem faciatis«.

[2] Mohacs als »Mihačevo polje« auch in den slavischen, von Prof. Bogdan
herausgegebenen Chroniken der Moldau (Archiv XV, 88).

verfolgten, darüber haben wir ein beredtes Zeugniss in den für den Historiker beachtenswerthen Gedichten des Zeitgenossen Vetranić (Stari pisci III, S. 44 ff.). Es ist besonders ein Gedicht über den Ruhm des türkischen Kaisers (Pjesanca slavi carevoj), wo der geistvolle Benediktiner den Untergang der alten christlichen Staaten des Ostens, den Fall von Rhodos und Belgrad, die Katastrophe in Ungarn, das Unglück Kroatiens bespricht und auch sein schwaches Ragusa, »Dubrovnik slabi grad«, zur Vorsicht mahnt. Mag es auch bei den Türken jetzt in Gunst sein, soll es seinen Schätzen, Festungsmauern und der Hilfe der Christenheit ja nicht zu viel trauen, sondern resignirt in Frömmigkeit ohne Stolz und Sünde dem Hause Osmans dienen (i mimo sve ino i dvori i služi otmansko koljeno, S. 49).

Die Correspondenz mit der Pforte und deren Statthaltern wurde meist noch in slavischer Sprache mit cyrillischer Schrift geführt, aber schon war es nothwendig, auch türkische Dolmetscher und Schreiber zu besolden, besonders zur Uebersetzung türkisch geschriebener Urkunden. Živan Mihačević wird 1508—1527 als »dragomanus« oder »interpres literarum turcarum« oft erwähnt, »qui habet linguam et literas turcas in perfectione«. Neben ihm wurde am 1. Juli 1522 Thomas Pavlović aus Krbava in Kroatien angestellt »pro interprete literarum turcarum, qui optime scit dictas literas legere et scribere et linguam«, mit nur 2 Ducaten monatlich [1]. Am 18. April 1523 erhielt Thomas einen Urlaub für 20 Tage zu einer Reise nach Kroatien, »causa accipiendi quosdam libros turcos«. Im J. 1545 erscheint in den Büchern ein Blasius Mathei de Brenno, interpres linguae turcicae [2].

Die ganze Politik der Ragusaner war in Folge dieser Zustände voll Aengstlichkeit und Vorsicht. Die Freundschaft sowohl mit den Türken als mit den Christen hatte manche sehr unangenehme Situation zur Folge. Die Ragusaner konnten es nicht verhindern, dass sieben türkische Schiffe im October 1510 im Hafen von Malfi (sl. Zaton) einen spanischen, aus Sicilien eingetroffenen Kauffahrer aus Biscaya nach hartem Kampfe wegnahmen [3]. Die Ritter von Rhodos machten sich dagegen kein Ge-

---

[1] Der Scharfrichter (magister justicie) Baptista hatte (1513) 4 Ducaten monatlich.

[2] Diversa Notarie 1544, f. 113 v.

[3] Vgl. Consilium Rogatorum 25.—28. October 1510. In den Annales Ragusini ed. Nodilo p. 96 erst zum Januar 1511 notirt, ebenso p. 275 zum J. 1511.

wissen daraus, auf die ragusanischen Handelsschiffe Jagd zu machen.
Ein spanischer Ritter Don Pedro Bobadilla [1] begann im December 1516
mit einer Gallione von 180 Mann Besatzung ragusanische Schiffe zu
fangen. Seine Standplätze waren bei Cap Spartivento, bei Valona, bei
Cap Matapan und Cap Malea (Cauomalia), wo er besonders den nach
Candia und Aegypten segelnden Fahrzeugen auflauerte. Im Mai 1517
sendeten die Ragusaner vier bewaffnete Schiffe mit je 150 Mann unter
dem Oberbefehl des Michael Nic. de Bona gegen ihn. Bobadilla entfloh,
aber eines der von ihm gekaperten und ausgerüsteten Schiffe wurde in
»aquis Vallis de Compare«, in den Gewässern des alten Ithaka, genommen und mit zahlreichen gefesselten Gefangenen im Juli nach Ragusa
gebracht. Der Senat war aber mit den Leistungen der Flotte unzufrieden; er beschloss den Bona »habere pro fallito«, »castigando de verbis«,
wahrscheinlich weil er den Bobadilla selbst nicht eingeholt hat. Die
Weiber und Schiffsjungen aus Rhodos, Candia und Cerigo wurden freigelassen, die Männer eingekerkert. Schon fünf Tage nach der Ankunft
(18. Juli) beschloss man, 7 der Gefangenen zu hängen. Am 27. August
wurde die Hinrichtung der übrigen »cursarii« festgesetzt; sechs wurden
gehängt »et reliqui decem vel quot sunt descopando [2] in barcha et proii-
ciendo in mari cum saxo ad collum« umgebracht. Von dem Rest wurde
am 28. Juli 1518 ein Genuese auf Fürbitte eines Cardinals und der Republik Genua freigelassen, ebenso ein Franzose auf Bitten eines Kammer-
herrn des französischen Königs, der über Ragusa nach Rhodos reiste
und »in minori consilio supplicauit flexis genibus pro dicto Duranto,
quem dixit esse nobilem Francie, juvenem captum a corsario«. Die
letzten drei Piraten, aus Rhodos, Cerigo und »de brachio Maine« gebürtig, hat man am 15. August d. J. durch eine kirchliche Ceremonie
entlassen: »donati gloriose Virgini S. Marie et presentati sibi in ecclesia
sua maiori«. Bobadilla trieb indessen sein Handwerk weiter, unter wiederholten Klagen der Ragusaner, die den Handel nach Rhodos ganz

---

[1] Wohl ein Verwandter des Calatravaritters Francisco de Bobadilla,
der 1500 als Nachfolger des Admirals Cristoforo Colombo den Entdecker
Amerikas in Ketten nach Spanien sendete (vgl. Peschel, Geschichte des Zeitalters der Entdeckungen, 2. A. S. 275 ff.). Die Ragusaner schreiben: Boua-
dilia Hispanus. Annales Ragusini ed. Nodilo p. 276 ganz verfehlt: don Pietro
de Cascuglia.

[2] Descopare, decopare fehlt bei Du Cange, der aber copare franz. couper
angibt. Descopare cf. franz. découper.

verboten hatten und sich beim Papst, in Venedig und beim Grossmeister des Johanniterordens beschwerten. Schiffe wurden gegen den Corsaren noch zweimal ausgerüstet, ohne Erfolg. Zuletzt half eine »taglia«, ein Preis von 2000 Goldducaten auf den Kopf des Bobadilla, nebst einer lebenslänglichen Provision von 6 Ducaten monatlich für den Mörder. Das war eine verführerische Prämie für das internationale Gelichter auf den Raubschiffen des Spaniers. Im Januar 1519 bemühte sich der Rhodiserritter Don Diego de Cabrera von Neapel aus um einen Frieden zwischen Bobadilla und Ragusa.

Wegen der wiederholten Anwesenheit einzelner Türken in der Stadt war man auch sehr vorsichtig beim Einlass von Fremden. Im Juli 1515 meldete der Comes der Isola di Mezzo, es sei dort aus den Marken ein Mann eingetroffen, der sich für ein Mitglied der ehemaligen albanesischen Fürstenfamilie der Dukagin ausgibt (facit se de domo Duchagini); am 24. d. M. beschloss der Senat einstimmig, sofort einen Nobilis hinzusenden, der diesen Reisenden unzweideutig zur Abreise bewegen sollte [1]). Als im J. 1521, eben als das Schicksal von Belgrad auf dem Spiele stand, ein ungarischer Gesandter, »dominus Simon, aulicus et orator Regis Hungarie« in Gravosa eintraf und dort im Kloster S. Crucis abstieg, liess man ihn am 3. April nur »secrete« in die Stadt hinein und zwar in das Franciskanerkloster bei dem Thor, wo zwei Mitglieder des kleinen Rathes oder, wenn er es wünscht, das ganze Minor Consiglio mit ihm sprechen sollte, aber alles ganz im Geheimen [2]). Als es dann hiess, es werde abermals ein ungarischer Gesandter nach Ragusa um den Tribut kommen, warteten vom 6. bis zum 13. August zwei Nobiles auf Schiffen im Sund von Vratnik (ad Vrathnich), jetzt it. Bocche false, und bei den Klippen der Grebeni (ad Grebenos), it. Pettini, um ihn gar nicht in die Nähe der Stadt gelangen zu lassen; doch er kam nicht [3]). Ebenso blieb im Juli 1522 Gjuragj Martinić, Abgesandter des Comes Petar Krusić und der tapferen Bewohner der Burg Clissa, versteckt auf der Insel Mezzo und erhielt dort statt der verlangten Subvention ein Geschenk von 10 Ducaten [4]). Aus diesem Grunde wurden von den Ragusanern zu vielen Gesandtschaftsreisen einheimische Dominikaner verwendet, die

---

[1]) Ueber die Dukagins vgl. Sanudo 1515, Arkiv VI, 454.
[2]) Gelcich und Thallóczy S. 843.
[3]) Liber Consilii Rogatorum 1521—1522.
[4]) Consilium Rogatorum 8. Juli 1522 (cuidam Giuraghio Martinich, procuratori terre Clissi, ad nos misso per comitem Petarum Crusich).

ganz unbemerkt abreisen und zurückkehren konnten, wie frater Bartholomaeus Bogissich (1512, 1518) zum König von Spanien, frater Thomas de Crieua nach Ungarn (1521), Neapel, zu König Ferdinand, frater
Clemens de Ragnina, des Dichters Dinko Ranjina väterlicher Oheim,
ebenfalls (1532) zum römischen König u. A.

Unter diesen Umständen hat die Republik auch die Verbreitung
mündlicher Neuigkeiten und besonders deren schriftliche Mittheilung ins
Ausland strenge verboten; das Recht, mit dem Orient und Occident
zugleich zu correspondiren, sollte der Regierung allein bleiben, die es
auch mit grosser Virtuosität ausübte und den Sultan, den Papst, die Venetianer und die Könige von Ungarn und Spanien stets mit sorgfältig
überlegten Neuigkeiten versorgte. Ein Verbot vom 14. Mai 1496 befahl,
»quod non fiant circula per ciuitatem nostram, in quibus sunt sermones
de nouis et de principibus et potestatibus«, und verbot »interrogationes
curiosas et inuestigationes nouorum«. Ein Beschluss vom 30. Mai 1509
spricht »de providendo contra obloquentes et curiosos interrogare, legere et referre de nouis publice, pro euitandis scandalis«. Am 24. Mai
1511 wurde beschlossen »de prouidendo contra loquentes et interrogan-
tes publice et in circulis de nouis« und den Provisoren Vollmacht gegeben »faciendi admonitiones, quibus eis videbitur, et imponendi penas,
ne quis loquatur publice de nouis vel legat literas, et castigandi contra-
facientes«. Aus den Tagebüchern des Marino Sanudo wissen wir jedoch,
wie viel Nachrichten damals gerade aus Ragusa nach Venedig kamen.
Ueber das durch geheime Correspondenz mit dem Ausland verursachte
bittere Schicksal des edlen Geschlechtes der Bucignolo werden wir noch
sprechen.

Es gab unter den Ragusanern dieser Zeit viele Verehrer der Gegner
der Türken. Ein Legat für die Nachkommen des tapferen albanesischen
Fürsten Skanderbeg († 1468) machte in seinem Testament der Kaufmann Franciscus Marini de Francho 1503, Oheim des Polo Mich. de Stai
und des Zohan Natal Masibradich, Verwandter der Familie Nale (Nalješković): »Item lasso alli successori de la madonna et moiere de *signor
Schenderbegh vechio*, qual aiutò una volta Re Ferdinando in guerra de
Duca Zohanne in Puglia, ducati trenta« [1]). Nach den Stammtafeln bei
Hopf ist des Georg Kastriota Witwe Andronika 1500 gestorben; es

---

[1]) Testamenta Notarie 1503 f. 23 v. (Testamentum olim Franc. Mar. de
Francho, eingetragen 29. Nov. 1503).

lebten im Königreich beider Sicilien noch ihre Enkel, sowie Söhne des Neffen Skanderbeg's Branilo. Auch das ungarische Königreich, wo viele Ragusaner als Kaufleute oder Gelehrte sich Ruhm oder Vermögen erworben haben, genoss viele Sympathien. So hat Ser Dragoe domini Aloisii de Goze in seinem Testament 1498 den ungarischen Landespatronen einen Altar in der Dominikanerkirche zu Ragusa errichten lassen: »Lasso a Sancto Dominico perperi trexento per far uno altar ad honor de Dio et de la gloriosa Verzene et de li tre sancti de Hungaria, Stephano, Vladissauo et Emerico« [1]).

Viel Sorgen machte die permanente Pestgefahr. Bei der Ankunft aus verdächtigen Ländern mussten die Reisenden auf öden Inseln, auf dem scopulum S. Petri vor Ragusa vecchia, auf Meleda u. s. w. Quarantaine halten. Die von der Pforte zurückkehrenden Gesandten, wie gewöhnlich begleitet von zahlreichen Kaufleuten, die sich wegen der bewaffneten Bedeckung denselben angeschlossen hatten, erhielten am 2. Mai 1513 »confine ad schopulum Lachliane«, auf der unbewohnten, heute zum Theil mit schönem Nadelholz bewachsenen Insel Jakljan zwischen Giuppana (sl. Šipan) und Stagno, bei den oben erwähnten Bocche false [2]); am 8. d. M. erlaubte man ihnen, zur Stadt in die gewöhnliche Quarantaine auf der Anhöhe Danče (ad Danzias) vor dem Castell S. Lorenzo zu kommen, aber »januis clausis«, mit »bona custodia« [3]). Bei einzelnen Pestfällen ging man streng vor. Ein Beschluss vom 4. Mai 1503 erlaubte den Beamten, die Häuser der unfolgsamen Angesteckten auch mit Gewalt niederzubrennen: »quod infectis in Canali et alibi, si non obedient, possint comburi facere domos et ipsos inobedientes in ipsis domibus possint comburi facere«. Die Desinfection wurde betrieben durch

---

[1]) Testamenta Notarie 1498—1503, f. 11 (datirt 16. Sept. 1498).

[2]) Die Schreibung Licignana, Lichignana, Lichgnana im XIV. Jahrh. würde zu einer römischen *insula Liciniana* führen; im XV. Jahrh. Laclana, Lachgnana, Lachllana, insula de la Cliana. Damals gab es hier eine Kirche des hl. Isidor, Waldungen (arbores de zapino 1429, borovina 1473) und Weingärten mit wenigen Hütten, Besitz der Familien Cerva, Saraca u. A.

[3]) Danče plur., gen. Danača. In den Diversa 1335 apud Anče, 1342 ad Anče, im XV. Jahrh. ad Danças, Dancias, Danceas. Die hiesige Marienkirche in den Testamenten des XVI. Jahrh. oft beschenkt. Von der einstigen ummauerten Quarantaine wahrscheinlich heisst jetzt eine nahe Stelle *Gradac*, 1898 als Park mit schöner Aussicht auf das offene Meer eingerichtet.

Verbrennen, Waschen, Räuchern der inficirten Sachen (comburere, lavare, purgare res infectas) [1]).

Die Gefahr war vergrössert durch die Enge der dicht verbauten Stadt. Auf der »platea« gab es vor den Häusern und den Kaufläden überall Holzdächer und Holzhäuschen, die 1512 theilweise weggeräumt wurden [2]). Im folgenden Jahre beschloss man, eine Bude zum Glashandel unter den Arcaden des Zollamtes (domuncula, in qua venditur vitrum sub sponza) zu entfernen. Aus Gründen, die mit der Stadtvertheidigung im Zusammenhang waren, verfügte ein Beschluss vom 4. März 1508 die Ausräumung der »contra li ordeni« angewachsenen »burgi«, der Vorstädte vor den Stadtthoren. Die »salariati nostri, zoe tromboni, piffari, riueri, chnesaci [3]), bombarderi et altri«, die »artesani, che exercitano el mestero de lana, zoe texori, schartezeri, pectinatori, vergezeri et garzotti et le famiglie loro«, ebenso wie die »perlabuchi« (Krämer) und »becharii« (Metzger) mussten in die Stadt hinein ziehen. Draussen blieben nur die Edelleute mit einigen Bevorzugten, sowie von den Handwerkern ausser den Giessern (condenari) [4]) »li tentori, buttari, bochalari, vetrari et lo maestro dal sapone negro«. Am 23. Mai 1510 wurde den türkischen Amaldaren oder Salzbeamten, Slaven oder Griechen, vor den Thoren gleichfalls befohlen in die Stadt zu ziehen (amaldarii et eorum seruitores, famuli et familie eorum omnes teneantur et debeant se reducere ad habitandum in ciuitate). Zugleich hat man die Bestimmung erneuert, dass Häuser »de petra et calce vel de trauaturis« in »suburbiis Ragusii« ohne Bewilligung des Consilium Rogatorum nicht gebaut werden dürfen.

Ein grosses Unheil, Vorbote einer anderthalb Jahrhunderte später eingetroffenen grossen Katastrophe, war das Erdbeben am 17. Mai 1520

---

[1]) Recepte gegen die Pest im Liber Consilium Rogatorum 1525—1527, f. 195—196.

[2]) »Facere omnino destrui omnia sofficta et domunculas de lignamine ante stationes in platea«, »tectus et tabulas ante domos et stationes«, »quia omnes leges clamant contra occupationem viarum«. Weggeräumt »a via lata versus ponentem«. Cons. Rog. 23. Juli 1512.

[3]) Knežak (cncsach, chnesachus etc.) hiess im XV.—XVI. Jahrh. der famulus regiminis (oder comitis in Slano, Canale u. s. w.).

[4]) Condenarius fehlt bei Du Cange. Genannt werden im Beschluss: Paulo Radoichouich condenar, Natalino de Iuan Lilouich condenaro et bombardero cum la sua fameglia. »Contrata vocata condenarsca uliza«, Div. Canc. 1522—1523, f. 102.

zeitlich morgens (mane hora undecima), gerade am Festtage der Himmelfahrt des Herrn[1]). Die Strassen füllten sich mit Trümmern der Dächer und Kamine, Häuser stürzten ein oder erhielten grosse Sprünge, Kirchen und Klöster erlitten vielen Schaden, ebenso die Stadtthürme und der Regierungspalast (in palacio leso et aperto in pluribus locis ex terremotu), so dass die gefangenen Nobiles und Bürger aus den Kerkern im Palaste entlassen werden mussten (propter periculum carcerum concussorum ex terremotu). Es gab auch Verwundete und einige Todte. Im Beschluss der Rogati vom 19. Mai ist von diesem »terremotus maximus« bemerkt: »si magis aliquantulum durasset, totam ciuitatem traxisset et conuertisset in totalem desolationem cum maxima cede personarum«. Auch ausserhalb der Stadt gab es viel Schaden. In Canale litt das Haus des Comes, in Slano das des Kanzlers; selbst das Kloster S. Andreas de Pelago auf einsamer Klippe »indiget maximis expensis reparationis«. Sofort begann man die Strassen vom Schutt zu reinigen und die beschädigten Häuser auszubessern oder ganz zu demoliren. Bald nach dem Ereigniss wurde beschlossen, an den Vigilien des Festes Ascensionis Jesu Christi stets Processionen abzuhalten und eine Capelle der Himmelfahrt Christi zu errichten »in cortino contiguo monasterio fratrum minorum, ubi est cisterna cum sabulo«; man kann diese Kirche heute noch sehen, links innerhalb der Mauern, wenn man die Stadt durch die Porta Pile betritt[2]). Zahlreiche Aufzeichnungen der Rathsprotokolle betreffen die Restauration des Regierungspalastes[3]). Daraus ist ersichtlich, wie der Platz vor dem »dvor«, wie die Ragusaner sagen, einmal dicht verbaut war. Es gab auch Häuser zwischen dem Palast und der Kathedrale, wo jetzt alles offen ist. Ein Beschluss der Rogati vom 13. October 1520 bestimmt »pro ornamento ecclesie cathedralis et pro ampliando campum ante portam ponte et dictum palatium« die Entfernung eines Hauses der Nonnen von S. Maria de Castello »ante palatium« mit dem darin befindlichen Spezereigeschäft des Florentiners Jac. Juliani, damals florenti-

---

[1]) Vgl. die Notizen über die Erdbeben in Ragusa in einem Codex des Statuts bei Bogišić, Pisani zakoni na slovenskom jugu (Zagreb 1872), S. 99.

[2]) Abbildung bei Gelcich, Dello sviluppo civile di Ragusa (Ragusa 1884) zu S. 40.

[3]) Bei der Capella S. Ascensionis, dem Fondego delle biave und im Palaste an Säulen, Fenstern, Thüren u. s. w. arbeitete Petrus Marci Andrijch de Curzola; cf. Liber Cons. Rog. 1525—1527, f. 149—150. Vgl. auch Cons. Rog. 30. Dec. 1518.

nischen und venetianischen Consuls in Ragusa [1]), sowie des Hauses der
Erben des Franc. Steph. de Benessa »ante palacium«, angrenzend an
die »camera officii artis lane«; ferner wurde beschlossen »ruinare fun-
ditus omnes schalas in via, que est post dictas domos et cameram officii
artis lane, faciendo viam planam pro transitu ad ecclesiam S. Marie Maioris«. Unter den Arkaden des Palastes selbst waren Kanonen aufgestellt; dies erhellt aus dem Beschluss vom 27. November 1522 »de prouidendo pro artelariis, que stant publice sub voltis in palatio, repo-
nendis«.

Leicht kommt man auf die Frage, ob es heutigen Tages in Ragusa
und in der Umgebung noch Privathäuser gibt, die schon die Zeiten eines
Menčetić und Vetranić gesehen haben. In den unteren Stadttheilen, die
seit dem grossen Erdbeben von 1667 fast ganz neugebaut sind, allerdings nicht, wohl aber in dem so alterthümlichen Viertel Pustjerna.
Wenn man z. B. in der »Ulica od Pustjerne« von Osten durch die vielen
Sottoportici hinter den erzbischöflichen Palast kommt, sieht man rechts
in der Nähe der durch die merkwürdige Thüreinfassung in langobardi-
schem Stil bemerkenswerthen Capelle des hl. Bartholomäus hoch oben
auf der Hausmauer die Jahreszahl 1473. Ein schönes alterthümliches
Gebäude ist in Gravosa auf der Westseite des Hafens der Palast, welcher
dem im Herbst 1897 gestorbenen letzten Nachkommen der altberühmten
Familie Giorgi, dem Landtagsabgeordneten Marin (im Localdialect Ma-
rinica) di Giorgi gehörte. Kurz vor seinem Tode hat mir der greise ragusanische Patricier sein Landhaus gezeigt. Der steinerne Bau enthält
im oberen Geschoss grosse luftige Säle mit Aussicht theils auf den Hafen,
theils auf den benachbarten Park, einen schönen alten Cypressenhain.
Eine Merkwürdigkeit ist ein Plafond mit Malereien aus den Zeiten der
Renaissance; andere verblasste Fresken mit lateinischen Aufschriften
und Versen führen uns in Zeiten zurück, wo man das klassische Alterthum so verehrte. Ueber den Thüren sind auf den steinernen Portalen
oft die Buchstaben »P.S.« zu lesen. Die Tradition bezeichnet 1520 als
das Erbauungsjahr, was richtig ist, und deutet den Namen als Pasqualis
de Sorgo. Doch es war Ser Petrus Junii de Sorgo, Sohn des Junius
Pasqualis de Sorgo. In den Archivbüchern ist am 15. October 1520 ein
Vertrag dieses Sorgo mit dem Magister Siluester Antonouich de Curzola

---

[1]) Sanudo im Arkiv za povjestnicu jugoslav. VIII, 72 ff. Makušev, Monumenta I, 409 (Giuliani florent. Consul in Ragusa 1495—1533).

lapicida zu lesen; der Meister von Curzola liefert bis zum nächsten Carnisprivium »in Grauosio sub zardino dicti Ser Petri« »duos arcus illius modi et forme«, wie die bereits gelieferten, ferner wird er »supra pilastrum, super quo est fons, dare omnia forniment et complere de omnibus laboreriis opportunis et necessariis«, ebenso »unam fontanellam« herstellen, alles für 25 Ducaten, »de bona et pulcra petra de Curzola sine macula et de pulcro magisterio, ad laudem boni lapicide et boni muratoris« [1]).

Ungelegenheiten bereiteten der Republik nicht selten auch ihre Bürger. Ser Aloisius Geo. Alois. de Goze hat im Sommer 1504 mit seiner Caravelle auf offener See zwischen Vesta und Manfredonia einen Akt von Piraterie verübt, an einem mit »res amicorum nostrorum, videlicet Manfredonensium« beladenen Kauffahrer; im August wurde zu seiner Verfolgung ein bewaffnetes Schiff ausgerüstet und in der Loggia für seine Gefangennehmung ein Preis von 1500 Perper, für seine Tödtung einer von 1000 Perper durch den Herold öffentlich verkündet. Anfang 1515 wurde auf einen als Rebell und Pirat verfolgten Einwohner der Isola di Mezzo (slav. Lopud), Vlachus Sachatouich, von einem ragusanischen Kriegsschiff unter Stephanus Jo. de Sorgo Jagd gemacht; seine Gallione wurde nach Ragusa gebracht, alles Schiffsgeräth verkauft, das Wrack selbst verbrannt, alle Habe des Sachatouich confiscirt und sein Haus demolirt (ruinari usque ad fundum). In den Orten ausserhalb der Stadt fehlte es nicht an Krawallen, meist wegen der Zollgesetze, so im October 1516 in Zaptat (Ragusa vecchia) gegen den dortigen Capitaneus. Am 28. August 1525 gab es auf der Insula de Medio einen Tumult »contra Ser Ambrosium Nat. de Goze et drabantos et soldatos, missos per officiales contrabandi vini«, wobei die »insulani« als Weiber maskirt (mascarati in vestibus muliebribus), einige Personen durch Steinwürfe verletzten und »Ser Ambrosius vix aufugit in ecclesiam fratrum minorum, percussus cum saxo post terga«. Der Rath beschloss 15 Schuldige, darunter auch einige auf der Insel angesiedelte Lesinenser, einzufangen und sie durch Verlust der Hand (amputari manus dextra) und Demolirung

---

[1]) Diversa Notarie 1519, f. 146. Die Testamente des Ser Petrus Junii de Sorgo und seiner Frau Paula sind 1535 eingetragen (Test. Not. 1533—1535, f. 92, 101 v.); ihr einziger Sohn hiess Pasqualis, ihr Enkel wieder Petrus. Die Giorgi waren die Erben dieser Linie der Sorgo. Der Fall ist von Interesse, weil hier die Identität eines Privathauses mit einem vor mehr als drei Jahrhunderten urkundlich erwähnten ganz feststeht.

ihrer Häuser zu bestrafen. Jedoch sind die Schuldigen, wie gewöhnlich, rasch entkommen. Auch die Männer der Kirche verursachten manche Unruhe. Am 20. October 1513 verbannte das Consilium Rogatorum den frater Christophorus ordinis predicatorum auf 40 Jahre wegen eines »crimen lese Maiestatis«, begangen durch aufrührerische Affichen: »affixit in valuis ecclesie Sancti Luce hora vesperarum in vigilia eius festiuitatis unam armam pictam cum suprascriptione literis maiusculis seditiosa et periculosa, quam ore proprio confessus fuit se scripsisse et illam affixisse dictis valuis«. Am 19. December 1521 beschäftigte sich der Rath mit ähnlichen geheimnissvollen Pamphleten: »libellis, affixis nocte precedenti ante hanc noctem transactam ad columnas palatii et ad valuas ecclesie cathedralis et in logia contra nobiles, qui in dictis libellis appellantur coniurati et simul fecisse quasdam conuenticulas perniciosas et reipublice nostre pacem subuertentes«. In der Loggia wurde ein Preis von 500 Ducaten auf Aufdeckung der Verschwörer ausgerufen. Im Herbst 1518 waren die Nonnen des adeligen Klosters Sancta Clara gegen die Befehle der Regierung so ungehorsam, dass man ihnen eine Wache vor das Thor stellte und ihre Einkünfte einzog; schliesslich wurden sie mürbe gemacht durch die Drohung, man werde ihre »schala in cortino« demoliren und sie dadurch ganz absperren.

Die Befestigungen der Stadt wurden damals sorgfältig vermehrt, die Geschützgiesserei der »magistri ad fundendum bombardas« mit Guss von Bombarden und Falconetten aus Eisen oder Bronze sehr befördert. Es gab auch einen »magister ad fundendum ballotas de ferro a bombardis«. Als »magister arcuum« wird 1503 Ambrosius de Chriseuzi (Križevci in Kroatien) erwähnt [1]) und als »magister faciendi schiopetos« wurde am 29. März 1522 »Paulus Valentinouich, Hungarus de Zagabria« angestellt. Die Geschütze bedienten »bombardarii«, angeworbene Berufssoldaten, Ragusaner, Franzosen, Savoyarden, Teutonici, Kroaten u.A.; es gab eine eigene »fraternitas bombardariorum« mit einem Altar »sub vocabulo S. Barbarae« in der St. Sebastianskirche. Berufssoldaten waren auch die »drabanti« mit ihren »capitanei« und »desethnici«, meist Ungarn, Kroaten, auch einzelne Böhmen und Polen, aufgestellt theils in Ragusa, theils in Stagno, meist verheirathet [2]). Die »desetnici« hielten

---

[1]) Diversa Not. 1502, f. 140 v.

[2]) Namen einzelner Drabanten dieser Zeit: Giurus Chouaz, Chussarus Berezchus (1507), Michael Seremi, Andreas frater Urbani ex partibus Hungarie (1510), Imber (1515), Balentus (1516), Blasius de Zagabria (1517), Cepregli

sich noch einen Schildknappen (ragacius). Einzelne dieser Kriegsleute waren fromm und nahmen Urlaub zu einer Pilgerfahrt nach Rom. Eine üble Geschichte war 1507 zu Tage gekommen, nämlich dass einige Drabanten zwei Frauen haben, eine hier, die andere zu Hause. Der Rath beschloss am 10. April d. J. »de cassando illos septem drabantos, qui habent duas uxores, ut nobis quedam fide digna persona fecit constare, videlicet hic unam et aliam in patria sua«, doch haben von den Beschuldigten zwei nachgewiesen, dass ihre Lebensgefährtin wirklich die einzige sei. Die Bürger, die sich stets im Gebrauche der Waffen übten, hielten im Stadtgraben Schiessübungen mit den damaligen schwerfälligen Luntenflinten ab. Dabei geschah es im März 1506, dass der Barbier Marinus Bunosich, »cum jaceretur ad bersalium de schiopeto in fossa ad Plocias«, den Müller Nicolaus Cherascouich »ictu schiopeti« erschoss; doch erkannte der Rath seine Unschuld, unter der Ueberzeugung »dictum casum interuenisse quodam infortunio, latente igne in schiopeto«.

Zahlreich sind die Bestimmungen über die Wachen bei Tag und Nacht. Die Porta Plociarum wurde Abends früher geschlossen als die Porta Pilarum, die auch Morgens früher geöffnet wurde. Bei diesen beiden Landthoren sassen auch bei Tag stets Drabanten und Bombardiere, während die beiden Hafenthore (Porta della ponta und Porta della pescharia) auch zur Tageszeit stets von je sechs Bewaffneten aus den Zünften bewacht wurden. Jeder Fremde musste im Thor die Waffen ablegen. Die Nachtwachen auf den Thürmen und Mauern stellte die Bürgerschaft zwischen 25 und 50 Jahren, gegen eine kleine Geldentschädigung. Es waren 13, später 18 Wachtposten, davon 13 auf der Seeseite, 5 auf der Landseite, von je 2—4 Mann[1]). Das Hauptquartier der Nachtwachen für die Stadt innerhalb der Mauern, bestehend aus

Michagl, Urbanus (1518), Veres Mathe, capitaneus drabantorum Stagni (1520), Nicola Mladossouich de Canali, ein Ragusaner, der in Ungarn gedient hatte (1521), desethnicus Bartholus Pogliach, desethnicus Sebastianus de Moravia, Salai Petrus, Mladhelia (1525), Andreasius de Crastouiza, Dindisi Janus, Barogne Janus, capitanei Mathiasius et Ferenzius in Stagno, Urbanus und Barlabasius, ebenfalls capitanei in Stagno (1526).

[1]) Beschreibung der Postenkette Cons. Rog. 16. Oct. 1501 (mit einem Sprichwort, »segondo el proverbio volgare: bona guardia schiua rea ventura«) und 31. Mai 1511. Der verstärkte Posten auf dem Revellino vor der Porta Ploče wurde zur Seeseite gerechnet. Verhältnissmässig die meisten Posten waren um den Hafen herum und auf den Mauern der Pustjerna, westlich vom Hafen gegen das offene Meer.

20 Drabanten, 6 »riueri et chnesachi« und 4 Mann von den »fratiglie
delle arte«, unter dem Befehl der zwei »domini noctis« oder »signori di
notte«, befand sich bei dem Zollamt (Sponza). Es gab Zeiten, wo die
Nachtwache verstärkt werden musste, wie im Februar 1505 durch eine
»soprazonta« von 2 Nobiles, 2 »riueri«, 12 Drabanten. Die Aufgabe
derselben war die Festnahme nicht so sehr der ohne Licht herumstreifen-
den Personen, sondern besonders derjenigen, welche mit Licht, aber
auch mit Waffen Nachtschwärmerei in den unbeleuchteten Gassen und
Laubengängen trieben, ein Treiben, dessen Reize und Schattenseiten
unseren Lesern nicht mehr unbekannt sind.

Von grossem Interesse für die Culturgeschichte sind die zahlreichen
Luxusgesetze und Kleiderordnungen der Ragusaner, bemerkenswerth
auch im Vergleich zu ähnlichen Bestimmungen in anderen europäischen
Ländern zur selben Zeit [1]). Wir werden dieselben im Auszug mittheilen [2]).

Ein »prouedimentum super vestimentis mulierum« vom 9. Februar
1503 verbietet Frauen und Jungfrauen, Kleider von Seide oder aus
Gold- oder Silberstoffen zu tragen, mit Ausnahme der Seidenärmel:
»Che da mo auanti alguna dona, tanto maritata, quanto non maritata,
non possa portar tanto in casa, quanto fora de casa alguno vestito de
seda, ne de panno d'oro ne d'arzento, excepto solamente manege de
seda«. Verboten sind den Frauen (donne) und Mädchen (garzone):
»frixeti, li quali insieme con li bottoni excedano el peso de vnze sette
de perle, la valuta de le qual perle non exceda valuta de duc. 4 la vnza«.
Verboten sind ferner »cordelle de filo d'oro, le quale tra le manege et
bussi excedano la valuta de yperpyri diexe per vna vesta ouer gonella
et per li bussi soli non excedano la valuta de ypp. quatro«. Bei Uebertretung aller dieser Bestimmungen zahlt der Gatte, bei Mädchen der
Vater 100 Perper. Verboten ist auch »alguno lauorero de oro ne de arzento, lauorado a filo«. »Item, che a simile pena cadono li aurifici, li
quali farano tali lauoreri, lauoradi a filo, cussi per la citta e luogi nostri,

---

[1]) Historisches über die Luxusgesetzgebung überhaupt vgl. bei W. Ro-
scher, System der Volkswirthschaft I [15], S. 563 ff.

[2]) Ein Venetianer fand 1555, dass die Ragusanerinnen sich schlecht klei-
den und gibt manche Details über Tracht und Sitten. Ljubić, Commissiones
et relationes venetae (Mon. hist. Slav. mer. XI) III, 73. Tracht der ragusanischen Gesandten in Venedig 1510 beschrieben bei Sanudo, Arkiv za povjestnicu jugosl. VI, 347.

como per mandarli in luogi forestieri«. Dieser »ordine« galt für 20 Jahre und wurde ausgerufen (cridato) »in logia per Andream Milissich riuerinm, notario dictante et legente«, ebenso wiederholt am 12. Juni 1515 [1]).

Wenige Tage später, am 11. Februar d. J., beschloss das Consilium Rogatorum neue »ordines« gegen den Luxus bei Hochzeiten, mit Beschränkung der bisher üblichen Geschenke, ja selbst der Speisen, wobei die Marzipane ganz verboten wurden und deren Zubereitung nur für Kranke und zur Ausfuhr gestattet blieb. Die Braut durfte nicht mit Musik durch die Strassen in das Haus des Gatten geleitet werden; nur bei der Hochzeitstafel und den dabei üblichen Tänzen war es den Musikern erlaubt, ihre Instrumente ertönen zu lassen: »Sponse seu nouicie, que de cetero ibunt et traducentur ad domos maritorum causa consumationis matrimonii, non possunt associari cum tubicinibus et tibicinibus neque cum aliquo alio instrumento musico, possint tamen in domo, in quo nuptie celebrantur, esse tubicines et tibicines et alia instrumenta musica ad sonandum ad mensam, ut ad choreas et tripudia secundum morem, solummodo in illa die, qua nuptie celebrantur«. Auch die Begleitung der Braut durch Männer wurde verboten: »Item dicte nouicie siue sponse non possint associari per homines, sed solum per mulieres, eo modo, quo associantur, quando post celebratas nuptias octaua vel circa reuertuntur ad domum patrum aut illorum, e quorum domibus iuerunt ad maritos«. Die »ordines« gehen streng in das Detail der Küche und der essbaren Hochzeitsgeschenke ein: »Item quod celebrantes nuptias non possint dare et apponere inuitatis ultra duo fercula, videlicet liquidum et affatum, et de pluri lacticima pura, et post lacticima confectiones de zucharo. Item quod dicti celebrantes nuptias non possint alicui mittere ad leuatum neque in illis diebus ante nuptias aliquid esculentum aut poculentum, prout erat consuetum, preterque ad domum nouiciarum, ut mos est«. Solange sich die Braut bei ihrem Vater befindet, durften die Geschenke jedesmal (singula vice) nicht 5 Pfund »confectionum de zucharo« überschreiten, »*marzapanis* omnino exclusis, qui mitti non possint«. »Nec etiam possint fieri ipsi marzapani per aliquem in ciuitate nostra, excepto pro infirmis aut pro mittendo illos extra urbem et tenutas nostras. Nec etiam possint mitti *tartare pie*, *arthocice* (sic), *maznize* [2]) et similia«. Selbst die Auswahl der Gäste blieb nicht ohne

---

[1]) Liber Cons. Rogat. 1501—1504.   [2]) Wohl *masnica*; fehlt bei Stulli.

Aufsicht: »Item ad aliquod leuatum nuptiarum non possit ire nec recipi
aliquis preter eos, qui sunt de familia nouicij, et ad penam cadant tam
euntes, quam recipientes eos in domo nouicie«. Die Braut gibt auf dem
Gang zum Gatten Geschenke nur den Hausleuten, ebenso der Bräutigam
auf dem Gang »ad domum sponse«, und zwar nur »de fazoletis tele communis et confectionibus«. Auf alles dies sind Strafen festgesetzt, 150
Perper und 2 Monate Kerker. Der »ordo« war 20 Jahre giltig und
wurde 1515 in der Loggia abermals promulgirt.

Am 30. März d. J. fasste der Senat neue Beschlüsse als Ergänzung
der Kleiderordnung: »recusans facere cordellas de auro filato secundum
ordinem« zahlt 50 Perper Strafe; »pro manifactura et laborerio unius
paris frixetorum cum bottonis perlarum pro manicis gonellarum non
possit accipi neque solui ultra ypp. quatuor«, unter Androhung derselben
Geldbusse.

Am 5. Mai 1506 berieth das Consilium Rogatorum »de nouis fogiis
et portamentis, quibus ad presens utitur juventus in civitate nostra, non
convenientibus honestati ciuilitatis nostre«. Am 1. Juli 1507 beschloss
der Rath »de prouidendo pro *collainis* [1]), quod non portentur ad collum
per nouicias, que traducentur ad nouicios in vestibus raguseis, videlicet
in guarnazolis«. Am 25. Juni 1509 beschäftigte der Luxus in Kleidern
und Schmuck abermals die Rogati: »de prouidendo pro portamentis nimis sumptuosis et superbis vestimentorum et ornamentorum, tam virorum quam mulierum«. Daraus wurde der am 18. April 1510 genehmigte
Vorschlag »ad obuiandum portamentis introductis in ciuitate et districtu
nostro« und zwar »per refrenare li immoderati appetiti de la juventù
dissoluta, per le nouità introducte in la citta et districto«. Die Bestimmungen gegen die »portamenti sfogiati« richteten sich gegen die über-
mässige Breite der Aermel, die scheckigen Schuhe und die Luxushemden.
Verboten war »portare manege de zuponi de largeza vltra mezo brazo
raguseo, ne alguno sarto le olse fare« unter Strafe von 5 Perper und
15 Tagen Kerker für den Besteller, einem Monat Kerker für den Schneider, im Falle einer Wiederholung sogar von zwei Monaten. Verboten
waren ferner vielfarbige oder schachbrettartig bunte Schuhe: »fare ne
portare calze sfozate, saluo o tuto de uno color o tute negre, senza franze
ouer frappe et senza schachi et altri adornamenti, et in quelle non possa

---

[1]) Kolajna jetzt Medaille, ursprünglich Halskette, Halsband aus ital.
collana.

essere seda de alguna sorte«. Verboten war »fare ne presuma far fare ne portare coretti cum franze ouer cum li cugni de altro drappo, saluo de quello medesimo, che sera el coretto, intendando tanto de li puti pi-coli, quanto de li grandi«. Man durfte auch nicht »fare ne portare ca-mise crespate ne de mazor valor de perperi tre per una camisa, fora lo colaro«, unter Strafe von 5 Perper. Die in der Loggia promulgirte Ver-ordnung wurde am 12. Juni 1515 wiederholt [1]).

Sehr ausführlich sind die am 7. Juni 1515 erneuerten Luxusgesetze. Eine Bestimmung betraf abermals die essbaren Hochzeitsgeschenke, die auf gekochtes oder gebratenes Geflügel beschränkt wurden: »che alla casa del nouizo de mo in auanti non se possa mandare de la casa de la nouiza algune cose cibarie o viuande, saluo uno piatto de lexo de carne cum vna gallina ouer un capon, et uno piatto di rosto de carne cum una pernise ouer una gallina o altro pollo«. Verboten war es dem Bräutigam oder Anderen, Armbänder, *narukvice* [2]) zu schenken, als eine über-flüssige, aus de Morlachei eingedrungene Sitte, also von den »Wlachen« der Hercegovina: »non mandare ne donare ad alguno nouizo ne ad altre persone *naroquize* de alguna sorte, et dicte *naroquize* non se possano vendere ne fare per modo alguno in la citta nostra et tenute nostre, sotto le dicte pene, perche sono cose deriuate de Morlachia da spexa, senza alguno seruitio«. Bisher war es üblich, dass ein fröhlich durch die Strassen hüpfendes *kolo* (Reigen) der Dienstboten oder junger Männer den Bräutigam abholte. Dies blieb fortan untersagt: »Item che da mo in auanti alla celebratione de le noze non se possa mandare per lo no-uizo el ballo de fantesche o de maschi, chiamato *collo*, ne dicto *collo* da mo in auanti possa andare per la città, sotto le dicte pene«.

In Bezug auf Kleidung war es Frauen und Jungfrauen verboten, kostbare Taschentücher zu tragen, »portare in casa et fora de casa fa-zoli chiamati *çippi*, ne altri fazoli, lauorati cum oro, argento o perle«, die auch nicht erzeugt werden durften. Verboten waren theuere Nadeln, »alli capi delle cordelle et de li cordoni de le gonelle, borti et barchani et de altri vestimenti agi de argento ouer de oro, ne indorato«; die »orefici« durften sie nicht mehr machen. Auch der Prunk in den Schürzen war untersagt: »gremiali de velo, ne lauorati ouer adornati cum oro, argento o perle«. Die Verordnung betraf auch den Luxus im

---

[1]) Lib. Cons. Rog. 1508—1511.
[2]) Narukva, narukvica, smaniglia, maniglia, armillae, brachiale Stulli.

Pelzwerk: »saioni de grana, quanto de altro colore de lane francesche
et alguno saione de altre lane non possa essere fodrato cum alguna sorte
et qualità de pelle, saluo cum agneline ouer volpe« [1]); ebenso waren
verboten »pellize de altra sorte de pelle, saluo de agneline ouer volpe«,
was auch den »pellizari« eingeschärft wurde. Weitere Bestimmungen
betrafen den Hals- und Kopfschmuck; verboten waren »*collaine* de oro
ouer indorate, et non possa portare in testa bochete ne rechami de oro,
argento et perle«.

Für die Männer wurden die Bestimmungen von 1510 wiederholt
und verboten: »zuponi o manege de zuponi bastonati ne rechamati«,
»zuponi sgolati, zoe senza collaro«, »mantelli sgolati ne crespati ne fo-
drati cum alguna sorte et qualità de seda, excepto de cendato et cum
collaro«, »camise ne bragesse de drappo de seda ne lauorate et adornate
de rechamo, ne cum franze o frappe, ne schachate ne fodrate cum seda«.
Wer nicht Doctor oder Ritter war, durfte keine goldenen Halsketten,
»collaine« tragen. Verboten waren Birette aus Seide oder mit Gold-
stickereien und Perlen: »barette de seda, ne rechamate ouer adornate
cum oro ouer tremolanti o cum perle«. Goldschmiede oder Schneider
hatten für die Uebertretung dieser Gesetze eine Geldstrafe von 20 Ducaten und überdies 6 Monate Kerker zu erwarten; ein Edelmann (zen-
tilhomo) sollte 50 Perper zahlen und blieb 5 Jahre »privato de tuti officii«; ein »popolano o plebeio« zahlte gleichfalls 50 Perper, kam aber
noch auf ein Jahr in den Kerker [2]).

Schon im nächsten Jahre, am 28. März 1516, erliessen die Rogati
eine neue Verordnung über den weiblichen Schmuck, die klar zeigt, wie
die bisherigen Gesetze wenig befolgt wurden: »quod aliqua mulier, tam
maritata, quam non maritata, non possit a modo in antea aliquo modo
portare in ciuitate et extra ciuitatem in tenutis nostris super gonella et
alia vestimenta ad morem Raguseum aliquem frisium noue fogie neque
alias nouas fogias, preterquam solitas cordellas de auro et portamenta
concessa per ordines et prouisiones nostras, sub pena ypp. centum marito mulieris contrafacientis pro qualibet vice«. In Abwesenheit des
Gatten zahlt »ille, qui haberet curam familie domus«, bei Ledigen der
Vater »vel sub cuius cura esset«. Die Schuldige wird überdies persönlich auf 5 Jahre durch Entziehung des Rechtes, erlaubte Paradekleider

---

[1]) Ein Zusatz vom 12. Juli 1515 sagt: »sotto dicto vocabulo de saioni se
intendano etiam coretti«, aber man darf sie tragen »de carisee«.

[2]) Liber Cons. Rog. 1513—1516. Erneuert 13. Juni 1526.

zu tragen, getroffen: »non possit portare gonellam de scarlato neque aliquas perlas ad manicas gonellarum, neque cordellas de auro«, unter Strafe von 100 Perper.

Ueber Maskeraden und Maskentänze bei Hochzeiten liest man etwas in einem Beschluss vom 2. Mai 1524 [1]). Einigen jungen »nobiles, qui fuerunt *mascharati* noctis tempore in domo Franc. Mattei de Stagno in suis nuptiis«, wurde wegen irgend eines Scandals der Process gemacht. Ser Marinus Steph. de Bona kam auf sechs Monate »in carcerem sub scalas«, wobei »cibaria eidem dentur per fenestrellam carceris«. Marinus Franc. Mar. de Goze, Paulus Mar. Pol. de Basilio, Clemens Nat. de Goze, »qui cum aliis *mascharis ballauerunt* in domo Franc. Mattei de Stagno noctis tempore in eius nuptiis, volentes vi ducere secum diaconum Vincentium pifarum, servientem in dictis nuptiis pro pifaro« hatten einen Monat »in carcere sub dragone« abzusitzen, wo ihnen die Speisen gleichfalls durch die »fenestrella dicti carceris« gereicht werden sollten. Marinus Nat. de Goze, Hieronymus Jacobi de Georgio, Nic. Ant. Mich. de Ragnina, Nic. Pasch. de Caboga, Junius Nunt. de Lucha [2]), und Blasius Hier. Blas. de Sorgo, »qui similiter fuerunt *mascharati* in nuptiis Franc. Mattei de Stagno, faciendo *tripudium seu ballum* in domo ipsius Francisci noctis tempore«, wurden freigesprochen.

Wichtig sind einige Nachrichten über die Bibliotheken der Stadt. Es gab nicht nur zahlreiche private Bücherliebhaber, sondern auch öffentliche Sammlungen. Die Klosterbibliotheken waren nämlich nicht allein den Klosterbrüdern, sondern auch allen Freunden der Wissenschaften unter den Stadtbewohnern und den fremden Gästen zugänglich. Deshalb hat die Republik die Errichtung eines Bibliotheksaales im Dominikanerkloster mit einer Geldspende unterstützt. Am 23. April 1501 beschloss das Consilium Rogatorum »de conuertendo in fabrica librarie conuentus predicatorum ypp. 300 legati fratris Dom. Mich. de Restis, facti communi nostro . . . . secundum supplicationem et petitionem fratrum dicti conuentus, quia dicta libraria erit ad honorem Dei, ad decorem

---

[1]) Liber Cons. Rog. 1523—1525. Ueber die Maskeraden in der ragus. Poesie vgl. Dr. Milorad Medini, Dubrovačke poklade u XVI. i XVII. vijeku, Ragusa 1898 (S.A. aus dem Gymnasialprogramm für 1897—98).

[2]) Die Patricier de Lucha waren ausgezeichnet durch das ungewöhnlich hohe Alter, das sie zu erreichen pflegten: Ser Nunciatus Nicolai de Lucha geb. 1457, starb 1531, 84 Jahre alt, Ser Nicolaus Baptiste geb. 1463, starb 1546, 83 Jahre alt, dessen Bruder Johannes, geb. 1464, starb 1550, 86 Jahre alt.

(sic) dicti conuentus et ad consolationem tam omnium ciuium nostrorum,
quam aduenarum diuertentium in ciuitate nostra«. Am 27. März 1511
beschloss dasselbe Consilium, den Predigermönchen noch 300 Perper zu
leihen, »ut possint complere librariam«. Vollendet wurde der Bau (nach
Serafino de Cerva) im J. 1520.

Unter den privaten Büchersammlern dieses Zeitalters war der her-
vorragendste *Georgius de Cruce* (Krusić). Ein Nachkomme einer berühmten Adelsfamilie der Stadt, wurde er als Jüngling von mindestens
20 Jahren, bereits mit dem an einer italienischen Universität erworbenen
Magistertitel geschmückt, am 27. November 1466 in den grossen Rath
aufgenommen, war 1469 einer der sechs Consules des Civilgerichtes,
später aber ist er, wie es im »Specchio del Maggior Consiglio« heisst,
»ingressus religionem«. Im J. 1470 begab er sich nach Ungarn und
stand dort in grosser Gunst bei König Mathias. Nach Ragusa heimgekehrt, war er zuletzt seit 1493 Bischof von Mercana und Trebinje und
dabei öfters Vicar des Erzbischofs von Ragusa [1]). Er starb am 21. Nov.
1513 und wurde am selben Tage »sepultus in capella, quam construxit
vivens in ecclesia S. Simeonis«. Das Testament des Bischofs Georg,
»viri doctrina et religione ornatissimi«, an demselben Tage in die Pergamentbände der »Testamenta Notarie« eingetragen, ist von ihm 1505 »in
domo mea suburbana« eigenhändig lateinisch niedergeschrieben worden.
Von seinem seit Jahren mit Eifer und Fleiss gesammelten Bücherschatz,
dem »thesaurus meus« und diesem »totius presentis vite mee iucundissimum solacium«, spricht er darin mit rührender Freude und Begeisterung.
Nach der Grabrede, die ihm Aelius L. Cerva hielt, waren es an 2000
Bände; »omnis enim civitas ad illius bibliothecam confluebamus«, und
der Besitzer selbst las darin bei Tag und Nacht. Bischof Georg vermachte seine Bibliothek zu gleichen Theilen den Klöstern der Dominikaner und der Franziskaner und stiftete auch eine Summe, um die
Bücher durch eiserne Kettchen an die »banci« befestigen zu lassen.
Ausdrücklich ersucht er die Vorsteher beider Klöster, sie sollen allen
»bonarum artium studiosis viris, qui legendi gratia libros meos adire
cupierint«, wohlwollend in freundlichster Weise den Zutritt gewähren,

---

[1]) Dominus Georgius de Cruce, episcopus Merchanensis et Tribuniensis
ist z. B. am 24. Oct. 1493 (Div. Canc. 1492, f. 176) und am 1. August 1494 (Cons.
Rog.) ausdrücklich genannt. Farlati's Illyricum sacrum, dessen Angaben oft
mit Vorsicht nachzuprüfen sind, hat VI, 300 hier zwei Georgii, zuerst einen
frater Georgius 1493—1498, dann erst 1498 f. den Georgius de Cruce.

damit diese mit vieler Mühe gesammelten Schätze nicht unter dem Scheffel verborgen bleiben [1]). Von diesen Büchern ist nach den vielen Stürmen, welche die Stadt getroffen haben, nicht viel übrig geblieben. Die Bibliothek der Franziskaner, grösstentheils neu gesammelt von Fr. Innoc. Čulić, ist bekannt aus der Beschreibung von Dr. Kaznačić [2]). Die Bibliothek der Dominikaner zählte noch im XVIII. Jahrh. nach der Beschreibung des Serafino di Cerva an 10 000 Bände, darunter viele Pergamenthandschriften und Incunabeln. Ihre Reste hat unlängst Conte Dr. Const. Vojnović in den »Starine« Bd. 28 (1896) ausführlich beschrieben.

Eine öffentliche Gemeindebibliothek wollte der im August 1529 gestorbene Presbyter *Nicolaus Mich. Barneo* (*Barneus*) errichten. In seinem vom 1. April 1527 datirten Testament (Beilage 3) vermachte er seine ganze »libraria« der Gemeinde, unter der Bedingung, sie soll »trovare una officina in loco publico e locare ditta libraria ad honore

---

[1]) »Item lego uniuersam meam] bibliothecam, quam longo tempore et multo studio comparaui, que quoque et totius presentis vite mee iucundissimum solacium fuit et future, ut spero, adiumentum non mediocre erit, duobus conuentibus in ciuitate Ragusii existentibus, scilicet conuentui Sancti Dominici et conuentui Sancti Francisci, juxta ordinationem meam per literas manu propria exaratas equali portione justissime diuidendam et pacatissime recipiendam, et insuper lego viginti ducatos, uni prefato conuentui decem et alteri decem, ut cum eis ipsis ferree cathenule emantur, quibus libri mei omnes bancis illigati vel affixi perpetuo in utraque bibliotheca permanebunt. Et ad hec amborum conuentuum prelatos et presentes et futuros vehementissime rogo, ut propter deuotionem, quam maximam erga eos semper tuli, et ob singularem charitatem, quam vera operis exhibitione in huius potioris thesauri mei pia legatione amiciter impendi, post huiusce vite mee ex benigna Deipare aduocatione felicem decessum suis frugiferis atque immortali Deo acceptissimis orationibus inter legendos libros meos animam meam, quo in Christo domino feliciter requiescat, frequenter atque salubriter juvare felicitareque curent. Et postremo eosdem quoque fratrum presidentes rogo, ut omnibus bonarum artium studiosis viris, qui legendi gratia libros meos adire cupierint, benignum ac patulum aditum humaniter prebere velint, ne tale tantumque talentum lucubratissime industrie mee a teneris usque annis graui corporis animique sudore partum sub modio, ut aiunt, sepultum, sed iuxta summi magistri verbum super candelabrum lucens omnibus docilibus discipulis apertissime facillimeque patere possit.« Testamenta Notarie 1512—1516, f. 84 v sq. Ein älteres Testament des Georgius de Cruce von 1470 bei Farlati, Illyricum sacrum VI, 301; vgl. den Auszug aus der Rede des Aelius L. Cerva bei Rački, Starine IV, 192.

[2]) Kaznačić, Biblioteca di Fra I. Čulić nella libreria de' RR. PP. Francescani di Ragusa, Zara 1860. Vgl. F. Rački, Rad 26, 183.

della patria et utilità della gioventù Ragusina et consolatione delli pro-
vetti«. Sollte diese Bedingung binnen einem Monat nicht erfüllt sein, so
sollen die Bücher an die Meistbietenden verkauft werden. Ich vermag
heute nicht zu sagen, ob die Gemeinde diese Verfügung angenommen
hat. Einzelne Bände hinterliess Barneo dem Kloster des hl. Jakob von
Višnjica, sowie dem Kloster von Meleda, ferner dem Ser Bernard Mar.
di Binciola und dem Geistlichen Marin de Benedictis. Ausgeschlossen
von diesen Schenkungen blieb eine Reihe alter Manuscripte, über die ich
noch berichten werde. Was den Büchersammler selbst anbelangt, so ist
sein Name wohl aus *Brnja* [1]), dem heute noch landesüblichen Diminutiv
von Bernardo, zu deuten. Genannt wird von seiner Familie ein zweiter
Geistlicher Pre Michael Barneo, 1523 »curie archiepiscopalis scriba et
notarius«, und eine Katharina, Wittwe des vor 1501 verstorbenen Paulus
Mich. Barneus. Es waren jedenfalls wohlhabende Bürger der Stadt.
Don Nicolaus Mich. Barneo, seit 1498 oft genannt, hatte ohne Zweifel
in Italien studirt und dort den Grad eines Doctors beider Rechte erworben. Sein Verhältniss zur Vaterstadt war nicht immer ungetrübt.
Am 8. November 1501 beschloss das Consilium Rogatorum im Einver-
ständniss mit dem Vicar des Erzbischofs, ihn vor den Rector und das
Consilium minus rufen zu lassen, mit der Aufforderung, er soll die ohne
Erlaubniss der Republik erworbenen »bullas Sancte Annunciate« ausliefern, unter Androhung der Folgen seiner »inobedientia«. Im J. 1504
erscheint Barneo, damals Kaplan der St. Andreaskirche, als »officialis
fraternitatis sacerdotum S. Mariae Maioris«, der Kathedralkirche. Am
8. Juni 1510 verbannte das Consilium Rogatorum den Don Nicolaus
Barneus gar auf zwanzig Jahre aus der Stadt, wegen öffentlicher Belei-
digung der Republik, »gravitate obloсutionis prolate ante forum alta
voce et malo animo in Maiestatem Reipublice nostre«. Doch wurde der
Verbannte bereits am 27. Nov. 1511 wieder begnadigt, und bei der
Wandelbarkeit der Gemüther geschah es, dass man ihn durch Beschluss
vom 14. Dec. 1512 sogar als Vertreter der Republik nach Rom sendete.
Ueber seine Verwandtschaft sind einige Nachrichten von Interesse. Zu
den damals keineswegs seltenen Unthaten junger Patrizier gehört 1501
die Verwundung, welche Ser Johannes, Sohn des verstorbenen Ser Bartholus de Bona, einer »cognata presbyteri Nicole Barnei« beibrachte,
»cui destructa et vulnerata fuit manus, ex quo vulnere perdidit dictam

---

[1]) Im XVI. Jahrh. in Ragusa Bergna, Bergniza.

manum«; das Consilium Rogatorum beschäftigte sich mit diesem Criminalfall seit März d. J. und verurtheilte zuletzt am 17. Juli den Bona zu empfindlichen Strafen. Eine Nichte des Don Nicola Barneo, Nicoletta oder wie man sie in der Krajina nannte, Barbara, war verheirathet an den Conte Petar Pavlović aus der Krajina von Makarska[1]). Von ihren fünf Söhnen wurde der älteste Paul »per disgratia di suo padre« Mohammedaner; der jüngste Tadeo starb in Ragusa während des Pestjahres 1527; die übrigen drei, Nicolo, Georgi und Bartholo, lebten noch, als Don Nicola sein Testament schrieb. Bei diesen Verwandtschaftsverhältnissen ist es nicht auffällig, dass in dem Ragusaner Hause des Don Nicola unter der Strasse Prieki put neben Büchern auch Waffen, Panzer, Säbel und dgl. zu finden waren, über die er in seinem letzten Willen verfügte.

Eine reiche Bibliothek besass das Benediktinerkloster des hl. Jakob zu Višnjica südlich von Ragusa. Sie wird auch nach dem Tode des berühmten Historikers, des Abtes dieses Klosters Aloisius de Cerva (Tubero) erwähnt. Ser *Sigismundus Philochristus* de Gorgiata, filius quondam Ser Junii Sigismundi de *Georgio*, bestimmt in seinem am 9. Juni 1533 eingetragenen Testament: »E perche io ho di libri in mia libraria, ligati et desligati, circa pezi numero ducenti, come appare per inventario, voglio che siano dati alli monachi di Sto Jacomo de Visgniza, per tenerli, dove se potrano legere«[2]). Auch in anderen letztwilligen Verfügungen dieser Zeit ist die Rede von Büchern, so in der des *D. Marinus de Benedictis* (früher meist Marinus Benchi cimatoris genannt), artium doctor, 1505—1508 und 1510—1512 Rector der Stadtschule, zuletzt plebanus S. Blasii, eingetragen am 15. Nov. 1537. Er errichtete eine geistliche Stiftung für einen Priester aus dem Bürgerstande, mit besonderer Berücksichtigung seiner eigenen Verwandtschaft. »Cui lego libros meos, exceptis iis, quorum mentionem hic fecero«: »Titum Livium, Solinum, Cornucopiam et Margaritam poetarum« vermachte er dem Seraphinus Ors. de Za-

---

[1]) Sohn des Paul Petrović aus den Radivojevići oder Vlatkovići (Stammtafel bei Kovačević, Godišnjica X, 214), genannt bei Einkünften aus dem Haus der Familie in Ragusa »ad Pusternam in via vocata Pobiana vliza« 1497 (Div. Not. 1496—97, f. 132), 1499 (Div. Not. 1499, f. 36 v.) u. s. w.

[2]) Testamenta Notarie 1528—1533, f. 195. Einen Šiško Gjorgjić zu Anf. des XVI. Jahrh. bezeichnet Appendini als Verfasser eines 1611 in Rom gedruckten Gebetbuches. Dr. Milan von Rešetar, Primorski lekcionari XV. vijeka, Rad 134, S. 118 (S.A., S. 39).

magno [1]). Aber je weiter man die Testamente des XVI. Jahrh. liest, desto seltener werden Erwähnungen von Büchern.

Neben den Bibliotheken sind von culturgeschichtlicher Bedeutung die Projecte zur Gründung einer Buchdruckerei in der Stadt. Es wäre auffallend, wenn in einer Zeit, wo in so vielen Städten Italiens zahlreiche kleine Druckereien thätig waren und wo selbst in den nahen Gebirgen Montenegros Bücher in der neuen Art vervielfältigt wurden, in Ragusa nicht Jemand an die Errichtung einer typographischen Officin gedacht hätte. Ein Ragusaner hat sich ja in derselben Zeit in Italien und in Frankreich als Buchdrucker und Verleger einen berühmten Namen gemacht, *Boninus de Boninis de Ragusia*. Er hat sein Vaterland vor 1478 verlassen, zuerst mit Magister Andreas de Paltasichis aus Cattaro in Venedig (1478) gearbeitet, später in Verona (1481), dann längere Zeit (1483 f.) in Brescia, dort in Compagnie mit dem Florentiner Miniatus Delsera und später allein, und liess sich zuletzt in Lyon nieder (1491 f.). Seit 1508 verschwindet seine Spur. Mit seinen Landsleuten, besonders mit dem Bischof Georgius de Cruce, blieb er in Verkehr [2]). Serafino Cerva behauptet, dieser Buchdrucker sei ein Verwandter der Nale oder Naljeskovići gewesen. In der That hiess ein Zweig dieser Familie, über die wir noch sprechen werden, im XV. und XVI. Jahrh. *Dobrić*, *Dobrićević* und einzelne Mitglieder derselben *Dobruschus* oder latinisirt *Bonus*, *Boninus*, *Bonicus*. Der Name Boninus war auch ausserdem in Ragusa nicht selten. Ein Canonicus Boninus de Tolentis de Curzola, decretalium doctor, war 1444—1465 Vicar des Erzbischofs von Ragusa. In der Mitte des XVI. Jahrh. werden unter der Bürgerschaft erwähnt ein Bonino de Piero Zupan oder Giupanouich und ein Boninus Mathei de Stai. Eine Oertlichkeit über dem Meer zwischen Ragusa und dem Hafen von Gravosa heisst heute noch »Boninovo«, von einem dieser Bonini.

Zu Anfang des XVI. Jahrh. werden Pressen und Lettern, sogar cyrillische, in Ragusa ausdrücklich erwähnt. Prof. Luko Zore veröffent-

---

[1]) Testamenta Notarie 1536, f. 135.

[2]) Vgl. M. Breyer, O Dobriši Dobriću Dubrovčaninu, »Vienac« 1897, S. 516—519. — Jedna od zbiraka Dra V. Bogišića. Zbirka slovenskih inkunabula. Dubrovnik 1898 (S.A. aus dem Kalender Dubrovnik für 1898), S. 5—13 (Nr. 2, 3, 10—31). — Die von Kukuljević aufgebrachte slavische Form seines Namens Dobriša Dobrić ist nicht urkundlich (eher Dobruško Dobrićević, Dobrić).

lichte 1876 im Rad jugoslavenske akademije Bd. 34, S. 154, Anm. 3
eine Stelle aus dem Testament des 1502 verstorbenen Geistlichen *Luka
Radovanović*, nach welcher derselbe dem *Don Paul Vukašinović* ein
»torculo da imprimere libri cum soi ponzoni de lettera schiava cum soi
argazi« vermachte, das sich in seinem Hause befand [1]). Ein ausführliches Excerpt aus dem Testamente dieses am 14. Juli 1502 verstorbenen Kaplans der Nonnen von Sancta Maria de Castello im hochgelegenen
ältesten Theil von Ragusa theile ich in den Beilagen (1) mit. Aus diesem Document erfahren wir nichts darüber, wie diese Druckerpresse in
den Besitz des Don Luka Radovanović gelangt war. Wir wissen auch
nicht, ob er dieselbe zum Bücherdruck wirklich verwendet hat. Ueber
Radovanović selbst kann ich nur noch sagen, dass er 1490 Pächter des
kirchlichen Bodens auf der Insel Mercana war, die auch in seinem Testamente erwähnt wird. Bekannter ist *Don* oder *Pre Polo Vuchassinouich*, stets mit dem Beinamen »librarius«, »libraro«, »librer« genannt.
Im J. 1493 baute er in Gravosa eine Kirche mit Campanile [2]) und wird
seitdem als Zeuge, Epitrop u. s. w. sehr oft erwähnt [3]). Don Nicolaus
Barneo ernannte ihn in seinem am 1. April 1527 verfassten Testament
zu einem der drei Executoren, denen er seine Projecte zum Druck von
Büchern in Ragusa selbst anvertraute. Doch ist Presbyter Paulus Vu-
cassinouich librarius, zuletzt Kaplan der St. Lucaskirche, schon wenige
Wochen später in Podstranje im nahen Thale von Breno an der damaligen Pest gestorben, nachdem er dort am 20. April 1527 sein Testament
italienisch niedergeschrieben hatte [4]).

Das merkwürdigste Stück, ein Gesuch (1514) um ein Privilegium
für eine Druckerei mit lateinischen, griechischen und cyrillischen Lettern,

---

[1]) Citirt auch von Dr. G. A. Kaznačić, Alcune pagine su Ragusa (Ragusa
1881) S. 4, wo gelesen wird »sei ponzoni ... co' suoi argazzi«. Das Orig. hat
soi (suoi).

[2]) Diversa Cancellarie 1492, f. 129.

[3]) Er ist nicht zu verwechseln mit presbyter Paulus Vuchceuich dictus
Tampariza, † 1550 (Testamenta Notarie 1549, f. 51 v—52). Das ist wohl der
Presbyter Paulus Uuchzich, einer der epitropi des Radovanović und einer der
gastaldi fraternitatis presbyterorum 1524 (Div. Not. 1524, f. 60 v) und der
presbyter Paulus Uulcatius, capellanus ecclesie S. Nicolai infra muros Ragusii 1537 (Div. Not. 1536, f. 164). Ein dritter Geistlicher ähnlichen Namens
war presbyter Helias Vuchichieuich alias *Lupi* (Testament 1501 in den Testamenta 1498, f. 142).

[4]) Testamenta Notarie 1525—1527, f. 129.

knüpft sich an die Geschichte der Familie *de Primo* oder slavisch *Primojević*. Das Project ist in der neueren Literatur nicht unbemerkt geblieben. Prof. Gelcich bespricht es in einem interessanten Buch über die Familie der Ohmučevići und über die Beziehungen der ragusanischen Marine zu Spanien im XVI.—XVII. Jahrh., doch hat seine Notiz nicht die verdiente Beachtung gefunden [1]). Die Primojevići waren ein bürgerliches Haus, dessen Nachkommen erst nach dem grossen Erdbeben von 1667 unter den Stadtadel aufgenommen wurden [2]). Die Mitglieder der Familie dienten in der Zeit des Menčetić und Držić durch zwei Generationen hindurch in der Kanzlei der Republik für slavische Correspondenz (»idioma nostrum« im Liber Reformationum 1501, »idioma dalmaticum«, »maternum« 1502). Ein Sohn des Primus de Bon und seiner Frau Radula († 1503), Pasqualis Primi de Bon, in slavischer Form Paschoie Primoenich, in den lateinischen Stadtbüchern meist *Pasqualis de Primo* (oder P. Primi) geschrieben, war 45 Jahre lang Kanzler der slavischen Kanzlei, von 1482 bis in das Pestjahr 1527. Am 20. Febr. 1527 wurde das »testamentum providi viri Paschalis de Primo, cancellarii in lingua seu idiomate sclauo excellentissimi dominii Rhagusini« registrirt, verfasst am 5. d. M. in italienischer Sprache [3]). Von Pasquals und seiner (seit 1482) Gattin Lucretia vier Söhnen wird der älteste *Sebastiano* (Bastiano) bei Handelsgeschäften genannt. Die übrigen drei haben alle in der Stadtkanzlei von Ragusa gearbeitet. *Troianus Pasqualis de Primo* war seit Februar 1525 Coadiutor des alternden Vaters in der slavischen Kanzlei und 1527—1536 sein Nachfolger im Amte. Des Troianus Nachfolger als slavischer Kanzler war wieder sein Bruder *Nicolaus Pasqualis de Primo* 1536—1550. Uns interessirt hier ein vierter Bruder, *Lucas Pasqualis de Primo*, der in der lateinischen Kanzlei angestellt war. Seine Ernennung war eine Neuerung; an Stelle der bis dahin seit dem XIII. Jahrh. regelmässig aus Italien berufenen Secretäre treten allmählich geborene Ragusaner. Schon im October 1503 wurde der Ragusaner Don Marinus Marinchi (de Florio, seit 1504 Rector der Schule) auf drei Monate als Coadiutor in der Kanzlei angestellt,

---

[1]) Prof. G. Gelcich, I conti di Tuhelj. Contributo alla storia della marina dalmata ne' suoi rapporti colla Spagna. Seconda edizione. Ragusa, Pretner 1890, S. 37—39 (mit Abdruck des Projectes).

[2]) Annales Ragusini ed. Nodilo p. 163.

[3]) Testamenta Notarie 1525—1527, f. 68 v: Io Paschal de Primo, cancellº in lingua slaua, vechio e debile del corpo etc.

während der Abwesenheit eines der italienischen Kanzler; er sollte dabei scribere pollizas, dohanas, dare et ostendere libros, acceptare scripturas cancellarie. Am 19. Januar 1504 wurde Luka Primojević Coadiutor auf acht Monate und blieb seitdem in der lateinischen Kanzlei. Slavisch schrieb er daneben auch gut; wir werden noch ein in cyrillischer Schrift von ihm registrirtes Testament vorlegen. Daneben wurde er auch zu Gesandtschaftsreisen verwendet, wie sein Vater; z. B. 1524 reiste er in Angelegenheiten ragusanischer Kaufleute nach Neapel. Er starb drei Jahre vor seinem Vater, am 25. September 1524, und hinterliess seine Frau Aniza, Tochter des Florio de Andrea, die in erster Ehe mit einem Fiorio verheirathet gewesen war, und drei Söhne, Pasqualis (schon 1516 volljährig erklärt, später Geistlicher), Zohanne Fiorio, Zohanne Piero [1]).

Im März 1514 legte der Kanzler Lucas Pasq. de Primo dem Consilium Rogatorum eine italienisch verfasste Bittschrift vor, in welcher er darlegte, er wünsche zur Ehre Gottes, der christlichen Religion und seiner Vaterstadt, »essendo la città Vostra nominata et extimata in molte parte del mondo«, in Ragusa die Kunst des Buchdrucks einführen, »l'arte et exercitio de stampar libri«. Anfangs wolle er, bis einheimische Leute diese Kunst erlernen, zwei gute Meister des Buchdrucks aus Italien bestellen, einen »stampator« und einen »tirator«, nebst allen nöthigen Instrumenten und Geräthen. Bücher wollte er drucken lassen »de bona et bella scriptura« in lateinischer, nach Bedarf auch in griechischer Sprache und überdies noch »in lettere rassiane al modo, che usano li callogeri dela religione rassiana in loro chiesie«. Bei dieser Gelegenheit hören wir das Lob des Buchdrucks der Fürsten Crnojević in Montenegro, ausgesprochen von einem Zeitgenossen: »de simile lettere, che haueano comenzato Zarnoeuichi, che (zu verstehen ist: opera, stampa) per tuto era laudata et apreciata«. Die erste Druckerei der Fürsten der Zeta wird also in Bezug auf Form und Inhalt ihrer Erzeugnisse als ein allgemein anerkanntes Muster hingestellt. Daran schliesst sich ein Lob der kirchlichen Literatur in der »rassianischen« Sprache: »et in questo ydioma se trouano libri et authori dignissimi, maxime in cose sacre et ecclesiastiche«. Die Verantwortlichkeit über die Auswahl der Druckwerke scheint Lucas de Primo von sich ablehnen zu wollen; die Meister,

---

[1]) Testamenta Notarie 1519—1524, f. 229. Das Test. Annizae, uxoris Ser Luce Pasq. de Primo, von 1518 eingetragen erst 1561 in den Testamenta 1555, f. 208. Presbyter Paschalis, filius quondam Ser Luce Pasqualis de Primo, cancellarii communis Ragusii, Div. Not. 1536, f. 221.

sagt er, werden »uno intelligente« haben, der sie leiten wird. Um die
grossen Einrichtungskosten bestreiten zu können, bittet er den Senat,
ihm, wie es bei der Einführung anderer Gewerbe oft geschehen war, ein
Haus und ein Geschäftslocal auf dem Hauptplatz anweisen, sowie Zoll-
freiheit für das eingeführte Papier gewähren zu wollen. Die Hauptsache
ist aber ein Privilegium, nach der in Italien üblichen Art, auf 15 Jahre,
vor deren Ablauf Niemand als er allein die Buchdruckerkunst in Ragusa
und dessen Territorium ausüben dürfe. Zum Schluss wird nochmals auf
den Nutzen dieser Kunst für die Edelleute, Bürger und Nonnen der
Stadt aufmerksam gemacht. Das Consilium Rogatorum bewilligte am
8. März 1514 mit 38 gegen 5 Stimmen das gewünschte Privilegium.
Ein vom Consilium minus anzuweisendes Haus und eine »statio ad plateam«, beides »sine solutione affictus alicuius«, wurde mit 33 gegen 10
Stimmen in Aussicht gestellt. Sollte aber Lucas Pasq. de Primo innerhalb eines Jahres die Arbeit nicht beginnen, so erlöschen alle diese Be-
günstigungen. Ein Jahr später hatte Lucas die Druckerei in der That
noch nicht eröffnet und suchte deshalb um eine Verlängerung des Ter-
mins um acht Monate an, was ihm das Consilium Rogatorum am 13. März
1515 mit allen gegen zwei Stimmen bewilligte (Beilage 2).

Vergeblich suchten wir in den Raths- oder Notarialbüchern der
nächsten Jahre eine weitere Nachricht über dieses Unternehmen. Luka
Primojević ist es wahrscheinlich nicht gelungen, die nöthigen Meister zu
gewinnen; vielleicht fehlte es ihm auch an Geld.

Von Bücherdruck lesen wir dann in dem bereits erwähnten Testament des *Don Nicolaus Mich. Barneus* († 1529). Von seinen Schenkungen ist eine Reihe alter Codices ausgenommen, »libri antiqui, ligati
et desligati, scripti *caractere langobardo*«, wahrscheinlich aus Unteritalien, aus den Benedictinerklöstern von Monte Cassino u. A., theologischen Inhaltes, Werke von Remigius episcopus Remensis, Beda, Innocenz III. u. A. Die Bücher hatte Barneus während seiner Verbannung
1510 nach Italien mitgenommen und wollte sie dort drucken lassen, doch
glückte ihm dies nicht, wegen der vielen damaligen Kriege und Pest-
krankheiten. Seine drei Testamentsexecutoren, Ser Bernardo de Binciola, Don Marino de Benedictis und Don Paulo Vukašinović bat er,
seinen Plan auszuführen; er habe eigens drei reiche Männer dazu aus-
ersehen, »accio che essi li faccino *imprimere qui in Ragusi* con aiuto
della Signoria«. Sollte dies aber nicht möglich sein, so sollen sie die
Codices dem Kloster des hl. Jakob zu Višnjica übergeben (Beilage 3).

In einigen Handbüchern wird angegeben, in Ragusa habe der Bücherdruck im J. 1524 begonnen [1]). Doch beruht dies auf einem Miss-verständniss. Anlass dazu gab eine gedruckte Zeitung aus diesem Jahre: »Epistola Michaelis Bocignoli Ragusei ad Gerardum Planiam, Caesareae Maiestatis secretarium, in qua exponit causas rebellionis Axmati (sic) a Solymano Turcarum imperatore« etc., zwei Quaternionen (A, B) oder 8 Blätter, ohne Angabe des Druckortes. Der Brief selbst ist zum Schluss datirt Ragusii, 29. Juni 1524 [2]). Dieses Datum wurde irrthümlich als Druckort angesehen. Bei den Verboten der Republik gegen jede Cor-respondenz über Ereignisse in der Nachbarschaft nach auswärts und bei den Schicksalen des Bucignolo selbst, die wir noch erörtern werden, ist die Annahme von Ragusa als Druckort ganz ausgeschlossen. Die Bro-schüre ist eher in Wien oder in Deutschland gedruckt worden [3]). Eine Druckerei wurde in der Republik erst im XVIII. Jahrh. eröffnet.

Buchhändler waren in Ragusa die »librarii«, Don Paul Vukaši-nović († 1527), Sebastiano de Boiso aus Mailand († 1555) und Antonio de Odolis aus Brescia. Was die Ragusaner dieser Zeit zu kaufen und zu lesen pflegten, erfahren wir aus einem Inventar von drei Kisten Bücher, welche 1549 der Buchdrucker Traiano Navò aus Venedig durch Vermittelung des Don Nicolaus de Gozze, Archipresbyter der Kathedrale

---

[1]) Dr. Karl Falkenstein, Geschichte der Buchdruckerkunst, Leipzig 1840, 4⁰, S. 395 im chronologischen Verzeichniss der Druckorte. Von dort wieder-holt in den Collectaneen P. J. Šafařík's bei Dr. Č. Zíbrt, Příspěvky ke studiu bibliotečních soustav a zařízení, Prag 1898. Graesse, Lehrbuch einer allg. Literärgeschichte aller bekannten Völker der Welt, III, 1 (Leipzig 1852), S. 218: »Mit dem Datum von 1524 führt Cotton, Typogr. Gazett. p. 236 einen Druck von Michael Bocignolius Schrift über den Türkenkrieg von Ragusa an« (im Register der Druckorte Ragusa 1524 mit Fragezeichen).

[2]) Ein Exemplar in der kais. Hofbibliothek in Wien (40. Q. 130). In der Sammlung Kukuljević in Agram eine handschriftliche Copie (Književnik II, 311). Den Inhalt des Briefes bildet die Geschichte des Aufstandes des Statt-halters von Syrien Ghasalibeg (1520—1521), sehr abweichend von der bei Ham-mer, 2. A., II, S. 18—19 dargelegten. Daran schliesst sich eine ausführliche Erzählung über die Walachei und deren Fürsten an; in ital. Uebersetzung bei Jorga, Pretendenți domnesci in secolul al XVI-lea (Analele der rumän. Aka-demie, II. Serie, Bd. 19), S.A., Bukarest 1898, S. 79—82. Zum Schluss ein Bericht über die Abweisung eines türkischen Angriffs auf Clissa und über den Fall von Ostrovica.

[3]) Kukuljević, Stari pisci I, Vorrede S. XXVIII bezeichnet Wien als den Druckort.

von Ragusa, an Antonio de Odolis sendete (Beilage 4). Es waren über
700 Exemplare, darunter auch nicht geheftete Stücke (a risma). Die
damalige Begeisterung für das klassische Alterthum ist an der ganz
stattlichen Menge der lateinischen und griechischen Autoren in Original
und Uebersetzung zu sehen, die durch ungefähr 200 Exemplare vertreten
sind. Am meisten begehrt waren Cicero, Horaz und Ovid. Es fehlen
neben den Dichtern nicht die Prosaiker, Herodot, Xenophon, Polybius,
Plinius, Appian, Plutarch u. A.; im griechischen Original finden sich
vor Homer und Hesiod. Ausser den lateinischen »Elegantiae« von Laur.
Valla und Grammatiken gab es auch griechische Handbücher von Konst.
Laskaris und Theodor Gazes. Neben Euklid und Dioskorides war in
dem Bücherladen des Antonio de Odolis das medicinische Buch des Paul
von Aegina, eines Byzantiners des VII. Jahrh., zu haben. Die mittelalterliche lateinische Literatur ist vertreten durch Petrus de Crescentiis
über den Ackerbau und den Alchimisten Arnaldus de Villanova, durch
Notarialformulare und durch Theologica, wie denn auch Bibeln, Evangelien, Episteln, Legenden u. A. nicht fehlen. Zahlreich sind in dem
Verzeichniss die neulateinischen Werke von Poggio (die Facetien), Laurentius Valla, Pontanus, Aldus Manutius, Erasmus von Rotterdam, sowie
die der italienischen Historiker Marcus Antonius Sabellicus und Paulus
Aemilius. Berni oder Bernia mit den Erzeugnissen seiner burlesken
»poesia bernesca«, Ariosto mit seinen Schauspielen, Sonetten und epischen Dichtungen und der damals in Venedig lebende Pietro Aretino
stehen unter den Italienern im Vordergrund, neben Petrarca, Castiglione,
Machiavelli, Varchi, Giraldi, dem Historiker der venetianischen Türkenkriege Guazzo, den »Viaggi« ungenannter Autoren u. s. w. Sehr beliebt
waren alle Stoffe der Karlssage: die »Reali di Francia«, »Bovo d'Antona«, der »Morgante maggiore« des Pulci, der »Orlando innamorato«
des Berni, der »Orlando furioso« des Ariosto, die »Marfisa« des Aretino
und des Giambattista Dragoncino, die »Lacrime d'Angelica« des Aretino. Dazu gesellen sich »Innamoramenti«, wohl der Roman von Florio
und Biancifiore, und »Il Meschino«. Von Schauspielen waren begehrt
die des Ariosto und Giraldi.

II. Zur lateinischen Literatur der Ragusaner.

Volcius Blasii de Baballo und der Kanzler Joannes Laurentius Reginus aus Feltre. Petrus Marini de Menze, poeta laureatus († 1508). Carolus Pauli de Puteo († 1522). Aelius Lampridius Cerva als Rector der Schule, Castellan von Stagno (1495) und Sokol (1504—5), zuletzt Canonicus († 1520). Der Abt Aloisius Cervinus, genannt Tubero († 1527).

Ueber die ersten neulateinischen Dichter der Humanistenzeit in Ragusa kann ich etwas Genaueres mittheilen. In der letzten Abhandlung bezeichnete ich als wahrscheinlich den ältesten derselben den *Volcius Blasii de Babalio* (Vuk Bobaljević), einen hervorragenden ragusanischen Diplomaten des XV. Jahrh., der den letzten byzantinischen Kaiser, die letzten griechischen Despoten von Morea, den Despoten Georg von Serbien, den Herzog Stipan Vukčić, den König Ladislaus Posthumus und andere berühmte Zeitgenossen persönlich kannte [1]. Die Nachricht des Kukuljević, auf die ich mich berief, stammt aus des Serafino di Cerva um 1740 verfassten »Bibliotheca Ragusina« [2]. Der gelehrte Dominikaner aus der alten Ragusaner Schriftstellerfamile entnahm seine Notiz einem Codex des Klosters des hl. Jakob zu Višnjica, welcher lateinische und italienische Gedichte des Joannes Laurentius Reginus aus Feltre enthielt, eines Notars der Ragusaner um die Mitte des XV. Jahrh. [3]: »Plura ad Voltium nostrum epigrammata dedit, in quibus virum laudat, litterarum studiis addictum, librorum copia praeditum et egregium dignumque Aonio choro poetam«. Ein Gedicht wird mitgetheilt: »Ad Voltium Bobalium, patricium Ragusinum, Joannes Laurentius Rheginus«:

> Se tu sei dormentato, per svegliarti
> Et risonando udir tua dolce lira,
> Laqual cho tal stupor Apollo mira,
> Che parmi vol di lauro verde ornarti etc.

---

[1] Volcius Blasii de Babalio, 1440 Mitglied des grossen Rathes, »obiit in Ungaria« (ohne Jahr) nach dem »Specchio«. Sein Altersgenosse war Michiel Volço de Babalio, † 1475. Bei Serafino di Cerva wird der Dichter wohl irrthümlich als »Voltius, Michaelis filius« bezeichnet: ein Volcius Michaelis de B. (Vlkša Mišetić) gehört in die Zeit um 1405, Spomenik XI, 50.

[2] Auf meiner Reise 1897 benutzte ich eine Copie, 4 voll. fol. (das Autograph ist bei den Dominikanern in Ragusa) in der Bibliothek des Gymnasiums von Zara, wobei ich der zuvorkommenden Unterstützung des Bibliothekars Herrn Prof. V. Brunelli, eines allen Freunden der Geschichte Dalmatiens wohlbekannten Historikers, dankbar gedenke.

[3] Ueber diesen Kanzler vermag ich leider nichts Näheres anzugeben.

Der Codex ist nicht verschollen. Durch die Freundlichkeit eines Nachkommen der alten Patricier von Ragusa, des Advocaten Herrn Dr. Mato von Zamagna, lernte ich das Verzeichniss des umfangreichen Nach-' lasses eines als Büchersammler bekannten Geistlichen der Stadt kennen: »Catalogo dei libri rari, manoscritti e membranacei, appartenenti alla biblioteca relitta da Don Luca Paulović. Ragusa. Alle spese della massa ereditaria 1889« (8⁰, 30 S.). Pavlović[1] besass zahlreiche Incunabeln lateinischer und griechischer Klassiker, sowie eine Anzahl Handschriften auf Pergament und Papier, meist theologischen Inhaltes. Nr. 775 des Catalogs ist bezeichnet: »Giov. Lorenzo Regino di Feltre, cancelliere della Rep. di Ragusa (1460 circa), poesie diverse ital. e latine, ms. autogr. 4⁰, vi mancano poche pagine in principio e in fine«. Das ist wohl die Handschrift, die Serafino di Cerva einst »in Sanjacobaeo asceterio« gelesen hat. Die Bibliothek des Don Luca Pavlović scheint überhaupt viele Reste der in den Zeiten Napoleon's I. verschleppten Bibliotheken der aufgehobenen Benediktinerklöster von Meleda, Lacroma und St. Jakob zu enthalten. Sie befindet sich jetzt im Besitz eines Ragusaner Juristen, des Herrn Dr. M. Gracić. Die archivalischen Aufgaben, die ich binnen wenigen Wochen zu bewältigen suchte, gestatteten mir leider nicht, diese Büchersammlung aufzusuchen. Die Handschrift könnte jedenfalls manche Aufschlüsse über die Literatur von Ragusa im XV. Jahrh., in der Zeit zwischen Philippus de Diversis und Aelius Lampr. Cerva bieten.

Babalio gehört in die Mitte des XV. Jahrh. Von den besser bekannten lateinischen Poeten der zweiten Hälfte desselben Jahrhunderts war der älteste der »poeta laureatus« *Petrus Marini de Menze*, Sohn des Ser Marinus Petri de Menze[2] und Bruder des Savinus. Geboren 1451, wurde er in das Consilium maius aufgenommen am 1. Dec. 1472,

---

[1] Don Luca Pavlović war ein leidenschaftlicher Sammler, ja manches hat nach seinem Tode in die — Archive zurückgestellt werden müssen (vgl. Spomenik XI, 24). Er war ein Sonderling, der in seinen letzten Lebensjahren in merkwürdige Wahnideen verfiel. So soll er behauptet haben, das alte Rom sei in — Epidaur (Ragusa vecchia, sl. Cavtat) gewesen, wo er sogar auch die sieben Hügel ausfindig machte; erst die Venetianer hätten in den Handschriften des Livius und anderer Historiker überall den Namen Epidaur gelöscht und Roma dafür gesetzt!

[2] Nicht des Marinus *Lampridii* de Menze, wie ich im Archiv XIX, 62 meinte. Der Dichter ist auch nicht zu verwechseln mit seinem Zeitgenossen Petrus *Andreae* de Menze, geb. 1459, in das Consilium maius aufgenommen 1479, † 1522.

21 Jahre alt. Er hat in Italien wahrscheinlich die Rechte studirt; in den Rathsbüchern wird er daher als »dominus« oder »misser« titulirt, nicht einfach als Ser [1]). Bald finden wir ihn in den Aemtern, als einen der drei officiales der »Lavorieri de pagamento« 1473, der drei »officiali de scritta d'armamento« 1477, 1479, sowie der drei »fontigieri« in der »gabella del fontico« 1485, daneben als einen der sechs »advocati del proprio« 1484, 1487 und noch dreimal bis 1497. Er war zu sehr Kind seiner Zeit, um nicht bei Gelegenheit auch mit der Wucht physischer Kraft aufzutreten. Im Juli 1484 wird vor Gericht geklagt, dass Petrus Mar. de Menzis decapillavit et verberavit cum manibus Vocaz petrarium »prope Sanctum Petrum« [2]). Im Juli 1486 heirathete er Nicoletta, Tochter des Ser Zohanne di Buchia [3]). In den jährlich wechselnden Aemtern der Republik war er unter den »advocati del comun« 1488, 1496, 1499, unter den drei »officiali dell' arte di lana« 1489, 1491, unter den 21 Mitgliedern des Appellationsgerichtes von 1491 angefangen öfters bis 1499, unter den fünf »cazamorti« 1495, unter den sechs »consoli delle cause civili« 1498. Dreimal war er Conte von Stagno, 1495, 1502, 1506, daneben nochmals »advocato del proprio« 1501, 1505. Als Procurator der Klöster und Kirchen, wozu stets je drei Nobiles auf drei Jahre bestimmt wurden, wurde er gewählt für die Dominikaner 1490, für die Franziskaner 1494, für das Kloster S. Maria Angelorum 1499. Die Rectorswürde bekleidete er im December 1504. Ausserdem finden wir ihn auf Gesandtschaftsreisen, z. B. 1501 nach Cattaro, Anfang 1503 bei Skenderbaša, dem Sandžakbeg von Verchbossania (Sarajevo), im November d. J. bei Mechmetbeg, dem Sandžak der Herzegovina, an der Narentamündung, 1504 in Venedig. Sein Testament ist registrirt am 4. Februar 1508: »testamentum nobilis viri et *poete* domini Petri Mar. de Mence, nudius tercius defuncti«, ganz lateinisch geschrieben, während die Testamente dieser Zeit in der Regel italienisch redigirt sind [4]). Unter

---

[1]) Wo er den Dichterlorbeer erlangt hatte, ist nicht bekannt. Damals war dies gar nicht so schwer. Vgl. die Satire des Giammario Filelfo »in vulgus equitum auro notatorum . . . et poetarum laureatorum« bei Abbate Girolamo Tiraboschi, Storia della litteratura ital. VI, 2 (Napoli 1781), p. 253—254; vgl. Georg Voigt, Die Wiederbelebung des class. Alterthums, 3. A. (Berlin 1893) I, 531.

[2]) Lamenta de intus 1484, f. 146.

[3]) Registro Maritaggi de Nobili f. 10 (Ivit ad maritum 1486, 18 julii).

[4]) Testamenta Notarie 1506, f. 61 sq.

Anderen ist darin die Rede von 120 Ducaten, »missi emptum pannos in
Britanniam de mea ratione«; der Dichter hat sich also von den Handelsgeschäften seiner Mitbürger nicht fern gehalten. »Libros meos omnes
volo venumdari, si Joannes mihi filius discere noluerit«. Seine Wittwe
Nicoletta starb 1539 [1]). Sein einziger Sohn Johannes hat nach Art übermüthiger Herrensöhne gelebt; in den Protokollen des Consilium Rogatorum ist am 12. Februar 1517 zu lesen, dass Ser Johannes domini Petri
de Menze superioribus diebus animo premeditato interfecit ad plateam
Blasium Radossani Giurasseuich. Dieser Jugendstreich hinderte den
Sohn des Poeten später nicht an der Wahl zu verschiedenen Aemtern; er
war Comes 1528 in Slano, 1529, 1535 auf der Isola di Mezzo, 1531 in
Canale. Von den drei Töchtern des lorbeergekrönten Dichters war Orsula oder Ora seit November 1516 verheirathet an Ser Stephanus S. de
Benessa, Aniza seit 1526 an Ser Sigismundus Ju. de Goze; die dritte,
Maria, blieb unvermählt. Serafino di Cerva im XVIII. Jahrh. kannte den
Ruhm des »poeta laureatus« Petrus Mentius, aber von seinen Gedichten
war ihm nichts mehr bekannt: »Quamvis nullum hac nostra aetate scrip-
torum atque poematum Petri Menzii supersit vestigium, illum nihilomi-
nus eximium fuisse poetam et immortali laude dignum nemo negabit«.
Charakteristisch für die geringe Intensität der Quellenstudien des Serafino di Cerva ist der Zweifel, ob der Dichter den Nobiles dieses Namens oder einer gleichnamigen Bürgerfamilie angehörte; bei einem
Einblick in die Archivbücher kann doch über diese Frage nicht der
kleinste Zweifel obwalten [2]).

Ein wenig jünger war Ser *Carolus Pauli de Poza* oder latinisirt
de Puteo, Sohn des Ser Paulus Nic. de Poza. Geboren im J. 1458,
wurde er mit 20 Jahren am 4. Nov. 1478 in den grossen Rath aufgenommen. In den Aemtern wird er oft genannt: 1488 und wiederholt in
den folgenden Jahren unter den »advocati del proprio«, 1499 unter den
»advocati alla camera dell' arte della lana«, 1506 als Conte von Stagno,
1511 als Conte von Slano, 1516—17 als Conte von Canale, 1515, 1519,

---

[1]) Ihr Testament ist am 7. Aug. 1539 registrirt in Test. Not. 1539, f. 33.

[2]) Im Katalog der gedruckten Bücher des British Museum findet man
unter dem Namen Petrus Mentius zwei Werke, eine Oratio pro capessenda
expeditione contra infideles, habita in capella palatii apostolici 1490 und eine
Relation des Bischofs von Cesena an den Papst »super falsis brevibus aposto-
licis«, Rom 1497. Dieser Römer Mentius ist mit dem Ragusaner Menze nicht
identisch.

1520 als Mitglied des Consilium Rogatorum. Am 19. März 1500 heirathete er Nicoletta, Tochter des verstorbenen Ser Aloisio de Giorgi; seine Söhne Pandulphus († 1555) und Raynaldus Caroli de Poza erscheinen im XVI. Jahrh. in verschiedenen Aemtern, Pandulphus z. B. 1542 gleichfalls als Conte von Slano, nachdem er früher, 1535, auf einer Handelsreise in Chios gewesen war. Carolus de Poza starb im Februar 1522 [1]). Er besass von seinem Vater einen nicht unbedeutenden Besitz; bei der »parzogna« (Theilung) mit seinem Bruder Pandulphus 1503 fielen ihm zahlreiche Grundstücke auf der Insel Zupana, ein Haus in Zaptat (Ragusa vecchia) und Weinberge in Gravosa zu [2]). Befreundet war er mit dem Bücher sammelnden Bischof Georgius de Cruce; unter den Testamentsexecutoren des gelehrten Prälaten erscheint »dominus Carolus, fauste memorationis Pauli de Puteo filius«. »Carolus, Slani praefectus«, der des Aelius Lampr. Cerva »lascivientia carmina lacessivit« [3]), war unser Carolus de Poza, der die Würde eines Conte di Slano nur einmal bekleidete: 1511 vom 26. Februar bis 24. October, wo Petrus Nat. de Saracha sein Nachfolger wurde. Serafino di Cerva schreibt von Poza, dass er trotz vieler Amtsgeschäfte »Musas secum peregrinari, rusticari, cubare, coenare, una simul vivere volebat, nec eas, quamvis negotiorum mole distentus, a latere suo vel ad horam discedere patiebatur«. Ob aber seine Gedichte erhalten seien, sagt Cerva, »plane ignoro«; er kennt nur ein Gedicht in den Büchern des Georgius Benignus, ein Lob der Schrift desselben »De natura Angelorum« (1499). Diese Dichtungen sind nicht verschollen. Ein Epigramm des Carolus Puteus ist abgedruckt nach einer Vorrede des Aelius Lampridius Cerva vor des Georgius Benignus »Oratio funebris, habita pro magnifico et generoso senatore Junio Georgio, patricio Ragusino, in aede divi Francisci XIII Kal. Mart. MCCCCLXXXXVIIII« [4]). In der Sammlung südslavischer

---

[1]) Testamentum Ser Caroli Pau. de Puteis, lateinisch, ganz kurz, datirt Ragusa 13. Februar 1522, eingetragen am 17. d. M. in den Testamenta Notarie 1519—1524, f. 117. Von Büchern ist keine Rede. Genannt werden sein Bruder Pandulphus (geb. 1454), sowie vier Kinder des Erblassers, die Söhne Raynaldus und Pandulphus und die Töchter Petronella, die »dotem et perchiuium« erhält, und Anucla, die ins Kloster gehen soll (Anuclam volo de bonis meis monachari et in monasterium monialium more solito ad seruiendum sponso altissimo dari et poni).

[2]) Diversa Notarie 1502, f. 51.

[3]) Rački, Starine IV, 190, vgl. ib. 187.

[4]) In der Sammlung von Bogišić Nr. 38 (s. die folg. Anm.).

Incunabeln des Herrn Dr. Balthasar Bogišić aus Ragusa, gegenwärtig Justizministers im Fürstenthum Montenegro, befindet sich des Carolus Puteus, patricius Ragusinus, »Elegiarum libellus de laudibus Gnesae puellae«, 4 Bl. in 8⁰, ohne Angabe des Druckortes, gedruckt wahrscheinlich in Venedig zu Ende des XV. Jahrh. [1]).

Zur Biographie des berühmten lateinischen Dichters *Aelius Lampridius Cerva* (geb. 1463, † 1520) habe ich einige Notizen nachzutragen, darunter auch solche, die das Temperament des Mannes näher beleuchten. Sein Vater Ser Lampre (Lampriza) Helie de Crieva war im Juni 1486 Rector der Republik gewesen und ist 1487 aus dem Leben geschieden. Des Aelius Bruder Troianus, der in Adrianopel 1493 gestorben ist und wegen dessen Nachlass Šiško Menčetić als Bevollmächtigter der Betheiligten in die Türkei reiste (Archiv XIX, 68), war sechs Jahre älter, in den grossen Rath aufgenommen 1477, also geb. 1457. Schon bei der Aufnahme in den grossen Rath am 1. Dec. 1483 ist der Name Elias in *Aelius* verändert: »Ser Helius Lampr. de Crieua«. Der Beiname *poeta* in den Archivbüchern, sogar bei Pacht von Weinkellern oder Ankauf von Brettern, ist wahrscheinlich nicht immer als Ehrentitel gedacht, sondern meist nur der Unterscheidung wegen gesetzt. Es gab nämlich zu dieser Zeit noch drei andere Elias unter den Cerva's: Helias Mat. de Crieva († 1486) und dessen Nachkommenschaft, Helias Andree († 1482) und Helias Nicolai (1493 Castellan von Sokol u. s. w.). Sohn eines dieser drei und nicht des Aelius war Baptista Helie de Crieva, welchen das Consilium Rogatorum am 10. März 1506 zugleich mit Sebastianus Mich. de Proculo, »causa insultus inhonesti, facti contra duas puellas, que de nocte ibant ad barberium causa infirmitatis olim Ser Mathei Dym. de Ragnina«, zu 4 Monaten »in uno ex tribus carceribus antiquis, januis clausis« verurtheilte; Sebastian entsprang aus dem finsteren Verliess schon vier Tage später, Baptista wurde am 5. Mai begnadigt.

Die lateinische Gedächtnissrede des Aelius für den König Mathias Corvinus († 1490) war noch im frischen Gedächtniss, als der lorbeergekrönte Poet einen argen Skandal provocirte. Der 28 jährige Humanist hatte einen Wortwechsel mit Ser Lucas Aloisii de Georgio und nannte dabei dessen Frau öffentlich mit einem solchen Ausdruck, dass das Consilium Rogatorum am 16. November 1491 den Dichter zu sechs

---

[1]) Jedna od zbiraka Dra V. Bogišića. Zbirka slovenskih inkunabula. Dubrovnik (S.A. aus dem Kalender »Dubrovnik«) 1898, S. 15, Nr. 37.

Monaten Kerker »in uno ex tribus carceribus antiquis« verurtheilte und ihm befahl, die Strafe sofort am nächsten Tage »sub pena dupli« anzutreten [1]). Im J. 1494 finden wir den »Helius« zum ersten Mal in den Stadtämtern als Advokaten »del comun«.

Der Redner und Dichter war aber auch für militärische Würden befähigt. Am 29. Juli 1495 wurde »D. Helius de Crieua poeta« zum Castellan von Stagno (slav. Ston) gewählt, wo er nicht lange blieb, da ihn schon am 18. November Ser Paulus Nic. de Poza ablöste. Der Isthmus oder besser gesagt die Schlucht der Prevlaka von Stagno ist heute noch abgeschlossen von den Ruinen einer festen Quermauer, die sich westlich vom Passe über steile Felsen von Meer zu Meer hinzieht, von Gross-Stagno mit dessen übel duftenden Salinen im Süden bis Klein-Stagno im Norden [2]). Die oberste Burg in der Mitte der Quermauer, noch gegenwärtig benannt mit dem alten Namen Pozvizd, hatte einen eigenen Castellan; 1495 war es Marinchus Jo. Fed. de Gondola. Ebenso hatte Klein-Stagno zwei Castellane, einen in den jetzt verfallenen, epheu-

---

[1]) Consilium Rogatorum, 16. November 1491 (am Rand: contra d. Helium de Crieua): »Prima pars est de cognoscendo in presenti consilio casum iniurie ignominiose et vituperose, quam palam dixit dominus Helius de Crieua Ser Luce Alo. de Georgio, nominando eius uxorem inhonesto nomine. Per XXX contra VII. (Secunda pars est de remittendo casum hunc ad dominos judices de criminali). — Prima pars est de habendo ipsum dominum Helium pro fallito. Per XXXVIII contra III. — Prima pars est de castigando ipsum de factis. Per XXXVIII contra III. (Secunda pars etc. de verbis). — Prima pars est de sententiando ipsum ad standum sex mensibus in uno ex tribus carceribus antiquis, januis continue clausis, excepto quod possit dimitti de sero ad cercam, quando omnes incarcerati dimittuntur. Per XXIII contra XVIII. (Secunda pars etc. menses quatuor etc.). — Prima pars est, quod si dictus d. Helius unquam exiret de dicto carcere, nisi ad dictam cercam, et constaret per duos testes idoneos, a dicta die rursus incipiat terminus sex mensium. Per XXXIIII contra VII. — Prima pars est, quod dictus d. Helius debeat intrare in carcerem hodie sub pena dupli. Secunda pars est, quod debeat intrare cras sub dicta pena; per XXXV contra VI (Consilium Rogatorum 1489—1492, f. 219). — Der Brief des Cerva an König Wladislaw von Ungarn, Starine IV, 177, ist vom 13. April 1493 (nicht 1492, da waren ja die sechs Monate der Haft noch nicht abgelaufen); der darin genannte ragusanische Gesandte Stephanus war S. de Zamagna, einer der drei Gesandten an den König im J. 1493, des Aelius Verwandter von mütterlicher Seite (Matković, Rad VII, 258; Gelcich und Thallóczy 643).

[2]) Vgl. meine Skizze »Ston a Mljet«, Osvěta 1891, S. 4—19, 109—120 (Heft 1 und 2).

umrankten Thürmen der Burg Corona, den anderen in dem unteren
Fort am Hafen. Schon damals galt Gross-Stagno als ein ungesundes
Fiebernest mit sumpfiger Luft. Im Castell dieser Stadt, dessen Ruinen
noch an dem seichten Hafen zu sehen sind, schrieb Aelius seine hübsche
Ode an Ragusa: »Ocelle mi, Ragusa, ocelle mi patria!« Die Situation
in der Fieberluft des Isthmus ist darin anschaulich geschildert, in der
Ansprache an die Vaterstadt:

> Quod interire me nec emori sinis,
> febriculosa in arce praesidem, Isthmii
> sole aërisque pestilentia obsitum
>   et Stagni bimaris lue,
> tibique reddis Aelium et sibi unico
> favore debilemque alumnulum allevas
> tuoque rursus educatulum in sinu,
>   ut Bacchus gremio Jovis [1]).

Von Februar 1497 bis August 1504 stand Aelius neben dem gelehrten Daniel Clarius aus Parma als zweiter Rector der Stadtschule
vor, war aber, wie aus seinen Briefen ersichtlich ist, nicht abgeneigt
Ragusa für Italien oder Ungarn einzutauschen. Das Rectorat ging nach
sieben Jahren wieder in ein Castellanat über, diesmal auf der Burg Sokol, der kleinen Bergfestung, welche die Landschaft Canale von der
Landseite deckte, am Eingang zu dem gegen Trebinje hinauf führenden,
im Mittelalter befestigten Pass, den man damals »Kneža ulica« nannte.
Das Gemäuer des Schlosses auf der Höhe ist jetzt noch gut aus weiter
Ferne zu erkennen. »D. Helius de Cireua (sic) poeta« wurde am 21. October 1504 zum Castellan von Sokol gewählt und blieb dort, bis ihn der
am 18. Juni 1505 gewählte Johannes Mar. Jo. de Crieva ablöste. Der
Posten in der einsamen, hochgelegenen Burg war, besonders im Winter,
langweiliger und mit mehr Verantwortlichkeit verbunden, als im Fort
neben der belebten Stadt Stagno. Vorräthe von Pökelfleisch (carnium
salitarum), Käse, Oel, Bohnen, Getreide mit den dazu gehörigen Hand-
mühlen (paria duo macinarum a manu) und einem Backofen nebst dem
nöthigen Holz und Kienspänen (taeda) waren bestimmt zum Unterhalt
der Besatzung. Wasser lieferte die »griechische Cisterne«. Die ungefähr 16 Mann standen auf der Wache, kochten, schwatzten unter einander oder putzten die Bombarden und Ballisten; vielleicht haben sie

---

[1]) Ganz bei Rački, Starine IV, 170—171. Ocellus Reminiscenz aus Ca-
tullus 31, 2.

auch öfters gesungen. Die Burgglocke erklang, so oft bei Tag Jemand nahte, bei Nacht in bestimmten Zeitabständen, beantwortet vom melancholischen Ruf der Wachtposten. Der Castellan, stets ein Nobilis, war auf Lectüre, einsame Meditationen oder die Gesellschaft des Burgcaplans und des Intendanten (massarius) angewiesen. Hie und da durfte Jemand auf Urlaub aus dem Castell hinunter in die Dörfer, nach Subtus-Sochol oder Podgradje und nach Mrcine. Keine Frau hatte Zutritt in die Burg; selbst die Gattin eines erkrankten Soldaten musste zum Aufenthalt im Castell eine eigene Bewilligung des Rathscollegiums haben.

Nach der Rückkehr erwartete den Aelius ein Process. Die Protocolle über das Verhör im Consilium minus konnte ich nicht auffinden; in dem erhaltenen Band der »Secreta Rogatorum« aus dieser Zeit sind die Blätter aus diesem Jahre ausgerissen, wahrscheinlich von irgend einem Edelmann, dem seine oder der Seinigen Geschichte unbequem war. Vielleicht ging der dichtende Castellan gar zu oft hinaus in die freie Natur ausserhalb des Burgfriedens, vielleicht war die Disciplin unter seiner Verwaltung locker. Sicheres ist uns nichts bekannt, bis auf ein »secretum«, das einer der Soldaten, Živko Petrojević aus Malfo (Zaton), der dafür auch entsprechend belohnt wurde, dem Rathscollegium verrieth: »de mulieribus receptis in castellum Socholi per castellanum«. Wer waren diese »mulieres«? Waren es Soldatenfrauen, waren es Verwandte des damals 41jährigen Aelius, war es seine eigene Frau mit ihren kleinen Töchtern, waren es gar — Freundinnen? Das Consilium Rogatorum hat den Dichter am 9. August 1505 schuldig gefunden. Mit 27 gegen 12 Stimmen wurde beschlossen, ihn nicht mit Worten, sondern »de factis« zu strafen, worauf er mit 22 gegen 17 Stimmen auf fünf Jahre von allen »officiis et beneficiis communis nostri« ausgeschlossen wurde; die Minorität war für eine Ausschliessung auf vier Jahre [1]). Doch

---

[1]) Consilium Rogatorum, 9. August 1505: »Prima pars est de deliberando in causa processus formati in minori consilio contra d. Helium de Crieva, castellanum Socholi, lecti in presenti consilio, per XX contra XVIIII (Secunda pars etc. de induciando). Prima pars est de habendo dictum d. Helium pro fallito, per XXXI contra VIII. Prima pars est de castigando ipsum d. Helium de factis, per XXVII contra XII (Sec. pars etc. de verbis). Prima pars est de sententiando dictum d. Helium secundum ordinem in libro viridi ad capitula 408. Secunda pars est de sententiando eum aliter, per XX contra XVIIII. Prima pars est de priuando ipsum d. Helium per annos quinque continuos proxime futuros omnibus officiis et beneficiis communis nostri per sententiam, per XXII contra XVII (Sec. pars etc. annos quatuor). Prima pars est de te-

liessen sich die Ragusaner bald erweichen. Schon am 12. Januar 1506 beschloss der grosse Rath mit 170 Stimmen von 194 Anwesenden den dominus Helius de Crieva zu begnadigen, mit Rücksicht auf seine Verdienste und Tugenden[1]). Schon am 9. October d. J. wurde er sogar unter die Mitglieder der Rogati (Pregati), des eigentlichen Senates, gewählt. Am 11. October 1507 gelangte »dominus Helius Laur. (sic) de Crieua poeta« unter die drei »advocati del comun«; am 20. April 1509 kam er abermals in das Consilium Rogatorum.

Am 1. October 1510 begann wieder seine Theilnahme an der Schule als Rector derselben. Gegenüber der letzten Abhandlung habe ich nachzutragen, dass Aelius diese Würde ununterbrochen bis zu seinem Tode bekleidete. Zum letzten Mal liest man am 2. April 1520 den Beschluss »de firmando d. Helium *Ceruinum* (er wird hier so geschrieben, wie sein Verwandter, der Historiker) poetam pro rectore scholae«, auf sechs Monate vom gestrigen Tage angefangen, mit 240 Perper jährlich. Indessen ist er schon am 15. September d. J. gestorben und bereits am 19. d. M. beschloss der Rath, einen neuen Rector in Italien zu suchen. In den geistlichen Stand ist Aelius erst nach 1510 getreten, sonst hätte man bei der Uebernahme des Rectorats der Schule damals nicht den Verzicht auf alle Officia der Republik verlangt, da dies bei einem Geistlichen selbstverständlich war. Zum ersten Mal fand ich ihn als Canonicus am 12. März 1512, wo er mit seinem Collegen Joannes Sim. de Menze, dem Bruder des slavischen Dichters Sigismundus de Menze, als Vertreter des Domkapitels ein Grundstück bei der St. Michaelskirche in Gravosa verpachtete[2]). Sein Gegensatz mit dem Dichter Carolus de Poza wird

---

nendo secretum sub sacramento Ziuchum Petroeuich de Malfo, soldatum Socholi, pro reuellatione, quam fecit de mulieribus receptis in castellum Socholi per castellanum, quod non possit cassari a dicto soldo nisi per presens consilium rogatorum, per XXVIIII contra VIIII (Sec. pars est de stando ut stamus).« Liber Consilii Rogatorum 1504—1508.

[1]) Consilium Rogatorum, 10. Januar 1506 »de portando ad maius consilium ad faciendum graciam domino Helio de Crieua poete a sententia contra eum lata«, mit 33 gegen 8 Stimmen. Consilium maius am 12. Januar d. J. (195 Mitglieder anwesend): »Prima pars est de faciendo graciam domino Helio de Crieua poete a sententia contra eum lata per consilium rogatorum, priuationis per quinquennium ab officiis et beneficiis communis nostri, attentis meritis virtutum dicti d. Helii; per CLXX contra XXIIII, ex(ierunt) alli.« Consilium maius 1498—1506, f. 264.

[2]) Notiz in Diversa Notarie 1503, f. 55 v.

nicht gross gewesen sein; am 19. October 1515 lagerte »dominus Helius *Ceruinus* poeta et canonicus« allen Wein seines Verwandten Pasqualis Troiani de *Crieua* (so geschrieben, neben der latinisirten Namensform des Aelius) in dem Keller des Ser Charolus Pauli de Poza[1]). Im J. 1516 finden wir den »poeta et canonicus« als Rector und Abbas der Kirche S. Salvatoris in dem Stadtviertel Pusterna, »de jure patronatus nobilium de Caboga«, bei einer Verpachtung von Grundstücken der Kirche auf der Isola di Mezzo[2]).

Während seines zweiten Rectorates lehrte Aelius nicht in der Sponza (Dogana), sondern in einem Gemeindehause gegenüber der Franziskanerkirche, da das Zollhaus damals vollständig umgebaut wurde. Erst nach Aelius' Tod kehrte die Schule laut Beschluss der Rogati vom 14. Juni 1524 in die nach dem Plane (modellum) bestimmten Localitäten »in fontico novo« zurück, in die heute noch stehende Dogana oder im Dialect der Ragusaner »Divōna«. Was des Aelius Collegen anbelangt, so war die Unzufriedenheit des Rathes mit *Marinus Becichemus Scodrensis* (Rector in Ragusa 1494—1496, 1508—1510) wahrscheinlich die Ursache, den Landsmann Aelius wieder in die Schule zu berufen; der gelehrte Albanese war nämlich gar zu viel auf Urlaub in Brescia, Venedig, Cattaro u. s. w.[3]). Neben Aelius wirkten Magister *Hieronymus Calvus* aus Vicenza († 12. Juli 1518 in Ragusa) und Magister *Bartholinus Tacolletus* aus Cremona (Rector der Schule 1519—1525). Nach des Aelius Tod wurde am 16. November 1521 Magister *Nicolaus Paranzonus* aus Picenum auf zwei Jahre angeworben. Mit dem egregius dominus *Europius Romanus* hatte die Gemeinde im Winter 1525—26 Missgeschick; in Folge einer uns räthselhaften Reclamation gegen den »medicus« Europius von Seite des Sandžakbeg der Hercegovina wurde der Rector nach drei Monaten am 28. Januar 1526 plötzlich entlassen, »quod possit ire,

---

[1]) Diversa Notarie 1514, f. 121.

[2]) Ib. f. 177.

[3]) Marinus Becichemus aus Scutari († in Padua 1526) ist in der humanistischen Literatur bekannt durch seine Beschäftigung mit Cicero und Plinius. Der gedruckte Katalog des British Museum gibt unter seinem Namen auch eine »centuria epistolarum« an, gedruckt mit anderen Schriften vereint ohne Datum (Brescia? 1490?), ein zweites Mal in Venedig 1506. Da in Wien ein Ex. nicht vorhanden ist, vermag ich nicht anzugeben, was in diesen Briefen über Ragusa zu lesen ist. In Ragusa war Becichemus einer der Correspondenten der Venetianer (Sanudo, Arkiv za povjestnicu jugoslav. VI, 328).

quo sibi placuerit, cum famulo suo«. Am 24. Mai d. J. wurde dann der
Magister *Leonardus de Taurino poeta* engagirt.

An der Schule wurden neben den classischen Literaturen juridische
Studien nicht vernachlässigt. Dompnus Nic. Gioncich hat 1462—64
Vorträge über canonisches Recht und das Statut von Ragusa abgehalten
(Archiv XIX, 78). Der Presbyter Antonio de Luca, der sich nach vier-
jährigen juridischen Studien in Italien zum Doctorat vorbereitete, versprach nach der Rückkehr »fare tre anni continui due lectioni ogni di,
zoe una in jure civili et l'altra in jure canonico, dove parera et piacera
alle S. Vre, senza altro pagamento, per inanimar la juventù alle vertude,
le quale illustrano le cittade«, wofür ihm das Consilium Rogatorum am
3. Juli 1522 mit 30 Ducaten zum Doctorat unterstützte.

Neben Aelius ist sein Verwandter, der Historiker und Abt *Aloisius
Cerva* oder seit c. 1515 *Cervinus* (geb. 1459, † 1527) zu erwähnen,
über welchen ich gleichfalls einige bisher unbekannte Nachrichten fand [1]).
Sein Beiname *Tubero* ist der römischen Literaturgeschichte entlehnt; es
ist der Name des Historikers Quintus Aelius Paetus Tubero, eines Zeitgenossen des Cicero. Seraphinus Cerva erzählt von Aloisius, wie er
nach der Rückkehr aus Paris durch seine »vestis longa gallica« in Ragusa Anstoss erregte, bis auf Befehl des Consilium minus »Tuberoni
vestis fuit succisa, indicta ei praeterea multa«; jedoch gelang es mir in
den Büchern des Minor Consiglio um 1483 nichts über diese Toiletten
des späteren Historikers zu finden. Am letzten August 1498 erscheint
»venerabilis dominus Aloisius quondam Ser Johannis Aloisii de Crieua,
monacus, tanquam epitropus et executor testamenti et ultime voluntatis
olim domine Francisce, matris sue« (Testament registrirt am 18. April
1498); er verkauft Besitzungen in Breno (»sub Mrauinaz« und »ad de-
cena Breni«) und Vergato dem Ser Franc. Blasii de Caboga und erhält
als »contracambium« Grundstücke auf der Insula de Medio [2]). Die Wahl
des dominus Aloisius de Crieua zum Abt von St. Jakob, »de licentia habita a domino vicario Rmi domini archiepiscopi et de consensu domini
Donati, unici monaci dicti monasterii«, wurde am 17. September 1502 im
Consilium Rogatorum mit 21 Stimmen gegen 15 durchgeführt; 2 Mitglieder, wohl Verwandte, stimmten nicht mit. Als Vicar des Erzbischofs,
der sich in diesen Zeiten meist in Italien aufhielt, wurde Abt Alouisius

---

[1]) Die Form *Cervarius* habe ich in keiner Urkunde dieser Zeit gelesen.
[2]) Diversa Notarie 1498—1499, f. 14.

von den Rogati am 15. Juli 1516 acceptirt, aber schon am 4. April 1517 musste man ihm zureden, dieses Amt nicht niederzulegen. Es waren Differenzen wegen der Reform der Benediktinerklöster, wobei das von Višnjica nicht ausgenommen war, welche ihn beunruhigten.

Am 4. Juli 1517 wurde vom Consilium Rogatorum, »acceptando auctoritatem nobis concessam per Rdum D. vicarium Rmi d. archiepiscopi dom. Alouisium Ceruinum, abbatem S. Jacobi de Visgniza« in Anwesenheit desselben ein Process gegen Stephanus Nic. de Tudisio, Abt des Klosters von Paclina auf der Insel Giuppana, wegen einer eigenthümlichen Nachtscene eingeleitet. Einer der Aerzte der Gemeinde, Magister Alouisius, war der Kläger, »attento, quod ipse abbas (Tudisio) traxit de domo dictum mag. Alouisium et ipsum conduxit ad quandam mulierem infirmam, nocte sine lumine, et postea illum relinquens misit domum cum aliis«, nämlich mit einer Schaar junger Nobiles. Auf dem Rückweg, »eundo sine lumine«, wurde der Arzt »verberatus in via«. Den Schuldigen des »insultus« hatte man nicht gefunden, obwohl desswegen eine »publica crida in logia« erfolgt war, mit Ausrufung eines Preises von 200 Ducaten für den Angeber. Die Sache ist offenbar von Tudisio vorbereitet gewesen. Den Abt Tudisio hat der Vicar Cervinus, »sedens in consilio Rogatorum« mit den Consiliarii, verurtheilt auf ein halbes Jahr »in carcere, in quo positus est, sub stricturis, sub quibus hactenus stetit et nunc tenetur clausus«. Auch die jungen Edelleute erhielten Kerkerstrafen, Sigismundus Ju. de Goze 3 Monate, Damianus Mar. Si. de Bona, Vladislauus Cl. de Restis, Franc. Mich. de Proculo, Nichus Theod. de Mlaschogna je einen Monat. Den Abt von Paclina traf ein solches Unheil wegen seiner Streiche nicht zum ersten Mal. Schon am 13. März 1511 hatte das Consilium Rogatorum den damaligen Vicar des Erzbischofs Raynaldus, den Canonicus und Archidiaconus D. Marinus de Buchia zu sich berufen wegen einer Anklage gegen Tudisio. Es handelte sich um eine, wie es scheint, sehr üble Sache, »secundum grauitatem culpe, que culpa reseruatur bono respectu in pectoribus senatus nostri«. Der Vicar verurtheilte Tudisio »ad standum uno anno continuo in uno ex carceribus regiminis dicte ciuitatis, videlicet in uno ex tribus carceribus antiquis a parte pelagi, januis clausis«[1]. Später war erzbischöf-

---

[1] Der Kleriker Stephanus de Tudisio war, 21 Jahre alt (!), 1505 vom Erzbischof Julianus in die Abtei von Pakljena eingesetzt worden (Urk. bei Farlati VI, 206—207). Er lebte meist in der Stadt und nicht im Kloster. An-

licher Vicar ein Verwandter des Erzbischofs, D. Marcus Gratianus de
Cotignola, mit dem die Republik aber in Conflicte gerieth, worauf seit
6. Juni 1522 wieder D. Aloisius Ceruinus zum Vicar bestellt war.

Andere Daten betreffen die Umgebungen des 1803 aufgehobenen
St. Jakobsklosters (jetzt ein Gemeindehaus). Das Kloster ist ein male-
risch gelegener Ort der steilen Küste südwärts von der Stadt und deren
Vorstadt Ploče, zwischen Oelbäumen und Cypressen verborgen unter
felsigen Abhängen, auf denen noch Spuren alter Häuser bei einer Kapelle
der hl. Ursula sichtbar sind. Am 27. Juli und 12. August 1515 verpachtete der Abt Alouisius de Crieua auf 600 Jahre (ad annos sexcentos
proxime futuros) »soldos quattuor de terris *rudinis* seu incultis dicti
monasterii, positis in contrata ecclesie Sancte Orsule, contiguos a parte
leuantis terris domini Marini de Bocignolo sub via communis, per quam
itur ab ecclesia Sancte Orsule ad Vergatum«, dem Michocius Radicenich
de Vergato und 2 soldos dem Ziuanus, Matchus und Antonius, dessen
Söhnen, für den Zins von 6 grossi pro soldo jährlich [1]). Am 6. Mai 1520
verpachtete der Abt Alouisius Ceruinus (sic) auf tausend Jahre (usque
ad annos mille) dem Simcho Marconich aus Dubaz, dem nächstgelegenen
Dorfe von Breno, eine Höhle mit Steinbrüchen: »speluncam cum toto
petrario dicti monasterii, posito sub ecclesia Sancte Orsule ad mare sub
via communis inter terras, quas tenet Creglia cimator a parte ponentis,
et Veliam dolinam a parte leuantis, cum omnibus suis juribus et perti-
nentiis, pro incidendo petras et herbam et pro colendo dictum locum«,
für einen jährlichen Zins von 8 Grossi, zu zahlen jedesmal am Feste des
hl. Lucas im October [2]). Eine possessio ad S. Orsulam übernahm damals
übrigens auch Lucas Pasqualis de Primo, der oben erwähnte Kanzler
und Verehrer der Buchdruckerkunst, und lieferte dem Abt dafür jährlich
8½ Perper und ein Lamm, »cum honorantia de uno agno« [3]).

Aloisius Cervinus war nicht abgeneigt Bischof zu werden. Am

---

ders der Prior *Jacobus Andree de Crieua*, dessen Liebesgeschichte von 1483
ich im Archiv XIX, 45—46 erzählt habe, der thatsächlich im Inselkloster
S. Andreas de Pelago hauste. Nachzutragen habe ich, dass dieser Prior Jacobus erst 34 Jahre später gestorben ist, am 4. Februar 1517; sein Nachfolger
wurde Don Hilarius de Goze (Cons. Rog. 1517, 14. und 28. Februar; cf. Farlati
VI, 211).

[1]) Diversa Notarie 1514, f. 82 v, 88.
[2]) Diversa Notarie 1519, f. 92.
[3]) Ib. f. 207. (März 1521.)

31. Juli 1525 erfuhr das Consilium Rogatorum, der Abt von St. Jakob sei bereit, für die Kosten der von der Republik gewünschten Trennung des Bisthums von Stagno auf ragusanischem Territorium von dem auf der venetianischen Insel Curzola, wo der Bischof damals residirte, 500 Ducaten beizusteuern, »dummodo ipse sit episcopus dicti episcopatus Stagnensis«. In diesem Falle könne seine Abtei mit den übrigen vereinigt werden, wie es die Republik wünschte. Der Rath beschloss »de induciando«. Das Bisthum wurde erst 1541 getrennt.

Für eine neue Ausgabe der historischen Schriften dieses gelehrten Ragusaners ist zu bemerken, dass in der Bibliothek des verstorbenen Don Luca Pavlović unter Nr. 149 sich ein Autograph mit Anmerkungen und Correcturen befinden soll: »Ludovici Tuberonis Dalmatae abbatis Commentaria de temporibus suis, ms. chart. leg. autogr. cum notis et corr.«[1]).

III. Die slavischen Dichter.

Johannes Stephani de Gozze (geb. 1451, † 1502). Gjore Držić, Kanzler des Domcapitels, † wahrscheinlich 1500, und seine Familie. Neues zur Biographie des Šiško Menčetić. Marin Krističević († 1531) und sein Geschlecht. Don Mauro Vetranić als Mönch, Abt und Praeses der Melitensischen Congregation. Wer war Andrija Čubranović? Nikola Dimitrović und seine Handelsgeschäfte

---

[1]) Des Abtes Aloisius Freund und Nachlassverwalter Marinus de Bona, dem auch des Aloisius Skizze der ragusanischen Geschichte gewidmet ist, hat ihn um einige Jahre überlebt. Das Testament Ser Marini Nic. Giupani de Bona, verfasst am 13. April 1532, wurde am 26. Februar 1540 in die Bücher eingetragen. Es zeigt uns ein Intérieur der Humanistenzeit. Bona hinterlässt Legate für Reisen nach den heiligen Stätten in Jerusalem, Rom, Loretto, S. Jacobo de Galicia, um dort für sein Seelenheil beten zu lassen, beschenkt das Kloster von Meleda mit Grundstücken auf der Insel und setzt als Erben drei »figliuoli naturali« ein: einen Nicolo in Venedig, ungefähr 12 Jahre alt, einen Gioan Paulo in Ragusa in seinem Hause in der Strasse Garišće (Garijschie), 4 Jahre alt, und einen dritten, den er soeben von Vesella, »mia seruitiale«, erwartete. Ihnen vermachte er seine Besitzungen in Stagno, Canale, bei Petrovo selo oberhalb des Omblathales und zwei Häuser in der Strasse »Prichiputti« (sic), der Vesela überdies eine lebenslängliche Wohnung in dem »primo soler« des Hauses am Garišće. Alles übrige, wohl auch seine Bücher, erhalten die Thesaurarii der Gemeinde als Universalerben. Testamenta Notarie 1539, f. 96 (in der Distribution von 1540 ib. werden nur zwei Söhne genannt).

1536—1541. Die Familie Naljeskovic und der Dichter Nic. Stephani de Nale
(1528 f.). Miksa Pelegrinovic als Kanzler von Curzola 1535—1538. Marin
Mar. Drzic und seine Reisen nach Wien und Konstantinopel mit dem Grafen
Christoph von Rogendorf 1545—46. Notizen über Nic. Mar. de Ragnina
(† 1582), Dominicus Dom. de Ragnina († 1607), Savinus Mich. de Baballo
(† 1585), Franciscus Fran. de Lucari († 1598), Joannes Franc. de Gondola
(Gundulic), Vlad. Hier. de Menze († 1666) und die beiden Palmotic.

Was die slavischen Dichter anbelangt, war *Johannes Stephani de
Goze,* der von Aelius Lampr. Cerva gefeierte dreisprachige Schriftsteller,
nicht so alt, wie Racki meinte [1]). Aufgenommen wurde er in den grossen
Rath am 21. October 1471, war also geboren im J. 1451. In den J.
1487, 1489, 1496 war er »aduocatus communis«, im September 1501
Rector der Republik. Sonst wird er nur bei Handelsgeschäften erwähnt;
z. B. im October 1498 betheiligte er sich an einer Gesellschaft, welche
ein Schiff nach »Romania« (Nordgriechenland) sendete, um Schweine
und Schweinefleisch (porcos et carnes porcinas) zu kaufen. Im »Specchio
del Maggior Consiglio« ist bei seiner Aufnahme in den grossen Rath bemerkt: »obiit XI martij 1502«. Sein italienisch verfasstes Testament
ist am 13. März 1502 in die Bücher eingetragen (Beilage 6). Er besass
»libri greci et latini«, die nach seinem Tode öffentlich verkauft werden
sollten. Daneben wird eine Reihe ausgeliehener Bücher erwähnt, Papier-
codices einer Decade des Livius, des Terenz, Priscian, Ovid, Juvenal,
Solinus u. s. w., Plato's Republik, zwei gedruckte Exemplare der Briefe
Cicero's und dgl. Von seiner Frau Dechussa, die Goze 1474 geheirathet
hatte, hinterliess er keine Kinder; Universalerbe war sein Neffe Paulus
quondam Blasii de Goze. Wie in vielen Testamenten der Zeit, spielt
auch bei ihm die Rückerstattung unrechtmässigen Gewinnes eine Rolle,
an die Gemeinde von Ragusa für kleine Unterschleife aus der Zeit, wo
er als junger Edelmann im Zollamt oder Salzmagazin diente, an das Zollamt von Venedig für Umgehung desselben bei Export von Tüchern u. s. w.
Solche Legate »per conscientia« oder »per maltolleto incerto« sind in
diesen Zeiten nichts Seltenes; nur habe ich nirgends bemerkt, dass ein
Ragusaner dem türkischen Kaiser oder seinen Zöllnern etwas testamen-
tarisch zurückgestellt hätte.

Meine neue Ausbeute vermehrt auch die wenigen Daten, die wir
über *Gjore Drzic* oder wie man ihn lateinisch nannte, den Presbyter
Georgius Nicolai de Dersa, besitzen. Die Nachforschungen über die

---

[1]) »Dozivio je 90 godina«, Racki, Starine IV, 197.

Reihenfolge der Aebte der Kirche S. Maria Annunciata oberhalb Gravosa, die Dersa als Rector und Abbas im J. 1497 übernommen hatte,
lieferten nichts zu seiner Biographie, ausser der Nachricht, dass schon
1501 Jemand anderer dieses Beneficium besass. Am 8. November 1501
wollte das Consilium Rogatorum dem Presbyter Nicolaus Barneus die
von ihm wahrscheinlich ohne Vorwissen der Republik erworbenen »bullas
Sancte Anunciate« abverlangen; Barneus war also bereits ein Nachfolger des Dersa. In einem Schreiben des Erzbischofs vom 1. Februar 1506
wird gefragt, »si beneficium Annunciate vacat per obitum Nic. de Alber-
tis«, der nach der »spontana resignatio« des Nic. Barneus dort eingesetzt war [1]). Von Dersa ist dabei keine Rede mehr.

Dafür fanden wir auf den letzten Blättern des Buches »Diversa
Notariae« 1498, umgekehrt beschrieben, f. 4 *v*—6 *v* von rückwärts,
einige Aufzeichnungen und Urkunden vom November und December
1498, in denen er als »Presbiter Georgius de Darsa (sic), juratus scriba
et cancellarius venerabilium dominorum canonicorum et eorum capituli«,
oder als »honestus vir presbiter Georgius de Darsa, tanquam persona
publica et juratus notarius et cancellarius venerandi capituli dominorum
canonicorum eccclesie cathedralis Ragusine« genannt wird. In den Urkunden des Domkapitels unterschrieb er sich: »Ego Giore (*G* und *i* ver-
schlungen) de Darsa, prefati capituli Ragusini cancellarius et scribanus,
manu mea propria scripsi presens instrumentum et in hanc publicam
formam reassumpsi, jussus a prefatis dominis canonicis et rogatus«, oder
kurz: »Et ego Georgius de Darsa, publicus notarius, ad hec specialiter
vocatus et rogatus, scripsi mea manu propria«. Er scheint sich also
Darsa geschrieben zu haben [2]); was den Taufnamen anbelangt, wird auch
einer der damaligen Canonici, Georgius de Mlaschogna, bald als Zore,
bald als Geore [3]) geschrieben. Die Urkunden betreffen einen Streit zwischen den Canonici der Ragusaner Domkirche über die Frage, ob ein
Mitglied des Kapitels in seinem Testament über die Einkünfte des ersten

---

[1]) Copie auf den letzten Blättern der Diversa Notarie 1505. Ueber die
Erledigung der Praebende von S. Annunciata durch den Tod des Nic. de Al-
bertis vgl. auch Theiner, Mon. Slav. I, 553.

[2]) Die üblichste Form ist sonst in dieser Zeit Dersa; erst im XVI. Jahrb.
liest man öfters Darsa. Ausgesprochen wurde der Name höchst wahrscheinlich *Drža*, worauf die Schreibweise Derxa 1488, 1538 u. s. w. offenbar hinweist.

[3]) In seinem Testament 1515: Io Geore de Mlaschogna. Testamenta
1512—1516, f. 159.

Familie der Dersa (Držić).

Ser Marinus (Maroe) de Dersa ✝ 1360

Ziuchus (Giucho) filius naturalis quondam Marini de Dersa ✝ 1400
Uxor Nicoleta, Ricii Florentini filia

Marinus (Maroe) Ziuchi de Dersa c. 1403—1442
Uxor Catharina

Zore Marini (c. 1455)

Nicolaus Marini ✝ 1463
Uxor Nicoleta (Vodopia) ✝ 1500

Don Georgius Nicolai
de Dersa (Gjore Držić)
Rector ecclesiae O. Sanctorum,
1497 S. Annunciatae, ✝ 1509?

Don Andreas Nicolai
c. 1522—1526 abbas S. Petri
de Calamota

Blasius Nicolai ✝ 1591
Uxor Giuana (Johanna)

Petrus Blasii ✝ 1527
Uxor Descia

Nicolaus Blasii (Niko Držić) ✝ 1538
Uxor Clara, Juliani de Mar. de Fiorio (✝ 1548) filia

Julianus Nicolai
✝ post 1570

Blasius Nicolai (Vlaho
Držić) ✝ ante 1570
Uxor Maria
filii et filiae

Gius

filii.

Marinus Nicolai ✝ 1538?
Uxor Anucla (Cotrugli) ✝ 1552

Vincentius
Marini.
Uxor Jela
✝ 1562

Blasius
Marini
vivus
1562

Joannes
Marini

Nicolaus
Marini

Don Marinus
Marini de
Dersa (Marin
Držić)
c. 1538—1561

Jahres nach seinem Tode frei verfügen dürfe oder nicht. Unter den Canonici, sämmtlich Edelleuten unter dem Präsidium des Archidiaconus Matheus de Ragnis oder Araneus (Ragnina) — einer derselben war Johannes de Menze, Sigismunds Bruder — bildeten sich dabei zwei Parteien. Die Declarationen derselben wurden von Dersa niedergeschrieben und dem Notar der Republik zur Registrirung in den öffentlichen Büchern überreicht. Am 1. December 1498 war die Versammlung des Kapitels »hora vesperorum« in der Sakristei der Kathedralkirche besonders stürmisch. Die Minorität wollte den Beschluss durch die gewaltsame Vertreibung des Notars Dersa aus dem Kapitel vereiteln; man sah »dominum Franciscum de Zamagno et dominum Marinum de Buchia in capitulo excitare tumultum et conantes de capitulo vi expellere me infrascriptum notarium, volentes finem imponere negotio cause infrascripte«, jedoch vergeblich.

Vom 25. Juni 1500 ist datirt das Testament der Mutter des Gjore Držić, der Nicoleta, uxor quondam Nicolai de Dersa. Sie nennt darin vier Söhne: Marinus, Blasius, unseren Georg und Andreas. Speciell bedacht werden Marin und Blasius. »*Dom Zorzi, mio fiolo*« erhält 100 Perper, einen Schrank aus Nussholz und einen »coffano« sammt allem Inhalt, zwei Polster von blauer Seide u. s. w., alles »per amor«. Der vierte Sohn Andreas wird auch mit Hausrath bedacht und unter den Executoren allein aus der Familie genannt (Beilage 5). Wenige Wochen jünger ist das Testament des Franciscus q. Michaelis de Galvano, datirt am 14. September 1500 in Stagno, voll Nachrichten über Bücher. Galvano weist dem Don Gjore Držić einen Martial, die Tusculanen Cicero's, Claudian und eine Rhetorik zu. Die Executoren, verfügt er, »pigliano li mei libri della cassa et uno, zoe Marcial, da Mara, moglie de mio barbano Antonio, altro Tuschulane, nouo ligato cum lo comento de Beroaldo, doue hauendo tolto tuti li libri, voglio, che se dagano a *dom Geore Da[r]zich* Claudian, Rethorica, ligati in la pelle rossa, et che pigliano uno delli mei libri, qual pora satisfare per grossi 30, che lo dagano allo detto *Geore*. Item voglio che dagano a Ser Zupano de Bona, zenero de Ser Polo de Gradi. Item voglio, che tute le mie opere de Ouidio dagano a figliol de maestro Marco, Suetonio, epistole de Ciceron noue famiale (sic) dagano a Misser Michiel canonico, fiol die Ser Clemento Nic. de Resti, et che daga esso a mi Vergilio, scritto de man, lo qual Vergilio et L'arte Vechia dagano a Ser Michiel Mar. de Bocignolo, ma che esso mi paga la ligatura, e lo libro legato cum la dicta Arte Vechia pigliano li mei epitropi e vendano li altri mei libri, che restarano et che li vendano, de li quali denari« etc. [1]).

Einer der drei Brüder des Don Gjore, Blasius Nicolai de Dersa oder Biasio de condam Nicolo de Dersa, verfasste am 3. Dec. 1501 sein Testament, das am 7. d. M. in die öffentlichen Bücher eingetragen wurde. Genannt werden darin: Marino mio fratello, Andrea fratello, Giuana uxor, mei doi fioli Nicolo e Piero. Von Gjore kein Wort. Die Todtenmesse soll lesen »dom Paulo libraro«, der uns schon bekannte Paul Vukašinović [2]). Am 28. Mai 1502 erfolgte die »diuisio seu parzogna bonorum stabilium Marini et olim Blasii Nic. de Dersa fratrum«, zwischen Marinus einerseits, den Tutoren der Erben des Blasius, unter welchen sich Dom Andreas Nic. de Dersa, der also auch Geistlicher geworden war, und Johanna, des Blasius Wittwe, befanden, andererseits. Marinus de Dersa erhält die »casa grande de la nostra habitatione apresso el palaço«, Grundstücke bei Stagno, Imotiça, Podgorie, in Canale in Dragaina und Vitaglina, in Bielo und auf der Insel Calamotta, die Erben des Blasius Besitzungen in Gravosa und Ombla und eine »casa cum forno« in Ragusa »sopra Prechiput« [3]). Gjore Držić wird hier gleichfalls nicht genannt. So viel ich gegenwärtig sagen kann, hören alle Nachrichten über ihn mit September 1500 auf. Auch die Abtei von S. Maria Annunciata war 1501 schon in anderer Hand. Hätte er länger gelebt, so würde bei verschiedenen Angelegenheiten der Familie doch irgend eine Notiz von ihm zu lesen sein. Dom Andreas, gleichfalls ein Geistlicher, ist ja dabei öfters erwähnt, noch z. B. 1526 als Vertreter seines Neffen Peter bei einem Verkauf von Wein. Dieser Andreas, der Bruder des Gjore Držić, wird 1522—1524 als Abt eines kleinen Klosters auf der Insel Calamotta genannt: »dominus Andreas Nicolai de Dersa, clericus Ragusinus, tamquam rector et abbas ecclesiae Sancti Petri de Calamota, de iure patronatus laicorum de Dersa« [4]).

Von den zwei weltlichen Brüdern des Dichters Gjore stammen die Dersa des XVI. Jahrhunderts ab. Marinus Nicolai de Dersa († 1538?) hatte fünf Söhne, darunter den bekannten jüngeren Dichter *Marin Držić* (s. S. 481). Der zweite, Blasius Nicolai de Dersa, hatte zwei Söhne, Petrus

---

[1]) Testamenta Notarie 1498—1503, f. 89 v. Ueber Michael Mar. de Bocignolo vgl. unten bei Marin Držić, S. 486.

[2]) Ib. f. 152.

[3]) Diversa Notariae 1501, f. 123.

[4]) Ib. 1522, f. 46. Ib. 1524, f. 101.

Blasii († 1527) und Nicolaus Blasii († 1538), welcher mit Clara de Fiorio auch zwei Söhne, Blasius und Julianus Nicolai, hinterlassen hat [1]). Dieser zuletzt genannte Blasius Nicolai de Dersa, 1538 mit seinem Bruder Julian noch unmündig, ist der bekannte *Vlaho Držić*, des Niko Držić Sohn. Vlaho's prunkvolle Hochzeit wurde im Hause des »Gjula Piorović«, nämlich seines mütterlichen Grossvaters Giuliano de Mar. de Fiorio († 1548), Schwiegervaters des Nicolaus Blasii de Dersa und früher Tutors der unmündigen Söhne desselben, gefeiert; dazu hat sein Verwandter, der jüngere Dichter Marin Držić, Neffe des Dichters Gjore Držić und Oheim des Vlaho, eine Anzahl Gedichte und Komödien verfasst [2]). Noch 1614 lebten acht Dersa's aus der Nachkommenschaft der Brüder Blasius und Julianus Nicolai de Dersa [3]).

Zur Geschichte der *Menčetići-Vlahovići* habe ich einiges genealogische Detail nachzutragen. Šiško's Grossvater *Damianus de Menze* [4])

---

[1]) Testamentum quondam Petri filii quondam Blaxij Nic. de Dersa, 2. Mai 1527 in den Testamenta Notarie 1525—1527, f. 124 v. (Universalerbe die Frau Descia, Besitzungen in Gravosa und Ombla, Epitropo der Bruder Nicolo, Marino de Dersa etc.). Testamentum Nicolai Blas. de Darsa, registrirt 14. Nov. 1538 in den Test. Not. 1536, f. 190 v., die Distribution von 1614 ib. f. 192 (Kinder Biagio, Giuliano, Giua, Frau Clara, Giuliano de Mar. de Fiorio mio socero).

[2]) Stari pisci VII, 23, 30. Erwähnt wird das Haus des Gjula Piorović, eines angesehenen »plemić«, und seine Enkel (die Söhne seiner Tochter), die wie Knezen in Seide einhergehen; es sind die »sinovi gizdavi« des Niko Držić, von denen die ältere Vlaho, »vitez hrabreni, pravi plemić svime«, eben heirathet. Das Haus war angesehen, reich und alt, aber das Lob der Familie in diesen Gedichten ist kein Zeugniss ihres Adelsstandes. Adeligen Ursprungs waren die Držići, aber in der Archiv XIX, 75 angegebenen Weise. Im Maggior Consiglio gab es seit dem XIV. Jahrh. keine Dersa's mehr.

[3]) Julianus Mar. de Fiorio starb im December 1548 ab intestato (Div. Not. 1548—1550, f. 25 v.). Das Testament seiner Wittwe Maria ist eingetragen 13. März 1561 (Test. Not. 1555, f. 206). Ihre Universalerben waren ihre Enkel, Biaggio di Nicolo di Darsa (erwähnt wird seine Frau Maria und seine Tochter Clara, 1570 verlobt mit Laur. Franc. Jesussi) und dessen Bruder Giuliano. Die Marginalnoten über die Distributio gehen bis 1605. Blasius starb vor 1570, wo Julian noch lebte.

[4]) Testament seines Vaters, viri nobilis Ser Johannis Blasii de Mençe, registrirt am 16. März 1424, Testamenta Notarie 1418, f. 100; nennt Daria mia donna, die Söhne Damian, noch nicht 17 Jahre alt, und Tibaldo und die Töchter (figle donçelle e garçonete) Nicoleta, Catarina, Clara, Margarita und Maria.

war nach dem »Specchio« in den J. 1441—1472 elfmal Rector der Republik, bekleidete ausserdem abwechselnd zahlreiche andere Würden und ist als einer der sechs »consoli de le cause ciuil« im Juli 1476 gestorben. Šiško's Vater *Simon Damiani* († 1506) war 1480—1489 viermal Rector. Simon's Bruder *Joannes Damiani* († 1508) war öfters Rector in den J. 1491—1507, ebenso dessen Sohn *Damianus Joannis* († 1540), seit 14. Mai 1495 im grossen Rath, 1520 —1539 siebenmal; der Letztere hinterliess vier Söhne, Nicolaus Damiani, Marinus Damiani (1540 im grossen Rath, 1562 November und 1565 August Rector, † 1567), Pasqualis Damiani († 1599) und Troianus Damiani.

Auch über Šiško's Geschwister ist einiges nachzutragen. Šiško's Bruder *Marinus Simonis de Menze* war viel jünger als er; geb. 1473, wurde er mit 20 Jahren am 4. März 1493 in das Consilium maius aufgenommen, heirathete 1509 die Ligna oder Lignussa, Tochter des Franc. Jo. de Sorgo († 1530), war 1514, 1517 Castellan von Stagno, 1521, 1525, 1529 Castellan des Hafenschlosses von Klein-Stagno u. s. w. und starb 1533. Sein Sohn *Simon Marini*, geb. 1514, trat 1534 in den grossen Rath und starb 1568 als Conte der Insel Lagosta. Dessen Söhne, Grossneffen des Šiško, die den Anbruch des XVII. Jahrhunderts erlebten, waren: Marinus Simonis, geb. 1543, seit 1563 im grossen Rath, 1567 Castellan von Sokol, zuletzt Canonicus, Petrus Simonis, geb. 1548, 1568 des Vaters Nachfolger auf Lagosta, starb 1603, Jacobus Simonis, 1567 Conte von Lagosta, und Matthaeus Simonis, 1588 Comes von Canale. Ein anderer Bruder Šiško's war frühzeitig gestorben [1]): *Damianus Simonis*, geb. ungefähr 1456, 1476 im grossen Rath, 1483 Consul in Skopje, starb 1486. Von den drei Schwestern des Šiško wird D. *Margarita* Sim. de Menze als abbatissa monasterii Sanctorum Apostolorum erwähnt [2]). Charakteristisch für die Namensgebräuche ist der Umstand, dass die an Georg Mar. de Goze verheirathete zweite Schwester des Šiško Menčetić, *Magdalena*, einen zweiten Namen *Stria* führte, also einen nationalen neben dem kirchlichen; in dem Codex »Registro Maritaggi de Nobili« f. 11 liest man nämlich, dass »D. Stria, fiola di Ser Simon de Menze, uxor di Ser Zorzi Mar. de Goze, ando al marito 1488 die 23 nou(em)bris«, nebst Notizen über die Mitgift, da Ser Zorzi 1501

---

[1]) Fehlt Archiv XIX, 60, wie es überhaupt schwer ist, Stammtafeln vorzugsweise aus Testamenten zusammenzustellen, da in denselben die verstorbenen Mitglieder der Familie in der Regel nicht erwähnt werden.

[2]) Diversa Notarie 1514, f. 36 v.

seinem Schwiegervater Ser Symon Dam. di Menze 12 perper anwies, der
sie wieder 1504 an »Ser Sigismondo, filio suo« abtrat. Das Testament
der dritten unverheiratheten Schwester, »D. *Paule*, filie quondam Ser
Simonis de Mence (sic)«, ist registrirt am 4. December 1516; Universalerbe ist die Schwester Magdalena, Epitropi sind der Bruder Canonicus
Joannes, der Schwager Ser Georgius M. de Goze, die Schwester Magdalena und der Neffe Ser Simon Georgii de Goze. Sigismund wird dabei
nicht erwähnt [1]).

Einige Züge vervollständigen das Bild des Ser *Sigismundus Simonis de Menze*, des Dichters Šiško Menčetić oder *Šiško Vlahović*, wie
ihn schon Marin Držić nennt [2]). Im »Registro Maritaggi de' Nobili« f. 13 v.
ist seine Heirath von den Tesorieri genau eingetragen: »D. Maria, fiola
de olim Ser Marincho Fed. de Gondola, perperos ducentos. — Affidata
per Ser Sigismondo Sim. de Menze a di 8. novembris 1496. — Iuit ad
maritum 1497 die 15. januarii. — Die 10. martij 1498 cassa, quia est
pro masculo [3]), ut fuit captum die presenti in consilio rogatorum«. Ebenso
f. 8 v. von rückwärts: »Ser Sigismundo Sim. de Menze cum d. Mara,
fiola de olim Ser Marincho Fed. de Gondola, maritato 1497 a di 15 ze-
naro«. Am 8. und 21. April 1503 erscheint diese Mara oder Maria als
Margarita. Die Thesaurarii, »audita humili petitione Ser Sigismundi
Symonis de Menze, mariti domine Margarite, filie et heredis bonorum olim Ser Marinchi Federici de Gondola mediante morte olim Ser
Federici, filii dicti olim Ser Marinchi, et considerato, quod dicta
domina Margarita de anno in annum multiplicat in prole«, assignie-
ren der Margarita »et eius filiis, tam qui sunt, quam qui erunt«, das
Viertel der Besitzungen, welches Marinchus nach dem Testamente des
»olim nobilis et generosi equitis aurati, domini Andree Bene de Gondola« vom 10. Sept. 1377 besass [4]). Dieser Ritter Andreas de Gondola
war seiner Zeit am Hofe des Königs Ludwig I. von Ungarn gewesen.
Indessen hatte Slavuša, Wittwe des Theobaldus Joannis de Menze, eines
Bruders des Grossvaters Šiško's Damian, und Tochter des Marinus Raph.
de Goze, eine reiche alte Frau, in ihrem Testamente (registrirt 14. Sept.
1500) auch den Dichter bedacht: »Item lasso a Ser Sigismundo Si. Dam.

---

[1]) Testamenta 1512—1516, f. 194.
[2]) Stari pisci VII, 68—69.
[3]) D. h. im Erbrecht, als Universalerbin, ohne die übliche Beschränkung
der Mitgift auf bestimmte Maximalsummen.
[4]) Diversa Notarie 1502, f. 122 und 125.

de Menze ducati cinque per amor« [1]).   In den Libri Cons. Rog. 1503—
1504 wird die Appellation in einem Process zwischen Sigismund und
seiner Frau einerseits und Ant. Sim. de Bona »pro differentia in Grauosio« erwähnt, ebenso 1508—1510 in einem Process, ¡in welchem auf
einer Seite Margarita und ihr Gemahl Sigismundus Sim. de Menze, ferner
Nicolinus und Marinus Orsati de Menze, sowie Foderichus, Marinchus
und Blas. Jo. Fed. de Gondola, auf der anderen Seite Nicoleta, Wittwe
des Nic. Petri de Prodanello, und ihre Söhne Martoliza und Theodor
standen; endlich 25. Juni 1510 in einem Process des Ser Sigismundus
de Menze gegen Antonius de Bonico dictus Salomon.

Seinen Amtspflichten in den verschiedenen von Jahr zu Jahr wechselnden Würden der Republik scheint der Dichter sehr saumselig nach-
gekommen zu sein.   Er hatte die Gewohnheit, oft auszubleiben.   Seit
1505 liest man durch 20 Jahre öfters von Geldstrafen, »pontature«, zu
denen er deshalb verurtheilt wurde.   Er zahlte sie immer ungern.   Am
19. November 1510 beschlossen die Rogati den Sigismundum S. de
Menze, »pontatum in collegio«, von dieser »pontatura« nicht zu befreien.
Am 13. October 1519 stand Sigismund, damals Mitglied des Consilium
minus [2]), wieder eine Geldstrafe bevor, weil er angeblich wegen eines
starken Regens nicht in der Sitzung erschienen war.   Die Entschuldigung wurde nicht angenommen: »Prima pars est de francando Ser Sigismundum Sim. de Menze, pontatum in presenti consilio, a dicta pontatura,
quia propter pluuias maximas non potuit venire.   Secunda pars est de
non francando — per XVIIII contra XI, exierunt VIII«.   Am 2. September 1523 kam Sigismund aus Gravosa nicht in die Stadt zur Gerichts-
sitzung, jedoch der Rath befreite ihn am 12. November d. J. von der
»puntatura« von 25 Perper, »quia iurat sibi non fuisse preceptum in
Grauosio«.

Rector der Republik war Sigismundus Sim. de Menze nicht einmal,
wie ich in meiner Abhandlung angegeben habe, sondern zweimal, im
December 1521 und im Juni 1524.   Während des zweiten Rectorats
feierte er im Regierungspalaste die Hochzeit seiner Tochter *Veća*,
welche somit den Namen von Sigismund's Mutter führte, mit einem

---

[1]) Testamenta Notarie 1498—1503, f. 85.

[2]) Würden des Sigismund in den letzten Jahren: 1516 Mitglied des Con-
silium minus, 1518 des Cons. Rogatorum, 1519 Cons. minus, 1521 Rogatorum
(December: Rector), 1522 Cons. minus, 1523 judex de criminali, 1524 Cons.
Rogatorum (Juni: Rector), 1525 Cons. minus.

Patricier aus dem Hause der Tudisio, mit *Ser Francesco Joannis de Tudisio* [1]). Die Thesaurarii notirten in dem citirten Codex (f. 35) über die Heirathen der Nobiles und die Beisteuer zur Mitgift: »D. Vechia, filia Ser Sigismundi Si. de Menze, nondum affidata, perperi CC. — Affidata per Ser Francesco Jo. de Tudisio 1519, 12. Febr. — Iuit ad maritum die XVIIII junij 1524, *ducta ex palatio*«, ebenso an zweiter Stelle (f. 21 von rückwärts): »Ser Francesco Jo. de Tudisio cum D. Vechia, fiola de Ser Sigismundo Si. de Menze, maritato a di 19 zugno 1524, *duxit uxorem ex palatio*«. Im December d. J. zahlte Sigismund den Thesaurarii 94 Perper, davon 77 »per pontature«. Den Rest, 106 Perper, erhielten nach einer Marginalnote erst die — Urenkel des Sigismund im Mai 1625 von den Thesaurarii, als »heredes et successores quondam Ser Sig. Sim. de Menze, mediante persona quondam D. Vecchię«. Francesco Jo. de Tudisio hatte nämlich mit Veća, der Tochter des Dichters, drei Kinder, Sigismund, Marinchus und Aniza (verlobt mit Mich. Jac. de Cruce); 1625 lebten zwei Söhne dieses Marinchus und einer des Sigismund [2]).

Šiško's Sohn *Marinus (Marincus) Sigism. Sim. de Menze* wurde, 21 Jahre alt, am 29. Juli 1524 in den grossen Rath aufgenommen, am 11. April 1527 zu einem der zwei officiali des »armamento de pagamento« gewählt, starb aber im Laufe des Jahres an der Pest (vgl. Archiv XIX, 72), worauf am 14. December d. J. Franc. Luc. de Lucaris, der Vater des Dichters Frano Lukarević, und Marinus Mat. de Getaldis zu diesem Amte gewählt wurden.

Das genaue Datum des Todes des Šiško ist auch in den Randglossen des »Specchio« nicht angemerkt. Šiško ist in dem furchtbaren Pestjahre kurz vor dem 25. Juni 1527 aus dem Leben geschieden. Im Liber Consilii Minoris 1524—1528, f. 232 ist nämlich unter diesem Datum angemerkt: »Ser Damianus Jo. de Menze, Ser Pasqualis Troiani de Zrieua,

---

[1]) Veća fehlt in meiner vorigen Abhandlung, in der ich meinte, Sigismund de Menze habe nur Söhne gehabt; doch sind unter *filii, figlioli* Kinder beiderlei Geschlechtes zu verstehen, da die Söhne gewöhnlich ausdrücklich als *figliuoli maschi* bezeichnet werden. Archiv XIX, 73 ist Franc. Joannis de Tudisio als Sigismund's Schwiegersohn (nicht Schwager) zu berichtigen.

[2]) Registro Maritaggi de' Nobili f. 35 von vorn und f. 32 von rückwärts. In den Diversa Cancellarie 1550—1551, f. 53 finde ich Ser *Marinus* et Ser *Joannes* Franc. de Tudisio pro D. Vechia eorum matre, bei der Verpachtung eines Grundstückes in Breno.

Ser Marincus Troiani de Zrieua, Ser Lampriza Troiani de Zrieua [1]) facti
fuerunt tutores D. Mare, relicte et possidentis lectum et bona quondam
Sigismundi Sy. de Menze, cum libertate et auctoritate consueta«.

Der Gerichtskanzler *Franciscus Mar. de Menze*, den wir in der
letzten Abhandlung zum Adel zählten, war nur ein Bastard der Familie [2]).
Er wird nirgends als Ser titulirt. Am 9. November 1501 wurde er vom
Consilium Rogatorum als »nuncius« nach Ungarn gesendet, nachdem
zuvor der Antrag, einen Nobilis hin zu senden, gefallen war und der
Rath ausdrücklich beschlossen hatte, »aliam personam« zu dieser Mission
zu wählen. Patronymische Bezeichnungen bei »filii naturales« sind in
dieser Zeit gar nicht selten. Ein nicht adeliger Iuan Sig. de Goze war
1505—1517 Vicecomes in Canale, ein nicht adeliger Blasius Pasqualis
de Bodaza dictus Mostardich wird sammt seinem Sohn Lucas Blasii de
Bodaza in derselben Zeit wiederholt genannt und ein Marinus de Caboga,
filius naturalis quondam Ser Marini Dam. de Caboga, der ungefähr
20 Jahre lang als »bombardarius« bei den Genuesen von Chios gedient
hatte, wurde seit October 1520 gleichfalls als Geschützmeister in der
Heimath angestellt. Ein Simchus Marci Jacobi de Luccaris war 1533
»riuerius« (Gemeindeherold), ein magister Petrus Ser Nicolai Georgii
1537 »aurifex« u. s. w. [3]). Ein Sohn des Gerichtskanzlers, Namens Marinus Francisci de Menze wird 1508—1527 als Repetitor der Stadtschule
genannt; einmal wurde er 1518 auf ein Jahr auch als Coadiutor in die
Kanzlei der Republik aufgenommen.

Marin Krističević, der Verfasser des bei den Werken des Šiško
Menčetić und Gjore Držić erhaltenen hübschen Gedichtes: »Isteci Da-
nice, pogledaj s prozora, Obasjaj me lice, jurve je dan, zora« u. s. w.
(Stari pisci II, 519), tritt in den Documenten als eine ganz deutliche
Persönlichkeit vor uns. Er hat sich am 18. October 1503 im Consilium
Rogatorum um das Amt eines Coadiutors in der lateinischen Kanzlei be-
worben: *Marinus Christichieuich* neben drei anderen Bewerbern, Mi-
chael de Galuano, Math. Siluestri Petronii und Don Marinus Marinchi de
Florio, doch es fiel ihm keine Stimme zu. Es erhielt dieses Amt zuerst
Don Marinus de Florio, bald darauf aber der oben erwähnte Lucas Pas-
qualis de Primo. Krističević gehörte also zu den lateinisch geschulten,

---

[1]) Sämmtlich Neffen des Aelius Lampr. de Crieva.
[2]) Sein Vater ist unter den zahlreichen adeligen Marini de Menze des
XV. Jahrh. zu suchen (Marinus Damiani, Marinus Lampre, Marinus Petri u. s. w.).
[3]) Div. Not. 1533, f. 116. Div. Not. 1536, f. 235.

studirten Leuten. Seine Familie ist wohlbekannt unter den reichen Bürgerfamilien dieser Zeit. In der zweiten Häfte des XV. Jahrh. gab es in Ragusa zwei Brüder, Pasqualis Radossaui Braycouich, der 1468 bei einem »carauanus in Seruiam« genannt wird [1]) und der noch 1487 lebte, und Christophorus Radossaui Braycouich dictus Gradich, auch Christophorus Radossaui Gradich, kurz Christich Gradich oder (nach Uebersetzung des Radosav zu Allegrettus) Christophorus Allegretti genannt, der 1456 ein Haus in der »ruga callegariorum« besass, 1469 in Novipazar weilte [2]), 1493 noch lebte, aber vor 1500 gestorben ist. Dieser Christophorus hatte mit seiner Frau Catherina († 1529) vier Söhne: unseren Marinus, Hieronymus, Dominicus, Pasqualis.

Des Dichters voller Name lautet *Marinus Christichieuich de Alegrettis* (Marino X°phoro de Allegretto) oder kurz *Marino di Christoforo*. Nachrichten gibt es über ihn nicht viele. Am 28. Juni 1501 sind die »creditores Marini quondam Christophori Radossaui Gradich et eius fratrum« eingetragen, Martoliza Steph. de Crieua, Jun. Mar. de Gradis, Marinus Nic. Ben. de Gondula, Blas. Mathei de Fiffa, mit 190 Ducaten; am folgenden Tage kaufte Marinus Grundstücke »in Zupana in plano«, die einst dem verstorbenen Jacobus de Lebro gehörten, um 120 Perper. Im J. 1524 war Marino de Christophoro de Allegretto einer der drei partitores bonorum quondam Laur. de Radoe Pribissalich [3]). Marin's Mutter Catherina war vielleicht verwandt mit der Mutter des Gjore Držić, denn diese erwähnt sie in ihrem Testamente (s. Beilage 5). Das Testament der Catherina, relicta quondam Christophori Allegreti, ist registrirt am 8. Juni 1529; es lebten noch zwei ihrer Söhne und zwei Enkel; erwähnt wird »casa mia, posta appresso Sancto Andrea« [4]). Das Testament des Marin Krističević ist datirt vom 17. April 1531 und nach seinem Tode im Buche registrirt am letzten Mai d. J. Wir erfahren daraus, dass seine Frau Nicha eine Tochter des Marino de Fiorio war. Universalerbe war sein einziger minderjähriger, wie es scheint ungerathener Sohn Christophano. Der Vater befiehlt ihm »esser obediente alla sua madre, a Zuliano suo barba et a Domenego mio fratello et a Marino figliolo de detto Zuliano«, die er auch zu seinen Epitropi er-

---

[1]) Lamenta de foris 1468 (24. Nov.).

[2]) Lamenta de foris 1469, 21. und 28. April, in Nouipasar ad partes Sclauonie, »Xpophorus Radossaui Braycouich dictus Gradich«.

[3]) Diversa Notarie 1500, f. 141. Div. Not. 1524, f. 111.

[4]) Testamenta Notarie 1528, f. 71.

nannte, »li quali voglio, che lo possino castighare, come a loro miglio parera; . . . se per caso non sara obediente . . . lo possano cazar di casa« [1]). Julian, »cugnato« des Marin Krističević und »barba« des Sohnes desselben, ein Bruder von Marin's Frau Nika, ist der schon oben erwähnte Giuliano de Mar. de Fiorio, Schwiegervater des Niko Držić und Grossvater des Vlaho Držić. Die Familien des Krističević und Držić standen demnach einander vielfach nahe.

Die übrigen drei Brüder des Marin Krističević waren vielgereiste Kaufleute. Hieronymus starb 1516 in Smederevo in Serbien [2]). Dominicus war 1520 in Adrianopel, überlebte alle Brüder und hinterliess zwei Söhne, die gleichfalls Christophorus und Marinus hiessen und 1546 in Belgrad verweilten [3]). Pasqualis hatte in Smederevo 1520 einen Streit mit den Türken wegen einer »dogogna« (türk. dükjan, Kaufladen), weilte 1526 in Vrhbosna (Sarajevo) und starb vor 1529 [4]). Zur Familie gehörten noch Hieronymus Pasqualis Gradich nel de Aligretto, Marin's Vetter oder Neffe, in dessen Testament 1529 Marino di Christoforo als Epitrop erscheint [5]), und Hieronymus Allegreti Gradich (vielleicht derselbe), 1515—1516 Gesandter zum Mamelukensultan in Kairo und erster ragusanischer Consul in Alexandria.

Die Biographie des Don *Mauro Vetranić*, des dichtenden Kaufmannssohnes, der in den Orden des hl. Benedict getreten war, steht in

---

[1]) Testamenta Notarie 1528, f. 141.

[2]) Test. 1512—1516, f. 180 v.

[3]) Christophoro Domenego de Alegretto, Marino Dom. de Alegretto für den Vater Domenego, fine remissione 1546 in Belgrad, Div. Canc. 1550, f. 159 v.

[4]) Ein Vorfall in seinem Hause 1518: Ser Alouisius Ni. Alo. de Goze »violenter intrauit nocte in domum Pasqualis Christichieuich, aperiendo fenestram, ad quam se callauit ex tecto dicte domus«, wurde aber für dieses nächtliche Abenteuer, welches jedenfalls einem Frauenzimmer galt, vom Consilium Rogatorum (13. Aug.) zu einem Jahr Kerker »in compedibus ferreis« verurtheilt, »in uno ex tribus carceribus antiquis a parte pelagi«. Blasius Mar. Blasii de Menze war beim »Fensterln« nicht glücklicher. Er stieg an einem dunklen Decembermorgen 1519 in das Haus des Paulus Jacobi Radeglich »ad uxorem dicti Pauli, que viso homine clamauit alta voce, quod omnes vicini aperuerunt fenestras et ipse aufugit« und wurde (27. Dec.) zu zwei Jahren in demselben Kerker verurtheilt, »clausus in ferris ad pedes«. Doch haben sich beide Angeklagte bald geflüchtet; Menze ist sogar aus dem Kerker entsprungen.

[5]) Test. 1528, f. 53 v.

enger Verbindung mit den Bemühungen der Republik von Ragusa, die Benediktinerklöster ihres Gebietes zu heben und zu reformiren.

Der Stadt zunächst lag das Marienkloster auf der Insel Lacroma, seit 1466 eine Zeit lang zugetheilt der Congregation der hl. Justina von Padua [1]). Die Mehrzahl der Mönche waren Italiener, ebenso die Aebte. Eine Folge davon waren Reibungen zwischen dem Senat und dem Kloster, wie am 8. October 1494, wo der Rector nach Beschluss des Consilium Rogatorum den Abt Benedictus aus Ferrara mit den übrigen italienischen und ragusanischen Mönchen vor sich rufen liess, mit der Anfrage, warum sie den Hylarus de Goze, Ben. de Saracha und andere Ragusaner nicht ins Kloster aufnehmen wollten. Die Mönche entschuldigten sich mit der Enge ihrer Behausung, nahmen aber die Genannten auf, da ihnen der Rath drohte, sie im Falle eines Widerstandes binnen drei Tagen nach Italien wegzusenden (discedant et reuertantur in Italiam). Am folgenden Tage wurde den Mönchen eingeschärft, sich zu bemühen um die Aufhebung eines Beschlusses des Kapitels der Congregation, »quo decreto nostri, intrare volentes religionem, sunt exclusi non solum ab hoc nostro monasterio Lochromonensi, sed ab omnibus monasteriis Italie dicte congregationis«. Die Republik werde sonst gegen die widerspenstigen fremden Klosterbrüder energische Massregeln ergreifen: »intendimus eos excludere a dicto monasterio nostro Lochromensi, quod monasterium patres et antecessores nostri fabricauerunt ad laudem Dei et ad commodum ciuium nostrorum, Deo seruire uolentium«[2]). Am 18. November 1508 gab es einen Conflict mit den Mönchen von Lacroma wegen Contrebande: »superioribus diebus receperunt furtive in monasterium pannos et alias res foresteriorum, in damnum dohane nostre et offensionem reipublice nostre«. Der Abt mit den Mönchen wurde vorgeladen und zur

---

[1]) Vgl. Theiner, Monumenta Slav. merid. I, 489.

[2]) Liber Rogatorum 1492—1497, 8. und 9. Oct. Erwähnt auch bei Conte Const. Vojnović, Crkva i država u dubrovačkoj republici, Rad jugosl. akad. Bd. 119, S. 51. — Aus den Diversa notirte ich mir die Aebte von Lacroma: Nic. de Saracha (Ragusaner) 1497, Benedictus de Sarazana Januensis 1503—1504, Paulus de Mediolano 1506, Leonardus de Pontremulis 1514, Lucas de Vercellis 1519, Joannes de Arbis 1522, Honoratus de Castiliono Mantue 1549, Julius de Mantua 1550. Das ganze Kloster in den Diversa Cancellarie 1514, f. 237: der Abt de Pontremulis, der Prior aus Genua, der Decanus aus Zara, von den Mönchen 4 Ragusaner (zwei Placidi, ein Joannes, ein Theodorus), 2 aus Vicenza, 1 aus Calabrien, 1 aus Sicilien. Im J. 1522 (s. S. 471) bestand das Kapitel wieder meist aus Ragusanern.

Zahlung des Zolles aufgefordert. Zugleich ging an die Congregation der hl. Justina eine Beschwerde gegen das Kloster.

Grosse Sorgen hatten die Ragusaner mit dem Muttergotteskloster von Meleda (lat. Melita, sl. Mljet), am Westende der grossen Insel gelegen, auf einem felsigen Inselchen inmitten einer von hellgrünen Nadelholzwäldern umgebenen fischreichen Lagune. Die Anfänge dieser Benediktinerabtei sind in Dunkel gehüllt in Folge der vielen, einander widersprechenden Urkundenfalsificate. Die weltliche Hoheit über die Insel nahmen die serbischen Herrscher, zuletzt noch Car Stephan Dušan 1349 und Car Uroš 1357 in ihren Privilegien an die Ragusaner für sich in Anspruch, aber seit dem Verkauf der Halbinsel von Stagno an Ragusa war der serbische Einfluss nur nominell. Die Insel erscheint als eine Art — Republik mit einem Abt an der Spitze, dem drei Richter und der »sbor«, die Gemeinde der Insulaner, zur Seite standen. Da das Kloster zur Ragusaner Diöcese gehörte und die Aebte meist aus Ragusa stammten, gerieth Meleda langsam unter die Herrschaft der Republik. Seit 1410 residirte auf der Insel ein Locumtenens, später Visconte genannt, des ragusanischen Comes von Giuppana; dieser Comes selbst hatte in Folge eines Beschlusses des grossen Rathes von diesem Jahre dreimal jährlich die Insel zu besuchen und fortan die Richter der Insel selbst zu ernennen. Seit 1499 finden wir jährlich wechselnde eigene Comites von Meleda aus dem Adel von Ragusa.

Zur selben Zeit, ungefähr seit 1480, war Abt des Klosters von Meleda der ragusanische Patricier Don Bernardus de Gondola [1]). Aus den Tagebüchern des Marino Sanudo ist bekannt, dass dieser Prälat sich eifrig um alle gleichzeitigen Ereignisse, besonders in der Türkei, interessirte und einer der fleissigsten geheimen Correspondenten der venetianischen Regierung war [2]). Auf Meleda war nicht viel Neues zu hören; desshalb verweilte er meist in Ragusa. Die Republik duldete aber seine wiederholte Abwesenheit vom Kloster nicht und erlaubte ihm Besuche in der Stadt nur im Fall einer »causa legitima«, wie es im Beschluss der Rogati vom 15. Mai 1501 heisst, worauf ihm aber schon am 23. December d. J. bewilligt wurde wieder in die Stadt zu kommen, »causa se curandi ab infirmitate de batticoro«. Am 6. Juli 1508 erging ein neuer

---

[1]) Ungefähr 26 Jahre Abt 1506, Farlati VI, 208.

[2]) Auszüge aus Sanudo im Arkiv za povjestnicu jugoslavensku V, 46, 80, 83; VI, 164, 191, 219, 242, 328, 357, 376, 397, 420 (1499—1514).

Befehl an alle Aebte und Priore der Klöster des ragusanischen Gebietes, sie sollen in den Klöstern »residentiam continuam facere«. Im J. 1514 kam es, nach längeren Unterhandlungen in Rom wegen der Klosterreform, zu einem Conflict, da der Abt Bernardus das Eigenthum des Klosters verschleuderte und auch sonst Anstoss erregte. Am 20. Mai wurde ein Nobilis mit einer Barke nach Meleda beordert, um dem Abt »sub pena indignationis nostre« in die Stadt zu bringen, doch Don Bernardo war entflohen. In Folge dessen segelten am 30. Mai Ser Dragoe Sim. de Goze und Ser Petrus Nat. de Saracha mit zwei Schiffen (grippi) und bewaffneter Mannschaft »ad monasterium Melite pro custodia dicti monasterii et rerum suarum«; ein drittes Schiff unter Paulus Mar. de Crieva begab sich »ad viam Laguste«, wohl um den Abt zu fangen. Als man erfuhr, der Flüchtling sei bei den Venetianern auf Curzola, wurde am 31. d. M. sein Bruder Jacobus Paladini de Gondola mit einem Geleitsbrief zu ihm gesendet, um ihn von dort zurückzubringen, was auch gelang. Am 3. Juni beschloss der Rath »de faciendo venire Ragusium omnes monacos monasterii Melite, excepto dom Ruscho, qui remaneat in monasterio viceabbas«. Am 7. d. M. wurde beschlossen, den Erzbischof zu einem Process gegen den Abt aufzufordern. Dabei hatte der Rath die Absicht, den Abt zur Abdication zu bewegen, durch das Versprechen einer lebenslänglichen Provision. Zu gleicher Zeit wurde dem Rector die Ermächtigung gegeben, »accipiendi de manibus cuiuscunque mulieris et aliarum personarum, que indebite tenent res et bona monasterii Melitensis, tam stabilia, quam mobilia«. Zugleich begannen in Rom durch Don Damianus Radognich oder Allegretti, der 12 Monate auf dieser Gesandtschaftsreise abwesend war, neue Verhandlungen pro »reformatione abbatie Melitensis«, mit Hinweis auf päpstliche Bullen von 1448 und 1466. Im März 1515 entfloh der Abt Bernard abermals nach Curzola und von dort nach Cattaro. Nun wurde er durch eine Sentenz des Erzbischofs abgesetzt, worauf das Consilium Rogatorum am 10. Juni den Viceabbas Ruschus zum Abt ernannte und die Nobiles mit der Wachmannschaft aus dem Kloster von Meleda abberief.

Indessen vereinigte Papst Leo X. am 13. Juli 1515 das Kloster von Meleda mit der Congregation von Monte Cassino und übertrug dem Bischof von Mercana Augustinus de Nale (aus der Familie der Nalješković) die Durchführung der Reformation. Im Protocoll der Sitzung vom 24. Aug. d. J. liest man folgenden Beschluss der Rogati: »Electio quatuor monachorum, natione Ragusinorum, denominandorum ordinis

S. Benedicti, qui debent extrahi ex congregatione Cassinensi in exe-
cutione et secundum tenorem bulle, nuper impetrate pro reformatione
monasterii Melitensis ad obseruantiam regularum: Domnus Hieronymus
de Benessa (31 Stimmen), Domnus Placidus plebeus, nunc celerarius
Lochrome (25 Stimmen), Domnus Benedictus Pauli Xuxorine (alle 39
Stimmen), *domnus Maurus Dimchi de Vetrano* (32 gegen 5 Stimmen)«.
Mavro Vetranić war also unter den vier Ragusaner Mönchen der Congregation von Monte Cassino, welchen die Erneuerung des Klosters von
Meleda anvertraut war. Aber damit waren die Schwierigkeiten nicht
zu Ende. Am 21. Januar 1516 erfuhr der Rath von der Opposition des
Praeses und des Procurator generalis der Congregatio Cassinensis gegen
die Bulle für Meleda und hörte, der abgesetzte Abt Don Bernard de Gondola sei nach Rom gereist. Um Intervention wandte man sich an den
Abt von Lacroma, er möge die Congregation brieflich über die Sache
aufklären. Am 14. Februar wurde dem Kloster von Meleda die Fischerei
im »portus foris versus ponentem, vocatus Loquiza« auf acht Jahre für
die Restaurirung der Klostergebäude überlassen, was 1524 auf weitere
acht Jahre verlängert wurde. Am 30. Januar 1517 segelte abermals
ein Nobilis, Ant. Andr. de Benessa, mit Bewaffneten nach Meleda, »pro
machinationibus, quos tentat facere Petrus de Albis pro abbatia Melite«,
ein ragusanischer Geistlicher im Dienste des päpstlichen Hofes, wie es
hiess, von Curzola aus mit einer angeblichen Bulle [1]); doch schon nach
wenigen Tagen erfolgte ein Gegenbefehl. Da eben das Priorat des Inselklosters von S. Andreas de Pelago durch den Tod des D. Jacobus de
Crieva erledigt war, beschloss der Rath am 28. Februar in Rom eine
Reform auch dieses Klosters, sowie die Union desselben mit Meleda zu
verlangen. Dasselbe wünschte man auch für das St. Jacobskloster bei der
Stadt, jedoch wurde diese Absicht wegen des Widerstandes des Abtes
Aloisius de Crieva bald aufgegeben.

Am 4. November 1517 hatte sich der Rath mit einer wichtigen
Nachricht aus dem Kloster von Meleda zu beschäftigen. Zwei der ragusanischen Mönche der Congregation von Monte Cassino, welche durch
das Vertrauen der obersten Behörde der Republik zur Klosterreform
nach Meleda berufen waren, wurden nach etwas mehr als zwei Jahren
ihrer Aufgabe überdrüssig. Sie entflohen ohne Wissen und Erlaubniss
des Abtes nach Italien. Es waren eben die zwei, welche die meisten

---

[1]) Vgl. darüber Farlati VI, 212—214 (päpstl. Urk. vom Mai 1517).

Stimmen bei der Wahl im Senat erhalten hatten, Don Benedictus Pauli Xuxorine und Don Maurus Dimchi de Vetrano. Unzufriedenheit mit dem Leben in dem einsamen Inselkloster und Sehnsucht nach Italien, woher sie gekommen waren, haben sie wohl zu diesem Schritt bewogen. Die Senatoren waren sehr aufgebracht. Beide Mönche wurden als »rebelles nostri, transgressores mandati apostolici«, für immer aus dem Territorium und der Stadt Ragusa verbannt, ebenso jeder, der es wagen würde, sie auf ragusanischem Gebiet heimlich zu beherbergen. Wird einer der Flüchtlinge gefangen genommen, so ist ihm der Process zu machen. Die geringe Majorität im Rathe, 23 gegen 18 Stimmen, zeigt jedoch, dass viele Mitglieder des Rathes die Ursachen der Flucht anders beurtheilten[1]). Erst nach drei Monaten, am 27. Februar 1518, beschwerte sich der Senat bei der Congregation selbst: »scribendi Rdo presidenti et diffinitoribus capituli congregationis Cassinensis per Rdum d. Abbatem Lochrome, iturum de presenti ad dictum capitulum, contra illos duos monacos, qui superioribus diebus discesserunt sine licentia ex monasterio Melite, qui duo monaci introducti erant in dictum monasterium Melite pro reformatione illius cum bulla et scripturis pape«[2]). Von den zwei zurückgebliebenen Mönchen verlangte nunmehr auch Don Hie-

---

[1]) Consilium Rogatorum, 4. November 1517 (Band 1516—1518, f. 183): »Prima pars est de prouidendo pro recessu ex monasterio Melitensi dom Benedicti, filii olim Pauli Xuxorine, *et dom Mauri, filii Dimchi de Vetrano* (diese Worte am Rand hinzugesetzt), monacorum, qui extracti ex congregatione Cassinensi erant introducti in dictum monasterium Melitense pro eius reformatione et nunc inscio abbate et sine illius licentia malo spiritu ducti redierunt in Italiam, deserentes dictum monasterium cum damnatione anime sue. Per XXV contra XVI. Prima pars est de habendo dictos dominum Benedictum et domnum Maurum monacos pro rebellis nostris, transgressoribus mandati apostolici, qui sint banniti perpetuis temporibus a ciuitate et territorio nostro, ita quod non possint unquam venire ad loca nostra. Et si unquam aliquis eorum veniret in territorium nostrum et haberi possit in manibus dominii nostri, quod debeat retineri et contra eum consuli et prouideri in presenti consilio, interueniente (f. 183 v.) auctoritate superioris sui. Et qui acceptaret in tenutis nostris aliquem eorum, si non denunciabit dominio nostro, quod cadat in illam penam, que in presenti consilio declarata fuerit. Et quod minus consilium vocari faciat deputatos in bulla apostolica pro faciendo poni executioni dictam bullam, et in dicto minori consilio debeat intimari voluntas et intentio presentis consilii abbati Lochrome et abbati Melite. Per XXIII contra XVIII. Secunda pars est de faciendo aliter«.

[2]) Lib. Cons. Rog. 1516—1518, f. 227.

ronymus de Benessa, Mitglied eines Patriziergeschlechtes, die Erlaubniss
zur Rückkehr aus Meleda »ad suam religionem congregationis Cassinensis«, was ihm das Consilium Rogatorum am 16. Juli 1519 gestattete,
sogar mit einem Belobungsschreiben (sibi faciendo literas boni seruitus).
Am 24. November d. J. schrieb der Senat an die Congregation abermals
um vier Mönche zur Reformirung des Klosters von Meleda, nach Wort-
laut der päpstlichen Bulle. Da die Zeit alle Gegensätze ausgleicht, was
damals gewöhnlich rascher vor sich ging, als in unseren Tagen, wurde
am 17. März 1522 dem für immer verbannten Mönch Don Benedictus q.
Pauli Xuxorine volle Gnade gewährt und ihm die Rückkehr in sein
Kloster Lacroma gestattet.

Die Zustände im Kloster von Meleda liessen noch immer viel zu
wünschen übrig. Am 14. März d. J. beschloss der Senat in Rom eine
Vereinigung aller ragusanischen Benediktinerabteien, eine »unio mo-
nasteriorum monacorum S. Benedicti diocesis Ragusine« zu betreiben,
um so mehr, als es verlautete (27. März), die Congregation von Monte
Cassino beabsichtige das Kloster von Lacroma »alicui prelato in com-
mendam aut cuidam cardinali« zu geben. Als Gesandter ging nach Rom
Bernardus de Binzola. Demselben wurde am 14. März 1526 bei einer
zweiten Gesandtschaftsreise neben den Verhandlungen um die beabsichtigte Union aller ragusanischen Benediktinerklöster speciell aufgetragen,
»creationem abbatis annalis monasterii Melitensis et eius prioris in capitulo monasterii, quolibet anno celebrando« zu erwirken und eine aber-
malige Sendung von vier »monachi nationis nostre« aus der Congregation von Monte Cassino nach Meleda zu erbitten. Binzola erreichte die
Union und die periodische Wahl des Abtes. Die neue Congregation
umfasste alle Benediktinerklöster des ragusanischen Gebietes mit Ausnahme von Lacroma [1]).

In den Büchern des Consilium Rogatorum, die ich bis Ende 1526
gelesen habe, fand ich keinen ausdrücklichen Beschluss über eine Begnadigung des Don Maurus. Aus dem Testamente seines Vaters, des

---

[1]) Eine urkundliche Geschichte der Melitensischen Congregation auf
Grund der Akten der Archive von Rom, Monte Cassino und Ragusa wäre eine
nicht undankbare Aufgabe. Die Darstellung bei Farlati VI, 66 f., 212 f. ist
unvollständig. Die definitive Einrichtung der Congregation erfolgte 1528
durch Papst Clemens VII. (ib. p. 74, 221). Es gehörten dazu die vier Klöster
von Meleda, S. Jacobus de Višnjica, S. Andreas de Pelago und die Abtei von
Pakljena auf der Insel Giupana. Die »praesides« wechselten alljährlich.

Dominicus Nic. de Vetrano († Apr. 1526) vom 18. Mai 1525, ist jedoch sicher zu schliessen, dass er damals wieder in Ragusa weilte, denn ihm wird die ganze Testamentsvollstreckung übertragen (Archiv XIX, 77). Er ist wohl 1522 zusammen mit Zuzorina begnadigt worden und war schon in diesem Jahre wieder in Lacroma [1]).

Ueber die späteren Schicksale des Vetranić vermag ich jetzt nur wenige urkundliche Daten mitzutheilen, aus denen jedoch erhellt, dass der Dichter in der neuen Melitensischen Congregation eine bedeutende Rolle spielte. Er war 1527—1528 Abt von Meleda und sollte wegen der Organisation der Congregation als Gesandter der Republik zum Papst reisen, was er nicht annahm [2]). Später finden wir ihn 1534 als Prior des Inselklosters S. Andreas de Pelago, welches er in seinen Gedichten so schön geschildert hat, 1542 als Abt des St. Jakobsklosters vor der Stadt und 1544 als Praeses der ganzen Melitensischen Congregation.

Am 17. Februar 1534 schloss die Congregation einen Pachtvertrag. An der Spitze derselben erscheint Don Hieronymus Sym. de Benessa, derselbe, der einst mit Vetranić 1515—1517 das Kloster von Meleda reformiren sollte, schon 19. Sept. 1531 als Praeses und zugleich abbas S. Jacobi de Visgniza genannt [3]). »Rdi in Christo presentes D. Hieronimus Sym. de Benessa, preses congregationis Melitensis ciuitatis Rhagusij, D. Benedictus, abbas Sti Jacobi in Visgniza, et *D. Maurus de Uettranis, prior monasterii Sti Andreae de Pelago,* omnes ibi presentes et unanimiter concordes ac cum consensu Ser Stephani Sym. de Benessa,

---

[1]) In den Div. Notarie 1522, f. 43 erscheint am 1. December 1522 das Kapitel von Lacroma: D. Joannes de Arbis abbas, D. Hieronymus de Ragusio abbas Pomposie pro titulo, D. Benedictus de Ragusio prior, D. Petrus de Placentia celerarius, *D. Maurus de Ragusio,* D. Joannes Maria de Ragusio, D. Nicolaus de Istria, D. Augustinus de Ragusio, D. Lucas de Ragusio, D. Hieronymus de Ragusio, D. Michael de Ragusio. D. Maurus ist wohl Niemand anderer als Maurus de Vetranis; D. Benedictus ist Zuzorina.

[2]) Am 27. Juni 1527 übergab der Canonicus Mich. Clem. de Restis als Vicar des Erzbischofs im Kloster von Meleda dem D. Maurus, Abbas von Meleda, die durch den Tod der letzten Aebte A. Cervinus und Hilarius Gozze erledigten Klöster von St. Jakob und St. Andreas (Urk. bei Farlati VI, 221—222). Presbyter Dam. Allegrettus statt des Maurus Vetranus, abbas Melitensis, 1528 Gesandter zum Papst, ib. VI, 74.

[3]) Div. Canc. 1530—1531, f. 156. Benessa soll der eigentliche Begründer der Congregation gewesen sein, Farlati VI, 66 f. (Commentarius des Abtes Ign. Giorgi).

procuratoris dicte congregationis Melitensis«, verpachten auf 500 Jahre
(annos quingentos) »Michotio Andreae Recich de Grauosio« und dessen
Erben, »villico monachorum dicti monasterii S. Andreae«, Haus und
Garten »in Grauosio prope S. Michaelem« für 20 Grossi, jährlich am
St. Andreastag zu zahlen »pro affictu terreni, in quo domus prefata po-
sita est«, ebenso dem Nic. Radi de Grauosio auf 500 Jahre »medietatem
domus et orti, in qua de presenti habitat«, für 10 Grossi jährlich, die
gleichfalls am St. Andreastag zu entrichten sind [1]).   Am 11. Februar
1536 erscheint Hieronymus de Benessa als Abt von Meleda; er schliesst
mit Maurern aus Gravosa eine Uebereinkunft wegen eines Baues in Ba-
bino polje auf Meleda für das Kloster [2]).   Von Vetranić hören wir erst
einige Jahre später, in dem 1542 verfassten Testament seiner Schwester
Barbara, Wittwe des Blasius Nic. de Latiniza, die als Epitropi einsetzte:
»*D. Mauro*, mio fratello, *abbate di Sto Jacomo*, et Jacomo, mio fratello« [3]).   Am 16. März 1544 abdicirte Benessa, noch immer Abt des
Marienklosters von Meleda, wegen seines hohen Alters (etate senili op-
pressus), um den Rest seines Lebens »in sanctis meditationibus cum omni
debita deuotione« zuzubringen.   »Idcirco predictis et aliis animi sui rationibus motus ex mera et propria sua uoluntate dixit se renuntiare Rdo
Don Mauro de Vettrano, presidi dicte congregationis, et capitulo totum regimen, quod hucusque et omnem quam in dicta congregatione,
tam in spiritualibus quam temporalibus habuit auctoritatem«.   Benessa
blieb nur »titularis abbas« [4]).   Er starb Ende 1546, als abbate di S. Jacobo (Višnjica), worauf der Senat einen Don Grisostomo in Venedig
suchen liess, nämlich den gelehrten Mönch von Monte Cassino Chry-
sostomus Calvinus aus Calabrien, der 1549 zur Reformation der Benediktinerklöster nach Ragusa kam, öfter Abt und Praeses der Congregation war, zuletzt (1564—1575) Erzbischof von Ragusa [5]).   Ich habe
auch die Testamente der beiden Brüder des Don Maurus gefunden, doch
von ihm ist in ihnen kein Wort.   Des Hieronymus Dominici de Veterano

---

[1]) Diversa Notarie 1533, f. 122.

[2]) Div. Canc. 1535, f. 79.

[3]) Testamenta Notarie 1539, f. 210. Vgl. Archiv XIX, S. 77.

[4]) Diversa Not. 1544, f. 140.

[5]) Commissio des Aless. di Jac. di Verona, 8. Dec. 1546. Lettere e Comm.
di Lev. 1542—1548.   Am 16. März 1549 erscheint D. Hieronymus Sauelianus
als abbas mon. S. Jacobi de Visiniza, Div. Not. 1548—1550, f. 81.   Ueber Calvinus Farlati VI, 242 f.

Testament ist eingetragen am 21. Mai 1556, das des Jacobus Dominici de Vetranis, der zwei Söhne, Dominicus und Daniel, hinterliess, am 29. September 1561 [1]). Die Akten der Melitensischen Congregation sind verschollen; das meiste über dieselbe dürfte in Rom zu finden sein, ein archivalisches Material, von welchem Theiner's Sammlung nur ein unvollkommenes Bild liefert. Auch in den Senatsprotokollen nach 1526 und in der politischen Correspondenz von Ragusa mag noch manche Notiz über Don Maurus verborgen liegen.

Bei den Nachforschungen über *Andrija Čubranović*, wohl einen der bedeutendsten Dichter der ragusanischen Schule, hatte ich kein Glück [2]). Es haben sich aber dennoch Daten gefunden, welche uns der Frage näher bringen. Eine Familie Čubranović, Čibranović ist zwar innerhalb der Stadtmauern von Ragusa zu Anfang des XVI. Jahrh. nicht nachweisbar, aber Leute mit Namen Cyprianus, Zibrano und den davon abgeleiteten Patronymica hat es in Ragusa und Umgebung am Ende des Mittelalters genug gegeben. Ein *Rossinus de Zibrano* wird am 2. Sept. 1282 genannt [3]). Ein *Bene de Zibrano* oder *Cibriano* aurifex erscheint um 1350 [4]). *Iuancho Zubranouich* klagte am 2. März 1374, gestern seien ihm bei Sonnenuntergang »prope ecclesiam S. Orsule« zwei Packpferde mit Oel, Wein, Salz u. s. w. von vier Leuten aus Popovo geraubt worden [5]). Es ist wohl derselbe *Ziuchus Zibranouich*, der am 15. Juli 1403 sein Testament abfassen liess, worin »caxa mia e uigna in Grauossa«, seine Frau Zfieta, sein Bruder Maroye genannt wird [6]). Dieses *Maroe Zibranouich* Testament ist am 2. October 1429 eingetragen; seine Frau hiess Glubissaua, seine Söhne Giucho, Nicola, Vlacota, Ruscho und Iucho [7]). Ein *Zubar Zubranouich de Grauosio* wird 1436 genannt [8]).

---

[1]) Testamenta 1555, f. 27 v.—28, 221 v.

[2]) Für Čubranović fehlt es überhaupt an chronologischen Anhaltspunkten. Die Angabe, dass die »Jegjupka« am 20. Juli 1527 in Ragusa recitirt wurde (Stari pisci VIII, S. VII) ist entschieden unrichtig, denn eben in diesem Sommer wüthete die Pest in der Stadt in ganz furchtbarer Weise (vgl. Archiv XIX, 72). Oder soll dieses Datum den Todestag des Dichters bezeichnen?

[3]) Liber diuersarum 1282—1284 (Div. Not.).

[4]) Vgl. auch Starine XI, 10; Monumenta Ragusina III, 63.

[5]) Lamenta de intus 1372—1374.

[6]) Testamenta Notarie 1402, f. 56.

[7]) Ib. 1418, f. 211 v.

[8]) 5. Dec. 1436, Lamentationes de foris 1436.

In der Zeit des Menčetić und Držić lebte in Gravosa ein ganzes Geschlecht von Maurermeistern, genannt *Cibranouich* oder *Zibranouich*, dessen Mitglieder bei Bauten innerhalb und ausserhalb der Stadt in den Büchern der »Diversa Notarie« und »Diversa Cancellarie« sehr oft genannt werden. Es waren 1486 f. die vier Brüder Bartholus, Maroe, Franciscus, Bogoe, muratores de Grauosio, fratres Zibranouich, filii quondam Nicolai Zibranouich, auch bloss als Nicolich (oder Nicolich dictus Cibranouich) bezeichnet, dann die Söhne derselben, Bogoe Maroeuich dictus Cibranouich oder kurz Bogoie Cibranouich de Grauosa (Testament 1530) und Marin Bartolouich detto Vtua (utva Ente) Zibranouich in Grauosa 1528[1]). Ein Verwandter derselben war der Maurermeister Ruschus Çubrouich, Zubrouich, Cibranouich, 1498—1524 bei zahlreichen Kirchenbauten, besonders des Apostelklosters oft genannt, sowie dessen Söhne, die »muratores« Antonius Ruschi dictus Cibranouich (Cyb-), Petrus Ruschi Cibranouich (1535—1538) und Christophorus Ruschi de Grauoxio (1550). Zu nennen ist noch ein Marcus Luchxe Cibranouich de Grauosio 1493 und ein Paulus Zibranouich 1528. Eine andere Gruppe dieser Čibranovići von Gravosa wird in einer Cession vom 10. April 1505 genannt: »Stiepchus et *Andreas* fratres, filii quondam Luce Helijch dicti Cibranouich de Grauosio« mit ihrer Mutter Slauussa treten dem Bogoe Nicole Maroeuich dicti Cibranouich die »jura et rationes« ab, welche sie »jure polouicie ac laboreriorum et melioramentorum« auf 2¼ Soldi Grund »in Grauosio apud ecclesiam S. Michaelis« hatten, nämlich auf Besitzungen des Frauenklosters St. Thomas, »alios locatos ad polouiciam olim Cibrano«, einem Vorfahren der Familie, nach der Eintragung in den Diversa Notarie am 7. December 1375[2]). Der Name Andreas kam also unter diesen Čibranovići von Gravosa vor. Sollte dieser Andreas, Sohn des verstorbenen Luka Ilić Čibranović, von 1505 der Dichter sein[3])?

Antun Sasin (Ende des XVI. Jahrh.) bezeichnet Čubranović als »Andrija zlatar«[4]); auch nach Dolci soll er »aurifex« gewesen sein,

---

[1]) Lamenta de foris 1528, f. 266 v.

[2]) Diversa Notarie 1504, f. 99 v.

[3]) Ein Dragitius Nicolai dictus Ciobranouich (sic) in den Diversa Not. 1537—1539 f. 2 v. erscheint in seinem Testament 1530 dreimal richtig als Ciobanouich, von čoban Hirt. In der Matricola della confraternità di S. Lazaro unter den fratelli: Dragich de Nicola Cioban.

[4]) Stari pisci XVI, 107, 160.

nach Serafino di Cerva die »argentaria ars« betrieben haben. Die Goldschmiede und Goldschläger, aurifices und batiauri, hatten eigene Corpo-
rationen, die aber durch den Beschluss des Consilium Rogatorum vom
29. Januar 1521 zu éiner fraternitas »sub una banderia« vereinigt wurden. Die Nachforschungen über die einzelnen Mitglieder dieser Zunft
gestalten sich sehr schwierig, da die oresi und battiori oder battidori,
ebenso wie die lanari, fornari, pelizari u. A. noch über 1550 hinaus
meist nur mit Tauf- und Vatersnamen bezeichnet werden, ohne Familiennamen, z. B. Hieronymus Mathei aurifex, Oliuerius Andree battiaurius,
Biasio de Ilia orese u. s. w.

Unter den Goldschlägern gibt es in dieser Zeit einen *Andrea di
Elia* (de Ilia)[1]. Am 8. Januar 1545 hat er sich wegen der »mala qualità delli tempi corsi« mit zahlreichen Edelleuten und Bürgern zu vergleichen, um nicht unbedeutende Summen (Zanobio Bartholi 846 Ducaten, Jac. Georgii de Cabogha 600 Duc. u. s. w.)[2]. Im J. 1547 war
er, selbst schon ein Greis (grane d'anni e del corpo), »ruinato per la
pocha fede di Michele Petrouich« und reichte dem Consilium Rogatorum
ein Gesuch über einen Ausgleich ein, worauf der Rath das »accordium«
billigte; unter den Gläubigern waren Jac. Georgii de Caboga, Mar. Georgii
de Gozze, Marin Piero de Cerva, Pietro Fr. de Lucari und Aug. de
Nale[3]. Am 28. Mai 1548 verfasste Andrea di Elia battioro sein Testament, in welchem seine Frau Paula und als Universalerbin seine Tochter
Maria genannt werden. Er begab sich nach Siebenbürgen und wurde in
demselben Sommer bei Karlsburg ermordet; das Testament ist am 20.
September d. J. in das Buch eingetragen mit der Bemerkung: »Hoc est
testamentum quondam Andreae Eliae battioro, *interempti in partibus
Albae Juliae,* repertum in notaria publica ciuitatis eiusdem, ubi datum
fuerat ad saluandum«[4]. Am 1. December 1548 erscheinen bereits die
conservatores bonorum »quondam Andreae Eliae battioro«, mit einem
Salvus conductus für Georgius Radi, Schuldner des Verstorbenen[5]. Ist
dieser in Siebenbürgen ermordete alte und abgewirthschaftete Gold-

---

[1] Andrea de Ilia batioro in der Matricola della confraternità di S. Lazaro (jetzt im Hauptarchiv in Ragusa, aus der Sammlung Šarić) f. 73 A, unter
den Brüdern, »quelli che non sono de capitulo«.

[2] Diversa Notarie 1544, f. 104.

[3] Cons. Rogatorum 1547—1549, f. 32.

[4] Testamenta Notarie 1543—1549, f. 240.

[5] Div. Notarie 1548—1550, f. 25.

schläger Andreas, des Elias Sohn, der Dichter der »Jegjupka«? Ich glaube nicht. Sein Schicksal wäre den älteren ragusanischen Literarhistorikern nicht geheim geblieben.

Wenn wir bei den Goldschlägern bleiben, so gibt es noch eine Spur. Ein reicher angesehener Mann dieser Zeit war der seit 1524 oft genannte *Simon de Andrea batidoro* oder Simon Andree battiaurius. Er besass in der Stadt ein grosses Haus und betrieb Handel in der Fremde, wie er 1535 mit dem Dichter NaljEšković (s. S. 480) Geschäfte in Aegypten hatte. Simon starb 1547, seine Frau Marrha (sic) schon 1544 [1]). In seinem Testament werden drei Söhne genannt: Marino, der wichtigste Erbe, als Marinus Simonis battiauri oft genannt bei Handelsgeschäften, Lederexport aus Bosnien und Assecurationen von Schiffen, Jacopo und Francesco. Zwei Töchter, Catha und Nicha, waren verheirathet an einen Michael und einen Petrus, wohl Petrus Natalis pictor, für den Simon 1536 Schiedsrichter in einer Erbschaftsangelegenheit war [2]); Paula war Gattin des Nicolaus Joannis aurifex gewesen, der nach ihrem Tode 1533 eine neue Ehe einging und ihrem Vater Simon die Mitgift von 400 Duc. Gold zurückzahlte; zwei Töchter waren Nonnen, Fiora im Kloster St. Thomas, Benedetta in S. Maria di Castello. War Simon's Vater Andreas der Dichter? In den Familien von Ragusa war es üblich, dass die Namen der Grossväter sich regelmässig unter den Enkeln wiederholten. Hatte Simon, Sohn eines Andreas, nicht noch einen vierten Sohn, der auch Andreas hiess und frühzeitig gestorben war, und war dieser uns sonst unbekannte Andreas der Dichter der »Jegjupka«?

Die Nachforschungen nach der Familie Čubranović in Ragusa bis 1550 sind erfolglos geblieben. Bei der Verarbeitung meiner Notizen sehe ich, leider zu spät, dass ausser einem glücklichen Zufall nur ein einziger Weg zu einem Resultat führen könnte. Maro Battitore (wohl ein »batidoro«) widmete die Editio princeps der »Jegjupka«, Venedig 1599, dem »Thomu Nadalu Budislavu ... pasanomu vitezu i počtovanomu kanoniku poljačkomu«, der dabei ausdrücklich als ein Verwandter des Dichters mütterlicherseits bezeichnet wird: »kako rodjak i plemenom materinijem od iste kuće Čubranović« [3]). Der Genealogie dieses Canonicus

---

[1]) Testamentum quondam prudentis viri Simeonis Andreae Battiorj, registrirt am 29. Oct. 1547, Test. Not. 1543—1549, f. 210. Testament der Marrba ib. f. 77.

[2]) Div. Notarie 1533, f. 41.

[3]) Stari pisci VIII, p. XXIV.

Thomas, aber auch der des Battitore selbst ist näher nachzugehen. Ueber den ersteren bietet Farlati-Coleti einige Nachrichten. Thomas Natalis studirte in Bologna, lebte als Arzt in Konstantinopel, später in Polen, wo er die Ritterwürde und ein Krakauer Canonicat erhielt, wurde zuletzt zum Bischof von Trebinje und Mercana ernannt (1606—1608) und starb 1608 in Neapel. Sein Urgrossvater Natalis Budislavić, angeblich aus einem Adelsgeschlecht einheimischer »comites«, soll am Ende des XV. Jahrhunderts aus Nevesinje nach Ragusa eingewandert sein. Des Natalis Sohn hiess Leonardus. Leonard's Sohn und des Bischofs Vater war Vincentius, »qui lectissimam feminam ex gente Ciubranovichia Ragusiensi uxorem duxerat, ejusque genus Thomas in suo testamento pluribus ornat, tum in Vegliensem etiam et Fluminensem familias divisum« [1]. Also 1608 gab es noch Čubranovići in Veglia und in Fiume, obwohl die Familie ursprünglich aus Ragusa stammte.

Klar ist die Persönlichkeit des Dichters *Nikola Jera Dimitrović*. Die kaufmännischen Familien hielten mehr auf ständige Familiennamen. Söhne eines vor 1484 verstorbenen Marinus de Dimitrio [2] waren die drei Brüder Hieronymus, Dimitrius und Nicolaus, angesehene Bürger »de populo«. Hieronymus, seit 1486 oft genannt, miethete 1506 den Garten der Canonici der Kathedralkirche »ad Pillas«, besass ein von seinem Vater 1458 den Epitropi des Nic. de Russino abgekauftes grosses Haus in der Stadt und ist 1527 an der Pest gestorben. Des Hieronymus drei Söhne waren: Marinus, Joannes, der 1517 als frater Felix ordinis predicatorum gestorben ist [3], und Nicolaus, der Dichter. Am 13. März 1536 finden wir den Dichter neben Edelleuten Bona, Gondola, Gozze und dem Dominico Christophoro de Allegretto bei der Assecuration eines Schiffes des Mar. Radulouich, Namens »Sancta Trinitas«, das nach Rhodos, Smyrna und Beyrut segeln sollte: »Nicolao Hier. de Dimitrio assecura, ut supra, ducati dieci e per suo risico ha hauuto ducato uno et grossi otto«. Bald darauf erscheint er als Procurator des Andreas Georgii de Nouomonte (Novo Brdo), bei der Vermiethung eines Hauses desselben in der »ruga S. Sigurati« an den Doctor Donatus de Mutina [4]. Am 3. Januar 1537 mietheten in Genua Nicolaus Hieronymi de Demitrio,

---

[1] Farlati, Illyricum sacrum VI.
[2] 1451 Bankier in Venedig, Gelcich und Thallóczy, Diplomatarium S. 487.
[3] Testamenta Notarie 1517, f. 10 v.
[4] Diversa Cancellarie 1535, f. 93 (cf. f. 68 v.) und f. 101.

Nicolaus Nale de Stephano (der Dichter Naljeskovic) und Jacobus Jo. Antichii ein Schiff, genannt »St. Johannes« und befehligt von Johannes Pauli Raguseus, durch einen von einem genuesischen Notar ausgefertigten Vertrag, den auch Darius de Vivaldis, Consul der Ragusäer in Genua, unterfertigte. Am 4. August 1539 wurde in Ragusa darüber Abrechnung gehalten[1]). Im October 1541 finden wir Nicolaus Hier. de Dimitrio mit anderen Kaufleuten wieder bei der Assecuration eines Schiffes[2]). Daneben erscheinen noch andere Mitglieder der Familie, wie z. B. Marinus Nicolai de Dimitrio († 1528), der während der norditalienischen Feldzüge 1522 in der Lombardei »in uiagio Londre« von den Franzosen gefangen und in Cremona eingekerkert wurde und der 1526 abermals »in partibus Anglie« verweilte.

Die Kaufmannsfamilie *Nale, Naliescouich* (ＮＡＬ̈ＥШＫＯＢＨＫＬ) ist bekannt seit dem XIV. Jahrhundert. Nicht alle Personen dieses Namens gehören éiner Familie an. Es gab in Ragusa auch eine gleichnamige, aus Antivari eingewanderte Familie, die Brüder Nicola (oder Nixa) Marini de Nale de Antibaro († 1451) und Joannes; der jüngste Sohn des Nicola, Nicolaus Nichxe Marini de Nale († 1522) wird 1496 und 1500 als mensurator in Canali, 1511—12 als scribanus officii rationum genannt.

Die Ragusaner Nale stammen von den vier Söhnen eines Nale (Nadal, Natalis) im XIV. Jahrhundert ab: der Geistliche dompnus *Gregorius filius Nalis* presbiter († 1401), auch Don Gergoe genannt, *Dobrich Naliscouich, Dobrich, -ius de Nale* oder *Dobrichus Natalis*, oft erwähnt seit 1389, gestorben 1421[3]), sowie *Marinus* und *Stephanus*.

Des Dobrich zahlreiche Nachkommen führen den Beinamen *Dobrichieuich* oder abgekürzt *Dobrich*, vor allem seine als Kaufleute in Serbien erwähnten drei Söhne: Natalis (Nalcho) Dobrichieuich de Nale oder Natalis de Dobrigh de Nale um 1432—1442, Thomas Dobrichieuich de Nale (oder Thomas Boni de Nale) um 1426—1448 (venetianischer

---

[1]) Diversa Notarie 1537—1539, f. 347.

[2]) Diversa Cancellarie 1540—1541, f. 235.

[3]) Testamentum dompni Gregorii Nalis presbiteri (dompnus Gregorius presbiter, filius Nalis), registrirt 8. Mai 1401, Testamenta 1391—1402, f. 254 (nennt Nale mio padre, Dobrich mio fradello). — Testamentum Dobrichi de Nale vom 22. Sept. 1421, eingetragen Test. Notarie 1418, f. 57 (Oct. 1421); nennt Marin e Stefano miei fradelli, Nalcho e Tomcho e Martino fioli miei, Nicoleta uxor.

Consul in Ragusa 1448) und Martinus Dobrichii de Nale. Des Letzt-
genannten Sohn ist der in den Archivbüchern oft genannte Geistliche,
Magister, Don oder Misser *Bonichus quondam Martini Dobrichii de
Nale* oder *Bonichus de Boninis, Bonis, Bon*, um 1486—1504, 1486
Titularabt von S. Theodor im Stadtviertel Pusterna, 1504 von S. Sal-
vator ebendaselbst. Andere Mitglieder dieser Linie sind Nachkommen
des Thomas, wie Bonus oder Bonicus Nicolai Thome de Dobrich oder
Dobrichieuich (1518), unsicher ob identisch mit dem in den »Diversa
Notarie« 1501 genannten Boninus seu Dobruschus Natalis [1]). Augusti-
nus filius Marini Natalis de Dobrich kam 1503 als ungarischer Gesandter
nach Ragusa und ist 1514 in Ofen gestorben [2]).

Eine zweite Gruppe sind die Nachkommen des dritten Bruders, des
um 1403—1424 in Novo Brdo, Trepča, Ancona, als Boten nach Ungarn
u. s. w. oft genannten *Marin, Maroje de Nale* oder *Naljesković*
(† 1428) [3]), sowie seiner Söhne, besonders des Natalis (Nalcho, Naucho)
und Tadeus (Tadioko) [4]). Des Natalis Sohn Marinus Natalis Mar. de Nale
starb 1498 in Konstantinopel, ebenso dessen Sohn Natalis Mar. de Nale
1511; der Bruder des Letztgenannten, Tadeo Marini de Nale wird
1521—1522 als interpres regius, wohl türkischer Dolmetsch, in Ungarn
erwähnt.

Die dritte Gruppe umfasst die Nachkommen des um 1447 genann-
ten *Stephanus de Nale* (Stjepko Naljesković) und seiner vier Söhne:
Natalis († vor 1498), *Nicolaus* († Oct. 1504), Joannes († 1505) und
Blasius († 1517). Joannes (Giucho), der seit 1471 öfters Reisen in die

---

[1]) Testament des Bonichus filius Nicolai Thome de Dobrich (Io Bono etc.)
1518 in den Testamenta Notarie 1517—1519, f. 142. Die creditores Bonini seu
Dobruschi Natalis de Ragusio erwähnt August 1501, Diversa Notarie 1500,
f. 167.

[2]) Test. eingetragen im Herbst 1514 in den Testamenta Notarie 1512—
1516, f. 112, verfasst 1505, 24. Aug. »in Buda«: Io Agostino de Marino de
Natale, citadino de Ragusi, seruitore dello Ser. Wladissauo, Re de Ongaria et
de Boemia etc.

[3]) Testamentum Marini de Nale (Мароȴє Наѧѣшковикѧ Pucić I,
S. 61, 120), eingetragen 15. Januar 1428; nennt Stefano mio frar, Nalcho fiol
de Dobrich fradel mio und Compagniegeschäfte mit ihnen; ferner 4 fioli,
Nalcho, Tadeo, Ghergoe, Dobruscho, sowie tre fiole, Marusciza, Nicoleta,
Franusa. Die Frau Marin's hiess Decusa. Testamenta Notarie 1418, f. 167 v.

[4]) Tadioko sin Maroja Naljeskovića 1466 Zeuge beim Testament des
Herceg Stjepan, Pucić II, 127.

Türkei unternahm und noch 1500 mit zwei seiner Söhne auf einer Handelsreise in Trnovo in Bulgarien erwähnt wird, hinterliess sechs Söhne und zwei Töchter. Von den Söhnen wurde der Dominikaner *Augustinus Joannis de Nale* Bischof von Mercana (1513—1527), ein Oheim des Dichters Nalješković. *Nicolaus Stephani de Nale* oder Nicolaus Nalescouich († 1504), der 1468 mit Geschenken der Stadt zu Mohammed II. reisen sollte, was jedoch wegen der Abreise einer grösseren Gesandtschaft abgesagt wurde, ist mit seiner Gattin Katharina († 1502) der Grossvater des Dichters, nach seinem Testamente mit vielen Legaten ein wohlhabender Mann. Sein, wie es scheint, einziger Sohn *Stephanus Nicolai Stephani de Nale*, des Dichters Vater, bekleidete Kanzleiämter in der Republik und wurde wiederholt mit Vermessungsarbeiten betraut. Am 24. Juli 1511 bestellte ihn das Consilium Rogatorum bei den »ordines pro flumine Breni« als »mensurator«; im Januar 1521 hatte er die Grundstücke in Zoncbetto bei einer Regulirung der Wasserleitung zu vermessen [1]). Daneben wurde er an der Stelle seines Namensvetters, des oben erwähnten Nicolaus Nichxe Mar. de Nale aus den Antibarenser Nale, »qui refutauit propter infirmitatem«, seit Januar 1512 von zwei zu zwei Jahren zum »scribanus ad officia rationum communis« ernannt, zuletzt im Januar 1525. Aus dem Leben schied er während derselben Pest, die dem Abt Tubero, Šiško Menčetić und vielen anderen hervorragenden Ragusanern den Tod brachte. Im Consilium Minus wurden am 12. Mai 1528 Ser Steph. Sym. de Benessa, Marinus Petri de Radagl [2]), Marinus Jo. de Nale, Pasq. Mar. de Pace, Petrus Nic. de Radagl und der Sohn *Nicolaus Stephani de Nale* zu tutores filiorum quondam Stephani Nic. de Nale bestimmt [3]).

Das ist die erste mir bekannte urkundliche Notiz über den Dichter Nicolaus Stephani de Nale, slavisch *Nikola Stjepka Naljeśković* († 1587). Im J. 1535 unternahm er eine Reise nach Aegypten, für welche er am 15. November d. J. eine Abrechnung hatte mit dem Goldschläger Simeon: »Simeon battiaurus ex una et Nic. Steph. de Nale parte ex altera, volentes sine judiciorum fastidiis et expensis amicabiliter componere differentiam quandam« über das »viagium Allexandrie« des Nicolaus, ernennen

---

[1]) Lib. Consilii Rogatorum 1521—1522, f. 4.
[2]) Aus der Familie Radagl oder Radeglich (nicht Radulinović) war die Frau dieses Naljeśković, des Dichters Mutter. Stari pisci V, p. IV.
[3]) Liber Cons. Minoris 1524—28, f. 277 v.

den Georg Hier. Inginich und Franc. de Crispis zu Schiedsrichtern [1]).
Am 23. Januar 1538 war Naljeŝković in Curzola Zeuge bei der Aus-
fertigung einer Rechtsurkunde, die der Dichter *Mikŝa Pelegrinović* aus
Lesina als Kanzler des venetianischen Conte der Stadt niederschrieb.
Der Conte übergab dem Dragoe de Gondula und dem ragusanischen
Kanzler Laurentius de Giganti (Gigantibus) als Gesandten der Ragusaner
einige Ballen Tuch aus irgend einem ragusanischen Schiff. »Io Nicolo
de Stephano di Nale fui presente a quanto di sopra«; die Urkunde selbst
schrieb »*Michael Peregrinus Emilius Pharius*, notarius publicus et ad
presens specialis Com. Curzole«[2]). Ueber des Naljeŝković Geschäfte in
Genua und Ragusa mit Dimitrović haben wir schon gesprochen. Die
Biographie von Cerva erwähnt eine Braut des Dichters, Lucrezia Zuzorina, die angeblich wegen eines Ehehindernisses ins Kloster ging[3]). Im
Buche Testamenta Notarie 1539 f. 5 v. ist am 26. März 1539 das Ver-
mächtniss der Lucretia filia quondam Blasii Zuzorine, monialis S. Marie
de Castello, eingetragen, verfasst 6. März 1538, als sie ins Kloster ging,
»volendo monacharmi«. Sie hat demnach den Eintritt ins Kloster nur
ein Jahr überlebt[4]).

Auch die Biographie des talentvollen Komödiendichters *Marin
Drŝić* oder *Marinus Marini de Derxa, Darsa* beginnt aus dem bis-
herigen Dunkel hervorzutreten. Der genealogische Zusammenhang der
Familie ist schon oben dargelegt worden. Sein Vater Marin, des Don
Gjore Drŝić Bruder, hatte mit seiner Frau Anuchla[5]) fünf Söhne: Bla-
sius, Vincentius, Joannes, Nicolaus und Marinus. Er betrieb mit seinen

---

[1]) Diversa Cancellarie 1535, f. 19.

[2]) Copie in den Diversa Notarie 1537—1539, f. 62. — Pelegrinović war
damals schon einige Jahre in Curzola. Am 29. August 1535 schrieb er eine
Urkunde, »actum Curciule penes domum habitationis mei cancellarii«, über
einen Vergleich (genannt ist Stephanus quondam Antonii Bratossaglich de
Rhagusio, dictus Sassina u. A.): »*Michael Peregrinus Emilius Pharius*, notarius publicus et ad presens juratus sp. co. Curciule cancell., suprascriptum
compromissi instrumentum ex actis cancellarie fideliter exemplauit, subscrip-
sit et sigillo Diui Marci roborauit« (Diversa Cancellarie 1535, f. 113 v.). Emilius hiess der Vater des Pelegrinović, Stari pisci VIII, Vorrede S. XI.

[3]) Stari pisci V, Vorrede S. VI.

[4]) Eine andere Lucretia, Tochter des *Paolo* Zuzorina, wird 1527 in den
Div. Notarie erwähnt.

[5]) Serafino di Cerva (Bibliotheca Ragusina sub Marinus Darscius) nennt
des Dichters Mutter Anna, Marini Cotrugli filia, aus einer im XV.—XVI. Jahrh.
hervorragenden ragusanischen Kaufmannsfamilie.

älteren Söhnen Handelsgeschäfte, die allem Anschein nach nicht besonders glücklich endigten. Am 13. Juni 1538 ist ein Vergleich des Vaters
Marino Nic. di Derxa und drei seiner Söhne Vicenzo, Giovanni und Nicolo Mar. di Derxa mit deren Creditoren eingetragen; »disposti di sodis-
fare a nostri creditori« werden sie binnen einem Jahr zahlen, »con sua
perdita de cinquanta per cento« [1]). Der alte Marin Nic. de Derxa ist
wahrscheinlich bald darauf gestorben. Am 5. November 1541 machten
vier seiner Söhne, Blasius, Vincentius, Nicolaus, Joannes, alle Marini
de Darsa, »inter se finem et remissionem« [2]). Drei Jahre später waren
Vincentius, Nicolaus und Joannes zahlungsunfähig. Nur der Erstgenannte war in Ragusa anwesend. Am 26. November 1544 liessen
Ser Marinus Pauli de Gradis, Marinus Petri de Crieva und Joannes Luc.
de Sorgo, officiales in consilio Rogatorum »creati super bonis Vincentii,
Nicolai et Joannis Mar. Derxe *fallitorum* et ad instantiam et pro interesse creditorum dictorum Joannis et Nicolai« in der Loggia proclamieren,
Joannes und Nicolaus sollen, falls sie in Ragusa sind, binnen éinem Tag,
falls sie im Stadtgebiete sich befinden, binnen acht Tagen, falls sie in
Konstantinopel verweilen, binnen drei Monaten »comparere et presen-
tare omnes libros et scripturas« [3]). Unter den Gläubigern befand sich
auch der Bruder Blasius Mar. de Derxa, mit ungefähr 120 Ducaten,
neben Mitgliedern der Familien Sorgo, Nale u. A. Blasius und Vincentius lebten noch 1562, wo des Vincentius Gattin Jela (Hiella) starb.

Marin Držić, wahrscheinlich der jüngste der fünf Brüder, trat in den
geistlichen Stand. Er ist kaum identisch mit dem »Marinus Deresich
diachonus«, den am 12. October 1536 Domina Marta, Aebtissin des
St. Andreasklosters, und die Procuratoren dieses Klosters um den seit
zwei Jahren rückständigen Zins im Betrag von 20 Perper mahnen liessen,
»pro affictu domus posite supra S. Petrum, et hoc pro annis duobus« [4]).
Bald erscheint Marin Držić in Geldverlegenheiten, noch nicht als
Kleriker bezeichnet. Am 5. September 1538 cedirte Marinus Mar. de
Derxa (sic) $^1/_4$ »dotis matris suae Anuchlae, sibi spectans post mortem
matris Anuchlae et patris sui Marini« dem Ser Pasqualis Traiani de
Crieva; dieser trat den Antheil am 21. Oct. d. J. dem Ser Stephanus

[1]) Diversa Notarie 1537, f. 111.
[2]) Diversa Cancellarie 1540—1541, f. 254.
[3]) Diversa Notarie 1544, f. 95, vgl. f. 138 v.
[4]) Div. Canc. 1535, f. 203 v. Zum Namen vgl. donna Marha (Maria), con-
sors quondam Polo *Deresich* de Zuppana 1556, Testamenta 1555, f. 20.

Nic. de Prodanello ab und dieser am 2. Oct. 1539 wieder dem Vincentius Mar. de Dersa. Marin selbst erhielt dieses Viertel erst viele Jahre später, nach dem Tode seiner Mutter. Der Zusammenbruch der Geschäfte seiner Brüder zwang wahrscheinlich den Sprössling der einst so wohlhabenden Kaufmannsfamilie fremde Dienste zu suchen, die ihn bis zur Donau und zum Bosporus führten. Ueber seine Reisen ins Ausland fand ich wider Erwarten ganz ausführliche und merkwürdige Nachrichten in den Acten eines politischen Processes, eingetragen auf den ersten Blättern des Bandes der »Processus secreti Minoris Consilii 1547 —1563« im Hauptarchiv von Ragusa.

Die Schicksale des Marin Držić knüpfen sich an die Biographie einer romanhaften Gestalt des XVI. Jahrhunderts, des Grafen Christoph von Rogendorf, in dessen Gefolge er sich zweimal befand, einmal in Oesterreich, das andere Mal in der Türkei. Die Rogendorf[1]), eine ursprünglich in Steiermark ansässige Familie, siedelten sich im XV. Jahrh. in Nieder-Oesterreich an und gelangten hier zu grossem Ansehen, 1521 zu Freiherren von Rogendorf und Mollenburg erhoben. Rogendorf war ein damals üblicher, jetzt erloschener Name des Schlosses Pöggstall im Viertel ob dem Manhartsberg, nördlich von der Donau in der Gegend von Pöchlarn; in unseren Tagen ist Pöggstall Sitz eines Bezirksgerichtes im politischen Bezirk Krems und ebenso wie das nahe Mollenburg ein Familienfondsgut des kaiserlichen Hauses. Wilhelm von Rogendorf († 1541) war ein berühmter Mann seiner Zeit: Edelknabe und später Kämmerer bei Philipp dem Schönen in Gent, Feldherr gegen die Venetianer am Gardasee und gegen die Franzosen unter den Pyrenäen, Statthalter Kaiser Karl's V. in Friesland, später in Catalonien, 1529 einer der Vertheidiger Wiens gegen die Türken, Feldherr auf zwei Feldzügen gegen Ofen, Erbhofmeister von Nieder-Oesterreich. Sein und der Elisabeth von Oettingen einziger Sohn Christoph (geb. 1510) von Rogendorf und Mollenburg, Herr zu Conte und Retornae (Condé und Revaux in Hennegau), wurde noch in jungen Jahren Oberst der deutschen Leib-

---

[1]) Ueber das Geschlecht der Rogendorf vgl. Jos. Bergmann, Medaillen auf berühmte und ausgezeichnete Männer des Oesterr. Kaiserstaates, I (Wien 1844), S. 216 ff. und v. Wurzbach, Biographisches Lexikon, Bd. 26 (1874), S. 267 ff. (nebst Stammtafel). Wenig bekannt sind beiden die Schicksale Christoph's nach seiner Flucht in die Türkei. — Es leben noch in unserer Zeit die Nachkommen einer Linie dieses Hauses, die Grafen von Rogendorf in Ungarn; sie besitzen ein neugegründetes Rogendorf im Torontaler Comitat.

garde Kaiser Karl's V., focht tapfer gegen die Türken in Ungarn und
nahm an der Expedition nach Tunis (1535) theil. Er wurde 1537 von
König Ferdinand zum Grafen von Guntersdorf erhoben, so genannt nach
einem väterlichen Schlosse gleichfalls in Oesterreich unter der Enns, im
jetzigen Bezirk Ober-Hollabrunn, gegenwärtig im Besitz der Freiherren
von Ludwigstorff. Bekannt ist Christoph's Antheil an dem letzten Zug
seines Vaters nach Ungarn 1541 [1]). Noch 1544 unternahm er Reisen
im Auftrage seines kaiserlichen Herrn [2]). Verhängnissvoll wurde dem
jungen, prunkliebenden und verschwenderischen Edelmann, einem Verwandten der Salm, Eitzing, Oettingen und anderer angesehener Geschlechter, eine Heirath, mit Elisabeth, der Wittwe des Herzogs Fried-
rich von Sachsen († 1539), die aus der Familie der Grafen von Mansfeld
stammte. Die Ehe war unglücklich. Da der Kaiser und dessen Schwester,
die ehemalige Königin von Ungarn und spätere Regentin der Nieder-
lande, Maria, die Partei seiner Gattin ergriffen, verliess Rogendorf un-
muthig den kaiserlichen Hof. Dieses Zerwürfniss mit der Frau bezeichnen Alle als Beweggrund seiner ganzen späteren Handlungsweise; auch
Dersa erzählte in Ragusa, Rogendorf habe den kaiserlichen Hof wegen
des Verdrusses mit seiner Frau verlassen: »partito della corte del Imperatore ... per el sdegno della sua moglie«.

Auf einer Reise nach dem Süden gelangte Graf Christoph von
Rogendorf 1545 zum ersten Mal nach Ragusa. Der Senat empfing den
hervorragenden deutschen Kriegsmann mit Auszeichnung. Ser Marino
Pietro de Crieva und Ser Marino Zuppani de Bona leisteten ihm Gesellschaft. Um die Unterhaltung bei der Tafel zu beleben, sendeten sie um
Marino Dersa, »per dare qualche spasso al ditto conte«. Welcher Art
diese »spasso« des Dersa beschaffen waren, wissen wir ungefähr aus
seinen Komödien, bei deren Abfassung, wie es mir scheint, u. A. auch
die damals vielgelesenen Werke des Zeitgenossen Pietro Aretino († 1556)
nicht ohne Einfluss blieben; der »Onkel Maroje« mit dem ungerathenen,
auf Reisen gesendeten jungen Ragusaner und dessen Courtisane in Rom
erinnert an Aretino's »La Cortigiana«, und eine lustige Person des Dersa,
der verliebte Arkulin, ist vielleicht nicht ohne Zusammenhang mit dem

---

[1]) Vgl. Huber, Gesch. Oesterreichs IV, S. 77—78.
[2]) Am 7. Oct. 1544 schrieb Conte de Rogendorff französisch dem Kaiser
aus Prag über Erledigung eines Auftrages an König Ferdinand, den er in
Beneschau angetroffen hatte. Lanz, Correspondenz des Kaisers Karl V., II
(1845), S. 417.

Namen des Arcolano in demselben Lustspiel des berühmten Italieners. Dersa sprach den Wunsch aus, in die Dienste des hochgestellten Gastes der Ragusaner zu treten, um die Welt kennen zu lernen. Ser Marin Zamagna, der als Gesandter bei Karl V. gewesen war und den kaiserlichen Hof kannte, empfahl den Dersa dem Grafen, »dandogli raguaglio della qualità sua« [1]). Der Poet wurde wirklich als Kammerherr in die Dienste des Rogendorf aufgenommen, gegen eine Besoldung von zwei Ducaten monatlich, nebst zwei geziemenden Kleidungen jährlich und anderen üblichen Geschenken. Die Reise ging zu Schiff von Ragusa bis zu einem Hafen eine halbe Tagereise von Gradisca, wahrscheinlich nach Marano in Friaul. In Gradisca besuchte Rogendorf zuerst das Haus eines daheim in Acht und Bann erklärten ragusanischen Edelmannes, des Michael Marini de Bucignolo, um demselben einige Briefe aus Ragusa zu übergeben, und begab sich erst dann in das Haus des Gouverneurs von Gradisca, der ihn zu sich geladen hatte [2]).

---

[1]) Marin Zamagna, »ung tres saige gentilhomme«, wird von dem zur Pforte gesendeten Veltwyck dem Kaiser Karl V. in zwei Briefen aus Ragusa vom 30. Juni und 10. Juli 1545 bestens empfohlen. Lanz op. cit. II, 455, 458. Vgl. auch die Beilagen bei Chesneau in der Edition von Schefer p. 199. — Am 6. August 1547 sendeten die Ragusaner den Aligretto Franc. Giurasseuich zu Kaiser Karl V., er möge seinen Correspondenten Marin Zamagna »rimouere di questo ufficio«, wegen der Gefahr von den Türken, und lieber einen eigenen Agenten nach Ragusa senden (Lett. e Comm. di Lev. 1542—1548).

[2]) 9. Januar 1547. »Don Marino Derxa, constituto dauanti li Magnifici Signori Ser Francesco Mar. de Cabogha e Ser Bernardo Gabr. de Crieua, dua del Minor Consiglio al presente esamine deputati, interrogato: dichi, che causa l'ha condutto di andar al seruegio del Signor Conte Rongordorfo, dissi, che siando Ser Marino Pro de Crieua a Ser Marino Zupp. di Buona a magnare con el ditto conte, mandarono per esso Don Marino, douesse andare da essi, per dare qualche spasso al ditto Conte, se poi raggionando con Ser Ambr. Franc. di Goze, come desirarebbe andare col ditto Signor Conte per uedere delle cosse del mundo, lo prego douesse (?) andare seco, per parlare con M. Marin Zamagno, accio l'accordasse con lui etc. Cussi hauendo parlato con M. Marino esso parlò col Conte, dandogli raguaglio della qualità sua, e cussi fu accettato per camariero, e questo fu la prima uolta, doue lo ditto Conte a Raugia per mercede li offerse dua ducati al mese e dua uolte uestirlo al anno honoratamente, oltra alcuni presenti, quali al anno se sogliano dare etc. E cussi al partir da Raugia ando seco in barcha. Per el viaggio sino a Gradisca, disse, non fu alcuno ragionamento di inportanza ne delli fatti de Buccignola, ma solo di cosse piaceuole. Et arrivati in uno porto discosto da Gradisca megia (sic) giornata, smontorono et andarono a de longo in Gradisca et

Diese Verbindungen Rogendorf's mit den Bucignolo sind Gegenstand der Untersuchung, bei welcher Dersa als Zeuge verhört wurde.
Marinus Mich. de Bucignolo, Freund des Tubero und Nachbar des
Klosters des hl. Jakob von Višnjica, war ein angesehenes Mitglied des
Stadtadels, hatte 1531 als Gesandter der Ragusaner eine Reise zu Karl V.
unternommen und ist 1535 gestorben[1]. Er hinterliess drei Söhne, Michael, Paulus und Hieronymus. Michael Mar. de Bucignolo war seit
22. November 1499 Mitglied des grossen Rathes, hatte 1517 ein Kriegsschiff gegen die Piraten aus Rhodos befehligt, war Gesandter 1521 bei
den Sandžaks der Hercegovina und von Vrhbosna (Sarajevo), 1528
wieder bei dem der Hercegovina u. s. w. Sein Unheil wurde eine Jahre
lang fortgesetzte geheime Correspondenz mit König Ferdinand, dem er
militärische Nachrichten über die Türken übermittelte. Einen solchen
Brief haben wir oben bei der Geschichte des Buchdrucks näher besprochen. Am 28. December 1526, mitten unter der Pestgefahr, beschloss
das Consilium Rogatorum »providere contra scribentes nova Turcorum
ad aliena loca extra tenutas nostras«, sowohl gegen Nobiles der Stadt,
als gegen Fremdlinge; die Strafe wurde mit 100 Ducaten und 6 Monaten
Kerker festgesetzt[2]. Im Juli 1529 wurde ein chiffrirter Brief (carat-
teres dicte cyfre) des Michael Mar. de Bucignolo abgefangen und der
Verfasser mit der erwähnten Strafe bedroht. Im April 1532 kam es zu
Tage, dass Bucignolo nicht aufhört geheime Briefe zu schreiben; er
wurde »privatus officiis« und auf ein Jahr in den Kerker gesetzt. Jedoch
schon im Juli entkam er aus dem Gefängniss, zuerst nach Bari, von dort
nach Venedig und weiter in das Gebiet des Königs Ferdinand[3]. Sein
Bruder Paul, damals »venditore di sale nella scala di Narenta«, flüchtete
sich gleichfalls nach Italien und nahm die Salzcassa mit 2000 Ducaten
mit. Es war eben während des Feldzuges des Sultans Suleiman I. bis

---

intrarono in casa di M. Buccignola. Interrogato, se lo Conte haueua lettere
de particulari, dirette a Michele Buccignola, disse de si e per questa causa lo
Conte, disse, uoleua andar la uolta de Gradisca per consegnar alcune lettere
a Michele Buccegnola, quale lettere disse non sapere de che fussero, e uene-
uano da Raugia«. Processus secreti Minoris Consilii dal 1547—1563, f. 1 sq.

[1] Testamentum »clarissimi patritii et equitis aurati D. Marini Mich. de
Bucignolis«, eingetragen 20. März 1535, Testamenta Notarie 1533—1535, f. 74.

[2] Liber Cons. Rogatorum 1525—1527.

[3] Secreta Rogatorum 1497—1537. Gut unterrichtet ist Ragnina, Annales
(Mon. Slav. mer. XIV) S. 283.

Güns und Graz. König Ferdinand wies dem Flüchtling, der seinetwegen verfolgt war, Gehalt und Wohnsitz in Gradisca an und verwendete sich für ihn bei der Republik durch ein Schreiben, das Franciscus de Flumine (Fiume) im Januar 1533 nach Ragusa brachte. Die Ragusaner bezweifelten die Echtheit des Briefes und sendeten insgeheim den Dominikaner Ambrosius de Ragnina zum König [1]), offenbar ohne Erfolg. Sehr bald wiederholte Ferdinand seine Reclamationen zu Gunsten des Bucignolo mit noch grösserem Nachdruck. Im J. 1535 erfuhr der Senat aus Ancona von Vorbereitungen der Bucignolo's, des Michael und Paul, zu einem Ueberfall von Stagno. Da gab es keine Gnade mehr. Die ganze Verwandtschaft wurde »als ribelli et della sua patria traditori« verbannt, Paolo für vogelfrei erklärt und auf seinen Kopf ein Preis gesetzt. Im Specchio ist seitdem bei der Aufnahme des Michael in den grossen Rath die Bemerkung zu lesen: »Cassus q. proditor et rebellis patriae«. Während der Kämpfe der Spanier und Venetianer gegen die Türken um Castelnuovo 1538 hat Paul Mar. de Bucignolo gegen die Ragusaner einige Acte der Seeräuberei verübt, um 8000 Ducaten Beute gemacht und einige Kaufleute ganz ruinirt, worüber sich der Senat durch seinen Gesandten Nic. Petri de Luccari 1539 bei König Ferdinand abermals vergeblich beklagte [2]).

Graf Rogendorf nahm in Gradisca auf Bitten des Paul de Bucignolo dessen jugendlichen Sohn Marinus sofort in seine Dienste mit nach Wien und versprach sich beim König um die Erhöhung des »salario« der Verbannten zu bemühen. Unterwegs besuchte er seine Burg Rogendorf.

---

[1]) Secreta Rogatorum l. c.

[2]) Ragnina, Annales p. 285—286, 291, 293. Ein ausführliches Schreiben der Ragusaner vom 13. September 1546 Rmo D. Joanni Medicis, archiepiscopo nostro, der eben aus Italien nach Deutschland reisen sollte, mit ausführlicher Darlegung der ganzen Angelegenheit und Ersuchen um Fürbitte bei König Ferdinand in den Lettere e Commissioni di Levante 1542—1548. Michele Buccignola sei »una persona inquieta e di uno ingegno vano«; sein Kerker sei eher eine »camara buona« gewesen; die Frauen seien nicht verbannt gewesen, wie denn die Mitgift derselben von der Confiscation ausgenommen war, und seien aus freien Stücken mit den Kindern den Männern nachgereist. Vgl. das gleichzeitige Gedicht des Didacus Pyrrhus, De illustribus familiis, quae Rhacusae extant, zum Namen Buccignola: »Unus adest, praecepta negant quem dicere versu, O pereant Latii dura magisteria« (gedruckt bei dem Commentariolus Ludovici Cervarii Tuberonis etc., Ragusa 1790, p. 41). Der dritte Bruder Hieronymus († 1567) war ruhig in Ragusa geblieben; sein Sohn Marinus Hieronymi de Bucignolo war Rector der Republik im März 1587.

Dersa sagte ihm gelegentlich auf der Reise dorthin, die Bucignolo hätten sich in Ragusa schlecht benommen (se havevano deportati male), worauf der Graf erwiderte, es seien ohne Zweifel leichtsinnige Leute (certamente sono persone legiere). In Wien blieb Dersa drei Monate. Er erzählte, dass Rogendorf ›ogni giorno andaua dal Re e fra le altre uolte intesi, chel Re domandaua del essere di Raugia e come se gouernaua, e dicendo Sua Maestà, come Raugia era affetionata de Turchi, el conte respose: certamente, per quello ho visto è molto affetionata de Sua Mta. e per esser in confini de Turchi‹. Auch ein anderer Sohn des Paul de Bucignolo suchte bei Rogendorf um Dienst oder wenigstens um Vermittlung in Ragusa an, wurde aber von ihm abgewiesen (il conte se iscusò). Dersa fühlte sich auf die Dauer nicht recht seiner Stelle gewachsen, nahm seine Entlassung (conoscendo non esser atto al suo seruigio, domandò licentia) und kehrte über Villach und Venedig nach Ragusa zurück. Rogendorf liess durch ihn dem Senat von Ragusa melden, er sei der Republik stets zu Diensten bereit. Er wolle wieder einmal nach Ragusa kommen und zwar auf einer Reise nach Jerusalem. Briefe von Rogendorf brachte Dersa mit an Ser Marino de Zamagna und an dessen Söhne Secondo und Giovanni, sowie an den Schiffspatron Nicolò.

Schon im August 1546 erschien Graf Christoph von Rogendorf abermals in Ragusa, anf dem Wege nach Konstantinopel. Als angebliches Ziel seiner Reise galt das hl. Land, in der That aber zog er als Flüchtling zum Sultan, um dem Grossherrn seine Dienste gegen seine eigenen christlichen Landsleute anzubieten. Eine Entscheidung Karl's V. zu Gunsten von Rogendorf's Gemahlin, angeblich verbunden mit der Zuweisung von einigen Besitzungen ihres Gatten, hat den leidenschaftlichen Kriegsmann derartig aufgebracht, dass er fortan nur den Todfeinden des Kaisers dienen wollte [1]. Er hat nicht nur seine Gattin für

---

[1] Ueber Rogendorf's Schicksale ist das meiste zusammengestellt in Chesneau's Reisebeschreibung und deren Beilagen und Noten in der Ausgabe von Ch. Schefer: Recueil de voyages et de documents pour servir à l'histoire de la géographie, VIII. Le voyage de Mr. d'Aramon, escript par le noble homme Jean Chesneau, Paris 1887, besonders S. XXIII f., Chesneau's Text p. 21—25 nebst Noten und die Beilagen p. 199 sq. Aus österreichischen und venet. Gesandtschaftsberichten Einiges bei Hammer, Geschichte des osman. Reiches, 30. Buch (II², S. 201). Manche Einzelnheiten bei E. Charrière, Négociations de la France dans le Levant (Collection de documents inédits sur l'histoire de France) I, p. 629, 639, 653; II, p. 11, 35—36, 66, in französischen

immer verlassen, sondern auch seine zahlreichen Gläubiger. Mit seinem Secretär Benedetto Bertapaglia aus Padua und dem übrigen Gefolge verweilte er einige Tage am Hafen von Gravosa. Dort begrüssten und besuchten ihn die genannten drei Zamagna's, davon Secondo »con la sua moglie«, ferner Marino Biagio di Sorgo und einige Italiener. Auch Marin Dersa, um den man gesendet hatte, fand sich ein und wurde von Rogendorf sofort als Dragoman für die Reise aufgenommen. Plötzlich gerieth der Senat von Ragusa in grosse Aufregung. Unter dem Gefolge des deutschen Grafen befand sich nämlich auch der erwähnte Marinus Pauli de Bucignolo, noch ein Knabe (putto). Da auch die Gäste Rogendorf's mit ihm sprachen, konnte sein Verweilen in der Nähe der Stadt nicht geheim bleiben. In grosser Erregung beschloss der Rath sogleich den Bann gegen die Bucignolo zu erneuern und sogar auf die Tödtung des jungen Verbannten, der sich in das Vaterland eingeschlichen hatte, einen Preis von 500 Ducaten auszuschreiben. Obwohl der Beschluss als geheim gelten sollte, erhielt der Graf Nachricht davon und sendete den jungen Bucignolo unverweilt Abends zu dem Zollamt von Carina an die türkische Grenze. Beim Senat entschuldigte er sich, er habe vom Banne keine Kenntniss gehabt, klagte aber vor den Anwesenden über die ragusanische Signoria: »che colpa ha hauuto questo putto!« Am anderen Abend zog der Graf mit seinem Gefolge zur Carina und blieb dort drei Tage, beschäftigt mit Vorbereitungen zur Weiterreise nach Konstantinopel. Gleich am nächsten Morgen kam nach Carina Bucignolo aus einem nahen Dorf, begleitet vom Schneider des Gefolges. Auf dem Wege nach Novipazar sprach der Graf von der »taglia« der Ragusaner auf den Kopf des jungen Verbannten, und jenseits Novipazar war die Rede von einer »contrataglia« seinerseits.

Im September fand man in Ragusa auf den Thoren und Mauern der Stadt eines Morgens handschriftliche Proclamationen, in denen der Graf

---

Depeschen aus Venedig und Konstantinopel. Die Geschichte Rogendorf's erzählen auch die Annales Ragusini anonymi (Mon. Slav. merid. XIV) p. 110—114 mit einer Menge Details. Der Name ist wiedergegeben als Christoforo oder Christofano Gandolfi, conte di Allamagna, mit der klaren Bemerkung »lo suo padre fu.... consigliere di Ferdinando, Re d'Ungaria, et capitan generale del campo christiano nel tempo di Turco (che) assediò la città di Vienna«. Nichtsdestoweniger hält der Herausgeber Prof. Nodilo diesen Conte (S. 113 Anm.) für einen Frangipani (Frankopan), »visto che il nome Cristoforo è frequente in questa famiglia«! Ein Einblick in das Werk Hammer's hätte doch leicht zur Kenntniss des wahren Sachverhaltes geführt.

von Rogendorf in dem Falle, dass sein Begleiter, der junge Bucignolo, ermordet werden sollte, demjenigen, der den Mörder, wer es immer sei, umbringt, den doppelten Preis, nämlich 1000 Ducaten in Gold, versprach. Marin Dersa sagte später als Zeuge, die Schrift des Aufrufes sei die des Secretärs Bertapaglia, die Unterschrift des Rogendorf selbst. Laut Beschluss der Rogati vom 4. December 1546 wurde am 7. d. M. öffentlich in der Loggia ein Preis von 500 Ducaten auf die Auffindung der Leute verkündet, welche diese Zettel in der Stadt befestigt haben [1]). Der Schuldige wurde bald ausgeforscht und auf die Tortur gebracht. Es war ein albanesischer Schmied aus Antivari, einer damals noch venetianischen Stadt. Er wurde nach längerer Haft verbannt, mit der sicheren Aussicht, bei der nächsten Wiederkehr nach Ragusa auf dem Galgen zu hängen. Aber auch die nächsten Verwandten der Bucignolo hatten manches Unangenehme durchzumachen, bis es ihnen gelang, ihre Unschuld nachzuweisen.

Indessen war Rogendorf am 27. September 1546 in Konstantinopel eingetroffen. In der türkischen Hauptstadt verbreitete sich das Gerücht, der edle Fremdling besitze sieben Burgen in Oesterreich und habe 40,000 Ducaten mitgebracht. Den Türken sagte Rogendorf selbst unverhohlen, er wolle dem Sultan gegen den Kaiser oder gegen dessen Bruder, den König Ferdinand, dienen und sei bereit, mit Hilfe seiner Freunde und Anhänger die Operationen der osmanischen Heere zu erleichtern. Er rieth sogar zu einem baldigen Angriff auf Wien, dessen Befestigungen sich gerade in schlechtem Zustande befinden. Dabei rechnete er auf die deutschen Wirren vor der Schlacht bei Mühlberg. Es schwebte ihm eine Rolle vor, wie die des venetianischen Bastards Lodovico Gritti in Ungarn, der allerdings in Konstantinopel geboren und mit den Türken von Jugend an gut vertraut war. Rogendorf besuchte den Grossvezier Rustem und den Pfortendolmetsch Junusbeg und hatte am 10. Oktober eine feierliche Audienz bei Sultan Suleiman, um ihm die Hand zu küssen. Der Grossherr verlieh ihm die Würde eines Muteferrika (Fouriers) mit einem

---

[1]) Cons. Rog. 4. Dec. 1546: »taglium contra illos, qui de mense sept. affixerunt muris ciuitatis nostre quasdam cedulas, scriptas nomine Comitis Rogondorfi et signatas eius sigillo« ..... »noctu affixerunt quasdam apolitias valvis ciuitatis nostre, scriptas nomine Ill. Comitis Rongondolphi«. Liber Cons. Rogatorum 1544—1546, f. 263. Der anonyme ragus. Annalist schreibt (p. 112), dass die »polize . . . furono attaccate alla colonna sotto la porta del Palazzo et alle porte delli monasterij di frati«.

kleinen Gehalt. Eben war der kaiserliche Gesandte, der Holländer Gerhard Veltwyck, im Begriffe einen Waffenstillstand mit der Pforte abzuschliessen. Den Türken war es wegen des bevorstehenden persischen Krieges auch erwünscht im Westen Ruhe zu haben. Der venetianische Bailo und die französischen Gesandten in Konstantinopel und Venedig meldeten ihren Regierungen sofort die sensationelle Neuigkeit von der Ankunft des flüchtigen kaiserlichen Höflings in der Residenz des türkischen Grossherrn. König Franz I. gab seinem Gesandten D'Aramon gleich den Auftrag, die Ursachen der Flucht des Mannes in die Türkei genau zu erfragen [1]). Dass der Dragoman Dersa bei allen Audienzen seines Herrn zugegen war, ist nicht zu bezweifeln. Die meisten in der türkischen Hauptstadt weilenden Ragusaner wichen jedoch dem Rogendorf wegen des Bucignolo aus. Dersa erzählte, ungefähr 15 Tage nach der Ankunft habe der Graf einen Brief aus Ragusa erhalten, man wusste nicht von wem und welchen Inhaltes, den er dem Junusbeg zu lesen gab. Sonst hat sich Rogendorf nach dem Zeugniss seines Dragomans, des Dersa, über die Ragusaner bei Junusbeg sehr lobend ausgesprochen. Zwischen dem jungen Bucignolo und Dersa gab es bald eine Spannung. Bucignolo schimpfte über die Ragusaner. Dersa ermahnte ihn, er solle durch Tugenden sein Schicksal bessern (con uertù acquistar qualche bene). Bucignolo erwiderte: »Io sono gentilhuomo e tu sei una persona uile«, worauf Dersa antwortete: »Non sai, che tu hai perso la nobilità in quinta generatione, per mali deportamenti del tuo padre?« Bald darauf hörte Dersa vom Schneider des Gefolges, Bucignolo fühle sich beleidigt. Er entschloss sich desshalb zur Abreise und nahm Entlassung (buona licentia) von Rogendorf, um nach Ragusa zurückzukehren. Dort wurde er am 9. Januar 1547 von Ser Franc. Mar. de Caboga und Ser Bernardo Gabr. de Crieva, zwei Mitgliedern des Minor Consiglio, ausführlich verhört über alle seine Beziehungen zum Grafen Christoph von Rogendorf und über Alles, was er über das Verhältniss des deutschen Edelmannes zu den Bucignolo wusste. Dabei wird er als »*Don* Marino Derxa« bezeichnet, also als Geistlicher.

Dersa hat wohlgethan, den Rogendorf bei Zeiten zu verlassen und

---

[1]) Dass hinter der Rachsucht Rogendorf's nur die Differenzen mit seiner Frau stecken, wusste man bald allgemein. Die Türken scheinen von Anfang an nicht viel von ihm gehofft zu haben. Alvise Mocenigo schrieb dem Dogen am 27. Dec. 1546 aus Heidelberg, der Sultan habe Rogendorf nach der zweiten Audienz für närrisch gehalten (Venet. Depeschen vom Kaiserhofe, II, S. 134 A.).

nicht all' sein bitteres Missgeschick in der Türkei mitzumachen. Als
der Sultan im Winter nach Adrianopel übersiedelte, zog auch Rogendorf hin, kaufte sich dort ein Haus und begann einen Theil desselben
umzubauen; ragusanische Berichte sprechen von einem »gran campo,
nello quale (fece) far uno stupendo palazzo con lo giardino«[1]. Aber
schon bald ging das mitgebrachte Geld durch seinen kostspieligen Haus-
halt, seine Verschwendung und Spielsucht zur Neige. Die Türken ver-
sprachen Rogendorf noch höher zu erheben als einst den Gritti, er solle
sich jedoch früher zum Islam bekehren. Das hatte man Anfangs von
ihm nicht verlangt. Rogendorf wies dieses Ansinnen zurück, brachte
»ululans et plangens« trübe Tage in seinem Hause zu und schloss sich
mehr und mehr an die französische Gesandschaft an, mit deren Hilfe er
bei dem König von Frankreich einen Dienst zu erlangen wünschte.
Rustem Pascha nannte den Flüchtling einen »deli gjaur«, einen närri-
schen Christen. Eine Bitte um Erhöhung seines Taggeldes wurde vom
Divân abgewiesen, er habe ja bisher keinen entsprechenden Dienst erwiesen. Der Sieg des Kaisers bei Mühlberg und der Tod des Königs
Franz I. veränderten übrigens gänzlich die Situation, mit welcher der
Flüchtling gerechnet hatte. Endlich ergriff Rogendorf als letzten verzweifelten Ausweg die heimliche Flucht. Im Herbst 1547 verschwand
er zu nächtlicher Stunde aus Konstantinopel. Von zwei Dienern begleitet, einem Flamländer und einem Griechen, gelangte er in einem
offenen Boot durch das Marmara-Meer und die Dardanellen glücklich
zu den Genuesen von Chios. Von Chios wollte er zu den Venetianern
nach Kreta und von dort nach Frankreich. Er bestieg ein Schiff zur
weiteren Reise, doch dasselbe wurde im griechischen Archipelagus von
türkischen Piraten gekapert und der flüchtige Muteferrika des Grossherrn nach Konstantinopel zurückgebracht! Man sperrte den unglück-
lichen Rogendorf in die Sieben Thürme. Aber der französische Gesandte D'Aramon nahm sich seiner väterlich an, bis der Sultan den
Flüchtling auf Fürbitte des Königs Heinrich II. begnadigte und im Februar 1548 nach Frankreich entliess[2]. Christoph von Rogendorf stieg

---

[1] Annales Ragusini p. 113. Depesche Veltwyck's in der Ausgabe des
Chesneau p. 199.

[2] Ueber die Flucht aus Konstantinopel ausführlich Chesneau p. 21—25,
wobei Schefer handschriftliche Nachrichten über die Schicksale Rogendorf's
in Frankreich mittheilt. Das Dankschreiben Heinrich's II. von 1548 an den
Sultan wegen der Entlassung Rogendorf's: Négociations II, 66.

in französischen Diensten wieder zu hohen Würden empor und wurde abermals ein angesehener und reicher Mann. Der König ernannte ihn zum »gentilhomme ordinaire« der königlichen Kammer, zu seinem »conseiller privé« und zum Marquis der Hyèrischen Inseln an der Küste der Provence. Rogendorf wurde mit Gesandtschaftsreisen nach Deutschland betraut, führte Truppen gegen Karl V. und gegen Piemont, befehligte die deutschen Landsknechte gegen die Hugenotten und soll angeblich noch 1585 gelebt haben. Es gibt eine Medaille mit seinem Wappen und dem Namen des »Xpofle de Rogendorff, Marquis des Isles D'Or«; auf der Kehrseite sieht man drei brennende Granaten und darunter die uns verständliche Aufschrift: »Tant a souffert Rogendorff« [1]). Zuletzt verfiel er wieder in Armuth. Ein berühmter Zeitgenosse, der Schriftsteller Brantôme, schildert ihn als tüchtigen Feldherrn; nur sei er »trop prodigue et despendu« gewesen, so dass er »pauvre et misérable« bei Hof erschien; es blieb ihm schliesslich nur ein ärmliches Häuschen auf dem Wege in die Normandie, das er allein mit zwei, drei Dienern bewohnte. Ob Dersa oder andere Ragusaner mit Rogendorf während seines Aufenthaltes in Frankreich abermals in Beziehungen traten, ist aus dem mir bis jetzt bekannten Material nicht zu sehen.

Das Testament der Mutter des Marin Držić, der Anuchla, relicta quondam Marini Nicolai Derxe, datirt vom 21. April 1552 ist am 27. d. M. in die Bücher eingetragen [2]). Ihre Erben sind zwei ihrer Söhne, Blasius mit dessen Söhnen, der auch ihre Besitzung auf der Insel Calamotta erhielt, und der Dichter Marin; den übrigen Söhnen vermachte Frau Anuchla nur ihren Segen (alli altri mei figliuoli lasso la mia benedictione). Marin ist stark bedacht: »Item lasso el quarto della mia dote et el resto di quello, che son uagliosa, a M. Marino, mio figliuolo, el quale uoglio, che lui possedi el ditto quarto et il resto di quello suono uagliosa durante la vita sua e non lo posse donare, uendere ne alienare; ma da poi la sua morte uoglio, che uada il ditto mio quarto et el resto delli mei beni, delli quali suono uagliosa, a Biaggio, mio figliuolo, et alli suoi figliuoli maschi«. Epitropi sind Steph. Hier. di Nencho und Marino Nat. di Nale. Der Dichter erfreute sich an dieser Erbschaft nicht volle zehn Jahre. Eine Randnotiz vom 5. November 1561 meldet, dass »Rdus D. Marinus de Dersa« sowohl den »usufructum quarti dotis«, als auch

---

[1]) Beschrieben und abgebildet bei Bergmann op. cit.
[2]) Testamenta Notarie 1549, f. 131 v.—132.

die übrige Erbschaft seinem Bruder Blasius cedirte. Eine zweite Notiz vom 14. November d. J. zeigt, dass dies wegen der Schulden des Dichters war: »Michael Nic. Miossa tanquam procurator Bernardi Pauli Hyellich, creditoris D. Marini de Darsa (sic)«, übernahm die Bezüge des »quarti dotis quondam Anuclae, matris eiusdem D. Marini«. Marin Držić lebte also noch Ende 1561.

Zum Schluss noch eine Reihe von Notizen über einige ragusanische Schriftsteller vor und nach 1550, geschöpft meist aus dem »Specchio«.

Der Annalist *Nicolaus Marini Andree de Ragnina* wurde am 19. Mai 1514, 20 Jahre alt (also geb. 1494), in den grossen Rath aufgenommen und starb 1582 [1]). Sein Vater *Marinus Andreae*, seit 1466 im grossen Rath, war schon 1507 gestorben [2]). Nicolaus Marini war 1537 und 1551 unter den justiciarii, 1543, 1556, 1566, 1570, 1575 Conte der Isola di Mezzo sammt der Nachbarinsel Calamotta, 1547 Conte von Slano, endlich im October 1565, October 1571, December 1573, December 1579 Rector der Republik.

Seines jüngeren Verwandten, des Dichters Dinko Ranjina Grossvater war *Marinus Dimitrii de Ragnina*, 1506—1512 einigemal Rector von Ragusa. Er war zweimal verheirathet; aus der ersten Ehe stammte Ser *Dominicus*, der bei der »parzogna« 1520 unter Anderem ein Haus in Ragusa »ante palatium ad angulum vie torte« erhielt, aus der zweiten Ser Paulus und Ser Nicolaus [3]). Ser *Dominicus Marini Dim. de Ragnina* war 1527 Conte von Canale, Juli 1534 und October 1538 Rector, und starb 1541; in seinem Testament wird seine Frau Maria, seine Töchter Vita, als Nonne im St. Michaelskloster Cicilia (Caecilia) genannt, und Mara, die unmündigen »figliuoli«, jedoch ohne Angabe von deren Zahl und deren Namen, endlich sein Bruder, der

---

[1]) Nicolaus Mar. And. de Ragnina, ann. 20, die 19. mai 1514, obiit 1582 (Specchio). Wenn er mit »Nic. Mar. de Ragnina, aliter Nixa«, der im October 1508 das Lekcionar (M. Rešetar, Zadarski i Raninin lekcionar, Zagreb 1894, S. 323) und vielleicht auch 1507 die Gedichte des Menčetić und Držić copirt hat, identisch ist, so hat er diese Handschriften im Alter von 13—14 Jahren geschrieben.

[2]) Bei Serafino Cerva ebenso Nicolaus Araneus, Marini filius, *Andreae* nepos (Makušev, Изслѣдованія объ ист. памятникахъ и бытописателяхъ Дубровника 84). Archiv XIX, 71 hielt ich für des Nicolaus Vater irrthümlich den Marinus *Nicolai* de Ragnina. — Ein anderer *Nicolaus Marini Andr. de Ragnina* ist 1511 in Messina gestorben, Testamenta 1512—1516, f. 113 v.

[3]) Div. Not. 1519, f. 170.

Dominikaner frater Clemens († 1559) genannt[1]). *Dominicus Dominici de Ragnina*, der Dichter, wurde nach dem »Specchio« 20 Jahre alt am 27. März 1556 (also geb. 1536) in das Maggior Consiglio aufgenommen und starb 1607. Er war 1568 einer der drei »advocati del comun«, 1594 Conte der Isola di Mezzo; als Rector ist er verzeichnet siebenmal, im September 1588, März 1590, September 1591, Mai 1598, März 1601, April 1604 und April 1607, als Criminalrichter 1605 u. s. w.[2]).

Sabo Mišetić Bobaljević hiess lateinisch Ser *Savinus Michaelis de Babalio*[3]). Sein Grossvater desselben Namens war 1500 Conte von Meleda, 1504 Castellan von Pozvizd u. s. w. und starb 1522; in seinem Testament setzt er seinen Sohn Michael als Universalerben ein und enterbt den ungehorsamen zweiten Sohn Sebastian, der den Vater gar vor das Gericht citirt und ihm viel Kummer verursacht hat[4]). Des Sabo

---

[1]) Testamentum Ser Dominici Mar. de Ragnina, eingetragen 20. Dec. 1541, Testamenta Notarie 1539, f. 193. Unter den Epitropi Steph. Ant. di Goze, Bernardo Binciola u. A.

[2]) Den Literarhistorikern, welche einen Stefan Gučetić als Verfasser der in den »Stari pisci« noch nicht veröffentlichten »Dervišiade« zu Anfang des XVI. Jahrh. suchen, kann ich mit einigen Daten über vier Stephani de Gozze aus dieser Zeit zu Hilfe kommen. Ser *Stephanus Dragoe de Goze* wurde, 23 Jahre alt, am 4. Januar 1488 in den grossen Rath aufgenommen und starb 1511 (Specchio). Ser *Stephanus Mar. de Goze*, mit 20 Jahren am 11. Mai 1514 in das Maggior Consiglio aufgenommen, wurde später Geistlicher und Canonicus (Specchio). Ser *Stephanus Antonii Marini de Goze*, Sohn des Antonio di Marino, der 1506—1517 fünfmal Rector der Republik und 1519 Conte von Stagno gewesen war, wurde mit 25 Jahren (also geb. 1491) am 8. Februar 1516 in den grossen Rath aufgenommen (im März d. J. sein 27 jähriger Bruder Clemens), reiste nach Beschluss vom November 1526 als einer der zwei Gesandten mit dem Tribut zur Pforte und war Juli 1550, August 1552 und October 1556 Rector des Staates. Sein Testament ist am 3. October 1558 in die Bücher eingetragen. Nach demselben hatte er vier verstorbene Brüder, Marino, Christophano, Giacomo und Francesco, und von seiner Frau Ora (Orsula) fünf Söhne: Marino, »morto in le parte d'Ungaria in Piesti« (Pest?), Antonio (1550 Kaufmann in Belgrad), Christophano, Paulo, Clemente und eine Tochter Pera, vermählt mit Scipione de Caboga. Ein vierter *Stephanus Mar. de Goze* wurde erst 39 Jahre alt (also geb. 1508) am 17. Juni 1547 in den grossen Rath aufgenommen und war September 1553 und Mai 1556 Rector.

[3]) Rački hat in der Vorrede zur Ausgabe der Dichtungen des Bobaljević, Stari pisci VIII (1876), S. XV—XXII, eine ziemlich reichhaltige Biographie desselben zusammengestellt.

[4]) Testamentum Ser Sauini Mich. de Babalio, eingetragen am 20. Februar 1522, Test. Not. 1519—1524, f. 118.

Vater *Michael Sauini de Babalio* wird oft als Mitglied der Rathscollegien erwähnt, 1531, 1543 als Vicar des Rectors, und starb 1557[1]). Er hinterliess mit seiner Frau Fioccha (Fioca, von Filka = Philippa) fünf Söhne und vier Töchter, von denen Paula mit Piero Ors. de Sorgo verheirathet war, Marha, Nicha, Frana eventuell ins Kloster gehen sollten. Die Söhne waren bis zum Schluss des Jahrhunderts in den verschiedensten Aemtern. Der Dichter ist notirt im »Specchio«: »Ser *Sauinus Mich. de Babalio*, ann. XX, die X. Jan. 1550« (also geb. 1529 oder 1530), dazu die Marginalnote: »obiit 1585«. Er war 1552, 1565, 1568 Castellan der Burg von Stagno, 1563 Castellan von Pozvizd, 1571, 1576, 1578, 1580 einer der zwei officiales der »lauoreri de pagamento de Stagno«, hielt sich also viel in Stagno auf, wie dies auch seine Biographen erzählen.

»Gospar Frano, sin Frana de Luccari«[2]) oder Frano Lukarević Burina ist im »Specchio« bei seiner Aufnahme in den grossen Rath eingeschrieben: »Ser *Franciscus Fran. de Lucaris*, ann. XX, die XXVII junij 1561« (also geb. 1541), mit der klar leserlichen Randnote: »obiit 1598«. Sein Vater Ser Franciscus Luc. Jac. de Lucharis war mit 20 Jahren am 23. März 1526 in das Maggior Consiglio aufgenommen worden, heirathete 1535 Nicha, eine Tochter des Ser Francesco Petri de Gradi[3]) und war Nov. 1564, Dec. 1566, April 1569 Rector der Republik, 1567 zu einem der lebenslänglichen Procuratoren des grossen Hospitals gewählt. Das edle Geschlecht der Luccari war damals noch recht zahlreich. In den J. 1500—1532 sind nicht weniger als 22 junge Luccari in den grossen Rath eingetreten. Ein Jahrhundert später waren ihre Nachkommen gering an Zahl; 1600—1611 wurden nur 4 Luccari in den Rath aufgenommen, nach den Patronymica zum Theil Nachkommen des Dichters Franciscus Francisci oder vielleicht seines Namensvetters Franciscus Laurentii (Sohn des Laurentius Michaelis de Lucharis, † 1562), der 1580 Castellan von Stagno gewesen war[4]).

---

[1]) Testamentum Ser Michaelis Sauini de Babalio, eingetragen 2. Juli 1557, Testamenta 1555, f. 71. Die fünf Söhne (cinque figliuoli maschi) sind nicht mit Namen genannt. In den Büchern der Zeit erscheinen aber sieben Babalio als Söhne eines Michael, vielleicht aus zwei Linien des Hauses. Ueber Paula cf. Liber Dotium 1554, f. 49 v.

[2]) Stari pisci X, S. 1 der volle Name im Titel der Uebersetzung von Guarini's »Pastor fido«.

[3]) Registro Maritaggi dei Nobili f. 44 v.

[4]) Die letzten Luccari im »Specchio« sind: Benedictus Francisci, auf-

Den »cursus honorum« des berühmten Dichters des »Osman«, des *Joannes Francisci de Gondula* hat Herr Professor Giuseppe Gelcich bei Gelegenheit der Errichtung des Denkmals für Gundulić in Ragusa in einer dalmatinischen Zeitung genau dargelegt[1]). Im »Specchio« ist seine Aufnahme in den grossen Rath bemerkt mit den Worten: »Joannes Franc. de Gondula die XXVIII maij 1608«, dazu die Randbemerkung: »obiit 1638«. Seit 1609, wo er unter die drei Beamten der »lauorieri del pagamento di Ragusa« kam, war er ununterbrochen in Aemtern, 1615 und 1619 als Comes von Canale, sonst meist in juridischen Stellungen, besonders im Appellationscollegium (1621—1632 sechsmal), unter den »consuli delle cause civili« (1635, 1638) und den Criminalrichtern (1637). Die Würde eines Rectors der Republik hat Gundulić nie bekleidet, wahrscheinlich da es ihm an dem nöthigen Alter fehlte; Rectoren waren 1618—1638 oft andere Verwandte aus dem Geschlechte der Gondola (-ula), Hieronymus Francisci, Secundus Benedicti († 1635), Paulus Marinchi, Franciscus Joannis (1619—1624), Thomas Joannis, Hieronymus Joannis, Joannes Marini († 1650), Joannes Nicolai († 1643), Paulus Orsati de Gondula († 1640). Die Frau des Dichters war Nica, Tochter des Sigismund Petri de Sorgo[2]). Eine wichtige Aufzeichnung über den Tod des Gundulić († 1638) und sein Begräbniss in der Franziskanerkirche hat in den alten Pfarrbüchern Don Paul Pavlić entdeckt und veröffentlicht[3]). Ueber die Söhne des Gundulić befinden sich im »Specchio« folgende Notizen: Franciscus Joannis de Gondola, am 28. September 1650 in den grossen Rath aufgenommen, »obiit 1700 Viennae« (als kaiserlicher General); Sigismundus Joannis de Gondola kam ins

---

genommen in den grossen Rath 1600, † 1610, Marinus Francisci, aufgenommen 1603, Lucas Francisci 1605 (1605 Castellan von Corona bei Klein-Stagno, 1609 Capitaneus von Janjina, † 1612), Franciscus Petri Francisci, aufgenommen 1611, 1619 verheirathet mit Maria, Tochter des Franc. Jo. de Gondola (Registro Maritaggi f. 61), 1622 Comes von Giuppana, 1625 von Slano, endlich Franciscus Francisci de Lucaris, im grossen Rath seit 1641, 1661 Comes der Isola di Mezzo, † 1666. Ein Petrus de Luccari war 1664—1680 Bischof von Stagno, einer der letzten oder gar der letzte seines Hauses.

[1]) G(iuseppe) G(elcich), Per la biografia del poeta Gundulić, Smotra dalmatinska (La Rassegna Dalmata), Jahrg. VI. Nr. 46, Zara 10. Juni 1893, S. 3.

[2]) »Die XXVI junij 1641. D. Nica, relicta quondam Ser Joannis Franc. de Gondola, olim maritata in dictum Ser Joannem, filia quondam Sig. Petri de Sorgo, perperi 200«. Registro Maritaggi f. 65.

[3]) Spomenik der kgl. serb. Akademie XXV (1895), S. 43 f.

Maggior Consiglio am 25. October 1653, starb als Rector der Republik im September 1682; dessen Sohn Joannes Sigismundi de Gondola, seit 23. Februar 1696 im grossen Rath, starb 1721. Sehr wichtige Nachrichten über die Handschriften des »Osman« hat jüngst Conte Dr. Lujo Vojnović aus der Correspondenz der beiden Söhne des Dichters, Frano und Šiško, veröffentlicht [1]).

Der Dichter der »Trublja slovinska« (1663), *Vladislauus Hieronymi de Menze* wurde am 27. October 1637 in den grossen Rath berufen und ist 1666 gestorben, ohne, so viel ich bemerken konnte, viele Aemter bekleidet zu haben. Von seinen Söhnen wurde Nicolaus Vladislaui am 26. October 1677 in das Maggior Consiglio aufgenommen († 1726), Sigismundus Vladislaui am 26. Juli 1680 († 1708).

Im XVII. Jahrh. sind in der slavischen Poesie von Ragusa von Bedeutung die letzten Vertreter des Hauses der Palmotta. Der Dichter Gjono Gjora Palmotića oder *Junius Giorę de Palmotta* ist nach dem »Specchio« am 6. November 1626 in den grossen Rath aufgenommen worden und 1653 (diese Jahreszahl allerdings wenig leserlich) gestorben; er war Comes von Canale 1639, von Lagosta 1642, von Canale abermals 1649, wieder von Lagosta 1653. Mit ihm ist nicht zu verwechseln *Joannes Giorę Giorę de Palmotta*, im grossen Rath seit 7. Juni 1630, 1632 Comes von Meleda, † 1645. Verwandt war *Giore Andreę de Palmotta*, im grossen Rath seit 14. Januar 1602, † 1648. *Giore Giorę Giorae* (sic) *de Palmotta*, Mitglied des Maggior Consiglio seit 25. October 1624, damals 18 Jahre alt, war des Dichters Junius älterer Bruder, der dessen »Kristiade« drucken liess, 1631 und 1634 Comes von Canale, 1645—46 von Lagosta, 1656—1674 achtmal Rector, gest. 1675. Der Dichter des »Dubrovnik ponovljen« *Jacobus Joannis* (oder Jacobus Junii) *de Palmotta*, wahrscheinlich Sohn des Joannes Jacobi de Palmotta (Rector Mai 1642), ist am 11. December 1643 in den grossen Rath aufgenommen worden, war 1648 Comes von Slano, Mai 1671 und Juli 1674 Rector. Sein Beiname in slavischer Form: Jaketa Palmotić *Dionorić* ist ein Metronymicon, ebenso wie das im XV. Jahrh. in Ragusa unter den Adelsfamilien vorkommende Tamarić (von Tamara). Dionora [2]) ist wohl nichts anderes als der Name der

---

[1]) Knez Dr. Lujo Vojnović, Зашто се Гундулићев »Осман« није штампао у вријеме републике. Delo (Belgrad), Juni 1895, S. 404—408.

[2]) Z. B. Dianora filia Mar. Nic. de Gozze um 1550, Registro Maritaggi f. 49. In den Test. 1512—1516, f. 10 v. Dionora uxor olim Andree Ribarich,

mythischen Gemahlin des Herakles Deianeira, im Zeitalter der Renaissance wieder in Gebrauch gesetzt, ebenso wie die antiken männlichen Namen Scipio, Pompeius, die Frauennamen Lucretia, Zenobia, Cassandra u. A. Jacobus Joannis de Palmotta starb 1680 als der letzte Sprosse seines Hauses, nach der Marginalnote des »Specchio«: »obiit 1680, exstincta familia«.

IV. Slavische Texte des XV. und XVI. Jahrhunderts aus Ragusa und Stagno.

Zu den slavischen Texten des XV.—XVI. Jahrh., die ich im Archiv XIX, S. 52 f. mitgetheilt habe, kann ich einen Nachtrag bieten. Es sind insgesammt Schriftstücke in cyrillischer Schrift. Die Kaufleute, Handwerker und Bauern bedienten sich unter dem Einfluss der Nachbarschaft, wo die cyrillische Schrift am Golf von Cattaro, in Montenegro, Hercegovina, Bosnien, im Küstenlande Dalmatiens, besonders bei Makarska und in den Gemeinden von Poljice zwischen Almissa und Spalato, verbreitet war, noch lange dieses Alphabets. Die studirten, des Lateins kundigen Nobiles und Populani von Ragusa hingegen wendeten in dieser Zeit bei Niederschreibung slavischer Texte die lateinische Schrift an.

Der Gebrauch der cyrillischen und lateinischen Schrift neben einander ist ersichtlich auch aus den Unterschriften der Ragusaner in den italienisch im Binnenlande der Balkanhalbinsel ausgefertigten Urkunden. Unter den Zeugen eines in Uerbosania (Vrhbosna j. Sarajevo) 6. März 1479 datirten Actes unterschrieben sich zwei cyrillisch: Ⰻ Гюра Рꙋтошевикъ ѣесамъ свѣдокъ више реченомꙋ писмꙋ. Ⰻ Петаръ Раделикъ ѣесамъ свѣдокъ окомꙋн писмꙋ више реченомꙋ. Ebenso auf einer Urkunde aus Srebrnica vom 25. November 1490: Милко Прибиникъ слꙋга госпоцтвꙋ ви, per Zane di Polo Stiepaxinouich v. ss., Радич Остонкъ слꙋга вашъ [1]). Unter einer »parzogna« (Theilung) zwischen Ruschus und Matchus, den Brüdern des verstorbenen Joh. Matchouich, niedergeschrieben in Sofia 1. Dec. 1498 »in domo habitationis olim dom Stephani Giurasseuich«, lateinisch durch »presbiter Stephanus Georgij, capellanus mercatorum Sophie«,

---

f. 35 Deianira, uxor Joannis Francisci Siluani de Macerata, cancellarii communis Ragusii († 1512).

[1]) Diversa Canc. 1489, f. 121 v., 218 v. Ueber die Kaufmannsfamilie Radeljić s. oben bei Kristićević (Anm.) und Nalješković, S. 464, 480, 510.

sind die Zeugen Damian de Dobrassin, Polo de Zohane Jelich, Zorzi Radossalich, Stephano Mar. de Gradi, Polo de Lorenzo barbier mit lateinischen Schriftzeichen unterschrieben, ebenso von den abschliessenden Parteien Ruscho Jouanouich, dessen Bruder aber cyrillisch: Ⰻ Ⰿⰰⱅⰽⱁ Ⱈⱁⰲⰰⱀⱁⰲⱀⱏ, ⰱⱃⰰⱅ' Ⱃⱆⱄ'ⰽⱁⰲⱏ, ⱀⰰⱈⱁⰳⱓ ⱄ(ⰵ) ⰽⱁⱀ'ⱅⱏⱀⰰⱅⱏ (contento) ⱁⰴⱏ ⱄⰲⰵⰳⰰ, ⱋⱁ ⰳⱁⰴⱑⱃ' ⱄⰵ ⰴⱁⱄⱅⱁⱀ ⱆ ⰲⱃ'ⱈⱏ ⱃⰵⱍⰵⱀⱁⰿ' ⱂⱀⱄⰿⱆ [1]). Unter den Zeugen in dem Testament des in Novipazar 1522 gestorbenen Johannes Radognich hat sich ein Albanese cyrillisch unterzeichnet: Ⰻ ⰻ Ⱀⰻⰽⱁⰾⰰ Ⱋⰰⱃⱍⰵⰲⱏ Ⰰⱃⰱⰰⱀⰰⱄⰻⱀⱏ ⱄⰲⰵⰴⱁⰽⱁⱓ ⱄⰲⰰⱃⱈⱆ ⱁⰲⱁⰳⰰ ⱂⱀⱄⰿⰰ, ⰽⰰⰽⱁ ⰱⰻ ⱃⰵⱍⱏ ⰻ ⰲⱁⰾⰰ Ⰻⰲⰰⱀⰰ Ⱃⰰⰴⱁⱀⰻⱍⰰ ⱄⰲⰵⱃⱈⱆ (sic) ⱂⱀⱄⰰⱀⱁⰳⰰ [2]). Auf einer italienischen »fine remissione« aus Vrhbosna von 1540 ist eine einzige Unterschrift cyrillisch: Ⱀⰰ Ⰿⰰⱃⰻⱀ Ⱃⰰⱀⱍⰵⰲ(ⱀ)ⱑ ⰵⱄⰰⰿ ⱄⰲⰻⰵⰴⱁⰽ, ⰽⰰⰽⱁ ⱍⱆⱈ ⱁⰲⱀ ⱄⱅⱃⰰⱀⰵ [3]). Am 13. April 1550 glichen sich Stephan Radossaglich und Andrea di Matheo Saxo in Belgrad über ihre Rechnungen aus. Neben den italienischen Unterschriften eines Gozze u. s. w. unterzeichnete sich eine der Parteien cyrillisch: »Subscriptio(nem) lingue seruiane [4]) feci (d. h. der ragusanische Kanzler) hic scriptam per Nic. Pasq. de Primo, cancellarium dicte lingue, de mandato d(ominorum) c(onsulum): 1550 ⰿⱀⰵⱄⰵⱌⰰ ⰰⱂⱃⰻⰾⰰ ⱀⰰ 13 ⱆ Ⰱⰻⱁⰳⱃⰰⰴⱆ. Ⰻ Ⱄⱅⰻⰵⱂⰰⱀⱏ Ⱃⰰⰴⱁⱄⰰⰾⰻⱑⱏ ⱂⱁⱅⰲⰰⱃⱑⱆⱓⰿⱏ ⱃⰵⱍⰵⱀⱁ ⱂⱀⱄⰿⱁ, ⰴⰰ ⰻⰿⰰ ⱆⱍⰻⱀⰻⱅⰻ, ⰽⰰⰽⱁ ⱁⰴⰶⰳⰰⱃⰰ ⰳⱁⰲⱁⱃⰻ ⰻ ⱁⱋⰵ ⰰⱇⰻⱃⰿⰰⰿⱏ (affirmare), ⰽⰰⰽⱁ ⱁⰴⰶⰳⰰⱃⱏ ⰳⱁⰲⱁⱃⰻ [5]).

Solche cyrillische Unterschriften ragusanischer Kaufleute gibt es auch auf Urkunden aus Italien. Am 20. Juni 1523 sind datirt in Ortona (Kreis Lanciano, Provinz Chieti) »littere cambii«, italienisch geschrieben, mit den Unterschriften: Luca Biag. de Nale, Stephan Milosceuich, »ⰻ Ⱃⰰⰴⰻⱍⱏ Ⱁⱋⱁⱀⱑⱏ ⱂⱃⰻⰿⰻⱈⱏ ⰴⱆⰽⰰⱅⰰ XXII«, Gabrielle di Martholo de Gabrielle als Zeuge, »quando si pagò sopradicto cambio ad Radiz Hostoich, fratello de sopradicto Marcho presente et Ser Zugno Mar. de Gondula et Ser Thomaso Ben. di Bona, et questo fo a di 4 luglio 1523 « [6]).

In den Beilagen (Nr. 17—23) theilen wir einige Handelsbriefe der

---

[1]) Diversa Notarie 1499, f. 133.

[2]) Ib. 1522, f. 69.

[3]) Diversa Cancellarie 1540, f. 51.

[4]) So zum ersten Mal, sonst immer lingua sclaua.

[5]) Diversa Cancellarie 1550, f. 181 v.

[6]) Diversa Notarie 1522, f. 148. Derselbe Radič Ostoić oben 1490 in Srebrnica.

Ragusaner von 1505—1550 mit. Dieselben sind in den verschiedensten Orten abgefasst, in Niš, Novipazar, Vrhbosna (Sarajevo), an der Narenta-mündung, in Antivari, haben aber in Orthographie und Sprache gewisse einheitliche Merkmale. Dazu gehört vor Allem die Menge romanischer Fremdwörter [1]): *adventario* (19, für inventario), *avanija* (19), *bale* (19, Ballen), *barbijer* (19), *bareta* (19, berretta), *baša ruka* (17, basso), *biškvatro* (17), *fierentin* (17, panno di Firenze, fiorentino), *guvernati* (19), *kamarin* (21), *kanžilirija* (18), *karižija* (19, 21, carisee), *kavic* (19, cavezzo), *komešiun* (17, commissione), *kont* (17, conto), *kumpanija* (18), *legati* (17, 22, leggere), *marač* (23, merci), *numeri* plur. (17), *oblegavam* (22, 23, obligare), *opičijali* (20, officiales), *partit* (18), *prokuratur* (19, 20), *res* (23, resto), *rulo* (19, rullo), *sakramenat* (18), *skrito* (17, 18, scritto), *skritura* (23), *skrivan* (20), *skužati* (20, scuotere), *spenza* (19), *spenžati* (19), *statera* die Wage (19), *toduri* (19, tutores), *venetik* (17, Tuch), *veroniz* (19, Tuch). Im Texte sind einzelne Worte lateinisch geschrieben: numero, braza, aspri. Auch der Einfluss der italienischen Orthographie ist bemerkbar (Nr. 21): Бєрвосаннїє (für Бръхъбосна), sowie *s* für *z* in снанїє, нснєсло, Ꙋсєла, сащо, ebenso *gn* für *ń* in гнєгово, горгнємꙋ. Ragusanisch ist auch *ar* für *r*: скархꙋ, Ꙋмарла, даржн. Daneben sind charakteristisch manche echt slavische Termini: *djetić* (19, Diener), *mjerilac od soli* (18, mensurator salis), *mješine* (23, Pelze, Häute), *pratež* (19, 23, Waare), *razlog* (19, Rechnung) u. A. Auffällig sind die Formen mit *ije* in Nr. 22, das Fehlen des ъ in Nr. 22.

Bei den Testamenten von Stagno befindet sich auf einem morschen Blättchen ein Stück eines Privatbriefes ungefähr aus dem XV. Jahrh., in welchem von einem schlecht gekochten Fisch, wahrscheinlich einem Geschenk, die Rede ist. Nach dem Anfang: † вєлє драго поздрав-(лєннє) ist klar пєча (pezzo) рнбє н що на мє пншєшь, да пошлємь....... нн тн ннєсмо ѡ-тє рнбє за залꙋган ѡкꙋ-снлн, защо є многѡ зла бнла...... защо є зло свдрєна бнла, а нєбнсмо тн сє ннща ѡбллкꙋмнлн на рнбн u. s. w.

In Ragusa selbst schrieben Leute »de populo« ihre Testamente schon im Mittelalter mitunter slavisch. Aber die Fälle sind selten und

---

[1]) Ueber die Fremdwörter im Dialekt von Ragusa vgl. Pero Budmani, Dubrovački dijalekat, Rad jugoslav. akademije 65 (1883), S. 160—169, und Luko Zore, Дуброва̑чке тубжнкє, Spomenik der serb. Akademie XXVI (1895).

stammen meist aus den Handelscolonien im Binnenland. In den Testamenta 1391—1402 f. 1 v. ist eingetragen das des »Dobrich spatarius, primo scriptum in sclauo, postea translatum in latino« (italienisch), vom 20. Juni 1391. Ebenso in den Testamenta 1418 f. 86 am 13. August 1423 das des Nixa Vtiesenouich, »quod cum esset in sclauico idiomate scriptum et de mandato domini consulis Ser Nicole P. de Poza et juratorum judicum sue curie translatum esset in latinum sermonem per Ruscum magistri Xpofori, cancellarium sclauici ydiomatis communis Ragusii«; das Original war an der Narentamündung geschrieben, denn bestätigt wird es von den »judici de Narente« und der Erblasser schenkt drei Perper »a S. Maria de Norin« auf den Ruinen der Römerstadt Narona. Ebenso übersetzte Rusko Christoforović das am 16. August 1423 in Novo Brdo datirte Testament des Lucaç Michatouich, verfasst »in idiomate sclauo« (ib. f. 101).

In den Testamenten 1498—1562 fand ich nur zwei slavische. Das eine von 1524 in lateinischer Schrift ist bereits mitgetheilt im Archiv XIX, 56—57. Das andere in cyrillischer Schrift, des Kaufmannes Radič Aligretović von 1512, folgt in den Beilagen (Nr. 7). Aligretto ist eine im XV. Jahrh. beliebte Uebersetzung der slav. Namen Radivoj, Radoslav, Radašin, Radič oder Ratko. Seine Familie stammte aus Bijela, wo seine Vorfahren in der Kirche Sveta Gospogja begraben waren, nämlich in der heute noch bestehenden Marienkapelle im Dorf Plat im südlichen Theil des Thales von Breno [1]. Im Text findet man gleichfalls zahlreiche Fremdwörter: *dona i patrona, figura, fra, fratri, inkuna* ($\varepsilon l \varkappa \acute{\omega} \nu$, mlat. ancona, inconia, inchona), *kostati, merito, mobilo, nepuća* (la nipote), *pridikaturi, stabilo, testamenat, testvarija, todure* (tutores). In das Buch eingetragen ist das Testament vom Kanzler Lucas Pasq. de Primo, demselben, der in Ragusa eine Buchdruckerei gründen wollte, mit schöner leserlicher Schrift. Die Buchstaben sind etwas rechts geneigt, besonders к; р, д, ц haben lange Striche abwärts, в ist ein Viereck, т dreifüssig, к aus zwei Theilen bestehend. In der Jahreszahl ist für 500 ш gesetzt statt des sonst üblichen ф, was dem Zahlwerth des ѣ im Statut von Poljice und in Nr. 18 (1512) entspricht [2]. Abbreviaturen sind nur: г҃ь, б҃ь, бг҃ъ, гн҃ь, гсп҃нь, гсп҃рь, мастꙇ. Ueber die Zeile gesetzt ist д in поⷣь, ѡⷣь, згоⷣнла, т in дꙋⷦата,

---

[1] Vgl. Archiv XIX, 592 über Bjeleni, Bijela = Plat.
[2] Ivan Berčić, Bukvar staroslovenskoga jezika (Prag 1860), S. 77.

БРАТА (mit Weglassung des vocalischen Auslautes), ꙋ in ФРАТРꙊꙖ, БОГꙊꙖ, Н in КАНДѢꙖ, К in den Endungen auf -НКЬ. Das vocalische r ist durch ар wiedergegeben, nur in ЦРКА (Name), ЦРКОВНОМЬ durch ρ̂.

Viel grösser ist die Anzahl slavisch geschriebener Testamente aus Stagno. Aus einem Convolut in blauem Umschlag und mit der Aufschrift »Testamenti di Stagno, saec. XV«, welches eine Reihe loser Blätter und Fragmente enthält, jetzt im Hauptarchiv von Ragusa, theile ich (Beilage Nr. 8—16) 9 Testamente aus den J. 1458—1495 mit, von denen 6 in Stagno, 2 in Janjina auf der Halbinsel von Stagno und 1 in Konjic an der oberen Narenta von einem Stagnenser verfasst sind. Drei Stücke sind Testamente von Frauen. Radoslav Šagarelić schrieb in Stagno 1478 sein Testament eigenhändig nieder; das Testament einer Frau in Janjina um 1493 schrieb der dortige Geistliche Pop Dom Andrija.

Als Kanzler von Stagno werden im XIV. Jahrh. stets Geistliche erwähnt; der bedeutendste war Pop Ratko (vor 1369), später Kaplan und Protovestiar des bosnischen Königs Stephan Tvrtko, zuletzt Bischof von Trebinje und Mercana [1]). Im XV. Jahrh. wird ausdrücklich ein slavischer Kanzler in Stagno erwähnt. Nicola Vuchassinouich barberius war 1459 —1478 »cancellarius Stagni in lingua sclaua et ad scribendum custodias, cum salario iperpirorum viginti in anno, ultra salarium, quod habet tanquam soldatus Stagni«, kurz »scribanus in lingua sclaua«[2]). Cancellarius Stagni war neben ihm 1472—1474 Maroe Ptiçich, derselbe, der 1474—1482 das Amt eines »cancellarius in lingua sclaua« in Ragusa selbst verwaltete. Im Anfang des 16. Jahrh. waren Kanzler von Stagno: Marinus Dobrieuich 1505—1506 (starb 13. Januar 1506), Bernardinus Georgii Cresmanouich oder B. G. Crispi 1506—1520 (starb 12. April 1520), Laurentius Thome de Fifa (bisher Kanzler in Canale) 1520—1525 (starb 30. Juli 1525), Mar. Nic. de Pasqualis 1525 (starb schon am 8. October d. J.), Vincentius quondam Marini Berissich vom November 1525 an.

Ebenso wurde auch in der Kanzlei des Conte von Canale ohne Zweifel mitunter ein slavisches Stück geschrieben, doch ist von diesem Archiv nichts erhalten. Marinus Cvietković oder Marinus de Florio, zuerst 1447—1453 cancellarius Canalis, war 1455—1475 »cancellarius in lingua sclaua« in Ragusa und hat wahrscheinlich schon in Canale seine Befähigung zu diesem Amt nachgewiesen.

---

[1]) Vgl. Archiv XIX, 596.

[2]) Consilium Rogatorum 21. April 1459 u. s. w.

Die in Stagno und Umgebung in der zweiten Hälfte des XV. Jahrh. üblichen Personennamen waren für die Frauen: Cvieta, Debuša, Dražula, Franuša, Jeluša, Katarina, Klara, Krotina (Nr. 10), Krunava, Lucia, Maduša, Mara, Margarita, Maria, Maruša, Mihna, Milica, Nikoleta, Petruša, Radosava, Slavuša, Stojsava, Tomuša, Vitosava, Vladava, Živka. Für die Männer: Andrija, Andrusko, Antun, Benko, Bijelja, Bogiša, Brajko, Bratul, Dabiživ, Dobrilo, Dragić, Dragoje, Franko, Gjure, Gjurica, Ivan, Ivaniš, Ivko, Luka, Lukša, Marko, Matko, Mihoč, Mihovio, Miliša, Milisav, Milobrat, Milorad, Milutin, Mioko, Nikša, Paval, Paskoje, Radosav, Radovan, Radoje, Simko, Sladoje, Stipan, Vlahna, Vlahuša, Vukan, Vukosav, Živko (Živko oder Žive = Giovanni).

Die Testamente erwähnen zahlreiche Kirchen in Stagno: Sveta Gospogja (Marienkirche), Sveti Vlasi[1]) (1458, 1478, St. Blasius), Sveti Kozma (oder Kužma, Kuzma) i Damijan, auch Sveti Vrači[2]) genannt, mit einem Nonnenkloster, Sveti Mihajao[3]) und die Franziskanerkirche Sveti Nikola, auserdem die Burg Pozvizd (als Pozdvizd, Nr. 8) über der Stadt. In der Umgebung wird ein Weinberg »na Perunih« genannt (in Peroni). In Ragusa nennt ein Testament (Nr. 11) die Kathedrale Sveta Gospogja (S. Mariae Maioris), die Kirche Svi Sveti i Svetice (Omnium Sanctorum), sowie die Kirchen Sveti Krst (S. Crucis) und Sveti Mihail (S. Michael de Arboribus), beide in Gravosa, und Sveta Nonciata (S. Annunciata) auf der Berglehne oberhalb Gravosa. Ausserdem werden erwähnt die Franziskanerklöster von Krkar (Curzola), Slano, Rjeka (Ombla) und Konavli (Canale). Von geographischen Namen sind bemerkenswerth *Asiž* Assisi (9) und *Zamorje* Apulien (10).

Das lexikalische Material ist von Interesse: *bačve* (10), *barhan* als Frauenkleid (14, 15, 16), *bort* (16), *crijevjar* Schuster (14), *dinar* grossus (10), *divojka* fantescha (10), *djever* (14), *gvozdja lovačka* (12), *gunj* als Frauenkleid (15), *haljine* ebenso (11), *ispovednik* Beichtvater (16), *kapa* als weibliche Kopfbedeckung (9), *koret* einer Frau (16), *kosmač*[4])

---

[1]) Als Plural aufgefasst, daraus der Sing. Vlaho (Blasius) abstrahirt. Budmani, Rad 65, S. 168.

[2]) Sveti Vrači, die hl. Aerzte, heissen auch in Serbien und Bulgarien die hl. Kosmas und Damian. Vgl. Jireček, Das christliche Element in der topogr. Nomenclatur der Balkanländer (Sitzungsber. der kais. Akad. 136) S. 20, 43.

[3]) Die St. Michaelsburg die ursprüngliche Ansiedelung von Stagno, ib. 31.

[4]) Chosmaç, cosmaç, cosmatium eine weibliche Kopfbedeckung (cosmaz da testa di donna 1457, Lamenta), 1422 erklärt als »touaglias pilosas, vocatas

(15), *košulja skrojena* (15), *kralješ* (14, Rosenkranz), *kućica* Diminutiv von kuća (11), *kuntuš* vestito (10), *kuplice*[1] (14), *lakat* (9, 14), *litice srebrne* (14), *muževna duša* die Seele des Gatten (13), *misu reći, pieti* oder *govoriti, obid* (Mahl, 11), *odar* Bett (8), *oporučiti* (13), *pleme* (14: čovjek od moga plemena), *pod donjï od kuće* (8), *pokućje* Hausgeräth (9. 15), *postav* (14, 15), *potka oprede* (15), *rod* (14: Milišićem i njih rodu), *rukave od barhana s ombretami* (14, 15), *sablja* (11), *skrinja velja* (14), *star ulja* (9, 10), *stratiti u kuću* expendere (9), *suknja bila rassa* biancha (8), *suknja svile* einer Frau (9), *svite* vestimenti (10), *tkala* (16), *ubrusac* (14, 15), *vojvoda*[2] (10), *voljan* svime (8), *volnik* (13), *župa* wahrscheinlich als Pfarre, Gemeinde (14: die Zeugen »i ostala župa«).

Das fremde Element ist in der Terminologie stark vertreten: *abit* (9, 10), *afikat* (8), *afiktavat* (8), *argentira* argenteria (10), *avancati* (9, 10, 16), *decima* (8, 9, 10), *dom* (14, dominus), *dona* (10), *dumna* (10, 11, aus domina, die Nonne), *dundo* (14, Onkel), *figura* (11), *fratilija* (8, 10, 16), *fratri* (8, 10), *fra* frater, *fruskaturi* (8: frustadori, verberati), *gonta* (8, gionta, v. žonta), *inpaćati* (15), *kalež* (11, 16, calix), *kanželarija* (13), *karpatur* (16, copertorium), *komunski* (8), *konšencija* (11), *lakse* (8, 9: i lasci), *libra* (11), *lincuo* (16, lenzuolo), *masarija* (8, 10), *matarac* (16), *mir*[3] (8, murus), *misa, mobilo* (8), *nepuća* (10, 14), *ombrete* (14, 15), *ospedao* (8, 10), *otar* (10, altare), *patrona* (10), *peča* (9, 15), *pitrop* epitropus (oft), *posizati* (10, possidere), *primicija* (8, 9), *resto* (10), *sag* (16), *skožati* (11, scuotere), *stabilo* (8), *stribuati* (8, distribuere), *terin* (8, terreno), *testamenat, tezoriri* (16), *todur* (8, 16, tutor), *vita* (u vitu 8!), *žonta* (9, gionta cf. gonta).

Die Analyse der Sprache muss der Historiker dem Philologen überlassen und beschränkt sich nur auf einige Bemerkungen. In den ein-

---

cosimace« (Lam.), mitunter »cum seta et auro«; es gab auch cosmaces turcheschos. Fehlt im Wörterbuch von Stulli.

[1]) Kuplica eine weibliche Kopfbedeckung: 1450 eine Frau, »aptans sibi cuplizam in capite«, 1447 cupliza eines Knaben cum perlis, ebenso cupliza de panno (Lam.).

[2]) *Vojvoda* hiessen slavisch die ragusanischen *visconti* in den Terre Nove (Primorje von Slano) im XV. Jahrh.; es waren nicht adelige Beamte.

[3]) Von *mir* (murus) der Ortsname *Zamirje* (extra muros): in Stagno Santa Maria de Samirie, Test. Not. 1498, f. 1, vielleicht identisch mit der chiesa de la Madonna in piano de Stagno in anderen Ragusaner Testamenten.

zelnen Stücken haben theils jekavische, theils ikavische Formen die
Oberhand: in Nr. 9 *testamijenat, mrtvijeh, da se razdijeli*, dagegen
in Nr. 8 *dica, prima, sukna bila*, in Nr. 10 *testaminat, Rika, razdili,
čovik, slipim, pineze, divojke*. Auffällig ist die Verwechselung zwischen
z und *ž*: *lezeći, pratez, zivot* Nr. 8, *zena* Nr. 10, 11, 12, *rozdastvo,
kriz, brize* (brže) Nr. 10, *Drazula, Dabiziv, kalez* Nr. 11, dagegen
uželi, ubožim Nr. 10, *uboži* Nr. 11. Das *r* sonans wird mitunter (Nr. 9,
14) durch -рь- wiedergegeben, aber auch durch -*ri*- (najprivo, svrihu,
smrit Nr. 8, Grigur Nr. 8, 10, Krikar ebenda, briže Nr. 10, drizat, dri-
zana Nr. 11, 12, crikva Nr. 10, 11, svrišit, svrišena, pristen, Tristenica
Nr. 11), erst zum Schluss des XV. Jahrh. durch -*ar*- (smartiju Nr. 13,
Gargura Nr. 15, najparvo Nr. 16). In der Formenlehre ist auffällig -*me*
für -*m*[1]) nicht nur im Local Sing.: *na terinu komunskome* (8), sondern
auch im Instr. Sing.: *voljan svime, za malome braćome* (8), *s kućome*
(8, 9), *s ovijeme načinom* (9), im Dat. Plur.: *ubozime, fratrome* (8),
und sogar in der 1. Pers. Sing.: *ostaljame i hoću, kako same pisao*
(8), *ostaljame* (9). Indeclinabel ist *sveti* in: *u sveti Kozmu* (8, 9),
u sveti Vlasi (8); vgl. *lezeći u odar* (8) statt »u odru«.

Die Schrift ist Urkundenschrift, mit abwärts verlängerten д, г, р
u. s. w., stehend, später mehr rechts geneigt, mit der Zeit immer weniger
sorgfältig und leserlich. Das ѣ fehlt nirgends; für ю haben Nr. 15, 16
(1495) ein ѥ; für ѡ haben die Schreiber eine grosse Vorliebe, ja in
Nr. 15, 16 hat es das о ganz verdrängt. Der Laut *j* wird ausgedrückt
durch и: не, ноще (9), Нелѹши, Иѹрнѹ (10), durch є: єднѹ, моєє
(9), durch ѣ: моиwѣ (11), ѣєста (12), Ѣакшнѣь (13), ѣа (ego, in
Nr. 9 нѣ), ѣєдань, своѣомь, ѣаннньскомь (14). Die Erweichung
von *lj* bleibt oft unbezeichnet: коλє (10), λѹбакь (12), wстаλдмь.
Einflüsse italienischer Orthographie sind bemerkbar bei der Wiedergabe
von *lj* durch *gl*: коглє (10), Радосаглнѣ (16), und *nj* durch *gn*:
напокогнн, ѹ гнє коглѹ (10), когна (11). Den Verfall der cyrillischen Schreibkunst verräth ь nach vocalischem Auslaut: Гλдноwь,
Λѹцинь, ннткwь, смнрнwь, зграднwь (10), ѣєрнь, ткwь, мѹ-
чнwь (12).

Ganz ohne Abbreviaturen ist Nr. 14 in Janjina geschrieben. Das
рᵀ ist Ersatz für рь: прᵀко, мрᵀтвнєхь, смрᵀть (9), oder für н:
прᵀиицнѹ (10), ebenso in Nr. 18 von der Narentamündung 1512:

---

[1]) Vgl. Daničić, Исторija облика S. 44, 173, 179.

скрⷮто (scritto), прⷮмнхⷦ, ти диндрⷮ. Ligaturen sind тд, ти in Nr. 8. Ueber die Zeile oder über den vorangehenden Buchstaben erhoben werden т besonders zwischen Vocalen (скеⷮⷵ), beim Infinitiv (ꙋзеⷮⷦ) und bei *st* (Gⷮwнⷦ 8, сⷮwи 11), dann д (in wд immer), о und w (in цꙍ überall), ꙋ und м in den Casusendungen, selten к und р.

Bei einem Besuch in Stagno 1890 zeigte mir der damalige Dechant der Stadt, jetzt Canonicus in Ragusa, der hochwürdige Don Ante Liepopili[1] ein altes Zunftbuch, in welchem drei Seiten mit grosser cyrillischer Schrift beschrieben waren. Ich habe den Codex leider nur flüchtig angesehen. Durch die Güte des Herrn stud. techn. Sabo Jelić erhielt ich 1898 gelungene, von ihm sorgfältig hergestellte Photographien dieser drei Seiten. Nach seinen Mittheilungen ist diese auf der Pfarre von Stagno verwahrte »matrikula bratstva« in Holzdeckeln mit schwarzem Leder gebunden (26.4 Cm. hoch, 18.4 breit); die Blätter, 24.7 Cm. hoch und 17.8 breit, beginnen mit der Jahreszahl MCCCCXXVII. Zwischen lateinischen und italienischen Eintragungen, über die ich derzeit nichts Näheres mittheilen kann, sind nur diese drei Seiten slavisch. Der cyrillische Text beginnt mit einer grossen blauen Initiale mit rothem Ornament. In Beilage Nr. 24 theile ich ihn mit (vgl. auch das Facsimile). Es ist ein Pakt zwischen den *bratija* der in den Testamenten (Nr. 10, 16) erwähnten *fratilija od svetoga Frančeska* in Stagno mit dem dortigen Franziskanerkloster. Sprache und Schrift schliesst sich den übrigen Schriftstücken aus Stagno an. Fremdwörter sind: *amuštvo* Almosen[2]), *gvardijan, kuštod* (custos), *miša, papa, vikar.* Ikavisch ist *potriba.* Zu den oben angeführten Beispielen von *-me* für *-m* gehören: dobrime činjenijem, ubozime, zgovorome. Die Schrift ist nicht Urkundenschrift; sie erinnert an cyrillische Pergamentcodices der Zeit. Das рⷮ ist ри in прⷮвезднн, прⷮтгнꙋлн, прⷮꙍтн, рⷦ in смрⷮснтн; *r* sonans ist durch р҃, wie цр҃кви, oder einfaches р, wie мртвихⷦ, bezeichnet.

-----

[1] Der Name, in seiner Form auffällig, ist sehr alt. Milen Lepopelich aus Stolac 1318 (Div.); Pribislaus, Pribien Lepopi, Lipopil, Lipopilouich 1387—1413 (Div., Lamenta); Milletta filius Cranchi Liepopie 1406 und dessen Mutter Pribissana, uxor Cranchi Lipopil 1418; Vochaz Liepopio 1436—1449 (Lamenta) u. s. w.

[2] Almustvo in den Lectionaren des XV. Jahrh., neben lemozina: Dr. Milan Rešetar, Primorski lekcionari XV vijeka, Rad jugoslav. akademije 136 (1898), § 151.

Beilagen.

I. Zur Geschichte des Buchdruckes und Buchhandels.

1. *Testament des Presbyter Luka Radovanović.*

(Auszug) 1502, 15. Juli. Testamentum presbiteri Luce Radouanouich, »capellani monialium Sancte Marie de Castello heri defuncti«, datirt am 15. Oct. 1501. Legate von 1—2 Perper an die Confraternitäten: fraternita laudabile de li preti de Sancta Maria, fraternita de Ogni Sancti, fraternita de Sancto Luca de li oleari, fraternita de Sancto Nicolo de li bechari, fraternita de Sancto Vido de li tesseri, fraternita delli sartori, ferner jedem prete und »zago« und allen Nonnen von S. Maria, diesen auch »el mio organeto, che lo tegnano in la chiesia«. Drei Messen a S. Orsula (eine Capelle auf dem Abhang oberhalb des Klosters des hl. Jacob von Višnjica). Verfügungen über eine possessio in Cibaça (im Thale von Breno). »Lasso a dom Paolo, figliolo de condam Vuchassino, breuiario in carta bona non ligado et *torculo da imprimere libri cum soi ponzoni de lettera schiaua cum soi argazi*, quelli se trouara in casa mia. Lasso al comun tre coracine mie et doi schiopeti. Lasso alli heredi de condam Ratcho libraro perperi tre« (f. 174). Zahlreiche Legate. Besass »la terza parte de Marchana«. Aus den »intrade de le mie case, ho appresso Sancta Maria de Castello«, soll ebendaselbst bei S. Maria eine Kirche gebaut werden, 31½ Ellen (braza) lang und 18 breit, de pietre lauorade a scarpello bella; in ihr sollen wöchentlich 4 Messen gelesen werden für den Presbyter Lucas und für seine Eltern, von einem Weltpriester, nach Möglichkeit einem Verwandten des Legatars. Ist der Bau unmöglich, soll alles dem Dominikanerkloster zufallen. Epitropi: Ser Paladino Gio. de Gondola, dessen Sohn Ser Giovanni und dessen Sohn, Ser Ruscho Nic. de Poza mit seinen Söhnen, Ser Michael Jun. de Bona, Ser Zugno Mar. de Gondola, don Polo Vuchcich und dessen Bruder Marino, Nicola Vladoeuich (Testamenta Notarie 1498—1503 f. 173 v. bis 175).

2. *Project des Kanzlers Lucas Pasqualis de Primo oder Primojević.*

A. Consilium Rogatorum, 8. März 1514 (Band 1513—1516 f. 29 v.): »Prima pars est de acceptando supplicationem Luce Pasqualis de Primo, cancellarii nostri, pro arte stampandi libros in ciuitate nostra cum priuilegio annorum quindecim, infra quos aliqua alia persona non possit exercere dictam artem in ciuitate et districtu nostro, nisi per conducendos et deputandos per dictum Lucam ad dictam artem, secundum dictam eius supplicationem. Per XXXVIII contra V«.

»Prima pars est, quod dictus Luca teneatur conducere stampatores et incipere laborare ad tardius infra unum annum proxime futurum, et si secus fecerit, quod non gaudeat beneficio dicte sue supplicationis, et quando incipiet laborare, quod tunc habeat domum et stationem ad plateam sine solutione affictus alicuius sibi consignandam per minus consilium in sua discretione et libertate pro toto tempore, quo faciet exercere dictam artem in ciuitate nostra cum dicto priuilegio. Per XXXIII contra X«. (f. 30). —

»Ex(cellentissi)mi Signori, dauanti le S(ignorie) Vre io Luca di Pasqual di Primo, deuoto servitor dele Signorie Vre, desideroso primo ad honor de Dio et per zelo de la religione christiana et anche per zelo del bono nome dela patria et ad contemplatione de algunj letterati et amatori dele vertu, essendo la citta Vra nominata et extimata in molte parte del mondo, intro-dure etiam in quella l'arte et exercitio de stampar libri, supplico humilmente offerendo, ut infra, videlicet«:

»Primo prometto, acceptandome le S. Vre questa mia supplicatione, far venire in la citta Vra alle mie spexe per questo principio, fina che alguno de qui imparara la dicta arte, doi boni et sufficienti magistri de stampare libri dale parte d'Italia, zoe uno stampator et un altro tiratore, cum tuti li in-str(oment)i et artificij necessarij et conuenienti per dicta arte, li quali magistri stamparano quiui libri et scripture de bona et bella stampa in latino et in greco, segondo le occorentie, et anchora in lettere rassiane al modo, che usano li callogeri dela religione rassiana in loro chiesie, de simile lettere, che baueano comenzato Zarnoeuichi, che per tuto era laudata et apreciata; et in questo ydioma se trouano libri et authori dignissimi, maxime in cose sacre et eccle-siastiche. Et in questo dicti magistri hauerano uno intelligente, chi li dara in-drizo, pero che io cum la persona mia non me impazaro de niente in operare«.

»Ma perche maxime in li principij de introdur questa arte me andara spexa et le S. Vre soleno, ut in pluribus, dar subuentione alle bone arte, sup-plico, che quelle se degnano per commodita del magisterio et deli magistri de dicta arte concederme lo afficto de una casa et de una stazone de bona commodita in piaza, quanto parera competente alle S. Vre. Et de piu do-mando, che la cartha, la qual se condura et bisognara per dicta arte, se possa condure (f. 30 v.) et li libri se possano cauare (?) senza pagamento de dohane«.

»Item se degnano le S. Vre concedermi gratia et priuilegio, como se costuma far per tuta Italia, che per anni quindexe proxime futuri altri non possano poner et exercitar questa arte in la citta et in le tenute de le S. Vre, facendola operar io in modo predicto«.

»De questa arte ne sentira consolatione spirituale etiam le monage de li monasteri Vri et altri gentilhomini et cittadinj de esse S. Vre, alle qual humilmente me recomando«. —

B. Consilium Rogatorum 13. März 1515 (ib. f. 142 v.): »Prima pars est de prolongando Luce Pasqualis de Primo, cancellario nostro, eius supplica-tionis petitum, sibi acceptatum die VIII martij 1514 in presenti libro carta 30, pro stampando libros hic Ragusii cum priuilegio, modis et conditionibus dicte sue supplicationis acceptate, per alios menses octo proxime futuros. Per omnes contra II«.

3. Testament des Presbyter Nicolaus Barneus.

(Auszug). 1529, 22. August. Testamentum quondam presbyteri Nicolai Mich. Barnei, »diebus proximis defuncti«, repertum in notaria, datirt vom

1. April 1527. Legate. »Et a Santa Maria delle Danze grossi sei per conscientia a Marin Piero di Radagli, loqual ha una sententia sopra li beni miei per pieggiaria de Conte Piero Paulouich di ducati venticinque, e diemi dare detto Marino per quattro sui figlioli, li quali ho insegnato fidelmente le littere piu anni, come pare per el mio libretto de scolari«. Rede von casa sub Prichiput (sic); anima de olim pre Michele Barneo. »Item lasso et ordino, che li instrumenti publici, li quali sono in dicta cassetta, uno di ducati sessanta dui, siano de figlioli di detto Conte Piero, li quali ha hauuto con mia nepote D. Nicoletta ouero chiamata la in Craina Madonna Barbara, et sono per nome chiamati primo Paulo, il quale per disgratia di suo padre l'è Turcho, altro è Niccolo, terzo Georgi, quarto Bartholo, et Tadeo mori di questo morbo in casa mia, e sepulto in Sto Francesco honoreuolmente [1]). Item ricordo a detti miei quattro nepoti la dote di loro madre, sopradetta D. Nicoletta. Le di ducati cento cinquanta, come pare in notaria di Ragusi, et credo che sia copia di quella in la detta cassetta mia, accio non si lassino aminchionare del padre et che sappiano el suo. Item lasso a tre, li quali sono in christianita, cioe Niccolo, Georgi e Bartolo, in ueste gli si debbia dare ypp. cinque per uno, che pregano Dio per l'anima mia«. Eine zweite nepote D. Orsola, uxor di Radoie. Diesem Radoie »la mia targa migliore et la scimitarra con capo di argento; alla comunita di Ragusi dua ronche et una coraza. Item alla detta comunita tutta la mia libraria con conditione, che debbano trouare una officina in loco publico et locare ditta libraria ad honore della patria et utilita della giouentù Ragusina et consolatione delli prouetti. Caso, che non uolesseno seguire la mia buona ultima nolunta et in uno mese non prouederanno di alocarla, come ho detto, voglio, che si vendano al piu dante. Item lasso allo monasterio Sancti Jacobi de Uisgniza uno libro chiamato Magister sententiarum, ligato, scripto in carta caprina, et la Clementina, ligata a fondello. Item lasso al

---

[1]) Das Testament einer zweiten Frau desselben Conte Petar Pavlović ist eingetragen am 1. September 1519, Testamenta Notarie 1517—1519, f. 193: Testamentum »olim D. *Clare*, uxoris domini *Petri Paulouich voiuode cumschi* (von Хлⰱⰱ), *filie Iuani Iuanisseuich de Poglize Craine*, defuncte nuper Slani«, datirt 20. August 1519. Will in der St. Hieronymuskirche der Franziskaner in Slano begraben sein. Dem Vojvoden Peter vermacht 'sie »la mia vesta rossa et uno annelo d'oro, che porta per mio amor«. Ihre Tochter Anna sollen die Brüder der Clara nach Hause nach Poglize bringen, »et venendo la dicta mia fiola alla debita età, se li mei fratelli vorano, la debiano maritar per Paulo, fiolo del mio marito de la sua prima uxor«. Paul ist also erst seit 1519 Türke geworden. Anna erhält alles, was die Mutter im väterlichen Hause besitzt, 4 veste, due de *rassa dalmatina*, una celestre et una pauonaza, due de panno, una fornita de perle menute et una schieta, ambedue pauonaze, sowie »alcuni cercelli (Ohrgehänge) zoe *poriessi*, forniti de perle et alcuni agi cum perle minute«. Die frati von S. Hieronymus erhalten »una centura mia et uno *salistach*, che ho portato sulo pecto«. Stirbt Anna noch unmündig, erben je zur Hälfte die Franziskaner in Slano und Trstenica.

monasterio di Melita Librum decretalium in forma minori. Item lasso d. Marino de Benedictis pro sua consolatione uno ¡libro ligato insieme, Hypocrate de natura hominis, Benedictus de Nursia de conseruatione sanitatis et similiter de conseruatione sanitatis, Scola Salentina cum expositione Arnaldi de Uilla Noua, ligati insieme. A pre Paulo Vocasini una borsetta di uelluto, lauorata con le perle et dentro belli corporali sacrati, inuoltata in uno fazolo di seta«..... »Item lasso a Ser Bernardo Mar. di Binciola li miei libretti di medicina, uno scripto in carta caprina, uechio molto, utile alla humana natura, et tutti li altri desligati, liquali ho ligati col spago insieme, inuoltati, posti in detta capsetta mia et sigillati con el sigillo mio«. Erwähnung des casale de miei antiqui in Ragusi »sopra le *scale pleuanoue*«. Epitropi: pre Marino de Benedictis, pre D. Paulo Vocassin, Ser Bernardo de Binciola. »Io pre Nicolo de Michele Barneo, utriusque juris doctore minimo manu mea propria scripsi«.

»Et perche faccio mentione di sopra della mia libraria, non si intendano in quello li *libri antiqui*, li quali sono in studio del balatore, ligati et desligati, scripti *caractere langobardo* in caprina carta, cioe Remigius rēmiss.(sic)[1] super epistolas Pauli integer, idem sine principio super Matheum, Venerabilis Beda in quattuor volumina distinctus, tamen simul ligati, super Lucam preclarum opus, idem super Marcum ligatus sine tabulis. Item uno libretto, latino caractere in carta caprina scriptus, ligato, con tauole alla antiqua; nel principio sono le epistole Sti Pauli, in medio de missarum mysteriis, editus a papa Innocentio III, qui splendor canonistarum appellatur. Eiusdem Innocentii liber de miseria humane conditionis, scriptus anno dni MCCLIX, in quo etiam sunt post prenominatos multa laude digna. Questi adunque libri antiqui non se trouano impressi in niuno loco, perche mi li ho portati in Italia de 1510, non era modo ne uia de farli stampare per le guerre et continue pestilentie. Pero ho lassato et ordinato li miei comissarij tuti tre richi, accio che essi *li faccino imprimere qui in Ragusi con aiuto della Signoria* ad laudem et gloriam dello omnipotente Idio el honore et utilita della patria. Si per caso fare non faranno, li dagano et consegnano alla abbatia di Sto Jacobo extra muros. Et se miei epitropi li faranno imprimere, uoglio et cosi ordino, che (fehlt das Verbum: dagano?) alla detta abbatia per uno uolume di quelli ouero li originali di quelli«.　　　　(Testamenta notarie 1528—1533 f. 82—84 v.)

4. *Inventar einer Büchersendung aus Venedig nach Ragusa 1549.* *)

Die 25 iunii 1549. »Infrascriptum inuentarium librorum venalium, transmissum ex Venetiis una cum libris per D. Traianum Nauum impressorem Rdo D. Nicolao Gotio, archipresbytero Racusino, qui dictos libros consignauit hic

---

[1]) Remigius Remensis?

*) Unser Commentar ist ein Versuch; eine Vervollständigung desselben wird Kennern der lateinischen und italienischen Bibliographie des XV.—XVI. Jahrh. nicht schwer fallen.

Racusij Antonio de Odolis de Brixia librario et factori dicti D. Traiani, presenti, accipienti et confitenti omnes et singulos infrascriptos libros habuisse et recepisse, ut uenderet predicto D. Traiano« etc. etc. »Tre casse con li inuentarij« ... »et un torculo da tondare«.

»Cassa prima.		2 Orlandi del Bernia[5])	4.—
		5 Institutione del g̅u̅o	5.—
3 Legendari de S(an)ti	6.—[1])	5 Dialogi de Lucian	5.—
4 Vite della Mᵃ Aretina	2. 8	5 Croniche del Sforza	7.10
6 Facetie Pogio[2])	—.16	4 Guerra de Goti[6])	1. 4
6 Ep(isto)le Ouidio in 8⁰	21.16	3 Historia del Sabel(lico)	—.— (sic)[7])
2 Croniche canō	2.—	20 libri del frate	12.—
4 Metodus confessionis	1.—	6 furiosi in 4⁰[8])	12.—
5 Casandra comedia	—.15	3 Suetonio	1.4
5 Lena comedia[3])	—.10	6 Lectura del Varchi[9])	—.12
5 Negromante	—.10	4 Elegantie del Liburni[10])	2.12
5 Suppositi comedia	—.10	3 Reali de Franza[11])	1.10
5 Casaria comedia	—.10	12 Parafrasi di Juuenale	1.10
2 Formulari Instrumenti[4])	1. 4	8 Terenti in 8⁰	4.—
3 Scoto di potestate	1. 4	2 Legenda della vergine	—.12
2 Consilia Tridentini	7.—	8 Orati p. p.	4.—
4 Petrarchi p. p.	2.—	10 Carote (?)	6.—
12 Epistole, Euangeli a risma L-g-(sic)		13 Capitoli del Aretin	—.18
4 Terenti p. p.	2.—	6 Lacrime d'Angelica[12])	—.12
6 Antonio filarimo	L-g-(sic)	6 Valerio Max(im)o in 8⁰	3.12

---

[1]) Die Preise in venetianischen Lire.

[2]) Die vor 1500 26 mal gedruckten lat. Facetien des Poggio.

[3]) La Cassaria, I Suppositi, La Lena, Il Negromante von Lodovico Ariosto († 1533), seit 1525 und 1535 wiederholt gedruckt.

[4]) Wohl mittelalt. Notarialbandbücher, die noch im XVI. Jahrh. abgedruckt wurden. Vgl. Bresslau, Urkundenlehre I, 631 f.

[5]) Orlando innamorato des Bojardo, umgearbeitet von Franc. Berni († 1536).

[6]) Eine Uebersetzung des Prokopios oder das Gedicht »Italia liberata dai Goti« von Trissino (1547).

[7]) Marci Antonii Sabellici Rerum Venetarum ab urbe condita ad sua usque tempora libri XXXIII, Venetiis 1487 und öfters wiederholt (auch ital. Uebersetzungen).

[8]) Orlando furioso des Ariosto.

[9]) Werke des Florentiners Benedetto Varchi († 1565).

[10]) Der venetianische Grammatiker N. Liburnio († 1557).

[11]) Die Reali di Francia des Andrea dei Magnabotti aus Barberino (um 1372—1431).

[12]) Le Lagrime d'Angelica, episches Gedicht des Pietro Aretino, Venedig 1538.

4	Marfisa bizara [1]	1. 4	4	Apiani Alesandrini ver(sione)	6.—
9	Ep(isto)le Tuli 8⁰	6.15	V	(sic) Oratio de Tulio	6.—
4	L(ette)re del modo q⁰	4.—	4	Joseffo de Judei	4.—
4	Idem seconde	4.10	6	Viues de (lacuna) ··	1.16
4	Tuli de ofici (sic) ver(sione)	2. 8	4	Cento nouelle in 4⁰	8.—
12	Fioreti dela Bibia	....	12	Sonetti del Bernia [7]	1. 4
15	Geomantie	6.—	10	Creanze de le Done	1.10
4	Auguri	—.16	2	Opere de Xenofonte compite	
8	Partitio de Tulio	3. 4		in 4⁰ uolumi	6.—
6	Boui picoli a risma [2]	....	12	Orati in ottauo	6.—
8	Ep(isto)le, Euangeli .... (sic)	....	6	Cento nouele in 8⁰	6.—
5	Piroteca	15.—	3	Opere del Bernia stampate a	
5	De copia verborum	3.—		Firenza	3.12
8	Vergili in 8⁰	6.—	3	Homeri greci	9.—
4	Ep(isto)le Tuli ver.	6.—	3	Esiodi greci	—.— (sic)
3	L(ette)re Aldo pª Iª	4.10	5	De vanitate ver(sione)	5.10
1	Vergili in foglio	5.10	1	Mi[ra]colo de la Mª a risma	2.—
1	Vergili con Seruio	2. 8	6	Fiore de virtu	—.— (sic)
4	Sabelico [3]	10.—	4	Opuscule Plut(archi) 1a parte	4.16
10	Satire d'Ariosto	1.—	2	Croniche Paulo Emilio [8]	8.—
				[f. 130'] 2 Opere Arnaldi de Vil-	
	Cassa Nr. 2.			lanoua [9]	1. 4
3	Plini ver(sione) in 4⁰	12.—	10	Caronti	6.—
8	Furiosi [4] in 8⁰ guadagnino	6.—	2	Bibie in 4⁰	7.—
3	Constantini Lascari Gati (?) [5]	6.—	2	Ep(isto)le Tuli ver(sione)	3.—
4	Erodoto ver(sione) in 8⁰ [6]	4.—	4	Croniche del Guazo [10]	6.—
4	Commentari Cesare	4.16	2	Luminare maius	4.—

[1] Marfisa Bizzara (aus der Karlssage) des Giambattista Dragoncino de Fano in 14 Gesängen, Venedig 1531.

[2] Gedichte über den aus den »Reali di Francia« bekannten Helden Bovo d'Antona. Ueber den Thurm, der seinen Namen in Zara heute noch führt, vgl. G. Sabalich, Guida archeologica di Zara (Zara 1897), S. 258—262.

[3] M. A. Sabellico s. oben.

[4] Orlando furioso des Ariosto († 1533).

[5] Vielleicht die griechische Grammatik des Konstantinos Laskaris (Ed. princeps Mailand 1476).

[6] Uebersetzung des Herodot von Laurentius Valla.

[7] Gedichte des Francesco Berni.

[8] De rebus gestis Francorum des Veroneser Historikers P. Emilio († 1529).

[9] Die Werke des berühmten Alchimisten und Arztes Arnald von Ville-neuve (bei Avignon) † 1314 sind gedruckt in Lyon 1504.

[10] Marco Guazzo, Historie ove si contengono le guerre di Maometto secondo, imperatore de Turchi, havute per quindici anni continui con la Signoria di Venetia. Venetia 1545 (E. A. Cicogna, Saggio di bibliografia veneziana, Venezia 1847, p. 93, Nr. 652).

4 Paulo Egineta [1]	8. 8	30 Gigante morante a risima [9]	.....
4 Meschini in 4⁰ [2]	2.—	(lacuna)	
8 Meditio (sic) de Sto Agosti(no)	2. 8	12 Didone tragedia [10]	2. 8
4 Theodoro Gaza [3]	6.—	4 Vita Marco Aurelio	2.—
3 Pontan in versi	4.10	4 Libri della Ventura, ver(sione)	2. 4
3 Inamoramenti in 4⁰ [4]	4.10	4 Dita notabilia	2. 8
4 Testamenti noui lat.	4.10	4 Ciceroniana	2. 8
4 Tartalia compiti [5]	9.12	5 Scala Grimaldeli	3.—
2 Corneli de occultis	6.—	2 Polibio ver(sione)	3.—
		2 X (?) Dasacho (sic)	—.12
Cassa nuoua.		3 Vite de Plutarcho ver(sione)	12.—
18 Boui d'Antona in 4⁰ ...... (lacuna)		12 Ep(isto)le Ouidi	2. 8
10 Orbecha tragedia [6]	3.—	2 Bibie in 8⁰ latine	6.—
2 Lucio Florio ver(sione)	3.12	6 Piero Borgi	3.12
2 Ep(isto)le Tuli, Aldo	2. 8	1 Bibia in 4⁰ lat.	5.—
2 Ep(isto)le ad Atticum	3.—	6 Ficheide [11]	1.16
6 Cortegian [7]	3.12	5 Dioscoridi ver(sione)	7.10
2 Nouelle solit.	5.—	4 Petrarcha velut.	8.—
2 Lettere antiche	1.10	3 Canti de Marfisa [12]	—. 6
6 Arati di Mantoa	1. 4	5 Tricassi	3.—
4 Comenti del (sic)	2. 8	2 Dioscoridi lat.	2.—
4 Testamenti nuoui, ver(sione)	4.16	.. dta .. n. 4⁰ (sic)	1.12
5 Thesauri d'abacho	1.—	2 Tuli de ofici con com(en)to	
5 Aurora [8]	2. 6	in 4⁰	3.—

---

[1] Das medicinische Buch des Byzantiners Paulus von Aegina aus dem VII. Jahrh., vgl. Krumbacher [2], 614.

[2] Guerino il Meschino, Ritterroman des Andreas Magnabotti aus dem Anf. des XV. Jahrh., neubearbeitet als Il Meschino von der neapolitanischen Dichterin Tullia d'Aragona.

[3] Vielleicht das Handbuch des Griechischen von Theodoros Gazes (Ed. princeps Venedig 1495).

[4] Vielleicht die oft gedruckte Storia delo inamoramento de Florio e Biancifiore.

[5] Schriften des Ingenieurs Nic. Tartaglia aus Venedig († 1557).

[6] Tragödie Orbecche des Giambattista Giraldi Cynthio, Venedig 1543.

[7] »Il Cortegiano« des Grafen Baldassare Castiglione († 1529).

[8] Ein dem Rolandinus Passagerii (XIII. Jahrh.) zugeschriebenes Buch. Vgl. Bresslau I, 632.

[9] Il Morgante maggiore des Luigi Pulci († 1484).

[10] Didone des Giambattista Giraldi Cynthio (Graesse, Lehrbuch einer allg. Literärgeschichte III, 1, 416).

[11] Ficheide des Francesco Maria Molza aus Modena († 1544).

[12] Marfisa (episch, aus der Karlssage) von Pietro Aretino, gedruckt 1535.

2 Elegantie del Valla 8[0][1])	2.—		8 L(ette)re Aldo	7. 4
9 Principe Macha (sic)[2])	2.14		2 Corona pretiosa	2. 2
4 Viazi diuersi[3])	3.—		6 Testamenti noui	7. 4
3 Panesi a risma ..... (lacuna)			8 Historia del Guazo[6])	4.—
1 Terentio con com(en)to	2.10		12 Edefici de ricette	1. 4
4 Peroti[4])	1. 4		6 Pietro Cresentio[7]) ·	6.—
2 Antonio Bro.... (illeg.)	7.—		6 Gouan Gerson[8]) (fortan ohne Preis-	
2 sânia orladina[5])	1. 4		angabe)	
			6 Meditation de S(an)to Aug(usti)no	
Questi in cassa 2.			6 Meditation (de) S. Bonaventura	
1 R(is)ma di carta	3.—		6 Encheridion d' Erasmo[9])	
6 lire de cartoni	—.18		1 Supositi[10])	
6 Salusti ver(sione)	1.16		1 libro di frate	
1 Bibia ver(sione) in foglio	3.—		1 Fior di virtù	
3 Euclide ver(sione)	13.10		2 Scala Grimaldeli‹	

(Diversa Notarie 1548—1550, f. 129 v.—130 v.).

II. Zu den Biographien der Schriftsteller.

5. Testament der Mutter des Dichters Gjore Držić.

(Auszug). 1500, 10. Juli eingetragen testamentum Nicolete, uxoris quondam Nicolai de Dersa, nuper defuncte, datirt vom 25. Juni 1500, mit den Zeugen Ser Jacobus Nic. Sar. de Bona und Ser Marinus Steph. de Zamagno. Per
decime et primicie a S. Maria Mazor, S. Maria alle Danze, S. Domenego, S.
Francesco je 6 grossi, »alli poueri leprosi de Sancto Lazaro alle Ploze«
grossi 4, an das conuento de S. Domenego perperi 4 per le messe, al mona-
stero de S. Maria de Castello ducati 2. Legate an Nicoleta's Schwestern An-
dreola, Catherina, Franussa, an Catherina, relicta de Christich Gradich,
ferner per maritation de Nicoleta, fiola de Marin mio fiolo, an Biasio mio fiolo.
»Et a *dom Zorzi*, mio fiolo, perperi cento per amor«. Marissaua fantescha,

---

[1]) Die bekannten Elegantiae des berühmten Humanisten Laurentius
Valla († 1457).

[2]) Wohl »Il Principe« des Niccolò Machiavelli († 1527).

[3]) Diese Reisewerke sind leider nicht näher bezeichnet.

[4]) Nic. Perotti, Erzbischof von Sipontum († 1480), Verfasser von Rudi-
menta grammatices u. s. w.

[5]) Orlandino des maccaronischen Dichters Teofilo Folengo († 1544)?

[6]) Guazzo's Gesch. der Türkenkriege s. oben.

[7]) Opus ruralium commodorum des Petrus de Crescentiis aus Bologna
(† 1320), eines mittelalterlichen Agronomen, seit 1468 wiederholt gedruckt.

[8]) Wohl eine Schrift des franz. Theologen Gerson vom Anf. des XV. Jb.

[9]) »Enchiridion militis christiani« des Erasmus von Rotterdam († 1536).

[10]) S. oben: Supositi comedia, von Ariosto.

Nicoleta altra fantescha auch betheilt. »Lasso al prefato *dom Zorzi*, fiolo mio, per amor la mia cassa de nugaro, la qual è in la camera in primo solaro apresso el mio coffano cum tute quelle cose, che in quella se trouano. Item al dicto *dom Zorzi* lasso el mio coffano et la carpeta grande noua, la qual jo ho facto, e li cussini mei doi de seda celestri, et la fersa mia noua del couertor rechamata, per la qual ho jo dato perperi 18. Item ordeno et voglio, che dicto *pre Zorzi*, mio fiolo, debia distribuir de le mie vestimente quello et quanto et doue jo li ho acommesso. Tuto el resto, de quello io son valiosa poter testare, lasso alli mei fioli, alli quali lasso la mia benedictione, la qual Dio li confirma in celo. Et voglio, che loro siano epitropi de questo mio testamento et Nicolo de Galeaz et Thomaso de Blasio de Vodopia et Andrea de Dersa nostro, al qual lasso per amor, che li si fazano et dagano para doi de linzoli et uno couertor de lecto et due tonaglie et una peza de touaglioli, et de piu, quando se leuasse de casa nostra, che li si daga de le massaricie de casa, de rame, de stagno et de altre cose minute per bastanza de la tauola«. (Testamenta Notarie 1498—1503. f. 77—77 v.)

6. *Testament des Ser Johannes Stephani de Goze* († 1502).

A. (Auszug). »Millesimo quingentesimo secundo, indictione quinta, die XIII mensis martii, Ragusii. Hoc est testamentum olim Ser Johannis Ste de Goze, nuper defuncti, repertum in notaria Ragusii, ubi per ipsum testatorem his diebus proxime preteritis datum fuerat ad saluandum cum aliis testamentis vivorum iuxta morem ciuitatis, cui erant ascripti Ser Joh. Damiani de Menze judex et Hieronymus de Sfondratis, notarius communis Ragusii, testis. Cuius tenor talis est, videlicet: Jesus Maria. 1502 die XXII Februarii in Ragusi. Al nome de Dio e della sua madre Maria. Io Gioanne condam Stephani de Goze, considerando, chel stato presente e maximamente pericoloso, come manifestamente specular se possiamo nelli quottidiani casi della morte, occorsi alli nostri precessori« etc. Zahlreiche Legate an Kirchen; »per maltolleto incerto perperi trenta«. Al commun de Ragusi perperi 300 per conscientia, »deli quali denari una parte ho tolto, siando garzon della dohana grande et ho avanzado, siando stato venditor del sale; de piu pongo in essi ducati sette, che leuassemo dalla dohana de panni di Fiorenza«. Vor ·21 Jahren kaufte er panni in Verona und sendete sie über Pesaro; seine Epitropi sollen sich mit zwei des canonischen und civilen Rechtes kundigen Männern berathen und nach deren Entscheidung der Doana von Venedig, die er umgangen, den Schaden ersetzen. Schulden des Vaters, Rechnungen von Handelsgesellschaften.

Bestimmungen über Bücher: »Item lasso, che se dia alli poueri grossi trenta per l'anima de Misser Nicolo de Getaldi canonico, perche tolsi in casa de Misser Francesco de Gradi una sua Retorica et vendigli grossi trenta ..... Libri, che ho de condam Ser Bartholo Giov. de Goze, sono questi: una decha de Liuio in carta bona, uno Terentio in carta bona, Blondio de Illustrata Italia, Blondio de Instaurata Vrbe, Prisciano, Eticha de Aristotile, tuti

questi in carta bona, Donato sopra Terentio, Nonio Marcello, Solino de mira-
bilibus mundi, Ouidio magior, Juuenale, tuti questi in carta bombasina et tuti
quanti scritti de mano, li quali voglio se rendano alli heredi del dicto Ser
Bartholo, et se nullo ui manchasse, voglio che li si pagi quanto po valere.
Alli fioli de condam Ser Luciano de Bona voglio se renda uno suo Platon de
Rep., el qual, credo, che ha nelle mane dom Marino monacho de Meleta, mio
çio, et se non se trouasse, se dia a loro ducato uno per esso delli mei beni.
Mi impresto ancor Misser Marino de Ragnina canonico[1]) Epistole familiare
cum comento in stampa, so(no) in studio mio, voglio se vendano et daga-ssi
alli poueri per l' anima sua. Alli fratelli de condam Ser Georgio Lu(ce) de
Bona se rendano le Epistole familiare de Tulio in stampa, le qual me impresto, et sono nello mio studio« ...... »Item voglio, che tuti li mei vestimenti et la mia parte della argenteria et li mei libri greci et latini se vendano
allo publico incanto«. Vestimenti: tre veste di scharlato fora di mantello,
quatro paunaze, una negra fora de mantello, tute noue; sotto mantello, una
rosada, un altra paonaza, terza negra, quarta de damaschino negro.

An das comun de Venetia 2²/₃ Ducaten wegen Ueberyortheilung bei dem
Export von panni de Verona. Voto 2 duc. an die Kirche S. Maria alle Danze,
»che se faza una corona d'arzento al capo de nostra dona«. Für 600 perperi
sollen die Thesaurare ein Haus in der Stadt kaufen, afficto distribuire ogni
anno nello giorno de Natale per le case de nobili de Ragusi et piu besognosi a
perperi doi la casa. Genannt des Erblassers Vater, Oheim Marino, ein verstor-
bener Bruder Ser Biasio, die verstorbene Schwester Tamara, der verstorbene
Stephano und der lebende Polo, fioli de olim Ser Biasio mio fratello, ferner
des Erblassers Mutter und seine Frau Dechussa (patti matrimoniali in notaria
9. Nov. 1474). Hat in armaro dello mio studio ducati in contadi circa 1450,
pegni d'oro et argento e perle in cassa circa ducati 70; ogni pegno ha la
cetula sopra. Erwähnt kaufmännische Rechnungen (libro longo). Universalerbe ist der Neffe Polo di Ser Biasio mio fratello. Hat derselbe keine Nachkommen, so fällt ein Drittel der S. Maria di Castello zu, ein Drittel den Söhnen
des Ser Symon Dam. de Benessa, ein Drittel den Söhnen des Ser Bernardo
Thome di Bona. Epitropi: mia madre, Decussa mia moglie, Franussa mia
cognata, Ant. Mar. de Goze, Benedetto Mar. Ben. de Gondola, Nicolino Ors.
di Menze. — Giunta vom 21 (sic) Febr. 1502 über das Testament des Giohane
de Goze, auo mio, und Tamara sua uxore, auia mia, sowie über eine Schuld
von 20 Ducaten an Magister Daniel de Parma, preceptor. (Testamenta Notarie
1498—1503 f. 160 v.—166 im Archiv des k. k. Kreisgerichtes in Ragusa.)

B. 1504, 9. December (Auszug). Inventarium in domo quondam Ser Joh.
Ste de Goze in camera olim D. Decusse, uxoris dicti Ser Johannis, factum per
conseruatores bonorum. Bothoni 27 de perle. »Centura de argento indorato,
tucta de argento, senza seta«. Vno piron de argento de Zazara (sic). Piedule
de arg. dorate 22. »Granelli de argento dorato, de filo uechio, numero trenta sei«. »Vno Agnus Dei de argento cum XII pietre per bottoni de perle«.
»Asule de argento numero septe(m)«. »Vno detal de argento«. »Vna fibia de

---

[1]) Sein Testament vom 7. Mai 1499 im selben Buche f. 28 v.

centura de argento piccola, vno boton de pater noster et octo botoni pizoli«. »Vna centura de brocchato doro, fornita de argento«. »Vno recordo ad D. Decussa de D. Nicoletta, sua madre, scripto in uno foglio«. »Vno pater nostro de coralli grossi, numero sexanta quattro grana cum croce de argento«. »Vno collaro cum perle et oro«. »Vna centura de velluto negro cum argento dorato«. »Alcune petre et uetri et uno piron cum manico de christallo et vna centurella, dixeno esse de Piero de Goze«. »Vno instrumento de ipp. 320 de 1424 ind. VII, die nono junii«.... »Vno anello de oro cum arma bullator(ia)«. »Libra meza uel circa de filo biancho«. »Facioli cum seta et senza seta numero XIII«. »Dui catenelle de argento cum vna croce coperta de seta verde«. »Vno paro de lenzoli de quondam Ser Piero de Goze«. »Dui fustagni bianchi«. »Dui gugnelle de panno negro«. »Item un altra gonella negra de panno«.... »Vna acu de argento de roccha cum cathena de argento«. »Quattro cosini lauorati de panno et corame dorato de Ser Piero Uite de Goze«.... »Una inuestura de uolpe«.... »Vno coretto de bianchetto«. »Dui cherpette (sic) de quondam Ser Piero de Goze«. Alles »in piu capse et uno cophano in camera, doue staua D. Decussa«. (Diversa Notarie 1504 f. 29'—f. 30).

III. Slavische Testamente. A) Aus Ragusa.

7. Testament des Radič Aligretović, Ragusa 1517.

Testamentum Radicij Alegretti mercatoris. M°CCCCCXVII, indictione quinta, die uero XVI mensis februarii, Ragusii. Hoc est testamentum Radicij Aligretti mercatoris, his preteritis diebus defuncti, repertum in notaria, ubi alias datum fuerat ad saluandum cum aliis uiuorum testamentis, juxta morem ciuitatis, cui erant adscripti Ser Marinus Nic. de Gondola judex et Ser Hieronymus de Sfondratis notarius testis; quod testamentum erat scriptum idiomate slauonico, registratum hic per me Lucam de Primo cancellarium in presenti libro testamentorum de licentia notariorum communis Ragusii, quia ipsi notarij scripturam slauonicam nesciunt, cuius quidem testamenti tenor est videlicet:

Исꙋсь и Мариа, на ч:ꙗ:їв (sic) на дни ·і· новємбра ꙋ Дꙋбровникꙋ. Ѿ Радичь Алигрєтовик, брать Пїєра воцїєра¹) и Радосава Царкє²), чиниꙗь мои напокони тєстамєнать ѿь свєга мога добра, що сє накїє за мономь смартнꙗмь днємь накїє (sic), да вратимь свакомꙋ, що є чиє ꙋ мєнє. Наипрїє ми є занимаꙋ г(оспод)иь богь дꙋшꙋ, кономь дихамь и глєдамь и ѿ людми говоримь, и затои молимь сє г(оспод)инꙋ б(о)гꙋ, да ми допꙋсти м(и)л(о)сти своє, да мꙋ ю опєть вратимь бєзь смар'тнога грѣха, да ми допꙋсти правꙋ изпо-

---

¹) Voštijer wohl von hostaria, osteria.

²) Cf. Iuan Zerchla, Div. Canc. 1522, f. 154.

вѣстъ ѡдъ свѣхъ моѣхъ грѣха. И ѡще самъ дѫжанъ
црнон земли моюмь гнилѣмь тѣлѡмь[1]), и затои се мо-
лимъ г(осподи)нꙋ б(о)гꙋ, да ми допꙋсти милость свою, да
ми допꙋсти, да тюлѡ моюе има мюсто гдюе годюре подъ
сюнꙋ црковномь, гдюе кю починꙋти, докле га г(осподи)нъ
б(о)гъ опетъ здрꙋжи з дꙋшомь и пошлю га ꙋ вюкꙋ вѣчню
станю, гдюе бꙋде ꙋгодню ш(и)л(о)сти г(осподи)на бога и
блажене дюве Мариюе, иаике боже. Я сада починю писати,
що се има ꙋчиннти ѡдъ мога и стабила и мобила, що
годюр се накю по моион смарти ѡдъ мога добра, да се
има по законꙋ ꙋчинити и наредити, коко е законъ ѡдъ
мѣста, да се такои ꙋчини. Нанприе ѡдъ мога добра
да се има дати ꙋ Свѣтꙋ Госпоꙗю перпера юдна, да богъ
и света госпоꙗъ, да има мою дꙋшица дюлакь ѡд моли-
тава, коне се говоре ꙋ нион сваки дань, не за мерито мою,
него ли за милосардїе ню. Я ꙋ Свѣтꙋ Госпоꙗю на Данче
шестъ динара, а ꙋ Свѣтꙋ Госпоꙗю ꙋ Рѣкꙋ шесть динара, а
ꙋ Свѣти (sic) Томꙋ на Пꙋстѣрни перперꙋ, а ꙋ свети Доминикъ
ꙋ придикатꙋре перперꙋ. И да се има направити фигꙋра надъ
нашомь ракомь, какоио ю и надъ онѣзꙋин ракамн, кое сꙋ
онꙋюе наше къ истокꙋ. И да се има направити мѣсто, како
кю кандѣла моки горюти надъ главами, кою бꙋдꙋ леки ꙋ
нион. И ѡще да се има ꙋчиннт(и) инкꙋна ѡдъ ·в· дꙋката,
да се стави ꙋ Свѣтꙋ Госпогю на Бнелꙋ, гдюе леже наши
стари. И да се има дати миса пїети ѡдъ светога Гаргꙋра за мою дꙋшꙋ, да се да фра Ловрюнцꙋ нашемꙋ ѡцꙋ,
да онъ говори (f. 7) мисꙋ за мою дꙋшꙋ, да ме свети Гар'-
гꙋрь ꙋклони ѡд пакла и да ме привед(е) ꙋ кралювствѡ
г(оспо)д(и)на б(о)га (ausgefallen ꙋ) молитвахь нюговѣхь. И
ѡще осталышь моюмь непꙋчамь Стани и Пав'ли, да им се
имаю ꙋчинити сꙋкне, како кю костати сꙋкна по ·е· дꙋката.
Я моион женн Мари осталышь, ако се ꙋда, да има имати
онꙋн пар'кию, кою ю за ме донюла, и юдань пар'стень ѡдъ
моюхъ, да се споменꙋю ѡдъ мене, и да има ·с· дꙋката
имати ѡд мога добра; ако ли се неби, да стои ꙋ свюехъ

---

[1]) Cf. »io renuncio l'anima mia a M. Domino Iddio, corpo alla terra« im
Testament des Andreas Elie battioro 1548, Test. Not. 1543—1549, f. 240.

добрꙗхь моꙗхь, да храни мою дꙗцꙋ, ꙋ моꙗхь добрꙗхь сꙗдꙗки, моѧки б(о)га за свою дꙋшꙋ и за мою. И Мар'гити да сꙗ има платити, що ꙗ стала досѧꙗ, по ·ꙗ· перперь на годицꙗ. И Стꙗпанꙋ Зеленчикю ѡдьꙗвише платꙗ ·в· дꙋката да мꙋ сꙗ дадꙋ, ꙗрꙗ ꙗ послꙋшань биꙗ свиꙗмь нашꙗ и добро ꙗ настоꙗꙗ за нашꙗ ствари. Я садꙗ чинимь тодꙋрꙗ моꙗои жени Марии и дꙗци моꙗои, кою ꙗ имала са мномь, по законꙋ сꙗган свꙗта и овоган мꙗста чинимь да ꙗ парви тодꙋрь г(о)сп(о)д(а)рь Стꙗпко Лꙋкаровикь а дрꙋги г(о)сп(о)-д(а)рь Мароꙗ Цилꙑнь[1] а трꙗти Баро Зизꙗровикь а чꙗтварти мои брат Радосавь Црка а пꙗти моꙗ женꙋ Марꙗи. И ако би осидꙗла ꙋдовицомь за мномь, да ꙗ дона и патрона ѡдь свꙗга мога добра за нꙗ живота а наконь нꙗ дꙗци моꙗои и нꙗꙗ. Я поманкавши нашꙗ колꙗню и када вꙗкꙗ нꙗбꙋдꙗ ѡдь нашꙗга колꙗна вꙗкꙗ никога, да ꙗ ован кꙋкꙗ фратрꙑи ѡдь прꙗдикатꙋра, нꙗка молꙗ б[о]га за нашꙗ дꙋшꙗ и за нашꙗхь старꙗꙗхь. И ощꙗ да сꙗ да фратрꙑи ꙋ свꙗти Карсть ꙋ Грꙋжꙋ перпера. И ощꙗ моꙗои сꙗстри Катаринни ·в· дꙋкат(а) за милость, и осталꙗꙗмь нꙗпꙋчамь, кꙗꙗ-ꙗми Катиниꙗмь, коꙗ сꙋ ꙋданꙗ, свакои по дꙋкат. И Лꙋци Биꙗлоꙗвикю ꙗдна чоха сина али брꙋна, да ю носи ꙋ добрꙗ дни за любавь мою. И Плꙋкꙋ такоћꙗрꙗ чоха сина али брꙋна, и Бошкꙋ и Бꙋкосавꙋ по чохꙋ. Я кꙗꙗꙗꙗмь Радꙋꙗвꙗꙗмь по ꙗднои копрꙗни али по дꙋкатꙋ златꙋ. И тꙗци (sic pro тꙗтци) Люби ꙋ Оррахꙋвцꙋ[2] (sic) да сꙗ да дꙋкать, нꙗка и она молꙗ бога за мою дꙋшꙋ. И ощꙗ осталꙑмь питропꙗ свархꙋ рꙗчꙗ-нога тꙗстамꙗнта ѡдь згара рꙗчꙗнꙗ, наипарво кнꙗза Стꙗпка Лꙋкаревикꙑ, дрꙋго кнꙗза Мароꙗ Николꙗ Гꙋндꙋликꙑ, трꙗтіꙗ Бара Зизꙗровикꙑ, чꙗтварто мога брат(а) Радосава Црꙋ а пꙗто мою женꙋ Марию. Я сада вась заклинамь живꙗꙗмь богꙑи, ако би сꙗ згодила барзо мою смарть по овомꙗмь (sic) днꙗмь, да ми иматꙗ ꙋчинити барзꙗ задоволнꙗ овомꙋи тꙗстамꙗнтꙋ. Я що годꙗрь изостанꙗ за тꙗстамꙗнтꙗи, да сꙗ има дати ꙋ тꙗстварию (sic) ·іꙗ· перпера. И ви мои, мо-

---

[1] Maroje Ciljan == Maroje Nikole Gundulić weiter unten.

[2] Orahovac bei Perasto (in mittelalt. Urk. auch Reconatium) oder ein anderes in der Landschaft von Trebinje.

лимь вас ѡдь страни божие, ѹчните ми задоволнѡ овомѹи
тестаментѹ и останите з богомь, сви мои прїштели и не-
прїштели, и простите менние, що самь вамь сагрѥшнѡ, и
молите б(о)га за мою дѹшѹ, а г(о)сп(о)д(н)нь кие богь дать
вамь дѹгь животь и добарь а на смар'тни чась прощение
ѡдь свѣхь грѣхаа (sic). Ѧмень.

(Testamenta Notarie 1517—1519, Pergamentcodex im Archiv des
k. k. Kreisgerichtes zu Ragusa, f. 6 v. — 7).

B. Aus Stagno.

8. *Testament des Nikša Marojević Raguzin, Stagno 1458.*

Stagno 1458, 29. März. »In Xpi nomine, amen. 1458 a di 29 marzo.
Io Nichsa Maroieuich, dito Ragusin [1]), fazo lo mio vltimo testamento, siando
infirmo del chorpo, sano in la mente mia, gasendo (sic) in leto. In prima laso
per dezima et primizia a Santa Maria a Stagno perpero 1. Item laso« (durchstrichen, unmittelbar darauf:)

Ⰼ Никша Марѡиевнѣ речени Рагѹзинь чинѹ мни на-
пѡкѡнни тестамень, бѹдѹѣе немѡѣань ѡт пѹти а здравь ѹ
памети мнѡни, лезѣѥн (sic) ѹ ѡдарь. Наипривѡ (sic) ѡсталамь за дециню и за прининциѹ Светѡи Гѡспѡѣн ѹ Стѡнь
перперѹ; такоге ѡсталаме (sic) ѹ Свети (sic) Кѡзмѹ и Дамѡнь
перперѹ; такѡге ѡсталамь ѹ Свети Михаѡѡ (sic) перперѹ;
такѡге ѡсталаме (sic) ѹ Свети Власи перперѹ; такѡге ѡсталамь ѹ ѡспедаѡ ѹбѡзние перперѹ. Такоге ѡсталаме ѹ фратре ѹ Свети Никѡлѹ ѹ Стѡнь ·еі· перпера за мнсе ѡд светѡга Григѹра (sic), да нмаю рѣн. Такоге ѡсталаме фратнли
ѡд светѡга Франческа ѹ Стѡнѹ ·е· перпера. Такоге ѡста-
(ла)ме и хѡѣѹ, да Никѡла да ѹ три гѡдница свакѡ гѡ-
дние ·л· лакат сѹкна била на славѹ г(осподи)на бѡга и
светѡга Никѡле и свихь бѡжнхь светнхь фрѹскатѹрѡше ѹ
Стѡнь за сѹкне. Такѡге хѡѣѹ, кѡю кѹѣѹ нмаме ѹ Дѹ-
брѡвникѹ прима Маринѹ Цндилѡвнѣ, хѡѣѹ да се немѡре
продати, ни за дѹгь ѹзети ни заложить, негѡли да греде
Никѡли и негѡвѹ родѹ и масариа, кои ѥ била ѹ кѹѣн, кѡю
ѥ ѹзеѡ Маринь и Снѡкѡ, и пратѣзь (sic), кою сѹ ѹзели ѡни.
И хѡѣѹ, акѡ би биѡ кѡн синь Никѡлинь пѡпь, хѡѣѹ да

---

[1]) Derselbe Nikša Raguzin als Zeuge in Srebrnica 20. Febr. 1438 in einer
Urk., Spomenik XI, S. 80.

ю нєм8 к8ћа ѡнаи 8 Д8бр҃внк8. Такꙍћє ѡсталаше к8ћ8 8
Стꙋн8, коꙗ ю на тєрин8 кꙑ҃м8нскꙍиѥ, и к8ћ8 стар8 кꙑн
шира и тєринь 8 Пꙋꙁдвиꙁд8 8 гꙑнт8 ꙁа шалꙑиє братꙑ-
иꙑиѥ и винꙑградє с к8ћꙑиє на Ластꙑв8 Никꙍли и нє-
гꙑви дици. И ѡсталаиѥ Пєтр8ши, сєстри Никꙍлини,
пꙍд днꙑи ѡд к8кє, кꙍиꙑ ю на тєрин8 кꙑ҃м8нскꙍиѥ, да
стꙑни на нєиь ꙁа жикꙑта свꙑга, а накꙑнь нє Никꙍли, какꙍ
саиѥ (sic) писаꙍ ѡд ꙁгара. Я ино ѡсталаи свє, що гꙑд нє
шобило и стабилꙍ, 8 вꙑл8 Никꙍлин8 8 ꙁикꙑвтꙑ и 8 сꙑрнтꙑ
(sic), да ю ѡнꙑ вꙑлꙑнꙑ свꙑиє, що хꙑћє 8чинит. И ѡсталꙍ
приперꙑч8ю 8 вꙑт8 Никꙍли, и д8шє старихь иꙑих и иꙑю.
Такꙑгє, када сє к8ћа б8дє афиктават 8 град8, хꙑћ8 да сє
да 8 шанастирь на Сланꙍ ·є· пєрпєрь. И хꙑћ8 да да фра-
трꙑшє на Крикарь (sic) ·є· пєрпєрь ѡд афикта ѡд к8ћє. И
ѡвє лаксє, кꙑю саиь ѡстависꙑ, хꙑћ8 да Никꙍла стꙑнє8а
сврихꙋ (sic) нєгꙑвє д8шє. Ѡсталаиѥ питрꙍпа и тꙑд8ра
Никꙍла8 и Пєтр8ш8.

A di 4 aprile Andrea cang(iler) [1] confeso auer rec(e)uto per scriptura 1.
E a di detto y pouerj delo ospedale confesono auer receuto da Nicola lu
gener (?) segondo apar in lo presente testamento perpero 1. E a di detto don
Marin capelan de San Biaxio confesso auer auto del detto Nicola segondo etc.
perpero 1. E a di 12 mazio Giucho Bogauzich come procuratore deli frati di
San Francesco de Stagno confeso auer auto perperi 15. A di 22 mazio el
guardian de Slano confeso auer receuto perperi 5. A di 7 febr.1460 li officiali
de la schola di frustadori de Santo Nicola Giuicho Bogaucich e compagni con-
fessono auer receuuto rassa biancha per anni 2 fino al presente, che fono
br(aza) 60.

9. Testament der Frau Slavuša, Stagno 1463.

Stagno 1463, 30. November. Testament der Slaussa, uxor de Bo-
gissa Ratchouich [2]).

Ик Слав8ша, жена Богише Ратьковикьа, ћьи Франька
Ж8ргвникьа, чинꙑю мои напꙑконⷩ тєстаминєнать 8 добр8
паметь мою, ч8ютьє сє нємоћна 8 п8ти а ꙁдрава 8 памєти
монои. Прꙷво оставлꙑиє ꙁа дєциꙑ8 и ꙁа примицию 8 Свєт8
Госпою 8 Стонь ·і· пєрпера. И ощє оставлꙑиє 8 Свєти (sic)

[1]) Ser Andrea de Grecis, cancellarius Stagni 1458—1466.
[2]) Der italienische Titel sammt Datum auf einem andern Blatt mit alter
Pagination 116.

Кузмꙋ и Дамнꙗнь ·а· перперꙋ. И иоще оставлꙗще ꙋ Свети Михаишꙗ (sic) ·а· перперꙋ. И иоще оставлꙗще ꙋ Свети Власи ꙋ Стонь ·г· перпере. И иоще ꙋставлꙗще ꙋ Свети Франьческо ꙋ Стонꙋ фратромь петдесеть перперь за дꙋшꙋ моихь мрьтвиехь и за мою, за мисе. И иоще оставлꙗще кꙗери Цвиетини Милꙋтинови еднꙋ (sic) сꙋкню свите, да иои се кꙋпи по перперꙋ лакать. И иоще хоꙗꙋ да се прода виноградь полакь илина ꙋзь г(оспо)д(и)на Миха Бꙋчиньчиꙗа[1] и ꙋзь Бокана (sic) златара и ꙋзь Юрька Градиꙗа, и шд динара шд винограда хоꙗꙋ да се плати овꙋи, що пишꙋ шд згара мою лакьсе. Я ино, що би е (sic) аваньцало шд винограда, ꙋставлꙗще Богиши Ратьковиꙗꙋ, момꙋ мꙋжꙋ, ꙋ животь и ꙋ смрьть, [и] ино покꙋꙗие, що би се нашло шд мога. И осталꙗще сврьхꙋ дꙋше Богишине, да пошле ·а· пꙋть ꙋ Римь и ꙋ Псижь.

Я сада хоꙗꙋ и осталꙗще онꙋи печꙋ приеко потока полакь Светога Ивана ꙋзь г(оспо)д(и)на Миха момꙋ братꙋчедꙋ Биели Младиновиꙗꙋ, и жоньтꙋ с кꙋꙗноме ꙋ Михаилꙋ наконь Богише немꙋ и негови диеци и виекь виекомь.

И още осталꙗще кꙋꙗꙋ, ꙋ кои стонио, наконь Богише момꙋ братꙋчедꙋ Лꙋкши Ꙉюрьꙗиевиꙗꙋ ꙋ градꙋ, с овиеме начиномь, що ю Богиша стратио ꙋ кꙋꙗю, да мꙋ Лꙋкша плати петьдесеть перпера.

И иоще хоꙗꙋ да бꙋде се (supple: шдь) ове кꙋꙗие свако годище давати ꙋ фратре по старꙋ ꙋлꙗ.

И иоще хоꙗꙋ, по моиои смрьти да се прода капа и сꙋкне ·в· и шд тогаи хоꙗю, да се кꙋпи штцꙋ момꙋ дꙋховьномꙋ фра Галꙋ абить, а ино за мисе шд светога Грьгꙋра, да се дадꙋ пиети за мою дꙋшꙋ.

И хоꙗꙋ за живота Богишина да се прода виноградь и да се раздиели, що годи осталꙗще мое (sic) лакьсе шд динара.

Я питропе мою осталꙗмь Богишꙋ Ратковиꙗа и Бокана Доброволевиꙗа и Радосава Шагарислиꙗа и Николꙋ Лꙋгиниꙗа и Биелю Младиновиꙗа, конмь припорꙋчꙋю дꙋшꙋ мою.

И защо самь оставила Лꙋкьши Ꙉюрьꙗиевиꙗꙋ кꙋꙗю по

---

[1] Ser Michael de Bucignolo.

смр†ти Богишини а за к8ћю, що ю стратно Богиша петьдесеть перьпера, хоћю да Л8кьша плати; ако ли би нехотно
платити, да питропи Богишини имаю продати к8ћю и
разьдиелити за бога и за д8ш8 оних и wд к8да не дошла
к8ћиа.

Zuvor ital. Uebersetzung, von der jetzt nur der Schluss vorhanden.
Folgt die Distribution: 30 Oct. 1464 lo guardian deli frari, 27 Jan. 1467 Don
Goan Pripcich, cappelano de Sta Maria in Stagno, u. s. w.

10. Testament des Radosav Šagarelić, Stagno 1478.

Stagno 1478, 8. Sept. Testament des Radosav Šagarelić (Sagarelli).
Das Original geschrieben »con le letere schiaue de sua man propria«. Erhalten auch eine ital. Uebersetzung, aus welcher die wichtigsten, zur Erklärung
des Textes nothwendigen Stellen in den Anmerkungen mitgetheilt sind.

На ·ч· и ·8· и ·о· и ·и· роздаства христова, миесеца
сетенпра на дни ·и· Ш Радосавь Шагарилић, исти[1]) Радосавь чин8 мои напокогни тестаминать монwмь р8комь,
б8д8ће 8 монwм (sic) добром (sic) паметю. Wоставлам светои
Госпоћи 8 Д8бровникь (sic) за дециму и принмицну ·а· пер-
пер8 динара. И wставламь светwи Госпоћи на Данче ·s·
динара[2]). Wоставламь светwи Госпоћи 8 Стонь ·а· перпер8
динара. И wоставламь светом8 Николи ·а· перпер8 динара.
И wоталамь светом8 Власи ·а· перпер8 динара. И wоставламь светом8 К8жми и Дамиин8 ·а· перпер8 динара, да
се да. И wоталамь 8 свети Никол8 фратрwм ·i· перпера,
да ми говwре мисе wд светога Григ8ра. И wоталамь фа-
тромь 8 Д8бровник8 ·е· перперь динара, да пою мисе wд
светwга Григ8ра за мою д8ш8. И wоталам на Слани ь (sic)
8 свети Иеронним фратромь ·е· перперь динара на Слани
(sic), да пою мисе wд светога Григ8ра за мою д8ш8. И
wщ иоталамь фратрwмь 8 Рик8[3]) ·е· перперь динара, да
говwре мисе иd светwга Григ8ра. И wоталамь 8 Конавли
фратрwмь ·е· перперь динара, да моле бога за мою д8ш8
и да говwре мисе wд светога Григ8ра. И wоталамь 8 свет8

---

[1]) Radosau Sagarelli, medemo etc.
[2]) Grosi sei. Auch unten stets ДИНАРИ = grossi.
[3]) In öbla (Ombla).

Госпоκȣ на Кринарь⁴) фратриⰿⸯ ·е· перперь динара, да се
дадȣ, да пою ⰿисе иⰴ светωⰢа Грнгȣра за ⰿою дȣшȣ. И
ωсталаⰿ фратрωⰿⸯ ȣ светⰯ Николȣ за ⰿбⰯть, ȣ чⰿⰿ се ⱅȣ
ȣκопатⸯ,⁵) ·Ⱟ· перперь динара. И ωсталаⰿⸯ дȣⰿнаⰿⸯ ȣ свⰿтⰿ
Враче⁶) ·Ⱟ· перⰿⰿрь динара, да ⰿоле бога за ⰿою дȣшȣ. И
ωсталаⰿ ȣ ωспедаω ȣ Стонȣ, кои стⰯнⰿ ȣ ωспедалȣ, да
се ниⰿⸯ раздилⰯ ·Ⱟ· перⰿⰿра динара. И ⰲⱆⰿ ωсталаⰿ ȣбо-
гиⰿⸯ и слⰯпⰯⰿⸯ ·Ⱟ· перⰿⰿра динара, колⰯко дотⰿчⰿ по ·в·
динара по човⰯка. И ⰲⱆⰿ ωсталаⰿ РадосавⰯ на ниⰿ Фра-
нȣшⰯ, коⰯ нⰿ ȣ ⰿⰿнⰿ стала, ȣ свⰿтⰿ Враче⁷) ·е· перⰿⰿрь динара, да ⰿолⰯ бога за ⰿою дȣшȣ. И ⰲⱆⰿ ωсталаⰿⸯ свⰿ-
тоⰿȣ НиколⰯ кȣнтȣⰿⸯ⁸), кон е заложила Милица СтⰯⰿⰰ-
нⰲⰲⰿнⰯца⁹) за ·п· дȣкат(а) и ·кв· динара, да ȣчинⰿ фратрⰯ
на ωтарь (sic), ⱆо болⰿ знаю. Яκο ли МилⰯца да дȣκатⰿ
занⸯ, а ωни за дȣκатⰿ ωⰴ κȣнтȣⰿⰰ да κȣпⰿ на ωтарь, да
бȣдⰿ за ⰿою дȣшȣ. И ωсталаⰿⸯ МарⰢарⰯтⰯ, жⰿни ⰿоⰲⰲи,
κȣⱅȣ ωⰲȣⰯ ȣ Стонȣ, κⰲⰯⰿȣ саⰿⸯ ⰲ зⰢрадⰯⰿⸯ (sic) за ⰿоⰿⰿ
пⰯнⰿзⰿ . . . . дȣⰿнаⰿⸯ ȣ нⰿ волȣ . . . . . .
(drei Zeilen verblasst)¹⁰) нⰿⰿожⰿ иⰿатⰯ нⰿпωⰴанⰿ ωⰿⰲⰲⰯ бȣдⰿ
МарⰢарⰯта, коⰿȣ ю ωⰲⰰ да алⰯ ωставⰯ, да такⰲⰯ бȣдⰿ, κаκⰲ
МарⰢарⰯта хⰲⱅⰿ, да такⰲⰯ бȣдⰿ за κȣⱅȣ. И хоⱅȣ ⰲ Радо-
савⸯ, κⰲⰯⰿȣ ωⰲȣ κȣⱅȣ ωставⰯ илⰯ ю посⰯза¹¹), да дава ȣⰿⰯ
·в· стара свако годⰯⱆⰿ, прⰯⰴ крⰯзⸯ (sic) да гⰲрⰿ за ⰿою
дȣшȣ¹²) ȣ светⰯ Николȣ, ⰯⰯⰯ κⰲⰯⰿȣ κȣⱅа ωстанⰿ, да нⰿ
погⰯнȣ ⰯⰲⰰⰯ ·в· стара ȣⰿⰰ, свⰿтⰲⰿȣ НиколⰯ да се даю
ωⰴ κȣⱅⰿ. И ωсталаⰿⸯ фратⰯлⰯ иⰴ светога Франчⰿска ·е·
перⰿⰿра динара да ни се дадȣ. И ωсталаⰿⸯ ⰊⰿⰯȣшⰯ ȣ РⰯⰿȣ

---

⁴) Santa Maria di Churzulla.
⁵) Per abito, in che sero soterato.
⁶) Alle monache de San Chosma e Damian.
⁷) E stata comeso mi, a San Cosma e Damian.
⁸) Vestido.
⁹) Muglier de Stipan.
¹⁰) Chelli posa dare e lasare ouer al suo ouer alla gesia ouer alle monache, houer vendere in volunta sua, e se alchuno contrastara per esa chassa,
che nol posa auer, saluo che achulluj a quello Margarita li dara houer li sara,
che cusi fia, chome Margarita vol, chusi sia per chassa.
¹¹) Posidera.
¹²) Dauanti al chrozifiso, che arde per anima mia.

Николиници ·ı· перпера динара, да моли бога за мою дꙋшꙋ.
И ѡсталамь Славꙋши, Николе Мартиновића жени, ·є· перперь динара, да мꙑли бога за мє. И ѡсталамь Цвити, Лꙋкє
Сикєвића зєни (sic) 13), ·г· перперь динара да нꙑ(н) сє дадꙋ,
да моли бꙑга за мою дꙋшꙋ. И и сталамь Марꙋши, нєпꙋчи
Маргаритинн и жени Бєнкови, ·вı· перперь динара, да моли
бога за мою дꙋшꙋ. И и сталамь Пєтрꙋши, монꙑи нєпꙋчи
а зєни (sic) Милꙑрадꙑвꙑ, ·вı· перпера динара да нꙑи сє
дадꙋ, да моли бога за мою дꙋшꙋ. И ѡсталамь Марни,
кꙉєри Витосавинн ·з· перперь динара да нꙑи сє дадꙋ, да
моли бога за мою дꙋшꙋ. И ѡсталамь Катаринни, нєпꙋчи
монꙑи а зєни (sic) Радована Радєлића ꙋ Затонь ·з· перпера,
да моли бога за мнꙋꙋ дꙋшꙋ, да нꙑи сє дадꙋ. И ѡсталамь
Крꙋнави, сєстри монꙑи а матєри Радосава вꙑнивꙑдє, ·и·
перперь динара да нꙑи сє дадꙋ, да моли бога за мою
дꙋшꙋ 14). И ѡсталамь Радосава воивидє кꙉєри на(н)старнин
·з· перпера динара, да нꙑи сє дадꙋ, да моли бога за мою
дꙋшꙋ. И и сталамь кꙉєри вꙑнивꙑдє Ивка 15) ·з· перперь динара, да нꙑи сє дадꙋ, да моли бога за мою дꙋшꙋ. И
ѡсталамь двнма кꙉєрмамь (sic) Милисални, Марик и Цвити 16), свакои по ·г· перперь да нꙑ сє дадꙋ, да молє бога
за мою дꙋшꙋ. И ѡсталамь Нєлꙋши, Михꙑча Браниловића
жени, нєпꙋчи вꙑнивꙑдє, ·з· перпер динара да нꙑн сє дадꙋ,
да моли бога за мою дꙋшꙋ. И ѡсталам Иванишꙋ, братꙋ
момꙋ и нєговнмь ·д· синовꙑмь, свакомꙋ нихь по ·д· пер-
пєрн, да сꙋ ·к· перпера свемь пєтнма, да сє дадꙋ свакомꙋ
по ·д· перперь. И ѡсталамь Иꙋрнꙋ Вꙋкчикꙋ 17а) ·г· перперь
да мꙋ сє дадꙋ, да моли бога за мою дꙋшꙋ. И ѡсталамь
Сладшю Милєвикꙋ ·г· перперь динара да мꙋ сє дадꙋ да
моли бога за мою дꙋшꙋ. И ѡсталам Радосавꙋ Милобра-
тꙑвнкꙋ ·г· перперь динара да мꙋ сє дадꙋ, да моли бога

---

13) Zuleta muglier de Luca Sichieuich.

14) Item laso a Chrunaua, surella mia e madre de Radosau voiuoda pp.
otu (sic) de grosi, che li se diano, che prega dio per anima mia.

15) Alla fiolla de uoiuoda Iucho Anuxlla pp. sete de grosi. Im slav. Text
fehlt der Name der Anuchla.

16) Im ital. Text Zuieta.

17a) Gurag Vuchzich.

за мою дȣшȣ. И ѡсталаш Марин, Петра Винтȣр(е) ћери, ·г· перперь динара да ини се дадȣ, да моли бога за мою дȣшȣ. И ѡсталамь .... [17b]) Драгићеви ћери брата мога наимладиши, кона не на заморȣ [18]), ·ı· перпера динара, да ини се дадȣ, да моли бога за мою дȣшȣ. И ѡсталамь Кротини ћери Владаве [19] ·е· перперь динара, да ини се дадȣ, да моли бога за мою дȣшȣ. И ѡ(с)таламь Лȣцинь (sic), Радом Ѡбрачића ћери, да ини се дадȣ ·е· пе(рперь), да моли бога за мою дȣшȣ. И ѡсталамь Клари, Добрила Капичића жени, ·д· перперь динара, да моли бога за мою дȣшȣ. И ѡсталамь Ма(т)кȣ Тȣтȣлинȣ ·е· перперь динара, да моли бога за мою дȣшȣ. И ѡсталамь Михни, дившници [20]) монши, ·г· перпере да ини се дадȣ, да моли бога за мою дȣшȣ. И ѡсталамь Маргаритѣ жени моншѣ, како пишȣ ѡд згора кȣћ. И ѡсталамь Маргаритѣ жени монши аргентирȣ мою и свите моне и бачве с виншиь и бакне (sic) и свȣ масарȣ [21]), що ие ȣ кȣћи монши, али е мало али много, да не Маргарита нада све дина и патрȣна, да ини ниткшь (sic!) неможе ницо ȣжети (sic) ни задивати ражи (sic) гне (sic) добре вогле (sic) [22]), ако цю подили вȣлна продати, даровати, за дȣшȣ дати, мою и гне (sic), ȣ гне воглȣ (sic), све цю и ш ѡсталамь, да не свиль волна, како дона и патрона. И ѡвакои ш Радосавь ȣказȣю и хоћȣ да се прода мои виноград на Перȣнихь [23]), що море брижe (sic) га продадȣ мои питропи, и да прода(дȣ) мои виградь цю шгȣ бризе ... да ... динаре мои питропи да дадȣ свакомȣ [24]) .... що ѡсталаме ȣ ѡвоме тестамен(тȣ) ..... що ѡстане, що реста динара аванца ..... (теста)ментшь [25]),

---

[17b]) Auch im ital. Text verblasst: Item laso alla fiola de Dragich, fra- [tel mio.
[18]) In Puglia.
[19]) Alla fiola de Chrotina, a Vladaua.
[20]) Fantescha.
[21]) Argentiera; vestimenti; bote con uin e tini e tuta masaria.
[22]) Si non de sua bona volunta.
[23]) In Peronj.
[24]) Chome si pora piu presto, chello vendano mi epitropi, vendendo mia vignia chome posano piu presto, che rezeueno li denari, mi pitropi che dagano a tuti queli, che laso in questo testamento. E se qualche chosa romagniera etc.
[25]) Romagniera di resto de denari e che auanza del testamento.

да се има дати половица . . . . . динара Маргарити жени
монь (sic), а дрꙋга половица да сꙋ волни мон питропи
раздилити ꙋ цркꙋ и ꙋбожимь (sic). Пꙋщамк и хоћꙋ, да
нк ꙋ монхь питропа воглꙋ, и молꙋ монк питропк смирниь
(sic!) и приклоноь (sic!), како госпꙋдꙋ, да ꙋчинк и свршк,
како пишꙋ. И ꙍсталаиь и припорꙋчꙋю мою дꙋшꙋ ꙋ ваше
рꙋкк, да сте волни що пишꙋ[26]). А тꙑꙋн питропк Братꙋль
Прибиловићь и Маргарита, жена мою, и Бенко Вꙋкоса-
лићь[27]) и Марко Болиновићь и Гꙋрк Драсковвићь.

11. Testament des Goldschmieds Francesco, gestorben in Konjic in Bosnien 1485.

Konjic 1485, 5. November. 1486, 7. Mai in Stagno eingetragen das
Testament des Francesco borese, »schrito in Chognich in letera schlaua«, auf
Befehl des Conte Paladin de Gondola (war Comes vom 18. Nov. 1485 angefangen), »unde miser lo chonte chon li prefati officiali e zudese, vedendo li
testimoni idonei, acetorno lo dito testamento, lo qual feceno registrar in libro
deli testamenti, sechondo l'e chonsueto, de verbo ad verbum in litera schlaua«.

Jhs Maria 1485 a di 5 nouembris a Choniz. Ꙋ ниk божнk прави
Франческꙍ, нека се зна, како чинꙋ тестамкнать ꙋ доброн
памети монꙋ. Наипри ꙍсталаиь цркви ꙋ Стонꙋ Све-
томꙋ Николи кꙋћꙋ ꙋ Стонꙋ, кои нне свршена, да се има
свришит, да бога моле за монхь старихь и за мою дꙋшꙋ.
И ꙍставлаиь Андрꙋска Браютвнићꙗ кереиь ·і· дꙋкать. И
ꙍставлаиь ꙋ Светꙋ Госпоћꙋ ꙋ Дꙋбровникь (sic) ·в· перпери.
И ꙍставлаиь дꙋиь Стипанꙋ ꙋ Стонꙋ ·е· перперь за мисе
ꙍд светога Григꙋра. И ꙍсталаиь ·еі· динара ꙋ Свети
Кристи. И ꙍсталаиь ·в· перпери на часть Светога Михаила, да се рече ·і· миса. И ꙍсталаиь на часть Свихь
Светим (sic) и Светицамь ·в· перпери. И ꙍще ꙍсталаиь
на часть Свете Нꙑнцинате ·в· перперь и ꙋ свакꙋ црквꙋ ꙋ
Дꙋбровникꙋ да се да миса пиити пꙍ ·в· динара. И ꙍсталаиь ꙋ Свети Врачь ·в· дꙋкать дꙋмнамь ꙋ Стонꙋ. И ꙍсталаиь Николи дрꙋгꙋ момꙋ мога кꙍгна (sic pro конꙗ) и саблꙋ
и ·д· пристень злать, и Никши ·еі· дꙋкат и зени (sic) монꙍи

---

[26]) Che siati va(lio)si de quello che schriuo.

[27]) Vuchosalich.

Владави шесдесеть дꙋкать и халине не, кꙋне сꙋ не, да ю ѡние (oder ѡне?) дадꙋ, кꙋне сꙋ ꙋ Дразꙋле Братꙋлеве, и да не проста богомь и мном, да ми ние дꙋша дризана. И да се скꙋпе сви ꙋбожи (sic) ꙋ Стонꙋ на дань светога Михаила, да им се ꙋчнии ѡбидь. И ѡсталамь Дабизивꙋ златарꙋ ꙋ коншенцию неговꙋ, да се плати за когна (sic). И ѡставлам питропа Бранка кашенара и Николꙋ, дрꙋга мога, и Никшꙋ Покраничиꙗ. И що годи се мое може наћи, да имаю ѡни скожать и Бранко и Никола и Никша. И ѡще те молꙋ, Бранко, ѡд стране божне, наиболе ми тꙋн кꙋћицꙋ свриши; ако би що нестало динара за кꙋћꙋ, непꙋсти кꙋће, до коле ти се ненаплати. И ѡще заклинꙋ Николꙋ, дрꙋга мога, богомь живим, тако богь твꙋю дꙋшꙋ неꙋвридиш, немон мое дꙋше ꙋвридит. И ѡсталамь ꙋ Тристеницꙋ ꙋ светꙋ Гꙑспогꙋ ·а· калезь (sic) ѡд ·г· дꙋкате (sic) и ѡд ·в· (über der Zeile либре) дꙋблири и ·а· (ein verblasstes unleserliches Wort: никꙋнꙗ?) ѡд ·е· фигꙋра, да се стави ꙋ Тристеницꙋ ꙋ светꙋ Госпогꙋ.

12. Testament des Vlahna Radišević, Stagno 1486.

Stagno 1486, 8. Januar. Testament des Ulachna Radiseuich, »schrito per man di Radoie Chrecouich, bolato e sigilato«, vorgelegt dem Conte Nichulin Martoli de Crieua (war dreimal Conte von Stagno: 27. April 1485 f., 12. Aug. 1489 f., zuletzt 17. März 1494, wobei er im Sept. 1494 in Stagno gestorben ist). Vgl. Nr. 15.

Ми Блахна Радишевиꙗ чинꙋ ѡви тестаменать з добромь памети мониꙗмь. За тꙑи ѡхѡтꙋ (sic) Никлети шиниин (sic) ꙗрнь (sic!) све мое дꙋбро и боле, како пѡ-[к]ꙋне [1]) (?), що се наꙗе ꙋ кꙋћи, такѡ и виногради, кꙋне имаме с властели, мꙋкꙋ мою и кꙋћꙋ мою, све ѡхоћꙋ ꙗери Николети ѡд мала до велика, неголи ѡхѡтꙋ синꙋ шиꙋ Драгою гвꙋзди ловачка за лꙋбавь. Ако би или мою Николета немогла дризать (sic) винограде и ако би (bis) хѡтниꙗ (sic) ткѡꙗ (sic) ꙋзеть виноградь, да има платить мꙋкꙋ шию, кꙋ сам мꙋчниꙗ (sic) ꙗери монꙑи Никлети. И ѡд мое мꙋке ѡд наиболега мога да ми да Николета ·г· мисе писти за

_____
[1]) Pokućje? oder posugje?

дꙋшꙋ мою. А зашо нєꙋхитꙋ Драгою синꙋ мшꙋ, нєрє сє нє ·в· жєнию иманиємь мони и зємє (sic) моє Стꙋнсавє, нєка нєможє питати ницарь и̑д мога добра; ѿдаилию сє н(є) ѿ менє свимь, како лꙋблю, такѡ и иманиємь.

(Ib. f. 92 v.—93).

13. Testament des Vlahuša Kuljašić im Dorf Janjina auf der Halbinsel von Stagno 1491.

Janjina 1491, März. Testament des Vlahuša Kuljašić (Chuglazich), eingetragen 6. April d. J. in der Zeit des Conte Ser Vido de Getaldi.

In Xpi nomine, amen. 1491 a di (sic) de marzo. Кнєжє, нєка зна ваша милось, Влахꙋша КꙋлашиꙆь за живота свога ѹпорꙋчꙋє свою мꙋкꙋ наконь сєбє жєни своꙆом Марꙋши, а наконь Марꙋшє, ако приꙆ ѹмрє Марꙋша, да остави Марꙋша, направивьши дꙋшꙋ свою и мꙋжєвꙋнꙋ (sic) и дꙋогь платившє, да є остала Иванꙋ зєтꙋ своꙋ, кои ш ними стои, половина нємꙋ а половина ꙋнꙋкꙋ моꙋ Анꙋтꙋнꙋ, ако нєи Ивань бꙋдє добарь и смарьтию (sic) нꙋ дохрани, и да ннє нитькорє волникь за нє живота, нєго ѡна, и да сє ꙋдадꙋ двнє ꙋнꙋци ѿ нєгова добра. И томꙋи Ꙇєста два свнєдока, Живько ꙆакшиꙆь и Марько РадовиновиꙆь. И тє рнєчи да сє ꙋпишꙋ ꙋ каньжєларию.

14. Testament der Bauernfrau Maduša in Janjina 1493?

(Janjina 1493?, 29. October?) Aus der Zeit des Comes Ser Marino Mart. de Zorzi (26. Oct. 1492—1493). Testament der Madussa uxor di Giurag Millissich de Janina de Punta, niedergeschrieben von Pop Dom Andrija in Janina und in einem versiegelten Schreiben dem Conte übersendet. Zeugen Panao Gargoeuich de Janina nnd Michoz Vitcbouich.

Господинꙋ кнєзꙋ Стоньскомꙋ. Нєка зна ваша милось (sic), да Мадꙋша ЮрьꙆєва жєна, Милишина сина, а мати Дєхꙋша ꙋ Ꙇннини а нєпꙋча Радована црнєвьꙆра ꙋ Стонꙋ, ѡна бꙋдꙋꙆи ꙋ доброн памєти своєн свнєдочьно ꙋчин тєстамєнать за дꙋшꙋ свою. Наипрнє да Ꙇєдань барьхань свои мацєнь, скроєнь и кралиєшь свои мєни попꙋ доꙋь Андрин ꙋ Ꙇннини, да ємга молꙋ за дꙋшꙋ нє; ѡвєꙆа Ꙇєдань

Ꙋврꙋсаць коегоди сироти и три кꙋплице момꙋ мꙋжꙋ Юрью,
и скринꙋ велꙋ мꙋжꙋ, а Шнедрии (sic) диверꙋ моемꙋ малꙋ
ѣеднꙋ литицꙋ сребрьнꙋ. А мои дꙋндо Радовань обѣа ми
два барьхана, кимь неѣꙋ бити срамьна, и рꙋкаве к ними с
омбретеши (sic), и о-тоган ми неда нище (sic), него ѣедьне
рꙋкаве, постава ми да четрьдесеть лакать, да за мою
мꙋкꙋ, що ми обѣа, тоган ми неда. И ѣа говорꙋ Мадꙋша:
клетѣ и проклеть wдь бога, ки би човиекь wд мога пле-
мена кое зло ꙋчинииль Милишнѣемь и нихь родꙋ заради
мене, ѣере самь и своѣомь (sic) ꙋмрьла. А томꙋ е свиедокь
Паваль Грьгоевиѣь и Михочь Битьковиѣь и остала жꙋпа.
А ꙋмрьла е Мадꙋша на двадесеть и два дни (sic) миесеца
октꙋбра, амень. А ꙋ кнеза Климою, що самь стала ꙋ нега,
ние ми доплатиль све; ако ѣе право, има ми дати двадесеть и петь перьпера; ако ли неда, богь мꙋ и дꙋша. И те
динаре да се дадꙋ по момꙋ мꙋжꙋ а дрꙋга по попꙋ Ѣанинь-
скомꙋ, кади самь легьла. И богь те весели.

15. Testament der Frau Nikoleta, Tochter des Vlahna (vgl. Nr. 12) und Frau des Andrija, Stagno 1495.

Stagno 1495, 28. Januar. 1495 a di XXVIII de genar. »Testamento
de Nicholeta Andrina, defunta in Stagno«, aus der Zeit des Conte Ser Marino
G° di Zrieva (Comes Stagni 12. Sept. 1494 — 11. März 1495).

Ꙗ Никwлета, кѣи Влахнина, чинꙋ мии тестаменать
напꙋкꙋини, бꙋдꙋѣе немꙋѣна wд пꙋти а здрава wд памети.
И исталамь за мꙋю дꙋшꙋ пꙋпꙋ димь Паскꙋю за мисе
wд светwга Гаргꙋра ·е· перпера, и за дꙋшꙋ матере мие
Стнисаве печꙋ пꙋстава, да се да дꙋм Паскꙋю за мисе
wд светwга Гаргꙋра, щw (unklar) вала печа пꙋстава. А
ииꙋ наше, щw е пꙋкꙋѣие и виинградии, кꙋѣꙋ и wсталw
пꙋкꙋѣие, све Андри и деци миион, да мꙋ се иема ииткw
иипачати, негw Андрию, мꙋжь мии, и диеца мии жива и
Антꙋнь и кѣи мию. И wсталамь сестри Томꙋши за ми-
лwсь рꙋкаве wд барьхана с wмбретаии и кꙋшꙋлꙋ скрьиꙋ.
И що wсталамь Живци Станичнии кwсмач и wще Мари
Кларини печꙋ ꙋврꙋсаца, да ню и зачь, и пꙋткꙋ (sic) wпреде,

и да да Андри дию трети, и да раздели Андрии за дꙋш
(sic) не дневникамь ꙋбꙋзниь. И ѡсталамь Мари Братꙋꙋ-
ч[и]ꙗ гꙋнь были и ·в· пара ѡмбрета.

16. Testament des Vlahuša Živković, Stagno 1495.

(Stagno) 1495, 29. October. Testament des Vlahuša Živković.
Zeugen aus Stagno an dem näheren Meer (»huius maris« der rag. Urkunden),
jetzt Stagno Grande, und »s ono mora« (»illius maris« der Urk.), nämlich aus
dem jetzigen Stagno Piccolo.

Иесꙋсь и Марии. Писанѡ ·чꙋҁе· летѡ рѡжаства Хри-
ствꙋа, на ·кѳ· дана ѡктꙋбра.

Ꙗ Влахꙋша Живкꙋвниѣ чинꙋ напокꙋни ѡши теста-
менть, бꙋдꙋѣе нешꙋѣань тиелѡмь, здравь паметню. Наипарвѡ препꙋрꙋчꙋю дꙋшꙋ ѡшю бꙋгꙋ и блаженꙋи гꙋспꙋгꙋ
Светꙋи Марии и свемꙋ дворꙋ небескꙋмꙋ, а тиелѡ ѡше
земле, кѡе (sic) ствꙋрено. Ѡпета ѡсталамь на Данче ·е·
перпера. Ѡпеть ѡсталамь ꙋ Свети Николꙋ ·i· перперь за
мисе двꙋие ѡд светꙋга Гаргꙋра, иедне за ѡшю дꙋшꙋ а
дрꙋге (bis) за Катариннꙋ дꙋшꙋ. Ѡпеть ѡсталам ꙋ Светꙋ
Гꙋспꙋгꙋ ꙋ Стꙋнꙋ ·в· перпере. Ѡпеть ѡсталам светꙋмꙋ
Кꙋзме и Дамиꙗнꙋ ·в· перпере. Ѡпеть ѡсталамь кꙋѣꙋ ве-
ликꙋ, кꙋ е ꙋчиниѡ ѡтац ѡни, Светꙋмꙋ Николе ꙋ Стꙋнꙋ.
Ѡсталамь дꙋиевнице ·в· бꙋрта и ·в· кꙋрета Катаринина
наилиепла (sic) и ·в· бархана за ие слꙋжбꙋ, и ѡше сама
ткала ѡнꙋи ѡши и ·i· перпера. Кꙋѣа велика фратиле ѡд
светꙋга Франческа, какѡ е наредила Катарина за живꙋта,
да се имаю ꙋдавати дꙋбре дꙋиевнике ꙋбꙋге. И да се да
Иванꙋ и братꙋ мꙋ ·вi· перпера, чаша велика ѡшꙋ Минкꙋ
на часть, и да се да ꙋбꙋзниь за дꙋшꙋ ѡца моега перпера
·а· Ꙗ твꙋи тезꙋрирꙋмь ·нд· дꙋкате, ки сꙋ ꙋ Лꙋке Браи-
нꙋвниѣа, гꙋспꙋде дꙋбрꙋвачкꙋи (bis). Шѡ гꙋде аванца, све
да се да ꙋбꙋзни. И ѡие аспре, кѡе сꙋ ꙋ (bis) Лꙋке Кꙋкꙋ-
това, да се дадꙋ фра Андрие, ѡшꙋ испꙋведникꙋ, и мата-
рраць и сагь и линцꙋѡ и карпатꙋрь. И да е Минкѡ тꙋ-
дꙋрь и Маткѡ Франиѣ и Гꙋрица. И ѡсталамь калежь ꙋ
Свети Стефань на Гꙋрицꙋ [1]). Ꙗ тꙋи беше сведꙋщи: ѡ Ми-

---

[1]) Ein abbas von S. Stephanus de la Goriça erscheint in den Diversa

ХѡвнѡРаткѡвнѣь и Андрню Живкѡвнѣь, с ѡнѡ мора
Иванъ Маркѡвнѣь, Вѵкѡславъ Радѡсаглнѣ (sic). А тѡ ѥ
тѥстамѥнь (sic) Влахѵшѥ Живкѡвнѣа.

IV. Handelsbriefe.

17. Vertrag des Leonardo Radivojević mit Nikola Dmitrović über ein Commissionsgeschäft in Niš 1505.

Die XI sept. 1505. Mandato D.C. fuit registratum scriptum infrascriptum
in slauo idiomate ad instantiam quorum interest, quia mittitur ad uiagium, ut
si forte casu aliquo amitteretur, hic semper inueniri possit, cuius tenor sequitur ut infra, videlicet:

Ѵ имѥ Исѵса, 1505 лѵлѧ на 4, ѵ Нишѵ.

Нѥка ѥ знати и вѣровати свакомѵ чл(о)в(ѣ)кѵ, кои види
али лѥга овои писмо, како ѡ Никола Дмитровнкь имахь
и принмх ѡдь Лѵнарда Радивоѥвикѵ цѣлѣхь комада фн-
рѥнтина тридѥсти, валѧ комада n° 30 ѡдь башѥ (sic) рѵкѥ.
И ошѥ имахь ѡдь рѥчѥнога Лѵнарда свитѥ бишкватра лаката шѥсѥть, валѧ лаката n° 60. И ошѥ имахь дѵбровачкога
лаката сѥдамь на дѥсѥтѥ, валѧ br(aza) 17. И ошѥ имах ши-
внѥх чоха вѥнѥтика n° 2. И ошѥ имахь ѡдь свархѵ рѥчѥнога
Лѵнарда имахь (sic) дамашкина, са златомь чрвѥна, лаката
тѵрскѥхь нѵмѥри двадѥсѥти и дѥвѥть, валѧ n° 29. И нѥка
сѥ зна, како дадѥ Лѵнардо мѥннѥ Николи комѥшнѵнь ѡдь
свархѵ рѥчѥнѣхь фѥрѥнтина, наивишѥ по тридѥсти до наи-
нижѥ по двадѥсти и пѥть за нѣговь контѥ, дамашкинь
комѥшнѵнь сваки лакать тѵрски по два дѵката и по. И
ошѥ нѥка сѥ зна, како обѥкѧ Лѵнардо мѥнѣ Николи за мою
платѵ, да имамь на годишѥ аспри стотина осамь, валѧ
aspri 800, коѥмь почнѥ рокь свархѵ рѥчѥни.

Ѡ Пѥтарь Шншатовикь ѥсамь свѣдокь свархѵ писа-
номѵ скрнтѵ.   (Div. Canc. 1505, f. 99 v.)

18. Schreiben des Gjuro Radašinović an den Conte von Stagno über die Geldangelegenheiten des Georg Bolinović und einer in den Büchern der Kanzlei von Stagno eingetragenen Compagnie von der Narentamündung 12. Sept. 1512.

Присвитлои господи, госьподину кнезу Стоньскому и шпнчиаломь. По тымь авиза вамь, госьпотьство ваше, какш пр(н)михь книгу госьпотьства вашега по реченомь Матьку Болиновићею и разумнехь, що ми заповнеда госьпотьство ваше, да видимь ствары, какш стон шдь скр(н)та¹), кон се пише сварьху Марька Зуровнћа, у кшм скр(н)ту пише се, да не дужань ·м· дуката. За тон несамь звао реченога Юру Болиновића, да доће пр(н)да ме, да видимь за ствары, какш стон мећю ними, и речени Ћюрш Болиновићь доће прида ме и учини сакраменать, како не имаш речени Ћюрш Марьковићь и речени Матькш Марьковићь и жена реченога Матька Болиновићю ·13· дуката, кон су пшдьписани у ськр(н)ту и кон есу имали ·13· дуката повће парьтита. И кон говори Ћюрш, да су ти диннар(н) у кумьпание, кон су у каньжилирие (sic). И томуи свнедокь згора писаному Мише Кредовићь, кон несь (sic) мнерилаць шдь соли. И томуи свнедокь Марькш Драгошевићь. Писана мнесеца сетемьбра на ·iв· на ·ҳа·в·iв· Слуга вн госьпотьства вашега Ћюрш Радашиновићь.

(Bei den Testamenten von Stagno.)

19. Schreiben des Vicenzo Božidarović aus Novipazar 1514 an die Tutoren des Ilija Nikole Radinov über dessen Nachlass.

1515, 8 januarii. Mandato D.C. fuit registratum inventarium infrascriptum, portatum de Turchia, litteris sclauis, tenoris ut infra, videlicet:

† Iсусь Мариꙗ. 1514 на 22 агуста у Новому Пазару.

Приꙗтелю драги, дни минуте примихь шдь тебе едну книгу по Цвћтку Баншнину, у конон разумехь добр(о), щш писасте за потрбе ваше, да бихь се нешглушнш, а тон богь зна, да прћ него ми сте книгу писали, да ми су биле на памети. За тон нека знате, да оваиш, що сиш

_____
¹) Ital. scritto.

могли потрȢдили и направили наиболи, що сию могли с
нашѣми прѣтели (sic). Я сада нека знашь, що сию дали
ЦвѣткȢ по книзи вашои ѡдь пратежи, кои се ю овамо
нашла Илнина.

Ядвентариѡ ѡдь пратежи.

Наипарвѡ чизама тȢжцѣхь (sic pro тȢрс-)бром 57. И
още танѣстара бром 150. И още покровци ѡдь стретȢна 4.
И още долама ѡдь верониза бром 5. И още станике (?) ѡдь
свиле велике 2. И още тканиче тифти велике бром 3. И още
тканиче тифти мале бром 10. И още цюли три комади
веронизи 3. И още опет кавица верониза аршина 27. И
още двои карцȢни бром 2. И още кошȢле бром 2. И още
юдна долама ношена 1. И още ȢврȢсци мали бром 2. И
още чоха ѡдь карижнюе ношена 1. И още чюверица (?)
бром 1. И още барета царна 1. И още кȢбȢн бром 1. И
още чисие (sic) и петни на нихь 1. И още пашмаге тȢрске
бром 1. И още юдне бѣчве до колѣни бром 1. И още
юдна корда бром 1. И още юдне црѣвие дȢбровачке 1.
И още юдань рȢчнникь бром 1. И още юдань соклинь
велезень 1. И посласмо юдань бюль (sic) на дань 1. И още
юдне бизаге (sic) бром 1. И още юдна шкатȢла бром 1. И
още два рȢла игала бром 1. И още статѣра бром 1. И още
накосио Ȣ Илинѣхь висацѣхь Ȣ аспрахь готовѣхь аспри
три хилиаде и осамь сат, вала аспр(и) 3840 (sic). Ѡдь реченѣхь аспри гори писанѣхь спенжа се за Ȣкопь поконномȢ
Илии вала аспри 185. И още що дасио хоћи кадйнȢ за
извадити пратежь и снѣилата аспр(и) 27. И още за ца-
ринȢ ѡдь свите аспри 40. И още що е Стѣпань спенжаѡ,
ѡдь коле ю Илиа Ȣмрѡ, вала (sic) аспрѣ 66. И плати чл(о)-
в(ѣ)кȢ МаркȢ барбѣрȢ, що е лючиѡ Стѣпана и гȢвернаѡ
досле, аспри 300. Защо смо тако били Ȣговорили с Илиномь
и остависио за спензȢ СтѣпановȢ аспри готовѣхь 700—
1318. И ово платисио ѡдь реченѣхь гори писанѣхь аспри
а осталѡ дасмо ЦвѣткȢ БанининȢ, реченомȢ прокȢратȢрȢ.
И още за юдань бюль (sic) aspri 25.

Я сада за тȢи свитȢ био ми си писло, да ю продаиш
коиȢ годи, за тои нехтю нитко ни гледати ни Ȣ юднȢ
цѣнȢ. Зато свитȢ ти посласмо, ере се Ȣзбоисио. Я моли

ови момакь, нека ние дванию ѡдь новѣнию (?). И нека знашь, и сви се договорисш и учинисш Марку двие аспри на дань а да ради около Степана, до коле или буде мартавь или живь, да га не остави. Зато Марко се ю обекш око нюга радити, како и досле. Пли богь зна, юре ниедань чл(о)в(ѣ)кь невѣрую, що се Маркѡ труда поднш ѡдь нюга, затон му се неплакш ни десети диш труда нюгова, али Марко негледа тога, него ли оставио ю на наше човѣчтвѡ и прѣтелствѡ (sic) до послю, ако богь да овомъ дютикю здравю. И богь ви весели у здравию.

Ж овомъ писмъ бише свѣдоци Никола Твардишикь и Михочь Живана и Титиловикь, Ивань Радоникь.

И още купиш ѡдь реченѣхь аспри конопце и ноже, чемь шили речене бале, бала аспри 9. И още за (lacuna), що е подь Степаномь брою три, валаю аспри 27. И още накносш нике книге посилане запечатене нашемь печатш по реченомъ Цвѣтку, а книге су ѡдь нѣкѣхь разлога Илинѣхь и Степановѣхь. Зато примите и внѣте, како се види болю.

A tergo: да се да у руке тодѵрш поконнога Илию Николе Радинова.

Ж Биценцѡ Божидаровикь, кои писах сварху речено писмѡ. (Div. Cancellarie 1514, f. 151 v.—152).

20. *Schreiben des Gjuro Radašinović, Schreibers des Salzamtes, an den Conte von Stagno, von der Narentamündung 1518, 30. August.*

A di 11 sept. 1518. Copia di una procura, portata da Narente in uno foglio, scrito in lingua e lettera schiaua e sotoscription de li tistimonli (sic), e registrata nel libro presente in la medesima lettera e lingua de mandato de lo Conte Ser Gioanni Nic. de Bona (war Comes von Stagno 1518).

Племенитомъ и мудромъ и високо почьтованомъ госьподину кнезу Стоньскомъ и опичиаломь. По тимь навищъю госьпотьство ваше, како чинимь ш речени Ђюро Болиновикь у кипь мои реченога брата мога Матька Болиновикю прокуратура варьху Николе Бучьннникю, що се наке дужьникь мение Ђюрь Болиновикю, за тон чину брата мога Матька у кипь мои, да може скужати на реченомъ Николи Бучьннникю.

И зьгора писаномȣ речени Петарь Радивоиевићь нисамь
свиедокь. И зьгора писаномȣ речени Цвиетько Радовано-
вићь нисамь свиедокь. Згора писаномȣ речени Гласе (?) Ива-
новићь нисамь свиедокь.

И ѿ писахь речени Ћюрѡ Радашиновићь рȣкѡмь мон-
ѡмь, бȣдȣћи скр(и)вань ѡд соли ȣ Неретьви. Писана на
·л· агȣсьства (sic) ·ҁаћ͂ни· (Bei den Testamenten von Stagno.)

21. Gjuro Rusković nimmt 1526 in Vrhbosna (Sarajevo) den Stjepan Živanović in seine Dienste auf.

Die III nouembris 1526. Mandato D.C. et sine alicuius preiuditio registratum fuit hic chirographum infrascripti tenoris, qui sequitur, videlicet:

На 1526 на 10 генара на Бербосанию (sic).

Нека е на снание (sic) свакомȣ човиекȣ, принд кога би се
иснесло (sic) овои речено писмо, како ѿ Гиȣро Рȣсковић ȣго-
ворих Стиепана Живановићем ȣ годище шеснаес дȣката и
да мȣ дам чохȣ и доламȣ ѡд камарина али ѡд карижие,
да ми слȣжи ово годище. И ако би що дао на вересиȣ бес
моне воле, тои (sic) гнегово (sic), и ноще од веће, ако би
мȣ сила ȣсела (sic). И ощанем (sic) ѿ Гиȣро Стиепанȣ ѡд
первога станю дȣката шеснаес, до годища да мȣ имам
дати дȣката тридещи и два дȣката, валиа (sic) дȣката 32,
и чохȣ и доламȣ. Ꙇ Никола Мартиновић писах моном
рȣком, сащо (sic) ме моли Гиȣро и Щиепан. И томȣ сȣие-
дочи (sic), тко се подпишȣ одисдала (sic).

Johanni di Nicolo Xiucho son testomonio, ut supra scriptum.

Io Pasqual Xº di Aligretto son testimonio ut s.

Ꙇ Радич Радивоевић иесам свиедок горгнемȣ (sic) писмȣ.
(Div. Canc. 1526—1528, f. 66.)

22. Obligation des Vlahuša Ivanović an Vukašin Vukasović, geschrieben in Antivari 1531.

Die XXII junii 1531. Mandato D.C. et ad instantiam Vuchassini Uuchos-
saglich hic fuit registratum infrascriptum chirografum, scriptum in idiomate
sclauo, tenoris infrascripti, videlicet per Ser Traianum Primi cancellarium:

† Иесȣсь Мариѣ. На 1517 жȣна на 2, ȣ Барȣ.

Нека е на знаниѣ свакомȣ човиекȣ, кои види али лега
ово речена писма (sic), какѡ ѿ Влахȣша Ивановић остахь

Вꙋкашинꙋ Вꙋкасовнꙗю аспри днѣ (sic) тисꙋѣе и четарста
и тридесети и осамь, вала аспри 2438. Затон облегавамь
и Влахꙋша самь себе и сва добра мони, да бꙋдемь дати
и платити реченомꙋ Вꙋкашинꙋ речене аспри на волꙋ неговꙋ,
када на Боснꙋ доѣе. И овꙋи реченꙋ писмꙋ писахь и Маркꙋ
Радибратовнѣ, молень ꙡт Влахꙋше и Вꙋкашина, заꙝꙋ
они не ꙋмнѣше писати. И свѣдоци, кои се подьпишꙋ, да
сꙋ вѣровани.

На Мартинь Николнѣь ꙗсамь свѣдокь овомꙋн писмꙋ
згара реченомꙋ.

Jo Gioanne Polo di Gio. merzaro fui presente, ut supra.

Прнин Вꙋкашинь Вꙋкасовнѣь ꙡд Влахꙋше Ивановнѣа
хиладꙋ аспри ꙡд реченога писма.

(Div. Canc. 1530—1531, f. 112.)

*23. Schreiben und Obligation des Andrija Stjepanović aus Bosnien
vom Februar 1550 an Marin, Sohn des Simon battioro.*

Ragusa 6 Mai 1551. Littere registrate ad instantiam Marini Sy. battiarum (sic): »1550 a di 14 di aprile in Bosna. M. Marino honorando, carissimo
salute«. Andrea de Stephano sendet per Mexmed (sic) Muiadinouich (sic) pelle
bouine in balle 21 a pele 12 per balla, sono pele 252, in balle tre ceruine sono
pele 56, adesso per filio di Mexmed pelle bouine, suine 3 per balla sono 12,
2 balle cordouani negri etc. Adresse: Dno Marino Symon battioro suo honorando a Ragusa. Folgt ein zweiter Brief:

»Ihs Ma(ria) 1550 a di 28 freuar in Bosna. Господинꙋ Маринꙋ
веле драго поздраленне (sic) ꙡд мене Андне. Потомь ючера
пꙋ Ферхатꙋ прнинхь ꙗднꙋ твою и разꙋмнехь све, ꙝꙋ ми
пишешь, изь (sic) ради кона. Кона сам продаꙋ, а захваламо госпоцтвꙋ вашемꙋ на потрꙋѣенню. Я сада да зна ваша
милость, како вамь посиламь Мехмеда Вꙋꙝдиновнѣа, навлаꙝь заꙝто (sic) ючера имахь книгꙋ ꙡд Пера, како госпа
Мара зло стон, и заꙝо мꙋ и оꙝе вала 200 дꙋката, да се
з дꙋжници направи, а садꙋ (sic) ꙋ Боснн нне динара за дꙋшомь готова. За тон те молимь, како драга господара,
да би обечаꙋ за Пера ове 200 ducata (sic) за вась марачь (sic).
Я ѣꙋ послати свакоꙝко ове 8 али десеть дана мнешина и
кꙋрдоuane (sic) за 200 дꙋката тебн. Я т-н-хь обеча за нега,
нека мꙋ скрнтꙋре ꙋчине, ако би мꙋ по грнехе мати ꙋмарла,

да му дужници небн щю продали. Молни те, драги господару, немои ино учннити, а ви нами заповнете, що смо
щцн, будемо готово. Имаиь 1200 инешина а встало ке
бити ове 6 дана све готово, ако бог даде. Затон те ио-
лни, обеḱан за нега 200 ducata (sic) за вась иарачь да дашь.
Яко не буде до 15 иарча, свакошко прие 20. Яко ти инако
(bis) учнниш, несцнени ше човиекомь никада; то тин (sic)
шене обеḱан, да ти самь вазда на вашу заповиедь, н щто
(sic) то учиниш, то никому неучнниш него иени, а щю
моḱь будеиш юда вдслужниш. И опета ми по Мехиеду
вдпишите за све, како учнните. Uostro Andrea de Stephano.

Господару Маро (geschrieben Мара) да знащ (sic), како
заутра по милости господина бога посилаиь по Бали Пер-
диковцу инешина 1200. Молни те, тон приии и продаи,
докле ино доḱе; уздаи у бога, да ḱе доḱи до прие вд
20 иарча они ресь, или готово или пратежи. За тои те
молим, ако ваи не драго, да бисте обечали тен 200 дуката
за Пера, н ово ти се ш облегаваиь за 200 дуката да т-и-х
самь ш дужань. Ову книгу держи вд мои рукe. Молни
те, немои ино учинити. Й ви наи заповнете. И бог те весели.
Io Andria de Stephano scrissi con la mia man propria in Bosna. Subscripzio·
dno Marino de Simon batioro suo honorandissimo.«

(Diversa Cancellarie 1550—1551, f. 253 v.— 254).

V. Ein kirchlicher Text (XV. Jahrh.).

24. *Aus einem Zunftbuch von Stagno (vgl. das Facsimile).*

Ба ние Ису-Хрисьтово. Ми братию, кон молимо вдца[1]
викара, да би нась полюбиш и милосрьдию учиниш, да
будемо како пр(и)везани кь брати негови любавию и до-
брние чиниениемь, що бисьмо ми могли и ще веḱе, него
сьмо досли били, молимо вца викара да вбластию, кою
има вд бога и вд вдца папе, да нась придружи кь брати
своиши, да будемо диннници у молитвахь и у инсахь нихь,
како и ино бл[в]иженство[2] братие, и нашнх' мртвнхь душе

---

[1] в̄ца.
[2] Bližistvo, -štvo propinquitas s. Rječnik d. südsl. Akad. I, 446.

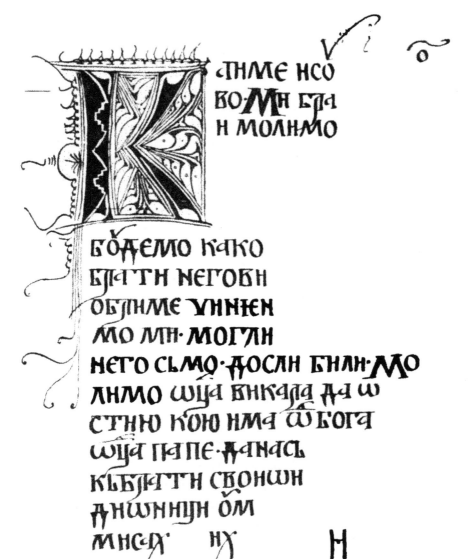

ѢNME NCO
BO МН БРА
Н МОЛНМО

БѸДЕМО КАКО
БЛАТН НЕГОВН
ОБѢNME ЧNNѤN
МО МН· МОГЛН
НЕГО СЬМО· ДОСЛН БНЛН· МО
ЛНМО ШЦА ВНКАЛА ДА Ѿ
СТНЮ КОЮ НМА Ѿ БОГА
ШЦА ПАПЕ· ДА NАCЬ
КЬ БЛАТН СВОНШН
ДНШННЦН ѺМ
МНCА·   НЧ   Н

ДА БѸДѸ ДНШННЦН Ѹ МОЛНТВАХЬ Н Ѹ МНCАХЬ, [КАКО] НѢВАШНХЬ
НРТВНХЬ ДѸШЕ.   Н ШNOН ЛМѸШТВО, ЦО БѸДЕМО КѸПНТН МЕ'Ѹ
СОБОМЕ, ДА СЕ БѸДЕ ШБРАЀАТН НА ДОБРО ЗЬГОВОРОМЬ ШТЦА
КѸЦОДА СТОНЬСКОГА Н ГВАРДНАНА, АЛН БѸДЕ ПОТРНБА ѸБОЗНЕ
АЛН БѸДЕ ПОТРНБА ЦРКВН, НА ЦО ПРНСТАНЕ ВЕ'А СТРАНА ШД

НЖНСТВО БЛГТНЄ· НИЛШНХ
МЛТВНХИ ДОШЕ ДЛБОДО ДНШ
ННЦН ОМОЛНТВЛХЬ· НОМНСАХЬ
НВЛШНХЬ МЛТКНХЬ ДОШЕ НШ
НН ЧМОШТКО Ш БОДЕМО КО
ПНТН МЕЛО СОБОМЕ ДЛСЕ
БОДЕ ШБЛЛЛЛТН НДДОБЛО ЗЬ
ГОВОЛОМЬ ШЈА КОЩЛД СТОН
СКОГЛ НГВЧЛДННИЛ·ДЛН БО
ДЕ ПОТЛНБЧ ОБОУНМЕ·ДЛН БО
ДЕ ПОТЛНБА ЦЛКВН·НДШ ПЛН
СТАНЕ ВЕЛА СТЛАНА ШБЛЛЦН
ТВА НАТО ДАСЕ НИА ШБЛАТ
НГН· ЗГОВОЛОМЕ ШЈА КОЩОД
НГВЧЛДННИЛ· ННЕ БЛГТНЄ·
КОГЛБН ШНН КСЕБН ПЛТЕГ
НОЛН· ОШВОН БЛЛУТВО ДЛНН

БРАЦЬТВА, НА ТО ДА СЕ НИА ШБРАТИТИ ЗГОВОРОМЕ ШЦА КѸ-
ЩОДА И ГВАРДИѢНА И ИНЕ БРАТИЄ, КОГА БИ ШНИ К СЕБИ
ПР(И)ТЕГНѸЛИ. Ѹ ШВОИ БРАЦТВО ДА НИ[С]КОГАРЕ НЕМОРЕМО
ПР(И)ѢТИ БЕЗЬ ВОЛЕ КѸЩОДОВЕ И ГВАРДИѢНОВЕ. ЯКО БИ СЕ

КОГ∙ДЕ НЕ МОРЕМО ПРНАТН
БЕꙀЬ ВОЛЕ КОШОДОВЕ∙НГВꙘЛЬ
ДНИНОВЕ∙ АКОБНСЕ ТКО НА
ШꙘ МСЛО НАМН ТКО БНСЕ
НЕ СКЛАДꙘ СНАМН ОШВОН
БЛАꙖТКО ДАМО МОРЕМО СМꙖ
СНТН НМЕ НЕГОВО ОЛНСТО ВН
КꙖЛОВО∙ ꙖТОН ѴННꙖМО ДАСН
СМО ВЕЛЕ СЛꙊГЕ ОГНꙖ БОГА∙
НБЛАЖЕНОГꙖ СВ҃ТОГꙖ ФЛꙖНЬ
ѴЕСКꙖ∙ НДАꙖНꙖМЬСЕ ЛОБꙖВЬ
ОМНОЖН КЬЛЕДО СВЕТОГА
ФЛꙖНЬѴНСКꙖ:~

ТКО НАШꙖШ МЕꙂꙊ НАМН, ТКО БН СЕ НЕ СКЛАДАШ С НАМН Ꙋ
ШВОН БРАЦТВО, ДА МꙊ МОРЕМО СМР(ь)СНТН НМЕ НЕГОВО Ꙋ ЛНСТꙊ
ВНКАРОВꙊ. Я ТОН ЧННИМО, ДА СН СМО ВЕꙂЕ СЛꙊГЕ Ꙋ Г(ОСПО)Д(Н)НА
БОГА Н БЛАЖЕНОГА СВ(Е)ТОГА Франьческа (sic) Н ДА НАМЬ СЕ
ЛꙊБАВЬ ꙊМНОЖН КЬ РЕДꙊ СВЕТОГА Франьчиска (sic).

Wien, Neujahr 1899.   Dr. *Const. Jireček.*

Die cyrillische Inschrift vom Jahre 993.

Надпись царя Самуила. Ѳ. И. Успенскаго (S. 1—4). — Нѣсколько замѣчаній о надписи царя Самуила. Т. Д. Флоринскаго (S. 5—13). — Къмъ Самуиловия надписъ отъ 993 година. Отъ Дръ Л. Милетичъ (S. 14—20). Separatabdruck aus den »Извѣстія русс. археологическаго института въ Константинополѣ«, томъ IV, 1899, Sofia 1899, 20 S. 8⁰.

I.

Das älteste bisher bekannte datirte slavische Denkmal in kyrillischer Schrift war das in Russland geschriebene Evangelium des Ostromir von 1056 —1057. Es ist ein Verdienst des kais. russischen archäologischen Institutes in Konstantinopel ein noch um zwei Menschenalter älteres, genau datirtes Stück entdeckt zu haben. In der Kirche des Dorfes German am Ostufer des Sees von Prespa im westlichen Makedonien befindet sich ein Grabstein, den im J. 6501 der byzantinischen Weltära = 1. September 992—31. August 993 der Car Samuel seinem Vater Nikola, seiner Mutter (Maria?) und seinem Bruder David aufgestellt hat. Die unten rechts beschädigte Inschrift (11 Zeilen) lautet:

† Въ има ѿьца и съ|ина и стаго доуха. а|зъ Самоилъ рабъ бж(и) | полагаж памать (ѿьц)ȣ и матери и брат(оу н)а крьстѣхъ си(хъ)· | имена оусъпъш(ихъ: Ни)|кола, рабъ бжи, (Мари?)ъ, Давдъ (sic). написа (же са въ) | лѣто отъ сътво(рεнни миро)|у ·зфд· инъди(кта ·s·). Wörtlich übersetzt: »† In nomine patris et filii et spiritus sancti. Ego Samuel, servus dei, pono memoriam patri et matri et fratri in crucibus hisce. Nomina defunctorum: Nicola, servus dei, (Mari)a, David. Scriptum est anno a creatione mundi 6501, indictione (6)«.

Eine unsichere Notiz über eine Inschrift im Dorfe German, in welcher der Name Самоилъ kenntlich sei, ist in einem anonymen Aufsatz über die Landschaften von Bitol, Prespa und Ochrid im »Sbornik« des bulg. Ministeriums IV (1891) 40 zu lesen. Der verstorbene Professor Kitančev hatte nämlich 1883 eine von einem Einwohner der nahen Stadt Resen 1880 gemachte Zeichnung des Steines gesehen, in welcher er nur den Namen Samuel's entziffern konnte. Die Herren Th. I. Uspenskij, Director des russischen archäologischen Institutes in Konstantinopel, und Professor Miljukov scheinen nicht ohne Schwierigkeiten von Seite der Einwohner zu diesem Denkmal gelangt zu sein, um einen Abklatsch davon zu machen. Die Steinplatte, aufgestellt in der 1888 umgebauten Dorfkirche, ist nach der Beschreibung von Uspenskij

1.25 Meter lang und 0.52 breit. Ausser der Inschrift sieht man auf dem Steine die Umrisse von drei Kreuzen, auf welchen ursprünglich metallische Kreuze befestigt waren, von denen noch Spuren von Nägeln vorhanden sind. Uspenskij findet es auffällig, dass zwei andere Brüder Samuel's, Moses und Aron, nicht genannt werden, die nach Drinov um 993 nicht mehr am Leben waren; Nikola hält er für einen Klosternamen des Šišman, Vaters der Brüder.

In der zweiten Abhandlung verweist Professor Florinskij darauf, dass diese kyrillische Inschrift aus dem Gebiet der Thätigkeit des Bischofs Kliment († 916] stammt, nur 77 Jahre nach dessen Tod errichtet. Kliment's angebliche Grabinschrift in Ochrid hielt schon Grigorovič für nicht gleichzeitig. Florinskij erwähnt noch eine andere Inschrift in Prilep, auf welcher Hilferding die Worte ΛѢΤΟ·Ѕ̃SФД. (6504 = 995—6) ѹⷩⷭ̃пⷧ gesehen hat. Die Schriftzüge des Grabsteines von German sind nach Florinskij denen des Codex Supraslensis, des Slepčenski Apostol und des Oktoich von Strumica ähnlich, dabei aber immer noch der griechischen Schrift des IX—X. Jahrh. näher, als den südslavischen Codices des XI.—XII. Jahrh. In der dritten Abhandlung verweist Prof. Miletič darauf, dass die ältesten bisher sicher datirten bulgarischen Inschriften und Codices aus dem XIII. Jahrb., aus der Zeit des Caren Joannes Asên II. stammen und bespricht das Alter der kyrillischen Literatur in Makedonien gegenüber der glagolitischen. Črnčić habe Recht mit der Behauptung, das glagolitische Evangelium Assemani's sei nicht lange nach dem Tod Kliment's (916), der im Synaxar des Codex erwähnt wird, geschrieben worden; die ältesten kyrillischen Notizen der Handschrift könnten schon aus dem Ende des X. Jahrh. stammen. Den Gedanken, Car Symeon habe das Ueberwiegen der kyrillischen Schrift über die glagolitische in Ost-Bulgarien beeinflusst, findet Miletič ganz annehmbar; in West-Bulgarien habe das aus dem griechischen umgeformte kyrillische Alphabet wohl kaum Jemand anderer als Bischof Kliment, Symeon's Zeitgenosse, einzuführen begonnen.

Von Interesse ist die Notiz, der »hl. Patriarch German« sei in der Dorfkirche unter deren Fussboden begraben. Die Dorfnamen German bei Prespa und bei Sofia (mit Kloster) und deren Zusammenhang mit dem Cultus des hl. German in Bulgarien habe ich in meiner Abhandlung über das christliche Element in der topographischen Nomenclatur der Balkanländer (S. 44, 45) hervorgehoben. German hiess ein Patriarch der bulg. Kirche in der Zeit Samuel's: Γερμανὸς, ὁ καὶ Γαβριὴλ, ἐν Βοδινοῖς καὶ ἐν τῇ Πρέσπᾳ (Zachariae von Lingenthal, Beiträge zur Gesch. der bulg. Kirche S. 15, Mémoires der Petersburger Akademie, VII série, t. VIII, Nr. 3, 1864): ohne Zweifel ist die St. Germanskirche am Ufer des Sees von Prespa, um die sich das Dorf gebildet hat, seine Stiftung. Was die Verehrung des hl. German selbst anbelangt, der von den Bulgaren am 12. Mai, also am Gedenktage des Konstantinopler Patriarchen Germanos (715—730) gefeiert wird, verweise ich neuerdings auf die merkwürdige Stelle bei dem Erzbischof Theophylaktos von Ochrid in der Legende der Märtyrer von Tiberiopolis (Migne, Patrologia graeca vol. 126, col. 201), unter dem Fürsten Boris sei der hl. Germanos in Bulgarien erschienen: ἐφάνη μὲν ὁ ἅγιος Γερμανὸς ἐπὶ τῆς Βουλγαρικῆς χώρας.

Ob die Eltern Samuel's und sein Bruder David wirklich in der Kirche

von German begraben liegen, bezweifle ich; der Stein kann im Laufe der Jahrhunderte aus den Kirchenruinen auf den Inseln des Sees dorthin gebracht
worden sein. Es ist bekannt, wie antike und mittelalterliche Inschriftsteine
in den Balkanländern besonders bei Neubauten hin und her geschleppt werden.
Residenzen der bulgarischen Herrscher der Zeit um 976—1018 befanden sich
auf drei Inseln des Sees von Prespa, die jetzt Grad, Mali Grad und Ahil (Ail)
genannt werden. Auf der letzten Insel befinden sich Ruinen einer Kirche
des hl. Achilleus, des Patrons von Thessalien, dessen Reliquien Car Samuel
um 983 aus Larissa hierher gebracht hat. Vgl. Chr. Loparev, Жнтіе св. Ахнллія
Ларисскаго, Виз. Врем. IV, 363—4. mit θαύματα auch im Bulgarenland; über
den χρΑΜλ СΒfΤΑΓΟ ΟΤλŲΑ Πρλχηлнηⷠ, Sitz des Bischofs von Moravica
im jetzigen Arilje, vgl. mein Christl. Element 39, wo noch eine Stelle aus
Kanitz, Serbien, Leipzig 1868, 143—144 nachzutragen ist, mit der Nachricht,
das angebliche Grab des hl. Achilleus in Arilje sei in der That leer. Nach
Michael Attaleiates starb Samuel auf einer Insel des Prespa-Sees: ἐν τῇ λιμ-
νίᾳ νήσῳ τῆς Πρέσπας (ed. Bonn. 230). Nach dem »liber gestorum« des hl.
Vladimir von Dioklitien, welchen der sogenannte Presbyter Diocleas ausgeschrieben hat, residirte Car Samuel »in partibus Achridae in loco, qui
Prespa dicitur, ubi et curia eiusdem imperatoris erat« (ed. Črnčić p.42), ebenso
Car Joannes Vladislav in der »imperatoris curia in loco, qui Prespa dicitur«;
vor dem Thore der dortigen Kirche wurde der hl. Vladimir enthauptet und
»in eadem ecclesia« begraben (S. 44—45). Erst unter der byzantinischen Herrschaft wurden bei dem Aufstand 1072 die alten Paläste der Caren in Prespa
von den deutschen und fränkischen Söldnern der Byzantiner niedergebrannt
und dabei auch die Kirche des hl. Achilleus ausgeplündert. Künftige archäologische Untersuchungen sollten ihr Augenmerk besonders diesen drei See-
inseln zuwenden.

Die Inschrift von German bringt auch die ganze Controverse über die
Entstehung des westbulgarischen Reiches in Erinnerung. Kaiser Joannes
Tzimiskes hatte 971 die Russen und ihren heidnischen Grossfürsten Svjatoslav
nach der Eroberung von Prĕslav und Drster (das röm. Durostorum, jetzt Silistria) aus Donau-Bulgarien und den benachbarten bulgarischen Landschaften Thrakiens vertrieben, den bulgarischen Caren Boris II. aus der russischen Gefangenschaft befreit, aber dann nach Konstantinopel abgeführt und
sein Land dem byzantinischen Reich einverleibt. Die Kämpfe des Kaisers
Basilios II. (976—1025) hatten einen anderen Schauplatz, nicht im pontischen
Gebiet oder an der Donau, sondern im Westen, im Innern Makedoniens, Albaniens, im antiken Dardania und Dacia mediterranea, in Gebieten, von denen
seit den Jahren des Kaisers Mauricius in der byzantinischen Kriegsgeschichte
wenig die Rede ist und über welche selbst Konstantinos Porphyrogennetes
nichts berichtet. Der Abschluss des Kampfes erfolgte bei Dyrrhachion an
der Adriatischen Küste. Es waren Landschaften, welche die Bulgaren theilweise schon unter Boris besassen und in denen Symeon seine Grenzen energisch erweitert hat. Symeon hatte noch im Kriege mit Kaiser Leo dem
Weisen (um 893—896) 30 Burgen der Provinz von Dyrrhachion besetzt und
sie im Frieden in Folge der Bemühungen des Magistros Leo Choirosphaktes

wieder herausgegeben. Ebenso wollte Symeon, als die Araber 904 Thessalonich überfielen und ausplünderten, die Stadt besetzen und bevölkern, bis ihn Magister Leo auf einer neuen Gesandtschaftsreise bewog davon abzulassen (Brief des Leo Nr. 18, $\Delta\epsilon\lambda\tau\iota\iota\upsilon$ $\tau\tilde{\eta}\varsigma$ $\iota\sigma\tau\sigma\rho\iota\varkappa\tilde{\eta}\varsigma$ $\varkappa\alpha\iota$ $\iota\vartheta\nu\sigma\lambda\sigma\gamma\iota\varkappa\tilde{\eta}\varsigma$ $\iota\tau\alpha\iota\rho\iota\alpha\varsigma$ $\tau\tilde{\eta}\varsigma$ $\dot{}E\lambda\lambda\dot{\alpha}\delta\sigma\varsigma$ I, 1683, p. 396). In dem zweiten langjährigen Kriege 913—927 hatte es Symeon besonders auf diesen Westen, die $\delta\acute{\upsilon}\sigma\iota\varsigma$ der Byzantiner, abgesehen (vgl. die Briefe des Patriarchen Nikolaos Mystikos Nr. 9, 27; ebenso des Kaisers Roman I. an Symeon, $\Delta\epsilon\lambda\tau\iota\iota\upsilon$ IV, 659 f.). Nach Symeon's Tod begann einer seiner Söhne, der enterbte Mönch Michael einen Aufstand gegen seinen gekrönten Halbbruder, den Caren Peter, gerade im Westen; Michael's Anhänger, die nach seinem baldigen Tod das byzantinische Gebiet heimsuchten, plünderten am Strymon, in Hellas (Nordgriechenland mit der Provinzialhauptstadt Larissa) und bei dem epirotischen Nikopolis (Theoph. Cont. 420).

Von diesem Westen ist in der Kriegsgeschichte des Kaisers Joannes Tzimiskes keine Rede. Der Zeitgenosse Leo Diakonos nennt das von Tzimiskes eroberte Land $M\upsilon\sigma\iota\alpha$ (das röm. Moesien) und darin die Städte Philippopel, Prêslav, Pliskov, $\Delta\iota\nu\epsilon\iota\alpha$, $\Delta\sigma\rho\acute{\upsilon}\sigma\tau\sigma\lambda\sigma\varsigma$ oder $\Delta\rho\iota\sigma\tau\rho\alpha$; die Chronik des Skylitzes nennt noch Konstantia am Meere (Costanza in der Dobrudža), Jahja von Antiochia Dristra und »die benachbarten von den Russen besetzten Festungen« (in der Uebersetzung von Baron Rosen »и сопредѣльныя съ ними крѣпости, которыми завладѣли Русы«, S. 181). Unter Kaiser Basilios II. erscheint zehn Jahre nach dem Tode des Kaisers Joannes Tzimiskes im Centrum und im Westen der Halbinsel wieder ein neuer kräftiger bulgarischer Staat; in den Urkunden des Basilios II., bei Skylitzes = Kedrenos, Kekaumenos, Attaleiates liest man $Bo\acute{\upsilon}\lambda\gamma\alpha\rho\sigma\iota$, $Bo\upsilon\lambda\gamma\alpha\rho\iota\alpha$, seltener das literarische $M\upsilon\sigma\sigma\iota$; Bulgaren auch bei Jahja; Bulgarini in der St. Vladimirslegende bei Diocleas; Bulgaria bei Durazzo und Valona bei den Kreuzfahrern und Normannen des XI.—XII. Jahrh. Es wäre an und für sich merkwürdig, wenn schon Tzimiskes 971 in éinem Jahre alles das mit Leichtigkeit besetzt hätte was Basilios II. nach des Tzimiskes Tod erst durch 40jährigen Kampf wieder erobern musste.

Die Nachrichten über die Entstehung dieses westlichen Bulgariens sind spärlich und unklar. Eine einheimische Quelle fehlt; die bulg. Visio des Propheten Isaias ist kein Ersatz dafür. Leo Diaconus, der nächste Zeitgenosse, erzählt, wie die $M\upsilon\sigma\sigma\iota$ während der Kämpfe des Basilios II. (976 f.) mit dem Gegenkaiser Vardas Skliros Makedonien verheerten, beschreibt als Augenzeuge den Zug des Basilios II. (nach Jahja 986) bis Serdica, erwähnt die Eroberung des makedonischen Berrhoea von diesen Nachbarn, sagt aber kein Wort über das Verhältniss dieser »Mysier« zu denen, die Tzimiskes unterworfen hatte, ebenso nichts über die Anführer derselben. Die chronistischen Compilationen des Skylitzes, beziehungsweise des Kedrenos, die eine sorgfältige neue kritische Ausgabe verdienen, erwähnen eine Revolution der vier »Komitopulen« angeblich schon gegen Car Peter (✝ 969), aber dann wieder einen Abfall der Bulgaren von Byzanz nach dem Tode des Tzimiskes. Bei Jahja wird die ganze Erhebung dieser Bulgaren als ein Aufstand gegen Basi-

lios II. geschildert. Bei Kekaumenos ist Samuel bezeichnet als τύραννος und
ἀποστάτης, aber bei ihm ist auch Symeon τύραννος, da er die byz. Kaiserwürde usurpirte und byz. Provinzen eroberte. Bei Diocleas erobert der griechische Kaiser (ohne Namen) nach dem Tode des Caren Peter »totam Bulga-
riam«, aber nach dieses Kaisers Tod vertrieb Samuel, »qui se imperatorem
vocari jussit«, abermals die Griechen »ex tota Bulgaria«; die Daten stammen
ohne Zweifel aus der St. Vladimirlegende, deren Inhalt der Chronist in seiner
Erzählung excerpirte und redigirte.

   Von grosser Bedeutung ist dabei eine occidentalische Notiz. Kaiser
Otto I. kehrte 972 nach sechs Jahren aus Italien nach Deutschland zurück
und verweilte 973 im März in Magdeburg, zu Ostern in Quedlinburg, wo sich
bei ihm zahlreiche Fürsten und Gesandte einfanden, darunter auch Gesandte
»Bulgariorum« (vgl. Giesebrecht I, 535, 787; Kunik, Al-Bekri 92). Das war
noch bei Lebzeiten des Kaisers Joannes Tzimiskes († Januar 976), im zweiten
Jahre nach der Eroberung des Bulgarenreiches an der Donau bei Prêslav und
Dræter. An dieses Factum suchte man die Erzählung des spanischen Juden
Ibrahim-ibn-Jakub, erhalten bei Al-Bekri, anzuknüpfen, der in Merseburg
am Hofe Otto's bulgarische Gesandte in engen Kleidern mit langen Gürteln,
an welchen goldene und silberne Knöpfe befestigt waren, gesehen hat (vgl.
die Schilderungen Joannes des Exarchen über die Trachten am Hofe Symeon's und die Notiz Liudprand's über die bulg. Gesandten in Konstantinopel), und Einiges über den König derselben bemerkt, der eine Krone,
Sekretäre, Provinzialgouverneure und Register habe, sowie über das Christenthum der Bulgaren mit dem Evangelium in slavischer Sprache. Wann war
aber Ibrahim in Merseburg? Kunik und De Goeje verlegen seine Reise um
das J. 965, Jos. Jireček (Č.Č.M. 1878, 514; vgl. 1880, 293) zu 973. Ich bemerke,
dass Liudprand in der Relation (969) über seine Konstantinopler Gesandtschaft zu Kaiser Nikephoros Phokas dem Otto I. die »Bulgarorum nuntii«
am byzantinischen Hofe 968 mit solchen Details über Haartracht und Kleidung (Legatio cap. 19) beschreibt, als ob man bei Otto solche Leute bis dahin
noch nicht gesehen hätte; ist diese Anschauung richtig, dann wäre die Reise
Ibrahim's später als 968—9 anzusetzen. Von Wichtigkeit ist überdies das
Chrysobull des Kaisers Basilios II. an die Kirche von Ochrid vom Mai 1020
(Byz. Z. II, 44); das bulgarische Erzbisthum befand sich darnach unter dem
Caren Peter in Dristra, wurde dann nach Triaditza (Serdica, Srjádec) übertragen, befand sich später ἐν τοῖς Βοδηνοῖς (Voden) καὶ ἐν τοῖς Μογλαίνοις
(Moglen), zuletzt in Ochrid; es erfolgte also eine Reihe von Uebersiedelungen
der kirchlichen Residenz von Ost nach West, die sich nur durch Kriegs-
zeiten und Verschiebungen auch des politischen Centrums erklären lassen.
Dass die westbulgarischen Herrscher in Voden und Ochrid residirten, ist
sicher. In der Bestätigung der Kirchenprivilegien durch Basilios II. erscheint
dabei Samuel wie ein unmittelbarer Nachfolger des βασιλεὺς Πέτρος.

   Die älteren Werke schreiben die Entstehung des westbulgarischen Reiches einem Aufstand gegen die griechischen Eroberer nach dem Tode des
Kaisers Tzimiskes zu, zur Zeit der Erhebung des Gegenkaisers Vardas Skliros
in Kleinasien. Eine neue Hypothese stellte Drinov in seinem Buche Южные

Славяне и Византія въ X вѣкѣ (Moskau 1876, aus den Чтенія) auf: das bulgarische Westreich riss sich vom Ostreich schon 963 los; Kaiser Joannes Tzimiskes eroberte nur das kleine Ostreich von Prĕslav; das Westreich ist eine
ununterbrochene Fortsetzung des alten bulgarischen Reiches Symeon's und
Peter's. Diese Theorie fand nicht überall Anerkennung. Lipovskij im ЖМНПр.
1891, Nov. (nach Jahja) erklärte die Entstehung des westbulgarischen Reiches
wieder durch einen Aufstand gegen die Byzantiner. Neuerdings acceptirte
aber die Ansicht Drinov's Schlumberger in seinem Prachtwerk »L'epopée by-
zantine à la fin du dixième siècle. Guerres contre les Russes, les Arabes, les
Allemands, les Bulgares. Luttes civiles contre les deux Bardas. Jean Tzi-
miscès. Les jeunes années de Basile II le Tueur des Bulgares (969—989)«,
Paris 1896 (S. 591 sagt der Verf., Drinov habe seine Ansicht »très victorieuse-
ment prouvé«).
   Ich halte diese Hypothese für ganz berechtigt. Die byzantinischen
Chronisten bieten keine Nachrichten über Eroberungen von Burgen mit
byzantinischen Besatzungen im Innern des Bulgarenlandes zu Anfang des
Kampfes; dafür hat sich im Osten die Garnison von Dristra an der Donau
gegen die Bulgaren auch später gut behauptet (Kedrenos II, 465). Auffällig
ist auch die Colonisation asiatischer »Manichäer« bei Philippopel noch unter
Kaiser Tzimiskes nach dem Krieg gegen die Russen in Bulgarien (Kedrenos
II, 382). Schon früher haben besonders die Ikonoklasten Armenier und Syrer
als Grenzsoldaten in Thrakien gegen die Bulgaren angesiedelt. Warum hat
Tzimiskes diesen Colonisten nicht bei Dristra oder sonst an der Donau, an
der neuen Reichsgrenze, Wohnsitze angewiesen? Es war wohl nothwendig,
auch bei Philippopel die Grenze zu decken gegen das Trajansthor, die Βουλγα-
ρικὴ κλεῖσις des Joannes Geometres auf dem Weg nach Serdica und gegen das
nicht unterworfene Bulgarien des Westens. Es gibt übrigens ein bisher unbe-
achtetes Zeugniss eines hervorragenden Byzantiners des XI. Jahrh., der ausdrücklich sagt, Kaiser Basilios II. habe das grosse, schwer zu bekämpfende
Bulgarien unterworfen, das seit langer Zeit keinem der Kaiser unterworfen war. Michael Attaleiates, der unter den Kaisern Romanos Diogenes, Michael VII. Dukas und Nikephoros Botaneiates hohe Würden bekleidete, spricht in seinem 1079—1080 vollendeten Geschichtswerk über die
Kriege des Kaisers Basilios II. und die Unterwerfung »τῆς Βουλγαρίας δυσ-
καταμαχήτου καὶ πολλῆς καὶ δυσαλώτου γινωσκομένης παντάπασιν, καὶ μη-
δενὶ τῶν βασιλέων ὑποταγείσης ἐπὶ πολὺ καὶ παρὰ τοῦτο μὴ ἀνιείσης
τῇ Βύζαντος τὸ ἀνέσιμον καὶ τὴν χωρηγίαν τῶν ἀναγκαίων« (ed. Bonn. p. 234).
   Die Lostrennung des bulgarischen Westens vom Osten war wohl eine
Folge der Occupation Donau-Bulgariens durch Svjatoslav's heidnische Russen
in den J. 969—971, nach dem Tode des Caren Peter († 969), als Peter's Sohn
Boris II. mit seinem Hofe Gefangener des Grossfürsten Svjatoslav war. Als
Liudprand kurz zuvor 968 in Konstantinopel weilte, gab es jedenfalls noch
ein einheitliches Bulgarien unter »Petrus, Bulgarorum vasileus«, durch dessen
Gebiet die Ungarn ihre Streifzüge bis über die byzantinisch-bulgarische
Grenze hinaus zu unternehmen pflegten.
   Die Männer, die an der Spitze dieses westlichen Reiches standen, führ-

ten theils altbulgarische (nichtslavische), theils slavische, theils byzantinisch-
christliche Namen. Diese Krakras, Elemagos, Kaukanos u. s. w. waren Nachkommen der »bulgarici rectores«, wie sie Fürst Omortag 827 nach der Berichten der karolingischen Annalen bei den »Sclavi in Pannonia« nach
Vertreibung von deren »duces« einsetzte, der bulgarischen »comites«, wie sie
in den Legenden der Zeiten des Boris und Symeon vorkommen, und der
μεγιστᾶνες des Symeon, wie sie bei Theoph. Cont. 413 aufgezählt werden.
Nur waren sie aus Provinzialgouverneuren halb unabhängige Herren mit Burgen und Haustruppen geworden (μεγιστᾶνες .... μετὰ τῶν οἰκείων ἕκαστος
ταγμάτων, Kedrenos II, 469). Es war der beste, kriegerischeste und kräf-
tigste Theil des altbulgarischen Adels. Die Nachkommen der βοϊλάδες und
βάγαϊνοι an der unteren Donau, einst der Kern des Bulgarenvolkes, waren
während der Invasion Svjatoslav's, der nach dem Einmarsch des Tzimiskes
in Bulgarien in Drster an 300 bulgarische Edelleute enthaupten liess (Leo
Diaconus l. VIII, cap. 9), grösstentheils aufgerieben worden; daher die politische Bedeutungslosigkeit der unteren Donaulandschaften in der nächstfolgenden Zeit. An der Spitze des Westens standen vier »Grafensöhne«,
Komitopulen der Byzantiner, Söhne eines κόμης. Der Titel ist gar nicht
ungewöhnlich. Die Legende der Märtyrer von Tiberiopolis vom Erzbischof
Theophylakt nennt einen Comes Taridenos unter Fürst Boris und einen Comes
Distros unter Symeon, beide in Makedonien. Auch auf der neugefundenen
bulgarisch-byzantinischen Grenzsäule von Naryš-küi bei Thessalonich aus
dem J. 6412 (903—4) wird ein Comes Dristros genannt, nach Balaščev (Бълг.
Прегледъ 1898, März, S. 75) identisch mit dem Distros der Legende: ›Ἔτους
ἀπὸ κτίσεως κόσμου ϛυιβ· ἰνδιχτιῶνος ζ. ὄρος ῾Ρωμαίων καὶ Βουλγάρων
ἐπὶ Συμεὼν ἐκ Θεοῦ ἄρχοντος Βουλγάρων, ἐπὶ Θεοδώρου Ὀλγου Τραχανοῦ, ἐπὶ
Δρίστρου κομίτου‹ (Ausg. von Uspenskij, mir zugänglich nur in der Reproduction im Viz. Vremennik VI, 215) [1]). Der κόμης, Vater der Komitopulen,
erscheint im Pomenik von Zografu als Sišman, ebenso als »Sismanus imperator« in einer dalmatinischen Urkunde angeblich von 994, die aber fabricirt
wurde in einer Zeit, wo Trnovo die Hauptstadt Bulgariens war, im XIII.—XIV.
Jahrh. (vgl. Rački, Documenta 23, 28). Sein Sohn nennt ihn aber auf dem
Stein von German Nikola. Ich glaube nicht, dass dies ein Klostername ist.
Die Leute dieser Zeit führten in der Regel zwei Namen, einen nationalen und
einen kirchlichen: Fürst Michael Boris, der Boljare Georgios Sursuvulis; ebenso
hiess Samuel's Nachfolger und Sohn Gabriel oder Roman, auch Radomir genannt (alle drei Namen bei Kedrenos, Gabriel Radomir im Pomenik des Gri-
gorovič, Radomir bei Diocleas), sodann der letzte Car Joannes Vladislav.
Nationale Namen neben christlichen finden wir später auch bei den serbischen
Nemanjiden.

[1]) Der eigentliche Entdecker des Steines (es sollen zwei Säulen mit
ganz identischen Inschriften sein), der »schwedische Reisende« bei Herrn
Balaščev S. 61, ist der dänische Archäologe Dr. phil. K. F. Kinch aus Kopenhagen, dessen Bekanntschaft ich im Juli 1898 in Wien gemacht habe. Es
wäre sehr zu wünschen, er selbst möge über den wichtigen Fund Bericht
geben.

Auffällig sind die alttestamentlichen Namen der vier Komitopulen:
David, Moses, Aron. Samuel. Solche Namen waren aber im Osten im IX.—
XII. Jahrh. gar nicht selten. Schon die Namen des ersten christlichen Herr-
schers von Bulgarien und seiner Söhne (im Evangelistar von Cividale, uspr.
von Aquileja) gehören in diese Kategorie: der Vater Michael, die Söhne
Gabriel, Symeon und Jacob. Ein Sohn Symeon's hiess Beniamin (Theoph.
Cont. 412, Baianus bei Liudprand). Einer der »Sedmočislennici«, der Glaubens-
boten von Makedonien, führt den alttestamentarischen Prophetennamen Naum.
In Oberalbanien gab es eine Kirche des hl. Salomo (Glasnik 15, 287), in Makedonien in der Eparchie von Lěsnovo eine des hl. Elisäus (Glasnik 27, 290).
Benjamin von Tudela, ein spanisch-jüdischer Reisender des XII. Jahrh., war
erstaunt, dass die Wlachen der Gebirge Thessaliens jüdische Namen führen
(»suisque judaica nomina imponunt«, lat. Uebers. bei Tafel, De Thessalonica
473). In Ungarn heissen im XI. Jahrh. zwei Arpáden Samuel und Salomon.
In Venedig beachte man die alten Kirchen am Canal Grande: San Moisè, San
Geremia, San Zaccaria (errichtet unter Kaiser Leo dem Armenier), San Sa-
muele. In Antivari hiess eine Patricierfamilie im XIV.—XVI. Jahrh. Samoili,
Samoele, Samuelis. In Byzanz gehören hierher zwei Kaiser Isaak (Komnenos
und Angelos), die Chronisten Joel und Manasses, Grosse, die den Namen
Senacherim führen u. s. w. Diese Erscheinung verschwindet zum Schluss
des Mittelalters, ausser den Klöstern, wo Mönche heute noch Samuel oder
Mojsej zu heissen pflegen.

Samuel wird in der Inschrift ohne Carentitel genannt. David erscheint
als Car in den Pomeniks (kirchlichen Gedenkbüchern). Abgebildet ist er bei
Žefarović, Стематографія, Wien 1741 (ohne Text). Der Mönch Paysij (1762)
schreibt, Car David sei freiwillig Mönch geworden und habe die Regierung
seinem Bruder Samuel überlassen; seine Reliquien wurden nach Ochrid übertragen (Ausg. von A. Teodorov, Трѣмъ на бълг. словесность, Heft 1, 1898,
S. 110). Vom Grab am See von Prespa ist in dieser Notiz unbekannter Provenienz keine Rede. Nach Skylitzes (Kedrenos) wurde David zwischen Kastoria und Prespa bei einer Oertlichkeit Καλᾶς δρῦς, »die schönen Eichen«, von
nomadischen Wlachen (Parteigängern der Byzantiner?) getödtet (zum Namen
vgl. Καλὰ δένδρα in Thrakien, Anna Komnena VIII, cap. 6; zur Sache vgl.
die charakteristischen Gruppen von zwei Eichen bei Florina u. s. w., Barth,
Reise 155). Moses ist bei einer Belagerung von Seres gefallen, unsicher wann
(Kedrenos). Aron suchte Verbindungen mit den Byzantinern oder wollte sich
selbst der Regierung bemächtigen und wurde nach Kedrenos (II, 435) auf Befehl Samuel's angeblich mit seinem ganzen Geschlechte (παγγενεί) getödtet
bei Razmetanica, einem Zufluss des Džermen bei Dupnica (Cesty po Bulharsku
451); in der St. Vladimirlegende bei Diocleas (ed. Črnčić 43) lässt Kaiser
Basilios II. dem Joannes Vladislav, Aron's Sohn, sagen: »Quare non vindicas
sanguinem patris tui? ... accipe regnum Samuelis, qui patrem tuum et fra-
trem suum interfecit«. Das Datum ist unbekannt. Diese Katastrophe kann
auch um 999 erfolgt sein, einige Jahre, nachdem Samuel den Grabstein seinen
Eltern und seinem Bruder David gesetzt hatte.

Die Erörterung der Fragen, welche die kyrillischen Schriftzeichen der

Inschrift von German betreffen, überlasse ich den Kennern altslavischer Paläographie. Die kyrillische Schrift, ein modificirtes griechisches Uncialalphabet, hat eine gewisse Familienähnlichkeit mit der koptischen Schrift; Kopten und Slaven haben die griechischen Formen oft so mechanisch copirt, dass sie z. B. beide das griechische Doppelzeichen ΟΥ für den einfachen Laut u beibehielten. Zur Beurtheilung der ältesten kyrillischen Typen sind auch die griechischen Inschriften der heidnischen Bulgaren des IX. Jahrh. heranzuziehen, die jetzt immer häufiger zum Vorschein kommen. In officiellen Acten dominirte das Griechische in Bulgarien lange Zeit, nicht nur unter Omortag und Malamir, sondern, wie die Grenzinschrift von 903—904 zeigt, noch unter Symeon. Die griechischen Schriftzeichen waren den Boljaren, Kaufleuten u. A. allgemein bekannt. Dies musste naturgemäss zu einer Adaptirung der griechischen Uncialschrift für das Slavische führen.

Wien, 17. Juli 1899. *C. Jireček.*

II.

Zur Paläographie der Inschrift.

Nebst ihrem Inhalte, der die bulgarische Geschichte angeht, verdient diese Inschrift auch nach ihrer graphischen Seite die grösste Beachtung. Sie ist ja derzeit das älteste genau datirte Denkmal des slavischen Schriftthums. Allerdings reichen einzelne glagolitische Buchstaben in der Urkunde vom J. 982 um elf Jahre weiter zurück, allein die Forschung über diese Urkunde betrachte ich selbst nach der wiederholten Besprechung des Gegenstandes durch I. I. Sreznevskij noch nicht für abgeschlossen. Ich will vor allem bemerken, dass mir die im IV. Band der Извѣстія des russischen archäologischen Institutes zu Constantinopel im Text gegebene Reproduction der Inschrift nicht ausreichend und nicht plastisch genug erschien — das photographische Facsimile war aber dem mir aus Sofia zugekommenen Sonderabdruck nicht beigelegt —, darum bat ich Prof. Speranskij gelegentlich seines letzten Aufenthaltes in Abbazia, mir ein photographisches Facsimile der Inschrift, das ihm zugänglich war, zu verschaffen, was er auch aufs bereitwilligste that, wofür ich ihm öffentlich meinen Dank sage. Nach dieser mir aus Nježin zugekommenen Photographie wurde die Inschrift in diesem Heft der Zeitschrift reproducirt. Freilich ist der Massstab der Reproduction gegenüber der Originalgrösse der Steinplatte sehr klein. Nach Angaben des Directors des russ. archäol. Institutes zu Constantinopel, Prof. Th. J. Uspenskij, hat die Steinplatte eine Länge von 1.25 Meter und eine Breite von 0.52 Meter. Die Inschrift selbst nimmt, wie man an unserem Facsimile sieht, ein bescheidenes Plätzchen, im unteren Winkel der viereckigen Platte rechts, ein. Das Ganze sieht so aus, als ob man für die weiteren Eintragungen Raum sparen wollte. Allein die drei Kreuze, auf die sich auch der Inhalt der Inschrift bezieht, sind wenn auch nicht gerade symmetrisch ausgemessen, dennoch über die

ganze Platte in ungefähr gleichen Zwischenräumen so angebracht, dass
man von einer Bewahrung des Raumes für ein weiteres Kreuz u. dgl.
nichts merkt, wenn auch das erste Kreuz von dem grösseren zweiten
etwas weiter abseits steht, als das dritte vom zweiten.

Die Inschrift ist in cyrillischer Schrift abgefasst, was zwar durchaus nicht auffällt, da, wie ich bereits vor Jahren sagte, seit der Regierung des griechischen Zöglings, Kaisers Symeon, das Uebergewicht
dieser Schrift bald gesichert gewesen zu sein scheint. Dennoch hätte uns
auch eine Inschrift mit glagolitischen Schriftzügen nicht gerade ins Er-
staunen versetzt, weil wir bekanntlich in dem nordwestlichen Winkel des
Südslaventhums, auf der Insel Veglia in Quarnerobucht, sehr alte glagolitische Inschriften besitzen. Für Bulgarien und Macedonien liegt übrigens sehr nahe eine andere Annahme, nämlich dass man seit dem Aufkommen der cyrillischen Schrift den Gebrauch derselben gegenüber der
glagolitischen in griechischer Weise so regelte, dass man z. B. für epigraphische Zwecke ausschliesslich die cyrill. Schriftzüge, entsprechend der
griech. Unciale, anwendete, während das Glagolitische als die übliche
Bücherschrift galt. Darum möchte ich aus der vorliegenden Inschrift
durchaus nicht den Schluss folgern, dass zu Ende des X. Jahrh. in Macedonien die cyrillische Schrift angeblich bekannter und verbreiteter gewesen war als die glagolitische. Die Inschrift darf nur für die Inschriften
das Zeugniss abgeben, und für diese möchte ich im Sinne der Auffassung
jener Zeiten allerdings die cyrillischen Schriftzüge als Regel gelten
lassen, allein für die Bücher liess sich die glagolitische Schrift selbst
nach dem Aufkommen der cyrillischen nicht so schnell und nicht so
leicht verdrängen. Den sichersten Beweis dafür liefern die zahlreichen
glagolitischen Codices des X.—XI. Jahrh., die wir bisher kennen, sei es
in grösserem Umfange, sei es in Bruchstücken, deren Provenienz bekanntlich mit grosser Wahrscheinlichkeit auf Macedonien, einschliess-
lich des Athosgebietes, hinweist. Erst im XII. Jahrhundert wird auch
hier die cyrillische Schrift das Uebergewicht bekommen haben. Und
doch sind in dem Bologner Psalter, der bekanntlich bei Ochrida geschrieben wurde, die glagolitischen Einschaltungen mit so sicherer Hand
geschrieben, dass man schon aus kalligraphischen Motiven auch für das
Ende des XII. Jahrh. die glagolitische Schrift in Macedonien noch nicht
als ausgestorben ansehen darf. In den östlichen Gebieten Bulgariens
muss allerdings die Oberherrschaft der cyrillischen Schrift viel früher,
und zwar schon im X. Jahrh., sich vollzogen haben, da man sonst den
ausschliesslichen Cyrillismus in Russland, das seit dem X. Jahrh. seinen
Bedarf an Büchern aus Constantinopel und Bulgarien deckte, nicht leicht
erklären könnte. Ich müsste also der Ansicht, als ob diese Inschrift
irgend etwas gegen den Glagolismus zu Ende des X. Jahrh. in Macedonien beweisen kann, entschieden widersprechen. Wenn Prof. Miletič
in seinen sehr hübschen Bemerkungen »Къмъ Самуиловия надписъ отъ
993 година«, veranlasst gleichsam durch diese Inschrift, die cyrillischen
Zusätze im Assemanischen Evangeliarium schon ins zehnte Jahrhundert

versetzen möchte, so muss ich vor solchen etwas voreiligen Combinationen warnen. Da ich jene cyrillischen Zusätze nicht selbst gesehen,
so ziehe ich bis auf weiteres vor, dem verstorbenen Črnčić Glauben zu
schenken, der sie für jünger hielt.

Eine gewisse Abhängigkeit der cyrillischen Graphik der Inschrift
Samuel's von den Grundzügen der glagolitischen Graphik wurde bereits
von Prof. Miletič richtig hervorgehoben. So ist z. B. das auffallend
kleine, nur die obere Hälfte der Zeilenhöhe einnehmende Ⰰ (in den Zeilen 2, 9, 11) gewiss nicht unabsichtlich so klein ausgeführt, vielmehr
werden wir an ganz gleichartige Erscheinungen bei den glagolitischen
ⱏ und Ⰰ in den Kijewer Fragmenten erinnert. Auch das sternartige Ж ist
sehr klein, wie öfter der entsprechende glagol. Buchstabe in den Kijewer
Fragmenten. Das gilt einigermassen auch von dem lückenhaft erhaltenen
Buchstaben ш. Für eine Annäherung an die glagolitische Gestalt ⱖ
möchte ich auch Ȥ (statt Ѕ) erklären. Wie in den glagolitischen Schriftzügen die Wendung des Kopfes dieses Buchstaben nach links die üb-
lichere ist, so ist auch in unserer Inschrift Ȥ geschrieben, während das
Ostromirische Evangelium oder die Inschrift Glěb's Ѕ schreibt. In südsl.
Texten kommt beides vor, üblicher ist Ѕ. Die für eine Inschrift auf Stein
gewiss sehr bezeichnende Neigung zur Abrundung bei einigen Buchstaben in ihren unteren Theilen statt der später üblicheren Dreieckigkeit
(so in ⱏ, ⰽ, in Ƃ, ⰽ, in ⱅ) könnte ebenfalls aus dem Zusammenhang der
cyrill. Schriftzüge mit den abgerundeten glagolitischen Formen, aus der
Neigung der Hand des Schreibenden zum runden glagolitischen Ductus
erklärt werden, insofern hier statt der später mehr dreieckigen Figur in
den unteren Bestandtheilen dieser Buchstaben nach den glagolitischen
Vorbildern noch die abgerundete Form vorherrschte. Die Wiedergabe
des später als ⱏⰹ fixirten Lautes durch ⱏⰻ zeugt ebenfalls von einer
alten Periode der cyrillischen Graphik, in welcher die später allein
übliche Combination noch nicht fest stand; bekanntlich fand ein solches
Schwanken auch in den glagolitischen Denkmälern älterer Zeit statt, wo
man neben dem üblichen ⰵⱅ auch noch ⰵⰸ schrieb. Namentlich aber ist
der Zusammenhang der cyrill. Graphik mit der glagolitischen erkennbar
an der Anwendung des ⱐ statt ⱑ, an der Verwendung des ⰵ für ⱖ. In
dieser Inschrift kommt wirklich kein ⱑ, kein ⱖ vor, zufällig auch einmal
Ж statt des erwarteten ⱙ; die Buchstaben für *ju* und *ję* begegnen überhaupt auf der Inschrift nicht.

Die Form der Buchstaben ⰀⰁⰃⰔⰗⰘ.ⰍⰎⰏⰒⰖⰗⰘ ist ganz
die übliche gleichzeitige griechische, und zwar in ihrem aufrechtstehen-
den runden, nicht in dem spitzigovalen, nach rechts gesenkten Typus, der
bekanntlich in den ältesten cyrill. Handschriften der südslav. Provenienz
nicht selten begegnet. Die Figur des Buchstaben Ⰰ (im Inneren mit der
winkelig gebrochenen Linie) kehrt in der Schrift mittlerer Grösse des
Ostromirischen Evangeliums (in den Bestandtheilen des Synaxars) und in
der Inschrift Glěb's vom J. 1063 wieder. Der kleine runde Kopf im Ⱃ
begegnet dann und wann in sehr alten slav. Handschriften und könnte

Die Steinplatte mit der Inschrift 993.

ebenfalls auf der Vorliebe zu Rundungen in den Vorbildern des glagolit. Alphabetes beruhen. Einst fiel die Zeichnung des Buchstaben Р in dem Kondrat-Fragment dem verstorbenen Šafařík sehr auf, er sprach von griechischem Einfluss. Alterthümlich, zu Codex suprasl. u. ä. ganz vortrefflich stimmend, ist die Figur des Buchstaben ц, d. h. ч. Das neben оγ angewendete 8 hat nicht nur im griechischen Alphabet sein Vorbild, sondern steht auch dem einheitlichen glagolitischen Zeichen

Die cyrillische Inschrift 993.

ꙗ näher. Auch die Inschrift Glěb's wendete 8 an. Für das hohe Alter des graphischen Typus der Inschrift kann noch auf die verhältnissmässig grosse Breite der Buchstaben н к л н п hingewiesen werden. Dasselbe wird auch durch den tief in der Mitte, ja selbst unter der Mitte laufenden Querstrich bei н stark charakterisirt. Das gilt auch von dem ziemlich tief liegenden und recht weit herausragenden Querstrich bei dem Buchstaben ҍ.

Bei der Wiedergabe einzelner Wörter sieht man die Neigung zur vollen Setzung aller Buchstaben ohne Abbreviaturen. Da man aber in den griechischen Vorbildern schon an die Abbreviationen bei vielen üblichen und häufig wiederkehrenden Wörtern gewöhnt war, wobei das Zeichen der Kürzung in Anwendung kommen musste, so setzte man auch in dieser Inschrift das Titla-Zeichen auf die voll ausgeschriebenen Wörter ѡтьца, сьина, доуха, — wo kein Grund dafür vorhanden war — und auf die wirklich gekürzten Ausdrücke стаго für сватаго, бжн für божнн. Voll ausgeschrieben und doch mit Titla-Zeichen versehen ist auch крьстьхъ. Ob am Ende der vierten Zeile ѡтьц oder отьц zu lesen war, das wissen wir nicht, aber auf ȣ der nächsten Zeile steht schon wieder das Titla-Zeichen nur darum, weil man in griechischen Vorbildern das Wort πατήρ in allen möglichen Casusendungen zu kürzen pflegte. Beachtenswerth übereinstimmend mit dem Grundsatze der ältesten Orthographie ist die volle Schreibung der Präposition отъ statt des später viel üblicheren ѿ.

Man kann dem Steinmetz keine grosse Geschicklichkeit in der Aus-führung dieser Inschrift nachsagen. Das erkennt man daran, dass er nicht verstand den Raum der Zeilen mit dem Inhalt der Inschrift in Ein-klang zu bringen, er trennte сьина in сь und ина, азъ in а und зъ, отьцȣ in отьц und ȣ, на in н und а, er liess in der neunten Zeile in давидъ den Buchstaben н aus. In der vierten Zeile machte er an dem Buchstaben а einen zu weit gezogenen Querstrich, wodurch er die beiden sonst in einen Spitzwinkel zusammenfallenden Seitenstriche abstumpfte. In der fünften Zeile gelang ihm die Figur des Buchstaben и nicht, es fehlt ein kleiner Verbindungsstrich, den man bei demselben Buchstaben in der dritten Zeile sieht. In der siebenten Zeile sieht н so aus, als hätte der Schreiber an das griechische ⱡ der Minuskelschrift gedacht. Einem so wenig in seinem Handwerk geübten Meister kann man auch in dem Worte Самонль einen Fehler zumuthen. Allerdings nicht etwa darin, dass er den Namen durch o schrieb, auch nicht darin, dass er am Ende ь setzte. Für diese beiden Erscheinungen liegen sehr er-wünschte Belege vor: a) in dem Assemanischen Evangelium liest man im Kalender unter dem 20. August: н пророка самонль (also im Nominativ самонль), b) in dem Ostrom. Evangelium steht unter dem 21. Aug. der Dativ самонлоу, und in dem Kalender des Mstislav'schen Evangelium unter dem 20. August самонла — also die beiden letzten Formen setzen den Nominativ самонлъ voraus. Für die weich aus-lautende Form самонль kann man an нздранль eine Stütze finden. Doch der Steinmetz machte in diesem Namen den Fehler, dass er statt л unbegreiflicher Weise etwas wie ein п mit einem darüber gegebenen kleinen ꞌ einmeisselte. Hat er wirklich aus Versehen zuerst ein п ge-macht, oder wollte er, da er zu hoch mit л ansetzte, irgend eine Ver-längerung des Buchstaben nach unten erzielen — man sehe sich in der neunten Zeile ein solches д an — das könnte man erst an dem Stein selbst genau herausfinden. Jedenfalls ist ein Versehen da.

Für die Charakteristik der Sprache ist aus den wenigen Zeilen nicht

viel zu gewinnen. Alles stimmt aufs beste zu den theoretischen Voraussetzungen. Die schwachen Vocale werden auseinandergehalten, wenigstens in Самоилъ, паматъ ist ь deutlich sichtbar, ich möchte selbst
in кръстѣхъ nach р eher ь als ъ vermuthen. Dagegen ist deutlich ъ
in allen anderen Fällen. Der Nasalismus unterscheidet regelmässig ѧ
von ѫ, das Wort азъ ist in echter, alter Form angewendet (kein ѣзъ
oder ѣ). Die zusammengezogene Genitivform стаго ist wenigstens nicht
auffallend. In der fünften Zeile würde man, wenn die Steinplatte hier
nicht abgebrochen wäre, genau wissen, ob der Dativ schon братоу oder
noch братроу (eig. братръ) lautete. Das letztere ist nicht unwahrscheinlich mit Rücksicht auf die bei Joannes exarchus bulgaricus nach-
weisbare Form mit р (vgl. Vondrák S. 4). In der sechsten Zeile wird
nach на кръстѣхъ сихъ der Raum noch gestatten zu lesen entweder
bloss а oder сн oder vielleicht сѫтъ. In der neunten Zeile muss man
nach написа noch ergänzen сѧ въ oder vielleicht selbst же сѧ въ. Die
zehnte Zeile muss mit сътворѥннѣ миро abschliessen, zum letzten
Wort gehört von der elften Zeile das am Anfang stehende у, also zusammen: отъ сътворѥннѣ мироу. In der letzten Zeile würde
ich ннѣдн zu ннѣднктнонъ ·ѕ· ergänzen.

Die unerwartete Entdeckung dieser Inschrift erweckt Hoffnungen,
dass in jenen Gegenden noch manches wichtige Denkmal für das slavische Alterthum steckt. Möge das kais. russische archäologische Institut
unter einem glücklichen Stern seine Forschungen daselbst fortsetzen!

V. Jagić.

Wer war Pseudodemetrius I.?

(Beiträge zur Quellenkunde und Quellenkritik der Jahre 1591—1606.)

Zweiter Theil (Fortsetzung). [*]

Noch auffallender als die Verschwiegenheit des Fürsten Chvorostinin über den Lebenslauf des FD ist uns die Starrheit des Fürsten Katyrev-Rostovskij, mit welcher er die Ueberlieferung aus den Zeiten des Boris und des Šujskij in seiner »Sage« kurz wiederhallen lässt. Diese im J. 1626 entstandene »Sage« über die Zeiten der Wirren war lange nur als der dritte Bestandtheil des compilatorischen Chronographen des Sergej Kubasov bezeichnet. Der eigentliche (von Prof. Ključevskij und Akad. L. Majkov erwiesene) Verfasser dieser Sage, der Fürst Ivan Katyrev, hat in erster Ehe die Tochter des Theodor Nikitič Romanov, Tatiana, geheirathet, welche früh gestorben ist. Wenn wir in der »Sage aus dem J. 1606« die Anschauungen der Partei des V. Šujskij vertreten finden, so können wir in der »Sage« des Katyrev die Tendenz desjenigen Kreises der Bojaren verfolgen, welche sich an die Romanovy anschloss. Katyrev hat im J. 1598 die Wahlurkunde des Boris unterschrieben und war an seinem Hofe als Truchsess (Stoljnik) angestellt; hier verblieb er auch unter den Regierungen des FD und V. Šujskij. Als im J. 1608 Pseudodemetrius II. im Anzuge gegen Moskau war und gegen ihn Fürst Skopin-Šujskij und Ivan Romanov ausgesandt worden, da entstand in ihrem Heere eine Gährung und man war im Begriff dem Caren Šujskij untreu zu werden. Der Car liess das ganze Heer sogleich nach Moskau zurückrufen und die Verräther bestrafen, unter ihnen die Fürsten J. Trubeckoj, Ivan Trojekurov und Ivan Katyrev aus Moskau verbannen, und zwar den letzten nach Sibirien als Vojevoda von Tobolsk. Wenn wir uns daran erinnern, dass der Fürst Katyrev eine Tochter des Theodor Romanov und der Fürst Trojekurov dessen Schwester Anna zur Frau hatten und dass dessen Bruder Ivan Nikitič Romanov an der Spitze des verrätherischen Heeres gestanden, dann werden wir die ganze Verschwörung nicht auf die Selbstsucht einzelner Krieger, welche beim

---

[*] Vergl. Archiv Bd. XX, S. 224—325; XXI, S. 99—169.

FD II. (dem Schelme von Tušino) Beförderung zu finden hofften, sondern auf einen misslungenen Staatsstreich der Partei der Romanovy
gegen den Caren Šujskij zurückführen müssen. Im J. 1613 war Katyrev
schon wieder in Moskau; er hat sogar die Wahlurkunde seines Schwagers Michail Romanov unterschrieben und war bis zu seinem Tode bald
beim Heere, bald beim Hofe. bald bei der Centralverwaltung angestellt.
Er ist als ein Moskauer Edelmann (Moskovskij Dvorjanin) im J. 1640 gestorben, ohne zum Bojaren befördert worden zu sein. Sowohl in der
Annahme, dass Boris an dem Tode des Carević Demetrius schuld gewesen, als auch in der Schilderung des Lebenslaufes des Griška Otrepjev
folgt Katyrev der officiellen Legende vom Griška Otrepjev [1]). Man merkt

---

[1]) Auch Katyrev-Rostovskij scheint angenommen zu haben, dass PD
eben in Kiev sich zum ersten Male einem griechischen Priester während der
Beichte als den Sohn Johanns des Schrecklichen kundgethan hat (Дошедъ
Литовскіе земли до града Кіева .. и разболѣвъ же лестію, якобы и до смерти
уже пришедъ, и призвавъ къ себѣ священника Греческія вѣры, .. да покажетъ
его, яко онъ есть царевичъ Дмитрѣй .. Священникъ же той .. повѣда о немъ
Вешневецкому Адаму. Той же князь посла слуги своя и повелѣ ево привести
въ домъ свой и нача ево вопрошати .. Онъ же, злохищный чернецъ, напреди о
семъ умолча, а потомъ за клятвою сказуетъ ему все). Mit dieser Auffassung
stimmen Bussow und die Schrift aus Jindřichův Hradec darin überein, dass
auch sie den Demetrius als einen Knappen beim Fürsten W. schildern. Das
Register nimmt, wie erwähnt, an, dass Griška dem Hegumenos des Höhlenklosters gebeichtet. Elisej Pleteneckij wird sowohl in dem Register zum
J. 1604 (Razrjadnaja kniga), als auch in der Urkunde des Patriarchen Hiob
aus dem J. 1605 als Hegumenos (nicht aber als Archimandrit) des Höhlenklosters bezeichnet. Man könnte es durch den Kampf zwischen den Unirten
und den Orthodoxen um das Höhlenkloster zu Kiev erklären (vgl. die Geschichte der russischen Kirche des Metropoliten Makarij, B. IX). Im J. 1599
waren sowohl der Metropolit von Kiev, Ragoza, als auch der Archimandrit
des Höhlenklosters, Nikiphor Tur, gestorben. Da hat Sigismund III. am
2. Oktober 1599 die Metropolitankatheder von Kiev zugleich mit dem Titel
des Archimandriten des Höhlenklosters an den unirten Bischof Ipatij Pocej
übertragen; die Gemeinde der Höhlenmönche scheint aber schon damals den
Elisej Pleteneckij zu ihrem Archimandriten gewählt zu haben. Der Adel von
Kiev nahm sich der Rechte der Höhlengemeinde an und vertheidigte vor dem
Könige den alten Brauch, dass der Archimandrit des Höhlenklosters von den
Mönchen selbst und dem Adel von Kiev gewählt werden soll. Auf den Wunsch
des Königs Sigismund III. hat nun der Papst Klemens VIII. im Juli des Jahres
1603 seine Bulle zurückgenommen, durch welche er das Höhlenkloster dem
unirten Metropoliten von Kiev anvertraut hatte. Indessen hat Sigismund III.
erst am 22. Februar des J. 1605 das Höhlenkloster officiell dem Archiman-

aber an gewissen Einzelheiten, dass er über den FD etwas mehr wusste, als Leute, welche ihre Kenntnisse nur aus officiellen Acten geschöpft haben. Er ist der einzige, welcher ganz genau das Kloster anzugeben im Stande ist, wo Griška zum Mönche geschoren wurde, nämlich das Kloster Żeleznobovskij; die Klöster der Stadt Suzdal erwähnt er bei den Wanderungen seines Griška garnicht. Einerseits berichtet Katyrev, dass alle Leute sich über den Sieg des FD gefreut hätten, weil sie ihn für den wahren Carević hielten, andererseits spendet er Lob seinem Vater, welcher dem Boris treu geblieben war; nach der Angabe des Sohnes hätte Katyrev der Vater genau die ganze »Lüge« des Heretikers Griška gekannt (извѣстно вѣдаше про сего богомерзкаго еретика Растригу Гришку, что лжа есть и начатокъ лжи и кровопролитія, а не царевичъ). Es drängt sich also von selbst die Frage auf, weshalb denn der alte Katyrev, wenn ihm die Fäden »der Lüge« nicht unbekannt 'geblieben, gezögert hat, den ganzen Betrug dem Volke aufzuklären, welches sich über den Sieg des Heretikers gefreut hat. Er gehörte wohl zu den passiven Naturen, welche in den Zeiten der Wirren nur durch Schweigen ihre Stellung zu behaupten verstehen. Die Fürsten Chvorostinin und Katyrev haben von der Persönlichkeit des FD ohne Zweifel genauere Kenntniss gehabt, als alle die russischen Geschichtschreiber, die je über ihn geschrieben haben ; und doch sind ihre Werke für die Wahrheit wenig erspriesslich ausgefallen. Der übermüthige Günstling des FD, welcher unter dem Verdachte der Ketzerei, vielleicht schon unter Ahnung von Hausdurchsuchungen und in ewiger Furcht vor strenger Zucht eines Klosters seine »Worte« niedergeschrieben hat, konnte nach dem Siege der orthodoxen Romanovy nur als ein Reuiger die Feder ergreifen, um seinen früheren Herrn in den Staub zu treten. Man vermuthete bei ihm die Absicht, nach dem lieben Polen zu übersiedeln; wenn es ihm wirklich gelungen wäre, da würde er vielleicht nach dem Beispiele des Fürsten Kurbskij oder als Vorläufer des Kotošichin und Herzen eine durch und durch subjective Schrift über die Tagesgeschichte ausgearbeitet haben, die für immer ein mächtiges Gegengewicht den Lügen und Vermuthungen gebildet hätte, welche durch den

driten Pleteneckij übertragen. In den Jahren 1599—1605 durfte also Elisej P. streng genommen nicht Archimandrit genannt werden. Vielleicht ist aber der Titel »Igumen« (Abt) von Hiob und dem Register bloss populär gebraucht, als eine Bezeichnung für die Vorsteher der Klöster im Allgemeinen (Акты къ Исторіи Южной и Западной Россіи, т. II, Nr. 1, 17).

zufälligen Sieg einer Partei officiell zur Wahrheit gestempelt wurden. Wenn es dem FD gelungen wäre, seinen Thron zu behaupten und durch seine Nachkommenschaft die abgestorbene Dynastie des Rjurik zu ersetzen, da würden die russ. Chronikschreiber mit derselben Verleugnung ihrer Scharfsichtigkeit den Brief des Fürsten Wisniewiecki an den König Sigismund abgeschrieben haben, wie sie es unter Šujskij und Romanov mit dem Briefe des Hiob und der Anklage des Barlaam gethan haben. Jedes aufrichtige Zeugniss eines Zeitgenossen würde dann zum Staatsverbrechen, jede Veröffentlichung von Archivalien der Laesa Majestas gleich werden. Wer würde wagen, den Boris des Mordes zu beschuldigen, wenn der FD den kürzeren gezogen und der Car Theodor Godunov, unbefleckt von den Ränken des Vaters, den Thron bestiegen hätte? Mit dem Siege des V. Šujskij kam auch die »Sage aus dem J. 1606« über die Geschichtschreibung zur Herrschaft. Noch unter dem Michael Romanov oder besser zu sagen unter dem Patriarchen Philaret war Fürst Katyrev gezwungen, seine eigene Auffassung von den Begebenheiten hinter einer conventionellen Objectivität zu verbergen.

Unter der Regierung des Caren Michail Romanov, und zwar um das Jahr 1630, ist auch der »Neue Annalist« entstanden[1]) (Книга,

---

[1]) Diese Jahrbücher sind nach drei verschiedenen Handschriften gedruckt, nämlich als »Annalen der vielen Wirren« (Лѣтопись о многихъ мятежахъ, 1771 und 1788), als »Annalen nach der Handschrift des Patriarchen Nikon« (Русская лѣтопись по Никонову списку, т. VIII, 1792), endlich als »Der neue Annalist« nach der Handschrift des Fürsten Obolenskij (Новый Лѣтописецъ in dem Временникъ О. И. и Д. 1853). Prof. Platonov hat die Meinung geäussert, dass Nikon's Annalen den ursprünglichen Text, der neue Annalist des Fürsten Obolenskij seine abgekürzte Wiedergabe bietet. Er führt als Beweis folgendes Beispiel an: beide Denkmäler berichten, wie sich am 23. Okt. 1612 die polnische Garnison in der Kremlburg unter den Obristen Struś und Budila ergeben hatte. Nun fügen hier Nikons Annalen eine Schilderung hinzu, wie die Polen während der Belagerung so sehr an Hunger gelitten, dass sie Menschenfleisch assen; der Annalist berichtet hier in erster Person: als man die Kitajstadt (Vorstadt der Kreml) erobert, da haben wir selbst mit eigenen Augen Zuber mit eingesalzenem Menschenfleisch gesehen (то сами видѣхомъ очима своима, что многія тчаны насолены быша человѣчины). In dem Neuen Annalisten fehlt sowohl die ganze Geschichte, als auch die erste Person des Erzählers. Nun hat Fürst Obolenskij eine entgegengesetzte Anschauung aufgestellt, ohne die Beweisführung für sie gegeben zu haben: er hält nämlich seinen Neuen Annalisten für die ursprüngliche Redaktion, den entsprechenden Theil der Annalen des Patriarchen Nikon — für

глаголемая Новой Лѣтописець). Gewisse eigenartige Nachrichten des
»Neuen Annalisten« sind insofern wichtig, als sie die heimlichen Fäden,

---

eine spätere Bearbeitung. Auch für diese Anschauung des Fürsten Obolenskij können wir einen entscheidenden Beweis anführen; wir meinen die Erzählung über den Tod des Skopin-Šujskij. Als Skopin plötzlich in Moskau
gestorben war, sprachen Viele davon, dass er von seiner Tante, der Frau des
Demetrius Šujskij, vergiftet wäre. Der Neue Annalist berichtet darüber kurz
und klar: »Мнозіи же глаголаху, что онъ ядомъ напоенъ былъ отъ тетки
своей«. Nikon's Annalen suchen den Eindruck abzuschwächen: nur Gott
allein könne die volle Wahrheit wissen («что испортила ево тетка ево княгиня
Катерина, а подлинно то едному Богу«); darauf folgt eine Sentenz, welche die
Vorsehung für den Tod des Skopin verantwortlich macht. Wenn wir unseren Beleg für die Meinung des Fürsten Obolenskij mit der Beweisführung
des Prof. Platonov vergleichen, so kommen wir provisorisch zu der Ansicht,
dass der Neue Annalist des Obolenskij und die Annalen Nikon's von einander
unabhängig und auf einen dritten Urtext oder eine ursprüngliche Sammlung
von Materialien zurückzuführen sind. Die erste Person des Erzählers wird
wohl bald auf den Verfasser des Urtextes, bald auf den Redakteur der Annalen Nikons bezogen werden müssen, wo er nämlich als Augenzeuge neue
Nachrichten hinzufügt. Definitiv kann die Frage nur durch eine vergleichende
Zusammenstellung sämmtlicher Handschriften des Neuen Annalisten entschieden werden. Doch können wir auch jetzt unsere Vermuthung ins Einzelne
ausführen. Der Neue Annalist des Fürsten Obolenskij enthält eine chronologische Uebersicht der Perioden von Adam bis zur Taufe des russischen Volkes, darauf kurze Jahrbücher des russischen Reiches bis auf den Grossfürsten
Jaroslav, dann geht er jäh zu der Regierung des GF Johann III. über, verfolgt fast ausschliesslich in der Art eines Dienst- und Rangregisters (Razrjadnaja kniga) die Ereignisse aus der Regierung Vasilijs III. und des Caren Johann IV. des Schrecklichen bis auf das Jahr 7061 (1553). Nun folgt noch das
Register für das J. 7087 (1579), nämlich für den Feldzug nach Litauen. Endlich wird unter dem J. 7092 (1584) ein Heereszug gegen die Tataren von Kazanj und der Tod Johanns des Schrecklichen erwähnt. Nun beginnen die
Jahrbücher der Wirrenzeit, wobei die Erzählung in kurzen Episoden nach
der chronologischen Reihenfolge vorwärts schreitet. Der Neue Annalist des
Obolenskij endet mit dem J. 7137 (1629). Der ganze einleitende Theil fehlt in
Nikons Annalen. Die Jahrbücher für die Regierung Johanns des Schreck-
lichen im VII. Bande dieser Annalen werden mit dem J. 7066 unterbrochen;
dann werden noch ein Paar einzelner Ereignisse für die Jahre 1577 angeführt;
am Ende des VII. Bandes ist die Geschichte der Regierung des Grossfürsten
Theodor Ivanovič, verfasst vom Patriarchen Hiob, hinzugefügt. Mit dem
VIII. Bande beginnt der Neue Annalist, dem Titel nach als Vorsetzung der
Степенная книга, d. w. s. der Geschichte nach genealogischen Graden des
Grossfürstenhauses. Es wird hier die Geschichte des 18. Grades, nämlich des
Caren Theodor erzählt; als Einleitung dazu wird die Eroberung Sibiriens und

welche den Griška mit den Kreisen der Kanzellisten (Djaki) verbanden, aufzuklären verhelfen. Nach der Erzählung dieser Chronik hätte der

der Heereszug gegen die Tataren von Kazanj aus dem J. 7092 (1584) geschildert. Dieser letzte Feldzug wird ausführlicher als in dem Neuen Annalisten des Obolenskij erzählt; sonst beginnt gerade an dieser Stelle die Uebereinstimmung zwischen beiden Werken. Der VIII. Band endet mit dem J. 7138 (1630). Nun wollen wir die wichtigsten Episoden der Wirrenzeit nach beiden Redaktionen vergleichend zusammenstellen und die Autorität der Quelle — durch Heranziehen der Urkunden heben. Den 18. März 1584 stirbt Johann der Schr. In der Nacht gleich darauf lassen Boris G. und seine Räthe die Nagie und andere Günstlinge des verstorbenen Caren unter dem Vorwande des Verrathes in Haft nehmen und nach verschiedenen Städten verschicken. Dem Wunsche des Vaters zufolge gibt Car Theodor seinem Bruder Demetrius die Stadt Uglič als Apanage und sendet dahin mit ihm zugleich seine Mutter, die Oheime Nagie, die Wärterin Volochova mit dem Sohne Daniil (Osip?) und den Kačalov. (Bei der Erzählung von der Ermordung des D. zu Uglič erzählt dann der Annalist, dass Boris den Michail Bitjagovskij nach Uglič aussendet mit dem Auftrage, den Carevič zu ermorden, und fügt hinzu, dass er zugleich mit ihm seinen Sohn Daniil und den Kačalov gehen lässt und ihnen das ganze Regiment in Uglič anbefiehlt.) Unter den gemeinen Leuten und dem Militär der Stadt Moskau verbreitet sich das Gerücht, als ob Bjeljskij den Caren Ivan umgebracht und nun seinem Rathgeber (Boris) zum Throne verhelfen wolle. Das Volk strömt nach der Kremlburg; zu ihm gesellen sich die Ljapunovy und Kikiny aus Rjazanj und die Bojarensöhne anderer Städte; sie fordern die Auslieferung des Bjeljskij. Car Theodor lässt den Bogdan Bjeljskij nach Nižnij-Novgorod verbannen. Boris Godunov nimmt an den Ljapunovy, Kikiny und Anderen Rache und verbannt sie ins Gefängniss nach verschiedenen Städten. Die Thatsache einer Empörung wird durch einen Brief des Legaten Bolognetti aus Grodno vom 16. Mai 1584 an den Kardinal von Komo bestätigt (Turgenevius, Historica Russiae Monumenta, t. II); der polnische Gesandte Sapieha hat von ihr aus Moskau berichtet. Darnach hätte B. Bjeljskij am 12. April s. n. 1584 einen Staatsstreich zu Gunsten der »Opričnina« versucht (Hirschberg, Dymitr. S., S. 3—4). Auch Djak Thimotheev macht Anspielungen auf eine Volksbewegung gegen den Bjeljskij, dessen Entfernung vom Hofe und Beziehungen zu Boris. Der Annalist der Annalen Nikons scheint beim Tode des Caren Theodor zugegen gewesen zu sein oder wenigstens nach der Erzählung eines Augenzeugen berichtet zu haben. Er erzählt von einer Vision des sterbenden Caren, spricht dabei vom Patriarchen in der dritten Person, von sich und anderen Anwesenden in der ersten (мы же всѣ мнѣхомъ, яко видитъ онъ государь ангеловъ). In dem Neuen A. des Obolenskij wird die ganze Geschichte nur in der dritten Person gegeben (и вси возмнѣша, яко видѣ видѣніе). Nun berichtet der Augenzeuge der Annalen Nikons, als ob der sterbende Car in Gegenwart des Patriarchen zwei Engel gesehen hätte. Wir besitzen aber über diese Vision den Bericht des Patriar-

Metropolit von Rostov Jona in dem Griška die Teufelsbrut (дiаволъ
сосудъ) durchschaut, als Otrepjev beim Patriarchen Hiob diente. Damals

chen Hiob selbst in seiner »Lebensgeschichte des Caren Theodor« (Повѣсть
о честнѣмъ житиі Царя Ѳеодора, Nikons Annalen, B. VII). Darnach hätte der
sterbende Car noch vor der Ankunft des Patriarchen einen Engel gesehen,
welchen er für den Hiob hielt. Als Hiob erschienen war und darüber gehört
hatte, da hat auch er das Wunder anerkannt; diese zweite Version ist auch
psychologisch viel wahrscheinlicher. In dem Neuen Ann. des Obolenskij ist
noch ein Gespräch zwischen dem Caren und dem Patriarchen angeführt. Hiob
fragte den Theodor, wem er nach seinem Tode den Thron vermache? Car
Theodor antwortete: ich habe Nichts zu befehlen; wem Gott die Carenmacht
geben will, dem wird Er sie geben. Dieses Gespräch fehlt in Nikons Annalen.
Patriarch Hiob behauptet in der »Lebensgeschichte des Caren Theodor«, dass
Theodor das Zepter seiner Frau Irina gelassen hätte und dass die Carensynklete ihr das Kreuz geküsst, in Gegenwart des Patriarchen (по себѣ вру-
чивъ скипетръ супруге своеі царице Иринѣ.. Борисъ повелѣ своему царьскому
синклиту крестъ цѣловать и обѣтъ своі царице предавати.. бѣ же у крест-
ного цѣлования патриархъ и весь освещенныі соборъ). Der »Augenzeuge«
der Annalen Nikons erregt also Zweifel gegen sich. Nun berichtet er auch
über den Gregor O. in erster Person. Als Griška im Wunderkloster und beim
Patriarchen Hiob lebte, da fragte er viele Leute über die Ermordung des Demetrius aus und hat sichere Auskunft erhalten. Der Annalist hat viele Mönche
des Wunderklosters erzählen gehört, wie sich Griška scherzend vor ihnen
rühmte, dass er in Moskau als Car herrschen würde; die Mönche thaten nur
über ihn spucken und lachen (ото многихъ же чюдовскихъ старцовъ слышахъ,
яко во смѣхотворенне глаголаше старцомъ, яко царь буду на Москвѣ). In dem
Neuen Annalisten fehlt die erste Person und der Hinweis auf die Mönche des
Wunderklosters, als die Gewährsleute. Der Metropolit Jona von Rostov hat
die Sache dem Caren Boris angezeigt. Boris befahl dem Djak Smirnoj Vasiljev, den Griška nach dem Soloveckijkloster unter Aufsicht zu senden.
Smirnoj sagte darüber dem Djak Semejka Euthymjev, dem Griška verschwä-
gert war. Semejka bat die Verbannung zu verschieben, am Ende hat Smirnoj
den Carenbefehl vergessen. (Dem Neuen A. des Obolenskij zufolge wollte
Semenka für den Griška Fürbitte thun, dass er nicht verschickt werde: »той
же Смирной сказа царево повелѣние сроднику его Гришкину дьяку Семенкѣ
Евфимьеву.. азъ молити о немъ буду, да не будетъ тамо посланъ«. Nikons Annalen zufolge wollte Semejka für den Griška »sorgen«: тоиже Семенка тому
Гришке своі и моли Смирного, чтобъ его не вскоре сослать, а хотя о немъ про-
мышлять. Der Neue A.: »Смирной же объ немъ положи въ забвение: дiаволу
бо укрывающу его на пакость народу«. Nikons Annalen: »дияволъ же сво
укрываше, положи сему Смирному в забвение и царскои приказъ позабылъ«.
Griška erfuhr davon und ergriff die Flucht. Der Neue A.: увѣда бо оный
Гришка еже о немъ приказа царь, утече съ Москвы. Nikons Annalen: онъ-же
Гришка, увѣдавъ то, побеже с Москвы. Also trotz der ersten Person in Ni-

hätte Griška das Wunderkloster zu besuchen gepflegt, über den Tod des Demetrius nachgefragt und oftmals vor den Mönchen daselbst ge-

kons Annalen scheint Fürst Obolenskij der Wahrheit nahe gestanden zu haben, wenn er den Neuen Annalisten als die ursprünglichere Redaktion auffasste. Vgl. auch Kap. 91 des Neuen Annalisten mit dem entsprechenden Kapitel aus Nikons Annalen: О посылке з Дону в Литву отъ козаковъ. Es unterliegt für uns keinem Zweifel, dass der Neue A. des Obolenskij auch hier dem ursprünglichen Texte näher steht.) Als die Nachricht vom PD in Polen Moskau erreicht hatte, befahl Boris die Wege aus Litauen (zwischen Smolensk und Brjansk) zu sperren, um jegliche Verbindung zu verhindern und der Verbreitung der Nachrichten in der Hauptstadt zuvorzukommen. Er selbst schickte unterdessen Kundschafter nach Litauen, um zu erforschen, wer dieser Carevič sei. Die Kundschafter haben Nachfragen über den PD angestellt und in ihm den Griška erkannt (провѣдама про него и опознама); sie kehrten zu Boris zurück und theilten es ihm mit. Boris lachte darüber (онъ же о томъ посмѣяся), denn er wusste, dass er ihn nach Solovki hat verbannen wollen, liess also den Smirnoj rufen und fragte ihn über den Griška. Smirnoj stand vor ihm, wie betäubt, und konnte nicht zum Sprechen kommen. Car Boris fühlte sich gekränkt und liess den Smirnoj unter dem Vorwande eines Unterschleifes der Hausgelder bis zum Tode prügeln. Wir wollen zuletzt noch ein Paar Episoden untersuchen, um das Verhältniss zwischen Nikons Annalen und dem Neuen Annalisten aufzuklären. PD befahl den V. Šujskij zu enthaupten; indessen haben, Nikons Annalen zufolge, die Carin-Wittwe Martha und die Bojaren durch ihre Fürbitten den Šujskij gerettet. (Margeret nennt unter den Fürbittern ausser der Carin-Wittwe noch den Bučinskij.) Diese Nachricht von der Rettung des Šujskij durch die Carin-Wittwe fehlt in dem Neuen Annalisten. Noch eine Episode: Fürst Michail Skopin Šujskij nahm eine befestigte Stellung in Alexandrova Sloboda ein. Hierher schickte zu ihm Prokopij Ljapunov Briefe aus Rjazanj. Ljapunov suchte den Skopin mit dem Caren Vasilij zu verfeinden. Skopin hatte Mitleid mit dem Boten und hat ihn, statt ihn dem Caren auszuliefern, zurück nach Rjazanj geschickt. Schlimme Leute benutzten diese Gelegenheit, um den Skopin in den Augen des Caren Šujskij anzuschwärzen. Der Neue A. berichtet es ausführlicher: »во Александрову жъ слободу присла съ Рязани ко Князю Михаилу Васильевичу Прокоѳей Ляпуновъ станицу, писа же отъ себя ко Князю Мих. Вас., нарицающи его не Княземъ, но Царемъ, и поздравляя ему на царство, Царя-жъ Василія, яко змія угрызаше«. Nikons Annalen nennen hier den Prokopij Ljapunov einen »Schmeichler« (льстивый человѣкъ) und fügen hinzu den kurzen Bericht: »написаша грамоты и здоровата на царствѣ«. An der Erzählung von der Verschwörung der Ljapunovy gegen den V. Šujskij tritt besonders klar hervor, dass der Neue Annalist und Nikons Annalen ein und dasselbe Material auf verschiedene Art anordnen. Dem N. A. zufolge hätte Car Šujskij nach der Niederlage seines Bruders Demetrius bei Klušino die Kriegsleute aus verschiedenen Städten nach Moskau zur Vertheidigung berufen. Die Kriegsleute

äussert, dass er noch Car werden könnte. Jona hat ihn dafür dem Boris
angezeigt. Der Car befahl nun dem Djak Smirnoj-Vasiljev den Mönch
Griška nach dem Soloveckikloster (auf den Inseln des Weissen Meeres)
unter strenge Obhut zu verbannen. Smirnoj hätte von diesem Befehle
einen Verwandten des Griška, den Djak Semenka Euthymjev, benach-

wollten ihm aber nicht gehorchen. Prokopij Ljapunov und die Kriegsleute
von Rjazanj blieben z. B. zu Hause; Ljapunov begann sogar mit dem Fürsten
Vasilij Golizyn Rath zu pflegen, wie er den Caren Šujskij absetzen könnte
(Kap. 148). Das nächste Kapitel (149) beginnt der Neue Annalist mit der Er-
zählung, wie Prokopij Ljapunov nach dem Tode des Skopin Briefe an die
Städte aussandte, worin er den Caren Vasilij Šujskij beschuldigte, den Skopin
aus der Welt geschafft zu haben; er trat sogar in Beziehungen zum Schelme
D. II. in Kaluga; hier wird wiederholt, dass er am meisten mit Vasilij Golizyn
Rath pflog gegen den Caren Šujskij. Das Gerücht von der Revolte des P.
Ljapunov erreichte Moskau. Hier hatte P. Ljapunov Mitverschworene in
der Person seines Bruders Zacharij, des Fürsten Vasilij Golizyn und anderer.
Die Einwohner von Moskau waren bereit, den Caren Šujskij preiszugeben
unter der Bedingung, dass die Anhänger des PD II. ihrerseits den Schelmen
von Tušino im Stiche liessen. Am 15. Juli 1610 hat Zacharij Ljapunov den
Staatsstreich glücklich vollführt. Car Vasilij wurde zum Mönche geschoren,
die Bojaren und das Volk von Moskau wählten den Korolevič Vladislav zum
Caren (не согласясь и не сослався съ городами). Patriarch Hermogenes war
bereit ihn anzuerkennen, wenn er zum griechisch-orthodoxen Glauben über-
träte. Die Verräther Michail Saltykov und Vasilij Masaljskij mit Konsorten,
wie Michail Molčanov, erschienen in Moskau und baten den Patriarchen um
Segen. Der Patriarch wies den Molčanov von sich, den Uebrigen ertheilte er
den Segen nur unter der Reservation: wenn ihre Politik dem griechisch-
orthodoxen Glauben Einbusse thäte, da sollte sie die Rache Gottes treffen.
Kurz darauf ging das Prophetenwort des Patriarchen in Erfüllung. Fürst Vasilij Masaljskij, Michail Molčanov u. A. starben unter Qualen. Ebenso starben
Michail Saltykov u. A. auf elende Weise in Polen. Für Nikons Annalen ist der
Plan der Erzählung anders: sie erzählen vom offenen Ungehorsam des Prokopij
Ljapunov nicht erst nach der Niederlage des Demetrius Šujskij bei Klušino,
sondern gleich nach dem Tode des Skopin. Erst nach dem Abfall des Pro-
kopij wird der Sieg des Żólkiewski bei Klušino erzählt; nun geben auch Nikons Annalen endlich die Worte über den P. Ljap., welche der Neue A. im
Kap. 148 im Zusammenhange mit Klušino enthält; die Annalen erklären jetzt
den Ungehorsam der Kriegsleute von Rjazanj durch den Einfluss des Ljap.,
welcher schon seit dem Tode des Skopin zu offener Revolte gegen den Caren
Šujskij gegriffen. Es macht also den Eindruck, als ob der N. A. und Nikons
Annalen hier eine dritte Quelle wiedergeben. Im J. 7128 (1620) sind die beiden Frauen des Carevič Ivan Ivanovič als Nonnen in den Klöstern gestorben.
In die Annalen Nikons sind die Nachrichten über den Tod der Cesarevny ge-
sondert eingetragen; in dem N. A. wird über beide zugleich berichtet.

richtigt. Dieser hätte nun flehentlich gebeten, die Ausführung des Befehles aufzuschieben, worauf Smirnoj die ganze Sache der Vergessenheit preisgegeben hätte. Unterdessen wäre der Befehl des Caren auch zur Kenntniss des Griška gekommen; da hätte er nach Polen (auf dem Umwege durch Galič, Murom, Brjansk, Novgorod-Severskij) die Flucht ergriffen. Hier hätte er sich beim Adam Wisz. für den Demetrius ausgegeben und in einer Urkunde beschrieben, wie ihn die Bojaren und die Djaki Ščelkalovy, welchen ihn sein Vater Johann der Schreckliche anbefohlen, vor den Nachstellungen des Boris gerettet und nach Polen verschickt hätten; statt seiner wäre aber in Uglič der Sohn eines Pfaffen Jeleckij ermordet (vielleicht aus der Stadt Jelec, wahrscheinlich ist aber die Verwechselung mit Ugleckij, d. w. s. aus Uglič, anzunehmen). Als Boris von der Flucht des Griška erfahren, da hätte er befohlen, die Amtsführung des Djaks Smirnoj Vasiljev zu revidiren; der Djak wäre des Unterschleifs der Hofgelder (многую дворцовую казну) angeklagt und dafür zu Tode geprügelt worden. Das Vorhandensein der Djaki Smirnoj Vasiljev und Semejka Euthymjev in der Haus- und Hofkanzlei (Prikaz Boljšogo Dvorca) wird durch die Urkunde über neue Ernennungen des Königs Sigismund III. aus dem J. 1610 bestätigt (Собрн. Гр. и Дог., т. 2, Nr. 218); man sieht daraus, dass Smirnoj und Semejka in der Kanzlei wohl ganz gleich gestellt waren (в товарыщихъ). Nun musste an der Spitze dieser Kanzlei der Majordom (Dvoreckij), d. w. s. Stepan Vasiljevič Godunov gestanden haben. Dieser S. V. Godunov ist in dem Rangregister (Новиковъ, Росс. Вивл., т. XX) als unter der Regierung des FD gestorben bezeichnet, das wird wohl heissen — umgebracht worden. Wir haben hier ein Beispiel, wie in der nächsten Nähe vom Throne zwei kleine Beamte Ränke schmieden, während ihr Vorgesetzter dem Caren treu bleibt. Das entspricht derjenigen Charakteristik, welche Djak Timotheev von den Beamten der Zeit gegeben hat. [1]

---

[1] Die officiellen Akten der Moskauer Regierung kennen noch folgende Djaki: Im Jänner 1594 haben die Djaki Grigorij Klobukov und Smirnoj Vasiljev Einnahmen in den Schatz des Caren gesammelt (Акты Юрид., Nr. 214). Im December 1582 wird Semen Kostkin erwähnt (А. Ю., Nr. 212). Im Jänner 1596 werden die Djaki Semejka Sumorokov und Semejka Jemeljanov bei der Einsammlung der Einnahmen des Caren erwähnt (А. Ю., Nr. 216). Unter der Wahlurkunde des Boris aus dem J. 1598 haben folgende Djaki ihre Namen unterschrieben: in erster Reihe die Djaki der Kanzleien Grigorij Klobukov, Semen Kostkin, Smirnoj Vasiljev; in zweiter Reihe die Djaki der Kanzleien

Die späte, ziemlich legendare Vita des Patriarchen Hiob (die Kanonisirung erfolgte im J. 1652), welche indessen auf Grund älterer Quellen

---

Ivan Timopheev, Semejka Sumorokov, Timophej Osipov (A. A. Э. II, Nr. 7).
Ivan Grigorov wird als ein Djak bei der Schatzkanzlei des Patriarchen im
Jänner 1602 erwähnt (A.Ю., Nr. 221). In den Akten werden indessen bei den
Djaki bisweilen auch alle drei Namen angegeben — der eigentliche Name des
Mannes, der Name des Vaters (Patronymikon) und Familienname, z. B. der
Kanzlist Jermolka Klimentjev Grigorjev's Sohn (A. Ю., Nr. 210: дьячекъ Ер-
молка Климентьевъ сынъ Григорьева). Grigorjev's Sohn ist kein Patronymi-
kon, sondern bezeichnet, dass der Sohn, wie auch der Vater den Familien-
namen Grigorjev getragen. Ende des J. 1610 wurde eine Liste derjenigen
Edelleute der Synkletos und der Djaki zusammengestellt, welche durch ihre
Treue gegenüber dem abgesetzten Caren V. Šujskij der Partei des Korolevič
Vladislav gefährlich erschienen (Акты Ист. II, 286). Hier wird in der Kanzlei
der Krone Kazanj (Kazanskij Dvorec) Alexej Zacharjevič Šapilov als Kollege
des Fürsten Dmitrij Šujskij erwähnt; als dritter Verschwörer gegenüber dem
König wird neben ihnen Semen Euthymjev angegeben. (Олексѣй Захарьевъ
сынъ Шапиловъ, сидѣлъ въ Козанскомъ дворцѣ со княземъ Дмитрѣемъ Шуй-
скимъ; въ походъ стояли противъ Государя со князомъ Дмитрѣемъ-же. Да
Семенъ Еуенмьевъ сидѣлъ съ нимижъ и умышлялъ заодинъ.) In der Haus-
und Hofkanzlei (Дьяки дворцовые) werden dagegen die schlimmen Einflüsterer
(злые шептуны) Goleniščevy erwähnt. Auch in dem Kataster (Писцовыя книги,
изд. Имп. Геогр. Общ.) kommen einige von diesen Djaki vor. Dem Kataster zufolge muss Semen Jemeljanov um das J. 1585 Djak der Haus- und Hofkanzlei
gewesen sein (Prikaz Boljšogo Dvorca). Djak Semejka Philipovič Sumorokov
wird im Kataster für das J. 7082 (1573—74) im Gebiete der Stadt Moskau erwähnt. Semen Kostkin (ohne Namen des Vaters) wird daselbst im Gebiete der
Stadt Kašira erwähnt. Es bleibt also die Möglichkeit, den Semen Kostkin mit
dem Semejka Euthymjev für identisch anzunehmen, da Kostkin ein Familienname, Euthymjev aber als Patronymikon aufgefasst werden kann. Nun wird wohl
gerade er als Anhänger der Šujskie im J. 1610 hervorgehoben; kein Wunder,
dass Sigismund III. an seine Stelle (indessen in dem Boljšoj Dvorec, nicht
aber in dem Kazanskij) den Bogdan Gubin ernennt. Ob Semejka Euthymjev
sich an die Šujskie bereits damals angeschlossen, als er seinen Verwandten
Gregor Otrepjev in dem Wunderkloster beschützte, oder, wie auch Paphnutij,
erst nach dem Sturze des Caren Demetrius I., ist schwer zu sagen. Der Brief
des Boris an Rudolph II., wie auch die »Sage vom Griška Otrepjev« bringen
den Griška mit den Romanovy und den Čerkaskie in Verbindung. Nur die
legendare »Sage von der Regierung des Caren Theodor Ivanovič« (Русс. Ист.
Библ., т. XIII), welche im Allgemeinen den Vasilij Šujskij zu verherrlichen
sucht, berichtet von seinen Beziehungen zu Griška. Dieser Sage zufolge soll
V. Šujskij nach der Untersuchung in Uglič dem Caren Theodor insgeheim
die volle Wahrheit vom Tode des Carevič D. berichtet zu haben. Wenn man
die herrschende Stellung des Boris neben dem Caren Theodor klar vor Augen

verfasst ist, gibt originelle Nachrichten über die Beziehungen zwischen dem Hiob und dem Griška O. Danach hätte man den Gregor, als einen

---

hat, so muss man diese Nachricht der Sage für einen albernen Versuch halten, das schändliche Betragen des V. Šujskij bei der Untersuchung in Uglič zu rechtfertigen. Albern ist die Schilderung der Sage, wie Šujskij zu Uglič über dem Leichnam des Carevič weint, albern auch die Erzählung, wie Boris Gift dem Caren Theodor in den Meth schüttet: der Car erräth es, trinkt indessen die Schale aus und bittet sogar den Godunov um einen zweiten Trunk von seinem Gifte. Dieselbe Sage erzählt nun, dass der Car Demetrius I. den V. Šujskij mit Geschenken und Güterbelohnungen überschüttet hätte, weil er ihm noch als Djakon in Moskau nahe gestanden hätte: Damals hätte Griška den V. Šujskij aus dem Wunderkloster oftmals besucht und bei ihm in Gnaden gestanden; V. Šujskij hätte indessen den Griška nicht sofort in dem Demetrius erkannt. (Какъ онъ Растрига былъ въ Чюдовѣ монастырѣ въ дïяконахъ, и часто пребывалъ во дворѣ у него, боярина, и онъ его велми жаловалъ; и въ тѣ поры вскорѣ не позналъ его, а иные страха ради и великіе нужды и умолчали до времени.) Auch andere Moskoviten hätten nicht auf einmal den Demetrius erkennen können, weil er zu einem Manne gereift und mit Haaren bewachsen war (и тѣ его вскорѣ не могли познать, понеже бо власами обросъ и мужествомъ возмужалъ и премѣнился въ лицѣ). Die Wenigen, welche ihn wiedererkannt, hätten lange aus Furcht geschwiegen. Nun sehen wir aber auf den Bildnissen des D., dass sein Gesicht von Haaren ganz und gar entblösst war. Der Brief des PD II. an die Bürger von Smolensk erinnert die Russen gerade daran, dass der Djakon Gregor Otr. einen Bart gehabt, und hebt es als ein Merkmal hervor, durch welches er sich vom Caren Demetrius unterscheide. An und für sich könnte es möglich sein, dass die »Sage von der Regierung des Theodor« trotz ihrer Albernheit die Nachricht von den Beziehungen des V. Šujskij zum Djakon Gregor aus einer guten Quelle geschöpft; wir haben z. B. bereits erwiesen, dass sie dieselbe wichtige Quelle ausgenutzt hat, welche auch der Sage aus dem J. 1606 zur Verfügung gestanden. Es wäre aber dann zu verwundern, dass diese Besuche des Djakon zum Bojaren bei den Untersuchungen des Hiob und des Boris nicht ans Licht gekommen. Es ist also wahrscheinlicher, dass der ganze Bericht dazu ersonnen ist, um die späteren Enthüllungen des V. Šujskij über den Demetrius–Griška glaubwürdig erscheinen zu lassen. Die Sage behauptet nämlich in ihrer albernen Art und Weise, dass V. Šujskij den Caren D. I. auf dem öffentlichen Platze vor dem ganzen Volke für den Griška erklärt hätte. Die Errettung des Šujskij vor der Todesstrafe wird als besondere Gnade Gottes aufgefasst. Ganz verkehrt ist in der Sage die Absetzung und der Tod des Caren D. I. erzählt. V. Šujskij wird überall als ein Märtyrer und Beschützer der orthodoxen Kirche gepriesen. Wir müssen also das Meiste in dieser Sage für Fabel erklären; nur für diejenigen Nachrichten machen wir eine Ausnahme, die der wichtigen Quelle entnommen sind, welche der »Sage von der Regierung des Caren Theodor« und der »Sage aus dem J. 1606« gemeinsam war. Indem wir

belesenen und geübten Schreiber aus dem Wunderkloster dem Patriarchen
Hiob empfohlen. Hiob lud den Mönch Gregor O. zu sich und liess ihn
in seiner Zelle hl. Bücher abschreiben. Nach zwei Sommern haben
einige Geistliche beim Gregor den Hang zum römischen Katholicismus
bemerkt [1]). Die Auffassung, als ob die Häresie des Gregor, welche Hiob
und Boris dem Brauche der Zeit nach ihm zugeschrieben, in seinem
Hange zum römischen Katholicismus bestanden, ist wohl ein Rück-
schluss vom späteren Betragen des Caren D. Hiob erfuhr von der
Häresie seines Schreibers und schickte ihn nach dem Wunderkloster
unter Aufsicht zurück, bis Car Boris die Untersuchung anstellt [2]). Diese
Nachricht zeugt, dass die Schuld des Gregor O. eher schon von einer
politischen, als kirchlichen Art war. Der Glaube, dass Carevič D. noch
lebe, konnte ganz gut unter der Häresie des Griška verstanden werden.
Gregor O. erwies sich (der Vita des Hiob zufolge) als ein echter Zauberer
und verschwand seinen Wächtern unter den Augen; man hat vergebens
auf Befehl des Caren und des Patriarchen nach ihm gesucht, er war
nirgends in ganz Russland zu finden [3]). Wir wissen aus Nikon's Annalen, dass Griška gar nicht durch seinen Zauber, sondern Dank seiner
Verwandtschaft mit den Djaki hat entschlüpfen können. Noch zwei
Sommer später (also wohl im J. 1604) kam die Nachricht, dass er aus
Polen her gegen die orthodoxe Kirche Ränke schmiede. Nachdem er
nämlich aus Moskau entkommen, wäre er bei den Zaporogen als ein
Laie aufgetaucht [4]). Darauf wäre er in Polen, als Sohn Johann's des
Schrecklichen, aufgetreten und hätte sogar den Papst zu Rom aufge-
sucht. Der Papst und der König haben den Griška mit einem grossen
Heere unterstützt. Die Städte der Severa und der Rjazanj haben ihm

---

die Beziehungen des Griška zum Bojaren V. Šujskij in Zweifel ziehen, fassen
wir das Betragen des Metropoliten Paphnutij und des Djaks Semejka Euthymjev unter der Regierung des Caren V. Šujskij als ein temporibus servire
auf. Dass Paphnutij bereits unter der Regierung des FD Metropolit von
Kruticy war, erhellt aus dem Contexte der Sage des Palicyn.

1) Русская Историческая Библіотека, т. XIII. Исторія о первомъ патрі-
архѣ Іовѣ: »по двою же лѣтѣхъ разсмотрѣнъ бысть отъ нѣкіихъ церковниковъ
и познаша его, яко Латынскія вѣры крѣпокъ хранитель«.

2) »Абіе отосла его въ Чудовъ монастырь въ соблюденіе до сыску царя
Бориса«.

3) »у стрегущихъ его воочію зрящихъ невидимъ бысть, и его поискавше
много царскимъ и святительскимъ повелѣніемъ и не обрѣтоша его во всей Россіи«.

4) »Обрѣтеся у Черкасъ Запорожскихъ бѣлецъ, а не чернецъ«.

freiwillig gehuldigt [1]). Im Anschluss an die Nachricht, dass Griška beim
Hiob zwei Sommer gedient hätte, müssen wir daran erinnern, dass zufolge dem Register der Gesandtschaft aus dem J. 1606 (Statejnyj Spisok
Volchonskogo) Griška im Wunderkloster ungefähr ein Jahr verbracht
hat. Die ausführliche Redaktion der »Sage« des Avraamij Palicyn
(Russ. Hist. Bibl., B. XIII) behauptet, dass Griška zwei Sommer im
Wunderkloster und über ein Jahr beim Hiob gelebt hätte [2]). Diese drei
chronologischen Bestimmungen können wir zu dem Schlusse zusammenfassen, dass Gregor O. in Moskau mindestens drei Sommer (1599—1601)
verbracht hat. Dem Zeugnisse des Barlaam zufolge ist ja Griška im
Frühjahre 1602 über die litauische Grenze geflohen und hat den Winter
1602—1603 in Hojszcza verbracht; nach Ostern des J. 1603 verschwand er, um dann beim Wiszniewiecki aufzutauchen.

Eigenthümliche, wohl aus polnischen Quellen geschöpfte Nachrichten über den FD bietet uns »die Geschichte oder Sage von den Ereignissen in der Carenstadt Moskau etc.« (»Сказаніе и повѣсть еже
содѣяся въ царствующемъ градѣ Москвѣ и о разстригѣ Гришкѣ
Отрепьевѣ и о похожденіи его«. Чтенія, 1847, Nr. 9), welche jedenfalls vor dem J. 1649 enstanden sein muss. Der Verfasser dieser romanhaften »Geschichte oder Sage« verräth sowohl durch Fremdwörter in
der Sprache (»картечка«, »каморы«, »миля«, »рыцарствовать«), bisweilen geradezu Polonismen (wie »клейноты«, »магирка«, »капланъ«),
als auch durch genügende Kenntnisse von den Sitten und Verhältnissen
in Polen, dass er unter starker Einwirkung von polnischen Quellen gestanden haben muss. Nach der »Geschichte und Sage über die Ereignisse in Moskau« wäre Griška in Galič in einer adeligen Familie geboren und auferzogen und vielen von den Bojaren beim Hofe bekannt
gewesen. Zugleich mit einem anderen Edelmanne Michail Trofimovič
Povadin aus Serpejsk hätte er sich dann etwas gegenüber dem Caren
zu Schulden kommen lassen. Griška hätte nämlich oft das Haus des
Fürsten Boris Čerkaskij besucht und wäre von dessen Sohne Ivan Borisovič befördert worden. Da nun der Car Boris den Theodor Romanov,
samt den Brüdern, und den Fürsten Boris Bekbulatovič Čerkaskij,
samt der Frau und dem Sohne Ivan, nach den Gefängnissen verschickte,

---

[1]) »Сѣверскія и Резанскія грады тѣ не неволею, но изъ воли покори-
шася ему«.

[2]) »въ Чюдовѣ монастырѣ два лѣта на крылосѣ стоялъ и у патріярха у
Іова болѣ года во дворѣ былъ, служа письмомъ«.

so hätte er auch dem Griška gegrollt. Der listige Griška hätte sich aber vor dem Grolle des Caren in ein Kloster verborgen, um sich dort einkleiden zu lassen. Weiter erzählt diese »Geschichte und Sage« Folgendes vom Lebenslaufe des Griška. Erst nach längerer Zwischenzeit kehrte er nach Moskau zurück, weilte kurze Zeit im Wunderkloster, erlangte hier die Würde eines Diakon und siedelte sich dann beim Patriarchen Hiob an. Sein arger Geist lässt ihm aber keine Ruhe; er sehnt sich nach der Severa, will nach Brjansk, nach Putivl, nach Černigov zu den Heiligen Stätten wallfahren und verführt zu dieser Reise auch den einfältigen Michail (als Mönch Misail) Povadin. Misail ladet noch einen dritten Gefährten, nämlich seinen Freund den Priester Barlaam, in demselben Wunderkloster Wohnung zu nehmen. Alle drei kommen dann auf verabredetem Orte zusammen (у тронцы въ паперть на рву) und leisten das Gelübde, sich nicht mehr von einander zu trennen. Griška entkommt heimlich vom Hiob und erreicht mit seinen beiden Gefährten das Svinskijkloster zu Brjansk und weilt hier 7 Tage in Ruhe und Ueberfluss. Er meidet aber den Becher; Misail und Barlaam grollen ihm dafür, dass er den Heiligen spielt. In einem Dorfe an der litauischen Grenze, wo sie eine barmherzige Frau beherbergt, erfahren sie, dass die Grenze gesperrt sei, weil man einen Flüchtling aus Moskau aufzufangen suche. Da gesteht Griška seinen Gefährten, dass es auf sein Leben abgesehen sei, und überredet sie, durch den wilden Wald auf den litauischen Boden und darauf nach Kiev zu fliehen. Sie gehen drei Tage durch den Wald, am vierten begegnen sie einem Polen, dem Bienenwärter Jakub. Von ihm erfahren sie, dass sie sich in der Herrschaft der Brüder Volovič befinden: der eine Bruder Nikolaj, der Herr des Jakub, wohne in der Łojowa Góra und sei katholisch; der Bruder Jan sei lutherisch und dabei grausam. Bei Nikolaj Volovič weilen die Mönche 9 Tage und begeben sich darauf mit seiner Empfehlung zum Bruder Jan. Hier werden sie 40 Tage beherbergt; während dieses Aufenthalts hält Griška einen Glaubensstreit mit Florenz, dem Schwager des Volovič. Darauf erreichen die Mönche die Stadt Loew, wo sie vom Vojevoden Prokulickij als Gäste aufgenommen und dann zu Pferde (коннымъ же путемъ) nach Kiev entlassen werden. Ueber Kiev erreichen sie die Stadt Ostrog, wo sie den Fürsten Ostrogski, den Vojevoden von Kiev erblicken. Der Fürst hatte einen bis zur Erde herabfallenden Bart; diesen hielt er gewöhnlich auf den Knien auf einer Decke. In seinem Hause verbringen die Wanderer zwei Monate und brechen dann nach dem Höhlenkloster auf, wo sie der Archimandrit Jelisej aufnimmt. Nach einiger Zeit verlässt Griška seine Reisegefährten, flieht zu den Zaporogen und schliesst sich der Rotte des Häuptlings Gerasim Evangelik an. Mit diesen Kosaken hat er die Umgegend von Kiev verheert, so dass der Fürst Ostrogsky ihn zu ergreifen befohlen hat. Einmal wagt er das Höhlenkloster selbst zu besuchen und wird sogar vom Archimandriten erkannt; es gelingt ihm aber sich heimlich aus dem Staube zu machen. Nun nimmt er den Weg nach Sambor auf die Güter des Michail Ratomskij, des Herrn Alexander Svirskij und des Fürsten Jurij Svirskij. Diese empfingen ihn mit Freuden und schickten ihn nach dem Stodolskikloster, wo ihre Aeltern begraben lagen und ein katholisches Stift aus 40 (Bernhardiner?) Mönchen und 5 Jesuiten bestand. Hier stellte sich auch Griška als einen katholischen Mönch an. Plötzlich wurde er krank und forderte von dem Abte (Игуменъ) Pimen einen Beichtvater griechischer Confession. Es kommt zu ihm auch wirklich der Priester Arsenij, ein Grieche, welchem Griška während der Beichte gesteht, dass er Carevič sei. Unterdessen fordert der Car Boris vom Fürsten Ostrogskij die Auslieferung der drei flüchtigen Mönche. Da schickt der Fürst den Misail und den Barlaam nach Sambor, um auszukundschaften, ob nicht vielleicht dieser Carevič derselbe Mönch wäre, welcher mit ihnen gekommen war. Misail und Barlaam erweisen sich aber schwach genug, um diesem Carevič zu huldigen, welcher sie seinerseits gut bewirthen lässt. Der König Sigismund sendet nun zwei russische Edelleute, den Osip und Kyrill Chripunov, aus Grossnovgorod, welche den Carevič in Uglič gekannt hatten, später aber dem Boris untreu geworden und nach Polen gegangen waren. Diese sollen nun den Demetrius prüfen, wurden von ihm erkauft und haben ihn für den echten Carevič erklärt. Nun beruft der König den Griška nach Krakau u. s. w.

Die »Sage vom Griška Otrepjev« bildet eine räthselhafte Vermischung von wichtigen Nachrichten, welche sonder Zweifel aus sicheren russischen Quellen geschöpft sind (z. B. die ausführliche Schilderung der Verfolgungen, welche Boris gegen die Bojaren angestellt hat) mit einer romanhaften Darstellung aller Abenteuer des Griška in Polen, welche eine gute Kentniss von der Geographie der Gegend um Loev verräth (vgl. Arch. für Slav. Phil., B. XX, S. 286). Diese letzte Episode sticht auch in Bezug auf die Sprache von den übrigen Theilen der Sage ab, nämlich dadurch, dass alle die erwähnten Fremdwörter gerade in ihr vorkommen; eben dieser Abschnitt fehlt in der kürzeren Redaktion der Sage (s. Russ. Hist. Bibl., B. XIII). Wir nehmen also den Schluss des Prof. Platonov an, dass der Verfasser der Sage eine uns verloren gegangene Quelle benutzt hat, welche unter starkem polnischen Einflusse gestanden hat.[1])

---

[1]) Der Abschnitt über die Abenteuer des Griška in Polen enthält eine Reihe von polnischen Namen, an welche phantastische Thatsachen angeknüpft werden. Als Griška mit seinen Kameraden die Grenze überschritten, da kommt er zu den Herren Nikolaj und Jan Volovičí. Diese V. sind uns unbekannt. Sonst spielen aber andere Mitglieder der Familie eine bedeutende Rolle unter Sigismund III. (Nach Boniecki hat Gregor Wołowicz im J. 1563 an der Gesandtschaft des Chodkevič nach Moskau Theil genommen; er hat drei Söhne — Roman, Peter und Hieronim zurückgelassen; Roman wird im J. 1594 als Starosta Rohaczewski erwähnt, Hieronim-Jarosz W. im J. 1589 als Pisarz litewski, im J. 1618 sogar als Podkanclerz lit; nach Wolff war dieser Hieronim-Jarosz W. bis zum J. 1605 Sekretarz królewski). Von Lojova Gora bis Lojov legen die Mönche einen Weg von 15 Meilen zurück und treffen in Lojov den Vojevoden Stanislav Prokulickij; abermals eine sonst unbekannte Persönlichkeit. Herbarz Polski kennt nur die Prokulbicki in dem Vojevodstvo von Viljno, von denen Jan P. im J. 1632 die Wahlurkunde Vladislavs IV. unterschrieben. Ueberhaupt würde man erwarten, dass die Gegend von Lojov noch immer, wie Ende des XVI. Jahrh., von der Familie der Wiszniewiecki abbinge. In der ausführlichen Sage vom Griška O. spielen indessen die Wisz. keine Rolle. Von den Zaporogen kommt hier Griška geradenwegs nach Sambor auf die Güter des Michail Ratomski, Alexander und Jurij Svirski; das sind auch sonst bekannte Mithelfer des PD; in den officiellen Akten werden sie indessen an der russischen Grenze bei Oster erwähnt, in Sambor kennen die Akten den PD nur bei Mniszech. Die Svirski schicken nun den Griška (nach der Schilderung der Sage) nach dem Stodoljskikloster. Wir haben dieses Kloster sonst nirgends erwähnt gefunden. (Wir sind sogar geneigt hier ein Missverständniss vorauszusetzen, nämlich, dass durch das Uebersehen eines Verkürzungszeichens Stodoljskij aus Starodoljskij entstanden sei. Balíńsky und Lipíńsky erwähnen im Powiat Włodzimierski des Województwo Wołynskie Dolsk Stary, wo eine Druckerei für Bücher in cyrillischer Schrift bestanden; im J. 1647 ist hier die slavische Uebersetzung des Thomas a Kempis gedruckt erschienen.) Im Stodoljskikloster kommt Griška bald mit den Bernhardinern, bald mit den Jesuiten, bald mit der russischen Geistlichkeit zusammen. Das Stodoljskijkloster soll in der Stadt Sambor gelegen sein, doch befand sich in der Nähe des Klosters ein russisches Dorf mit der Kirche der hl. Katharina! Die Brüder Fürst Alexander und Jurij Svirskij benachrichtigen den König von dem bei ihnen erschienenen Carevič. Nun sendet der König die zwei Brüder Chripunovy nach Sambor; das sind abermals zwei Russen, die auch sonst als Mithelfer des PD erwähnt werden. Erst vom

Zu gleicher Zeit mit Ivan Timotheev hat auch der Mönch Avraamij
Palicyn an seiner Geschichte der Belagerung des Dreieinigkeitsklosters
gearbeitet (Сказаніе о Осадѣ Троицкаго Сергіева Монастыря). Der
Zweck dieses Werkes scheint gewesen zu sein — sein Kloster zu verherrlichen, seine eigene Thätigkeit theils zu vertheidigen, theils überhaupt aus dem Dunkel ans Licht zu ziehen und um die Gunst der neuen
Dynastie, besonders des Patriarchen Philaret zu werben. Nach dem
Berichte des Palicyn hätte die Umgebung des Carevič Demetrius in
Uglič den Knaben gegen die Männer, welche dem Caren Theodor am
nächsten standen, besonders aber gegen den Boris gehetzt und zu höh-
nischen Aeusserungen verleitet. Das kindische Betragen des Carevič
wird von seinen Feinden übertrieben, mit Lügen umwoben und den
Grossen in Moskau, besonders dem Boris angezeigt; auf solche Weise
verführen diese Leute den Boris zur Sünde und schaffen den Knaben
aus der Welt. Das benutzt ein Mönch Gregor Otrepjev, welcher von
Kindheit an in die schwarzen Künste eingeweiht war; er begiebt sich
nach Polen, schreibt dort lügenhafte Briefe und verbreitet sie überall,
indem er darin verkündet, dass Carevič noch am Leben wäre, sich selbst

---

Könige kommt Griška zum Mniszech nach Sandomir. Hier kommt wiederum
eine phantastische Nachricht, als ob der Vojevoda Mniszech früher selbst in
Rom ein katholischer Mönch gewesen, darauf aber, ganz ebenso wie Griška,
aus dem Kloster entlaufen und Vojevoda geworden; deshalb hiesse er auch
Mniszech (Mnišek würde russisch »ein Mönchlein« bedeuten). Der ganze Abschnitt über die Abenteuer des Griška in Polen scheint von einem Russen
nach den Schilderungen der Polen geschrieben zu sein. In der Erzählung vom
Mönche Mniszech setzt sich der Verfasser den Litauern entgegen (поне же бо
слышахомъ отъ нихъ Литовскихъ людей). Auch in der Erzählung vom Zuge
des D. gegen Moskau und seiner Regierung daselbst scheint der Verfasser der
Sage präcise Angaben gehört, sie aber dann beim Nacherzählen entstellt zu
haben. Den Sieg des PD bei Novgorod Severskij setzt z. B. die Sage auf
Freitag den 10. December an; der 10. Dec. 1604 war aber ein Montag und der
Sieg hat am 21. Dec. stattgefunden, welcher wirklich ein Freitag war. Oder:
der Einzug des Vojevoden Mniszech und seiner Tochter Marina in Moskau
wird zuerst als eine und dieselbe Begebenheit erzählt, dann werden aber zwei
verschiedene Data für dieses Ereigniss angeführt — der 24. April st. v. (das
Datum des Einzuges des Mniszech) und der 2. Mai (das Datum des Einzuges
der Marina). In Bezug auf die kürzere Redaktion der Sage (Русск. Истор.
Библ., т. XIII) pflichten wir der Meinung des Prof. Platonov bei, dass sie aus
der ausführlichen Redaktion dadurch verkürzt ist, dass der Abschnitt über
die Abenteuer des Griška in Polen beinahe vollständig ausgelassen. Statt
der Svirski sind in der kürzeren Redaktion die Wiszniewiecki aufgeführt.

für deŋ D. ausgiebt, dabei aber sich immer verborgen hält und seinen Aufenthaltsort immer wechselt. Dieser FD besteigt den Thron, obgleich er vielen als der Mönch Gregor bekannt war und von seinen eigenen Verwandten der Mutter Varvara, einem Bruder und einem Oheim, dem Smirnoj Otrepjev überführt wurde; den Oheim hätte der Betrüger dafür nach Sibirien verbannt. Das sind alles Behauptungen, welche wohl auf eine theatralische, für die Massen aufgeführte Untersuchung des Vasilij Šujskij zurückzuführen sind; man könnte sich wundern, weshalb weder in den Briefen des Boris, noch bei der Untersuchung des Hiob das Zeugniss der Familie des Otrepjev unerwähnt geblieben. (Smirnoj Otrepjev bildet hierin eine Ausnahme.) Auch gegenüber dem Šujskij verhält sich Palicyn zurückhaltend; er behauptet, dass er nur von einigen geringen Leuten aus den Hofkreisen zum Caren erwählt wäre und beschuldigt alle Drei — den Boris, den Otrepjev und den Šujskij — Geld aus dem Schatze des Dreieinigkeitsklosters genommen zu haben.

Seinen Lebensschicksalen zufolge musste Palicyn, wie kein Anderer, alle die treibenden Kräfte der Wirrenzeit kennen [1]). Selbst ein Mönch

---

[1]) Aus einer adeligen Familie stammend, wurde Averkij Palicyn unter der Regierung des Caren Theodor geächtet, seiner Güter beraubt und in Verbannung geschickt. Man glaubt diese Verbannung des P. mit der Verfolgung gegen die Šujskie aus dem J. 1587 in Verbindung bringen zu dürfen. Da hat sich P. in dem Soloveckijkloster (auf den Inseln der Weissen See) unter dem Namen Avraamij einkleiden lassen. Im J. 1594 wurde er dann nebst anderen Mönchen nach dem Dreieinigkeitskloster (Troickaja Sergieva Lavra) bei Moskau berufen. Im Dienste dieses Klosters hat er sich im J. 1601 in einem Filialstifte der Sergieva Lavra, nämlich in dem Svijažskij Mariakloster (Gouv. Kazanj) aufgehalten; erst im J. 1608 finden wir ihn abermals in dem Dreieinigkeitskloster selbst und zwar als Cellarius (Kelarj) angestellt. Das Amt des Cellarius war damals seiner Wichtigkeit nach das erste nach demjenigen des Archimandriten. Der Cellarius verwaltete nämlich die zahlreichen, über ganz Russland vertheilten Güter der Sergieva Lavra und führte Rechenschaft über alle ihre Ein- und Auskünfte. Während ein bedeutender Theil Russlands dem Schelme von Tušino (PD II.) gehuldigt, hielten im J. 1608 der Archimandrit des Dreieinigkeitsklosters Joasaph und sein Kellermeister Avraamij Palicyn fest an dem Caren Vasilij Šujskij. Als am 23. September s. v. des J. 1608 die Belagerung der Lavra durch Jan Peter Sapieha begann, lebte Avraamij auf Befehl des Šujskij in Moskau, um die Verwaltung der Klostergüter weiter führen zu dürfen. Hier in Moskau befürwortete er die Interessen seines Klosters vor dem V. Šujskij und erwirkte vom Caren im Febr. d. J. 1609 die Zusendung einer Kriegerschaar zur Hilfe der Belagerten. Im J. 1610 wurde der zur Regierung wenig taugliche V. Šujskij abgesetzt, an

der Sergieva Lavra stand er zu verschiedenen Zeiten dem Hofe des
V. Šujskij, dem König Sigismund III., den Heerscharen der Städte, den

dessen Stelle der poln. Kronprinz Vladislav erwählt und eine Gesandtschaft
nach Smolensk zum Könige Sigismund III. geschickt, um von ihm die Erlaubniss für seinen Sohn Vladislav zu erwirken, die angebotene Krone anzunehmen. Als Vertreter der Geistlichkeit wurden in diese Gesandtschaft der Metropolit Philaret Romanov und Avraamij Palicyn eingereiht. Im Oktober des
J. 1610 reichten die Gesandten ihre Geschenke dem Könige Sigismund dar,
wobei die Gaben des Palicyn besonders reich gewesen sein sollen. Da Sigismund III. selbst nach dem Throne von Moskau strebte, so hat Lew Sapieha
den Versuch gemacht, die Gesandten einzuschüchtern oder für den König
selbst zu gewinnen. Die widerstrebenden Mitglieder der Gesandtschaft (Golicyn, Philaret) wurden nach Polen geschickt, Avraamij Palicyn hat dagegen
vom Könige Sigismund III. für das Dreieinigkeitskloster eine Bestätigungs-
urkunde auf den Besitz sämmtlicher Güter empfangen und ist dann glücklich
aus dem Polenlager entkommen. Vielleicht war dieser ganze Verrath des
Palicyn nur eine List, um die Freiheit zu erlangen und dann nach Umständen
handeln zu können, denn seit dem Monat März 1611 geht er Hand in Hand mit
dem Archimandriten der Sergieva Lavra Dionysius dem Beispiele des Patriarchen Hermogenes nach in den Bemühungen, Moskau von den Polen zu
befreien und die einzelnen russischen Städte zur Hilfeleistung heranzuziehen.
Als das Aufgebot der Stadt Nižnij-Novgorod im Frühjahr 1612 auf dem Wege
nach Moskau mit ihrem Führer, dem Fürsten Požarskij, in Jaroslavlj für
längere Zeit seinen Zug unterbrochen hatte, da begab sich Palicyn am 28. Juni
im Auftrage des Archimandriten dahin und erwirkte sofort von den Befehls-
habern die Aussendung der Vorhut gegen Moskau. Am 14. August war Požarskij selbst bereits bei der Sergieva Lavra. Nun begleitet Palicyn den
Fürsten Požarskij nach Moskau, wohin sein Heer bereits am 20. Aug. den
Einzug hält; hier standen bereits seit früher her die unzuverlässigen Truppen
der Kosaken. Am 22. Aug. rückte auch das grosse Heer der Polen unter
Chodkevič an; zu gleicher Zeit machte die polnische Besatzung in der Kreml
einen Ausfall. Am Tage der entscheidenden Schlacht gegen Chodkevič, den
24. Aug., befand sich Palicyn mitten unter den Kosaken und spornte sie mit
seinen Reden zum Kampfe gegen die Polen an. Die Russen trugen an diesem
Tage den Sieg über den Chodkevič davon. Auch bei der Wahl des Michail
Romanov hat Palicyn eine hervorragende Rolle gespielt. Im J. 1620, bald
nach der Befreiung des Philaret Romanov aus der polnischen Gefangenschaft,
hat sich Palicyn, vielleicht gegen seinen Willen, abermals in das Soloveckijkloster zurückgezogen; hier ist er im J. 1627 gestorben (vgl. Čtenija 1880,
Avraamij Palicyn von Sergej Kedrov). Dem Herrn Kedrov zufolge hat Palicyn sein Buch (»Geschichte den kommenden Geschlechtern zum Andenken«
u. s. w., wie es in den Handschriften heisst) im J. 1620 beendet und die sechs
ersten Kapitel umgearbeitet. Das erste Concept von diesen sechs Kapiteln
hat sich erhalten und ist von Prof. Platonov in der »Russ. Histor. Bibliothek«

Kosaken, dem Reichsrathe der Bojaren und dem Reichstage aller Länder Russlands ganz nahe. Am wenigsten mussten ihm die Begebenheiten aus der Regierungszeit des Boris und des PD I. bekannt gewesen
sein; hier hat er auch Vieles verschweigen oder nur durch Anspielungen
berühren müssen, z. B. die Rolle des Archimandriten Paphnutij. Er ist
aber bis jetzt der einzige russische Geschichtschreiber, welcher zu einer
klaren Vorstellung von dem Ursprunge und der allmählichen Entwicklung der Wirren durchgedrungen ist. Da wir den Antheil der Polen und
Jesuiten an der Organisation der Bewegung zu Gunsten PD I. erst mit
dem J. 1604 anfangen, so müssen wir die Wirrenzeit nicht auf eine Einwirkung von aussen her, sondern auf einen inneren Process des russischen Volkslebens selbst zurückführen. In dieser Hinsicht werden wir
uns am meisten auf die allgemeinen Anschauungen des Avraamij P.
stützen müssen, welche unserer Meinung nach durch die Regierungs-
akten der Zeit genügend erläutert und bestätigt werden können. Djak
Ivan Timotheev führt z. B. den Anfang der Wirrenzeit von den politischen Experimenten Johann's des Schrecklichen her. Als dieser Car
ganz Russland in zwei einander entgegengesetzte Reiche getheilt, nämlich in die Länder Russlands (Zemščina) und die abgesonderten Kron-
länder (Opričnina) und in der Person des Tatarenprinzen Simeon sich
einen Nebencaren für die Länder Russlands geschaffen, hätte er den
Samen der Zwietracht unter seinem Volke gesät; dadurch, dass er die
russischen Grossen ausrottete oder in fremde Länder trieb, sie aber
durch eingewanderte Fremdlinge ersetzte, hätte er die Centralregierung
den Feinden in die Hände gespielt und dadurch den Zwiespalt zwischen

---

B. XIII gedruckt. In dem Concepte hatte sich Palicyn vorgenommen, etwas
genauer die Sünden der russischen Gesellschaft zu schildern, welche ihr in
den Wirren die Strafe zugezogen (кихъ ради грѣховъ попусти Господь пра-
ведное свое наказаніе отъ конецъ до конецъ всея Россіи). In der Reinschrift,
welche wir nach der Ausgabe der »Sage« des Palicyn aus dem J. 1822 citiren,
hat er sich damit begnügt, nur diese Strafe, d. w. s. die Wirrenzeit selbst zu
schildern (како грѣхъ ради нашихъ . . вся мѣста по Россіи огнемъ и мечемъ
поядени быша). In dem Concepte bezeichnet Palicyn die Hungersnoth seit
dem J. 1601 als die Strafe dafür, dass während der Verfolgung gegen die Romanovy die ganze Welt geschwiegen und es nicht gewagt hat, die Unschuld
vor dem Boris zu vertheidigen. In der Reinschrift hat sich der Verfasser bereits etwas trockener geäussert: es wäre Gottes Rache für die Romanovy
und die Schulden der Welt gewesen (Русскій Архивъ, 1886, 8. Авраамій Па-
лицынъ, какъ Писатель).

der Carendomäne und den Ländern aufgerissen[1]). Es lässt sich nicht bestreiten, dass die eigenwillige Regierung Johann's des Schrecklichen die alten Zustände im Reiche, die sich historisch entwickelt hatten, zersetzt und für neue spontane oder künstlich eingeleitete Bildungen das Feld geebnet hat. Einerseits suchte der Car die historische Organisation der früheren Theilfürstenthümer durch das einförmigere Verwaltungssystem seiner Domäne zu ersetzen; andererseits die traditionellen Rechte und historische Ansprüche des Moskauer Adels, der sich in mehreren Schichtungen aus den Nachkommen der Theilfürsten, der Bojaren des Gross- und der Theilfürstenthümer um den Moskauergrundherrn kristalisirt hatte, dadurch auszumerzen, dass er einen neuen, nach dem Eigenwillen des Caren an den Hof berufenen und geschichteten Adel (Opričniki) anwarb. Das Emporkommen eines »falschen« Adels in der Person der Opričniki konnte den Adel auf den Gedanken führen, seinerseits statt des historischen Caren einen »falschen« in der Person des Pseudodemetrius unterzuschieben. Die Stellung eines PD I. im Lager bei Putivl oder Tula gegenüber den Godunovy in Moskau, eines PD II. in Tušino gegenüber dem V. Šujskij, des Königs Sigismund III. bei Smolensk gegenüber dem Bojarenrathe mit dem Titulärcaren Vladislav konnten den Djak Timotheev an den Gegensatz zwischen Johann dem Schrecklichen mit seiner Opričnina und dem Caren Simeon an der Spitze der Zemščina· erinnern; auch der Einfluss der Polen in der Centralregierung wäre dann nur eine Entwicklung der Fremdenherrschaft im Regimente des Caren Johann, die Befreiung Moskaus von ihrem Joche wäre als eine Erhebung der Länder gegen die abgesonderte, dem Volke fremd gewordene Krone und die Wiederherstellung des einheitlichen Reiches aufzufassen.

Eine weit tiefere Auffassung der Wirren, als solche rein äussere Zusammenstellungen des Timotheev, finden wir bei Palicyn. Auch P. leitet die Wirren von den politischen Massregeln Johann's des Schrecklichen ab, er hebt aber dabei nicht die Absonderung der Opričnina hervor, die nur eine vorübergehende Bedeutung hatte, sondern das System der Kolonisation der südlichen Grenze des Reiches Moskau; dieses System dauerte auch unter Theodor und Boris fort und hat am Ende Russland in zwei verschieden organisirte sociale Körper getheilt. Um

---

[1]) Съмъ раздѣленіемъ, мню, нынѣшнея всея земля розгласіе яко прообразуя оттуду хо злѣ. самъ тогда на ню руку наложи, даже оно и донынѣ неутвержденымъ отъ грѣхъ колеблемо. Русск. Ист. Библ., т. XIII.

die Länder an der südlichen und südwestlichen Grenze des Reiches
Moskau mit kriegerischen Elementen zu bevölkern und die Grenzfestungen
dadurch gegenüber den Feinden widerstandsfähig zu machen, haben
Johann d. S. und Boris folgenden Brauch gelten lassen: wenn ein Verbrecher, zum Tode verurtheilt, sich durch die Flucht nach den Städten
der »Severa« (Nordland) oder der Steppe (Pole) rettet, da wird ihm dort
die Strafe vergeben[1]). Auf solche Weise hat sich von Johann d. S. an
bis auf den Caren Demetrius in jenen Gegenden eine Völkerschaft von
flüchtigen Bösewichtern gebildet. Gewisse sociale Entwicklungsprocesse
und Massregeln unter der Regierung des Caren Theodor haben diese
Kolonisation befördert, besonders der massenhafte Eintritt Freier in das
Machtgebot der Grundherren, nämlich bald unter die Reihen der Un-

---

[1]) Unter den Grenzstädten im engeren Sinne des Wortes (Украинныя
города) verstand man die Linie der Städte von NO nach SW, von Serpuchov,
Kašira bis Karačev und Kromy (seit 1595). Sie schützen seitens der Steppe
das Gebiet des Flusses Oka. Tula war unter diesen Städten die wichtigste.
Ueber Tula, Bolchov, Karačev führte der Weg von Moskau nach Kiev. Die
Grenzstädte wie Bolchov, Krapivna, Orel sind erst unter Johann dem Schrecklichen befestigt worden. Die Beschreibungen der Steppenwege (Muravskaja
Doroga, Svinaja von Ryljsk bis Bolchov, Bakajeva und Pachnutceva vom
Flusse Semj nordwärts) geben zugleich auch die Richtungen der Kolonisation
an. Im J. 1586 beschloss man, die Städte Livny und Voronež in der Steppe
aufzubauen, dann folgten die Städte Oskol, Valujki, Belgorod, Carev-Borisov.
Man verstand also unter der Steppe (Поле) das Gebiet zwischen Don, dem
oberen Lauf der Oka und den östlichen Nebenflüssen des Dniepr und der
Desna. Das Aufbauen der Stadt Carev-Borisov an der Mündung des Oskol in
Donec wurde im J. 1600 den Vojevoden Bogdan Bjeljskij und Alpherov anvertraut. Unter den Gehülfen des Bjeljskij wird hier auch Istoma Michnev
erwähnt, welcher im J. 1601 nach Vilno die Gesandtschaft des Saltykov be-
gleitete, wo ihm der Diener Petruška entlaufen ist, um beim Lew Sapieha
Unterhalt zu suchen. Ausser der Grenzlandschaft (Ukrajna), der Steppe (Pole)
wird von Palicyn auch das Nordland (Severa) erwähnt. Diese Städte des Nord-
landes lagen längs der Flüsse Desna (Brjansk, Novgorod Severskij, Černigov, Morovesk; Starodub weiter abwärts zu der litauischen Grenze) und Semj
(Putivlj, Rylsk). Gegen die Tataren war auch die Burg Sjevsk mit der Land-
schaft Komarickaja gerichtet. Ueber Brjansk ging der Weg aus dem Nord-
lande einerseits nach Smolensk, andererseits nach Oka zu Karačev etc. Vgl.
Д. Багалѣй, Очерки Колонизаціи und seine »Матеріалы« dazu. Dann »Книга
Большой Чертежъ«; Проф. Замысловскій, Объясненія къ Атласу Русской
Исторіи; Проф. Платоновъ, ЖМНПр. 1898; vor Allem aber Prof. Bjeljajev's
Aufsätze und Materialien über den Grenzdienst (Чтенія 1846, Nr. 4) und »Акты
Московскаго Государства«, т. I.

freien, die an die Person des Herrn gebunden (холопы), bald in die
Schichten der Grundholden, deren freier Uebergang aus einer Grundherrschaft in die andere zuerst durch das persönliche Verschulden gehemmt, seit Theodor Ivanovič auch durch die officielle Sanction der
thatsächlichen Verhältnisse unterdrückt wurde. Die Flucht blieb nun
als die einzige, wenngleich ungesetzliche Art des freien Herumziehens
der Bauern. Was P. von den begnadigten Verbrechern berichtet, galt
wohl auch für die Bauern und Unfreien, welchen es gelungen war nach
der Steppe oder dem Nordlande zu entkommen[1]). Im inneren Russland
hat die Regierung des Theodor eine fünfjährige Verjährungsfrist für die
der Flucht Schuldigen eingeführt. Die grosse Hungersnoth und die Verfolgung der alten Bojarenfamilien unter Boris haben die Auswanderung
nach der Grenze genährt. Dem Palicyn zufolge haben, unter der Regierung des Theodor, Boris Godunov und andere russische Grossen massen-
haft freie, sogar begüterte Leute, besonders die schönsten und besten
Kriegsleute in ihre Häuser in den unfreien Dienst gezogen; dabei wurden die schriftlichen Einwilligungen in den Verlust der Freiheit den
Betreffenden bisweilen durch Gewalt oder List entlockt. Während der
grossen Hungersnoth haben Alle eingesehen, dass sie ein so grosses
Hausgesinde zu ernähren nicht würden im Stande sein und fingen an
ihren Unfreien die Freiheit zu geben. Andererseits liess Boris das Hausgesinde aller der Bojaren auflösen, welche er aus Argwohn verfolgte,
und verbot den anderen Bojaren, diese entlassenen Unfreien in ihren
Dienst aufzunehmen. Manche von diesen Dienern lebten von Rachsucht
gegen den Caren erfüllt und lauerten auf bessere Zeiten, bis sie der Tod
ereilte. Die Einen von ihnen ernährten sich durch irgend ein Handwerk, die Anderen lebten auf Kosten der Anverwandten. Viele aber,
die zum Kriegerleben Lust hatten, zogen in die Grenzfestungen. Mehr
als 20 Tausend solcher Abenteuerer nahmen später an den Wirren in
Kaluga und Tula Theil, ohne die seit früherher dort angesiedelten
Schelme mitzurechnen. Gerade diese Flüchtlinge in den Städten der
Severa und der Steppe liessen sich am frühesten durch die Briefe des
PD. I. verführen. Zu diesem Berichte des Palicyn können wir wohl die
Vermuthung hinzufügen, dass manche von den Dienern der verbannten
Bojaren, wie der ruinirte Kleinadel überhaupt, auch in den Klöstern

---

[1]) Vgl. den Beschluss der Bojaren aus dem J. 1606: А которые бѣгали
съ животы въ дальные мѣста изъ за Московскихъ городовъ на Украйны, а съ
Украйны въ Московскіе города etc. (Акты Арх. Эксп. II, Nr. 40).

Unterhalt gefunden haben werden [1]). Solche Mönche, wie z. B. Gregor
Otrepjev und Misail Povadin dienten wohl als Vermittler zwischen den
Klöstern und den Grenzburgen. Derselbe Palicyn hat auch die Schuld
des Boris gegenüber der Geistlichkeit und den Klöstern angegeben.
Boris soll während der Hungersnoth befohlen haben, Roggen statt Weizen für das Brod des hl. Abendmahls an die Kirchen aus den Kron-
speichern auszutheilen; indessen liess er zu derselben Zeit Fremde,
welche aus den feindlichen Ländern erschienen, im Ueberflusse schwel-
gen. Es hat also der Car die Ausländer mehr als die Geistlichkeit geehrt [2]). Speciell dem Kloster des hl. Sergij (Troickaja Lavra) hat Boris

---

[1]) Es scheint, dass ausser Gregor Otrepjev und Misail Povadin auch Barlaam Jackij zu den Bojarensöhnen gehörte, welche unter Mönchen Zuflucht
gefunden. Herr Storožev hat aus den Dokumenten des Moskauer Archivs
des Justizministeriums die »Dekaden« (Desjatni), d. w. s. die Listen der neu
angeworbenen Bojarensöhne aus dem XVI. Jahrh. publicirt, wo neben der
Familie Otrepjev auch die der Jackie erscheinen. Es ist die Liste für die
Stadt Kolomna aus dem J. 1577 (Описаніе Документовъ и Бумагъ Моск. Арх.
Мин. Юстиціи, кн. VIII). Hier kommen folgende Bojarensöhne sammt ihren
Bürgen vor: a) Gregor Romanovič Jackij, für ihn bürgen Bažen Jackij und
David Gomzjakov; b) Andrej Ignatjevič Otrepjev, in den Dienst getreten aus
Uglič, für seinen Dienst bürgen Smirnoj und Bogdan Otrepjevy (ohne Zweifel
der Vater und der Ohm des Griška); c) Smirnoj Otrepjev, Sohn des Zamjatnja,
dient als Centurio bei den Strelitzen, für ihn bürgen Michail Koltovskoj, Ivan
Koltovskoj; d) Bogdan Otrepjev, Sohn des Zamjatnja, für seinen Dienst bürgen
Ivan Koltovskoj, Smirnoj Zamjatnin Otrepjev; e) Tichon Otrepjev, Sohn des
Zamjatnja, für seinen Dienst bürgen Smirnoj und Bogdan Otrepjevy, Bogdan
Gomzjakov. Auffallend ist dieser gemeinsame Dienst der Otrepjevy, Jackie
und Koltovskie. Dem Geschlechte der Koltovskie gehörte ja die vierte Frau
Johanns des Schrecklichen, welche bis zum Jahre 1626 in einem Kloster zu
Tichvin gelebt hat. Unter den neuangeworbenen Bojarensöhnen aus dem
J. 1577 kommen wiederum an der Seite der Koltovskie und Gomzjakovy auch
drei Dubenskie vor — Peter, Matthäus, Alexander. Nun müssen wir uns daran
erinnern, dass die fünf Brüder Chripunovy, welche die Echtheit des D. be-
zeugt, in der Urkunde des Königs Sigismund III. als Chripunovy-Dubenskie
bezeichnet werden. Chripunovy kann als Patronymikon eines Zweiges der
Dubenskie aufgefasst werden, da Chripun als ein von der Kirche keineswegs
anerkannter Name — ähnlich wie Bogdan, Zamjatnja, Smirnoj — vorkommt
(Акты Ист. I, Nr. 245, Хрипунъ). Indessen kommt auch der Familienname
Chripunovy allein vor (der Strelitzenhäuptling Chrip. in »Писц. Кн., изд. Имп.
Геогр. Общ.«). In diesen Dekaden (Desjatni) aus der Regierungszeit Johanns
des Schrecklichen glauben wir die ältere Generation aller der Männer zu fin-
den, welche die ersten Schritte des PD I. befördert haben.

[2]) Любя иноязычниковъ паче священноначальствующихъ.

Leid gethan: er war der erste, welcher aus dem Schatze des Klosters 15400 Rubel für seine Kriegsleute geborgt; später hat PD aus demselben Schatze 30000 Rubel, der Car Šujskij 18355 Rubel entlehnt. Die systematische Kolonisation der Grenzburgen durch Leute, die sich in die neuen Verhältnisse im Centrum nicht haben fügen wollen, hat allmählich die Massen angehäuft, welche in der Wirrenzeit gegen die Hauptstadt gezogen; die Verfolgung, so Boris aus dynastischen Zielen gegen andere Bojarenfamilien eingeleitet, hat diesen Massen das Ziel und die Führer gegeben. So lautet die Philosophie der Wirrenzeit beim Palicyn. Die neueren Forschungen über die Kolonisation des mittleren Russlands bestätigen seine allgemeine Auffassung.

Der Bericht des Avraamij Palicyn über die neue Sitte, welche unter der Regierung des Caren Theodor nach dem Beispiele des Boris Godunov bei den Bojaren Wurzel gefasst hat, einen ganzen Hof von Dienern zu halten, wird durch eine Reihe von Akten für die Zeit bestätigt. Als Boris im J. 1590 den Gesandten aus Persien eine Audienz geben sollte, da wurden sie von seinem Hofmeister (Dvoreckij) und Schatzmeister (Kaznačej) empfangen. Bei der Audienz der persischen Gesandten im J. 1593 werden am Hofe des Boris seine Trabanten (Pristava), Dolmetscher und eine Reihe von Dienern (unter ihnen auch Edelleute) erwähnt. (Н. Веселовскій, Памятники Сношеній съ Персіей, т. I.) Nun lässt sich unter den freien Leuten der Zeit die Tendenz bemerken in den unfreien Dienst zu treten, um sich Lebensunterhalt zu verschaffen. Die Regierung des Caren Theodor, d. w. s. des Konjušij (Marschall) Boris Godunov, verfolgte ihrerseits die Tendenz, den vorübergehenden Dienst eines solchen freien Mannes in eine lebenslange Knechtschaft zu verwandeln. So hat die Verordnung vom 5. Februar 1597 bestimmt, dass einerseits alle die Knechte, welche schriftlich in die vorübergehende Knechtschaft eingewilligt haben (кабальные холопы), von nun an auf Lebenszeit an ihre Herren gebunden sein sollen; andererseits, dass alle freie Leute, welche auch ohne schriftliche Einwilligung über 6 Monate bei einem Herren gedient haben, weiterhin auch gegen ihren Willen durch eine Urkunde an den Herrn gebunden sein sollen, dafür, dass er ihnen Nahrung und Bekleidung gegeben hat. Weniger sicher war die Politik der Regierung gegenüber den Bauern. Nach der Verordnung des Caren Theodor und dem Urtheile der Bojaren aus dem J. 1597 s. n. wurde eine gewisse Frist für alle Processe der Herren gegen die ihnen entlaufenen Bauern bestimmt; man durfte nur diejenigen

Bauern zurückverlangen, welche seit dem J. 1592 s. n. die Flucht ergriffen haben [1]). Nun entsteht aber die Frage, ob nicht ein Grundherr die Bauern einem anderen Grundherrn wegnehmen durfte, indem er dabei ihre Schulden bezahlte. Eine Verordnung vom 11. November des J. 1601 s. n. beweist, dass seit dem Ende des XVI. Jahrh. auch derartiges Ueberführen der verschuldeten Bauern im Spätherbste von der Regierung im allgemeinen als etwas Ungesetzliches aufgefasst wurde und dass nur für gewisse priveligirte Gruppen von Grundherren Ausnahmen gemacht wurden. Die Verordnung vom 11/21. November bestimmt eben, welche Gruppen von Edelleuten (vor Allem die in dem Hofdienste oder beim Hohen Klerus angestellten Edelleute) im Spätherbste des J. 1601 einander die Bauern (nicht über 2 Bauern aus einer Grundherrschaft einem und demselben Grundherrn) wegführen dürfen. Die neueren Forscher über die Kolonisation haben auch den Unterschied in der socialen Organisation zwischen den Burgen der Steppe und des inneren Russlands hervorgehoben. Die privaten Ansiedelungen einzelner unternehmender Familien gingen hier Hand in Hand mit der Regierungskolonisation, welche hauptsächlich den Zweck verfolgte, durch genügend bevölkerte Burgen die Grenze gegen die Tataren zu schützen. Die Besatzung der Burg entstand also theils durch die Uebersiedelung der Kriegsleute aus dem Inneren, theils durch die Anwerbung der freien Ansiedler und Flüchtlinge. Während die wirthschaftliche Organisation der älteren Burgen im Gebiete der Oka auf dem System der Grundherrschaften, welche als Beneficien unter der Besatzung ausgetheilt wurden, und der Arbeit der grundholden Bauern beruht, trifft man in den neueren Städten der Steppe eine specielle Schichtung der Kriegsleute, die s. g. »angeworbenen Leute« — Strelitzen, Kosaken, Wegführer, Wächter, berittene Boten u. d. g. Es sind Krieger und Bauern zu gleicher Zeit; sie bebauen aber keineswegs die Aecker eines Grundherrn, sondern bald ihre eigenen commendirten Ansiedelungen (юрты) oder ihnen cessirte Landstücke, bald das Kronland. Da die Moskauerregierung seit Theodor bemüht war, den kleineren Grundherrschaften die Arbeitskraft dadurch sicher zu stellen, dass sie das freie Herumziehen und Herumführen der Bauern als etwas Ungesetzliches aufzufassen begann, so konnten die freien Hintersassen ihre Selbständigkeit nur durch die Flucht an die

---

[1]) Für das J. 7101 (Sept. 1592 — Sept. 93) wird die Ausführung eines Reichsgrundbuches angenommen.

Grenze und das Einreihen unter die »Angeworbenen« erretten. Diese Grenzer haben wohl den PD bis nach Kromy geleitet. Die Auseinandersetzungen des Palicyn finden auch in einem Beschlusse des Bojarenrathes aus der Regierung PD I. (1. Februar 1606) genügende Bestätigung. Es handelt sich hier nämlich um die flüchtigen Bauern, für deren Schuld auch dieser Beschluss im allgemeinen eine fünfjährige Verjährungsfrist annimmt; specielle Verordnungen werden nur in Bezug auf diejenigen Bauern getroffen, welche ihren Grundherren während der Hungersjahre Sept. 1601—Sept. 1603 s. n. entlaufen waren. Die wohlhabenden Bauern, welche in diesen Jahren mit gewisser Habe entlaufen und neue Grundherren gefunden, obgleich sie die Hungersnoth auch bei den alten hätten aushalten können, mussten ihren früheren Herren wieder zugestellt werden; die armen Bauern dagegen, so aus Mangel an Nahrung ihren alten Grundherren entlaufen waren, durften auch weiterhin bei ihren neuen Herren verbleiben, welche sie während der Hungersjahre ernährt haben. Bei der Burg Putivl näherten sich die Grenzen der Reiche Moskau und Polen. Zwischen diesen Grenzen, mit der Spitze gegen Putivl gerichtet, hat sich ein Dreieck der Steppe gebildet, dessen Besitz noch unentschieden blieb. Hier an den Ufern des Flusses Sula begegneten sich die beiden kolonisatorischen Bewegungen — polnischerseits die aristokratische Kolonisation der Wiszniewiecki, von Seiten Moskaus — die kriegerischen, emporstrebenden Elemente, welche sich in die neue sociale Organisation des Centrums nicht haben fügen lassen. Es gelang einem von den Wiszniewiecki, diese russischen Elemente um den Namen des Pseudodemetrius zusammenzurotten und gegen die Hauptstadt Moskau zurückzutreiben. Von Wichtigkeit ist es, dass, während PD I. den Weg nach Moskau über das Nordland und die Grenze (Černigov, Novgorod Severskij, Sjevsk, Kromy, Orel, Tula, Serpuchov) gewählt hat, die Städte der Steppe, welche seitwärts lagen, sich ihm von selbst ergaben (Bjelgorod, Oskol, Valujki, Borisov, Voronež u. s. w.)[1]).

---

[1]) In der Severa war, nach Miklaševskij, der vorherrschende Typus der Wirthschaft nicht die grosse Grundherrschaft eines Bojaren, sondern die kleinen Beneficien der Bojarensöhne und der angeworbenen Leute — eines Grenzers (Staničnik, berittene, zu bestimmter Zeit an bestimmten Strecken der Grenze scharenweise herumreisende Wache), eines Wegweisers (Vož), eines Kosaken. Auch die Bojarensöhne erscheinen hier nicht speciell als der Geburtsadel, sondern werden vielmehr auch aus den Čerkasen, Kosaken, sogar Bauern angeworben und belehnt. Sogar die grösseren Grundherrschaften

Ausser Djak Timotheev und Palicyn gibt auch die zweite Redaktion des Chronographen eine originelle Auffassung der Begebenheiten

pflegten hier die freien Kosaken vom Dniepr (Čerkasy) heranzuziehen. Da die Moskauer Regierung dieser freizügigen Bevölkerung zur Bewachung der Grenzen bedurfte, so war sie noch zu Ende des XVII. Jahrhunderts gegen die erzwungene Verwandlung der Čerkasy in grundholde Bauern gestimmt. (Siehe Миклашевскій, Къ исторіи хозяйственнаго быта Московскаго Государства, ч. I.)

Die Verordnung an Bogdan Bjeljskij über die Gründung der Stadt Borisov ist unseres Wissens die einzige gedruckte Urkunde aus dem XVI. Jahrh., welche uns das reciproque Verhältniss zwischen der Regierung und den freien Ansiedlern in der Steppe klar schildern. Bjeljskij und Alperov sollten die Atamanen und Kosaken aus dem Gebiete der Flüsse Donec und Oskol einladen, sie im Namen des Caren mit ihren freien Siedeleien (юрты) belehnen und ein Kataster über diese nothgedrungen commendirten Güter nach Moskau senden. Für diese Belehnung sollten die Atamanen und Kosaken zwar keine Steuern entrichten, waren indessen verpflichtet, einen Grenzdienst gegen die Tataren und die Čerkasy zu leisten (wohl gegen diejenigen Čerkasy, welche sich den Vertretern der russischen Regierung nicht unterwarfen und in der Steppe ein freies Räuberleben führten). Prof. Bagalej (Очерки изъ Исторіи Колонизаціи, т. I, S. 132) schreibt nur eine ganz geringe Bedeutung den Flüchtlingen (Сходцы) bei der Kolonisation der Steppe zu und berücksichtigt weder die Verordnungen über die Bauern aus den JJ. 1597 und 1606, noch das Zeugniss des Palicyn. Er glaubt sogar, dass die Moskauer Regierung gegen die in die Steppe fliehenden Bauern und Kriegsleute immer strenge Repressalien angewandt hätte, er kann aber dafür nur für die Zeit der Romanovy Belege anführen. Unserer Meinung nach hat Prof. Bagalej eben deshalb den Palicyn unterschätzt, dass er keinen Unterschied zwischen der Regierungspolitik vor und nach den Wirren gemacht. Wir glauben keineswegs daran, dass es irgend ein positives Gesetz unter der Regierung Johanns des Schr. oder des Theodor gegeben, wonach die flüchtigen Verbrecher (für einen Bauern oder Knecht war eben die Flucht selbst ein Verbrechen) an der Grenze begnadigt werden sollen. Die Praxis der Regierung, diesen Flüchtlingen ihre Ansiedelungen zu gönnen und sie sogar zum Staatsdienste heranzuziehen, ging indesen im Stillen auf dasselbe hinaus. Die Verordnung aus dem J. 1597 hat alle die Bauern, so vor dem J. 1592 s. n. ihren Herren entflohen, für frei anerkannt und wurde später immer als ein Gesetz über fünfjährige Verjährungsfrist aufgefasst. So ein Verjährungsgesetz bedeutete beinahe dasselbe, was Palicyn unter dem Brauche der Caren vom Johann bis zum Boris gemeint hat (послѣдова же царь Борисъ въ нѣкихъ нравѣхъ царю Ивану). In allen Anschauungen des Palicyn von der kühnen Kolonisations- und Grenzpolitik hören wir die Stimme eines Vertreters des klösterlichen Grossgrundbesitzes, welcher durch die Flucht der Arbeitskräfte Schaden gelitten. Auch die Regierung selbst wurde nach den Wirren unter den Romanovy etwas

der Wirrenzeit von einem Zeitgenossen. Die erste russische Redaktion des Chronographen, welche mit dem Falle Konstantinopels endet, wurde im J. 1617 vervollständigt und bis auf die Thronbesteigung des Caren Michail Romanov fortgesetzt; diese Bearbeitung ist als die zweite Redaktion des Chronographen bekannt. Vom J. 1534 an und bis zu Ende bildet der Chronograph ein originelles Ganzes, das einem unbekannten Verfasser, wahrscheinlich dem Redakteur der zweiten Redaktion, angehört [1]). An faktischen Nachrichten ist diese Quelle ziemlich arm, begeht im Einzelnen Fehler; um so wichtiger ist hier die allgemeine Auffassung der Wirrenzeit. Im März 1584 stirbt Johann der Schreckliche, nachdem er den Bojaren Nikita Romanovič Jurjev und den Fürsten Ivan Petrovič Šujskij seinem Sohne Theodor zu Rathgebern bestimmt hatte; nach dem Tode des Nikita R. ersetzt dann Boris Godunov seinen Platz beim Caren. Im J. 1585 s. v. (wahrscheinlich September—December 1584) theilt Car Theodor die Stadt Uglič seinem Bruder Demetrius als Apanage zu; man behauptete, dass er es auf Anstiften des Boris verordnet hätte. Im J. 1586 treffen der Metropolit von Moskau Dionysius, der Fürst Ivan Petrovič Šujskij und andere Bojaren und sogar Kaufleute der Stadt die Uebereinkunft, den Caren zu bitten, seine kinderlose Frau Irina Godunova in ein Kloster zu schicken und eine andere Ehe einzugehen. Boris kommt ihnen zuvor und erwirkt, dass Dionysius selbst ins Kloster eingesperrt, statt seiner aber Hiob zum Metropoliten erhoben wird. In derselben Zeit lässt er den Fürsten Iv. Petr. Šujskij sammt den Brüdern in eine entlegene Gegend verbannen und dort ermorden. Im J. 1591 wurde Carevič D. zu Uglič von Kačalov und Daniil Bitjagovskij ermordet; viele sprachen [2]) davon, dass Carevič auf Befehl des Boris umgebracht worden war. Im Januar 1598 entschläft Car Theodor. Vor seinem Tode vermacht er das Reich dem

---

furchtsamer in ihrer Praxis an der Grenze. Im Allgemeinen hat Prof. Bagalej darin Recht, dass auch die Kolonisation vor den Wirren hauptsächlich vom Staate geleitet wurde, aber es war eben eine Staatskolonisation durch staatsgefährliche Elemente, welche von gewisser Biegsamkeit und Kühnheit der Regierung zeugt. Dagegen lässt Prof. Bagalej die Flüchtlinge aus dem polnischen Kleinrussland (die Dnieprkosaken oder Čerkasy) einen grossen Antheil an der Kolonisation der Steppe nehmen.

[1]) Vgl. Andrej Popov, Обзоръ Хронографовъ Русской Редакціи, 1—2, dazu sein »Изборникъ«.

[2]) Мнози же глаголаху яко еже убіенъ царевичь повеленіемъ Московскаго болярина Бориса Годунова.

Sohne seines Oheims, dem Theodor Nikitič Romanov-Jurjev und gibt
ihm den Segen zum Herrschen. Durch die List des Konjušij Boris Godunov ist dieser indessen um die Krone gekommen und ins Unglück
gestürzt worden. Boris besteigt nun selbst den Thron. Im J. 1600—
1601 (7109) ersinnen gewisse böse Männer eine Verleumdung gegen
den unschuldigen Bojaren Theodor Nikitič; man behauptete[1]), dass es
auf Befehl des Caren Boris geschehen ist. Denn Boris trachtete seiner
Dynastie den Thron von Moskau sicherzustellen und entschloss sich
deshalb den Zweig des früheren Carengeschlechts, die Romanovy, auszurotten. Er lässt also den Theodor Nikitič im Kloster des Antonii an
der Sija zum Mönche scheeren; seine Brüder und seinen Sohn Michail
schickt er auch in die Verbannung[2]). Aus Neid gegen Andere hat
Boris überhaupt sein Ohr allzu gerne den Verleumdern der Unschuld
gereicht und dadurch sich den Zorn aller leitenden Männer Russlands
zugezogen[3]). Dieser Zorn der leitenden Würdenträger hat die Stürme
der Empörung und der Wirren gegen den Caren angefacht. Nach den
Wirren wird nun Michail Romanov zum Caren gewählt, als Neffe der
Carin Anastasja und Sohn desjenigen Theodor Nikitič, welcher vom
Caren Theodor Ivanovič zum Herrschen den Segen erhalten hatte. So
lautet die Philosophie der Wirrenzeit beim Fortsetzer des Chronographen: Boris hat einem Romanov die Krone gestohlen, hat aus dynastischen Rücksichten die alten Bojarenfamilien argwöhnisch beaufsich-
tigt und verfolgt und dadurch die Wirren und die Fälschung eines
Demetrius hervorgerufen. Wir dürfen indessen nicht vergessen, dass
diese Auffassung bereits unter der Regierung der Romanovy niedergeschrieben ist.

Die russischen Annalen und Sagen behaupten ziemlich einstimmig,
dass PD I. erst infolge der Verfolgungen des Boris und zwar nach den

---

1) Желаніемъ же и повелѣніемъ царя Бориса глаголютъ быти сему со-
ставлъению . . .

2) Бѣ бо сму мысль отъ сѣмени своего воцарствити на престолъ царства
Рускаго и сего ради царьскія породы вѣтвь сокрушити помысли.

3) Аще бы не терніе завистныя злобы цвѣтъ добродѣтели того помрачи . .
сего ради и отъ Клевещущихъ нѣкія извѣты нечестиваго совѣта на неповин-
ныя въ ярость суетно пріимаше и сего ради на ся отъ всѣхъ Руськія земли
чиноначальниковъ негодованіе наведе. И многихъ напастныхъ волнъ злобурніи
вѣтри восташа на нь и добропвѣтущую его царства красоту внезапу изложиша.
Auf diesem Texte des Chronographen beruht die Auffassung beim Prof. Sergej Solovjev.

Hungersjahren erschienen ist. Nur Margeret allein setzt klar eine entgegengesetzte Auffassung auseinander, nämlich dass diese Verfolgungssucht sich des Boris erst nach den ersten Gerüchten vom PD aus den JJ. 1599—1600 bemächtigt hätte [1]; die Nachrichten beim Massa stehen

---

[1] Die officiellen Ansichten über die Wirrenzeit finden wir unter der Regierung des Caren Michail Romanov in der Urkunde vom Juni 1619 von der Ernennung des Philaret zum Patriarchen (Доп. къ Актамъ Историч., II, Nr. 76). Es wird hier einerseits anerkannt, dass Boris unter der Regierung des Theodor viel Mühe und Sorge den Geschäften des Reiches gewidmet hat, andererseits aber ihm vorgeworfen, dass er gegen den Adel, sowohl gegen die ihm gleichen, als auch gegen diejenigen, welche in der Synklete über ihm gestanden, Hass gefasst hat und nach und nach Viele von ihnen der Macht beraubt und verbannt; auf solche Weise hat er sich zu der Machtstellung eines Caren emporgeschwungen, so dass ihm eigentlich nur noch der Titel des Caren fehlte (ко благороднымъ же и срабнымъ тому и въ синглитѣ превосходящимъ совершенну ненависть питаше . . . всѣми образы показуяся, яко царь и самодержецъ, точію именемъ царь не звашеся); er hat auch den Carevič Demetrius in Uglič zu ermorden befohlen. Der Car Theodor ist gestorben, ohne einen Nachkommen zurückzulassen. Seine Frau, die Carin Irina, hat es verschmäht, sich an den Gütern dieser Welt zu freuen und hat den Schleier genommen (не восхотѣ мірскыми веселитися, но вся оставль во иноческая облечеся). Da hat Boris das Zepter ergriffen, theils weil er infolge der Gewalt, die er schon früher ausgeübt, von Vielen gefürchtet, theils weil er von Einigen darum auch gebeten wurde (убо по власти, юже преже имяше и всѣмъ страшенъ являшеся, ово же и помолимъ отъ нѣкихъ). Anfangs ist er als ein milder Herr aufgetreten, allmählich aber kam der Hass, so er im Herzen verhehlte, zum Vorschein. Er gab nun seinem Zorne freien Lauf und wollte Niemanden zum Rathgeber oder Mithelfer bei der Regierung haben. Den Anverwandten des Caren Theodor, nämlich dem Theodor Nikitič Romanov und seinen Brüdern, hat er sich anfangs freundlich genähert und hat ihnen den Eid geschworen, sie als Brüder und Mithelfer bei der Regierung zu behandeln, kurz darauf ist er so heftig aufgebraust, dass er sie unschuldig verbannte, den Leiden und dem Tode preisgab (и симъ убо исперва любовно приединяся и клятву страшну тѣмъ сотвори, яко братію и царствію помогателя имѣти помалѣ-же яко сковрада воскипѣ, напраснымъ заточеніемъ сихъ осуди и смерти болѣзнеѣ предастъ). Es ist nicht zu entscheiden, ob er dadurch das Carengeschlecht auszurotten strebte, um sich und seine Kinder als die einzigen Erben hervorzuheben; oder hat ihm vielleicht Jemand kund gethan, dass seine Regierung von kurzer Dauer sein würde, und da hat er sich Vielen schrecklich gezeigt, hat sich vor Vielen auch selbst gefürchtet, den Adel gekränkt und deshalb nicht nur den Bojaren, sondern auch dem ganzen Volke verhasst geworden. (Се же сотвори, не вѣмъ коего ради образа, или убо восхотѣ до конца истребить царскія сродники, и себе единаго и чадъ своихъ наслѣдники пока-

sehr nahe zu der Auffassung des Franzosen. Wir sind deshalb verpflichtet, die Beziehungen zwischen den Godunovy und den Romanovy
in den JJ. 1598—1605 Schritt für Schritt einer genauen Prüfung zu
unterwerfen. Wir machen mit den officiellen Akten den Anfang. Das
Rundschreiben des Patriarchen Hiob (vom 15. März s. v. 1598) berichtet Folgendes [1]): Nach dem Tode des Caren Theodor hatte die Carin
Irina keine Lust über ihr Reich zu herrschen, legte das Gelübde ab den
Schleier zu nehmen und ward am 9. Tage nach dem Tode des Gemahls,
nämlich am 15. Januar 1598, Nonne in dem Neuen Fräuleinkloster (Novyj Djevičij Monastyrj) in Moskau. Da begann der Patriarch Hiob, die
Synkletos des Caren und die ganze Masse des russischen Volkes die
Carin zu bitten, dass sie ihrem Bruder Boris den Segen zum Herrschen
gebe. Die Nonne Alexandra (Irina) hat aber diese Bitte ausgeschlagen,
ebenso wie auch Boris selbst. Ausführlicher werden dieselben Ereignisse
in der Wahlurkunde des Caren Boris vom 1. August 1598 erzählt [2]).
Hier wird geradezu hervorgehoben, dass Car Theodor seine Frau Irina
auf dem Throne zurückgelassen hätte. Da Irina den Schleier genommen und sowohl sie selbst, als auch ihr Bruder Boris ausgeschlagen
haben, das Zepter zu führen, so beschloss Hiob den 40sten Tag nach dem
Tode des Caren Theodor abzuwarten. Er liess also auf den 17. Februar
die ganze H. Synode, die Bojaren, den Dienstadel, die Beamten und
überhaupt die Christen aller Städte des Reiches Russland zu einem
Reichstage berufen. Er kündigt diesem Reichstage den Beschluss der
H. Synode, der Bojaren, des Hofadels und aller Einwohner der Stadt

---

затн, или сего ради, яко отъ нѣкихъ увѣдѣвъ, яко мало временно хощетъ быти
того царствіе, и отъ непреподобна мнѣнія многимъ страшенъ показася, отъ многихъ же и самъ бояшеся и благородныя зѣло оскорбляше; и сего ради не точію
отъ боляръ, но и ото всего народу ненавидимъ бываше«.) Die erste Vermuthung
dieser wichtigen Belegstelle über den Grund der Verfolgungen des Boris
entspricht der Auffassung der zweiten Redaktion des Chronographen, die
zweite, viel umständlicher ausgeführte Vermuthung steht, unserer Meinung
nach, der Schilderung des Margeret ziemlich nahe. Denn die Kunde, die
Boris erhalten, dass seine Regierung nur kurz dauern würde, beziehen wir
nicht auf eine Prophezeiung, sondern auf eine Anzeige, dass Demetrius noch
am Leben wäre. In welchem hohen Grade die Urkunde eine unangenehme
Erinnerung zu verschweigen verstand, sieht man aus dem Umstande, dass sie
den Philaret Romanov erst unter V. Šujskij Metropolit von Rostov werden
lässt.

[1]) А.А.Э.   [2]) А.А.Э.

Moskau an, Niemanden ausser Boris zu wählen. Der ganze Reichstag willigte seinerseits in diesen Beschluss ein. Man beschloss, dem Boris noch einmal die Krone anzubieten. Man berief sich dabei auf den Willen des verstorbenen Caren Johann, welcher seine Kinder Theodor und Irina der Obhut des Boris anvertraut hätte. Montag den 20. Februar und Dienstag den 21. sind die Vertreter der Stände Russlands mit dem Patriarchen an der Spitze in einer feierlichen Procession unter Vortragung der hl. wunderthätigen Bilder nach dem Neuen Fräuleinkloster zu Boris und Irina gezogen. Hiob war bereit, im äussersten Falle den Boris mit dem Banne anzudrohen, sogar seine Würde niederzulegen. Da haben endlich Boris und Irina sich in den Willen Gottes gefügt. Am 26. Febr. ist Boris nach Moskau zurückgekehrt. Erst den 3. Sept. ward Boris zum Caren gekrönt; nach der damaligen Zeitrechnung war es bereits das J. 1599. Die officielle Tradition des Hiob-Boris lautete also: Car Theodor überlässt den Thron seiner Frau Irina. Sie herrscht das J. 1598; seit 1599 (Sept. 1598) beginnt die Regierung des Boris. Diese Tradition treffen wir in den Rangregistern. In einem Rangregister werden sogar Adelige aufgezählt, welche unter der Regierung der Carin Irina in die Synkletos aufgenommen sind [1]). Einem anderen Rangregister zufolge hat der Fürst Trubeckoj an die Carin Alexandra aus Smolensk geschrieben und über den Fürsten Golicyn geklagt, dass er sich mit ihm in keine Geschäfte einlassen wolle. Auf Befehl der Carin hätten die Bojaren Mstislavskij mit Kollegen die Sache dem Patriarchen Hiob angezeigt. Aus Pskov langte eine ähnliche Klage gegen den Fürsten Bujnosov an. Da hat Hiob den ungehorsamen Vojevoden geschrieben, sie sollten den Befehlen der Carin gehorchen; die Vojevoden fuhren indessen fort sich dagegen zu sträuben. Diese Befehle der Carin waren wohl eine reine Fiktion gewesen [2]). Aus den Rangregistern ersieht man, dass weder die Romanovy, noch Bogdan Bjelskij bei der Thronbesteigung des Boris ihre Stellung am Hofe eingebüsst haben. Theodor Romanov und Boris Čerkaskij behielten ihren Platz unter den Bojaren der Synkletos. Alexander Romanov-Jurjev und Fürst Vasilij Čerkaskij wurden im J. 1599 st. v. unter die Bojaren, Michail Romanov-Jurjev und Bogdan Bjelskij unter die Okolničie aufgenommen. Erst gegen den Herbst des J. 1600 beginnt die Ungnade des Bjelskij, darauf des Vasilij

---

[1]) Новиковъ, Росс. Библ., XX, Послужной списокъ Бояръ.

[2]) Синбирскій Сборникъ, р҃ӟд҃.

Ščelkalov, der Romanovy ¹). Seit dem Sommer 1602, also kurz vor
dem Erscheinen des PD, begann Boris das Elend der Romanovy zu mil-

---

¹) Da der Auftrag des Boris an Bogdan Beljskij, die Stadt Carev-Borisov aufzubauen, in den Monat Juli 1599 fällt, so darf man die Ungnade des
Vojevoden kaum vor dem Sommer des J. 1600 ansetzen. Die officiellen Akten
über die Verbannung der Romanovy beginnen erst mit dem Sommer 1601, wo
auch Vasilij Ščelkalov aus der Kanzlei für Auswärtige Angelegenheiten verschwindet. Die Urkunde vom 30. Juni 1601 kündigt die Verbannung des Ivan
Romanov nach der Stadt Pelymj in Sibirien an auf Grund eines Urtheils-
spruches der Bojaren und Befehles des Caren Boris. Die Urkunden vom
1. Juli 1601 handeln von der Verbannung der Vasilij Romanov nach Jaransk
und des Fürsten Ivan, Borisovič Čerkaskij nach Malmyž. Die Bojaren haben
auch das Urtheil gefällt, die Schwiegermutter des Theodor Romanov, die Marja
Šestova, in ein Kloster einzusperren. Die Urkunde vom 3. Juli 1601 befiehlt
dem Veljaminov und dem Zinovjev, die Marja Šestova zu Čeboksary in dem
Nikoljskij-Frauenkloster als Nonne einkleiden zu lassen. Am 2. August fand
diese aufgezwungene Nonnenweihe statt. Am 9. August 1601 erging der Befehl, den Vasilij Romanov aus Jaransk nach Pelymj zu führen. Der Befehl
vom 21. Nov. 1601 lautete, dass beide Brüder Romanovy, Ivan und Vasilij, in
der Stadt Pelymj in einem Hause zusammen leben sollten. Den 15. Febr. 1602
ist Vasilij Romanov in Pelymj infolge der anstrengenden Reise in Ketten und
einer Erkältung gestorben. Am 28. März 1602 erging der Befehl, den Ivan R.
aus Pelymj nach Ufa zu bringen. Im Mai 1602 begnadigte der Car Boris den
Fürsten Ivan Čerkaskij und seinen Oheim Ivan R.; beide sollten in Nižnij-
Novgorod in den Carendienst treten und dort immer noch unter Aufsicht
leben (28. Mai 1602). Im Sept. des J. 1602 gestattete Boris dem Ivan R. und
I. Čerkaskij, nach Moskau zurückzukehren (17. Sept.); zu gleicher Zeit erging
der Befehl, die nach dem Weissen See (Beloozero) Verbannten, nämlich die
Frau des Fürsten Boris Čerkaskij mit Tochter, die Frau des Alexander Ro-
manov sammt den Kindern, die unverheirathete Schwester der Romanovy,
Nastasja, die Kinder des Theodor R. (Sohn und Tochter), nach dem Bezirke
Jurjev-Polskij auf die Güter des Theodor R. zu entlassen. Am 17. Nov. 7111
(1602) waren die beiden Begnadigten, Ivan R. und I. Čerkaskij, 75 Werst von
Moskau auf dem Wege nach der Hauptstadt. Im December 1602 erging nach
dem Antoniikloster an der Sija der Befehl, dem Mönche Philaret R. zu erlau-
ben, in der Kirche auf dem Chore zu stehen; man sollte nur aufpassen, dass
er sich weder mit den dortigen Einwohnern, noch mit den ankommenden
Fremden in ein Gespräch einlasse. Im Februar 1605, als PD I. bereits auf
russischem Boden stand, wird Philaret auf einmal arrogant; da werden im
März seinem Wächter die Befehle eingeschärft, keinen Fremden an den Gefangenen zuzulassen und aufzupassen, dass er selbst ja nicht die Flucht ergreife.

In der Chronologie der Processe des Bogdan Bjeljskij und der Brüder
Romanovy folgen die russischen Geschichtschreiber gewöhnlich dem Bus-

dern. Entweder hat er eingesehen, dass es ein Fehler war, eine populäre Bojarenfamilie zu verfolgen oder hat er an der Schuld der Roma-

sow, d. w. s. sie erzählen die Verurtheilung des Bjeljskij vor der Verfolgung gegen die Romanovy (vgl. Karamzin, Solovjev, Ilovajskij). Nun finden wir, dass der Neue Annalist, welcher im Allgemeinen eine chronologische Folge der Darstellung beobachtet, zuerst (im Kap. 79) von der Verbannung der Romanovy berichtet, darauf überhaupt über das System die Denuncianten unter den Knechten der Bojaren zu begünstigen (81), dann weiter über die Ankunft des Gesandten Sapieha nach Moskau und die Absendung der Gesandten Saltykov und Pleščev in Litauen (82), nun erst folgt die Erzählung von der Gründung der Stadt Borisov und der Ungnade des Beljskij (83); endlich kommen die Kapitel über die Hungersnoth (84) und die Verhandlung mit Dänemark über die Ehe (86). Prof. Bagalej hat in seiner Sammlung von Materialien zur Geschichte der Grenzkolonisation des Moskauer Reiches (Матеріялы для исторіи колонизаціи Степной окраины Московскаго Государства Д. Багалѣя, 1886) die Verordnung vom 5. Juli 7108 (sic! 1600) gedruckt, wonach Beljskij und Alpherov eine Woche vor dem Tage des Helias (20. Juli) 7107 (sic! 1599) ihre Heerschar bei Livny sammeln sollten, um dann gegen Donec zu ziehen und die Stadt Borisov aufzubauen. Prof. Bagalej hat diesen chronologischen Widerspruch nicht aufgeklärt, nimmt aber in seinen Forschungen (Очерки изъ исторіи колонизаціи Степной Окраины, Д. Багалѣя, 1887) das Jahr 1599 für diese Verordnung an. Für das Jahr 1600 setzt er noch zu Borisov die Vojevoden Bjeljskij und Alpherov voraus, nennt aber bereits für dasselbe J. 1600 und das J. 1601 (wahrscheinlich auf Grund seiner Archivalien) die Vojevoden Chvorostinin und Gagarin. Das Rangregister (Симбирскій Сборникъ) setzt die Aussendung des Bjeljskij auf Juni 1599 an. In diesem Jahre waren in Bjelgorod wirklich die Vojevoden Grigorij Petr. Romodanovskij und Grigorij Konst. Volkonskij, wie sie die Verordnung an Bjeljskij erwähnt. Im J. 1600 (1. Sept. 1599 — 1. Sept. 1600) wurde, dem Simbirskij Sbornik zufolge, Fürst Semen Vetčina-Gagarin nach Borisov-Gorod versetzt; doch werden in diesem Jahre zu Borisov auch Bjeljskij und Alpherov erwähnt. Auch in einem privaten Register (Razrjadnaja kniga 1493—1611 im Moskauer Archiv des Min. des Aeusseren) ist Bjeljskij noch unter dem J. 7108 als Vojevode von Borisov am Flusse Donec angegeben. Sonach muss man annehmen, dass die Absetzung des Bjeljskij in das Jahr 1600 fällt. Der Anfang des Processes gegen die Romanovy lässt sich nur annähernd bestimmen. Dem Simbirskij Sbornik zufolge werden die Brüder Theodor und Ivan Nikitiči Romanovy am Hofe des Boris zum letzten Male im August 1599 beim Empfange des schwedischen Prinzen Gustav erwähnt, also gerade in den Tagen, wo Bjeljskij in die Steppe ziehen musste. Bei den Verhandlungen mit Leo Sapieha seit Ende 1600 wird ihrer nicht mehr gedacht. An und für sich ist es also möglich, die Verurtheilung des Bjeljskij ein Jahr vor derjenigen der Romanovy anzusetzen. Es bleiben aber dabei doch drei Schwierigkeiten noch aufzuheben: 1) Wie Bussow alle diese Begebenheiten in das J. 1602 ansetzen konnte, wenn er sogar

novy zu zweifeln angefangen. Worin konnte überhaupt die Gefahr
bestanden haben, welche seitens dieses Geschlechtes gedroht hatte?
Haben die Romanovy geradenwegs nach der Krone getrachtet, oder
haben sie an der Vorbereitung eines falschen Demetrii gearbeitet?
Nach den officiellen Akten zu urtheilen, war man auf eine Verschwörung seitens der Brüder R. gefasst. Den Wächtern des Vasilij R. oder
der Marja Šestova wurde z. B. eingeschärft, sie sollten aufpassen, dass
ihre Gefangenen ja nicht entlaufen, ja nicht die Hände an sich legen,
dass auf der Reise oder beim Haltmachen sich Niemand ihnen nähere,

richtigere Vorstellungen von ihrer Reihenfolge, als der Neue Annalist, besessen? 2) Wie der Neue Annalist darauf gekommen, von der Gesandtschaft des Sapieha und der Gründung der Stadt Carev-Borisov nach der Verbannung der Romanovy zu erzählen? 3) Wie Theodor Romanov in dem
Antoniikloster an der Sija eine solche Unbesonnenheit begehen konnte, unter
allen Bojaren eben den als Verräther verschrieenen Bogdan Bjeljskij als
einen tüchtigen Kopf zu loben? (Der Bericht des Wächters Bogdan Vojejkov
vom 25. Nov. 1602: »Да онъ же про твоихъ Государевыхъ Бояръ про всѣхъ
говорилъ: не станетъ де ихъ съ дѣло ни съ которое; нѣтъ-де у нихъ разу-
мнаго; одинъ-де у нихъ разуменъ Богданъ Бѣлской: къ Посолскимъ и ко вся-
кимъ дѣламъ добрѣ досужъ«. Alles im Präsens! vgl. Акты Ист. II, XXXIII.)
Die Worte des Mönches Philaret: es gibt unter den Bojaren keine verstän-
digen Leute, es gibt unter ihnen nur einen klugen Mann — das ist Bogdan
Bjeljskij — machen den Eindruck, als ob er vom Schicksale des Bogdan B.
keine Ahnung gehabt hätte. Die Frage ist definitiv gegenwärtig nicht zu
entscheiden, wir sind indessen geneigt anzunehmen, dass Bjeljskij und Romanovy ungefähr zu gleicher Zeit im J. 1600 (einer an der Grenze vor dem
1. Sept., die anderen in der Stadt Moskau, vielleicht gegen Ende des Jahres)
verhaftet wurden und dass dann im J. 1601 ihre Verbannung und die Ungnade des Vasilij Ščelkalov folgten. Es ist dem Boris damals nicht gelungen,
auf die Spuren der Verschwörung im Wunderkloster zu kommen, denn Griška
blieb noch bis zum J. 1602 in Moskau. Seinen Verdacht gegen die Romanovy
hat er, wie gesagt, im J. 1602 fallen lassen; des Bjeljskij gedachte er indessen
noch im Februar 1604 wohl bei den ersten Gerüchten von dem Auftreten des
PD in Polen und dem Zuge der Donkosaken nach seinem Lager. Auf seinen
Befehl wurden im Februar 1604 die Bojarensöhne aus Rjazanj darüber verhört, wer Pulver, Blei, Muschketen und andere Waffen den Atamanen und
Kosaken am Flusse Don in diesem Jahre und während der Erbauung des Borisov-Gorod zugeschickt hat. Die Bojarensöhne legten folgendes Zeugniss
ab: sie hätten im J. 1603 gehört, dass Zacharij Ljapunov Wein, einen Panzer
und eine eiserne Haube den Donkosaken verkaufte; im J. 1600 waren sie
selbst mit Bogdan Bjeljskij bei der Gründung der Stadt Borisov, haben darüber Nichts zu berichten. Der Car befahl, den Zacharij Ljapunov und seine
Kameraden mit Knute zu bestrafen (Симбирскій Сборникъ).

ja nicht mit ihnen spreche, keine Briefe mit ihnen wechsele. Andererseits wollte die Regierung die Romanovy keineswegs aus der Welt
schaffen. Wenn Vasilij R. infolge der anstrengenden Reise in Ketten
krank geworden und in Pelymj gestorben war, so war es ein Missgriff
seines Wächters, der für das unerlaubte in Ketten Schmieden Antwort
geben musste. Die Romanovy selbst hielten sich für Opfer einer Verleumdung seitens der Bojaren. So hat Ende 1601 Vasilij R. in einem
Gespräche mit seinem Wächter die Gesammtheit der Bojaren beschuldigt, ihn und seine Brüder verleumdet zu haben; er prophezeite ihnen
selbst den baldigen Untergang. In derselben Art hat sich auch Philaret
R. im November 1602 zu seinem Wächter Vojejkov geäussert: die Bojaren sind mir die ärgsten Feinde, sie haben uns nach dem Leben getrachtet, unsere Diener zu Verleumdungen gegen uns aufgefordert; er
erklärte dabei die Moskauer Bojaren für unfähig die Geschäfte zu hand-
haben; Bogdan Bjeljskij allein sollte seiner Meinung nach Begabung
für diplomatische und andere Geschäfte haben. Es scheint, dass Boris
sogar im März 1605 nicht sowohl eine Intrigue seitens des Philaret
selbst, als eine Verschwörung zu seinen Gunsten witterte: sonst würde
er ihn bei der ersten Nachricht vom PD ersäufen, erdrosseln oder wenigstens weiter nach Sibirien verbannen lassen. In dem Briefe an Rudolph II.
erwähnt zwar Boris, dass Gregor Otrepjev beim Michail R. gedient hat, er
führt indessen keine Beschwerden gegen diesen Bojaren und fügt hinzu,
dass Michail R. am Ende selbst den Taugenichts aus dem Hofe fortge-
jagt hat. Von den Zeitgenossen hat überhaupt nur Horsey die ganze
Vorbereitung des Feldzuges des PD einem Romanov (dem Alexander)
nebst Bjeljskij zugeschrieben; für diese Jahre ist aber Horsey sehr
mangelhaft unterrichtet und seine bezüglichen Nachrichten sind reich
an Fehlern. Die Sage vom Gregor O. hebt zwar hervor, dass Griška
eben durch sein nahes Verhältniss zu den Romanovy und Čerkaskie sich
den Zorn des Boris zugezogen hätte. Indessen muss Gregor O. in den
JJ. 1600—2 bereits im Wunderkloster geweilt haben; seine Flucht vor
der Rache des Boris in ein entlegenes Kloster kann also nur in die
JJ. 1598—99 versetzt werden. Da muss sein Verbrechen gegenüber
dem Boris nicht mit dem Processe der Romanovy, sondern vielleicht
mit der Wahlagitation zu Gunsten des Theodor Nikitič im Januar 1598
in Verbindung gebracht werden. Die Sage hat eben die chronologische
Reihenfolge der Begebenheiten etwas verwirrt. Das Schweigen der
Ausländer und der historischen Quellen, die vor der Thronbesteigung

der Romanovy entstanden sind (wie z. B. die Sage aus dem J. 1606) ist hier um so mehr auffallend, da der Verdacht des Forschers vor allen anderen Bojaren gerade den Theodor Nikitič treffen muss. Es müssen gewisse Umstände vorhanden gewesen sein, welche für jeden Zeitgenossen oder Augenzeugen der Begebenheiten die Vermuthung unmöglich machten, als ob die Romanovy den Demetrius gefälscht hätten.

Neben der officiellen Tradition des Boris-Hiob, wonach die Krone des Theodor ziemlich ruhig durch Vermittlung der Irina an ihren Bruder zum allgemeinen Vergnügen des Reiches Russland gelangt war, gibt es auch eine entgegengesetzte, unter anderem durch den Chronographen vertretene Auffassung: danach soll Theodor Romanov, Dank der Unterstützung seitens der Bojaren, bereits im Januar 1598 als Mitbewerber um die Krone aufgetreten sein. Die ältesten und klarsten Spuren dieser Tradition treffen wir in den Briefen des Andreas Sapieha an Christof Radziwill [1]). Den Berichten der Kundschafter des Andreas S.

---

[1]) Vgl. Archivum Domu Sapiehów, t. I, Nr. 213, 214, 215, 227. Andrzej (einmal fälschlich Lew genannt) Sapieha do Krzystofa Radziwiłła. A. Sapieha schreibt aus Orša vom 4. Februar Folgendes: Der Grossfürst von Moskau ist am 20. Januar gestorben. Die Wahl eines neuen Caren wird erst Sonntag den 16. März st. n. erwartet. Die Kundschafter, welche Sapieha über die Grenze ausgesandt hatte, haben berichtet: es sind vier Mitbewerber um den Thron von Moskau in Aussicht: Godunov, welcher sehr krank sein soll; Mstislavskij, welcher im Reichsrathe den ersten Platz nach dem Caren selbst eingenommen haben soll; Theodor Nikitič Romanov, der Onkel (? Onkelssohn) des verstorbenen Fürsten, und Bjeljakij; dieser hat sich den Groll des Caren Theodor zugezogen und durfte ihm nie unter die Augen kommen, dafür dass er (im J. 1584) den rechten Erben zu beseitigen und selbst zu herrschen getrachtet hatte. Man war darauf gefasst, dass es zum Blutvergiessen kommen könnte, wenn es nicht gelingt, eine allgemeine Uebereinstimmung zu Stande zu bringen. Die besten Aussichten bei der Wahl soll Theodor Romanov haben. Den 15. Febr. 1598 schreibt A. Sapieha aus Orša Folgendes: Er, Sapieha, war bereits im Begriff, an den König und an Radziwill die von ihm erhaltene Nachricht zu senden, dass man den Godunov niedergehauen und den Theodor Romanov zum Caren gewählt hätte. Da erschien aber der Kundschafter, welchen Sapieha über die Grenze ausgesandt hatte, und berichtete: der sterbende Car Theodor hätte den Boris wegen seiner niedrigen Herkunft für unfähig erklärt, den Thron zu besteigen. Als einen für den Thron passenden Mann soll er den Theodor Romanov bezeichnet haben. Diesen Romanov hätte er dabei ermahnt, falls er zum Caren gewählt werden würde, den Godunov ja nicht zu entfernen, sondern als den weisesten Rathgeber bei sich zu behalten. Nach dem Tode des Theodor hätte Boris bei sich

muss man im einzelnen nur mit grosser Vorsicht Glauben schenken. Man fühlt, dass so ein Mann Manches in Russland gehört hat, es fehlte ihm aber die genügende Kenntniss der Verhältnisse und der Geschichte Moskaus, um die Gerüchte und das heimliche Flüstern richtig aufzu-

---

einen Freund gehabt, welcher dem verstorbenen Carevič D. sehr ähnlich gewesen sein sollte. Im Namen dieses vermeintlichen Caren D. hätte Boris sogar einen Brief nach Smolensk gesandt. Die Russen fassten die Sache am Ende in dem Sinne auf, als ob D. gerettet worden wäre. Die Bojaren des Rathes begannen die Sache zu verhandeln. Der Bojarin Nagoj versicherte, dass der Fürst D. nicht mehr am Leben wäre und berief sich auf das Zeugniss des Michail Bitjagovskij. Dieser wäre nun herbeigerufen und hätte gestanden, dass er selbst den Caren auf Befehl des Boris G. ermordet, welcher nun einen Freund für den Fürsten D. ausgebe. Da hätte man den M. Bitjagovskij viertheilen lassen und den Boris mit Vorwürfen wegen des Mordes überschüttet. Theodor Romanov hätte sogar den Godunov mit dem Messer niederstechen wollen, wäre aber daran von Anderen verhindert. (Po śmierci kniazia W. jakoby miał Godunow mieć przy sobie przyjaciela swego bardzo podobnego we wszystkiem nieboszczykowi kniaziu Dmitru, bratu kniazia W. Moskiewskiego, który się był z Pecihorki narodził, którego dawno na świecie nie masz. Napisawszy list imieniem tego kniazia Dmitra do Smoleńska, że już został kniaziem wielkim, Moskwa się poczęła dziwować skąd się wziął, jednakże rozumieli, że go do tego czasu było utajono. Zaczem się to wojewod i bojar dumnych doniosło, zaraz poczęli się między sobą pytać.) Darauf hätte sich Godunov in sein Haus zurückgezogen, sein Schwager Šujskij (Demetrius?) versuchte ihn mit den übrigen Bojaren zu versöhnen und ermahnte sie, Nichts zu unternehmen, aus Rücksicht auf den Boris. Man meint, dass dennoch Theodor Romanov gewählt werden wird. Für ihn halten alle Vojevoden und Bojaren des Rathes; Godunov kann dagegen auf die niederen Schichten des Adels, die Strelitzen und das gemeine Volk rechnen. Man erzählte auch, der Car Theodor hätte gerathen, die Entscheidung zwischen zwei oder drei Kandidaten dem Deutschen Kaiser zu überlassen. Sapieha hat noch seinen Diener zum Vojevoden von Smolensk geschickt, um aus der Antwortschrift den Namen des regierenden Caren zu erfahren. Die Antwort ist ausgeblieben. Indessen betete man in den Kirchen nur für die Carin. Andrej Sapieha schreibt abermals aus Orša vom 23. Febr.: man berichtete jetzt, dass Theodor vor seinem Tode vier Kandidaten für die zukünftige Wahl bestimmt hätte — die beiden Romanovy, Theodor und Alexander, den Mstislavskij und den Godunov. Andrej Sapieha berichtet endlich aus Orša vom 16. Juni: Gewisse Bojaren, besonders Bjeljskij und Theodor Nikitič mit seinem Bruder, wollten statt des Godunov den Simeon, den Sohn eines Tatarencarevič, zum Caren wählen. Boris erfuhr von ihrer Absicht gerade zu der Zeit, wo die Nachricht kam, dass die Tataren heranzögen. Da sprach er zu ihnen: Carevič Simeon ist weit ab in Sibirien, die Ungläubigen aber bereits im Lande. Da bat man ihn selbst für die Vertheidigung zu sorgen.

fassen. Die Briefe des Sapieha widersprechen einander, z. B. in Bezug
auf die Hauptfrage, wem Theodor die Krone vermacht hat. Alles, was
der Kundschafter über die Ermordung des Caren Demetrii, über die
Beschuldigungen seitens des Nagoj und das vermeintliche Geständniss
und die Verurtheilung des Mich. Bitjagovskij berichtete, ist noch im J.
1591 zu Uglič geschehen; im J. 1598 konnte es höchstens als Erinnerungen aus früherer Zeit unter den Bojaren besprochen werden. Wir
können dem Kundschafter darin Glauben schenken, dass im J. 1598
Theodor R. nach der Krone trachtete und wirklich auf sie gewisse Aussichten hatte. Aus den officiellen Akten geht aber klar hervor, dass
Boris Godunov während der ganzen Zeit vom 6. Januar bis 17. Februar
es mit jedem Mitbewerber hat getrost aufnehmen können. Die Gewährsleute des Kundschafters haben die Dinge allzu günstig für die Romanovy geschildert und gehörten wohl zu den Agenten dieser Familie:
das Gerücht, als ob Theodor die Krone den Romanovy vermacht hätte,
wurde ohne Zweifel im Interesse des Theodor R. unter dem Volke verbreitet. Da muss der Kundschafter des A. Sapieha auch seine Geschichte von dem Versuche, bereits im J. 1598 einen PD zu fälschen,
auch aus den Kreisen der Anhänger des Theodor R. vernommen haben.
Es ist jedenfalls unmöglich, die Thatsache aus den Briefen auszumerzen,
dass der Gedanke an einen FD im Januar 1598 in der Luft schwebte;
da Smolensk ziemlich nahe an der litauischen Grenze liegt, so konnte
A. Sapieha wohl sichere Kunde haben von einem Briefe des vermeintlichen Carevič D. Es ist andererseits unmöglich anzunehmen, dass Boris,
welcher durch seine Schwester Irina selbst einen sicheren Anschluss an
die ausgestorbene Dynastie hatte, seine glänzenden Aussichten durch
das Gespenst des D. zu nichte machen sollte. Wir sehen hier nur zwei
Möglichkeiten: entweder hat diesen Brief im Namen des Demetrii die
Partei der Romanovy ausgesandt, um das Land an den Mord zu Uglič
zu erinnern, oder, was uns wahrscheinlicher scheint, der Brief rührte
von den Männern, die bereits damals einen FD vorbereiteten und durch
ihren Brief nur zu prüfen wünschten, ob die Verhältnisse für ihr Puppen-
spiel reif genug wären. Da die Form des Diploms im Namen des Caren D.
so gut gefälscht war, dass sie die leitenden Männer in Smolensk täuschen
und in Grübeleien über die Rettung des Carevič hat versetzen können,
so fällt der Verdacht der Fälschung von selbst auf die Kanzleibeamten
(die Djaki). Wie sich in den regierenden Kreisen selbst eine gegen
die Regierung gerichtete Organisation hat bilden können, darüber gibt

uns Djak Timotheev Auflärung. Seinem »Chronographen« zufolge hätte
Boris Neuerungen in das Verhältniss zwischen den einzelnen Schichten
des Dienstadels und des Beamtenthums eingeführt. Er hat Männer von
geringer Abstammung, die ihm aber Dienste als Denuncianten geleistet,
über die Herren vom alten Adel gestellt. Hierdurch hat er den Keim
des Hasses in die Herzen der Grossen gesäet. Er selbst und darauf
auch die Männer, denen er aus persönlicher Gunst die ersten Plätze nach
sich vergeben, begannen auch auf den unteren Stufen des Staatsdienstes
die erprobten Beamten zu verdrängen und sie durch ungeübte, ver-
dienstlose zu ersetzen (самописцая сущая не сущими свѣне мзды
сихъ превращеніемъ измѣняху туне). Solche neuangestellte Beamte
hatten von der Geschäftsführung keinen Begriff und verstanden mit
Mühe ihre Namen unter die Akten zu schreiben. So kam eine Generation von Beamten in die Welt, welche nur zu heimlichen oder offenen
Missethaten fähig war (недовлѣни никакоже, развѣ на злотворенія
точію явѣ и отай .. на иже студная всяко неисчетнѣ дѣянія быша
они зѣло искусни). Solche Beamte warfen jegliche Furcht vor Gott
und dem Caren von sich ab; sie verschwendeten ohne Rückhalt das
öffentliche Gut und suchten schamlos ihre unersättliche Habsucht
zu befriedigen. (Божій и царскій купно весь отъ себе отрынуша
страхъ, въ бестрашіе же самовластнѣ оболкшеся.) In solchen Strichen
schildert Djak Timotheev das Beamtenthum aus der Zeit des Boris. Es
fehlte nur an einem Anführer, um die Missvergnügten aus den Kreisen
der zurückgesetzten Grossen mit den rücksichtslos emporstrebenden
kleinen Leuten zu einem Komplot zu verbinden. In seinem stäten Stei-
gen von den niederen Ehrenstufen zu den höchsten, hat Boris viele
höher stehende und ihrer Geburt nach edlere Männer listig umgangen
und überholt. Als er aber sein höchstes Ziel erreicht, da hat er die
allgemeinen Hoffnungen getäuscht. Die beiden Djaki Ščelkalovy führt
Timotheev als Beispiele der Undankbarkeit des Boris gegenüber den
Männern, die ihn gross gezogen (егда желанія своего край получи,
мірови надежею солганъ бысть). Sicher bleibt nur das eine, dass im
Januar 1598 alle Bojaren den Carevič D. für todt gehalten haben. Wir
finden es also für unmöglich, auf Grund der gegenwärtig vorhandenen
Quellen die Romanovy mit Theodor Nikitič an der Spitze für die Urheber der ganzen Kabale zu erklären. Die Verbannung der R. hat ja
die glückliche Entwickelung der Verschwörung keineswegs gehemmt.
Im J. 1601, wo ihre Schuld vor den Bojaren verhandelt wurde, befand

sich Gregor O. bereits im Čudovkloster; und doch ist es weder den Häschern des Boris, noch den Denuncianten unter den eigenen Dienern der Romanovy gelungen, irgend welche Verbindungen zwischen den Angeklagten und den Verschwörern im Wunderkloster zu erweisen. Wenn diese Verschwörer auch wirklich zu Gunsten des Theodor R. arbeiteten, so folgt daraus noch keineswegs, dass sie auf dessen Anstiften das ganze Unternehmen eingeleitet hätten. Dem Theodor Nikitič fehlte ja die weitverzweigte Organisation, die unentbehrlich, um eine derartige Kabale ins Werk zu setzen; so eine Organisation stand nur den Klöstern oder der Regierung selbst zur Verfügung; die Erzählung der Annalen des Patriarchen Nikon (vgl. auch Novyj Ljetopisec), wie die Djaki den Gregor O. vor dem Zorne des Caren gerettet haben, kann als Beleg dienen dafür, dass die kleinen Beamten ihre eigene Organisation auch gegen die Regierung selbst richten konnten [1]). Den eigenen Aussagen

---

[1]) Die Urkunde des Caren Šujskij vom 19. Oktober 1607 (A.A.Э., Nr. 81) enthält eine ausführliche Schilderung der Art und Weise, wie die Kosaken daran gehen, einen Carevič zu fälschen. Es ist das Geständniss des Pseudopeter, welcher am 10. Okt. 1607 in Tula gefangen genommen wurde. Er hat selbst vor dem Caren und den Bojaren folgendes Zeugniss abgelegt: Er ist zu Murom (Gouv. Vladimir) als uneheliches Kind der Witwe eines Kaufmanns geboren und hat den Namen Ilja erhalten. Als seine Mutter den Schleier genommen, führte ihn ein Kaufmann nach Nižnij-Novgorod in den Dienst weg. Hier hat er gegen drei Jahre in seiner Bude mit Aepfeln und Töpfen Handel getrieben. Darauf begab er sich die Volga abwärts, indem er auf den Schiffen Dienst nahm. So kam er zu den Kosaken am Terek, lebte hier als Geselle beim Gregor Jelagin und anderen Kosaken, nahm an einem Raubzuge nach Tarki Theil u. dgl. m. Nun haben die Kosaken zwei von den jüngeren Gesellen gewählt, den Ilejka und den Mitjka, um einen von ihnen als Carevič auszurufen. Mitjka wollte darauf nicht eingehen; er gab vor, dass er, in Astrahanj geboren, nie in Moskau gewesen sei und Niemanden dort kenne. So haben denn die Kosaken beschlossen, dass Ilejka sich für den Sohn des Caren Theodor — einen Peter — ausgeben sollte; er sollte auch dabei folgende Auskunft über seine Beziehungen zu Moskau geben: aus Nižnij hätte er Moskau besucht und von Weihnachten bis Petri-Pauli bei dem Podjačij (Kanzleibeamten) Demetrij Timotheev gelebt, aus der Kanzlei des Djaks Vasilij Petrov; dieser Djak verwalte in seiner Kanzlei die Städte Ustjug und Vjatka (wohl Ustjužskaja Četj), der Gehilfe Timotheev besitze aber einen Hof in den Gärten u. s. w. In diesen für den Petruška ersonnenen Beziehungen zu Moskau ist die allgemeine Auffassung der Zeit von grosser Wichtigkeit — die Kosaken kennen eben nur eine Triebfeder in Moskau — die Djaki und ihre Kanzlisten. Was die Persönlichkeit des Petruška betrifft, so muss natürlich

der Romanovy zufolge muss man die Ursache ihrer Verbannung nicht
in ihrem Verhältnisse zum Caren Boris, sondern in ihrer hervorragenden
Stellung unter den Bojaren suchen. Im Januar—Februar 1598 ist der
Versuch der Bojarensynkletos, einen eigenen Caren auf den Thron zu
setzen misslungen. Boris hat die Krone aus den Händen des Reichstages
angenommen. Bis auf die Jahre der Hungersnoth war seine Allein-
macht stäts im Wachsen begriffen. Die Masse des Adels musste sich vor
der Thatsache beugen, dass Godunov eine neue Dynastie glücklich zu begründen im Begriff war. Von den Wahlintriguen kehrten die Edelleute
zu ihrem gewöhnlichen Kampfe um die ersten Plätze am Hofe zurück.
Da jede weitere Beförderung eines russischen Adelsmannes durch die
Präcedenzrechte anderer Edelleute gehemmt war, so gab es für Bojaren-

---

zwischen einem Kosakencarevič und einem PD I, der mit den polnischen
Senatoren und russischen Bojaren zu verkehren versteht, ein grosser Unterschied gemacht werden. Das Pronunciamento des Petruška fiel noch in die
Regierung des PD I. Die Kosaken zogen mit ihrem Carevič die Volga aufwärts nach Astrachanj und Samara. Bei Samara haben sie einen Brief von
PD I. erhalten und wurden aufgefordert, eilends nach Moskau zu ziehen. Als
sie aber die Stadt Sviažsk passirt hatten, da kam die Nachricht, dass PD in
Moskau ermordet sei. Nun fuhren die Kosaken die Volga abwärts, bogen in
den Fluss Kamyšenka aus, zogen dann die Boote in den Don, ruderten weiter
den Donec aufwärts, von hier aus hat sie Fürst Gregor Šachovskoj nach Putivlj berufen, aus Putivlj sind sie dann nach Tula gezogen. (Der zweiten Redaktion des Chronographen zufolge wäre unter Šujskij in Putivlj ein gewisser
Petruška erschienen, ein Töpfer aus Zvenigorod und Gefährte von Kosaken.
Dieser hat sich für einen Sohn des Carevič Ivan Ivanovič erklärt; er behauptete auch, dass sein Oheim Demetrius I. noch am Leben wäre. Die Provinz
Severa hat ihn anerkannt; die Rebellen haben sich der Provinz Rjazanj bemächtigt und sind bis gegen Moskau vorgedrungen. Stoljarov Chronograph
steht dem Zeugnisse des Petruška selbst viel näher und beginnt seine Geschichte viel früher. Darnach wären im Frühjahre 1606, also noch bei Lebzeiten des D. I., die Atamanen und Kosaken vom Flusse Terek nach Astrahanj mit dem Betrüger Petruška gekommen, welchen sie für den Sohn des
Caren Theodor und den Neffen des D. I. ausgaben. Sie fuhren mit ihm die
Volga aufwärts gegen Moskau, erfuhren unterwegs vom Tode des Caren D. I.,
kehrten um, erreichten Voronež und begannen hier abermals den Petruška für
den Sohn des Caren Theodor auszugeben. So entbrannten im J. 1606 in den
Städten der Ukraina, der Steppe und der Severa, wo man an die Rettung des
D. I. aus Moskau glaubte, neue Wirren [zu Gunsten der beiden Betrüger —
des D. II. und seines Neffen Petruška. Nach Nikons Annalen wäre der Schelm
Petruška, der von den Terekkosaken für den Sohn des Caren Theodor ausgegeben wurde, ein gewisser Iljuška, ein Diener des Jelagin gewesen.)

familien mit geringer Tradition kein anderes Mittel weiter vorwärts auf
der Leiter der Aemter und Ehren zu rücken, als eine der bevorzugten
Familien völlig aus dem Felde zu schlagen. Bogdan Bjeljskij und Theodor Romanov waren für die emporstrebenden Godunovy, Saltykov u. a. m.
nicht nur durch glückliche Präcedenzfälle seit den Zeiten Johanns des
Schrecklichen, sondern auch durch ihre Talente gefährlich. Es hat also
die Masse der Bojaren gegen das J. 1600 sich mit den Godunovy ver-
tragen und zwar auf Kosten des Bjeljskij, der Romanovy, der Čerkaskie etc. Die Bojarensynklete musste aus der Zeit der Wahlagitation
des J. 1598 Beweise genug zur Verfügung gehabt haben, dass Theodor
R. damals nach der Krone getrachtet hat. Alle die Kunstgriffe, welche
die, Partei der Romanovy im Januar 1598 gegen den Boris gebraucht
hat, — z. B. die Verbreitung der Gerüchte, als ob Car Theodor ihnen
die Krone vermacht hätte, als ob Boris bereits ermordet wäre, das Mahnen an den Mord zu Uglič u. s. w. — wurden wohl im J. 1601 zu einer
himmelschreienden Anklage gegen diese Familie zusammengefasst. Was
den falschen D. anbetrifft, so ist die Möglichkeit, dass Bjeljskij in Carev-
Borisov und Romanovy in Moskau die Kabale bereits witterten, das
Höchste, was wir vorläufig annehmen dürfen. Nach den Aussagen der
Denuncianten hat sie wohl auch Boris gewittert. Statt aber den Verschwörern in der Kremljburg selbst nachzujagen, hat er sie ringsum in
der Stadt oder an der Grenze in den Steppen gesucht. Nur in der Person des Vasilij Ščelkalov hat er vielleicht richtig eine Triebfeder entfernt. Den Gregor O. hat Boris unterschätzt, die Brüder Chripunovy
nach Litauen entschlüpfen lassen[1]). Erst das Gerücht von einem PD
in Polen hat ihm die Augen auf den Archimandriten Paphnutij und die
Djaki geöffnet. Wir müssen aber die Auffassung des Chronographen
vom Causalnexus zwischen den Begebenheiten begrenzen. Die reelle
Schuld der Romanovy war nicht erwiesen. Durch die Begnadigung des
Ivan R. und Ivan Čerkaskij, der Familie des Alexander und Theodor R.
hat Boris selbst seinen Fehler eingestanden. Indessen hat er die Verfolgungen gegen Bjeljskij und Romanovy nicht blindlings aus über-

---

[1]) Die fünf Brüder Chripunovy haben die Flucht nach Polen im J. 1603
ergriffen. Lew Sapieha schreibt nämlich vom 12. Febr. 1604 an den Bischof
von Krakau: Moskwy pięć bratów, którzy przeszłego roku, przed tyraństwem
teraźniejszego pana Moskiewskiego, opuściwszy tam ojczyznę i dobre mienie
swoje, na łaskę króla I. Mci wyjachali, tu niebożęta tułają się (Arch. Domu
Sapiehów, t. I). Es kann hier die Rede eben nur von den Chripunovy sein.

triebener dynastischer Vorsicht eingeleitet: die Kinder des Theodor R. und sein Bruder Ivan waren ja im J. 1602 für dynastische Hoffnungen der Godunovy nicht minder gefährlich, wie im J. 1600. Aus den Anzeigen der zahlreichen Denuncianten hat wohl Boris seit 1599—1600 die Ueberzeugung gefasst, dass eine gefährliche Kabale gegen ihn im Gange ist[1]); es ist ihm indessen nicht gelungen ihre Fäden aufzufangen. Nicht die Verfolgungen des Boris gegen die Bojaren, sondern das Missvergnügen der Männer, die den Boris gross gemacht haben, mit der vermeintlichen Undankbarkeit des Caren (wie es Djak Timotheev berichtet) haben wohl die Verschwörung keimen lassen. Die ersten repressiven Verfolgungen mussten natürlich auch das Losbrechen der Kabale heraufbeschwören, umsomehr da die Entrüstung über den Mord zu Uglič und die Hungersnoth den Glauben an die Regierung des Boris Dei gratia erschütterten. Der wirkliche Gang von Ereignissen war ohne Zweifel viel verwickelter, als es sich der Fortsetzer des Chronographen gedacht hat[2]).

---

[1]) Im Allgemeinen billigen wir also die Auffassung des Margeret: »enfin ayant ouy le vent depuis l'an mil six cens de Demetrius Joannes, que quelquesuns le tenoient estre en vie, il ne se faisoit de là en avant tous les iours que tourmenter et gehenner pour cette occasion; des-lors si un serviteur venoit accuser son maistre .. il estoit par luy récompensé .. Finalement l'an 1604 se découvrit ce qu'il avoit tant craint, à sçavoir Demetrius Joannes«. Diese Auffassung wird bestätigt — durch den Brief des Andrej Sapieha aus dem J. 1598, durch die Aussagen der polnischen Gesandten aus dem J. 1608, durch die Urkunde von der Ernennung des Philaret Romanov zum Patriarchen. Der Chronograph kann andererseits insoweit Recht haben, dass die Verfolgungen des Boris nicht immer die Schuldigen getroffen und dadurch die herrschenden Klassen dem Caren entfremdet haben.

[2]) Da die Wahlurkunde vom 1. Aug. 1598 Nichts davon weiss, dass Car Theodor seine Krone dem Boris vermacht hätte, und sich sogar auf den Ausspruch des Caren Johann des Schr. beruft, um ein Rechtsmoment für den Godunov zu begründen, so nehmen wir das Zeugniss des »Neuen Annalisten« an, dass Theodor gestorben ist, ohne einen Nachfolger ernannt zu haben. Die bezüglichen Worte der Urkunde lauten: »А послѣ себя Царь Ѳедоръ Ивановичъ .. на всѣхъ своихъ великихъ государьствахъ скиѳетродержанія Россійскаго царьствія оставлъ свою Государыню нашу Царицу Ирину Ѳедоровну всеа Русіи, а душу свою праведную приказалъ Іеву Патріарху и шурину своему Борису«; oder z. B.: »А Царица Ирина на своемъ государьствѣ быти не восхотѣла ... брата своего Бориса на царьство не благословила«. Von Wichtigkeit sind die Veränderungen, welche diese klaren Worte unter der Hand der Chronisten erlebt haben. Nach der »Sage aus dem J. 1606« hat Boris den

Caren Theodor ums Leben gebracht und durch seine Agenten das Volk in
dem Sinne bearbeitet, dass man ihn auf den Thron berufe. Er selbst entfernte
sich hinterlistig nach dem Fräuleinkloster, da er sich vor seiner Schwester
fürchtete. Die Carin Irina (Alexandra) wusste nämlich, dass ihr Bruder aus
Herrschsucht viel unschuldiges Blut vergossen hatte, und wollte ihn nicht zur
Krone kommen lassen (!). Die grossen Bojaren, welche durch ihre Verwandtschaft mehr Anrechte dazu hatten, haben es vermieden, allein unter sich einen
Caren zu wählen, und die Entscheidung dem Volke überlassen. Das von Godunov's Agenten zusammengetriebene Volk bat nun die Carin Alexandra,
ihren Bruder Boris ihnen zum Caren zu geben. Dem Djak Timotheev zufolge hat Boris den Demetrius ermordet, den Caren Theodor vergiftet und
sich aus drei Gründen nach dem Fräuleinkloster zurückgezogen: erstens
fürchtete er, dass das Volk die Wahrheit erfahren und, betrübt über den Tod
des Caren, auf einmal gegen Boris aufbrausen könnte; falls aber Alles ruhig
bleiben sollte, da würde er, zweitens, weiterhin mit Sicherheit auftreten können; drittens glaubte er sich die Leute zu merken, welche für ihn eifern
werden, um sie zu belohnen, die Widersacher dagegen künftighin zu verfolgen. Avraamij Palicyn berichtet Folgendes: Nach dem Tode des Theodor
treffen viele von den herrschenden Männern Russlands die Entscheidung,
dass Godunov Car sein solle. Boris entfernt sich nach dem Kloster, wird aber
vom Volke auf den Thron berufen. Unter der Einwirkung seiner Nächsten
fasste er Hass und Argwohn gegen das Geschlecht des Caren Theodor, d. w. s.
gegen die Romanovy. Er hat den Eid nicht gehalten, welchen er dem Nikita
Romanovič Jurjev geleistet hatte — dessen Kinder zu pflegen. Nach der Verbannung der Romanovy hat er auch viele andere Männer um ihretwillen umgebracht. Er hat die Unfreien ihre Herren verleumden lassen. Dadurch
hoffte er auch nach seinem Tode dem Geschlechte Godunov den Thron sicherzustellen. (Се же мышляше за утвердить на престолѣ по себѣ сѣмя свое.) Als
Strafe für die Verfolgung der Romanovy und für den Kleinmuth der Welt,
welche schweigend dem Verderben der Unschuldigen zugesehen hat und dem
Caren die Wahrheit zu sagen nicht gewagt, brach im J. 7111 die Hungersnoth
los. Katyrev-Rostovskij berichtet folgendermassen: Nach dem Tode des
Theodor führt das Zepter die Carin Irina. Das Volk und die Geistlichkeit
dringen die Krone dem Boris auf. Da wird Boris von Hochmuth und Hass
gegen andere grosse Männer erfasst; er lässt die Romanovy verleumden. Das
Elend dieser Brüder hat die Stadt Moskau empört und allgemeine Trauer
hervorgerufen. Da erscholl im siebenten Jahre der Regierung des Boris das
Gerücht vom PD. »Die Sage über die Regierung des Caren Theodor Ivanovič«
berichtet: Nach dem Tode des Theodor führt seine Frau 1½ Jahre das Zepter;
die Geschäfte leitet dabei ihr Bruder Boris. Dieser sendet Briefe im Namen
seiner Schwester an die einzelnen Stände des russischen Volkes, sie sollten
den Boris auf den Thron berufen. Auch die Massen in Moskau werden in
diesem Sinne bearbeitet. Er selbst begibt sich zu seiner Schwester nach dem
Kloster und bittet um Segen für die Herrschaft. Die Schwester hat ihm aber
ihren Segen, als einem herrschsüchtigen Mörder, versagt. Ein ganzes Jahr
konnte er den Thron nicht besteigen. Da hat er es gewagt, ohne ihren Segen

sich die Krone aufzusetzen. »Der Neue Annalist(Nikons Annalen, Die Annalen
der Wirren)« erzählt: Car Theodor befiehlt der Frau, nach seinem Tode den
Schleier zu nehmen; er weist dabei von sich, den zukünftigen Caren zu ernennen, und überlässt Alles dem allmächtigen Willen Gottes. (Er spricht zum
Patriarchen: »А еже глаголеши о царствии, нѣсть моего велѣнія, но яко же
Господеви годѣ, тако и буди, и ему же хощетъ Богъ, тому дасть е«.) Es werden
nun die Wähler von allen Städten nach Moskau berufen. Alle, die sich auf
dem Reichstag versammelt hatten, gehen nun zum Hiob und bitten ihn nach
Gottes Willen, ihnen einen Caren zu ernennen. Da fassten der Patriarch,
viele Bojaren und andere herrschende Männer den Entschluss, dem Boris die
Krone zu reichen. Besonders war aber das gemeine Volk dem Boris gewogen
(паче же желаху его быти Царемъ простіи людіе). Auch viele Bojaren wünschten ihn zum Caren zu haben, weil sie nicht gewusst hatten, dass gerade er den
Carevič D. hat umbringen lassen. Nur den Šujskie war sein böser Charakter
bekannt; sie haben aber gegenüber der ganzen Menge der Anhänger des
Boris Nichts ausrichten können. Sobald Boris sich auf dem Throne sicher
fühlte, begann er seinen Hass auf diejenigen Bojaren zu werfen, welche
seine Hoffnung zu nichte machen könnten, ein neues Carengeschlecht auf dem
Throne Moskaus zu begründen (во умышленіи своемъ, еже царскій корень отъ
него преста). Deshalb beschloss Boris, die Anverwandten des Caren Theodor
ins Verderben zu stürzen: er liess die Romanovy verleumden, als ob sie damit umgingen, ihren Caren Boris zu vergiften. Ein unfreier Diener des Fürsten Šestunov hat seinen Herrn verleumdet. Boris hat den Denuncianten mit
einem Gute belohnt. Da begannen die Unfreien der Bojaren untereinander
Uebereinkunft zu treffen, die einen reichten Anzeigen gegen ihre Herren ein,
die anderen traten dann als Zeugen auf. Ein solches Denunciantensystem
brachte eine allgemeine Verwirrung in das gesellschaftliche Leben. Bussow
erzählt: Der sterbende Car Theodor reicht das Zepter dem Theodor Romanov; dieser greift nicht zu, sondern schiebt seinen Bruder Alexander vor,
der zweite Bruder den dritten, Ivan den vierten — Michail, Michail R. —
einen anderen grossen Bojaren. Da spricht Theodor: so nehme den Stab,
wer da will. Nun greift Boris Godunov nach dem Zepter. Nach dem Tode
des Caren gereute es die Bojaren, dass sie das Zepter von sich gewiesen, und
sie warfen dem Boris seine niedrige Herkunft vor. Mit Unterstützung der
Schwester gelang es dennoch dem Godunov, den Thron zu besteigen. Weil
aber Boris mit Mord und List zur Krone gelangt war, so traf ihn selbst das
Jus Talionis: man begann ihm nach dem Leben und der Krone zu trachten.
Der erste Aufrührer war Bogdan Bjeljskij, darauf machten die Romanovy
einen Versuch, den Boris zu vergiften. Massa berichtet: Der Car Theodor
überreicht vor seinem Tode die Krone und das Zepter seinem Anverwandten
Theodor Nikitič. Da aber das Volk dem Boris gewogen war und Godunov
Massregeln zur Erreichung der Krone getroffen, so hat es Theodor für unmöglich gehalten, es mit ihm aufzunehmen. Um einen Bürgerkrieg zu vermeiden, hat er die Krone und das Zepter dem Boris überreicht. Seine Frau
hat ihn später dafür ausgescholten. Der österreichische Hofdiener Schiele,
welcher im Sept. 1598 in Moskau war, gibt die officielle russische Auffassung

wieder, dass Theodor die Krone seiner Frau Irina vermacht hat. Das Geschlechterbuch (Latuchinskaja Stepennaja Kniga) gibt dieselbe Tradition, wie der Chronograph: Car Theodor habe den Theodor Romanov zu seinem Nachfolger bestimmt. Die officielle Auffassung der Romanovy ist noch in der Wahlurkunde des Caren Michail aus dem J. 1613 dargelegt (Собр. Гр. и Дог. I). Hier wird die Tradition aus den Tagen des Boris und Hiob etwas abgeändert. Der Car Theodor soll auf dem Throne seine Carin Irina zurückgelassen haben, die Sorge um seine Seele aber dem Patriarchen Hiob, seinem Bruder Theodor Romanov-Jurjev und seinem Schwager Boris anvertraut. Der »Bruder Theodor« kommt eben in den Akten des Schwagers Boris gar nicht vor! (брату своему Царскому Федору Никитичю Романову-Юрьеву). Irina hat, der Urkunde zufolge, ihrem Bruder Boris zum Herrschen den Segen gegeben. Im Gegensatze zu den Aussagen der polnischen Gesandten aus dem Jahre 1608 herrscht hier die Auffassung, dass die Wirren ihren Ursprung aus der Tiefe einer Volksbewegung genommen, welche die Bojaren und Vojevoden vergebens zu bewältigen versucht. Wie ein Meer brauste das ganze russische Reich auf einmal auf und die Weisheit der Steuerleute ward vor dem Wüthen der Wogen zu nichte. (И великое Российское Царство яко море восколебася, и непстовыя глаголы, яко свирепыя волны возшумеша, и неукротимо и нинаправляемо, аще и кормчии мудри беша, но ярость моря сихъ повреди и суетну мудрость ихъ сотвори и во своя стремленья все обрати; начальныежъ Боляре и стратиги суетномъ волненнию противишася, но ничтожъ успеша суровому народцкому глаголаннию.) Dann wird hier, allen übrigen Zeugnissen entgegen, behauptet, dass die Carin Martha noch vor dem Sturze des PD ihn vor der Synkletos und dem ganzen Moskauer Volke für einen Betrüger erklärt; nun erst hätte man den Griška ermordet. Die Wahl des Michail Romanov wird hier dadurch motivirt, dass er ein Neffe des Caren Theodor gewesen.

(Fortsetzung folgt.)

Kritischer Anzeiger.

Письмата на византийския императоръ Романа Лакапена до българскиня царь Симеона. Отъ В. Н. Златарски. София 1896, 8⁰, 41 S. (S.A. aus dem »Sbornik« XIII).

Студии по българската история. Приемницитѣ на Омортага. Отъ В. Н. Златарски. 8⁰, 23 S. (S.A. aus dem »Periodičesko Spisanie«, Heft LIV, 1896, S. 755—778).

Студии по българската история. Кой е билъ Тудоръ черноризецъ Доксовъ. Отъ В. Н. Златарски. София 1897, 8⁰, 20 S. (S.A. aus dem »Български Прегледъ« IV, Heft 3).

Два извѣстни български надписа отъ IX. вѣка. Отъ В.Н. Златарски (S.A. aus dem »Sbornik« XV, 1898, S. 131—144).

Es gereicht mir zu einem besonderen Vergnügen, den Lesern des »Archivs« einen neuen, tüchtig vorgebildeten und arbeitslustigen bulgarischen Historiker vorstellen zu können. Nach Spiridion Palauzov, der so Vieles über bulgarische, russische und rumänische Geschichte veröffentlicht hat, und nach Marin S. Drinov, der 1899 ein literarisches Jubiläum feierte, folgt Vasil Nik. Zlatarski, ein Bruder des ersten bulgarischen Geologen, herangebildet an den Universitäten von Petersburg und Berlin und ausgerüstet mit Kenntniss der griechischen und lateinischen Sprache, die beide in Bulgarien und Serbien weniger cultivirt werden und daher Viele von der Beschäftigung mit dem Mittelalter abschrecken. Die bisher erschienenen Studien des Herrn Zlatarski bewegen sich meist auf dem Gebiet der älteren bulgarischen Geschichte, vor dem XI. Jahrh., und lassen einen besonnenen und kritischen Historiker erkennen, von welchem seine Nation und die historische Wissenschaft noch viel zu erwarten berechtigt ist.

Die älteste Periode der bulgarischen Geschichte, vor der Festsetzung südlich von der Donau, betrifft ein Aufsatz: »Нови извѣстия за най-древния периодъ на българската история« (Sbornik XI). Aus der Chronik des Patriarchen Nikephoros (ed. De Boor p. 24, 33) ist es bekannt, dass mit Kaiser Heraklios der Fürst der Hunnogunduren Κούβρατος, Neffe des sonst nicht bekannten Organás, verbündet war, der sich der avarischen Oberherrschaft entledigt, die Avaren aus seinem Land vertrieben und vom Kaiser den Titel eines Patrikios erhalten hat. Es ist *Chubraat*, der Vater des *Aspar-chruk*, des bekannten Asparuch der Byzantiner, bei dem armenischen Geographen um 679 (Patkanov im ЖМНПр. 1883, März 24—26), *Kur't* mit 60 Regierungsjahren, der Vorgänger des sonst unbekannten Bezmêr und dessen Nachfolgers, des Isperich, in dem bekannten einheimischen Verzeichniss der heidnischen Bulgarenfürsten. Zlatarski verweist auf den Bericht eines Zeitgenossen, des ägyptischen Bischofs Joannes von Nikiu, dessen im Original verschollene Chronik aus dem Griechischen oder Koptischen ins Arabische, 1602 ins Aethiopische und zuletzt von Zotenberg ins Französische übersetzt wurde. Joannes erzählt, dass in den Stürmen nach des Kaisers Heraklios Tod (641) dessen zweite Gattin Martina mit ihren Kindern unterstützt wurde von dem Hunnenfürsten Kubratos (bei Zotenberg Quetrades), einem Neffen des Organa (bei Zotenberg Kuernakâ), der noch als Kind in Konstantinopel getauft und dann bei Hofe erzogen worden war. »Mit Hilfe der heiligen und belebenden Taufe hatte er alle Barbaren und Heiden besiegt«. Dem Kaiser Heraklios, der ihn mit Wohlthaten überhäuft hat, blieb er dankbar auch nach dessen Tod. Dieses Christenthum der Bulgarenfürsten vor dem Uebergang über die Donau war aber zu oberflächlich gewesen; Kubrat's Nachkommen erscheinen als Heiden, und schon sein Sohn Asparuch setzte sich mit Benützung der ersten Einschliessungen von Konstantinopel durch die Araber mit Gewalt auf byzantinischem Boden fest, in den Donauprovinzen nördlich vom Haemus.

Eine zweite Studie des Verfassers betrifft die Genealogie der Bulgarenfürsten des IX. Jahrh., über welche wir aus den in unseren Jahren gesammelten griechischen Inschriften der heidnischen Bulgarenzeit manches Neue erfahren. Zlatarski hält den Fürsten Krum (c. 803 — + 814) für den Gründer einer neuen Dynastie. Sein Sohn und unmittelbarer Nachfolger war Omortag, auch Mortagon geschrieben (814—831/2). Dessen Sohn und Nachfolger war Malamir, *Μαλαμήρ* auf der Inschrift CIGr. IV Nro. 8691 B, *Μαλλωμηρός* bei Erzbischof Theophylaktos von Ochrid, *Βαλδίμερ* bei Theoph. Cont., ein Zeitgenosse des byzantinischen Kaisers Theophilos (829—842). Ich bemerke dazu, dass der Name dieses den Leuten des IX. Jahrh. wohlbekannten Fürsten den Photios oder dessen Copisten bewog, den Vater des Gothenkönigs Theodorich als Malamir zu schreiben: *Θευδερίχου τοῦ Μαλαμείρου* (Dindorf, Historici graeci minores I, p. 383), statt *Βαλαμείρου* (Valamer des Marcellinus, filius Walameris in den Consularia italica). Zlatarski bespricht dabei die einander widersprechenden Berichte über die Jugend des nachmaligen Kaisers Basilios I., der, wie wir nunmehr auch aus der neuentdeckten Vita des Patriarchen Euthymios (ed. De Boor p. 2, vgl. 130) wissen, ein Armenier war, aus den armenischen Militärcolonien bei Adrianopel, und von den Bulgaren Krum's sammt seinen Eltern als Kind weggeschleppt und jenseits der Donau (*πέραν τοῦ ποταμοῦ Δανουβίου*), wohl gegenüber der Dobrudža in der Nähe der Mündungen, angesiedelt wurde. Ansprechend sind die Hypothesen Zlatarski's über die Beweggründe der Verfolgungen kriegsgefangener byzantinischer Christen unter Fürst Malamir (S. 11—12). Durch diese Gefangenen habe sich das Christenthum schon unter Krum verbreitet, der mit den Verfolgungen begonnen haben soll, weil er fürchtete, die Lehre Christi könnte im Bulgarenheer den fanatischen Griechenhass schwächen, den man wegen der damaligen Offensivkriege nothwendig brauchte. Unter Omortag habe das Christenthum besonders unter den Slaven im Lande Anhänger gefunden. Die bulgarischen Adeligen, eine fest organisirte Classe, die unter der Autokratie des gewaltigen Krum ihre Bedeutung verloren hatte, sahen in einer Christenverfolgung das beste Mittel zur Wiedergewinnung der alten Macht gegenüber den slavischen Stammfürsten und Grossen, die unter Krum emporgekommen waren. Vgl. die Erzählungen des Theophanes p. 491 ed. De Boor über Krum's Festgelage mit den Σκλαυινῶν ἄρχοντες; auch Krum's Gesandter Dragomir, Δαργαμηρός bei Theophanes p. 497, war offenbar einer dieser Slavenfürsten. Die schwache Regierung Malamir's bot eine günstige Gelegenheit dazu. Doch gehörte zu den Beschützern der Christen sogar bereits einer der Söhne des Fürsten Omortag, der nach Theophylaktos Ἐνραβωτᾶς oder Βοῖνος hiess. Ganz richtig sind die Bemerkungen Zlatarski's über den historischen Werth der Daten bei Theophylaktos; der gelehrte Erzbischof von Ochrid, Zeitgenosse des Kaisers Alexios I. Komnenos, hat Manches aus seitdem verloren gegangenen griechischen und slavischen legendaren Aufzeichnungen des IX.—X. Jahrh. benutzt.

Auf Malamir († 836—7) folgte Presiam, Sohn des Zvinica, eines Bruders des Malamir, wie dies der Verf. näher ausführt gegenüber der Ansicht, dess Zvinica Sohn sei Boris gewesen. Zum Namen vgl. Προυσιανός, einen der Söhne des Caren Joannes Vladislav (Anf. des XI. Jahrh.); zur Endung beider Namen (vgl. türk. šan, slav. САНЪ Würde) vgl. den Bulgarennamen Ἀλουσιανός, der im XI. Jahrh. und noch bei Kantakuzenes im XIV. Jahrh. vorkommt (ed. Bonn. II. 377 ein Bogenschütze Alusianos bei Berrhoea). Die von Konstantinos Porphyrogennetes geschilderten Kriege des Fürsten Presiam gegen die Serben (die eigentlichen Serben zwischen Ras und der Wasserscheide der Zuflüsse des Adriatischen Meeres) sucht Zlatarski durch die Tendenz der Bulgaren zu erklären, der Ausbreitung des Einflusses der Franken, die seit Karl d. Grossen im Dravegebiete und im nördlichen Dalmatien die Oberhoheit ausübten, bei den Slaven der Halbinsel zuvorzukommen (S. 18 Anm.). Doch die Franken waren hier in dieser Zeit nicht mehr offensiv. Eher handelte es sich bei den Bulgaren um Abrundung der Grenzen. Einerseits war durch Anschluss der Slavenstämme an die Bulgaren, an die »Bulgarorum societas«, seit ungefähr 818 die Grenze des Bulgarenstaates weit gegen Nordwesten ausgedehnt worden, wo Omortag 827 und 829 es zweimal versuchte, die Franken durch Entsendung einiger Flotillen von Flussbooten selbst aus dem Dravegebiet zu verdrängen. Andererseits hatten damals die Bulgaren im Südwesten die Slavenstämme des inneren Makedoniens unter ihre Botmässigkeit gebracht, bis über Ochrid hinaus, wie wir aus der Vita des hl. Kliment, den Daten bei Ibn-Rosteh (Ibn Dasta, bei Rosen über Jahja 145—146) über den Weg aus Thessalonich gegen Rom durch die Länder der in hölzernen Häusern wohnenden, von Boris zum Christenthum bekehrten Slaven (Sakâlib) und aus einigen byzantinischen Notizen wissen. Die Serben störten den Bulgaren die Verbindungen zwischen Sirmium und den Landschaften westlich von dem byzantinischen Gebiet bei

Thessalonich und Berrhoea; daher die Kämpfe bei Ras. Die Rückkehr der byzantinischen Gefangenen, die seit Krum's Zeit in den transdanubischen Landschaften Bulgariens angesiedelt waren, mit Hilfe einer byzantinischen Flotte, verlegt Zlatarski zum J. 838.

Presiam's Sohn Boris soll 843—845 bis 884—885 regiert haben; die bulgarische Gesandtschaft bei Ludwig dem Deutschen in Paderborn 845 soll die Thronbesteigung eines neuen Bulgarenfürsten notificirt haben. Doch stimmt dies nicht überein mit den 36 Jahren, die Boris nach den Daten bei Erzbischof Theophylaktos regiert haben soll und mit der nicht unberechtigten Anschauung, dass Boris bei der Annahme des Christenthums (863—864) noch ein Mann in jungen Jahren gewesen war, nach Theophylaktos gar noch ein Jüngling (καίτοι παῖς ὤν). Vielleicht wird sich aus dem Inschriftenmaterial einmal ersehen lassen, ob zwischen Malamir und Presiam nicht noch ein Bulgarenfürst regiert hat.

Zwei längst bekannte Stücke dieser griechischen Inschriften der heidnischen Bulgaren bespricht Zlatarski in einer eigenen Abhandlung. Es ist die 1859 von Chr. S. Daskalov aus Trjávna in den Moskauer Чтения veröffentlichte Inschrift des Omortag aus der Kirche der 40 Märtyrer in Trnovo und die CIGr. IV, 8691 B veröffentlichte, dort in ganz unbesonnener Weise mit einem Denkmal von den Ruinen von Philippi zu einer Nummer verbundene Inschrift des Malamir über die Errichtung einer Fontaine oder Wasserleitung (ἀνάβρυτον), copirt in Šumen 1831 von Blankenburg und seitdem verschwunden (über Bl. selbst ist mir nichts bekannt; war es einer der preussischen Offiziere in der Türkei zu Moltke's Zeit?). Die Lesung und Erklärung beider Stücke ist jetzt erleichtert durch die neuerdings von Škorpil in Ost-Bulgarien gesammelten Inschriften, die in den »Archäologisch-epigraph. Mitth. aus Oesterreich-Ungarn«, XVII (1894), XIX (1896) mit Anmerkungen von Tomaschek, Bormann und von mir veröffentlicht wurden. Aus diesem Material wurde der alteinheimische Regententitel klar: κάνας (-νν-, -νες) ὑβιγη, ὑβηγη, also Chan mit einem Epitheton ὑβιγι, von Tomaschek (Aep. M. XIX, 238) zusammengestellt mit kumanisch-türkisch öweghü, öwghü, erhaben, gepriesen. Es ist der abgekürzte Chaganstitel der Avaren und Chazaren; wird ja in der Visio des Propheten Daniel auch Boris als КАГАНЬ bezeichnet (Spomenik V,12—13): МИХАИЛЬ КАГАНЬ НА БЛЬГАРЬХЬ. Ebenso lernen wir die beiden Adelsclassen besser kennen, die höheren βοϊλάδες oder βολιάδες, Sing. βοϊλάς, βοηλάς, bei denen zu bemerken ist, dass -άς, -άδες eine griech. Endung ist (wie ἀμηράδες von ἀμηρᾶς Emir, ngr. πασάδες Paschen u. s. w.) und dass der Stamm βοϊλ-, βολι- dem altslav. БЫЛЬ (vgl. Miklosich, Die türk. Elemente 1, 30, Nachtrag 1, 16) entspricht, und die niederen βαγαῖνοι, die ich Aep. M. XIX, 239 mit dem Geschlecht (РОДЬ) der Ugain (ОуГАИНЬ) im Katalog der heidnischen Bulgarenfürsten zusammengestellt habe. Männer beider Classen führen auf den Inschriften den Ehrentitel βαγατούρ, βογοτόρ, nach Tomaschek (Aep. M. XVII, 208) von einer Wurzel *bagh, vielleicht Kämpfer, wie das mong. baghatur Held, das in vielen Sprachen recipirt worden ist: neupers. bebader, russ. bogatyr, contrahirt türk. batyr, magy. bátor.

Die Inschrift des Omortag in Trnovo spielt in meinen persönlichen Erinnerungen eine Rolle. Als ich sie fast vor einem Vierteljahrhundert in meiner zu Neujahr 1876 erschienenen Geschichte der Bulgaren heranzog, wurde Hilferding und mir von Makušev vorgeworfen, ein Falsificat benutzt zu haben: »это не боле, не мене, какъ pia fraus болгарскихъ патріотовъ« (ЖМНПр. 1878, ч. CXCVI, 278). Indessen erschien im CIGr. die ähnliche Inschrift Malamirs und bei Kanitz, Donau-Bulgarien III¹ (1879), S. 354 zwei solche Inschriften aus Provadija. Bei meinem ersten Besuch in Trnovo 1880 eilte ich sofort zu den 40 Märtyrern und fand zu meiner Freude die fragliche Säule wirklich vor (vgl. meinen von Kiepert der Berliner Akademie vorgelegten epigraph. Bericht, Monatsberichte der kgl. Akad. 1881, S. 461). Ich habe die Inscription 1884 genau collationirt, wobei mich der Mangel einer Leiter, die auch um einen fetten Bakschisch nicht aufzutreiben war, sehr beeinträchtigte. Der Gymnasialprofessor Kitančev (aus Ochrid, seitdem gestorben) hat dann mit einigen anderen Herren einige Stellen für mich noch neuerdings nachgesehen. Doch zu einer Publication bin ich nicht gelangt, da ich vom Vorhandensein anderer Inschriften derselben Art wusste und deren Veröffentlichung abwartete, wobei mich dann allmählich andere Studien von Bulgarien weit abseits führten. Es freut mich, dass Herr Zlatarski von den 32 Zeilen der rothen Syenitsäule einen Abklatsch gewonnen und den Text genau publicirt hat. Dabei konnte er auch eine Abhandlung von Loparev benutzen (Две замѣтки по древней болгарской исторіи, in den Записки имп. рус. археолог. общества III; Jahrgang?), deren Combinationen und Commentare auf dem Text des Daskalov beruhen.

Richtig ist die Lesung der Schlussworte in beiden Inschriften, des Omortag und des Malamir, nach dem Vorgang von Loparev: der Bulgarenchan soll hundert Jahre leben. Sonst ist an der sprachlichen Gestalt der Texte bei Zlatarski Manches auszusetzen. Bei Denkmälern solcher Art kommt man mit dem Griechisch eines Thukydides, Plutarch, Prokopios oder der Kirchenväter nicht aus. Da muss man mit dem Entwicklungsgang der griechischen Sprache seit dem Alterthum bis in unsere Zeiten, mit dem Mittel- und Neugriechischen auch in den »barbarischesten« Texten desselben näher vertraut sein. Daher ist auch die von Loparev übernommene Ansicht Z.'s (Abb. über Omortag's Nachfolger S. 9), diese Inschriften seien von Bulgaren verfasst worden, die mit der griechischen Literatursprache wenig vertraut waren und sich in derselben nur schlecht ausdrücken konnten, als verfehlt zu bezeichnen. Das Griechisch dieser Säulen ist ja in Phonetik und Formenlehre ganz regelrecht. Die Verfasser der Inschriften (einige beginnen mit dem Kreuzeszeichen) waren griechische Christen, entweder Kriegsgefangene oder Ueberläufer, wie solche ja in Krum's Zeit ausdrücklich (Theophanes p. 485 und Anon. de Leone Arm. imp.) erwähnt werden. Abweichungen von der hergebrachten altgriechischen Orthographie und Grammatik beginnen ja schon auf antiken Inschriften und in den ägyptischen Papyri; darüber kann man in dem trefflichen Buch von Karl Dieterich, Untersuchungen zur Geschichte der griech. Sprache von der hellenischen Zeit bis zum 10. Jahrh. n. Chr. (Byz. Arch. I, 1898), genaue Belehrung finden. Itacismen, Verwechslungen der langen und kurzen Laute, neue Declinationsformen u. s. w. sind auf byzantinischen Inschriften und in byz. Codices etwas ganz Gewöhnliches; siehe z. B. aus dem IX. Jahrh. die Kircheninschriften von Skripú in Boiotien bei Strzygowski, B. Z. III, S. 7—8. Herrn Zlatarski ist z. B. der Acc. $\tau\grave{o}\nu$ $\check{a}\varrho\chi o\nu\tau a\nu$ neben dem regelrechten Nom. $\check{a}\varrho\chi\omega\nu$ und Gen. $\check{a}\varrho\chi o\nu\tau o\varsigma$ fremd. Altgr. $\check{a}\varrho\chi\omega\nu$, $\gamma\acute{\varepsilon}\varrho\omega\nu$, $\gamma\varepsilon\acute{\iota}\tau\omega\nu$ lauten ngr. im Nom. $\acute{o}$ $\check{a}\varrho\chi o\nu\tau a\varsigma$, $\acute{o}$ $\gamma\acute{\varepsilon}\varrho o\nu\tau a\varsigma$, $\acute{o}$ $\gamma\varepsilon\acute{\iota}\tau o\nu a\varsigma$; der neugr. Acc. ist $\tau\grave{o}\nu$ $\check{a}\varrho\chi o\nu\tau a$. Das -$\nu$ des Acc. $\tau\grave{o}\nu$ $\check{a}\varrho\chi o\nu\tau a\nu$ ist eben spätgriechisch und mittelalterlich; vgl. bei Dieterich 159 die Formen $\delta\varrho\acute{a}\kappa o\nu\tau a\nu$ (Papyri), $\grave{a}\nu\delta\varrho\iota\acute{a}\nu\tau a\nu$ (Inschr.) u. a. Der Nom. Plur. von $\acute{o}\varrho\gamma\upsilon\iota\acute{a}$ in der Inschrift des Omortag lautet $\acute{o}\varrho\gamma\iota\acute{\varepsilon}\varsigma$; neugriechisch endigt der Nom. Plur. der Feminina auf -$\varepsilon\varsigma$: $\kappa a\varrho\delta\iota\acute{\varepsilon}\varsigma$, $\grave{\varepsilon}\varrho\pi\acute{\iota}\delta\varepsilon\varsigma$ (agr. $\grave{\varepsilon}\lambda\pi\acute{\iota}\delta\varepsilon\varsigma$), $\mu\acute{\varepsilon}\varrho\varepsilon\varsigma$ (agr. $\acute{\eta}\mu\acute{\varepsilon}\varrho a\iota$), vgl. Thumb, Handbuch der neugr. Volkssprache 33 f., und schon im Mittelalter sind Formen, wie $o\acute{\iota}$ $\mu a\varrho\gamma a\varrho\acute{\iota}\tau\varepsilon\varsigma$, $\Pi\acute{\varepsilon}\varrho\sigma\varepsilon\varsigma$, $\Sigma\kappa\acute{\upsilon}$-$\vartheta\varepsilon\varsigma$ nicht selten (Dieterich 157). In der Inschrift des Malamir verbessert Zlatarski $\tau o\grave{\upsilon}\varsigma$ $Bo\upsilon\lambda\gamma\acute{a}\varrho\eta\varsigma$ der Inschrift in $\tau o\grave{\upsilon}\varsigma$ $Bo\upsilon\lambda\gamma\acute{a}\varrho o\upsilon\varsigma$; $\tau o\grave{\upsilon}\varsigma$ $Bo\upsilon\lambda\gamma\acute{a}\varrho\varepsilon\iota\varsigma$ ist aber nichts Anormales, wenn wir die Formen $\mathit{A}\beta\acute{a}\varrho\varepsilon\iota\varsigma$, $Xa\zeta\acute{a}\varrho\varepsilon\iota\varsigma$ des Theophanes und die lateinischen Bulgares, Vulgares (Ennodius, Cassiodorus) neben Bulgari vor Augen behalten.

Omortag's Inschrift bietet einige topographische Daten: ein $\pi a\lambda a\iota\grave{o}\varsigma$ $o\check{\iota}\kappa o\varsigma$ oder $a\grave{\upsilon}\lambda\acute{\eta}$ $\mu o\upsilon$ $\acute{\eta}$ $\grave{a}\varrho\chi a\acute{\iota}a$, in welcher der $\kappa\acute{a}\nu a\varsigma$ wohnt, 20.000 Ellen ($\acute{o}\varrho$-$\gamma\upsilon a\acute{\iota}$), also 42.680 Meter, davon entfernt ein glänzendes Grabmal, eine $\tau o\acute{\upsilon}\mu\beta a$, und wieder 20.000 Ellen weiter ein neuer, von Omortag erbauter $\grave{\upsilon}\pi\acute{\varepsilon}\varrho\varphi\eta\mu o\varsigma$ $o\check{\iota}\kappa o\varsigma$ $\varepsilon\grave{\iota}\varsigma$ $\tau\grave{o}\nu$ $\mathit{\Delta}\acute{a}\nu o\upsilon\beta\eta\nu$. Zlatarski sucht die alte Residenz in Preslav bei Šumen, die neue in Preslavec, »Perejaslavec an der Donau« des Nestor, Berisklâfisa des Idrisi vier Tage abwärts von Drster (Silistria) und vier Tage aufwärts von Bisina (Mačin) in der Nähe der Donausümpfe, nach Tomaschek zwischen Rasova und Hrsovo, ungefähr bei Bogazdžik gelegen. Ich halte diese Identificationen der $a\grave{\upsilon}\lambda a\acute{\iota}$ oder $o\check{\iota}\kappa o\iota$ dieser Inschrift für unsicher. Preslav wird vor Symeon's Zeit nicht genannt, ja in der mittelalterlichen Visio des Isaias und bei Luccari erscheint Symeon als der Gründer der Stadt. Bei seiner Lage zwischen den waldigen Ausläufern des Hämus inmitten einer Hügellandschaft passte Preslav nicht als Centrum eines Reitervolkes; es lag uch vor Symeon's Eroberungen zu nahe an der Südgrenze. Die Visio (vgl. mein Christl. Element 87) gibt als ältere Residenz Pliskov an, das identisch zu sein scheint mit den Ruinen von Aboba. Der von mir beschriebene quadratische Riesenwall von Aboba ist nach den Untersuchungen von Bormann (Anzeiger der kais. Academie der Wiss. 1898, Nr. VI, S. 27) und Škorpil nicht römischen Ursprungs. Hier befand sich ohne Zweifel das Hauptlager der heidnischen Bulgaren, der »hring« dieses kriegerischen Reitervolkes, dessen Pferde nach der Schilderung des Arabers Masudi stets auf den Weideplätzen sich tummelten und sofort zu Kriegszügen bereit standen. Die merkwürdigen, von Škorpil im Sbornik VII, 44 f. (leider ohne Plan) genau beschriebenen megalithischen Denkmäler ausserhalb des Lagers von Aboba, gewaltige Steine, schachbrettartig aufgestellt und zwar in den Reihen immer in ungerader Anzahl (5, 7, 9), gehörten wohl zu dem uns so wenig bekannten Götter- oder Ahnencultus der altbulgarischen (nicht slavischen) Heiden. Die Linie von dieser Residenz zur neuen Wohnstätte an der Donau, 40.000 Ellen oder 85 Kilometer, kann einen stumpfen oder rechten Winkel gebildet haben. Klein-

Preslav (*Μικρὰ Πραισθλάβα* der Byz.) wird nach Nestor und Idrisi wohl sicher an der Donau vor der Mündung des Flusses zu suchen sein. Zum Schluss des Mittelalters wurde die Stadt von dem Donauufer an die Seeseite der Dobrudža übertragen; die italienischen Karten (1408 f.) des Schwarzen Meeres notiren abseits von den Donaumündungen, südlich vom jetzigen Babadag, ein *Proslauiza*, nach Tomaschek (Idrisi 26) identisch mit dem Dorf Stara-Slava bei Babadag. Leider hat man bei archäologischen Untersuchungen in der Dobrudža bisher stets nur das Alterthum, mit Vernachlässigung des »barbarischen« Mittelalters, vor Augen gehabt.

Es gab übrigens in der heidnischen Bulgarenzeit noch andere bedeutende Plätze an der unteren Donau. Kaiser Konstantinos Kopronymos zog *εἰς Βουλγαρίαν ἕως τοῦ Τζίκας* (Theophanes p. 436), »ad *Tzicas*« in der Uebersetzung des Theophanes von Anastasius Bibliothecarius, und verbrannte die *αὐλαί* der Bulgaren. Wenn der Patriarch Nikephoros, ed. De Boor p. 71, denselben Feldzug schildert, reichte derselbe bis in die Donauauen: *ἐν ταῖς ὕλαις τοῦ ποταμοῦ τοῦ Ἴστρου*. Der sonst unbekannte Ort erinnert an *Τιγᾶς* bei Prokopios (ed. Bonn. 292) an der Donau zwischen Iatrus und Transmarisca (j. Tutrakan). Zur Donau gehört auch das in den Kriegen Symeon's gegen die Ungarn erwähnte *Mundraga* (*Μουνδράγα* Konst. Porph. III, 172; *Μουδάγρα* Cont. Georgii ed Bonn. 855). Es ist ganz überflüssig, diese Burg mit Dristra zu identificiren, wie es nach Vorgang anderer zuletzt auch Loparev meinte (Viz. Vrem. II, 308—310). Der Anlaut erinnert an eine Reihe ähnlicher nichtslavischer Namen des Pontusgebietes: Mangalia (das antike Kallatis) in der Dobrudža, Moncastro (Akkerman), Mankerman (der tatarische Name für Kiev, Bruun, Черноморье II, 295 f.), Mangup in der Krim u. s. w. Der zweite Theil -draga erinnert an Diraca der türkischen Chroniken bei Leunclavius, Duracani auf der Karte des Fra Mauro, Trachani des Negri, das jetzige Tutrakan zwischen Ruščuk und Silistria.

Noch eine Bemerkung zum Namen Preslav. Er lautete slavisch Прѣславь, gebildet aus einem von Прѣлати abgeleiteten Personennamen: Прѣславъ Urk. Asên's II. an die Ragusaner und in der Uebersetzung des Manasses, митрополита Прѣжславскаго im Apostol 1277, *ἡ Πρεσθλάβου* Konst. Porphyrogennetes, *Πραισθλάβα* Leo Diaconus, Attaleiates, *Πρεσθλάβα* Anna Komnena, Niketas Akominatos, Prosthlava päpstl. Urk. 1203, Migali Berisklâfa bei Idrisi, noch bei Karsten Niebuhr (1767) Eski Stambûl, »in der bulgarischen Sprache Praslav« (sic). Jetzt hört man nur Preslâv, Einw. Preslâvec, Adj. preslavski (Cesty 642). Vgl. Perejaslavl' in Russland, Přejaslavice, Přaslavice in Böhmen und Mähren, die polnischen Ortsnamen Przesław, Przęsławice bei Miklosich, Die Bildung der Ortsnamen aus Personennamen im Slavischen S. 58, Nr. 278.

Im Commentar des Herrn Zlatarski sind von Wichtigkeit die Bemerkungen über den im IX.—XI. Jahrh. oft genannten *Καυχάνος*, den der Verf. als einen Titel deutet, der ein hohes Amt, einen Rathgeber des Fürsten bezeichnete. Zu vergleichen ist *Capcanus* bei den Avaren: Capcanus, princeps Hunorum, 805 angesiedelt zwischen Sabaria und Carnuntum (Ann. Einh.). Eine andere Würde, die bei den Avaren, Chazaren, Bulgaren, Magyaren, innerasiatischen Türken (vgl. Menandros), Mongolen u. s. w. vorkommt, die des *Tarchan*, bespricht Zlatarski in einer Rec. einer Abb. von G. Balasčev im »Sbornik« XV (1898), Krit. Theil S. 20—40; als Titel seien zu betrachten auch Bulias-Tarkan (Konst. Porph. I, p. 681), Kalu-Tarkan ($Καλουτερκάνος$, Theoph. Cont. p. 413), Bori-Tarkan der Vita S. Clementis, Olgu-Tarkan der neuentdeckten Grenzinschrift Symeon's von 903—4. Die Titel eines $Καναρτίκεινος$ (in der ed. Bonn. des Konst. Porph. I, 681 als zwei Worte gedruckt) und *Βουλίας ταρκάνος* führten zwei Söhne des Bulgarenchans; dass der erstere Name mit den aus alttürkischen Personennamen wohlbekannten -*tekin* (tekīn brave, courageux) zusammenhängt, darauf hat schon Tomaschek in der Oest. Gymnasialschr. 1877, 686 aufmerksam gemacht. Ein Verzeichniss alttürkischer und mongolischer Personennamen des Mittelalters, wozu die russischen Annalen allein eine Menge Namen von Pečenêgen, Polovci (Kumanen) und Mongolen bieten können, wäre für den Historiker Osteuropas eine sehr willkommene Stütze: die Namengebung der jetzigen türkischen Völker ist meist ganz verwischt durch den Einfluss des Islam.

Eine andere Studie betrifft die Männer der ersten christlichen Zeit Bulgariens. Šafařík (Sebr. spisy III, 183) hat den »ЧЬСТЬНꙐИ ЧЛОВѢКЪ ДОУКСЪ ЧРЬНОРИЗЬЦЬ«, der Joannes den Exarchen zu dessen Uebersetzungarbeiten aus dem Griechischen aneiferte, und den »ТОУДОРЪ ЧРЬНОРИЗЬЦЬ ДОКСОВЪ«, der 907 eine Uebersetzung des Bischofs Konstantin copirte, als éine Person aufgefasst. Sreznevskij hielt ДОУКСЪ für den lat. *dux* (die mittelgriech. Form ist *δούκας*, ebenso wie *ῥῆγας* für rex u. s. w.) und erklärte diesen neugetauften Bücherfreund als den Fürsten Boris selbst im Mönchsstande. Zlatarski zeigt, dass es zwei Personen waren. Der Mönch Duks war des Boris Bruder, genannt in den Marginalnoten des Evangeliums von Aquileja, jetzt in Cividale befindlich (ich habe den Codex 1892 in Cividale eingesehen; ein photographisches Facsimile dieser Noten wäre sehr zu wünschen): »hic sunt nomina de Bolgaria: in primis rex illorum Michahel, et frater eius *Dox* et alius frater eius Gabriel« etc. Duks hat sich wahrscheinlich nach dem Beispiel seines regierenden Bruders ins Kloster zurückgezogen. Der Mönch Todor Duksov sei ein Sohn dieses Duks gewesen, folglich ein Neffe des Fürsten Boris und ein Vetter des Symeon. Das Klosterleben scheint den neubekehrten bulgarischen Fürsten gefallen zu haben, denn nach Liudprand (Antapodosis l. III, cap. 29) hat auch Symeon vor der Thronbesteigung im Kloster gelebt: »ex placida monasterii quiete in seculi procellam transivit«.

Zlatarski bespricht ferner die Lage des von Symeon am »ustie« des Flusses Tiča gegründeten Klosters, in welchem dieses Mitglied der Herrscherfamilie 907 lebte und Codices copirte: »НА ОУСТЇИ ТꙐЧѦ ..... НѦЖЕ СВѦТАѦ ЗЛАТАѦ ЦРЬКЬꙐ НОВАѦ СЪТВОРЕНА ЕСТЬ ТѢМЬЖДЕ КНѦ-ЗЕМЬ«. Auffällig ist mir dabei die Behauptung (S. 11), der Name Tiča (»il fiume Ticia« bei »Prislava maggiore« bei Luccari 1605) werde für den Büjük- oder Akylly-Kamčik bei Preslav von der dortigen Bevölkerung erst seit der Befreiung Bulgariens (1877—8) wieder angewendet. Ich habe (1879—1884) einen so recenten Ursprung des Namens in der Gegend selbst nicht bemerkt. Die Combination, der Fluss habe im Mittelalter Bičina geheissen und diesen

Namen (bič = kamčik Peitsche) hätten die Türken in Kamčik übersetzt, finde ich geistreich, aber nicht stichhaltig. *Βιτζίνα* bei Anna Komnena (VII, cap. 3) am Balkan kann eine blosse Verwechslung mit der Stadt *Βιτζίνα* (auch bei Anna VI, cap. 14 neben Dristra genannt), Bistua des Idrisi, Vecina des Pegolotti und der italienischen Seekarten an der unteren Donau sein, die nach Tomaschek (zu Idrisi) im jetzigen Mačin gegenüber Braila zu suchen ist. Auch kann der Fluss *Βιτζίνα* der Anna Komnena zu *Βύτζα* des Manuel Philes, Lauiça, Viça der Seekarten gehören, einer Burg am Ostende des Hämus nördlich vom Cap Emona (vgl. meine Bemerkungen zu Philes, Christl. Elem. 80). Tiča kommt übrigens auch bei Philes vor als (Burg) *Ἀθίτζα*. Das Kloster Symeon's glaubt Zlatarski in den Trümmern eines prächtigen christlichen Baues zwischen den Dörfern Čatali und Trojica, neben dem Weg von Preslav nach Šumen, gefunden zu haben; dort stiess man auf Steine mit Kreuzen, Ziegel mit Reliefornamenten, Steinchen von Mosaikboden, Fragmente von Capitälen u. s. w. In den benachbarten Schluchten des isolirten Plateaus von Šumen, deren Namen an und für sich charakteristisch sind, im »Monastirski dol«, »Kaluger boaz« (boaz, richtig bogbaz türk. Kehle, Enge) u. A. fand Zlatarski zahlreiche Höhlen, noch immer als »monastiri« bezeichnet, mit Resten von Fresken und Gräbern. Sveta Trojica wird 1767 bei Karsten Niebuhr erwähnt; hier war wohl auch das Kloster, in welchem nach dem Bericht des Peter Bogdan 1640 der Bischof von Preslav residirte. Nach einer Beschreibung der orientalischen Bisthümer um 1725, die Omont in der Révue de l'Orient latin I (1893), 315 herausgegeben hat, residirte ὁ *Πρεσλάβας* in *Καζανπουνάρι*, das in den Verzeichnissen der jetzt bewohnten Dörfer dieser Landschaft fehlt. Zlatarski ist der Ansicht, das Kloster Sveta Trojica sei mit den von ihm beschriebenen Ruinen identisch und dies sei die »heilige goldene neue Kirche« Symeon's gewesen; hier bestand, meint er, vielleicht die erste bulgarische Schule, hier arbeiteten die slavischen Uebersetzer der Zeit Symeon's und hier mag auch der erste christliche Herrscher Bulgariens Michael Boris seine Tage als Mönch beschlossen haben.

Ich erlaube mir dazu zu bemerken, dass оустиє in Bulgarien nicht nur eine Mündung, sondern auch einen Engpass bezeichnete. Mit Ustie wird *τὸ Στενόν*, der Bosporus (Гоуд҄ъ, Sund des Nestor) übersetzt; ebenso hiess Ustie im XIV. Jahrh. die Enge des römischen Iatrus und slavischen Jetr (j. Jantra) oberhalb Trnovo, heute noch im Dialekt *chiste-to* genannt (Cesty po Bulharsku 162, bulg. Uebersetzung von Argirov S. 224). Uebrigens nennt Philes zu Anfang des XIV. Jahrh. eine Burg *Οὔστιον* bei Preslav (Christl. Element S. 83), vielleicht in der malerischen Enge der Tiča oberhalb Preslav.

Umfangreiche, griechisch geschriebene Correspondenzen haben sich aus der Zeit Symeon's erhalten. Die zahlreichen (26) Briefe des Konstantinopler Patriarchen Nikolaus Mystikos an Symeon hat Zlatarski im »Sbornik« X, XI, XII übersetzt und commentirt. Im »Sbornik« XIII erschien als Fortsetzung dazu die Uebersetzung und Besprechung der drei Briefe, die, von dem Kanzler Theodoros Daphnopates verfasst und vom Kaiser Romanos I. Lakapenos 925—926 an Symeon gesendet wurden, nach der Ausgabe von Sakkelion im *Δελτίον* II (1885) der hist.-ethnologischen Gesellschaft von Athen. Diese

Schriftstücke sind von grossem Interesse. Man sieht, mit welcher unbeug-
samen Energie Symeon seine grossen Pläne verfolgte und mit welcher Zähig-
keit die Byzantiner es abwiesen, Symeon's neue Titel anzuerkennen und auch
nur einen Schritt vom Boden des Reiches abzutreten. Man bemerkt auch hier
öfters den bitteren Hohn in den Aeusserungen Symeon's, der aus der Correspondenz des Patriarchen bekannt ist. Er schrieb dem Kaiser, die Bulgaren
seien gewohnt das Fremde zu begehren und nicht es herauszugeben; die
Griechen seien das Abtreten von Ländern schon gewohnt, indem auch Doro-
stolon (Silistria) und andere Städte einmal Besitz der einstigen griechischen
Kaiser waren. Viel ist die Rede von Symeon's Titel eines Kaisers der Bulgaren und Griechen; Symeon's Griechen, sagt Roman, seien nur seine Gefangenen, und wenn er nach fremden Titeln begierig sei, warum schreibe er
sich nicht auch Emir-al-mumenin der Saracenen? Im Commentar (Anm. S. 17
—19) verlegt Zlatarski die Entrevue zwischen Symeon und Roman vor den
Mauern von Konstantinopel in den September 923. Den Titel eines Kaisers
der Bulgaren hat Symeon nach seiner Ansicht bald nach der Schlacht bei
Anchialos 917 angenommen, den eines Kaisers der Griechen zu Ende des J. 924.

Im Commentar stützt sich Zlatarski gar zu viel auf die Hypothesen von
Rački und Drinov über die damaligen kroatisch-dalmatinischen Verhältnisse,
gegen welche sich manche Einwendungen erheben lassen. Drinov meinte,
während der Kriege der Byzantiner mit Symeon seien durch eine Uebereinkunft mit dem Papst die Adriatischen Küstengebiete politisch den Byzantinern, kirchlich dem römischen Stuhl untergeordnet worden; dafür erhielt
Tomislav von Kroatien die Königskrone, Michael von Chlm die Würde eines
Proconsul und Patrikios. Damals, 924 und 926—7, wurden zwei Synoden zu
Spalato abgehalten, deren Acten Rački als umgearbeitet betrachtete. Darin
wird der päpstliche Legat Bischof Madalbertus genannt (ἐπίσκοπος Μαδίλ-
βερτος war auch 933 in Konstantinopel, Δελτίον II, 395), der »peracto nego-
tio pacis inter Bulgaros et Chroatos« nach Spalato kam. Dagegen ist zu be-
merken, dass die kirchliche Abhängigkeit der dalmatinischen Städte von By-
zanz unter Papst Johannes VIII. (879) bald zu Ende war; schon unter
Stephan VI. (885—891) hatte das Patriarchat von Aquileja in der Kirche von
Spalato Einfluss gewonnen (Rački, Docum. 10, 187) und die Erzbischöfe von
Spalato und Nona standen in Verbindung mit Rom (Starine XII, 219). Die
Fürsten von Kroatien werden bei Konstantinos Porphyrogennetes (ed. Bonn.
I, 691, III, 149 f.) nur als ἄρχοντες, nicht als Könige bezeichnet; der Königs-
titel war also in Konstantinopel nicht anerkannt. In die Combination passt
auch der Ueberfall von Sipontum in Unteritalien durch »Michael, rex Slavorum« nicht hinein, den die unteritalischen Annalen zum Juli 926 verzeichnen.
Wann Michael von Zachulmien den byz. Titel eines ἀνθύπατος καὶ πατρίκιος
erhalten hat, mit welchem ihn Kaiser Konstantin nennt, ist unbekannt. Es
kann auch nach Symeon's Tod gewesen sein, denn Michael lebte wahrscheinlich noch um 948—952, als Kaiser Konstantin das Buch »de administrando
imperio« schrieb; wenigstens wird er darin nicht ausdrücklich als gestorben
erwähnt und ebenso werden keine Nachfolger dieses Archonten der Zachlumier
genannt.

Es ist zu erwarten, dass Herr Zlatarski auch den ältesten Theil dieser Correspondenz seinen Landsleuten übersetzen und historisch erläutern wird, die Briefe des Magistros Leo Choirosphaktes oder Choirosphageus, des »Schweinetödters«, herausgegeben 1884 von I. Sakkelion im *Δeλτίον* der hist. Gesellschaft I, S. 380 f. (vgl. Krumbacher's Byz. Literaturgeschichte² S. 722). Dieselben betreffen den ersten Krieg Symeon's gegen die Byzantiner unter Kaiser Leo dem Weisen, ungefähr 893—896, denselben, wo auch die Ungarn als Bundesgenossen der Byzantiner den Bulgarenfürsten bekriegten und wo sie nach einer Niederlage gegen die verbündeten Bulgaren und Pečenêgen aus Bessarabien in das alte Avarenland in Süd-Ungarn übersiedelten. Es befinden sich darunter auch drei kurze Briefe Symeon's selbst, die einzigen, die sich erhalten haben, an den byzantinischen Gesandten Leo, mit offenbarem Spott über Kaiser Leo den Weisen, der eben eine Sonnenfinsterniss vorausgesagt hatte, aber sonst die Zukunft nicht kenne: *ὁ σὸς βασιλεὺς καὶ μετεωρολόγος* (Brief Nr. 3). Auch die »Responsa Nicolai papae ad consulta Bulgarorum« von 866 verdienen mit ihrem äusserst werthvollen und reichhaltigen culturgeschichtlichen und ethnographischen Detail eine gründliche neue Bearbeitung. Die grösste Aufmerksamkeit ist aber den merkwürdigen griechischen Inschriften der heidnischen Bulgarenzeit zuzuwenden. Vielleicht wird sich auch aus der verwitterten grossen Felseninschrift von Madara (vgl. Škorpil, Aep. M. XIX, 248), in der man jetzt die Namen des Krum und Omortag zu erkennen glaubt, durch gute Photographien und Abklatsche etwas gewinnen lassen.

Wien, 1. Juli 1899. *C. Jireček.*

Monumenta historico-juridica Slavorum meridionalium. Volumen VI. Acta croatica (1100—1499). — Hrvatski spomenici. Sveska I. Zbirku I. Kukuļevića i R. Lopašića popunio i za tisak priredio Dr. Ðuro Šurmin. U Zagrebu (jugoslav. akademija) 1898, 8⁰, X und 500 S. (Preis 3 fl. 50 kr.).

Vor einem Vierteljahrhundert veröffentlichte der unermüdliche Sammler südslavischer Geschichtsquellen Ivan Kukuljević Sakcinski mit Unterstützung eines trefflichen Kenners der kroatischen Geschichte, des Professors Matija Mesić, als ersten Band seiner »Monumenta historica Slavorum meridionalium« die »Acta croatica. Listine hrvatske« (Agram, Druckerei des Dr. Gaj 1863). Die Sammlung enthielt 337 Stücke aus den J. 1100—1599. Da die Documente meist mit dem glagolitischen Alphabet geschrieben und in der Schrift der Originale reproducirt waren, fand dieses sonst mustergiltige und inhaltlich werthvolle Urkundenbuch nicht die Anerkennung und das Verständniss, das es verdiente.

Die südslavische Akademie in Agram hat beschlossen diese Urkundensammlung neu herauszugeben und zwar alle glagolitischen Stücke in cyrillischer Transscription, vermehrt mit unedirten Stücken aus dem Nachlass von

Kukuljević und Lopašić, aus dem Archiv der Akademie, dem kroatischen
Landesarchiv u. s. w. Die Ausgabe besorgte Dr. Gjuro Šurmin. Der erste
Band bringt 281 Stücke bis 1499. Nach der Vorrede S. VI wird die Sammlung noch weitere drei Bände füllen. Die cyrillische Schrift der Ausgabe ist
die moderne »graždanka«. Die Grundsätze der Umschreibung glagolitischer
Texte sind in der Vorrede dargelegt. Auffällig mag manchem Neuling das
щ für ć sein; doch wird ć auch in cyrillischen Urkunden durch к und щ ausgedrückt, wie man ja selbst in altserbischen Documenten коукы und коуща
neben einander liest, ebenso Dorfnamen auf -нкн und -нцн, in einem Document von 1327 (Miklosich, Mon. 86) knapp nacheinander помощь und
помокн.

Die Edition hat etwas Mechanisches und in der Auswahl der Zusätze
Planloses an sich. Die älteste Urkunde der Sammlung von Kukuljević, angeblich von 1100, dort erst im Nachtrag (S. 315—316) mitgetheilt, ist im vorliegenden Band abermals in den Nachtrag (S. 428—429) gerathen, was übrigens dem Herausgeber selbst unangenehm war (Vorrede S. VIII: najviše žalim,
što je spomenik od god. 1100 dospio među »dodatke«). S. 83—84 ist eine
bosnische (cyrillische) Urkunde von 1366 inmitten der mit modernen Typen
veröffentlichten Stücke auffälliger Weise mit kirchenslavischer Schrift gedruckt, wahrscheinlich nur desswegen, weil sie Rački in den Starine Bd. 21
in dieser Schrift edirt hat. Dasselbe gilt von einer zweiten, von Kukuljević
mit kirchenslavischen Lettern gedruckten bosnischen Urkunde von 1446 auf
S. 165—167. Auf S. 115—116 ist eine Urkunde von Almissa von 1415 in einer
Copie von 1639 in lateinischer Schrift mitgetheilt. Dagegen hat der Herausgeber andere Copien in lateinischer Schrift, besonders des Vitezović aus dem
Ende des XVII. Jahrh., cyrillisch transscribirt (S. 85—86, 91—93, 123—125).
Nach meiner Ansicht ist dieses Verfahren nicht immer zu billigen, da dabei
manches in einer Gestalt vorkommt, die dem verlorenen Original fremd war;
so z. B. in der Urkunde des Ban Tvrtko S. 86 stand kaum БꙊлкнѣ und
Блькаш, eher Блькнѣ, Блькаш. Ebenso ist in der Urkunde desselben Tvrtko als König S. 91 transscribirt БꙊлкца neben S. 92 речнога
воеводе Блькца. Das Original dieses letztgenannten Stückes ist übrigens erhalten und hat nur die Form Блькца. Man kann es in einem photographischen Facsimile, herausgegeben von Dr. L. von Thallóczy, im »Glasnik« des bosnischen Landesmuseums 1897 einsehen, was Herrn Šurmin ent-
gangen ist.

Die Literaturangaben des Herausgebers sind überhaupt ungenügend.
So z. B. ist die Urkunde eines Frankapan an die Wlachen bei Klissa 1436,
hier S. 432—435 aus den Papieren des Lopašić edirt, bereits gedruckt von
Lopašić, Mon. hist. jur. V, 8—11 und nach einer alten Copie von Jagić im
Archiv XIV, 156—157. Ebenso ist die Notiz aus dem ältesten Codex des
Poljicer Statuts (1450, S. 190) auch von Jagić in denselben Monumenta hist.
jur. IV, S. XXII (mit dem Jahr 1408) mitgetheilt. Die Grabinschrift des
Dabiživ, ѥнохнꙗрь (οἰνοχόος) des Caren Uroš, vom J. 1362, aus dem Kloster
Treskavec bei Prilep in Makedonien, hier S. 81 nach der Copie von Jastrebov
im »Slovinac« 1884, S. 3 abgedruckt, ist schon herausgegeben von Grigorovič,

Очеркъ путешествія по Европ. Турціи, 2. А., 117—118, und von Rački im »Književnik« I, 490 (nach einer Copie von Konstantin Miladinov). Wie kommt aber diese makedonische Inschrift in eine Sammlung kroatischer Urkunden? Warum hat der Herausgeber nicht auch andere altslavische Inscriptionen aus Makedonien von der Grabinschrift des hl. Kliment in Ochrid angefangen, aus Bulgarien, Serbien u. s. w. in die Sammlung aufgenommen und gerade nur dieses eine Stück?

Die Unkenntniss der Literatur führte zu manchen Missgriffen, die keineswegs eine Zierde der Sammlung bilden. S. 82—83 wird aus dem »Viestnik« der kroatischen archäolog. Gesellschaft 1886 die bekannte cyrillische Grabinschrift der gospogja Radača, Frau des Župan Nenac Čiborić, aus Veličani in Popovo in einer sehr schlechten Copie mitgetheilt: жена Пананіньца (in einer Note erklärt als Baħanenca, čovjek iz Baħana, also aus dem Stamm der Banjani in Montenegro) Чнхорика Кцьннца (sic!) u. s. w. Das Facsimile des Dr. Truhelka im Glasnik 1892, 215 ist Hern Šurmin unbekannt geblieben, ebenso meine Abhandlung mit ausführlichem Commentar zu dieser Inschrift (Vlastela bumska na natpisu u Veličanima, Glasnik 1892, 279—285 = Die Edelleute von Hum auf der Inschrift in Veličani, Wissenschaftliche Mittheilungen aus Bosnien III, 474—480). Auf dem Stein steht doch: жоупана Неньца Чнхорика кцьннца u. s. w.

Auf S. 430—431 publicirte Herr Šurmin eine Bestätigung der ragusanischen Privilegien durch den bosnischen König Stephan Dabiša, nach einer alten Copie in lateinischer Schrift in der Sammlung der südslavischen Akademie. Während der Text mit »ja Stefan Dabiša« beginnt, lautet die Unterschrift »ja Tvartko« u. s. w. Das Datum der Copie 1382 hat der Herausgeber in 1392 verbessert. Nun ist diese sogenannte Copie ein ganz elendes Machwerk, von einem Ignoranten zusammengestoppelt aus zwei wohlbekannten Urkunden der Könige Tvrtko und Dabiša, wobei die um zehn Jahre jüngere zweite Urkunde unglücklicher Weise vorangestellt wurde! Das Datum 1382 ist echt und gehört zu dem älteren der beiden Stücke. Šurmin S. 430—431, Z. 7 = aus der Urkunde des Königs Stephan Dabiša, gegeben in Lušci in den Dolnji Kraji am 17. Juli 1392, Miklosich, Mon. S. 221; Šurmin S. 431, Z. 8 bis zum Schluss = aus der Urkunde des Königs Stephan Tvrtko, gegeben »na Blšći u Podgrady« (sic), in Blšće unter der Burg von Blagaj in der Umgebung von Mostar, am 2. December 1382, Miklosich, Mon. S. 201—202.

Nun einige Bemerkungen zu einzelnen Stücken. Die Inschrift auf dem Siegel des Klosters von Zavalja S. 10 ist nicht von 1271, eher von 7271 = 1763 (·ӿзсоа·). — Die Urkunde des Berislav Skočić 1323 S. 79—80 ist in der vorliegenden Copie ganz unverständlich. — Von grossem Interesse ist die Urkunde des Königs Stephan Dabiša vom 25. (nicht 15.) April 1392 S. 95—98 mit Erwähnung der historisch für Ende 1391 [1]) beglaubigten türkischen In-

---

[1]) Die Ragusaner schrieben im März 1392 dem König Sigismund: »die namque XXVIIII decembris preteriti Turchorum aliqua quantitas inuasit prope confinia Bosne« (Concept im L. Ref. 1388—1390, inliegend bei den Beschlüssen des Consilium minus vom Februar 1390; vgl. Cons. Rog. 18. März

vasion nach Bosnien. Merkwürdig ist das Lob der Getreuen, die vor des
Königs Augen ihre glänzenden Waffen unter den Schwertstreichen ihrer
starken Rechten mit türkischem Blut netzten und ihre Muskeln am Heiden-
blut erfreuten, wobei sich der Vojvode Hrvoje ritterlich und treu auszeichnete: »rečenu vojsku turačku pobismo i pod mač obratismo i gledahomo
našima očima, gdi naši virni polivahu svoje svitlo oružje krvju turačkom
od udarac mačnih kripke jih desnice, neštedeće se nam poslužiti a svoje
mišce nasladiti v poganskoj krvi; i v tom rečenom boju i rvani posluži
mi vitežki, virno i srdčano kraljevstva mi vsesrdčani i vazmožni vitez i
virni naš vojevoda Hrvoje, sin vojevode Vlkca« (S. 96). Da ist in höfischer
Kanzleiprosa manches gesagt, was im volksthümlichen Epos wiederklingt. —
Nur als Falsificat hat ein Interesse eine angebliche Urkunde des Despoten
Georg, »kralj od sarpske zemlje(!)« von 1412 (wurde Despot erst 1427) auf
S. 110—111.

Werthvoll sind die Epiloge glagolitischer Handschriften, wie des Bartol
aus Krbava 1414 (S. 113—114), über den Krieg, den »nečistivi Hrvoj z Bos-
nami (Bošňani?) i z Beneci i s Turki uzdviže na kralja ugarskoga Žigmunda,
ki verno staše za čest keršćansku«, in einer Zeit, wo Spalato mit den Inseln
von Hrvoje zum König Sigismund abgefallen war, wo Hrvoje in Bosnien Sigismund's Schützling, den König Ostoja, bekämpfte, wo die Türken bis über den
Vrbas streiften und König Sigismund in Italien mit Venedig 1411—1413 Krieg
führte (vgl. Radonić, Archiv XIX, 427 f.). Eine andere Notiz von 1432 (S. 131
—132) verzeichnet den Tod des Ban Mikula Frankapan († 26. Juni 1432), erwähnt dessen Sohn »Knez Anž«, der beim König von Dänemark (u kralja de-
morskoga) war, nämlich bei König Erich XIII. von Schweden, Norwegen und
Dänemark, der 1424—1425 bei König Sigismund verweilte (vgl. Gelcich und
Thallóczy 296—307) und zwischen den Frankapan und den Herren von Cilli
in einer Familienfehde vermittelte (vgl. Smičiklas 1, 494), ferner den zweiten
Sohn »Knez Štefan« (zur Genealogie vgl. Lopašić, Starine 25, 202), den Zug
Sigismund's nach Rom »na cesarstvo« und dessen Krieg gegen Venedig im
Bund mit dem »višduka z Milana«, nämlich dem Herzog Philipp Maria,
Sohn des Gian Galeazzo Visconti von Mailand. — S. 163—164 ist die Abbreviatur »coττus Zagrabiensis« aufzulösen als *comitatus*. — In der Urkunde des
bosnischen Königs Stephan Thomas, gegeben zu Vranduk 1449, in welcher
derselbe eine Handelsgesellschaft (općeno trgovanje) mit Theilung des Rein-
gewinns mit dem Knez Nikola aus Trań abschloss, ist S. 179 ДНКАРН СѢНЬН-
СКН corrupt (vicarius?). Ein interessantes Stück, schon bekannt aus Kukuljević, Archiv VIII, ist die S. 231—232 gedruckte Urkunde vom J. 1463,
aus der Zeit des Unterganges des bosnischen Königreiches. Im Mai ver-
sprachen die Ragusaner der Despotissa Helena Palaiologina, Wittwe des
serbischen Despoten Lazar Branković und Schwiegermutter des damaligen
letzten bosnischen Königs Stephan Tomašević, ihr im folgenden October am
St. Demetriustage 1363 Perper und 8 Dinari (Cons. Rog. 9. Mai: 400 Ducaten)

1392). Solche Invasionen gab es übrigens schon früher, ebenso Ende 1392.
Vgl. Archiv XIV, 266.

auf Rechnung des Königs zu zahlen. Bald darauf folgte die türkische Eroberung Bosniens und der Untergang des letzten Königs. Dem Gesandten der Helena wurde die Summe nach Beschluss des Senats vom 14. October (Starine VI, 10—11) ausgezahlt, und zwar erhielt derselbe, der Dijak Kozma, das Geld am 11. November. Der Zeuge Жинко Чслннковнкь ist zu lesen Жонко, Junius, Sohn des Pasqualis de Sorgo, der einst »čelnik« des Despoten Georg gewesen war. Im Regest S. 231 ist König Stephan unrichtig bereits zum 11. Mai 1463 als verstorben (pokojni) erwähnt.

Das Schreiben des »Anz-paša« an die Ragusaner angeblich um 1471—1478 auf S. 285—286 [gehört zum J. 1481, und der Aussteller ist kein Anž (Angelo) oder Hanns oder etwas dergleichen, sondern ein Türke Ajaz. Im Original steht wohl kaum Ajaz-paša, da er in gleichzeitigen Documenten nur als »Beg« titulirt wird. Aiasbeg war »krajišnik« (Grenzwächter) und Statthalter der Herzegovina seit 1478. Während des Kampfes der Türken um die letzten Reste des Gebietes der Hercegovići ging am 13. August 1481 Jacobus de Bona als Gesandter der Ragusaner zu Aiasbeg ab, am 9. September mit Vermehrung der Geschenke Franciscus de Poza, кнєзь Пранчческо Пуцнкь der vorliegenden Urkunde, am 16. November wieder Poza mit Joannes de Palmota. Im Januar 1482 nahm Aiasbeg Novi (Castelnuovo). Die Urkunde gehört zu den Stücken, die in der ersten Hälfte des XIX. Jahrh., besonders während der französischen Occupation und nach derselben, aus den Archiven von Ragusa entwendet und in ferne Sammlungen verschleppt wurden (vgl. auch die ragusanischen Stücke aus dem ungarischen Nationalmuseum 1468 f., Cod. dipl. patrius III, 419—433). Zu dieser Kategorie (aus der Sammlung Kukuljević, jetzt bei der Akademie in Agram) gehört auch die Expeditoria des Herceg Vlatko von 1478, S. 286—287. Die Verleihung des Bürgerrechts von Ragusa an den Vojvoden Peter Stjepanović Chrabrën mit dessen Brüdern Knez Vukac, Knez Pavko, Knez Stjepan, Knez Dobri, S. 293 unbestimmt in das XV. Jahrh. verlegt, stammt aus den Zeiten der letzten Hercegovići. »Voyuoda Pethar Stepanouich« wird 1469—1486 erwähnt; am 22. Mai 1473 beschloss das Consilium Rogatorum »de faciendo literas voyuode Petharo Stepanouich cum sua fraternitate«, nebst einem Geschenk von 40 ypp. »in pannis« — wohl die in der vorliegenden Sammlung mitgetheilten »literae«. Noch 1483—1488 wird ein Geschenk an Dobrie Vozich Crabrieno, Vojvoden de Dogni Vlassi erwähnt (L. Rog. 1481—1485). — Bei dem Schreiben des Sultan Bajezid II., S. 358, wird eine Art Siegel zu Anfang erwähnt: »Na početku je načinen znak kao pečat«. Das ist wohl nichts anderes, als die bekannte Tughra, Schriftzug des Sultans, gewöhnlich bestreut mit goldgelbem Streusand.

Unter den Nachträgen ist von Interesse abermals eine Notiz von 1431—1433 aus einem glagolit. Breviar, S. 431—432: Papst Martin (V.) starb am 12. Februar (richtig am 20. Februar 1431); im zweiten, folgenden Jahre gab es eine Sonnenfinsterniss (am 2. Februar 1432) und zugleich plünderte der Türke Isaak Vojvoda bei den »Vlachen und Kroaten«; im dritten Jahre starb »ban Mikula« (Nikola Frankapan † 26. Juni 1432, s. oben), und König Sigismund zog nach Rom und wurde Kaiser (31. Mai 1433). Die Stelle »н кн

КРОУНΕΝ ПАПОУ С ΝΟΕΜ (?), ΚΗ ΕΕШΕ ХНЖΕ ΕΝΕΤΑЧΚΕ« bezieht sich auf
Papst Eugen IV. (Gabriel Condolmieri), der wirklich aus einem »venetianischen Hause« stammte. Der Schluss über einen Krieg des bosnischen Königs
mit Sandalj und den Bosniern, die einen anderen König haben wollten, ist
im Original verblasst oder schlecht gelesen: »А ТАДА ΝΜΕШΕ ΡΑΤ ΕΕΛΗΚ
КРАΛ ΕΟСΑΝСΚΗ САΝДАΛ(ΟΜ) Η С ΕΟШΝΑΝΗ ΕΟΕШΕ (?) ДРОУГА КРАΛА,
А ΤΕΡΤΚΑ КРАΛΑ . . . .« Im J. 1433 kämpften eben der Gegenkönig Radivoj
der Grossvojvode Sandalj und Despot Georg von Serbien gegen König
Tvrtko II., der nach Ungarn vertrieben wurde (vgl. Radonić, Archiv XIX,
462 f.).

Zum Schluss ein Nachtrag. Ich finde unter meinen Papieren eine Notiz
über eine glagolitische Urkunde vom 22. Mai 1484, gegeben in Vokšići, deren
Abschrift mir vor Jahren einmal der verstorbene Bibliothekar des böhmischen Museums A. J. Vrťátko gezeigt hat. Anfang: »Mi špan roćeni stola
lučkoga Stipan Purnosić z Bilan, i suoi roćeni Miklouš Ugrinović z Roga,
plemena Šubić, Ivan Pavlović s Karina, plemena Karińan, Ivan Batorić s Kašić i Ivan Stipšić z Miran, i pristavi roćeni Grgur Pavičić z Otres i Tomaš
Šadobrić s Polače i s inimi plemenitimi ljudi ovoga rusaga« urkunden über
einen Verkauf von Ländereien »na Polači« vom »plemeniti Paval Korlatović«
an »Tomaš Šadobrić s Polače« für 41 Ducaten. Das Original (mit zwei hängen-
den Siegeln) mag sich in Prag oder Raudnitz befinden. Zum Inhalt vgl. die
Urkunden bei Šurmin S. 361, 411, gleichfalls in Vukšići 1492, 1498 datirt.

Wir wünschen den »Acta croatica« eine baldige Fortsetzung, nur mit
etwas mehr Kritik bei der Auswahl und Redaction des Materials und
unter der Leitung eines sachkundigen Historikers.

Wien, 13. Juli 1899.   *C. Jireček.*

--- --- --- ---

Theodori Ducae Lascaris epistulae CCXVII. Nunc primum edidit
Nicolaus Festa. Accedunt appendices IV: I. Theodori litterae de
pace a Bulgaris per Russos petita, II. Eiusdem sermo adversus
maledicos, III. Nicephori Blemmidae epistulae XXXIII. IV. Sabae
ad Nicephorum Blemmidam epistula. Firenze 1898, XII und 414 S.
in 4⁰ (Pubblicazioni del R. Istituto di studi superiori pratici e di
perfezionamento in Firenze. Sezione di filosofia e lettere).

Eine interessante Gestalt der osteuropäischen Geschichte des XIII. Jh.
ist der russische Fürst Rostislav Michailovič, Sohn des 1246 von den Tataren
hingerichteten Fürsten von Černigov, des hl. Michail Vsevolodović. In seiner
Jugend war er in Novgorod eine Zeit lang Fürst der Stadt, nahm an den
Kämpfen um Halič Theil und lebte dann in Ungarn als Schwiegersohn des
Königs Bela IV., Gemahl seiner Tochter Anna. Als »banus Sclauonie« ver-
waltete er die kroatischen Länder, war später Ban der 1254 zuerst genannten
Landschaft Mačva in Serbien (bei Šabac) und besass zuletzt als »dux« ein
Territorium, bestehend aus den Landschaften Usora und Sol im nördlichen

Bosnien, Mačva und wohl auch Braničevo, ein Gebiet, das nach seinem Tode (um 1262) noch seine Söhne Michael und Bela (ermordet 1272) als »duces« verwalteten. Rostislav's Tochter Kunigunde wurde 1261 Königin von Böhmen, als Gattin des Königs Přemysl II. Otakar.

Rostislav, den der Fortsetzer des Cosmas (Fontes rer. boh. II, 297) als »dux Bulgarorum« bezeichnet, spielt auch in der bulgarischen Geschichte eine Rolle. Nach dem Tode des griechischen Kaisers Joannes Dukas Vatatzes (Okt. 1254) unternahmen die Bulgaren unter dem jungen Caren Michail Asên sofort einen Angriff auf die griechischen Provinzen, um die 1246 verlorenen Landschaften wieder zu erobern, und besetzten mühelos die Rhodope und das nordöstliche Macedonien. Aber der junge Kaiser Theodoros Laskaris II. zog noch im Winter 1254/5 ins Feld und verdrängte die Bulgaren aus den occupirten Gebieten. Widerstand leistete nur die Burg Cêpêna, deren Ruinen noch im Waldgebirge der westlichen Rhodope hoch über der Ebene von Tatar-Pazardžik erhalten sind (siehe deren Beschreibung von Syrku, Viz. Vremennik V, 603 f.). Ein fremder Fürst, Schwiegervater des Caren von Bulgarien, vermittelte den Frieden. Die Grenzen wurden wiederhergestellt, wie sie vor dem Kriege waren; auch Cêpêna wurde dem griechischen Kaiser übergeben. Die missglückten Feldzüge führten (1257 oder schon 1256) zur Ermordung des Caren Michail Asên und zu einer Reihe von inneren Umwälzungen im bulgarischen Reiche.

Georgios Akropolites, der an diesen Kriegen persönlich theilgenommen und im Lager am Flusse Rigina (jetzt Erkené) im östlichen Thrakien den Vertrag ausgefertigt hat, nennt in seinem Geschichtswerke (ed. Bonn. p. 134, 136, 137, 162) diesen Friedensvermittler ὁ Ῥῶσος Οὖρος, später nur Οὖρος, gen. Οὔρου, und bezeichnet ihn als Schwiegervater (πενθερός) des Caren Michail Asên, zugleich aber auch als Schwiegersohn des Königs von Ungarn (τοῦ ῥηγὸς Οὐγγρίας ἐπὶ θυγατρὶ τελοῦντα γαμβρόν). Die Russen nennt Akropolites (p. 35) Ῥῶσοι, ihr Land τὰ τῶν Ῥώσων. Darnach wäre ὁ Ῥῶσος Οὖρος als »der Russe Ur« (magy. úr Herr, Fürst, schon dem Kinnamos als ungarischer Prinzentitel bekannt) zu deuten. Só verstanden diese Stelle Gebhardi, Engel, Fessler, Palauzov in seiner Monographie über Rostislav (im ЖМНПр. Bd. LXXI), Finlay (»the Russian prince Ouros«, History of Greece III, 1877, p. 327), Makušev, Pauler, die sie meist ausdrücklich auf Rostislav bezogen. Franz Pejačević (Historia Serviae p. 189, 200), Palacký (O ruském knížeti Rostislavovi, Radhost II, 272) und Golubinskij in seiner Kirchengeschichte erklärten den Οὖρος als den König Stephan Uroš I. von Serbien, ebenso auch Ilarion Ruvarac (Матица 1868, III, Nr. 16). Ich habe mich in meiner Geschichte der Bulgaren dieser zweiten Ansicht angeschlossen, sie aber im Laufe der Zeit aufgegeben: der Name Uroš wird nie griech. Οὖρος' lat. Urus geschrieben, sondern stets noch mit einem Suffix, Οὔρεσις oder Urossius; wie käme übrigens der serbische König Stephan Uroš I. zu einem Epithet Ῥῶσος der Russe oder ῥώσσος roth? Ich habe demnach auch unlängst (Christl. Element, Excurs über die Burgnamen bei Philes S. 78) den bulgarischen Despoten und später (1271) nominell auch Caren Jakob Svetislav, der sich bei der Uebersendung eines Nomokanons an den Erzbischof von Kiev ausdrücklich als Nachkommen russischer Fürsten bezeichnet (Vostokov, Описаніе ркп. Румянц. библ., Спб. 1842, 290), als einen Verwandten des Rostislav erklärt, der durch Rostislav's Verbindungen mit der bulgarischen Carenfamilie zum Besitz eines Territoriums im Haemus (wohl im Westen) gelangt war.

Eine vollständige Aufklärung über die Frage erbalten wir aus der von Nic. Festa, einem durch Beschreibungen griechischer Codices in Italien und einige Editionen wohlbekannten Florentiner Hellenisten, herausgegebenen Sammlung der Briefe des Kaisers Theodoros Laskaris II. (1254—1258). Es ist darin ein Sendschreiben des Kaisers an die Griechen des Kaiserthums von Nikaia über die Friedensverhandlungen mit den Bulgaren (p. 279—282), worin der Friedensvermittler ganz klar Fürst der Russen genannt wird, ὁ τῶν Ῥώσων ἄρχων, sowohl im Titel (p. 279), als im Text (p. 280). Das Schriftstück selbst ist, wie alle Briefe des Kaisers, in einer gekünstelten, blumenreichen Sprache abgefasst (über des Laskaris Schriftstellerei vgl. Krumbacher², 95, 478). Der Fürst der Russen hat beim Eid den jungen Kaiser als Vater und Herrn bezeichnet: ὁ τῶν Ῥώσων ἄρχων ὁμομοχὼς τὴν βασιλείαν μου κατωνόμασε πατέρα καὶ τῶν αὐτοῦ πάντων κύριον ἀληθέστατα. Mit ihm waren auch Grosse der Bulgaren gekommen (τῶν προὐχόντων λαοῦ τοῦ Βουλγαρικοῦ). Sehr werthvoll war dem Kaiser die Zurückgabe der Burg Τζέπαινα, die im Schreiben als τὸ λαμπρότατον ἄστυ, als ἄστυ ἐρυμνόν τε καὶ περιβόητον καὶ περικύκλῳ ὀχυρωτάτοις τόποις περικλειόμενον bezeichnet wird, nahe an der bulgarischen Grenze gelegen, sehr fest und fast uneinnehmbar. Ueber die Lage wird bemerkt: πρὸς τὰς ὑπερβολὰς τῆς Ῥοδόπης ὑπέρκειται, περὶ τὸ τῆς Κνισάβας ὄρος περιφανές. Der Name des Berges Knišava war bisher nur aus den Legenden über den hl. Joannes von Ryla bekannt, in der Erzählung über den Besuch des bulgarischen Caren Peter beim Heiligen: НА ДРОУ-ГОУЮ ВЬСХОДѦТЬ ГОРОУ ВЫСОКОУ, ЮЖЕ КНИШАВОУ ОБЫКОШЕ ОКРЬСТНИИ ТОУ ЗВАТИ, Euthymij, Glasnik 22, 278; vgl. Syrku im Sbornik zu Ehren Lamanskij's S. 375. Ausführlich bespricht der Kaiser die Wichtigkeit des Platzes, zwischen Sardika (Srjádec, j. Sofia) und Philippopel, in der Nähe von Velbužd (Βελεβούσδιον), auf dem Wege nach Skopje, Vranja, Albanon (über A. vgl. Archiv XXI, 79) und zur serbischen Grenze: διαφράττει γὰρ τὴν Σαρδικὴν μὲν ἔνθεν καὶ τὴν Φιλίππου πόλιν πρὸς τοὺς Μακεδόνας ἡμᾶς καὶ ὁρίζει τὸ Βελεβούσδιον, καὶ πρὸς τὴν πρὶν εἰσάγει κατάστασιν καὶ τὸ τῶν Σκοπίων θέμα περιφανὲς καὶ τὸ τῆς Βρανίας ἐξάκουστον, περικλείει τὸ Ἄλβανον καὶ μέχρι τῶν Σερβικῶν ὅρων καταντᾷ τὰ ὁρίσματα (p. 281).

Andere Nachrichten dieser Briefsammlung ergänzen Manches in der von Akropolis erzählten Kriegsgeschichte, mit Erwähnungen der Burgen der Rhodope, τὸ τῆς Κρυβοῦς (p. 247), Stenimachos, Melnik u. s. w. Von Interesse ist eine Stelle über die Serben, deren König damals Stephan Uroš I. war. Der Kaiser Theodoros Laskaris II. schreibt an den gelehrten Nikephoros Blemmides, das griechische Reich von Nikaia sei von allen Seiten von Feinden umgeben und fast nur auf sich allein angewiesen: »Und wer wird uns helfen? Wie soll der Perser (d. h. der Türke) den Hellenen unterstützen? Der Italer (Ἰταλοί heissen bei den damaligen Griechen die Franken des lateinischen Kaiserthums) tobt am meisten, der Bulgare am sichtbarsten, der Serbe ist durch Gewalt bedrängt und zurückhaltend; er ist vielleicht unser, vielleicht aber nicht von den unserigen in Wahrheit; das Griechenthum allein hilft sich selbst und nimmt die Mittel dazu aus eigenem Hause« (Σέρβος τῇ βίᾳ βιαζόμενος καὶ συστέλλεται· ὁ δ' ἡμέτερος τάχα, τάχα δὴ οὐ τῶν ἡμετέρων κατὰ ἀλήθειαν p. 58). Die Stelle lässt uns in das Getriebe der mittelalterlichen Diplomatie des Ostens um 1254 einen kleinen Einblick nehmen. Der Serbenkönig, bedrängt von den Bulgaren, suchte Anschluss an die Griechen von Nikaia. Die Bulgaren drangen damals bis zum Lim vor und verheerten das Kloster des hl. Peter bei Belopolje am Lim (Urk. im Spomenik III, 8). Car Michael Asên fand Bundesgenossen im Adriatischen Küstengebiete, die Ragusaner (Urk. 15. Juni 1253, Mon. serb. 35) und den Župan Radoslav von Chlm, Sohn des »knez veli chlmski« Andreas und damals Vasallen des ungarischen Königs (Urk. 22. Mai 1254, ib. 44). Schon im August 1254 schloss Ragusa Frieden mit Uroš I., wahrscheinlich da auch die Bulgaren sich mit dem Frieden beeilten. Der Serbenkönig erfüllte aber die Hoffnungen des griechischen Kaisers nicht und schloss sich dessen Gegner im Westen, dem Despoten Michael II. von Epiros, an. Akropolites (p. 155), damals kaiserlicher Statthalter im Westen, wirft desshalb dem τῶν Σέρβων ἄρχων Treulosigkeit und Undank vor; wegen eines kleinen Gewinnes habe er den Becher der Freundschaft weggeworfen und Truppen gegen die 'Ρωμαϊκαὶ χῶραι, die griechischen Provinzen, gesendet. Als die Epiroten bis zum Vardar vordrangen, rückten die Serben bis Skopje, Prilep und Kičava vor und schlugen bei Prilep einen Feldherrn des Kaisers, den Skuterios Xyleas (1257). Aber schon 1259 führte der entscheidende Sieg der Heerführer des neuen Kaisers Michael Palaiologos über die Epiroten zu einer Restauration der kaiserlichen Herrschaft im Norden und Westen Macedoniens.

Aus der Zeit dieser kurzen serbischen Occupation von Skopje unter Uroš I. besitzen wir einige kirchliche Daten. Ein Edelmann Pribo, unter Kaiser Theodoros von Epiros Sevast, unter Car Joannes Asên II. Protosevast, auch in der Correspondenz des Erzbischofs Demetrios Chomatianos von Ochrid genannt (ein Brief τοῦ πανευσεβεστάτου σεβαστοῦ κυροῦ Πρίμπου wegen eines Geistlichen Dragomir erwähnt in einem Schreiben an den Bischof von Skopje, ed. Pitra col. 325—326) hatte im Dorf Tmorjane bei Skopje, vielleicht dem jetzigen Sveta Petka, eine »kelija der hl. Petka« (Paraskeue) gegründet, mit Grundstücken in Tmorjane, Orašani (в Орашахъ, j. Orešani) und auf dem Wege nach Tavor (j. Taor). Diese Schenkung des »нѣкто протосѣвастъ загорьскыи Прибо въ дьни Исѣна цара« hat König Uroš I. dem Kloster Chilandar zugewiesen, doch verfiel dieselbe, »als Skopje von unserem Königreich abfiel«. Uroš I. Sohn, König Stephan Uroš II. Milutin eroberte Skopje von neuem 1282 kurz vor dem Tode des Kaisers Michael Palaiologos (Daniel p.108 und Kantakuzenos l. IV cap. 19) und erneuerte die Stiftung des Pribo sammt der Zuweisung an Chilandar (Urk. bei Stojanović, Spomenik III, 12—13). Bestätigt wurde dieser Besitz von Chilandar vom Kaiser Andronikos II. 1324 (καὶ εἰς τὴν Τμ[ορ]ιάνιν το τῆς ἁγίας Παρασκευῆς, Florinskij, Аеонскіе Акты S. 38) und vom Caren Stephan

Dušan 1348 (црькови свита Питка Тиорины сь силоми, Šafařik, Památky, 2 A. 102).

Den von Rostislav vermittelten Frieden mit Asên (μετὰ τοῦ Ἀσάνη) erwähnt auch ein Privatbrief des Geistlichen Niketas Karantinos, Notars (νομικός) von Palatia (Milet) an den Hegumenos des Klosters von Patmos, nebst Neuigkeiten über die Hochzeit des Nikephoros, Sohnes Michaels II. von Epiros, mit des Kaisers Tochter und die damit verbundene Abtretung von Dyrrhachion, über die Flucht des Michael Palaiologos, des späteren Kaisers, zum Sultan der Türken, über die Ταρτάριοι und den »Gross-Tataren« u. s. w. (Acta et dipl. graeca VI, 197—198). Dieser Bulgarenkrieg zwang auch den litauischen Prinzen Vojšelg, Sohn des Fürsten Mindovg, der als Mönch aus Halič über Ungarn und Bulgarien auf den Athos reiste, in Bulgarien umzukehren (Лѣтопись по Ипатскому списку zu 1255, Ausg. der Archaeograph. Commission, Petersburg 1871, S. 551). Die legendaren Erzählungen des Pediasimos (Anfang des XIV. Jahrh.) über die damaligen Kämpfe des Kaisers Laskaris II. mit den Bulgaren bei Melnik, die ich in der Abh. über das christl. Element in der topograph. Nomenclatur 61 bei der Erwähnung der Kirchen von Serrai aus einer Wiener Hdschr. herangezogen habe, sind jetzt gedruckt: Theodori Pediasimi eiusque amicorum quae extant, edidit Maximilianus Treu, Potsdam 1899 (Progr. des Victoria-Gymn.) S. 21 f.

Wien, 5. November 1899. *C. Jireček.*

Junačke pjesme (muhamedovske). Knjiga treća. Uredio Dr. Luka Marjanović. Zagreb 1898, 8°, LVI. 672.

Im Archiv XIX. 627 ff. wurde der erste Band einer gross angelegten Publication des Agramer literarischen Vereins »Matica hrvatska« zur Anzeige gebracht. Es handelt sich um die Herausgabe von Volksliedern der Serben und Kroaten, d. h. der Bewohner der südslavischen Länder, die sich jetzt zu einem von diesen zwei Namen bekennen, in der Wirklichkeit nach den sprachlichen Merkmalen ein zwar sehr uneiniges, und doch einheitliches Volk bilden. Der Verein gibt das seit Decennien aufgestapelte Material heraus, das oben citirte Werk bildet den dritten Band der projectirten Gesammtausgabe. Es mag kurz erwähnt sein, dass auf den ersten a. a. O. besprochenen Band im J. 1897 ein zweiter folgte, dessen Inhalt 71 ep. Lieder (nicht 72, wie es in der Ausgabe steht, da Nr. 9 durch Versehen beim Zählen übergangen wurde) über Marko Kraljević enthält (nebst den im Anhang dazu angegebenen Parallelen). In der Vuk'schen Sammlung (Band II) handeln ungefähr 25 Lieder von diesem Helden; fügt man noch aus dem neulich in Belgrad erschienenen VI. Bande (nach der Redaction Lj. Stojanović's) etwa 12 demselben Helden gewidmete Lieder hinzu, so umfasst der ep. Sagenkreis Marko Kraljević's nach den einstigen Aufzeichnungen Vuk's nicht mehr als etwa 40 Nummern, bleibt also hinter dem im II. Bande der Agramer Publication herausgegebenen Material quantitativ beträchtlich zurück. Man darf allerdings nicht die übrigen Sammlungen übersehen, wo Marko Kraljević gleichfalls mit mehr oder weniger Liedern bedacht ist. Immerhin könnte jetzt die Frage aufgeworfen werden, inwieweit durch die neue Agramer Ausgabe, deren Material hauptsächlich aus Dalmatien, Kroatien, Slavonien, theilweise auch Bosnien, also aus den zum Theil von dem einstigen Schauplatz und dem wahrscheinlichen Entstehungsherde dieses Sagenkreises weit entlegenen nordwestlichen Gegenden stammt, dem bisherigen epischen Stoff neue Bereicherung und Erweiterung, oder wenigstens Ergänzung zugeführt wurde. Das wäre ein sehr dankbares Thema für eine besondere Abhandlung, die man an der Hand der diesem Sagenkreis gewidmeten Forschung Chalanskij's schreiben könnte. Diese Anzeige beschäftigt sich jedoch nur mit dem oben citirten dritten Bande, der unter der Redaction des Universitäts-Professors Dr. Luka Marjanović erschienen ist. Prof. L. Marjanović gab selbst schon im J. 1864 eine Sammlung von Volksliedern heraus, die er in der Gegend seiner Heimath (Zavalje und Bihać, also das kroatisch-bosnische Grenzgebiet) aufzeichnete. Nach mehr als dreissig Jahren kehrt er zur Thätigkeit seiner Jugend zurück. Man darf füglich voraussetzen, dass er inzwischen seine Einsicht in die Aufgaben einer kritischen Volksliederausgabe wesentlich vertieft hat. In der That macht seine Leistung einen sehr guten Eindruck, sie zeigt in mehr als einer Hinsicht, dass der Herausgeber keine Mühe scheute, um eine vortreffliche Ausgabe herzustellen. Der stattliche Band von mehr als 700 Druckseiten besteht zuerst aus einer klar und hübsch geschriebenen Einleitung, in welcher mit grosser Gewissenhaftigkeit über die eigentlichen Gewährsmänner dieser Sammlung Rechenschaft abgelegt wird. Prof. Marjanović gebührt, wie man daraus ersieht, das Hauptverdienst für das Zustandekommen jener grösstentheils in Agram gemachten Aufzeichnungen nach dem mündlichen Vortrage der dorthin in den achtziger Jahren bestellten bosnisch-mohammedanischen Rhapsoden (S. I—LVI). Sodann folgt der Text der Lieder, die so umfangreich sind, dass in diesem Bande nur 25 Nummern Aufnahme fanden (S. 1—576). Die im Anhang gegebenen Anmerkungen (S. 579—615) ergehen sich über die anderweitigen Parallelen aus ungedrucktem und gedrucktem Material, wobei nicht nur auf die Sammlung K. Hörmann's, sondern einmal sogar auf Vuk und Petranović verwiesen wurde. Also immerhin ein anerkennenswerther Fortschritt gegenüber den ersten zwei Bänden, wo man die älteren serbischen Publicationen gänzlich ignorirte. An letzter Stelle findet man ein sehr genau abgefasstes Glossar türkischer Wörter mit beigegebenen Erklärungen. Da es in diesen Liedern geradezu wimmelt von türkischen Wörtern, die einen jeden Leser, der nicht Turcolog vom Fach ist, unangenehm stören und fortwährend zum Nachschlagen zwingen, so muss man die Vollständigkeit des Glossars in der That loben (S. 617—672). Freilich zu einem wissenschaftlich werthvollen Hilfsmittel hätte es bei diesem Glossar der Hinzufügung der echt türkischen Formen der betreffenden Wörter benöthigt.

So sieht der Inhalt dieses Bandes aus. Ich füge gleich hinzu, dass uns der Herausgeber versichert, in der Sprache der Lieder, an den häufigen Unregelmässigkeiten des Verses nichts geändert zu haben, wofür wir ihn nur loben können. In der That bekommen wir erst jetzt ein echtes Bild der westbosnischen Mohammedaner. Sie bedienen sich des íkavischen Dialectes mit einigen conservativen Zügen in Lautcomplexen und Formen. So wird *h* ausgesprochen (bladan, puhnu, harambaša, hajde), doch *hv* ergibt *f* (prifatiti, faćaju, fala), man wendet *šć* an in Fällen wie išće, otišće, pušća, doch nicht ausschliesslich; neben *gj* (ђ) findet man noch *jd* in solchen Beispielen wie dojde, najde, izajde. Geradezu auffallend ist die fast regelmässige Wahrung der alten Casusformen im Dativ, Instrumentalis und Localis plur.: bane *sužnjem* piće postavio 39, momak *sužnjem* veli 45, na *konjih* se za prsa zgrabiše 50, po *topovih* 71, po tudjih *odžacih* 255, u *buretih* 72, po *krajevih* 184, u *ramenih* 310, po *perčinih* 221, po *govedih* 226, na dugih *poljanah* 111, u *besidah* 566, prid *svatovi* 223, s *Turci* 211, medju *Udbinjani* 308, pod *škrljaki* i pod *telećaci* 567, za *dimovi* 318. Vergl. noch die vorwiegende Anwendung der Participia pass. praet. auf *t*: knjige *upisate* 57, dorat *svezat* 326, arpe *ugruhate* 561, *prekovati* sužnji 338, krivo *učinito* 317, djeca *zarobita* 321, u. s. w.

Wie der Herausgeber in der Einleitung erzählt (S. XXXIV), besitzt der Matica-Verein ungefähr 150 Lieder derartigen Charakters und Inhaltes, wie die hier ausgewählten 25. Er benennt sie nach dem äusseren Schauplatz der erzählten Begebenheiten — likanisch (aus Lika). Eine zweite Abtheilung der Matica-Sammlung, die etwa 40 Nummern umfasst, muss nach diesem Kriterium — ungarisch genannt werden, weil in den betreffenden Liedern hauptsächlich Ungarn nebst Slavonien (im älteren Sinne des Wortes) den Schauplatz der Handlung bildet. Der Herausgeber sah sich genöthigt, aus dem reichen Vorrath von fast 200 Liedern eine Auswahl zu treffen, er spricht von zwei Bänden, in einem jeden 25 Nummern, so dass das zur Ausgabe gelangende Material auf ein Viertel reducirt werden muss. Wir sind nicht in der Lage zu controliren, ob gerade die merkwürdigsten, bezeichnendsten Lieder zur Ausgabe gelangen. Prof. Marjanović hat offenbar das Material so gut durchstudirt, er ist mit dem Charakter und Inhalt desselben so wohl vertraut, dass wir glauben, auf sein Urtheil und seine Auswahl uns verlassen zu dürfen. Die von ihm in der Einleitung entworfene Charakteristik dieser Lieder (auf S. XXXIV—LIV) enthält viel Lesenswerthes, die inhaltliche Seite ist darin geradezu erschöpfend behandelt, dagegen die technische, d. h. die Kunst der Composition der einzelnen Lieder, die angewendeten Mittel, wodurch so lange, über 1000 Verse zählende, Lieder zu Wege gebracht wurden — bleibt schwach oder so gut wie gar nicht erörtert. Prof. Marjanović hätte an dem einen oder anderen Beispiel zeigen sollen, durch welche Kunstgriffe ein Lied so stark anwachsen kann, dass es, wie z. B. in diesem Bande Nr. 23, — geradezu über 1800 Verse zählt. Ihm scheint die unverkennbar merkwürdige Länge etwas zu viel imponirt zu haben[1]. Sie ist allerdings charakteristisch für die mohammedanischen Lieder, allein ich erblicke in dieser Eigenschaft derselben keinen besonderen Vorzug. Diesen Liedern geht die concentrische

---

[1] Die Concurrenz in der Länge brachte ein Curiosum zu Wege, ein Lied über die Heirath Senjanin Tadija's (Женидба Сењанин-Тадије), bestehend aus 3412 Versen (herausgegeben von Милан Обрадовић in Belgrad 1891). Das ist ein wahres Monstrum, das besser ungedruckt geblieben wäre.

Einheitlichkeit ab, die Erzählung der Handlung schleppt sich langsam fort, durch eine grosse Menge von episodenhaften Einzelheiten in die Länge gezogen. Wo der Faden entzweizugehen droht, muss er durch ein Paar eingeschaltete Verse zusammengehalten werden. Die künstlerische Composition dieser Lieder lässt in der That viel zu wünschen übrig. Um diese Behauptung an einem Beispiele zu illustriren, nehmen wir das längste Lied dieser Sammlung Nr. 23, das 1812 Verse zählt und zu den besseren gehört. Das Hauptthema bildet die Befreiung der 7 türkischen Brüder aus dem Gefängniss des Bans von Zara. Dieses Thema wird mit einer Fahrt, die das neuvermählte Paar aus Knin nach Zara unternehmen will, in Zusammenhang gebracht, bei welcher Gelegenheit, jene Befreiung zu Stande kommt. Eine weitere Verkettung kommt dadurch zu Wege, dass als Befreierin der gefangenen 7 Brüder ihre einzige Schwester fungirt. Lange Zeit zieht überhaupt sie allein die Hauptaufmerksamkeit auf sich. Selbstverständlich spielt aus diesem Anlass auch die Verkleidungsscene eine Hauptrolle, denn sie verrichtet ihre Heldenthaten als ein verkleideter Jüngling, der weder von den mitziehenden Helden, noch selbst von dem Bruder erkannt wird. Die Befreiung kommt endlich zu Stande, der befreite älteste Bruder bekommt die beim Ueberfall erbeutete junge Christin zur Frau, aber auch die Heldin des Liedes wird an einen Türken, der ihr wesentlich beigestanden, als seine — achte Frau verheirathet. Von dem Ban von Zara ist zuletzt nicht weiter die Rede, er muss im Gefängniss zu Grunde gegangen sein! Wie wird nun dieses Thema im Liede erzählt? Wie kommen die 1812 Verse zu Stande? Die Erzählung beginnt mit der Scene der jammernden Gefangenen, sieben Brüder schmachten schon 7 Jahre im Gefängniss (V. 1—15), woran erkennen sie die Jahreszeiten, wird in einer Episode erzählt (V. 16—39). Ban's Frau klagt über die Störung ihrer Ruhe durch das Jammergeschrei der Eingekerkerten (V. 40—64). Ihr Mann, der Ban, besucht die Gefangenen im Kerker und führt mit dem ältesten der 7 Brüder, Namens Bajagić, das Gespräch. Aus Mitleid gegenüber den mitgefangenen 6 jüngeren Brüdern verspricht der Ban die Bedingungen des Loskaufs anzugeben (V. 65—111). Bajagić macht sich anheischig, alle Bedingungen zu erfüllen, allein bei der letzten verweigert er es, da er die einzige Schwester dem Ban nicht ausliefern wollte (V. 112—145). Seine Wuth über die schmähliche letzte Bedingung ist so gross, dass er eine ganze Wand des Kerkers zum Einsturz bringt, wodurch der Ban beinahe ums Leben gekommen wäre (V. 146—153). Nun sinnt dieser auf Rache, er verurtheilt die Gefangenen zum ewigen Kerker, droht aber ihnen ausserdem noch mit der Schmach, sie vor seine Kutsche einzuspannen, wenn er von Knin nach Zara die erste Fahrt mit seiner jungen Frau machen wird (V. 154—180). Bajagić, als er diese Drohung hörte, suchte sie abzuwenden, er beschwor einen jungen Christenknaben, der sich zufällig vor dem Kerker aufhielt, einen Brief, den er an seine Schwester schreiben wird, dieser zu übermitteln (V. 181—222). Der Christenknabe verspricht das zu thun, holt Feder und Papier und Bajagić schreibt mit eigenem Blute den Brief, dessen Inhalt angegeben wird (V. 223—284). Der Christenknabe ist in Verlegenheit, da er den Weg nach Udbina nicht kennt, Bajagić muss ihm denselben genau erklären mit ausführlichen

Verhaltungsmassregeln (V. 285—390). Der Knabe geht den ihm vorgezeich-
neten Weg (V. 391—410). Zuerst kommt er zu Maljković Stipan in Zdilari,
es wird erzählt, was ihm dort begegnete (V. 411—482), dann zu Samardžić
Osman in Udbina, der ihn zu Mustafbeg führt, wieder wird erzählt, was ihm
da begegnete und in welcher Weise er zuletzt zu Ajkuna, der einzigen
Schwester des Gefangenen Bajagić, gelangte (V. 483—594). Nun wird die
Begegnung mit der Ajkuna zu Hause geschildert, wie sie den Christenknaben
aufnahm, den Brief von ihm erhielt, auch die Mutter kam dazwischen und
erkundigte sich nach ihren Söhnen. Reich beschenkt wird zuletzt der Knabe
entlassen (V. 595—685). Ajkuna fasst nach einigem Nachdenken den Entschluss, selbst die Brüder zu befreien, sie schreibt Briefe an verschiedene
Personen, die um ihre Hand warben, und fordert sie auf, jetzt zu ihr zu kommen, indem sie ihnen neue Hoffnungen vorspiegelte (V. 686—738), von der
Rajah wird Tribut in Natura (Ochsen, Schafe) eingetrieben (V. 739—766). So
erwartet das Mädchen am Fenster im reichen Aufputz die Ankunft der ein-
geladenen Türken, die alle nacheinander kamen (V. 767—858), der Letzte war
Tade der Thörichte (V. 859—921), es werden einige seiner Streiche erzählt
(V. 922—968). Inzwischen hatte das Mädchen den Vornehmsten unter allen
Angekommenen, den Mustafbeg, zu sich berufen und ihm den Inhalt des
Schreibens ihres gefangenen Bruders mitgetheilt, der davon weiter erzählt
(V. 967—1019). Hier stockte die Erzählung; um sie vorwärts zu bringen,
mussten zwei Verse eingeschaltet werden: »Lassen wir den Beg, lassen wir
die Helden Udbinas, sehen wir zu, was Bajagić's Ajkuna nun machen wird«
(V. 1021—1022). Das Mädchen verkleidete sich als Mann (V. 1024—1100),
holte das Lieblingsross ihres Bruders, dieses wird beschrieben (V. 1101—
1180), niemand erkannte den schmucken Jüngling (sic!), man raunte sich nur
ins Ohr, dass dieser junge Held Sieger sein werde (V. 1181—1205). Der ganze
Zug setzte sich auf Befehl Mustafbeg's in Bewegung, der keck-übermüthige
Jüngling thut sich in jeder Weise hervor, er schlägt Wettspiele vor und wird
Sieger, verräth sich aber dem Mustafbeg durch die aufgelösten Haare als
Mädchen (V. 1206—1301). Er musste nun ruhig an seiner Seite reiten, bis sie
in die Nähe von Knin kamen (V. 1302—1362). Als unter Kanonendonner der
Hochzeitszug aus Knin herausfuhr, verkündete der verkleidete Jüngling
wer er sei, das Mädchen versprach demjenigen von den zahlreichen türkischen Kampfgenossen die Hand zu reichen, der die vor die Kutsche einge-
spannten 7 Brüder befreien wird (V. 1363—1388). Sie selbst zeigt auch jetzt
noch den grössten Muth und hat den grössten Erfolg, da sie selbst sich dem
Wagen nähert und daraus die christliche Frau raubt, und während ein Türke
Mujaga ihre Brüder befreit, jagt sie dem Ban bis nach Zara nach, verfolgt ihn
bis in die Festung hinein (V. 1389—1477). Sie fordert ihn zum Kampfe heraus,
besiegt ihn mit Hilfe desselben Türken, der ihre Brüder befreit hatte. Der
Ban wird gebunden, und während sie mit der erbeuteten Frau desselben da-
voneilt, wird er mit anderen gefangenen Türken vor den Wagen gespannt
(V. 1478—1554). Nach Hause zurückgekehrt, vertheilen die Sieger die Beute
untereinander, bei dem nun folgenden Festmahl erzählt der befreite Bruder von
den Heldenthaten eines unbekannten Jünglings (V. 1555—1650), die Schwester

entdeckt ihm, dass sie es war, die erbeutete christliche Frau wurde zur Türkin gemacht und von Bajagić zur Frau genommen (V. 1651—1684), aber auch Ajkuna erzählt nochmals ihrem Bruder alles, was sie geleistet und wie sie sich dem Befreier ihrer Brüder zur Frau versprochen, was jetzt auch ausgeführt wird (V. 1685—1812). —

Aehnlich würde die Analyse eines jeden anderen längeren Liedes aussehen, d. h. überall wird der Gang der Haupthandlung durch eine Menge von eingeschalteten Einzelheiten retardirt, das Nebensächliche macht sich auf Kosten der Hauptsache ungebührlich breit. Psychologisch setzen diese Lieder eine ganz andere Stimmung, als die serbischen Heldenlieder der christlichen Bevölkerung voraus. Bei letzteren concentrirt sich die Aufmerksamkeit der Zuhörer in der Regel auf eine Hauptthat eines einzelnen Helden, bei ersteren besteht die Erzählung zumeist aus einer Mehrzahl von aufeinanderfolgenden Unternehmungen, die in ihrer Mannigfaltigkeit mehr auf Befriedigung der Neugierde als auf Erbauung berechnet sind. Damit hängt zusammen, dass in den mohammedanischen Liedern meistens viele Namen genannt werden, die an der Ausführung des Vorhabens in irgend einer Weise betheiligt sind, jedenfalls mehr, als bei den christlichen. Unter den Helden, die hier genannt werden, mohammedanischen und christlichen, hebe ich einen heraus, den öfters erwähnten Stipan Maljković (vergl. Nr. 7 S. 125—133, Nr. 8 S. 162, Nr. 9 S. 171 ff., Nr. 10 S. 195 ff. 200. 204 ff., Nr. 17 S. 361. 376 ff., Nr. 20, S. 448, Nr. 22 S. 477 ff., Nr. 23 S. 494 ff., Nr. 24 S. 542 ff.), um zugleich die Frage aufzuwerfen, ob das nicht jener Held ist, von dem es bei Kuripešić im XVI. Jahrh. (cf. meine Gradja S. 82) heisst: »Von Malkoschiz thut man viel in Croatien und Bossen von seinen redlichen Thaten singen«? Zwischen den Namen Maljković und Malkoschitz ist der Unterschied nicht gross, wenigstens kein anderer Name unter den vielen christlichen oder mohammedanischen Helden, die wir jetzt schon aus Jukić, Krasić, Hörmann, Marjanović kennen, kommt dem Kuripešić'schen »Malkošić« näher. Der Unterschied zwischen Maljković und Malkošić ist nicht grösser, als der zwischen Osman Tanković (bei Jukić S. 202 u. sonst) und Osman Tankošić (bei St. Mažuranić S. 35) — offenbar dieselbe Person.

Neben vielen Personennamen spielt auch die genaue geographische Orientirung in diesen Liedern eine hervorragende Rolle. Das Studium des geographischen Hintergrundes in der epischen Volksdichtung der Serben und Kroaten hat man noch gar nicht begonnen. Man kennt zwar die Theorie des Herrn Dr. Sörensen, nach welcher die serbische Volksdichtung eigentlich vom Norden aus ihre Verbreitung fand. Mag das richtig sein oder nicht (das letztere glaube ich), jedenfalls kann man es in den allermeisten Fällen dem Volkslied gleich anmerken, ob es nahe dem Schauplatze seiner ursprünglichen Begebenheit, durch mündliche Ueberlieferung daselbst fortgepflanzt, zuletzt auch aufgezeichnet wurde, oder ob es, durch Wanderungen weiter verbreitet, allmählich an der geographischen Klarheit einbüsste. Beim Studium des geographischen Hintergrundes müsste man eigentlich immer von reinen Typen ausgehen. Kommt uns ein solches Lied in die Hand, so müssen wir häufig über die reichen und immer genauen Ortsangaben geradezu staunen.

Selbst mit Hilfe der Karten des österreichischen Generalstabes (ich benutzte die Generalkarte 1:200000) kann man nicht allen Benennungen von
Orten, Bergen, Engpässen und Thälern nachkommen, man muss häufig selbst
die Specialkarten (1:75000) zur Hand haben, dafür aber ist man in der Lage,
durch das dort verzeichnete Material sehr schön die Bewegung der besungenen
Helden von Schritt zu Schritt zu verfolgen. Da merkt man auch bald, wie die
geograph. Verwirrung durch die Entfernung des Liedes von dem eigentlichen
Schauplatze desselben entstehen kann. Z. B. bei Hörmann Band I, S. 303
liest man den Vers: »Sa Pogrgja iznad Knina b'jelog« — der Erzähler dieses
Liedes hat offenbar die geogr. Situation nicht mehr verstanden, vergleicht
man damit die Stelle auf S. 361 dieser Ausgabe, wo ein Vers lautet: »Sa Pod-
krklja od Kninja bijela« — so wird gleich klar, dass es sich hier um eine
Benennung des Flussgebietes Krka handelt, also um Pokrčje oder Pokrklje,
Potkrklje (wie Posavlje, Podunavlje u. s. w.). Oder wenn neben häufiger
Nennung Vuôjak im Gebirge Velebit einmal Kunara bei uns dafür eintritt
(S. 491) — so ist das eine Reminiscenz aus anderen Liedern, wo Kunara sehr
häufig genannt wird, allerdings wird auch dort Kunara meistens irgendwo im
Grenzgebiet zwischen Lika und Kotari (oder Küstenland) gedacht, vergl. bei
Jukić S. 45. 46. 105. 106. 158. 161. 168. 193. 202. 206. 212. 216. 217. 242. 243.
244. 251. 266. 269. 281. 289. 371. 373. 401. 512. 551. Offenbar spielt hier Kunar
oder Kunara dieselbe Rolle, wie in den jetzt von Marjanović herausgegebenen Liedern Vuôjak. Hörmann's Sammlung kennt Vuôjak I. 297, II. 481.
484. 486. 491, 492, auch Vučaj II. 523. 526. 529, doch viel häufiger begegnet
Kunara I. 405. 406. 407. 510. 512. 513. 560, II. 5. 6. 8. 9. 101. 102. 138. 139. 160.
172. 184. 192. 194. 244. 516.

Ich fand in keiner bisherigen Sammlung so anschauliche Schilderungen
des Schauplatzes, wie in diesem Bande der mohammedanischen Volkslieder,
deren Terrain sich über Lika, Krbava, Westbosnien und Norddalmatien er-
streckt. Den Ausgangspunkt einzelner Lieder bilden die Orte Bihać (Nr. 3. 4),
Udbina (Nr. 6. 7. 8. 13. 15. 17. 25), Gospić (Nr. 10. 20), Brinje (Nr. 9), Bunić
(Nr. 12), Cetina (Nr. 16), Kotari (Nr. 11. 14. 21. 24), Islam (Nr. 18), Zadar (Nr. 23),
Hlivno (Nr. 19). Selbstverständlich wird auch die Umgebung von Bibać und
Land Lika am häufigsten genannt. Neben Bibać (genit. Bišća), von welchem
es heisst: s jedne ga strane Una zaklonila, s druge strane gora Plišivica
(S. 387), erstreckt sich die Ebene von Bihać-Prisika (S. 39. 48, fehlt auf der
Karte), zu Bihać kommt man »niz Grabežje« (S. 68, auf der älteren Gst.-Karte
war Grabež pl. östlich von Bihać eingetragen), niz polje bihaćko sieht man
vor sich »do Vinice i do Čakrlije« (54, cf. 70, auf der Landkarte: Vinca,
Čekerlije). Auf beiden Seiten der Una sind Golubić (S. 48. 55. 69) und Ripać
(40. 70, genit. Ripča, daher Ripački klanac [40], nicht Ripac), ganz nahe zu
Golubić gegen Westen liegt Sokolac (i Sokolac više Bišća 69, Sokolac ka-
raula mala 57), »Založje kleto« scheint ein Gebirge zu sein, vielleicht dort, wo
auf der Karte Založje als Ort angegeben ist (55). Der heutige Ort Zavalje wird
in diesen Liedern öfters »Zavolje« genannt (S. 55. 56. 73). Südöstlich von Bihać
zieht sich das Gebirge Grmeč (pod Grmečom S. 61, nicht Grmić wie jetzt auf
der Karte) und noch weiter gegen Süden Crvljevica planina (S. 48. 387,

fehlt auf der neuen Karte!). Grabež verbindet mit Grmeč das Gebirge Jadovik (S. 69, auf der Karte Jedovik), eine Spitze davon heisst Risovac, wozu auch Glavica kleta zählt (S. 59). Oestlich von Bihać liegt Krupa (S. 56. 283), daneben Harapuša više Jasenice (S. 57) und Hašani (gen. plur. Hušana), nicht weit davon Potkalinje (57) und Jošavka (nicht auf der Karte), bis Glavica Predojevića (ib., auf der Karte Pr.glava), und Lušci, gen. Lužaca (59). Südlich von Bihać an der Una liegt Kulin-Vakuf, östlich davon Bilaj (40.387, bilajsko polje ib., auf der Karte: Bjelaj, bjelajsko polje), zu unterscheiden von Bilaj na Lici (S. 133); vom ersteren Bilaj heisst es »unačka ga župa zaklonila, a jedne strane Una opasala, Ostrovica kamena glavica« (auf der Karte nicht zu finden), »Crljevica gora nadjahala« (S. 387). Unweit von Bilaj ist Petrovac (S. 41. 68), von da kam man über Paležje (unbekannt) nach Vakuf, weiter an die kleinen Orte Klisa und Orašac (alle an der Una) ib. Westlich davon liegt das Gebirge Basača (S. 113), mit einem unbekannten Ort Ibrinovac.

Ein anderer wichtiger Punkt war Udbina, östlich von Gospić gelegen — der eigentliche Mittelpunkt der damaligen Turken in Lika und Krbava. Udbina galt als Ort und Bezirk: »po Udbini i širokoj Lici« (S. 101), neben Udbina grad (S. 104). Nördlich von Udbina liegt der Ort Bunić (S. 101), vor Udbina ist der Fluss Crvač (S.102. 204.221. 368. 369, auf der Landkarte nicht bezeichnet), südlich von Udbina ist Raduč (S. 169. 455. 457. 468. 483. 527). Zusammengestellt mit Udbina und Ribnik kommen die drei Namen so vor: Čujete li Turci po Udbini, Po Udvini i turskom Raduču, po svoj Lici lipo do Ribnika). Ribnik ist an der Lika südlich von Bilaj. Man pflegte zu sagen »niz Liku Ribniku« (S. 175) oder »Po svoj Lici do Ribnika« (S. 455. 560), von da führte der Weg weiter auf Korin planina (S. 175. 558) bei Velebit (ukraj Velebita, S. 257, auf der Landkarte nicht eingetragen). Von Udbina führte der Weg »na Kotare« über das Gebirge Vučjak, das häufig erwähnt wird (102. 129. 162. 204. 300), überhaupt ging hier die Grenze zwischen Lika und Kotari: navrh Vučijaka, kud je medja lička i kotarska (S. 162. 310) — ich finde Vučjak auf der Generalstabskarte nicht, wohl aber auf der Specialkarte, unweit von Mala Popina, westlich davon, vergl. Zone 29, Col. XIV. — Natürlich kennen die Lieder auch Velebit (213. 252. 255. 574), unter diesem liegt Novi (Novigrad) S. 213. 255, wie man deutlich sieht auf S. 552: »Tegli Ale do Novoga grada, Pod Velebit dojaha djogata, kroz Velebit ata projahao, S onu stranu Velebita sidje. Oder in umgekehrter Richtung: »uz Kotar Vučjaku, udariše priko Vučijaka« 447. An einer Stelle heisst es: »Od Novoga ispod Velebita Na Udvinu deset punih sahta« 254. Der Weg wird beschrieben S.165. Andere Orte Lika's sind: Gospić (S. 420. 436. 442), Brinje (S. 165. 169. 170), Otočac (176. 182. 253. 258. 259. 269), in der Nähe davon sind »voda Gastica« (ib. 234. 236. 239. 267), Sinjac (S. 180) und Vrhovi (S. 233, vermuthlich das heutige Vrhovine bei Otočac), dort wo auch Jablan und Starac bunar (S. 234). Tiefer unten in der Lika liegen »Trnovac na Lici« (S. 113), Popina (S. 199. 200). Endlich wird auch dem Meere zu das Gebirge Vratnik erwähnt (S. 234) und natürlich auch Senj (S. 229) und Dražica (ib. 235, auch »voda Dražica«).

Unter Kotari versteht man bekanntlich das dalmatinische Gebiet südlich von Velebit, bis ans Meer, die fruchtbaren Thäler und Ebenen von Zara gegen Knin zu (doch lag Knin schon in der Krajina S. 296). Kotari bildeten fortwährend einen verlockenden Gegenstand der Angriffe und Plünderungen seitens der Likaner Türken (»često Turci trcu na Kotare« S. 275). Gab es einige Zeit Ruhe, so erholte sich das Ländchen, erblühte in Reichthum, wie es schön auf S. 355—356 geschildert wird. Die Lieder unterscheiden »dva Kotara« (S. 129. 276. 356. 532), d. h. die oberen und unteren Kotari (»na Kotaru ni gornjem ni donjem« S. 454, »donji Kotari« S. 211. 213). Die oberen Kotari hatten eine Reihe (nach S. 277 dreissig) Castellen (»gledaj redom kule niz Kotare« S. 103). Als die ersten Punkte jenseits des Vučjak werden genannt: der Berg Otres (S. 153), die Orte Mazinac (vielleicht Mazin in der Lika?), Suljanac oder Suljanski klanac, Staparje (S. 126), auch Duboko (S. 356), Brezulje (S. 110), und Bistrica (S. 211) — alles unbekannt, nur Islam (S. 322. 382. 393) und Biljane (S. 416) kennt man. Auch Zara gehörte in das Gebiet der Kotari: »Iz Zadra ou se jeka na oba Kotara« S. 160, daher sagte man: »hajde sa mnom Zadru niz Kotare« (S. 143. 209), oder »vavik Zadru gleda niz Kotare« (S. 533). Bei Zara selbst werden Grobnice erwähnt (S. 291. 536. 568, auf der Specialkarte heisst das Gebirge ober Zara — Grobnica, es gibt Grobnica gornja und dolnja, daher plur. Grobnice), dann Vedrice (»da on Zadru niz Vedrice trče« S. 414. 415. 491), derselbe Name wird auch Vedrine genannt (»na Vedrine ravne« S. 322. 324). Das südlich von Sinj gelegene Dorf Vedrine dürfte hier kaum gemeint sein. An einer Stelle reitet der Held durch Lipovac, Križice, Bukovica und Lašakovica, um nach Kotare zu gelangen (S. 328). Da wird auch das Gebirge Durbaba genannt (man erinnere sich aus der Volkserzählung des Spruches: dur, babina kobila!) S. 254. 538; ebenso Studene stine (S. 277).

Sonst werden aus Norddalmatien erwähnt: Knin (S. 116. 283) nebst Krka (S. 284) und Potkrklje (S. 351), Skradin (S. 324), Vrljika (S. 221. 468), mit dem unrichtigen Zusatz »isrid Like klete«, Cetina (in der Krajina, S. 320), am oberen Laufe des Flusses (S. 222. 477) »ispod Snjegotine« (S. 419), auch Cetina grad (S. 319). Weiter Vrana (S. 476), Šibenik (S. 303. 415) nebst Krasulj (oder Krasulje). Der Fluss Zrmanja ist den Liedern bekannt (S. 213); wo aber das Gebirge Kelečevo (S. 354) liegt, das kann ich nicht sagen (nach dem Liede nicht weit von Kotari). Ebenso unbestimmt ist Prozor am Meere (S. 212). Die Heimkehr aus Hlivno wird über Grahovo und Bukovica gemacht (S. 393. 416), da wird auch Zečevo und Čepićevo genannt (S. 417).

In Bosnien kommen noch zur Sprache Kladuša (S. 224. 283), Pridor und Kozarac (S. 68), Ključ (S. 41. 283), Varcar (S. 41), Jajce (S. 41. 284), Travnik (S. 42. 284), Glamoč (S. 42. 283. 387. 422) nebst Glamočko polje, dort wo auch Dragnić (S. 45), von da führte der Weg über Korićna staza (Korićna steht auf der Specialkarte Zone 30, Col. XVI) und Bukva vrletna nach Hlivno und weiter nach Duvno (S. 42. 68. 116. 135. 194. 283. 284. 388. 395. 405. 409), die Lieder erwähnen dabei den Bistrica-Fluss (S. 250. 384) und Prolog planina (S. 384. 390. 416). Hinter Hlivno wird noch Crljene stine (S. 391) genannt (auf der alten Generalstabs-Karte Crvenica Stiena, jetzt fehlt es), und Smrčani (S. 388. 393, auf der G.-Karte Smričani). Auch Šujice carske werden (S. 68) erwähnt (auf der G.-Karte Šuica), ferner obadva Skoplja ib. (wohl Vakuf gornji und donji am Vrbas).					*V. Jagić.*

L'Évangéliaire slavon de Reims, dit: Text du sacre. Edition fac-simile en héliogravure, publiée sous les auspices de l'Académie Nationale de Reims, précédée d'une Introduction historique par Louis Leger. 1899. Paris-Prague. fol.

Es gibt nicht nur privilegirte Menschen, sondern auch Bücher. Zu sol-chen vom Glück begünstigten Büchern, oder eigentlich Handschriften, gehört das oben citirte Denkmal, das innerhalb desselben XIX. Jahrhunderts, binnen 55 Jahren zweimal in prachtvoller Ausstattung, in genauer Reproduction, das Licht der Welt erblickte und ausserdem auf gewöhnlichem Wege der Typo-graphie eine Ausgabe, veranstaltet von W. Hanka, erlebte. Die Geschichte des Denkmals ist in der That so seltsam, dass es bis in die neueste Zeit die ganze Aufmerksamkeit auf sich ziehen musste. Es waren fast weniger die Philologen, als die Grossen dieser Welt, Kaiser und Könige, deren wirkliche oder angebliche Berührung mit dem Denkmal weit und breit seinen Ruf, seine Berühmtheit begründete. Geschichte und Sage bemächtigte sich des Denk-mals, vereint erzählten sie von ihm allerlei Dinge, die es erlebt, aber auch die es nie erlebt hat.

Auch diese neueste als Héliogravure unter der Redaction des officiellen Slavisten Frankreichs, Prof. Louis Leger, veranstaltete Ausgabe kann als Beweis gelten, dass über diesem Denkmal noch immer ein Glücksstern leuch-tet. Denn, um es aufrichtig herauszusagen, der Inhalt des Codex selbst würde zu dieser ausserordentlichen Bevorzugung keine Berechtigung geben. Prof. Louis Leger ist nur aus pietätvoller Achtung für das einst in hohen Ehren seiner schönen Heimath gestandene slavische Denkmal auf den Gedanken ge-kommen, dieser Publication durch seine Betheiligung Vorschub zu leisten. Seine Theilnahme ist durch die schöne, lichtvoll geschriebene und mit reich-lichen bibliographischen Belegen versehene Introduction gekennzeichnet, in welcher mit nüchterner Kritik die sagenhaften Bestandtheile der Vorge-schichte dieses Denkmals beseitigt werden. Mit Recht sagt Prof. Leger: Ce manuscrit cyrillique n'aurait qu'une valeur secondaire sans les grands souvenirs auxquels il se rattache (p. 16). Ich hätte mit noch grösserer Entschiedenheit, als es in seiner Introduction geschieht, den cyrillischen Theil erst der zweiten Hälfte des XII. Jahrh. zugewiesen. Dieser Text ist offenbar eine südwest-russische, auf einer bulgarischen (mit Serbismen) Vorlage beruhende Ab-schrift, die kein ъ, ж, kein ы und selbst kein ю (ich fand ю nur einmal auf fol. 8ᵃ: поустѣти ю, sonst dafür ѫ) anwendet, ѫ in russischer Weise für ж, aber auch zuweilen in serbischer für e gebraucht (z. B. 10ᵇ дннѧ für дьнни, 22ᵇ ѿ назарѧѩ für назарѥѳа, 23ᵃ кръстиѧлѧ für кръститслѧ), ebenso serbisch dann und wann e für ѧ schreibt (z. B. 5ᵃ, 19ᵃ своe für своѧ, 7ᵇ ѿ нее, 27ᵃ сь онос страны, 32ᵃ ѥ für ѧ). Die auch von Prof. Leger betonte grosse Nachlässigkeit des Schreibers, die sich im zahlreichen Auslass einzelner Buchstaben und ganzer Silben äussert, fällt bei den sonst sehr schönen Schriftzügen besonders auf. Viel einfacher gestaltet sich für uns heute der glagolitische Theil, von dem bekanntlich die beiden vorausgehenden Jahrhunderte so gut wie keine Ahnung hatten, wenn auch die Legende über die Aeusserungen Peters des Grossen betreffs der beiden Theile des Denkmals sich als eine unbegründete Erzählung herausstellt.

Bei der heute so weit fortgeschrittenen Technik der Reproduction alter Denkmäler der Kunst — also auch der Schriftkunst — muss man wirklich bedauern, dass so selten im Interesse der slavischen Philologie und Alterthumswissenschaft davon Gebrauch gemacht wird. Wie wenige Schätze der reichen russ. Bibliotheken liegen in photographischer etc. Reproduction vor? Und doch ist noch das meiste in dieser Beziehung in Russland geschehen, wenn auch nicht immer in befriedigender Weise. So z. B. die Reproduction des Ostromirschen Evangeliums ist geradezu abscheulich! Besser ist die Publication des Izbornik 1073. Nicht besonders befriedigend möchte ich die Ausgaben der Povêstъ vremennychъ lêtъ nennen. Die vorliegende Arbeit zeichnet sich durch französische Eleganz aus. Ich kenne zwar nur éine Ausgabe derselben, die von der Anbringung der Farben absieht, und auch diese lässt die von Silvestre auf Kosten des Kaisers Nicolaus I. veranstaltete Reproduction ganz zurücktreten. Erst jetzt sieht man den wahren Charakter der Schriftzüge des Denkmals, die bei Silvestre durch zu scharfen Schnitt, namentlich in den feinen Linien, viel steifer aussehen, als in der Wirklichkeit, zuweilen auch eine ganz andere Form haben, z. B. ж. Jetzt erscheint jener magere Typus, der bei der Ausgabe Silvestre's jedem Kenner der slav. Paläographie auffallen musste, wesentlich gemildert. Die schöne, kleine Schrift des Denkmals tritt in ihrer realen Wirklichkeit ruhiger, fast möchte ich sagen gemüthlicher auf und lässt diesen Codex allen schöneren Schriftzügen des XII. Jahrh. näher treten, als es nach Silvestre der Fall war. Durch die Vergleichung beider Ausgaben überzeugt man sich bald, dass Herr Loś im ｜Archiv IX. 478 ff. viele so zu sagen selbstverständliche Ungenauigkeiten der Silvestre'schen Reproduction (wie z. B. Verwechselung von л und а, к und и, oder к und п, с und е, в und ъ) unerwähnt, einige Male sogar nicht unwichtige Fehler unberücksichtigt gelassen hat, z. B. 2ª, Z. 13 steht bei Silvestre въ ті· ꙗнъ statt des richtigen въ ·гі· ꙗнъ, oder 2ᵇ, Z. 18 bei Silvestre стоꙗше statt des richtigen стоꙗше, u. m. a. Den allein zuverlässigen Text bietet also erst diese neue, von Prof. Leger besorgte Ausgabe.

Möge der rege Absatz dieser Publication — sie ist in dreifacher Ausstattung zu 100, 150 und 300 francs verkäuflich und für Oesterreich am bequemsten durch Řivnáč in Prag zu beziehen — den Herausgeber ermuthigen, mit der Zeit noch etwas aus den in Frankreich befindlichen Slavicis in ähnlicher Weise zu reproduciren. Dem Prof. Leger gebührt für die der Publication gewidmete grosse Sorgfalt unsere aufrichtige Anerkennung.

V. J.

Kleine Mittheilungen.

Zu Menčetić.

Unter den Gedichten des Menčetić befindet sich eines, handschriftlich als dialogus bezeichnet, das in der Ausgabe (Stari pisci II, S. 55) folgendermassen erscheint:

> Ludos te mogu reć dobiva nebore,
>   ako mniš da uteć Ljubavi tko more.
> Uteći, uteći. Kamo? svud; ti li? ja.
>   Ne reci! ne reći? stoj muče; podji tja.
> Ja? da tko? muči; za č? ne govor'; govorim.
>   Išteš? što? ljuven plač, u kom se vas morim.
> A za što? jer mila dvorit mi ne bješe;
>   da što bi? nje sila stvori mi što htješe.

Der Herausgeber Jagić macht dazu die Bemerkung: »der Text ist unverändert beibehalten, obwohl er kaum verständlich ist«. Ich möchte den Versuch machen, mit Hilfe kleiner Aenderungen die Ordnung des Gespräches herzustellen und zum Verständniss des Textes beizutragen.

Indem ich die redenden Personen mit (A) und (B) bezeichne, schlage ich vor, so zu lesen:

> (A) Ludos te mogu reć dobiva nebore,
>   ako mniš da uteć Ljubavi tko more.
> (B) Uteci, uteci! (A) Kamo? (B) Svud, ti dim ja.
>   (A) Ne reci, ne reci! stoj muče, podji tja!
> (B) Ja? (A) Da tko? muči! ne govor', govorim.
>   (B) Išteš što? (A) Ljuven plač, u kom se vas morim.
> (B) A za što? (A) Jer mila dvorit mi ne bješe.
>   (B) Da što bi? (A) Nje sila stvori mi što htješe.

Ausser der Ersetzung des li (V. 3) durch dim sind die übrigen Aenderungen nur orthographisch. Zur Verdeutlichung des Sinnes sei die deutsche Uebersetzung beigefügt:

(A) Ich darf sagen, du bist von Thorheit befangen, wenn du meinst, es könne jemand der Liebe entrinnen. (B) Flieh nur, flieh! (A) Wohin? (B) Ueberallhin, sage ich dir. (A) Sage nichts, sage nichts; schweig still; geh fort! (B) Ich? (A) Wer sonst? schweig! rede nicht, sage ich. (B) Begehrst du (noch) etwas? (A) [Nur] den Liebesgram, in dem ich mich ganz verzehre. (B) Und warum? (A) Weil es mir nicht vergönnt war, der Liebsten zu dienen (d. h. meine Liebe zu erweisen). (B) Was ist denn geschehen? (A) Ihre Gewalt that mir an, was sie wollte (d. h. sie behandelte mich willkürlich, rücksichtslos). *A. Leskien.*

Zur Bibliographie apokrypher Gebete.

Im zweiten Bande der »Извѣстія отдѣленія русскаго языка и словесности императорской академіи наукъ« S. 608—610 ist von H. V. Kačanovskij ein Gebet gegen den schlechten Regen gedruckt. Die Handschrift, worin H. Kačanovskij dasselbe gefunden, ist aus dem XVI. Jahrh. und befindet sich in Agram. H. Kačanovskij meint, es sei ein solches Gebet bis jetzt noch nirgends gedruckt; dasselbe hat aber Ljub. Stojanović, obzwar nach einer schlechteren Handschrift, im dritten Bande des »Споменик« der serb. Akademie S. 195 veröffentlicht.

In der kais. öffentl. Bibliothek zu Petersburg befindet sich ein auf Pergament geschriebener Служабник serb. Redaction (Отчетъ за 1892, S. 305). Die Handschrift ist aus dem XIII. oder Anfang des XIV. Jahrh. (Blatt 10 a: О архиппе нашемь име и ѡ чтнѣмь прозвитерьствѣ и иже ѡ хтѣ дьꙗконство и ѡ всѣмь причтѣ и ѡ людехь его гоу помлимь се. — О бгговѣрнѣмъ и богохранимѣмь краи нашемь име и ѡ всѣхь боꙗрѣ и ѡ воихь и ѡ люде иго гоу (помлимь се — fehlt). In derselben befindet sich (Blatt 78) dasselbe Gebet. Da das eine ältere Handschrift, und dasselbe daselbst von beiden abweicht, so ist es nicht ohne Interesse, es nochmals nach dieser Handschrift zu drucken.

Въ истиноу достоино и праведно и праволѣпно и стльно и хмь гдемь нашимь поставлышимь Михаила да стрѣжеть рѣкъ водныхь и дьꙗволь да не имать ѡбласти над водами. Приде гь съ ѡбластию великою, приде съ ѡцемь и съ стымь дхомь ꙗко да дьꙗвола оуставить ѿ рѣкъ водьныхь стою троицею ꙗко да не имать ѡбласти боуревати на лю кртиньскымь. — Заклинаю те дьꙗволе бмь живымь и истинньмь; заклинаю те дьꙗволе дѣлы хвѣми; заклинаю те дьꙗволе всѣми стыми англы иже створи гь; заклинаю те дьꙗволе ·д· ми оуглы нбсными; заклинаю те дьꙗволе ·д· ми ꙗулисты: Маꙗмь, Маркомь, Лоукою, Иѡаномь, подьдрьжещими нбо и землю; заклинаю те дьꙗволе великымь градомь Иирлмомь, въ немьже почиваютъ вси праведници; заклинаю те дьꙗволе вседрьжителемь бмь живымь и матерню иго Марикю ѡброученою Иѡсифови; заклинаю те дьꙗволе двѣманадесете апплома; заклинаю те дьꙗволе шестынадете пррокы; заклинаю те дьꙗволе великымь пррокмь Иѡаномь прѣтею и кртлемь; заклинаю те дьꙗволе стыми арьхиппы и ѡци: Василиꙗмь, Иѡаномь, Григориꙗмь, Кириломь и Аѳанасиꙗмь и ѡцемь Николою; заклинаю те дьꙗволе стыми великыми мчники: Стефаномь прьвомчкомь, Геѡр'гиꙗмь, Дмитриꙗмь, Прокопиꙗмь, Ѳеѡдромь; заклинаю те дьꙗволе трьми сты и ѡсмынадесете стыми ѡци иже въ Никеи, да не имаши ѡбласти на троудѣ кръстиꙗнскꙑ; заклинаю те дипволе ·л҃· ми рѣками: Фисономъ, Геѡномъ', Тигромъ, Ефратомъ, ѡбьходещими всоу вьселеноую; заклинаю те дипволе ангѣлꙑ и архангѣлꙑ га нашего іса прѣдьстоꙗщимъ и слоужещимъ ꙇмоу; заклинаю те дипволе рожьствомъ хвомъ (sic); заклинаю те дипволе вьведе-ниꙗмъ ꙗго вь црквь; заклинаю те дипволе крщениꙗмъ гнꙑмъ; заклинаю те дипволе вьскрѣшениꙗмъ Лазаревѣмъ; заклинаю те дипволе цвѣтоносиꙗмъ га нашего іса; заклинаю те дипволе распетиꙗмъ хвомъ (sic); заклинаю те ди-пволе стꙑмъ вьскрсениꙗмъ хвѣмъ'; заклинаю те дипволе стꙑмъ ꙗго на нбса вьзнесениꙗмъ; заклинаю те дипволе стꙑмъ и животворещимъ ꙗго дхомъ сьшьшимъ на аплꙑ; заклинаю те дипволе бголѣпнымъ ꙗго прѣѡбраженьꙗмъ; заклинаю те дипволе силою чтьнаꙗго и животворещааго крта, да не имаши ѡбласти избити жить кртиꙗньскꙑхь нивꙑ; заклинаю те дипволе Седрахомъ, Мисахомъ и Аведенꙑмъ (sic); заклинаю те дипволе м҃. мнкꙑ; заклинаю те дипволе двѣма свѣтилома иже створи гь: слнце дневи, мць нощи, да не имаши ѡбласти потопити жить кртиꙗньскꙑхь нивꙑ; заклинаю те дипволе хероу-вимꙑ и серафими поющимъ пѣние непрѣстан'ноꙗ: стъ, стъ, стъ гь саваѡ, блнъ гредꙑи вь ꙇме гнꙗ, ѡсанна вь вꙑшнии. С нимъ же и наше гласꙑ прилежнꙑмъ прими бе всегда и нꙑнꙗ и присно и вь вѣкꙑ . . . .

St. Stanojević.

Ein serbokroatisches Wörterverzeichniss aus dem Ende des XV. Jahrhunderts.

Manche werthvolle Nachricht über Dalmatien verdanken wir den Reise-beschreibungen der Palästinapilger früherer Jahrhunderte, welche gewöhnlich über Venedig der Küste Istriens, Dalmatiens und Albaniens entlang fuhren. — Ein solcher Bericht ist vom philologischen Standpunkte interessant, näm-lich »Die Pilgerfahrt des Ritters Arnold von Harff von Cöln durch Italien, ... in den Jahren 1496 bis 1499 vollendet, beschrieben und durch Zeich-nungen erläutert hat. Herausgegeben von Dr. E. von Groote. Cöln 1860«. Die Aufmerksamkeit dieses cölnischen Ritters zogen besonders fremde Spra-chen an sich; so enthält sein Bericht unter anderem Wörterverzeichnisse der albanesischen (abgedruckt bei Hopf, Chroniques Gréco-Romanes p. 340 und G. Meyer, Albanesische Studien II. in den Sitzungsber. der k. k. Akad. phil.-hist. Cl. Bd. 107, S. 260—261), sowie der serbokroatischen Sprache. Letzteres wurde seit dem Erscheinen des genannten Werkes nirgends abgedruckt und philologisch noch nicht verwerthet. — Nach einigen kurzen Bemerkungen über Ragusa setzt Harff (S. 64) folgendermassen fort: »...dese stat (nämlich Ragusa) lijcht in dem koenynckrijch van Croatijen ind men spricht alhie slaueneske spraiche die gar wijdt geyt, as gantze wyndesche lande durch Slavenijen durch dat koenynckrijch van Poellant (= Polenland) durch die koeninckrijch Dalmacijen ind Croacijen, der spraiche ich etzliche woerde be-halden haine as sij hie vnden geschreuen staynt.

Item slauennyske spraiche.

crochga	broyt	traba	stroe
vyno	wijn	benese	gelt
voda	wasser	eslade (= zlat)	eyn gulden
messo	vleysch	operate	wesschen
zere	kese	kosola	eyn hempt
guska	eyn ganss	spate	slaeffen
rijba	eyn vysch	schepate	frauweren (= stuprare)
kokoss	eyn henne	sena potzgo spate	frauwe sal ich
scho	sals		bij uch slaeffen
bytte	drincken	mosse spate odij (= odi, ovdi?)	
iehe	essen		moygen wir hie slaeffen
iachge	eyn ey	dobro jutro	guden morgen
ia	ich	dobro wetzgijr	guden naicht
potzgo (= hoću)	wyllen	koliko vo (= valja)	wat gylt dat
gotzo (= boću)	ja	ja potzko kopita (= kupiti)	ich
netzgo (= neću)	neyn		wyl it gelden
dobro	goyt	kaka tesimi (= kako ti jest ime)	
eslae (= zlo)	boese		wie heyscht dit.
chackauwe (?)	waerafftich		

bomegist (= bome jest) geloegen
(Eine Verwechselung, denn »bogme
jest« gehört zu »wahrhaftig«).

Tzellen.

dreuo	eyn schyff	jeden	eyn
schoffieck	eyn man	duwa	tzwey
gotzpoga	eyn edelman	trij	drij
gena (= žena)	eyn wijff	tzettyr	vier
gostpotymbo (= gospodin Bog)		pete	vunff
	vns here got	seest	sees
wratze (= vraže)	der duuel	sedam	seuen
swyckga	eyn kertz	oescham	acht
konege	eyn peert	debet	IX
besenitza (= pšenica)	hauer	deschet	X
cerrest (?)	heuwe	staet	hundert
		gleden (?)	dusent.

Drei von diesen Wörtern bereiten der Erklärung Schwierigkeiten: cha-ckauwe (kako vi?) = gelogen, cerrest = Heu und gleden (hiljada?) = Tausend.

Zum Schlusse sei bemerkt, dass Groote's Ausgabe (nach S. VII der Ein-leitung) 3 Manuscripte aus den Archiven der Familie Harff zu Grunde liegen, von welchen sich die älteste — in schöner fester Schrift — schwer als Auto-graph des Verfassers nachweisen lässt. *Milan Pajk.*

Sachregister.

Accent, neue Auffassung des serbo-kroatischen A., 233 ff.; serbische und slovenische Accentverhältnisse 321 ff.; Betonung des Verbums im Bulgarischen, fünferlei Typen 1 ff.

Acta croatica 1100—1499, Neuherausgabe, 617 ff.

Albanien, Nordalbanien 78—99; albanesische Schrift und Sprache, Orthographisches 203 ff.

Alterthumskunde, zur slavischen und litauischen, 10 ff.; vgl. Bulgarien.

Apokryphe Gebete, Regenzauber altserbischer 638 ff.

Balkanhalbinsel, zur Geschichte ders. im XIII. Jahrh. 622 ff.; vgl. Albanien; Bulgarien.

Böhmisch, altböhmische Handschrr. und Texte 232; vgl. Composita; Gesta Romanorum; Glagolismus; Königinhofer Hds.; Lucidarius.

Bulgarien, Geschichte d. westbulgar. Reiches 543 ff., zur ältesten Geschichte 607 ff.; vgl. Accent.

Composita, nominale, im Altrussischen 27 ff., Böhmischen 35 ff., Polnischen 40 ff.; Betonung der Nominalcomposita im Serbischen u. Slovenischen 335 ff.

Cyrillische Schrift in Bulgarien, epigraphische Denkmäler 543 ff.

Dometius, martyrium s. D., 44 ff.

Galinden 22 ff.

Geschlechtswechsel im Plural 206 ff.

Gesta Romanorum, altböhmisch, 251 ff.

Glagolismus in Böhmen, seine Geschicke und Denkmäler 169 ff.

Kaszubische Frage 62 ff.

Kleinrussisch, ungarischer Dialekt, Lautliches 49 ff., vgl. Volkskunde.

Königinhofer Hds., ihre Composita 39 ff.; ihr Wortschatz 229 f.

Kroja 80.

Lech und Čechsage 172 ff.

Lucidarius, altböhmischer und deutscher 255 f.

Miroslavevangelium, seine Miniaturen 303 ff., Ausgabe 308 f.

Neuslovenisch, dialectisches (lautliches) 198 ff., Adjectivdeclination 208 ff.; vgl. Accent.

Personennamen, deutsche u. slavische, 19 f.

Pilot 80.

Polnisch; vgl. Kaszubisch; Alterthumskunde (Misaca Licicavicorum rex) 11 ff.; Litteraturgeschichte, Werke über Kochanowski 236 ff., Mickiewicz 243 f.; vgl. Composita.

Pseudodemetrius, Berichte über Ermordung des echten 99 ff.; Auftauchen des falschen in Polen 118 ff.; spätere Auffassung seiner Person, in Polen 138 ff.; in Russland 157 ff., 558 ff.; die Ursachen der Wirren 578 ff.; Boris, die Romanov und Bjeljskij 588 ff.; Thronbesteigung des Boris 603 ff.

Ragusa, innere Geschichte (Türkengefahr; culturelles, Bibliotheken, Drucker etc.) von 1500—1550, 400 ff.; latein. Litteraten Ragusas 437 ff.; slavische Dichter 451 ff.; slavische Texte aus Ragusa und Stagno 499 ff.; Beilagen (Testamente etc.) 508 ff.

Reimser Evangelium, Neuausgabe 635 f.

Namenregister.

Wortregister.

Druck von Breitkopf & Härtel in Leipzig.

Verlag der Weidmannschen Buchhandlung in Berlin.

GRIECHISCHE TRAGOEDIEN

ÜBERSETZT VON

ULRICH von WILAMOWITZ-MOELLENDORFF.

Erster Band: I. Sophokles Oedipus. II. Euripides Hippolytos. III. Euripides der Mütter Bittgang. IV. Euripides Herakles. 8⁰. (355 S.) In eleg. Leinenband 6 Mark.

Zweiter Band: Orestie. 6⁰. (313 S.) In eleg. Leinenband 5 Mark.

Vorwort zum ersten Stücke.

Die Übersetzungen griechischer Tragödien, die ich bisher veröffentlicht habe, sind von dem griechischen Texte und zum Teil von Erläuterungen begleitet gewesen. Es war das geboten, da meine Arbeit in erster Linie dahin gegangen war, den Text zu verstehen und verständlich zu machen; ich halte die Form auch noch für die sachlich richtige und hoffe Sie noch einmal für Agamemnon und Eumeniden anzuwenden. Allein sie hat den Nachteil, dass die Übersetzungen kaum über die Kreise hinauskommen, die auch den gelehrten Teil des Buches lesen. So bin ich oft aufgefordert worden, besondere Ausgaben der Übersetzungen zu veranstalten. Insbesondere ist mir gesagt worden, dass auf Schulen, die die griechische Sprache nicht lehren, Übersetzungen griechischer Dramen gelesen werden, so dass ich geradezu die Pflicht hätte, diesen die meinen zugänglich zu machen.

Verlag der Weidmannschen Buchhandlung in Berlin.

VETERIS TESTAMENTI
PROPHETARUM
INTERPRETATIO ISTRO-CROATICA SAECULI XVI.

Adjuvante Academiae litterarum caesareae Vindobonensis liberalitate

edidit

V. Jagić.

gr. 8⁰ (VII u. 316 S.) Preis 10 Mark.

Diese um das Jahr 1563 gemachte Uebersetzung der Luther'schen Uebersetzung der propheten im istrokroatischen Dialect, deren erste Ausgabe vernichtet zu sein schien, wurde neulich in einem einzigen erhaltenen Exemplar in einem Stift Oberoesterreichs entdeckt und wegen der Vortrefflichkeit der Sprache derselben von dem Akademiker V. Jagić mit Unterstützung der kais. Akademie der Wissenschaften herausgegeben.

Verlag der Weidmannschen Buchhandlung in Berlin.

MENAEA
SEPTEMBRIS OCTOBRIS NOVEMBRIS

AD FIDEM

VETUSTISSIMORUM CODICUM

EDIDIT

V. JAGIĆ.

ACCEDUNT SEX SPECIMINA SCRIPTURAE.

gr. Lex.-8⁰ (CXXXVI u. 608 S.) Preis 20 Mark.

Verlag der Weidmannschen Buchhandlung in Berlin.

NEUE BRIEFE

VON

DOBROWSKY UND KOPITAR

UND ANDEREN

SÜD- UND WESTSLAVEN

HERAUSGEGEBEN

VON

V. JAGIĆ.

Lex.-8⁰ (VI u. 928 S.) Preis 12 Mark.

BRIEFWECHSEL

ZWISCHEN

DOBROWSKY UND KOPITAR

(1808—1828).

HERAUSGEGEBEN

VON

V. JAGIĆ.

MIT EINEM PORTRAIT UND ZWEI LITHOGRAPHISCHEN BEILAGEN.

gr. Lex.-8⁰ (CVII u. 751 S.) Preis 9 Mark.

QUATTUOR EVANGELIORUM

VERSIONIS PALAEOSLOVENICAE

CODEX MARIANUS GLAGOLITICUS

CHARACTERIBUS CYRILLICIS TRANSCRIPTUM

EDIDIT

V. JAGIĆ.

gr. Lex.-8⁰ (XXX und 607 S.) Preis 15 Mark.

Hierzu eine Beilage von der Buchdruckerei von
Max Schmersow vorm. **Zahn & Baendel in Kirchhain, N.-L.**

Für die Redaction verantwortlich: Prof. Dr. A. Brückner in Berlin.

Druck von Breitkopf & Härtel in Leipzig.

Lightning Source UK Ltd.
Milton Keynes UK
UKHW021836140219
337217UK00005B/454/P